KURZLEHRBÜCHER
FÜR DAS JURISTISCHE STUDIUM

———

Zöllner/Loritz/Hergenröder
Arbeitsrecht

Arbeitsrecht

EIN STUDIENBUCH

von

Dr. Wolfgang Zöllner
o. Professor an der Universität Tübingen

Dr. Karl-Georg Loritz
o. Professor an der Universität Bayreuth

Dr. Curt Wolfgang Hergenröder
o. Professor an der Universität Mainz

6., neubearbeitete Auflage

Verlag C. H. Beck München 2008

Verlag C.H.Beck im Internet:
beck.de

ISBN 978 3 406 55430 8

© 2008 Verlag C.H.Beck oHG
Wilhelmstraße 9, 80801 München
Druck und Bindung: Nomos Verlagsgesellschaft
In den Lissen 12, 76547 Sinzheim

Satz: Druckerei C.H.Beck Nördlingen
(Adresse wie Verlag)

Gedruckt auf säurefreiem, alterungsbeständigem Papier
(hergestellt aus chlorfrei gebleichtem Zellstoff)

Vorwort

Das Arbeitsrecht steht seit Mitte der achtziger Jahre des vergangenen Jahrhunderts verstärkt unter Veränderungsdruck. Die Globalisierung zahlreicher Gütermärkte, der Einzug moderner Kommunikationstechniken in Bereiche nicht nur der Dienstleistung, sondern auch der Produktion, hat die Arbeitswelt insgesamt grundlegend verändert. Zunehmend entwickeln sich viele, auch große Länder zu Konkurrenten auf den Weltmärkten. Die Arbeitskosten sind nicht nur in diesen Ländern, sondern im Großteil der EU-Staaten deutlich niedriger als in Deutschland. Ein massiver Abbau von Arbeitsplätzen selbst in etablierten Branchen und die Abwanderung ganzer Marktsegmente waren die Folge und sind noch immer im Gange.

Wenngleich bei Löhnen und Arbeitszeit manche Veränderung in die notwendige Richtung erfolgt ist, erweist sich das Arbeitsrecht weiterhin auf allen seinen Normerzeugungsebenen als zu starr. Die sich auch kostenmäßig auswirkende Anpassung vieler arbeitsrechtlicher Regelungen steht noch aus. Noch immer wird nicht hinreichend erkannt, dass jede arbeitsrechtliche Anforderung, die von den Unternehmen erfüllt werden muss, zu den Arbeitskosten beiträgt, die sich in ihrer Summe beschäftigungshemmend auswirken. Die Bundesrepublik Deutschland hat mit der Agenda 2010 notwendige Veränderungen im Bereich der Lohnnebenkosten auf den Weg gebracht, aber bislang nur in unzureichendem Ausmaß vollzogen.

Für das Arbeitsrecht bedeuten diese Entwicklungen, dass jede zwingende Vorgabe von Arbeitsbedingungen auf ihre soziale Notwendigkeit und ökonomische Sinnhaftigkeit zu überprüfen ist. Einerseits den Blick dafür zu schärfen, andererseits aber die Anliegen der Gerechtigkeit nicht aus den Augen zu verlieren, ist ein wichtiges Ziel arbeitsrechtlicher Ausbildung, zu dem das Lehrbuch ebenso beitragen will wie zur Entfaltung arbeitsrechtlicher Systematik.

Bei der nunmehr vorgelegten 6. Auflage ist *Curt Wolfgang Hergenröder* als neuer Mitautor hinzugekommen. Er hat aus dem bisher von *Wolfgang Zöllner* betreuten Teil des Lehrbuchs die Bearbeitung der §§ 1–11 und 21–28 übernommen, aus dem in den letzten beiden Auflagen von *Karl-Georg Loritz* betreuten Teil die Bearbeitung der §§ 55, 56 sowie des Anhangs. *Wolfgang Zöllner* hat sich auf die Bearbeitung der §§ 12–20 beschränkt, *Karl-Georg Loritz* hat weiterhin die §§ 29–54 betreut.

Zu danken ist engagierten Helfern, die uns bei der Sammlung und Ordnung des Materials, bei der Betreuung des einem steten Wandel unterliegenden Manuskriptes sowie mit Anregungen und kritischen Diskussionen unterstützt haben, insbesondere *Katharina Uffmann, Christian Rein* und Privatdozent *Dr. Christian Fischer* in Bayreuth und *Julianne Cherdron, Matthias Deyhle, Kristina Schwarz, René von Wickede* in Mainz.

Für die bewährte Erstellung und Betreuung des Manuskripts danken wir *Ingrid Turbanisch*, Bayreuth.

Für Hinweise auf Fehler und Irrtümer wie auch für Kritik sind wir dankbar.

Tübingen, Bayreuth, Mainz, im September 2007 *Die Verfasser*

Inhaltsübersicht

Erster Teil. Grundlagen

Zweiter Teil. Individualarbeitsrecht

Dritter Teil. Arbeitsschutzrecht

Vierter Teil. Kollektives Arbeitsrecht

Fünfter Teil. Arbeitsgerichtliches Verfahren

Inhaltsverzeichnis

Zweiter Teil. Individualarbeitsrecht

Dritter Teil. Arbeitsschutzrecht

Vierter Teil. Kollektives Arbeitsrecht

Fünfter Teil. Arbeitsgerichtliches Verfahren

Abkürzungsverzeichnis

a. A.	anderer Ansicht
a. a. O.	am angegebenen Ort
ABG	(preuß.) Allgemeines Berggesetz
ABl.	Amtsblatt
abl.	ablehnend
ABlEG	Amtsblatt der Europäischen Gemeinschaften, gegliedert in Teil L für Rechtsvorschriften (leges) und Teil C für Mitteilungen und Bekanntmachungen (communications)
Abs.	Absatz
Abschn.	Abschnitt
abw.	abweichend
AcP	Archiv für die civilistische Praxis
a. E.	am Ende
AEntG	Arbeitnehmer-Entsendegesetz
a. F.	alter Fassung
AFG	Arbeitsförderungsgesetz
AfP	Archiv für Presserecht (Zeitschrift)
AFRG	Arbeitsförderungsreformgesetz
AG	Aktiengesellschaft (Zeitschrift)
a. G.	auf Gegenseitigkeit
AGB	Arbeitsgesetzbuch (ehem. DDR)
AiB	Arbeitsrecht im Betrieb (Zeitschrift)
AktG	Aktiengesetz
allg. M.	allgemeine Meinung
Anm.	Anmerkung
AnVG	Angestelltenversicherungsgesetz
a. o.	außerordentlich(e)
AöR	Archiv des öffentlichen Rechts
AP	Arbeitsrechtliche Praxis – Nachschlagewerk des Bundesarbeitsgerichts
APlFG	Ausbildungsplatzförderungsgesetz
APS/*Bearbeiter*	*Ascheid/Preis/Schmidt*, Kündigungsrecht, 3. Aufl., 2007
AR-Blattei ES	Arbeitsrecht-Blattei, Entscheidungssammlung
AR-Blattei SD	Arbeitsrecht-Blattei, Systematische Darstellungen
ArbG	Arbeitsgericht
ArbGeb	Der Arbeitgeber (Zeitschrift)
ArbGG	Arbeitsgerichtsgesetz
ArbKrankhG	Gesetz zur Verbesserung der wirtschaftl. Sicherung der Arbeiter im Krankheitsfall
ArbNErfG	Gesetz über Arbeitnehmer-Erfindungen
ArbPlSchG	Arbeitsplatzschutzgesetz
ArbR	Arbeitsrecht (Buchtitel)
ArbRGegw.	Das Arbeitsrecht der Gegenwart (Jahrbuch)
ArbSchG	Arbeitsschutzgesetz
ASistG	Arbeitssicherstellungsgesetz
ArbStättV	Arbeitsstättenverordnung
ARS	Arbeitsrechtssammlung (vormals Bensheimer Sammlung)
Art.	Artikel
ASiG	Gesetz über Betriebsärzte, Sicherheitsingenieure und andere Fachkräfte für Arbeitssicherheit
AT	Allgemeiner Teil
ATG	Altersteilzeitgesetz
AtomG	Atomgesetz
AuA	Arbeit und Arbeitsrecht (Zeitschrift)
AÜG	Arbeitnehmerüberlassungsgesetz

Aufl. .... Auflage
AuR .... Arbeit und Recht (Zeitschrift)
AusfVO .... Ausführungsverordnung
AVAVG .... Gesetz über Arbeitsvermittlung und Arbeitslosenversicherung
AVE .... Allgemeinverbindlicherklärung (von Tarifverträgen)
AVG .... Angestelltenversicherungsgesetz
AWD .... Außenwirtschaftsdienst des Betriebs-Beraters (Zeitschrift)
ArbZG .... Arbeitszeitgesetz

BABl. .... Bundesarbeitsblatt
BAG .... Bundesarbeitsgericht
BAGE .... Entscheidungen des Bundesarbeitsgerichts – Amtliche Sammlung
BAMS .... Bundesministerium für Arbeit- und Sozialordnung
BAnz. .... Bundesanzeiger
BAT .... Bundes-Angestellten-Tarifvertag
BayLErzGG .... Bayerisches Landeserziehungsgeldgesetz
BayVBl .... Bayerische Verwaltungsblätter (Zeitschrift)
BB .... Betriebs-Berater (Zeitschrift)
BBergG .... Bundesberggesetz
BBG .... Bundesbeamtengesetz
BBiG .... Berufsbildungsgesetz
Bd. .... Band
BDA .... Bundesvereinigung der Deutschen Arbeitgeberverbände
BDSG .... Bundesdatenschutzgesetz
BEEG .... Bundeselterngeld- und Elternzeitgesetz
Beil. .... Beilage
BerBiFG .... Berufsbildungsförderungsgesetz
BErzGG .... Bundeserziehungsgeldgesetz
BeschFG .... Beschäftigungsförderungsgesetz
bestr. .... bestritten
BetrAVG .... Gesetz zur Verbesserung der betrieblichen Altersversorgung (= Betriebsrentengesetz)
BetrR .... Betriebsrat (Zeitschrift)
BetrVG .... Betriebsverfassungsgesetz
BfA .... Bundesagentur für Arbeit
BFH .... Bundesfinanzhof
BGB .... Bürgerliches Gesetzbuch
BGBl. .... Bundesgesetzblatt
BGH .... Bundesgerichtshof
BGHZ .... Entscheidungen des Bundesgerichtshofs in Zivilsachen
BImSchG .... Bundes-Immissionsschutzgesetz
BJM .... Bundesminister der Justiz
BK/*Bearbeiter* .... Kommentar zum Bonner Grundgesetz – Bonner Kommentar – (Loseblattsammlung)
BlStSozArbR .... Blätter für Steuerrecht, Sozialversicherung und Arbeitsrecht (Zeitschrift)
BMBF .... Bundesministerium für Bildung, Wissenschaft, Forschung und Technologie
BMBW .... Bundesministerium für Bildung und Wissenschaft
BPersVG .... Bundespersonalvertretungsgesetz
BR .... Bundesrat
BRD .... Bundesrepublik Deutschland
Brox/Rüthers .... *Brox/Rüthers*, Arbeitskampfrecht, 2. Aufl., 1982
Brox/Rüthers/
Henssler .... *Brox/Rüthers/Henssler*, Arbeitsrecht, 16. Aufl., 2004
BRRG .... Beamtenrechtsrahmengesetz
BSG .... Bundessozialgericht
BSGE .... Entscheidungen des Bundessozialgerichts
BSHG .... Bundessozialhilfegesetz
BStatG .... Bundesstatistikgesetz
BStBl. .... Bundessteuerblatt
BT .... Bundestag
BT-Drs. .... Bundestagdrucksache
BUrlG .... Bundesurlaubsgesetz

BUV .... Betriebs- und Unternehmensverfassung (Zeitschrift)
BV .... Betriebsvereinbarung
BVerfG .... Bundesverfassungsgericht
BVerfGE .... Entscheidungen des Bundesverfassungsgerichts
BVerwG .... Bundesverwaltungsgericht
BVerwGE .... Entscheidungen des Bundesverwaltungsgerichts
BW .... Baden-Württemberg
bzw. .... beziehungsweise

ca. .... circa
CAD/CAM .... Computer aided design/Computer aided manufacturing
ChemG .... Chemikaliengesetz
CR .... Computer und Recht (Zeitschrift)

DAG .... Deutsche Angestelltengewerkschaft
Däubler .... *Däubler*, Das Arbeitsrecht, Bd. I, 16. Aufl., 2006; Bd. II, 10. Aufl., 1995
DAV .... Deutscher Anwaltsverein
DB .... Der Betrieb (Zeitschrift)
DDR .... Deutsche Demokratische Republik
dens./ders./dies. .... denselben/derselbe/dieselbe
DGB .... Deutscher Gewerkschaftsbund
d.h. .... das heißt
Diss. .... Dissertation
DJT .... Deutscher Juristentag
DM .... Deutsche Mark
DöD .... Der öffentliche Dienst (Zeitschrift)
DÖV .... Die Öffentliche Verwaltung (Zeitschrift)
DRdA .... Das Recht der Arbeit (österr. Zeitschrift)
DRiG .... Deutsches Richtergesetz
DRiZ .... Deutsche Richterzeitung
dto. .... dito, wie zuvor
Drucks. .... Drucksache
DtZ .... Deutsch-Deutsche Rechts-Zeitschrift
DuD .... Datenschutz und Datensicherung
Dütz .... Dütz, Arbeitsrecht, 11. Aufl., 2006
DVBl. .... Deutsches Verwaltungsblatt (Zeitschrift)
DVO .... Durchführungsverordnung
DZWiR .... Deutsche Zeitschrift für Wirtschaftsrecht

ebd. .... ebenda
EBRG .... Europäisches Betriebsräte-Gesetz
EDV .... Elektronische Datenverarbeitung
EFZG .... Entgeltfortzahlungsgesetz
EG .... Europäische Gemeinschaft
EGBGB .... Einführungsgesetz zum Bürgerlichen Gesetzbuch
EGStGB .... Einführungsgesetz zum Strafgesetzbuch
EheG .... Ehegesetz
ErfK/*Bearbeiter* .... Erfurter Kommentar zum Arbeitsrecht, 7. Aufl., 2007
ESC .... Europäische Sozialcharta
EStG .... Einkommensteuergesetz
EU .... Europäische Union
EuGH .... Gerichtshof der europäischen Gemeinschaften
EuGHE .... Entscheidungen des Europäischen Gerichtshofes
EuZW .... Europäische Zeitschrift für Wirtschaftsrecht
EV .... Einigungsvertrag
evtl. .... eventuell
EWG .... Europäische Wirtschaftsgemeinschaft
EWS .... Europäisches Wirtschafts- und Steuerrecht
EzA .... Entscheidungssammlung zum Arbeitsrecht

f. .... folgende
Fak. .... Fakultät

FamRZ	Zeitschrift für das gesamte Familienrecht
FDGB	Freier Deutscher Gewerkschaftsbund
f., ff.	folgende
Ffm	Frankfurt am Main
Fitting/Engels/ Schmidt/Trebinger/ Linsenmaier	*Fitting/Engels/Schmidt/Trebinger/Linsenmaier*, Betriebsverfassungsgesetz, 23. Aufl., 2006
Fn.	Fußnote
FS	Festschrift
G	Gesetz
Gaul	*Gaul*, Das Arbeitsrecht im Betrieb, Bd. 1 und 2, 8. Aufl., 1986
GBl.	Gesetzblatt (DDR)
GebrMG	Gebrauchsmustergesetz
GefStoffV	Gefahrstoffverordnung
gem.	gemäß
GemSOBG	Gemeinsamer Senat der obersten Gerichtshöfe des Bundes
GewerkMH	Gewerkschaftliche Monatshefte
GewGG	Gewerbegerichtsgesetz
GewO	Gewerbeordnung
GG	Grundgesetz
GK/*Bearbeiter*	*Kraft/Wiese/Kreutz/Oetker/Raab/Weber/Franzen*, Gemeinschaftskommentar zum BetrVG
gl.	gleiche/r
GmbH	Gesellschaft mit beschränkter Haftung
GmbHG	Gesetz betreffend die Gesellschaft mit beschränkter Haftung
Gr.	(Urteils)Gründe
grds.	grundsätzlich
grdl.	grundlegend
GS	Großer Senat bzw. Gedächtnisschrift
GVBl.	Gesetz- und Verordnungsblatt
GVG	Gerichtsverfassungsgesetz
GWB	Gesetz gegen Wettbewerbsbeschränkungen
HAG	Heimarbeitsgesetz
Hanau/Adomeit	*Hanau/Adomeit*, Arbeitsrecht, 14. Aufl., 2007
HandwO	Handwerksordnung
HAS	Handbuch für Arbeits- und Sozialrecht
HBd.	Halbband
HdB	Handbuch
HdwB	Handwörterbuch
HessStGH	Hessischer Staatsgerichtshof
HessVGH	Hessischer Verwaltungsgerichtshof
HGB	Handelsgesetzbuch
h.L.	herrschende Lehre
h.M.	herrschende Meinung
v. Hoyningen-Huene	*Hoyningen-Huene*, Betriebsverfassungsrecht, 6. Aufl., 2007
Hromadka/ Maschmann	*Hromadka/Maschmann*, Arbeitsrecht, Bd. I, 3. Aufl., 2005; Bd. II, 3. Aufl., 2004
Halbs.	Halbsatz
Hrsg.	Herausgeber
hrsg.	herausgegeben
Hueck	*Hueck/Nipperdey*, Lehrbuch des Arbeitsrecht, Band I, 7. Aufl., 1963
HWK/*Bearbeiter*	*Henssler/Willemsen/Kalb* (Hrsg.), Kommentar Arbeitsrecht, 2. Aufl., 2006
i.A.	im Auftrag
IAA	Internationales Arbeitsamt
IAO	Internationale Arbeitsorganisation
i.d.F.	in der Fassung

i. d. R.	in der Regel
IDW	Institut der Deutschen Wirtschaft
i. e. S.	im engeren Sinn
IG	Industriegewerkschaft
ILO	Internationale Arbeitsorganisation
incl.	inclusive
insb.	insbesondere
insges.	insgesamt
InSO	Insolvenzordnung
IPR	Internationales Privatrecht
i. S.	im Sinne
i. S. d.	im Sinne des (der)
i. S. v.	im Sinne von
i. V. m.	in Verbindung mit
i. w. S.	im weiteren Sinn
JA	Juristische Arbeitsblätter (Zeitschrift)
JArbSchG	Jugendarbeitsschutzgesetz
JbSozRGegw	Jahrbuch des Sozialrechts der Gegenwart
JhJb	Jherings Jahrbücher für die Dogmatik des bürgerlichen Rechts
JR	Juristische Rundschau (Zeitschrift)
JuAzubiV	Jugend- und Auszubildendenvertretung
JurA	Juristische Analysen (Zeitschrift)
Jura	Juristische Ausbildung (Zeitschrift)
JurBl	Juristische Blätter (österr. Zeitschrift)
JurJb	Juristen-Jahrbuch
JuS	Juristische Schulung (Zeitschrift)
JW	Juristische Wochenschrift
JZ	Juristenzeitung
Kap.	Kapitel
Kapovaz	Kapazitätsorientierte variable Arbeitszeit
KO	Konkursordnung
KGaA	Kommanditgesellschaft auf Aktien
KR/*Bearbeiter*	*Becker/Etzel u. a.,* Gemeinschaftskommentar zum Kündigungsschutzgesetz und sonstigen kündigungsschutzrechtlichen Vorschriften, 8. Aufl., 2007
KreisG	Kreisgericht
KRG	Kontrollratsgesetz
krit.	kritisch
KritJ	Kritische Justiz (Zeitschrift)
KSchG	Kündigungsschutzgesetz
KTS	Zeitschrift für Konkurs, Treuhand und Schiedsgerichtswesen
LadSchlG	Ladenschlußgesetz
LAG	Landesarbeitsgericht
LAGE	Entscheidungen der Landesarbeitsgerichte
LBl.	Lose-Blatt-Sammlung
Lieb	*Lieb,* Arbeitsrecht (Reihe „Schwerpunkte"), 7. Aufl., 2000
Lieb/Jacobs	*Lieb/Jacobs,* Arbeitsrecht (Reihe „Schwerpunkte"), 9. Aufl., 2006
Lit.	Literatur
Löwisch/Rieble	*Löwisch/Rieble,* Tarifvertragsgesetz, 2. Aufl., 2004
LohnfortzG	Lohnfortzahlungsgesetz
LSG	Landessozialgericht
LVA-Mitt.	Mitteilungen der Landesversicherungsanstalten
m. a. W.	mit anderen Worten
M. E.	Meines Erachtens
Mio.	Millionen
MitbestG	Mitbestimmungsgesetz
MitbestErgG	Mitbestimmungsergänzungsgesetz
m. N.	mit Nachweisen

Montan-MitbestG ...... Montan-Mitbestimmungsgesetz (= Mitbestimmungsgesetz Bergbau, Eisen und Stahl)
MRK .... Menschenrechtskonvention
MünchArbR/
Bearbeiter .... Münchener Handbuch zum Arbeitsrecht, 3 Bände, 2. Aufl., 2000
MünchKomm/
Bearbeiter .... *K. Rebmann/F. J. Säcker* (Hrsg.), Münchener Kommentar zum Bürgerlichen Gesetzbuch, 4. Aufl., 2001 ff.
MuSchG .... Mutterschutzgesetz
m. w. N. .... mit weiteren Nachweisen

Nachw. .... Nachweise
NachwG .... Nachweisgesetz
n. F. .... neuer Fassung
Nikisch I .... *Nikisch,* Arbeitsrecht, Bd. 1, 3. Aufl., 1961
Nikisch II und III .... *Nikisch,* Arbeitsrecht, Bd. 2, 2. Aufl., 1959; Bd. 3, 2. Aufl., 1966
Nipperdey .... *Hueck/Nipperdey,* Lehrbuch des Arbeitsrecht, Band II, 7. Aufl., 1967/70
NJ .... Neue Justiz (Zeitschrift)
NJW .... Neue Juristische Wochenschrift
Nr. .... Nummer
NWB .... Neue Wirtschafts-Briefe für Steuer- und Wirtschaftsrecht (Loseblattsammlung)
NZA .... Neue Zeitschrift für Arbeitsrecht
NZfA .... Neue Zeitschrift für Arbeitsrecht
NZV .... Neue Zeitschrift für Verkehrsrecht

ÖJZ .... Österreichische Juristen-Zeitung
ÖTV .... Gewerkschaft Öffentliche Dienste, Transport und Verkehr
ÖZföffR .... Österreichische Zeitschrift für öffentliches Recht
ÖZW .... Österreichische Zeitschrift für Wirtschaftsrecht
OHG .... offene Handelsgesellschaft
OLG .... Oberlandesgericht
Ordo .... Jahrbuch für die Ordnung von Wirtschaft und Gesellschaft
OVG .... Oberverwaltungsgericht
OWiG .... Ordnungswidrigkeitsgesetz

passim .... (lat.) da und dort, zerstreut
PatG .... Patentgesetz
PersF .... Die Personalführung (Zeitschrift)
PersR .... Personalrat (Zeitschrift)
PersV .... Die Personalvertretung (Zeitschrift)
PersVG .... Personalvertretungsgesetz
PostVerfG .... Postverfassungsgesetz

RabelsZ .... Rabels Zeitschrift für ausländisches und internationales Privatrecht
RAG .... Reichsarbeitsgericht
RAGE .... Entscheidungen des Reichsarbeitsgerichts – Amtliche Sammlung
RdA .... Recht der Arbeit (Zeitschrift)
RDV .... Recht der Datenverarbeitung (Zeitschrift)
RechtsVO .... Rechtsverordnung
Reg. E. .... Regierungsentwurf
RG .... Reichsgericht
RGZ .... Entscheidung des Reichsgerichts in Zivilsachen
RiA .... Recht im Amt (Zeitschrift)
Richardi/Bearbeiter .... *Richardi,* Betriebsverfassungsgesetz, 10. Aufl., 2006
Richardi,
Kollektivgewalt .... *Richardi,* Kollektivgewalt und Individualwillen bei der Gestaltung des Arbeitsverhältnisses, 1968
Rhld-Pfalz .... Rheinland-Pfalz
RIW .... Recht der internationalen Wirtschaft (Zeitschrift)
RKW .... Rationalisierungskuratorium der deutschen Wirtschaft

RL	Richtlinie
Rn.	Randnummer
Rspr.	Rechtsprechung
RVO	Reichsversicherungsordnung
s.	siehe
S.	Seite
s. a.	siehe auch
SAE	Sammlung Arbeitsrechtlicher Entscheidungen (Zeitschrift)
Schaub	*Schaub*, Arbeitsrechtshandbuch, 9. Aufl., 2004
SchwBeschG	Schwerbeschädigtengesetz
SchwBG	Schwerbehindertengesetz
SE	Societas Europaea (Europäische Aktiengesellschaft)
SeemG	Seemannsgesetz
SG	Sozialgericht
SGB	Sozialgesetzbuch
SGb	Die Sozialgerichtsbarkeit (Zeitschrift)
SGG	Sozialgerichtsgesetz
Söllner	*Söllner*, Grundriß des Arbeitsrechts, 12. Aufl., 1998
Söllner/Waltermann	Arbeitsrecht, 14. Aufl., 2007
sog.	sogenannte(r)
Soz. Fortschr.	Sozialer Fortschritt (Zeitschrift)
SozPlKonkG	Gesetz über den Sozialplan im Konkurs- und Vergleichsverfahren
SozR	Sozialrecht – Rechtsprechung des Bundessozialgerichts (LBl.)
SozSich	Soziale Sicherheit (Zeitschrift)
SprAuG	Gesetz über Sprecherausschüsse der leitenden Angestellten (Sprecherausschuß-gesetz)
SprengG	Sprengstoffgesetz
Staat	Der Staat (Zeitschrift)
StabG	Stabilitätsgesetz
StGB	Strafgesetzbuch
St. GBl.	(österr.) Staats-Gesetzblatt
StrlSchV	Strahlenschutzverordnung
st. Rspr.	ständige Rechtsprechung
Störfall-VO	Störfall-Verordnung
str.	strittig
StuW	Steuer und Wirtschaft /(Zeitschrift)
StVG	Straßenverkehrsgesetz
SZ	Savigny-Zeitschrift (Die Zeitschrift der Savigny-Stiftung für Rechtsgeschichte)
TBd.	Teilband
TOA	Tarifordnung für Angestellte des öffentlichen Dienstes
TVG	Tarifvertragsgesetz
TVöD	Tarifvertrag öffentlicher Dienst
TVVO	Tarifvertragsverordnung (Verordnung über Tarifverträge, Arbeiter- und Angestelltenausschüsse und Schlichtung von Arbeitsstreitigkeiten)
Ufita	Archiv für Urheber-, Film-, Funk- und Theaterrecht (Zeitschrift)
u. a.	und andere, unter anderem
u. ä.	und ähnliche(s)
UmwG	Umwandlungsgesetz
Urt.	Urteil
UNO	Vereinte Nationen
usw.	und so weiter
u. U.	unter Umständen
u. v. a.	und viele(s) andere
UWG	Gesetz gegen den unlauteren Wettbewerb
V	Verordnung
v.	vom
v. a.	vor allem(n)
VAA	Veröffentl. der Arbeitsgem. Arbeitsrecht im DAV

VAG	Versicherungsaufsichtsgesetz
VereinsG	Vereinsgesetz
Verf.	Verfassung/Verfasser
VerfGH	Verfassungsgerichtshof
VermBG	Vermögensbildungsgesetz
VersR	Versicherungsrecht (Zeitschrift)
VerwArch	Verwaltungsarchiv (Zeitschrift)
vgl.	vergleiche
v. H.	vom Hundert
VO(en)	Verordnung(en)
Voraufl.	Vorauflage
VRG	Gesetz zur Förderung von Vorruhestandsleistungen
VSSR	Vierteljahresschrift für Sozialrecht
VVaG	Versicherungsverein auf Gegenseitigkeit
VVdStRL	Veröffentlichung der Vereinigung deutscher Staatsrechtslehrer
VVG	Gesetz über den Versicherungsvertrag
VwGO	Verwaltungsgerichtsordnung
WahlO	Wahlordnung
WBL	Wirtschaftsrechtliche Blätter
WeimRV	Weimarer Reichsverfassung
WHO	Weltgesundheitsorganisation
WiB	Wirtschaftsrechtliche Beratung (Zeitschrift)
Wiedemann/ Bearabeiter	Wiedemann, Tarifvertragsgesetz, 7. Aufl., 2007
WiGBl.	Wirtschaftsgesetzblatt
WissR	Wissenschaftsrecht: Wissenschaftsverwaltung, Wissenschaftsförderung (Zeitschrift)
WiSt	Wirtschaftswissenschaftliches Studium (Zeitschrift)
WO	Wahlordnung
WRV	Weimarer Reichsverfassung
WS I-Mitt.	WS I-Mitteilungen. Monatszeitschrift der wirtschafts- und sozialwissenschaftlichen Institute des DGB
WuR	Wirtschaft und Recht (Zeitschrift)
WuW	Zeitschrift für Kartellrecht, Wettbewerbsrecht und Marktorganisation
ZAS	(österr.) Zeitschrift für Arbeitsrecht und Sozialrecht
z. B.	zum Beispiel
ZBR	Zeitschrift für Beamtenrecht
ZfA	Zeitschrift für Arbeitsrecht
ZfB	Zeitschrift für Betriebswirtschaft
ZfPR	Zeitschrift für Presserecht
ZGR	Zeitschrift für Unternehmens- und Gesellschaftsrecht
ZHR	Zeitschrift für das gesamte Handelsrecht und Wirtschaftsrecht
ZIAS	Zeitschrift für ausländisches und internationales Arbeits- und Sozialrecht
Ziff.	Ziffer
ZIP	Zeitschrift für Wirtschaftsrecht und Insolvenzpraxis
ZNR	Zeitschrift für neuere Rechtsgeschichte
ZögU	Zeitschrift für öffentliche und gemeinwirtschaftliche Unternehmen
ZPO	Zivilprozeßordnung
ZRP	Zeitschrift für Rechtspolitik
Zs.	Zeitschrift
ZStaatsW	Zeitschrift für die gesamte Staatswissenschaft
z. T.	zum Teil
ZTR	Zeitschrift für Tarifrecht
zus.fassend	zusammenfassend
zust.	zustimmend
ZVG	Zwangsversteigerungsgesetz
ZVersW	Zeitschrift für die gesamte Versicherungswissenschaft
ZZP	Zeitschrift für Zivilprozeß
z. Zt.	zur Zeit
2 nd ed.	second edition (engl., 2 Aufl.)

Allgemeine Literaturhinweise

I. Zum Arbeitsrecht im Ganzen

1. Darstellungen für universitäre Ausbildungszwecke sind *Boemke*, Studienbuch Arbeitsrecht, 2. Aufl., 2004; *Junker*, Grundkurs Arbeitsrecht, 6. Aufl., 2007; *Hromadka/Maschmann*, Arbeitsrecht Band 1: Individualarbeitsrecht, 3. Aufl., 2005, Band 2: Kollektivarbeitsrecht und Arbeitsstreitigkeiten, 4. Aufl., 2007; *Krause*, Arbeitsrecht, 2005; *Lieb/Jacobs*, Arbeitsrecht (Reihe „Schwerpunkte"), 9. Aufl., 2006; *Söllner/Waltermann*, Grundriss des Arbeitsrechts, 14. Aufl., 2007; *Brox/Rüthers/Henssler*, Arbeitsrecht, 16. Aufl., 2004; *Hanau/Adomeit*, Arbeitsrecht, 14. Aufl., 2007; *Dütz*, Arbeitsrecht, 11. Aufl., 2006; *Michalski*, Arbeitsrecht, 6. Aufl., 2005; *Löwisch*, Arbeitsrecht, 7. Aufl., 2004; *Otto*, Einführung in das Arbeitsrecht, 3. Aufl., 2003; *Reichold*, Arbeitsrecht, 2. Aufl., 2006; *Wollenschläger*, Arbeitsrecht, 3. Aufl., 2006; *Gamillscheg*, Arbeitsrecht, Band 1: Arbeitskampf- und Arbeitsschutzrecht, 8. Aufl., 2000; *ders.*, Kollektives Arbeitsrecht Band 1, 1997, Band 2, 2007; *Fuchs/Marhold*, Europäisches Arbeitsrecht, 2. Aufl., 2006.

2. Stärker für die Praxis gedacht sind *Goll*, Angewandtes Arbeitsrecht, 1994; *Günter Schaub*, Arbeitsrechtshandbuch, 12. Aufl., 2007; *Wolfgang Däubler*, Das Arbeitsrecht, Band 1, 15. Neuausg. 1998; Band 2, 11. Aufl., 1998; *Moll*, Münchener Anwalts-Handbuch Arbeitsrecht, 2005; *Kittner/Zwanziger*, Arbeitsrecht, 4. Aufl., 2007; *Tschöpe*, Anwalts-Handbuch Arbeitsrecht, 5. Aufl., 2007; *Hümmerich/Spirolke*, Das arbeitsrechtliche Mandat, 4. Aufl., 2007; *Preis*, Arbeitsrecht, Praxis-Lehrbuch zum Individualarbeitsrecht, 2. Aufl., 2003; *ders.*, Praxis-Lehrbuch zum Kollektivarbeitsrecht, 2003.

3. Wichtig sind auch **Gesamtdarstellungen des Arbeitsrechts** (meist mit Schwerpunkt im Individualarbeitsrecht) in den **Kommentaren zum BGB** beim Dienstvertragsrecht. Vgl. namentlich *Edenfeld*, in: Erman, Handkommentar zum Bürgerlichen Gesetzbuch, 11. Aufl., 2004; *Müller-Glöge, Henssler, Lorenz* und *Hesse*, in: Münchener Kommentar zum Bürgerlichen Gesetzbuch, 4. Aufl., 2005; *Siebert*, in: Soergel, Bürgerliches Gesetzbuch, 12. Aufl., 1987–1996; *Weidenkaff*, in: Palandt, Bürgerliches Gesetzbuch, 66. Aufl., 2007; *Mansel*, in: Jauernig, Bürgerliches Gesetzbuch, 11. Aufl., 2004; *Richardi/Annuß*, §§ 611–615 (2006), in: Staudinger, Kommentar zum Bürgerlichen Gesetzbuch und *Neumann/Preis*, §§ 620–630 (1995) in: *Staudinger*, Kommentar zum Bürgerlichen Gesetzbuch, 13. Bearb. **Kommentare zum Arbeitsrecht:** *Dieterich/Müller-Glöge/Preis*, Erfurter Kommentar zum Arbeitsrecht, 7. Aufl., 2007; *Henssler/Willemsen/Kalb*, Arbeitsrecht Kommentar, 2. Aufl., 2006; *Rolfs*, Arbeitsrecht, Studienkommentar, 2. Aufl., 2007.

4. Grundlegende wissenschaftliche Bedeutung haben das Münchener Handbuch zum Arbeitsrecht, 3 Bände mit Ergänzungsband, 2. Aufl., 2000, sowie die zwar gegenüber Gesetzgebung und Rechtsprechung nicht mehr dem neuesten Stand entsprechenden, gleichwohl im wissenschaftlichen Gehalt weiter aktuellen Lehrbücher von *Hueck/Nipperdey*, Lehrbuch des Arbeitsrechts, 7. Aufl., (2 Bände) und von *Arthur Nikisch*, Arbeitsrecht, Band 1, 3. Aufl., 1961, Band 2, 2. Aufl., 1959 und Band 3, 2. Aufl., 1966.

Andere Gesamtdarstellungen zum Arbeitsrecht sind mehr oder weniger veraltet, in manchen Beziehungen freilich nach wie vor wissenschaftlich bedeutsam: *Schnorr von Carolsfeld*, Arbeitsrecht, 2. Aufl., 1954; *Kaskel/Dersch*, Arbeitsrecht, 5. Aufl., 1957; *Erwin Jacobi*, Grundlehren des Arbeitsrechts, 1927; *Hugo Sinzheimer*, Grundzüge des Arbeitsrechts, 2. Aufl., 1927.

5. Mit Gewinn können auch **österreichische und schweizerische Gesamtdarstellungen** des Arbeitsrechts benutzt werden: *Mayer-Maly/Marhold*, Österreichisches Arbeitsrecht, Band 1, 1987, Band 2, 2. Aufl., 1998; *Floretta/Spielbüchler/Strasser*, Arbeitsrecht, 4. Aufl., Band 1, 1998, Band 2, 2. Aufl., 2001; *Schwarz/Löschnigg*, Arbeitsrecht, 10. Aufl., 2003; *Manfred Rehbinder*, Schweizerisches Arbeitsrecht, 15. Aufl., 2002; *Marhold/Friedrich*, Österreichisches Arbeitsrecht, 2006.

6. Als Sammelwerke mit wichtigen Informationen sind zu nennen die Arbeitsrecht-Blattei, hrsg. von *Schwab* (zit. AR-Blattei; *Maus*, Handbuch des Arbeits- und Sozialrechts; *Gaugler/Weber* (Hrsg.), Handwörterbuch des Personalwesens, 3. Aufl., 2004; *Leinemann*, Handbuch zum Arbeitsrecht (Loseblatt); *Weiss/Gagel* (Hrsg.), Handbuch des Arbeits- und Sozialrechts (Loseblatt); *Preis* (Hrsg.), Der Arbeitsvertrag – Handbuch der Vertragspraxis und -gestaltung, 2. Aufl., 2005; *Hümmerich*, Gestaltung von Arbeitsverträgen, 2006; *Dörner/Luczak/Wildschütz*, Handbuch des Fachanwalts – Arbeitsrecht, 6. Aufl., 2007; *Spiegelhalter*, Arbeitsrechtslexikon (Loseblatt), Band 1; *Bürger/Oehmann/Matthes/Göhle-Sander/Kreizberg*, Handwörterbuch des Arbeitsrechts für die tägliche Praxis (Loseblatt).

II. Spezielle Textsammlungen arbeitsrechtlicher Gesetze

Nipperdey, Arbeitsrecht (Loseblatt) mit Erg.bd. Arbeitssicherheit; *Kittner*, Arbeits- und Sozialordnung; ferner für die wichtigsten arbeitsrechtlichen Gesetze das Taschenbuch Arbeitsgesetze, Beck-Texte im dtv (hrsg. von *Richardi*), sowie (etwas umfassender) die Taschenbücher Arbeitsgesetze des Luchterhand-Verlages (hrsg. von *Etzel*) und des Bund-Verlages (hrsg. von *Kittner*), ferner Wichtige Arbeitsgesetze, Neue Wirtschaftsbriefe (hrsg. von *Schwerdtner*). Zu den europäischen Vorschriften s. unten vor § 10.

III. Fallsammlungen zur Ergänzung und Übung des Stoffes

Krause, Arbeitsrecht, Prüfe dein Wissen, Band 1, 2007, Band 2, 2007; *Richardi/Annuß*, Arbeitsrecht, Fälle und Lösungen nach höchstrichterlichen Entscheidungen, 7. Aufl., 2000; *Steinmeyer/Waltermann*, Casebook Arbeitsrecht, 2. Aufl., 2000; *Wank*, Übungen im Arbeitsrecht, 3. Aufl., 2002; *Heckelmann/Franzen*, Fälle zum Arbeitsrecht, 3. Aufl., 2006; *Oetker*, 30 Klausuren aus dem Arbeitsrecht – Individualarbeitsrecht, 7. Aufl., 2007; *Oetker*, 30 Klausuren aus dem Arbeitsrecht – Kollektives Arbeitsrecht, 7. Aufl., 2007; *Junker*, Fälle zum Arbeitsrecht, 2005; *Säcker*, Individuelles Arbeitsrecht case by case, 2006; *Säcker*, Kollektives Arbeitsrecht case by case, 2006; *Boemke*, Fallsammlung zum Arbeitsrecht, 2. Aufl., 2007; *Michalski*, Arbeitsrecht – 50 Fälle mit Lösungen, 5. Aufl., 2006.

IV. Die wichtigsten laufenden Zeitschriften mit arbeitsrechtlicher Literatur und Rechtsprechung

Recht der Arbeit (RdA); Zeitschrift für Arbeitsrecht (ZfA); Arbeit und Recht (AuR); Arbeit und Arbeitsrecht (AuA); Betriebs-Berater (BB); Der Betrieb (DB); Neue Zeitschrift für Arbeitsrecht (NZA); Neue Zeitschrift für Arbeitsrecht, Rechtsprechungs-Report (NZA-RR); Zeitschrift für europäisches Sozial- und Arbeitsrecht (ZESAR); Zeitschrift für Wirtschaftsrecht (ZIP); Zeitschrift für Tarifrecht (ZTR); Zeitschrift für ausländisches und internationales Arbeits- und Sozialrecht (ZIAS). Ein Überblick über ältere, nicht mehr fortgeführte Zeitschriftenreihen findet sich bei *Hueck/Nipperdey*, Band 1, S. 109.

V. Die wichtigsten laufenden Entscheidungssammlungen

Die Arbeitsrechtliche Praxis (AP), eine Loseblattsammlung, die nahezu alle wesentlichen BAG-Entscheidungen, aber auch arbeitsrechtlich bedeutsame Entscheidungen anderer Gerichte in systematisch geordneter Form mit Anmerkungen veröffentlicht; Sammlung arbeitsrechtlicher Entscheidungen (SAE), die als Zeitschrift erscheint und eine Auswahl ebenfalls mit Anmerkungen versehener wichtiger Entscheidungen abdruckt. Die amtliche Sammlung der BAG-Entscheidungen hat daneben nur geringe Bedeutung erlangt. Zahlreiche wichtige Entscheidungen mit Anmerkungen bringen ferner die von *Stahlhacke/Kreft* herausgegebenen Loseblattsammlungen Entscheidungssammlung zum Arbeitsrecht (EzA) und Entscheidungssammlung der Landesarbeitsgerichte (LAGE). Die früher wichtigste Entscheidungssammlung ist die sogenannte Arbeitsrechtssammlung (ARS) (vorher Bensheimer Sammlung), herausgegeben von *Flatow*, *Hueck* und *Nipperdey*, in der sich nahezu alle wesentlichen Entscheidungen der Weimarer Zeit und der NS-Zeit finden.

VI. Bibliographien und Fundstellennachweise

Umfassende Nachweise der Literatur und Rechtsprechung zum deutschen Arbeitsrecht bringen die seit 1954 in der Regel jährlich bis 1999 erschienenen NJW-Fundhefte „Arbeitsrecht" (hrsg. von *Wolfgang Blomeyer*). Ab 1999 fortgeführt unter dem Titel „Systematische Dokumentation Arbeits- und Sozialrecht" auf CD-ROM. Die wichtigere Aufsatzliteratur und die wichtigsten Entscheidungen des BAG werden, mit 1969 beginnend, jährlich (mit einzelnen Lücken) systematisch in der ZfA dargestellt. Bibliographische Nachweise enthält ferner die seit 1963 erscheinende Jahrbuchreihe „Das Arbeitsrecht der Gegenwart" (ArbRGegw.), seit 1998 unter dem Titel „Jahrbuch des Arbeitsrechts" (JbArbR), derzeit hrsg. von *Thomas Dieterich*.

Erster Teil. Grundlagen

Arbeitsrecht umfasst das die Rechtsbeziehungen zwischen Arbeitgebern und Arbeitnehmern regelnde Sonderrecht. Zentrale Rechtsfigur dieses Sonderrechts ist der Arbeitsvertrag, durch welchen die Stellung als Arbeitnehmer und Arbeitgeber begründet wird. Der Arbeitsvertrag ist privatrechtlicher Dienstvertrag. Kennzeichnend für ihn ist, dass der Arbeitnehmer im Rahmen des Arbeitsverhältnisses „unselbständige" Arbeit leistet. Das ist vor allem dann anzunehmen, wenn er in Bezug auf seine Arbeit den Weisungen des Arbeitgebers unterworfen ist. Zu Einzelheiten und Problematik dieser begrifflichen Abgrenzung unten § 4.

§ 1. Grundaufgaben des Arbeitsrechts in der gesellschaftlich-ökonomischen Ordnung

Literatur: *v. Stebut*, Der soziale Schutz als Regelungsproblem des Vertragsrechts, 1982; *Adomeit*, Über einige Schwierigkeiten, ein Arbeitsrechtler zu sein, FS Hilger/Stumpf, 1983; *Zöllner*, Arbeitsrecht und Marktwirtschaft, ZfA 1994, 423; *Fastrich*, Vom Menschenbild des Arbeitsrechts, FS Kissel, 1994, S. 193; *Kraft*, Arbeitsrecht in einer sozialen Marktwirtschaft – eine Skizze, ZfA 1995, 419; *Ehmann*, Deutschland – eine Standortfrage?, in: Die Neue Ordnung, Sondernummer 1996; *Rieble*, Arbeitsmarkt und Wettbewerb, 1997; *D. Reuter*, Die Stellung des Arbeitsrechts in der Privatrechtsordnung, 1997; *Hanau*, Die Zukunft des Arbeitsrechts, RdA 1999, 159; *Löwisch*, Arbeitsrecht und wirtschaftlicher Wandel, RdA 1999, 69; *Loritz*, Veränderung der wirtschaftlichen Grundlagen – Konsequenzen für das Arbeitsrecht, ZfA 2000, 267; *Fischer*, Richterliche Rechtsfindung zwischen „Gesetzesgehorsam" und „ökonomischer Vernunft", ZfA 2002, 215; *Loritz*, Die Wiederbelebung der Privatautonomie im Arbeitsrecht, ZfA 2003, 629; *Däubler*, Die Eigenständigkeit des Arbeitsrechts, FS 50 Jahre BAG, 2004, S. 3; *Junker*, Arbeitsrecht zwischen Markt und gesellschaftspolitischen Herausforderungen, Gutachten B zum 65. DJT, 2004; *Pfarr/Bothfeld/Bradtke/Kimmich/Schneider/Ullmann*, Personalpolitik und Arbeitsrecht – Differenzierung nach der Unternehmensgröße?, RdA 2004, 193; *Seifert*, Arbeitsrechtliche Sonderregeln für kleine und mittlere Unternehmen – Zur Auflösung des Spannungsverhältnisses von Mittelstands- und Arbeitnehmerschutz, RdA 2004, 200; *Picker*, Das Arbeitsrecht zwischen Marktgesetz und Machtansprüchen ..., ZfA 2005, 353; *Rieble* (Hrsg.), Reformdruck auf das Arbeitsrecht in Europa – Wie reagieren nationale Rechtsordnungen?, 2006.

Arbeitsrecht ist historisch entstanden aus der Bemühung, die schwierige soziale Lage des Arbeitnehmers mit den Mitteln des Rechts erträglicher zu machen und den Arbeitnehmer gegen die Nachteile und Gefahren seiner Stellung abzusichern. Die **Schutztendenz** ist bis heute ein Wesenszug des Arbeitsrechts geblieben. Neben den Schutzzweck tritt jedoch in immer stärkerem Maß als zweites Element die **Gestaltung der Unternehmens- und Wirtschaftsverfassung** durch das Arbeitsrecht. Arbeitsrecht ist mit seiner die Macht in Betrieben und Unternehmen aufteilenden und die Unternehmensverträge lenkenden Funktion zu einem **wesentlichen Stück wirtschaftsordnenden Rechts** geworden. Jedes neue arbeitsrechtliche Gesetz, jede neue Tarifvertragsnorm, jede rechtsfortbildende arbeitsgerichtliche Entscheidung gestaltet ein Stück ökonomische Ordnung mit u. U. weitreichenden Folgen.

I. Schutzbedürftigkeit des Arbeitnehmers als arbeitsrechtlicher Grundsachverhalt

Die Entstehung des Arbeitsrechts als eine aus dem bürgerlichen Recht herausgehobene Sondermaterie lässt sich dadurch erklären, dass der Arbeitsvertrag im Rahmen des vorgegebenen Dienstvertragsrechts nicht in der Lage war, die ausreichende Berücksichtigung der schutzwürdigen Interessen des Arbeitnehmers zu bewirken.

1. Vertragsfreiheit im Sinn der Freiheit inhaltlicher Gestaltung des Vertrages funktioniert beim Arbeitsvertrag nur in beschränktem Umfang und nur unter bestimmten Voraussetzungen.[1] Denn Privatautonomie beruht auf dem „Prinzip der Selbstbestimmung", setzt also voraus, dass auch die „Bedingungen freier Selbstbestimmung tatsächlich gegeben sind."[2] Unter diesem Gesichtspunkt vermag eine allein privatautonome Gestaltung der Arbeitsbedingungen in vielen Arbeitsverhältnissen einen ausreichenden Schutz der Interessen des Arbeitnehmers nicht zu gewährleisten. Denn unter modernen Lebensumständen in unseren Breiten können die Menschen überwiegend für ihr Fortkommen nur durch Eintritt in ein Arbeitsverhältnis sorgen. Bleibt dem Einzelnen keine andere Wahl, so muss die Rechts- und Sozialordnung dahin wirken, dass die Bedingungen, zu denen er seine Leistungen zu erbringen hat, angemessen sind. Die Gründe, warum der Arbeitsvertrag als Regelungsinstrument nicht ausreicht, sind vielfältig. Von ihnen können hier nur einige dargelegt werden.

a) Die Arbeitsbedingungen bilden für die wirtschaftenden Unternehmen einen erstrangigen **Kostenfaktor.** Für jeden Arbeitgeber als am Wirtschaftsprozess teilnehmenden Unternehmer besteht ein Sachzwang, diese Kosten so niedrig wie möglich zu halten. Nur dann, wenn die Arbeitsbedingungen (z.B. Urlaubsgeld) und damit die Höhe der Kosten durch eine gegenüber dem Arbeitsvertrag höherrangige Norm (etwa durch Gesetz oder durch Tarifvertrag) für die Gesamtwirtschaft oder wenigstens für eine Branche vorgeschrieben werden, sind die Kosten **wettbewerbsneutral** („Kartellwirkung") und damit für die Unternehmen insoweit leichter zu verkraften, wie sie auf den Markt überwälzbar sind. Arbeitsrecht lässt sich ökonomisch als Kartellierungsrecht für die Faktorkosten Arbeit zur Milderung des Wettbewerbsdrucks verstehen. Zu den gesamtwirtschaftlichen Nachteilen dieser Wirkung siehe unten II 2a, III 2b. Durch Europäisierung und Globalisierung vieler Gütermärkte sind in neuerer Zeit die Möglichkeiten der Überwälzung von Arbeitskosten stark geschwunden.

b) In Unternehmen mit einer größeren Zahl von Arbeitnehmern besteht ein **Sachzwang,** aus Rationalisierungsgründen ebenso wie aus Gerechtigkeitsgründen die **Arbeitsbedingungen** der Arbeitnehmer weithin **einheitlich** auszugestalten. In Einzelheiten individuell ausgehandelte Arbeitsverträge kommen insoweit von vornherein nicht in Betracht.

c) Die Arbeitsbedingungen reagieren, soweit sie nicht zwingend normiert sind, auf Veränderungen von Angebot und Nachfrage am Arbeitsmarkt ähnlich wie die Bedingungen anderer Verträge, wenn auch nicht in gleicher Stärke. Was insoweit auf Güter-

---

[1] Dazu *Zöllner*, Privatautonomie und Arbeitsverhältnis, AcP 176 (1976), 221; *ders.*, Regelungsspielräume im Schuldvertragsrecht, AcP 196 (1996), 1; *ders.*, Vertragskontrolle und Gerechtigkeit, NZA 2006, Beil. 3, S. 99; *Adomeit*, Der Schutz des Schwächeren – arbeitsrechtliche Erfahrungen und zivilrechtliche Entwicklungen, FS Konzen, 2006, S. 1.

[2] BVerfGE 81, 242.

märkten als ökonomisch sinnvoll und vielfach als im Ergebnis gerecht angesehen wird, widerstrebt im Bereich des Arbeitslebens weithin dem sozialen Empfinden.

d) Vielfach wird gesagt, die Vertragsfreiheit funktioniere im Arbeitsrecht nicht, weil zwischen Arbeitnehmer und Arbeitgeber beim Vertragsschluss keine **Gleichgewichtigkeit** herrsche. Bei näherer Betrachtung erweist sich, dass diese Aussage nicht mehr ist als eine Metapher, ein Wertungsergebnis, durch das die tiefer liegenden Gründe eher verschleiert werden. Besonders vordergründig ist es, die Überlegenheit des Arbeitgebers als Partner des Arbeitsverhältnisses aus dem **Eigentum an den Produktionsmitteln** abzuleiten.[3] Abgesehen davon, dass es nicht auf das Eigentum, sondern allenfalls auf die Verfügungsmacht ankommen kann, wird übersehen, dass der Arbeitsvertrag auch in solchen Arbeitsverhältnissen zur Interessenwahrung nicht ausreicht, in denen Produktionsmittel im gegenständlichen Sinn keine Bedeutung haben, wie etwa beim Orchestermusiker oder beim Schauspieler einer reisenden Truppe, beim angestellten Reisenden eines Großhändlers usw. Ganz generell lässt sich die Ungleichgewichtigkeitshypothese als Ursache für das Versagen der Vertragsfreiheit nur in Monopolzusammenhängen aufrechterhalten, und auch dort nur begrenzt.[4]

2. Arbeitsrecht wirkt dem **Funktionsdefizit** des Arbeitsvertrages auf drei Ebenen **entgegen.**

a) Durch Statuierung von durch den Arbeitsvertrag nicht abdingbaren **gesetzlichen Schutzbestimmungen.** Sie sollen den Arbeitnehmer etwa im Betriebs- und Gefahrenschutz vor vermeidbaren gesundheitlichen Gefahren bewahren, ihm im Kündigungsschutz seinen Arbeitsplatz sichern, im Urlaubsrecht einen ausreichenden Erholungsurlaub gewähren, im Lohnschutz den Verlust des Arbeitslohnes verhindern und anderes mehr.

Der Gesetzgeber tritt insoweit der Gestaltungsmacht der Arbeitsvertragsparteien durch Aufstellung von Mindestanforderungen an den Inhalt der Arbeitsbedingungen entgegen, die nicht unterschritten werden können. Die Vertragsfreiheit wird durch diese gesetzlichen Bestimmungen in erheblichem Umfang eingeschränkt.

b) Durch die rechtliche Ermöglichung und Anerkennung **kollektiven Aushandelns von Arbeitsbedingungen.** Die Position des Arbeitnehmers als Partner des Einzelarbeitsvertrags wird dadurch verändert, dass die Arbeitnehmer nicht als einzelne auftreten, sondern zusammengeschlossen in einer Gewerkschaft mit der Arbeitgeberseite bestimmte Arbeitsbedingungen aushandeln und u. U. durch Streik erzwingen. Solche kollektiv durch Gewerkschaften ausgehandelten Arbeitsbedingungen nennt man Tarifverträge, weil ihre Hauptbedeutung auf dem Gebiet des Arbeitsentgelts liegt. Man interpretiert das zuweilen dahin, dass der Tarifvertrag gleichsam die Vertragsfreiheit auf einer höheren Ebene wieder zur Geltung bringt, auf der sie besser funktionieren kann als auf der einzelvertraglichen Ebene. Diese Interpretation ist aus einer Reihe von Gründen fragwürdig. Für die deutsche Tarifpraxis ist eher die Kartellwirkung des Tarifvertrags[5] als die Stärkung der arbeitnehmerischen Verhandlungsmacht für die Qualität der Arbeitsbedingungen kausal. Während eine Kartellwirkung auf Gütermärkten weitestgehend unterbunden werden soll, ist diese auf dem Arbeitsmarkt gerade willkommen. Sie dient dem Schutz von Arbeitnehmerinteressen und ist wesentlicher Bestandteil der durch Art. 9 Abs. 3 GG verfassungsrechtlich garantierten Tarifautono-

---

[3] Vgl. auch *Söllner/Waltermann*, § 4 IV 2.
[4] Näher dazu *Zöllner*, AcP 196 (1996), 1 ff. mit Nachweisen.
[5] S. dazu *Reuter*, Möglichkeiten und Grenzen einer Auflockerung des Tarifkartells, ZfA 1995, 1; *Möschel*, ZfWirtschaftspolitik 1996, 39.

mie.[6] In seiner ersten Entscheidung zu dieser Rechtsfrage stellte der *EuGH*[7] nunmehr fest, dass Abschlüsse von Tarifverträgen dem Anwendungsbereich des Europäischen Wettbewerbsrechts entzogen seien.

c) Durch die Bindung von Entscheidungen des Arbeitgebers **an die Mitwirkung des Betriebsrats.** Dem Arbeitgeber wird durch das Betriebsverfassungsrecht für wichtige Gegenstände die Möglichkeit genommen, die (nicht schon durch Gesetz oder Tarifvertrag festgelegten) Arbeitsbedingungen im Betrieb einseitig umzugestalten. Der Umfang der Arbeitnehmermitwirkung ist dabei rechtlich und faktisch sehr unterschiedlich. Am weitesten reicht sie in so genannten sozialen Angelegenheiten – dazu gehören vor allem die Lage der Arbeitszeit und die Ordnung des Betriebs –, deren Regelung nur mit Zustimmung des Betriebsrats möglich ist. Hier besteht volle, gleichberechtigte Mitbestimmung. Weniger weit geht sie in personellen Angelegenheiten – das sind insbesondere Einstellung, Versetzung und Entlassung von Arbeitnehmern (Einzelheiten vgl. unten § 50). Am schwächsten ist die Mitwirkung in den sog. wirtschaftlichen Angelegenheiten, in denen es bisher im Wesentlichen nur Informations- und Beratungsrechte, allerdings auch Rechte zur finanziellen Folgenbewältigung (Erzwingung eines Sozialplans) gibt.

Nicht hierhin gehört die Mitwirkung der Arbeitnehmerseite durch Beteiligung an Unternehmensorganen, wie sie das geltende Recht vor allem für Kapitalgesellschaften (AG, GmbH und KGaA) in Gestalt der Mitwirkung von Arbeitnehmervertretern im Aufsichtsrat kennt. Sie wirkt sich zwar mittelbar ebenfalls zum Schutz des Arbeitnehmers aus. Ihre zentrale Bedeutung liegt aber auf anderem Gebiet. Näheres dazu unten II 1 und § 53.

3. Die dargelegte **Schutzfunktion,** wie sie seit jeher ein Grundanliegen des Arbeitsrechts gebildet hat, ist **nicht allein kennzeichnend.** Neben den Schutzzweck tritt in bedeutendem Umfang eine organisationsrechtliche Komponente. Dem Arbeitsrecht geht es nicht nur darum, Entscheidungsinhalte zu verhindern, die dem einzelnen Arbeitnehmer nachteilig sind; vielmehr wird der Prozess der Entscheidungsbildung selbst durch zwingende Organisationsregelungen gestaltet, die Wirkung auch dort entfalten, wo Arbeitnehmerschutzanliegen nicht tangiert sind oder nicht im Vordergrund stehen, wie vielfach bei betriebsverfassungsrechtlicher Mitwirkung und bei Tarifverträgen. Organisationsrecht ist das Arbeitsrecht vor allem auch im Sinn eines die Koordination der Arbeitnehmertätigkeit in Betrieb und Unternehmen regelnden Rechts. Nicht zuletzt der Gesamtbereich der Mitbestimmung hat den Blick dafür geschärft, dass Arbeitsrecht gleichzeitig ein wesentliches Stück Wirtschaftsverfassungsrecht darstellt. Das bedarf näherer Darlegung.

II. Arbeitsrecht als Teil des Wirtschaftsverfassungsrechts

Unter dem (nicht einheitlich gebrauchten) Begriff der Wirtschaftsverfassung lässt sich das Gefüge der Normen (und zwar nicht nur der verfassungsrechtlichen) verstehen, welche die Entscheidung über den wirtschaftlich sinnvollen Einsatz der Produktionsmittel und die Verteilung der im Wirtschaftsprozess erzeugten Güter determinieren. Für beide Bereiche ist Arbeitsrecht von zentraler Bedeutung.

---

[6] Vgl. *Junker,* Der Flächentarifvertrag im Spannungsverhältnis von Tarifautonomie und betrieblicher Regelung, ZfA 1996, 383; siehe aber auch Sachverständigenrat zur Begutachtung d. gesamtw. Entw., Jahresgutachten 2005/2006, Nr. 291 ff.

[7] *EuGH* AP Nr. 5 zu Art. 85 EG-Vertrag *(Albany).*

1. Arbeitsrecht und Lenkung des Einsatzes von Produktionsmitteln

In einer nicht vom Staat zentral geplanten und gelenkten Wirtschaft werden wesentliche ökonomische Entscheidungen durch die einzelnen am Wirtschaftsprozess beteiligten Unternehmen getroffen. Träger der Entscheidung über das ökonomische Verhalten der Unternehmen war bis weit in das 20. Jahrhundert hinein allein derjenige, der die juristische Verfügungsmacht über die Produktionsmittel hat (der „Eigentümer"), und in vielen Unternehmen ist er es bis heute noch.

Nun hat sich wegen der Komplexität und Schwierigkeit der zu treffenden Entscheidungen die unternehmerische Entscheidungsgewalt bei Großunternehmen von der des Eigentümers weithin abgelöst. An die Stelle des Eigentümers ist als „Unternehmer" der Manager getreten, der bei großen Kapitalgesellschaften sich als eigenständige Kraft etabliert hat und vom neueren Aktienrecht auch als solche anerkannt worden ist. Die Eigentümer, insbes. bei der AG die Aktionäre als „wirtschaftliche" Eigentümer, üben nur noch eine Art mittelbarer „Kontrolle" aus. Mitbestimmung im Sinn der Beteiligung von Arbeitnehmervertretern im Aufsichtsrat der Kapitalgesellschaften möchte die **Auswahl und die Kontrolle der Manager** nicht mehr den Mitgliedern der Kapitalgesellschaft allein überlassen, sondern die Arbeitnehmer daran beteiligen, und zwar bei so genannter paritätischer Mitbestimmung gleichberechtigt. Wegen der mannigfachen Auswirkungen, welche die Auswahl und Kontrollfunktion auf Entscheidungen der Unternehmensorgane hat, ist die unmittelbar wirtschaftsverfassungsrechtliche Relevanz dieser Mitbestimmung im Aufsichtsrat offensichtlich.

Aber auch **betriebsverfassungsrechtliche Mitwirkungsbefugnisse** des Betriebsrats und **tarifvertragliche Festlegung** von Arbeitsbedingungen wirken auf unternehmerische Entscheidungen in erheblichem Umfang ein: Tarifvertragliche Lohnerhöhungen können etwa, soweit sie nicht an den Markt weitergegeben werden, die für Investitionen zur Verfügung stehende Finanzdecke des Unternehmens schmälern, die Verweigerung der Zustimmung des Betriebsrats zur Einstellung neuer Arbeitnehmer kann die Aufnahme eines neuen Produktionszweigs erschweren, die Möglichkeit für die Belegschaft, einen Sozialplan zu erzwingen, kann die Stilllegung von Unternehmensteilen beeinflussen, die Bereitschaft des Betriebsrats, einen Rationalisierungsplan zu unterstützen, kann dessen Durchführung erleichtern, u. a. mehr.

Auch **Bereichen des Individualarbeitsrechts** kommt wirtschaftsverfassungsrechtliche Relevanz zu. Das wird etwa am Kündigungsschutz deutlich: Ob ein großes Automobilwerk bei sinkender Nachfrage seine Arbeitnehmer früher, später oder gar nicht entlassen kann, hat unmittelbare Bedeutung dafür, ob sich eine Umschichtung des nicht mehr benötigten Faktors Arbeit schneller oder langsamer vollzieht.

Ganz generell lässt sich sagen: **Arbeitsbedingungen sind** aus der Sicht der Unternehmen **Wirtschaftsbedingungen** (daher die Doppelformulierung in Art. 9 Abs. 3 GG), die sich finanziell nicht nur als Kosten darstellen, sondern der ökonomischen Betätigung auch inhaltliche und organisatorische Grenzen setzen. Ökonomisch lässt sich auch so formulieren: Arbeitsrecht ist das Recht des Produktionsmitteleinsatzes für den Produktionsfaktor Arbeitskraft.

2. Arbeitsrecht und Güterverteilung

Auch an der zur Wirtschaftsverfassung gehörigen Lenkung der Verteilung ökonomischer Güter wirkt Arbeitsrecht zentral mit. Aus wirtschaftlicher Sicht lässt sich sagen, dass Arbeitsrecht wichtige normative Daten setzt sowohl für die Verteilung zwi-

schen der Gruppe der Unternehmer und der Gruppe der Unselbständigen als auch für
die Verteilung innerhalb der Gruppe der Arbeitnehmer.

a) Das gilt insbesondere für die durch Tarifvertrag geschaffenen **Lohnregelungen.**
Allerdings bewirken dabei ökonomische Notwendigkeiten moderner Produktionsweise einen teilweise engen Rahmen für die Gestaltung der Verteilung. So können etwa
die in einem Unternehmen für produzierte Waren erzielten Erlöse nicht in beliebiger
Höhe als Lohn ausgeschüttet werden, sondern müssen einmal dazu verwendet werden,
die sich abnützenden Produktionsanlagen zu erneuern, zum zweiten aber auch, diese
Anlagen zu erweitern, zu modernisieren, zu rationalisieren, um die Produktivität zu
erhöhen, kurz: Die durch Arbeit geschaffenen Werte müssen zu einem erheblichen Teil
investiert werden und stehen daher nicht für Lohnzahlungen zur Verfügung. Auch zu
Lasten entnahme- oder ausschüttungsfähiger Unternehmergewinne lässt sich Lohn
nicht beliebig ausweiten (näher dazu unten § 2 III 2). Wird der Lohn über den Pro-
duktionszuwachs hinaus erhöht, kommt es zu inflatorischen Prozessen, welche der
realen Lohnsteigerung entgegenwirken. Lohnsteigerungen können darüber hinaus beschäftigungshemmende Wirkungen entfalten. Die dadurch bewirkte Arbeitslosigkeit
verzerrt den Verteilungsvorgang beträchtlich.

b) Um so gravierender ist freilich der Umstand, dass der **Wert der** zum Zweck der
Produktivitätssteigerung gemachten **Investitionen** allein dem Inhaber der Produktionsmittel zuwächst. Was für konservative Kräfte selbstverständlicher und durch Ei-
gentumslage und unternehmerische Leistung voll gerechtfertigter Ausdruck des pri-
vatkapitalistischen Wirtschaftssystems ist, verstehen marxistisch orientierte Betrachter
als den „Grundwiderspruch" zwischen „gesellschaftlicher" Produktion von Werten
und „privater Aneignung" dieser Werte. Demgegenüber werden Auswege durch Beteiligung der Arbeitnehmer am Produktivvermögen gesucht.[8]

III. Verhältnis zur Wirtschaftsordnung:
Arbeitsrecht und Marktwirtschaft[9]

Unter Wirtschaftsordnung verstehen wir das ökonomische Modell der Verteilung
wirtschaftlicher Planungs- und Entscheidungsgewalt, wie es wesentlich durch die
rechtlichen Vorgaben der Wirtschaftsverfassung determiniert wird. Von den beiden
Grundmodellen Planwirtschaft und Marktwirtschaft gilt angesichts des weltweiten
Scheiterns aller planwirtschaftlichen Systeme nur mehr die Marktwirtschaft als relevant. Wird Arbeitsrecht wie hier als Teil der Wirtschaftsverfassung verstanden, so hat
es auch einen zentralen Stellenwert innerhalb der Marktwirtschaft. Es ist unzutreffend,

---

[8] Zu diesem Thema unten § 2 III 3 und § 16 VI und VII mit Nachweisen.
[9] Dazu *Reuter*, Die Rolle des Arbeitsmarkts im marktwirtschaftlichen System – eine Skizze, ORDO
Band 36, 1985, S. 51; *Möschel*, Arbeitsmarkt und Arbeitsrecht, ZRP 1986, 48; *Windbichler*, Grenzen
der Mitbestimmung in einer marktwirtschaftlichen Ordnung, ZfA 1991, 35; *Zöllner*, Der kritische Weg
des Arbeitsrechts zwischen Privatkapitalismus und Sozialstaat, NJW 1990, 1; *ders.*, Arbeitsrecht und
Marktwirtschaft, ZfA 1994, 423; *Rieble*, Arbeitsmarkt und Wettbewerb, 1996; *Picker*, Tarifautonomie und
tarifliche Arbeitsmarktpolitik, ZfA 1998, 573; *Franz/Rüthers*, Arbeitsrecht und Ökonomie, RdA 1999,
32; *Kissel*, Standortfaktor Arbeitsrecht, 1999; *Henssler*, Arbeitsmarkt und Wettbewerb, ZfA 2002, 335;
Buchner, Reform des Arbeitsmarkts – Was brauchen und was können wir?, DB 2003, 1510; *Kort*, Zwi-
schen Marktmacht und Regulierung: Wohin steuert das europäische Arbeitsrecht?, JZ 2004, 267;
Picker, Das Arbeitsrecht zwischen Marktgesetz und Machtansprüchen, ZfA 2005, 353; *Rieble* (Hrsg.),
Transparenz und Reform im Arbeitsrecht, 2006.

Arbeitsrecht nur als Teil einer eigenständig und unabhängig von der Wirtschaftsordnung gedachten Sozialordnung zu reflektieren. Vielmehr muss sein Verhältnis zur Marktwirtschaft genauer bestimmt werden.

1. Marktwirtschaft als Grundordnung der Wirtschaft

Marktwirtschaft verbunden mit Privateigentum an Unternehmen („Privatkapitalismus") stellt unter derzeitigen Lebensverhältnissen die sowohl ökonomisch effizienteste als auch die freiheitlichste Ordnung der Wirtschaft dar.[10] Marktwirtschaft bedeutet, dass die Unternehmen selbst darüber entscheiden, ob, inwieweit, in welcher Weise und zu welchen Bedingungen sie am Markt anbieten und damit am Wirtschaftsprozess teilnehmen wollen. Der Staat setzt für die wirtschaftliche Betätigung nur Rahmenbedingungen, insbesondere durch Bereitstellung einer den Güteraustausch ermöglichenden fördernden und sichernden Rechtsordnung. Eingreifende, d.h. den Wirtschaftsprozess einschränkende Rahmenbedingungen (z.B. Verbot der Herstellung umweltschädlicher Produkte, der Ausfuhr von Kriegsgerät u.ä.) beschränkt er auf das im Gemeinwohl erforderliche Minimum. Anderseits tragen die Unternehmen das wirtschaftliche Risiko etwaiger Fehlbeurteilung von Marktbedingungen grundsätzlich selbst. Der gesamtwirtschaftliche Vorteil der Marktwirtschaft liegt vor allem darin, die so genannte Allokation von Ressourcen, d.h. die Lenkung der Produktionsfaktoren Arbeit und Kapital so zu gestalten, dass daraus die effizienteste Gütererzeugung und damit das höchstmögliche Sozialprodukt erwächst. Diese optimale Steuerungsfunktion kann Marktwirtschaft allerdings nur leisten, wenn an den Märkten Wettbewerb herrscht.

2. Arbeitsrecht im Spannungsfeld der Marktwirtschaft

Arbeitsrecht steht zu dieser Ordnungsidee auf mehreren Ebenen in Gegensatz, nämlich zum einen auf der Ebene der Gütermärkte – denen die Idee der Marktwirtschaft entstammt –, zum anderen auf der Ebene des Arbeitsmarkts.

a) Auf der **Ebene der Gütermärkte** setzt Arbeitsrecht zum einen vielfach Rahmenbedingungen, mit denen der gütererzeugende Wirtschaftsprozess eingeschränkt und damit die Erzeugung eines maximalen Sozialprodukts verhindert wird. Das ist solange ordnungsimmanent oder jedenfalls mit der marktwirtschaftlichen Ordnung verträglich, wie solche Einschränkungen unter einer Gesamtbetrachtung sich als dem Gemeinwohl förderlich erweisen. Für viele im sozialen Interesse aufgestellte Regelungen ist dies zu bejahen, allerdings keineswegs durchgängig. Vielmehr gibt es heute zahlreiche überflüssige oder bei sachgerechter Abwägung bedenkliche Regelungen. Ein Beispiel stellen etwa Normierungen in Tarifverträgen oder Betriebsvereinbarungen dar, die es Kaufhäusern selbst bei einer weiteren Lockerung der gesetzlichen Regelungen (ArbZG und LadSchlG[11]) unmöglich machen, ihre Verkaufsstellen länger als bisher offen zu halten. Nicht minder gewichtig ist, dass zahlreiche gütermarktbezogene Ent-

---

[10] Zu einschlägigen Fragen *Cassel* (Hrsg.), Entstehung und Wettbewerb von Systemen, 1996; *Okruch*, Wirtschaftspolitik in einer offenen Welt, in: Reimermann (Hrsg.), Merkantilismus und Globalisierung, 2000, S. 123; *Bernholz*, Der Wettbewerb der Systeme, FS Frey, 2004, S. 241; *Falck/Heblich*, Corporate social responsibility: Einbettung des Unternehmens in das Wirtschaftssystem, 2006; *Heine/Herr/Kaiser*, Wirtschaftspolitische Regime westlicher Industrienationen, 2006.

[11] Zur Kompetenzverschiebung und rechtlichen Fragen nach der Föderalismusreform vgl. *Kämmerer/Thüsing*, Ladenschlussrecht und Arbeitszeitrecht, GewArch 2006, 266.

scheidungen der Unternehmen durch Mitbestimmung verhindert, verzögert oder inhaltlich erheblich modifiziert werden. Das kommt zum einen im Aufsichtsrat von Kapitalgesellschaften in Betracht, wenn die Arbeitnehmervertreter gegen eine notwendige Umstrukturierung des Unternehmens opponieren. Ganz erhebliche Auswirkungen gehen jedoch auch von der Mitbestimmung des Betriebsrats aus, wenn er etwa eine Betriebsänderung blockiert oder der zur Erfüllung von Aufträgen erforderlichen Leistung von Überstunden oder von Samstagsarbeit nicht zustimmt. Formal könnte man demgegenüber einwenden, dass mitbestimmte Entscheidungen gleichwohl Entscheidungen des Unternehmens seien, das marktwirtschaftliche Prinzip mithin durch Mitbestimmung im Unternehmen oder Betrieb nicht tangiert werde. In der Sache geht dieser Einwand jedoch deswegen fehl, weil die allokative und damit gesamtwirtschaftlich optimale Steuerungsfunktion der Marktwirtschaft nur dann voll greift, wenn die ökonomischen Entscheidungen des Unternehmens von den Gewinnerwartungen determiniert werden. Arbeitnehmermitbestimmung berücksichtigt Gewinnerwartungen bei Entscheidungen, die mit Nachteilen für die Belegschaft verbunden sind, wie namentlich bei Betriebseinschränkungen oder -stilllegungen in der Regel nur in zweiter Linie, nämlich nur insoweit, wie in kürzerer Sicht die Existenz des Unternehmens auf dem Spiel steht. Ein derartiges Entscheidungsverhalten kann je nach Sachlage durchaus legitim sein (dazu noch § 52 IV), weil die **reine** Gewinnorientierung aller unternehmerischen Entscheidungen sozial geradezu unerträglich wäre. Insoweit besteht jedoch ein Spannungsverhältnis zur marktwirtschaftlichen Ordnung, das offen reflektiert werden muss.

b) Auf der **Ebene des Arbeitsmarkts** steht Arbeitsrecht marktwirtschaftlichen Prinzipien vor allem dadurch entgegen, dass es den Wettbewerb unter den Arbeitnehmern als Anbieter – selbstverständlich aus guten Gründen – einschränkt.[12] Das geschieht vor allem dadurch, dass es durch zwingende Mindestbedingungen ein gegenseitiges Unterbieten der Arbeitnehmer verhindert (Kartellwirkung). Die Gewerkschaften sind, ökonomisch betrachtet, Arbeitnehmerkartelle, die mit Hilfe der Tarifverträge durchsetzen, dass die vom Arbeitgeber als Gegenleistung zu gewährenden Arbeitsbedingungen oberhalb des sich sonst, d.h. bei echtem Wettbewerb am Markt bildenden Gleichgewichtsniveaus liegen. Durch das Handeln der Arbeitnehmerkoalition wird nicht lediglich die fehlende Funktionsfähigkeit des Einzelarbeitsvertrags auf höherer Ebene wieder hergestellt, sondern machtgetragenes Handeln gegen den Markt ermöglicht.[13] Ob von Tarifnormen beschäftigungshemmende Effekte ausgehen, wird ebenso kontrovers diskutiert wie die Frage, inwiefern Kündigungsschutzregelungen Einfluss auf das Funktionieren des Arbeitsmarktes, insbesondere auf das Einstellungsverhalten der Arbeitgeber und damit das Beschäftigungsniveau ausüben.[14] Aus alledem folgt, dass arbeits-

---

[12] Davon zu unterscheiden ist die Problematik von Abreden zwischen Unternehmern und von Verbandsbeschlüssen, durch die der Wettbewerb der Arbeitnehmer eingeschränkt wird. Dazu z.B. *Salje*, Individualarbeitsrecht und Kartellverbot, ZfA 1991, 653.

[13] Vgl. vor allem *Reuter*, Funktionsfähigkeit der Arbeitsmärkte durch Tarifautonomie?, in: Währungsreform und soziale Marktwirtschaft, Jahrestagung des Vereins für Socialpolitik, 1986, S. 507. Gleichwohl sind Tarifverträge nicht per se wegen Verstoß gegen § 1 GWB unzulässig. Zur Frage der Anwendbarkeit des Kartellrechts auf Tarifverträge *BAG* AP Nr. 113 zu Art. 9 GG Arbeitskampf; *Immenga*, Grenzen des kartellrechtlichen Ausnahmebereichs Arbeitsmarkt, 1989; *Nacken*, Tarifverträge über das Ende der Arbeitszeit und § 1 GWB, WUW 1988, 475; Tarifautonomie und Kartellrecht, FIW Schriftenreihe, Heft 126, 1990; *Buchner*, Tarifverträge im Wettbewerb, ZfA 2004, 229; *Kupfer/Neumann*, Versorgungstarifverträge und Kartellrecht, BetrAV 2004, 42; *Anton*, Tarifvertrag und Kartellvergaberecht ..., ZTR 2006, 296.

[14] Siehe zuletzt *Pfarr/Bothfeld/Kaiser/Kimmich/Peuker/Ullmann*, REGAM-Studie: Hat der Kündigungsschutz eine prohibitive Wirkung auf das Einstellungsverhalten der kleinen Betriebe?, BB 2003,

rechtliche Normenbildung, gleich auf welcher Ebene, darauf achten muss, den ange-strebten Sozialschutz so auszugestalten, dass er sich nicht insgesamt zum Nachteil der Arbeitnehmer auswirkt.[15]

3. Arbeitsrecht als Element sozialer Marktwirtschaft[16]

Marktwirtschaft ist zwar ökonomisch effizient, sie ist aber nicht per se Garant einer guten Ordnung aller gesellschaftlich relevanten Bereiche, sondern bedarf ständiger Überprüfung und Korrektur durch Gesetzgebung und Verwaltung gegenüber negati-ven sozialen Wirkungen. Solche negativen Effekte der Marktwirtschaft liegen nament-lich in der **Unsicherheit der Arbeitsplätze.** Es ist geradezu Charakteristikum einer effizienten Wirtschaftsordnung, nicht nur den Produktionsfaktor Kapital, sondern auch den Produktionsfaktor Arbeit in dem Sinn beweglich zu halten, dass er kurzfris-tig dort eingesetzt werden kann, wo dieser Einsatz ökonomisch am sinnvollsten ist (allokative Funktion der Marktwirtschaft). Das bedeutet, dass Arbeitskräfte zwischen Unternehmen ebenso wie zwischen Branchen mobil erhalten werden müssen. Soll die-ser Wechsel nicht von oben gelenkt werden, müssen Entlassungen möglich sein. Das Arbeitsrecht kann und muss versuchen, insoweit Härten abzumildern. Ausschließen kann es die Entlassungsmöglichkeit nicht, ohne das marktwirtschaftliche System an einer wesentlichen Grundlage zu treffen. Ein echtes Recht auf Arbeit ist deshalb nicht zu verwirklichen.[17]

Anderseits ist es sozial undenkbar, menschliche Arbeit, auch wenn sie ökonomisch gesehen „Pro-duktionsfaktor" ist, mit dem Faktor Kapital gleichzubehandeln. Vielmehr ist es die spezifische Aufga-be des Arbeitsrechts, die aus der Marktwirtschaft resultierenden sozialen Nachteile auszugleichen oder abzumildern.

Arbeitsrecht lässt sich unter diesem Aspekt als Reaktion auf die sozialen Probleme des bestehenden Ordnungssystems verstehen.

Wenn heute statt von freier von „sozialer Marktwirtschaft" gesprochen wird, so ist damit gerade die Notwendigkeit des Auffangens sozialer Folgen marktwirtschaftlich determinierter Entscheidungen thematisiert. Diese Notwendigkeit wird von keinem Einsichtigen bestritten. Anderseits ist aber die Überzeugung gewachsen, dass auf die Systemverträglichkeit sozial motivierter Einschränkungen der marktwirtschaftlichen Ordnung stärker geachtet werden muss.

4. Marktwirtschaft und Vertragsfreiheit

Die der Marktwirtschaft zugrunde liegende Autonomie der Unternehmen hinsicht-lich ihres ökonomischen Verhaltens am Markt bedarf der Selbstregelungsbefugnis über

---

2286; *Junker,* Arbeitsrecht zwischen Markt und gesellschaftspolitischen Herausforderungen, Gutach-ten B zum 65. DJT, 2004, S. 46ff.; *Löwisch,* Auswege aus dem Kündigungsschutzrisiko?, FS 50 Jahre BAG, 2004, S. 423; *Rieble,* Tarifvertrag und Beschäftigung, ZfA 2004, 1; *Mohr,* Beschäftigungsförde-rung durch Kündigungsschutz, ZfA 2006, 547; eingehend dazu auch Sachverständigenrat zur Begut-achtung d. gesamtw. Entw., Jahresgutachten 2006/2007, Nr. 554ff.

[15] Zu dieser Thematik z.B. *Rüthers,* Über die Zweckverfehlung arbeitsrechtlichen Sozialschutzes, FS Ernst Wolf, 1985, S. 565.

[16] Zu Begriff und Funktion der sozialen Marktwirtschaft vgl. die Aufsätze von *Willgerodt, Eickhof, Schönwitz* und *v. d. Schulenburg,* in: Fischer (Hrsg.), Währungsreform und Soziale Marktwirtschaft, Schriften des Vereins für Socialpolitik, 1989; *Klein u.a.* (Hrsg.), Soziale Marktwirtschaft, Ein Modell für Europa, FS Gernot Gutmann, 1994; *Hasse,* Lexikon Soziale Marktwirtschaft, 2. Aufl., 2005.

[17] Vgl. *Rath,* Die Garantie des Rechts auf Arbeit, 1974, S. 111 und passim. Zum Recht auf Arbeit vgl. auch § 8 II 9 mit weiteren Nachweisen.

Art und Umfang des Produktionsmitteleinsatzes und damit auch der Vertragsfreiheit. Marktwirtschaft und Privatautonomie sind aufeinander angewiesen wie siamesische Zwillinge. Arbeitsrecht steht dem für den Einsatz des Produktionsmittels Arbeitskraft weithin entgegen, weil die Einschränkung der Vertragsfreiheit für das Arbeitsrecht geradezu charakteristisch ist (vgl. oben I 1). Eine Vielzahl rechtspolitischer Bestrebungen fordert demgegenüber zwecks Erhöhung der Unternehmensflexibilität im Wirtschaftsprozess eine **Flexibilisierung des Arbeitsrechts,** verstanden im Sinn einer Auflockerung und Einschränkung zwingenden Arbeitsrechts. Die normative Umsetzung dieses Programms ist schwierig, weil einerseits die maßgebenden Zusammenhänge weithin noch nicht begriffen oder akzeptiert sind, andererseits die Schutzbedürfnisse der Arbeitnehmer heute sehr viel differenzierter sind als früher. Flexibilisierung darf daher nicht gleichgesetzt werden mit der sog. Deregulierung, die freilich in erster Linie dem Ziel der Flexibilisierung dienen soll.[18]

§ 2. Praktische Bedeutung des Arbeitsrechts und Rechtstatsachen

I. Bedeutung des Arbeitsrechts

1. Die Zahl der Arbeitnehmer betrug 2005 im gesamten Bundesgebiet 29,8 Mio. Zum Vergleich: Die Einwohnerzahl der Bundesrepublik betrug im gleichen Jahr 82,5 Mio., die Zahl der Erwerbstätigen 36,6 Mio. (Die Nichtarbeitnehmer setzen sich aus ca. 2,2 Mio. Beamten und 4,5 Mio. Selbständigen inkl. mitarbeitenden Familienangehörigen zusammen.) Weit mehr als ein Drittel der Gesamtbevölkerung und gut vier Fünftel der Erwerbstätigen sind also Arbeitnehmer.[1]

2. Für den weitaus größten Teil dieser Personen bedeutet Arbeitsrecht die Regelung ihrer Existenzgrundlage und oft auch der ihrer Angehörigen, für alle bedeutet es die Regelung der Bedingungen, unter denen sie ihren Beruf oder Nebenberuf ausüben. Diese Bedingungen besagen nicht nur, wie die Betroffenen einen erheblichen Teil ihres täglichen Lebens zubringen, sondern sie sind maßgebend für die Verwirklichung ihrer Persönlichkeit und die Sinnerfüllung ihres Lebens. Modernes Arbeitsrecht versteht man falsch, wenn man als seinen Zweck neben dem Gesundheitsschutz der Arbeitnehmer nur die Sicherung ihrer wirtschaftlichen Existenz ansieht. Diese Ziele standen zu Beginn der Entwicklung durchaus im Vordergrund, weil sie unter akuter Bedro-

---

[18] Vgl. zur Thematik *Zöllner,* Flexibilisierung des Arbeitsrechts, ZfA 1988, 265; *Kronke,* Regulierungen auf dem Arbeitsmarkt, 1990; *Donges,* Deregulierung am Arbeitsmarkt und Beschäftigung, 1992; *Konzen,* Vom „Neuen Kurs" zur sozialen Marktwirtschaft, ZfA 1991, 379; *ders.,* Die Tarifautonomie zwischen Akzeptanz und Kritik, NZA 1995, 913; Monopolkommission, Zehntes Hauptgutachten vom 30. 6. 1994, BT-Drs. 12/8323, S. 363 ff.; kritisch *Dorndorf,* Mehr Individualvertragsfreiheit im Arbeitsrecht?, FS Gnade, 1992, S. 39; *Kittner,* Arbeitsrecht und marktwirtschaftliche Unternehmensführung, AuR 1995, 385; siehe ferner *Loritz,* Die Wiederbelebung der Privatautonomie im Arbeitsrecht, ZfA 2003, 629; *Sievert,* in: 40 Jahre Sachverständigenrat, 2003, 34; *Möschel,* Tarifvertragsreform zwischen Ökonomie und Verfassung, BB 2005, 490; *Löwisch,* Maßnahmen zur Vereinfachung und Beschleunigung im Arbeitsrecht, BB 2005, 2580; *Thüsing,* Flexibilität und Sicherheit – Eine neue Balance im Arbeitsrecht, NJW 2005, 3477; *Rieble* (Hrsg.), Transparenz und Reform im Arbeitsrecht, 2006, S. 10.

[1] Quelle: Mitt. des Statistischen Bundesamts; Statistisches Jahrbuch 2006.

hung vordringlich sind. Seit längerem widmet sich jedoch das Arbeitsrecht in steigendem Maß auch den Fragen des Schutzes und der Verwirklichung der Arbeitnehmerpersönlichkeit[2] und greift damit über den Bereich des Existenzsicherungsrechts weit hinaus. Gerade darin liegt neben der aus Zahlen ersichtlichen quantitativen seine besondere qualitative Bedeutung.

3. Die eminent **politische Bedeutung** des Arbeitsrechts ist aus seiner Teilfunktion im Bereich der Wirtschaftsverfassung bereits deutlich geworden (oben § 1 II und III). Diese Bedeutung wird wesentlich dadurch erhöht, dass Arbeitsrecht zugleich neben dem Sozialrecht das wichtigste **Instrument staatlicher Sozialpolitik** darstellt (dazu unten § 4 II 2 und § 6 VI).

4. Hingegen würde man die Bedeutung des Arbeitsrechts vermutlich überschätzen, wenn man ihm wesentlichen Anteil an der Verbesserung des allgemeinen Wohlstands zuschriebe. Dass die tatsächliche jährliche Arbeitszeit eines Arbeitnehmers im Reichsgebiet bzw. in den alten Bundesländern von 1880 bis 1989 von über 3400 auf 1603 Stunden (s. *Neifer-Dichmann*, ArbGeb1991, 52), d.h. auf weniger als die Hälfte abgesunken ist, und dass alle Grundnahrungsmittel 1989 innerhalb einer Arbeitszeitstrecke verdient wurden, die nur mehr einen Bruchteil der etwa hundert Jahre zuvor erforderlichen Arbeitszeit ausmacht (1 kg Roggenbrot 1880: 1 Stunde 11 Minuten, 1989: 10 Minuten; 1 kg Zucker 1880: 3 Stunden 41 Minuten, 1989: 7 Minuten; 1 kg Schweinefleisch 1880: 6 Stunden 21 Minuten, 1989: 35 Minuten), ist eher der ökonomischen Entwicklung zuzuschreiben als dem Recht.[3] Nach Berechnungen des Instituts für Wirtschaftsforschung lag die durchschnittliche Wochenarbeitszeit eines abhängig Beschäftigten im Jahr 2002 nunmehr bei 36,5 Stunden, was ein weiteres Absinken der durchschnittlichen Jahresarbeitszeit auf 1480 Stunden bedeutet.[4] Gegenwärtig ist allerdings der Trend zur Einführung längerer Arbeitszeiten unübersehbar.

5. Die ökonomische Bedeutung des Arbeitsrechts ist heute eher negativ zu sehen. Arbeitsrecht als Recht des Produktionsmitteleinsatzes für den Produktionsfaktor Arbeitskraft (vgl. oben § 1 II 1) lässt sich, cum grano salis, als Recht zur Investitionslenkung von Arbeitskraft verstehen. Damit führt es, wie jede staatliche Investitionslenkung, auf Dauer zur Verschwendung von Ressourcen. Das ist, da die menschliche Arbeitskraft ein Produktionsmittel besonderer Art ist, sachlich in einer der Humanität verpflichteten Ordnung partiell unausweichlich. Gleichwohl darf der Rechts- und Sozialpolitiker die wirtschaftspolitische Bedeutung des Arbeitsrechts nie aus den Augen verlieren.

Dass der Beitrag der so genannten Schattenwirtschaft,[5] d.h. der vor allem in Gestalt von do-it-yourself, Nachbarschaftshilfe und illegaler Schwarzarbeit[6] wirkenden Produktivkräfte, zum Sozialprodukt beträchtlich hoch ist (ca. 17% des Bruttoinlandsprodukts, also rd. 370 Mrd. € im Jahre 2003)[7], beruht nicht etwa primär auf rechtsfeindlicher Einstellung der Bevölkerung, sondern darauf, dass das Rechtssystem dem sinnvollen Einsatz des Produktionsmittels Arbeitskraft zu viele unverhältnismäßige Hindernisse entgegensetzt. Schattenwirtschaft ist mit anderen Worten weniger ein rechtlicher Missstand als vielmehr Symptom eines misslichen Rechtszustands.

Im Zug des Abbaus der von den politischen Grenzen ausgehenden Wirtschaftshemmnisse (europäischer Binnenmarkt, Globalisierung der Wirtschaft) entfaltet das

---

[2] Dazu ausführlich *Wiese*, Der personale Gehalt des Arbeitsverhältnisses, ZfA 1996, 439.

[3] Anders aus seiner historischen Sicht *Picker*, ZfA 1986, 199, 252 ff.

[4] Ifo-Schnelldienst, Wochenberichte, Jg. 57, H.22, S. 48 f.

[5] Dazu *Jessen u. a.*, Arbeit nach der Arbeit – Schattenwirtschaft, Wertewandel und Industriearbeit, 1988; *Schwarze*, Nebenerwerbstätigkeit in der Bundesrepublik Deutschland 1990; *Schneider/Enste*, Schattenwirtschaft und Schwarzarbeit, 2000; *Braackmann*, Schattenwirtschaft und Messung des Wirtschaftswachstums, 2004.

[6] Sie ist als Ordnungswidrigkeit mit Geldbuße belegt durch das SchwarzArbG. Zur Schwarzarbeit ferner *Marschall*, Bekämpfung illegaler Beschäftigung, 3. Aufl., 2003; *Kossens*, Das Gesetz zur Intensivierung der Bekämpfung der Schwarzarbeit ..., BB Spezial 2/2004; *Kreizberg*, AR-Blattei SD 1430 Schwarzarbeit, 2005.

[7] Vgl. *Kreizberg*, AR-Blattei SD 1430 Schwarzarbeit, 2005, Rn. 11.

deutsche Arbeitsrecht sich als starkes Investitionshemmnis mit der Folge, dass ausländische Investoren andere Länder bevorzugen und deutsche Unternehmen mehr und
mehr ihre Produktion ins Ausland verlagern[8] (daher die sog. Standortdiskussion) und
mehr Vorprodukte aus dem Ausland beziehen. Arbeitslosigkeit in Deutschland hat
hierin eine bedeutsame Teilursache.

II. Die Vielgestaltigkeit des Arbeitslebens

Arbeitsrecht soll die Wirklichkeit des Arbeitslebens ordnen. Wie diese Wirklichkeit
beschaffen ist, lässt sich für den Einzelnen heute kaum noch adäquat erfassen. Der persönliche Erfahrungsbereich des Rechtspolitikers, Rechtswissenschaftlers und Richters
konnte bis zur Mitte des 19. Jahrhunderts ausreichen, das vorwiegend landwirtschaft-
lich und handwerklich strukturierte Produktions- und Dienstleistungswesen zu überschauen. Der wirtschaftlichen Vielfalt und den komplizierten Zusammenhängen eines
hoch industrialisierten Zeitalters wird man damit nicht mehr gerecht. Die technische
und wirtschaftliche Entwicklung schreitet weiter rasch voran. Neue Informationstechnologien verändern nicht nur die Arbeitsmethoden grundlegend, sondern erlauben
in vielen Bereichen die Ersetzung des Menschen durch selbststeuernde Maschinen. Die
sich demzufolge immer mehr ausdifferenzierende Wirklichkeit des Arbeitslebens führt
dazu, dass es die in ihren konkreten Zügen für die Mehrheit der Arbeitsverhältnisse
typische Arbeitsbeziehung nicht mehr gibt. Vordergründig wird das bereits aus einer
gewiss nur überschlägigen Einteilung nach Wirtschaftszweigen deutlich, wie sie offi-
zielle Statistiken verwenden. Danach umfasst das Arbeitsleben[9] Land-, Forstwirtschaft
und Fischerei (ca. 0,44 Mio. abhängig Beschäftigte im Jahr 2005) ebenso wie das pro-
duzierende Gewerbe (ca. 9,98 Mio.), Handel, Gastgewerbe und Verkehr (ca. 7,30 Mio.)
sowie sonstige Dienstleistungen (ca. 14,34 Mio.). Gesehen werden muss, dass das für
sozialpolitische Betrachtungen klassische verarbeitende Gewerbe als Teil des produzierenden Gewerbes mit ca. 6 Mio. Beschäftigten nur noch rund ein Fünftel aller Beschäftigten ausmacht. Sich rasch wandelnde Bedürfnisse führen zu immer schnellerer Ver-
schiebung der Anteile fast aller Berufe an der Gesamtzahl der Erwerbstätigen. So hat
sich etwa seit 1973 die Zahl der Metallarbeiter stark vermindert, hingegen hat die Zahl
der EDV-Fachkräfte sich vervielfacht. Klar machen muss man sich ferner, dass die Situation des Arbeitnehmers je nach der Größe des Betriebes außerordentlich differiert.
Mehr als die Hälfte der Arbeitnehmer arbeitet in Betrieben mit weniger als 100 Beschäftigten. Sozialpsychologisch von nicht geringer Relevanz ist auch, dass heute bereits weit
mehr als der Hälfte der Arbeitnehmer die Angestellteneigenschaft zukommt. Dieser
Prozentsatz wird weiter steigen. Die mehr als ein Jahrhundert andauernde soziologi-
sche Dominanz des Arbeiters im Arbeitsrecht gehört damit der Vergangenheit an.

Dass aus den Wirtschaftszweigen, in denen die Arbeitnehmer tätig sind, für ihre Situation vielfältige Unterschiede folgen, ist selbstverständlich. Überlegungen zur rechtlichen Gestaltung der Lage des Arbeitnehmers müssen sich der Differenziertheit dieser
rechtstatsächlichen Situation bewusst sein. So sind etwa Erkenntnisse über die extreme
Arbeitsteilung in Gestalt der Fließbandarbeit nur mehr für einen kleinen Teil der Arbeitnehmer in der Industrie bedeutsam.[10] Akkordarbeit kann sich in der einen Branche

---

[8] Dazu sehr eindringlich *Ehmann*, Die Neue Ordnung 1996, Sondernummer.
[9] Quelle: Mitt. des Statistischen Bundesamts; Statistisches Jahrbuch 2006.
[10] Nach *Landau/Pressel*, Medizinisches Lexikon der beruflichen Belastungen und Gefährdungen,
2004, S. 243, arbeiten nur 2–5% der Beschäftigten in der Metallindustrie an Fließbändern. Für die Kfz-
Industrie beträgt der Wert 12% in gebundener Fließarbeit und 7% in ungebundener Fließarbeit.

für die Gesundheit des Arbeitnehmers schädlich, in der anderen ohne wesentliche Belastung auswirken. Berufskrankheiten gibt es in vielen Zweigen, aber sie sind von unterschiedlicher Häufigkeit und Schwere und die Möglichkeiten ihrer Vermeidung sind verschieden günstig. Die überall in rasantem Vordringen begriffene Arbeit mit Hilfe von Computern ist von höchst ungleicher Intensität. Dass die wirtschaftliche Situation in den einzelnen Branchen und damit der Spielraum zur Erhöhung von Löhnen oder sozialen Leistungen unterschiedlich zu beurteilen ist, versteht sich. Andererseits sieht sich etwa eine Bedienung im Gaststättengewerbe einem wesentlich günstigeren Arbeitsmarkt gegenüber als ein Bergmann, ein Elektriker findet leichter eine kontinuierliche Beschäftigung als ein Kunsthistoriker, eine Logopädin eher als eine Laborantin.

Die unterschiedliche Struktur der rechtstatsächlichen Situation ist ein wesentliches Moment dafür, dass die Rechtsordnung weite Teile der rechtlichen Regelung nicht durch den Staat treffen lässt, der zu den erforderlichen Differenzierungen schwerlich in der Lage wäre, sondern sie der autonomen Normierung durch Tarifverträge und Betriebsvereinbarungen anvertraut. Im Einzelnen kann auf die unterschiedlichen Strukturen hier nicht näher eingegangen werden. Vielmehr muss – in dem Bewusstsein zahlreicher Unterschiede im Detail – versucht werden, die rechtstatsächliche Situation des Arbeitnehmers in einigen entscheidenden Punkten pauschalierend zu verdeutlichen.

Unterschiede in der Situation der Arbeitnehmer können sich auch aus besonderen rechtlichen Gestaltungen des Arbeitsvertrags ergeben, wie insbesondere durch Befristung, von der in Deutschland ca. 12,2% aller abhängig Beschäftigten betroffen sind. Dieser Wert liegt damit zwar knapp unter dem EU-Durchschnittswert von 12,8%[11], es lässt sich jedoch durchaus von einer gewissen „Erosion des Normalarbeitsverhältnisses" sprechen[12].

III. Die Einkommenssituation des Arbeitnehmers[13]

1. Das **durchschnittliche jährliche Bruttoeinkommen**[14] aller Arbeitnehmerinnen und Arbeitnehmer in Deutschland betrug im Jahr 2005 26 425 €. Für die Sozialversicherung wurden dem Arbeitnehmer davon rund 20%, für die Lohnsteuer in Klasse III (verheiratet) rund 3,4% abgezogen; bei Zugehörigkeit zu einer der christlichen Kir-

---

[11] Quelle: Mitt. des Statistischen Bundesamts.

[12] So *Zachert*, BB 1990, 565.

[13] Dazu *Külp*, Verteilung: Theorie und Politik, 3. Aufl., 1994; die Beiträge zur Theorie, Empirie und Politik der Einkommensverteilung, in: FS Blümle, 2002; *Kumpmann*, Systemwettbewerb und Umverteilung, 2005; *Boeckh/Huster/Benz*, Sozialpolitik in Deutschland, 2. Aufl., 2006. Zur Problematik zutreffender Einkommensmessung im Gesamtrahmen staatlicher Umverteilungsmaßnahmen wichtig *Zeppernick*, Transfer-Einkommen und Einkommensverteilung, 1986; *Lindner*, Aussagefähigkeit von Einkommensverteilungsrechnungen für die Bundesrep. Dtschl., 1986, sowie die SPES-Studie „Umverteilung im Sozialstaat", 1978. Nach dieser erhalten 45% der Haushalte mehr Leistungen vom Staat, als sie an Steuern und Sozialbeiträgen aufbringen. Umfassender zu den Transferfragen der Bericht der Transfer-Enquête-Kommission, Das Transfersystem in der Bundesrepublik Deutschland, 1981. Zur Frage, ob es Armut in der Bundesrepublik gibt, und zu den Zusammenhängen mit dem Arbeitsmarkt *Rohleder*, Armut, Arbeitsmarkt- und Sozialpolitik, 1998; *Gebauer/Petschauer/Vobruba*, Wer sitzt in der Armutsfalle: Selbstbehauptung zwischen Sozialhilfe und Arbeitsmarkt, 2002; *Strengmann-Kuhn*, Armut trotz Erwerbsfähigkeit, 2003; *Buhr*, Armut und Armutsentwicklung in Deutschland, 2004.

[14] Quelle: Mitt. des Statistischen Bundesamtes.

chen tritt die Kirchensteuer hinzu (8 bis 9% der Lohnsteuer). Anderseits erhielt der
Arbeitnehmer vom Staat ein von der Kinderzahl abhängiges Kindergeld.

Die Abzüge, die ein Arbeitnehmer hinnehmen muss, sind fast ständig gestiegen. Bei einem männlichen Facharbeiter in der Industrie (verheiratet, 1 Kind) erhöhten sie sich von 13,6% im Jahre 1950 auf
17,2% im Jahre 1960 und nahmen bis 1990 auf über 26% zu. Die seither erfolgten Steigerungen sind
geringer ausgefallen. Gegenwärtig bemühen sich Steuer- und Sozialpolitik um eine Senkung der Ab-
zugsquoten, ein Erfolg ist freilich noch nicht abzusehen.

2. Eine **reale Steigerung des Brutto-Durchschnittseinkommens** setzt voraus, dass
entweder das gesamte Volkseinkommen, mithin die Produktivität der Volkswirtschaft,
wächst, oder dass sich der Anteil der Einkommen aus nichtselbständiger Arbeit am
Volkseinkommen zu Lasten anderer Einkommensträger erhöht. Der Spielraum für
eine solche Umschichtung zwischen den verschiedenen Gruppen der Einkommensbezieher ist begrenzt.[15] Dies wird umso deutlicher, führt man sich vor Augen, dass das
Arbeitnehmereinkommen ohnehin bereits einen Anteil von ca. 67% am Volkseinkommen einnimmt.[16] Die selbständigen Berufe – Ärzte, Anwälte, Wirtschaftsprüfer,
Landwirtschaft und Handwerk – geben für eine Kürzung nur geringen Raum. Das
gleiche gilt von dem Anteil der reinen Vermögenseinkünfte, Mieten, Pachten, Zinsen,
an denen ohnehin die Arbeitnehmer als Vermieter, Darlehensgeber etc. in deutlich
überwiegendem Umfang partizipieren. Als theoretischer Ansatzpunkt für eine Umverteilung kommt allein der so genannte Unternehmergewinn in Betracht. Er dient
zum einen der Verzinsung des von den Unternehmern eingesetzten Kapitals. Insoweit
könnte eine Umverteilung zugunsten der Arbeitnehmer nur erfolgen, soweit sie selbst
als Kapitalgeber zu fungieren bereit und in der Lage wären, weil auf Kapital und dessen angemessene Verzinsung nicht verzichtet werden kann. Der andere, den Kapi-
talverzinsungsbetrag übersteigende Teil des Unternehmergewinns (= der echte Un-
ternehmerlohn), der im Schnitt bei etwa 3 Prozent liegen dürfte, bietet schon vom
Umfang her wenig Raum für eine wesentliche Erhöhung der Arbeitnehmereinkommen.

3. Ansätze zur Besserstellung des Arbeitnehmers bietet nicht der Lohn, sondern der
Substanzzuwachs im Unternehmen[17]. An ihm den Arbeitnehmer zu beteiligen, sollte
überlegt werden. Dadurch wüchsen dem Arbeitnehmer zugleich Zinstitel wie auch
Machttitel zu. Über die ökonomische Realisierbarkeit solcher **Arbeitnehmerbeteili-**

---

[15] Zu dieser in der wirtschaftswissenschaftlichen Literatur viel behandelten Problematik vgl. die beiden 1972 für den Bundeswirtschaftsminister erstatteten Gutachten: Rhein.-Westf. Institut für Wirt-
schaftsforschung Essen, Möglichkeiten und Grenzen der Einkommenspolitik; Deutsches Institut für
Wirtschaftsforschung Berlin, Möglichkeiten und Grenzen einer Einkommenspolitik im Rahmen der
allgemeinen Wirtschaftspolitik. Vgl. ferner das Jahresgutachten 1972/73 des Sachverständigenrats zur
Begutachtung der gesamtwirtschaftlichen Entwicklung, das sich in besonderem Maß mit Fragen der
Verteilungspolitik befasst. Aus der neueren wirtschaftswissenschaftlichen Literatur *Külp*, Verteilung:
Theorie und Politik, 3. Aufl., 1994; *Link*, Unternehmensgewinne, Konjunktur und Einkommensvertei-
lung, 1995; *Andersen* (Hrsg.), Einkommens- und Vermögensverteilung in Deutschland, 2003.
[16] Quelle: Bundesbank, Monatsbericht 10/2006 Statistischer Anhang.
[17] Vgl. das Jahresgutachten 1972/73 des Sachverständigenrats zur Begutachtung der gesamtwirtschaftlichen Entwicklung, Nr. 496: „Die strategische Größe für die Verteilungspolitik scheint ... die
Vermögensbildung der Arbeitnehmer zu sein" und erneut im Jahresgutachten 1982/83, Nr. 231; s.a.
Reuter, Vermögensteilhabe der Arbeitnehmer, in: *Beuthien* (Hrsg.), Arbeitnehmer oder Arbeitsteilhaber?, 1987, S. 89, 94ff.; *Loritz*, Die Beteiligung der Nichtselbständigen am Produktivvermögen, 1992;
ders., Die Beteiligung der Nichtselbständigen am Produktivvermögen ..., ZfA 1998, 543; *ders.*, Die
Koppelung der Arbeitsentgelte an den Unternehmenserfolg, RdA 1998, 257; *Schutz*, Die Beteiligung
der Arbeitnehmer am Produktivkapital ..., 1993; *Lezius*, Vermögensbeteiligung der Arbeitnehmer,
ZkW 1993, 447; *Pellens* (Hrsg.), Unternehmenswertorientierte Entlohnungssysteme, 1998; *Schneider/
Zander*, Erfolgs- und Kapitalbeteiligung der Mitarbeiter, 5. Aufl., 2001.

gung am Unternehmen, insbesondere über die Möglichkeit dauerhafter Umverteilung auf diesem Weg, besteht noch keine Klarheit[18]. Auch die rechtliche Durchführung bereitet eine Fülle erheblicher Probleme, und zwar nicht nur steuerrechtlicher Art, sondern auch im Bereich der zivilrechtlichen Konstruktion der Substanzbeteiligung (vgl. dazu auch unten § 16 VI sowie § 39 III 1 b m. N.).

IV. Die Vermögensverhältnisse der Arbeitnehmer

Über die Vermögensverhältnisse der Arbeitnehmer geben die vom Bundesamt für Statistik im Abstand von etwa 5 Jahren durchgeführten Einkommens- und Verbrauchsstichproben Aufschluss[19]. Bei der Stichprobe 2003 wurden Privathaushalte mit einem Monatseinkommen von bis zu € 18 000 erfasst. Das Geldvermögen (darin enthalten u. a. auch Wertpapiervermögen und Bausparguthaben) nach Abzug von Darlehensverpflichtungen belief sich bei Arbeiterhaushalten in den alten Bundesländern (neuen Bundesländern) auf durchschnittlich € 26 800 (€ 18 000), bei Angestelltenhaushalten auf € 43 100 (€ 29 400). Arbeitslosenhaushalte verfügten über € 17 700 (€ 10 600).

V. Die Arbeitszeit

Existentiell erhebliche Bedeutung für den Arbeitnehmer hat die Arbeitszeit. Von ihrer Dauer und Lage hängt es ab, was er aus seinem Privatleben machen kann, wie viel Zeit ihm z. B. für Weiterbildung, Entspannung oder Betätigung in öffentlichen Angelegenheiten zur Verfügung steht.

1. Noch Anfang des 20. Jahrhunderts waren Wochenarbeitszeiten von 60 Stunden keine Seltenheit. Im Zuge der Produktivitätserhöhung insbesondere im industriellen Sektor hat sich die regelmäßige wöchentliche Arbeitszeit abhängig Beschäftigter auf durchschnittlich 36,5 (2002) Stunden verkürzt. Diese Verkürzung wird ergänzt durch erhebliche Verlängerung des Urlaubsanspruchs, durch Regelungen über zusätzliche freie Tage u. ä. Dadurch ist die tarifliche Jahressollarbeitszeit für Arbeiter im verarbeitenden Gewerbe nach BDA-Angaben auf 1616 Stunden zurückgegangen (zum Vergleich: Großbritannien 1704, USA 1920, Japan 2013)[20]. Die effektive Arbeitszeit liegt (vor allem wegen Krankheitszeiten) meist noch deutlich darunter.

Jede weitere Verkürzung lässt die Frage einer Verteilung der Arbeitszeit auf 4 statt auf 5 Wochentage dringender werden mit ihren weitreichenden Folgen in Gestalt langer Wochenenden. Verkürzung der Arbeitszeit hat auch in nicht wenigen Bereichen die Kehrseite einer Erhöhung des Arbeitstempos mit unter Umständen schwerwiegenden gesundheitlichen Folgen, und sie führt zu einer spürbaren Verschlechterung des innerbetrieblichen Informationsflusses. Sozialpolitisch am problematischsten dürfte sein, dass sich der Unterschied zur Arbeitszeit der Selbständigen und der leitenden Angestellten und Manager weiter erhöht, was letztlich zur weiteren Verstärkung der Einkommensunterschiede führen dürfte. Gegenwärtig zeichnet sich allerdings ein deutlicher Trend zu längeren Arbeitszeiten ab. Wäh-

---

[18] Kritisch z. B. *Reuter*, Rechtliche und rechtspolitische Probleme der Mitarbeiterbeteiligung, BB 1990, 713.
[19] Für die Stichprobe 2003 vgl. Statistisches Bundesamt (Hrsg.), Fachserie 15 Heft 2 Wirtschaftsrechnungen, S. 111 ff., 204 ff.; eingehend zum Ganzen *Thiele*, Das Vermögen privater Haushalte und dessen Einfluß auf die soziale Lage, 1998; *Braun*, Vermögensbildung privater Haushalte, 2000.
[20] Quelle: BDA Stand: 1. 11. 2004.

rend nach wie vor stark umstritten ist, inwieweit eine dauernde Arbeitszeitverkürzung (auch etwa in Gestalt einer Verkürzung der Lebensarbeitszeit oder einer Verlängerung des Urlaubs) geeignet ist, einen Beitrag zur Bekämpfung der Arbeitslosigkeit zu leisten,[21] steht nunmehr in Frage, inwieweit die Verlängerung der Arbeitszeit arbeitsplatzerhaltend wirkt.[22]

2. Ein Problem ganz anderer Art als die Vermeidung zu langer Arbeitszeit ist die **Verkürzung zum Zweck der Arbeitsstreckung** bei Auftrags-, Rohstoff- oder Energiemangel. In solchen Fällen wird, wenn die Arbeitsstreckung nur vorübergehender Natur ist, statt zu Entlassungen gern zur Einführung von **Kurzarbeit**[23] gegriffen, die in ihren Auswirkungen erheblich günstiger ist, weil sie Arbeitslosigkeit vermeiden hilft und die vorhandene Arbeit auf die Arbeitnehmer gleichmäßiger verteilt. Die mit der Arbeitzeitverkürzung einhergehende Lohnminderung wird in oft erheblichem Umfang durch die Gewährung von Kurzarbeitergeld aus den Mitteln der Arbeitslosenversicherung ausgeglichen, vgl. §§ 169ff. SGB III (Siehe unten § 13 III 2a). In manchen Bereichen gibt es zusätzlich tarifvertragliche Zuschüsse.

Bedenklich, auch verfassungsrechtlich, wäre eine zwingende Begrenzung der Höchstarbeitszeit allein zu arbeitsmarktpolitischen Zwecken ohne hinreichende Gründe des Gesundheitsschutzes,[24] vgl. auch unten § 7 II 9.

3. Schichtarbeit.[25] Die Schichtarbeit ist in der Bundesrepublik relativ stark verbreitet. Allein zwischen 1993 und 2003 wuchs der Anteil der Schichtarbeit von 9,7% auf 15,5% an[26]. In manchen Branchen wie im Bereich der Rohstofferzeugung und Chemie sind 30% der Arbeiter in Schichtarbeit tätig, in der Energie- und Wasserwirtschaft sogar über 40%. Schichtarbeit kann stark belastend wirken, wenn sie zu Arbeit mit stark wechselnden oder ungewöhnlichen Zeiten führt (Störungen der physischen und sozialen Anpassung) oder gar mit **Nachtarbeit** verbunden ist (Störungen der Bio-Rhythmik). Gesetzliche Beschränkungen bestehen hinsichtlich der Nachtarbeit für bestimmte Arbeitnehmergruppen, ferner für kontinuierlichen Schichtbetrieb, soweit in der Einzelschicht die Höchstarbeitszeit von 10 Stunden oder soweit das Verbot der Sonn- und Feiertagsarbeit durchbrochen wird. Hier liegt ein arbeitsschutzpolitisches Problem, das in den stärker betroffenen Branchen meist tarifvertraglicher Regelung zugeführt ist. Die Gesamtbedeutung darf freilich nicht überschätzt werden. Von regelmäßiger Sonn- oder Feiertagsarbeit sind ca. 9,5% der Arbeitnehmer betroffen, von regelmäßiger Nachtarbeit ebenfalls knapp 10%[27].

---

[21] Zu den Beschäftigungseffekten der verschiedenen Varianten einer Verkürzung der Wochenarbeitszeit vgl. die kontroversen Beiträge, in: Jacob (Hrsg.), Arbeitszeitverkürzung, 1984 und *Kutsch/Vilmar*, Arbeitszeitverkürzung – Ein Weg zur Vollbeschäftigung?, 1983; klar ablehnend etwa *Neumann*, 35-Stunden-Woche – Probleme und Risiken, 1989; positiv etwa *Scharpf/Schettkat*, Arbeitszeitverkürzung als flankierendes Instrument einer wachstumsorientierten Beschäftigungspolitik, in: *Krupp/Rohwer/Rothschild* (Hrsg.), Wege zur Vollbeschäftigung, 2. Aufl., 1987, S. 268ff. und *Kühl* AuB 1987, 185; wegen der Gefahr schädlicher Nebeneffekte für die Gesamtwirtschaft vorsichtig *Jöhr*, Zur Arbeitslosigkeit der Gegenwart, 1986, S. 141ff.; sehr reserviert der Sachverständigenrat zur Begutachtung d. gesamtw. Entw., vgl. etwa Jahresgutachten 1995/96 Nr. 270; 2005/2006, Nr. 202ff. Siehe weiter *Lindecke/Lehndorff* (Hrsg.), Beschäftigungssicherung und Neueinstellungen durch neue Arbeitszeitmodelle?, 1997.

[22] Vgl. etwa den Sachverständigenrat zur Begutachtung d. gesamtw. Entw., Jahresgutachten 2004/2005, Nr. 687ff.

[23] Dazu *Boecken*, Arbeitsrecht und Sozialrecht – Insbesondere zu den rechtlichen Grundlagen der Einführung von Kurzarbeit, RdA 2000, 7; *Säcker/Oetker*, Tarifliche Kurzarbeitsankündigungsfristen …, ZfA 1991, 131; *Bonanni/Gaul/Otto*, Hartz III – Veränderte Rahmenbedingungen für Kurzarbeit …, DB 2003, 2386; *Marschner*, Kurzarbeit, AR-Blattei SD 1040, 2004; *Hanau*, Möglichkeiten und Grenzen der Vereinbarungen zur Dauer der Arbeitszeit, NZA 2006, Beil 1, S. 34.

[24] Vgl. dazu *Zöllner*, DB 1990, 1221.

[25] Vgl. dazu *Elsner*, Nachtschichtarbeit und gesundheitliche Beeinträchtigung, AiB 1988, S. 300; *Knauth/Homberger*, Schichtarbeit und Nachtarbeit, hrsg. vom Bayer. Staatsmin. für Arbeits- und Sozialordnung, 4. Aufl., 1997; *Beermann*, Leitfaden zur Einführung von Nacht- und Schichtarbeit, hrsg. von der Bundesanstalt für Arbeitsschutz und Arbeitsmedizin, 8. Aufl., 2004.

[26] Quelle: Mitt. des Statistischen Bundesamtes.

[27] Quelle: Unfallverhütungsbericht Arbeit für 2003 der Bundesanstalt für Arbeitsschutz und Arbeitsmedizin.

4. Die Arbeitszeit in Betrieben ist sowohl der Dauer wie der Lage nach in weitem Umfang allgemein, d.h. für alle Arbeitnehmer oder doch jeweils für bestimmte Arbeitnehmergruppen oder bestimmte Arbeitsplätze gleichmäßig geregelt. Dem entspricht es, dass für diese Regelung vielfach kollektive Instrumente zum Zuge kommen, der Tarifvertrag für die Dauer, die Betriebsvereinbarung für die Lage. Demgegenüber macht sich in neuerer Zeit ein **Trend zur Individualisierung der Arbeitszeit** bemerkbar, sei es, dass Arbeitnehmer selbst über den Umfang entscheiden wollen, in dem sie jeweils im Betrieb präsent sind (z.b. beim job-sharing) oder doch die Lage ihrer Arbeitszeit wenigstens in bestimmten Grenzen selbst festlegen möchten (z.B. bei der gleitenden Arbeitszeit). Der Ausgleich zwischen den dadurch berührten kollektiven Interessen (z.B. Solidarität) und den individuellen Interessen führt zu schwierigen Rechtsanwendungsproblemen, wenn der Schutz der Arbeitnehmer nicht beeinträchtigt werden soll.[28]

5. Zum **Arbeitszeitrecht** vgl. unten § 13 IV 2 und § 32. Zur Teilzeitarbeit siehe unten § 4 III 4, § 33 V.

VI. Vorsorge bei Krankheit, Alter und Arbeitslosigkeit

Eine weitere wichtige Grundtatsache des Arbeitslebens ist die Notwendigkeit, gegenüber einem Einkommenswegfall bei Krankheit, Alter und Arbeitslosigkeit vorzusorgen. Ein gewichtiger Teil der Arbeitnehmer ist nicht in ausreichendem Umfang zur Vorsorge in der Lage. Deshalb hat der Gesetzgeber Maßnahmen gegen die finanziellen Nachteile getroffen, und zwar vor allem durch die **Sozialversicherung**.[29]

1. Die durch **Krankheit** entstehenden medizinischen Kosten werden durch die Krankenversicherung aufgefangen (vgl. §§ 1ff. SGB V). Der Lebensunterhalt des Arbeitnehmers wird für die ersten 6 Wochen in der Regel durch die arbeitsrechtlichen Vorschriften über die Entgeltfortzahlung im Krankheitsfall sichergestellt (Näheres dazu unten § 19 II 3), nach Ablauf dieser Zeit, die nur in etwa 6% aller Arbeitsunfähigkeitsfälle überschritten wird, gewährt die Krankenversicherung Krankengeld bis zur Dauer von 78 Wochen innerhalb von 3 Jahren (§ 48 I SGB V). Das Krankengeld beträgt 70 Prozent des „regelmäßigen Entgelts", jedoch höchstens 90 Prozent des Nettoverdienstes (§ 47 I SGB V). Zahlreiche Tarifverträge sehen für länger Betriebszugehörige, bei Betriebsunfällen auch für alle Arbeitnehmer, eine über 6 Wochen (zum Teil weit) hinausgehende Entgeltfortzahlung vor, meist in Höhe der Differenz zwischen Krankengeld und Nettoverdienst. Die gesetzliche Krankenversicherung erfasst allerdings längst nicht alle Arbeitnehmer, weil eine nicht allzu hohe Versicherungspflichtgrenze besteht.

2. Bei **Arbeitsunfällen** (zu denen auch die sog. Wegeunfälle gehören, d.h. Unfälle auf dem Weg zur Arbeit oder auf dem Nachhauseweg) und bei **Berufskrankheiten** greift die Unfallversicherung ein (vgl. dazu das SGB VII). Für die Dauer der Heilbehandlung gewährt sie Verletztengeld i.H.v. 80% des Regelentgelts, höchstens jedoch 100% des Nettoverdienstes (§§ 45ff. SGB VII). Ferner trägt sie die Kosten der Heilbehandlung. Falls eine Erwerbsminderung von mindestens 20% verbleibt, erhält der Arbeitnehmer eine Verletztenrente (§ 56 SGB VII). Weitere Leistungen sind Berufshilfe zur Wiedereingliederung in das Arbeitsleben, Sterbegeld und Hinterbliebenenrente.

3. Bei **dauernder Erwerbs- oder Berufsunfähigkeit** ebenso wie bei Erreichen der Altersgrenze erhält der Arbeitnehmer Leistungen aus der gesetzlichen Rentenversicherung (SGB VI). Die Leistungen haben allerdings zur Voraussetzung, dass der Arbeitnehmer bestimmte Versicherungszeiten (Wartezeiten) erfüllt hat, und ihre Höhe hängt vor allem von der Dauer der Beitragszahlung ab. Allgemeine Aussagen zur Höhe lassen sich schwer machen, weil die Berechnung nach einem komplizierten System erfolgt. Vereinfacht errechnet sich die Altersrente aus dem Betrag von 1,5% des Nettojahreseinkommens multipliziert mit der Anzahl der Versicherungsjahre. Der so errechnete Rentenbetrag wird all-

---

[28] Dazu näher *Hamm*, Flexible Arbeitszeiten in der Praxis, 2001; *Linnenkohl/Rauschenberg/Gressierer*, Arbeitszeitflexibilisierung, 4. Aufl., 2001; *Schneppendahl/Reichinger*, Arbeitszeitflexibilisierung, 2001; *Marschner*, AR-Blattei SD 240.1 Arbeitszeit I Flexibilisierung, 2004; *Mehl*, Freistellungszeiten bei flexibler Teilzeitarbeit, 2004.

[29] Vgl. dazu als Studienliteratur für nähere Information *Gitter/Schmitt*, Sozialrecht, 5. Aufl., 2001; *Eichenhofer*, Sozialrecht, 5. Aufl., 2004; *Fuchs/Preis*, Sozialversicherungsrecht, 2005; *Muckel*, Sozialrecht, 2. Aufl., 2007; jeweils m.w.N. Zum Verhältnis von Arbeitsrecht und Sozialrecht z.B. *v. Maydell*, FS Kissel, 1994, S. 761; *Schmidt*, RdA 1999, 124.

jährlich zum 1. 7. mittels einer Veränderung des sog. aktuellen Rentenwerts (§ 68 SGB VI) an die allgemeine Lohn- und Gehaltsentwicklung angepasst, wobei dieser Rentenwert seit dem 1. 7. 2003 unverändert geblieben ist, also in den letzten Jahren nur noch „Nullrunden" bei der Rentenanpassung stattfanden.

Die **Altersgrenze,** bei der der Versicherte – die Erfüllung der Wartezeit vorausgesetzt – die Rentenversicherung wegen Alters abschlagsfrei in Anspruch nehmen kann, liegt derzeit, von Übergangsfällen abgesehen, grundsätzlich bei 65 Jahren (§§ 35 f. SGB VI), für Schwerbehinderte bei 63 Jahren.[30] Allerdings ist hier eine Heraufsetzung auf bis zu 67 Jahre in Sicht.

4. Die Alters- und Invaliditätsversorgung durch die Sozialversicherung genügt heute vielfach den gestiegenen Ansprüchen an die Lebenshaltung nicht mehr. Sie wird daher vielfach ergänzt durch eine **betriebliche Altersversorgung,** die dem Arbeitnehmer unter zum Teil erheblich von der Sozialversicherung abweichenden Voraussetzungen als meist zusätzliche Versorgung ein Ruhegeld gewährt (dazu unten § 29). Bei einer nicht geringen Zahl von Arbeitnehmern wird dadurch eine Altersversorgung erreicht, die dem Netto-Einkommensstand während der Erwerbstätigkeit gleich- oder nahe kommt. Mit Senkung des Rentenniveaus im Zuge der Rentenreform von 2001 gewinnt die private Altersvorsorge als „dritte Säule" der Altersversorgung an Bedeutung. Damit einher geht eine staatliche Förderung zum Abschluss privater Altersvorsorgeverträge durch das AVmG vom 26. 6. 2001.[31]

5. Vorsorge gegen den **Verdienstausfall bei Arbeitslosigkeit** arbeitsfähiger Arbeitnehmer trifft zunächst die Arbeitslosenversicherung (geregelt im SGB III). Diese hat im Rahmen der Agenda 2010 durch die „Hartz-Gesetze" in den letzten Jahren ebenfalls erhebliche Einschnitte erfahren. Sie gewährt für einen Zeitraum von 6 bis zu nunmehr maximal 18 Monaten je nach Dauer des Versicherungspflichtverhältnisses und nach Lebensalter (§ 127 SGB III) Arbeitslosengeld, das 60 Prozent, bei Arbeitslosen mit Kind 67 Prozent des pauschalierten Nettoentgelts beträgt (§§ 129 ff. SGB III). Die sich nach früherem Recht hieran anschließende Arbeitslosenhilfe (vgl. §§ 190 ff. SGB III a. F.) wurde mit Inkrafttreten des Hartz IV-Gesetzes am 1. 1. 2005 mit der Sozialhilfe zum sog. Arbeitslosengeld II zusammengelegt. Dieses beinhaltet nur noch den Anspruch auf einen Pauschalbetrag, die sog. Grundsicherung für Arbeitsuchende (geregelt im SGB II).

6. Die **Aufbringung der Mittel** für die Sozialversicherung erfolgt durch Beiträge. Vgl. dazu unten § 16 II 4 b.

VII. Die gesundheitliche Gefährdung des Arbeitnehmers

Die **gesundheitliche Gefährdung des Arbeitnehmers** ist durch den Ausgleich der finanziellen Folgen von Krankheit oder Arbeitsunfall nicht aufgehoben. Wie viel die den Gegenstand des Arbeitsschutzes bildenden Maßnahmen zur Minderung von Gesundheitsgefahren nicht leisten, lässt sich daran ersehen, dass im Jahre 2003 rund 1,15 Mio. (davon 1029 tödliche) Arbeitsunfälle im engeren Sinne (d. h. ohne Wegeunfälle) statistisch erfasst und ca. 65 000 Berufskrankheiten angezeigt wurden.[32]

Dem Gesundheits- und Unfallschutz dient ein ganzes Heer von Normen über Unfallverhütung, Berufskrankheitsvorbeugung und ähnliches (zu den Einzelheiten vgl. unten §§ 30 ff.). Praktische Bedeutung haben vor allem die **Arbeitsmedizin**[33], die **Ar-**

---

[30] Vgl. zu den Altersgrenzen der Rente: *Brussig/Knuth,* Altersgrenzenpolitik und Arbeitsmarkt, WSI-Mitteilungen 2006, 307; *Twesten,* Beginn und Ende des Arbeitsverhältnisses im Arbeitsrecht und Sozialversicherungsrecht, Die Leistungen 2006, 129, 193.

[31] Dazu näher *Frommert/Heien,* Kontinuität oder Wandel? Die Bedeutung der drei Säulen der Alterssicherung im Zeitvergleich, DRV 2006, 132; *Gunkel,* Aktuelle Situation und Perspektiven der Alterssicherung in Deutschland, BetrAV 2006, 699; *Riedmüller/Willert,* Chancen und Risiken der privaten Alterssicherung in Deutschland, WSI-Mitteilungen 2006, 206.

[32] Quelle: Unfallverhütungsbericht Arbeit für 2003 der Bundesanstalt für Arbeitsschutz und Arbeitsmedizin.

[33] *Letzel/Nowak* (Hrsg.), Handbuch der Arbeitsmedizin, Loseblatt; *Triebig/Kentner/Schiele* (Hrsg.), Arbeitsmedizin, 2002; *Schönberger/Mehrtens/Valentin,* Arbeitsunfall und Berufskrankheit, 7. Aufl., 2003; *Landau/Pressel,* Medizinisches Lexikon der beruflichen Belastungen und Gefährdungen, 2004; *Nowak,* Arbeitsmedizin, 2006.

beitspsychologie[34] sowie die Anwendung praktischer Ergebnisse der **Arbeitswissenschaft**[35].

VIII. Humanisierung der Arbeitswelt

Eine Gefährdung durch Arbeitsunfall oder Berufskrankheit ist in vielen Beschäftigungszweigen nicht gegeben. Vielfach gibt es jedoch krankmachende oder doch seelisch bedrückende Faktoren, die der besonderen Situation des Arbeitnehmers entspringen, seiner Unselbständigkeit, seiner wirtschaftlichen Abhängigkeit, dem Gefühl des Ausgeliefertseins an von ihm nicht steuerbare Mächte und Entscheidungsmechanismen, der Monotonie bestimmter Tätigkeiten, aber auch dem Stress, dem Betriebsklima und anderen Ursachen.

Bedeutung wird insoweit u.a. den Folgen der **Arbeitsteilung**[36] zugemessen. Wenn Arbeitnehmer keine ganzheitliche Leistung erbringen dürfen, sondern in steter Wiederholung mitunter nur eine winzige, ausschnitthafte Handlung, im Extrem einen einzigen Handgriff (z.B. Anziehen einer Schraube), kann das eine die Psyche gefährdende Vorenthaltung sinnhaften Tuns sein. Der Arbeitnehmer kann sich mit solcher Arbeit nicht selbst verwirklichen, er wird seiner Arbeit ebenso wie seiner eigenen Person „entfremdet".[37]

Der Begriff der **Entfremdung**[38] liegt sozialphilosophisch freilich nicht fest. Auch bei *Karl Marx*, auf den er vielfach zurückgeführt wird, lässt er sich nicht eindeutig erfassen.

Das Problem hat sich weithin entschärft, weil sich die Entwicklung der Arbeitsgestaltung, die bis vor nicht langer Zeit auf „Atomisierung" der Arbeit gerichtet war, umgekehrt hat von kurzzeitigen zu längeren Arbeitszyklen.

Nachteilige Auswirkungen auf die Psyche des Arbeitnehmers gehen auch von der **Fließarbeit** aus (der Begriff ist umfassender als Fließbandarbeit), bei der Arbeitstempo und Arbeitsrhythmus des Arbeitnehmers weitgehend fremdbestimmt sind, der Arbeitnehmer daher unter ständigem Arbeitsdruck steht.

Mag die reale Bedeutung alles dessen im Einzelnen schwer abschätzbar und mag vieles auch bei aller Bemühung kaum abänderbar sein, so kann doch durch Fortentwicklung der sozialen Sicherheit und durch die Bemühung von Arbeitsmedizinern, Ar-

---

[34] *Frielich/Sonntag*, Lehrbuch Arbeitspsychologie, 1999; *Ulich*, Arbeitspsychologie, 2001.

[35] Zur Arbeitswissenschaft vgl. *Bokranz/Landau*, Einführung in die Arbeitswissenschaft, 1991; *Hettinger/Wobbe* (Hrsg.), Kompendium der Arbeitswissenschaft, 1993; *Luczak*, Arbeitswissenschaft, 2. Aufl., 1998. Einen wichtigen Teilbereich der Arbeitswissenschaft umfasst die *Ergonomie*, d.h. die Lehre von der Arbeitsgestaltung unter Berücksichtigung der Eigenschaften des Menschen, dazu *Schmidtke*, Handbuch der Ergonomie, Losebl.

[36] Dazu *Düll/Lutz*, Technikentwicklung und Arbeitsteilung im internationalen Vergleich, 1989; *Kern/Schumann*, Das Ende der Arbeitsteilung? Rationalisierung in der industriellen Produktion, 4. Aufl., 1990; *Bosch*, Zukunft der Erwerbsarbeit, 1998; *Jost*, Organisation und Motivation; eine ökonomisch-psychologische Einführung, 2000; *Thode*, Integration in unternehmensinternen sozialen Beziehungen: ..., 2003; *Neuendorff/Oberquelle/Ott/Schlick* (Hrsg.), Arbeitsgestaltung in der Netzwerkökonomie: Flexible Arbeit – Virtuelle Arbeit – Entgrenzte Arbeit, 2007. Zum Phänomen der Arbeitszerlegung s. *Hill/Fehlbaum/Ulrich*, Organisationslehre 1, 4. Aufl., 1989, S. 298 ff.; aus früherer Zeit *Marx*, Das Kapital, Band 1, 11.–13. Kapitel; *Bucher*, Die Entstehung der Volkswirtschaft, 1913, S. 251 ff.

[37] Vgl. z.B. *Mitscherlich*, Die Unfähigkeit zu trauern, 1967, S. 325, 351.

[38] Dazu *Marx*, Das Elend der Philosophie, 2. Kapitel, § 2; *Adomeit*, Rechtsquellenfragen im Arbeitsrecht, 1969, S. 100; *Löw*, Ausbeutung des Menschen durch den Menschen, 1976, S. 52 ff.

beitswissenschaftlern und Betriebspsychologen manches verbessert werden. Diese
Bemühungen werden seit längerem unter dem Schlagwort **Humanisierung des Arbeitslebens**[39] zusammengefasst.[40] Zu ihr gehört vor allem die **menschengerechte Gestaltung des Arbeitsplatzes.**

Die Arbeitsteilung kann freilich unter modernen Produktionsverhältnissen nicht aufgehoben werden, weil sie wesentliche Quelle der Produktivitätssteigerung und damit auch vieler sozialer Wohltaten
ist. Gleichwohl wird etwa der Rhythmus der Fließbänder aufgelockert, einzelne isolierte Tätigkeiten
werden angereichert oder es wird durch zeitweisen Postentausch für Abwechslung gesorgt. Auch die
Bildung „autonomer Arbeitsgruppen" oder sog. Fertigungsinseln bewirkt einen Zuwachs an Selbstbestimmung. Namentlich aus der Automobilindustrie liegen eine Reihe umfangreicher Erfahrungsberich-
te hierzu vor.

IX. Arbeitsmarkt

Das Zusammentreffen von Angebot und Nachfrage hinsichtlich des Produktionsfaktors Arbeitskraft
erfolgt auf dem Arbeitsmarkt.

1. Der Arbeitsmarkt setzt wichtige, vom Recht nur partiell korrigierbare **Daten für die Arbeitsverhältnisse,** wie auch umgekehrt der Zustand des Arbeitsmarkts durch arbeitsrechtliche Regelungen
stark beeinflusst wird. Ob etwa Tariflöhne höher oder niedriger sind, hat erheblichen Einfluss auf die
Nachfrage nach Arbeitskräften. Ganz generell gilt, dass von kostenträchtigen Arbeitsbedingungen
beschäftigungsmindernde Effekte ausgehen können.[41] Zwischen Sachgütermärkten, insbesondere auch
dem Investitionsgütermarkt, und dem Arbeitsmarkt bestehen wichtige Wechselbeziehungen. Wie Arbeitsmärkte ökonomisch funktionieren, insbesondere ob und inwieweit ökonomische Unterschiede zu
den Sachgütermärkten bestehen, ist in vielen Beziehungen streitig.[42]

Sozialpolitisch erstrebenswerter Zustand des Arbeitsmarkts ist die (Beinahe-)Vollbeschäftigung (vgl.
dazu § 1 Stabilitätsgesetz), sein problematischster ist die hohe Arbeitslosigkeit, von der etwa ab einer
Arbeitslosenquote von 10% zu sprechen ist. Die Bekämpfung der Arbeitslosigkeit versucht der Staat
nicht nur durch seine allgemeine Konjunkturpolitik mit fiskalpolitischen Mitteln, sondern auch durch
eine spezielle **Arbeitsmarktpolitik.**[43]

2. Arbeitslosigkeit[44] kann ökonomisch gesehen auf verschiedenen **Gründen** beruhen.

a) Harmlos ist sie, soweit sie durch die unvermeidbare **Fluktuation** der Arbeitskräfte verursacht ist
(Pausen bei Stellenwechsel).

b) Hohes Ausmaß nimmt sie meist an, soweit sie durch eine wirtschaftliche Rezession entsteht. Der
Rückgang der Nachfrage auf den Sachgütermärkten verringert die Nachfrage nach Arbeitskräften, die
Produktionsanlagen werden nicht mehr ausgelastet **(konjunkturelle Arbeitslosigkeit).**

c) Am problematischsten ist die **strukturelle Arbeitslosigkeit.** Davon ist zu sprechen, wenn die
Struktur der Nachfrage nach Arbeitskräften der Struktur des Arbeitskräfteangebots nicht entspricht,
wie etwa dann, wenn zahlreiche offene Stellen für Facharbeiter bestehen, unter den Arbeitslosen sich

---

[39] Vgl. dazu Bundesanstalt für Arbeitsschutz (Hrsg.), Handbuch zur Humanisierung der Arbeit,
2 Bde. 1985; Forschung zur Humanisierung des Arbeitslebens, Dokumentation 1987 hrsg. vom Bundesminister für Forschung und Bundesminister für Arbeit; *Kreikebaum/Herbert,* Humanisierung der
Arbeit, 1988; *dies.,* Arbeitsgestaltung und Betriebsverfassung, 1990; *Hörz,* Humankriterien für eine
neue Produktionsweise?, in: Int. Wiss. Vereinigung Weltwirtschaft und Weltpolitik Bd. 13 (2003), S. 23;
Aßländer, Menschenwürde und Arbeitsgesellschaft, in: Institut für Wirtschaftsordnung, Menschen-
würdige Wirtschaftsordnung, 2006, S. 48.

[40] Zu den rechtlichen Aspekten dieser Bemühungen *Zöllner,* Arbeitsrecht und menschengerechte
Arbeitsgestaltung, RdA 1973, 212, sowie unten § 17 I 2, § 30 IV und § 52.

[41] Vgl. dazu oben § 1 III 2 b.

[42] Zur Arbeitsmarkttheorie s. *Franz,* Arbeitsmarktökonomik, 6. Aufl., 2006; Monopolkommission,
Zehntes Hauptgutachten vom 30. 6. 1994, BT-Drs. 12/8323, S. 363 ff. Vgl. auch Fn. 36 und 37.

[43] Zu den Instrumenten siehe *Klös,* Arbeitsmarktpolitik in der Beschäftigungskrise, 1994; *Empfer/
Frick* (Hrsg.), Methoden und Instrumente erfolgreicher Beschäftigungspolitik, 1995; *Engelen-Kefer/
Kühl/Peschel/Ullmann,* Beschäftigungspolitik, 3. Aufl., 1995; *Hujer,* Evaluation der aktiven Arbeits-
marktpolitik in Deutschland: ..., Schmollers Jahrbuch Bd. 126 (2006), S. 343.

[44] Dazu z.B. *Rothschild,* Theorien der Arbeitslosigkeit; *P. Hector,* Regulierungen am Arbeitsmarkt,
1988.

aber fast ausnahmslos ungelernte Arbeitskräfte finden. Strukturelle Arbeitslosigkeit bedarf partiell anderer Mittel zur Bekämpfung als konjunkturelle Arbeitslosigkeit.

3. Die Funktionsfähigkeit der Arbeitsmärkte bedarf einer effizienten Arbeitsvermittlung. Das **Arbeitsvermittlungsmonopol** der Bundesagentur für Arbeit (dazu unten § 11 II 2) ist seit 1. 8. 1994 beseitigt. Nach wie vor entfällt jedoch – trotz weiterer Liberalisierungen der privaten Arbeitsvermittlung insbesondere im Rahmen der Hartz-Gesetze – ein Großteil der Vermittlungsfälle auf die Arbeitsagenturen als Zweigstellen der heutigen Bundesagentur für Arbeit.

X. Insolvenz des Arbeitgebers

Die **Insolvenz des Arbeitgebers** ist eine besonders schwerwiegende Rechtstatsache sowohl für den Arbeitsmarkt im Allgemeinen als auch für das persönliche Schicksal der betroffenen Arbeitnehmer. Vielfach führt sie vor allem für ältere Arbeitnehmer und auch für solche mit langer Betriebszugehörigkeit zum Arbeitsplatzverlust. Mindestens am Ort der Insolvenz hält der Arbeitsmarkt meist besonders wenig offene Stellen bereit.[45] Bedenklich ist daher die gestiegene Zahl der Unternehmensinsolvenzen von 2358 (1960) auf 36 843 (2005).[46] Nachdem die Arbeitslosigkeit Hauptursache der Überschuldung einer stetig zunehmenden Zahl von Privathaushalten ist (1994: 2 Mio., 2002: 3,13 Mio.)[47], gerät auch die **Insolvenz des Arbeitnehmers** immer mehr in den Blickpunkt des Interesses. Das seit 1. 1. 1999 geltende Verbraucherinsolvenzverfahren mit seiner Möglichkeit der Restschuldbefreiung sollte hier Abhilfe schaffen. Ebenso wie das Regelinsolvenzverfahren befindet sich freilich auch die Verbraucherinsolvenz in einer stetigen Reformdiskussion.[48]

Zu den *rechtlichen Auswirkungen der Insolvenz des Arbeitgebers auf das Arbeitsverhältnis* und auf die Ansprüche des Arbeitnehmers vgl. unten § 16 VIII 5, § 23 II 3 u. III 2 e, § 24 V 4 u. § 51 II 4.[49]

§ 3. Zur geschichtlichen Entwicklung des Arbeitsrechts

Literatur: Eine brauchbare Gesamtdarstellung der Geschichte des Arbeitsrechts fehlt. Hinweise zu einzelnen Abschnitten oder Gegenständen vgl. im Text. Hinweise zur Geschichte des Koalitionswesens vgl. unten bei § 8. Im Übrigen seien nur genannt *Ebel*, Quellen zur Geschichte des deutschen Arbeitsrechts (bis 1849), 1964; *Bernert*, Arbeitsverhältnisse im 19. Jh., 1972; *Becker*, Arbeitsvertrag und Arbeitsverhältnis in Deutschland, Vom Beginn der Industrialisierung bis zum Ende des Kaiserreichs, Jus Commune, 1995; *Richardi*, Arbeitsrecht als Teil freiheitlicher Ordnung, 2002. Umfassendere Nachweise bei *Ogris*, Geschichte des Arbeitsrechts vom Mittelalter bis in das 19. Jahrhundert, RdA 1967, 286; *Willoweit*, Historische Grundlagen des Privatrechts, 4. Teil, Arbeit, JuS 1977, 573; *Mestitz*, Probleme der Geschichte des Arbeitsrechts, ZNR 1980, 47; *Mayer-Maly*, Vom Kinderschutz zum Arbeitsrecht, FS Schmelzeisen, 1980, S. 227; *Mayer-Maly*, Die Entwicklung des Arbeitskampfrechts in Deutschland und in den westlichen Industriestaaten vom Ausgang des 19. Jh. bis 1945, Zeitschrift für Unternehmensgeschichte, Beiheft 16, S. 11 (1981); *Steindl* (Hrsg.), Wege zur Arbeitsrechtsgeschichte, 1984; *Mayer-Maly*, Arbeitsrecht, in: *Coing* (Hrsg.), Handbuch der Quellen und Literatur der neueren europäischen Privatrechtsgeschichte, Band III, Teilband 3, 1986, 3635; *Tschudi*, Geschichte des schweiz. Arbeitsrechts, 1987; *Rückert* (Hrsg.), *Kaiser* (Bearb.), *Schönberg* (Bearb.), Beschreibende Bibliographie zur Geschichte des Arbeitsrechts mit Sozialrecht, Sozialpolitik und Sozialgeschichte, Berichtszeitraum 1945–1993, 1996; *Annuß*, Der Arbeitsvertrag als Grundlage des Arbeitsverhältnisses, ZfA 2004, 283; *Zachert*, Legitimation arbeitsrechtlicher Regelungen aus historischer und aktueller Sicht, RdA 2004, 1;

---

[45] Zu den Auswirkungen der Arbeitgeberinsolvenz auf den Arbeitnehmer interessante Hinweise bei *Gessner u. a.* (Hrsg.). Die Praxis der Konkursabwicklung in der Bundesrepublik Deutschland, 1978, S. 268 ff.; *Rieger*, Unternehmensinsolvenz, Arbeitnehmerinteressen und gesetzlicher Arbeitnehmerschutz, 1988; *Heinrich*, Das Insolvenzarbeitsrecht – ein Weg aus der Krise?, 2004.

[46] Quelle: Insolvenzstatistik des Statistischen Bundesamtes.

[47] Bundesministerium für Familien, Senioren, Frauen und Jugend (Hrsg.), Überschuldung: Betroffenen helfen, finanzielle Allgemeinbildung verbessern, 2004.

[48] Dazu *Hergenröder*, Verbraucherinsolvenz und Restschuldbefreiung – Auslaufmodell oder Zukunftskonzept?, FS Konzen, 2004, S. 287; *ders.*, Modifizierte Verbraucherinsolvenz bei Massehaltigkeit, DZWIR 2006, 441.

[49] Auch die Insolvenz des Arbeitnehmers kann entsprechende Auswirkungen zeitigen, vgl. nur *Hergenröder*, Pfändungs- und Insolvenzschutz arbeitsrechtlicher Abfindungsansprüche, ZVI 2006, 173.

Becker, Arbeitsvertrag und Arbeitsverhältnis. Während der Weimarer Republik und in der Zeit des Nationalsozialismus, 2005; *Kroeschell,* Dt. Rechtsgeschichte 3, 2005, S. 235 ff.; *Kittner,* Arbeitskampf. Geschichte. Recht. Gegenwart, 2005; *Bausback,* Der Bestandsschutz des Arbeitsverhältnisses auf europäischer und internationaler Ebene – Entwicklungen vom Mittelalter bis zur Gegenwart, 2007.

I. Gegenstand und Ausgangspunkt der Geschichte des Arbeitsrechts

1. Arbeitsrecht als eine die Leistung menschlicher Arbeit für andere regelnde Materie gibt es schon seit dem Altertum.[1] Dagegen lässt sich von Arbeitsrecht im Sinne einer nach wissenschaftlichem Selbstverständnis abgegrenzten Materie erst etwa seit dem Ende des ersten Weltkrieges sprechen. Eine Betrachtung der geschichtlichen Entwicklung des Arbeitsrechts für unsere Zwecke muss bei einem anderen Zeitpunkt einsetzen. Sie hat die Herausbildung derjenigen arbeitsrechtlichen Rechtsnormen in den Blick zu nehmen, die das historisch genuine und auch heute noch zentrale Anliegen des Arbeitnehmerschutzes gezielt verfolgen. Die Geschichte des Arbeitsrechts in diesem Sinn beginnt im Wesentlichen erst im 19. Jahrhundert. Freilich sind in früheren Jahrhunderten z. B. im Bergrecht[2] und in zahlreichen Polizeiordnungen[3] Teilregelungen aufspürbar, die schon von Schutzzwecken getragen waren oder doch mittelbar den Schutz von Arbeitnehmern bewirkten.[4]

2. Triebkraft für die Entwicklung des Arbeitsrechts im 19. Jh.[5] war die Entstehung der „sozialen Frage",[6] deren Wurzeln in der Industrialisierung einerseits und dem ex-

---

[1] Vgl. dazu *Mayer-Maly,* Römische Grundlagen des modernen Arbeitsrechts, RdA 1967, 281; *Ogris,* Geschichte des Arbeitsrechts vom Mittelalter bis in das 19. Jahrhundert, RdA 1967, 286; beide mit weiteren Nachweisen; *Mayer-Maly,* Vorindustrielles Arbeitsrecht, RdA 1975, 59; *Molitor,* Zur Geschichte des Arbeitsvertrages, ZHR Bd. 87 (1924), 371; *Ebel,* Gewerbliches Arbeitsvertragsrecht im deutschen Mittelalter, 1934; *Ebel,* Zum Ursprung des Arbeitsvertrags, ZStaatsw. Bd. 96 (1936), 319; *Schmieder,* Geschichte des Arbeitsrechts im deutschen Mittelalter, 1939; *F. Ebel,* Der älteste arbeitsrechtliche Traktat deutscher Sprache, RdA 1981, 294; *Ebert* (Autorengruppe der Univ. Halle-Wittenberg), Die Arbeitswelt der Antike, 1984; *R. Schröder,* Zur Arbeitsverfassung des Spätmittelalters, 1984; *Bender,* Vorindustrielles Arbeitsrecht, Rechtshist. Journal 1985, 45; *Waldstein,* Soziale Schutzrechte im klassischen römischen Recht, FS Niederländer, 1991, S. 181; *C. Möller,* Freiheit und Schutz im Arbeitsrecht. Das Fortwirken des römischen Rechts in der Rechtsprechung des RG, 1990; *Klatt,* Treupflichten im Arbeitsverhältnis, 1990; *Trinkner,* Rechtsprobleme der abhängigen Arbeit im alten Ägypten, BB 1990, 2417 und ergänzend *Boochs,* BB 1991, 1711; *Herrmann,* Operae liberales – operae illiberales, ZfA 2002, 1.

[2] Vgl. z. B. *Dapprich,* Der soziale Charakter des Arbeitsrechts im mittelalterlichen deutschen Bergbau, FS G. Müller, 1981, S. 115; *Schleßmann,* Historisches zum Arbeitszeugnis, NZA 2006, 1392.

[3] Vgl. dazu *Schmelzeisen,* Polizeiordnungen und Privatrecht, 1955; *Reiner Schulze,* Die Polizeigesetzgebung zur Wirtschafts- und Arbeitsordnung der Mark Brandenburg in der frühen Neuzeit, 1978; *Willoweit,* Die Entstehung der preußischen Fabrikengerichte im späten 18. Jh., ZNR 1982, 1.

[4] Zum arbeits- und sozialrechtlichen Gehalt sog. Fabrikprivilegien vgl. *Steindl,* in: Otruba (Hrsg.), Österreichische Fabrikprivilegien vom 16. bis ins 18. Jahrhundert, Fontes rerum austriacarum, 3. Abt. Bd. 7, 1981, S. 111. Vgl. ferner (historisch, nicht spez. rechtshistorisch) *K. Schulz,* Handwerksgesellen und Lohnarbeiter, Untersuchungen zur oberrheinischen und oberdeutschen Stadtgeschichte des 14. bis 17. Jahrhunderts, 1985; *R. Schröder,* Das Gesinde war immer frech und unverschämt. Gesinde und Gesinderecht vornehmlich im 18. Jahrhundert, 1992.

[5] Dazu *Düwell,* AuR 1989, 233; *Kaufhold,* AuR 1989, 225; *Klippel,* Der Lohnarbeitsvertrag in Naturrecht und Rechtsphilosophie des 18. und 19. Jahrhundert, Freundesgabe *Söllner,* 1990, S. 161 ff.; *Ramm,* Die deutsche Arbeitsverfassung im „Vormärz" (1815–1848), Freundesgabe *Söllner,* 1990, S. 423 ff.; *Vietinghoff-Scheel,* Gewerbliches Arbeitsvertragsrecht in Preußen während des 19. Jahrhunderts, 1972. S. ferner das Sammelwerk *Kocka,* Geschichte der Arbeiter u. der Arbeiterbewegung in Deutschland seit dem Ende des 18. Jahrhundert, 2 Bände, 1990.

[6] Dazu *Schraepler,* Quellen zur Geschichte der sozialen Frage in Deutschland, Bd. I, 1800–1870, 2. Aufl., 1960, Bd. II, 1871 bis zur Gegenwart, 2. Aufl., 1964; *Herkner,* Die Arbeiterfrage, 1. Bd.: Arbeiterfrage und Sozialreform, 2. Bd.: Soziale Theorien und Parteien, 8. Aufl., 1922.

plosiven Bevölkerungswachstum andererseits zu sehen sind. Die von England ausgehende und sich ab der Mitte des 19. Jahrhunderts auch auf dem Kontinent rasch ausbreitende Industrialisierung ist gekennzeichnet durch die besondere Organisationsweise des Produktionsprozesses, bei der durch Arbeitsteilung und Maschineneinsatz die Produktivität des wirtschaftenden Unternehmens gesteigert wird. Der mit dieser Produktivitätserhöhung verbundene enorme wirtschaftliche Aufschwung, verstanden im Sinn einer raschen Vervielfältigung des Sozialprodukts, ermöglichte gleichzeitig die industrielle Beschäftigung der ständig wachsenden Bevölkerung.

Das Proletariat musste nicht, wie in den zu spät industrialisierten Ländern, im Agrarbereich verbleiben, wo es durch die Entwicklung moderner Methoden der Landbestellung und durch die mittels chemischer Düngung vervielfachte Ertragskraft der Flächen bald unproduktiv geworden wäre. Die vor allem im letzten Drittel des 19. Jahrhunderts stürmische Zunahme der Industrie führte dazu, dass der Anteil der landwirtschaftlichen Arbeitskräfte immer mehr abnahm (von der Mitte des Jahrhunderts bis zu seinem Ende in Preußen von etwa 60% auf etwa 30%), während der Anteil der Arbeitskräfte in der Industrie in etwa dem gleichen Ausmaß stieg. Der Industriearbeiter war nicht, wie vielfach das landwirtschaftliche Gesinde und die Bediensteten im Handwerk, in die häusliche Gemeinschaft aufgenommen und dort (schlecht und recht) versorgt, sondern er musste sich und die Seinen mit dem verdienten Lohn selbständig durchbringen. Die Auflösung der Bindungen patriarchalischer (im Gesindewesen) und ständischer (im Zunftwesen des Handwerks) Art begünstigte zwar die politische Emanzipation der Arbeitnehmer, zunächst aber auch ihr wirtschaftliches Elend. Dazu kam die für die Industrialisierung typische massenweise Beschäftigung, die die Arbeitnehmer bei Einschränkung oder Schließung von Produktionsstätten und den mit ihnen verbundenen Massenentlassungen vor das Problem stellte, neue Arbeit zu finden. Zu rationeller Produktionsweise waren große Produktionsstätten und eine ständige Erneuerung und Modernisierung der maschinellen Ausstattung erforderlich. Beides rief den in früheren Zeiten völlig unbekannten riesigen Kapitalbedarf hervor, der zur industriell gebundenen Anhäufung von Kapital führte („Kapitalismus"). Gleichzeitig waren die Wirtschaftsordnung ebenso wie das gesellschaftliche Denken zu Beginn des Aufschwungs noch gekennzeichnet von einem extremen laissez-faire-Liberalismus[7] einerseits und scharfem Wettbewerb andererseits. Die sich in schneller Folge neu gründenden Unternehmen sahen sich gezwungen, so kostensparend wie möglich zu produzieren. Diese Sparsamkeit wirkte sich naturgemäß vor allem beim Lohn aus, vielfach aber auch bei sonstigen Arbeitsbedingungen.

3. Liberalistischer Denkweise entsprach das **Postulat des freien Arbeitsvertrags,** der weder durch Gesetze inhaltlich determiniert ist, noch durch Behörden festgesetzt oder auf seine Angemessenheit kontrolliert wird. In der vorindustriellen Zeit waren die Arbeitsverhältnisse der wichtigsten Arbeitnehmergruppen durch staatliche oder ständische Reglementierung in ein starres Normensystem eingebunden. Für die um die Wende des 18. Jahrhunderts noch nicht allzu zahlreichen Fabrikarbeiter sah dagegen bereits das allgemeine Landrecht für die preußischen Staaten von 1794 in Teil II Tit. 8 § 423 die grundsätzliche Maßgeblichkeit des Arbeitsvertrags vor, und die im Grundsatz heute noch geltende Bestimmung des § 105 der 1869 (zunächst für den Norddeutschen Bund) verkündeten Gewerbeordnung erklärte den Arbeitsvertrag zum Gegenstand „freier Übereinkunft" zwischen Arbeitern und Gewerbetreibenden. Auch im

---

[7] Zum Einfluss des Liberalismus auf die Gesetzgebung kritisch *Benöhr,* Wirtschaftsliberalismus und Gesetzgebung am Ende des 19. Jahrhundert, ZfA 1977, 187. Vgl. auch *Picker,* Die Regelung der „Arbeits- und Wirtschaftsbedingungen" – Vertragsprinzip oder Kampfprinzip?, ZfA 1986, 199.

Bergbau wurde durch die Ländergesetzgebung in der zweiten Hälfte des 19. Jahrhunderts der freie Arbeitsvertrag eingeführt. Besseres als Minimalbedingungen konnte er den Arbeitnehmern nicht verschaffen, weil infolge des Bevölkerungswachstums zunächst ein stetes Überangebot an Arbeitskräften bestand („Industrielle Reservearmee"). Da die Vertragsfreiheit nicht im Sinn der Herbeiführung sozial ausgewogener Vertragsbedingungen funktionieren konnte (vgl. dazu schon oben § 1), waren die Missstände bei den Arbeitsbedingungen der Industriearbeiter im 19. Jahrhundert groß.

4. Staat und Gesellschaft haben nebeneinander und im Zusammenwirken zur Bewältigung der sozialen Problematik ein umfangreiches und engmaschiges **System von Rechtsnormen** geschaffen, das sich nach und nach zu einer echten und geschlossenen Sonderrechtsmaterie entwickelt hat. Im Einzelnen kann das hier schon deshalb nicht nachgezeichnet werden, weil die Geschichte des Arbeitsrechts in die umfangreiche Geschichte der sozialen und wirtschaftlichen Entwicklung eingebettet ist, an der sie einen gewichtigen Anteil hat. Bedeutsam an diesem Miteinander ist, dass die Verbesserung der sozialen Verhältnisse Hand in Hand ging mit der steten Zunahme des Sozialprodukts, ohne die sie nicht möglich gewesen wäre. Im Folgenden werden unter Zugrundelegung einer z.T. willkürlichen Periodisierung punktuell die wichtigsten Stationen der Rechtsentwicklung genannt.

II. Die Entwicklung des Arbeitsrechts bis zum Ersten Weltkrieg[8]

Fünf Grundlinien der arbeitsrechtlichen Entwicklung sind für die Anfangsperiode hervorzuheben.

1. Das Aufkommen spezifischer Arbeitsschutzgesetzgebung

Als erste typische Arbeitsschutzgesetzgebung im deutschen Rechtsbereich pflegt man das preußische „Regulativ über die Beschäftigung jugendlicher Arbeiter in Bergwerken und Fabriken" von 1839 anzusehen. Mit ihm wurde die Beschäftigung von Kindern unter neun Jahren (!) gänzlich und von Jugendlichen bis sechzehn Jahren über zehn Stunden täglich verboten. Verbesserungen des Jugendschutzes und eine erste Einbeziehung von Erwachsenen in die Arbeitsschutzgesetzgebung brachten in Preußen dann Gesetze von 1849 und 1853 sowie die Gewerbeordnung von 1869. Die Novellierung dieses für das industrielle Arbeitsrecht grundlegenden Gesetzes im Jahre 1878 führte dann als Vorläufer der heutigen Gewerbeaufsicht die so genannte Fabrikinspektion durch staatliche Aufsichtsbeamte ein, während der materielle Arbeitsschutz seine erste bedeutendere Erweiterung in der großen Novelle von 1891 durch das seinerzeitige Arbeitsschutzgesetz erfuhr. Ein Kinderschutzgesetz von 1903 und ein Hausarbeitsgesetz von 1911 sind ebenso zu nennen wie die Ansätze zur Entwicklung des arbeitsrechtlichen Schutzgedankens in den Dienstvertragsnormen des BGB (§§ 615–619) und den Normen über das Handlungsgehilfenverhältnis im HGB (§§ 62–64, 74 ff.). Hierher gehört auch das Nachtarbeitsverbot für Arbeiterinnen.[9]

---

[8] Dazu und zu den folgenden Abschnitten *Erdmann*, Die Entwicklung der deutschen Sozialgesetzgebung, 2. Aufl., 1957 (mit Quellensammlung); *Ramm*, Die Arbeitsverfassung des Kaiserreichs, FS Mallmann, 1979, S. 191; *R. Schröder*, Die Entwicklung des Kartellrechts und des kollektiven Arbeitsrechts durch die Rechtsprechung des Reichsgerichts vor 1914, 1988; *Reichold*, Der neue Kurs von 1890 und das Recht der Arbeit ..., ZfA 1990, 5. S. ferner die Beiträge zur Tagung über die erste Internationale Arbeiterschutzkonferenz von 1890, ZfA 1991, 273 ff.; *Ramm*, Gewerkschaften und Arbeitsrecht während des Kaiserreichs, ZfA 1995, 581; *Reimann*, Der Kinderarbeitsschutz in England und Deutschland bis zur ersten Intern. Arbschutzkonferenz 1890, Liber discipulorum (Dankschrift für Wiese), 1996; *Picker*, Der „Verein für Socialpolitik" und der freie Arbeitsvertrag, FS Zöllner, 1998, S. 899.

[9] *Ayaß*, „Der Übel größtes". Das Verbot der Nachtarbeit von Arbeiterinnen in Deutschland (1891–1992), ZSR 2000, 189.

2. Koalitionsbildung und Tarifvertragswesen[10]

Für die Arbeitnehmer lag der Gedanke, ihre Stellung durch Zusammenschluss zu verstärken, seit jeher nahe. Nach Vorläufern in Gestalt der Gesellenverbände des Zunftwesens waren Arbeitnehmerzusammenschlüsse spätestens seit der Zeit des Absolutismus verboten. Die Verbotsgesetzgebung hielt durch die erste Hälfte des 19. Jahrhunderts in allen deutschen Staaten an. Von einigen fortschrittlichen Ländern abgesehen, brachte erst die Gewerbeordnung von 1869 für die gewerblichen Arbeiter die Aufhebung der Koalitionsverbote. Die sogleich machtvoll einsetzende Entwicklung der Gewerkschaften wurde nochmals empfindlich durch das Sozialistengesetz von 1878 gebremst, das zur Auflösung vieler freier Gewerkschaften führte, die Gewerkschaftsbewegung aber nicht mehr aufhalten konnte. Wichtigste Folge des Gewerkschaftswesens ist die Ausbreitung des Tarifvertrags als Regelungsinstrument. Als erster eigentlicher Tarifvertrag wird der Buchdruckertarif von 1873 angesehen, gegen Ende des 19. Jahrhunderts kommen Tarifverträge auch in anderen Branchen hinzu, 1906 ist die Zahl der Tarifverträge bereits auf über 3000 angestiegen. Umfassendere Bedeutung für die Lohnentwicklung in der Gesamtwirtschaft erlangten die Tarifverträge aber, entgegen verbreiteten Vorstellungen, vor dem Ersten Weltkrieg nicht. Auch die stolze Zahl von fast 13 000 Tarifverträgen im Jahr 1913 erfasste immer noch erst etwa 1,8 Mio. Arbeitnehmer, das sind noch nicht einmal 10%. Ein **Arbeitskampfrecht** entwickelte sich zaghaft in der zivilgerichtlichen Rechtsprechung, stark behindert durch die von anderen Ordnungsvorstellungen geprägten Strafgerichte.[11]

3. Sozialversicherung

Die für den Sozialschutz bedeutsamste Tat des Gesetzgebers war die Einrichtung der Sozialversicherung, welche den Arbeitnehmern bei Krankheit, Arbeitsunfall, Invalidität und Erreichung der Altersgrenze finanzielle Sicherung brachte. Sie begann mit der kaiserlichen Botschaft von 1881 und wurde mit Einzelgesetzen von 1883 (Krankenversicherung), 1884 (Unfallversicherung) und 1889 (Invaliditäts- und Altersversicherung) ausgebaut, später in der RVO von 1911 zusammengefasst und durch das AnVG von 1911 ergänzt. Wenn auch diese Materie nicht zum Arbeitsrecht gehört, so hatte sie doch grundlegende Bedeutung für die Veränderung der Situation des Arbeitnehmers und damit wichtige Rückwirkungen auf die Stellung des Arbeitnehmers gegenüber dem Arbeitgeber. Die Sozialversicherung hat, trotz ihres Zwangscharakters, wesentliches für die Befreiung des Arbeitnehmers geleistet, sie lässt sich als eine Art Ersatz für die Eigentumsbildung in der Hand der Unselbständigen kennzeichnen.

4. Errichtung der ersten Arbeitnehmervertretungen im Betrieb[12]

Die Zeit bis zum Ersten Weltkrieg kennt zwar noch kein Betriebsrätewesen im eigentlichen Sinn. Gleichwohl wird der Gedanke einer Arbeitnehmervertretung im Betrieb schon im 19. Jahrhundert lebendig und findet in der seit den sechziger Jahren praktizierten Errichtung von Arbeiter- und Angestelltenausschüssen in den Betrieben seine praktische Verwirklichung. In der Novelle von 1891 zur Gewerbeordnung wird die Möglichkeit der Errichtung von Fabrikausschüssen in den Betrieben gesetzlich anerkannt.

5. Arbeitsgerichtsbarkeit

Die Herausbildung einer besonderen Arbeitsgerichtsbarkeit wird ebenfalls bereits im 19. Jahrhundert eingeleitet mit der Errichtung der Gewerbegerichte im Jahre 1890; ihnen folgen 1904 die Gewerbe- und Kaufmannsgerichte, die in erster Instanz bereits Arbeitgeber- und Arbeitnehmerbeisitzer kennen.[13]

---

[10] Dazu *Buchwaldt*, Das kollektive Arbeitsrecht im Spiegel der Rechtslehre und der Rechtsprechung 1848–1914, Diss. Mainz 1969; *Picker*, ZfA 1986, 199 (287 ff.); *Englberger*, Tarifautonomie im Deutschen Reich, Entwicklung … von 1870/71 bis 1945, 1995.

[11] Dazu *R. Schröder*, Archiv für Sozialgeschichte 31, 1991, 85 mit zahlreichen Nachweisen; *Kittner*, Arbeitskampf – Geschichte. Recht. Gegenwart, 2005.

[12] Dazu *Rückert/Friedrich*, Betriebliche Arbeiterausschüsse in Deutschland, Großbritannien und Frankreich im späten 19. und frühen 20. Jh., 1979; *Gamillscheg*, Hundert Jahre Betriebsverfassung, AuR 1991, 272; *Milert/Tschirbs*, Von den Arbeiterausschüssen zum Betriebsverfassungsgesetz, 1991; *R. Weber*, Vom Klassenkampf zur Partnerschaft, ZfA 1993, 517 ff. Ausführlich *Wiese*, GK-BetrVG Bd. 1, 8. Aufl., 2005, Einl. Rn. 1–38.

[13] *Linsenmaier*, Von Lyon nach Erfurt – Zur Geschichte der deutschen Arbeitsgerichtsbarkeit, NZA 2004, 401.

III. Die Entwicklung des Arbeitsrechts vom Ersten Weltkrieg bis 1933[14]

Die zweite Periode der neueren Arbeitsrechtsgeschichte ist durch eine Reihe grundlegender arbeitsrechtlicher Regelungen gekennzeichnet, die in ihrem Kernbestand noch heute in neueren Gesetzen erhalten sind oder fortwirken.

1. Der **Arbeitsschutz** wird vor allem durch die gesetzliche Regelung des Arbeitszeitschutzes ausgebaut, die mit der VO über die Arbeitszeit von 1918 grundsätzlich den Achtstundentag und die Achtundvierzigstundenwoche bringt (in der Zeit der Wirtschaftskrisen nach der Inflation vielfach wieder durchbrochen). Auch der Schwerbehindertenschutz findet im Schwerbeschädigtengesetz von 1923 umfassende Regelung, die Heimarbeit im Hausarbeitsgesetz von 1923, der Mutterschutz im MuSchG von 1927. Die Tarifverträge gewähren für eine große Zahl von Arbeitnehmern erstmals einen Urlaubsanspruch. Hinzu treten zahlreiche Spezialregelungen, die in ihrem Geltungsbereich oft auf einzelne Branchen, Berufe oder gar Tätigkeiten beschränkt sind und zu einer erheblichen Zersplitterung und Unübersichtlichkeit des Arbeitsrechts führen.

2. Die **Gewerkschaften** finden erstmals im Hilfsdienstgesetz von 1916 die positive Anerkennung des Gesetzgebers. Ihr folgt in Art. 159 der Weimarer Reichsverfassung von 1919 die verfassungsrechtliche **Gewährleistung der Koalitionsfreiheit**. Gewerkschaften und industrielle Arbeitgeberverbände schließen sich 1918 zu einer „Arbeitsgemeinschaft" zusammen. Das Abkommen darüber enthielt die ausdrückliche Anerkennung der Gewerkschaften durch die Arbeitgeberseite als berufene Vertretung der Arbeitnehmerschaft und die Vereinbarung, dass die Arbeitsbedingungen für alle Arbeiter durch **Tarifverträge** festgesetzt werden sollten.[15] Zwar zerfiel die Arbeitsgemeinschaft als solche schnell, sie hatte aber für die Ausbreitung der Tarifverträge auf die Gesamtwirtschaft einen mächtigen Impuls gesetzt. Bereits 1922 wurden fast 900 000 Betriebe mit 14 Mio. Beschäftigten durch Tarifverträge erfasst, die damit für rd. 75% aller Arbeitnehmer Bedeutung erlangten. In der TVVO von 1918 fand der Tarifvertrag Anerkennung und nähere Regelung durch den Gesetzgeber.

3. Die **betriebliche Vertretung der Arbeitnehmer** wurde umfassend im Betriebsrätegesetz von 1920 geregelt, das die Einrichtung von Betriebsräten obligatorisch machte und diesen zahlreiche Mitwirkungsrechte bei Maßnahmen des Arbeitgebers brachte. Die Betriebsvereinbarung zwischen Arbeitgeber und Betriebsrat als Regelungsinstrument für Arbeitsbedingungen fand dadurch in der Folgezeit weite Verbreitung. Ergänzt wurde die betriebliche Mitbestimmung auch durch einen ersten Ansatz zur Mitbestimmung der Arbeitnehmer auf Unternehmensebene im Gesetz über die Entsendung von Betriebsratsmitgliedern in den Aufsichtsrat von 1922.

4. **Arbeitskämpfe** wurden in der Weimarer Zeit in erheblich größerer Zahl geführt als heute. Um die daraus resultierenden wirtschaftlichen Schäden und Unruhen einzudämmen, wurde mit der SchlichtungsVO von 1923 dem Staat die Möglichkeit gegeben, Arbeitskämpfe durch verbindlichen Schiedsspruch abzuwenden.

5. Die finanzielle **Sicherung bei Arbeitslosigkeit** wurde, zunächst in Gestalt der Erwerbslosenfürsorge, 1918 durch VO eingeführt, 1927 aber im AVAVG durch die Arbeitslosenversicherung als neuem Zweig der Sozialversicherung abgelöst.

6. Die **Arbeitsgerichtsbarkeit** wurde durch das ArbGG von 1926 zu einer umfassenden, mit der Errichtung des RAG bis in die Revisionsinstanz reichenden Sondergerichtsbarkeit ausgebaut.

---

[14] Der damalige Rechtszustand ist umfassend wiedergegeben in *Hueck/Nipperdey,* Lehrbuch des Arbeitsrechts, 2 Bände, 1./2. Aufl., 1928 und 1930; 3./5. Aufl., 1931 und 1932 mit umfassenden Nachweisen. Zur historischen Entwicklung *Bähr,* Staatliche Schlichtung in der Weimarer Republik ..., 1984; *Bischoff,* Arbeitszeitrecht in der Weimarer Republik, 1987; *Bohle,* Einheitliches Arbeitsrecht in der Weimarer Republik. Bemühungen um ein deutsches Arbeitsgesetzbuch, 1990; *Feldmann/Steinisch,* Industrie und Gewerkschaften 1918–1924 ..., 1985; *Ramm,* Die Arbeitsverfassung der Weimarer Republik, in: GS Otto Kahn-Freund, 1980; *ders.,* Das deutsche kollektive Arbeitsrecht zwischen den beiden Weltkriegen, ZfA 1988, 157 ff.; *K. W. Nörr,* Grundlinien des Arbeitsrechts der Weimarer Republik, ZfA 1986, 403; *ders.,* Arbeitsrecht und Verfassung – Das Beispiel der Weimarer Reichsverfassung von 1919, ZfA 1992, 361 ff.; *Soell/Kempter,* Die Arbeiterbewegung in Zeiten sozialdemokratischer Regierungsmacht, GewMH 2000, 27.

[15] Vgl. *Bender,* Richtungskämpfe?, Das Reichsgericht und die Tarifverträge, in: Falk/Mohnhaupt (Hrsg.), Das BGB und seine Richter, 2000, S. 561.

IV. Die Zeit des Nationalsozialismus[16]

1. Die **Beseitigung der Einrichtungen des kollektiven Arbeitsrechts** ist für die Zeit nach 1933 charakteristisch. Die Gewerkschaften und Arbeitgeberverbände wurden aufgelöst, Tarifverträge konnten nicht mehr abgeschlossen werden, Arbeitskämpfe waren unzulässig. Die neu gegründete Arbeitsfront als Einheitsvertretung für Arbeitgeber und Arbeitnehmer hatte im Wesentlichen politischen Charakter und die Aufgabe, für die Durchführung des politischen Willens der Reichsführung zu sorgen. Die Betriebsräte wurden beseitigt, Betriebsvereinbarungen gab es nicht mehr. In den Betrieben sollte in seltsamem Widerspruch einerseits der Gedanke der Betriebsgemeinschaft, andererseits das Führerprinzip gelten. Nach diesem Prinzip hatte der Unternehmer als Führer des Betriebs ein Alleinentscheidungsrecht in allen Angelegenheiten. Der Vertrauensrat, dem Vertrauensmänner der Arbeitnehmerschaft angehörten, wurde vom Führer des Betriebs geleitet und hatte lediglich beratende Funktion. Grundlegend für die Neuregelung des Arbeitsrechts war das Arbeitsordnungsgesetz von 1934.

2. Kennzeichnend ist weiter die **Verstärkung des staatlichen Einflusses.** Den Treuhändern der Arbeit als staatlichen Behörden wurden betriebliche Aufsichtsrechte verliehen. Sie hatten ferner Tarifordnungen als staatliche Rechtsnormen zu erlassen, mit denen in rasch zunehmendem Maße Löhne und andere Arbeitsbedingungen verbindlich festgesetzt wurden. Der Staat schuf sich andererseits auch zahlreiche Zwangsbefugnisse gegenüber Arbeitnehmern zum Zweck der Lenkung des Arbeitseinsatzes. Namentlich während des Zweiten Weltkrieges wurde die Mobilität der Arbeitnehmer weitgehend eingeschränkt.

3. Das **Arbeitsvertragsrecht** hingegen wurde vom nationalsozialistischen Gesetzgeber im Wesentlichen unberührt gelassen. Wissenschaft und Rechtsprechung haben insoweit die auf soziale Verbesserungen gerichtete Entwicklungslinie der Weimarer Zeit, wenn auch unter Auswechselung mancher Begründungen, fortgeführt. Namentlich die aus der Fürsorgepflicht des Arbeitgebers abzuleitenden Pflichten wurden in vielfacher Weise erweitert. Ob insoweit ein innerer Wandel des Arbeitsvertragsrechts stattgefunden hat, muss hier dahinstehen. Kein Zweifel besteht, dass Generalklauseln wie der Begriff des wichtigen Grundes von manchen Gerichten und einzelnen Wissenschaftlern für bestimmte Fragen politisch abweichend konkretisiert wurden, z.B. zu Lasten jüdischer Arbeitnehmer.[17] Zu erwähnen ist noch ein vom Arbeitsrechtsausschuss der Akademie für deutsches Recht ausgearbeiteter Entwurf eines Gesetzes über das Arbeitsverhältnis von 1938, der Wissenschaft und Rechtsprechung nicht unerheblich beeinflusst hat. Dass der Gesetzentwurf durch die NS-Ideologie beeinflusste Formulierungen enthält und sachlich in Teilen kritikwürdig war, sei ausdrücklich gesagt.

4. Das **Arbeitsschutzrecht** im engeren Sinn als die vom politischen System am wenigsten abhängige Materie fand durch den NS-Gesetzgeber weiteren Ausbau. Zu nennen sind vor allem das Heimarbeitsgesetz von 1934, das Jugendschutzgesetz von 1938, das Mutterschutzgesetz von 1942 und die AZO von 1938.

---

[16] Eine größere wissenschaftliche Gesamtdarstellung des Arbeitsrechts hat es in der NS-Zeit nicht gegeben. Einen guten Überblick bietet *A. Hueck*, Deutsches Arbeitsrecht, Ein Grundriß, 1938. Einen wesentlichen Teilausschnitt erfasst die Kommentierung des AOG von *Hueck/Nipperdey/Dietz*, zuletzt erschienen in 4. Aufl., 1943. Ausführlich jetzt *Kranig*, Lockung und Zwang. Zur Arbeitsverfassung im Dritten Reich, 1983; *ders.*, Arbeitsrecht im NS-Staat, 1984 (Texte und Dokumente); vgl. ferner *Söllner*, NS-Recht in historischer Perspektive, 1981; *Hachtmann*, KJ 1984, 281; *Linder*, The Supreme Labour Court in Nazi Germany: A Jurisprudential Analysis, 1986; *van Venrooy*, Rechtsprechung des LAG Duisburg in den Jahren 1927–1942 …, 1988; *Mayer-Maly*, Nationalsozialismus und Arbeitsrecht, RdA 1989, 233; *Ramm*, Die „Regelung der Arbeit" (1942), das „Volksgesetzbuch" und der Arbeitsrechtsausschuß der Akademie für Deutsches Recht, ZfA 1990, 407.

[17] Darauf weist zutreffend *Söllner*, Entwicklungslinien im Recht des Arbeitsverhältnisses, in: NS-Recht in historischer Perspektive, 1981, S. 135, 136f. hin.

V. Die Entwicklung seit dem Ende des Zweiten Weltkrieges[18]

1. Die Entwicklung des Arbeitsrechts nach der nationalsozialistischen Zeit brachte vor allem die konsequente **Wiederherstellung des kollektiven Arbeitsrechts.** Die Gewerkschaften wurden wieder zugelassen, Tarifverträge neu abgeschlossen, die Bildung von Betriebsräten ermöglicht. Die Gesetzgebungszuständigkeit lag zunächst bei den Militärregierungen und beim Kontrollrat, dann bei den Ländern; seit Gründung der Bundesrepublik besitzt der Bund die konkurrierende Gesetzgebungszuständigkeit (Art. 74 Nr. 12 GG), die den Ländern praktisch nur noch geringen Raum für eigene Gesetzgebungstätigkeit lässt.

2. Der Bund hat das zunächst in zahlreichen Ländergesetzen (zu erwähnen sind namentlich Betriebsrätegesetze und Urlaubsgesetze) stark partikularisierte Arbeitsrecht auf allen wesentlichen Gebieten bundeseinheitlich ausgestaltet. Zu nennen sind vor allem das noch für die Bizone erlassene, seit 1953 aber bundeseinheitlich geltende TVG von 1949, das Kündigungsschutzgesetz von 1951, das Bundesurlaubsgesetz von 1963 und das Betriebsverfassungsgesetz von 1952 (inzwischen abgelöst durch das BetrVG 1972 sowie das DrittelbG), ferner das ArbGG von 1953. Typische Schutzgesetze wie das MuSchG, das SchwbG, das HAG und das JArbSchG wurden in neuer Form erlassen. Als besonders bedeutsam und ohne Vorläufer eine neue rechtspolitische Linie einleitend sind schließlich das Montan-MitbestG von 1951 und das MitbestG von 1976 anzusehen, die eine paritätische bzw. fast paritätische Mitwirkung der Arbeitnehmer in den Aufsichtsräten großer Kapitalgesellschaften einführten.

3. Das **Verhältnis des Nachkriegsarbeitsrechts zur NS-Zeit** lässt sich vom Äußeren her etwa dahin kennzeichnen, dass im kollektiven Recht an die 1933 abgebrochenen Entwicklungslinien wieder angeknüpft wurde, während im Arbeitsvertragsrecht unter vorsichtigem Austausch verfänglicher Begriffe und Begründungen die beiderseitige Pflichtenlage der Sache nach beibehalten und weiterentwickelt wurde. Im eigentlichen Arbeitsschutzrecht konnte ohnehin eine ungebrochene Weiterführung stattfinden. Zu expliziter kritischer Auseinandersetzung mit dem Rechtszustand in der NS-Zeit kam es erst verhältnismäßig spät und nur vereinzelt.[19] Dass dies auf der Fortsetzung der universitären Lehrtätigkeit führender Arbeitsrechtsprofessoren der NS-Zeit nach 1945 beruht, wie vereinzelt behauptet worden ist, erscheint nicht zwingend, weil es genügend kundige, kritische und von den Genannten unabhängige Köpfe gab. Auch gilt für andere Rechtsgebiete die gleiche Verzögerung der Auseinandersetzung, in denen eine Dominanz von Wissenschaftlern aus der NS-Zeit nicht feststellbar ist.

VI. Das Arbeitsrecht der früheren (sozialistischen) DDR und seine Fortentwicklung

Literatur: 1. Zum Recht der DDR: *Autorenkollektiv* (unter der Leitung von Frithjof Kunz und Wera Thiel), Arbeitsrecht, Lehrbuch, Berlin 1983; *Lohmann,* Das Arbeitsrecht der DDR, Berlin 1987.

---

[18] Vgl. dazu *Zöllner,* Entwicklungstendenzen des Deutschen Arbeitsrechts, in: Tomandl (Hrsg.), Standort und Entwicklungstendenzen des Arbeitsrechts, 1981, S. 17; *ders.,* Der kritische Weg des Arbeitsrechts zwischen Privatkapitalismus und Sozialstaat, NJW 1990, 1; *Kissel,* Arbeitsrecht. Die Entwicklung des Arbeitsrechts als Teilstück des sozialen Rechtsstaats, in: 40 Jahre Sozialstaat BRD, 1989; *Kotthoff/Ochs,* Mitbestimmung an der Saar. Sozialgeschichte der Mitbestimmung in den Saar-Hütten und im Saar-Bergbau, 1988; *Ramm,* Deutschlands Arbeitsverfassung nach 1945, JZ 1998, 473; *Nörr,* Binärer Korporatismus – Die gewerkschaftliche „Neuordnung der Wirtschaft" im Kontext der kollektiven Arbeitsrechtsentwicklung der frühen 50er Jahre, ZfA 1999, 329.

[19] Vgl. etwa *Ramm,* Nationalsozialismus und Arbeitsrecht, KritJ. 1968, 108; *Rüthers,* Die unbegrenzte Auslegung – zum Wandel der Privatrechtsordnung im Nationalsozialismus, 1968, S. 237 ff. und 379 ff.; *Hientzsch,* Arbeitsrechtslehren im Dritten Reich und ihre historische Vorbereitung, 1970; *Wahsner,* Arbeitsrecht unterm Hakenkreuz, Instrument des faschistischen Terrors und der Legitimation von Unternehmerwillkür, 1994; *Söllner,* Entwicklungslinien im Recht des Arbeitsverhältnisses, in: NS-Recht in historischer Perspektive, 1981, S. 135, 136 f. Vgl. ferner die Hinweise in Fn. 14

2. Zur weiteren Entwicklung: *Wolter,* Der Prozeß der deutschen Einigung, dargestellt am Beispiel des Arbeitsrechts, BB 1990 Beilage 40; *Walker,* Arbeitsrecht in den neuen Bundesländern, 1991; *Hanau/Langanke/Preis/Widlak,* Das Arbeitsrecht der neuen Bundesländer, 1991; *Adomeit,* Arbeitsrechtliche Probleme unserer Wiedervereinigung, NZA 1993, 433 ff.; *Wlotzke,* Das Arbeitsrecht im Rahmen des deutsch-deutschen Einigungsprozesses, RdA 1994, 73 ff.; *Steffan,* Arbeitsrecht und Unternehmenssanierung in den neuen Bundesländern, 1995; *Linnenkohl,* Arbeitsbeziehungen in den neuen Bundesländern – Tatsächlicher Befund und rechtspolitische Empfehlungen, FS W. Gitter, 1995, S. 519; *Däubler,* Rechtsexport. Die Einführung des bundesdeutschen Arbeitsrechts im Gebiet der früheren DDR, 1996. Vgl. ferner *Drobnig/Ramm* (Hrsg.), Arbeits- und Sozialrecht im vereinigten Deutschland gestern, heute und morgen, 1996.

1. Das **Arbeitsrecht der früheren (sozialistischen) DDR**[20] war in dem reichlich 300 Paragraphen umfassenden Arbeitsgesetzbuch vom 16. 6. 1977 zusammenfassend geregelt. Kennzeichnend war die praktische Bedeutungslosigkeit des Einzelarbeitsvertrags als Regelungsinstrument sowie der völlig abweichende Zuschnitt des „kollektiven" Arbeitsrechts.

Es gab in der alten DDR keine Koalitionen in unserem Sinn. Arbeitgeberverbände fehlten gänzlich. Der FDGB fungierte als verlängerter Arm des Staatsapparats (vgl. *Wank,* RdA 1991, 12). Ein Arbeitskampfrecht fehlte, da Arbeitskämpfe nicht in das System passten. Demgemäß konnte es auch keine Tarifverträge in unserem Sinn geben. Unternehmensmitbestimmung im westlichen Sinn kam schon wegen der völlig anderen Rechtsstruktur der Unternehmen nicht in Frage. Auch eine Betriebsverfassung oder gar ein Personalratswesen mit demokratisch gewählten Arbeitnehmervertretern bestand nicht.

Ein Günstigkeitsprinzip gab es nicht, normative Regelungen wirkten beiderseitig zwingend. Eine Kündigung durch die Arbeitgeberseite kam praktisch nur selten vor, etwa gegenüber politisch missliebigen Arbeitnehmern. Dem vom sozialistischen Regime propagierten Recht auf einen Arbeitsplatz, wie es nur in planwirtschaftlichen Verhältnissen verwirklichbar ist, entsprach auf Seiten der Arbeitnehmer die Pflicht zur Arbeit gegenüber dem Staat. Arbeitslosigkeit gab es offiziell nicht, sie wurde durch künstliche Arbeitsstreckung, Scheinbeschäftigung u. ä. verdeckt. Die derzeit höhere Arbeitslosigkeit in den neuen Bundesländern ist mit eine Folge dieses Sachverhalts.

2. Im **Staatsvertrag** vom 18. 5. 1990 (= Vertrag über die Schaffung einer Währungs-, Wirtschafts- und Sozialunion) zwischen der Bundesrepublik und der DDR verpflichtete sich die DDR zur Einführung und Garantie der Vertragsfreiheit, Gewerbe-, Niederlassungs- und Berufsfreiheit. Dementsprechend kam es zur Einführung von Koalitionsfreiheit, Tarifautonomie, Arbeitskampfrecht, Unternehmensmitbestimmung und Betriebsverfassung. Rechtlich fand die Umsetzung dieser umwälzenden Ziele teils auf Verfassungsebene, teils durch Änderung des AGB,[21] teils durch Geltungserstreckung bundesrepublikanischer Gesetze statt, nämlich der Mitbestimmungsgesetze, des BetrVG, des TVG und des KSchG (jeweils mit geringfügigen Modifikationen und Vorbehalten).

3. Eine nahezu völlige Rechtsangleichung bewirkte dann der **Einigungsvertrag** (= Vertrag zwischen der Bundesrepublik und der DDR über die Herstellung der Einheit Deutschlands) vom 31. 8. 1990 (BGBl. II, 885 ff.). Seit dem Wirksamwerden des Beitritts der neuen Länder (3. Oktober 1990) gilt nicht nur das Grundgesetz auf dem Gebiet der ehemaligen DDR (mit befristeten Ausnahmemöglichkeiten gemäß Art. 143 II GG), Art. 3 EV, sondern das gesamte Bundesrecht (Gesetze und Rechtsverordnungen), Art. 8 EV, soweit nicht Ausnahmen im EV oder seinen Anlagen vorgesehen sind.

---

[20] Dazu vor allem *Mampel,* Arbeitsverfassung und Arbeitsrecht in Mitteldeutschland, 1966.
[21] Die ab. 1. 7. 1990 geltende Fassung (die großenteils bereits am 3. 10. 1990 außer Kraft trat) ist vielfach abgedruckt worden, z. B. als Sonderausgabe von DB–DDR Report mit einer Einführung von Richardi.

Solche Ausnahmen von der Erstreckung sind in Anlage I zum EV detailliert geregelt. Umgekehrt trat das Recht der DDR grundsätzlich außer Kraft. Die vereinzelte ausnahmsweise Weitergeltung hat nur noch marginale Bedeutung.[22]

VII. Andere Entwicklungslinien

Die Geschichte des Arbeitsrechts erscheint in den vorangegangenen Darlegungen im Wesentlichen als Geschichte von Normsetzungsakten. Das Bild, das dadurch entsteht, ist lückenhaft. Es müsste ergänzt werden durch Darlegungen zur Wirtschafts- und Sozialgeschichte,[23] zur Geistesgeschichte, insbes. zur Geschichte politischer und sozialer Ideen,[24] zur Entwicklungsgeschichte wichtiger arbeitsrechtlicher Institutionen wie insbes. des Arbeitsvertrages,[25] des Tarifvertrages,[26] des Arbeitskampfes,[27] der Arbeitnehmermitbestimmung[28] und noch anderem,[29] aber auch zur Geschichte der Arbeitsrechtswissenschaft.[30] Im Rahmen dieses Buches ist eine solche Darstellung nicht möglich.

---

[22] Detaillierte Berichte zur Entwicklung: *Wlotzke/Lorenz,* BB 1990 Beilage Nr. 35; *Wank,* RdA 1991, 1 ff.; *Pfeiffer/Birkenfeld-Pfeiffer,* DtZ 1990, 325 ff.

[23] Dazu z.B. *Fischer* (Hrsg.), Wirtschafts- und sozialgeschichtliche Probleme der frühen Industrialisierung, 1968; *F. W. Henning,* Die Industrialisierung in Deutschland 1800–1914, 1973; *Kocka,* Sozialgeschichte: Begriff – Entwicklung – Probleme, 2. Aufl., 1986; *Gladen,* Geschichte der Sozialpolitik in Deutschland, 1974; *Hardach,* Wirtschaftsgeschichte Deutschlands im 20. Jh., 2. Aufl., 1979; *Lampert,* Sozialpolitik, 1980, S. 35 ff.; *Hockerts,* Sozialpolitische Entscheidungen im Nachkriegsdeutschland, 1980; *Schäfer* (Hrsg.), Wirtschaftsgeschichte der deutschsprachigen Länder, 1989. Umfassende Nachweise bei *Wehler,* Bibliographie zur modernen deutschen Wirtschaftsgeschichte, 1976; *ders.,* Bibliographie zur neueren deutschen Sozialgeschichte, 2. Aufl., 1993; *ders.,* Deutsche Gesellschaftsgeschichte, 2 Bände, 1987 und 1996; *Eger/Weise,* Die Entstehung des deutschen Arbeitsrechts aus ökonomisch-evolutorischer Perspektive, AuR 1998, 385.

[24] Vgl. z.B. *Werner Hofmann,* Ideengeschichte der sozialen Bewegung des 19. und 20. Jahrhunderts, 6. Aufl., 1979; *Ritter,* Zur Geschichte der sozialen Ideen im 19. und frühen 20. Jahrhundert, in: v. Maydell/Kannengießer (Hrsg.), Handbuch Sozialpolitik, 1988, S. 12 ff.; *Raschke,* Soziale Bewegungen, 1985.

[25] Dazu vor allem *Söllner,* Der industrielle Arbeitsvertrag in der deutschen Rechtswissenschaft des 19. Jahrhunderts, in: Wilhelm (Hrsg.), Studien zur europäischen Rechtsgeschichte, 1972, S. 288 ff.; *Bernert,* Arbeitsverhältnisse im 19. Jahrhundert, 1972; *Teuteberg,* Die Doktrin des ökonomischen Liberalismus und ihre Gegner, in: Wissenschaft und Kodifikation des Privatrechts im 19. Jh., 1977, S. 47; *Klippel,* Der Lohnarbeitsvertrag in Naturrecht und Rechtsphilosophie des 18. und 19. Jh., Festgabe Söllner, 1990, S. 42 ff.; *Rückert,* „Frei" und „sozial": Arbeitsvertrags-Konzeptionen um 1900 …, ZfA 1992, 225.

[26] Dazu ausführlich *Nipperdey,* Lehrbuch, S. 212 ff.; wichtige Hinweise bei *Cassau,* Die Gewerkschaftsbewegung, 1925; *Dreschers,* Die Entwicklung des Rechts des Tarifvertrages in Deutschland, 1994.

[27] Dazu z.B. *Tenfelde/Volkmann,* Streik, zur Geschichte des Arbeitskampfes in Deutschland während der Industrialisierung, 1981; *Siegl,* Arbeitskämpfe seit dem Spätmittelalter, 1993; *Kittner,* Arbeitskampf – Geschichte. Recht. Gegenwart, 2005.

[28] Dazu *Teuteberg,* Geschichte der industriellen Mitbestimmung in Deutschland, 1969; *Rückert/Friedrich* (Fn. 12; *Reichold,* Betriebsverfassung als Sozialprivatrecht, 1995.

[29] Vgl. z.B. *Mayer-Maly,* Die Entstehung des Zusammenwirkens von Arbeitgeber- und Arbeitnehmerverbänden in arbeitsrechtlichen Gremien, in: Stourzh/Grandner (Hrsg.), Historische Wurzeln der Sozialpartnerschaft, 1986, S. 265.

[30] Dazu existieren nur bruchstückhafte Ansätze, insbesondere in Gestalt von Abhandlungen über einzelne Rechtswissenschaftler. Vgl. z.B. *Isele,* Philipp Lotmars und Hugo Sinzheimers Bedeutung für das moderne Tarifvertragsrecht, in: Studi in memoria di Lodovico Barassi, 1965, S. 247; *Jobs,* Otto von Gierke und das moderne Arbeitsrecht, Frankfurter Diss. 1968; *Zachert,* Hugo Sinzheimer: praktischer Wissenschaftler und Pionier des modernen Arbeitsrechts, RdA 2001, 104; *Ramm,* Philipp Lotmar und

§ 4. Abgrenzung des Arbeitsrechts und Arbeitnehmerbegriff

Literatur: *Wiedemann,* Das Arbeitsverhältnis als Austausch- und Gemeinschaftsverhältnis, 1966; *Tomandl,* Wesensmerkmale des Arbeitsvertrages, 1971; *Heuberger,* Sachliche Abhängigkeit als Kriterium des Arbeitsverhältnisses, 1982; *Loritz,* Die Mitarbeit Unternehmensbeteiligter, 1984; *Adomeit,* Gesellschaftsrechtliche Elemente im Arbeitsverhältnis, 1986; *Wank,* Arbeitnehmer und Selbständige, 1988; *Weber,* Das aufgespaltene Arbeitsverhältnis, 1992; *Adomeit,* Der untypische Arbeitnehmer, FS Kissel, 1994, S. 1; *Rommé,* Unternehmerrisiko, ZfA 1997, 251; *D. Reuter,* Die Stellung des Arbeitsrechts in der Privatrechtsordnung, 1997; *Hromadka,* Arbeitnehmerbegriff und Arbeitsrecht – Zur Diskussion um die „neue Selbständigkeit", NZA 1997, 569; *Griebeling,* Der Arbeitnehmerbegriff und das Problem der „Scheinselbständigkeit", RdA 1998, 208; *Rieble,* Die relative Verselbständigung von Arbeitnehmern. Bewegung in den Randzonen des Arbeitsrechts?, ZfA 1998, 327; *Lieb, Gaugler, Beuthien* u.a., in: Beuthien (Hrsg.), Arbeitnehmer oder Arbeitsteilhaber, 1998; *Reinecke,* Neudefinition des Arbeitnehmerbgriffs durch Gesetz und Rechtsprechung?, ZIP 1998, 581; *Boemke,* Neue Selbständigkeit und Arbeitsverhältnis, ZfA 1998, 285; *ders.,* Schuldvertrag und Arbeitsverhältnis, 1999; *Reuter,* Die Wandlungen des Arbeitnehmerbegriffs – Befund und Konsequenzen, FS Dieterich, 1999, S. 473; *Bauschke,* AR-Blattei SD 110.1, 2 Arbeitnehmer, 1999/2000; *ders.,* AR-Blattei SD 720 Freie Mitarbeit, 2000; *Maschmann,* Arbeitsverträge und Verträge mit Selbständigen, NZA 2001, Sonderbeilage zu Heft 24, 21; *Reinecke,* Die gerichtliche Feststellung der Arbeitnehmereigenschaft und ihre Rechtsfolgen für Vergangenheit und Zukunft, RdA 2001, 357; *Henrici,* Der rechtliche Schutz für Scheinselbständige, 2002; *Worzalla,* Arbeitsverhältnisse und sonstige Rechtsverhältnisse in der Rechtsprechung des BAG, FS 50 Jahre BAG, 2004, S. 311; *Schwarze,* Arbeitnehmerbegriff und Vertragstheorie – Der paternalistische Kern des Arbeitnehmerschutzes, ZfA 2005, 81.

Aus der **älteren Literatur** sind als grundlegend noch wichtig: *Lotmar,* Das Recht des Arbeitsvertrages, Bd. 1, 1902 und Bd. 2, 1908; *Molitor,* Das Wesen des Arbeitsvertrags, 1925; *Nikisch,* Die Grundformen des Arbeitsvertrags und der Anstellungsvertrag, 1926; *Molitor,* Arbeitnehmer und Betrieb, 1929.

I. Abgrenzung des Arbeitsrechts

1. Arbeitsrecht ist das für Arbeitsverhältnisse maßgebende Recht. Diese sehr unbestimmte Kennzeichnung bedarf der Präzisierung.

a) Es umfasst einmal dasjenige Recht, das die als Arbeitsverhältnis bezeichnete **Rechtsbeziehung zwischen Arbeitgeber und Arbeitnehmer** gestaltet, insbes. also das zwingende und dispositive Recht des Arbeitsvertrags, wie es in zahlreichen Gesetzen, z.B. im BGB, HGB, der GewO, dem BUrlG u.a. geregelt ist. Arbeitsrecht wird insoweit ähnlich abgegrenzt wie Kaufrecht oder Mietrecht. Die Zuordnung zum Arbeitsrecht wird nicht dadurch gehindert, dass eine bestimmte Regelung gleichzeitig der Durchsetzung durch behördlichen Zwang unterliegt oder strafbewehrt ist, wie vielfach im Bereich des Arbeitsschutzrechts. Eine derartige Mehrspurigkeit gibt es auch in anderen zivilrechtlichen Rechtsbereichen.

b) Dem Arbeitsrecht rechnen wir ferner das **Recht der spezifisch arbeitsrechtlichen Rechtsquellen** Tarifvertrag und Betriebsvereinbarung zu, insbes. also das so genannte Tarifvertragsrecht. Darunter verstehen wir nicht das durch Tarifverträge ge-

---

die Geschichte der Arbeitsverfassungen, ZfA 2004, 183. Eine Aufarbeitung der NS-Zeit unternimmt *Ramm,* Nationalsozialismus und Arbeitsrecht, KritJ 1968, 108; s.a. *Dubischar,* Zur Entstehung der Arbeitsrechtswissenschaft als Scientific Community, RdA 1990, 83. Zu *Wilhelm Herschel* näher *Rüthers,* NJW 1998, 1433, 1895; *Preis,* NJW 1998, 1889, 1896; *Löwisch,* BB 1998, 1793; *Hanau,* NJW 1998, 1895.

schaffene Recht, sondern das den Tarifvertrag selbst, also insbesondere sein Zustandekommen und seine Wirkung normierende Gesetzes- und Verordnungsrecht. Wären
Tarifverträge auch in anderen Rechtsbereichen, etwa im Mietrecht, zulässig, so müsste
das Tarifvertragsrecht aus dem Arbeitsrecht ausgegliedert und in einen allgemeineren
systematischen Rahmen eingeordnet werden.

c) Zum Arbeitsrecht gehört auch das **Betriebsverfassungsrecht,** obgleich dieses nur
z. T. die Gestalt des Arbeitsverhältnisses unmittelbar beeinflusst. Regelungen etwa, wie
und wann der Betriebsrat zu wählen ist, wer ihm angehören darf, wie er seine Geschäfte zu führen hat etc., haben mit Zustandekommen und Inhalt des Arbeitsverhältnisses
nichts zu tun. Indessen hängen diese organisatorischen Regelungen so eng mit den für
die Rechtsbeziehungen zwischen Arbeitgeber und Arbeitnehmern höchst bedeutsamen Mitwirkungsbefugnissen der Arbeitnehmervertretung zusammen, dass ihre Aus-
klammerung aus dem Arbeitsrecht sinnwidrig wäre. Arbeitsrecht als systematische
Sinneinheit muss die Arbeitsbeziehungen ganzheitlich erfassen. Dazu darf es sich nicht
auf die einzelne Rechtsbeziehung zwischen Arbeitgeber und Arbeitnehmer isolierend
beschränken, sondern muss auch die in Betrieb und Unternehmen sich der individuellen Beziehung über- oder nebenordnenden kollektiven Rechtsbeziehungen mit einbeziehen.

d) Arbeitsrecht umfasst auch das **Recht der Koalitionen.** Diese für spezifisch arbeitsrechtliche Aufgaben gegründeten Verbände haben vor allem tarifliche Normsetzungsbefugnisse. Schon dieser Umstand macht die Einordnung der für sie maßgebenden besonderen Rechtsregeln in das Arbeitsrecht unumgänglich. Nicht zum Arbeitsrecht gehört aber das für die Koalitionen geltende allgemeine Verbandsrecht.

e) Zum Arbeitsrecht rechnen wir schließlich auch das **Recht der kollektiven Auseinandersetzung** zwischen Arbeitnehmer- und Arbeitgeberseite **durch Arbeitskampf.**
Die Zuordnung ergibt sich im Grunde schon daraus, dass Zulässigkeit und Folgen von
Arbeitskämpfen unmittelbar auch zum Inhalt des Arbeitsverhältnisses gehören. Wichtiger für die systematische Zuordnung erscheint aber, dass auch die für die deliktsrechtliche und die strafrechtliche Würdigung des Arbeitskampfes maßgeblichen Wertungen nur unter einheitlichen und arbeitsrechtsspezifischen Gesichtspunkten gewon-
nen werden können.

2. Wie sich aus dem Vorangegangenen ergibt, ist eine kurze einheitliche Definition
des Arbeitsrechts mit hinreichender Präzision nicht möglich. Für die **systematische
Abgrenzung des Arbeitsrechts** sind vielmehr mehrere, für die einzelnen Teile **unterschiedliche Gesichtspunkte** maßgeblich. **Zusammengefasst** lässt sich sagen: Arbeitsrecht ist einmal das die Arbeitsverhältnisse unmittelbar betreffende Recht, zum andern
das mittelbar auf die Arbeitsverhältnisse einwirkende oder sie einbettende Recht der
kollektiven Regelung und Gestaltung der Arbeitsbedingungen sowie das die kollektive
Auseinandersetzung zwischen den Parteien des Arbeitslebens regelnde Recht. Etwas
unbestimmter lässt sich auch formulieren, dass das Arbeitsrecht die spezifischen
Rechtsbeziehungen zwischen Arbeitgebern und Arbeitnehmern regelt oder dass es das
für Arbeitsverhältnisse maßgebende Recht umfasst, sofern man diese Begriffsbestimmungen als über das einzelne Arbeitsverhältnis hinausreichend versteht.

Früher wurde vielfach gesagt, Arbeitsrecht sei das Sonderrecht der Arbeitnehmer.[1]
Diese Definition gibt rechtssoziologisch richtig wieder, dass ein Schwerpunkt der
rechtspolitischen Zielsetzung des Arbeitsrechts im Schutz des Arbeitnehmers liegt.
Gleichwohl ist die Definition nicht glücklich, weil die Zielsetzung des Arbeitsrechts

---

[1] So z. B. *Hueck*, § 1 I. Neuerdings noch Palandt/*Weidenkaff*, 66. Aufl., 2007, vor § 611 Rn. 3.

längst über den Arbeitnehmerschutz weit hinaus greift und weil die vom Arbeitsrecht erfassten Rechtsbeziehungen den Arbeitgeber gleichermaßen umfassen. Nicht sinnvoll wäre es z. B., das Tarifvertragsrecht als Sonderrecht der Arbeitnehmer zu qualifizieren. Nicht weiterführend ist die Definition, Arbeitsrecht seien „die Arbeitsverhältnisse".[2] Sinnvoll wäre diese Begriffsbildung nur unter einem vom Herkömmlichen völlig abweichenden Verständnis des Begriffs Arbeitsverhältnis. Dem würde niemand folgen.

II. Verhältnis zu Sozialrecht und Sozialpolitik

In der Aufgabe, den Arbeitnehmer in seiner Existenz zu sichern, wird das Arbeitsrecht durch das Sozialrecht, insbesondere seinen wichtigsten Bereich, das Sozialversicherungsrecht, ergänzt (vgl. dazu schon oben § 2 VI und § 3 II 3). Für zahlreiche soziale Schutzaufgaben sind ebenso arbeitsrechtliche wie sozialrechtliche Lösungen möglich und bei funktionaler Gleichwertigkeit rechtspolitisch austauschbar. Nicht selten werden sie auch kumuliert (Beispiel: Rentenversicherung und betriebliche Altersversorgung) oder hintereinander geschaltet (Beispiel: Entgeltfortzahlung und Krankengeld).[3] Sozialversicherungsrecht weist zudem in einigen grundsätzlichen Fragen, insbesondere hinsichtlich der Abgrenzung des Arbeitnehmerbegriffs, Gemeinsamkeiten oder wenigstens Parallelen auf.[4]

1. Sozialrecht[5] **und Sozialversicherungsrecht** sind jedoch nicht Teil des Arbeitsrechts, sondern bilden eine eigenständige Materie. Zwar enthält das Sozialversicherungsrecht eine Reihe von Pflichten, die nicht nur öffentlich-rechtlich gegenüber den Sozialversicherungsträgern, sondern gleichzeitig gegenüber dem einzelnen Arbeitnehmer im Rahmen des Arbeitsverhältnisses bestehen (Pflicht zur Anmeldung und Beitragsabführung u. a.). Gleichwohl liegt der Schwerpunkt der sozialversicherungsrechtlichen Regelungen – dies ist freilich für die Ausgrenzung nicht entscheidend, sondern nur symptomatisch – ganz im öffentlichen Recht, während das Arbeitsrecht weit überwiegend dem Privatrecht zuzuordnen ist. Ferner bezieht das Sozialversicherungsrecht in seinen Schutzbereich einen nicht geringen Kreis von Personen ein, die keine Arbeitnehmer sind.

2. Ob man Arbeitsrecht und Sozialrecht systematisch unter einem beide **übergreifenden Begriff** zusammenordnen soll, ist eine Frage von rechtsdogmatisch geringer Bedeutung, da die bereits erwähnten rechtlichen Berührungspunkte beider Gebiete nicht sehr zahlreich sind. Nicht verkannt werden darf aber, dass die Fortentwicklung beider Rechtsgebiete zu den zentralen Anliegen der vom Staat nur einheitlich zu betreibenden **Sozialpolitik**[6] gehört. Unter diesem Aspekt sind übergreifende wissenschaftliche Bemühungen sinnvoll und wichtig. Gerade die Verwissenschaftlichung der Sozialpolitik im Sinn einer Herausarbeitung ihrer tragenden Grundsätze und einer Klärung und Durchschaubarmachung ihres Gesamtgefüges ist ein wichtiges Anliegen, zu dem auch die Rechtswissenschaft Wesentliches beizutragen hat.

---

[2] So *Ernst Wolf*, Der Begriff Arbeitsrecht, FS 25 Jahre BAG, 1979, S. 709.

[3] Dazu umfassend, allerdings mit Schwerpunkt im österreichischen Recht, *M. Binder*, Das Zusammenspiel arbeits- und sozialrechtlicher Leistungsansprüche, 1980.

[4] Dazu aus älterer Zeit *Seiter*, Sozialversicherung und Arbeitsrecht, FS BSG, 1979, S. 515; vgl. zu übergreifenden Problemen auch den jährlichen Beitrag, „Das Sozialrecht in der Rechtsprechung des BAG" im JbSozRGegw. Vgl. ferner *v. Maydell*, Zum Verhältnis von Sozialrecht und Arbeitsrecht, FS Kissel, 1994, S. 761; *Heinze*, Einwirkungen des Sozialrechts ins Arbeitsrecht?, NZA 2000, 5; *ders.*, Das Verhältnis des öffentlich-rechtlichen Sozialrechts zum privatrechtlichen Arbeitsrecht, SGb 2000, 241.

[5] Mittlerweile wird der Begriff des Sozialrechts überwiegend im Sinn eines die öffentlichen Sozialleistungssysteme (z. B. Sozialversicherung und Sozialhilfe), aber nicht das Arbeitsrecht erfassenden Systems gebraucht. Zu den Schwierigkeiten der Abgrenzung ausführlich *Zacher*, Materialien zum Sozialgesetzbuch (Loseblatt), A 19 ff. m. w. N.; *Reiter*, Sozialrecht, in: Blüm/Zacher (Hrsg.), 40 Jahre Sozialstaat Bundesrepublik Deutschland, 1989, S. 669 ff.; *Gitter*, Sozialrecht, 5. Aufl., 2001, S. 1 ff.; *Eichenhofer*, Sozialrecht, 5. Aufl., 2004, S. 1 ff.

[6] *Eekhoff*, Beschäftigung und soziale Sicherung, 3. Aufl., 2002; *Lampert/Althammer*, Lehrbuch der Sozialpolitik, 7. Aufl., 2004; *M. G. Schmidt*, Sozialpolitik in Deutschland, 3. Aufl., 2005. Ob es sinnvoll ist, neben der Sozialpolitik ein sich damit überschneidendes Gebiet der Arbeitspolitik abzugrenzen, bleibt dahingestellt. Vgl. dazu z. B. *Strümpel/Dierkes* (Hrsg.), Innovation und Beharrung in der Arbeitspolitik, 1993; *Keller*, Arbeitspolitik des öffentlichen Sektors, 1993; *ders.*, Einführung in die Arbeitspolitik, 6. Aufl., 1999.

III. Begriff des Arbeitsverhältnisses

Für die systematische Abgrenzung des Arbeitsrechts ist der Begriff des Arbeitsverhältnisses von zentraler Bedeutung.[7]

Das gilt nicht nur für das die Arbeitsverhältnisse unmittelbar ordnende Individualarbeitsrecht, sondern etwa auch für das Tarifvertragsrecht, weil durch Tarifverträge grundsätzlich nur Regelungen für Arbeitsverhältnisse geschaffen werden können (vgl. § 1 TVG, Ausnahme § 12 a TVG), und es gilt gleichermaßen auch für das Betriebsverfassungsrecht, das nur für solche Betriebe in Betracht kommt, in denen Arbeit aufgrund von Arbeitsverhältnissen geleistet wird.

Das **Arbeitsverhältnis** ist die Gesamtheit der durch Arbeitsvertrag begründeten Rechtsbeziehungen zwischen Arbeitgeber und Arbeitnehmer. Der Arbeitsvertrag ist ein privatrechtlicher Dienstvertrag. Kennzeichnend für ihn ist, dass der Arbeitnehmer sich zur Leistung unselbständiger Arbeit verpflichtet[8]. Das bedarf näherer Darlegung.

1. Begründung durch privatrechtlichen Vertrag

a) Nur durch **privatrechtlichen Vertrag** begründete Rechtsverhältnisse sind Arbeitsverhältnisse.[9] Beamte sind aus einem doppelten Grund keine Arbeitnehmer: Einmal gehört das Rechtsverhältnis zwischen ihnen und ihrem Dienstherrn nicht dem Privatrecht an, zum Zweiten erfolgt die Begründung nicht durch Vertrag, sondern durch einen mit Zustimmung des Beamten ergehenden Verwaltungsakt. Nicht zum Arbeitsrecht gehören ferner die auf gesetzlicher Verpflichtung beruhenden Dienstleistungsverhältnisse der Familienangehörigen (vgl. §§ 1353, 1360, 1619 BGB)[10] und der so genannten „Unfreien" (Strafgefangene,[11] Fürsorgezöglinge, nach § 63 I StGB in einem psychiatrischen Krankenhaus untergebrachte Personen).

b) Die Begründung eines Arbeitsverhältnisses durch **Verwaltungsakt,** wie sie das frühere SchwBeschG in § 10 vorsah, ist nach derzeit geltendem Bundesrecht in Normalzeiten[12] nicht möglich, vereinzelt finden sich aber landesrechtliche Ausnahmen.[13] **Kraft Gesetzes** entsteht ein Arbeitsverhältnis mit einem Auszubildenden bei Ablauf der Ausbildungszeit, wenn die Voraussetzungen von § 78 a BetrVG bzw. § 9 BPersVG vorliegen.[14] Zwischen dem Entleiher und dem Leiharbeitnehmer kommt nach § 10 I 1 AÜG ein Arbeitsverhältnis zustande, wenn dem Verleiher die Erlaubnis zur Arbeitnehmerüberlassung fehlt.

---

[7] Abweichend *Richardi*, JA 1986, 296, der den Anwendungsbereich des Arbeitsrechts vom Normzweck der anzuwendenden Gesetze her bestimmen will. Das ist in solcher Allgemeinheit leider unpraktikabel.

[8] *BAG* AP Nr. 111 zu § 611 BGB Abhängigkeit.

[9] Soweit die Auffassung vertreten wird, auch ohne Verpflichtungstatbestand entstehe ein Arbeitsverhältnis, sofern weisungsabhängige Dienste tatsächlich geleistet würden, kann dem in dieser Allgemeinheit nicht zugestimmt werden, *BAG* AP Nr. 70 zu § 2 ArbGG 1979 (Zwangsarbeiter im NS-Staat). Anders aber *Boemke*, Schuldvertrag und Arbeitsverhältnis, 1999, S. 226 ff.

[10] Dazu *C. S. Hergenröder*, AR-Blattei SD 615.1 Ehegattenmitarbeit und Lebenspartnerschaft, 2003; *dies.*, SD 700.1 Familienangehörige, 1999.

[11] Vgl. *BAG* AP Nr. 18 zu § 5 BetrVG 1972. Für das Berufsausbildungsverhältnis vgl. *BAG* AP Nr. 5 zu § 2 ArbGG 1979.

[12] Im Verteidigungsfall können Arbeitsverhältnisse durch Verpflichtungsbescheid der Agenturen für Arbeit begründet werden, vgl. näher das Arbeitssicherstellungsgesetz (ASistG).

[13] So zugunsten gesundheitlich gefährdeter Bergleute z.B. im Saarland, Gesetz über einen Bergmannsversorgungsschein § 8 III.

[14] Dazu näher *Feudner*, Schutz Auszubildender in besonderen Fällen, NJW 2005, 1462; *Lakies*, AR-Blattei SD 400 Berufsbildung, 2006, Rn. 807 ff.

c) Die Schaffung von Arbeitsgelegenheiten i.S.d. § 16 III SGB II ist eine Form der Eingliederungsleistung im Rahmen der Grundsicherung für Arbeitsuchende.[15] Drei rechtliche Gestaltungsformen sind denkbar: In der – praktisch wenig bedeutsamen[16] – „Arbeitsvertragsvariante" wird ein normales Arbeitsverhältnis begründet, welches zugleich ein sozialversicherungspflichtiges Beschäftigungsverhältnis nach § 7 I SGB IV darstellt. Die auf § 16 I 2 SGB II gründende „ABM-Variante" lässt ebenfalls das Nebeneinander von Arbeitsverhältnis und sozialversicherungspflichtigem Beschäftigungsverhältnis zu, allerdings besteht hier die arbeitsrechtliche Besonderheit, dass ein in der Arbeitsbeschaffungsmaßnahme Beschäftigter ohne formale Kündigung abberufen werden kann, wenn er in den „ersten Arbeitsmarkt" vermittelbar ist, vgl. § 269 SGB III. Demgegenüber zeichnet sich die „Mehraufwandsvariante" – besser bekannt als „Ein-Euro-Jobs" – dadurch aus, dass dem Hilfebedürftigen das Arbeitslosengeld II zuzüglich einer angemessenen Mehraufwandsentschädigung gewährt wird. Nach der ausdrücklichen Regelung in § 16 III 2 SGB II sind „Ein-Euro-Jobber" keine Arbeitnehmer[17], auch wird kein sozialversicherungsrechtliches Beschäftigungsverhältnis begründet. Allerdings gelten das Arbeitsschutzrecht sowie das BUrlG, jedoch mit Ausnahme der Regelungen über das Urlaubsentgelt.[18] Mit dieser Rechtsfigur wird vom Gesetzgeber anerkannt, dass dem Arbeitsrecht beschäftigungshindernde Wirkung zukommt und ein gesetzlicher Fall der Flucht aus dem Arbeitsrecht geschaffen.

d) Kein Arbeitsverhältnis entsteht, wenn jemand für einen anderen **ohne oder gegen dessen Willen** tätig wird. Er mag dann Ansprüche aus Geschäftsführung ohne Auftrag oder aus ungerechtfertigter Bereicherung haben. Dem Arbeitsrecht unterfallen seine Ansprüche aber nicht. Andererseits ist man sich heute weitgehend darüber einig, dass ein Arbeitsverhältnis durch nichtigen Arbeitsvertrag entstehen kann, etwa durch einen Arbeitsvertrag, der gegen ein gesetzliches Verbot verstößt. Die Erforderlichkeit der Begründung des Arbeitsverhältnisses durch Vertrag bedeutet also nicht, dass der Vertrag unter allen Umständen rechtlich wirksam sein muss. Vielmehr genügt eine **Willenseinigung** darüber, dass der Arbeitnehmer gegen Entgelt mit fremdbestimmter Arbeit beschäftigt werden soll (über Einzelheiten und Bedeutung von Willensmängeln und sonstigen Fehlern des Vertrages vgl. näher unten § 12 II 1).

Bedenklich ist die Auffassung, durch Beschäftigung von Umschülern in einer Lehrwerkstatt aufgrund eines Vertrages mit der Arbeitsverwaltung, in dem vertragliche Beziehungen des Arbeitgebers zu den Umschülern gerade ausgeschlossen wurden, komme ein Arbeitsverhältnis zustande.[19]

e) Gänzlich von der Begründung eines Arbeitsverhältnisses durch Arbeitsvertrag gelöst hat die Rechtsprechung den **Einstellungsbegriff** des § 99 BetrVG (dazu näher unten § 48 II 1 a).

2. Dienstvertrag

Der Vertrag muss ein Dienstvertrag sein.

a) Werkverträge, wie sie vor allem mit selbständigen Unternehmern abgeschlossen werden, begründen kein Arbeitsverhältnis. Die **Unterscheidung zwischen Dienstvertrag und Werkvertrag** erfolgt anhand des Vertragsgegenstandes: Während beim Dienstvertrag lediglich die Tätigkeit als solche geschuldet wird, hat der Werkvertrag

---

[15] Dazu eingehend *Löschau/Marschner*, Zusammenlegung von Arbeitslosen- und Sozialhilfe. Hartz IV, 2. Aufl., 2007, Rn. 664 ff.

[16] *Löschau/Marschner*, Zusammenlegung von Arbeitslosen- und Sozialhilfe. Hartz IV, 2. Aufl., 2007, Rn. 669.

[17] *BAG* NZA 2007, 53.

[18] Zu den Unterschieden im Hinblick auf die Art der zu leistenden Arbeit *Löschau/Marschner*, Zusammenlegung von Arbeitslosen- und Sozialhilfe. Hartz IV, 2. Aufl., 2007, Rn. 672 ff.

[19] So aber *BAG* AP Nr. 25 zu § 5 BetrVG 1972; AP Nr. 56 zu § 5 ArbGG 1979.

„als Arbeitsergebnis deren Erfolg" zum Gegenstand.[20] Diese Abgrenzung kann freilich unter bestimmten Umständen problematisch sein.

Beispiele: A beauftragt den B, gegen Entgelt seinen in Düsseldorf am Flughafen stehenden Wagen nach München zu überführen. Privatmann P bittet den Maurergesellen M, in seinem Haus eine Trennwand aufzumauern. Gastwirt W engagiert die Drei-Mann-Kapelle K, während der Wintersaison jeden Samstag zum Tanz aufzuspielen.

Die Schwierigkeiten der Abgrenzung resultieren daraus, dass im Grunde sowohl Werkvertrag wie Dienstvertrag eine Arbeitsleistung als Leistungsgegenstand aufweisen. Wenn zur Abgrenzung gesagt wird, beim Werkvertrag sei der Arbeitserfolg Leistungsgegenstand, so ist das insofern zweifelhaft, als „Herstellung", mithin ein Vorgang, geschuldet wird und oft vom Schuldner selbst zu erbringen ist. Beim Dienstvertrag anderseits kann der bloße Arbeitseinsatz als Leistungsgegenstand nicht voll genügen, weil nicht lediglich „subjektive Mühewaltungen" *(Esser)* geschuldet werden. Die Faustregel für die Abgrenzung, dass der Werkvertrag primär erfolgsbestimmt, der Dienstvertrag dagegen primär tätigkeitsbestimmt sei, ist zwar zutreffend, hilft aber vor allem dann nur begrenzt, wenn der geschuldete Erfolg in einer sich immer wiederholenden Tätigkeit besteht.

Beispiel: Der Tankstellenunternehmer, der Benzin im Namen und für Rechnung der Mineralölfirma verkauft. Aber auch sonst gibt es viele zweifelhafte Fälle, wie etwa die Tätigkeit des Architekten,[21] des Arztes, des Wirtschaftsprüfers[22] oder des als Gast im Ensemble mitwirkenden Künstlers.

Für das Arbeitsrecht kann die Unterscheidung nur dahingestellt bleiben, wenn ein Arbeitsvertrag aus anderen Gründen zu verneinen ist, wie z. B. dann, wenn der zur „Arbeitsleistung" Verpflichtete gegenüber dem Auftraggeber selbständig ist. Hat er aber in Bezug auf die Erbringung seiner Leistung den Weisungen des Auftraggebers zu folgen, so erhält die Unterscheidung tragende Bedeutung für die Frage, ob ein dem Arbeitsrecht unterfallender Tatbestand gegeben ist. Arbeitet der Leistende mit eigenen Betriebsmitteln, so bildet dies ein Indiz, aber bei geringem Umfang dieser Mittel kein sicheres Merkmal für selbständige Unternehmertätigkeit.[23] Hat er die Leistung in eigener Verantwortung zu erbringen, so wird es an der Weisungsunterworfenheit fehlen und damit zumindest von daher kein Arbeitsvertrag vorliegen. Soll er nach dem Vertrag das Erfolgsrisiko tragen, so liegt ein Werkvertrag vor.[24] Wie die Risikoverteilung gewollt ist, wird indessen gerade in problematischen Fällen vielfach streitig sein. Indizwirkung geht schließlich auch davon aus, ob ein Dauerschuldverhältnis vorliegt. Darunter versteht man ein Schuldverhältnis, bei dem nicht schon die Leistungserbringung als solche zur Beendigung führt, sondern ein besonderer Beendigungstatbestand (Befristung, Kündigung und ähnliches) erforderlich ist. Ist das zu bejahen, so spricht das für das Vorliegen eines Dienstvertrages. Aber auch dieses Kriterium ist unsicher, weil es einerseits Werkvertragsverhältnisse mit Dauercharakter gibt, anderseits Dienst-

---

[20] Vgl. BGHZ 151, 330; Palandt/*Sprau,* 66. Aufl., 2007, vor § 631 Rn. 1. Zum Ganzen etwa *F. Maschmann,* Arbeitsverträge und Verträge mit Selbständigen, Diss., 2001; *S. Gerber,* Die Scheinselbständigkeit im Rahmen des Einzelarbeitsvertrags, Diss., 2003.

[21] Dazu BGHZ 31, 224; 62, 204; 82, 100.

[22] *BGH* NJW 2000, 1107.

[23] Sehr instruktiv *BSG* BB 1980, 211, wo ein Masseur in einer Sauna als selbständiger Unternehmer qualifiziert wird.

[24] *Esser/Weyers,* Schuldrecht, Bd. II, Teilbd. 1 8. Aufl. 1998, § 27 II 3 c sieht darin das entscheidende Abgrenzungskriterium. Davon zu unterscheiden ist die Frage, ob der Leistende allgemein ein „Unternehmerrisiko" trägt. Das besagt über die Einordnung eines Vertrags als Werkvertrag nichts (vgl. Architekten-, Arzt- u. Anwaltsvertrag), sondern stellt nur ein Indiz für Selbständigkeit dar.

verhältnisse, die auf die Beendigung der Leistungserbringung befristet sind. Ein in Grenzfällen sicheres Unterscheidungsmerkmal scheint es nicht zu geben. Für die Lösung konkreter Fragen (z. B. Haftung, Entgeltanspruch usw.) kann in solchen Fällen meist im Wege der Auslegung nach §§ 133, 157 BGB geholfen werden.

b) **Gesellschaftsverträge** begründen ebenfalls kein Arbeitsverhältnis[25]. Zwar kann der vom einzelnen Gesellschafter kraft des Gesellschaftsvertrags zu erbringende Beitrag (§ 705 BGB) auch in der Leistung von Diensten bestehen, § 706 III BGB. Ein Gesellschaftsvertrag liegt aber nur vor, wenn die Erbringung dieser Dienste nicht in Unterordnung unter den Willen eines anderen Gesellschafters zu erfolgen hat. Ein Gesellschafter kann freilich mit seiner Gesellschaft neben dem Gesellschaftsvertrag ein Arbeitsverhältnis eingehen. Praktisch kommt dies namentlich bei Kommanditisten vor. Die Erbringung der Dienste erfolgt dann aber nicht aufgrund des Gesellschaftsvertrags.[26] Dass sich das Arbeitsverhältnis typischerweise mit gesellschaftsrechtlichen Elementen verbinden, ja eventuell sogar zu einem Gesellschaftsverhältnis wandeln würde, wie manche behaupten, bleibt allerdings wohl vertragsrechtlich-dogmatisch nicht erfassbar.[27] Jedoch lassen sich rechtssoziologisch für Arbeitsverhältnisse in Betrieben durchaus gewisse mitgliedschaftliche Züge ausmachen.[28]

c) Stark umstritten ist die Frage, ob ein Arbeitsverhältnis nur bei **Entgeltlichkeit** vorliegt. Für die Einbeziehung von unentgeltlichen Dienstleistungspflichten in das Arbeitsrecht spricht zwar, dass die Schutzbedürftigkeit des Arbeitenden jedenfalls in bestimmten Bereichen von der Entgeltlichkeit der Dienstleistungen nicht abhängt.[29] Gleichwohl muss klar gesehen werden, dass jedenfalls der gesamte Bereich des Entgeltschutzes entfällt und dass auch die Schutzbedürftigkeit des Arbeitnehmers im Ganzen schon deshalb stark gemindert ist, weil er auf die Fortdauer des Arbeitsverhältnisses als materielle Existenzgrundlage nicht angewiesen ist. Praktische Bedeutung kommt der Frage ohnehin nur in ganz geringem Umfang zu, insbesondere für Volontäre,[30] die zu Informationszwecken, jedoch ohne regelrechten Ausbildungszweck, tätig sind.

d) Vielfach wird angenommen, dass Personen, deren **Beschäftigung nicht in erster Linie dem Erwerb** dient, sondern vorwiegend durch **Gründe karitativer oder religiöser Art** bestimmt ist,[31] oder die vorwiegend zu ihrer Heilung, Wiedereingewöhnung, sittlichen Besserung oder Erziehung beschäftigt werden,[32] keine Arbeitnehmer seien (Beispiele: Beschäftigung von Kranken in Krankenhäusern, Klosterangehörige, evangelische Diakonissen und Rotkreuz-Schwestern, behinderte Menschen in Werkstätten für Behinderte).[33] Daran ist richtig, dass in solchen Fällen die Beschäftigung vielfach nicht aufgrund eines privatrechtlichen Vertrages, sondern aufgrund Vereinsmitgliedschaft erfolgt, oder dass ein etwa vorliegender Vertrag mitunter keine Wesenszüge des Dienstvertrages trägt. Dann ist ein Arbeitsverhältnis selbstverständlich zu verneinen. Liegt aber ein Dienstvertrag vor, so besteht kein Grund, Arbeitsrecht nicht anzuwenden. Das Motiv für die Übernahme einer Dienstleistungsverpflichtung ist unerheblich. Nach dem Vorstehenden sind Ordensleute in der Regel keine Arbeitnehmer; das gleiche gilt für Rotkreuz-Schwestern.[34] Hinsichtlich der Rechtsstellung der in Werkstätten für Behin-

---

[25] Vgl. auch *BAG* AP Nr. 49 zu § 5 ArbGG 1979, AP Nr. 19 zu § 1 KSchG 1969 Wartezeit (Beendigung des Arbeitsverhältnisses). Anders noch *BAG* AP Nr. 58 zu § 5 ArbGG 1979 (Ruhen des Arbeitsverhältnisses).

[26] *Schrader/Schubert*, Der Geschäftsführer als Arbeitnehmer, DB 2005, 1457, 1459.

[27] Dazu z. B. *Beuthien*, Löst sich das Arbeitsrecht in Gesellschaftsrecht auf?, FS Wolf, 1985, S. 17; *Adomeit*, Gesellschaftsrechtliche Elemente im Arbeitsverhältnis, 1986; s. auch *Oetker*, BB 1991, 1559.

[28] Zu diesem Aspekt vgl. unten § 12 II 8.

[29] Vgl. vor allem *Mayer-Maly*, Erwerbsabsicht und Arbeitnehmerbegriff, 1965, S. 38 ff.; kritisch *Tomandl*, Wesensmerkmale, S. 54 f. und 177 ff.

[30] Volontäre können sich aber auch in einem Arbeitsverhältnis befinden, *BAG* NZA 2005, 779. Vgl. näher unten § 5 IV 1 b.

[31] So vor allem *Hueck*, S. 54; *Söllner/Waltermann*, § 4 II.

[32] *Hueck*, S. 54. Dazu gehören auch Rechtsverhältnisse zur stufenweisen Wiedereingliederung arbeitsunfähiger Arbeitnehmer gemäß § 74 SGB V. Dazu *v. Hoyningen-Huene*, NZA 1992, 49; *BAG* SAE 1992, 353 (Anm. *Misera*).

[33] Vgl. MünchArbR/*Cramer*, § 237, Rn. 32; differenzierend *Müller-Wenner/Schorn*, SGB IX, Teil 2, § 138, Rn. 5; *Kossens/von der Heide/Maaß*, SGB IX, § 138, Rn. 2; *Jobs*, Das Werkstattverhältnis gemäß §§ 136 ff. SGB IX, ZTR 2002, 515, 516 f.

[34] Wie hier *BAG* AP Nr. 2 zu § 5 BetrVG 1972 Rotes Kreuz; AP Nr. 22 zu § 5 ArbGG 1979; *Loritz*, Die Mitarbeit Unternehmensbeteiligter, 1984, S. 434 ff.; abw. *v. Maydell*, AuR 1967, 202 (204 f.). Dazu auch unten § 27 V 1. Die Begründung der Vereinsmitgliedschaft darf jedoch nicht der Umgehung des ArbR dienen, *BAG* AP Nr. 83 zu § 2 ArbGG 1979.

derte Beschäftigten gelten zur Frage der Einordnung als Arbeitnehmer die allgemeinen Regeln. Wird die Arbeitnehmereigenschaft verneint, wird grds. von einer arbeitnehmerähnlichen Rechtsstellung ausgegangen, vgl. § 138 SGB IX.

e) Probleme bereiten kann die Abgrenzung des Arbeitsverhältnisses vom **Franchise-Vertrag.**[35] Dies gilt insbesondere beim so genannten Subordinationsfranchising, bei welchem der Franchise-Nehmer in erheblichem Maße Weisungen und Kontrollen unterworfen sein kann. Aus dem Vorliegen eines Franchise-Vertrages allein lässt sich noch nicht schließen, dass der Franchise-Nehmer nicht als Arbeitnehmer einzuordnen ist. Vielmehr ist unter Berücksichtigung sämtlicher Umstände des Einzelfalls die Abgrenzung anhand des Kriteriums der Selbständigkeit vorzunehmen.[36] Stellt der Franchise-Vertrag jedoch die einzige Erwerbsquelle des Franchise-Nehmers dar, ist zudem das Vorliegen einer arbeitnehmerähnlichen Stellung denkbar (dazu unten VI 2).

3. Begriff der Arbeit

Der Begriff der Arbeit liefert kein juristisch brauchbares Abgrenzungsmerkmal. Alle Versuche, den Begriff der Arbeit von ihrem Gegenstand her abzugrenzen, sind gescheitert. Auch der in der älteren Literatur noch zu findende Hinweis, was Arbeit sei, beurteile sich nach der Verkehrsanschauung, ist rechtlich bedeutungslos, weil kein erlaubtes und den guten Sitten entsprechendes menschliches Verhalten denkbar ist, das nicht Gegenstand einer Arbeitsverpflichtung sein könnte.[37]

Beispiele: Sportliche Tätigkeiten[38] (Tennis, Zirkus, Eisrevue, Profi-Fußball), Schach- oder Kartenspielwettkämpfe, rein passives Zurschaustehen als Modell oder lebende Schaufensterpuppe, Tätigkeit als Babysitter.

Auch die viel erörterte Frage, ob **Rufbereitschaft** bzw. **Bereitschaftsdienst** als Arbeit zu qualifizieren seien, ist keine Frage begrifflicher Abgrenzung. Sie können Arbeit und damit Gegenstand von Arbeitsverträgen sein. Vielmehr geht es dabei meist um andere Fragen: inwieweit sie als Arbeit im Sinn des Arbeitszeitschutzes zu gelten haben[39] oder inwieweit sie nach einzel- oder tarifvertraglichen Vereinbarungen voll oder gar als Überstunden zu vergüten sind u.ä. (Vgl. dazu unten § 32 IX).

4. Dauer und Umfang

Von einer Indizwirkung für das Vorliegen eines Arbeitsverhältnisses kann hinsichtlich **Dauer und zeitlichem Umfang** der Arbeitsverpflichtung gesprochen werden. Leitet man die Arbeitnehmereigenschaft regelmäßig aus dem „Verlust eigener Dispositionsmöglichkeit und der daraus resultierenden Unmöglichkeit eigennützigen, unternehmerischen Einsatzes der eigenen Arbeitskraft"[40] ab, so ist derjenige im Zweifel Arbeitnehmer, der „nicht gegenüber vielen Vertragspartnern am Markt auftritt, sondern sich auf Dauer an einen Vertragspartner bindet."[41]

---

[35] Vgl. dazu *Franzen,* Der Franchise-Vertrag als Arbeitsvertrag, FS 50 Jahre BAG, 2004, S. 31; *Flohr,* Aktuelle Tendenzen im Franchise-Recht, BB 2006, 389.

[36] Vgl. *BAG* AP Nr. 37 zu § 5 ArbGG 1979, wonach das Vorliegen eines Arbeitsvertrages dann abzulehnen ist, wenn der Betroffene „seine Chancen auf dem Markt selbständig und im Wesentlichen weisungsfrei suchen kann." Siehe auch *BGH* NZA 1999, 53.

[37] *Lieb,* RdA, 1977, 210 (217). Dagegen auch *Beuthien,* RdA 1978, 2 (4).

[38] *LAG Nürnberg* FA 2006, 280; *BAG* AP Nr. 51 zu § 611 BGB Abhängigkeit; zum Ganzen *Horst/ C. Jacobs,* RdA 2003, 215, 219; *Teschner,* NZA 2001, 1233 f.

[39] Zum ärztlichen Bereitschaftsdienst vgl. *EuGH* AP Nr. 2 zu EWG-RL Nr. 93/104; vgl. nunmehr seit 1. 1. 2004 § 7 I Nr. 1a ArbZG; *Schliemann,* NZA 2004, 513; *Schliemann,* NZA 2006, 1009. Vgl. auch *BAG* AP Nr. 12 zu § 611 BGB Arbeitsbereitschaft, mit Anm. *Trägner.*

[40] So *Lieb/Jacobs,* § 1 I 2; vgl. auch ErfK/*Preis* § 611 BGB Rn. 90.

[41] Vgl. *Wank,* Anm. zu *BAG* AP Nr. 47 zu § 5 BetrVG 1972.

Der **zeitliche Umfang der Arbeitsverpflichtung** ergibt freilich kein zwingendes Kriterium für die Abgrenzung.[42] So können Kurzverträge mit eintägiger Dauer Arbeitsverträge sein. Auch sind Teilzeitarbeitsverhältnisse[43] echte Arbeitsverhältnisse. Ein solches liegt vor, wenn die Wochenarbeitszeit eines Arbeitnehmers kürzer ist als die eines vergleichbaren vollzeitbeschäftigten Arbeitnehmers (vgl. § 2 I 1 TzBfG). Ging es früher um Reinigungspersonal, Halbtagsschreibkräfte, Buchhalter in Kleinstbetrieben, so hat in jüngerer Zeit die Teilzeitarbeit neue Berufsgruppen erfasst und insgesamt stark zugenommen auf ca. 21,8% aller Erwerbstätigen, bei Frauen liegt die Quote gar bei rund 40,9%[44]. Teilzeitbeschäftigte können in mancher Hinsicht weniger schutzbedürftig sein als Vollbeschäftigte. Ihre Schutzbedürftigkeit ist aber nicht aufgehoben. Arbeitsrecht findet daher grundsätzlich volle Anwendung. Vgl. auch das Verbot der Diskriminierung von Teil- gegenüber Vollzeitkräften in §§ 1, 4 TzBfG.

5. Unselbständigkeit

Das **Merkmal der Unselbständigkeit bzw. der persönlichen Abhängigkeit.**[45] Nach dem BAG[46] ist wichtigstes Kriterium zur Unterscheidung von Arbeitsverhältnis und freiem Dienstvertrag die persönliche Abhängigkeit des zur Dienstleistung Verpflichteten. Besser spricht man freilich von Unselbständigkeit, da für den Arbeitsvertrag die fehlende Selbständigkeit des Arbeitnehmers in Bezug auf die zu erbringenden Dienstleistungen kennzeichnend ist.[47] Wo Unselbständigkeit bei der Erbringung von Diensten fehlt, liegt kein Arbeitsvertrag, sondern ein freier Dienstvertrag vor, wie das vor allem für Tätigkeitsverpflichtungen von Rechtsanwälten, Wirtschaftsberatern, Ärzten, Frachtführern[48] und in ähnlichen Fällen gilt.

a) Kriterien fehlender Selbständigkeit

Um diese näher zu bestimmen, ist auf mehrere verschieden stark zu gewichtende Unterkriterien zurückzugreifen.

aa) Weisungsunterworfenheit. Typisches und in der Praxis bei der großen Masse der Arbeitsverhältnisse gegebenes Kennzeichen der persönlichen Abhängigkeit ist die Unterworfenheit des Dienstverpflichteten unter die Weisungen des Dienstgebers (vgl. näher unten § 6 I 8). Das bedarf allerdings einiger Einschränkungen und Klarstellungen.[49]

(1) Es gibt Konstellationen, in denen ein Arbeitsverhältnis zu verneinen ist, obgleich eine gewisse Weisungsbefugnis des anderen Vertragsteils besteht. Das wichtigste Beispiel ist der Handelsvertreter[50]. Er ist nach § 84 HGB Unternehmer, wenn er seine Tätigkeit selbständig ausübt, und er ist Angestellter, wenn er es unselbständig tut. Die

---

[42] Dazu *Lieb*, RdA 1977, 210; anders *Beuthien*, RdA 1978, 2, 6.

[43] Zu diesen *Annuß/Thüsing* (Hrsg.), Teilzeit- und Befristungsgesetz, 2. Aufl., 2006; *Meinel/Heyn/Herms*, Teilzeit- und Befristungsgesetz, 2. Aufl., 2004; *Thüsing*, ZfA 2004, 67.

[44] Quelle: Statistisches Bundesamt: Ergebnisse des Mikrozensus 2003.

[45] Zum Folgenden sehr förderlich *Heuberger*, Sachliche Abhängigkeit als Kriterium des Arbeitsverhältnisses, 1982, S. 22 ff. Vgl. auch *Brandes*, ZfA 1986, 449; ErfK/*Preis* § 611 BGB Rn. 60 ff.

[46] Vgl. *BAG* AP Nr. 111 zu § 611 BGB Abhängigkeit; *BAG* NZA 2004, 39.

[47] Vgl. vor allem *Hueck*, S. 41 ff.; *Söllner/Waltermann*, § 4 I.

[48] *LAG Köln* BB 2006, 2312 (Status einer arbeitnehmerähnlichen Person).

[49] *Lieb/Jacobs*, Rn. 2 ff. sehen wegen der im Folgenden dargelegten marginalen Divergenzen das Merkmal der Weisungsunterworfenheit als ungeeignet an. Das ist im Hinblick auf die Gesamtlage der Abgrenzungsfrage zu rigoros. Vgl. auch unten VI 2.

[50] Vgl. *BAG* NZA 2004, 39.

Selbständigkeit beurteilt sich nach dem Gesetz danach, ob er „im Wesentlichen" seine Tätigkeit frei bestimmen kann. Unbestritten muss auch der selbständige Handelsvertreter Weisungen des Geschäftsherrn in Bezug auf seine Tätigkeit, und zwar u. U. in nicht ganz geringem Umfang, befolgen. Daran zeigt sich, dass nach dem Willen des Gesetzes beschränkte Weisungsbefugnisse nicht notwendig den Dienstvertrag zum Arbeitsvertrag machen. Sie tun es dann nicht, wenn nach dem sonstigen Zuschnitt des ganzen Rechtsverhältnisses die Selbständigkeit zu bejahen ist. Das Gleiche gilt hinsichtlich der begrenzten Weisungsbefugnisse, die sich auch im Rahmen anderer selbständiger Dienstverträge finden, z. B. eines Mandanten gegenüber seinem Anwalt in Bezug auf die Prozessführung. Weisungsbefugnis reicht also dort nicht aus, die Unselbständigkeit zu begründen, wo einzelne Weisungen hinsichtlich der Ausführung der Tätigkeit möglich sind, sich aber aus anderen Umständen die Selbständigkeit des Dienstnehmers ergibt.[51]

Besonderes gilt auch für den angestellten Geschäftsführer einer GmbH (es dürfte sich um mehrere 100 000 Personen handeln). Im Gegensatz zu den Vorstandsmitgliedern der AG ist er zwar an die Weisungen der Gesellschafterversammlung gebunden (§ 37 I GmbHG), gleichwohl aber regelmäßig nicht Arbeitnehmer,[52] und zwar schon deshalb nicht, weil das Weisungsrecht der Gesellschafterversammlung nicht auf dem Anstellungsvertrag beruht, sondern auf der Organstellung der Gesellschafterversammlung.[53] Andererseits ist der Geschäftsführer auch nach dem sonstigen Zuschnitt seiner Stellung vielfach gerade nicht als selbständig anzusehen. Mitunter unterscheidet sich seine Stellung in der Rechtswirklichkeit sogar kaum von der eines leitenden Angestellten. Der hieraus resultierenden sozialen Schutzbedürftigkeit der Geschäftsführer wird die Rechtsprechung dadurch gerecht, dass sie auf diese einzelne arbeitsrechtliche Normen entsprechend anwendet, z. B. die Kündigungsfristen aus § 622 BGB.[54] Die grundsätzliche Herausnahme aus dem Anwendungsbereich des Arbeitsrechts ist aber schon deshalb geboten, weil der Geschäftsführer die juristische Person gerichtlich und außergerichtlich vertritt und der oberste Repräsentant der Arbeitgeberfunktion im Unternehmen ist (vgl. auch § 5 I 3 ArbGG). Wechselt ein bisher als Arbeitnehmer Beschäftigter in die Position des Geschäftsführers, so wird hierdurch das Arbeitsverhältnis nach neuer Rechtsprechung im Zweifel beendet.[55]

(2) Sehr zweifelhaft ist, ob es umgekehrt Arbeitsverhältnisse gibt, in denen eine Weisungsunterworfenheit nicht besteht. Für den gewerblichen Bereich ist das grundsätzlich zu verneinen. Zwar kommt es vor, dass bestimmte Arbeitnehmer kraft ihrer besonderen Sachkunde praktisch weisungsfrei arbeiten können, weil niemand in der Lage ist, ihnen arbeitsbezogene Weisungen zu erteilen. Gleichwohl besteht kein Zweifel, dass solche Arbeitnehmer de jure einem Weisungsrecht des Arbeitgebers unterliegen. Erwirbt dieser die erforderliche Sachkunde, so kann er Weisungen erteilen. Sind entsprechende Weisungsrechte nach dem Vertrag *rechtlich* ausgeschlossen, liegt kein Arbeitsvertrag vor.

Fraglich ist hingegen, ob eine Reinigungskraft oder Haushälterin, deren Stellung nach dem Vertrag völlig weisungsfrei sein soll – ein seltener Fall –, als Arbeitnehmerin einzuordnen ist. Insoweit ergibt

---

[51] Zur Arbeitnehmereigenschaft sog. Propagandistinnen in Kaufhäusern vgl. *LSG Hamburg* AiB 1988, 117 mit Nachw. sowie *LAG Köln* AP Nr. 80 zu § 611 BGB Abhängigkeit. Das *BAG* hat diese Entscheidung aufgehoben und die Klage als unzulässig abgewiesen.

[52] Das *BAG* stellt auf den Einzelfall ab, vgl. *BAG* AP Nr. 104 zu § 611 BGB Abhängigkeit; siehe auch *BSG* EzA § 7 SGB IV Nr. 1; aus der älteren Rspr. *BGH* AP Nr. 14 zu § 622 BGB (der § 622 I BGB auf den Fremdgeschäftsführer anwenden will); *BAG* AP Nr. 10 zu § 35 GmbHG. Zur Problematik ausführlich *Diller*, Gesellschafter und Gesellschaftsorgane als Arbeitnehmer, 1994; *Boemke*, Das Dienstverhältnis des GmbH-Geschäftsführers zwischen Gesellschafts- und Arbeitsrecht, ZfA 1998, 209; *Namendorf*, Der arbeitsrechtliche Status von GmbH-Geschäftsführern, 2004. Zum Gleichbehandlungsanspruch des Geschäftsführers *BGH* AP Nr. 7 zu § 35 GmbHG.

[53] Vgl. Baumbach/Hueck/*Zöllner/Noack*, GmbHG, 18. Aufl., 2006, § 37 Rn. 18.

[54] Vgl. ErfK/*Preis*, § 611 BGB Rn. 162 m. w. N.

[55] Vgl. *BAG* AP Nr. 16 zu § 5 ArbGG 1979, AP Nr. 49 zu § 5 ArbGG 1979; NZA 2003, 272, wohingegen nach früherer Rechtsprechung lediglich von einer suspendierenden Wirkung ausgegangen wurde, *BAG* AP Nr. 3 zu § 5 ArbGG 1979. Im Hinblick auf § 623 BGB dazu kritisch MünchKomm/*Hergenröder*, § 14 KSchG Rn. 13.

sich die Unselbständigkeit der Stellung aus der **Verkehrsanschauung,** die zumindest in Zweifelsfällen für die Einordnung herangezogen werden kann, freilich oft auch nicht weiterhilft. Streitig ist ferner die Arbeitnehmereigenschaft von Chefärzten. Sie sind meist in Bezug auf die gesamte Erbringung ihrer ärztlichen Tätigkeit nicht nur de facto, sondern auch de jure weisungsfrei. Weder die Verkehrsanschauung noch irgendwelche Sachgründe nötigen zu ihrer Einbeziehung in das Arbeitsrecht. Die die Arbeitnehmereigenschaft bejahende Rechtsprechung[56] ist daher in Frage zu stellen.

bb) Eingliederung in fremden Organisationsbereich. Als ein weiteres wichtiges Kriterium zur Bestimmung der persönlichen Anhängigkeit wird von der Rechtsprechung regelmäßig die Eingliederung des Beschäftigten in den Betrieb, Haushalt oder Lebensbereich des Arbeitgebers herangezogen.[57] Diese *Eingliederungstheorie,*[58] die längere Zeit für überwunden gelten konnte, kehrt damit heute in sachlich nur geringfügig abgewandelter Form wieder, etwa wenn die Erbringung der Arbeit in einer fremden Organisation für entscheidend gehalten wird.[59] Wie *Alfred Hueck*[60] begründet hat, hilft indessen der Begriff der Eingliederung gerade in zweifelhaften Fällen nicht weiter.[61] Ob man etwa den Chefarzt als eingegliedert ansieht, ist lediglich eine Frage des terminologischen Geschmacks – er ist es jedenfalls nicht stärker als das Vorstandsmitglied einer AG, das ganz sicher nicht zu den Arbeitnehmern zählt. Genauso zweifelhaft ist die Eingliederung der Reinigungskraft im Haushalt. Der Eingliederungsbegriff ist deshalb mit der Gefahr belastet, als Leerformel verwendet zu werden, mit der man in Grenzfällen Scheinbegründungen liefert.

cc) Unselbständigkeit als „typologisch" zu bestimmendes Merkmal.[62] Vor allem das Problem, inwieweit die Mitarbeiter der Rundfunkanstalten etc. als Arbeitnehmer anzusehen sind, hat zu dem Versuch geführt, das Vorliegen der Unselbständigkeit nicht ausschließlich aus der Weisungsunterworfenheit und Eingliederung (korrigiert durch die Verkehrsanschauung) abzuleiten, sondern typologisch zu bestimmen. Das Aufstellen von Kriterien, welche für sämtliche Arbeitsverhältnisse Gültigkeit beanspruchen, ist nach Ansicht des BAG unmöglich. Unselbständigkeit ist danach kein festumrissener, sondern ein Typusbegriff, der durch eine Reihe von Merkmalen bestimmt wird, die jedoch nicht jeweils sämtlich vorzuliegen brauchen. Sogar die Weisungsgebundenheit soll nicht zwingende Voraussetzung sein.[63]
Zu diesen weiteren Merkmalen gehört etwa die Unfreiheit in der Einteilung der Arbeitszeit, die Notwendigkeit ständiger enger Zusammenarbeit mit Mitarbeitern des Dienstgebers, das Angewiesensein auf den „Apparat" des Dienstgebers und Ähnliches, während Äußerlichkeiten wie ein eigener Schreibtisch im Gebäude des Dienstgebers und die Aufnahme in das hauseigene Telefonverzeichnis als nicht maßgebend angese-

---

[56] *BAG* AP Nr. 24 zu § 611 BGB Ärzte Gehaltsansprüche m.w.N.; *Hanseatisches OLG Hamburg* MDR 2006, 873 (i.d.R. Dienstvertrag); dazu eingehend *Peris,* Die Rechtsbeziehung zwischen angestelltem Chefarzt und Krankenhausträger, 2002, S. 59 ff.

[57] Vgl. z.B. *BAG* AP Nr. 21 zu § 611 BGB Abhängigkeit; AP Nr. 74 zu § 611 BGB Abhängigkeit.

[58] Vgl. *Nikisch* I, S. 140; Hauptvertreter dieser Theorie früher neben *Nikisch* vor allem *Molitor,* Wesen des Arbeitsvertrages, 1925, S. 82 ff.

[59] *Zeuner,* RdA 1975, 85. Darin liegt zwar keine Wiederaufnahme der Eingliederungstheorie in vollem Umfange, wohl aber für die Abgrenzungsfrage. Dazu erneut *Zeuner,* FS Kissel, 1994, S. 1305.

[60] *Hueck,* § 9 Fn. 22.

[61] Symptomatisch dafür ist, dass Eingliederung und Weisungsunterworfenheit zuweilen als identisch angesehen werden (so z.B. *BSG* AP Nr. 11 zu § 611 BGB Abhängigkeit), bzw. das Weisungsrecht als Kennzeichen für die Eingliederung verstanden wird (so z.B. *BAG* AP Nr. 74 zu § 611 BGB Abhängigkeit). Insoweit wie hier *Lieb/Jacobs,* Rn. 10.

[62] Vgl. *BAG* AP Nr. 34 zu § 611 BGB Abhängigkeit; *Söllner/Waltermann,* § 4 I; *M. Reuter,* Die Arbeitsaufgabe und der Arbeitnehmerbegriff, 1985.

[63] Vgl. *BAG* AP Nr. 26 zu § 611 Abhängigkeit. Vgl. auch *BVerfG* AP Nr. 9 zu Art. 5 Abs. 1 GG Rundfunkfreiheit.

hen werden. Die Lehre der typologischen Bestimmbarkeit von Begriffen unterliegt freilich wissenschafts- und sprachtheoretisch nicht unerheblichen Zweifeln.[64]

dd) Abhängigkeit. Teilweise wird darauf hingewiesen, dass der von der Rechtsprechung (und größtenteils auch in der Literatur) verwendete Begriff der Abhängigkeit[65] unglücklich gewählt sei, da nicht jeder, der weisungsgebunden ist, automatisch abhängig vom Arbeitgeber sei. Man müsste also vielmehr von „Unselbständigkeit" sprechen. Diese Terminologie ist in der Tat vorzugswürdig.

b) Fremdnützigkeit als Abgrenzungsmerkmal?

Mitunter wird vertreten, der eigentlich entscheidende Umstand der Schutzbedürftigkeit der Arbeitnehmer sei die Fremdnützigkeit seines Tuns;[66] seine Arbeitsleistung bekomme ihre Bedeutung und Funktion durch ihre Ausrichtung auf einen weiterführenden dritt- oder fremdbestimmten Zweck, nämlich den des Unternehmers. Indessen ist jede Dienstleistung fremdnützig, auch die des Vorstandsmitglieds einer AG für seine Gesellschaft, des Rechtsanwalts für seine Mandanten, des frei praktizierenden Arztes für seine Patienten, des Architekten für seine Bauherren usw.

c) „Unternehmerrisiko"?

Nach einer anderen These soll die Abgrenzung jedenfalls für bestimmte Gruppen von Problemfällen anhand des Gedankens des Unternehmerrisikos möglich sein.[67] Dazu soll es auf folgende Umstände ankommen:

aa) dass der Dienstleistende keine eigene Unternehmensorganisation hat, insbesondere keine eigenen Mitarbeiter, keine eigenen Geschäftsräume und kein eigenes Betriebskapital

bb) dass er nicht am Markt auftritt (was dann gegeben sein soll, wenn er nur für einen einzigen Auftraggeber arbeitet)

cc) dass keine angemessene Verteilung von Chancen und Risiken vorliegt, insbesondere keine unternehmerische (?) Freiheit hinsichtlich Ortsbestimmung, Zeiteinteilung und Tätigkeitsinhalt gegeben ist.

Diese Lehre bringt keinen Fortschritt, weil bei Fehlen der Selbstbestimmung über Ort und Zeit der Tätigkeit und ihrer Inhalte das Unselbständigkeitskriterium und damit die Arbeitnehmereigenschaft ohnehin erfüllt ist. Alle anderen Kriterien haben keine abgrenzende Signifikanz. Insbesondere kann man nicht davon sprechen, dass der Dienstleistende bei Tätigkeit nur für einen Arbeitgeber nicht am Markt auftritt. Zudem ist an dieser Auffassung zu kritisieren, dass sie auf einem dualen System basiert, in dem sich lediglich Arbeitnehmer und Selbständige gegenüberstehen. Das Gesetz kennt als dreigeteiltes System jedoch zwischen Arbeitnehmer und Selbständigen noch arbeitnehmerähnliche Personen, weshalb die skizzierte Auffassung als unzulässige Rechtsfortbildung abzulehnen ist.[68]

---

[64] Zur Kritik vgl. z.B. *Kindhäuser,* Zur Definition qualitativer und komparativer Begriffe, Rechtstheorie 12 (1981) S. 226; *Heuberger,* Sachliche Abhängigkeit als Kriterium des Arbeitsverhältnisses, 1982, S. 126ff.; MünchArbR/*Richardi,* § 24 Rn. 49; ErfK/*Preis* § 611 BGB Rn. 66.

[65] So z.B. *Hueck,* S. 41, ferner das *BAG* in st. Rspr., vgl. zus.fassend AP Nr. 26 zu § 611 BGB Abhängigkeit sowie *BAG* NZA 1996, 33 und 477. Wie hier der Sache nach *Wank* a.a.O. passim u. S. 55, wenn er ausführt, dass der Arbeitnehmerbegriff nur vor dem Gegenbegriff des Selbständigen seinen Sinn erfahre.

[66] So *Lieb/Jacobs,* Rn. 10ff.; vgl. auch *Wiedemann,* a.a.O. S. 14ff.

[67] Dazu *Wank,* DB 1992, 90. Kritisch *Rommé,* ZfA 1997, 251.

[68] Vgl. ErfK/*Preis* § 611 BGB Rn. 72; *Hromadka,* NZA 1997, 569; *Buchner,* NZA 1998, 1144. Siehe auch *BAG* AP Nr. 111 zu § 611 BGB Abhängigkeit.

d) Die Problematik der Abgrenzung bei den „freien Mitarbeitern"

Besonders deutlich hervor tritt die Abgrenzungsproblematik bei den so genannten freien Mitarbeitern der Massenmedien, insbesondere der Rundfunkanstalten. Dort werden oft die gleichen Tätigkeiten von fest angestellten und von mit jeweils aufeinander folgenden produktionsbezogenen „Aufträgen" engagierten Mitarbeitern erbracht.[69] Diese geraten leicht in eine wirtschaftliche Abhängigkeit zum Auftraggeber, weil ein Wechsel des Auftraggebers angesichts der Monopolstellung der Sendeanstalten äußerst schwierig ist. Sie sind meist darauf angewiesen, sich immerfort für den jeweils nächsten Auftrag bereitzuhalten und müssen sich bei der Gestaltung ihrer Tätigkeit weitgehend nach den Wünschen und Vorstellungen der Sendeanstalt richten. Nachdem das BAG[70] zunächst auch Rundfunkbeschäftigte als Arbeitnehmer angesehen hat, musste es nach erfolgreicher Verfassungsbeschwerde[71] der Rundfunkanstalten dem Erfordernis der Programmvielfalt dadurch Rechnung tragen, dass es – zumindest auch – freie Mitarbeiterverträge zulässt.[72] Die Frage, ob die Beschäftigungsverhältnisse dieser Mitarbeiter als Dienst- oder Werkvertrag einzuordnen sind, begegnet schon deshalb kaum überwindbaren Schwierigkeiten (dazu oben 2a), weil sich beim Künstler und beim Geistesarbeiter die Übernahme unternehmerischen Risikos meist in keinerlei Apparat, auch nicht in der Anstellung eigener Arbeitnehmer, niederschlägt und deshalb nur schwer objektivierbar ist.

Auch die Frage, welche Bedeutung dem Weisungsrecht für die Qualifizierung des Beschäftigungsverhältnisses als Arbeitsverhältnis zukommt, ist im Bereich der freien Mitarbeiter besonders zweifelhaft. Das *BAG* hat für diesen Bereich mehrfach ausgesprochen, dass eine fachliche Weisungsgebundenheit bei einzelnen Arbeitnehmergruppen ganz fehlen oder erheblich eingeschränkt sein könne.[73] In den konkret entschiedenen Fällen waren indessen, soweit die Arbeitnehmereigenschaft bejaht wurde, Weisungsrechte durchaus gegeben. Sie bezogen sich zwar nicht auf die Ausführung der Arbeit im Einzelnen, aber doch auf die überaus wichtigen Fragen, wann und wo der Bedienstete zum Einsatz kommen sollte.

Nicht zutreffend ist es freilich, aus der Gleichheit lediglich von Aufgabenbereich und Art der Leistungserbringung freier und fest angestellter Mitarbeiter auf die Arbeitnehmereigenschaft aller zu schließen. Einen Typenzwang dieser Art kennt das geltende Recht nicht.

e) Unselbständigkeit und Schutzbedürfnis

Die Schwierigkeiten der Abgrenzung des Arbeitsverhältnisses gegenüber anderen Rechtsverhältnissen beruhen darauf, dass einerseits der tragende Grund für die Anwendung des Arbeitsrechts die Schutzbedürftigkeit des Arbeitnehmers ist (vgl. oben § 1 I), dass aber andererseits die Unselbständigkeit der Dienste für diese Schutzbedürftigkeit nicht oder jedenfalls nur in bestimmten Bereichen als kausal angesehen werden

---

[69] ErfK/*Preis* § 611 BGB Rn. 110ff.; *BAG* AP Nr. 37 zu § 611 BGB Rundfunk. Ähnliche Sachlagen finden sich aber auch anderswo, z.B. bei Pharmaberatern der Arzneimittelindustrie (vgl. *LAG Hamm* DB 1990, 2027), bei Freiberuflern (Architekten, Bauingenieuren, Rechtsanwälten – dazu *LAG* NZA-RR 2002, 567), die gleichermaßen freie wie angestellte Mitarbeiter beschäftigen und bei Künstlern, die als Gast oder im Ensemble etwa eines Theaters beschäftigt sein können, *BAG* AP Nr. 109 zu § 611 BGB Abhängigkeit. Vgl. zum Fall eines Orchestermusikers *BAG* AP Nr. 114 zu § 611 BGB Abhängigkeit.

[70] Vgl. dazu *BAG* AP Nr. 15, 17–22, 24–26, 28, 32–36, 61 zu § 611 BGB Abhängigkeit. Zusammenfassend *BAG* AP Nr. 74 zu § 611 BGB Abhängigkeit.

[71] *BVerfG* AP Nr. 12 zu Art. 5 Abs. 1 GG Rundfunkfreiheit.

[72] *BAG* AP Nr. 42 und Nr. 74 zu § 611 BGB Abhängigkeit, so aber auch *BAG* AP Nr. 66 zu § 611 BGB Abhängigkeit (Möglichkeit der Befristung).

[73] Vgl. z.B. *BAG* AP Nr. 21 zu § 611 BGB Abhängigkeit mit weiteren Hinweisen.

kann (z. B. wenn eine Tätigkeit unzweckmäßig organisiert ist, Weisungen zu einer Gefährdung des Arbeitnehmers führen können u. ä.). Ein Zusammenhang, und zwar ein enger, zwischen Unselbständigkeit und Schutzbedürfnis besteht jedoch in anderem Sinn. Er liegt darin, dass bei selbständigen Dienstverträgen eine Vermutung dafür spricht, der Dienstnehmer sei in der Lage, seine existentiellen Vorsorgeinteressen selbst wahrzunehmen, während bei Unselbständigkeit des Dienstnehmers grundsätzlich davon auszugehen ist, dass die Interessen des Dienstnehmers eines Sonderschutzes durch das Sonderrecht Arbeitsrecht bedürfen. Die Abgrenzung knüpft an diesen typischen Zusammenhang an und bemisst die Anwendbarkeit des Arbeitsrechts generell an der nach äußeren Merkmalen feststellbaren Unselbständigkeit. Müsste hingegen die Schutzbedürftigkeit als Anwendungsvoraussetzung jeweils festgestellt werden, so wäre die Rechtsanwendung hoffnungslos überfordert. Dadurch werden zwar dem Arbeitsrecht mitunter auch Dienstverhältnisse unterstellt, in denen der Schutz durch das Arbeitsrecht teilweise oder auch ganz überflüssig ist.[74] Andererseits wäre es verfehlt, das nur als „berufsbezogenes" Recht sinnvoll gesetzgeberisch ausgestaltbare Arbeitsrecht auf alle irgendwie sozial schutzbedürftigen Tätigkeiten erstrecken zu wollen.[75] Insoweit kann vielmehr nur durch begrenzte Randberichtigungen geholfen werden (vgl. unten VI). Zur rechtspolitisch viel erörterten sog. „neuen Selbständigkeit" vgl. unten VI 3.

IV. Arbeitnehmerbegriff

Arbeitnehmer ist der in einem Arbeitsverhältnis zur Arbeitsleistung Verpflichtete, d. h. wer aufgrund eines privatrechtlichen Vertrages unselbständige Dienstleistungen zu erbringen hat. Die arbeitsrechtlichen Gesetze knüpfen vielfach für die Bestimmung der Reichweite ihrer Normen statt an den Begriff des Arbeitsverhältnisses an den Arbeitnehmerbegriff an. Dies kann gesetzestechnisch je nach den Umständen von Vorteil sein (vgl. insbes. §§ 1 ff. BetrVG). Sachlich bedeutet es gegenüber der Anknüpfung an das zwischen Arbeitnehmer und Arbeitgeber bestehende Rechtsverhältnis keinen Unterschied.

V. Arbeitgeberbegriff[76]

1. Arbeitgeber ist der andere **Partner des Arbeitsverhältnisses**, also derjenige, der die Dienstleistungen vom Arbeitnehmer kraft des Arbeitsvertrages fordern kann. Dieser Begriff ist arbeitsrechtlicher Natur und zu unterscheiden vom Begriff des Unternehmers, der hauptsächlich wirtschaftliche und wirtschaftsrechtliche Bedeutung hat. Der Arbeitgeber ist nicht notwendig Eigentümer der Betriebsmittel. Vielmehr kann er diese auch gemietet (Leasing), gepachtet oder auf Kredit (Eigentumsvorbehalt) erworben haben. Die Arbeitgebereigenschaft kann ausnahmsweise auch aus dem Gesetz folgen, so z. B. bei der unzulässigen Arbeitnehmerüberlassung.[77]

---

[74] Vgl. *Zeuner*, RdA 1975, 87 f.
[75] Vgl. *Wank*, Arbeitnehmer und Selbständige, 1988, S. 45 ff.
[76] APS/*Preis*, Grundl. C Rn. 73 ff.; *Mehrhoff*, Die Veränderung des Arbeitgeberbegriffs, 1984; *Wendeling-Schröder*, FS Gnade, 1992, 367.
[77] APS/*Preis*, Grundl. C Rn. 75.

2. a) **Juristische Personen** nehmen selbst die Arbeitgeberstellung ein, nicht etwa die Mitglieder ihrer Organe. Eine **Aufspaltung der Arbeitgeberstellung** anzunehmen in der Weise, dass die juristische Person zwar Träger der arbeitsvertraglichen Rechte und Pflichten sei, das Weisungsrecht aber von den Organen getragen werde (so genannter **funktioneller Arbeitgeberbegriff**), ist wenig glücklich und rechtlich ohne Bedeutung. Rechtsträger des Weisungsrechts ist jedenfalls die juristische Person als solche. Dass sie ihren Willen nur durch Organe bilden und ausüben kann, ist selbstverständlich. Es wäre auch kaum sinnvoll, bei Wechsel in der Person eines Vorstandsmitglieds von einem Arbeitgeberwechsel zu sprechen. Genauso wenig ist der das Geschäft eines minderjährigen Einzelkaufmanns führende gesetzliche Vertreter rechtlich als Arbeitgeber anzusehen.

b) Bei der **BGB-Gesellschaft,** der eine eigene Rechtsfähigkeit nicht zuerkannt wurde, hatten nach bisheriger Rechtsprechung alle Gesellschafter als Partner des Arbeitsvertrags gemeinschaftlich die Arbeitgeberstellung.[78] Indem der GbR nunmehr eben diese Rechtssubjektivität zugesprochen wurde[79], kommt ihr selbst auch die Arbeitgeberstellung zu.

3. Problematisch ist die rechtliche Zuordnung der Arbeitgeberstellung unter **besonderen arbeitsvertraglichen Verhältnissen,** in denen die Dienste einer anderen Person zu leisten sind als dem Vertragspartner, wie etwa beim Leiharbeitsverhältnis und beim mittelbaren Arbeitsverhältnis. Hier kann in der Tat eine **Aufspaltung der Arbeitgeberstellung** in Betracht kommen (zu beidem unten § 27). Ähnliches gilt für den nicht ganz seltenen Fall, dass mehrere Unternehmen einen Betrieb gemeinsam führen.

4. Auch in **Konzernen** bereitet die Zuordnung der Arbeitgebereigenschaft oft Schwierigkeiten,[80] namentlich im Hinblick auf hochqualifizierte Arbeitnehmer, die zwar meist in einem bestimmten Unternehmen eingestellt werden, aber dann wechselnd Dienst auch in anderen Konzernunternehmen leisten (dazu unten § 27 V 3).

5. Eine **Ausgliederung von Arbeitgeberfunktionen** und ihre Übertragung auf übergreifende Einrichtungen erfolgt mitunter dort, wo der Arbeitnehmer infolge starker Beschäftigungsfluktuation (Saisonarbeit, Stundenarbeit u. ä.) mit bestimmten Ansprüchen wegen ständigen Arbeitgeberwechsels nicht zum Zuge käme (z. B. Urlaub, Entgeltfortzahlung bei Krankheit, Ruhegeld u. ä.). In solchen Fällen wird die Trägerschaft für die entsprechenden Arbeitgeberverpflichtungen einer dauerhaften, zentralen Institution übertragen, die für diese Verpflichtungen als eine Art zentraler „Gesamtarbeitgeber" auftritt. Daneben bleibt der jeweilige Einzelarbeitgeber als Vertragspartner hinsichtlich anderer Verpflichtungen und hinsichtlich der Weisungserteilung maßgebend.

a) Derartige Einrichtungen hat der Gesetzgeber im Bereich der Hafenarbeit in Gestalt so genannter **Gesamthafenbetriebe** ermöglicht, die durch Tarifvertrag geschaffen werden können.[81]

b) In allen Wirtschaftsbereichen ist die Ausgrenzung einzelner Arbeitgeberfunktionen durch Tarifvertrag möglich mit Hilfe so genannter **gemeinsamer Einrichtungen der Tarifvertragsparteien**[82] (vgl. § 4 II TVG), die namentlich in der Bauindustrie große Bedeutung erlangt haben. Dort bestehen zur Verwirklichung der Urlaubsansprüche und zum Ausgleich für Lohneinbußen in der Winterperiode eine Urlaubs- und Lohnausgleichskasse, und zur Ergänzung der Altersversorgung eine Zusatzversorgungskasse, die beide juristisch selbständige Rechtsträger mit hohen Bilanzsummen sind.

---

[78] *BAG* AP Nr. 4 zu § 705 BGB; kritisch dazu bereits *Habersack,* JuS 1990, 179. Vgl. ferner *BSG* SGb 1989, 165 mit Anm. *Wank.*

[79] *BGH* AP Nr. 9 zu § 50 ZPO; *BAG* AP Nr. 14 zu § 50 ZPO; siehe auch *BAG* NJW 2007, 1018.

[80] Dazu *Fabricius,* Rechtsprobleme gespaltener Arbeitsverhältnisse im Konzern, 1982; *Zöllner,* ZfA 1983, 93; *Zeuner,* Zur Bestimmung des für die Rechte nach § 102 BetrVG zuständigen Betriebsrats bei aufgespaltener Arbeitgeberstellung im Konzern, FS Hilger/Stumpf, 1983, S. 771; *Henssler,* Der Arbeitsvertrag im Konzern, 1983, S. 35 ff.; *Martens,* ZGR 1984, 417; *Konzen,* RdA 1984, 65 (85); *ders.,* ZHR 151 (1987), 566; *Windbichler,* Arbeitsrecht im Konzern, 1989, S. 67 ff.; *BAG* DB 1987, 693; *Henssler,* Der Arbeitsvertrag im Konzern, 1992 .

[81] Gesetz über die Schaffung eines besonderen Arbeitgebers für Hafenarbeiter vom 3. 8. 1950.

[82] Vgl. dazu *Bötticher,* Die gemeinsamen Einrichtungen der Tarifvertragsparteien, 1966, S. 12 ff.; *Zöllner,* Gutachten für den 48. DJT, 1970, S. G 22; vgl. auch unten § 36 I 4.

VI. Ausdehnung des Anwendungsbereichs arbeitsrechtlicher Normen auf Nichtarbeitsverhältnisse[83]

Die Schwierigkeiten bei der Abgrenzung des Arbeitsverhältnisbegriffs haben bereits deutlich gezeigt, dass sich die Abgrenzungsmerkmale des Arbeitsverhältnisses einerseits und der durch den Schutzzweck der arbeitsrechtlichen Normen geforderte Anwendungsbereich andererseits nicht überall zur Deckung bringen lassen. Vielmehr gibt es Rechtsverhältnisse, in denen eine der Sache nach mindestens partiell gleiche Schutzbedürftigkeit besteht wie bei Arbeitsverhältnissen, deren Merkmale sich aber für eine mit den Arbeitsverhältnissen gemeinsame Abgrenzung nicht eignen oder bei denen doch das Arbeitsrecht als Ganzes nicht passen würde.

1. Heimarbeiter[84] und Gleichgestellte

Eine sozial noch immer nicht ganz unbedeutende Gruppe bilden die so genannten Heimarbeiter und Hausgewerbetreibenden, die über ihre Zeiteinteilung und Arbeitsdurchführung selbständig disponieren, vielfach auch über die von ihnen zu erbringende Leistung keine Dienstverträge, sondern Werkverträge schließen, die aber wirtschaftlich meist stark oder völlig von bestimmten Arbeitgebern abhängen. 1995 betrug ihre Zahl noch ca. 116000[85], Ende 2005 dürften es rd. 55.000 Personen gewesen sein. Die Gesetzgebung nimmt sich ihrer durch Einbeziehung in den Schutzbereich arbeitsrechtlicher Normen an. Durch das Heimarbeitsgesetz ist ein besonderer Gefahrenschutz, Entgeltschutz und Kündigungsschutz sichergestellt worden, das BUrlG sieht für die Heimarbeiter in § 12 einen besonderen Urlaubsanspruch vor, es gibt für sie Lohnfortzahlung bei Krankheit (§ 10 EFZG), Mutterschutz (§ 24 MuSchG) und Schwerbehindertenschutz (§ 127 SGB IX), das BetrVG stellt sie, soweit sie in der Hauptsache für den gleichen Betrieb arbeiten, den betriebsangehörigen Arbeitnehmern gleich, § 5 I 2 BetrVG. Für ihre Rechtsstreitigkeiten mit dem Arbeitgeber ist die Arbeitsgerichtsbarkeit zuständig, § 5 I 2 ArbGG.

Auch so genannte **Telearbeit**[86] in Gestalt häuslicher Erledigung von Aufgaben elektronischer Datenverarbeitung (z. B. Texterfassung, Datenerfassung, Programmierung, Foto-Satz-Erstellung, Sachbearbeitung mittels Computer) kann als Heimarbeit zu qualifizieren[87] oder ihr doch nach § 1 II a HAG gleichzustellen sein. EDV-Tätigkeit zu Hause mit Online-Präsenzpflicht ohne Möglichkeit eigener Zeiteinteilung wird allerdings vielfach als echte Arbeitnehmertätigkeit einzuordnen sein. Im Offline-Betrieb kann eine Weisungsgebundenheit und damit Arbeitnehmerschaft schon aus der Vorgabe des Arbeitgebers, eine bestimmte Software zu benutzen, resultieren.[88] Der Arbeitnehmerbegriff des Betriebsverfassungsgesetzes erstreckt sich nunmehr auch auf das Telearbeitsverhältnis, vgl. insoweit § 5 I 1 BetrVG. Über den Umfang der Telearbeit sind brauchbare Zahlen kaum vorhanden. Ende der neunziger Jahre ging man von einer Gesamtzahl von ca. 900000 Telearbeitsverhältnissen[89] aus, wobei ein weiterer Anstieg zu erwarten ist.

---

[83] Dazu *Zeuner*, Überlegungen zum Begriff des Arbeitnehmers und zum Anwendungsbereich arbeitsrechtlicher Regeln, RdA 1975, 84 ff.; *Hromadka*, Arbeitnehmerbegriff und Arbeitsrecht, NZA 1997, 569.

[84] Dazu *BAG* AP Nr. 2 zu § 29 HAG; AP Nr. 10 und Nr. 11 zu § 2 HAG; AP Nr. 83 zu § 99 BetrVG 1972; *Schnorr v. Carolsfeld*, Zum Wesen des Heimarbeitsverhältnisses, RdA 1968, 404; *Brandes*, ZfA 1986, 449; *Otten*, NZA 1995, 289. Vgl. ferner den Kommentar zum HAG von *Schmidt/ Koberski/Tiemann/Wascher*, 4. Aufl., 1998. S. ferner *Otten*, Heim- und Telearbeit, 1996; *Fenski*, Außerbetriebliche Arbeitsverhältnisse, 2000; *Schaub*, NZA 2001, 364.

[85] Detaillierte Nachweise BArbBl 1996, 12/128.

[86] *Collardin*, Aktuelle Rechtsfragen der Telearbeit, 1995; *Otten*, Heim- und Telearbeit, 1996; *Wank*, Telearbeit, 1997; *Boemke*, Das Telearbeitsverhältnis, BB 2000, 147; *Schaub*, NZA 2001, 364; *Wedde*, Telearbeit: Arbeitsrecht, Sozialrecht, Datenschutz, 2002; *Wank*, AR-Blattei SD 1565 Telearbeit, 2003.

[87] Ob auch hochqualifizierte Angestelltentätigkeiten Heimarbeit i. S. des HAG darstellen, ist str. Mit beachtlichen Argumenten für eine Einbeziehung *Waniorek*, Gestaltungsformen der Teleheimarbeit, 1989, S. 39 f. m. w. N.

[88] *Wank*, Telearbeit, NZA 1999, 225.

[89] So z. B. *Wedde*, Aktuelle Rechtsfragen der Telearbeit, NJW 1999, 527.

2. Arbeitnehmerähnliche Personen[90]

Auch viele kleinere Handelsvertreter stehen – ähnlich wie die unter III 5 d behandelten Rundfunkmitarbeiter – trotz selbständiger Arbeitsdurchführung in ähnlich starker Abhängigkeit namentlich dann, wenn sie ganz oder überwiegend nur für einen einzigen Unternehmer tätig sind. Auch sie haben oft nur geringe Chancen, sozial angemessene Vertragsbedingungen aushandeln zu können. Und auch sie sind vielfach nach der Art der Tätigkeit von einem einzigen oder von wenigen großen Auftraggebern abhängig.

a) Die Angehörigen derart schutzbedürftiger Gruppen versucht man unter dem Begriff der arbeitnehmerähnlichen Personen zu erfassen. Sie sind zwar persönlich selbständig, wirtschaftlich aber vom Arbeitgeber abhängig. Das setzt nicht notwendig voraus, dass sie nur oder in der Hauptsache für einen Arbeitgeber tätig sind, wohl aber, dass es sich nicht um eine größere Zahl von Auftraggebern oder um ständig wechselnde Auftraggeber handelt.[91] Wirtschaftliche Abhängigkeit führt zur Arbeitnehmerähnlichkeit nur in den Fällen, in denen sie mit sozialer Schutzbedürftigkeit verbunden ist (vgl. § 12a I Nr. 1 TVG). Daher sind freie Mitarbeiter, auch solche der Sendeanstalten, nicht schlechthin stets arbeitnehmerähnlich.

Zu verneinen ist beispielsweise die wirtschaftliche Abhängigkeit eines in relativ geringem Umfang (z. B. 12 Wochenstunden) als freier Mitarbeiter tätigen Studenten, wenn er daneben in einem Arbeitsverhältnis beschäftigt ist, aus dem er für seine Verhältnisse ausreichendes Entgelt zieht.[92] Auch die Arbeitnehmerähnlichkeit von Buchautoren wird nur selten in Betracht kommen.[93]

b) Die Rechtsstellung der arbeitnehmerähnlichen Personen ist seltsam. Sie unterstehen zwar nach § 5 ArbGG der Arbeitsgerichtsbarkeit. Das materielle Arbeitsrecht ist aber grundsätzlich nicht auf sie anwendbar, soweit nicht einzelne arbeitsrechtliche Gesetze etwas anderes vorsehen (vgl. z. B. § 2 BUrlG). Wenn etwa eine arbeitnehmerähnliche Person Kündigungsschutzklage erhebt, so ist die Klage vor den Arbeitsgerichten zwar zulässig (§ 5 ArbGG), sie muss aber als unbegründet abgewiesen werden, weil das KSchG nur für Arbeitnehmer gilt.[94]

Diese zwiespältige Stellung lässt sich nur begrenzt beseitigen, weil ein Beruf nicht auf der einen Seite frei sein, auf der anderen alle schützenden Vorteile der gebundenen Tätigkeit beanspruchen kann. Immerhin wäre es aber nicht undenkbar, auch den ständigen freien Mitarbeitern eine gewisse Entgeltsicherung im Krankheitsfall und einen gewissen Kündigungsschutz angedeihen zu lassen.

c) Außerdem besteht die Möglichkeit, die Arbeitsbedingungen für arbeitnehmerähnliche Personen mit Ausnahme der Handelsvertreter auch durch Tarifvertrag zu regeln, vgl. § 12a TVG.[95] Die bisher abgeschlossenen Tarifverträge für Mitarbeiter von Rundfunkanstalten sehen u. a. Sozialleistungen zur

---

[90] Dazu *Lieb*, Die Schutzbedürftigkeit arbeitnehmerähnlicher Personen, RdA 1974, 257; *Bauschke*, AR-Blattei SD 120 Arbeitnehmerähnliche Personen, 2001; *Haupt/Wollenschläger*, NZA 2001, 289, 291 ff.; *Neuvians*, Die arbeitnehmerähnliche Person, 2002; *Schubert*, Der Schutz arbeitnehmerähnlicher Personen, 2004; *Hromadka*, RdA 2004, 383; *Pottschmidt*, Arbeitnehmerähnliche Personen in Europa, 2005. Aus der Rspr. *BAG* AP Nr. 83 zu § 99 BetrVG 1972; AP Nr. 12 zu § 5 ArbGG 1979; AP Nr. 75 zu § 2 ArbGG 1979 (Rundfunkgebührenbeauftragter); AP Nr. 39 zu § 17a GVG (Motorradrennfahrerin); *LAG Berlin* NZA 1998, 943 (Repetitor).

[91] Einen besonderen Schutz für Handelsvertreter, soweit sie gezwungenermaßen Einfirmenvertreter sind, ermöglicht § 92a HGB.

[92] Verfehlt deshalb *BAG* AP Nr. 3 zu § 2 BUrlG.

[93] Dazu *Wiese*, Buchautoren als arbeitnehmerähnliche Person, 1980.

[94] Vgl. *BAG* AP Nr. 7 zu § 5 ArbGG.

[95] *BAG* AP Nr. 6 zu § 12a TVG.

Daseinsvorsorge (Versicherungen), Leistungen bei Arbeitsunfähigkeit, Urlaubsregelungen und Fristen für die Beendigung des Mitarbeiterverhältnisses vor.

3. Die so genannte neue Selbständigkeit[96]

Derzeit viel erörtert werden Gestaltungsformen der Kooperation oder Unternehmensorganisation, bei denen bisher weithin in unselbständiger Arbeit für das Unternehmen erbrachte Tätigkeiten selbständigen Unternehmen übertragen werden, wie namentlich im Zuge von lean management und outsourcing. Solche Maßnahmen können dazu führen, dass vorhandene Arbeitnehmer ihren Arbeitsplatz verlieren, freilich kann nach der neueren Rechtsprechung unter bestimmten Umständen ein Betriebsübergang auf den Auftragnehmer i.S.d. § 613a BGB vorliegen (dazu § 21 III 2d).[97] Möglich ist auch, dass den bisherigen Arbeitnehmern die bisherige Tätigkeit übertragen wird, aber in ihrer neu geschaffenen Eigenschaft als selbständige Unternehmer.

Beispiel: Ein bisher angestellter LKW-Fahrer darf die für das Unternehmen erforderlichen Transporte als Fuhrunternehmer weiter durchführen.

Abgesehen von vereinzelten echten Missbrauchsfällen ist es verfehlt, durch Ausdehnung arbeitsrechtlichen Schutzes auf solche Fälle in die unternehmerische Organisationsfreiheit einzugreifen, weil der Unternehmer selbst entscheiden muss, wie er erforderliche Dienstleistungen am sinnvollsten und Kosten sparendsten gestaltet[98].

4. Beschäftigung als Arbeitnehmer kraft vertraglicher Abrede

Soweit die Parteien ihr Rechtsverhältnis – gerade in Zweifelsfällen – ausdrücklich als Arbeitsverhältnis definieren, ist dies unter individualarbeitsrechtlichen Gesichtspunkten hinzunehmen, da der arbeitsrechtliche Sozialschutz dem Interesse der Beschäftigten dient. Das gilt auch dann, wenn bei objektiver Betrachtung die betreffende Vertragsbeziehung nicht dem Arbeitsrecht unterliegt.[99] Den damit verbundenen kollektivrechtlichen und gesetzlichen Folgefragen kann hier nicht weiter nachgegangen werden.

5. Ausblick

Die grundsätzliche Ausrichtung des Arbeitsrechts, Berufsrecht der unselbständigen Berufe zu sein, wird durch derartige Randberichtigungen nicht geändert. Weit stärker tangiert wird stattdessen der Bereich der Selbständigen. Mit der verstärkten Einbeziehung Selbständiger in sozial ausgerichtete Rechtsbeziehungen geht notwendig ein wichtiges Stück gesellschaftlicher Freiheit verloren. Ob der dem gegenüberstehende Gewinn individueller Sicherung Einzelner das aufwiegt, ist sehr zweifelhaft.

---

[96] Siehe *Hromadka*, Arbeitnehmerbegriff und Arbeitsrecht – Zur Diskussion um die „neue Selbständigkeit", NZA 1997, 569; *Boemke*, Neue Selbständigkeit und Arbeitsverhältnis, ZfA 1998, 209; *Rieble*, Die relative Verselbständigung von Arbeitnehmern, ZfA 1998, 327.

[97] *BAG* AP Nr. 302–305 zu § 613a BGB.

[98] Letztlich gehört in den gleichen Problemzusammenhang auch der sog. Fremdfirmeneinsatz (dazu *Dauner-Lieb* NZA 1992, 817; *BAG* AP 5 zu § 99 BetrVG 1972 Einstellung mit Anm. von *Bernd Waas*). Zur Ausgliederung von Trainingsprogrammen vgl. *BAG* NZA 1996, 1145. Zum Produktabsatz im Rahmen bestimmter Franchising-Systeme vgl. schon oben III 2e.

[99] MünchArbR/*Richardi*, § 24 Rn. 63.

§ 5. Arten der Arbeitsverhältnisse

Arbeitsverhältnisse lassen sich nach verschiedenen Gesichtspunkten einteilen. Im Vordergrund stehen die Gliederung der Arbeitnehmer nach Berufszweigen und die Unterscheidung zwischen Arbeitern und Angestellten.

I. Gliederung nach Berufszweigen

1. Gewerbliche Arbeitnehmer sind alle Arbeitnehmer eines der Gewerbeordnung unterfallenden Unternehmens (zum Anwendungsbereich vgl. § 6 GewO), also insbesondere alle Arbeiter und Angestellten in Handel und Industrie. Mit Abschaffung der Sondervorschriften für gewerbliche Arbeitnehmer in Titel VII GewO a. F. im Zuge der Neufassung der GewO zum 1. 1. 2003[1] und der hiermit verbundenen Erstreckung der Vorschriften der §§ 105 ff. GewO auf alle Arbeitnehmer, vgl. § 6 II GewO, ist dieser Begriff jedoch nunmehr ohne Bedeutung.

2. Kaufmännische Arbeitnehmer sind die Handlungsgehilfen der §§ 59 ff. HGB.[2] Voraussetzung der Zugehörigkeit zu dieser Gruppe ist zum einen die Kaufmannseigenschaft des Arbeitgebers, die bei den Arbeitsverhältnissen in der Privatwirtschaft weithin gegeben ist, zum andern die Beschäftigung mit kaufmännischen Diensten, vgl. § 59 HGB. Für die Abgrenzung der kaufmännischen Dienste von anderen muss die Verkehrsauffassung helfen. Büroarbeit (z. B. Buchhaltung) sowie einkaufende und verkaufende Tätigkeit gehören hierhin, dagegen nicht die Beschäftigung als Techniker. Soweit eine Frage im HGB geregelt ist, verleiht der Grundsatz der Spezialität den Normen des HGB Vorrang vor denen der grds. ebenfalls anwendbaren Gewerbeordnung. Handlungsgehilfen sind stets Angestellte, für Arbeiter gelten daher nie die Sondervorschriften des HGB.

3. Für **Bergarbeiter** und **Angestellte in Bergwerken** gelten die Vorschriften des BGB und (soweit als AG oder GmbH betrieben) des HGB. Die GewO ist auf diese Arbeitnehmer nur in denjenigen Beziehungen anwendbar, die ausdrücklich dafür vorgesehen sind, vgl. § 6 I 2 GewO. Im Bereich des Arbeitsschutzes enthält das Bundesberggesetz vom 13. 8. 1980, durch das die Landesberggesetze beseitigt worden sind, eine Reihe von Sonderregelungen.[3] Spezifisch bergarbeitsrechtliche Normen finden sich auch im Landesrecht.[4]

4. Für **Schiffsbesatzungen** von Kauffahrteischiffen in der Seefahrt enthält das Seemannsgesetz von 1957[5] eine ausführliche Sonderregelung. Die Anwendung deutschen Seemannsrechts kann aber durch sog. Ausflaggen (vgl. dazu das G zur Einführung des zusätzlichen Registers für Seeschiffe v. 23. 3. 1989) vermieden werden.[6] In der Binnenschifffahrt gelten Sondervorschriften des Binnenschifffahrtsgesetzes.

---

[1] G. vom 24. 8. 2002, BGBl. 2002 I S. 3412.

[2] Dazu *C. S. Hergenröder*, AR-Blattei SD 880.1–5 Handelsgewerbe, 2000/2001.

[3] Dazu *Boldt*, Bundesberggesetz und Arbeitsrecht, RdA 1981, 1; *Boldt/Weller*, Bundesberggesetz, 1984 (mit Ergänzungsband 1992).

[4] So etwa das saarländische und das nordrhein-westfälische Gesetz über einen Bergmannsversorgungsschein (dazu auch § 4 III 1 b).

[5] Vgl. dazu den Kommentar von *Bemm/Lindemann*, Seemannsgesetz und Tarifverträge für die deutsche Seeschiffahrt, 4. Aufl., 1999; *Franzen*, AR-Blattei SD 1450.1–5 Seearbeitsrecht, 2000. Siehe ferner zahlreiche Nebengesetze u. VOen.

[6] Dazu *Däubler*, Das zweite Schiffsregister, 1988; *Werbke*, Die neue Rechtslage nach der Einführung des Internationalen Seeschifffahrtsregisters, 1989; *Mankowski*, Seerechtliche Vertragsverhältnisse im

5. Arbeitnehmer des Öffentlichen Dienstes[7] stehen in einem Arbeitsverhältnis zu öffentlichen Körperschaften (Bund, Länder, Gemeinden und Gemeindeverbände) oder Anstalten (nicht aber zu den im Besitz der öffentlichen Hände befindlichen Kapitalgesellschaften). Ihr Dienstverhältnis wird, anders als das der Beamten, nicht durch Verwaltungsakt begründet, sondern durch privatrechtlichen Arbeitsvertrag. Materiellrechtlich beurteilt sich das Dienstverhältnis in vollem Umfang nach Arbeitsrecht, für Streitigkeiten ist die Zuständigkeit der Arbeitsgerichte (nicht der Verwaltungsgerichte) gegeben. Das BGB ist grundsätzlich anwendbar, jedoch besteht in Gestalt des TVöD sowie des TV-L[8] ein umfangreiches Tarifwerk, welches eine Fülle von Sondervorschriften beinhaltet. Diese gelten, wie alle nicht für allgemeinverbindlich erklärten Tarifverträge, normativ zwar nur für gewerkschaftsangehörige Arbeitnehmer, ihre Geltung wird aber für alle anderen Arbeitnehmer bei der Einstellung einzelvertraglich besonders vereinbart. Im Bereich der Mitbestimmung ist bedeutsam, dass für die Arbeitnehmer des öffentlichen Dienstes nicht das BetrVG gilt, sondern Personalvertretungsrecht.[9]

6. Für Arbeitnehmer im kirchlichen Dienst[10] gelten infolge der Verfassungsgarantie kirchlicher Selbstverwaltung durch Art. 140 GG mit 137 WeimRV Teile des staatlichen Arbeitsrechts nicht, insbes. im kollektiven Bereich, nämlich das BetrVG und das PersVG und die Unternehmensmitbestimmung. Auch existiert eine eigene kirchliche Arbeitsgerichtsbarkeit für kollektive Streitigkeiten.[11] Die Koalitionsfreiheit gilt zwar (mit Einschränkungen) grds. für die Bediensteten, die Koalitionen dürfen aber den Abschluss von Tarifverträgen nicht erzwingen.[12] Auch für das Individualarbeitsrecht gelten viele Besonderheiten.[13]

7. Für sonstige Arbeitnehmer, die sich keiner der vorstehenden Gruppe zuordnen lassen, wie z.B. die früher sehr große Gruppe der land- und forstwirtschaftlichen Arbeitnehmer, gilt statt der fehlenden Sondernormen das BGB.

8. Die tarifvertragliche Normsetzung schafft eine sehr viel feinere **Einteilung der Arbeitnehmer nach Beschäftigungszweigen.** Die meisten Tarifverträge gelten nur für bestimmte Arten von Betrieben (dazu näher unten § 38 II).

Internationalen Privatrecht, 1995, S. 511 ff.; *Franzen,* AR-Blattei SD 920 Internationales Arbeitsrecht, 2006, Rn. 85 ff.

[7] Dazu *Pfohl,* Arbeitsrecht des öffentlichen Dienstes, 2002; *Müller/Preis,* Arbeitsrecht im öffentlichen Dienst, 6. Aufl., 2006.

[8] Der TVöD ersetzte zum 1. 10. 2005, der TV-L zum 1. 11. 2006, die Vielzahl einzelner Regelungen, z.B. BAT, MTArb.

[9] Dazu näher unten § 54.

[10] Siehe *v. Hoyningen-Huene,* Öffnungsklauseln für Kirchen in Arbeitsrechtsgesetzen?, RdA 2002, 65; *Däubler,* Das kirchliche Arbeitsrecht und die Grundrechte der Arbeitnehmer, RdA 2003, 204; *Joussen,* Die Folgen der europäischen Diskriminierungsverbote für das kirchliche Arbeitsrecht, RdA 2003, 32; *Richardi,* Arbeitsrecht in der Kirche, 4. Aufl., 2003; *ders.,* AR-Blattei SD 960.1 Kirchenbedienstete, 2003; *Thüsing,* Grundrechtsschutz und kirchliches Arbeitsrecht, RdA 2003, 210; *ders.,* Kirchliches Arbeitsrecht, 2006.

[11] *Eder,* Kirchliche Arbeitsgerichtsbarkeit in der Katholischen Kirche, ZTR 2005, 350; *Richardi,* NZA 2005, 2744; *Schliemann,* Die neue Ordnung der Kirchengerichtsbarkeit in der Evangelischen Kirche in Deutschland, NJW 2005, 392; *Belling,* Kirchliches Arbeitsrecht und kirchliche Arbeitsgerichtsbarkeit, NZA 2006, 1132.

[12] Zum sog. „Dritten Weg" der Kirchen vgl. *Richardi,* Tarifvertrag mit Arbeitskampf oder „Dritter Weg" in der Kirche?, NZA 2002, 929; *Richardi/Thüsing,* Kein Arbeitskampf in der Diakonie, AuR 2002, 94; *Belling,* Streik unter dem Kreuz?, FS 50 Jahre BAG, 2004, S. 477.

[13] Dazu als Beispiel der Auswirkungen auf den Kündigungsschutz *BVerfG* NZA 1986, Beilage 1, S. 28.

II. Arbeiter und Angestellte[14]

1. Die Unterscheidung zwischen Arbeitern und Angestellten hat in den letzten Jahrzehnten ihre Bedeutung weitgehend verloren. Der Angestellte war früher etwas Besonderes, Herausgehobenes, er war auch besser bezahlt als der Arbeiter. Das hat sich sehr gewandelt. Es gibt heute viele Angestellte, die weniger verdienen, weniger Verantwortung tragen und auch weniger Fachkönnen besitzen als Facharbeiter. Je mehr die Rationalisierung und Automatisierung um sich greift, desto mehr verschwindet auch der typische Arbeiter. Ein wichtiger rechtstatsächlicher und ökonomischer Unterschied liegt freilich nach wie vor darin, dass in vielen Wirtschaftszweigen die Tätigkeit des Arbeiters näheren Bezug zur unmittelbaren Produktion aufweist und dadurch stärker konjunkturabhängig ist als die des Angestellten. Das erklärt die größere Dauerhaftigkeit der Bindung an das Unternehmen und die stärkere Erschwerung der Kündigung bei Angestellten, wie sie das Gesetz früher vorsah. Das *BVerfG* hat jedoch das Bestehen sachlicher Gründe für differenzierende Kündigungsfristen im Gesetz verneint.[15] Daran ist richtig, dass der genannte rechtstatsächliche Unterschied zurückgeht. In anderen Bereichen unterschiedlicher Regelung wäre die Beseitigung der Differenzierung jedoch überzeugender.

Die frühere Unterscheidung im Sozialversicherungsrecht, vgl. §§ 125 ff. SGB VI a. F., wurde inzwischen aufgehoben.

2. Die **arbeitsrechtliche Bedeutung der Differenzierung** zwischen Arbeitern und Angestellten besteht hauptsächlich im Folgenden:

a) Die Angestellteneigenschaft bedeutet eine Grenze für das Weisungsrecht. Wer als Angestellter eingestellt ist, kann idR nicht durch Weisung mit der Tätigkeit eines Arbeiters betraut werden.

b) Tarifvertragliche Regelungen differenzieren zwischen beiden Gruppen teilweise noch immer. Allerdings werden die Unterschiede in etlichen Tarifbereichen weiter abgebaut oder beseitigt. Unterschiedliche Kündigungsfristen in Tarifverträgen können durch die besonderen Verhältnisse der Branche oder des Betriebs verfassungsrechtlich zulässig sein.[16]

c) An die Unterscheidung darf der Arbeitgeber in engem Rahmen bei bestimmten Maßnahmen anknüpfen, ohne gegen den Grundsatz der Gleichbehandlung zu verstoßen (streitig, dazu unten § 18 IV 3).

Nach Aufhebung des Gruppenprinzips im BetrVG, vgl. § 10 BetrVG a.F., hat die Differenzierung nunmehr auch keine betriebsverfassungsrechtliche Bedeutung mehr. Unterschieden wird nur noch in einigen wenigen arbeitsrechtlichen Vorschriften, z. B. § 1 b I AÜG sowie im Personalvertretungsrecht.

3. Eine **Unterscheidung** nach begrifflich eindeutigen Kriterien ist nicht möglich. Der ursprünglich durchaus einleuchtende Gesichtspunkt, der Angestellte verrichte

---

[14] *Nikisch*, Zur Neuabgrenzung der Begriffe Angestellte und Arbeiter, 1959; *Mayer-Maly*, Arbeiter und Angestellte, 1969; *Wank*, Arbeiter und Angestellte, 1992; *Hromadka*, Arbeiter und Angestellte – eine überholte Unterscheidung, ZfA 1994, 251. Aus der Rechtsprechung *BAG* AP Nr. 59 zu § 1 LohnfortzG und *BVerfG* AP Nr. 28 zu § 622 BGB.

[15] *BVerfG* NJW 1990, 2246 und BVerfGE 62, 256. Zu differenzierenden Fristen in Tarifverträgen s. unter 2b sowie Fn. 16.

[16] Vgl. *Bengelsdorff*, NZA 1991, 121; *Marschollek*, DB 1991, 1069; *BAG* AP Nr. 31 zu § 622 BGB; AP Nr. 40 zu § 622 BGB; AP Nr. 45 zu § 622 BGB; AP Nr. 117 zu § 1 TVG Tarifverträge Metallindustrie.

geistige, der Arbeiter manuelle Arbeit, taugt durch die Reduzierung des geistigen Gehalts bei vielen kaufmännischen Tätigkeiten infolge Arbeitsteilung und durch Anreicherung komplizierter Facharbeitertätigkeit mit geistigen Anforderungen als Abgrenzungsmerkmal nicht mehr.

Als maßgebend für die Einordnung gilt die **Verkehrsauffassung,**[17] welche durch die frühere Praxis im Sozialversicherungsrecht stark beeinflusst worden ist.[18] Büroarbeit begründet danach auch dann die Angestelltenqualifikation, wenn sie relativ mechanisch ist (z. B. einfache Eintragungen in eine Kartei). Auch kaufmännische Tätigkeit einfachster Art, wie der Verkauf ganz weniger Warenarten in einem Kaufhaus, macht zum Angestellten. Andererseits rechnet die Verkehrsauffassung Kellner und Straßenbahnfahrer nicht zu den Angestellten. Das bedeutet, dass sie der Gruppe der Arbeiter zuzurechnen sind, obgleich die geistige Leistung, die sie erbringen, sehr erheblich sein kann.

Die Einteilung ist exklusiv, d. h. jeder Arbeitnehmer ist entweder Angestellter oder Arbeiter. Eine dritte Gruppe oder eine Mischgruppe gibt es nicht. Bei gemischten Tätigkeiten soll entscheiden, welche Tätigkeitsart der Arbeitsleistung das Gepräge gibt.[19] Auch Auszubildende sind entweder der einen oder der anderen Gruppe zuzurechnen, je nach dem Beruf, der das Ausbildungsziel darstellt.

4. Die Zuordnung zu einer der beiden Gruppen unterliegt nicht der Vereinbarung, sondern richtet sich allein nach der Art der Tätigkeit. Räumt der Arbeitgeber einem Arbeiter vertraglich den Status eines Angestellten ein, kann dies dahin auszulegen sein, dass dem Arbeitnehmer alle mit der Angestellteneigenschaft verbundenen gesetzlichen oder tarifvertraglichen Vorteile einzelvertraglich zugewandt werden sollen. Dagegen bestehen keine Bedenken.

III. Leitende Angestellte[20]

1. Die leitenden Angestellten haben in der Arbeitsorganisation eine wichtige Sonderstellung. Sie beruht darauf, dass in mittleren und größeren Unternehmen der Unternehmensinhaber (bzw. die Organmitglieder von juristischen Personen) nicht mehr alle wesentlichen Entscheidungen selbst vorbereiten oder treffen kann, sondern der Unterstützung durch einen Stab von Mitarbeitern bedarf, die an der Unternehmensspitze dem Management angehören oder zuarbeiten. Ferner müssen viele Entscheidungen und die Durchführung der Spitzenentscheidungen nach unten delegiert werden. Alle mit diesen Tätigkeiten betrauten Angestellten sind zwar rechtlich gesehen Arbeitnehmer, weil sie weisungsgebunden sind, ihrer Funktion nach gehören sie aber der Arbeitgebersphäre an.

2. Diese durch Arbeitnehmereigenschaft einerseits und Arbeitgeberfunktion andererseits bedingte Zwischenstellung macht in einigen Beziehungen eine **rechtliche Sonderbehandlung** notwendig.

---

[17] *BSG* AP Nr. 3 und Nr. 10 zu § 3 AVG (n. F.).

[18] Vgl. das von § 133 II SGB VI a. F. großenteils übernommene Berufsgruppenverzeichnis.

[19] *BAG* AP Nr. 5 zu § 59 HGB (Anm. *Nikisch*).

[20] *Hromadka,* Das Recht der leitenden Angestellten im historisch-gesellschaftlichen Zusammenhang, 1979; *Martens,* Das Arbeitsrecht der leitenden Angestellten, 1982; *Hromadka,* Der Begriff der leitenden Angestellten …, BB 1990, 57; *Kaiser,* AR-Blattei SD 70.2 Leitende Angestellte, 2004; vgl. auch *D. Franke,* Der außertarifliche Angestellte, 1991. Weitere Nachweise unten § 46 V 3. Aus der Rechtsprechung vgl. die Entscheidung des *BAG* AP zu § 5 BetrVG 1972 sowie AP Nr. 42 zu § 5 BetrVG 1972 (Chefpilot).

a) Vor allem sind die leitenden Angestellten grundsätzlich von der Anwendung des BetrVG ausgenommen (§ 5 III BetrVG). Die Hauptbedeutung dieser Regelung liegt darin, dass Einstellung, Versetzung und Entlassung dieser Personen nicht dem Mitbestimmungsrecht des Betriebsrats unterliegt. Stattdessen ist für die „Leitenden" eine eigene Interessenvertretung, der Sprecherausschuss, zuständig, der ähnlich wie der Betriebsrat eine Reihe von Mitwirkungsrechten hat, vgl. §§ 25 ff. SprAuG (Vgl. dazu unten § 46 V 3 d).

b) Leitende Angestellte i. S. d. § 5 III BetrVG unterfallen nicht dem Schutz des Arbeitszeitgesetzes (§ 18 I Nr. 1 ArbZG).

c) Im Aufsichtsrat von Unternehmen, die dem MitbestG unterliegen, ist den leitenden Angestellten ein Sitz zuerkannt, § 15 I 2 MitbestG.

d) Ein Teil der leitenden Angestellten, jedoch nicht alle, haben gemäß § 14 II KSchG nur einen verminderten Kündigungsschutz (dazu unten § 24 IV 5).

e) Zur Gestaltung der materiellen Arbeitsbedingungen ist eine eigentümliche kollektivvertragliche Regelung zwischen Sprecherausschuss und Arbeitgeber möglich,[21] sog. Richtlinien (ein verfehlter Begriff), die grds. nur schuldrechtliche Wirkung zwischen Sprecherausschuss und Arbeitgeber entfalten, für die aber nach § 28 II SprAuG normative und zwingende Wirkung vereinbart werden kann.

3. Das **Selbstverständnis** der leitenden Angestellten **als eigenständige Gruppe** hat seit den 60er Jahren erheblich zugenommen. Es gibt mehrere eigene Verbände leitender Angestellter, die in der Union der leitenden Angestellten (ULA) als Spitzenverband zusammengefasst sind. Die Zahl der leitenden Angestellten hängt naturgemäß stark davon ab, wie man die Gruppe abgrenzt. Unter Zugrundelegung der betriebsverfassungsrechtlichen Abgrenzungsmerkmale (die Verbände ziehen die Grenze etwas weiter) lässt sich sagen, dass in den Unternehmen der Anteil der leitenden Angestellten an der Gesamtbelegschaft je nach der Organisationsstruktur zwischen etwa 1 und 3% schwankt, unter besonderen Verhältnissen kann er auch etwas höher liegen. Eine Zahl von weit über 100000 leitenden Angestellten allein in der Industrie dürfte daher kaum zu hoch gegriffen sein.[22]

4. Die rechtliche Abgrenzung der Gruppe der leitenden Angestellten ist bei ihrer großen Bedeutung naturgemäß politisch umkämpft. Während die Arbeitgeber und vor allem auch die Verbände der leitenden Angestellten zu einer relativ weiten Grenzziehung neigen, verfolgen die Gewerkschaften und viele Betriebsräte die Tendenz zu einer möglichst starken Einschränkung der Gruppe. Demgegenüber hat das Recht eine mittlere Linie zu verfolgen.[23] Insbesondere bedarf es einer klaren Erhaltung der Entscheidungs- und Verantwortungsstrukturen auf Arbeitgeberseite. Mitwirkungsrechte der Arbeitnehmer müssen sich in den dafür institutionell vorgesehenen Formen vollziehen, nicht auf dem indirekten Weg einer gewerkschaftlichen oder betriebsrätlichen Beeinflussung von Angehörigen des Managements. Als leitender Angestellter ist deshalb einzuordnen, wer selbständig Arbeitnehmer einstellen oder entlassen darf, ferner wer unternehmerisch bedeutsame Aufgaben in eigener Verantwortung wahrzunehmen hat (z. B. Leiter von Forschungsabteilungen, Syndizi) und schließlich derjenige, dem

---

[21] Dazu *Oetker*, BB 1990, 2181; *Kramer*, DB 1996, 1082.
[22] Zu den unterschiedlichen Schätzungen und ihrer Problematik ausführlich *Hoffknecht*, Die leitenden Angestellten im Koalitions- und Arbeitskampfrecht, 1975, S. 16 ff. Vgl. auch *Martens*, Unternehmensmitbestimmung und gewerkschaftliche Reformstrategien, 1988, S. 350.
[23] Vgl. dazu die Entscheidungen des *BAG* in AP zu § 5 BetrVG 1972.

weitgehende Vollmachten wie Generalvollmacht oder Prokura erteilt sind. Vgl. zu der vor allem betriebsverfassungsrechtlich bedeutsamen Abgrenzungsfrage unten § 46 V 3.

IV. Ausbildungsverhältnisse[24]

Bei Ausbildungsverhältnissen ist der Dienstvertrag untypisch ausgestaltet. Der normale Vertragszweck wird durch den Ausbildungszweck überlagert, der das Dienstverhältnis entscheidend prägt.

1. Das BBiG unterscheidet zwischen Berufsausbildungsverhältnissen und anderen Ausbildungsverhältnissen.

a) **Berufsausbildungsverhältnisse**[25] richten sich auf die Vermittlung der „für die Ausübung einer qualifizierten beruflichen Tätigkeit in einer sich wandelnden Arbeitswelt notwendigen fachlichen Fertigkeiten, Kenntnisse und Fähigkeiten (berufliche Handlungsfähigkeit) in einem geordneten Ausbildungsgang", § 1 III BBiG. Damit wird der Ausbildungsgang der sog. Auszubildenden („Azubis") erfasst, während den Ausdruck Lehrling nur noch die HandwO für die Berufsausbildung im Handwerk gebraucht, vgl. § 21 HandwO.

b) **Andere Ausbildungsverhältnisse** liegen vor, wenn jemand eingestellt wird, um berufliche Fertigkeiten, Kenntnisse, Fähigkeiten und Erfahrungen zu erwerben, ohne dass es sich um eine Berufsausbildung im Sinn des BBiG handelt, vgl. § 26 BBiG. Entscheidend ist, dass es sich nicht um eine Berufsausbildung nach dem BBiG handelt.

Hiervon werden jedenfalls die früher als **Anlernlinge** bezeichneten Personen erfasst. Bei **Praktikanten**[26] kommt es darauf an, ob der Ausbildungszweck im Vordergrund steht, sonst sind sie normale Arbeitnehmer. Erhebliche Unklarheiten bestehen in der neueren Literatur über die Stellung der **Volontäre**. Darunter waren, unter Verallgemeinerung der Legaldefinition für kaufmännische Volontäre in § 82a HGB, nur solche Personen zu verstehen, die ohne als Lehrlinge angenommen zu sein, zum Zweck ihrer Ausbildung unentgeltlich in den Diensten eines andern beschäftigt werden. Ein Volontärverhältnis im arbeitsrechtlichen Sinn kann nur bestehen, wenn den Volontär eine Arbeitspflicht trifft.[27] Ist das der Fall, findet § 26 BBiG Anwendung. In Abweichung von der (insoweit überholten) Begriffsbestimmung des § 82a HGB müsste dann der Volontär zwingend nach §§ 26, 17 BBiG eine angemessene Vergütung erhalten[28]. Soweit eine Arbeitspflicht nicht besteht und damit auch die Arbeitnehmereigenschaft nicht vorliegt, ist auch § 26 BBiG seinem Zweck nach nicht anzuwenden. Soweit Volontär und Praktikant § 26 BBiG unterfallen, unterscheiden sie sich rechtlich nur noch geringfügig: Der Praktikant macht ein Praktikum, dessen Zweck in der Regel dadurch geformt wird, dass es Teil oder Vorstufe einer anderweit zu absolvierenden Ausbildung[29], z.B. eines Hochschulstudiums ist, während die Ausbildung des Volontärs mehr einer allgemeinen, nicht näher definierten Orientierung dient.

2. Auch die Ausbildungsverhältnisse sind **Arbeitsverhältnisse**, auf die Arbeitsrecht anzuwenden ist.[30]

a) Wenn § 10 II BBiG nur die Anwendbarkeit der für den Arbeitsvertrag geltenden Regeln auf Berufsausbildungsverhältnisse nennt, so ergibt sich daraus kein Gegenschluss. Mit dieser Vorschrift wird

---

[24] Literaturangaben vgl. unten zu § 28.

[25] Zum Begriff vgl. GemSOBG AP Nr. 35 zu § 5 BetrVG 1972; *BAG* AP Nr. 40 zu § 5 BetrVG 1972.

[26] Dazu *LAG Rhld.-Pfalz* NZA 1986, 293; *ArbG Berlin* NZA 1992, 842; *BAG* AP Nr. 3 zu § 3 BAT mit Anm. *Weber; Maties*, Generation Praktikum-Praktika, Einfühlungsverhältnisse und ähnliche als umgangene Arbeitsverhältnisse?, RdA 2007, 135; zum sog. „Einfühlungsverhältnis" *Löw*, RdA 2007, 124.

[27] Zur tarifvertraglichen Regelung der Ausbildung von Redaktionsvolontären *Weiß/Weyand*, BB 1990, 2109.

[28] HWK/*C. S. Hergenröder*, § 26 BBiG Rn. 2.

[29] HWK/*C. S. Hergenröder*, § 26 BBiG Rn. 3.

[30] Streitig, wie hier *BAG* AP Nr. 33 zu § 5 BetrVG 1972; abweichend z.B. *Bickel*, FS E. Wolf, 1985, S. 35; *LAG Düsseldorf* DB 1985, 180.

nur klargestellt, dass Auszubildende arbeitsrechtlichen Schutz erhalten[31]. In das Betriebsverfassungsrecht werden die zur Berufsausbildung Beschäftigten zwar ebenfalls ausdrücklich einbezogen (§ 5 I BetrVG), aber es kann kein Zweifel bestehen, dass auch das Tarifvertragsgesetz die Auszubildenden als Arbeitnehmer ansieht, obgleich sie dort nicht genannt werden. Erst recht gilt das Arbeitsschutzrecht ohne weiteres auch für Auszubildende.

b) Stärkere systematische Zweifel an der Qualifizierung von Ausbildungsverhältnissen als Arbeitsverhältnisse könnte die Fassung von § 26 BBiG wecken, weil dort die Einstellung zur Ausbildung in Gegensatz zur Vereinbarung eines Arbeitsverhältnisses gesetzt wird. Indessen ist dort mit dem Begriff Arbeitsverhältnis das Normalarbeitsverhältnis gemeint, bei dem der Ausbildungszweck zwar Motiv für die Tätigkeit sein kann, aber nicht Vertragsinhalt ist. Damit sollte nicht dem Ausbildungsverhältnis als einer Sonderform des Arbeitsverhältnisses der Grundcharakter als Arbeitsverhältnis abgesprochen werden.

§ 6. Rechtliche Faktoren der Gestaltung der Arbeitsbedingungen

Literatur: *G. Hueck*, Entwicklungslinien im System innerbetrieblicher Regelungen, RdA 1962, 376; *Söllner*, Einseitige Leistungsbestimmung im Arbeitsverhältnis, 1966; *Richardi*, Kollektivgewalt und Individualwille bei der Gestaltung des Arbeitsverhältnisses, 1968; *Adomeit*, Rechtsquellenfragen im Arbeitsrecht, 1969; *Schnorr*, Die für das Arbeitsrecht spezifischen Rechtsquellen, 1969; *Säcker*, Gruppenautonomie und Übermachtkontrolle im Arbeitsrecht, 1972; *Birk*, Die arbeitsrechtliche Leitungsmacht, 1973; *Gast*, Arbeitsvertrag und Direktion, 1978; *Heinze*, Tarifautonomie und sog. Günstigkeitsprinzip, NZA 1991, 329; *Käppler*, Tarifvertragliche Regelungsmacht, NZA 1991, 745 (dazu *Franzen*, ZfA 2007, 191); *U. Preis*, Grundfragen der Vertragsgestaltung im Arbeitsrecht, 1993; *H. Hanau*, Individualautonomie und Mitbestimmung in sozialen Angelegenheiten, 1994; *Fastrich*, Betriebsvereinbarung und Privatautonomie, RdA 1994, 129; *Kempen*, Betriebsverfassung und Tarifvertrag, RdA 1994, 140; *Reuter*, Betriebsverfassung und Tarifvertrag, RdA 1994, 152; *Dorndorf*, Tarifautonomie und individuelle Freiheit, FS Kissel, 1994, S. 139; *Butzer*, Verfassungsrechtliche Grundlagen zum Verhältnis zwischen Gesetzeshoheit und Tarifautonomie, RdA 1994, 375; *Kissel*, Kollektive Arbeitsbedingungen im Spannungsfeld zwischen Tarif- und Betriebsautonomie, NZA 1995, 1; *Heinze*, Kollektive Arbeitsbedingungen im Spannungsfeld zwischen Tarif- und Betriebsautonomie, NZA 1995, 5; *Konzen*, Die Tarifautonomie zwischen Akzeptanz und Kritik, NZA 1995, 913; *Wiedemann*, Tarifautonomie und staatliches Gesetz, FS Stahlhacke, 1995, S. 675; *Waltermann*, Rechtsetzung durch Betriebsvereinbarung zwischen Privatautonomie und Tarifautonomie, 1996; *Henssler*, Tarifautonomie und Gesetzgebung, ZfA 1998, 1; *Picker*, Tarifautonomie – Betriebsautonomie – Privatautonomie, NZA 2002, 761; *Loritz*, Die Wiederbelebung der Privatautonomie im Arbeitsrecht, ZfA 2003, 629; *Richardi*, Arbeitsvertrag und Tarifgeltung, ZfA 2003, 655; *Rieble*, Öffnungsklausel und Tarifverantwortung, ZfA 2004, 405; *Wiedemann*, Gerechtigkeit durch Gleichbehandlung, FS 50 Jahre BAG, 2004, S. 265; *Franzen*, Betriebsvereinbarung: Alternative zu Tarifvertrag und Arbeitsvertrag?, NZA 2006 Beil. 3, S. 107; *Grobys*, Besondere arbeitsrechtliche Rechtsquellen, NJW-Spezial 2006, 225; *Eich*, Die Vorzugsstellung des Verbandstarifvertrags auf dem Markt privat-autonomer Rechtsquellen, NZA 2006, 1014; *Ricken*, Autonomie und tarifliche Rechtsetzung, 2006.

I. Die Pyramide arbeitsrechtlicher Gestaltungsfaktoren

Arbeitsrecht fasziniert in besonderer Weise dadurch, dass die Gestalt der Arbeitsbedingungen durch ein ganzes Arsenal rechtlicher Faktoren bestimmt wird, dessen Reichhaltigkeit bei keiner anderen Rechtsmaterie zu finden ist. Dieses Arsenal enthält neben Gesetz und Einzelvertrag, die sonst im Zivilrecht dominieren, als arbeitsrechtliche Besonderheit zum einen sog. kollektive Gestaltungsmittel, nämlich Tarifvertrag und Betriebsvereinbarung. Spezifisch arbeitsrechtliche Institute sind des Weiteren die

---

[31] HWK/*C. S. Hergenröder*, § 10 BBiG Rn. 12.

sog. betriebliche Übung und das arbeitgeberische Weisungsrecht. Auch die Verfassung gelangt in arbeitsrechtlichen Beziehungen in besonders intensiver Weise zur Wirkung. Und schließlich wird im Rahmen des Arbeitsschutzrechts auch der von Arbeitsschutzbehörden ausgehende Verwaltungsakt nicht ganz selten zum gestaltenden Faktor konkreter Arbeitsbedingungen. Aus dieser Vielzahl von Gestaltungskräften lässt sich eine Rangpyramide bilden, die freilich nicht im Sinn streng hierarchischen Aufbaus missverstanden werden darf, weil die Beziehung der Über- und Unterordnung zwischen manchen Schichten in mehrfacher Weise aufgelockert ist. Hinzu tritt in seit einigen Jahren immer stärker steigendem Maß das Recht der Europäischen Gemeinschaft (dazu näher unten § 10 II).

Die Kenntnis des gesamten Potentials der auf das Arbeitsverhältnis einwirkenden Gestaltungskräfte sowie ihrer gegenseitigen Beziehungen und Abhängigkeiten ist nicht nur für das wissenschaftliche Verständnis des Arbeitsrechts grundlegend, sondern auch für seine praktische Anwendung, weil die Feststellung, was im Einzelfall rechtens ist, immer nur nach sorgfältiger Analyse aller in Betracht kommenden Gestaltungsfaktoren und ihres gegenseitigen Verhältnisses getroffen werden kann. Der Funktionszusammenhang, in dem die einzelnen Gestaltungsfaktoren stehen, wirkt sich daher bei Lösung und Aufbau arbeitsrechtlicher Fälle unmittelbar aus.

1. An der Spitze der Pyramide stehen auf nationaler Ebene die **Bestimmungen der Verfassung.** Sie genießen grundsätzlich Vorrang vor allen anderen Gestaltungsfaktoren. Immerhin ist dieser Vorrang bereits gegenüber dem Tarifvertrag kein absoluter, vielmehr hat der Tarifvertrag z. B. gegenüber den Grundrechten eine etwas größere Freiheit als das staatliche Gesetz (sehr streitig, vgl. dazu näher unten § 8 III), und im einzelvertraglichen Bereich hängt das Ausmaß der Überordnung der Verfassung davon ab, wie man die Grenzen der so genannten Drittwirkung absteckt (dazu § 8 I 1). Das Arbeitsverhältnis als ein durch Unselbständigkeit gekennzeichnetes und von manchen faktischen Abhängigkeiten begleitetes Rechtsverhältnis lässt sich in bestimmter Hinsicht als ein Verhältnis der Über- und Unterordnung qualifizieren, in dem die Schutzfunktion der Verfassung stärker zum Tragen kommt als in anderen zivilrechtlichen Rechtsbeziehungen. Daraus erklärt sich die vergleichsweise große Bedeutung, die das Verfassungsrecht in arbeitsrechtlichen Begründungszusammenhängen erlangt hat, und zwar nicht nur in Gestalt der spezifisch arbeitsrechtlichen Koalitionsfreiheit des Art. 9 III GG, sondern gerade auch in zahlreichen anderen Grund- und Freiheitsrechten (Menschenwürde, Entfaltungsfreiheit, Gleichheit, Meinungsfreiheit, Berufsfreiheit). Vgl. dazu im Einzelnen unten § 8 II.

2. Das Gesetz ist der Verfassung untergeordnet. Gegenüber anderen Gestaltungsfaktoren besteht hingegen Überordnung, soweit sich das Gesetz **zwingende Wirkung** beilegt, dagegen nicht bei den (im Arbeitsrecht relativ seltenen) dispositiven Regelungen. Der eine oder andere Charakter gesetzlicher Bestimmungen entspricht meist der jeweiligen Funktion des Gesetzes im Arbeitsrecht: Wo es lediglich Grundstrukturen des Rechtsverhältnisses abstecken oder Ersatzregelungen für den Fall fehlender vertraglicher Regelung geben will – etwa im Sinn der meisten schuldrechtlichen Vertragsregelungen des BGB – kann es sich mit Dispositivität begnügen (vgl. z. B. §§ 612 und 616 BGB). Wo dagegen die eigentliche rechtspolitische Aufgabe des Arbeitsrechts als Schutzrecht wahrzunehmen ist, muss es sich zwingende Wirkung beilegen.[1]

---

[1] Für das Arbeitsrecht stellt sich zusätzlich die Frage, inwieweit gesetzlichen Normen eine über die zwingende Wirkung hinausreichende „*Unabdingbarkeit*" zukommt, die nicht nur verbietet, im vorhinein abweichende vertragliche Regelungen zu treffen, sondern auch den nachträglichen Verzicht auf entstandene Ansprüche hindert. Dazu *Trieschmann*, Zum Verzicht des Arbeitnehmers auf unabding-

Diese **zwingende Wirkung** ist allerdings wieder in vielfacher Weise **aufgelockert.** Entsprechend der Schutztendenz will das Gesetz meist nicht den Inhalt des Arbeitsverhältnisses in absoluter Weise fixieren, sondern lediglich bestimmte Interessen des Arbeitnehmers wahren. Eine Besserstellung soll dadurch nicht ausgeschlossen sein. Das Gesetz lässt daher vielfach **günstigere Regelungen** durch Kollektiv- oder Einzelvertrag zu, mitunter ausdrücklich (vgl. z.B. § 13 I 3 BUrlG) meist aber folgt es schon aus Sinn und Zweck der Regelung, dem Arbeitnehmer eine Mindestsicherung zu gewähren.

Darüber hinaus trägt das Gesetz dem Gedanken Rechnung, dass die ratio seines Eingreifens vielfach im Funktionsdefizit des Arbeitsvertrages (dazu oben § 1 I 1 u. 2) besteht, dass daher auf eine zwingende Wirkung gegenüber Kollektivverträgen, insbesondere gegenüber dem Tarifvertrag verzichtet werden kann. Demgemäß sind heute etliche arbeitsrechtliche Gesetze **tarifvertragsdispositiv**[2]. Eine Abweichung oder jedenfalls eine ungünstige Abweichung durch Einzelvertrag ist dann zwar unzulässig – insoweit sind die Gesetze also zwingend –, wohl aber können die Tarifvertragsparteien auch zuungunsten der Arbeitnehmer von der gesetzlichen Regelung abweichen (vgl. z.B. § 7 ArbZG , § 622 IV BGB, § 4 IV EFZG, § 12 III TzBfG, § 13 I 1 BUrlG). Der Gesetzgeber geht dabei davon aus, dass die Tarifpartner eine solche Abweichung nur aus wohlerwogenen Gründen und in einem tragbaren Umfang konzedieren werden. Ein Nachteil solcher Tarifdispositivität ist, dass sie zu starker rechtlicher Zersplitterung hinsichtlich der Mindeststrukturen des Arbeitsverhältnisses führen kann. Ihre Gewährung empfiehlt sich daher nur dort, wo ein Bedürfnis für tariflichen Spielraum nach unten wirklich besteht. Besonders unzuträglich ist die Tarifdispositivität bei Organisationsgesetzen. Deshalb ist das Betriebsverfassungsgesetz tariflichen Modifikationen nur zu einem geringen Teil geöffnet. Verschiedentlich wird angenommen, dass Gesetzen gegenüber Tarifverträgen nur in Ausnahmefällen zwingende Wirkung beigelegt werden dürfe. Es gelte aus Gründen des Koalitionsschutzes die Subsidiarität des Gesetzes gegenüber Tarifverträgen.[3] Art. 9 III GG lässt jedoch eine so weitgehende Folgerung nicht zu.

Die Zahl der arbeitsrechtlichen Gesetze ist außerordentlich groß und ihre Gegenstände sind vielfältig. Besonders wichtig sind neben den für die einzelnen Arbeitnehmergruppen maßgebenden Regelungen (vgl. dazu oben § 5 I) die für den Großteil der Arbeitnehmer anwendbaren Gesetze wie das KSchG, das BUrlG, das ArbZG und das BetrVG.

3. Die Rechtsverordnung ist dem Gesetz im formellen Sinn zwar rangmäßig untergeordnet und darf nur aufgrund einer den Anforderungen des Art. 80 GG genügenden Ermächtigungsnorm erlassen werden. Nicht zuletzt wegen dieser Beschränkung ist die Bedeutung der RechtsVO im modernen Arbeitsrecht gegenüber der Weimarer Zeit stark zurückgegangen. Gleichwohl gibt es eine nicht unbedeutende Zahl von Rechtsverordnungen wie die Arbeitsstätten-VO oder die von ihrem Gegenstand her gewichtige 1. DVO zum BetrVG (sog. Wahlordnung).

Eine Sonderkategorie der RechtsVO stellt die **Allgemeinverbindlicherklärung** von Tarifverträgen dar, mit der die normative Geltung eines Tarifvertrags auf die so genannten Außenseiter, d.h. die nicht den tarifschließenden Verbänden angehörenden Arbeitnehmer und Arbeitgeber, erstreckt wird. Zu der umstrittenen Frage der Rechtsnatur dieses Hoheitsakts und zu den sonstigen Problemen vgl. unten § 38 IV.

---

[2] bare gesetzliche Ansprüche, RdA 1976, 68; *R. Hofmann,* Grenzen gesetzlicher Unabdingbarkeitsnormen im Arbeitsrecht, FS 25 Jahre BAG, 1979, S. 217.
[2] Zur Tarifvertragsdispositivität *Hromadka,* FS Kissel, 1994, S. 417.
[3] Vgl. zu dieser Streitfrage unten § 9 IV 4 c.

Nicht als Rechtsverordnung, sondern als autonomes Satzungsrecht ordnet man die **Unfallverhü-tungsvorschriften der Berufsgenossenschaften** ein. Diese Vorschriften zielen auf mannigfache Ver-haltenspflichten sowohl des Arbeitgebers wie des Arbeitnehmers (z. B. die Bedienung von Maschinen, das Tragen von Schutzkleidung u. ä.). Soweit die Arbeitnehmer erfasst werden sollen, wird der Auto-nomiebereich überschritten, weil Mitglieder der Berufsgenossenschaften nur die Arbeitgeber sind. Vgl. dazu näher unten § 31 I 3.

4. Der **Tarifvertrag** ist als Gestaltungsfaktor für die Praxis von ganz besonderer Be-deutung. Er wird zwischen einer Gewerkschaft einerseits und meist einem Arbeitge-berverband andererseits (dazu § 2 I TVG) abgeschlossen. In ihm werden **Rechtsnor-men** vereinbart, die für die Einzelarbeitsverhältnisse gelten oder betriebliche und betriebsverfassungsrechtliche Fragen regeln (§ 1 TVG). Im Rang stehen diese Normen dem Gesetz nach, soweit es nicht voll oder tariflich dispositiv ist oder sich ein Vorrang dadurch ergibt, dass das Gesetz günstigere Regelungen zulässt (vgl. oben 2). Dagegen sind Tarifnormen grundsätzlich rangstärker als Betriebsvereinbarung und Einzelar-beitsvertrag. Auch dieses Rangverhältnis ist vielfach aufgelockert. Zum einen können Tarifnormen sich volle Dispositivität zulegen, was nur selten vorkommt, oder sich doch abweichender Regelung durch Betriebsvereinbarung öffnen. Zum anderen gilt im Verhältnis des Tarifvertrags zum Arbeitsvertrag das sog. **Günstigkeitsprinzip**, § 4 III TVG.[4] Das Günstigkeitsprinzip selbst ist für den Tarifvertrag zwingend, d. h. der Ta-rifvertrag kann es auch nicht im Einzelfall ausschließen. Tariflöhne sind daher niemals Höchstlöhne, sondern immer nur Mindestlöhne. Allerdings gibt es Fälle, in denen das Günstigkeitsprinzip nach der Natur der Sache nicht zum Zuge kommen kann.

Beispiel: Eine Tarifvertragsnorm verbietet die Beschäftigung mit bestimmten gefährlichen Tätigkei-ten. Eine „günstigere" Regelung im Einzelvertrag ist insoweit nicht denkbar.

Außerordentlich problematisch ist, nach welchen Gesichtspunkten sich die Frage der Günstigkeit beurteilt: Kommt es auf den Vergleich zwischen der einzelnen Tarifvertragsnorm und der von ihr ab-weichenden Einzelvertragsregelung an (sog. Einzelvergleich), oder sind statt dessen der Tarifvertrag und der Einzelvertrag im ganzen zu beurteilen (sog. Gesamtvergleich) oder sind Gruppen innerlich zusammenhängender Regelungen zu vergleichen? (Vgl. zu diesen Fragen näher unten § 37 II 1).
Vom Gegenstand her regeln Tarifverträge nicht nur die Höhe des Arbeitsentgelts (sog. Lohntarif-verträge), sondern auch andere Arbeitsbedingungen, insbesondere Arbeitszeit, Urlaub und Kündigungs-fristen (sog. Manteltarifverträge). Näher dazu unten § 36.

Rechtlich ist für den Tarifvertrag charakteristisch, dass sich die Geltung seiner Rechts-normen (sog. **normative Geltung**), soweit keine Allgemeinverbindlicherklärung erfolgt ist, grundsätzlich auf die Arbeitsverhältnisse zwischen tarifgebundenen Personen be-schränkt (vgl. § 4 I TVG; über mögliche Ausnahmen vgl. unten § 38 I). Tarifgebunden sind grundsätzlich nur die Mitglieder der tarifschließenden Verbände, § 3 I TVG, d. h. die sog. Außenseiter werden von Tarifnormen unmittelbar nicht erfasst. *Faktisch* ist die Bedeutung des Tarifvertrags dagegen jedenfalls in solchen Betrieben umfassend, die tarifgebundenen Arbeitgebern gehören, weil diese jedenfalls in aller Regel ihre Arbeit-nehmer ohne Rücksicht auf Gewerkschaftszugehörigkeit gleichmäßig nach dem Tarif-vertrag behandeln.

5. Auch die **Betriebsvereinbarung,** die zwischen Arbeitgeber und Betriebsrat abge-schlossen wird, enthält vielfach Rechtsnormen, die für die einzelnen Arbeitsverhältnis-se im Betrieb unmittelbar und zwingend gelten (§ 77 IV 1 BetrVG), ist also dem Ein-zelarbeitsvertrag übergeordnet.

Im Gegensatz zum TVG sagt das BetrVG nichts darüber aus, ob im Verhältnis zum Einzelarbeits-vertrag das Günstigkeitsprinzip gilt. In Anlehnung an das Tarifrecht ist dies grds. zu bejahen, da für

---

[4] Siehe näher *Körner,* Zum Verständnis des tarifvertraglichen Günstigkeitsprinzips, RdA 2000, 140.

eine andere rechtliche Behandlung der Betriebsvereinbarung keine Sachgründe bestehen. Auch die Betriebsvereinbarung ist daher insoweit nur einseitig zwingend.[5] Das Günstigkeitsprinzip kommt aber dort nicht zum Zug, wo durch die zwingende Mitbestimmung, insbesondere nach § 87 I BetrVG, geschützte Kollektivinteressen der abweichenden Regelung entgegenstehen[6].

Wichtige Gegenstände der Betriebsvereinbarung[7] sind die nach § 87 I BetrVG der notwendigen Mitbestimmung des Betriebsrats unterworfenen Regelungsmaterien, wie vor allem die so genannte **Arbeitsordnung**,[8] welche den äußeren Rahmen für das Verhalten der Arbeitnehmer im Betrieb absteckt (Bestimmungen über den Zugang zum Betrieb, die Ordnung am Arbeitsplatz, An- und Abmeldung, Krankmeldung, Kontrollen u. ä.). Auch die Lage der Arbeitszeit wird häufig in einer Betriebsvereinbarung geregelt. Inwieweit über § 87 BetrVG hinaus durch sog. freiwillige Betriebsvereinbarungen (§ 88 BetrVG) materielle, die Arbeitnehmer belastende Regelungen getroffen werden können, ist stark umstritten. Vgl. dazu unten § 7 II 2b sowie § 48 II 5 a.

Die Betriebsvereinbarung soll dem Tarifvertrag keine Konkurrenz machen. § 77 III BetrVG verhängt deshalb für Betriebsvereinbarungen eine **Regelungssperre** hinsichtlich solcher Gegenstände, für die im einschlägigen Bereich entsprechende Tarifregelungen vorhanden oder üblich sind (Dazu unten § 48 II 6). Insoweit kommt daher das Günstigkeitsprinzip nicht zum Zug. Zweck dieser Sperrwirkung ist der Schutz der Gewerkschaften; man befürchtet, dass das Interesse der Arbeitnehmer an deren Bemühungen um Tarifverträge evtl. zurückginge, wenn der gleiche Schutz durch die Betriebsräte mittels Betriebsvereinbarung bewirkt werden könnte.[9] Der Betriebsvereinbarung nahe steht die zwischen Sprecherausschuss und Arbeitgeber vereinbarte Richtlinie für die Arbeitsverhältnisse leitender Angestellter (dazu oben § 5 III).

6. Der **Einzelarbeitsvertrag** hat neben den bisher genannten Bestimmungsfaktoren generell die Bedeutung, dass er das Arbeitsverhältnis überhaupt herstellt und dass er die Beschäftigung des Arbeitnehmers ihrer Art nach festlegt (Bestimmung des Wirkungskreises, in dem der Arbeitnehmer tätig werden soll).

a) Auch der Umfang der Tätigkeit (Voll- oder Teilzeitbeschäftigung) wird dem Grundsatz nach einzelvertraglich bestimmt. Alle anderen Arbeitsbedingungen ergeben sich nicht selten aus Gesetz, Tarifvertrag und Betriebsvereinbarung. Selbst die Höhe des Arbeitsentgelts wird oft nicht eigens vereinbart, sondern dem Tarifvertrag aufgrund der Art der Beschäftigung des Arbeitnehmers entnommen (der Arbeitnehmer wird aufgrund seiner Tätigkeit „eingruppiert").

b) In der Regel enthalten die Einzelverträge auch zusätzliche Abreden zu Fragen, die kollektivvertraglich nicht geregelt sind, oder sie gewähren dem Arbeitnehmer zusätzliche Leistungen in dem durch das Günstigkeitsprinzip offenen Bereich. Umfassende inhaltliche Bedeutung haben die Arbeitsverträge vor allem in den sehr seltenen Branchen, in denen tarifvertragliche Regelungen fehlen, ferner für Arbeitnehmergrup-

---

[5] Vgl. *BAG* GS AP Nr. 17 zu § 77 BetrVG; näher dazu unten § 7 II sowie § 48 II 3; vgl. ferner *BAG* GS AP Nr. 46 zu § 77 BetrVG.

[6] Vgl. näher *H. Hanau*, Individualautonomie und Mitbestimmung in sozialen Angelegenheiten, 1994, S. 123 ff., sowie unten § 49.

[7] Zur Reichweite der Betriebsvereinbarung *Käppler*, FS Kissel, 1994, S. 475.

[8] Dazu *Hromadka*, Arbeitsordnung und Arbeitsverfassung, ZfA 1979, 203. Vgl. auch unten § 49 II 1 m. w. N.

[9] Zur Frage des Schutzes der Gewerkschaften vor tarifwidrigem Handeln der Betriebsparteien näher *Annuß*, RdA 2000, 287.

pen, die keiner tarifvertraglichen Regelung unterfallen oder für die sie nicht passen, wie insbesondere die gehobenen und die leitenden Angestellten.

c) Der Einzelvertrag ist ferner häufig Transformator für die Geltung tariflicher Normen, nämlich in denjenigen Einzelarbeitsverhältnissen, deren Partner normativ vom Tarifvertrag nicht erfasst werden, etwa weil der Arbeitnehmer der tarifschließenden Gewerkschaft nicht angehört. Da der Organisationsgrad der Arbeitnehmer in der Industrie unter 40 Prozent liegt (vgl. näher unten § 9 II 1), ist das der weitaus überwiegende Teil der Arbeitsverhältnisse. Der Tarifvertrag „gilt" in diesen Arbeitsverhältnissen nur kraft einzelvertraglicher Bezugnahme[10], mithin auch nicht zwingend, sondern nur mit der Qualität einzelvertraglicher Vereinbarung, was bedeutet, dass rechtlich von ihm grundsätzlich auch zuungunsten der Arbeitnehmer abgewichen werden dürfte (aber praktisch nicht wird).

d) Der Arbeitsvertrag kann seinem Inhalt nach mit dem aller Arbeitnehmer oder doch bestimmter Arbeitnehmergruppen des Betriebs übereinstimmen. Man spricht dann vom **Einheitsarbeitsvertrag,** der ähnlich den Allgemeinen Geschäftsbedingungen einheitliche Arbeitsbedingungen regelt. Hinsichtlich der Anwendung der §§ 305 ff. BGB auf Arbeitsverträge sind zwar die arbeitsrechtlichen Besonderheiten zu berücksichtigen, vgl. § 310 IV BGB. Die ehemals im AGB-Gesetz existierende Bereichsausnahme für das Arbeitsrecht wurde jedoch nicht in die §§ 305 ff. BGB übernommen. Vgl. dazu unten § 12 IV.

e) Die so genannte **Gesamtzusage**[11] stellt rechtlich keinen eigenständigen Gestaltungsfaktor dar, sondern gehört in den Bereich der einzelvertraglichen Vereinbarung. Dabei handelt es sich rechtstatsächlich um Angebote (z.B. für Ruhegeldzusagen oder Sonderzuwendungen zu bestimmten Gelegenheiten wie Weihnachten oder Jubiläen), die der Arbeitgeber der Gesamtheit der Arbeitnehmer oder einer bestimmten Arbeitnehmergruppe macht, etwa durch Aushang am Schwarzen Brett, durch Rundschreiben, durch mündliche Bekanntgabe oder auch über das Intranet[12]. Die Arbeitnehmer können solche Angebote ohne ausdrückliche Erklärung annehmen. Jedenfalls aber werden die Gesamtzusagen – unabhängig von einer dogmatischen Begründung – Vertragsinhalt.[13] Verschlechternden Angeboten müssen die Arbeitnehmer hingegen ausdrücklich zustimmen, da § 151 BGB dabei nicht zur Anwendung gelangen kann.[14]

Werden solche Zusagen mit einem Freiwilligkeitsvorbehalt[15] versehen, kann das bedeuten, dass der Arbeitgeber sich für die Zukunft nicht binden will. Die Weitergewährung in der Zukunft bedarf dann einer erneuten Maßnahme des Arbeitgebers. Aus Vertrauensgrundsätzen kann sich aber ergeben, dass er, wenn er von der Weitergewährung absehen will, dies angemessene Zeit vorher ankündigen muss. Der Arbeitgeber kann sich auch den Widerruf der Zusage vorbehalten. Dann ist er stärker gebunden, weil der Widerruf nur zulässig ist, wenn für ihn Sachgründe vorliegen. Dazu unten § 7.

---

[10] Problematisch ist der Fall, wenn die ArbN bereits normativ anderweitig gebunden sind und eine Bezugnahme dazukommt; hier wird die Bezugnahme keine Verschlechterung der Arbeitsbedingungen bringen dürfen, vgl. dazu *Löwisch/Rieble,* MünchArbR, § 269 Rn. 18 ff. Anders aber BAG AP Nr. 29 zu § 4 TVG Tarifkonkurrenz. Zum arbeitsvertraglichen Verweis auf Betriebsvereinbarungen s. *Rieble/Schul,* RdA 2006, 339.
[11] Dazu *Adomeit,* Rechtsquellenfragen, S. 112 ff.; *Söllner,* Leistungsbestimmung, S. 32 ff.
[12] Vgl. hierzu *BAG* AP Nr. 247 zu § 611 BGB Gratifikation.
[13] *BAG* AP Nr. 8 zu § 99 BetrVG 1972.
[14] *LAG Berlin* NZA-RR 2001, 491; ErfK/*Preis,* § 611 BGB Rn. 259
[15] Zu dessen Bedeutung *Zöllner,* NZA 1997, 124; *BAG* AP Nr. 187 zu § 611 BGB Gratifikation; AP Nr. 193 zu § 611 BGB Gratifikation.

7. Die Betriebsübung[16] wird seit langem als mehr oder weniger eigenständiger Gestaltungsfaktor verstanden. Dabei handelt es sich um die „regelmäßige Wiederholung gleichförmiger Verhaltensweisen im Betrieb". Durch sie entsteht bei den Betriebsangehörigen der Eindruck eines Brauches oder einer Gesetzmäßigkeit. Eine derartige Betriebsübung hat man vor allem bei mehrfacher Gewährung gleichartiger Sozialleistungen (z. B. dreimalige Gewährung einer Weihnachtsgratifikation[17]) angenommen und ihr für die Zukunft anspruchsbegründende Wirkung beigelegt. Über dieses Ergebnis ist man sich im Wesentlichen einig, nicht dagegen über die rechtliche Begründung. Eine traditionelle Lehre will den Tatbestand einer vertraglichen Einigung annehmen oder wenigstens fingieren.[18] Überzeugender erscheint hingegen die Auffassung, dass es sich um eine außerrechtsgeschäftliche Bindung des Arbeitgebers handelt, die in den Bereich der Vertrauenshaftung einzuordnen ist. Diese Bindung tritt ein, weil ein Vertrauen in die Fortdauer der gleichartigen Handhabung erweckt worden ist,[19] an dem sich die Arbeitsverhältnispartner wegen der im Arbeitsverhältnis gesteigerten Treuepflicht festhalten lassen müssen. Konstruktiv ähnelt das der Rechtsfigur der Verwirkung von Ansprüchen. Wie dort Ansprüche verloren gehen, weil Vertrauen in die Nicht-mehr-Geltendmachung entstanden ist, werden bei der Betriebsübung Ansprüche „erwirkt", weil Vertrauen in ihre Fortgewährung erweckt worden ist.

Die rechtsgeschäftliche Konstruktion der traditionellen Lehre führt zu Problemen vor allem dort, wo für die Änderung der Arbeitsverträge Schriftform erforderlich ist.[20] Das BAG hat insoweit mitunter zu Unrecht die bindende Wirkung der Übung verneint oder zu wenig überzeugenden Hilfskonstruktionen (z. B. Änderung der Schriftformklausel durch Betriebsübung) gegriffen. Interessant ist die Tendenz der Rechtsprechung, das Entstehen betrieblicher Übungen im öffentlichen Dienst auch unabhängig von Schriftformerfordernissen einzuschränken;[21] auch insoweit ist eher die nichtrechtsgeschäftliche Konstruktion vorzugswürdig. Die rechtliche Konstruktion wirkt sich möglicherweise auch bei der Frage aus, ob eine Betriebsübung dahingehend in Betracht kommt, dass Tariflohnerhöhungen regelmäßig auf den Individuallohn aufgestockt und nicht durch den bisherigen Vorsprung des Effektivlohns aufgesogen werden. Das BAG hat die Möglichkeit einer solchen Übung verneint,[22] was von seiner rechtsgeschäftlichen Konstruktion aus eher vertretbar erscheint als unter dem Ansatz beim Vertrauensgedanken.[23] Das Gleiche gilt für die mehrjährige Übung, die Gehälter von außertariflich bezahlten Angestellten an die Tarifentwicklung anzupassen.[24]

---

[16] *Seiter,* Die Betriebsübung, 1967; *Singer,* ZfA 1993, 487; *Bepler,* Die „zweifelhafte Rechtsquelle" der betrieblichen Übung, – Beharrungen und Entwicklungen, RdA 2005, 323; *Waltermann,* Die betriebliche Übung, RdA 2006, 257; *BAG* AP Nr. 22 zu § 242 BGB; AP Nr. 2 zu § 1 BetrAVG Betriebliche Übung.

[17] Einschränkend *BAG* AP Nr. 5 zu § 87 BetrVG 1972 Gesundheitsschutz.

[18] *Hueck,* § 25 V; vgl. ferner *BAG* AP Nr. 8 zu § 4 BAT; AP Nr. 15 zu § 4 TVG; eher unentschieden *BAG* AP Nr. 16 zu § 242 BGB Betriebliche Übung; AP Nr. 1 zu § 1 BetrAVG Betriebliche Übung. Einer älteren Auffassung, die Betriebsübung sei „betriebliches Gewohnheitsrecht", nähert sich wieder *Gamillscheg,* FS Hilger/Stumpf, 1983, S. 227.

[19] Vgl. vor allem *Seiter* (Fn. 16), S. 92 ff.; *Canaris,* Die Vertrauenshaftung im deutschen Privatrecht, 1971, S. 387 ff.; *Lieb/Jacobs,* Rn. 57. Vgl. auch *Hromadka,* NZA 1984, 241; *Petereck,* FS D. Gaul, 1987, S. 184. Stark kritisch *Säcker,* Gruppenautonomie, S. 473 ff.

[20] Vgl. z. B. *BAG* AP Nr. 13 und Nr. 29 zu § 242 BGB Betriebliche Übung.

[21] Vgl. z. B. *BAG* AP Nr. 12, 15, 16, 19, 27, 33, 35, 38, 46 zu § 242 BGB Betriebliche Übung; Nr. 3 zu §§ 22, 23 BAT Zulagen.

[22] *BAG* AP Nr. 15 zu § 4 TVG Übertariflicher Lohn und Tariflohnerhöhung; Nr. 58 zu § 1 TVG Tarifverträge; Nr. 54 zu § 87 BetrVG 1972 Lohngestaltung.

[23] Auch von diesem her die Möglichkeit einer Betriebsübung verneinend *Lieb/Jacobs,* Rn. 59.

[24] Verneinend *BAG* AP Nr. 22 zu § 242 Betriebliche Übung. Vgl. auch *BAG* AP Nr. 56 zu § 242 BGB Betriebliche Übung.

Betriebsübungen sind nicht nur zu Gunsten der Arbeitnehmer möglich,[25] sondern auch zu ihren Ungunsten. Denn abgesehen davon, dass sich nicht immer sicher entscheiden lässt, ob die Übung günstig ist oder nicht –

Beispiel: Betriebsschließung im Sommer unter Anrechnung auf den Urlaub –,

verdient auch das Vertrauen des Arbeitgebers in die Fortdauer einer eingespielten Handhabung Schutz.[26] Unstreitig ist die Betriebsübung, da sie nicht normativ wirkt, dem Arbeitsvertrag nicht übergeordnet. Zweifelhaft ist hingegen (vom Boden der außerrechtsgeschäftlichen Bindungslehre), ob sie in den Arbeitsvertrag ändernd eingeht – ihre Beseitigung würde dann nur auf dem Weg der Vertragsänderung möglich sein – oder ob die aufgrund von Treu und Glauben eintretende Bindung neben dem Arbeitsvertrag gleichgeordnet steht. Für das letztere spricht, dass dadurch die Annahme einer schwächeren Bindung dogmatisch leichter erklärbar ist, wie sie in der Möglichkeit, die Betriebsübung unter Umständen auch ohne entsprechenden Vorbehalt einseitig zu widerrufen, zum Ausdruck kommt.[27] Voraussetzung eines solchen **Widerrufs** ist, dass dem Widerrufenden (in der Regel also dem Arbeitgeber) aufgrund der eingetretenen Entwicklung unter Berücksichtigung von Art und Gründen der Entstehung der Betriebsübung das Festhalten an der Bindung nicht mehr zumutbar ist. Da die Bindung an das erweckte Vertrauen nur über die Treuepflicht eintritt, kann die Bindung auch nicht weiter reichen, als dies guter Treue entspricht. Unzumutbarkeit tritt jedenfalls ein, wenn für das Unternehmen eine Existenzgefährdung eintritt, u. U. aber auch schon vorher.[28]

Selbstverständlich ist, dass sich die Betriebsübung gegenüber zwingenden Kollektivvertragsnormen oder Gesetzen nur im durch das Günstigkeitsprinzip freigelassenen Raum durchsetzen kann.

Gewährt der Arbeitgeber eine Leistung in dem irrtümlichen Glauben, dazu aufgrund gesetzlicher, kollektiv- oder einzelvertraglicher Anspruchsgrundlagen verpflichtet zu sein (neuerdings irrtümliche Betriebsübung genannt), so entsteht daraus jedenfalls in der Regel solange keine Bindung, wie die Fortgewährung in Unkenntnis des Fehlens einer Verpflichtung (z. B. Nichtigkeit oder Wegfall der Anspruchsgrundlage) erfolgt. Zwar vertrauen die Arbeitnehmer hier ebenfalls auf die Fortgewährung, ihr Vertrauen ist aber unter dem Maßstab der Treupflicht nicht hinreichend schutzwürdig.[29]

8. Für das Arbeitsverhältnis ist charakteristisch, dass die vom Arbeitnehmer zu erbringenden Arbeitsleistungen nicht konkret im Voraus festgelegt werden können, sondern aufgrund der sich entwickelnden Bedürfnisse fortlaufend neu bestimmt werden müssen. Diese Bestimmung kann selbstverständlich nicht jeweils vertraglicher Einigung vorbehalten werden. Vielmehr ist es nach den Umständen und nach Treu und Glauben vertragsimmanent, dass die jeweils konkret zu leistende Arbeit und die Art und Weise ihrer Erbringung durch den Arbeitgeber einseitig durch **Weisung**[30] festge-

---

[25] Vgl. das Beispiel *BAG* AP Nr. 1 zu § 120c GewO. Problematisch deshalb Ausgrenzungen wie bei *Backhaus*, Die arbeitnehmerbegünstigende betriebliche Übung in der Rechtsprechung des BAG, AuR 1983, 65. Zur Änderung einer bestehenden Übung durch Betriebsübung *BAG* AP Nr. 50 zu § 242 BGB Betriebliche Übung.

[26] Anders insoweit *Lieb/Jacobs*, Rn. 65.

[27] Vgl. *Lieb/Jacobs*, Rn. 64.

[28] Erleichterungen des Widerrufs einer betrieblichen Übung gegenüber dem sonstiger vertraglicher Vereinbarungen ablehnend z. B. ErfK/*Preis*, § 611 BGB Rn. 266.

[29] Vgl. *Lieb/Jacobs*, Rn. 65; s. auch *Singer*, ZfA 1993, 487 (491 ff.).

[30] Dazu *Bötticher*, Gestaltungsrecht und Unterwerfung im Privatrecht, 1964; *Söllner*, Einseitige Leistungsbestimmung im Arbeitsrecht, 1966; *Birk*, Die arbeitsrechtliche Leitungsmacht, 1973; *Wank*, Die

legt werden können. Trotz ausdrücklich geschaffener Rechtsgrundlage in § 106 GewO ergibt sich ein Weisungsrecht daher bereits unmittelbar aus dem Arbeitsvertrag. Rechtlich ist das Weisungsrecht der schwächste Gestaltungsfaktor für die Arbeitsbedingungen, weil es alle gesetzlichen, kollektiv- und einzelvertraglichen Regelungen als Grenze beachten muss, vgl. § 106 GewO. Je genauer etwa die Beschäftigung des Arbeitnehmers im Arbeitsvertrag umschrieben ist, desto weniger Spielraum hat der Arbeitgeber bei der Zuweisung verschiedenartiger Tätigkeiten (näher dazu unten § 13 III 1 b). Trotz der zahlreichen rechtlichen Grenzen, die dem Weisungsrecht gesetzt sind, hat es faktisch im Arbeitsalltag großes Gewicht, wie es ja auch für die Unselbständigkeit des Arbeitnehmers kennzeichnend ist (vgl. oben § 4 III 5). Gemäß § 106 S. 1 GewO erfasst das Direktionsrecht des Arbeitgebers „Inhalt, Ort und Zeit der Arbeitsleistung".

Der einseitigen Bestimmung durch Weisungsrecht unterliegen grundsätzlich auch Ordnung und Verhalten im Betrieb (Rauchverbote, Regelungen des Zugangs zum Betrieb, Kleiderablage, Parkplatzbenützung u.v.a.), vgl. klarstellend § 106 S. 2 GewO. Einzelvertraglicher Regelung können diese Gegenstände wegen notwendiger Einheitlichkeit nicht anheim gegeben werden. Insoweit greift jedoch in Betrieben mit Betriebsrat das Betriebsverfassungsrecht beschränkend ein und unterwirft den Arbeitgeber der Einigung mit dem Betriebsrat (vgl. z.B. § 87 I Nr. 1 und 2 BetrVG). Dadurch ist das Weisungsrecht in seinem traditionellen Umfang stark beschränkt worden.

Darüber hinaus findet das Weisungsrecht des Arbeitgebers gem. § 106 GewO, § 315 BGB seine Grenzen in der Ausübung billigen Ermessens. Zudem sind nach § 106 S. 3 GewO Behinderungen der Arbeitnehmer zu berücksichtigen.

9. Neben dem vertragsimmanenten Weisungsrecht gibt es im Arbeitsverhältnis auch **andere einseitige Leistungsbestimmungsrechte** des Arbeitgebers, wie z.B. das Recht der Festsetzung der konkreten Urlaubszeit für den einzelnen Arbeitnehmer (Urlaubserteilung, dazu § 7 BUrlG). Nicht selten behält sich der Arbeitgeber entsprechende Leistungsbestimmungsrechte auch ausdrücklich vor, etwa zur Anordnung von Mehrarbeit, zur Kürzung der Arbeitszeit, zur Versendung des Arbeitnehmers in andere Betriebe oder sogar in Konzernunternehmen (zur zutreffenden Begrenzung solcher Rechte § 7 I 5).

II. Das System der arbeitsrechtlichen Rechtsquellen und Gestaltungsfaktoren

1. Bei den meisten der dargelegten rechtlichen Gestaltungsfaktoren lässt sich auch juristisch korrekt von arbeitsrechtlichen **Rechtsquellen**[31] sprechen. Diese Terminologie wird gleichwohl nicht in den Vordergrund gestellt, einmal weil sie nicht durchgehend passt, zum andern weil es in der deutschen Rechtsquellentheorie weniger gebräuchlich ist, Rechtsgeschäfte als Rechtsquellen zu verstehen. Das letztere ist an sich bedauerlich, weil sich ein geschlosseneres Verständnis der Rechtsordnung eröffnet, wenn man die Privatautonomie als vom Staat konzedierte Regelungsmacht begreift und in den von *Adolf Merkl* und *Hans Kelsen* konzipierten **Stufenbau der Rechts-**

Änderung von Arbeitsbedingungen durch Weisung, in: Hromadka, Änderungen von Arbeitsbedingungen, 1989; *Birk*, Aktuelle Probleme arbeitsrechtlicher Leitungsmacht, FS Kim, 1995, S. 25; *Klempt*, Zur Konkretisierung des Arbeitsverhältnisses, FS Stahlhacke, 1995, S. 261; *Borgmann/Faas*, Das Weisungsrecht zur betrieblichen Ordnung, NZA 2004, 241; *Hunold*, AR-Blattei SD 600 Direktionsrecht, 2005.
[31] In diesem Sinn vor allem *Adomeit*, Rechtsquellenfragen, S. 70 ff.

ordnung einordnet.[32] Insbesondere die durch Tarifvertrag und Betriebsvereinbarung getroffenen Bestimmungen werden dadurch in ihrem Doppelcharakter als kollektivautonom geschaffene, aber gleichwohl abstrakt-unmittelbar geltende Rechtsnormen sehr viel verständlicher als bei dem deutscher Tradition entsprechenden Schnitt zwischen hoheitlich-abstrakten Rechtsquellen einerseits und privat-konkreten rechtsgeschäftlichen Regelungen andererseits.

Die einzelnen Rechtsquellen oder Gestaltungsfaktoren stehen in mannigfachen **Zusammenhängen und Wechselwirkungen:** Teils stellen sie Ermächtigungen für Rechtsquellen niedrigerer Stufe dar, teils wirken sie diesen gegenüber ergänzend, verdrängend oder begrenzend. Nicht selten finden sich auch **Verweisungen** von einer Rechtsquelle auf andere, und zwar gerade auch auf Rechtsquellen anderer Stufe. Im Unterschied zur Ermächtigung macht die Verweisung den Inhalt der fremden Rechtsquelle zum Inhalt der eigenen.[33] Die Ermächtigungs- oder Delegationsbefugnis des Gesetzgebers ist begrenzt. Insbesondere kann er den Tarifvertragsparteien keine Rechtssetzungsbefugnisse gegenüber Außenseitern verleihen. Auch in der Betriebsverfassung bestehen enge Grenzen für die Zuteilung von Eingriffsbefugnissen.[34] Die Tarifvertragsparteien können den betriebsverfassungsrechtlichen Normsetzungsträgern jedenfalls nicht mehr an Rechtssetzungsbefugnissen verschaffen, als sie selbst haben. Inwieweit sie ihre eigenen Befugnisse übertragen dürfen, ist äußerst streitig.[35]

2. Die arbeitsrechtlichen Rechtsquellen oder Gestaltungsfaktoren lassen sich systematisch einteilen **nach ihrem Urheber** in staatliche, kollektive und individuelle.

a) Staatliche Rechtsquellen sind Verfassung, Gesetz und Rechtsverordnung, gelegentlich auch Verwaltungsakte der Arbeitsbehörden.

b) Kollektive Rechtsquellen sind einmal die Tarifverträge, weil sie mindestens auf einer Seite einen arbeitsrechtlichen Verband als Normsetzer haben müssen, zum andern aber auch die Betriebsvereinbarungen, weil an ihrer Schaffung die durch gemeinsame Arbeit in einem Betrieb verbundene Belegschaft als Ganzes, repräsentiert durch ihr gewähltes Organ, den Betriebsrat, beteiligt ist. Wegen dieser Gemeinsamkeit kollektiver Urheberschaft werden Tarifvertrag und Betriebsvereinbarung gelegentlich auch unter dem systematischen Oberbegriff des **Kollektivvertrags**[36] zusammengefasst. Diesem Begriff sind auch die zwischen Arbeitgeber und Sprecherausschuss möglichen Richtlinien für die Arbeitsbedingungen leitender Angestellter zuzuordnen.

c) Individuelle Rechtsquellen sind dagegen Einzelvertrag und Weisung des Arbeitgebers (nicht das Weisungsrecht selbst, weil es keine Regelung enthält).

---

[32] Zu diesem Problemkreis *Adomeit,* Rechtsquellenfragen, S. 9 ff., 120 ff.; *Zöllner,* Die Rechtsnatur der Tarifnormen nach deutschem Recht, 1966, S. 24 ff. m. N.

[33] Die sog. dynamische Verweisung (= Verweisung auf den *jeweiligen* Inhalt einer anderen Rechtsquelle) kommt der Ermächtigung gewiss nahe, ist aber gleichwohl ihr nicht gleichzusetzen. Nicht glücklich deshalb die Begriffswahl bei *Scholz,* Rechtsfragen zur Verweisung zwischen Gesetz und Tarifvertrag, FS G. Müller, 1981, S. 509, wo es fast ausschließlich um Ermächtigungsfälle geht. Vgl. ferner *Gröbing,* AuR 1982, 116; *Hertwig,* RdA 1985, 282; *Herschel,* ZfA 1985, 21; *Braun,* BB 1986, 1428; *Mayer-Maly,* FS E. Wolf, 1985, S. 473; *Löwisch,* NZA 1985, 317; allgemein zur verfassungsrechtlichen Problematik *W. Brugger,* VerwArch 1987, 1; *P. Hanau/Kania,* DB 1995, 1229, 1231; *Sachs,* in: Sachs (Hrsg.), GG, 4. Aufl., 2007, Art. 20 Rn. 123 m. w. N.; *BAG* AP Nr. 8 zu § 1 TVG Form; BVerfGE 64, 208; 73, 261 (272); 78, 32 (35 f.).

[34] Dazu *H. Hanau,* Individualautonomie und Mitbestimmung in sozialen Angelegenheiten, 1994; *Waltermann,* NZA 1996, 357; *Müller-Franken,* Die Befugnis zu Eingriffen in die Rechtsstellung des einzelnen durch Betriebsvereinbarung, 1997.

[35] Dazu *Th. Baumann,* Die Delegation tariflicher Rechtssetzungsbefugnisse, 1992.

[36] Anders in Österreich, wo unter Kollektivvertrag allein der Tarifvertrag verstanden wird, vgl. § 2 des Österreich. Arbeitsverfassungsgesetzes von 1973.

d) Einige Gestaltungsfaktoren lassen sich schwer einordnen. So ist etwa die Allgemeinverbindlicher-klärung eines Tarifvertrags als solche sicherlich vom Staat gesetzt. Die durch die AVE auf die Außen-seiter erstreckte tarifliche Regelung stammt dagegen von den Verbänden. Die für den Außenseiter maßgebliche Rechtsquelle (erstreckter Tarifvertrag) ist daher eine gemischt staatlich-kollektive. Die Betriebsübung ist als solche überhaupt keine Rechtsquelle, sondern nur der durch sie geschaffene Ver-trauenstatbestand. Seinem Urheber oder Zurechnungssubjekt nach ist dieser Tatbestand auf den ein-zelnen Arbeitgeber bezogen und insoweit individuell.

3. Mit dem Vorangegangenen darf eine Einteilung nicht verwechselt werden, die darauf abstellt, ob eine getroffene Regelung einzelne konkrete Arbeitsverhältnisse betrifft oder eine unbestimmte Vielzahl von Arbeitsverhältnissen. So wird nicht selten der Betriebsübung und der Gesamtzusage kollektiver Charakter zugesprochen, ja selbst einem in dem Betrieb verwendeten Einheitsarbeitsvertrag misst man mitunter kollektive Natur bei. In diesem Sinn ließen sich Betriebsübung, Gesamtzusage und Einheits-arbeitsvertrag als kollektive Gestaltungsmittel nicht-kollektiven Ursprungs zusammenfassen.

Eine solche Begriffsbildung, die statt auf den Urheber der Rechtsquelle auf ihre **Adressaten** abstellt, ist selbstverständlich möglich. Man muss sich aber bewusst bleiben, dass sie von der Einteilung unter 2. scharf zu unterscheiden ist. Ferner darf man aus der Kollektivität des Adressatenkreises keine Rück-schlüsse auf die Zulässigkeit der Umgestaltung durch Rechtsquellen kollektiven Ursprungs ziehen.

Beispiel: Sind Arbeitsbedingungen durch Einheitsarbeitsvertrag ausgestaltet, können sie nicht ohne weiteres durch Tarifvertrag verschlechtert werden. Dem stünde das Günstigkeitsprinzip entgegen (vgl. dazu unten § 7 II sowie § 37 II 1 und 39 III 4).

III. System des Arbeitsrechts

Das System arbeitsrechtlicher Rechtsquellen oder Bestimmungsfaktoren ist nicht gleichzusetzen mit dem System des (materiellen) Arbeitsrechts. Meist wird in diesem unterschieden zwischen dem Individualarbeitsrecht und dem kollektiven Arbeitsrecht. Das Arbeitsschutzrecht führen manche als dritte Kategorie, andere ordnen es dem In-dividualarbeitsrecht zu. Über die Kriterien einer solchen Systembildung lassen sich unter rechtstheoretischem Aspekt viele Überlegungen anstellen.[37] Für ein darstellen-den und didaktischen Zwecken dienendes System genügen folgende Gesichtspunkte für die Abgrenzung:

Das **individuelle Arbeitsrecht** gilt unmittelbar für die Beziehungen zwischen dem Arbeitgeber und dem einzelnen Arbeitnehmer. Dazu gehört das gesamte Arbeitsver-tragsrecht, aber auch das Arbeitsschutzrecht.

Das **kollektive Arbeitsrecht** befasst sich dagegen mit denjenigen rechtlichen Rege-lungen, welche die Existenz, Organisation und Funktion der arbeitsrechtlichen Kol-lektive, nämlich Koalitionen und Belegschaften, sowie ihre rechtlichen Beziehungen zu ihren Mitgliedern und zu ihren Gegenspielern betreffen. Koalitionsrecht, Arbeits-kampfrecht, Schlichtungsrecht und Betriebsverfassungsrecht gehören danach zum kol-lektiven Arbeitsrecht, ebenso das Tarifvertragsrecht im Sinn des für den Tarifvertrag geltenden Gesetzes- und Verfassungsrechts. Dagegen ist eine *durch* Tarifvertrag ge-schaffene Lohnregelung genauso Teil des Individualarbeitsrechts wie die durch Gesetz geschaffene (§ 612 BGB).

Ein solches System lässt sich selbstverständlich nicht rein durchführen. Vielmehr müssen manche Regelungen, die sehr wohl unmittelbare Geltung und Bedeutung im Einzelarbeitsverhältnis haben, ihres Zusammenhangs wegen im kollektiven Arbeitsrecht dargestellt werden, wie etwa die Beziehun-gen zwischen Arbeitskampf und Einzelarbeitsverhältnis oder die individualrechtliche Wirkung be-triebsverfassungsrechtlicher Mitbestimmungsrechte.

Verfehlt wäre es, allein aus der Zuordnung zum individuellen oder zum kollektiven Recht dogmati-sche Folgerungen inhaltlicher Art gewinnen zu wollen. Auch ist es, wie *Adomeit* gezeigt hat, nicht

---

[37] Dazu ausführlich *Adomeit*, S. 9 ff.; MünchArbR/*Richardi*, § 7.

möglich, die Trennungslinie zwischen kollektivem und individuellem Arbeitsrecht nach Kriterien zu ziehen, die sich auf den Inhalt einer im Arbeitsverhältnis unmittelbar geltenden Regelung beziehen.

IV. Die Stellung des Arbeitsrechts in der Rechtsordnung[38]

Arbeitsrecht ist, wie ohne weiteres ersichtlich, in weiten Teilen dem **Privatrecht** zuzuordnen. Insbesondere gilt dies für den gesamten Bereich des Arbeitsvertragsrechts, mögen sich diesem auch in einzelnen Bereichen öffentlich-rechtliche Elemente in Gestalt von Strafbewehrungen oder behördlicher Aufsicht überlagern (dazu auch unten § 30 I u. II). Bestimmte Teile des Arbeitsrechts wie insbesondere das Tarifvertragsrecht als rechtsquellenregelndes Recht (nicht der Tarifvertrag selbst!) ließen sich dagegen durchaus dem öffentlichen Recht zuordnen. Das Betriebsverfassungsrecht entzieht sich eigentlich einer sinnvollen, einheitlichen Einordnung.[39] Arbeitsrecht im Ganzen hat sich als eine „Gemengelage" unterschiedlicher Materien zu faktisch beträchtlicher Eigenständigkeit entwickelt, was durch § 310 IV S. 2 Halbs. 1 BGB nunmehr auch vom Gesetzgeber ausdrücklich anerkannt wird.[40] Dem entsprechen Tendenzen zu einer Loslösung auch des Arbeitsvertragsrechts von der allgemeinen Zivilrechtsdogmatik,[41] die sich freilich in jüngerer Zeit wieder abgeschwächt haben, und ein mitunter allzu freier Umgang im Arbeitsrecht mit Kategorien des Staats- und Verwaltungsrechts.

V. Rechtsfortbildung und Methodenfragen im Arbeitsrecht

Arbeitsrecht ist eine laufender Umgestaltung ausgesetzte Materie. Dies hängt eng mit der raschen wirtschaftlichen und technischen Entwicklung zusammen, die vor allem im Bereich der Industrie zu ständigen Veränderungen führt. Gleichzeitig ist Arbeitsrecht ein wesentlicher Faktor der Sozialpolitik, die von den wirtschaftlichen Verhältnissen ebenso wie von raschen Bewusstseinsveränderungen erheblich beeinflusst wird. Sowohl der staatliche Gesetzgeber wie auch die kollektiven Regelungsinstanzen produzieren demgemäß laufend neue, arbeitsrechtlich relevante Normen, welche die rechtliche Landschaft ständig verändern.

---

[38] Dazu *Richardi*, ZfA 1974, 3; *Martens*, JuS 1987, 337; *Richardi*, ZfA 1988, 221; *Reuter*, Die Stellung des Arbeitsrechts in der Privatrechtsordnung, 1989; *Däubler*, Die Eigenständigkeit des Arbeitsrechts, FS 50 Jahre BAG, 2004, S. 3.

[39] Vgl. aber unten § 46 III 1. Die ganz h. L. ordnet es dem Privatrecht zu, vgl. näher *Richardi*, ZfA 1974, 10 m. N. und Begründung; *Konzen*, Privatrechtssystem und Betriebsverfassung, FS E. Wolf, 1985, S. 279; *Waltermann*, Rechtssetzung durch Betriebsvereinbarung zwischen Privatautonomie und Tarifautonomie, 1996, S. 140 f.; *Reichold*, Betriebsverfassung als Sozialverfassung, 1995, S. 399 ff. spricht von „Privatrechtsakzessorietät".

[40] Dazu *Dorndorf*, Besonderheiten des Arbeitsrechts nach § 310 IV BGB, FS 50 Jahre BAG, 2004, S. 19.

[41] In diesem Sinn namentlich *Gamillscheg*, Zivilrechtliche Denkformen und die Entwicklung des Individualarbeitsrechts, AcP 176 (1976), 197. Für stärkere Einbindung in das Zivilrecht hingegen *Mayer-Maly*, Arbeitsrecht und Privatrechtsordnung, JZ 1961, 206; *Bydlinski*, Arbeitsrechtskodifikation und allgemeines Zivilrecht, 1969; *Richardi*, ZfA 1988, 221; *Zöllner*, AcP 176 (1976), 221; *ders.*, AcP 188 (1988), 85, 91 ff.; *Reuter*, Die Stellung des Arbeitsrechts in der Privatrechtsordnung, 1989; *U. Preis*, Grundfragen der Vertragsgestaltung im Arbeitsrecht, 1993, S. 216 ff.; s. auch *dens.*, Das erneuerte BGB und das BAG, FS 50 Jahre BAG, 2004, S. 123.

1. Rechtsfortbildung durch den Gesetzgeber.[42] Im Bereich der staatlichen Rechtsnormen hat die Entwicklung im Laufe der Zeit zu großer Zersplitterung und Unübersichtlichkeit geführt. Durch arbeitsrechtliche Bereinigungsgesetze sind an einigen Stellen wichtige Vereinheitlichungen und Klärungen herbeigeführt worden. Darüber hinaus hat sich die Bundesregierung vor etlichen Jahren bemüht, eine **Kodifikation des Arbeitsrechts** in Gestalt eines Arbeitsgesetzbuches vorzubereiten.[43] Ein Teilentwurf der dazu eingesetzten Arbeitsgesetzbuchkommission liegt vor, der das allgemeine Vertragsrecht umfasst.[44] Das Parlament hat den inhaltlich ohnehin umstrittenen Entwurf nicht aufgegriffen. Nunmehr verlangt Art. 30 I Nr. 1 des Einigungsvertrags, das Arbeitsvertragsrecht sowie das öffentlich-rechtliche Arbeitszeitrecht und den besonderen Frauenarbeitsschutz möglichst bald einheitlich neu zu kodifizieren. Im Zusammenhang damit hatte der Arbeitskreis Deutsche Rechtseinheit im Arbeitsrecht einen als Diskussionsentwurf bezeichneten Vorschlag für ein Arbeitsvertragsgesetz vorgelegt, der Gegenstand der Verhandlungen des 59. DJT war.[45] Zur Kodifikation eines einheitlichen Arbeitsgesetzbuches führte dies jedoch nicht.[46] Gegenwärtig sind seitens der Wissenschaft wieder Bestrebungen im Gange, ein Arbeitsvertragsgesetz zu schaffen.[47]

Alle diese Vorschläge sind schon deshalb problematisch, weil sie sich auf das Arbeitsvertragsrecht beschränken und damit das besonders heikle Regelungsfeld des Arbeitskampfrechts ausblenden. Sie sind ferner problematisch, weil das Arbeitsrecht auch weiterhin rascher Veränderung unterliegen wird.[48] Die Zusammenfassung unterschiedlicher Regelungsbereiche in einem einzigen Gesetz führt daher schnell zu unerfreulichen gesetzestechnischen Problemen und zieht hohe Folgelasten im Bereich des rechtlichen Dokumentationswesens nach sich.

Demgegenüber erhofft man sich aus der Kodifikation den Vorteil einer verbesserten Kalkulierbarkeit des Rechts, die aus sozialstaatlichen Gründen erforderlich sei, weil die „Informationskrise des Rechts" die sozial Schwachen besonders hart treffe.[49]

2. Rechtsfortbildung durch die Gerichte und Methodenfragen. Die bei der Rechtsfindung anzuwendende Methode[50] ist im Bereich des Arbeitsrechts an sich die gleiche wie in anderen zivilrechtlichen Rechtsbereichen, d.h. das Arbeitsrecht erlaubt nicht per se eine größere Freiheit gegenüber dem Gesetz. De facto ergeben sich freilich ein freierer Umgang mit dem Normtext und vor allem ein erheblich größeres Ausmaß

---

[42] Dazu *Wlotzke*, Die erste Phase der Bundesgesetzgebung im Arbeitsrecht im Rückblick, AuR 1985, 330; *Zöllner*, NJW 1990, 1.

[43] Dazu z.B. *Ramm*, Arbeitsgesetzbuch und politische Entscheidung, ZRP 1972, 13; *Badura*, Arbeitsgesetzbuch, Koalitionsfreiheit und Tarifautonomie, RdA 1974, 129; *Mayer-Maly*, Probleme der Erstellung eines Arbeitsgesetzbuches, AuR 1975, 225; *Söllner*, GS Rödig, 1978, S. 91; *Dieterich*, Die Kodifikation des Arbeitsrechts, RdA 1978, 329; *Mayer-Maly*, NJW 1978, 1566; *Wlotzke*, Zum Vorhaben eines Arbeitsvertragsgesetzes, FS 25 Jahre BAG, 1979, S. 681; *U. Preis*, Kodifikation des Arbeitsvertragsrechts und Privatrechtsordnung, ArbRGgw 29 (1992) S. 143.

[44] *Arbeitsgesetzbuchkommission*, Entwurf eines Arbeitsgesetzbuchs – Allgemeines Arbeitsvertragsrecht – (hrsg. vom Bundesminister für Arbeit und Sozialordnung), 1977.

[45] Abgedruckt als Gutachten D für 59. DJT, 1992. Zu dem Entwurf *Richardi*, NZA 1992, 769; kritisch *Dauner-Lieb*, ZfA 1994, 34 ff.

[46] Als erster – wenn auch kleiner – Schritt in diese Richtung kann die Ausweitung des Anwendungsbereichs der GewO auf alle Arbeitsverhältnisse gesehen werden, vgl. *Löwisch*, Rn. 81 ff.

[47] Siehe *Fischer*, NZA 2006, 1395.

[48] Zur Problematik der Kodifikation von Arbeitsrecht *Schwerdtner*, ZfA 1979, 3.

[49] So *Dieterich*, Die Kodifikation des Arbeitsrechts, RdA 1978, 335.

[50] Dazu z.B. *Fabricius/Naendrup/Schwerdtner*, Arbeitsrecht und Juristische Methodenlehre, 1980; *G. Schnorr*, Grundfragen der Arbeitsrechtsdogmatik in der Bundesrepublik Deutschland und in Österreich, RdA 1979, 387; *Reuter*, Gibt es eine arbeitsrechtliche Methode?, FS Hilger/Stumpf, 1983, S. 573; *Söllner*, Zur Verfassungs- und Gesetzestreue im Arbeitsrecht, RdA 1985, 328; *Schlachter*, Auslegungsmethoden im Arbeitsrecht am Beispiel von § 87 I BetrVG, 1987; *P. Hanau*, Methoden der Auslegung des Betriebsverfassungsgesetzes, FS Zeuner, 1994, S. 53; *Wank*, Arbeitsrecht und Methode – am Beispiel einer rangkonformen Auslegung, RdA 1999, 130.

so genannter Rechtsfortbildung im gesetzesfreien Raum. Ursächlich dafür ist, dass sich im arbeitsrechtlichen Bereich gegenüber vielen anderen Rechtsmaterien rascher Diskrepanzen zwischen normativer Ordnung und Wirklichkeit entwickeln. Wirtschaftliche und technische Entwicklung produzieren einen ständigen Wandel der durch das Recht zu regelnden Umstände und führen dazu, dass die Voraussetzungen für das Abgehen vom Normtext und die Annahme einer Rechtslücke öfter und schneller vorliegen als in anderen Materien. Hinzu kommt, dass der Gesetzgeber und die Tarifvertragsparteien ganze Regelungsbereiche aus ihrer Normsetzungstätigkeit aussparen, weil dafür parlamentarische Mehrheiten bzw. ein Konsens der Tarifparteien nicht zu erreichen sind. Zu diesen Materien gehört namentlich das Arbeitskampfrecht, aber auch anderes, wie z.B. die Grenzziehung für kollektivrechtliche Regelungsbefugnisse. In diesen von den Normgebern vernachlässigten Materien hat die höchstrichterliche Rechtsprechung des *BAG* eine umfangreiche rechtsfortbildende Tätigkeit entfaltet, durch die oft ohne Anhalt im Gesetz aus allgemeinen Grundsätzen oder aus rechtspolitischen Überlegungen Regeln von weit reichendem Charakter produziert worden sind.

Die Rechtsprechung hat auf diese Weise nach einer rechtssoziologisch treffenden Bezeichnung die Rolle des Ersatzgesetzgebers übernommen. Gerade im Arbeitsrecht ist die Figur des so genannten **Richterrechts als eigener Rechtsquelle** entwickelt worden.[51] Eine derartige „Rechtsquelle" lässt sich im rechtssoziologischen Sinn durchaus konstatieren. Man darf sie aber in ihrem Geltungsanspruch und in ihrer Geltungsdignität anderen Rechtsquellen nicht gleichsetzen.[52] Die faktische Geltungsweise mag gleich sein, die normative Geltungsweise ist es nicht. Das zeigt sich insbesondere daran, dass die Bindung unterer Instanzen an rechtsfortbildende Entscheidungen der Obergerichte schwächer ist als an den Text von Rechtsnormen. Die Klarstellung, dass es ein Richterrecht im normativen Sinn nicht gibt, ist wichtig, weil das Bewusstsein von der Bindung des Richters an das Gesetz erhalten bleiben muss.[53]

3. Die Rolle der Rechtswissenschaft.[54] Diese ist in einem durch den Gesetzgeber nicht eindeutig determinierten Raum besonders groß, weil die Gerichte sinnvolle Rechtsanwendung und -fortbildung nicht betreiben können ohne ausreichende Vorbe-

---

[51] Dazu *Picker,* Richterrecht und Richterrechtsetzung – zu neuen Rechtsbildungsmethoden des Bundesarbeitsgerichts, JZ 1984, 153; *D. Reuter,* Rechtsfortbildung im Arbeitsrecht, RdA 1985, 321; *Peter,* Gedanken zu dem Ruf nach dem Gesetzgeber im Arbeitsrecht, RdA 1985, 337; *Söllner,* Zur Verfassungs- und Gesetzestreue im Arbeitsrecht, RdA 1985, 328; *Dieterich,* Freiheit und Bindung des Richters, RdA 1986, 2 ff.; *Zöllner,* Die Fortentwicklung des Richterrechts zum Arbeitskampf, insbesondere zur Aussperrung, DB 1985, 2450; *v. Hoyningen-Huene,* Rechtsfortbildung im Arbeitsrecht als Vorreiter und Vorbild, BB 1986, 2133 ff.; *Blomeyer,* Zur Bindung des „Arbeitsgesetzgebers" an das Richterrecht, FS Klaus Obermayer, 1986, S. 15 ff.; *Lerche,* Koalitionsfreiheit und Richterrecht, NJW 1987, 2465; *Picker,* Richterrecht oder Rechtsdogmatik – Alternativen der Rechtsgewinnung?, JZ 1988, 1 ff. (Teil 1), 62 ff. (Teil 2); *Rüthers,* Richterrecht als Methoden- und Verfassungsproblem, FS Molitor, 1988, S. 293 ff.; *Dieterich,* Zur Pflicht der Gerichte, das Recht fortzubilden, RdA 1993, 67; *Hergenröder,* Zivilprozessuale Grundlagen richterlicher Rechtsfortbildung, 1995; *ders.,* Das „negative" Präjudiz als rechtsmißbräuchliches Prozessziel, FS Stahlhacke, 1995, S. 157; *Louven,* Problematik und Grenzen rückwirkender Rechtsprechung des BAG, 1996; *Foerste,* Verdeckte Rechtsfortbildung in der Zivilgerichtsbarkeit, JZ 2007, 122. Kritisch zu der Vielzahl bestehender Generalklauseln im Arbeitsrecht: *Junker,* Gutachten zum 65. Dt. Juristentag 2004, B71, B82. Zur Verfassungskonformität des Richterrechts BVerfGE 84, 212 LS 5 u. unter C I 2 a sowie E 88, 103 unter C II 2 a; kritisch dazu *Hillgruber,* JZ 1996, 118, 123.

[52] Das wird vom BAG auch ausdrücklich betont, vgl. AP Nr. 64 und 65 zu Art. 9 GG Arbeitskampf. Vgl. ferner die Ausführungen des damaligen BAG-Präsidenten *Kissel,* Das *BAG* – vom Gesetzgeber allein gelassen? AuR 1982, 137. Vgl. auch *Kissel,* NJW 1982, 1777.

[53] Klassisch dazu *Mayer-Maly,* FS E. Wolf, 1985, S. 474.

[54] Zu dieser einerseits *Rüthers,* Arbeitsrecht und politisches System, 1973, S. 45 ff.; andererseits *Däubler,* Gesellschaftliche Interessen und Arbeitsrecht, 1974. Vgl. ferner *Zöllner,* Theorie und Praxis im Arbeitsrecht, ZfA 1990, 337; *Ramm,* Zur Soziologie der Arbeitsrechtswissenschaft, FS Kissel, 1994,

reitung durch rechtswissenschaftliche Erörterungen. Sozial bedeutungsvoll war die Rolle der Rechtswissenschaft namentlich in der Weimarer Zeit, in der die Fortentwicklung des Individualarbeitsrechts in erheblichem Maß von ihren Bemühungen getragen war. Auch in der Zeit nach dem Zweiten Weltkrieg ist dieser Einfluss der Rechtswissenschaft kaum zurückgegangen. Der seither stark vorangetriebene soziale Ausbau des Arbeitsrechts bis in Einzelheiten wäre ohne wissenschaftliche Aufbereitung und Durchdringung schwerlich und jedenfalls nicht in gleicher Schnelligkeit erfolgt. So ist die Rechtsprechung einerseits zu sozial fortschrittlichen Entscheidungen ermutigt worden, andererseits hat die Rechtswissenschaft auch das Rüstzeug dafür geschmiedet, in den vom Gesetzgeber ausgesparten Bereichen des Arbeitskampfrechts und der kollektiven Normsetzungstätigkeit den kollektiven Mächten Schranken zu setzen.

VI. Arbeitsrecht und Politik[55]

Arbeitsrecht ist als Teil des wirtschaftsordnenden und die soziale Entwicklung lenkenden Rechts in besonders intensiver Weise mit Politik verknüpft. Wertungen, die im Bereich des Arbeitsrechts bei gesetzgeberischen Entscheidungen, bei der richterlichen Rechtsfortbildung und bei der Auslegung von Rechtsnormen getroffen werden müssen, haben in vielfacher Weise politischen Charakter. Diese Dimension des Arbeitsrechts sollte nicht verschleiert, sondern offen diskutiert werden. Sie stellt andererseits aber keine Legitimation dar, bei der Anwendung und Fortbildung des Rechts beliebige oder durch Parteiprogramme fixierte Ziele maßgeblich sein zu lassen. Die Rechtsanwendung hat sich vielmehr stets so weitgehend wie möglich an der vorgegebenen Rechtsordnung und insbesondere an den in Gesetz und Verfassung niedergelegten Wertentscheidungen zu orientieren.

Ein schweres Missverständnis stellt es auch dar, Arbeitsrecht wegen seines politischen Charakters als beliebiger Auslegung offen anzusehen und gar die Anwendung von politischem Meinungsdruck für legitim zu halten,[56] und ebenso ist es eine Pervertierung des Rechtsverständnisses, wenn von manchen die Etablierung „alternativer Rechtsinterpretation" und der Aufbau abweichender dogmatischer Positionen empfohlen wird, um dadurch zu strategischen Zwecken eine „Manövriermasse" zu entwickeln, mit der man der h. L. und Rechtsprechung etwas abhandeln kann.

S. 915; *Dieterich* RdA 1995, 321; *Rüthers,* RdA 1995, 326; *ders.,* Beschäftigungskrise und Arbeitsrecht, 1996; *Preis,* RdA 1995, 333.

[55] Dazu und zum Begriff des Politischen *Zöllner,* Arbeitsrecht und Politik, DB 1970, 54; *ders.,* Die politische Rolle des Privatrechts, JuS 1988, 329; ferner *Ramm* (Hrsg.), Arbeitsrecht und Politik, 1966; *Kissel,* Arbeitsgerichte zwischen Recht und Politik, 1988; *Wank,* Politik und Arbeitsrecht, 1990; *Zöllner,* Die Stellung des *BAG* im Gefüge der arbeitsrechtlichen Regelsetzer – rechtspolitisch betrachtet, FS 50 Jahre BAG, 2004, S. 1395.

[56] Vgl. dazu die kritischen Ausführungen von *Wenzel,* Prozeßverzögerung, Normrelativierung und Verbandsstrategie, Sorgen eines Arbeitsrichters, Soz.Fortschr. 1981, 279.

§ 7. Die Anpassung von Arbeitsbedingungen an veränderte Verhältnisse

Literatur: *Richardi,* Kollektivgewalt und Individualwille bei der Gestaltung des Arbeitsverhältnisses, 1968; *Säcker,* Gruppenautonomie und Übermachtkontrolle im Arbeitsrecht, 1972; *v. Stebut,* Der soziale Schutz als Regelungsproblem des Vertragsrechts 1982, insbes. S. 209 ff.; *Hromadka* (Hrsg.), Änderung von Arbeitsbedingungen, 1990; *Reuter,* Das Verhältnis von Individualautonomie, Betriebsautonomie und Tarifautonomie, RdA 1991, 193; *Hromadka,* Änderung von Arbeitsbedingungen, RdA 1992, 234; *Otto,* Die Änderung von Entlohnungssystemen, FS Stahlhacke, 1995, S. 395; *Rieder* (Hrsg.) Änderung von Arbeitsbedingungen, 1995; *Zöllner,* Vorsorgende Flexibilisierung durch Vertragsklauseln, NZA 1997, 121; *Rieble,* Bündnis für Arbeit – „Dritter Weg" oder Sackgasse?, RdA 1999, 169; *Lindemann,* Flexible Gestaltung von Arbeitsbedingungen nach der Schuldrechtsreform, 2003; *Raab,* Betriebliche Bündnisse für Arbeit …, ZfA 2004, 371; *Höfling/Burkiczak,* Das Günstigkeitsprinzip – ein grundrechtsdogmatischer Zwischenruf, NJW 2005, 469; *Wank,* Die Änderung von Arbeitsbedingungen, RdA 2005, 271; *Waltermann,* Tarifvertragliche Öffnungsklauseln für betriebliche Bündnisse für Arbeit, ZfA 2005, 505; *Preis/Lindemann,* Änderungsvorbehalte – Das BAG durchschlägt den gordischen Knoten NZA 2006, 632; *Reiter,* Die Bindung des Arbeitgebers bei irrtümlichen oder bewussten überobligatorischen Leistungen, ZfA 2006, 361; *Schmiedl,* Freiwilligkeits- und Widerrufsvorbehalt – überkommene Rechtsinstitute?, NZA 2006, 1195.

Die Arbeitsbedingungen, wie sie sich aus der Gesamtheit der oben unter § 6 I dargelegten Gestaltungsfaktoren ergeben, bedürfen ständiger Anpassung an sich rasch verändernde Verhältnisse: Vereinbarte Löhne werden durch die Geldentwertung ausgezehrt, vertraglich vereinbarter Zusatzurlaub wird durch tarifvertragliche Urlaubsverlängerung überflüssig, zur Durchführung der Arbeit werden andersartige Maschinen angeschafft, die Arbeitszeit muss verkürzt, verlängert oder verlegt werden, die betriebliche Altersversorgung erweist sich als nicht mehr finanzierbar und vieles andere. Damit stellt sich die Frage, mit welchen rechtlichen Instrumenten einer „Versteinerung" der einmal vereinbarten individual- und kollektivrechtlichen Arbeitsbedingungen zu begegnen ist bzw. wie einem auftretenden Flexibilisierungsbedarf Rechnung getragen kann.

I. Anpassung auf gleicher rechtlicher Ebene

Die notwendige Anpassung kann, rechtlich gesehen, am einfachsten auf der Ebene erfolgen, auf der die Regelung getroffen worden ist.

1. Im Grundsatz geht es dabei darum, **mit dem gleichen rechtlichen Instrument** anzupassen, mit dem die bisherige Regelung erfolgt ist: Gesetzliche Regelungen durch Gesetz, tarifvertragliche Regelungen durch Tarifvertrag, einzelvertragliche durch Einzelvertrag, durch Weisung getroffene mittels neuer Weisung.[1] Nur selten verfestigt sich eine Regelung so, dass sie nicht durch denselben Gestaltungsfaktor wieder rückgängig gemacht werden kann. Immerhin ist dies nicht ausgeschlossen: Der Abbau eines für die soziale Lage wichtigen Gesetzes kann unter besonderen Umständen verfassungswidrig sein, eine durch Tarifvertrag getroffene Regelung kann sich zu einer individualrechtlichen Rechtsposition verdichtet haben. Die verschlechternde Veränderung einer durch Betriebsvereinbarung getroffenen Regel mittels einer neuen Betriebsvereinbarung ist zwar innerhalb der allgemeinen Grenzen der Betriebsautonomie grundsätzlich zuläs-

---

[1] Zur umstrittenen Frage der Beseitigung einer Betriebsübung durch eine „negative" Betriebsübung *BAG* AP Nr. 50 und 55 zu § 242 BGB Betriebliche Übung; kritisch *Henssler,* FS 50 Jahre BAG, S. 704 ff. Zum Streitstand ErfK/*Preis,* § 611 Rn. 266 m. w. N.

sig[2] (zur Verschlechterung einer auf Betriebsvereinbarung beruhenden Ruhegeldordnung vgl. unten § 29 II 4 b), nach der Rechtsprechung sollen aber bestimmte inhaltliche Grenzen eingreifen; zur umstrittenen Frage der Zulässigkeit einer richterlichen Billigkeitskontrolle, insbesondere deren Vereinbarkeit mit § 310 IV BGB vgl. unten § 48 II 8.

Die Umgestaltung von Verträgen durch Vertragsänderung scheitert, wenn der Vertragspartner nicht bereit ist, seine Zustimmung zu geben. Dann fragt sich, inwieweit die Umgestaltung durch einseitige Erklärungen erreicht werden kann.

2. Die **Kündigung von Verträgen** allein führt die Umgestaltung nicht herbei. Beim Tarifvertrag greift vielmehr mit der durch die Kündigung herbeigeführten Beendigung die so genannte Nachwirkung Platz (näher dazu unten § 37 V), aufgrund derer bis zum Zustandekommen neuer Vereinbarungen alles beim Alten bleibt. Für die Kündigung einer Betriebsvereinbarung ist insoweit auf § 77 VI BetrVG zu verweisen, sofern es sich um einen Fall der erzwingbaren Mitbestimmung handelt (vgl. § 48 II 4). Beim Einzelarbeitsvertrag kommt es indes zu keiner Nachwirkung, mit Ablauf der Kündigungsfrist ist das Arbeitsverhältnis als solches beendet (Näheres unten § 22 V). Der Arbeitgeber kann zwar seiner Kündigung ein Angebot zur Fortsetzung des Arbeitsverhältnisses unter geänderten Arbeitsbedingungen beifügen (sog. Änderungskündigung; zu dieser unten §§ 23 I 1, 24 X); wenn der Arbeitnehmer dieses aber nicht annimmt, tritt volle Beendigung des Arbeitsverhältnisses ein. Die Kündigung des Einzelarbeitsverhältnisses unterliegt überdies mannigfachen Kündigungsbeschränkungen, die den Einsatz der Änderungskündigung zur Anpassung von Arbeitsbedingungen oft ungangbar machen.[3] Insbesondere ist der breite Einsatz der Änderungskündigung im gesamten Betrieb oder gar Unternehmen immer dann unangemessen und unpraktikabel, wenn es um relativ periphere Veränderungen der Arbeitsbedingungen geht.

Eine **Teilkündigung** des Arbeitsverhältnisses, d.h. eine auf bestimmte Arbeitsbedingungen beschränkte Kündigung, ist ohne besondere Vereinbarung nicht möglich, weil das gesetzliche Institut der Kündigung auf das gesamte Arbeitsverhältnis gerichtet ist (zur Teilkündigung unten § 23 I 2). Und auch ein vertraglich vorgesehenes Teilkündigungsrecht wird von der Rspr. in einen Widerrufsvorbehalt umgedeutet.[4] Ohnehin kennt die Vertragspraxis die Teilkündigung kaum und verwendet von sich aus idR die Figur des Widerrufs bestimmter Leistungsverpflichtungen.

3. Der **einseitige Widerruf** von Arbeitsbedingungen durch den Arbeitgeber kommt bei einzelvertraglichen Zusagen, Gesamtzusagen und bei der betrieblichen Übung in Betracht.

a) **Der vorbehaltene Widerruf.** Ein Widerrufsvorbehalt stellt regelmäßig eine vom Arbeitgeber gestellte Vertragsbedingung dar, was die Inhaltskontrolle nach §§ 305 ff. BGB eröffnet. Bei der zweistufigen Prüfung eines vorformulierten Widerrufs verlagert sich der früher bei einer Ausübungskontrolle nach Maßgabe des § 315 BGB liegende Prüfungsschwerpunkt nunmehr auf eine Überprüfung der Klausel an sich. Zur Angemessenheits-/Inhaltskontrolle der Klausel am Maßstab der §§ 308 Nr. 4, 307 BGB tritt dann noch die – früher allein maßgebliche – Ausübungskontrolle im konkreten Fall gem. § 315 BGB hinzu. Das BAG hat die Vereinbarung eines auf übertarifliche Leistungen bezogenen Widerrufsvorbehalts in einem Formulararbeitsvertrag gebilligt, wenn der widerrufliche Anteil unter 25 bis 30% der Gesamtvergütung liegt und der Widerruf nicht grundlos erfolgen soll. Weiter muss die widerrufliche Leistung nach Art und Höhe eindeutig bestimmt sein, zudem muss die Klausel zumindest die Rich-

---

[2] Vgl. *BAG* AP Nr. 84 zu § 77 BetrVG 1972.
[3] Dazu eindringlich *Fastrich*, RdA 1994, 224.
[4] *BAG* AP Nr. 18, 25 zu § 611 BGB Arzt-Krankenhaus-Vertrag; kritisch dazu *Preis/Lindemann*, NZA 2006, 632, 637.

tung angeben, aus welcher der Widerruf möglich sein soll.[5] Als vor diesem Hintergrund zulässige Widerrufsgründe sind z.B. die wirtschaftliche Lage des Betriebs sowie der Wegfall des Ausgleichs besonderer Erschwernisse denkbar.

b) **Der nicht vorbehaltene Widerruf** kommt in Betracht für Sozialzulagen, Gratifikationen, Personalrabatte und ähnliche Zuwendungen, auch für ein betriebliches Altersruhegeld, wenn eine die Existenz des Unternehmens bedrohende wirtschaftliche Entwicklung eingetreten ist (vgl. für Ruhegeldzusagen unten § 29 I 4b). Die pauschale Behauptung, die wirtschaftliche Lage mache die Senkung der Personalkosten erforderlich, genügt dem allerdings sicher nicht.[6] Für Betriebsübungen ist ein nicht vorbehaltener Widerruf schon bei weniger gravierenden Voraussetzungen zu erwägen, vgl. oben § 6 I 7.

4. Die Befristung einzelner Arbeitsbedingungen ist ein weiteres Mittel, mit welchem der Arbeitgeber sich Anpassungspotentiale offen halten kann. Freilich ist hier § 307 BGB zu beachten, sofern im gestellten Arbeitsvertrag selbst bereits Befristungen enthalten sind. So hält das BAG die Befristung einer Arbeitzeiterhöhung nach § 307 I 1 BGB für unwirksam, wenn durch sie die betroffenen Arbeitnehmer entgegen den Geboten von Treu und Glauben unangemessen benachteiligt werden. Maßgeblich sei insoweit eine umfassende Abwägung der Interessen der Arbeitsvertragsparteien aufgrund eines generellen, vom Einzelfall losgelösten typisierenden Maßstabs.[7]

5. Anpassungsklauseln können dem Arbeitgeber die Befugnis zur einseitigen Anpassung von Arbeitsbedingungen gewähren. Ihre Funktion ist damit umfassender als diejenige von Widerrufsklauseln oder der Befristung einzelner Arbeitsbedingungen, indem sie nicht bloß die Beendigung bestimmter Vertragsbedingungen, insbesondere Leistungsverpflichtungen ermöglichen, sondern auch die weniger weitgehende Reduzierung und die umgestaltende Veränderung. In Frage steht, ob solche Umgestaltungsklauseln eine Umgehung des Änderungskündigungsschutzes darstellen.[8] Jedenfalls findet bei gestellten Anpassungsklauseln eine Klausel- und Ausübungskontrolle entsprechend den skizzierten Grundsätzen statt. Das BAG hält eine vorformulierte Klausel, nach welcher ein Arbeitgeber eine andere als die vertraglich vereinbarte Tätigkeit einem Arbeitnehmer „falls erforderlich" und nach „Abstimmung der beiderseitigen Interessen" einseitig zuweisen kann, jedenfalls dann für eine unangemessene Benachteiligung i.S. von § 307 BGB, wenn nicht gewährleistet ist, dass die Zuweisung eine mindestens gleichwertige Tätigkeit zum Gegenstand haben muss.[9]

II. Anpassung auf anderer rechtlicher Ebene

Soweit die Anpassung auf der gleichen rechtlichen Ebene auf rechtliche oder faktische Schwierigkeiten stößt, u.U. aber auch unabhängig davon, wird man die Anpassung auf anderer Ebene ins Auge fassen.

---

[5] *BAG* AP Nr. 1 zu § 308 BGB mit Anm. *Bergwitz.* Vgl. auch im Hinblick auf das TzBfG weiter *Thüsing/Leder,* Gestaltungsspielräume bei der Verwendung vorformulierter Arbeitsvertragsbedingungen – Besondere Klauseln, BB 2005, 1563; ErfK/*Preis,* §§ 305–310 BGB, Rn. 51 ff. m.w.N.; *Preis/Lindemann,* NZA 2006, 632, 636 ff.
[6] Zu den Widerrufsvoraussetzungen vgl. z.B. *Preis,* FS Kissel, 1994, S. 879; *BAG* AP Nr. 1 zu § 611 BGB Personalrabatt.
[7] *BAG* AP Nr. 6 zu § 307 BGB; insbes. zur Anwendbarkeit des TzBfG vgl. *Thüsing/Leder,* Gestaltungsspielräume bei der Verwendung vorformulierter Arbeitsvertragsbedingungen – Besondere Klauseln, BB 2005, 1563; *Preis/Bender,* Die Befristung einzelner Arbeitsbedingungen – Kontrolle durch Gesetz oder Richterrecht, NZA-RR 2005, 337 ff.; *Preis/Lindemann,* NZA 2006, 632, 637 f.; *Maschmann,* Die Befristung einzelner Arbeitsbedingungen, RdA 2004, 212.
[8] Vgl. näher *Zöllner,* NZA 1997, 124 f.
[9] *BAG* NZA 2007, 145.

1. Die **Anpassung auf niedrigerer Ebene** kann die Arbeitsbedingungen wegen des Günstigkeitsprinzips im Allgemeinen lediglich verbessern. Eine Verschlechterung kommt nur in Betracht, soweit die Regelung auf der höheren Ebene nicht zwingend ist (vgl. oben § 6 I 2 und 4), wie insbesondere beim Tarifvertrag im Nachwirkungsstadium, § 4 V TVG (dazu unten § 37 V 1).

2. Auch die **Anpassung auf höherer Ebene** stößt auf eine Reihe rechtlicher Schranken und Hindernisse.

a) So kann der **Gesetzgeber** in die Domäne der Tarifvertragsparteien nur insoweit eingreifen, wie er dadurch nicht gegen das Subsidiaritätsprinzip verstößt oder die verfassungsrechtliche Garantie der Koalitionszweckverfolgung verletzt (dazu unten § 9 IV 4 c).

b) Für die Praxis besonders wichtig und theoretisch besonders umstritten ist, inwieweit **durch Betriebsvereinbarung eine Veränderung arbeitsvertraglich geregelter Arbeitsbedingungen** zum Nachteil der Arbeitnehmer getroffen werden kann. Grundsätzlich ist dies nicht möglich, weil auch für das Verhältnis von Betriebsvereinbarung und Arbeitsvertrag das Günstigkeitsprinzip gilt. Günstigeren arbeitsvertraglichen Abmachungen gebührt danach der Vorrang nicht nur dann, wenn sie zeitlich der Betriebsvereinbarung nachfolgen, sondern auch, wenn sie vorher getroffen worden sind. Das gilt unbestritten insoweit, als es sich um individuell ausgestaltete Arbeitsverträge handelt. Fraglich ist aber, ob vom Günstigkeitsprinzip dann eine Ausnahme zu machen ist, wenn eine betriebseinheitliche auf Einheitsarbeitsvertrag beruhende Regelung von einer ungünstigeren kollektivvertraglichen Regelung abgelöst werden soll. Jedenfalls wenn der Arbeitgeber sich die Abänderung durch Betriebsvereinbarung vorbehalten hat, kann die Betriebsvereinbarung als verschlechterndes Anpassungsinstrument eingesetzt werden. Ein solcher Vorbehalt braucht nicht ausdrücklich zu sein. Er kann sich auch durch Auslegung der Einheitsarbeitsverträge ergeben. Dazu bedarf es jedoch besonderer Umstände. Dem Einheitsvertrag als solchem generell einen entsprechenden Vorbehalt zu entnehmen, geht zu weit. Das BAG lässt es insoweit ausreichen, wenn die entsprechende Einheitsregelung nach Beratung mit dem Betriebsrat zustande gekommen ist. In diesem Falle liege ein stillschweigender kollektivrechtlicher Widerrufsvorbehalt vor.[10] Darüber hinaus postuliert der GS des BAG[11] ein „kollektives Günstigkeitsprinzip", wonach die Ablösung einheitsvertraglicher Regelungen über Sozialleistungen stets dann zulässig sein soll, wenn die Neuregelung durch Betriebsvereinbarung „insgesamt gesehen" für die Belegschaft nicht ungünstiger ist als die abgelöste Einheitsregelung.[12] Mit dieser frei erfundenen Version des Günstigkeitsprin-

---

[10] Vgl. *BAG* AP Nr. 33 zu § 1 BetrAVG Ablösung.

[11] *BAG* GS AP Nr. 17 zu § 77 BetrVG 1972 auf Vorlageschluss des 5. Senats, AP Nr. 6 zu § 77 BetrVG 1972. Ergänzend dazu *BAG* AP Nr. 6 zu § 1 BetrAVG Besitzstand; AP Nr. 43 zu § 77 BetrVG 1972; AP Nr. 46 zu § 77 BetrVG 1972. Die Ablösung einheitlicher Arbeitsvertragsbedingungen außerhalb von Sozialleistungen verneint *BAG* AP Nr. 43 zu § 77 BetrVG 1972 und *BAG* GS AP Nr. 46 zu § 77 BetrVG 1972. Aus neuerer Zeit *BAG* AP Nr. 33, 34 zu § 1 BetrAVG Ablösung.

[12] Dazu z. B. *E. Herrmann*, Das Günstigkeitsprinzip und die verschlechternde Betriebsvereinbarung, ZfA 1989, 577; *Joost*, Ablösende Betriebsvereinbarungen und Allgemeine Arbeitsbedingungen, RdA 1989, 7; *Nebel*, Die Normen des Betriebsverbandes am Beispiel der ablösenden Betriebsvereinbarung, 1989; *Richardi*, Ablösung arbeitsvertraglicher Vereinbarungen durch Betriebsvereinbarungen, NZA 1990, 331; *Hromadka*, Änderung von Arbeitsbedingungen, RdA 1992, 234, 247 ff.; *H. Hanau*, Individualautonomie und Mitbestimmung in sozialen Angelegenheiten, 1994; *Fastrich*, Betriebsvereinbarung und Privatautonomie, RdA 1994, 129; *Käppler*, Die Betriebsvereinbarung als Regelungsinstrument in sozialen Angelegenheiten, FS Kissel, 1994, S. 475; *Th. B. Schmidt*, Das Günstigkeitsprinzip im Tarifvertrags- und Betriebsverfassungsrecht, 1994; *R. Kammerer*, Einheitsvertraglich gewährte Gratifikationen und deren Ablösbarkeit durch Betriebsvereinbarungen, Diss. Tübingen 1996; *Konzen*, FS von Maydell, 2002, 341; *Hanau*, FS Kemper, 2005, 165; *Wiedemann*, FS Wißmann, 2005, 185.

zips kann einerseits der Arbeitgeber sein Ziel, die Verminderung der Gesamtbelastung durch Sozialleistungen, nicht erreichen. Andererseits muss der einzelne Arbeitnehmer sich nach dieser Auffassung entgegen dem individuellen Günstigkeitsprinzip eine Verschlechterung seiner vertraglichen Arbeitsbedingungen gefallen lassen, während andere Arbeitnehmer einen Vorteil davon haben. Das ist nicht nur aus Gerechtigkeitsgründen problematisch, sondern geht am Problem vorbei.[13] Etwas anderes ergibt sich auch nicht aus dem Mitbestimmungsrecht des Betriebsrats nach § 87 I Nr. 10 BetrVG (dazu näher unten § 49 II 10), weil dieses erst relevant werden kann, *wenn* der Arbeitgeber herabsetzen darf. Eine Umverteilung innerhalb des Dotierungsrahmens kommt allerdings ohne Betriebsvereinbarungsvorbehalt in Frage, wenn die vorausgegangene Verteilung wegen fehlender Zustimmung des Betriebsrats unwirksam war (dazu unten § 49 V).

c) Soweit einheitliche Arbeitsbedingungen auf einer sog. Gesamtzusage (dazu oben § 6 I 6e) beruhen – etwa durch Aushang am Schwarzen Brett oder durch Verkündung in einer Betriebsversammlung an die Arbeitnehmer herangetragen worden sind –, wird man in der Regel annehmen können, dass der Arbeitgeber sich nicht stärker binden wollte, als wenn eine entsprechende Regelung durch Betriebsvereinbarung getroffen worden wäre. Die Arbeitnehmer werden in solchen Fällen auch nicht mit stärkerer Bindung rechnen. Insoweit spricht viel dafür, dass die bestehende Einheitsregelung auch durch verschlechternde Betriebsvereinbarung abgelöst werden kann und zwar entgegen der Auffassung des BAG[14] ohne Rücksicht darauf, ob die neue Regelung wenigstens „kollektiv" nicht ungünstiger ist. Im Gegensatz zum einseitigen Widerruf (dazu oben I 3) bedarf die Herabsetzung durch Betriebsvereinbarung auch nicht eines sachlichen Grundes oder gar einer wirtschaftlichen Gefährdungslage. Willkürliche Herabsetzung wird hier durch das Erfordernis der Zustimmung des Betriebsrats verhindert.

d) Bei betrieblichen Übungen ist anzunehmen, dass eine Veränderung durch Betriebsvereinbarung jedenfalls in dem Rahmen zulässig ist, in dem auch der einseitige Widerruf seitens des Arbeitgebers möglich wäre (vgl. dazu oben § 6 I 7).

e) Zur Verschlechterung arbeitsvertraglicher Bedingungen durch Tarifvertrag vgl. unten § 37 II 1.

III. Anpassung nach den Grundsätzen über den Wegfall der Geschäftsgrundlage[15]

Auch im Arbeitsrecht ist es denkbar, dass die Geschäftsgrundlage eines Vertrages wegfällt oder sich relevant verändert, und zwar gilt dies ebenso wohl für Tarifvertrag[16] und Betriebsvereinbarung wie für den Einzelarbeitsvertrag. Doch obgleich die An-

---

[13] Zur Rspr. des GS, meist kritisch, *Belling*, DB 1987, 1888; *Blomeyer*, DB 1987, 634; *Hromadka*, NZA 1987 Beil. Nr. 3, S. 2; *Richardi*, NZA 1987, 185; *ders.*, NZA 1990, 331; *Loritz*, ZfA 1991, 1, 29 f.; *Däubler*, AuR 1987, 349; *Gamillscheg*, ArbRGegw 25 (1987), 49; *Joost*, RdA 1989, 7.

[14] *BAG (GS)* AP Nr. 17 zu § 77 BetrVG 1972.

[15] ErfK/*Preis*, § 611 BGB Rn. 477; ferner die BGB-Kommentare zu § 313 BGB; *Ascheid*, in: Hromadka (Hrsg.), Änderung von Arbeitsbedingungen, 1989, S. 109; *Hromadka*, RdA 1992, 234, 261 f. Aus der Rspr. *BAG* AP Nr. 1, 7, 17 zu § 242 BGB Geschäftsgrundlage; AP Nr. 6 zu § 1 BetrAVG Ablösung, AP Nr. 3 zu § 1 BetrAVG Geschäftsgrundlage. Zur Anwendbarkeit der Grundsätze über den Wegfall der Geschäftsgrundlage bei Betriebsvereinbarungen siehe *BAG* GS AP Nr. 17 zu § 77 BetrVG 1972 (Anm. *Otto*, EzA § 77 BetrVG 1972 Nr. 17); AP Nr. 86 zu § 112 BetrVG 1972; bei Tarifverträgen *einerseits* AP Nr. 1 zu § 1 TVG – Arbeitsentgelt (Anm. *Wiedemann*); AP Nr. 1 zu § 1 TVG Rückwirkung; AP Nr. 1 zu Art. 24 Verf.NRW; *andererseits* AP Nr. 21 zu § 616 BGB.

[16] Zur Unvereinbarkeit einer Vertragsanpassung gem. § 313 I BGB mit der Tarifautonomie vgl. *Löwisch/Rieble*, TVG, § 1 Rn. 522 ff.

wendbarkeit des § 313 BGB an sich nicht bestritten ist, hat die Vertragsanpassung nach den Grundsätzen über den Wegfall der Geschäftsgrundlage im Arbeitsrecht keine wesentliche Bedeutung erlangt. Das liegt wohl daran, dass im Gegensatz zu normalen Austauschverträgen eine Anpassung über andere Rechtsinstitute, insbesondere mit Hilfe der Kündigung, möglich ist. Eine Berufung auf den Wegfall der Geschäftsgrundlage kommt jedoch dann in Betracht, wenn die Anpassung über die Kündigung wegen langer Fristen stark erschwert oder überhaupt nicht möglich ist. Charakteristischerweise ist das meist diskutierte Anwendungsfeld der Geschäftsgrundlagegrundsätze die Anpassung betrieblicher Ruhegelder an veränderte Verhältnisse, weil das Ruhestandsverhältnis einer Kündigung nicht unterliegt. Auch hier besteht das Anwendungsbedürfnis im Allgemeinen nur, soweit die Anpassung nicht auf anderem Wege, insbesondere nicht mittels Betriebsvereinbarung erreicht werden kann (vgl. auch unten § 29 I 4 b).

§ 8. Die Funktion der Verfassung im Arbeitsrecht

1. Allgemeine Literatur zu Theorie und Wirkung der Grundrechte: *Nipperdey,* Die Würde des Menschen, in: Neumann/Nipperdey/Scheuner, Die Grundrechte, Bd. II, 1954, S. 1 ff. (20 ff.); *Dürig,* Grundrechte und Zivilrechtsprechung, FS Nawiasky, 1956, S. 157; *Leisner,* Grundrechte und Privatrecht, 1960; *Rupp,* Vom Wandel der Grundrechte, AöR 101 (1976), 161; *Soell,* Zur Methodik der Rechtsfindung des Bundesverfassungsgerichts, ZfA 1981, 509; *Canaris,* Grundrechte und Privatrecht, AcP 184 (1984), 210; *Rüfner,* Drittwirkung der Grundrechte, FS Martens 1987, S. 215; *Böckenförde,* Grundrechte als Grundsatznormen, Der Staat 1990, 1; *Joh. Hager,* Grundrechte im Privatrecht, JZ 1994, 373; *Oeter,* Drittwirkung der Grundrechte und die Autonomie des Privatrechts, AöR 119 (1994), 529; *Diederichsen,* Die Rangverhältnisse zwischen den Grundrechten und dem Privatrecht, in: Starck (Hrsg.), Rangordnung der Gesetze, 1995, S. 39 ff.; *Singer,* Vertragsfreiheit, Grundrechte und der Schutz des Menschen vor sich selbst, JZ 1995, 1133; *Zöllner,* Regelungsspielräume im Schuldvertragsrecht, AcP 196 (1996), 1; *Alexy,* Theorie der Grundrechte, 3. Aufl. 1996; *Canaris,* Grundrechte und Privatrecht, 1999; *Limbach,* Die Ausstrahlung des Grundgesetzes auf das Privatrecht, in: Hadding (Hrsg.), Zivilrechtslehrer 1934/35, 1999, S. 383; *Ruffert,* Vorrang der Verfassung und Eigenständigkeit des Privatrechts, 2001; *Dieterich,* Vorrang der Verfassung und Eigenständigkeit des Privatrechts, RdA 2003, 60; *Murswiek,* Das Bundesverfassungsgericht und die Dogmatik mittelbarer Grundrechtseingriffe, NVwZ 2003, 1; *Möllers,* Wandel der Grundrechtsjudikatur – Eine Analyse der Rechtsprechung des Ersten Senats des BVerfG, NJW 2005, 1973; *Klein,* Das Untermaßverbot – Über die Justiziabilität grundrechtlicher Schutzpflichterfüllung, JuS 2006, 960.

2. Literatur zur Wirkung der Grundrechte im Arbeitsrecht: *A. Hueck,* Die Bedeutung des Art. 3 des Bonner Grundgesetzes für die Lohn- und Arbeitsbedingungen der Frau, 1951; *Gamillscheg,* Die Grundrechte im Arbeitsrecht, AcP 164 (1964), 385; *Gamillscheg,* Die Grundrechte im Arbeitsrecht, 1989; *Söllner,* Der verfassungsrechtliche Rahmen für Privatautonomie im Arbeitsrecht, RdA 1989, 144; *Löwisch,* Die Arbeitsrechtsordnung unter dem Grundgesetz, in: 40 Jahre Grundgesetz, Freiburger Ringvorlesung, 1989; *Ramm,* Grundrechte und Arbeitsrecht, JZ 1991, 1; *Söllner,* Die Verwirklichung der Grundrechte als gemeinsame Aufgabe von BAG und BVerfG, FS Kissel, 1994, S. 1121; *ders.,* Verfassungsrechtliche Aspekte des Arbeitsvertragsrechts, FS Stahlhacke, 1995, S. 519; *Dieterich,* Grundgesetz und Privatautonomie im Arbeitsrecht, RdA 1995, 129; *Oetker,* Der arbeitsrechtliche Bestandsschutz unter dem Firmament der Grundrechtsordnung, 1996 (gekürzt abgedruckt in RdA 1997, 9); *Löwisch,* Schutz der Selbstbestimmung durch Fremdbestimmung, ZfA 1996, 293; *Badura,* Arbeitsrecht und Verfassungsrecht, RdA 1999, 8; *Höfling,* Der verfassungsrechtliche Koalitionsbegriff, RdA 1999, 182; *Papier,* Arbeitsmarkt und Verfassung, RdA 2000, 1; *Stein,* AR-Blattei SD 830 Grundrechte im Arbeitsrecht, 2001; *Boemke/Gründel,* Grundrechte im Arbeitsverhältnis, ZfA 2001, 245; *Hergenröder,* Kündigung und Kündigungsschutz im Lichte der Verfassung, ZfA 2002, 355; *Oetker,* Die Ausprägung der Grundrechte des Arbeitnehmers in der Arbeitsrechtsordnung der Bundesrepublik Deutschland, RdA 2004, 8; *Waltermann,* Zur Grundrechtsbindung der tarifvertraglichen Rechtsetzung, FS 25 Jahre

BAG, 2004, S. 913; *Hergenröder,* Das Spannungsfeld von Art. 12 GG und Art. 14 GG im Verhältnis zwischen Arbeitgeber und Arbeitnehmer, FS Hadding, 2004, S. 81; *Höfling/Burkiczak,* Die unmittelbarer Drittwirkung gemäß Art. 9 Abs. 3 S. 2 GG, RdA 2004, 263; *Kamanabrou,* Verfassungsrechtliche Aspekte eines Abfindungsschutzes bei betriebsbedingten Kündigungen, RdA 2004, 333; *Oetker,* Die Ausprägung der Grundrechte des Arbeitnehmers in der Arbeitsrechtsordnung der Bundesrepublik Deutschland, RdA 2004, 8; *Wendeling-Schröder,* Grund und Grenzen gemeinschaftsrechtlicher Diskriminierungsverbote im Zivil- und Arbeitsrecht, NZA 2004, 1320; *Reichold,* Die Grundrechte in der Rechtsprechung des Bundesverfassungsgerichts und ihr Einfluss auf die Entwicklung des individuellen Arbeitsrechts, RdA 2005, 320; *Annuß,* Das Verbot der Altersdiskriminierung als unmittelbar geltendes Recht, BB 2006, 325.

Die Verfassung hat im Arbeitsrecht ganz erheblich größere Bedeutung erlangt[1] als in anderen zivilrechtlichen Verhältnissen (vgl. dazu schon oben § 6 I 1). In Rechtsprechung und Literatur wird vielen Grundrechtsnormen und nicht zuletzt dem Sozialstaatsprinzip eine die Lösung arbeitsrechtlicher Probleme teils tragende teils bekräftigende Funktion eingeräumt.[2] Dabei hat man sich stets vor Augen zu halten, dass für die Funktion der Verfassung in privatrechtlichen Zusammenhängen zu unterscheiden ist zwischen der Überprüfung von Gesetzen auf ihre Vereinbarkeit mit den Grundrechten und der Überprüfung von vertraglichen Regelungen anhand der Grundrechte. Im Folgenden geht es nicht um das Verhältnis der Verfassung zu arbeitsrechtlichen Gesetzen. Zwar wird die Verfassung zur Überprüfung arbeitsrechtlicher Gesetze oder Gesetzgebungsvorhaben häufig bemüht. Insoweit gelten jedoch keine Besonderheiten.[3] Arbeitsrechtsspezifisch ist dagegen das Problem der Anwendung der Grundrechte im Arbeitsverhältnis und im Rahmen der kollektiven Normsetzung. Dem wird im Folgenden überblicksweise nachgegangen.

I. Grundrechte und Arbeitsverhältnis als grundrechtstheoretisches Problem

Grundrechte sind, anders als nach überwiegendem Verständnis der Weimarer Zeit, geltendes Recht. Sie sind aber nicht wie Gesetze einer mehr oder minder simplen und gebundenen Interpretation zugänglich, sondern bedürfen der „Entfaltung". Diese sinnentfaltende Anwendung orientiert sich an bestimmten Auffassungen vom Charakter, vom Ziel und Zweck und von der allgemeinen Reichweite der Grundrechte. Solche Auffassungen lassen sich als Grundrechtstheorien bezeichnen. Durch die ausdrückliche oder stillschweigende Zugrundelegung einer Grundrechtstheorie wird die Entfaltung der Grundrechtsnorm oft erheblich beeinflusst.

---

[1] Das gilt, obgleich sich die Verfassung Problemen der Arbeit nur eklektisch und unspezifisch annimmt. Vgl. dazu *Häberle,* JZ 1984, 345; *ders.,* AöR 109 (1984), 630.

[2] Wie schnell man mit der Bemühung der Verfassung in den Bereich des Ridikülen gerät, zeigt *LAG Düsseldorf* DB 1985, 391, wo erörtert wird, ob Art. 4 GG der Kündigung eines Mitglieds der Bhaghwanbewegung wegen ihrer besonderen Kleidung entgegensteht. In neuerer Zeit ging es in diesem Zusammenhang des Öfteren um das Tragen eines Kopftuches bei Muslimas, vgl. BVerfG, E 108, 282 (284, 294); *BVerwG* DVBl. 2004, 1424ff.; *BAG* AP Nr. 44 zu § 1 KSchG 1969 verhaltensbedingte Kündigung; dazu Anm. *Bachmann,* SAE 2003, 336ff.; *Thüsing/Wege* ZEuP 2004, 399ff.; anders wohl im Beamtenverhältnis, vgl. auch *BVerwG* NJW 2002, 3344. Vgl. auch *BAG* SAE 2004, 46ff. *(Kort).*

[3] Das Ausmaß der Bindung des Privatrechtsgesetzgebers an die Grundrechte ist freilich streitig. Vgl. dazu einerseits *Canaris,* AcP 184 (1984), 210ff. und *Joh. Hager,* JZ 1994, 373 (für strikte Bindung), andererseits die h.M., ausführlich dargelegt bei *Zöllner,* RDV 1985, 6f. m.N. und (partiell wohl noch weitergehend) *Diederichsen,* in: Starck (Hrsg.), Rangordnung der Gesetze, 1995, S. 39ff.; s. auch HWK/*Hergenröder,* GG, Art. 3 Rn. 7; differenzierend *Loritz,* ZfA 1989, 1, 18; wichtig BVerfGE 81, 242, 254ff.; 89, 214, 229ff.

1. Grundrechte als Abwehrrechte

Ausgangspunkt für die Entwicklung der Grundrechtsdogmatik ist die liberale oder bürgerlich-rechtsstaatliche Grundrechtsauffassung. Von ihr wird das Grundrechtsverständnis zu Recht noch weithin beherrscht. Danach sind die Grundrechte Freiheitsrechte gegenüber dem Staat. Bestimmte, nach Sachlage oder geschichtlicher Erfahrung besonders gefährdete Rechtsgüter oder Schutzbereiche werden durch die Grundrechte vor der Bedrohung durch die Staatsmacht abgesichert. Der Bürger kann im Rahmen der grundrechtlichen Gewährleistung Eingriffe öffentlich-rechtlicher Gewalten abwehren. Dagegen können die Grundrechte im Verhältnis zu privaten Machtträgern keine unmittelbare Anwendung finden. Einzige Ausnahme: Art. 9 III GG normiert in S. 2 die unmittelbare Geltung der Koalitionsfreiheit auch gegenüber privatrechtlichen Abreden und Maßnahmen.[4] Man ist sich heute darüber einig, dass dennoch die Grundrechte für die arbeitsrechtlichen Beziehungen nicht unbeachtet bleiben dürfen. Ungeklärt ist jedoch, auf welchem Weg und mit welcher Intensität sie Geltung für diese Beziehungen erlangen.

Nach einer namentlich von *Nipperdey* und *Leisner* entwickelten Auffassung muss der grundrechtliche Schutz, verstanden als Abwehrrecht, in gleicher Weise Platz greifen, wenn der Grundrechtsträger zwar nicht durch den Staat, aber durch einen vom Staat geschaffenen oder tolerierten Machtträger in seiner Position gefährdet wird. Die Grundrechte sind danach zwar nicht innerhalb jeder privatrechtlichen Beziehung in gleicher Weise wie gegenüber dem Staat anzuwenden, wohl aber in solchen Beziehungen, in denen ein Verhältnis der Über- und Unterordnung zu konstatieren ist. In der Diskussion ist diese Auffassung vielfach als unmittelbare Drittwirkung der Grundrechte bezeichnet worden.[5] Eine derartige Anwendung der Grundrechte im Arbeitsverhältnis setzt voraus, dass man den Betrieb als staatsähnliches Organisations- und Herrschaftsgefüge versteht, in dem die Arbeitnehmer den betrieblichen Gewalten nicht gleich mächtig gegenüberstehen, sondern ihnen, anders als die Partner gewöhnlicher zivilrechtlicher Austauschbeziehungen, unterworfen sind. Nur dann wäre der teleologische Sinn der Grundrechte, Freiheiten gegenüber öffentlichen Gewalthabern zu gewähren, auf die arbeitsrechtliche Lage übertragbar. Indessen lässt sich die Unterworfenheit unter die betriebliche Hierarchie mit der Unterworfenheit unter die Staatsgewalt schon deshalb nicht gleichsetzen, weil dem Konsens des Arbeitnehmers nicht generell und typischerweise jegliche Bedeutung versagt werden kann[6], und ferner auch deshalb, weil der Arbeitnehmer den betrieblichen Gewalten nicht in gleicher Weise ausgeliefert ist wie der Bürger den staatlichen.

Eine unmittelbare („Dritt"-)Wirkung ist daher grundsätzlich zu verneinen.[7] Sie widerspricht nicht nur dem historisch intendierten Sinn der Grundrechte und dem Wortlaut der Verfassung, sondern noch mehr Inhalt und Struktur der einzelnen Grundrechte, die sich einer direkten Anwendung im Verhältnis zwischen Arbeitgeber und Arbeitnehmer jedenfalls nicht ohne z.T. beträchtliche Modifikationen fügen würden.

---

[4] Dazu *Höfling/Burkiczak*, RdA 2004, 263 ff.

[5] Verschiedentlich wird die „Drittwirkung" auch auf andere Gründe gestützt, vgl. insbesondere *Schwabe*, Die sog. Drittwirkung der Grundrechte, 1971, der die Geltung der Grundrechte zwischen Privatrechtssubjekten daraus ableitet, dass auch die Privatrechtsordnung letztendlich staatlich gesetztes Recht sei und Privatautonomie bzw. Vertragsfreiheit nur dessen globale Erlaubnisnorm darstelle.

[6] Dazu näher *Zöllner*, AcP 176 (1976), 221 (insbes. 236 ff.); *ders.*, AcP 196 (1996), 1 (13); *Boemke*, NZA 1993, 532.

[7] Siehe hierzu *Rupp*, AöR 101 (1976), 161, 167 ff.; *Canaris*, AcP 184 (1984), 210 ff. Das *BVerfG* hat sie nirgendwo ausdrücklich vertreten. Für uneingeschränkte Drittwirkung *Joh. Hager*, JZ 1994, 373.

Private Betätigung soll durch die Grundrechte nicht nur nicht verwehrt, sondern sogar gewährleistet werden. Deshalb müssen Einschränkungen grundrechtlich verbürgter Freiheiten, selbst wenn sie der Gesetzgeber durch Gesetz nicht treffen könnte, jedenfalls durch privatrechtlichen Vertrag möglich sein, und zwar auch durch den für den Interessenausgleich zwischen den Vertragspartnern nur begrenzt funktionsfähigen Arbeitsvertrag. So wird beispielsweise der Redakteur einer kirchlichen Tendenzzeitschrift trotz Art. 5 GG wirksam verpflichtet, keine antiklerikalen Artikel zu schreiben, der kaufmännische Angestellte trotz Art. 12 I GG, den Betrieb eines Wettbewerbsgeschäfts zu unterlassen.

Den Anwendungsproblemen ließe sich möglicherweise durch eine flexible, situationsbezogene Grundrechtsinterpretation Rechnung tragen, bei der von vornherein Stoßrichtung und Reichweite jedes Grundrechts aufeinander abgestimmt werden. Auch daraus würde aber folgen, dass jedenfalls eine gleichartige Anwendung der Grundrechte im Arbeitsverhältnis wie im Verhältnis zum Staat nicht möglich ist.

Die Haltung des *BAG* zu dieser Frage war wohl nicht immer eindeutig. In manchen Entscheidungen ging es zwar von der direkten Anwendbarkeit der Grundrechte im Sinn von Abwehrrechten aus, schränkte diese Anwendbarkeit jedoch durch Gegenüberlegungen ein.[8] Heute nimmt es eine lediglich mittelbare Drittwirkung an.[9]

2. Grundrechte als Wertentscheidungen

Auch wenn Grundrechte nicht unmittelbar in privatrechtlichen Verhältnissen als Abwehrrechte oder Eingriffsverbote gelten, sind sie gleichwohl dort nicht bedeutungslos. Schon *Dürig*[10] hat formuliert, Grundrechtssystem und Privatrechtssystem führten kein beziehungsloses Eigendasein. Grundrechte stellen vielmehr nach inzwischen weithin akzeptierter Meinung objektive Wertentscheidungen (manchmal auch Grundsatznormen) dar, die als (nicht geschlossenes) Wertsystem oder objektive Wertordnung für alle Bereiche des Rechts gelten. Der Vorzug dieser Auffassung liegt darin, dass sie erlaubt, Grundrechte situationsgerechter anzuwenden und in privatrechtliche Beziehungen als Wertungsprinzipien einfließen zu lassen. Dort wirken sie sich bei der Entscheidung von Interessenkonflikten im Zuge der Gesetzesauslegung, bei der Konkretisierung von Generalklauseln und bei der Lückenfüllung durch Analogie und Rechtsfortbildung aus. Insbesondere die §§ 138, 242, 315 BGB und allgemeine Prinzipien wie die Treupflicht werden so zu „Einfallstoren" für die Grundrechte ins Privatrecht (auch „mittelbare Drittwirkung"). Außerdem ist neben die Generalklauseln nun das Allgemeine Gleichbehandlungsgesetz (AGG) getreten, das jedenfalls Diskriminierungen schon einfachgesetzlich verbietet. Die Wertungen der Grundrechte sind aber in diesem Bereich weiterhin einzubeziehen, so dass sich inhaltlich kaum Änderungen ergeben werden.

Für zahlreiche Problemlösungen ist freilich nicht ausschlaggebend, ob man die Grundrechte im Arbeitsverhältnis als Abwehrrechte für „unmittelbar" anwendbar hält oder ob man ihnen nur Wirkung als objektive Wertentscheidung oder Grundsatznorm verschafft.

---

[8] Vgl. z.B. *BAG* AP Nr. 2 zu § 13 KSchG und besonders deutlich *BAG* AP Nr. 2 zu § 134 BGB (= NJW 1973, 77 = JuS 1973, 190) unter II 1 a.
[9] Beispiele: *BAG* GS AP Nr. 14 zu § 611 BGB Beschäftigungspflicht (unter C I 2 b); *BAG* AP Nr. 15 zu § 87 BetrVG Überwachung (unter B II 2 b); *BAG* GS AP Nr. 109 zu § 611 BGB Haftung des Arbeitnehmers (unter B III 1); *BAG* AP Nr. 11 zu § 15 BBiG; AP Nr. 3 zu § 3 BetrVG 1972; auch *ArbG Berlin* BB 2006, 2140 „mindestens mittelbare Drittwirkung".
[10] *Dürig*, in: Maunz/Dürig, GG, Sonderdruck, 2003, Art. 1 I Rn. 5 ff.

Beispiel: Die Unzulässigkeit von Zölibats-Klauseln in den Arbeitsverträgen von Arbeitnehmerinnen hat das *BAG* auf die unmittelbare Anwendung von Art. 6 GG gestützt.[11]

Das gleiche Ergebnis lässt sich auch über § 138 BGB gewinnen, wenn man sich bei der Konkretisierung der guten Sitten auf die Art. 6 GG zugrunde liegenden Wertungsgesichtspunkte des Verfassungsgebers stützt. Indessen gilt diese Austauschbarkeit des methodischen Ansatzes für die Grundrechtsanwendung im Arbeitsverhältnis nicht generell. Nimmt man etwa die unmittelbare Geltung des Art. 3 I GG im Verhältnis Arbeitnehmer – Arbeitgeber an, so dürfte der Arbeitgeber mehrere Arbeitnehmer mit gleicher Tätigkeit nur unter bestimmten Voraussetzungen unterschiedlich entlohnen. Im Rahmen von § 138 BGB würde man dagegen die unterschiedliche Entlohnung schwerlich als sittenwidrig werten. Im Übrigen haben sich nach Einführung des AGG ja ohnehin einige Fragen auf die einfachgesetzliche Ebene verlagert.

Die Heranziehung von Grundrechten als Wertentscheidungen zur Überprüfung vertraglicher Abreden führt freilich in gleicher Weise wie ihre unmittelbare Anwendung als Abwehrrechte zu dem Problem, dass in privatrechtlichen Verhältnissen – anders als im Verhältnis zu Hoheitsträgern – beide Teile Grundrechtsträger sind und dass in ihrem Verhältnis zueinander jeder auf grundrechtlichen Schutz zumindest partiell und konkret verzichten kann. Soweit ein solcher Verzicht wirksam ist, wäre die Korrektur einer privatautonomen Regelung mittels Berufung auf das vom Verzicht betroffene Grundrecht unrichtig.

3. Grundrechte als Teilhaberechte

Eine teilweise weitergehende Wirkung der Grundrechte könnte sich ergeben, wenn man einem Grundrechtsverständnis folgt, das die Grundrechte ummünzt in materielle Teilhaberechte in Gestalt sozialer Leistungsansprüche gegen den Staat.[12] Ausgangspunkt dieser Lehre ist die These, dass für das Gros der Staatsbürger die faktischen Voraussetzungen zur Realisierung der grundrechtlichen Freiheitsgewährleistungen fehlen und dass die Grundrechte, wenn sie nicht durch den Staat „sozial unterfangen" würden, sich für diese Menschen nur als leere Form erweisen würden. Der Staat soll nach dieser Grundrechtstheorie verpflichtet sein, die notwendigen Voraussetzungen für die Realisierung der grundrechtlichen Freiheit zu schaffen, und es soll ein grundrechtlich gewährter Anspruch auf Teilhabe an den staatlichen Einrichtungen zur Verwirklichung grundrechtlicher Freiheit bestehen.

Die Schwäche dieser Lehre liegt vor allem in der Unbegrenztheit der Ansatzmöglichkeiten für Ansprüche, wie mit – zugegeben pointierten – Beispielen gezeigt werden kann: Freizügigkeit kann nur genießen, wer reisen und umziehen kann. Daher müssen alle Deutschen Anspruch auf Reise- und Umzugskostenbeihilfen gegen den Staat haben. Oder: Die Wohnung ist unverletzlich. Davon kann nur Gebrauch machen, wer eine Wohnung hat. Jeder Staatsbürger hat daher Anspruch auf Gewährung einer Wohnung. Oder eine moderne Version: Etatkürzungen bei Bibliotheken sind rückgängig zu machen, weil sie die grundrechtlich geschützte Informationsfreiheit gefährden.

Offensichtlich bedarf eine solche Grundrechtslehre zumindest erheblicher Einschränkung. Die Verfassungstheorie trägt dem in der Tat dadurch Rechnung, dass sie die grundrechtliche Gewährleistung nicht weitergehen lässt, als die finanziellen Möglichkeiten des Staates reichen. Damit werden die Gewährleistungen freilich vielfach zu bloßen „Maßgabegrundrechten".[13] Auch mit dieser Einschränkung erscheint ein derartiges Grundrechtsverständnis, jedenfalls wenn es generelle Bedeutung für die Grundrechtsanwendung beansprucht, als allzu kühne Verfassungsfortbildung.[14] Das schließt nicht aus, *einzelnen* Grundrechten unter Berücksichtigung der von ihnen intendierten Werteordnung auch materielle Teilhaberechte abzuringen, wie dies das BVerfG in der Numerus-Clausus-Entscheidung E 33,

---

[11] *BAG* AP Nr. 1 zu Art. 6 I GG Ehe und Familie.

[12] Vgl. dazu *Hesse*, Grundzüge des Verfassungsrechts der Bundesrepublik Deutschland, 20. Aufl., 1999, § 9 II 2c; ferner *Häberle*, Grundrechte im Leistungsstaat, VVDStRL 30 (1972); *Martens*, Grundrechte im Leistungsstaat, ebenda; *v. Mutius*, VerwArch 1973, 183; *Böckenförde*, NJW 1974, 1529, 1535 f.; *Rupp*, AöR 101 (1976), 161, 183 ff.; *Rüfner*, FS Wannagat, 1981, S. 379; *Nebendahl*, ZRP 1991, 257; *Murswiek*, in: Isensee/Kirchhof (Hrsg.), Hdb. d. Staatsrechts, Bd. V, 2. Aufl., 2000, § 112, S. 243 ff.

[13] Vgl. insbesondere *Häberle*, VVDStRL 30 (1972), S. 43, 90 ff., 113 ff., 139 (Leitsatz 41).

[14] Kritisch z. B. *Böckenförde*, NJW 1974, 1536; *Rupp*, AöR 101 (1976), 161, 184 ff.; gutes Beispiel aus der Rechtsprechung: BVerwGE 52, 339, wo es abgelehnt wird, aus Art. 5 III GG (Freiheit von Forschung und Lehre) einen Anspruch von Hochschullehrern auf eine Grundausstattung mit Forschungsmitteln herzuleiten. Zur Pflicht, praktische Berufsausbildung zu ermöglichen, *Ossenbühl*, Zur verfassungsrechtlichen Pflicht der Arbeitgeber betriebliche Ausbildungsstellen bereitzustellen. Rechtsgutachten im Auftrag des BMBW, 1985.

303 (331 ff.) im Hinblick auf Art. 12 I 1 GG getan hat. Letztendlich ergibt sich jedenfalls sehr selten ein Anspruch.[15]

Inwieweit ein Grundrechtsverständnis teilhabevermittelnder Art für die Beziehungen zwischen Arbeitgeber und Arbeitnehmer relevant werden könnte, ist bislang noch nicht näher untersucht. Das Defizit sozialer Grundrechte im Grundrechtskatalog des GG darf man vielleicht als ursächlich dafür ansehen, dass der Gesetzgeber nunmehr „soziale Rechte" auf einfachgesetzlicher Ebene chartaartig in das Sozialgesetzbuch eingebaut hat,[16] wie z.B. ein Recht auf Bildungs- und Arbeitsförderung (§ 3 SGB I) und ein Recht auf Zuschuss für eine angemessene Wohnung (§ 7 SGB I). Für das Arbeitsrecht haben diese Rechte jedenfalls keine unmittelbare Bedeutung.

4. Institutionelles Grundrechtsverständnis

Als solches bezeichnet man überwiegend ein Verständnis, das die Grundrechte im Sinn objektiver Ordnungsprinzipien für bestimmte von ihnen geschützte Lebensbereiche begreift wie die Vertrags-, Eigentums- oder Familienordnung, die im Lichte der Grundrechte freiheitlich ausgestaltet werden müssen. Diese Lehre steht dem Verständnis der Grundrechte als Wertentscheidungen nahe, fügt ihm aber insofern etwas hinzu, als aus den Grundrechten unter Berücksichtigung ihres Zwecks bestimmte Institutsgarantien (= für den privatrechtlichen Bereich) und institutionelle Garantien (= für den öffentlich-rechtlichen Bereich) abgeleitet werden. Für das Arbeitsrecht hat dies nicht zuletzt Bedeutung im Hinblick auf zahlreiche Garantien, die dem Art. 9 III GG entnommen werden (dazu näher unten § 8). Dennoch dürfte diesem Grundrechtsverständnis heute wohl keine eigenständige Bedeutung mehr zukommen.[17]

5. Grundrechte als Schutzgebote

Grundrechte haben nach inzwischen h.M. zusätzlich zu ihrer gegen den Staat gerichteten Abwehrfunktion auch die Funktion von Schutzgeboten. Danach trifft den Staat die Verpflichtung, die in den Grundrechten zum Ausdruck kommenden Werte und Rechtsgüter gegen Verletzungen zu schützen. Es geht dabei nicht nur um den Schutz vor Verletzungen durch öffentliche Gewaltträger – insoweit greift bereits die Abwehrfunktion –, sondern gerade um den Schutz vor Verletzungen, die nicht von Hoheitsträgern ausgehen. Diese Schutzgebotsfunktion soll nicht nur im Bereich des Rechts auf Leben und körperliche Unversehrtheit bestehen, sondern hinsichtlich aller Grundrechte. Für das Arbeitsrecht ist in diesem Zusammenhang der Schutz der Berufsfreiheit durch Art. 12 GG besonders bedeutsam. Das BVerfG hat insoweit die Verpflichtung zur Schaffung von Vorkehrungen gegen vertragliche Beschränkungen namentlich für den Fall bejaht, dass es an einem annähernden Kräftegleichgewicht der Beteiligten fehle.[18]

Nach dem Grundansatz dieser Grundrechtstheorie sind die Grundrechte allerdings nicht unmittelbar zwischen den Parteien des Privatrechtsverhältnisses geltendes Recht. Vielmehr wendet sich die Schutzgebotsfunktion an den Gesetzgeber, dem dadurch aufgetragen ist, den Schutz verwirklichendes Recht zu schaffen. Dabei soll der Gesetzgeber einen breiten Spielraum des Ermessens haben. Das BVerfG geht jedoch noch weiter: Wo der Gesetzgeber untätig bleibt oder unzureichend tätig wird, sei der Zivilrichter (und damit auch die Arbeitsgerichte) gehalten, den notwendigen Schutz gegen Beeinträchtigungen der Grundrechte auf dem Weg über Generalklauseln zu verwirklichen. Man könnte hier

---

[15] *Jarass,* in: Jarass/Pieroth, GG, 9. Aufl., 2007, Vorb. vor Art. 1 Rn. 8 m.N.
[16] Dazu kritisch *Merten,* BlStSozArbR 1975, 357. Zur verfassungspolitischen und dogmatischen Einordnung sozialer Grundrechte in der Verfassung *Graf Vitzthum,* Gedächtnisschrift Grabitz, 1995, S. 819, 833 ff.
[17] *Jarass,* in: Jarass/Pieroth, GG, 9. Aufl., 2007, Vorb. vor Art. 1, Rn. 4.
[18] BVerfGE 81, 242; 89, 214. ErfK/*Dieterich,* Art. 12 GG Rn. 4. Für wirksamen Kündigungsschutz vgl. BVerfGE 92, 140 (150); 97, 169 (176); *Jarass,* in: Jarass/Pieroth, GG, Art. 12 Rn. 18; *Hergenröder,* ZfA 2002, 355, 372 f.

Bedenken bezüglich der Vertragsfreiheit hegen. Im Detail ist vieles unklar.[19] Noch einen Schritt weiter als die Schutzgebotsfunktion im vorgenannten Sinn gehen Auffassungen, nach denen die Grundrechte eine objektive Gewährleistungsfunktion der Grundrechtsverwirklichung haben. Danach soll ein die Teilhabequalität der Grundrechte im Sinn der Gewährleistung grundrechtlicher Verwirklichungschancen ermöglichender Verfassungsauftrag an den Gesetzgeber bestehen; wiederum mit breitem Ermessensspielraum des Gesetzgebers bei der Verwirklichung.[20] Auch diese Version der Grundrechtstheorien ist nicht unbedenklich, weil sie in Konflikt zur freiheitsrechtlichen Seite der Grundrechte geraten kann. Insbesondere besteht die Gefahr, dass die Grundrechtsausübung vom Staat vorgegeben und dass Freiheit definiert wird.[21] Im Übrigen bewirken auch die Grundsätze der praktischen Konkordanz, dass im Privatrechtsverkehr Grundrechte so ausgeübt werden müssen, dass entgegenstehende Grundrechte nicht völlig leer laufen; entgegenstehende Grundrechtspositionen sind so auszuüben, dass alle bestmöglich wirksam werden. Dies ist auch von den Zivilgerichten zu berücksichtigen.[22]

II. Die Bedeutung einzelner Grundrechte im Arbeitsrecht

Im Folgenden soll an Beispielen aus Literatur und Rechtsprechung die **praktische Funktion der Grundrechte im Arbeitsrecht** verdeutlicht werden.

1. Art. 1 I GG (Schutz der Menschenwürde) und **Art. 2 I GG (Allg. Handlungsfreiheit)**.[23] Aus Art. 2 I i. V. m. Art. 1 I GG hat das *BVerfG* das allgemeine Persönlichkeitsrecht entwickelt.[24] Darauf baut auch der Schutz der Persönlichkeit des Arbeitnehmers auf.

Außerdem beeinflusst Art. 1 I GG die Verpflichtung des Arbeitgebers zu menschengerechter Arbeitsgestaltung.[25] Als gegen die Menschenwürde verstoßend sieht man optische Überwachungseinrichtungen an, die nicht nach den Umständen unumgänglich erforderlich sind.[26] Auch das heimliche innerbetriebliche Abhören von Telefongesprächen kollidiert mit der Menschenwürde.[27]

Andererseits verstößt die Veranlassung der psychologischen Begutachtung eines angestellten Omnibusfahrers nicht gegen die Menschenwürde, wenn der Arbeitnehmer durch verkehrswidriges Verhalten Anlass zu Zweifeln an seiner Eignung gegeben hatte und selbstverständlich nicht, wenn er der Untersuchung zugestimmt hat.[28]

Aus dem allgemeinen Persönlichkeitsrecht ist die wichtige Folgerung zu ziehen, dass dem Einzelarbeitsvertrag von der Rechtsordnung auch im Arbeitsrecht ein Funktionsraum belassen werden muss.[29]

---

[19] S. etwa *Stern*, Staatsrecht III/1, 1988, S. 1585 f.

[20] In diesem Sinn z. B. *Häberle*, Grundrechte im Leistungsstaat, VVDStRL 30 (1972), S. 90 ff., 113 ff.

[21] So die Kritik von *Starck*, JuS 1981, 239 gegenüber politischem Leitliniencharakter der Grundrechte. Die Gefahren zeigen sich deutlich an der Auffassung, Art. 3 II GG enthalte einen Verfassungsauftrag an den Gesetzgeber, die Gleichberechtigung der Geschlechter auch im Bereich des Privatrechts durchzusetzen (so insbesondere *Friauf*, Gleichberechtigung der Frau als Verfassungsauftrag, Rechtsgutachten, 1981; *Sacksofsky*, Das Grundrecht auf Gleichberechtigung, 1996; Anklänge auch in BVerfGE 85, 191; 89, 276).

[22] ErfK/*Dieterich*, Art. 12 GG Rn. 20 f.; *Papier*, RdA 2000, 1 (4).

[23] Dazu *Söllner*, RdA 1968, 437; *Wiese*, ZfA 1971, 273; *Schnorr*, FS Strasser, 1983, S. 97; *BAG* AP Nr. 1 zu Art. 6 I Ehe und Familie; AP Nr. 1 zu § 611 BGB Persönlichkeitsrecht.

[24] *Pieroth/Schlink*, Grundrechte – Staatsrecht II, 22. Aufl., 2006, Rn. 373.

[25] Dazu *Zöllner*, RdA 1973, 212 (214 f.). Kritisch *Hunold*, DB 1976, 1059.

[26] Vgl. *Wiese*, ZfA 1971, 273, S. 284 ff.; *BAG* AP Nr. 15 zu § 611 BGB Persönlichkeitsrecht; AP Nr. 36 zu § 87 BetrVG 1972; AP Nr. 41 zu § 87 BetrVG 1972.

[27] *BVerfG* AP Nr. 34 zu § 611 BGB Persönlichkeitsrecht = NJW 2002, 3619; *BAG* AP Nr. 3 zu § 284 ZPO; *BVerfG* AP Nr. 24 zu § 611 BGB Persönlichkeitsrecht; vgl. aber *BAG* AP Nr. 1 zu § 611 BGB Persönlichkeitsrecht.

[28] *BAG* AP Nr. 1 zu Art. 1 GG. Zur Einholung graphologischer Gutachten *BAG* AP Nr. 24 zu § 123 BGB. Zur Problematik *Michel/Wiese*, NZA 1986, 505.

[29] Zum Zusammenhang zwischen Menschenwürde und Vertragsfreiheit im Arbeitsrecht *Hueck*, S. 120.

Zudem hat das BAG das Persönlichkeitsrecht herangezogen, um die so genannte Beschäftigungspflicht des Arbeitgebers zu begründen.[30] Und auch ein Weiterbeschäftigungsanspruch soll unter besonderen Umständen daraus folgen.[31] Andererseits folgt aus **Art. 2 II 1 (Recht auf Leben und körperliche Unversehrtheit)** nicht, dass es unzulässig wäre, lebensgefährliche oder gesundheitsgefährdende Arbeit vertraglich zu vereinbaren; und ebenso wenig ergibt sich aus **Art. 2 II 2 (Unverletzlichkeit der Freiheit der Person)**, dass eine partielle Freiheitsbeschränkung (z. B. Arbeit im Bergwerk) nicht vereinbart werden könnte. Auch Torkontrollen und Leibesvisitationen können im Arbeitsvertrag wirksam vorgesehen werden,[32] freilich muss das Mitbestimmungsrecht des Betriebsrats nach § 87 I Nr. 1 BetrVG gewahrt werden.

2. Art. 3 I GG (Gleichheit vor dem Gesetz) hindert den Arbeitgeber nicht daran, durch individuellen Arbeitsvertrag seinen Arbeitnehmern unterschiedliche Bedingungen, insbesondere unterschiedlichen Lohn anzubieten. Eine unmittelbare Drittwirkung für einzelvertragliche Regelungen ist zu verneinen.[33] Anders wird dies teilweise für Tarifregelungen gesehen.[34] Ob eine Berufung auf den Gleichheitssatz in Frage kommt, wenn der Arbeitgeber für andere Arbeitnehmer eine Regelung durch Einheitsarbeitsvertrag getroffen hat,[35] kann dahinstehen, weil der Grundsatz der Gleichbehandlung zu identischen Ergebnissen führt (zu diesem unten § 18). Im Übrigen hat eine AGB-Überprüfung[36] zu erfolgen. Hinzu kommt der gewohnheitsrechtlich anerkannte arbeitsrechtliche Gleichbehandlungsgrundsatz und neuerdings das AGG.[37]

3. Auch **Art. 3 II GG (Gleichberechtigung von Mann und Frau)** und **Art. 3 III 1 (Verbot der Differenzierung nach Geschlecht, Abstammung, Rasse, Sprache, Heimat, Herkunft, Glauben, religiösen und politischen Anschauungen)** gelten zwar nicht unmittelbar, sondern als Auslegungsprinzip und vor allem Konkretisierungsprinzip für die Generalklauseln.[38] Dennoch darf der Arbeitgeber von Verfassungswegen Differenzierungen der genannten Art nur vornehmen, wenn dafür ausreichende sachliche Gründe gegeben sind.[39] Solche Sachgründe für eine Differenzierung werden allerdings vielfach fehlen.[40] Und wenn auch der Arbeitgeber bei der Einstellung schon deshalb relativ frei zu sein scheint, weil als Generalklausel, über die Art. 3 GG ansetzen könnte, allenfalls §§ 138, 826 BGB in Betracht kommen (beachte aber § 99 II Nr. 4 BetrVG), so verbietet nun auf Gesetzesebene das AGG eine Benachteiligung bei der

---

[30] *BAG* AP Nr. 2 und 14 zu § 611 BGB Beschäftigungspflicht; ErfK/*Dieterich,* Art. 12 GG Rn. 15.

[31] ErfK/*Dieterich,* Art. 2 GG Rn. 83.

[32] Dazu *Hueck,* RdA 1950, 137; *Gaul,* DB 1963, 1771 f. Aus der Rechtsprechung *LAG Mainz* AP Nr. 1 zu § 71 HGB; *LAG Mannheim* AP Nr. 1 zu § 242 BGB.

[33] Anders *BAG* AP Nr. 26 zu § 1 KSchG.

[34] *BAG* AP Nr. 2 zu § 1 TVG Gleichbehandlung. Nun aber *BAG* AP Nr. 2 zu § 3 g BAT; ähnlich AP Nr. 5 zu § 1 TVG Gleichbehandlung. Dazu *Belling,* Die Verantwortung des Staats für die Normsetzung durch die Tarifpartner – Zur Grundrechtstreue und Legalitätskontrolle von Tarifnormen, ZfA 1999, 547.

[35] *BAG* AP Nr. 69 und 77 zu Art. 3 GG.

[36] Vgl. z. B. *Lakies,* NZA 2004, 569 zum Thema Ausschlussfristen und AGB-Kontrolle. Zur Rolle des Tarifvertrags *Bayreuther,* RdA 2003, 81. Für kirchliche Arbeitsverhältnisse z. B. *Ritter,* NZA 2005, 447.

[37] Vgl. z. B. *Schwab,* DNotZ 2006, 649 ff.

[38] Ein Fall direkter Anwendung von Art. 3 II GG auf die Mindestentlohnung von Frauen durch Arbeitsvertrag: *BAG* AP Nr. 110 zu Art. 3 GG; s. auch HWK/*Hergenröder,* GG, Art. 3 Rn. 8, 91.

[39] Vgl. zum Ganzen HWK/*Hergenröder,* GG Art. 3, Rn. 105 ff.

[40] Beispielsfall zu einer Kündigung, bei der auch politische Anschauungen des Betroffenen relevant sein konnten: *BAG* AP Nr. 9 zu § 626 BGB Verdacht strafbarer Handlung. Zum Ausschluss befristet Beschäftigter bei der betriebl. Altersversorgung vgl. *Ars/Teslau,* NZA 2006, 297; *Preis,* NZA 2006, 401 zum Problem der Altersdiskriminierung.

Einstellung.[41] Zur sog. mittelbaren Diskriminierung wegen des Geschlechts, die vor allem Bedeutung für die tarifvertragliche Normsetzung hat, vgl. unten § 18 VIII 3. Hier kommt europarechtlichen Vorgaben große Bedeutung zu (siehe § 10 II 9a).

Art. 3 III 2 GG (Verbot der Benachteiligung Behinderter) steht nach Meinung des *BAG* der Berechtigung einer Frage des Arbeitgebers nach der Schwerbehinderteneigenschaft des Arbeitnehmers auch dann nicht entgegen, wenn die Behinderung sich auf die Tätigkeit des Arbeitnehmers nicht auswirkt.[42] Manche halten dies für verfassungswidrig.[43]

4. Art. 4 I GG (Glaubens-, Gewissens- und Bekenntnisfreiheit)[44] verbietet dem Arbeitgeber, auf seine Arbeitnehmer Einfluss zu nehmen, einem bestimmten Glauben oder religiösen Bekenntnis beizutreten.[45] Das Grundrecht bedeutet andererseits nicht, dass ein Arbeitnehmer in einem Tendenzbetrieb (z.B. einem christlichen Verlag) im Falle der Änderung seines Glaubens oder Bekenntnisses die Erhaltung seiner bisherigen arbeitsvertraglichen Rechtsstellung verlangen kann. Art. 4 I ist ein typisches Abwehrrecht gegen Eingriffe. Auch ein Recht zur Verweigerung einer vertraglich übernommenen Arbeit aus Gewissensgründen oder gar bei Gewissensänderung ist zu verneinen. Wird dem Arbeitnehmer bei bestehendem Arbeitsverhältnis eine Tätigkeit zugewiesen, die zwar im Rahmen seiner abstrakt übernommenen Verpflichtung liegt, mit der er aber bei Vertragsabschluss nicht gerechnet hat, kann sich aus den Umständen ein Recht zur Arbeitsverweigerung ergeben.[46] Was Gewissensgrund sein kann, bestimmt sich nicht objektiv (etwa nach der Auffassung eines verständigen Zeitgenossen), sondern nach den subjektiven Vorstellungen des Arbeitnehmers. Es muss sich aber um eine nachvollziehbare, plausible Konstellation handeln und der Arbeitnehmer muss glaubhaft machen, dass seine Leistungsverweigerung wirklich auf dem geltend gemachten Gewissensgrund beruht.

Art. 4 II GG (Freiheit der Religionsausübung) könnte als unmittelbar geltendes Recht vielleicht Bedeutung für die infolge der Gastarbeiterzuwanderung aus dem Orient zahlreichen Anhänger des Islam gewinnen. Für die Angehörigen christlicher Bekenntnisse hat der Gesetzgeber das Nötige ohnehin durch Bestimmungen über die Arbeit an Feiertagen geregelt.

5. Art. 5 I 1 mit II GG (Recht der freien Meinungsäußerung)[47] hat für das Arbeitsverhältnis nach mehreren Richtungen Bedeutung. Einmal geht es darum, inwieweit durch arbeitsvertragliche Regelungen die Freiheit der Meinungsäußerung eingeschränkt werden kann, und zum andern, inwieweit sie ohne ausdrückliche oder konkludent getroffene Abrede bereits aufgrund immanenter Pflichten, namentlich der Treupflicht, im Arbeitsverhältnis eingeschränkt ist. Der ohnehin kraft der Treupflicht bestehenden Beschränkung steht Art. 5 I nicht entgegen, weil diese Pflicht ihrerseits zu den allgemeinen Gesetzen im Sinn von Art. 5 II gehört.[48] Der Arbeitnehmer muss daher auf die Belange von Arbeitgeber, Betriebsrat und Mitarbeitnehmern bei seinen dienstlichen und außerdienstlichen Äußerungen angemessene Rücksicht nehmen. Diese Pflicht geht aber nicht weiter, als nach den Umständen erforderlich und sinnvoll ist.

---

[41] Früher galt für die Differenzierung wegen des Geschlechts § 611a BGB a.F.

[42] *BAG* AP Nr. 40 zu § 123 BGB.

[43] ErfK/*Dieterich*, Art. 3 GG Rn. 82; *Preis*, BGB § 611 Rn. 347 m.w.N.; *Däubler*, Arbeitsrecht 2, Rn. 95; *Pahlen*, RdA 2001, 143; s. schon *Käppler*, ZfA 1995, 271, 276.

[44] *Adam*, NZA 2003, 1375. Siehe schon Fn. 2.

[45] Vgl. zu einem entsprechenden Verbot für den Lehrherrn gegenüber seinen Lehrlingen *BVerwG* AP Nr. 1 zu Art. 4 GG.

[46] Dazu *Kraft*, AcP 163 (1964), 472; *Söllner*, Einseitige Leistungsbestimmung im Arbeitsverhältnis, 1966, S. 134; *Otto*, Personale Freiheit und soziale Bindung, 1978, S. 127ff.; *Mayer-Maly*, FS Müller, 1981, S. 325; *U. Mayer*, AuR 1985, 105; *Reuter*, BB 1986, 385; *Wendeling-Schröder*, BB 1988, 1742; *Kohte*, NZA 1989, 161; *Denninger/Hohm*, AG 1989, 145; *Konzen/Rupp*, Gewissenskonflikte im Arbeitsverhältnis, 1990; *Henssler*, AcP 190 (1990), 538; *Bydlinski*, SAE 1991, 6. Aus der Rspr. vgl. vor allem *BAG* AP Nr. 27 zu § 611 BGB Direktionsrecht; AP Nr. 1 zu § 611 BGB Gewissensfreiheit (Anm. *Kraft*); *LAG Düsseldorf* NZA 1993, 411.

[47] Dazu etwa *Söllner*, FS Herschel, 1982, S. 391; *Buchner*, ZfA 1982, 49; *Herbert/Oberrath*, NZA 2005, 193.

[48] Vgl. *BAG* AP Nr. 2 zu § 13 KSchG; AP Nr. 1 zu § 1 KSchG 1969 Verhaltensbedingte Kündigung; *Söllner*, a.a.O., S. 393.

Sie darf insbesondere nicht dazu führen, dass die größte Gruppe der Erwerbstätigen in ihren Möglichkeiten der politischen Meinungsäußerung mundtot gemacht wird.[49] Eine darüber hinausgehende Einschränkung durch vertragliche Abrede ist möglich, soweit dafür sachliche Gründe bestehen.

Die Meinungsfreiheit nach Art. 5 I 1 GG und die in der gleichen Norm mitgeschützte Informationsfreiheit und Kommunikationsfreiheit sind von erheblicher Bedeutung für die Ausgestaltung des Arbeitnehmerdatenschutzes,[50] aber auch für die sonstige Ausgestaltung des Informationsermittlungsrechts (z. B. Fragerecht des Arbeitgebers) und etwaiger Auskunftsrechte, Schweigepflichten etc.

Außerdem kann die Meinungsfreiheit bei der Beendigung eines Arbeitsverhältnisses eine Rolle spielen. Manchmal fragt sich nämlich, ob eine bestimmte Äußerung des Arbeitnehmers eine Kündigung des Arbeitgebers rechtfertigt; hier kann die Meinungsfreiheit bei der Interessenabwägung zu berücksichtigen sein.[51]

Die in Art. 5 I 2 geschützte Presse- und Rundfunkfreiheit erfordert die Einhaltung bestimmter Schranken bei der Führung von Arbeitskämpfen im Medienbereich.[52] Das gleiche Grundrecht verbietet auch eine gesetzliche Verankerung der sog. „Inneren Pressefreiheit".[53]

Art. 5 I 2 GG hat ferner zu überraschender Einwirkung auf das Arbeitsrecht insofern geführt, als aus der in dieser Norm gewährleisteten Rundfunkfreiheit abgeleitet wurde,[54] dass das Arbeitsrecht für die Rundfunkanstalten dem Gebot der Vielfalt des Programms bei der Auswahl, Einstellung und Beschäftigung programmgestaltender Mitarbeiter Rechnung zu tragen hat. Das BVerfG hat deshalb eine Anzahl von Entscheidungen des BAG aufgehoben, mit denen Beschäftigungsverhältnisse als freier Mitarbeiter in unbefristete Arbeitsverhältnisse „umgewandelt" worden waren. Art. 5 I 2 und 5 III gewährleisten die Sicherung des sog. Tendenzschutzes in § 118 BetrVG (dazu unten § 46 IV 5) sowie in einigen anderen arbeitsrechtlichen Zusammenhängen.

Erheblich zu weit geht es, unternehmensgebundenen Forschungseinrichtungen der Privatwirtschaft Vorgaben aus Art. 5 III GG dahin zu machen, dass die angestellten Wissenschaftler praktisch ähnlich „frei" zu stellen sind wie in öffentlichen Forschungseinrichtungen.[55] Privatrechtsfern ist es, zur Sicherung der Meinungsfreiheit der Arbeitnehmer aus Art. 5 I 1 GG den Arbeitgeber einem Kontrahierungszwang zu unterwerfen.[56]

6. Art. 6 I GG (Schutz der Ehe und Familie) hat in der Rechtsprechung mehrfach Berücksichtigung erfahren. So ist etwa die Zölibatsklausel im Arbeitsvertrag einer Lernpflegerin in einer Heilanstalt unter Berufung auf die unmittelbare Geltung des Art. 6 I als unzulässig qualifiziert worden,[57] was u. a. zur Beseitigung dieser Klauseln auch in den Arbeitsverträgen von Stewardessen geführt hat. Art. 6 I verbietet ferner

---

[49] Beispielsfälle: *BAG* AP Nr. 1 zu Art. 5 I GG Meinungsfreiheit; AP Nr. 2 zu § 134 BGB (Kündigung eines bei einer Bank angestellten Mitglieds der DKP, das ein bankenfeindliches Flugblatt verteilt hatte); BVerfGE 42, 133; *BAG* AP Nr. 8 zu Art. 5 Abs. 1 GG Meinungsfreiheit (Anti-Atomkraft-Plakette eines angestellten Lehrers).

[50] Dazu näher *Zöllner,* Daten- und Informationsschutz im Arbeitsverhältnis, 2. Aufl. 1983; *Kufer,* Datenverarbeitung und Datenschutz im Arbeitsverhältnis, AR-Blattei SD 580, 2003; *Franzen,* Datenschutz im Arbeitsverhältnis, EAS B 5300, 2007.

[51] *BAG* AP Nr. 11 zu § 15 BBiG; AP Nr. 1, 45, 49 zu § 1 KSchG 1969 Verhaltensbedingte Kündigung; *Stein* BB 2004, 1961.

[52] Dazu *Rüthers,* NJW 1984, 201; RdA-Symposion, Arbeitskampf im Medienbereich mit Beiträgen von *Kisker, Raiser, Buchner, Löwisch, Heinze, Köhler,* RdA 1987, 193 ff. Auch der Druck von Presseerzeugnissen am Wochenende darf nicht verhindert werden, vgl. *Dütz,* AfP 1989, 605.

[53] Dazu *Kloepfer,* „Innere Pressefreiheit" und Tendenzschutz im Lichte des Art. 10 der Europäischen Konvention zum Schutze der Menschenrechte und Grundfreiheiten, 1996.

[54] *BVerfG* AP Nr. 1, 2, 4 und 5 zu Art. 5 Abs. 1 GG Rundfunkfreiheit. Dazu z.B. *Otto,* AuR 1983, 1; *Rüthers,* DB 1982, 1869; *Lieb,* FS Hilger/Stumpf, 1983, S. 409. Vgl. ferner *Otto,* RdA 1984, 261; *Rüthers,* RdA 1985, 129. Vollziehende Entsch. des *BAG* AP Nr. 42 und 43 zu § 611 BGB Abhängigkeit. Zur ähnlich gelagerten Frage, inwieweit Art. 5 III GG die Befristung von Arbeitsverhältnissen Hochschulbediensteter zulässt *BAG* AP Nr. 38, 59, 67, 68 und 69 zu § 620 BGB Befristeter Arbeitsvertrag.

[55] So aber *Däubler,* NZA 1989, 945.

[56] In diese Richtung *BVerfG* AP Nr. 12 zu Art. 5 I GG Meinungsfreiheit. Kritisch dazu *Boemke,* NJW 1993, 2083.

[57] *BAG* AP Nr. 1 zu Art. 6 I GG Ehe und Familie.

zusammen mit Art. 3 GG nach der Meinung des BAG die Schlechterstellung verheirateter weiblicher Arbeitnehmer in Bezug auf Zulagen.[58] Andererseits ist nach Ansicht des BAG eine Regelung mit dem GG vereinbar, bei welcher der hinterbliebenen Ehefrau des Arbeitnehmers das Witwengeld wegen eines Altersunterschieds von mehr als 25 Jahren versagt wurde.[59]

Art. 6 IV GG (Schutz der Mutter) hat das BAG mit herangezogen, um die Nichtigkeit einer Vereinbarung der Schwangerschaft als auflösende Bedingung für das Arbeitsverhältnis zu begründen.[60] Auch mittelbare Beeinträchtigungen sind abzuwehren.[61]

7. Zu Art. 9 GG (Vereinigungs- und Koalitionsfreiheit) siehe unten § 9.

8. Art. 12 I GG (Freie Wahl von Beruf, Arbeitsplatz und Ausbildungsstätte)[62] hat in arbeitsrechtlichen Begründungszusammenhängen eine besonders weit reichende Bedeutung erlangt. Aus diesem Grundrecht kann der einzelne Arbeitnehmer oder Auszubildende selbstverständlich keinen Anspruch gegen einen konkreten Arbeitgeber auf Einstellung herleiten.[63] Die negative Abschlussfreiheit beim Arbeitsvertrag ist im geltenden Recht weitgehend gewahrt. Auch ein **Recht auf Arbeit** im Sinn der Gewährung eines subjektiven Rechts für den Einzelnen gegenüber dem Staat ist dem GG weder in Art. 12 noch sonst wo zu entnehmen.[64] (Dazu auch oben § 1 III 3.) Deshalb erscheint es verfehlt, die bewusst unwahre Beantwortung unzulässiger Fragen des Arbeitgebers mit Art. 12 I GG zu rechtfertigen.[65] Ebenso wenig kann aus Art. 12 GG ein Schutz des Arbeitnehmers vor dem Verlust seines Arbeitsplatzes durch Kündigung oder Befristung abgeleitet werden,[66] zumal für den Arbeitgeber grundsätzlich ein Kündigungsrecht aus Art. 12 GG folgt. Anders ausgedrückt: Der arbeitsrechtliche Bestandsschutz ist kein legitimer Spross der Berufsfreiheit des Arbeitnehmers. Denn dies würde logisch voraussetzen, dass der Arbeitnehmer ein verfassungsrechtliches Recht auf Ausübung des von ihm gewählten Berufs bei einem bestimmten Arbeitgeber hat. Anders liegt die Frage, ob durch Gesetz oder Tarifvertrag Altersgrenzen festgelegt werden dürfen.[67] Für

---

[58] BAG AP Nr. 68 zu Art. 3 GG.

[59] BAG AP Nr. 158 zu § 242 BGB Ruhegehalt.

[60] BAG AP Nr. 3 zu Art. 6 I GG Ehe und Familie.

[61] BVerfGE 109, 64; ErfK/*Dieterich*, Art. 6 GG Rn. 22.

[62] Dazu *Zöllner*, Gutachten für den 52. DJT, 1978, S. D 98 ff. m. N. Ferner *Scholz*, ZfA 1981, 265; *Ryffel/Schwartländer* (Hrsg.), Das Recht des Menschen auf Arbeit, 1983; Partsch-Symposium, Recht auf Arbeit, 1984; *Wendt*, DÖV 1984, 601; *Breuer*, Freiheit des Berufs, in: Isensee/Kirchhof (Hrsg.), Handbuch des Staatsrechts, Bd. VI, 2. Aufl., 2001, S. 877 ff.; *Waltermann*, Berufsfreiheit im Alter, 1989; *Ossenbühl*, AöR 115 (1990), 1; *Loritz*, ZfA 1990, 133, 145; *ders.*, ZfA 1991, 1, 15 f.; *Söllner*, AuR 1991, 45; *Christoph J. Müller*, Die Berufsfreiheit des Arbeitgebers, 1996; *Hergenröder*, FS Hadding, 2004, S. 81; *Lindner*, RdA 2005, 166 ff.; *Reuter*, RdA 2004, 161 ff.

[63] Dazu *Raab*, RdA 1995, 36; HWK/*Hergenröder*, GG, Art 12 Rn. 1, 2; *Papier*, RdA 2000, 1, 2.

[64] Zu den positivrechtlichen Grundlagen eines solchen Rechts und den Möglichkeiten seiner Verwirklichung ausführlich *Rath*, Die Garantie des Rechts auf Arbeit, 1974; vgl. ferner *Leipold*, AuR 1971, 161; *Reuter*, RdA 1973, 346; *Schwerdtner*, ZfA 1977, 47; *Zöllner*, Gutachten für den 52. DJT, 1978, S. D 91 ff.; *Reuter*, RdA 1978, 344; *Wank*, Das Recht auf Arbeit im Verfassungs- und Arbeitsrecht, 1980.

[65] So aber *Raab*, RdA 1995, 36, 37 f. Vgl. auch *Preis/Bender*, NZA 2005, 1321.

[66] So aber *Gamillscheg*, Grundrechte im Arbeitsrecht, 1989, S. 58. In die gleiche Richtung *Oetker* a. a. O., S. 26 ff.; *ders.*, AuR 1997, 41; siehe auch *Kühling*, AuR 1994, 126, 128; *Dörner*, NZA 1993, 873 ff.; *I. Weber*, AuR 1995, 113; KR/*Etzel*, § 1 Rn. 15 f.; *Lakies*, DB 1997, 1078; *Kittner*, AuR 1997, 182; *P. Hanau*, ZRP 1996, 349, 353; BVerfGE 84, 133, 146 f.; 92, 140, 150 f.; *BAG* AP Nr. 24 zu § 626 BGB Verdacht strafbarer Handlung; AP Nr. 123 zu § 626 BGB; wie hier *Löwisch*, BB 1997, 782.

[67] Vgl. zur Rspr. zu Altersgrenzen exemplarisch *BAG* AP Nr. 51 zu § 133 BGB; AP Nr. 18 zu § 620 BGB Altersgrenze; AP Nr. 3 zu § 17 TzBfG; *Hessisches LAG* NZA-RR 2003, 648; *Hessisches LSG* Der Kassenarzt 2006, Nr. 11, 45; *VG Braunschweig* DÄ 2006, A 1986; vgl. für Altersgrenzen in Tarifverträgen *Waltermann*, NZA 1994, 822, 826 ff.; *U. Preis*, FS Stahlhacke, 1995, S. 417, 425 ff.; *Boerner*, ZfA

solche Grenzen könnte eine ganze Reihe sehr unterschiedlicher sachlicher Gründe sprechen. Deshalb wird den Normsetzern ein breiter Ermessensspielraum zur Verfügung stehen. Und schließlich hilft Art. 12 GG dem Arbeitnehmer nicht gegen eine Suspendierung seiner Arbeitspflicht während des Laufs einer Kündigungsfrist.[68] Eine Beschäftigungspflicht kann allerdings aus Art. 1 i.V.m. Art. 2 GG folgen.

Die Ausstrahlungswirkung der Berufsfreiheit hat Bedeutung bei der Inhaltskontrolle von Arbeitsverträgen[69], wobei gegenwärtig in Frage steht, ob eine solche Inhaltskontrolle nach Einbeziehung der Arbeitsverträge in die Klauselkontrolle der §§ 305 ff. BGB noch denkbar ist (dazu unten § 12 IV). Dabei wurde Art. 12 I GG herangezogen bei der Prüfung der **Gültigkeit von Wettbewerbsabreden,** die dem Arbeitnehmer verbieten, nach Beendigung seines Arbeitsverhältnisses für eine bestimmte Zeit im gleichen Beruf oder Gewerbe tätig zu sein. Die grundsätzliche verfassungsrechtliche Zulässigkeit solcher Abreden ist zu bejahen.[70] Wettbewerbsverbote unterliegen aber inhaltlich erheblichen Einschränkungen;[71] §§ 74 ff. HGB, welche entsprechende Grenzen ausführlich regeln, sind nach der Rechtsprechung[72] auch in nicht dem HGB unterfallenden Arbeitsverhältnissen anzuwenden. Art. 12 I GG setzt ferner dem Verbot von **Nebentätigkeiten** mindestens überall da Schranken, wo kein schutzwertes Interesse des Arbeitgebers an einem solchen Verbot besteht.[73] Außerdem kann Art. 12 I GG dazu herangezogen werden, die **Unzulässigkeit von Rückzahlungsklauseln** für Gratifikationen[74], Aus- und Fortbildungskosten[75] oder für Umzugskosten,[76] die bei Versetzung entstanden sind, zu begründen. Für im Grundsatz verfassungsgemäß hält das BAG die Vereinbarung der Rückzahlung von Aus- und Weiterbildungskosten bei vorzeitiger Kündigung, unterwirft sie aber der Inhaltskontrolle nach dem Maßstab der Verhältnismäßigkeit.[77] Problematisch unter dem Aspekt der Freiheit des Berufszugangs sind sog. Besetzungsregelungen in Tarifverträgen, mit denen etwa festgelegt wird, dass bestimmte Arbeiten nur von Fachkräften ausgeführt werden dürfen. Hier ist hier allerdings vieles streitig.[78]

Schon das zuletzt genannte Beispiel zeigt, dass Art. 12 I GG die Vertragsfreiheit im Arbeitsverhältnis nicht nur beschränkt, sondern sie andererseits auch schützt. Das gilt erst recht für die **Freiheit der**

1995, 537, 553 ff.; *Boecken*, NZA 1995, 145, 146; *BVerfG* AP Nr. 5 zu § 41 SGB VI; *BVerfG* AP Nr. 25 zu § 620 BGB Altersgrenze; *BAG* AP Nr. 21 zu § 620 BGB Altersgrenze.

[68] So jedoch *Salje*, FS Kissel, 1994, S. 983 ff.

[69] ErfK/*Dieterich*, Art. 12 GG Rn. 31 ff. mit weiteren Beispielen; siehe auch *Hergenröder*, FS Hadding, 2004, S. 81, 97 ff.

[70] *BAG* AP Nr. 7 und 20 zu Art. 12 GG.

[71] S. z. B. HWK/*Hergenröder*, GG, Art. 12 Rn. 71; *Koch*, RdA 2006, 28. Dazu näher unten § 14 I 4.

[72] Vgl. schon *BAG* AP Nr. 18 zu § 74 HGB; siehe aber vor allem *BAG* AP Nr. 24 zu § 611 BGB Konkurrenzklausel; AP Nr. 23 zu § 133 f. GewO sowie AP Nr. 26 zu § 74 HGB. Vgl. dazu auch *BVerfG* AP Nr. 65 zu Art. 12 GG m. Anm. *Canaris* (= BVerfGE 81, 242).

[73] *BAG* AP Nr. 7 zu § 11 BAT.

[74] Wie etwa von *Gamillscheg*, RdA 1968, 407; vgl. dagegen die Rspr. des *BAG* AP Nr. 22–25, 27, 28, 36, 47, 54, 60, 62, 63, 70, 78, 86, 99, 106, 108, 150 zu § 611 BGB Gratifikation. Aus der Literatur vor allem *Blomeyer/Buchner*, Rückzahlungsklauseln im Arbeitsrecht, 1969; *Schwerdtner*, Anm. zu AP Nr. 86 zu § 611 BGB Gratifikation; *Lipke*, Gratifikationen, Tantiemen, Sonderzulagen, 1982; *P. Hanau/Stoffels*, Beteiligung von Arbeitnehmern an den Kosten der beruflichen Fortbildung, 1992. Vgl. auch HWK/*Hergenröder*, GG, Art. 12 Rn. 69.

[75] *BAG* AP Nr. 31 zu § 611 BGB Ausbildungsbeihilfe; AP Nr. 34 zu § 611 BGB Ausbildungsbeihilfe; AP Nr. 32 zu § 611 BGB Ausbildungsbeihilfe.

[76] Siehe *LAG Kiel* AP Nr. 1 zu § 611 BGB Umzugskosten; *BAG* AP Nr. 4 zu § 44 BAT; AP Nr. 50 zu Art. 12 GG.

[77] AP Nr. 25, 26, 29 und 45 zu Art. 12 GG, AP Nr. 1–6, 8–11, 15, 16, 17, 18 (Anm. *Wiedemann*), 19, 20, 21, 22, 23 (Anm. *v. Hoyningen-Huene*); vgl. auch *Stoffels*, SAE 1995, 176; *Mohr*, BB 1996, 961; *Kaiser*, ZfA 1996, 138; *Hergenröder*, FS Hadding, 2004, S. 81 ff.

[78] Vgl. *Loritz*, Anm. SAE 1991, 236; einschränkend *H. Hanau*, RdA 1996, 158.

Berufsausübung, weil diese sowohl für den Arbeitgeber wie für den Arbeitnehmer wesentlich durch Arbeitsverträge gestaltet wird. Ein Eingriff in diese Freiheit ist nach der sog. Stufentheorie des BVerfG unter Anwendung des Übermaßverbots nur zulässig, wenn der Grundsatz der Erforderlichkeit und Verhältnismäßigkeit gewahrt ist. Wenn eine Regelung erheblich in die Freiheit der Berufsausübung eingreift, kann der Eingriff nicht mehr auf jede vernünftige Abwägung des Gemeinwohls gestützt werden, sondern nur noch auf solche Gemeinwohlbelange, die schwer genug wiegen, um den Vorrang vor der Berufsbehinderung zu rechtfertigen.[79] Und wenn auch die Stufentheorie heute nicht mehr streng angewandt wird, so gelten doch ihre Grundsätze zumindest im Rahmen einer Verhältnismäßigkeitsüberprüfung weiterhin. Erhebliche Bedeutung hat dies für die **normative** (z.B. tarifvertragliche) **Festlegung einer Höchstarbeitszeit.** Sie ist nach diesen Grundsätzen nicht zulässig, wenn sie nicht aus Gründen des Gesundheitsschutzes notwendig ist. Was Arbeitszeiten unter 40 Stunden pro Woche angeht, wird eine solche Notwendigkeit für die meisten Berufe und Branchen zu verneinen sein. Arbeitsmarktpolitische Interessen allein rechtfertigen die Statuierung von Höchstarbeitszeiten nicht. Allerdings wird teilweise zumindest den Tarifvertragsparteien erlaubt, beschäftigungspolitische Überlegungen anzustellen, wie modellhaft die Diskussion um die 35-Stunden-Woche bei VW gezeigt hat.[80] Insgesamt trägt die Rspr. Art. 12 GG in Bezug auf die Freiheit unternehmerischer Entscheidung, die zur Berufsausübung des Arbeitgebers gehört, bislang eher wenig Rechnung.[81] Dies unterstreicht auch die in letzter Zeit geführte Diskussion um die Regelung von Standortfragen.

Bedeutung hat Art. 12 I GG auch für die Regelung des Rechts der **leitenden Angestellten.** Da der Arbeitgeber in mittleren und größeren Unternehmen nicht alle wesentlichen Entscheidungen selbst treffen kann, bedarf er der Unterstützung durch seiner Sphäre zuzurechnende Personen. Die Gestaltung der Rechtsbeziehungen zu diesen Personen muss in ausreichendem Umfang dem Arbeitgeber nach seinen Vorstellungen möglich sein.

Grenzen aus Art. 12 I GG würden auch **lohndirigistische Maßnahmen** gegenüber den Parteien des Arbeitslebens unterliegen.[82] Ob Arbeitnehmer nach BGB-Grundsätzen oder eingeschränkt haften, wird durch Art. 12 GG nicht determiniert.[83]

III. Grundrechte und Tarifvertrag[84]

Die Geltung der Grundrechte für die tarifvertragliche Normsetzung ist nahezu unbestritten, wobei Art. 3 GG oft gesondert benannt wird. Die Grundrechtsbindung folgt allerdings nicht schon daraus, dass die Grundrechte nach Art. 1 III GG die Gesetzgebung als unmittelbar geltendes Recht binden.

---

[79] BVerfGE 7, 377; 16, 147 (167); 30, 336 (351).

[80] *Richardi,* ZfA 1990, 211, 212, 218 f.; *Waltermann,* NZA 1991, 754, 755 ff., *Käppler,* NZA 1991, 745 ff.; die für ein solches Mandat sind. Dagegen *Zöllner,* DB 1989, 2121 ff.; *Bengelsdorf,* ZfA 1990, 563, 570 f.; *Loritz,* ZfA 1990, 133, 163 f.; *Picker,* ZfA 1998, 573, 616 m.N. Vgl. auch *BAG* AP Nr. 24 zu § 611 BGB Arbeitszeit; AP Nr. 1 zu § 1 TVG Tarifverträge: Internationaler Bund, mit Anm. *Kort;* *Hanau/Thüsing,* ZTR 2001, 1, 6; *Schliemann,* ZTR 2000, 198 (201); *Schweibert,* Die Verkürzung der Wochenarbeitszeit durch TV, 1994, S. 26 ff.

[81] Vgl. z.B. *BAG* AP Nr. 8 u. 15 zu § 87 BetrVG 1972 Arbeitszeit; *BAG* SAE 1991, 236 (Anm. *Loritz*).

[82] Dazu *M. Schmidt-Preuß,* Verfassungsrechtliche Zentralfragen staatlicher Lohn- und Preisdirigismen, 1977.

[83] So auch *BGH* AP Nr. 102 zu § 611 BGB Haftung des Arbeitnehmers; für eine Herleitung der Haftungsbeschränkung aus Art. 12 GG hingegen *BAG* GS AP Nr. 101 und 103 zu § 611 BGB Haftung des Arbeitnehmers.

[84] Aus der Rspr. vgl. z.B. *BAG* AP Nr. 4 zu § 44 BAT; AP Nr. 87 zu Art. 3 GG; AP Nr. 1 zu § 1 TVG Tarifverträge: Druckindustrie (Anm. *Reuter*); *BAG* SAE 1991, 236 (Anm. *Loritz*); vgl. weiter *Gamillscheg,* AcP 164 (1964), 399 f. m.N.; *Richardi,* Kollektivgewalt und Individualwille bei der Gestaltung des Arbeitsverhältnisses, 1968, S. 46 ff.; *Zöllner,* RdA 1964, 447 f.; *Canaris,* AcP 184 (1984), S. 201 (244 f.); *F. Kirchhof,* Private Rechtsetzung, 1987, S. 517 ff.; *Gamillscheg,* Die Grundrechte im Arbeitsrecht (1989), S. 103; *Waltermann,* RdA 1990, 138; *Lerche,* FS Steindorff, 1990, S. 897; *Jarass,* NZA 1990, 505; *A. Wiedemann,* Die Bindung der Tarifnormen an Grundrechte, 1994; *Baumann,* RdA 1994, 272; *Singer,* ZfA 1995, 611; *Rieble,* Arbeitsmarkt und Wettbewerb, 1996, Rn. 1273 ff.; *Löwisch,* ZfA 1996, 300 f.; *Schwarze,* ZTR 1996, 1; *H. Hanau,* RdA 1996, 158; *Gamillscheg,* Kollektives Arbeitsrecht I, 1997, § 16 I, S. 666 ff.; *Wiedemann/Peters,* RdA 1997, 100; *Löwisch,* RdA 2000, 312 ff.; *Rieble,* ZfA 2000, 5 ff.; *Waltermann,* FS 50 Jahre BAG, 2004, S. 913 ff.; *Hümmerich/Welslau,* NZA 2005, 610 ff.; *HWK/Hergenröder,* GG, Art. 3 Rn. 35 ff.; *ErfK/Dieterich,* Einl. GG, Rn. 46 ff.

Zwar lassen sich die Normen des Tarifvertrags in gewisser Hinsicht als Gesetz im materiellen Sinn verstehen. Daraus allein ergibt sich aber nicht, dass die Grundrechtsgeltung in der gleichen Weise Platz zu greifen habe wie gegenüber staatlichen Gesetzen.[85] Die Anheimgabe einer Rechtsetzungsmacht an die Tarifvertragsparteien ist nicht mit schlichter Delegation gleichzusetzen[86]. Die tarifvertragliche Regelung ist nicht eine von oben nach unten verlagerte Art und Weise hoheitlicher Regelung, sondern eine von unten auf die höhere Ebene der Koalitionen heraufgehobene Privatautonomie; das BAG spricht heute von der „kollektiv ausgeübten Privatautonomie".[87] Im Tarifvertrag ist der einzelne Tarifunterworfene jedenfalls in vieler Hinsicht besser geschützt als im Einzelvertrag. Gegenüber dem Tarifvertrag geht es für die Rechtsordnung deshalb eher darum, dass dem einzelnen Arbeitnehmer oder Arbeitgeber *von seinem Verband* nicht Unzumutbares zugemutet wird. Dieser innerverbandliche Schutz ist jedenfalls nicht der Abwehrfunktion der Grundrechte unmittelbar zuzuordnen. Es kann insoweit vielmehr ähnlich wie im Einzelvertrag nur eine eingeschränkte, d. h. indirekte, situationsbezogene Anwendung der Grundrechte Platz greifen. Anders wären Torkontrollen und Leibesvisitationen, Wettbewerbsverbote, tarifliche Rückzahlungsklauseln bei Arbeitsplatzwechsel u. ä. durch Tarifvertrag kaum regelbar.

Unvertretbar sind freilich Auffassungen, die eine prinzipiell unterschiedliche Bindung der Tarifpartner postulieren, je nachdem ob es sich um „Arbeitnehmergrundrechte" oder „Arbeitgebergrundrechte" handelt.[88]

IV. Grundrechte und Betriebsverfassung[89]

Ungemein schwierig ist die Frage, mit welcher Intensität die Grundrechte im Rahmen der Betriebsverfassung zur Wirkung kommen.

1. Arbeitnehmermitbestimmung wird vielfach als eine **durch** die **Grundrechte** auf Menschenwürde und Persönlichkeitsentfaltung (Art. 1 u. 2 GG) **gebotene rechtliche Gestaltung** der betrieblichen Verhältnisse angesehen.[90] Daran ist zutreffend, dass eine hierarchisch-autoritäre Organisation der Betriebe nach Art reiner Befehlssysteme in Widerspruch zu den aus Art. 1 und 2 GG abzuleitenden Wertentscheidungen geriete. Hingegen lässt sich nicht konkret die Erforderlichkeit der geltenden Mitbestimmungssysteme aufgrund der Verfassung behaupten.

Erst recht zu weit geht die Behauptung eines **„Grundrechts auf Mitbestimmung".**[91] Sieht man die Möglichkeit des Menschen zur Selbstbestimmung – was immer das sei – als wichtiges Element des Grundrechts in Art. 2 GG an, so liegt vordergründig der Schluss nahe, dass überall da, wo Selbstbestimmung nach den tatsächlichen Gegebenheiten nicht zu verwirklichen ist, wenigstens als Minus oder als Ersatz Mitbestimmung Platz zu greifen habe. Indessen ist den verfassungsrechtlichen Anforderungen durch Arbeitsschutz und Konsensprinzip Genüge getan. Die Mitbestimmungsregelungen bewegen

---

[85] So aber das *BAG* in der grundlegenden Entscheidung AP Nr. 4 zu Art. 3 GG.

[86] In ähnlichem Sinn BVerfGE 73, 261, das deshalb eher an nur mittelbare Geltung der Grundrechte denkt. S. auch *BAG* GS AP Nr. 14 zu § 611 BGB Beschäftigungspflicht; *BAG* GS AP Nr. 101 zu § 611 Haftung des Arbeitnehmers.

[87] *BAG* AP Nr. 155 zu § 1 TVG Tarifverträge: Metallindustrie; AP Nr. 12 zu § 1 TVG Tarifverträge: Luftfahrt; AP Nr. 25 zu § 4 TVG Geltungsbereich; *Boecken*, RdA 2000, 7, 10; *Löwisch*, RdA 2000, 312 (313); *Dieterich*, RdA 2002, 1, 9 m. w. N. Für Art. 3 vgl. *BAG* AP Nr. 5 zu § 1 TVG Gleichbehandlung.

[88] So z. B. *Däubler/Wolter*, AuR 1982, 137, 154 f.

[89] Dazu *Loritz*, ZfA 1991, 1, 14 f.; *H. Hanau*, Individualautonomie und Mitbestimmung in sozialen Angelegenheiten, 1994, S. 37 ff.; *Waltermann*, Rechtsetzung durch Betriebsvereinbarung zwischen Privatautonomie und Tarifautonomie, 1996, S. 242 ff.; *Hänlein*, RdA 2003, 26 ff.

[90] Vgl. dazu *Söllner*, RdA 1968, 437; ferner ausführlich den Bericht der Mitbestimmungskommission, Mitbestimmung im Unternehmen, BT-Drucksache VI/334, S. 18. Einen sehr unbestimmt gehaltenen Versuch, Mitbestimmung auf Art. 12 GG zu gründen, unternimmt *Kisker*, FS Geiger zum 80. Geburtstag, 1989, S. 243.

[91] Dazu vor allem *Däubler*, Das Grundrecht auf Mitbestimmung, 1973, S. 129 ff. Kritisch *Ehmann*, RdA 1976, 175.

sich daher auf einfachgesetzlicher Ebene und sind Sache gesetzgeberischer Zweckmäßigkeit, nicht verfassungsrechtlicher Gebote.

2. Die Betriebsverfassung ist ein wichtiger **Ansatzpunkt zur Wahrung und Verwirklichung von Grundrechten** der Arbeitnehmer. Es ist Aufgabe des Betriebsrats, aber auch des Arbeitgebers, darüber zu wachen, dass die Arbeitnehmergrundrechte durch betriebliche Instanzen und Entscheidungen nicht beeinträchtigt werden und dass das Recht der Persönlichkeitsentfaltung gefördert wird. Das BetrVG hat dies ausdrücklich in seinen Text aufgenommen, vgl. § 75 Abs. 1 und 2 BetrVG.

3. Die Einführung der Betriebsverfassung wie ebenso der unternehmerischen Mitbestimmung greift in den Schutzbereich von Grundrechten des Arbeitgebers, namentlich der Art. 2, 12 und 14 GG ein, ohne freilich schon einen unzulässigen Eingriff darzustellen. Für eine verfassungskonforme Verstärkung der betriebsverfassungsrechtlichen Mitwirkungsrechte dürfte in etlichen Bereichen nur noch ein geringer Spielraum zur Verfügung stehen. Verfassungsrechtlich geboten ist die vom Gesetz vorgesehene Einschränkung der Mitbestimmung im Bereich des sog. Tendenzschutzes (dazu unten § 46 IV 5 m. N.).

4. Für die Rechtsanwendung ist wichtig, inwieweit bei der **Normsetzung durch Betriebsvereinbarung** eine **Bindung an die Grundrechte** eingreift. Für eine weitreichende, der Bindung des Gesetzgebers ähnliche Schrankenwirkung der Grundrechte spricht, dass der einzelne Arbeitnehmer die Rechtsetzungsmacht der betrieblichen Kräfte nicht durch einen von seinem Arbeitsverhältnis unabhängigen rechtsgeschäftlichen Akt sanktioniert hat, anders als beim Tarifvertrag, wo ein solcher rechtsgeschäftlicher Akt mit Bezug auf die Tarifautonomie im Beitritt zur Gewerkschaft zu sehen ist. Andererseits ist die Betriebsvereinbarung ein in vielen Beziehungen die Arbeitnehmerstellung stärkendes Instrument, weshalb kein dringender Anlass besteht, sie insoweit stärker an die Grundrechte zu binden als den Arbeitsvertrag.[92] Deshalb kann auch für die betriebliche Rechtssetzung keine undifferenzierte, abwehrrechtlich determinierte, sondern nur eine **situationsbezogene Grundrechtsanwendung** postuliert werden.

5. Eine weitere Problemdimension tut sich auf, wenn Bestrebungen Anklang finden sollten, dem Betriebsrat **Grundrechtsfähigkeit** beizulegen.[93] Art. 19 III GG wird als Rechtsgrundlage hierfür indessen überstrapaziert.

V. Das Sozialstaatsprinzip (Art. 20, 28 GG)[94]

1. Das Sozialstaatsprinzip stellt einen **Auftrag an den Gesetzgeber** dar, die Rechtsordnung so zu gestalten, dass sie den sozialen Anforderungen der Zeit entspricht. Dem Staat ist danach aufgegeben, ein Leitbild sozial gerechter Verhältnisse zu entwickeln und zu verfolgen. In abstracto ist darüber leicht Einigkeit zu erzielen. Schwierigkeiten bestehen jedoch, wenn es darum geht, die Verpflichtung des Gesetzgebers zu konkretisieren.

---

[92] Das BVerfG verneint eine unmittelbare abwehrrechtliche Bindung und nimmt nur eine Ausstrahlungs- oder mittelbare Drittwirkung der Grundrechte an, vgl. BVerfGE 73, 261 (268 f.).
[93] So z. B. *Ellenbeck,* Die Grundrechtsfähigkeit des Betriebsrats, 1996.
[94] *A. Hueck,* FS Apelt, 1958, S. 57 ff.; *Stern,* Staatsrecht I S. 682; *Zacher,* FS Ipsen, 1977, S. 207; *Zacher,* Sozialstaatsprinzip, in: HdWW (1978); *Badura,* DÖV 1989, 491; *Blüm/Zacher* (Hrsg.), 40 Jahre Sozialstaat Bundesrepublik Deutschland, 1989; *Benda,* in: Benda u. a. (Hrsg.), HdbVerfR, 2. Aufl., 1995, § 17 Rn. 80 ff.; *Neumann,* DVBl. 1997, 92; *Neuner,* Privatrecht und Sozialstaat, 1999; *Schlink,* FS 50 Jahre BVerfG, 2001, Bd. II, S. 445; *Jarass/Pieroth,* GG, 7. Aufl., 2004, Art. 20 Rn. 102 ff.

a) Nicht überzeugend ist es, wenn dem Sozialstaatsprinzip die Verpflichtung zu einer weitgehenden Umwandlung der Gesellschaftsordnung entnommen wird.[95]

b) Andererseits bedeutet das Sozialstaatsprinzip auch **keine Veränderungssperre** dahin, dass dem Gesetzgeber ein Abbau sozial bedeutsamer Rechtsinstitutionen nur in engen Grenzen erlaubt wäre. Gleichwohl ist das Sozialstaatsprinzip als Gesetzgebungsschranke insofern höchst bedeutsam, als es ein wichtiges Element der Auslegung anderer Verfassungsnormen darstellt.[96]

c) Die **Aufgabe des Gesetzgebers** lässt sich im Anschluss an *Zacher* am ehesten dahin begreifen, dass der Sozialstaat den jeweils gegebenen wirtschaftlichen und gesellschaftlichen Verhältnissen wachsam, korrigierend und verändernd gegenüber zu stehen hat mit dem Ziel, jedem Staatsbürger ein menschenwürdiges Dasein zu sichern, Abhängigkeitsverhältnisse abzubauen und für einen gerechten Ausgleich von Einkommensunterschieden zu sorgen. Gegenüber Marktwirtschaft und Privatkapitalismus, die nicht in vollem Umfang eine gerechte primäre Einkommensverteilung herbeizuführen in der Lage sind, ist deshalb die Umverteilung mit dem Ziel sekundär gerechterer Einkommensverteilung auch verfassungsrechtlich bis zu einem gewissen Grad geboten. Außerdem rechtfertige das Sozialstaatsgebot in praktischer Konkordanz echte Mindestarbeitsbedingungen zur Existenzsicherung.[97]

Aus dem Sozialstaatsgebot (Art. 20 I, Art. 28 I GG) – i. V. m. Art. 12 GG – wird auch gefolgert, dass der Staat gegen die Arbeitslosigkeit vorgehen muss[98]; vgl. auch die Staatszielbestimmung „gesamtwirtschaftliches Gleichgewicht" (Art. 109 II, IV; 115 I 2 GG). Gleiches gilt für die Zurverfügungstellung eines Sozialversicherungssystems.

2. Das Sozialstaatsprinzip bildet ferner für die **Gesetzesanwendung** einen **Auslegungsgrundsatz** und eine bei der Konkretisierung von Generalklauseln zu beachtende Maxime. Allerdings fungiert es insoweit nur selten als die allein tragende Begründung arbeitsrechtlicher Konfliktentscheidungen. Das entspricht seiner Unbestimmtheit und den aus ihr resultierenden Konkretisierungsschwierigkeiten.[99] Dagegen wird es öfter bei der Rechtsfindung in einem unterstützenden Sinn bemüht. So kann etwa im Bereich der rechtsfortbildenden Gestaltung des Arbeitskampfrechts das Sozialstaatsprinzip dafür sprechen, die lösende Aussperrung grundsätzlich nicht Platz greifen zu lassen.[100] Die Unzulässigkeit von Kettenarbeitsverträgen hat das *BAG* u. a. auch auf das Sozialstaatsprinzip gestützt.[101] Problematisch ist es allerdings, das Sozialstaatsprinzip heranzuziehen, um andere Verfassungsregelungen in ihrer Grundaussage aufzuheben oder zu konterkarieren,[102] beispielsweise das Koalitionsrecht der Arbeitgeberseite einzuschränken.

---

[95] So aber etwa *Ramm*, Der Arbeitskampf und die Gesellschaftsordnung des Grundgesetzes, 1965, S. 147 ff., 164. Zu den gewerkschaftlichen Vorstellungen im Hinblick auf das Sozialstaatsprinzip vgl. z. B. *H. O. Vetter*, Sozialstaatsprinzip und Verfassungswirklichkeit, BABl. 1974, 274.

[96] Vgl. *BVerfG* AP Nr. 48 zu § 611 BGB Abhängigkeit.

[97] *Henssler*, ZfA 1998, 1, 18 ff. (strittig).

[98] *Jarass*, in: Jarass/Pieroth, GG, 9. Aufl., 2007, Art. 12 Rn. 17; vgl. auch *Steiner*, NZA 2005, 657; a. A. *Rieble*, Arbeitsmarkt und Wettbewerb, 1996, Rn. 1133.

[99] Vgl. auch BVerfGE 65, 182 (194), wo eine Legitimation der Gerichte zur Rechtsfortbildung aus dem Sozialstaatsprinzip wegen dessen „Weite und Unbestimmtheit" abgelehnt wird.

[100] Vgl. *Zöllner*, Aussperrung und arbeitskampfrechtliche Parität, 1974, S. 24. Umfassend zur Funktion des Sozialstaatsprinzips im Rahmen des Arbeitskampfrechts *Seiter*, Streikrecht und Aussperrungsrecht, 1975, S. 100 ff.

[101] Grundlegend war *BAG* AP Nr. 7 zu § 1 KSchG.

[102] Vgl. schon *Zöllner*, RdA 1964, 447 f.

§ 9. Koalitionen und Koalitionsfreiheit

Literatur: 1. Zu Koalitionsfreiheit und Koalitionsbegriff: *Dietz,* Die Koalitionsfreiheit, in: Bettermann/Nipperdey/Scheuner, Die Grundrechte, Bd. III, Teilbd. 1, 1958, S. 417; *Säcker,* Grundprobleme der kollektiven Koalitionsfreiheit, 1969; *Richardi,* Grundprobleme der kollektiven Koalitionsfreiheit, ZfA 1970, 85; *Scholz,* Koalitionsfreiheit als Verfassungsproblem, 1971; *Zöllner,* Die Rechtsprechung des Bundesverfassungsgerichts zu Art. 9 Abs. 3 GG, AöR 98 (1973), 71; *Zacher,* Staat und Gewerkschaften, 1977; *Badura,* Das Recht der Koalitionen, ArbRGgw Bd. 15 (1978), 17; *Buchner,* Die Rechtsprechung des BAG zum Gewerkschaftsbegriff, FS 25 Jahre BAG, 1979, S. 55; *Schwerdtfeger,* Individuelle und kollektive Koalitionsfreiheit, 1981 = Landesbericht in Mosler/Bernhard (s. unten 2.), Band 1, 1980, S. 149; *Seiter,* Die Rspr. des BVerfG zu Art. 9 Abs. 3 GG, AöR 109 (1984), 88; *Picker,* Die Regelung der Arbeits- und Wirtschaftsbedingungen, ZfA 1986, 199; *Dütz,* Koalitionsautonome Regelung der Arbeits- und Wirtschaftsbedingungen, JA 1987, 405; *M. Kemper,* Die Bestimmung des Schutzbereichs der Koalitionsfreiheit, 1990; *Schüren,* Die Legitimation der tariflichen Normsetzung, 1990; *Eitel,* Die Ungleichbehandlung der repräsentativen und nicht repräsentativen Gewerkschaften durch den Staat, 1991; *Käppler,* Tarifvertragliche Regelungsmacht, NZA 1991, 745; *Säcker/Oetker,* Grundlagen und Grenzen der Tarifautonomie, 1992; *Schaub,* Tarifautonomie in der Rechtsprechung, RdA 1995, 65; *Gamillscheg,* Kollektives Arbeitsrecht I, 1997, Zweiter Teil (§§ 3–11); *Löwisch,* in: Münchener Handbuch zum Arbeitsrecht, Bd. 3, 2. Aufl. 2000, §§ 235 ff.; *Picker,* Die Tarifautonomie in der deutschen Arbeitsverfassung, 2000; *Scholz,* Koalitionsfreiheit, in: Isensee/Kirchhof, Hdb. des Staatsrechts, Bd. VI, 2. Aufl. 2001; *Zachert,* AR-Blattei SD 1650.1 Vereinigungsfreiheit/Koalitionsfreiheit I, 2001; *Kissel,* Arbeitskampfrecht, 2002.

2. Rechtsvergleichend zur Koalitionsfreiheit: *Mosler/Bernhard* (Hrsg.), Die Koalitionsfreiheit des Arbeitnehmers, Rechtsvergleichung und Völkerrecht, 2 Bände, 1980; *Runggaldier,* Herausforderungen der Tarifautonomie: Das Beispiel Österreich, ZIAS 1997, 1.

3. Zum Koalitionswesen: *Gießen,* Die Gewerkschaften im Prozeß der Volks- und Staatswillensbildung, 1976; *Knebel,* Koalitionsfreiheit und Gemeinwohl, 1978; *U. Teichmann,* Gewerkschaften, 1981; *Grebing,* Die Geschichte der deutschen Arbeiterbewegung, 11. Aufl. 1981; *Streeck,* Gewerkschaftliche Organisationsprobleme in der sozialstaatlichen Demokratie, 1981; *A. Markovits,* The politics of the West German trade unions, 1986; *Gröbing,* Das Koalitionsrecht der Arbeitnehmer in der Krise, AuR 1986, 297; Die deutschen Gewerkschaften in der modernen Wirtschaftsgesellschaft, Symposion der Ludwig-Erhard-Stiftung, 1987; *Schnabel/Pege,* Gewerkschaftsmitglieder, 1992; *Blanke,* Die Entdeckung des Arbeitsrechts durch die Gewerkschaften, AuR 1994, 213 (dazu kritisch *Ramm,* Gewerkschaften und Arbeitsrecht während des Kaiserreichs, ZfA 1995, 581); *Kittner* (Hrsg.), Gewerkschaften heute, 1995; *Oetker,* Das private Vereinsrecht als Ausgestaltung der Koalitionsfreiheit, RdA 1999, 96; Wendeling-Schröder, Arbeitsrecht und Gewerkschaften, RdA 1999, 138; *Däubler,* Gewerkschaftsrechte im Betrieb, 10. Aufl. 2000; *Reuter,* Grundfragen des Koalitionsverbandsrechts, FS Söllner, 2000, S. 937; *Brock,* Gewerkschaftliche Betätigung im Betrieb nach Aufgabe der Kernbereichslehre durch das BVerfG, 2002; *Limmer,* Die deutsche Gewerkschaftsbewegung, 2002; *Kittner,* Arbeitskampf – Geschichte · Recht · Gegenwart, 2005.

Koalition ist im Arbeits- und Verfassungsrecht der gemeinsame Oberbegriff für Gewerkschaften und Arbeitgeberverbände. Die Koalitionsfreiheit ist die Freiheit des Zusammenschlusses zu solchen Verbänden und des Beitritts zu ihnen.

I. Aufgaben der Koalitionen

1. Die Koalitionen nehmen heute überaus vielfältige Aufgaben wahr. Kaum noch ein Bereich des öffentlichen Lebens, in den sie nicht wenigstens mit Stellungnahmen hineinzuwirken trachten. Wie beispielsweise ein Blick auf die Homepage des DGB[1] zeigt, gehen die Themen von der für die Koalitionen zentralen Sozialpolitik[2] über die Wirt-

---

[1] http://www.dgb.de/themen/themen.htm.

[2] Zum Thema Sozialpolitik gab es im Oktober 2006 groß angelegte Kundgebungen.

schaftspolitik bis hinein in Außen- und Migrationspolitik, Bildungspolitik, Forschung, Familien- und Gesundheitspolitik, ja selbst Medien- und Kulturpolitik.[3] Diese Entwicklung ist bis zu einem gewissen Grad verständlich, weil in einer komplexen Welt letztlich alles irgendwie mit allem zusammenhängt. Gleichwohl droht mit solcher Zuständigkeitsexpansion eine Pervertierung des Koalitionswesens.

Auch die Strafbarkeit der Abtreibung ist ein Thema, das die Gewerkschaften im Grunde nicht berührt.

Ähnlich greifen auch die Arbeitgeberverbände mit ihren Programmen und politischen Forderungen dem Bereich nach viel zu weit.

Diese Entwicklung ist weder arbeitsrechtspolitisch noch allgemein sozialpolitisch wünschenswert, weil die sinnvolle Verfolgung der eigentlichen Koalitionsziele umso schwieriger wird, je komplexer die allgemeine Zielsetzung der Koalitionen ausgestaltet wird. Darüber hinaus ist diese Entwicklung für die Demokratie nicht ungefährlich, weil in der Parteiendemokratie eine politische Allzuständigkeit für die Wahrnehmung von Interessen nur den Parteien zukommen darf. Die Koalitionen sollen sich nicht zu vierten (bzw. fünften etc.) Parteien[4] neben CDU/CSU, FDP, SPD etc. entwickeln, die Gewerkschaften sich nicht als „unabhängige politische Reformbewegungen"[5] verstehen. Verbände haben einschließlich ihrer wichtigsten Unterart, den Koalitionen, in der Demokratie eine wichtige Mittlerrolle, aber sie stellen gleichzeitig durch ihre Macht eine Gefährdung für die Demokratie dar. So wenig Demokratie heute ohne Koalitionen funktionsfähig wäre, so wenig kann sie überleben, wenn die Koalitionen ihren Machtapparat auf allgemeinpolitischem Gebiet einsetzen. Eine andere Frage ist, ob den Tarifvertragsparteien ein beschäftigungspolitisches Mandat in ihrem Kompetenzbereich zukommt, was man wohl zumindest in den typischen Regelungsbereichen nicht ausschließen kann.[6]

Die von den Koalitionen wahrgenommenen Aufgaben sind (fast) alle selbst gestellt, durch Satzungen, Programme, Geschäftsführungsentscheidungen usw. Bei nicht wenigen dieser Aufgaben erwarten jedoch gleichzeitig der Staat oder die Öffentlichkeit, dass die Koalitionen sie wahrnehmen und erfüllen.

2. Die Hauptaufgabe der Koalitionen liegt in der neben und unabhängig vom Staat wirkenden **Selbstverwaltung des Arbeitslebens.** Hauptfeld zur Erfüllung dieser Aufgabe ist der den Koalitionen obliegende Abschluss von Tarifverträgen. Daneben steht einmal die beratende und unterstützende Tätigkeit der Koalitionen nach innen gegenüber ihren Mitgliedern. Hinzugetreten ist ferner die Mitwirkung der Koalitionen im Rahmen der Betriebsverfassung (dazu unten § 46 VI) und der Mitbestimmung auf Unternehmensebene (dazu unten § 53). In manchen Verbandsbereichen (z. B. der Chemi-

---

[3] Ein extremes Beispiel aus früherer Zeit ist das massive Eintreten der GEW für eine Rechtschreibreform mit dem Ziel, die für die deutsche Kultur charakteristische Groß- und Kleinschreibung weitgehend durch Kleinschreibung zu ersetzen. Sie hat es dafür nicht bei Stellungnahmen bewenden lassen, sondern Kampfmaßnahmen der Lehrer (Diktat- und Zensurenboykott!) angedroht. Der Koalitionseinfluss wird damit zweifelsohne missbraucht.

[4] Vgl. zur Anwendung dieses Begriffs auf den DGB *Uwe Holl* (Hrsg.), Die vierte Partei? Zur Politik des DGB, 1981.

[5] So *H. O. Vetter* auf dem 11. ordentlichen Bundeskongress des DGB, Mai 1978, vgl. *Holl,* a. a. O., S. 8.

[6] Vgl. dazu *BAG* AP Nr. 1 zu § 1 TVG Tarifverträge: Internationaler Bund; AP Nr. 24 zu § 611 BGB Arbeitszeit zum ArbeitsplatzsicherungsTV Schulen LSA; AP Nr. 5 zu § 3 TVG Betriebsnormen; AP Nr. 1 zu § 1 TVG Beschäftigungssicherung. *Waltermann,* NZA 1991, 754 ff.; *Käppler,* NZA 1991, 745, 748 f.; *Zachert,* DB 2001, 1198, 1199.

schen Industrie) finden sich nichttarifvertragliche Formen des vereinbarten Zusammenwirkens in bestimmten selbstgewählten Aufgabenbereichen wie Umweltschutz oder Frauenförderung.

3. Gewerkschaften und Arbeitgeberverbände wirken ferner in mannigfacher Weise an **Gesetzgebung und hoheitlicher Verwaltung** mit.

a) In einem wichtigen Bereich dieser Tätigkeit, der Vorbereitung von Gesetzen, erfolgt diese Mitwirkung oft ohne gesetzliche Grundlage, und zwar nicht nur informell durch die Lobby, sondern auch im Rahmen von offiziell ins Leben gerufenen beratenden Ausschüssen.[7]

b) Auf einer Reihe von Gebieten ist die **Mitwirkung durch Gesetz ausgeformt.**[8] So haben die Verbände Antragsrechte zum Erlass bestimmter Rechtsnormen (vgl. § 5 I TVG) oder sie müssen vor deren Erlass gehört oder an den Vorbereitungen sogar beteiligt werden (vgl. z.B. §§ 5 II, 11 TVG, § 33 HAG, § 94 BBG). Gehört werden müssen sie ferner vor der Ernennung der Präsidenten und Vorsitzenden Richter der Landesarbeitsgerichte, § 36 ArbGG. Darüber hinaus haben sie zahlreiche Vorschlags- und Entsendungsrechte zu gerichtlichen Spruchkörpern ebenso wie zu Verwaltungsbehörden, so z.B. für die ehrenamtlichen Beisitzer der Gerichte für Arbeitssachen (vgl. unten § 55) und für die Organe der Bundesagentur für Arbeit. Die Gewerkschaften und die Spitzenverbände der Wirtschaft haben ein Vorschlags- und Präsentationsrecht z.B. für den Beirat des Statistischen Bundesamtes (§ 4 III Nr. 6 BStatG).

Die Koalitionen wirken ferner in zahlreichen mit Normsetzungs- oder Verwaltungsaufgaben betrauten Ausschüssen mit, vgl. z.B. § 5 I und V TVG, §§ 2, 5, 6 MiArbG (Gesetz über die Festsetzung von Mindestarbeitsbedingungen), §§ 4, 5, 22 III HAG, §§ 20, 21 KSchG.

II. Bedeutung der Koalitionen

Die außerordentlich große Bedeutung und Macht der Koalitionen in unserer Staats- und Gesellschaftsordnung spiegelt sich in den genannten Aufgaben und Funktionen nur unvollkommen wider.

1. Die **Gewerkschaften**[9] vereinigen etwa 23% der Arbeitnehmer auf sich. Die Gesamtzahl der Gewerkschaftsmitglieder betrug Ende 2004 etwa 7 Mio.[10] Die Zersplitterung der Gewerkschaften in der Bundesrepublik ist im Gegensatz zu vielen anderen westlichen Ländern gering. Nach dem Zusammenbruch von 1945 haben sich die Gewerkschaften im Wesentlichen nicht mehr als Berufsverbände (= Vereinigung von Mitgliedern einer bestimmten Tätigkeitsart), sondern nach „Industriezweigen" (sog. Industrieverbandsprinzip = Vereinigung von Arbeitnehmern eines bestimmten Indus-

---

[7] Die Abhaltung öffentlicher hearings durch die Bundestagsausschüsse, bei denen vor allem auch die Interessenverbände zu Worte kommen, gestattet § 70 der Geschäftsordnung des Bundestages.

[8] Eine umfassende Übersicht über die den Gewerkschaften gesetzlich zugewiesenen Tätigkeitsbereiche findet sich bei *Eitel,* Die Ungleichbehandlung der repräsentativen und nicht repräsentativen Gewerkschaften durch den Staat, 1991, S. 189 ff.

[9] Dazu *Schlaffke* (Hrsg.), Gewerkschaft und Gesellschaft, 1982; *Jühe/Niedenhoff/Pege,* Gewerkschaften in der Bundesrepublik Deutschland, 2. Aufl., 1982; *Fuchs/Niedenhoff* (Hrsg.), Sozialpartnerschaft, 1993.

[10] Das ist weit mehr als ein Drittel der aktiven Arbeitnehmer. Die Diskrepanz zum Organisationsgrad der aktiven Arbeitnehmer resultiert u.a. daraus, dass viele Rentner ihre Mitgliedschaft nicht aufgeben.

triezweigs ohne Rücksicht auf die Art der Beschäftigung) organisiert. Besser, aber immer noch ungenau, würde man von der Organisation nach Wirtschaftszweigen sprechen. Dabei dominieren die im Deutschen Gewerkschaftsbund (DGB) zusammengeschlossenen sog. Einheitsgewerkschaften.[11] Daneben hat die Union der Leitenden-Angestellten (ULA) sowie der Deutsche Beamtenbund (DBB) Bedeutung. Und zu nennen ist außerdem die Dienstleistungsgewerkschaft ver.di für den Bereich des Öffentlichen Dienstes, die jedoch auch im DGB organisiert ist. Ferner gibt es in einigen Sonderbereichen wichtige kleinere Gewerkschaften (z.B. Vereinigungen von Fluglotsen, Piloten, Journalisten, Orchestermusikern u.ä.). Durch die Ausdehnung aller dieser Gewerkschaften auf die neuen Bundesländer[12] ergaben sich zunächst zwar starke Zuwächse bei den Mitgliederzahlen, diese sind jedoch mittlerweile wieder gefallen.

2. Die Arbeitgeberverbände[13] sind regional abgegrenzte Vereinigungen von Arbeitgebern meist bestimmter Industrie- oder Wirtschaftszweige (z.B. der metallverarbeitenden Industrie eines bestimmten räumlichen Gebietes). Diese regionalen Verbände sind in Zentralverbänden (Bezirksverbände, Landesverbände, Bundesverbände) bzw. Dachverbänden zusammengeschlossen, z.B. in dem „Gesamtverband der metallindustriellen Arbeitgeberverbände" (= Gesamtmetall). Ferner bestehen zahlreiche gemischt fachlich zusammengesetzte Vereinigungen von Arbeitgebern und Arbeitgeberverbänden, unter denen die Landesvereinigungen der Arbeitgeber eine sozialpolitisch relativ große Bedeutung haben. Viele der fachlichen Zentralverbände und der überfachlichen Landesverbände sind in der Bundesvereinigung der Deutschen Arbeitgeberverbände e.V. (BDA) zusammengeschlossen. Insgesamt umfasst die BDA 2006 54 Bundesfachverbände mit vielen Mitgliedsverbänden sowie 14 Landesvereinigungen mit wiederum vielen Regionalverbänden. Die Zahl der dadurch repräsentierten Arbeitgeber ist ebenso wenig genau bekannt wie der Organisationsgrad. Wenn der Einfluss der Arbeitgeberverbände in Öffentlichkeit und Staat auch zurückgegangen ist, so ist er gleichwohl nach wie vor groß. Die Erweiterung der Unternehmensmitbestimmung relativiert diese Macht in einem freilich schwer zu quantifizierenden Ausmaß (vgl. zu diesem ungemein wichtigen Problem auch unten § 53).

III. Rechtliche Merkmale der Koalitionen

Bei der großen Bedeutung, die den Koalitionen im Staatsganzen zukommt, und im Hinblick auf ihre verfassungsrechtliche Gewährleistung durch Art. 9 III GG kann nicht jeder beliebigen Vereinigung, die dies wünscht, Koalitionseigenschaft zuerkannt werden.[14] Vielmehr müssen eine Reihe von Voraussetzungen erfüllt sein, die zwar weder in Art. 9 III GG noch gesetzlich näher geregelt sind, sich aber aus der historischen Entwicklung und dem Sinn und Zweck des Koalitionswesens ergeben.

---

[11] Es sind dies (in Klammern Mitgliederanteil der Gewerkschaften im DGB Ende 2005): IG Metall (35,1%), ver.di (34,8%), IG-Bergbau, Chemie und Energie (11%), IG Bauen, Agrar, Umwelt (5,8%), TRANSNET (3,8%), Gewerkschaft Erziehung und Wissenschaft (3,7%), Gewerkschaft Nahrung, Genuss, Gaststätten (3,2%), Gewerkschaft der Polizei (2,6%).

[12] Zur Problematik *Rieble,* AuR 1990, 365; *Kempen,* AuR 1990, 375; *Wilke/H.P. Müller,* Zwischen Solidarität und Eigennutz, Die Gewerkschaften des DGB im deutschen Vereinigungsprozeß, 1991.

[13] *O. Esser,* ZfA 1980, 301.

[14] Das verkennt *Eickhof,* Eine Theorie der Gewerkschaftsentwicklung, 1973, S. 1.

1. Wahrung und Förderung von Arbeitsbedingungen als Zweck[15]

Koalitionen sind nur solche Verbände, deren Hauptzweck auf die Wahrung und Förderung von Arbeits- und Wirtschaftsbedingungen gerichtet ist. Das ergibt sich unmittelbar aus Art. 9 III GG. Dabei versteht man nach h. M. unter Arbeits- und Wirtschaftsbedingungen die Gesamtheit derjenigen Bedingungen, unter denen abhängige Arbeit geleistet und eine sinnvolle Ordnung des Arbeitslebens ermöglicht wird.[16] Im Einzelnen ist hier vieles und insbesondere die Auslegung des Begriffes Wirtschaftsbedingungen umstritten.[17] Man wird den Begriff der Wirtschaftsbedingungen zumindest mit Blick auf die Unternehmerfreiheit einschränkend interpretieren können.[18] Er soll nur zum Ausdruck bringen, dass aus der Sicht der Unternehmen die Arbeitsbedingungen (gleichsam als Kehrseite) Wirtschaftsbedingungen sind. Auch darf der Begriff nicht über Arbeitsbedingungen inhaltlich hinausgreifend verstanden werden im Sinn sonstiger Bedingungen des Wirtschaftens (z. B. Investitionen oder Preise). Das leuchtet ohne weiteres ein, weil sonst die Gesetze gegen Kartelle und andere Unternehmenszusammenschlüsse verfassungswidrig wären. Der Begriff der Arbeitsbedingungen darf freilich nicht zu eng verstanden werden. Die Förderung der Arbeitsbedingungen muss ferner alleiniger Hauptzweck sein.[19] Verbände, die neben den Zweck der Förderung der Arbeitsbedingungen andere Hauptzwecke stellen, geraten in Gefahr, ihrem Schutzauftrag nicht hinreichend gerecht zu werden, weil wegen der Verfolgung anderer Zwecke vielen Mitgliedern der Beitritt nicht zumutbar sein würde.

2. Vereinigung mit korporativem Charakter

Es muss sich um eine Vereinigung im Sinn des Vereinsbegriffs handeln. Das setzt voraus, dass der Zusammenschluss nicht nur für vorübergehende Zeit erfolgt, sondern auf eine gewisse Dauer zielt[20] (vgl. auch § 2 I mit § 2 II und § 16 VereinsG), dass der Bestand der Vereinigung unabhängig vom Mitgliederwechsel ist und dass eine die Handlungsfähigkeit ermöglichende, d. h. organschaftliche Organisation besteht. Rechtsfähigkeit ist nicht erforderlich.

In der Regel bilden die Arbeitgeberverbände eingetragene und damit rechtsfähige Vereine. Die meisten Gewerkschaften dagegen ließen sich aus historischen Gründen nicht eintragen. Dadurch müssen sie, um vermögensrechtlich handlungsfähig zu sein, zu komplizierten Techniken greifen (Innehabung der Vermögenswerte durch eine als Treuhänder fungierende GmbH u. ä.). In letzter Zeit hat allerdings der Konzentra-

---

[15] Dazu *Söllner*, Das Begriffspaar der Arbeits- und Wirtschaftsbedingungen in Art. 9 Abs. 3 GG, ArbRGgw 16 (1979), S. 19 m. N.; *Waltermann*, NZA 1991, 754, 757 ff.; *Söllner*, in: Hromadka (Hrsg.), Arbeitsrecht und Beschäftigungskrise, 1997, S. 51 (54 ff.); *H. Hanau*, Anm. zu *BAG* AP Nr. 1 zu § 3 TVG Betriebsnormen.

[16] HWK/*Hergenröder*, GG, Art. 9 Rn. 38 ff.; MünchArbR/*Löwisch/Rieble*, § 243 Rz. 1 ff.; *Säcker/Oetker*, Grundlagen und Grenzen der Tarifautonomie, 1992, S. 33, 72; *Wiedemann*, TVG, Einl., Rz. 99; *Zachert*, AR-Blattei SD 1650.1 Rz. 170 ff.

[17] Vgl. dazu BVerfGE 50, 290, 367; ErfK/*Dieterich*, GG, Art. 9 Rn. 71; *Dieterich*, RdA 2002, 1, 9 m. w. N.; *Hanau/Thüsing*, ZTR 2001, 1, 3; *Waltermann*, NZA 1991, 754, 757 ff.

[18] *Kühling/Bertelsmann*, NZA 2005, 1017, 1021 ff.; *Hanau/Thüsing*, ZTR 2001, 1, 3; *Hensche/Däubler*, TVG, § 1 Rn. 780. Vgl. auch *BAG* AP Nr. 56 zu Art. 9 GG.

[19] H. M., a. A. *Ramm*, Der Arbeitskampf und die Gesellschaftsordnung des GG, 1965, S. 178.

[20] Wohl h. M., a. A. etwa *Ramm*, Der Arbeitskampf und die Gesellschaftsordnung des GG, S. 178. Dazu ausführlich *Seiter*, Streikrecht und Aussperrungsrecht, 1975, S. 76 ff. Vgl. auch HWK/*Hergenröder*, GG Art. 9 Rn. 34. Jedenfalls ist die ad-hoc-Gruppe nicht tariffähig.

tionsprozess in der deutschen Gewerkschaftslandschaft die Frage nach der zweckmäßigsten rechtlichen Gestaltung der Verschmelzung aufgeworfen. Im Hinblick auf § 3 I Nr. 4 UmwG kam es daher zu einer Änderung der althergebrachten Praxis.[21]

Trotz fehlender Rechtsfähigkeit sind Gewerkschaften im Zivilprozess nicht nur passiv (vgl. § 50 II ZPO), sondern auch aktiv parteifähig. Die entsprechende richterliche Rechtsfortbildung[22] hat sich durch die Anerkennung der Teilrechtsfähigkeit der Gesellschaft bürgerlichen Rechts[23] allerdings relativiert, da die insoweit angeführten Gründe erst recht für den nicht eingetragenen Verein zutreffen. Für das arbeitsgerichtliche Verfahren trifft § 10 ArbGG ohnedies eine eigene Regelung.

3. Privatrechtliche Basis

Die Vereinigung muss auf dem Boden des Privatrechts gegründet und geführt werden. Öffentlich-rechtliche Verbände können nicht als Koalition anerkannt werden, weil ihre Betrauung mit öffentlich-rechtlichen Aufgaben notwendig eine gewisse Mindesteinordnung in ein staatliches Aufsichtssystem mit sich bringt.[24] Die Innungen des Handwerks sind daher keine Koalitionen (dass sie trotzdem tariffähig sind, steht dem nicht entgegen. Vgl. dazu unten § 35 IV).

4. Freiwilligkeit

Nur freiwillige Zusammenschlüsse erfüllen die Koalitionsvoraussetzungen, Zwangsverbände (z.B. Ärztekammern) sind keine Koalitionen. Vgl. dazu die Ausführungen zur negativen Koalitionsfreiheit.

5. Gegnerfreiheit und Gegnerunabhängigkeit[25]

Die Koalitionen sollen die Interessen ihrer Mitglieder mit Nachdruck vertreten können. Diese Fähigkeit würde gemischten, aus Arbeitgebern und Arbeitnehmern zusammengesetzten Verbänden (z.B. den „Harmonie-Verbänden" der Weimarer Zeit) abgehen. Deshalb darf grundsätzlich ein Verband nur entweder Arbeitgeber oder Arbeitnehmer als Mitglieder aufnehmen (Gegnerfreiheit). Kleinere Durchbrechungen dieses Prinzips sind selbstverständlich unschädlich, so lange nicht Angehörige der Gegenseite in Organstellungen einrücken. Worauf es ankommt, ist ein übergreifendes Prinzip: Die Gegnerunabhängigkeit. Sie kann auch durchbrochen sein, wo Gegnerfreiheit gegeben ist, wie etwa dann, wenn ein Verband von der Gegenseite finanziell abhängig ist. Außerordentlich problematisch ist die Frage, inwieweit paritätische Mitbestimmung in den Unternehmensorganen die Gegnerunabhängigkeit der Arbeitgeberverbände beseitigt.[26] Vgl. dazu auch unten § 35 I 1 und § 53 IV 2.

Beispiel: Das BAG hatte darüber zu entscheiden, ob die bei den Gewerkschaften bzw. den gewerkschaftseigenen Unternehmen beschäftigten Arbeitnehmer eine Vereinigung i.S.d. Art. 9 III GG gründen können. Nach der Rechtsprechung ist es diesen nicht verwehrt, eine Koalition zur Wahrung ihrer Interessen gegenüber ihrer Arbeitgeberin zu bilden.[27]

---

[21] Dazu näher *Wiedemann/Thüsing*, WM 1999, 2237, 2277; *Lörcher*, ZTR 2001, 544.
[22] Vgl. BGHZ 42, 210; 50, 325.
[23] BGHZ 146, 341. Vgl. HWK/*Hergenröder*, GG, Art. 9 Rn. 94.
[24] Vgl. *Nipperdey* II/1, § 6 I 2a; a.A. *Nikisch* II, § 57 II 2.
[25] HWK/*Hergenröder*, GG, Art. 9 Rn. 41 ff.
[26] Dazu die Literaturhinweise unten vor § 53 unter 2. sowie BVerfGE 50, 290.
[27] *BAG* AP Nr. 87 zu Art. 9 GG (VGB).

6. Unabhängigkeit von Staat, Kirchen und Parteien

Die Koalition muss, um die sozialen Interessen ihrer Mitglieder sinnvoll vertreten zu können, von dritten Mächten unabhängig sein.[28] Die Mitglieder der Koalitionen brauchen dagegen Schutz, dass die Vertretung ihrer Interessen, die ja auch gegenüber dem Staat erfolgen soll, nicht schon innerverbandlich vom Staat beeinflusst wird, und dass sie auch nicht mit parteipolitischen[29] oder religiösen Interessen verknüpft wird. Problematisch ist eine solche Verknüpfung insbesondere, wenn sich die Koalition für Ziele einer bestimmten Partei einsetzt, die mit den Arbeitsbedingungen wenig oder nichts zu tun haben. Dennoch sind so genannte Richtungsgewerkschaften, die sich an bestimmten parteipolitischen oder weltanschaulichen Prinzipien orientieren, anerkannt.[30]

7. Überbetrieblichkeit

Koalitionen müssen grundsätzlich über ein einzelnes Unternehmen (auch wenn es aus mehreren Betrieben besteht, die Merkmalsbezeichnung ist missverständlich) hinausgreifen. Ein „Werksverein" auf Arbeitnehmerseite ist demgemäß keine Gewerkschaft.[31] Dafür bestehen mehrere Gründe. Überbetrieblichkeit einer Koalition bietet einmal eine bessere Gewähr für gesamtwirtschaftlich und gesamtgesellschaftlich sinnvolles Verhalten. Gesamtwirtschaftlich schädlichem Betriebsegoismus wird entgegengewirkt.[32] Sie ermöglicht ferner eine deutlichere Abgrenzung gegenüber den Zuständigkeiten betriebsverfassungsrechtlicher Organe. Der wichtigste Grund dürfte sein, dass eine Gewerkschaft ihrem Schutzauftrag nur dann voll gerecht wird, wenn sie allen Arbeitnehmern eines bestimmten Wirtschafts- oder Beschäftigungszweiges in einer bestimmten Region offen steht.[33] Das Merkmal soll allerdings dort entfallen, wo nur ein einziges Unternehmen vorhanden ist.[34]

8. Demokratische Willensbildung[35]

Koalitionen sollen die Interessen ihrer Mitglieder vertreten. Das ist nur gesichert, wenn sich der Mitgliederwille wenigstens mittelbar in wichtigen Fragen durchsetzen kann. Deshalb wird verlangt, dass die Willensbildung in der Vereinigung demokrati-

---

[28] Siehe dazu *Nipperdey* II/1, § 6 II 3, 4; einschränkend *Nikisch* II, § 57 II 5.

[29] Zum Verhältnis der Gewerkschaften zu den Parteien vgl. die Aufsätze in GewerkMH 1974, Heft 4.

[30] Zum CGB *LAG Düsseldorf* AP Nr. 2 zu Art. 9 GG; zum Marburger Bund *BAG* AP Nr. 6 zu § 118 BetrVG 1972; HWK/*Hergenröder*, GG, Art. 9 Rn. 46.

[31] Ausführlich dazu *Nipperdey* II/1, § 6 II 5; *Nikisch* II, § 57 II 6; a. A. *Ramm*, Arbeitskampf, 1965, S. 176, und *Säcker*, Grundprobleme der kollektiven Koalitionsfreiheit, 1969, S. 62.

[32] HWK/*Hergenröder*, GG, Art. 9 Rn. 47.

[33] Vgl. *Löwisch*, ZfA 1970, 315.

[34] S. die neueren Urteile von *LAG Hess.* AP Nr. 168 zu Art. 9 GG Arbeitskampf; *LAG Rh.-Pf.* AP Nr. 169 zu Art. 9 GG Arbeitskampf m. w. N. mit gegenteiliger Auffassung.

[35] Vgl. dazu *Föhr*, Willensbildung in den Gewerkschaften und Grundgesetz, 1974; *Popp*, Öffentliche Aufgaben der Gewerkschaften und innerverbandliche Willensbildung, 1975; *Stindt*, Verfassungsgebot und Wirklichkeit demokratischer Organisation der Gewerkschaften, 1976; *Teubner*, Organisationsdemokratie und Verbandsverfassung, 1978; *Vorderwülbecke*, Rechtsform der Gewerkschaften und Kontrollbefugnisse des Gewerkschaftsmitglieds, 1988; *Schüren*, Die Legitimation der tariflichen Normsetzung, 1990.

schen Spielregeln genügt.[36] Dazu ist nicht erforderlich, dass alle Mitglieder über konkrete Fragen unmittelbar votieren können (Willensbildung „an der Basis"). Es genügt vielmehr eine Willensbildung durch Repräsentanten, wenn sichergestellt ist, dass diese in ausreichenden Zeitabständen sich jeweils Wahlen stellen, die nach demokratischen Spielregeln ablaufen.[37] Insgesamt liegt in der Ausgestaltung der inneren Verbandsstruktur aller größeren Verbände, nicht zuletzt der Parteien, ein für die Zukunft der Demokratie grundlegendes Problem. Es ist eingebettet in die umfassendere Frage, wie die gesellschaftliche und politische Macht der Verbände kontrolliert werden kann.[38] Innerverbandliche Demokratie ist dafür ein wichtiges, allein freilich nicht ausreichendes Mittel.

9. Koalitionseigenschaft und Tariffähigkeit

Andere Voraussetzungen bestehen für die Zubilligung der Koalitionseigenschaft nicht.[39] Insbesondere ist nicht erforderlich, dass die Koalition den Abschluss von Tarifverträgen erstrebt (sog. **Tarifwilligkeit**) oder gar, dass sie ihre Interessen notfalls mit dem Mittel des Arbeitskampfs durchsetzen will[40] (sog. **Arbeitskampfbereitschaft**) und auch nicht, dass die Fähigkeit „wirkungsvoller Druckausübung" oder sog. sozialer Mächtigkeit besteht.[41] Zu dem gerade wegen dieser Merkmale problematischen Verhältnis zwischen Koalitionseigenschaft und Tariffähigkeit unten § 35 I.

IV. Die Koalitionsfreiheit[42]

1. Begriff und Entstehung

Die Koalitionsfreiheit ist das in Art. 9 III GG geregelte Grundrecht, sich zu einer Koalition zusammenzuschließen, d.h. eine Vereinigung zu bilden, welche die Koalitionsvoraussetzungen erfüllt (dazu oben III). Die Koalitionsfreiheit als Grundrecht ist entstanden aus der jahrhundertelangen rechtlichen Gefährdung der Zusammenschlüsse von Arbeitnehmern. Die Entwicklungslinie verläuft von rigorosen Koalitionsverboten über die bloße Aufhebung dieser Verbote und die spätere einfachgesetzliche Anerken-

---

[36] So etwa *Biedenkopf,* Koalitionsfreiheit und Tarifautonomie als Strukturelemente der modernen Demokratie, in: Duvernell (Hrsg.), Koalitionsfreiheit und Tarifautonomie als Probleme der modernen Demokratie, 1968, S. 199, 208 ff.; *Nipperdey* II/1, § 6 II 6; siehe dazu auch *Badura,* RdA 1974, 129, 137. A.A. *Scholz,* Koalitionsfreiheit als Verfassungsproblem, 1971, S. 170 ff., 175 f.

[37] Weitergehend *Löwisch,* ZfA 1970, 295, 306 f.; eingehend *Schüren,* Die Legitimation der tariflichen Normsetzung, 1990; *Säcker,* Probleme der Repräsentation von Großvereinen, 1986.

[38] Dazu *W. Schmidt,* Der Staat 1978, 244; *Kübler,* JZ 1978, 773.

[39] Deshalb sind auch die Verbände der leitenden Angestellten (zu diesen oben § 5 III) Koalitionen. Teilweise unzutreffend *Hoffknecht,* Die leitenden Angestellten im Koalitions- und Arbeitskampfrecht, 1975, S. 54 ff. Vgl. aber *BAG* AP Nr. 55 zu § 2 TVG.

[40] Vgl. BVerfGE 18, 18 = AP Nr. 15 zu § 2 TVG für den Verband katholischer Hausgehilfinnen und Hausangestellten.

[41] Dazu auch *Seiter,* AöR 109 (1984), 106 ff.; *Eitel,* Die Ungleichbehandlung der repräsentativen und nicht repräsentativen Gewerkschaften durch den Staat, 1991, S. 47 ff.; *Bruhn,* Tariffähigkeit von Gewerkschaften und Autonomie, 1993; *Gitter,* FS Kissel, 1995, S. 265; *Gamillscheg,* Kollektives Arbeitsrecht I, 1997, S. 426 ff.; BVerfGE 58, 233; *BAG* AP Nr. 40 zu § 2 TVG.

[42] Dazu außer den in der vorangestellten Literaturübersicht Genannten vor allem die Kommentare zum GG Art. 9 Abs. 3, ferner *Scholz,* ZfA 1980, 357; *ders.,* AöR 106 (1981), 79 mit Nachtrag in AöR 107 (1982), 126; *Richardi,* FS Müller, 1981, S. 413; *Reuter,* ebenda S. 387.

nung der Koalitionen hin zu ihrer verfassungsrechtlichen Gewährleistung in Art. 159 WRV. Der Beseitigung des Koalitionswesens im Nationalsozialismus folgt nach dem Zusammenbruch zunächst die gesetzliche oder landesverfassungsrechtliche Gewährleistung und 1949 im GG die erneute, nun bundesverfassungsrechtliche Verankerung. Die innerstaatliche Verfassungsgarantie wird ergänzt und verstärkt durch – allerdings nicht immer verbindliche – übernationale Absicherungen der Koalitionsfreiheit in Art. 11 EMRK und Teil II Art. 5 der Europäischen Sozialcharta, Art. 22 des Internationalen Paktes über bürgerliche und politische Rechte, ferner im Übereinkommen Nr. 87, 98 und 135 der IAO sowie Nr. 11 der Gemeinschaftscharta der sozialen Grundrechte der Arbeitnehmer und Art 12, 28 der Charta der Grundrechte der EU. Art. 137 V EG klammert das Koalitionsrecht freilich ausdrücklich aus der Rechtsetzungskompetenz der EG aus.[43] Zu diesen Regelungen auch unten § 10 I, II.

Die Koalitionsfreiheit ist nach Wortlaut und Entstehungsgeschichte des Art. 9 III GG nicht auf Arbeitnehmerverbände beschränkt, sondern ergreift die Arbeitgeberverbände gleichermaßen.[44] Auffassungen, die den Arbeitgeberverbänden eine Koalitionsfreiheit minderen Grades zuteilen wollen,[45] stehen in klarem Widerspruch zu Text und Entstehungsgeschichte der Verfassung.

2. Der Inhalt der Koalitionsfreiheit

Er reicht als Grundrecht nach heutigem Verständnis weit über den bloßen Wortlaut der Verfassungsnorm hinaus. Das Grundrecht ist auf breiter Front entfaltet worden. Man hat nicht nur der im Wortlaut zum Ausdruck gebrachten positiven Koalitionsfreiheit die negative Koalitionsfreiheit zur Seite gestellt, sondern auch aus der als Recht Einzelner konzipierten positiven Koalitionsfreiheit Garantien für die Koalition selbst abgeleitet. Das bedarf näherer Darlegung.

3. Die positive Koalitionsfreiheit als Einzelgrundrecht

Ausgangspunkt der Interpretation ist die vom Text umfasste, dem Einzelnen gewährte Freiheit des Zusammenschlusses. Sie enthält sowohl das Recht, eine Koalition zu gründen, als auch einer bestehenden Koalition beizutreten und Mitglied einer Koalition zu bleiben (freiheits- oder abwehrrechtliche Komponente). Man bezeichnet dies als positive Koalitionsfreiheit. Träger dieses Grundrechts ist das einzelne gegenwärtige oder künftige Mitglied als berufstätiges oder berufsgebundenes Individuum.[46] Es steht „jedermann" zu, also nicht nur Deutschen, sondern auch Ausländern und heimatlosen Ausländern.[47] Ausdrücklich gilt es für alle Berufe, also auch für Ärzte, Anwälte, Beamte, Richter[48] und Soldaten. Aus der positiven Koalitionsfreiheit folgt kein Aufnah-

---

[43] Vgl. HWK/*Hergenröder*, GG, Art. 9 Rn. 15 ff.

[44] BVerfGE 84, 212, 225; *Scholz*, ZfA 1980, 357; HWK/*Hergenröder*, GG, Art. 9 Rn. 26.

[45] So bspw. *Ramm*, JuS 1966, 223, 227 und RdA 1968, 412; *Radke*, Das Koalitionsrecht als Ausdruck der Freiheit, FS O. Brenner, 1968, S. 129 (136 ff., 144 f.) sowie *Preuß*, Zum staatsrechtlichen Begriff des Öffentlichen, 1969, S. 169 ff.; abgeschwächt auch *Gamillscheg*, Grundrechte im Arbeitsrecht, 1989, S. 96.

[46] Vgl. *Nipperdey* II/1, § 8 I 1; *Scholz*, Koalitionsfreiheit, in: Isensee/Kirchhof, Hdb. des Staatsrechts, Bd. VI, 2001, S. 1115 ff., Rn. 70.

[47] Art. 9 III GG enthält also ein Menschenrecht, vgl. statt aller *v. Münch*, BK, Art. 9 GG Anm. 101, 111.

[48] Für die Beamten vgl. BVerfGE 19, 303 (322) sowie § 91 BBG und § 57 BRRG. Zu den Schranken gewerkschaftlicher Betätigung von Richtern eingehend *Vollkommer*, FS Hubmann, 1985, S. 445 (459 ff.) m. N.; *ders.*, FS E. Wolf, 1985, S. 659. Strafgefangene haben als solche kein Koalitionsrecht.

mezwang für die Gewerkschaften und erst recht kein Verbot, ein Mitglied aus wichtigem Grund auszuschließen, wenn auch der Ausschluss nicht ohne weiteres möglich sein wird.[49] Insoweit können allgemeine Grundsätze des Verbandsrechts eingreifen, mit denen ein Aufnahmezwang etwa für Monopolverbände begründet worden ist.

4. Die positive Koalitionsfreiheit als kollektives Grundrecht[50]

Die Gewährleistung, Koalitionen bilden und ihnen beitreten zu können, wäre wenig nütze, wenn der Staat den Koalitionen den Fortbestand erschweren und die zweckverfolgende Betätigung untersagen könnte. Deshalb hat man aus dem Grundrecht eine Reihe von Garantien für die Koalition als solche entwickelt (institutionelle Komponente, vgl. dazu grundrechtstheoretisch oben § 7 I 4). Diese Garantien gehen nach drei Richtungen:

a) Einmal wird den Koalitionen der Fortbestand dahin gewährleistet, dass der Staat nicht in ihre Existenz eingreifen und diese über das notwendige Maß hinaus erschweren darf (**Bestandsgarantie**).[51]

b) Weiter wird den Koalitionen die **Möglichkeit zusammenschlussfördernder Betätigung** gewährleistet. Aus dieser Garantie ist etwa das Recht der Gewerkschaften gefolgert worden, in den Betrieben Mitgliederwerbung auch gegen den Willen des Arbeitgebers zu treiben.[52]

Schon deshalb ist ein Zugangsrecht von Gewerkschaftsbeauftragten zu Betrieben auch außerhalb § 2 II BetrVG, wenn auch in sachlich beschränktem Umfang und unter Wahrung anzuerkennender Interessen des Arbeitgebers, zu bejahen.[53] In Bezug auf kirchliche Einrichtungen lehnt die Rechtsprechung ein Zugangsrecht ab.[54] Sofern der Betriebsablauf nicht leidet, lässt das BVerfG die Mitgliederwerbung im Betrieb dagegen auch während der Arbeitszeit zu.[55]

c) Am wichtigsten ist die **Koalitionszweckverfolgungsgarantie**,[56] die vielfach auch als **Betätigungsgarantie** bezeichnet wird. Das *BVerfG* spricht verschiedentlich auch von einem Recht auf Zweckverfolgung durch „spezifisch koalitionsgemäße Betätigung".[57] Diese Garantie umfasst nicht das gesamte Spektrum der vom Begriff der Arbeits- und Wirtschaftsbedingungen umfassten Ziele (zu diesen oben III 1), sondern nur einen Ausschnitt, der für die sinnvolle Betätigung der Koalitionen bedeutungsvoll ist. Hauptausprägung der Garantie ist die vom *BVerfG* bejahte Gewährleistung der Tarifautonomie, die dahin geht, dass den Sozialpartnern die Möglichkeit bleiben muss,

---

[49] *BVerfG* NJW 1999, 2657, 2658; *OLG Frankfurt aM* NZA-RR 2002, 651.

[50] Dazu z. B. *Konzen,* Koalitionsfreiheit und gewerkschaftliche Werbung im Betrieb, ArbRGgw 18 (1981) S. 19; *Otto,* Die verfassungsrechtliche Gewährleistung der koalitionsspezifischen Betätigung, 1982; *Reuter,* FS G. Müller, 1981, S. 387; *Däubler,* Gewerkschaftsrechte im Betrieb auf neuer Grundlage, DB 1998, 2014.

[51] BVerfGE 28, 295 (304) = AP Nr. 16 zu Art. 9 GG.

[52] BVerfGE 28, 295 (304); 57, 220; BVerfGE 93, 352; *BAG* AP Nr. 10 zu Art. 9 GG; vgl. ferner *BAG* AP Nr. 127 zu Art. 9 GG (Zutrittsrecht betriebsfremder Gewerkschaftsmitglieder). Eingeschränkter *BAG* AP Nr. 29 (Unzulässigkeit der Verteilung einer Gewerkschaftszeitschrift an Mitglieder im Betrieb); Nr. 30 (Unzulässigkeit der Anbringung von Gewerkschaftsemblemen an firmeneigenen Schutzhelmen) zu Art. 9 GG; *BAG* AP Nr. 123 zu Art. 9 GG (Auslage von Unterschriftslisten in Dienstgebäuden der Polizei).

[53] *BAG* AP Nr. 127 zu Art. 9 GG; dazu z. B. *Wank,* JZ 1996, 629, 631.

[54] Ablehnend BVerfGE 57, 220 und ihm folgend *BAG* AP Nr. 10 zu Art. 140 GG.

[55] BVerfGE 93, 352.

[56] HWK/*Hergenröder,* GG, Art. 9 Rn. 75 f.

[57] Vgl. z. B. BVerfGE 17, 319, 333; 18, 26.

die Arbeitsbedingungen sinnvoll durch Tarifverträge zu ordnen.[58] Daraus folgt letztlich eine Verfassungsgarantie des Tarifvertrags (sog. Institutsgarantie). Erhebliche Bedenken auch verfassungsrechtlicher Art bestünden freilich gegen den Einsatz der Tarifautonomie zur Regelung des öffentlichen Dienstrechts insgesamt.[59] Eine ähnliche Garantie der Zweckverfolgung besteht nach der Rechtsprechung des *BVerfG* für die Betätigung der Gewerkschaften im Bereich des Personalratswesens[60] und damit auch des Betriebsverfassungswesens.[61] Zum Teil ist allerdings der durch einzelne Landespersonalvertretungsgesetze vermittelte Einfluss auf den Gang der öffentlichen Verwaltung so groß, dass verfassungsrechtliche Bedenken aus anderer Richtung bestehen können.[62]

Der genaue Umfang dieser Verfassungsgarantien ist freilich nicht leicht zu ermitteln, jedenfalls erstreckt er sich nicht auf den gesamten gesetzlich ausgeformten Rahmen, sondern nur auf einen Teilbereich, den das *BVerfG* früher als Kernbereich[63] bezeichnet hat (sog. Kernbereichsgarantie). Heute hat das *BVerfG* die Kernbereichslehre aufgegeben.[64] Damit ist die Frage, inwieweit Gesetzgeber und Richter der Koalitionsbetätigung Schranken setzen können, noch unbestimmter als vorher. Die Frage ist von erheblicher Bedeutung, weil Art. 9 III GG keinen Gesetzesvorbehalt enthält. Andererseits ist schwer vorstellbar, dass Beschränkungen gegenüber Koalitionsbetätigungen, auch wenn es sich um „spezifische" handelt, unzulässig sein sollten. Dass insoweit die Unterscheidung zwischen Ausgestaltungsgesetzgebung und Eingriffsgesetzgebung[65] weiterhilft, wie in der Literatur angenommen wird, ist zweifelhaft, weil die Tarifautonomie und andere koalitionsspezifische Betätigungen schon vor dem Grundgesetz in breitem Umfang vorhanden waren und jede Ausgestaltung notwendig mit der Setzung von Grenzen einhergeht, die bei weit gedachtem Grundrecht dann immer auch eingreifenden Charakter hat.

Nach alledem wird man jedenfalls alle koalitionsgemäßen Betätigungen als geschützt ansehen müssen, die geeignet und erforderlich sind, um den Koalitionszweck, die Wahrung und Förderung der Arbeits- und Wirtschaftsbedingungen, wirksam zu verfolgen bzw. die Existenz der Koalition wirksam zu sichern und zu erhalten. Grenzen können sich aus dem Grundsatz der Verhältnismäßigkeit und der Abwägung mit kollidierenden Grundrechten Dritter bzw. sonstigen mit Verfassungsrang ausgestatteten Rechten anderer ergeben.[66] Im Wege praktischer Konkordanz hat insbesondere eine

---

[58] Vgl. BVerfGE 4, 96 (106) = AP Nr. 1 zu Art. 9 GG; 18, 18 (26); 19, 303 (313); 20, 312 (317, 319); 28, 295 (304); 38, 281 (306); 44, 322 (340 f.); 50, 290 (367); 55, 7 (23); 58, 233 (246); 84, 212 (224 ff.); 92, 365 (393 f.). Näher dazu *Isensee,* Die verfassungsrechtliche Verankerung der Tarifautonomie, in: Die Zukunft der sozialen Partnerschaft, Veröffl. der W. Raymond-Stiftung Bd. 24, 1986.

[59] Dazu *Isensee,* Der Tarifvertrag als Gewerkschafts-Staats-Vertrag, in: Leisner (Hrsg.), Das Berufsbeamtentum im demokratischen Staat, 1975; *Loritz,* Tarifautonomie u. Gestaltungsfreiheit des Arbeitgebers, 1990, S. 82 ff.

[60] BVerfGE 19, 303 (312 ff.); 51, 77 (87 ff.); 60, 162 (170).

[61] BVerfGE 50, 290 (372).

[62] Zu den Grenzen, die der Mitbestimmung im öffentlichen Dienst durch das Demokratieprinzip gesetzt sind, BVerfGE 93, 37; *VerfGH Rheinl.-Pfalz* DÖV 1995, 917. Siehe auch unten § 54 m. N.

[63] Vgl. zuletzt BVerfGE 58, 233 (247); 77, 1 (62 f.).

[64] BVerfGE 93, 352; dazu *P. Hanau,* ZIP 1996, 447; *Wiedemann,* EWiR Art. 9 GG 1/96; *Wank,* JZ 1996, 629; *Heilmann,* AuR 1996, 121. Schon vorher skeptisch gegenüber der Kernbereichsgarantie *Kühling,* AuR 1994, 126, 131 f.; *ders.,* RdA 1994, 182; *Badura,* ArbRGegw 15 (1977), 17, 27 f.; wie früher noch *BAG* AP Nr. 3 zu § 41 SGB VI. Vgl. dazu aber auch BVerfGE 92, 365 u. 94, 268. Aus neuerer Zeit zur Aufgabe der Kernbereichslehre *Konzen,* FS 50 Jahre BAG, 2004, S. 515 (522 ff.); *Zachert,* AR-Blattei SD 1650.1 Rz. 152 ff., Rz. 161.

[65] Dazu *Konzen,* SAE 1996, 218 f. m. N.; *Henssler,* ZfA 1998, 1, 11.

[66] HWK/*Hergenröder,* GG, Art. 9 Rn. 75. Siehe auch *BAG* AP Nr. 123 zu Art. 9 GG und *BVerfG* NZA 2007, 394 (Auslage von Unterschriftslisten in Dienstgebäuden der Polizei).

Abwägung der Koalitionsfreiheit mit Gegenrechten des Arbeitgebers aus Art. 12 GG, gegebenenfalls aber auch aus Art. 4, 5, 14 GG zu erfolgen.

Zur Koalitionszweckverfolgungsgarantie gehört es auch, dass der Gesetzgeber nicht alle Regelungen im Bereich der Arbeitsbedingungen selbst abschließend treffen darf.[67] Er muss vielmehr den Tarifvertragsparteien Raum lassen für eigene Regelungen. Dazu genügt der Günstigkeitsraum oberhalb des gesetzlich zwingenden Minimums nicht. Staatliche Gesetzgebung ist weder gegenüber der Tarifautonomie generell subsidiär[68] noch lässt sich von einer „Normsetzungsprärogative" der Tarifparteien[69] sprechen. Bedenklich wäre aber immerhin ein die Tarifvertragsparteien bindender, zeitlich unbegrenzter oder sehr weit ausgedehnter Lohnstopp.[70] In diesem Bereich ist jedoch vieles strittig.[71]

d) Zweifelhaft ist, inwieweit die Zweckverfolgungsgarantie auch bestimmte **Durchsetzungsmittel** einschließt (sog. **instrumentelle Garantie**). Den Arbeitskampf in seinen historisch überkommenen Formen Streik und Aussperrung wird man grundsätzlich als mit gewährleistet ansehen müssen, solange sich die Tarifautonomie als sinnvolles Ordnungsinstrument zu bewähren vermag, weil sie ohne wirksames Druckmittel nicht funktionieren kann.[72] Das schließt allerdings für den Gesetzgeber nicht aus, die Möglichkeit zu Arbeitskämpfen abzuschwächen und zu begrenzen. Ohnehin gelten jedenfalls für die Aussperrung bereits hohe Zulässigkeitsanforderungen. Vgl. dazu auch unten § 42 II.

e) Als **Träger der positiven Koalitionsfreiheit** im gekennzeichneten Sinn wird von der h. M. neben den einzelnen Mitgliedern auch die Koalition als solche angesehen (deshalb Doppelgrundrecht).[73]

5. Die negative Koalitionsfreiheit[74]

Die positive Koalitionsfreiheit wird ergänzt durch die ebenfalls aus Art. 9 III GG abzuleitende negative Koalitionsfreiheit. Darunter versteht man die Freiheit, einer Koalition fernzubleiben. Sie ergibt sich zwar nicht aus dem Wortlaut der Verfassungsnorm, wohl aber aus ihrem Sinn und aus dem Gesamtzusammenhang. Die positive Koalitionsfreiheit wäre keine echte Freiheit, wenn die von ihr erfasste Handlung erzwungen werden könnte. Da es nicht genügt, die negative Freiheit lediglich aus Art. 2 GG abzuleiten,[75] sieht die ganz h. L.[76] ihren Standort in Art. 9 III GG.

---

[67] Zu dieser Frage *Biedenkopf,* Grenzen der Tarifautonomie, 1964, S. 178 ff.; *Butzer,* RdA 1994, 375; *Söllner,* in: Hromadka (Hrsg.), Arbeitsrecht und Beschäftigungskrise, 1997, S. 51 (59 ff.); BVerfGE 94, 268.

[68] So aber *Biedenkopf,* Grenzen der Tarifautonomie, 1964, S. 178 ff.

[69] So vor allem *Säcker,* Grundprobleme der Kollektiven Koalitionsfreiheit, 1969, S. 34. Das BVerfGE 44, 241 hat dieses schreckliche Kunstwort zwar verbal übernommen; in der Sache ist die Reichweite jedoch offen, vgl. *Seiter,* AöR 109, 121. Zur Problematik *Kloepfer,* NJW 1985, 2497, 2501.

[70] Dazu *M. Schmidt-Preuß,* Verfassungsrechtliche Zentralfragen staatlicher Lohn- u. Preisdirigismen, 1977.

[71] ErfK/*Dieterich,* GG, Art. 9 Rn. 50 ff.; *Höfling,* JZ 2000, 44, 45; *Wiedemann*/Wiedemann, TVG, Einl., Rn. 129, 141.

[72] Siehe dazu die Übersicht bei *Seiter,* Streikrecht und Aussperrungsrecht, 1975, S. 67 f., 83 ff.; grundlegend *Rüthers,* Streik und Verfassung, 1960, S. 19 ff.; s. auch *Löwisch,* Arbeitskampf- und Schlichtungsrecht, 1997, Rn. 11 ff.; *BAG* AP Nr. 64 zu Art. 9 GG Arbeitskampf; *BVerfG* DB 1991, 1678; BVerfGE 84, 212, 224 (für die Aussperrung); 88, 103, 114 (für den Streik).

[73] BVerfGE 4, 96 (101 f.); E 84, 212 (225); E 92, 365 (393). Kritisch dazu *Picker,* NZA 2002, 761, 764 f.

[74] Dazu neben den in den beiden folgenden Anm. Genannten: *Mayer-Maly/Däubler,* Negative Koalitionsfreiheit?, 1971; *Neumann,* RdA 1989, 243.

[75] So etwa *Nipperdey* II/1, § 10 II 2; *Söllner,* § 9 IV. *Gamillscheg,* Kollektives Arbeitsrecht, Bd. 1, 1997, § 8 4 b; *Zachert,* AR-Blattei SD 1650.1 Rz. 64; jeweils m. w. N.

[76] So etwa *Dietz,* Koalitionsfreiheit, S. 453 ff.; *Nikisch,* II, S. 28 ff.; *v. Münch,* BK (Zweitbearbeitung), Art. 9 GG Anm. 140; *Maunz,* in: Maunz/Dürig, GG, 49. Aufl., 2007, Art. 9 GG Anm. 105; *BAG* GS

Die negative Koalitionsfreiheit verbietet nicht, für den Koalitionsbeitritt zu werben und den Koalitionsmitgliedern innerverbandliche Vorteile zu gewähren, von denen Nichtmitglieder ausgeschlossen sind (z. B. Streikunterstützungen durch Gewerkschaften). Sie verbietet aber, auf Nichtmitglieder einen inadäquaten Druck auszuüben, etwa durch Inaussichtstellung von Nachteilen oder durch Vorenthaltung von nicht lediglich innerverbandlichen Vorteilen. Unzulässig sind deshalb **tarifvertragliche Differenzierungsklauseln**, die im Tarifvertrag normierte, vom Arbeitgeber zu gewährende Leistungen auf Gewerkschaftsmitglieder beschränken[77] (der vorenthaltene Vorteil ist hier nicht vom Verband selbst gewährt). Unzulässig ist auch eine unangemessene Erschwerung des Austritts.[78] Auch das Problem der Tariftreueregelungen gehört hierher, das BVerfG sieht in entsprechenden Regelungen keinen Verstoß gegen Art. 9 III GG.[79]

Die negative Koalitionsfreiheit ist in der betrieblichen Praxis in mannigfacher Weise bedroht, nicht zuletzt dadurch, dass gewerkschaftlich gebundene Betriebsräte in der Lage sind, Arbeitnehmer zum Gewerkschaftsbeitritt zu veranlassen. Einfluss in dieser Richtung beeinträchtigt die Entschließungsfreiheit, sobald in den Arbeitnehmern die Befürchtung entsteht, bei der Wahrnehmung von Mitbestimmungsrechten personeller Art durch den Betriebsrat Nachteile zu erleiden, wenn sie nicht der Gewerkschaft beitreten.

Mit der negativen Koalitionsfreiheit schwer vereinbar ist auch die generelle und unbegrenzte Unterwerfung der Außenseiter unter die Regelungsmacht der Tarifparteien durch Betriebsnormen.[80]

V. Verfassungsrechtliche Stellung der Koalitionsfreiheit

Die Koalitionsfreiheit ist ein in verschiedenen Beziehungen eigenartiges und **eigenständiges Grundrecht**.

1. Das zeigt sich einmal an der vom Verfassungstext selbst angeordneten **Drittwirkung der Gewährleistung**.[81] Nach Art. 9 III 2 GG sind Abreden nichtig, die das Koalitionsgrundrecht einzuschränken oder zu behindern suchen. Dadurch werden auch privatrechtliche Verträge unmittelbar erfasst, nicht lediglich auf dem Umweg über Generalklauseln. Maßnahmen, die sich auf eine Einschränkung oder Behinderung der Koalitionsfreiheit richten, sind rechtswidrig, und zwar nicht nur, wenn sie von Hoheitsträgern ausgehen.

2. Von Verbänden geführte Arbeitskämpfe sind als wesentliche Mittel der Koalitionsbetätigung in besonderer Weise **notstandsfest**, vgl. Art. 9 III 3 GG.

3. Das **Verhältnis zu Art. 2 GG**: Die Koalitionsfreiheit ist nicht eine besondere Ausprägung des allgemeinen Freiheitssatzes, sondern ein eigenständiges Grundrecht.[82] Art. 9 III GG ist spezieller als Art. 2 GG. Demgemäß steht sie nicht unter dem Eingriffsvorbehalt des Art. 2 II 2 GG.[83] Allzu große Bedeutung hat dies freilich nicht. Der Gesetzgeber ist auch ohne Eingriffsvorbehalt gehindert, das Koalitionswesen, namentlich die Koalitionsbetätigung näher zu regeln bzw. auszugestalten, wie er dies für die Tarifautonomie bereits getan hat und für das Arbeitskampfrecht vielleicht eines Tages tun wird.

AP Nr. 13 zu Art. 9 GG. Vgl. auch BVerfGE 50, 290 (367); 55, 7 (21); 57, 220 (245); 64, 208 (213f.); 73, 261 (270). Vgl. ferner *BAG* AP GG Art. 9 Abs. 3 Nr. 13, 46, 47.

[77] *Kissel*, ArbeitskampfR, 2002, § 5 Rz. 10; a. A. *Däubler*, BB 2002, 1643f. m. w. N. Eingehend dazu *Gamillscheg*, NZA 2005, 146; *Franzen*, RdA 2006, 1. Näher dazu unten § 39 II 2 m. N.

[78] Dazu *BGH* AP Nr. 25 zu Art. 9 GG (überlange Austrittsfrist); *AG Ahrensburg* NJW 1996, 2516 (Rückzahlung von Streikunterstützung bei Gewerkschaftsaustritt); *BAG* AP Nr. 22 zu § 3 TVG Verbandszugehörigkeit (privatrechtliche Verpflichtung, auf Dauer Mitglied eines Arbeitgeberverbandes zu bleiben).

[79] *BVerfG* AP Nr. 129 zu Art. 9 GG; dazu der Vorlagebeschluss *BGH* AP Nr. 1 zu § 20 GWB; siehe ferner *Kling*, Die Zulässigkeit vergabefremder Regelungen, 2000, S. 388ff.; *Löwisch*, DB 2001, 1090; *Rieble*, NZA 2000, 225, 232ff.; *Schwab*, NZA 2001, 701, 705; *Seifert*, ZfA 2001, 1 (16ff.).

[80] Bedenklich deshalb *BAG* AP Nr. 57 zu Art. 9 GG = SAE 1991, 236 (mit abl. Anm. *Loritz*) sowie AP Nr. 67 zu Art. 12 GG. Näher dazu unten § 39 II.

[81] *Höfling/Burkiczak*, Die unmittelbare Drittwirkung gem. Art. 9 Abs. 3 S. 2 GG, RdA 2004, 263.

[82] So auch BVerfGE 19, 303, 314 = AP Nr. 7 zu Art. 9 GG; *BAG* AP Nr. 10 zu Art. 9 GG; a. A. noch BK/*v. Münch* (Zweitbearbeitung), Art. 9 GG Anm. 116 mit 21.

[83] Anders etwa BK/*v. Münch* (Zweitbearbeitung), Art. 9 GG Anm. 116 mit 21; *Nipperdey* II/1, § 9 V, insb. Fn. 34.

4. Das Verhältnis zu Art. 9 I und II GG: Die Koalitionsfreiheit ist auch eigenständig gegenüber der allgemeinen Vereinigungsfreiheit nach Art. 9 I GG.[84] Das ergibt sich schon daraus, dass diese nur allen Deutschen zusteht, die Koalitionsfreiheit dagegen jedermann. Verschiedentlich wird befürchtet, dass aus der Eigenständigkeit die Unanwendbarkeit von Art. 9 II GG zu folgern sei.[85] Dazu gilt Folgendes: Die Koalitionszwecke des Art. 9 III und ihre koalitionsgemäße Verfolgung dürfen nicht unter Strafe gestellt werden. Gegen die verfassungsmäßige Ordnung und den Gedanken der Völkerverständigung richten sie sich von vornherein nicht. Das Verbot greift aber als allgemeiner Grundsatz in vollem Umfang ein, wenn eine Koalition neben der Verfolgung ihres Koalitionszweckes gegen Art. 9 II verstößt.[86] Eine Vereinigung kann sich nicht dadurch der Anwendung von Art. 9 II GG entziehen, dass sie *auch* Koalitionszwecke verfolgt.

§ 10. Supranationales und Internationales Arbeitsrecht

Arbeitsrecht greift heute über die Grenzen des einzelnen Nationalstaats weit hinaus. Weltweite Wirtschaftsverflechtung, internationale Arbeitsteilung und grenzüberschreitender Austausch von Arbeitskräften machen es zu einer Materie, die nicht mehr allein nach nationalen Vorstellungen geregelt werden kann. So ist das Recht der Bundesrepublik mitgeformt durch eine Reihe völkerrechtlicher Vereinbarungen und es wird ergänzt und gestaltet durch völkerrechtliche Regelungen (unten I.) sowie solche der europäischen Gemeinschaften (dazu II). Wo übergreifendes Recht fehlt, bedarf es in Fällen sog. Auslandsberührung der Entscheidung, welches nationale Recht Anwendung zu finden hat (dazu unten III).

Im Rahmen aller drei Bereiche kommt naturgemäß der Rechtsvergleichung große Bedeutung zu (dazu unten IV).

I. Völkerrechtliche Vereinbarungen

Aus den für das Arbeitsrecht einschlägigen völkerrechtlichen Vereinbarungen sind folgende zu nennen:

1. Die europäische Menschenrechtskonvention (MRK) von 1950, in der Bundesrepublik in Kraft seit 1953, enthält neben anderen Grundrechten in Art. 11 das Koalitionsrecht für die Arbeitnehmer als allgemeines Menschenrecht.[1] Hinzu tritt der internationale Pakt über wirtschaftliche, soziale und kulturelle Rechte von 1966,[2] der für die Bundesrepublik seit 3. 1. 1976 in Kraft ist. Für das Arbeitsrecht sind in erster Linie die Art. 6–8 einschlägig, unter denen Art. 8 das Koalitionsrecht der Arbeitnehmerseite einschließlich des Streikrechts gewährleistet, freilich gleichwertig unter den Vorbehalt des Gesetzes stellt.

2. Die europäische Sozial-Charta[3] von 1961, in Kraft getreten 1965, hat arbeitsrechtlich eine über die Menschenrechtskonvention erheblich hinausgehende Bedeutung. Auch sie gewährt die Koalitions-

---

[84] HWK/*Hergenröder,* GG, Art. 9 Rn. 1.
[85] So von *Hamann/Lenz,* GG, 3. Aufl., 1970, Art. 9 Anm. A 1, B 10.
[86] HWK/*Hergenröder,* GG, Art. 9 Rn. 28.
[1] Vgl. dazu *Frowein/Peukert,* Europ. Menschenrechtskonvention, 1985; *Nipperdey,* II/2, S. 918 ff.; *Gitter,* ZfA 1971, 127, 133; *Kitz,* Die Koalitionsfreiheit der Arbeitnehmer nach der MRK und der europäischen Sozial-Charta, in: Mosler/Bernhardt, Die Koalitionsfreiheit des Arbeitnehmers, 1980, Bd. II, S. 1073; *Scholz,* AöR 106 (1981), 79 und AöR 107 (1982), 126; *Meyer-Ladewig,* Europäische Menschenrechtskonvention, 2. Aufl., 2006.
[2] Dazu *Floretta/Öhlinger,* Die Menschenrechtspakte der Vereinten Nationen, 1978.
[3] Dazu *Isele,* Die europäische Sozial-Charta, 1967; *Birk,* Arbeitsrechtliche Neuerungen in der revidierten Europäischen Sozialcharta von 1996, FS Söllner, 2000, S. 137; *Kothe/Doll,* Neues aus Erfurt zur Bedeutung der Europäischen Sozialcharta für das Arbeitskampfrecht?, ZESAR 2003, 393; *Bepler,* Deutsches Streikrecht und Europäische Sozialcharta, FS Wißmann, 2005, S. 97.

freiheit (Teil II Art. 5), jedoch anders als die Menschenrechtskonvention auch für die Arbeitgeberseite, und sie gewährleistet für beide Seiten die Möglichkeit des Arbeitskampfs (Teil II Art. 6). Besonders wichtig ist dies vor dem Hintergrund des Art. 31, der Einschränkungen dieser Rechte nur in begrenztem Umfang zulässt. Die Sozialcharta enthält im Übrigen eine Fülle von Detailregelungen über Arbeitsbedingungen und soziale Sicherheit, die größtenteils im deutschen innerstaatlichen Recht bereits verwirklicht waren. Zu einigen Regelungen hat die Bundesrepublik jedoch Geltungsvorbehalte gemacht.

Sehr umstritten ist, ob die Sozialcharta in der Bundesrepublik unmittelbar geltendes Recht enthält.[4] Das ist zu verneinen. Die Sozialcharta ist gleichwohl innerstaatlich nicht bedeutungslos. Da sich die Bundesrepublik unter Zustimmung ihres gesetzgebenden Organs zur Durchführung der Sozialcharta verpflichtet hat, haben deren Regelungen erhebliche Bedeutung für die Auslegung von Gesetzen, vor allem aber für die Lückenausfüllung und für die Rechtsfortbildung durch die Gerichte.[5]

3. Übereinkommen der Internationalen Arbeitsorganisation sind völkerrechtliche Vereinbarungen. Sie nehmen aber insofern eine Sonderstellung ein, als sie von einer ständigen Einrichtung, der allgemeinen Konferenz der IAO, beschlossen werden (vgl. dazu näher unten § 11 III). Verbindlichkeit für die Mitgliedstaaten erlangen sie nur, soweit sie von ihnen ratifiziert werden. Sie gelten aber auch im Falle der Ratifizierung nur insoweit unmittelbar als innerstaatliches Recht, wie ihre Bestimmungen „self-executing" sind, was nur ausnahmsweise in Betracht kommt.[6] Übereinkommen der IAO gibt es in großer Zahl,[7] und viele von ihnen sind für die Bundesrepublik verbindlich, wenn auch meist ohne größere Bedeutung, weil ihr sachlicher Gehalt durch das nationale Recht ohnehin weitgehend verwirklicht ist.[8] Immerhin haben etliche Bestimmungen der Übereinkommen zu gesetzgeberischen Maßnahmen geführt. Auch klarstellende Bedeutung für eine Reihe von Fragen kann den Übereinkommen beizumessen sein.[9] In der jüngsten Zeit ist die Quote der die Übereinkommen ratifizierenden Staaten stark abgesunken.

II. Europäisches Gemeinschaftsrecht

Literatur: *Schnorr,* Arbeits- und sozialrechtliche Fragen der europäischen Integration, 1974; *Franzen,* Rechtsangleichung der Europäischen Union im Arbeitsrecht, ZEuP 1995, 796; *Deinert,* Arbeitnehmerentsendung im Rahmen der Erbringung von Dienstleistungen innerhalb der EU, RdA 1996, 339; *Franzen,* „Gleicher Lohn für gleiche Arbeit am gleichen Ort"?, DZWir 1996, 89; *Heinze,* Zum Einfluß des europäischen Rechts auf das deutsche Arbeits- und Sozialrecht, FS Everling, 1996, S. 433; *Isensee,* Soziale Sicherheit im europäischen Markt, VSSR 1996, 169; *Käppler,* Zu den Kompetenzen des EuGH bei der Rechtsangleichung auf dem Gebiet des Arbeitsrechts, in: Rengeling (Hrsg.), Europäisierung des Rechts, Ringvorlesung Univ. Osnabrück, 1996, S. 129; *Franzen,* Privatrechtsangleichung durch die Europäische Gemeinschaft, 1999; *Wissmann,* Arbeitsrecht und Europarecht, RdA 1999, 152; *Junker,* Europäisches individuelles Arbeitsrecht, in: Grundmann (Hrsg.), Systembildung und Systemlücken in Kerngebieten des Europäischen Privatrechts, 2000, S. 357; *Weth/Kerwer,* Der Einfluss des Europäischen Rechts auf das nationale Arbeitsrecht, JuS 2000, 425; *Steinmeyer,* Der Vertrag von Amsterdam und seine Bedeutung für das Arbeits- und Sozialrecht, RdA 2001, 10; *Kerwer,* Das europäische Ge-

---

[4] Bejahend z.B. *Däubler,* Arbeitskampfrecht, 2. Aufl., 1987, Rn. 102 ff. Verneinend die h. L., vgl. *Wengler,* Die Unanwendbarkeit der ESC im Staat, 1969 (grundlegend); *Seiter,* Streik und Aussperrung, 1975, S. 129 ff.; *Kissel,* Arbeitskampfrecht, 2002, § 20 Rn. 19 ff.; *Bepler,* FS Wißmann, 2005, S. 97, 106.

[5] *BAG* AP Nr. 81, 162 zu Art. 9 GG Arbeitskampf.

[6] Vgl. *BAG* AP Nr. 15 zu § 7 BUrlG; eingehend dazu *Böhmert,* Das Recht der ILO, 2002, S. 160 ff.

[7] Eine Übersicht der für die Bundesrepublik geltenden Übereinkommen findet sich im jeweils neuesten Fundstellennachweis B – Völkerrechtliche Vereinbarungen usw., hrsg. vom Bundesminister der Justiz (erscheint in Verbindung mit dem Bundesgesetzblatt), unter dem Stichwort ILO. Ausführliche Übersicht auch bei *Böhmert,* Das Recht der ILO, 2002, S. 109 ff.; zu den fundamentalen Arbeitsstandards auch *Herkommer,* Die europäische Sozialklausel, 2004, S. 52 ff.

[8] S. zu den Wirkungen der IAO-Abkommen auf das deutsche Arbeitsrecht *Böhmert,* Das Recht der ILO, 2002, S. 221 ff.; *Däubler,* Die Implementation von ILO-Übereinkommen, in: Senghaas-Knobloch (Hrsg.), Weltweit geltende Arbeitsstandards trotz Globalisierung, 2005, S. 105.

[9] Vgl. z.B. das Übereinkommen Nr. 87 vom 9. 7. 1948, in der BRD in Kraft getreten 1958, über die Vereinigungsfreiheit und den Schutz des Vereinigungsrechts. Dazu näher *Boehmert,* Das Recht der ILO, 2002, S. 107 ff.

meinschaftsrecht und die Rechtsprechung der deutschen Arbeitsgerichte, 2003; *Franzen*, Niederlassungsfreiheit, Internationales Gesellschaftsrecht und Mitbestimmung, RdA 2004, 257; *Fuchs*, Die Bilanz des Europäischen Arbeitsrechts, ZESAR 2004, 5 u. 111; *Bryde*, Das Arbeitsrecht in der neuen europäischen Verfassung, FS Raiser, 2005, S. 811; *Konzen*, Auswirkungen der europäischen Rechtsentwicklung auf das deutsche Arbeitsrecht, ZfA 2005, 189; *Linneweber*, Neue Entwicklungen im Europäischen Arbeitsrecht, ZESAR 2005, 400; *Eichenhofer*, Arbeitsrecht, in: Dauses, Handbuch des EU-Wirtschaftsrechts (Loseblatt), 2006; *Körner*, EU-Dienstleitungsrichtlinie und Arbeitsrecht, NZA 2007, 233 sowie zu den einzelnen Teilgebieten des Arbeitsrechts die Beiträge in *Oetker/Preis*, Europäisches Arbeits- und Sozialrecht (EAS), Teil B, Systematische Darstellungen, Loseblatt.

Siehe ferner die **systematische Literatur:** *Birk*, Internationales und europäisches Arbeitsrecht, in: Münchener Handbuch zum Arbeitsrecht, 2. Aufl., 2000, §§ 18, 19; *Schmidt*, Das Arbeitsrecht der Europäischen Gemeinschaft, 2001; *Krimphove*, Europäisches Arbeitsrecht, 2. Aufl., 2001; *Hanau/Steinmeyer/Wank*, Handbuch des europäischen Arbeits- und Sozialrechts, 2002; *Schweitzer/Hummer*, Europarecht, 6. Aufl., 2003; *Oppermann*, Europarecht, 3. Aufl., 2005; *Schlachter*, Casebook Europäisches Arbeitsrecht, 2005; *Fuchs/Marhold*, Europäisches Arbeitsrecht, 2. Aufl., 2006; *Schiek*, Europäisches Arbeitsrecht, 2. Aufl. 2005.

Textsammlungen: Eine umfangreiche Sammlung von Normtexten, Dokumenten und Entscheidungen bieten *Oetker/Preis*, Europäisches Arbeits- und Sozialrecht (EAS), Loseblatt; s. ferner *Däubler/Kittner/Lörcher*, Internationale Arbeits- und Sozialordnung, 2. Aufl., 1994.

Supranationales Recht im eigentlichen Sinn bildet das Recht der europäischen Gemeinschaft. Wir unterscheiden als so genanntes **Primärrecht** das im Gemeinschaftsvertrag enthaltene Recht und als **Sekundärrecht** die durch die Rechtsetzungstätigkeit von Rat und Kommission der Gemeinschaften entstandenen Rechtsvorschriften.

1. Der EG-Vertrag

Umfassende arbeits- und sozialrechtliche Regelungen auf Gemeinschaftsebene hielt man bei Schaffung des EG-Vertrages (= Vertrag zur Gründung der europäischen Gemeinschaft vom 25. 3. 1957 i. d. F. des Vertrages von Amsterdam v. 16. 6. 1997 unter Berücksichtigung der Änderungen durch die Beitrittsakte vom 16. 4. 2003) nicht für vordringlich. Das basiert u. a. auf der in seinerzeit in Art. 117 II EGV (jetzt: Art. 136 II EG) zum Ausdruck gebrachten Erwartung, dass der gemeinsame Markt von sich aus günstige Wirkungen auf die Sozialordnung entfalten werde. Im Vordergrund stand das Ziel der Verwirklichung einer Wirtschaftsgemeinschaft. Aus der für den EG-Vertrag prägenden Bedeutung dieses Ziels erklärt sich die Lückenhaftigkeit der arbeits- und sozialrechtlichen Regelungen:

a) In den Art. 117–122 EGV (jetzt: Art. 136–145 EG) wurden etliche **sozialpolitische Ziele, Aufgaben und Kompetenzen** formuliert. Überwiegend ging es dabei aber entweder nur um allgemeine Ziele wie die Förderung der Zusammenarbeit zwischen den Mitgliedstaaten oder um Absichtserklärungen.

b) Von unmittelbarer Bedeutung für das Arbeitsrecht sind nur wenige Einzelbestimmungen des EG-Vertrags: Die **Regelung der Freizügigkeit**[10] für alle (nicht mit hoheitlicher Tätigkeit befassten) Arbeitnehmer in der EG (Art. 39, 40, 41 EG), verbunden mit einem Verbot jeder auf unterschiedliche Staatsangehörigkeit gestützten unterschiedlichen Behandlung (**Diskriminierungsverbot,**[11] Art. 39 II EG); ferner die **Lohngleichheit für Mann und Frau** (Art. 141 EG).[12] Diese Normen bezweckten ursprünglich nicht den sozialen Schutz der Arbeitnehmer, sondern die Integration und Harmonisierung der nationalen Märkte.

---

[10] *Fuchs/Marhold*, S. 25 ff.; *Krimphove*, S. 106 ff.; aus der Rspr. *EuGH* AP Nr. 1 zu Art. 18 EWG-VO Nr. 574/72 *(Paletta I)*; Nr. 2 zu Art. 18 EWG-VO Nr. 574/72 *(Paletta II)*; vgl. ferner *EuGH* AP Nr. 10 zu § 611 BGB Berufssport *(Bosman)*.

[11] Dazu *EuGH* AP Nr. 8 zu Art. 48 EWG-Vertrag *(Sotgiu)*; Nr. 14 zu Art. 48 EWG-Vertrag *(Spotti)*.

[12] Die Entfaltung dieser Norm zu einer Fundamentalbestimmung des Arbeits- und Sozialrechts geht auf *EuGH* AP Nr. 2 zu Art. 119 EWG-Vertrag *(Defrenne II)* zurück. *EuGH* AP Nr. 13 zu Art. 119 EWG-Vertrag *(Bilka)* bejaht die unmittelbare Geltung der Norm auch im Verhältnis zwischen Arbeitgeber und Arbeitnehmer.

c) Der **Sozialfonds**[13] (Art. 146 ff. EG), den die EG-Kommission verwaltet, hat vornehmlich arbeitsmarktpolitische Funktion, nämlich die berufliche Verwendbarkeit und die örtliche sowie berufliche Freizügigkeit der Arbeitnehmer innerhalb der Gemeinschaft zu fördern. Zu diesem Zweck kann er unter bestimmten Bedingungen und in begrenzter Höhe Zuschüsse für Umschulung oder Beihilfen gewähren.

2. Weitere Entwicklung

Erst im Lauf der Gemeinschaftspraxis hat sich, teilweise beeinflusst durch die wirtschaftliche Entwicklung, die Auffassung durchgesetzt, dass im Rahmen der EG auch eine gemeinsame Sozialpolitik, verbunden mit der **Angleichung arbeits- und sozialpolitischer Regelungen,** erforderlich sei. Der Bewusstseinswandel findet deutlichen Ausdruck in dem vom Rat der EG beschlossenen sozialpolitischen Aktionsprogramm von 1974[14], welches Aktivitäten der EWG auf dem Gebiet des Arbeits- und Sozialrechts vorgibt.

Im Rahmen der Bestrebungen um die Schaffung eines einheitlichen europäischen Binnenmarktes auf der Grundlage der Einheitlichen Europäischen Akte von 1986 wurde es dem Rat ermöglicht, Maßnahmen zur Rechtsangleichung mit qualifizierter Mehrheit zu erlassen, Art. 95, 138, 139 EG (ex: Art. 100 a, 118 a, 118 b EGV). Von Bedeutung war insbesondere Art. 118 a EGV, der eine Kompetenz zum Richtlinienerlass für Regelungen der Arbeitsumwelt vorsah. Plakativen Ausdruck hat das Bemühen der EG um sozialpolitische Veränderungen in der im Dezember 1989 vom Rat verabschiedeten **Gemeinschaftscharta der sozialen Grundrechte der Arbeitnehmer** (nicht zu verwechseln mit der ESC oben I 2) gefunden, der freilich selbst keine normative Geltungskraft zukommt, sondern die als politische Absichtserklärung verstanden wird[15].

3. Der EU-Vertrag

Im Vertrag über die Europäische Union vom 7. 2. 1992 (Vertrag von Maastricht) hat sich die EU in Art. 2 EUV neben dem wirtschaftlichen Gleichgewicht auch den sozialen Fortschritt als Ziel gesetzt und dazu die Stärkung des sozialen Zusammenhalts als Mittel neben den wirtschaftlichen Zusammenhalt gestellt. Erstmals werden damit soziale und wirtschaftliche Ziele gleichrangig behandelt. Gemäß der Schlussakte zu diesem Vertrag ist das Protokoll Nr. 14 des EU-Vertrags über die Sozialpolitik dem EG-Vertrag beigefügt worden. Es enthält ein **Abkommen der Mitgliedstaaten** (mit Ausnahme von Großbritannien und Nordirland) **über die Sozialpolitik** (sog. Sozialabkommen). In diesem sind als Ziele die Förderung der Beschäftigung, die Verbesserung der Lebens- und Arbeitsbedingungen und ein angemessener sozialer Schutz genannt (Art. 1). Art. 2 bestimmt, dass die Gemeinschaft die Mitgliedstaaten bei der Tätigkeit in etlichen einschlägigen Bereichen – am weitesten gehend auf dem der Arbeitsbedingungen, wozu letztlich fast alles gehört – unterstützen soll.

---

[13] Zu ihm *Oppermann,* Europarecht, § 27 Rn. 40 ff.; *Schweitzer/Hummer,* Rn. 1537 ff.; Beschluss des Rates v. 17. 10. 1983 über die Aufgabe des Europäischen Sozialfonds (83/516/EWG), ABlEG 1983, 289, 38.
[14] ABlEG 1974 C 13/1 ff.
[15] *Fuchs/Marhold,* S. 21.

4. Der Vertrag von Amsterdam

Durch den Vertrag von Amsterdam vom 2. 10. 1997, der am 1. 5. 1999 in Kraft getreten ist, wurde der EG-Vertrag grundlegend umgestaltet und das Abkommen über die Sozialpolitik in den neuen EG-Vertrag in das Kapitel „Sozialvorschriften" (Art. 136–145 EG) aufgenommen.[16] Somit wurden diese Vorschriften für die Mitgliedsstaaten verbindlich. Der Vertrag von Nizza (2001), der am 1. 2. 2003 in Kraft getreten ist, sollte vordergründig die Integration der osteuropäischen Staaten vorbereiten und hat in arbeitsrechtlicher Hinsicht nur zu wenigen Änderungen geführt.

5. Die Charta der Grundrechte

Soziale Arbeitnehmergrundrechte auf Gemeinschaftsebene enthält die auf dem Gipfel von Nizza proklamierte Charta der Grundrechte vom 8. 12. 2000.[17] Nachdem sie noch nicht Bestandteil der Verträge ist, hat man ihr keine rechtliche Verbindlichkeit beizumessen. Allerdings könnte der Grundrechte-Charta dann Bedeutung zukommen, wenn der EuGH die in ihr enthaltenen sozialen Arbeitnehmergrundrechte in die allgemeinen Grundsätze des Gemeinschaftsrechts einbezieht und die Charta als Auslegungsinstrument heranzieht.[18]

6. Wirkung von Normen[19]

a) Primärrecht

Bei den Normen der Europäischen Gemeinschaft ist zwischen dem unmittelbar und dem lediglich mittelbar geltenden Gemeinschaftsrecht zu unterscheiden. Das Primärrecht in Form der **Gründungsverträge und ihrer Ergänzungen** hat in den Mitgliedsstaaten unmittelbare Wirkung[20] und ihm wird im Kollisionsfall Anwendungsvorrang vor dem entgegenstehenden nationalen Recht eingeräumt[21].

b) Sekundärrecht

Das von den Organen der Gemeinschaft erlassene Recht wird als Sekundärrecht bezeichnet. Es unterteilt sich in Verordnungen, Richtlinien und Entscheidungen.

aa) Verordnungen sind in all ihren Teilen verbindlich und haben unmittelbare Wirkung in jedem Mitgliedstaat (Art. 249 II EG). Sie sind allerdings im Arbeitsrecht vergleichsweise selten, da es der Gemeinschaft in arbeitsrechtlicher Hinsicht nicht um Rechtsvereinheitlichung, sondern um Rechtsangleichung geht.

---

[16] *Steinmeyer,* Der Vertrag von Amsterdam und seine Bedeutung für das Arbeits- und Sozialrecht, RdA 2001, 10.

[17] Vgl. *Zachert,* Die Arbeitnehmergrundrechte in einer Europäischen Grundrechtscharta, NZA 2001, 1042; *Meyer,* Kommentar zur Charta der Grundrechte der EU, 2003; *Langenfeld,* Gehören soziale Grundrechte in die Grundrechte-Charta?, FS Ress, 2005, S. 599; *Everling,* Zur Europäischen Grundrechte-Charta und ihren Sozialen Rechten, GS Heinze, 2005, S. 157; *Rebhahn,* Überlegungen zur Bedeutung der Charta der Grundrechte der EU für den Streik und für die kollektive Rechtsgestaltung, GS Heinze, 2005, S. 649; *Scholz,* Nationale und europäische Grundrechte, FS Heldrich, 2005, S. 1311; *Tettinger/Stern,* Europäische Grundrechte-Charta, 2006.

[18] In diesem Sinne *Fuchs/Marhold,* S. 22.

[19] Eingehend *Haedrich,* EAS B 1000, 2007.

[20] *EuGH* Slg. 1963, 1 *(Van Gend & Loos).*

[21] *EuGH* Slg.1964, 1251 *(Costa/ENEL);* BVerfGE 73, 339 (375).

Eines der wenigen arbeitsrechtsbezogenen Beispiele bildet die VO Nr. 1612/68 über die Freizügigkeit der Arbeitnehmer innerhalb der Gemeinschaft. Sie statuiert u. a. ein umfassendes Gleichbehandlungsgebot der Arbeitnehmer aus allen Mitgliedsstaaten. Beispiel: Ein italienischer Arbeitnehmer kann verlangen, dass ihm seine italienische Wehrdienstzeit auf die Dauer der Betriebszugehörigkeit bei einem deutschen Arbeitgeber nach § 6 ArbPlSchG angerechnet wird.[22] Wichtig ist auch die umfangreiche VO Nr. 1408/71 über die soziale Sicherheit der Wanderarbeiter in der Gemeinschaft sowie die damit korrespondierende VO Nr. 574/72.[23] Andere Beispiele bilden die VO Nr. 3820/85 über die Harmonisierung bestimmter Sozialvorschriften im Straßenverkehr oder die VO Nr. 3821/85 über das Kontrollgerät im Straßenverkehr. Zu nennen sind schließlich Art. 18–21 VO 44/2001/EG über die gerichtliche Zuständigkeit und die Anerkennung und Vollstreckung von Entscheidungen in Zivil- und Handelssachen sowie Art. 10 VO 1346/2000/EG über Insolvenzverfahren.

bb) Nach Art. 249 III EG sind **Richtlinien** für die Vertragsstaaten nur hinsichtlich des Ziels verbindlich, während die Wahl der Form und der Mittel dem Einzelstaat überlassen wird. An dieser Beschränkung ihrer Regelungsmacht hält sich die EG jedoch vielfach nicht. Die Zahl der Richtlinien steigt, die so konkret und dicht formuliert sind, dass sie dem Einzelstaat bei der Umsetzung keinen nennenswerten Spielraum lassen. Bei verspäteter Umsetzung ist der Mitgliedstaat zum Ersatz eventueller Schäden verpflichtet.[24]

Richtlinien stellen nach dem Wortlaut von Art. 249 III EG grundsätzlich kein in den Vertragsstaaten unmittelbar geltendes Recht dar, sondern bedürfen der Transformation in das einzelstaatliche Recht durch die nationale Gesetzgebung. Nach der dazu mittlerweile in Widerspruch stehenden Rechtsprechung des EuGH tritt aber in den Mitgliedstaaten eine unmittelbare Geltung im Verhältnis Staat – Bürger (sog. „vertikale Wirkung") ein, wenn die Richtlinie hinreichend konkret gefasst und im Einzelstaat nicht fristgemäß oder ordnungsgemäß in nationales Recht umgesetzt worden ist.[25] Dies ist insbesondere für die Arbeitsverhältnisse im öffentlichen Dienst von Bedeutung, da der EuGH den Staat sehr weit versteht und ihm jeden Träger öffentlicher Gewalt zuordnet.[26] Eine unmittelbare Wirkung von Richtlinien zwischen Privaten (horizontale Drittwirkung) hatte der EuGH dagegen zunächst abgelehnt[27]. Eine gewisse Abkehr von dieser Rechtsprechung erfolgte dann in der *Pfeiffer*-Entscheidung, in welcher der EuGH ausführte, dass bei der Anwendung der zur Umsetzung einer Richtlinie erlassenen nationalen Bestimmungen das gesamte nationale Recht zu berücksichtigen und soweit wie möglich auszulegen sei, um ein mit der Zielsetzung der Richtlinie in Einklang stehendes Ziel zu erreichen.[28] In der Sache sollte also eine richtlinienkonforme Auslegung des nationalen Rechts in seiner Gesamtheit angestrebt werden. Noch weiter ging der EuGH dann in der *Mangold*-Entscheidung[29], in welcher es um die Anwendung der Antidiskriminierungsrichtlinie[30] (deren Umsetzungsfrist noch nicht abgelaufen war) auf das TzBfG ging. Nach dem BAG[31] hat der EuGH mit dem auf den allgemeinen Grundsätzen des Gemeinschaftsrechts beruhenden Verbot der Altersdiskriminierung begründeten Unanwendbarkeitsausspruch des § 14 III 4 TzBfG a. F. (dazu unten § 22 I 3 g) nicht die mit den deutschen Zustimmungsgesetzen auf die Gemeinschaft übertragenen Kompetenzen überschritten. Da es um einen Rechtsstreit zwischen Privaten ging, hat der EuGH erstmals in der Sache eine unmittelbare horizontale Drittwirkung einer Richtlinie angenommen und jedenfalls im konkreten Anwendungsfall den Unterschied zwischen Verordnung und Richtlinie weitgehend eingeebnet[32]. Die weitere Entwicklung wird man hier abzuwarten haben. Ist einer gemeinschaftsrechtlichen Norm keine unmittelbare Wirkung bei-

---

[22] Vgl. *EuGH* AP Nr. 2 zu Art. 177 EWG-Vertrag *(Südmilch-AG)*.

[23] Dazu *EuGH* AP Nr. 2 zu Art. 18 EWG-VO Nr. 574/72 *(Paletta II)*; s. auch *Peter*, Die Arbeitsunfähigkeitsbescheinigung als europäisches Rechtsproblem, RdA 1999, 374.

[24] *EuGH* AP Nr. 2 zu Art. 11 RL 80/987 *(Francovich I)*.

[25] *EuGH* AP Nr. 2 zu Art. 11 RL 80/987 *(Francovich I)*.

[26] *EuGH* AP Nr. 3 zu Art. 5 RL 76/207 *(Marshall I)*.

[27] *EuGH* AP Nr. 3 zu Art. 5 RL 76/207 *(Marshall I)*.

[28] *EuGH* AP Nr. 3 zu Art. 2 RL 93/104/EG *(Pfeiffer)*; dazu *Konzen*, ZfA 2005, 189.

[29] *EuGH* AP Nr. 1 zu RL 2000/78/EG *(Mangold)*; vgl. hierzu überwiegend kritisch *Bauer/Arnold*, NJW 2006, 6; *Giesen*, SAE 2006, 45; *Koenigs*, DB 2006, 49; *Nicolai*, DB 2005, 2641; *Preis*, NZA 2006, 401; *Reichold*, ZESAR 2006, 55; *Thüsing*, ZIP 2005, 2149.

[30] RL 2000/78/EG vom 27. 11. 2000.

[31] *BAG* AP Nr. 23 zu § 14 TzBfG. Siehe auch *Hailbronner*, Hat der EuGH eine Normverwerfungskompetenz?, NZA 2006, 811.

[32] *Bauer/Arnold*, NJW 2006, 6 (10).

zumessen, so ist das innerstaatliche Recht dennoch gemeinschaftskonform auszulegen.[33] Bedeutung hat dies insbesondere für solche Gesetze, die der Umsetzung einer Richtlinie dienen. Die entsprechende Auslegung findet allerdings ihre Grenze im Wortlaut der Vorschrift[34].

Zur Bindung der Tarifvertragsparteien an das Gemeinschaftsrecht vgl. noch unten § 39 III 2. Bedeutung hat diese Frage etwa hinsichtlich der Lohngleichheit tarifvertraglicher Entgeltsysteme.[35]

7. Kompetenz zur Richtliniensetzung

Wichtigstes und in der Praxis der EG ganz im Vordergrund stehendes Instrument zur Rechtsetzung ist die Richtlinie, wobei der Gemeinschaft keine umfassende Zuständigkeit auf dem Gebiet des Arbeitsrechts zukommt. Nach dem Grundsatz der begrenzten Einzelermächtigung (Art. 5 I, 7 I 2 EG) verfügt die Gemeinschaft nur über solche Zuständigkeiten, die ihr durch den EG-Vertrag zugewiesen sind. Das Subsidiaritätsprinzip (Art. 5 EG) schränkt die Rechtsetzung insofern ein, dass nur dann Gemeinschaftsnormen erlassen werden sollen, wenn die bestehenden nationalen Bestimmungen den verfolgten Zielen der Gemeinschaft nicht gerecht werden. Die in die Art. 136 ff. EG integrierten Sozialvorschriften ermöglichen der Gemeinschaft eine **Rechtsetzungskompetenz** im Bereich des Arbeitsrechts. Darauf basierend kann der Rat mit dem Erlass von Richtlinien Mindestvorschriften vorgeben, um die in Art. 136 I 1 EG präzisierten Lebens- und Arbeitsbedingungen zu harmonisieren.

Das Verfahren ist nicht einheitlich und die Mehrheitserfordernisse sind unterschiedlich geregelt. Die Kompetenz gliedert sich in drei Bereiche:

a) Gemäß Art. 137 V EG sind das Arbeitsentgelt, das Koalitionsrecht, das Streik- und das Aussperrungsrecht[36] von der Rechtsetzungskompetenz des Rates zur Gänze ausgenommen.

b) In Bereichen der sozialen Sicherheit und des sozialen Schutzes der Arbeitnehmer (Art. 137 I lit. c EG), des Schutzes der Arbeitnehmer bei Beendigung des Arbeitsvertrages (Art. 137 I lit. d), der Vertretung und kollektiven Wahrnehmung der Arbeitnehmer- und Arbeitgeberinteressen (Art. 137 I lit. f) sowie der Beschäftigungsbedingungen der Staatsangehörigen dritter Länder, können die Mitgliedsstaaten gem. Art. 137 II 2 Halbs. 2 EG nur einstimmig Maßnahmen beschließen.

c) Hinsichtlich der Verbesserung der Arbeitsumwelt zum Schutz der Gesundheit und der Sicherheit der Arbeitnehmer (Art. 137 I lit. a EG), den Arbeitsbedingungen (Art. 137 I lit. b EG), der Unterrichtung und Anhörung der Arbeitnehmer (Art. 137 I lit. e EG), der Chancengleichheit von Männern und Frauen auf dem Arbeitsmarkt und der Gleichbehandlung am Arbeitsplatz (Art. 137 I lit. i EG) sowie der beruflichen Eingliederung der aus dem Arbeitsmarkt ausgegrenzten Personen (Art. 137 I lit. h, j EG) können die Mitgliedsstaaten gem. Art. 137 II 2 Halbs. 1 EG bereits mit qualifizierter Mehrheit Rechtsakte erlassen.

8. Der soziale Dialog

Eine weitere Möglichkeit der Rechtsetzung auf dem Gebiet des Arbeitsrechts beinhaltet der in Art. 139 EG verankerte Dialog zwischen den Sozialpartnern[37]. Gewerk-

---

[33] Eingehend *Franzen*, Privatrechtsangleichung durch die Europäische Gemeinschaft, 1999, S. 291 ff.; *EuGH* AP Nr. 10 zu Art. 189 EWG-Vertrag *(Faccini Dori)*.

[34] *BAG* AP Nr. 12 zu § 611 BGB Arbeitsbereitschaft. Zur richtlinienkonformen Rechtsfortbildung *Hergenröder*, FS Zöllner, 1998, S. 1139.

[35] Vgl. *EuGH* AP Nr. 21 zu Art. 119 EWG-Vertrag *(Kowalska);* s. ferner *BAG* AP Nr. 63 zu § 1 TVG Tarifverträge: Metall; Nr. 32 zu § 1 TVG Tarifverträge: Einzelhandel; Nr. 1 zu § 612 BGB Diskriminierung; Nr. 144 zu § 1 TVG Auslegung.

[36] S. *Hergenröder*, Europäische Aspekte des Arbeitskampfrechts, EAS B 8400, 2000, Rn. 30 ff.; *Birk*, FS 50 Jahre BAG, 2004, S. 1165.

[37] Dazu näher *Schwarze*, Sozialer Dialog im Gemeinschaftsrecht, EAS B 8100, 1997; *Dederer*, Durchführung von Vereinbarungen der europäischen Sozialpartner, RdA 2000, 216; *Deinert*, Partizipa-

schaften und Arbeitgeberverbände können auf europäischer Ebene im Bereich der Sozialpolitik Vereinbarungen abschließen, die dann – sofern der Gemeinschaft eine Kompetenz nach Art. 137 EG zusteht – vom Rat mit der hierfür erforderlichen Mehrheit als Richtlinie in Kraft gesetzt werden. Auf diesen Vereinbarungen beruhen die Rahmenvereinbarung über den Elternurlaub (RL 96/34/EG), die Befristungsrichtlinie (RL 90/70/EG) und die Teilzeitrichtlinie (RL 97/81/EG).

9. Andere Arten von Rechtsakten[38]

Insbesondere Entschließungen und Empfehlungen des Rates kennen EG-Recht und EG-Praxis in großer Zahl. Die praktische Bedeutung ist schwer abzuschätzen, dürfte teilweise aber recht erheblich sein, auch wenn diesen Akten nicht die Qualität einer Rechtsquelle zukommt.

10. Die Rechtsprechung des EuGH

Zum Zwecke einer einheitlichen Anwendung und Auslegung des Gemeinschaftsrechts sieht Art. 234 EG ein Vorabentscheidungsverfahren für die mitgliedstaatlichen Gerichte und Behörden vor.[39] Nach Art. 234 III EG sind alle Gerichte zur Vorlage verpflichtet, gegen deren Entscheidung kein Rechtsmittel mehr möglich ist, sofern das Gericht die Entscheidung des EuGH zum Erlass seines Urteils für erforderlich hält. Instanzgerichte sind bei Entscheidungserheblichkeit gem. Art. 234 II EG zur Vorlage berechtigt. Durch die damit intendierte Bindungswirkung ist dem EuGH eine wichtige Rolle bei der Durchsetzung des EG-Rechts zugewachsen, faktisch rückt der EuGH zunehmend zum arbeitsrechtlichen Höchstgericht auf. Freilich wird die Rechtsprechung des Gerichtshofs nicht selten äußerst kontrovers beurteilt.[40] Manche Entscheidungen werden hart kritisiert[41], vieles aber ist gelungen und wohl abgewogen. Insgesamt mutet die Einstellung des Gerichts als zu zentralistisch an.

11. Arbeitsrechtlich bedeutsame Richtlinien[42]

Diese hat die EG bereits in großer Zahl erlassen, weitere befinden sich in Vorbereitung. Die meisten sind durch den deutschen Gesetzgeber umgesetzt worden, andere stehen zur alsbaldigen Umsetzung an. Zu nennen sind vor allem:

---

tion europäischer Sozialpartner an der Gemeinschaftsrechtsetzung, RdA 2004, 211; *Fuchs/Marhold,* Europäisches Arbeitsrecht, S. 11 ff.; *Falke,* ZESAR 2004, 244 ff.; *Waas,* ZESAR 2004, 443 ff.

[38] Vgl. die Zusammenstellung in *Oetker/Preis,* EAS Teil A unter A 5000.

[39] Dazu *Bahlsmann,* Vorabentscheidungsverfahren der Arbeitsgerichtsbarkeit zum *EuGH,* NZA 1993, 775; *Schaub,* Der Rechtschutz im Arbeitsrecht vor dem Gerichtshof der EG, NJW 1994, 81; *Bauer/Diller,* Recht und Taktik des arbeitsrechtlichen Vorabentscheidungsverfahrens, NZA 1996, 169; *Kerwer,* Das europäische Gemeinschaftsrecht und die Rechtsprechung der deutschen Arbeitsgerichte, 2003.

[40] Vgl. nur *Junker,* NJW 94, 2527; *Schiefer,* NJW 1995, 160; *Zuleeg,* AuR 1994, 7; *Schlachter,* Der Europäische Gerichtshof und die Arbeitsgerichtsbarkeit, 1995; *Hirsch,* Die deutsche Arbeitsgerichtsbarkeit und der Europäische Gerichtshof – eine wechselvolle Beziehung, RdA 1999, 48.

[41] Vgl. dazu (teilweise auch verteidigend) etwa *Heinze,* RdA 1994, 1; *Junker,* JZ 94, 277 und NJW 94, 2527; *Zuleeg,* AuR 1994, 77; *Wank,* FS Stahlhacke, 1995, S. 633; *Zwanziger,* BB 1995, 1404; *Zumfelde,* NZA 1996, 188.

[42] Den aktuellen Stand europäischer Rechtsetzung geben wieder: *Oetker/Preis,* Europäische Arbeitsrechtssammlung (EAS) Loseblatt.

a) Gleichbehandlung der Geschlechter und Vermeidung von Diskriminierungen betreffende Richtlinien: Die Gleichbehandlung der Geschlechter war von Anfang an zentrales Anliegen der Gemeinschaft, was schon in der in Art. 141 EG (ex: 119 EGV) normierten Entgeltgleichheit zum Ausdruck kommt. Art. 141 EG kommt unmittelbare Wirkung zu und ist nicht nur für die Mitgliedsstaaten verbindlich, die Vorschrift ist auch auf Tarifverträge und zwischen Privatpersonen anzuwenden[43]. Der Grundsatz der Geschlechtergleichbehandlung wurde durch mehrere Richtlinien konkretisiert und ausgedehnt. Zu nennen ist zunächst die RL 75/117/EWG zur Angleichung der Rechtsvorschriften der Mitgliedstaaten über die Anwendung des Grundsatzes des gleichen Entgelts für Männer und Frauen vom 10. 12. 1975. Die Gleichbehandlungsrichtlinie 76/207/EWG erweiterte das Diskriminierungsverbot hinsichtlich des Geschlechts auch auf den Zugang zur Beschäftigung. Überdies normierte diese Richtlinie die Gleichstellung von unmittelbaren und mittelbaren Diskriminierungen. Diese Richtlinien haben für die Gleichbehandlung der Geschlechter im Arbeitsleben (siehe noch unten § 18 VIII 9) ganz erhebliche Bedeutung entfaltet, und zwar eine sehr viel tiefergreifende als sie von Art. 3 GG allein hätte ausgehen können, weil Art. 3 II GG weder unmittelbare Drittwirkung zwischen Arbeitgeber und Arbeitnehmer entfaltet noch dem Gesetzgeber im Wege des Schutzauftrags gebietet, Maßnahmen zur Herstellung faktischer Gleichheit zwischen den Geschlechtern zu ergreifen (str.). In jüngster Zeit erlassene wichtige Richtlinien zum Thema Gleichbehandlung waren die Antirassismusrichtlinie (RL 2000/43/EG), die Rahmengleichbehandlungsrichtlinie (RL 2000/78/EG), die geänderte Gleichbehandlungsrichtlinie (RL 2002/73/EG) und die Richtlinie über die Gleichbehandlung von Männern und Frauen beim Zugang zur Versorgung mit Gütern und Dienstleistungen (RL 2004/113/EG). Den Schlusspunkt bildet bislang die Richtlinie 2006/54/EG zur Verwirklichung des Grundsatzes der Chancengleichheit und Gleichbehandlung zwischen Männern und Frauen in Arbeits- und Beschäftigungsfragen vom 5. 7. 2006, die eine konsolidierte Fassung älterer Gleichbehandlungsrichtlinien darstellt.

Von den Richtlinien erfasst wird nicht nur die unmittelbare Benachteiligung wegen eines Diskriminierungsmerkmals, sondern auch die mittelbare Diskriminierung (Art. 2 I RL 2002/73/EG). Hierunter versteht man einen Sachverhalt, bei dem eine Regelung dem Anschein nach an ein neutrales Kriterium anknüpft, sich aber faktisch zum Nachteil einer geschützten Personengruppe auswirkt, weil dieses Merkmal ganz überwiegend von Angehörigen dieser Personengruppe verwirklicht wird[44]. Wichtigstes Beispiel der mittelbaren Diskriminierung in Bezug auf das Geschlecht stellt die Teilzeitarbeit dar. Da Frauen gegenwärtig den überwiegenden Teil der Teilzeitbeschäftigten ausmachen, liegt bei einer unsachlichen Schlechterstellung von Teilzeitbeschäftigten gegenüber Vollzeitbeschäftigten eine Diskriminierung von Frauen vor (dazu noch unten § 18 VIII 3). Gerechtfertigt sind Ungleichbehandlungen von Männern und Frauen vor solchen beruflichen Tätigkeiten, für die das Geschlecht aufgrund ihrer Art oder der Bedingungen ihrer Ausübung eine unabdingbare Voraussetzung ist (Art. 2 VI RL 2002/73/EG). Die Reichweite dieser Ausnahmebestimmung ist freilich unklar. Zulässig sind gem. Art. 1 I a RL 2002/73/EG überdies Maßnahmen, mit denen die Chancengleichheit für Männer und Frauen gefördert werden soll, indem Ungleichheiten beseitigt werden, welche die Perspektiven der Frauen beeinträchtigen. Allerdings hat der EuGH eine Quotenregelung, die bei gleicher Qualifikation der Bewerberin automatisch den Vorrang einräumt, als gegen Gemeinschaftsrecht verstoßend angesehen.[45] Anderes gelte für eine leistungsbezogene Quotenregelung mit Härtefall- bzw. Öffnungsklausel.[46]

Die genannten Gleichbehandlungs- und Antidiskriminierungsrichtlinien waren Grundlage des Allgemeinen Gleichbehandlungsgesetzes (AGG), welches am 18. 8. 2006 in Kraft getreten ist und diese Richtlinien in das nationale Recht umgesetzt hat, wobei das AGG allerdings über das gemeinschaftsrechtlich Erforderliche hinausgegangen ist (Dazu unten § 18 VIII 1).

b) Die **Richtlinie zum Betriebsübergang (RL 2001/23/EG vom 12. 3. 2001)** hat den Zweck der Wahrung von Arbeitnehmeransprüchen beim Übergang von Unternehmen, Betrieben oder Betriebsteilen.[47] Sie hat die bis dahin geltenden Richtlinien (RL 77/187/EWG vom 14. 2. 1977 und RL 98/50/EG vom 29. 6. 1998) aus Gründen der Übersichtlichkeit abgelöst. Diese Richtlinien wurden durch § 613a BGB in das nationale Recht umgesetzt (Dazu unten § 21 III). Wie sonst nur in wenigen Bereichen des Arbeitsrechts wurde die deutsche Rechtsentwicklung zum Betriebsübergang von der Rspr. des EuGH beeinflusst. Ebenso zweifelhaft wie berühmt ist dessen Entscheidung im Fall der Putzkraft *Christel Schmidt*[48]; dort wurde ein Betriebsübergang darin gesehen, dass eine Bank die vorher von hauseigenen Arbeitskräften erbrachten Reinigungsarbeiten einem selbständigen Reinigungsunternehmen übertrug und dieses besagter *Christel Schmidt* ein Angebot auf Abschluss eines Arbeitsvertrages machte. War

---

[43] EuGHE 1976, 455 *(Defrenne II)*.

[44] *Weth/Kerwer*, JuS 2000, 425 (429).

[45] *EuGH* AP Nr. 6 zu EWG-RL 76/207 *(Kalanke)*.

[46] *EuGH* AP Nr. 14 zu EWG-RL 76/207 *(Marschall II)*.

[47] Eingehend *Joussen*, Betriebsübergangsrichtlinie, EAS B 7200, 2007 m. w. N.

[48] *EuGH* AP Nr. 106 zu § 613a BGB *(Schmidt)*.

der Übergang der Arbeitsverhältnisse nach bis dahin geltender Rechtslage die Folge eines Betriebsübergangs, so sollte die Übernahme von Personal durch den neuen Betriebsinhaber künftig zu den Tatbestandsvoraussetzungen zählen. Die Wertung, dass jede Neuvergabe bzw. Übernahme eines Auftrags einen Betriebsübergang i. S. der Richtlinie darstellt (sog. Funktionsnachfolge), wird vom EuGH zwar nicht getroffen[49], freilich war das BAG erst jüngst wieder zu Korrekturen seiner diesbezüglichen Judikatur aufgrund neuerer Urteile des EuGH[50] gezwungen[51].

c) Die den **Arbeitsschutz betreffende Richtlinie 89/391 EWG vom 12. 6. 1989** zur Verbesserung der Sicherheit und des Gesundheitsschutzes der Arbeitnehmer bei der Arbeit – sog. Rahmenrichtlinie Arbeitsschutz – stellt allgemeine Pflichten des Arbeitgebers zur Sorge für die Sicherheit und den Gesundheitsschutz der Arbeitnehmer auf (Vgl. unten § 30 VI).[52] Die Arbeitnehmer werden verpflichtet, nach ihren Möglichkeiten für die eigene Gesundheit und Sicherheit und die der von ihren Handlungen Betroffenen zu sorgen, sowie Anweisungen des Arbeitgebers zu befolgen u. ä. Die Rahmenrichtlinie wird durch Einzelrichtlinien ergänzt.[53] Ergangen sind u. a. bereits Einzelrichtlinien zum technischen Arbeitsschutz über die Anforderungen an Arbeitsstätten, die Verwendung technischer Arbeitsmittel, die Verwendung persönlicher Schutzausrüstungen, die Arbeit an Bildschirmgeräten, die manuelle Handhabung von Lasten, die Sicherheit auf Baustellen und die Sicherheit in mineralgewinnenden Betrieben. Etliche Richtlinien bezwecken den Schutz vor gefährlichen Arbeitsstoffen.[54]

Neben den technischen Arbeitsschutz tritt der soziale Arbeitsschutz.[55] An bedeutsamen Rechtsakten sind zu nennen die Richtlinie zur Verbesserung der Sicherheit von Schwangeren, Wöchnerinnen und stillenden Arbeitnehmerinnen am Arbeitsplatz (RL 92/85/EG)[56], die Richtlinie zum Jugendarbeitsschutz (RL 94/33/EG)[57] sowie die RL 96/34/EG über den Elternurlaub. Hingewiesen sei auch auf den Datenschutz im Arbeitsverhältnis.[58] Weitere Richtlinien sind speziell zu arbeitszeitrechtlichen Fragen ergangen[59]. In seinen grundlegenden Entscheidungen zur zwischenzeitlich durch die RL 2003/88/EG abgelösten RL 93/104/EG hatte der EuGH judiziert, dass Bereitschaftsdienst als Arbeitszeit und nicht als Ruhezeit i. S. der Richtlinie anzusehen sei (dazu auch noch § 39 IX).[60] Das BAG ist dem gefolgt[61], das ArbZG wurde insoweit angepasst. Erwähnt sei auch noch die Richtlinie zur Teilzeitarbeit (RL 97/81/EG).[62]

d) Von rechtspolitischer Bedeutung ist auch die Richtlinie über die Einsetzung **Europäischer Betriebsräte (RL 94/45/EG vom 22. 9. 1994).**[63] Sie sichert die Beteiligung von Arbeitnehmern an unternehmerischen Entscheidungen gemeinschaftsweit tätiger Unternehmen und wurde durch das Gesetz über Europäische Betriebsräte (EBRG) am 28. 10. 1996 umgesetzt (Näheres unten § 47 VII). Der ge-

---

[49] *EuGH* Nr. 14 zu EWG-RL 77/187 (*Süzen*).

[50] *EuGH* AP Nr. 34 zu EWG-RL 77/187 (*Abler*); AP Nr. 1 zu EG-Richtlinie 2001/23 (*Güney-Görres*).

[51] Aufgabe des Kriteriums der „Eigenwirtschaftlichkeit" bei der Funktionsnachfolge, vgl. *BAG* AP Nr. 303, 304, 305 zu § 613 a BGB.

[52] Dazu *Kohte* Arbeitsschutzrahmenrichtlinie, EAS B 6100, 1998; *Wank,* Technischer Arbeitsschutz in der EU im Überblick, EAS B 6000, 1998; *Brandes,* System des europäischen Arbeitsschutzrechts, 1999.

[53] Überblick bei *Kollmer,* Richtlinien der EG zur Geräte- und Anlagensicherheit, EAS B 6300, 1997; *Börgmann,* Einzelrichtlinien zur Arbeitsschutzrahmenrichtlinie, EAS B 6200, 1998; *Fuchs/Marhold,* S. 287 ff.

[54] Näher *Kollmer,* Europäisches Gefahrstoffrecht, EAS B 6400, 1998.

[55] *Balze,* Überblick zum sozialen Arbeitsschutz in der EU, EAS B 5000, 1998; *Fuchs/Marhold,* S. 291 ff.

[56] S. *Klein-Jahns,* Mutterschutz und Erziehungsurlaub, EAS B 5100, 1999.

[57] Dazu *Balze,* Jugendarbeitsschutz, EAS B 5200, 1998.

[58] Eingehend *Franzen,* Datenschutz im Arbeitsverhältnis, EAS B 5300, 2007.

[59] Vgl. *Balze,* Arbeitszeit, Urlaub und Teilzeitarbeit, EAS B 3100, 2002, Rn. 9 ff.

[60] *EuGH* AP Nr. 2 zu EWG-RL 93/104 (*SIMAP*); Nr. 7 zu EWG-RL 93/104 (*Jaeger*); Nr. 12 zu EWG-RL 93/104 (*Pfeiffer*); dazu *Fuchs/Marhold,* S. 293 ff.; *Schliemann,* Bereitschaftsdienst im EG-Recht, NZA 2006, 1009.

[61] *BAG* AP Nr. 7, 10 zu § 611 BGB Bereitschaftsdienst; Nr. 12 zu § 611 BGB Arbeitsbereitschaft.

[62] *Balze,* Arbeitszeit, Urlaub und Teilzeitarbeit, EAS B 3100, 2002, Rn. 86 ff.

[63] Dazu *Schmidt,* Betriebliche Arbeitnehmervertretung insbesondere im Europäischen Recht, RdA 2001, Sonderbeil. Heft 5, S. 12 ff.; *Birk,* Die Umsetzung der RL 94/45 über die Einsetzung eines europäischen Betriebsrats in den Mitgliedstaaten der EG, FS Sandrock, 2001, S. 65; *Junker,* Neues zum Europäischen Betriebsrat, RdA 2002, 32; *Franzen,* EU-Erweiterung und europäische Betriebsräte, BB 2004, 938; *Oetker/Schubert,* Europäisches Betriebsverfassungsrecht, EAS B 8300, 2007, Rn. 28 ff.

meinschaftsrechtliche Rahmen für die Unterrichtung und Anhörung von Arbeitnehmern auf die deutsche Betriebsverfassung findet sich in der Richtlinie 2002/24/EG.[64]

e) Durch die **Nachweisrichtlinie (RL 91/533/EWG)** wird der Arbeitgeber u. a. verpflichtet den Arbeitnehmer spätestens zwei Monate nach Arbeitsantritt über die für sein Arbeitsverhältnis bestehenden Bedingungen zu unterrichten. Diese Vorgaben wurden durch das Nachweisgesetz vom 20. 7. 1995 umgesetzt (unten § 12 III 3).[65]

f) Die Richtlinie zur **Massenentlassung (RL 98/59/EG vom 20. 7. 1998)** sichert Informationsrechte des Arbeitnehmers bei Massenentlassungen. Sie ersetzt die vorhergehenden RL 75/129/EWG vom 17. 2. 1975 und 92/56/EWG vom 24. 6. 1992 und wurde durch die Änderung des § 17 KSchG in das nationale Recht transformiert. In jüngster Zeit wurde vom EuGH in dieses Rechtsgebiet Bewegung gebracht[66], der unter „Entlassung" i. S. der Richtlinie nicht – wie früher das BAG[67] – das tatsächliche Ausscheiden des Arbeitnehmers aus dem Betrieb versteht, sondern auf die Gestaltungserklärung abstellt, die zur Beendigung des Arbeitsverhältnisses führt (Dazu unten § 25 I 1).

Zum Bestandsschutz des Arbeitsverhältnisses ist auch die Richtlinie zur **Befristung von Arbeitsverträgen (RL 99/70/EG)** zu zählen.[68]

g) Die sog. **Entsende-Richtlinie (RL 96/71/EG vom 16. 12. 1996)** zum Zwecke der Angleichung der Arbeitsbedingungen ausländischer Arbeitnehmer und der Verhinderung von „Sozialdumping" am Arbeitsmarkt sieht vor, dass bestimmte Arbeitsbedingungen und Mindestlohnsätze des jeweiligen Aufenthaltsstaates auch für in diesen vorübergehend entsandte ausländische Arbeitnehmer gelten.[69] Die EG setzt sich damit zu ihren eigenen Prinzipien des freien Dienstleistungsverkehrs in Widerspruch und legt Marktzutrittsschranken in Hochlohnländern fest. Der Richtlinie entspricht das Arbeitnehmerentsendegesetz (AEntG, dazu unten § 38 V). Aufgrund des regelmäßig ausländischen Arbeitsverhältnisstatuts würden Tarifverträge des Aufenthaltsstaates entsprechende Arbeitnehmer ohne ausdrückliche gesetzliche Regelung nicht erfassen können.[70]

h) Die **Insolvenzrichtlinie (RL 80/987/EWG vom 20. 10. 1980** geändert durch RL 2002/74/EG vom 23. 9. 2002) sichert den Schutz der Arbeitnehmeransprüche bei Zahlungsunfähigkeit des Arbeitgebers. Ihre Vorgaben wurden durch §§ 183 ff. SGB III umgesetzt (Näheres unten § 16 VIII 5).[71]

i) Nach langen Mühen wurden am 8. 10. 2001 gestützt auf Art. 308 EG die VO (EG) 2157/2001 über das Statut einer Europäischen Gesellschaft und die **RL 2001/86/EG zur Ergänzung des Statuts der Europäischen Gesellschaft hinsichtlich der Beteiligung der Arbeitnehmer** verabschiedet.[72] Das Gesetz zur Einführung der Europäischen Gesellschaft (SEEG) aus dem Jahre 2004 beinhaltet zum einen das SE-Ausführungsgesetz (SEAG), zum anderen das Gesetz über die Beteiligung der Arbeitnehmer in der Europäischen Gesellschaft (SEBG). Ermöglicht wird die Partizipation der Arbeitnehmer in den Leitungsorganen einer Societas Europaea (SE). Auf Einzelheiten kann hier nicht eingegangen werden (Siehe noch unten § 52 VI). Genannt sei im Übrigen noch die VO (EG) Nr. 1435/2003 über das Statut der Europäischen Genossenschaft (Societas Cooperativa Europaea – SCE) und die RL 2003/72/EG zur Ergänzung des Statuts der Europäischen Genossenschaft hinsichtlich der Beteiligung der Arbeitnehmer. Durch das Gesetz zur Umsetzung der Regelungen über die Mitbestimmung der Arbeitnehmer bei grenzüberschreitenden Verschmelzungen (MgVG) wurde der Verschmelzungsrichtlinie 2005/56/EG entsprochen.

---

[64] Dazu *Oetker/Schubert*, Europäisches Betriebsverfassungsrecht, EAS B 8300, 2007, Rn. 286 ff. m. N.; *Spreer*, Die Richtlinie 2002/14/EG zur Festlegung eines allgemeinen Rahmens für die Unterrichtung und Anhörung der Arbeitnehmer in der EG, 2005.

[65] Dazu näher *Friese*, Der Nachweis der wesentlichen Regelungen des Arbeitsvertrages, EAS B 3050, 2003.

[66] *EuGH* AP Nr. 18 zu § 17 KSchG *(Junk);* dazu *Klumpp*, Der EuGH und die Massenentlassung – Zeit für „Junk II"?, NZA 2006, 703.

[67] S. nunmehr aber *BAG* AP Nr. 21 zu § 17 KSchG 1969; *BAG* NZA 2007, 25.

[68] Vgl. *Rolfs*, Befristung des Arbeitsvertrages, EAS B 3200, 2001.

[69] *Feuerborn*, EAS B 2500, 2003, Rn. 109 ff.; *Fuchs/Marhold*, S. 312 ff.

[70] Vgl. näher *Hergenröder*, Internationales Tarifvertragsrecht, AR-Blattei SD 1550.15, 2004, Rn. 155 ff.

[71] Hierzu *Weber*, Sicherung des Arbeitsentgelts bei Zahlungsunfähigkeit des Arbeitgebers, EAS B 3300, 1999.

[72] Vgl. näher Kleinsorge, Europäische Gesellschaft und Beteiligungsrechte der Arbeitnehmer, RdA 2002, 343; *Henssler*, Unternehmerische Mitbestimmung in der societas europaea, FS Ulmer, 2003, S. 193; *Fuchs/Marhold*, S. 245 ff.; *Junker*, Europäische Aktiengesellschaft und Deutsche Mitbestimmung, ZfA 2005, 211; *Krause*, Die Mitbestimmung der Arbeitnehmer in der Europäischen Gesellschaft, BB 2005, 1221; *Thümmel*, Die europäische Aktiengesellschaft, 2005; *Joost*, Mitbestimmung in der Europäischen Aktiengesellschaft, EAS B 8200, 2006 m. N.

III. Internationales Arbeitsrecht (Arbeitskollisionsrecht)

Literatur: *Gamillscheg,* Internationales Arbeitsrecht, 1959; *Junker,* Internationales Arbeitsrecht im Konzern, 1992 (dazu *Hergenröder,* ZfA 1999, 1); *ders.,* Arbeitsrecht im grenzüberschreitenden Konzern, ZIAS 1995, 564; *ders.,* Neuere Entwicklungen im Internationalen Arbeitsrecht, RdA 1998, 42; *ders.,* Das Internationale Arbeitsrecht im Spiegel der Rspr., FS 50 Jahre BAG, 2004, S. 1197; *Franzen,* Der Betriebsinhaberwechsel nach § 613 a BGB im internationalen Arbeitsrecht, 1993; *Krebber,* Internationales Privatrecht des Kündigungsschutzes bei Arbeitsverhältnissen, 1997; *Däubler,* Der Erwerb deutscher Betriebe durch ausländische Unternehmen – arbeitsrechtliche Rahmenbedingungen, FS Kissel, 1994, S. 119; *Birk,* Arbeitsrecht und Internationales Privatrecht, RdA 1999, 13; MünchArbR/*Birk,* §§ 20–23; *Schlachter,* Grenzüberschreitende Arbeitsverhältnisse, NZA 2000, 57; *dies.,* Fortentwicklung des Kollisionsrechts der Arbeitsverträge, in : Leible (Hrsg.), Das Grünbuch zum Internationalen Vertragsrecht, 2004, S. 155; *Benecke,* Anknüpfung und Sonderanknüpfung im Internationalen Arbeitsrecht, IPrax 2001, 449; *Borgmann,* Die Entsendung von Arbeitnehmern in der Europäischen Gemeinschaft, 2001; *Eser,* Das Arbeitsverhältnis in multinationalen Unternehmen, 2. Aufl. 2002; Hanau/Steinmeyer/Wank/*Wank,* Handbuch des europäischen Arbeits- und Sozialrechts, 2002, § 31; *Gnann/Gerauer,* Arbeitsvertrag bei Auslandsentsendung, 2. Aufl. 2002; *Hergenröder,* AR-Blattei SD 500.3 Internationaler Betriebsinhaberwechsel, 2002; *Heuser/Heidenreich/Förster,* Auslandsentsendung und Beschäftigung ausländischer Arbeitnehmer, 2. Aufl. 2003; *Thüsing,* Rechtsfragen grenzüberschreitender Arbeitsverhältnisse, NZA 2003, 1303; *Reithmann/Martiny,* Internationales Vertragsrecht, 6. Aufl. 2004; *Franzen,* in: Kronke/Melis/Schnyder (Hrsg.), Handbuch Internationales Wirtschaftsrecht, 2005, S. 1740; *ders.,* Internationales Arbeitsrecht, AR-Blattei SD 920, 2006; *Heilmann,* AR-Blattei SD 340 Auslandsarbeit, 2006; *Knöfel,* Aufhebungsverträge zwischen Arbeitgeber und Arbeitnehmer im Internationalen Privat- und Prozessrecht, ZfA 2006, 397; *Werthebach,* Arbeitnehmereinsatz im Ausland – Sozialversicherung und anwendbares Recht bei befristeter Entsendung, NZA 2006, 247; *Winkler von Mohrenfels,* Abschluss des Arbeitsvertrages und anwendbares Recht, EAS B 3000, 2007.

Siehe ferner die Kommentierungen zu Art. 27, 30, 34 EGBGB, insb. von Staudinger/*Magnus;* MünchKomm/*Martiny;* ErfK/*Schlachter;* HWK/*Strick.*

Das Arbeitskollisionsrecht gibt Antwort auf die Frage, nach welcher Rechtsordnung arbeitsrechtliche Beziehungen bei so genannter „Auslandsberührung" zu beurteilen sind. Entsprechende Fragen können bei der Beschäftigung ausländischer Arbeitnehmer in der Bundesrepublik ebenso auftauchen wie bei der Beschäftigung deutscher Arbeitskräfte im Ausland. Sie sind besonders bedeutsam bei Unternehmen, die in mehreren Ländern Betriebe und Außenstellen unterhalten. Werden Arbeitnehmer etwa in einem multinationalen Konzern zeitweise in einen ausländischen Betrieb oder gar in ein anderes ausländisches Unternehmen des gleichen Konzerns (im letzteren Fall u. U. rechtlich Wechsel der Person des Arbeitgebers) versetzt oder entsandt, so tritt die Frage auf, inwieweit dem Arbeitnehmer sein heimischer arbeitsrechtlicher Status erhalten bleiben kann.

Im Folgenden können nur einige Problemhinweise mit Beispielen gegeben werden.

1. a) Für das anzuwendende **privatrechtliche Individualarbeitsrecht**[73] kommt es nach Art. 30 I mit Art. 27 EGBGB in erster Linie auf den Parteiwillen an (**subjektive Anknüpfung**). Die Arbeitsvertragsparteien können danach vereinbaren, welches Arbeitsrecht auf das Arbeitsverhältnis anzuwenden sein soll (sog. Rechtswahl), z. B. dass für das Arbeitsverhältnis eines in einen deutschen Betrieb eines multinationalen Unternehmens versetzten Amerikaners, der vorher jahrelang in London tätig war, englisches Arbeitsrecht maßgebend ist. Diese Auffassung ist unbedenklich, soweit es sich

---

[73] Die einschlägigen Bestimmungen im EGBGB gehen auf das Europäische Vertragsrechtsübereinkommen (EVÜ) zurück, einem völkerrechtlichen Vertrag, der von allen Mitgliedstaaten ratifiziert wurde (zur Inkorporation in das deutsche Recht näher *Reithmann/Martiny,* Rn. 16 ff.). Die Kommission beabsichtigt, das EVÜ in eine EG-Verordnung zu überführen, die sog. Rom I-Verordnung, vgl. Komm (2005) 650 endg.; dazu *Junker,* RIW 2006, 401; *ders.,* in: Ferrari/Leible (Hrsg.), Ein neues Internationales Vertragsrecht für Europa – Der Vorschlag für eine Rom I-Verordnung, 2007, S. 111 ff.; *Mankowski,* IPRax 2006, 105; s. auch *Knöfel,* RdA 2006, 269.

um die Verweisung auf eine fremde Rechtsordnung handelt, die der deutschen hinsichtlich des Ausmaßes an Schutz in etwa gleichkommt. Dagegen bedarf die parteiautonome Verweisung auf exotische, unentwickelte Rechte gegebenenfalls der Korrektur durch Art. 30 II EGBGB. Neben der Totalverweisung ist auch die Teilverweisung möglich, Art. 27 I 3 EGBGB. Sie bedarf jedoch besonders kritischer Überprüfung.

b) Soweit eine wirksame Parteivereinbarung fehlt[74], bestimmt sich die anzuwendende Rechtsordnung grds. danach, in welchem Staat der Arbeitnehmer gewöhnlich seine Arbeit verrichtet, Art. 30 II Nr. 1 EGBGB, d. h. es wird an den Arbeitsort[75] angeknüpft, wobei die vorübergehende Entsendung in einen anderen Staat unschädlich ist. Ist ein Arbeitsort in ein und demselben Staat nicht feststellbar, der Arbeitnehmer vielmehr gewöhnlich in mehreren Staaten tätig, kommt es nach Art. 30 II Nr. 2 EGBGB auf den Sitz der einstellenden Niederlassung an; hierunter ist der Ort zu verstehen, von dem aus der Arbeitgeber geschäftlich tätig wird und dazu Arbeitnehmer einsetzt. Die Niederlassung muss weder rechtlich selbständig sein noch einen selbständigen Betrieb darstellen; es muss sich allerdings um eine auf eine gewisse Dauer angelegte organisatorische Einheit handeln.[76]

Beide Varianten der sog. **objektiven Anknüpfung**[77] (Arbeitsort, einstellende Niederlassung) gelten jedoch nach Art. 30 II a. E. EGBGB nicht, wenn Arbeitsvertrag oder Arbeitsverhältnis nach der Gesamtheit der Umstände eine engere Verbindung zu einem anderen Staat aufweisen. Das kann etwa für Fälle nicht nur vorübergehender Entsendung anzunehmen sein. Relevant sein können auch Staatsangehörigkeit, Vertragssprache, Vergütungswährung, Ort des Vertragsschlusses u. a.[78] Ebenso interessant wie schwierig sind die Fragen, welcher Rechtsordnung die Arbeitsverhältnisse von Seeleuten auf im internationalen Verkehr eingesetzten Seeschiffen unterfallen. Dem kann hier nicht nachgegangen werden.[79]

c) Durch die subjektive Anknüpfung mittels Rechtswahl kann es dazu kommen, dass der Arbeitnehmer in bestimmten Sachfragen schlechter steht als bei objektiver Anknüpfung. Art. 30 I EGBGB stellt für dieses Problem die Regel auf, dass die Rechtswahl nicht zum Entzug zwingend normierten Schutzes führen dürfe.[80] Dieses Prinzip bedarf einschränkender Auslegung. Es darf jedenfalls nicht zur Folge haben, dass der Arbeitnehmer jeweils die Rosinen aus verschiedenen Rechtsordnungen erhält.

---

[74] Zur Problematik des Abstellens auf den hypothetischen Parteiwillen vgl. *BAG* AP Nr. 3, 4, 6, 11, 12, 23 zu IPR-Arbeitsrecht; AP Nr. 19 zu § 23 KSchG 1969.

[75] Dazu *Mankowski*, Der gewöhnliche Arbeitsort im internationalen Privat- und Prozessrecht, IPRax 1999, 332; *Junker*, Gewöhnlicher Arbeitsort und vorübergehende Entsendung m Internationalen Privatrecht, FS Heldrich, 2005, S. 719; *Winkler von Mohrenfels*, EAS B 3000 Rn. 61 ff.

[76] Vgl. *Franzen*, AR-Blattei SD 920 Rn. 70 ff. auch zum Begriff der „Einstellung".

[77] Dazu *E. Lorenz*, RdA 1989, 220, 222 ff.; *Franzen*, AR-Blattei SD 920 Rn. 45; *Winkler von Mohrenfels*, EAS B 3000 Rn. 60 ff.

[78] *BAG* AP Nr. 30, 31, 32 zu IPR-Arbeitsrecht; AP Nr. 261 zu § 1 Tarifverträge: Bau; *Thüsing*, Günstigkeitsvergleich und Ausweichklausel in Art. 30 EGBGB, BB 2003, 898.

[79] Vgl. dazu *Eßlinger*, Die Anknüpfung des Heuervertrags, 1991; *Franzen*, AR-Blattei SD 920 Rn. 83 ff.; *Winkler von Mohrenfels*, EAS B 3000 Rn. 80 ff. Zur Verfassungsmäßigkeit der Zweitregisternutzung gemäß § 21 IV Flaggenrechtsgesetz anstelle des Ausflaggens vgl. *BVerfG* AP Nr. 76 zu Art. 9 GG; *Däubler*, Das zweite Schiffsregister, 1988; *Wimmer*, NZA 1995, 220; *Franzen*, Anm. zu AR-Blattei ES 1150.15 Nr. 1. Zur objektiven Anknüpfung von Heuerverhältnissen auf Zweitregisterschiffen *BAG* EzA Art. 30 EGBGB Nr. 3 mit Anm. *Franzen; Mankowski*, Seerechtliche Vertragsverhältnisse im Internationalen Privatrecht, 1995, S. 511 ff.

[80] Zur Problematik *BAG* AP Nr. 31 zu IPR-Arbeitsrecht; *Birk*, RdA 1989, 201, 206; *Junker*, Internationales Arbeitsrecht im Konzern, S. 268; *ders.*, IPRax 1989, 69, 72; *Taschner*, Arbeitsvertragsstatut und zwingende Bestimmungen nach dem Europäischen Schuldvertragsübereinkommen, 2003; *Franzen*, AR-Blattei SD 920 Rn. 121 ff.; *Winkler von Mohrenfels*, EAS B 3000 Rn. 45 ff.

Die h.M. plädiert deshalb für einen Sachgruppenvergleich, bei dem bestimmte im jeweiligen Rechtsstreit einschlägige Normkomplexe miteinander verglichen werden (z.B. deutsches und belgisches Kündigungsschutzrecht).[81] Vergleichsmaßstab ist nach dem Wortlaut von Art. 30 I EGBGB eine objektive Betrachtung aus Sicht eines neutralen Beobachters, wobei vom Arbeitnehmer vorgesehene Präferenzen berücksichtigt werden sollten.[82] Zwingend normierten Schutz entsprechend Art. 30 I EGBGB gewähren zwingende nationale Bestimmungen zum Kündigungsschutz[83], zum Arbeitnehmerschutz beim Betriebsübergang[84], für die Parteien geltende Tarifnormen[85] sowie zwingende Regelungen zur Arbeitszeit und zum Urlaub, arbeitnehmerschützende Vorschriften in Bezug auf bestimmten Personengruppen sowie zwingende schuldrechtliche Normen wie insbesondere §§ 305 ff. BGB.[86] Auch die grundlegenden individualarbeitsrechtlichen Prinzipien des AGG wird man hierher zu zählen haben.[87]

d) Was die Reichweite des Arbeitsvertragsstatuts anbelangt, so kann man als Grundprinzip festhalten, dass es die Begründung, den Inhalt und die Beendigung des Arbeitsverhältnisses umfasst einschließlich der Anbahnungs- und Nachwirkungsphase des Arbeitsverhältnisses, vgl. auch Art. 31 I I, 32 I EGBGB. Im Einzelnen fallen darunter[88] die Entgeltzahlungspflicht, die Pflicht zur Gewährung von Erholungsurlaub, die Arbeitspflicht des Arbeitnehmers, die Regelungen über die Beendigung des Arbeitsverhältnisses sowie richtigerweise die Rechtsfolgen eines Betriebsübergangs[89]. Aufgrund des engen Zusammenhangs arbeits- und sozialversicherungsrechtlicher Regelungen (vgl. oben § 4 II) wird man bei manchen Regelungskomplexen eine Anknüpfung an den Ort des Arbeitsverhältnisses diskutieren müssen wie bsp. bei der Entgeltfortzahlung im Krankheitsfall[90] und dem Insolvenzausfallgeld[91]. Für die Geschäftsfähigkeit der Vertragsparteien gilt Art. 7 EGBGB, die Form des Vertrages richtet sich nach Art. 11 EGBGB.

2. a) Gem. **Art. 34 EGBGB** kommen arbeitsrechtliche Normen unabhängig vom Vertragsstatut zur Anwendung, wenn sie den konkreten Arbeitssachverhalt zwingend regeln (lois d'application immédiate).[92] Es muss sich um Bestimmungen handeln, die ihrer Zwecksetzung nach mit einem „kollisionsrechtlichen Eingriffsbefehl" ausgestattet sind, in denen also unverzichtbare nationale Wert- und Ordnungsvorstellungen zum Ausdruck kommen. Dienen diese Normen hauptsächlich öffentlichen, also staats- und wirtschaftspolitischen Interessen, liegt ihre Qualifikation als Eingriffsnormen nahe. Handelt es sich hingegen um Recht, das dem Ausgleich widerstrebender Interessen dient, kommt eine einseitige Sonderanknüpfung regelmäßig nicht in Betracht. Vor diesem Hintergrund sieht das BAG die in § 3 EFZG normierte Pflicht zur Entgeltfortzahlung im Krankheitsfall sowie den in § 14 I MuSchG geregelten Arbeitgeberzuschuss zum Mutterschaftsgeld als Eingriffsnormen gem. Art. 34 EGBGB an.[93] Ferner sollen die §§ 17 ff. KSchG betreffend Massenentlassungen sowie der Sonderkündigungsschutz für Betriebsverfassungsorgane sowie Schwerbehinderte und Schwangere international zwingend sein.[94]

---

[81] In diesem Sinne *Krebber*, S. 330 ff.; MünchArbR/*Birk*, § 20 Rn. 24 f.; *Franzen*, AR-Blattei SD 920 Rn. 127; ErfK/*Schlachter*, Art. 30 BGB Rn. 14; s. auch *BAG* AP Nr. 31 zu IPR-Arbeitsrecht. Zu Einzelvergleich tendierend aber *LAG Baden-Württemberg* BB 2003, 902.

[82] *Junker* (Fn. 80), S. 275 ff.; Staudinger/*Magnus,* Art. 30 EGBGB Rn. 87 f.; *Franzen*, AR-Blattei SD 920 Rn. 129.

[83] *BAG* AP Nr. 30 zu IPR-Arbeitsrecht.

[84] *BAG* AP Nr. 31 zu IPR-Arbeitsrecht.

[85] Begr. BT-Drucks. 10/504 S. 81; *Franzen*, AR-Blattei SD 920 Rn. 125.

[86] Staudinger/*Magnus* Art. 30 EGBGB Rn. 80; *Franzen*, AR-Blattei SD 920 Rn. 125.

[87] *Schrader/Straube*, NZA 2007, 184.

[88] Siehe dazu *Franzen*, AR-Blattei SD 920 Rn. 130 ff.

[89] *Franzen*, Der Betriebsinhaberwechsel nach § 613a BGB im internationalen Arbeitsrecht, 1993, S. 74 f.; *Mankowski*, IPRax 1984, 88, 97; *Hergenröder*, AR-Blattei SD 500.3 Rn. 34; s. auch *BAG* AP Nr. 31 zu IPR-Arbeitsrecht. A. A. und für Betriebssitz als Anknüpfungspunkt *Junker*, Internationales Arbeitsrecht im Konzern, S. 234 f.; MünchArbR/*Birk*, § 20 Rn. 184 f.

[90] Dazu *Franzen*, IPRax 2003, 239, 242; s. auch einerseits MünchArbR/*Birk*, § 20 Rn. 148, andererseits *Junker*, RIW 2001, 94, 103.

[91] S. *Eichenhofer*, Internationales Privatrecht und Internationales Sozialrecht, 1987, S. 193.

[92] Grundlegend *Junker* (Fn. 80), S. 292 ff.; *ders.,* IPRax 1989, 69 ff. S. ferner *BAG* AP Nr. 30, 31, 32 zu IPR-Arbeitsrecht; AP Nr. 10 zu Art. 30 EGBGB n. F.

[93] *BAG* AP Nr. 10 zu Art. 30 EGBGB n. F.; ebenso *Benecke*, IPRax 2001, 449, 453.

[94] *BAG* AP Nr. 30 zu IPR-Arbeitsrecht.

b) Hinzuweisen ist darauf, dass nach § 7 **AEntG** gewisse Arbeitsbedingungen unabhängig vom Arbeitsvertragsstatut[95] bei Arbeit im Inland auch dann gewährt werden müssen, wenn der Arbeitgeber seinen Sitz im Ausland hat. Hierzu zählen u. a. die in Rechts- oder Verwaltungsvorschriften enthaltenen Regelungen über Höchstarbeitszeiten und Mindestruhezeiten, den Mindestjahresurlaub, die Bedingungen für die Überlassung von Arbeitskräften, insbesondere durch Leiharbeitsunternehmen, Sicherheits- und Gesundheitsvorschriften sowie Antidiskriminierungsbestimmungen. Arbeitsschutzbestimmungen mit öffentlich-rechtlichem Charakter (insbesondere zum Gefahren- und Gesundheitsschutz) müssen in den auf deutschem Boden bestehenden Betrieben auch dann beachtet werden, wenn nur ausländische Arbeitskräfte unter Verweisung auf ausländisches Arbeitsrecht beschäftigt werden. Für letztere Normengruppe wird unabhängig vom Arbeitsvertragsstatut per se eine **territoriale Anknüpfung** befürwortet.[96]

c) Ob auf Auslandssachverhalte, für die kraft Kollisionsrechts deutsches Arbeitsrecht gilt, auch das deutsche öffentlich-rechtliche Arbeitsschutzrecht anzuwenden ist, hängt vom einzelnen Regelungsbereich ab. Das Territorialprinzip gilt jedenfalls nicht uneingeschränkt. Beispiel: Ein Schwerbehinderter wird dauernd im Ausland beschäftigt, behält aber seinen Arbeitsvertrag zu einem deutschen Unternehmen. Dann gelten für die Kündigung §§ 85 ff. SGB IX. Andererseits kann im ausländischen Betrieb regelmäßig nicht die Einhaltung des durch deutsches Recht vorgeschriebenen Betriebs- und Gefahrenschutzes verlangt werden, und zwar auch nicht über dessen privatrechtliche Komponente (zu dieser unten § 30 I und II).

d) Auch wenn Art. 30 EGBGB auf ein ausländisches Arbeitsrecht verweist, so muss der Norm einer fremden Rechtsordnung dennoch gem. Art. 6 Satz 1 EGBGB die Anerkennung versagt bleiben, wenn ihre Anwendung zu einem Ergebnis führt, welches mit wesentlichen Grundsätzen des deutschen Rechts offensichtlich unvereinbar ist **(ordre public)**.[97] Dies gilt insbesondere dann, wenn die Anwendung mit den Grundrechten nicht in Einklang zu bringen ist.

3. Im internationalen Tarifvertragsrecht[98] ist das Problem, inwieweit Tarifverträge bei Auslandsberührung des Arbeitsverhältnisses anzuwenden sind, von einer Klärung noch weit entfernt. Dabei sind zwei Fragen zu unterscheiden, und zwar (1) nach welchem Arbeitsrecht sich das Arbeitsverhältnis richtet und (2) nach welchem Arbeitsrecht (genauer: Tarifvertragsrecht) sich ein Tarifvertrag beurteilt (z. B. hinsichtlich Tariffähigkeit, Tarifgebundenheit und normativer Wirkung). Sehr zweifelhaft ist die Frage der Anwendbarkeit eines nach inländischem Recht an sich anwendbaren Tarifvertrags, wenn für das Arbeitsverhältnis kollisionsrechtlich ausländisches Arbeitsrecht maßgebend ist. Eine ausdrückliche Regelung hat diese Frage in § 1 AEntG erfahren.[99]

4. Deutsches Betriebsverfassungsrecht[100] gilt für alle sich auf dem Territorium der Bundesrepublik befindenden Betriebe; maßgeblich ist also der Lageort. Die Nationalität der Arbeitnehmer oder des Arbeitgebers oder ein zwischen ihnen etwa vereinbartes ausländisches Arbeitsstatut vermögen hieran nichts zu ändern. Die kollisionsrechtliche Verweisung auf ausländisches Betriebsverfassungsrecht ist

---

[95] Das Verhältnis § 7 AEntG – Art. 34 EGBGB beleuchtet *Franzen*, AR-Blattei SD 920 Rn. 145 ff.

[96] *BAG* AP Nr. 2 zu § 4 TVG Arbeitszeit; MünchArbR/*Birk*, § 20 Rn. 174 ff.; *Franzen*, AR-Blattei SD 920 Rn. 137 f.

[97] Aus der Rspr. *BAG* AP Nr. 30 zu IPR-Arbeitsrecht (englisches ArbR); Nr. 32 zu IPR-Arbeitsrecht (indisches ArbR).

[98] Dazu etwa *BAG* AP Nr. 29 zu IPR-Arbeitsrecht; *Birk*, Internationales Tarifvertragsrecht, FS Beitzke, 1979, S. 831; *St. Walz*, Multinationale Unternehmen und Internationaler Tarifvertrag, 1981; *Junker*, Zwingendes ausländisches Recht und deutscher Tarifvertrag, IPRax 1994, 21; *Däubler*, Der Kampf um einen weltweiten Tarifvertrag, 1997; *Deinert*, Der europäische Tarifvertrag, 1999; *Demarne*, Anwendung nationaler Tarifverträge bei grenzüberschreitenden Arbeitsverhältnissen, 1999; *Zachert*, Tarifverträge in globalisierter Wirtschaft, NZA 2000, 121; *Hergenröder*, AR-Blattei SD 1550.15 Internationales Tarifvertragsrecht, 2004; *Thüsing/Müller*, Geklärtes und Ungeklärtes im Internationalen Tarifrecht, BB 2004, 1333; *Fudickar*, Parteiautonome Anknüpfung grenzüberschreitender Tarifverträge in der Europäischen Union, 2005; *Franzen*, AR-Blattei SD 920 Rn. 301 ff.

[99] Vgl. näher *Hergenröder*, AR-Blattei SD 1550.15 Internationales Tarifvertragsrecht, 2004, Rn. 85 ff.

[100] Dazu *BAG* AP Nr. 13, 16, 17 IPR-Arbeitsrecht; AP Nr. 3 zu § 42 BetrVG 1972; AP Nr. 3 zu § 117 BetrVG 1972; AP Nr. 15 zu § 12 SchwbG; AP Nr. 10 zu § 79 BPersVG; AP Nr. 8 zu § 14 AÜG; AP Nr. 33 zu § 99 BetrVG 1972; *Boemke*, Ausstrahlung des BetrVG ins Ausland, NZA 1992, 112; *Kirschbaum*, Handbuch zum Internationalen Betriebsverfassungsrecht, 1994; *Däubler*, Betriebsverfassung in globalisierter Wirtschaft, 1999; *Mayer*, Betriebsverfassungsrechtliche und tarifvertragsrechtliche Fragen bei grenzüberschreitenden Personaleinsätzen, BB 1999, 842; *Fischer*, Der internationale Betrieb, RdA 2002, 160; *Röder/Powietzka*, Gesamt- und Konzernbetriebsräte in internationalen Konzernunternehmen, DB 2004, 542; *Henssler*, Mitbestimmungsrechtliche Folgen grenzüberschreitender Beherrschungsverträge, ZfA 2005, 289; *Franzen*, AR-Blattei SD 920 Rn. 185 ff.

insoweit nicht möglich. Umgekehrt unterliegen Betriebe im Ausland dem deutschen Betriebsverfassungsgesetz nicht. Die Frage, ob ein in das Ausland entsandter Arbeitnehmer eines deutschen Betriebs weiterhin vom deutschen Betriebsverfassungsrecht erfasst wird, hängt davon ab, ob seine Betriebszugehörigkeit zum heimischen Betrieb fortdauert.[101] Insoweit ist eine rechtliche und tatsächliche Verbindung der Auslandstätigkeit zum Inlandsbetrieb zu fordern. Rechtlich bedarf es insoweit eines weiter bestehenden (auch ruhenden) Arbeitsverhältnisses, in tatsächlicher Hinsicht kommt es auf eine Einzelfallbetrachtung an. Zu werten sind die Dauer des Auslandsaufenthaltes (keine starre zeitliche Obergrenze), die Art und Weise der Eingliederung in einen ausländischen Betrieb, ein vertraglich festgelegtes Rückrufrecht bzw. Rückkehrrecht sowie die fortbestehende Weisungsgebundenheit. Zu beachten ist, dass der persönliche Anwendungsbereich des BetrVG weiterhin eröffnet sein muss. Dies kann zweifelhaft sein, wenn der ins Ausland entsandte Arbeitnehmer Organmitglied einer ausländischen juristischen Person wird (Verlust der Arbeitnehmerstellung? Aufstieg zum leitenden Angestellten?).

Ist die Anwendbarkeit der deutschen Betriebsverfassung zu bejahen, behält der im Ausland tätige Arbeitnehmer sein aktives Wahlrecht vom Betriebsrat. Umstritten ist, ob das auch für das passive Wahlrecht gilt, da hier tatsächliche Schwierigkeiten auftreten können. Dem Betriebsrat stehen u.a. die Mitbestimmungsrechte in sozialen und personellen Angelegenheiten (Versetzung aus dem Inland ins Ausland, dem Ausland ins Inland, im Ausland; Einstellungen für ausländische Betriebe; Kündigungen der Mitarbeiter im Ausland) zu. Schwierige Fragen werfen Betriebsvereinbarungen mit ausländischem Geltungsbereich auf.[102]

5. Grenzüberschreitende Arbeitskämpfe, wie sie namentlich in multinationalen Unternehmen, und zwar vor allem in der Form des Sympathiearbeitskampfs, sowie in der Seeschifffahrt vorkommen, werfen besonders schwierige kollisionsrechtliche Probleme auf, über die nur zum kleinen Teil Einigkeit besteht.[103] Maßgeblich ist der „Schwerpunkt" der arbeitskampfrechtlichen Beziehung, dessen Bestimmung der Konkretisierung nach zahlreichen Gesichtspunkten bedarf, die sich keiner einfachen Regel fügen. Das kann hier nicht dargelegt werden.

IV. Rechtsvergleichung[104]

Die Rechtsvergleichung hat im Arbeitsrecht[105] genau wie in anderen Rechtsbereichen eine mehrfache Aufgabe.

1. Sie bildet eine wichtige Voraussetzung für die übernationale Rechtsvereinheitlichung.[106]

2. Sie hat ferner eine die Auslegung ebenso wie die Fortbildung des Rechts im nationalen Rahmen fördernde und befruchtende Funktion. Nicht nur der Rechtswissenschaftler, der dem Recht durch systematische und dogmatische Aufarbeitung dient, und die Gerichte, die rechtsfortbildende Entscheidungen treffen, sollen den Blick über die Grenzen tun, sondern auch der Gesetzgeber, der nach neuen, besseren Regelungen sucht.[107] Freilich bedarf sinnvolle Rechtsvergleichung gerade im Arbeitsrecht eines kritischen Sinns und umfassender Kenntnis der vergleichend herangezogenen Arbeitsrechtsord-

---

[101] Zu dieser *Birk*, Betriebszugehörigkeit bei Auslandstätigkeit, FS K. Molitor, 1988, S. 19.

[102] Grundlegend *Horcher*, Internationale betriebliche Vereinbarungen, 2004, S. 119ff.

[103] Vgl. dazu *Birk*, RdA 1986, 205; *Hergenröder*, Der Arbeitskampf mit Auslandsberührung, 1987; *ders.*, Internationales Arbeitskampfrecht, AR-Blattei SD 170.8 Internationales Arbeitskampfrecht, 2000, m.w.N.; *ders.*, Europäische Aspekte des Arbeitskampfrechts, EAS B 8400, 2000; *Drobnig/Puttfarken*, Streik auf Schiffen fremder Flagge, 1989.

[104] Zu ihr *Gamillscheg*, Arbeitsrecht und Rechtsvergleichung, FS Herbert Kraus, 1964, S. 95; *ders.*, Das Werkzeug des Arbeitsrechtsvergleichung, FS Zweigert, 1981, S. 433; *ders.*, Vom Wert der Rechtsvergleichung RdA 1987, 29; *Moll*, Arbeitsrechtsvergleichung RdA 1984, 223; *Schregle*, Sprachliche Überlegungen zur Arbeitsrechtsvergleichung RdA 1989, 255; *Schlachter*, Arbeitsrecht und Rechtsvergleichung, RdA 1999, 118; *Birk*, Arbeitsrecht und Rechtsvergleichung ..., ZVglRWiss 100 (2001), 48. Aus der unübersehbaren Literatur zur Rechtsvergleichung allgemein nur *Sandrock*, Über Sinn und Methode zivilistischer Rechtsvergleichung, 1966; *Großfeld*, Vom Beitrag der Rechtsvergleichung zum deutschen Recht, AcP 184 (1984), 289.

[105] Länderberichte bei *Henssler/Braun*, Arbeitsrecht in Europa, 2. Aufl., 2007.

[106] Zur Rechtsvereinheitlichung vgl. *Schnorr*, Das Arbeitsrecht als Gegenstand internationaler Rechtssetzung, 1960; *Fried*, Rechtsvereinheitlichung im internationalen Arbeitsrecht, 1965.

[107] Dazu *Moll*, RdA 1984, 223, 232; *Zweigert/Kötz*, Einführung in die Rechtsvergleichung, 2. Aufl., 1984, Bd. 1, S. 17ff.; *Rheinstein/v. Borries*, Einführung in die Rechtsvergleichung, 2. Aufl., 1987, S. 27; *Kramer*, RabelsZ 1969, 1, 8; *Gamillscheg*, FS Zweigert, 433f.

nung, soll sie zu sinnvollen Ergebnissen führen[108] und nicht lediglich zum unreflektierten Herauspicken sozialer Rosinen.[109]

§ 11. Arbeitsrechtliche Behörden und Organisationen

Arbeitsrecht ist ein wichtiger Teil staatlicher Sozialpolitik. Seine Durchführung kann daher nicht lediglich den Sozialpartnern und den Parteien des Einzelarbeitsvertrags überlassen bleiben, sondern bedarf ständiger Betreuung und Beeinflussung durch den Staat und andere öffentlich-rechtliche Träger.[1]

I. Staatliche Verwaltung

1. Bundesministerium für Arbeit und Soziales (BMAS)

Das Bundesministerium für Arbeit und Soziales (BMAS)[2] ist die höchste Behörde. Seine Zuständigkeit reicht allerdings über das Arbeitsrecht hinaus. Sie umfasst daneben auch das Sozialversicherungswesen, die Kriegsopferversorgung und andere Teile der Sozialordnung, etwa auch die Sorge für die freien Berufe. Es bereitet arbeitsrechtliche Gesetze vor, hat eine weit reichende Kompetenz zum Erlass von Rechtsverordnungen, ist zuständig für die Allgemeinverbindlicherklärung von Tarifverträgen und führt ein Register der Tarifverträge. Bundesarbeitsgericht, Bundessozialgericht, Bundesversicherungsamt und die Bundesanstalt für Arbeitsschutz und Arbeitsmedizin gehören dem unmittelbaren Aufgabenbereich des BMAS an. Zudem ist es Rechtsaufsichtsbehörde der Bundesagentur für Arbeit. Der Haushalt des BMAS bildet wegen der Bundeszuschüsse an die Rentenversicherung in der Regel den größten Einzeletat des Bundeshaushalts.

2. Arbeitsministerien der Länder

Die Arbeitsministerien der Länder haben eine demgegenüber erheblich eingeschränkte Zuständigkeit. Arbeitsrechtliche Ländergesetze kommen, da der Bund die konkurrierende Gesetzgebungskompetenz besitzt und sie weitgehend auch in Anspruch genommen hat, nur noch in geringem Umfang in Betracht. Auch eine Verordnungszuständigkeit der Länder besteht nur in beschränktem Umfang, z.B. in Gestalt der Allgemeinverbindlicherklärung von Tarifverträgen, die über den Bereich des Landes nicht hinausreichen im Falle einer Delegation durch das Bundesministerium. Neben der politischen Interessenwahrung des Staates in Fragen des Arbeitslebens obliegt den Länderministerien vor allem der Arbeitsschutz in oberster Instanz. Dadurch ergeben sich mannigfache Verwaltungsaufgaben hinsichtlich der Durchführung arbeitsrechtlicher Gesetze.

---

[108] *Gamillscheg,* RdA 1987, 29.

[109] S. allgemein *Zweigert/Kötz,* Einführung in die Rechtsvergleichung, 2. Aufl., 1984, S. 34 ff.; *Moll,* RdA 1984, 223, 234 f.; *Constantinesco,* Rechtsvergleichung, Bd. 2, 1972, S. 232 ff.

[1] Dazu ArbRGgw Bd. 27 (1990) Anhang I zum Teil A, S. 67 f., Die Organisation der obersten Verwaltungsbehörden für Arbeit des Bundes und der Länder; *Rottenecker/Schneider,* Geschichte der Arbeitsverwaltung in Deutschland, 1996.

[2] Nach der vorgezogenen Bundestagswahl 2005 wurde der 2002 veränderte Ressortzuschnitt (Bundesministerium für Wirtschaft und Arbeit) wieder rückgängig gemacht. Hinweise zu Organisation und Funktion dieses Ministeriums finden sich laufend im BArbBl.

3. Gewerbeaufsichtsämter[3]

Die Durchführung des Arbeitsschutzes, insbesondere die Überwachung der Einhaltung von Arbeitsschutzvorschriften und vielfach auch die Genehmigung von Ausnahmen obliegt in erster Instanz den Gewerbeaufsichtsämtern (vgl. zu deren Einrichtung § 139b GewO). Das gilt nicht nur hinsichtlich vieler in der GewO enthaltener Schutzvorschriften, sondern auch im Bereich des Arbeitszeitschutzes, des Ladenschlusses, des Jugendarbeitsschutzes und des Mutterschutzes. Die Gewerbeaufsichtsämter unterstehen in den meisten Ländern den Arbeitsministerien als oberster Instanz.

II. Selbstverwaltung[4]

Der Staat nimmt bei weitem nicht alle öffentlichen Aufgaben im Bereich des Sozialrechts selbst wahr, sondern versucht, den am Arbeitsleben Beteiligten eigene Gestaltungs- oder Mitgestaltungsmöglichkeiten zu eröffnen. Schon auf dem Gebiet der staatlichen Tätigkeit zeigen sich gewisse Ansätze in dieser Richtung durch Heranziehung von Vertretern der arbeitsrechtlichen Verbände (etwa bei der Allgemeinverbindlicherklärung von Tarifverträgen, vgl. dazu § 5 TVG). Von eigentlicher Selbstverwaltung ist jedoch nur dort zu sprechen, wo Verwaltungsbereiche aus der Staatsverwaltung ausgegliedert und selbständigen Körperschaften und Anstalten des öffentlichen Rechts übertragen sind. Diese Form mittelbarer Staatsverwaltung lässt sich als Selbstverwaltung qualifizieren, weil die Beteiligten des Arbeitslebens in den Organen der ausgegliederten Verwaltungsträger in erheblichem Umfang mitwirken.

1. Die Sozialversicherungsträger[5]

Eine Selbstverwaltung in dem gekennzeichneten Sinn ist in weitem Umfang verwirklicht bei der Sozialversicherung, wo für die Krankenversicherung die Krankenkassen (vor allem Orts- und Betriebskrankenkassen), für die Unfallversicherung die Berufsgenossenschaften, für die Rentenversicherung die Deutsche Rentenversicherung Bund als selbständige Rechtsträger fungieren. Für das Arbeitsrecht unmittelbar bedeutsam ist in erster Linie die Zuständigkeit der Berufsgenossenschaften im Bereich des Schutzes gegen Arbeitsunfälle und Berufskrankheiten. Diese Selbstverwaltungskörperschaften können nicht nur Unfallverhütungsvorschriften erlassen (§ 15 SGB VII), sondern auch die Durchführung der Verhütung durch technische Aufsichtsbeamte überwachen (§§ 18f. SGB VII).

2. Die Bundesagentur für Arbeit[6]

Stärkere Beziehungen zum Arbeitsrecht hat der Bereich der Arbeitsförderung, der früher im AFG geregelt war, nunmehr mit erheblichen Änderungen und neuer Systematik als seit 1. 1. 1998 geltendes Drittes Buch in das SGB Eingang gefunden hat. Darin ist systematisch auch die sog. Arbeitslosenversicherung aufgegangen, von der das SGB III nicht mehr expressis verbis spricht. Zwar stehen Arbeitnehmer als Beschäftigte nach §§ 24, 25 SGB III ausdrücklich in einem Versicherungspflichtverhältnis (das AFG sprach dagegen nur von der Beitragspflicht). Als dessen Zweck sind aber nicht bloß Entgeltersatzleistungen bei Arbeitslosigkeit auszumachen, vielmehr umfassen die an Arbeitnehmer zu erbringenden Leistungen der Arbeitsförderung auch die Unterstützung der Beratung und Vermittlung[7]

---

[3] Dazu *Tettinger/Wank*, GewO, 7. Aufl., 2004, § 139b, Rn. 1 ff.

[4] Siehe *Wertenbruch*, Sozialverfassung – Sozialverwaltung, 1974.

[5] Siehe dazu näher *Leopold*, Die Selbstverwaltung in der Sozialversicherung, 1974; *Jahn*, Sozialversicherung und Staat, FS Schieckel, 1978, S. 153; *Ketelsen*, Recht der sozialen Selbstverwaltung, in Maus (Hrsg.), Handbuch des Arbeitsrechts, I D (1980); *F. E. Schnapp*, Selbstverwaltung im Staat der Industriegesellschaft, FS G. C. v. Unruh, 1983, S. 881; *Thiemeyer*, Soziale Selbstverwaltung, ZSR 1984, 168; *Krause*, Die Selbstverwaltung der Sozialversicherungsträger in der Rechtsprechung ..., in: Entwicklung des Sozialrechts – Aufgaben der Rechtsprechung, 1984.

[6] Vgl. *Bolay/Eisenreich/Isele*, Die neue Arbeitsförderung, 2. Aufl., 2005. Zum SGB III vgl. *Niesel*, SGB III, 2005.

[7] Dazu *Henneberger*, Arbeitsvermittlung in Deutschland und in der Schweiz: Zum Verhältnis zwischen privater und öffentlich-rechtlicher Vermittlungstätigkeit, RdA 2003, 11; Marschner, AR-Blattei SD 215 Arbeitsvermittlung, 2004.

durch Übernahme von Bewerbungskosten und Reisekosten (§§ 45 f. SGB III), Trainingsmaßnahmen zur Verbesserung der Eingliederungsaussichten (§§ 48 ff. SGB III), Mobilitätshilfen zur Aufnahme einer Beschäftigung (§§ 53 ff. SGB III), Gründungszuschüsse zur Förderung der Aufnahme einer selbständigen Tätigkeit (§§ 57 f. SGB III), Berufsausbildungsbeihilfen zur Förderung der Berufsausbildung (§§ 59 ff. SGB III) und Weiterbildungskosten zur Förderung der beruflichen Weiterbildung (§§ 77 ff. SGB III). Die Entgeltersatzleistungen (Übersicht in § 116 SGB III) haben selbstverständlich nach wie vor zentrale Bedeutung, insbesondere das Arbeitslosengeld (§§ 117 ff. SGB III). Auch das der Erhaltung von Arbeitsplätzen dienende Kurzarbeitergeld ist als Entgelt-Ersatzleistung in diesem Zusammenhang geregelt (§§ 169 ff. SGB III). Durch Leistungen an Arbeitgeber versucht das Arbeitsförderungsrecht zu helfen in Gestalt von Eingliederungszuschüssen (§§ 217 ff. SGB III), Einstellungszuschüssen bei Neugründungen (§§ 225 ff. SGB III), durch Förderung der beruflichen Weiterbildung (§§ 229 ff. SGB III) und durch Leistungen zur Ausbildung und beruflichen Eingliederung Behinderter (§§ 235 ff. SGB III). Fördermittel gibt es ferner für Maßnahmen der Berufsausbildung, für die Förderung von Einrichtungen der beruflichen Aus- und Weiterbildung sowie zur beruflichen Eingliederung Behinderter, für Arbeitsbeschaffungsmaßnahmen sowie zur Infrastrukturförderung. Zentraler Aufgabenbereich im Rahmen der Arbeitsförderung ist ferner selbstverständlich die Beratung von Arbeitsuchenden und die Vermittlung offener Stellen. Daneben sind eine ganze Reihe von Verwaltungsaufgaben zu bewältigen wie die Arbeitsmarkt- und Berufsforschung, die Arbeitsmarkt-Berichterstattung und die Erstellung von Arbeitsmarkt-Statistiken. Die Zuständigkeit zur Genehmigung privater Arbeitsvermittlung ist mit deren Flexibilisierung entfallen.

Träger der Arbeitsförderung ist die Bundesagentur für Arbeit mit Sitz in Nürnberg. Sie ist rechtsfähige bundesunmittelbare Körperschaft des Öffentlichen Rechts mit Selbstverwaltung. Sie gliedert sich in 10 Regionaldirektionen (mittlere Verwaltungsebene) und 178 Agenturen für Arbeit (örtliche Verwaltungsebene), vgl. § 367 SGB III. Zu deren Zuständigkeit bei Massenentlassungen vgl. §§ 17 ff. KSchG, aber auch unten § 25. Hinzu treten besondere Dienststellen für zentrale und überbezirkliche Aufgaben. Die Bundesagentur hat einen Verwaltungsrat mit 3 × 7 Mitgliedern (Arbeitnehmer, Arbeitgeber, öffentliche Körperschaften), einen Vorstand mit 3 Mitgliedern einschließlich eines Vorstandsvorsitzenden. Zudem bestehen bei den Agenturen ebenfalls paritätisch besetzte Verwaltungsausschüsse.

Inwiefern von den vorgenommenen organisatorischen Umstrukturierungen der letzten Jahre positive Entwicklungen ausgehen werden, bleibt abzuwarten. Festzustellen ist jedoch ein Absinken des Bundeszuschusses im Jahr 2005 auf unter eine Milliarde Euro.

3. Arbeitskammern[8] und Kammern der gewerblichen Wirtschaft

Umfassend zuständige Selbstverwaltungskörper in Gestalt von Arbeits- (oder Arbeiter-)kammern gibt es im Gegensatz etwa zu Österreich in der Bundesrepublik überhaupt nicht, Kammern mit relativ geringfügiger Zuständigkeit sind nur in Bremen und im Saarland eingerichtet worden. Dies dürfte nicht zuletzt daran liegen, dass die Gewerkschaften die Konkurrenz derartiger Institutionen vermeiden möchten. Stattdessen strebt die Arbeitnehmerseite lieber danach, in den Standesvertretungen der gewerblichen Wirtschaft (Industrie- und Handelskammern, Handwerkskammern) möglichst paritätisch Fuß zu fassen. In den **Handwerkskammern** sind die Gesellen bereits nach geltendem Recht zu mindestens einem Drittel in allen Organen zu beteiligen. Diesen Kammern obliegen eine Reihe nicht unbedeutender arbeitsrechtlicher Aufgaben, insbesondere im Bereich der Berufsausbildung und der beruflichen Fortbildung (vgl. § 91 HandwO). Die Organe der Industrie- und Handelskammern dagegen werden bislang nur von Unternehmerseite beschickt, vgl. §§ 4, 5 BundesG zur vorläufigen Regelung des Rechts der IHK vom 18. 12. 1956, BGBl. I 1956, S. 920. Immerhin ist die Beteiligung von Nichtkammermitgliedern an Fachausschüssen möglich, vgl. § 8 IHK-Gesetz, oder sogar vorgeschrieben, vgl. §§ 77 ff. BBiG.[9]

---

[8] *Forster*, Die Arbeitskammer des Saarlandes, in ArbRGegw 6 (Dok. 1967), 1968, S. 57; *Franke*, Die Arbeitskammer Bremen, RdA 1971, 200; *Zacher*, Arbeitskammern im demokratischen und sozialen Rechtsstaat, 1971; *ders.*, Zur Vereinbarkeit der Errichtung von Arbeitskammern mit den Grundrechten des GG, RdA 1971, 193; *Peters*, Arbeitnehmerkammern in der BRD? 1973; *Bull*, Arbeitnehmerkammern und Gewerkschaften – Konkurrenz oder Ergänzung? AuR 1975, 271; *G. Müller*, Die rechtliche, die rechtspolitische und die gesellschaftspolitische Problematik des Arbeitnehmerkammerwesens, DB 1980, 91; *Klein*, Die Arbeitskammer. Aufgabe und Tätigkeit der Arbeitskammer des Saarlandes, 8. Aufl., 1989. Aus der Rspr. vgl. BVerwGE 23, 304 = AP Nr. 1 zu Saarland, Arbeitskammergesetz; BVerfGE 38, 281.

[9] Dazu näher *Wohlgemuth/Lakies/Mallottke/Pieper/Proyer*, BBiG, 3. Aufl., 2006, § 77 Rn. 6, § 79 Rn. 45 a–c.

III. Die internationale Arbeitsorganisation (IAO)[10]

Auf dem Gebiet des Arbeitsschutzes besteht eine schon im 19. Jahrhundert begonnene internationale Zusammenarbeit, deren Zweck anfänglich vor allem darin bestand, Arbeitsschutzmaßnahmen in vielen Ländern möglichst einheitlich durchzusetzen. Humanitäre Bestrebungen verbanden sich hier in sehr effektiver Weise mit dem wirtschaftspolitischen Bestreben der Regierungen, die in Gestalt geringerer Arbeitsschutzkosten bestehenden Konkurrenzvorteile anderer Staaten auf dem Weltmarkt abzubauen. In den Friedensverträgen zum Ersten Weltkrieg wurde als dauerhafte, heute noch bestehende Einrichtung die IAO (vielfach auch nach der englischen Bezeichnung ILO genannt) gegründet. Sie hat in den Jahren bis zum Zweiten Weltkrieg zahlreiche Vereinbarungen über arbeitsrechtliche Maßnahmen ausgearbeitet und ihren Mitgliedsstaaten zugeleitet. Deutschland trat im Jahre 1933 aus der IAO aus, die Bundesrepublik ist aber 1951 wieder aufgenommen worden. Zur Zielsetzung der IAO, ihrer Organisation und ihrer Tätigkeit vgl. ihre Verfassung nebst der Erklärung von Philadelphia über ihre Ziele und Zwecke (beides abgedruckt Textsammlung Nipperdey Nr. 1081). Derzeit hat die IAO 179 Mitgliedsstaaten.[11]

Zur IAO gehört das Internationale Arbeitsamt Genf, das die Verwaltungsarbeit für sie leistet (vgl. Art. 2 und 8 ff. der Verfassung der IAO). Die IAO steht in enger Zusammenarbeit mit der UNO, ist aber kein Teil von ihr. Sie trifft Übereinkommen arbeitsrechtlichen Inhalts, die von den Mitgliedsstaaten ratifiziert werden können, aber i. d. R. keine unmittelbare Geltung haben (vgl. dazu Art. 19 der Verfassung der IAO sowie oben § 9 I 3). Daneben gibt sie Empfehlungen, berät die Mitgliedsstaaten in arbeits- und sozialpolitischen Fragen, führt wichtige statistische Erhebungen und Forschungsaufgaben durch.[12] Die Empfehlungen sind mitunter in ihrer peniblen Art eine fast humoristische Lektüre, vgl. z. B. die Empfehlung 120 betreffend den Gesundheitsschutz im Handel und in den Büros, BGBl. II 1973, S. 1262.

Die IAO stellt in ihren Übereinkommen häufig nicht auf Mindeststandards ab, die von den ärmeren Staaten erfüllt werden können, sondern richtet sich oft am Niveau der Industrieländer aus. Darin liegt ein wesentlicher Grund für die stark gesunkene Ratifikationsquote (dazu schon oben § 10 I 3). Die weltweit bestehende Arbeitslosigkeit ermutigt selbstverständlich nicht zur Setzung von Normen, die sich negativ auf die Beschäftigung auswirken können. Im Übrigen bedarf der Normenbestand der IAO dringend der Durchforstung, weil auch bei früheren Übereinkommen der Ratifikationsstand niedrig ist. So wurde das Übereinkommen Nr. 103 zum Mutterschutz von 1952 bislang nur von 40 Staaten ratifiziert.

Zur Schaffung verbesserter Arbeits- und Sozialstandards in Entwicklungsländern dienen sog. „Sozialklauseln", die sich in vielen bi- und multilateralen Handelsinstrumenten finden.[13] So werden Zollpräferenzen nach der geltenden europäischen Sozialklausel dann gewährt, wenn eine Ratifizierung und Einhaltung acht „fundamentaler" IAO-Abkommen nachgewiesen wird, die den Bereichen Gewerkschaftsrechte, Verbot der Zwangs- und Pflichtarbeit, Verbot der Diskriminierung in Beschäftigung und Beruf sowie Verbot der Kinderarbeit zuzurechnen sind.

---

[10] Vgl. *Birk*, Arbeitnehmerschutz – Vom internationalen zum supranationalen Recht, ZfA 1991, 355; *ders.*, in: MünchArbR, Bd. 1, § 17 Rn. 29 ff.; *Kern*, Zur Wirkungsgeschichte der Arbeiterschutzkonferenz im internationalen Bereich, ZfA 1991, 323; *Muhr*, Die IAO, in: ArbRGgw 29 (1992), 87; *Adamy/Bobke/Lörcher*, IAO, in: Däubler/Kittner/Lörcher, Internationale Arbeits- und Sozialordnung, 2. Aufl., 1994, S. 177 m. w. N. sowie vielen Dokumenten; *Leinemann/Schütz*, Wirkungen der IAO-Übereinkommen auf das Recht der BRD, ZfA 1994, 1; *Böhmert*, Das Recht der ILO und sein Einfluss auf das deutsche Arbeitsrecht im Zeichen der europäischen Integration, 2002; *Wisskirchen*, Die normensetzende und normenüberwachende Tätigkeit der ILO, ZfA 2003, 691; *Thomann, Däubler, Neubauer, Hartlapp*, in: Senghaas-Knobloch (Hrsg.), Weltweit geltende Arbeitsstandards trotz Globalisierung, 2005.

[11] Zum Geltungsbereich der Verfassung der IAO die Bek. v. 4. 9. 1984, BGBl. II 1984, S. 871.

[12] Zur Bedeutung der Entschließungen und Meinungsäußerungen der IAO vgl. *BVerwG* NJW 1985, 503; 1986, 3096; 1988, 2907; 1989, 2554; *BAG* AP Nr. 4 zu § 611 BGB Abmahnung.

[13] Hierzu näher *Däubler*, FS Hanau, 1999, S. 489; *Ölz*, Die Kernarbeitsnormen der IAO …, ZIAS 2002, 319; *Herkommer*, Die europäische Sozialklausel, 2004; *dies.*, Die Förderung internationaler Arbeitnehmerrechte in Entwicklungsländern durch das europäische Allgemeine Präferenzschema (APS), in: Senghaas-Knobloch (Hrsg.), Weltweit geltende Arbeitsstandards trotz Globalisierung, 2005, S. 179 ff.; *K. Koch*, Handelspräferenzen der EG für Entwicklungsländer, 2004.

Zweiter Teil. Individualarbeitsrecht

Als Individualarbeitsrecht bezeichnen wir das im Verhältnis zwischen einzelnem Arbeitgeber und einzelnem Arbeitnehmer geltende Recht. Zur systematischen Stellung dieses Bereichs und zu den Schwierigkeiten einer sachgerechten Abgrenzung vgl. näher oben § 6 III. Das Individualarbeitsrecht befasst sich (I) mit dem Zustandekommen des Arbeitsverhältnisses, (II) mit den Pflichten der Arbeitsvertragsparteien, (III) mit den zahlreichen gegenüber dem allgemeinen Zivilrecht modifizierten Regelungen des Leistungsstörungsrechts und (IV) mit der Beendigung des Arbeitsverhältnisses. In das Individualarbeitsrecht werden ferner die Regeln für den Übergang des Arbeitsverhältnisses und für Sonderformen des Arbeitsverhältnisses, wie etwa das Gruppen- und das Leiharbeitsverhältnis, einbezogen.

§ 12. Arbeitsvertrag und Arbeitsverhältnis

Literatur: *U. Preis,* Grundfragen der Vertragsgestaltung im Arbeitsrecht, 1993; *Hanau/Preis,* Der Arbeitsvertrag (LBl); *Boemke,* Schuldvertrag und Arbeitsverhältnis, 1999; *Zöllner,* Gerechtigkeit im Arbeitsverhältnis, FS Söllner, 2000, S. 145; *Annuß,* Der Arbeitsvertrag als Grundlage des Arbeitsverhältnisses, ZfA 2004, 283.

I. Zustandekommen des Arbeitsverhältnisses

1. Konsensprinzip

Arbeitsverhältnisse werden durch den **Arbeitsvertrag** zwischen Arbeitgeber und Arbeitnehmer begründet. Das Arbeitsverhältnis beruht damit auf einem Konsens zwischen den Arbeitsvertragsparteien. Ohne Konsens kommt ein Arbeitsverhältnis grundsätzlich nicht zustande.

2. Einschränkungen des Konsensprinzips

Von diesem Konsensprinzip gibt es **nur geringfügige Ausnahmen** (vgl. auch oben § 4 III 1).

a) Die Möglichkeit der **zwangsweisen Begründung** des Arbeitsverhältnisses durch Verwaltungsakt, wie sie früher nach § 10 des Schwerbeschädigtengesetzes von 1961 bestand, ist im derzeit geltenden Schwerbehindertenrecht (SGB IX) nicht mehr enthalten, wohl aber gibt es die Möglichkeit der Zwangsbegründung durch Verwaltungsakt im Verteidigungsfall nach dem ASiStG. Wiedereinstellungspflichten nach Arbeitskämpfen oder unberechtigten Entlassungen bedeuten keine Ausnahme vom Konsensprinzip, weil der Arbeitgeber im Weigerungsfall erst durch Klage zum Abschluss eines entsprechenden Arbeitsvertrages gezwungen werden muss. Die Frage, inwieweit die sogenannte Abschlussfreiheit als Element der Vertragsfreiheit gewahrt ist (vgl. dazu unten III 1), darf nicht mit dem Konsensprinzip verwechselt werden.

b) Das Konsensprinzip ist insofern eingeschränkt, als **rechtliche Mängel des Arbeitsvertrages** einschließlich Mängeln der zum Vertragschluss führenden Willenserklärungen, die nach den allgemeinen Vorschriften zur Nichtigkeit oder Unwirksamkeit führen, in der Regel nur mit Wirkung für die Zukunft geltend gemacht werden können (näher dazu unten II 1). Der rechtlich mangelhafte Konsens ist zwar kein vollwertiger Konsens, aber er reicht aus, das Arbeitsverhältnis für die Dauer seines Vollzuges zu tragen (sog. **fehlerhaftes Arbeitsverhältnis**).[1] Davon ist zu unterscheiden, wenn Arbeitsleistungen ohne vertragliche Grundlage erbracht werden.

Beispiele: (1) Der ohne Wissen des Arbeitgebers oder eines vertretungsberechtigten Angestellten in den Betrieb eingeschmuggelte Arbeiter. (2) Jemand leistet einem anderen Dienste, in der Erwartung, von diesem später als Erbe eingesetzt zu werden (zweckverfehlende Arbeitsleistung).[2]

Insoweit entsteht überhaupt kein Arbeitsverhältnis, auch kein fehlerhaftes.

c) Eingeschränkt ist das Konsensprinzip ferner dadurch, dass in bestimmten Fällen ein **Arbeitsvertrag als ex lege entstanden** gilt, d. h. fingiert wird. Das ist unter bestimmten Voraussetzungen bei der sogenannten Arbeitnehmerüberlassung der Fall zwischen dem entleihenden Arbeitgeber und dem Leiharbeitnehmer (Näheres § 10 I mit § 9 Nr. 1 AÜG), ferner bei der Überführung von Auszubildenden, die Mitglied eines betriebsverfassungsrechtlichen Gremiums, insbesondere der Jugendvertretung sind, in ein normales Arbeitsverhältnis,[3] vgl. § 78 a II BetrVG, § 9 BPersVG.

3. Zustandekommen durch Eingliederung?

a) Zeitweilig ist vertreten worden, dass für die Entstehung des Arbeitsverhältnisses nicht der Abschluss des Arbeitsvertrages entscheidend sei, sondern die Eingliederung des Arbeitnehmers in den Betrieb (sog. Eingliederungstheorie). Das führte, wie namentlich *Alfred Hueck*[4] überzeugend begründet hat, zu einer Reihe von Widersprüchen und unhaltbaren Ergebnissen. Deshalb hat auch *Arthur Nikisch*, einer der Hauptvertreter der Eingliederungstheorie, seine Auffassung später stark modifiziert und abgeschwächt, so dass sie sich zuletzt von der Vertragstheorie kaum noch unterschied.[5] Heute wird die Eingliederung nahezu allgemein nicht mehr als Grundlage oder Voraussetzung für die Entstehung eines Arbeitsverhältnisses angesehen. Wohl aber gibt es Versuche, sie als typisierendes Merkmal des Arbeitsverhältnisses für die Abgrenzung vom freien Dienstvertrag zu verwenden (dazu oben § 4 II 5 a bb).

b) Die Frage, wodurch das Arbeitsverhältnis begründet wird, ist von der ganz anderen Frage zu unterscheiden, welche Bedeutung im Rahmen der durch den Arbeitsvertrag begründeten Rechtsbeziehung die tatsächliche Arbeitsaufnahme hat. Rein faktisch gesehen lässt sich in betrieblichen Arbeitsverhältnissen erst mit Arbeitsaufnahme von

---

[1] *Hönn*, Zur Problematik fehlerhafter Arbeitsverhältnisse, ZfA 1987, 61.

[2] Dazu *Bydlinski*, Lohn- und Kondiktionsansprüche aus zweckverfehlten Arbeitsleistungen, FS Wilburg, 1965, S. 45; *Canaris*, Atypische faktische Arbeitsverhältnisse, BB 1967, 165; *Lieb*, Die Ehegattenmitarbeit im Spannungsfeld zwischen Rechtsgeschäft, Bereicherungsausgleich und gesetzlichem Güterstand, 1970; *Fenn*, Die Mitarbeit in den Diensten Familienangehöriger, 1970, S. 214 ff.; Münch-Komm/*Lieb*, § 812 Rn. 208; *BAG* AP Nr. 29 zu § 612 BGB (Anm. *v. Hoyningen-Huene*).

[3] Dazu *BAG* AP Nr. 18 und 25 zu § 78 a BetrVG.

[4] *Hueck*, S. 118 ff.

[5] Vgl. *Nikisch* I, S. 163 ff., 172 ff., 193 ff.; *ders.*, Die Eingliederung in ihrer Bedeutung für das Arbeitsrecht, RdA 1960, 1; *Zeuner*, Zur arbeitsrechtlichen Bedeutung des Phänomens der Eingliederung, FS Kissel, 1994, S. 1305.

Eingliederung sprechen. Von ihr kann durchaus die eine oder andere Rechtsfolge abhängen.

Beispiel: Solange der Arbeitnehmer die Arbeit nicht aufgenommen hat, entsteht für ihn kein Urlaubsanspruch (str.). Das ergibt sich aus dem Zweck des Urlaubs: Erholung von getaner Arbeit.

Gleichwohl besteht schon vor Arbeitsaufnahme ein echtes Arbeitsverhältnis. Deshalb sind für Streitigkeiten die Arbeitsgerichte zuständig und materielles Arbeitsrecht findet weitgehend Anwendung.

Beispiele: Eine Arbeitnehmerin wird vor Arbeitsaufnahme schwanger. Das MuSchG kommt zur Anwendung, auch wenn sie die Arbeit gar nicht aufnimmt oder wegen Schwangerschaftsbeschwerden nicht aufnehmen kann. Ein Angestellter erkrankt vor Arbeitsaufnahme. Er hat einen Anspruch auf Lohnzahlung nach dem EFZG. Zweifelhafter ist die Beurteilung der Wartezeit nach § 1 I KSchG: Ein Arbeitnehmer wird durch Arbeitsvertrag vom 10. 2. 1991 zum 1. 3. 1991 eingestellt. Er nimmt die Arbeit erst am 15. 3. auf. Dann stellt sich die Frage, ob er Kündigungsschutz schon ab 1. 9. oder erst ab 15. 9. genießt.[6]

c) Mitunter wird der offenbar verführerische Begriff der Eingliederung auch verwendet für die Abgrenzung des betriebsverfassungsrechtlichen Begriffs der Einstellung, den die Rechtsprechung vom Abschluss des Arbeitsvertrages unterscheidet (dazu näher unten § 50 II 1).

d) Vertreten worden ist auch, dass der Arbeitsvertrag eine Vereinbarung über die Eingliederung des Arbeitnehmers in den Betrieb des Arbeitgebers enthalte (sog. Eingliederungsvertrag), der Recht und Pflicht zur Eingliederung begründe. Aus ihm sollen Zulässigkeit, Inhalt und Grenzen notwendiger Veränderungen des Arbeitsverhältnisses erklärbar sein.[7] Richtig daran ist, dass in der Regel Arbeitsverhältnisse betriebsbezogen geschlossen werden. Notwendig ist das indessen nicht. Richtig ist auch, dass die Verhältnisse des Betriebs für Zulässigkeit und Grenzen von Vertragsänderungen bedeutsam sein können. Das basiert aber nicht auf einer angeblichen Eingliederungsvereinbarung.

4. Form des Arbeitsvertrags

Die Einhaltung einer besonderen Form des Arbeitsvertrags ist für das Zustandekommen grundsätzlich nicht erforderlich. Vgl. dazu näher unten III 3.

5. Vorvertragliches Schuldverhältnis der Vertragsanbahnung[8]

Bereits vor Abschluss des Arbeitsvertrages und ohne Rücksicht auf das spätere Zustandekommen entsteht zwischen Arbeitgeber und Bewerber ein vorvertragliches Schuldverhältnis mit bestimmten Schutz- und Rücksichtspflichten beider Partner, deren Verletzung zur Haftung aus culpa in contrahendo führen kann (vgl. § 311 II BGB).

---

[6] Dazu *v. Hoyningen-Huene/Linck*, KSchG, 14. Aufl., 2007, § 1 Rn. 77; KR/*Griebeling*, § 1 Rn. 106 ff.

[7] *v. Stebut*, FS Kissel, 1994 S. 1135 ff.

[8] Dazu *Zöllner*, Die vorvertragliche und die nachwirkende Treu- und Fürsorgepflicht im Arbeitsverhältnis, in: Tomandl (Hrsg.), Treu- und Fürsorgepflicht im Arbeitsverhältnis, 1975, S. 91; *Wiedemann*, Zur culpa in contrahendo beim Abschluß des Arbeitsvertrages, FS Herschel, 1982, S. 463; *Motzer*, Die positive Vertragsverletzung des Arbeitnehmers, 1982, S. 97; ausführlich *Hönsch/Natzel*, Handbuch des Fachanwalts Arbeitsrecht, 2. Aufl., 1994, B Rn. 3 ff.; allgemein zur Dogmatik *Frost*, Vorvertragliche und vertragliche Schutzpflichten, 1981.

a) Arbeitnehmer und Arbeitgeber haben beim Abschluss des Vertrages gewisse **Offenbarungspflichten**.[9] So muss der Arbeitnehmer Umstände in seiner Person oder seinen persönlichen Verhältnissen, die für das Arbeitsverhältnis von erheblicher Bedeutung sind, von sich aus offenbaren. Bei anderen Umständen besteht eine Offenbarungspflicht nur auf entsprechende Frage des Arbeitgebers hin. Schwangerschaft und Körperbehinderung muss der Arbeitnehmer jedenfalls nur dann ungefragt offenbaren, wenn die Erbringung der in Aussicht genommenen Arbeitsleistung wahrscheinlich beeinträchtigt ist.[10] Den **Arbeitgeber** trifft eine **Offenbarungspflicht** hinsichtlich solcher Umstände, deren Kenntnis für die Entscheidung des Arbeitnehmers, das Arbeitsverhältnis einzugehen, von wesentlicher Bedeutung ist, wie z. B. eine nicht allgemein bekannte Gesundheitsschädlichkeit der Arbeit oder eine beabsichtigte oder auch nur wahrscheinliche Verlegung oder Schließung des Betriebs in absehbarer Zeit.[11]

Das **Fragerecht des Arbeitgebers**[12] ist zum Schutz der Persönlichkeit des Arbeitnehmers eingeschränkt auf solche Fragen, an deren Beantwortung im Hinblick auf die in Aussicht genommene Tätigkeit des Arbeitnehmers ein schutzwürdiges Interesse besteht. Unzulässig ist daher in der Regel z. B. die Frage nach der Religion, nach dem bisherigen Einkommen[13] oder nach unehelichen Beziehungen des Arbeitnehmers, nach Vorstrafen oder Körperbehinderungen, soweit diese für das Arbeitsverhältnis ohne wesentliche Bedeutung sind. Die Frage nach dem Bestehen einer Schwangerschaft ist, wenn man der überzogenen Auffassung des EuGH folgt, nicht zulässig.[14] Trotz der schwerwiegenden Belastungen des Arbeitgebers, die sich aus der Schwangerschaft nach mehreren Richtungen ergeben können, soll er gehindert sein, sich über die Sachlage Klarheit zu verschaffen. Die Frage nach der Schwerbehinderteneigenschaft hat das BAG bislang mit Recht als zulässig angesehen,[15] weil sie zahlreiche Belastungen auch dann mit sich bringt, wenn die Behinderung sich nicht unmittelbar auf die Arbeitsleistung auswirkt. Daran sollte entgegen der bereits h. M. im Schrifttum[16] festgehalten werden. Der von der EU veranlasste Diskriminierungsschutz für Behinderte steht dem bei zutreffender, von Gerechtigkeitsvorstellungen geleiteter Auslegung nicht entgegen. Ganz generell ist es bedenklich, das Fragerecht nach allen Merkmalen einzuschränken, die ein Benachteiligungsverbot nach dem AGG begründen[17] (zum AGG unten § 18 VIII). Es ist verfehlt, bereits in der Frage nach dem geschützten Merkmal eine Diskriminierung zu sehen. Verpönt werden darf die Frage nur,

---

[9] Dazu *P. Hofmann*, Zur Offenbarungspflicht des Arbeitnehmers, ZfA 1975, 1; MünchArbR/*Buchner*, § 41 Rn. 164 ff.; Staudinger/*Richardi*, § 611 BGB Rn. 160 ff. Aus der Rechtsprechung *BAG* AP Nr. 10 zu § 276 BGB Verschulden bei Vertragsschluß.

[10] Vgl. für Körperbehinderung *BAG* AP Nr. 30 zu § 123 BGB, für Schwangerschaft *BAG* AP Nr. 1 zu § 8 MuSchG 1968. Vgl zu beidem unten bei Fn. 12 und 13.

[11] Dazu *Hümmerich*, Aufklärungspflichten des Arbeitgebers ..., NZA 2002, 1305.

[12] Dazu *Degener*, Das Fragerecht des Arbeitgebers gegenüber Bewerbern, 1975; *Wiedemann*, FS Herschel, 1982, S. 468 ff.; *Zöllner*, Daten- und Informationsschutz im Arbeitsverhältnis, 1982, S. 32 ff. m. w. N.; *Buchner*, Freiheit und Bindung des Arbeitgebers bei Einstellungsentscheidungen, NZA 1991, 577; MünchArbR/*Buchner*, § 38 Rn. 39 ff.; *Raab*, Das Fragerecht des Arbeitgebers nach schwebenden Strafverfahren ..., RdA 1995, 36; *Thüsing/Lambrich*, Das Fragerecht des Arbeitgebers ..., BB 2002, 1146 St. *Braun*, Fragerecht und Auskunftspflicht, MDR 2004, 64; *Kaehler*, Das Arbeitgeberfragerecht im Anbahnungsverhältnis; kritische Analyse und dogmatische Grundlegung, ZfA 2006, 519.

[13] *BAG* DB 1984, 298.

[14] Dazu *Feldhoff*, Die Frage nach der Schwangerschaft, ZTR 2004, 58; das *BAG* hält die Frage auf Grund der Rspr. des *EuGH* AP Nr. 23 zu Art. 119 EWG-Vertrag für unzulässig, vgl. *BAG* AP Nr. 21 zu § 611 a BGB = NZA 2003, 848. Kritisch resignierend *Kaehler*, ZfA 2006, 537 f.

[15] *BAG* NZA 1996, 371.

[16] Vgl. insb. *Lieb/Jacobs*, Rn. 124 m. N.; *v. Koppenfels/Spieß*, Schwangerschaft und Schwerbehinderung ..., AuR 2004, 43.

[17] Dazu ausführlich *Kaehler* (Fn. 14).

wenn der Arbeitgeber kein schutzwürdiges Interesse an der von ihm begehrten Kenntnis hat.

Auf unzulässige Fragen braucht der Arbeitnehmer im Allgemeinen nicht zu schweigen (dann würde er möglicherweise nicht eingestellt), sondern darf sie unwahr beantworten.[18] In der bewusst unwahren Antwort liegt zwar eine Täuschung, aber dieser fehlt die Widerrechtlichkeit. Daher entfällt die Anfechtbarkeit nach § 123 BGB. Die Vorlage eines handgeschriebenen Lebenslaufs darf der Arbeitgeber verlangen.[19] Eine ärztliche Untersuchung kann er zwar fordern, aber abgesehen davon, dass die Durchführung der Zustimmung des Arbeitnehmers bedarf, ist der Arzt gegenüber dem Arbeitgeber nur zur Offenbarung von für das Arbeitsverhältnis relevanten gesundheitlichen Einschränkungen befugt. Genomanalysen, mit deren Hilfe z. B. bestimmte Risiken, etwa die Unverträglichkeit im Betrieb verwendeter Arbeitsstoffe, festgestellt werden können, sind nur bei gesetzlicher Freigabe und nur soweit zulässig, wie ihnen der Arbeitnehmer zustimmt.[20]

b) Beide Teile des Anbahnungsverhältnisses trifft eine **Pflicht zur Verschwiegenheit,** den Arbeitgeber über alle relevanten persönlichen Umstände des Arbeitnehmers, die ihm bei der Bewerbung offenbart worden sind, den Arbeitnehmer über alle ihm im Zug der Einstellungsverhandlungen bekannt gewordenen Betriebs- und Geschäftsgeheimnisse; diese darf er auch dann nicht weitergeben, wenn es nicht zum Abschluss des Arbeitsverhältnisses kommt.

6. Vorvertrag

Vom Anbahnungsverhältnis als gesetzlichem Schuldverhältnis sind die Rechtsbeziehungen aus einem eventuell geschlossenen Vorvertrag zu unterscheiden, d. h. einem Vertrag, der noch nicht selbst Arbeitsvertrag ist, sondern auf die Verpflichtung zum Abschluss eines Arbeitsvertrages in einem späteren Zeitpunkt gerichtet ist.[21]

7. Mitbestimmungsrechte des Betriebsrats bei der Einstellung

In Betrieben mit in der Regel mehr als 20 wahlberechtigten Arbeitnehmern bedarf die Einstellung eines Arbeitnehmers der Zustimmung des Betriebsrats, § 99 I BetrVG. Die Zustimmung darf allerdings nur aus wenigen ganz bestimmten Gründen verweigert werden, § 99 II BetrVG. Näheres unten § 50 II 2.

---

[18] Bedenklich wäre eine Täuschung durch den Arbeitnehmer über sein Geschlecht; dazu *BAG* DB 1991, 1934.

[19] Die Einholung graphologischer Gutachten (zu ihrer geringen Validität *Michel/Wiese,* NZA 1986, 505) bedarf der Zustimmung des Arbeitnehmers. Sie liegt nicht schon in der Abgabe eines handgeschriebenen Lebenslaufs.

[20] Dazu *Wiese,* RdA 1988, 217; *Deutsch,* NZA 1989, 657; *Diekgräf,* BB 1991, 1854; zu psychologischen Tests vgl. *v. Hoyningen-Huene,* DB 1991 Beilage 10; *Wiese,* DuD 1993, 274; *ders.,* Genetische Analysen und Rechtsordnung, 1994; *ders.,* Zu einer gesetzlichen Regelung genetischer Untersuchungen im Arbeitsleben, BB 2005, 2073; *ders.,* Das „Recht auf Nichtwissen"- die genetische Veranlagung von Arbeitnehmern, RPG 2002, 81.

[21] Dazu näher *Zöllner,* Der arbeitsrechtliche Vorvertrag, FS Floretta, 1983, S. 455; MünchArbR/ *Richardi,* § 42 Rn. 14 ff.

II. Rechtsnatur von Arbeitsvertrag und Arbeitsverhältnis

1. Rechtsgeschäft

Der Arbeitsvertrag ist Rechtsgeschäft, nicht lediglich faktischer Vorgang.

a) Deshalb finden auf ihn die **Vorschriften** des allgemeinen Zivilrechts **über Rechtsgeschäfte** grundsätzlich Anwendung.[22] Demgemäß kann ein Arbeitsvertrag wegen Geschäftsunfähigkeit, Sittenwidrigkeit (auch Lohnwucher[23]) oder Verstoß gegen ein gesetzliches Verbot[24] nichtig sein (vgl. §§ 105, 138, 134 BGB), er unterliegt der Anfechtung wegen Willensmängeln (§§ 119, 123 BGB), und für das Wirksamwerden der den Arbeitsvertrag konstituierenden Willenserklärungen gelten die Regeln über den Zugang (insbes. § 130 BGB).

b) Gleichwohl ist die **Geltendmachung von Willensmängeln und Gesetzesverstößen** beim Arbeitsvertrag **eingeschränkt,**[25] und zwar kann die **Nichtigkeit eines Arbeitsverhältnisses,** gleichgültig worauf sie beruht,[26] grundsätzlich nicht mit Wirkung für die Vergangenheit geltend gemacht werden. Das bedeutet insbesondere, dass auch der geschäftsunfähige Arbeitgeber dem Arbeitnehmer den Lohn für bereits geleistete Arbeit voll zahlen muss und den Arbeitnehmer nicht auf den Bereicherungsausgleich verweisen darf.[27] Das Gleiche gilt etwa, wenn der Arbeitnehmer entgegen einem bestimmten Beschäftigungsverbot eingestellt worden ist. Man spricht deshalb statt vom nichtigen vom **fehlerhaften Arbeitsverhältnis.** Schief ist es, in diesem Zusammenhang den Begriff des „faktischen" Arbeitsverhältnisses zu gebrauchen.[28] Er sollte den Fällen vorbehalten bleiben, in denen eine Willenseinigung zwischen den Parteien gänzlich fehlt.

---

[22] Vgl. ferner zu einer weit darüber hinausgreifenden Problematik *Bydlinski,* Willens- und Wissenserklärungen im Arbeitsrecht, ZAS 1976, 83 und 126.

[23] Dazu *A. Franke,* Lohnwucher, auch ein arbeitsrechtliches Problem, 2003.

[24] Einschlägige Normen dürften selten sein. Nicht hierher gehört jedenfalls der Verstoß gegen das Gesetz zur Bekämpfung der Schwarzarbeit. Er führt zwar nach h. M. zur Nichtigkeit (vgl. die Nachweise bei *Reuter,* Zivilrechtliche Probleme der Schwarzarbeit, in: Eser/Müller (Hrsg.), Schattenwirtschaft und Schwarzarbeit, 1986, S. 31 ff.). Abgesehen davon, dass dem nicht zu folgen ist (vgl. *Reuter* a. a. O.), handelt es sich insoweit nicht um Arbeits-, sondern um Werkverträge. Nicht zur Nichtigkeit des Arbeitsverhältnisses führt auch die sog. Schwarzgeldabrede, bei der vereinbart wird, die Arbeitsvergütung ohne Berücksichtigung von Steuern und Sozialversicherungsbeiträgen auszuzahlen und diese Abgaben nur teilweise oder gar nicht abzuführen. Nichtig ist hier nur die Nichtabführungsabrede. Der Arbeitgeber muss folglich den vereinbarten Auszahlungsbetrag als vereinbarte Nettovergütung gewähren und danach die Abgaben berechnen, *BAG* AP Nr. 24 zu § 134 BGB = NZA 2004, 313.

[25] Zur Problematik vgl. *Siebert,* Faktische Vertragsverhältnisse, 1958, S. 68 ff.; *Ramm,* Die Anfechtung des Arbeitsvertrags, 1955; *Beuthien,* RdA 1969, 161; *Lieb,* Rn. 133 ff.; *Sack,* RdA 1975, 171; *P. Käßer,* Der fehlerhafte Arbeitsvertrag, 1979; *Picker,* Die Anfechtung von Arbeitsverträgen, ZfA 1981, 1; *Walker,* JA 1985, 138; *Hönn,* ZfA 1987, 61; *Strick,* Die Anfechtung des Arbeitsvertrags durch den Arbeitgeber, NZA 2000, 695; *Verhoek,* Das fehlerhafte Arbeitsverhältnis, 2005.

[26] Demgegenüber wird in der Literatur verschiedentlich gesagt, dass sich bei rechtswidrigen Arbeitsverträgen je nach dem Zweck des gesetzlichen Verbots und bei sittenwidrigen Arbeitsverträgen auch volle Rückwirkung der Nichtigkeit ergeben könne (vgl. auch *BAG* AP Nr. 32 zu § 63 HGB mit Anm. *Mayer-Maly*). Daran ist im Ergebnis nur richtig, dass unter ganz besonderen Voraussetzungen Ansprüche sich mindern oder auch ganz entfallen können, z. B. wenn der geschäftsunfähige Arbeitgeber einen Angestellten zu weit überhöhtem Gehalt eingestellt hat. Im Einzelnen kann auf solche Sonderfälle hier nicht eingegangen werden.

[27] *BAG* v. 3. 12. 98 EzA § 123 BGB Nr. 51 (m. krit. Anm. *Mankowski*) will hingegen bei Anfechtung nach § 123 BGB dem Arbeitgeber einen Rückforderungsanspruch nach Bereicherungsrecht bezüglich Krankenlohns geben, weil das nichtige Arbeitsverhältnis in der Erkrankungszeit nicht durch Arbeitsleistung vollzogen sei. Das ist völlig schief.

[28] So aber *Hanau/Adomeit,* Rn. 639, die unzutreffend behaupten, dies sei üblich.

Erst recht kann auch die **Anfechtung** grundsätzlich **keine ex-tunc-Wirkung** entfalten, wie § 142 BGB vorsieht, sondern nur in die Zukunft wirken. In den Folgen ähnelt die Anfechtung daher einer fristlosen Kündigung, ist aber gleichwohl von dieser zu unterscheiden.[29] Ihre Eigenständigkeit beruht darauf, dass sich die außerordentliche Kündigung auf eine Störung bezieht, die die weitere Durchführung des mangelfrei abgeschlossenen Vertrages betrifft, während die Anfechtung auf Störungen bezogen ist, die den Vertragsschluss betreffen.[30] Die Eigenständigkeit der Anfechtung gegenüber der Kündigung führt dazu, dass die Anfechtung das Vorliegen eines wichtigen Grundes nicht voraussetzt. Ein Schutz des Arbeitnehmers gegenüber Nachteilen aus einer Anfechtung wegen Irrtums ergibt sich aus § 119 (dem Erfordernis, dass die Willenserklärung bei Kenntnis der Sachlage und verständiger Würdigung des Falles nicht abgegeben worden wäre) und § 122 BGB (Ersatz des Vertrauensinteresses). Im Ergebnis werden ohnehin die Voraussetzungen eines wichtigen Grundes nicht selten vorliegen. Auch die Beachtung sonstiger kündigungsrechtlicher Erfordernisse und Ausübungsmodalitäten ist nicht erforderlich. So bedarf es nicht der Anhörung des Betriebsrats nach § 102 I BetrVG[31] vor der Anfechtung, und umgekehrt ist es nicht notwendig, dass der Arbeitnehmer sich gegen die Geltendmachung der Anfechtbarkeit oder Nichtigkeit des Arbeitsverhältnisses binnen der Drei-Wochenfrist des § 4 KSchG wendet.[32] Auch die Verdrängung von § 121 I BGB durch § 626 II BGB wäre verfehlt.[33]

Die Beschränkung der rückwirkenden Geltendmachung von Mängeln beim fehlerhaften Arbeitsvertrag beruht darauf, dass die Vorschriften über die Auswirkungen rechtsgeschäftlicher Mängel auf die Fehlerhaftigkeit von vermögensrechtlichen Austauschverträgen zugeschnitten sind und für den Arbeitsvertrag ähnlich wie für den in Vollzug gesetzten Gesellschaftsvertrag nicht passen. Einmal ist das Bereicherungsrecht entgegen anderslautenden Beteuerungen nicht hinreichend geeignet für eine sachgerechte Rückabwicklung. Zwar wären die bestehenden Schwierigkeiten, was die Arbeitsleistung angeht, zu meistern, jedoch kaum voll im Übrigen. Auch der Umfang der unverzichtbar im Interesse beider Vertragsparteien erforderlichen Schutzpflichten lässt sich aus dem ex lege bestehenden Schuldverhältnis kaum zutreffend bestimmen. Entscheidend für den Ausschluss rückwirkender Nichtigkeit ist letztlich, dass durch den Arbeitsvertrag ein Dauerschuldverhältnis besonderer Prägung mit einer Vielzahl von Pflichten und Leistungen begründet wird, deren Erfüllung nicht einfach ausgelöscht werden kann.[34] Auch der Gedanke des Arbeitnehmerschutzes ist insofern von Bedeutung, als der Arbeitnehmer nicht seiner Betriebszugehörigkeit und eventuell empfangener Fürsorgeleistungen des Arbeitgebers verlustig gehen darf. Aus diesem Grund ist es für den Ausschluss der Rückwirkung weder die **Invollzugsetzung** des Arbeitsverhältnisses (was immer das ist) noch die **Arbeitsaufnahme** durch den Arbeitnehmer

---

[29] Anders die sog. Kündigungstheorie, die eine völlige Verdrängung der Anfechtung durch die Kündigung vertritt, vgl. etwa *Schwerdtner*, Arbeitsrecht I, 1976, Rn. 7 ff. Gegen sie ausführlich *Picker*, ZfA 1981, 1; vermittelnd *Hönn*, ZfA 1987, 61 ff.

[30] Ausführlich dazu *Picker*, ZfA 1981, 20 ff.; zustimmend *M. Wolf/Gangel*, AuR 1982, 271.

[31] Anders *M. Wolf/Gangel*, AuR 1982, 271; wie hier *Lieb/Jacobs*, Rn. 134.

[32] Vgl. *Hueck-v. Hoyningen-Huene*, KSchG, 14. Aufl., 2007, § 1 Rn. 104; *Picker*, ZfA 1981, 104 ff. Zustimmend zu letzterem *M. Wolf/Gangel*, AuR 1982, 271.

[33] So aber *M. Wolf/Gangel*, AuR 1982, 271; ferner *BAG* AP Nr. 4 zu § 119 BGB = SAE 1981, 82 mit stark kritischer, sehr lesenswerter Anmerkung von *Picker*. Die Anfechtungsgründe dürfen auch nicht mittels § 242 BGB ihrer Wirksamkeit beraubt werden; so aber *BAG* AP Nr. 32 zu § 123 BGB.

[34] Vgl. zur Begründung etwa *Picker*, ZfA 1981, 51 ff. Dort auch zu Einschränkungen. Vgl. ferner *Walker*, DB 1988, 1596. Eingehend zur Rückabwicklungsfrage Staudinger/*Richardi*, BGB § 611 Rn. 128 ff.

erheblich.[35] Keine Bedeutung hat die Frage der Rückwirkung selbstverständlich, wenn die Mängelgeltendmachung vor dem vereinbarten Zeitpunkt des Vertragsbeginns liegt.

Nach einem von der vorstehend skizzierten Lehre abweichenden Versuch zur Lösung der Mängelproblematik soll zwar die rückwirkende Nichtigkeit aufgrund der allgemeinen Vorschriften eingreifen, dem redlichen Vertragspartner sollen aber Erfüllungsansprüche nach Vertrauensgrundsätzen einzuräumen sein.[36] Kraft des vom anderen (also evtl. auch beiderseits) erweckten Vertrauens in die Gültigkeit des Arbeitsverhältnisses werden nach dieser Auffassung entsprechende Erfüllungsansprüche „erwirkt". An die Stelle der Geltendmachung von Nichtigkeits- und Anfechtungsgründen tritt die Kündigung, die fristlos nur erklärt werden kann, wenn die Voraussetzungen von § 626 BGB vorliegen. In dieser Auffassung liegt indessen nicht nur ein gewisser innerer Widerspruch, sondern eine zu weite Ausdehnung der Lehre von der Vertrauenshaftung, mit der man sich letztlich noch weiter vom BGB entfernt als das die h. L. tut.[37]

c) Der Gedanke, den Arbeitnehmer zu schützen, greift auch bei **Teilnichtigkeit des Arbeitsvertrages** gegenüber § 139 BGB durch. Während nach dieser Vorschrift bei Teilnichtigkeit im Zweifel die Nichtigkeit des ganzen Arbeitsvertrages angenommen werden müsste, ist für das Arbeitsverhältnis im Regelfall vom Fortbestand des Arbeitsvertrages im übrigen auszugehen.

d) Als Rechtsgeschäft ist der Arbeitsvertrag grds. auch der **Bedingung**[38] **und Befristung** gemäß §§ 158, 163 BGB zugänglich, und zwar sowohl der aufschiebenden wie der auflösenden. Auch insoweit sind aber, vor allem bei auflösender Bedingung und Befristung, zum Schutz des Arbeitnehmers Einschränkungen zu machen (dazu unten § 22 I 3, 4). Zulässig, allerdings nicht sehr praktikabel, ist auch die **Befristung einzelner Klauseln** des Arbeitsvertrages.[39] Für sie gilt zwar nicht § 14 TzBfG. Nach Meinung des BAG bedurfte sie aber bis zum Inkrafttreten der Schuldrechtsreform eines Sachgrunds soweit durch sie der gesetzliche Änderungskündigungsschutz umgangen werden konnte[40] und nunmehr erfolgt eine Inhaltskontrolle anhand von § 307 BGB,[41] d. h. der Arbeitnehmer darf durch die Befristung nicht entgegen Treu und Glauben unangemessen benachteiligt werden.

2. Vertrag

Der Arbeitsvertrag ist selbstverständlich Vertrag, mit der Folge, dass auch die allgemeinen Vorschriften über das Zustandekommen von Verträgen auf ihn Anwendung finden (z. B. die §§ 145 ff. BGB).

3. Schuldrechtlicher Vertrag

Der Arbeitsvertrag ist schuldrechtlicher Vertrag. Das bedeutet, dass für ihn grundsätzlich die Regeln des Schuldrechts, insbesondere auch das Leistungsstörungsrecht der §§ 275 ff. BGB gelten, dies freilich mit etlichen Modifikationen und Ergänzungen (dazu näher unten § 19).

---

[35] Anders im Ansatz *Hueck,* S. 185, der grundsätzlich auf die Arbeitsaufnahme abstellt, allerdings bei „Invollzugsetzung des Arbeitsvertrages" vor Arbeitsaufnahme diesen früheren Zeitpunkt maßgebend sein lässt. Anders auch *Lieb/Jacobs,* Rn. 133.

[36] Vgl. *P. Käßer* (Fn. 25), insb. S. 104 ff.

[37] Kritisch auch *Picker,* ZfA 1981, 3.

[38] Dazu *Felix,* Zulässigkeit und Besonderheiten auflösend bedingter Verträge, NZA 1994, 1111; *Boewer,* Der auflösend bedingte Arbeitsvertrag im Lichte des § 21 TzBfG, FS Schwerdtner, 2003, S. 37.

[39] Dazu *Löwisch,* ZfA 1986, 1; *Maschmann,* Die Befristung einzelner Arbeitsbedingungen, RdA 2005, 212; *Schmalenberg,* Befristung von einzelnen Arbeitsbedingungen, FS Arbeitsgemeinschaft Arbeitsrecht im Deutschen Anwaltverein, 2006, S. 155; *Preis/Bender,* Die Befristung einzelner Arbeitsbedingungen – Kontrolle durch Gesetz oder Richterrecht?, NZA-RR 2005, 337; *Thiel,* Befristung einzelner Arbeitsbedingungen, ZMV 2006, 172.

[40] *BAG* AP Nr. 258 zu § 620 BGB Befristetes Arbeitsverhältnis.

[41] *BAG* AP Nr. 6 zu § 307 BGB.

4. Gegenseitiger Vertrag

Der Arbeitsvertrag ist gegenseitiger Vertrag oder Austauschvertrag[42] (do ut des-Prinzip). Der Arbeitnehmer arbeitet, um Lohn zu erhalten, der Arbeitgeber zahlt Lohn, um die Arbeitsleistung des Arbeitnehmers nutzen zu können. Daraus folgt, dass auf den Arbeitsvertrag grundsätzlich die §§ 320 ff. BGB anzuwenden sind. Für Leistungsstörungen gelten freilich eine Reihe von Sonderregelungen des Dienstvertragsrechts, vgl. z. B. §§ 615, 616 BGB, die bestimmte Interessenkonflikte anders regeln als die allgemeinen Vorschriften des BGB-Schuldrechts. Ferner ist der in den §§ 323, 324, 326 V BGB geregelte Rücktritt nicht zulässig und partiell durch die Kündigung ersetzt. Zwar nimmt die zivilrechtliche Dogmatik heute allgemein an, dass der Rücktritt nicht zurückwirkt, sondern das Schuldverhältnis ex nunc in ein Rückabwicklungsverhältnis verwandelt. Aber gerade die auf Rückabwicklung gerichtete Wirkung des Rücktritts ist für das Arbeitsverhältnis genauso wenig angemessen wie die Rückwirkung der Anfechtung. Es geht freilich nicht nur um die Ersetzung der Rücktrittswirkung durch die Kündigungswirkung, vielmehr werden auch die Rücktrittsvoraussetzungen durch die Kündigungsvoraussetzungen verdrängt.

Wird also dem Arbeitnehmer die Arbeitsleistung unmöglich, so kann der Arbeitgeber nicht nach § 326 V BGB vom Vertrag zurücktreten. Er kann vielmehr nur ordentlich unter Fristeinhaltung kündigen oder fristlos, wenn nach den Gesamtumständen ein wichtiger Grund vorliegt. Auch für anfängliche Unmöglichkeit gilt nichts anderes. Besteht diese auf Dauer, wird in aller Regel ein wichtiger Grund zur sofortigen Lösung des Arbeitsverhältnisses durch außerordentliche Kündigung vorliegen.

5. Dienstvertrag

Der Arbeitsvertrag ist **Dienstvertrag** im Sinne der §§ 611 ff. BGB (vgl. dazu schon oben § 4 III 2). Diese Vorschriften haben ihre große Bedeutung gerade im Bereich der zu unselbständiger Arbeit verpflichtenden Dienstverträge.[43]

6. Kein Geschäftsbesorgungsvertrag

Der Arbeitsvertrag ist, jedenfalls in der Regel, kein Geschäftsbesorgungsvertrag im Sinn des § 675 BGB (str., ganz h. M.). Gleichwohl ist man sich über die mindestens analoge **Anwendbarkeit von § 670 BGB** einig (dazu noch näher unten § 20 I 2), und auch sonst gelten für den Dienstvertrag eine Reihe von Regeln und Grundsätzen, die mit den §§ 662 ff. BGB übereinstimmen.[44]

7. Charakterisierung des Arbeitsverhältnisses

Das Arbeitsverhältnis zusammenfassend zu kennzeichnen, ist schwierig. Eine Charakterisierung hat man noch bis in die 60er Jahre mit der Formel versucht, das Arbeitsverhältnis sei ein personenrechtliches Gemeinschaftsverhältnis.[45] Daran ist – aus

---

[42] Dazu vor allem *Wiedemann,* Das Arbeitsverhältnis als Austausch- und Gemeinschaftsverhältnis, 1966; *Herschel,* Haupt- und Nebenpflichten im Arbeitsverhältnis, BB 1978, 569; *Motzer,* Die positive Vertragsverletzung des Arbeitnehmers, 1982, S. 159 ff.; unkonventionell *Windbichler,* Das Arbeitsverhältnis als Austausch- und Geschenkverhältnis, FS Wiedemann, 2002 S. 673.

[43] Zur rechtspolitischen Frage, ob der Arbeitsvertrag weiterhin vom Dienstvertrag des BGB umfasst sein soll, eindringlich *Lieb,* Dienstvertrag, in: BJM (Hrsg.), Gutachten und Vorschläge zur Überarbeitung des Schuldrechts, Bd. III, 1983, S. 183 (221 ff.). Bei der Schuldrechtsmodernisierung ist diese Sicht durch Ergänzungen und Modifizierungen bestätigt worden.

[44] Näher dazu *Reichold,* Geschäftsbesorgung im Arbeitsverhältnis, NZA 1994, 488; *Franzen,* Aufwendungsersatzansprüche der kommunalen Dienstkräfte gegenüber ihrem Arbeitgeber/Dienstherrn, ZTR 1996, 305.

[45] Vgl. insbesondere *Hueck,* § 22 II 1, S. 129; *Nikisch* I, § 25 I 3, S. 250; *Herschel,* Vom Arbeiterschutz zum Arbeitsrecht, in: Festschrift Deutscher Juristentag „Hundert Jahre Deutsches Rechtsle-

unterschiedlichen Richtungen – Kritik geübt worden.[46] Der Streit ist vielfach rein terminologischer Natur, weil die Gegner der These den Befürwortern einen Bedeutungsinhalt unterschieben, den diese mit dem Begriff nicht verbinden. Gleichwohl sollte man sich um Begriffe bemühen, die Missverständnisse vermeiden helfen.

a) Dauerschuldverhältnis[47]

Das Arbeitsverhältnis ist, jedenfalls in der Regel, nicht bloß auf einmaligen Leistungsaustausch gerichtet, sondern seine Pflichten bestehen gleichmäßig fort, so lange das Rechtsverhältnis nicht beendet ist. Aus dieser besonderen Natur als Dauerschuldverhältnis erklären sich etliche von den gewöhnlichen Austauschverträgen abweichende Sonderregelungen über Leistungsstörungen, über die Beendigung des Arbeitsverhältnisses, über seine Behandlung in der Insolvenz des Arbeitgebers und anderes mehr.[48]

b) Personaler Charakter[49]

Das Arbeitsverhältnis hat einen von normalen, auf wirtschaftlichen Austausch gerichteten Verträgen weithin abweichenden Charakter, der sich mit dem Wort personal = personbezogen recht gut kennzeichnen lässt. Das will nicht mehr und nicht weniger besagen, als dass es bei ihm nicht bloß um vermögensrechtliche Vorgänge, den Austausch von Vermögenswerten geht, sondern dass der Arbeitnehmer als Person im Rahmen dieses Rechtsverhältnisses rechtliche Berücksichtigung findet.[50] Gerade die Rücksicht auf den Arbeitnehmer als Persönlichkeit ist maßgebend für zahlreiche, mit dem Austauschcharakter nicht befriedigend erklärbare Pflichten des Arbeitgebers, wie etwa zur Lohnfortzahlung bei Krankheit, zur Gewährung von Entgelt während des Urlaubs und vieles andere. Diese Pflichten wurzeln in dem Gedanken, dass nicht lediglich eine Arbeitsleistung als Vermögenswert, sondern ein Mensch als Person von der Rechtsbeziehung ergriffen ist. Auch die Verpflichtung zu menschengerechter und nicht allein effizienter Arbeitsgestaltung[51] ist auf diesen personalen Charakter zurückzuführen. Im Hinblick auf die zahlreichen, den Arbeitnehmer als Person berücksichtigenden Regelungen in Gesetzen und Kollektivverträgen ist es geradezu abwegig, vom „Warencharakter" der Arbeit zu sprechen, wie dies noch in den 70er Jahren, meist in klassenkämpferischem Kontext, geschehen ist. Weder der Arbeitnehmer selbst noch seine Arbeit werden vom Arbeitsrecht wie eine Ware behandelt.

---

ben", 1960, S. 305 (312). *Wiedemann* (Fn. 42), hält an dem Ausdruck zwar fest, inhaltlich aber kritisiert er die von den Genannten vertretene Meinung und sucht den Begriff zu präzisieren. Kritische Hinweise bei *P. Käßer* (Fn. 25), S. 22 ff.

[46] Vgl. *Schwerdtner,* Fürsorgetheorie und Entgelttheorie im Recht der Arbeitsbedingungen, 1970; *E. Wolf.* Das Arbeitsverhältnis, 1970; *Th. Raiser,* Das Arbeitsverhältnis aus der Sicht der Organisationssoziologie, ZRP 1973, 16; *Ballerstedt,* Probleme einer Dogmatik des Arbeitsrechts, RdA 1976, 9 f.; *H. J. Weber,* RdA 1980, 292 f. Gegen die Kritik *Jobs,* Die Bedeutung Otto von Gierkes für die Kennzeichnung des Arbeitsverhältnisses als personenrechtliches Gemeinschaftsverhältnis, ZfA 1972, 305 (insb. 331 ff.).

[47] Zum freilich nicht voll geklärten Begriff des Dauerschuldverhältnisses MünchKomm/*Kramer,* Einleitung vor § 241 Rn. 85 f.; *H. J. Weber,* Zur Lehre von der fehlerhaften Gesellschaft, 1978, S. 108 ff.; *Horn,* Vertragsdauer, in: Gutachten zur Schuldrechtsreform, Bd. II, 1981, S. 560 f.; Palandt/*Heinrichs,* § 314 Rn. 2.

[48] Dazu *Hromadka,* FS 40 Jahre Betrieb, 1988, S. 250 ff.

[49] Dazu *Otto,* Personale Freiheit und soziale Bindung, 1978, S. 131 ff.; *H. J. Weber,* RdA 1980, 292 f. sowie vor allem *Wiese,* Der personale Gehalt des Arbeitsverhältnisses, ZfA 1996, 439, 445 u. 455 ff.

[50] In anderem Sinn versteht *Wiedemann* (Fn. 42), S. 36 ff. den Begriff.

[51] Dazu oben § 2 VIII und unten § 52 II.

c) Unterordnungscharakter

Das Arbeitsverhältnis hat, das lässt sich nicht leugnen, einen gewissen Unterordnungscharakter insofern, als der Arbeitnehmer im Vergleich zu Partnern vieler anderer Rechtsverhältnisse einseitigen Bestimmungsrechten des Arbeitgebers unterworfen ist. Diese Unterordnung darf in ihrer Bedeutung zwar nicht überschätzt werden, aber sie ist typusbildende Realität. In vielen, insbesondere industriellen Arbeitsverhältnissen ist die Unterordnung unter den Arbeitgeber aufgelockert und teilweise ersetzt durch die Unterwerfung unter kollektive Regelungsgewalten. Sie ist aber keineswegs beseitigt.

Dieser Tatbestand einer gewissen Subordination unter den einen Vertragspartner lässt es unzweckmäßig erscheinen, das Arbeitsverhältnis als **Gemeinschaftsverhältnis** anzusprechen. Zwar sind Arbeitgeber und Arbeitnehmer durch eine Reihe gemeinsamer Interessen verbunden, wie insbesondere im Hinblick auf das Wohlergehen des Unternehmens, von dem sowohl der Gewinn des Arbeitgebers wie die Lohnhöhe und die Sicherheit der Arbeitsplätze abhängen. Diese gemeinsamen Interessen sind aber nicht Gegenstand oder Zweck des Arbeitsverhältnisses und sind daher nicht geeignet, einen Rechtsbegriff der Gemeinschaft zu begründen. Für die Rechtsbeziehungen zwischen Arbeitgeber und Arbeitnehmer ist vielmehr in verschiedener Hinsicht ein Interessengegensatz kennzeichnend, den man auch dann nicht verdecken sollte, wenn man ihn nicht als Klassengegensatz, der zum Klassenkampf nötigt, interpretiert. Erst recht enthält das Arbeitsverhältnis bislang keine gesellschaftsrechtlichen Elemente (dazu auch unten 9.).

8. Verhältnis zur Betriebsgemeinschaft

Soweit der Arbeitnehmer, wie im Regelfall, in einen Betrieb eintritt, ist für ihn auch seine **Stellung als Glied des Betriebes** bedeutsam.[52] Rechtlich ausgeformt ist sie durch die Vorschriften des Betriebsverfassungsrechts, die dem Arbeitnehmer die Möglichkeit geben, sich an der Wahl des Betriebsrats und an den Betriebsversammlungen zu beteiligen, ihn aber auch der betrieblichen Rechtssetzungsgewalt und den sonstigen Bestimmungsbefugnissen der Betriebsverfassungsorgane unterwerfen. Inwieweit diese rechtlichen Regelungen es rechtfertigen, von einer **Betriebsgemeinschaft** (mit oder ohne Einschluss des Arbeitgebers) zu sprechen, ist zweifelhaft. Man kann die Belegschaft eines Betriebes jedenfalls insofern als Gemeinschaft ansehen, als sie durch eine Fülle gemeinsamer Interessen verbunden ist, deren gemeinschaftliche Wahrnehmung durch den von den Arbeitnehmern direkt gewählten Betriebsrat rechtlich vorgesehen ist. Man muss sich aber darüber klar sein, dass aus dieser rechtlichen Einordnung bislang relativ wenig folgt. Die rechtliche Qualifizierung des Arbeitsverhältnisses wird durch die Rechtsstellung des Arbeitnehmers im Rahmen der Betriebsgemeinschaft bis jetzt noch nicht entscheidend geprägt oder umgestaltet. Jedenfalls wäre der Versuch, die Rechtsstellung des Arbeitnehmers grundsätzlich aus der Gliedstellung im Betrieb zu erklären, mit dem geltenden Recht nicht in Übereinstimmung zu bringen. Auch rechtspolitisch gibt es bislang keine nachvollziehbaren Vorschläge, das Arbeitsverhältnis mitgliedschaftlich auszugestalten. Immerhin hat der Gedanke der Betriebsgemein-

---

[52] Dazu *Zöllner*, Die Stellung des Arbeitnehmers in Betrieb und Unternehmen, BAG-FS 1979, S. 745; *Otto* (Fn. 49), S. 136; *Zöllner*, Der Mitbestimmungsgedanke und die Entwicklung des Kapitalgesellschaftsrechts, AG 1981, 13. Zum Verhältnis der Arbeitnehmer untereinander *Buchner*, Die Beziehungen zwischen dem einzelnen Arbeitnehmer und der Belegschaft, in: Tomandl (Hrsg.), Innerbetriebliche Arbeitnehmerkonflikte aus rechtlicher Sicht, 1977, S. 35; *Mayer-Maly*, Das Rechtsverhältnis zwischen Arbeitnehmern (bei traditioneller Einzelarbeit), ebenda S. 61; vgl. ferner unten § 47 II und § 53 IV.

schaft aber gewisse rechtliche Folgerungen auch außerhalb des BetrVG nach sich gezogen, wie insbesondere die Erforderlichkeit der Gleichbehandlung der Arbeitnehmer (dazu unten § 18).

9. „Gliedstellung" im Unternehmen

Ähnliches gilt von der **Gliedstellung des Arbeitnehmers im Unternehmen**. Auch sie ist rechtlich wenigstens ansatzweise ausgeformt durch mitbestimmungsrechtliche Vorschriften, und zwar einmal durch die Bestimmungen über den Gesamtbetriebsrat (§§ 47 ff. BetrVG) und den Wirtschaftsausschuss (§§ 106 ff. BetrVG), zum andern durch die Regelungen über die Beteiligung der Arbeitnehmer an den Unternehmensorganen von Kapitalgesellschaften (MitbestG; Montan-MitbestG, MitbestErgG und DrittelbG). Daraus ergibt sich aber kein hinreichender Anlass, die Stellung des Arbeitnehmers als Mitglied einer „Unternehmenskorporation" zu deuten, wie dies in der neueren unternehmenssoziologischen Literatur versucht wird.[53] Man darf freilich nicht verkennen, dass eine Ausweitung der Mitbestimmung das mitgliedschaftliche Element in der Stellung des Arbeitnehmers verstärken würde. Daraus würden sich unter Umständen weittragende Folgerungen für die rechtliche Behandlung des Arbeitnehmers ergeben, weil Mitgliedschaft und Vertrag sich nicht in widersprüchlicher Weise überlagern dürfen.[54] All das ist indessen solange utopisch, wie man jedenfalls einer vollparitätischen Mitbestimmung der Arbeitnehmer nicht näher tritt. Derzeit dürfte es glücklicherweise keine ernstzunehmenden Tendenzen in dieser Richtung geben.

Rechtlich gesehen bleibt es daher vorerst bei der Stellung des Arbeitnehmers als Vertragspartner des Arbeitgebers. Das Arbeitsverhältnis ist ein schuldrechtliches Verhältnis, es enthält keine gesellschaftsrechtlichen Elemente und stellt erst recht kein mitgliedschaftsrechtliches Verhältnis dar.[55]

10. Das Betriebsverhältnis

Eigentümlich schwebenden Charakter hat das in jüngerer Zeit verschiedentlich thematisierte Betriebsverhältnis. *Von Hoyningen-Huene*[56] versteht darunter das betriebliche Kooperationsverhältnis zwischen Arbeitgeber und Betriebsrat, das betriebsverfassungsbezogen ist und ein gesetzliches kollektivrechtliches Dauerschuldverhältnis eigener Art darstellt mit Schutzpflichten für Dritte und Treubindungen (er spricht von gesteigerten Verhaltenspflichten) der Partner des Betriebsverhältnisses. Die Arbeitnehmer sind an diesem Betriebsverhältnis offenbar direkt nicht beteiligt. In andere Richtung geht die Vorstellung von einem Rechtsverhältnis(?) der Betriebszugehörigkeit, das den Arbeitnehmer betrifft, für dessen Begründung aber nicht der Arbeitsvertrag maßgeblich ist, sondern die in die Arbeitsorganisation (was immer das ist) eingliedernde Einstellung in den Betrieb.[57]

III. Vertragsfreiheit im Arbeitsrecht

Literatur: *Zöllner,* Privatautonomie und Arbeitsverhältnis, AcP 176 (1976), 221; *ders.,* Gutachten für den 52. DJT, 1978, S. D 95 ff.; *Hönn,* Kompensation gestörter Vertragsparität, 1982; *Boemke,* Privatautonomie im Arbeitsvertrag, NZA 1993, 532; *U. Preis,* Grundfragen der Vertragsgestaltung im Arbeits-

---

[53] Vgl. insb. *Th. Raiser,* Das Unternehmen als Organisation, 1969, S. 154 ff.; dazu ausführlich kritisch *Zöllner,* Unternehmensinnenrecht: Gibt es das?, AG 2003, 2.

[54] Näher dazu *Zöllner,* AG 1981, 13.

[55] In diese Richtung aber *Hanau/Adomeit,* Rn. 580; *Adomeit,* Gesellschaftsrechtliche Elemente im Arbeitsverhältnis, 1986. Kritisch *Lieb,* in: Beuthien (Hrsg.), Arbeitnehmer oder Arbeitsteilhaber, 1987, S. 41 ff.; *Beuthien,* FS BAG 1979, 1; ablehnend wie hier MünchArbR/*Richardi,* § 8 Rn. 12 f.

[56] *v. Hoyningen-Huene* NZA 1989, 121; *ders.,* § 4 III 2.

[57] So die Lehre von MünchArbR/*Richardi,* § 42 Rn. 10 ff. Umfassend dazu *Boemke,* Die Betriebszugehörigkeit, AR-Blattei SD (2005) m. N.

recht, 1993; *Dieterich*, Grundgesetz und Privatautonomie im Arbeitsrecht, RdA 1995, 129; *Tschöpe*, Gestaltungselemente bei Arbeitsverträgen, MDR 1996, 1081; *Preis/Stoffels*, Die Inhaltskontrolle der Verträge selbständiger und unselbständiger Handelsvertreter, ZHR 160 (1996), 442; *Fastrich*, Inhaltskontrolle im Arbeitsrecht nach der Bürgschaftsentscheidung des BVerfG v. 19. 10. 1993, RdA 1997, 65; *Zöllner*, Regelungsspielräume im Schuldvertragsrecht, AcP 196 (1996), 1; *Thüsing*, Gedanken zur Vertragsautonomie im Arbeitsrecht, FS Wiedemann, 2002, S. 559; *Zöllner*, Der Arbeitsvertrag: Restposten oder Dokument der Selbstbestimmung? Zum Stellenwert der Arbeitsvertragsfreiheit, NZA 2000, Sonderheft zu Heft 3, S. 1; *Loritz*, Die Wiederbelebung der Privatautonomie im Arbeitsrecht, ZfA 2003, 629; *P. Hanau*, Schranken zwingenden gesetzlichen Arbeitsrechts, FS Wißmann, 2005 S. 27.

Um Art und Ausmaß der Vertragsfreiheit im Arbeitsrecht zutreffend zu erfassen, muss zwischen den einzelnen Aspekten der Vertragsfreiheit unterschieden werden. Eine Pauschalaussage, dass es im Individualarbeitsrecht Vertragsfreiheit nicht gebe und auch nicht geben könne, ist nicht zutreffend.

1. Die Abschlussfreiheit[58]

Verstanden als die Freiheit, *ob* ein Arbeitsvertrag abgeschlossen werden soll, besteht rechtlich (von einigen Ausnahmen abgesehen) in vollem Umfang. Selbstverständlich gibt es Sachzwänge, die je nach den Umständen und je nach persönlicher Lebenseinstellung mehr oder weniger bestimmend sein können, ein Arbeitsverhältnis einzugehen. So kann etwa ein Unternehmer, der nicht sein Unternehmen aufgeben will, auf den Abschluss von Arbeitsverträgen nicht verzichten, und ein Arbeitnehmer, der nicht von der Sozialfürsorge leben will und keine Möglichkeit hat, sich mit selbständiger Tätigkeit durchzubringen, ist faktisch gezwungen, ein Arbeitsverhältnis einzugehen. Dieser Zwang unterscheidet sich indessen nicht von dem Zwang, Mietverträge über Wohnungen und Kaufverträge über Lebensmittel oder andere unverzichtbare Waren abzuschließen.

Die Abschlussfreiheit ist ausnahmsweise rechtlich eingeschränkt, wo sich aus Gesetzen, allgemeinen Rechtsgrundsätzen und Kollektivverträgen eine Einstellungspflicht des Arbeitgebers ergibt. Hierhin gehört z. B. die seltene Wiedereinstellungspflicht gegenüber zu Unrecht Entlassenen[59] und die Wiedereinstellungspflicht nach Arbeitskämpfen, die eine das Arbeitsverhältnis lösende Wirkung hatten,[60] ferner die Einstellungspflicht gegenüber Auszubildenden nach Beendigung des Ausbildungsverhältnisses unter bestimmten Voraussetzungen (vgl. § 2 V ArbPlSchG; § 78a BetrVG; § 9 BPersVG). Nach §§ 2 ff. Arbeitssicherstellungsgesetz (ASiStG) können Wehrpflichtige sowie Frauen zwischen 18 und 55 für Zwecke der Verteidigung einschließlich des Schutzes der Zivilbevölkerung in ein Arbeitsverhältnis verpflichtet werden. Das Arbeitsverhältnis kommt durch Verwaltungsakt (Verpflichtungsbescheid des Arbeitsamts) zustande. Fingiert wird ein Vertragsabschluß zwischen Arbeitgeber und Leiharbeitnehmer bei Arbeitnehmerüberlassung unter den besonderen Voraussetzungen des § 10 AÜG.

2. Die Freiheit der Partnerwahl

Die rechtliche Freiheit, *mit wem* der Arbeitsvertrag abgeschlossen wird, besteht für den Arbeitnehmer grundsätzlich in vollem Umfang. Eine Ausnahme gilt, soweit Regelungen eingreifen, durch die bestimmten Personen die Eingehung bestimmter Arbeitsverhältnisse verboten wird, wie z. B. Vorbestraften die Beschäftigung von Auszubildenden.

Für den Arbeitgeber ist die Freiheit der Partnerwahl dagegen eingeschränkt einmal durch die Bestimmungen des Betriebsverfassungsrechts. Danach kann dem Arbeitgeber zwar nicht ein bestimmter Arbeitnehmer aufgedrängt werden, wohl aber kann der

---

[58] Dazu *Zöllner*, Gutachten für den 52. DJT, 1978, S. D 95 ff.; *Otto* (Fn. 49) S. 13 ff.; *Buchner* (Fn. 12); *Boemke*, Kontrahierungszwang im Arbeitsrecht wegen Grundrechtsverletzung? NJW 1993, 2083; *E. Herrmann*, Die Abschlußfreiheit – ein gefährdetes Prinzip, ZfA 1996, 19.

[59] Dazu unten § 17 II 2 c; § 23 III 2 c.

[60] Dazu unten § 43 VII.

Betriebsrat in dem durch das BetrVG abgegrenzten Rahmen (§ 99 mit § 95 BetrVG) die Einstellung von Arbeitnehmern unter gewissen Voraussetzungen verhindern.[61] Der Arbeitgeber hat also insoweit uneingeschränkt nur eine negative Partnerwahlfreiheit.

Eine erhebliche Einschränkung bedeuten die Benachteiligungsverbote des AGG, durch die dem Arbeitgeber die Ablehnung von Bewerbern wegen der nach § 1 AGG geschützten Merkmale verboten ist. Weist ein Bewerber solche dem Diskriminierungsschutz unterfallende Merkmale auf, kann das dazu führen, dass dem Arbeitgeber keine andere Wahl bleibt, als diesen Bewerber einzustellen, weil er die Ablehnung aus anderen Gründen nicht überzeugend begründen und beweisen kann, auch wenn diese Gründe bestehen. Die darin liegende Freiheitsbeschränkung ist in ihrem Ausmaß noch weithin unausgeleuchtet (näher zum AGG unten § 18 VIII).

Im Übrigen ist der Arbeitgeber in seinem Einstellungsermessen frei. Er braucht weder die Ablehnung eines Bewerbers noch die Bevorzugung zu begründen.[62] Allerdings wollen manche das Auswahlermessen des Arbeitgebers zwischen mehreren Bewerbern für einen Arbeitsplatz ähnlich beschränkt sehen wie das des Staates bei der Einstellung in den öffentlichen Dienst.[63] Eine solche Staat und Privatwirtschaft über einen Kamm scherende Betrachtung ist gesellschaftspolitisch verfehlt und hinsichtlich der Praktikabilität, wie das Beispiel des öffentlichen Dienstes zeigt, durchaus illusionär. Man kann deshalb nur hoffen, dass die pathetische Feststellung von *Peter Hanau*,[64] der Endkampf um die Abschlussfreiheit habe begonnen, nicht zutrifft.

3. Formfreiheit[65]

Die Eingehung des Arbeitsverhältnisses bedarf keiner Form, kann also mündlich oder sogar durch konkludente Handlung[66] erfolgen.

Die für Ausbildungsverhältnisse vorgeschriebene schriftliche Niederlegung des wesentlichen Vertragsinhalts (§ 11 BBiG) hat keine konstitutive Bedeutung. Das gleiche gilt von den meisten in etlichen Tarifverträgen zu findenden Klauseln, die für den Abschluss eines Arbeitsvertrages Schriftform verlangen (dazu unten § 36 I 1 b). Erst recht gilt es von der dem Arbeitnehmer nach dem NachweisG auszuhändigenden Niederschrift der Vertragsbedingungen[67], wie aus § 2 I und II deutlich hervorgeht. Ein Verstoß gegen die Aushändigungspflicht zieht als Folge in erster Linie Beweisnachteile nach sich. Eine volle Beweislastumkehr dürfte aber zu weit gehen.

Eine **Ausnahme von der Formfreiheit** sieht § 14 IV TzBfG vor. Danach bedarf die Befristung eines Arbeitsvertrags der Schriftform. Wird diese nicht gewahrt, ist nicht der Arbeitsvertrag nichtig, sondern nur die Befristungsabrede mit der Folge, dass der Vertrag als unbefristet gilt. Das Formerfordernis ist von der Sache her nicht sinnvoll, weil die Beweislast für die Befristung ohnehin bei demjenigen liegt, der sich auf sie beruft, in aller Regel also der Arbeitgeber. Nach der Rechtsprechung gilt das Formerfordernis auch, wenn der Arbeitgeber für die Dauer eines Kündigungsrechtsstreits mit dem Arbeitnehmer die Fortsetzung bis zum Abschluss des Verfahrens vereinbart.[68] Den Gipfel des Formalismus bildet die Entscheidung, dass schriftliche Fixierung der zunächst mündlich getroffenen Befristungsabrede nach Vertragsbeginn nicht dazu führe, die Befristung wirksam werden zu lassen.[69]

---

[61] Vgl. §§ 99 ff. BetrVG. Dazu unten § 50 II.

[62] Deshalb missglückt *BVerfG* 86, 122, wonach der Arbeitgeber die Übernahme eines Auszubildenden nicht allein wegen bestimmter Äußerungen in einer Schülerzeitung ablehnen darf. Zu Recht kritisch *Boemke* NJW 1993, 2083.

[63] In diese Richtung etwa *Gamillscheg*, Grundrechte im Arbeitsrecht, 1989, S. 62 ff. S. ferner Art. 3 des Entwurfs der Arbeitsgesetzbuchkommission von 1977; s. ferner *Seitz*, Die arbeitsrechtliche Konkurrentenklage, 1995.

[64] In *Hanau/Adomeit*, 9. Aufl., 1988, S. 172 (in späteren Aufl. zurückgenommen).

[65] Dazu ausführlich *Kliemt*, Formerfordernisse im Arbeitsverhältnis, 1995; *Gotthardt/Beck*, Elektronische Form und Textform im Arbeitsrecht, NZA 2002, 876.

[66] Beispielsfall zur Vertragsänderung durch schlüssiges Verhalten *BAG* AP Nr. 4 zu § 305 BGB.

[67] Zu diesem Gesetz *Schwarze*, ZfA 1997, 43; *Wank*, RdA 1996, 21; ferner die Kommentierung von ErfK/*Preis*, 7. Aufl., 2007, Nr. 510.

[68] *BAG* AP Nr. 16 zu § 102 BetrVG Weiterbeschäftigung = NZA 2004, 1275.

[69] *BAG* Nr. 15 zu § 14 TzBfG = NZA 2005, 575.

4. Die Inhaltsfreiheit

Die Inhaltsfreiheit als die Freiheit der Vertragspartner, den Vertragsinhalt nach ihren eigenen, autonomen Vorstellungen zu gestalten (daher auch Gestaltungsfreiheit genannt), besteht im Arbeitsrecht nur in beschränktem Umfang. Vgl. dazu zunächst oben § 6 I.

a) Allerdings darf der **Umfang der Inhaltsfreiheit** auch nicht unterschätzt werden. Die Aussage von § 105 GewO, dass die Parteien des Arbeitsvertrages den Inhalt des Arbeitsvertrages selbst regeln können, soweit nicht durch Gesetz begründete Beschränkungen (zu denen auch kollektivvertragliche Regelungen gehören) bestehen, ist noch heute jedenfalls im Kern zutreffend.[70] So erfolgt die Festlegung der Art der Arbeitsleistung, also der Hauptleistungspflicht des Arbeitnehmers, fast ausschließlich durch den Arbeitsvertrag. Ferner sind die meisten gesetzlichen und alle kollektivvertraglichen Regelungen nur als Mindestregelungen zwingend und können im Günstigkeitsraum vertraglich verbessert werden, wovon in der Praxis ein nicht unbeträchtlicher Gebrauch gemacht wird. Auch der Umfang der Arbeit – insbesondere ob Voll- oder Teilzeitarbeit geleistet werden soll – ist Angelegenheit einzelvertraglicher Regelung. Vor allem aber bestehen auf dem Sektor des Arbeitsentgelts für die Mehrheit der Arbeitnehmer keine zwingenden Regelungen, weil Lohntarifverträge nur selten für allgemeinverbindlich erklärt werden und deshalb zwingend nur für Tarifgebundene gelten. Da die Zahl der Außenseiter überwiegt, kommen Tarifverträge in der Mehrzahl der Fälle nur auf Grund von Abreden zur Anwendung, die der Vertragsfreiheit unterliegen.

b) Von der *rechtlichen* Inhaltsfreiheit ist zu unterscheiden, inwieweit die Parteien **tatsächlich die Möglichkeit** haben, den **Vertragsinhalt** nach ihren Vorstellungen **zu beeinflussen.** Dem Arbeitnehmer werden überwiegend die Bedingungen, zu denen er eingestellt wird, einseitig vom Arbeitgeber vorgesetzt. Er kann sie häufig nur entweder akzeptieren oder auf den Vertragsschluss verzichten, dagegen keine wesentlichen Modifikationen erreichen. Von Arbeitsverhältnissen besonderer Art (Spezialisten, leitende Angestellte) abgesehen, wird der Arbeitgeber (außer in Kleinunternehmen), vielfach schon aus Rationalisierungsgründen dem Einzelnen keine speziellen Arbeitsbedingungen gewähren, sondern auf Einheitlichkeit bedacht sein. Hierin liegt eine faktische Beschränkung der Gestaltungsfreiheit nicht nur für den Arbeitnehmer, sondern auch für den Arbeitgeber (vgl. zu dieser Frage auch oben § 1 I 1). Man darf allerdings das Ausmaß von auf Wunsch des Arbeitnehmers getroffenen Sonderabsprachen zu Einzelfragen auch nicht unterschätzen.

c) In der **Beschränkung der Inhaltsfreiheit** geht das geltende Arbeitsrecht an etlichen Stellen zu weit. Dabei wird zum einen rechtlich zu wenig beachtet, dass sich die verfassungsrechtlich gewährleistete Berufsausübungsfreiheit in erheblichem Umfang im Rahmen der Ausgestaltung der Arbeitsverträge realisiert. Der Gesetzgeber darf insoweit nur eingreifen, wenn dies zur Verwirklichung des Arbeitnehmerschutzes erforderlich ist, vgl. näher oben § 8 II 8. Stärker im Vordergrund stehen derzeit ökonomische Überlegungen, durch mehr Vertragsinhaltsfreiheit Arbeitsmarktwirkungen zu erzielen, um die Arbeitslosigkeit zu senken. Insbesondere die Diskussion um die sog. Flexibilisierung des Arbeitsrechts hat Notwendigkeit und Möglichkeiten einer Erhöhung der Vertragsfreiheit verdeutlicht.[71]

---

[70] Zum fortschrittlichen Sinn dieser Regelung vgl. *Herschel* (Fn. 45), S. 307, der von einer „befreienden Tat" der Gesetzgebung spricht.

[71] Vgl. dazu *Birk* (Hrsg.), Flexibilisierung des Arbeitsrechts – eine europäische Herausforderung, internat. Kolloquium, ZIAS 1987, 221 ff.; *Göbel*, Arbeitspolitik im Umbruch, ArbGeb 1986, 476, 546,

IV. Die sog. Inhaltskontrolle beim Arbeitsvertrag[72]

1. Entwicklung

Aus dem Verdacht heraus, dass die Vertragsinhaltsfreiheit nicht „funktioniert", hat sich der Gedanke entwickelt, dass die ausformulierten gesetzlichen und tarifvertraglichen Grenzen nicht ausreichen, den notwendigen und der Gerechtigkeit entsprechen-

---

569; *Zöllner,* Privatautonomie und Arbeitsverhältnis, AcP 176 (1976), 221; *ders.,* Flexibilisierung des Arbeitsrechts, ZfA 1988, 265; *ders.,* Der kritische Weg des Arbeitsrechts zwischen Privatkapitalismus und Sozialstaat, NJW 1990, 1; *ders.,* Arbeitsrecht und Marktwirtschaft ZfA 1994, 423; *Adomeit,* Das Arbeitsrecht und unsere wirtschaftliche Zukunft, 1985; *ders.,* Arbeitsrecht für die 90er Jahre, 1991; *Boemke,* Privatautonomie im Arbeitsvertrag, NZA 1993, 532; *Henssler,* Flexibilisierung der Arbeitsmarktordnung, ZfA 1994, 487; *Franz,* Chancen und Risiken einer Flexibilisierung des Arbeitsrechts aus ökonomischer Sicht, ZfA 1994, 439; *Kittner,* Der freie Arbeitsvertrag – Grenzen und Gefährdungen seiner Leistungsfähigkeit, FS Kissel 1994, 497; *Franz/Rüthers,* Arbeitsrecht und Ökonomie, RdA 1999, 32; *Reichold,* Grundlagen und Grenzen der Flexibilisierung im Arbeitsvertrag, RdA 2002, 321; *Reuter,* Möglichkeiten und Grenzen einer Flexibilisierung im Arbeitsrecht, FS Wiedemann, 2002, S. 449; *Hans Werner Sinn,* Ist Deutschland noch zu retten? 5. Aufl., 2004; *Buchner,* Tarifverträge im Wettbewerb, ZfA 2004, 229; *Adomeit,* Die Agenda 2010 und das Arbeitsrecht, 2004; *Junker,* Arbeitsrecht zwischen Markt und gesellschaftspolitischen Herausforderungen, Gutachten zum 65. DJT, 2004; *Thüsing,* Flexibilität und Sicherheit – eine neue Balance im Arbeitsrecht, NJW 2005, 3477; *B. Waas,* Überlegungen zur Fortentwicklung des deutschen Arbeitsrechts, RdA 2007, 76.

[72] Aus der Literatur nach dem Schuldrechtsmodernisierungsgesetz: *Annuß,* AGB-Kontrolle im Arbeitsvertrag: Wo geht die Reise hin? BB 2002, 458; *Reinecke,* Kontrolle allgemeiner Geschäftsbedingungen nach dem Schuldrechtsmodernisierungsgesetz, DB 2002, 583; *Löwisch,* Auswirkungen der Schuldrechtsreform auf das Recht des Arbeitsverhältnisses, FS Wiedemann, 2002, S. 311, 315 ff.; *Bayreuther,* Die Rolle des Tarifvertrags bei der AGB-Kontrolle, RdA 2003, 81; *Joost,* Betrachtungen zur Inhaltskontrolle vorformulierter Arbeitsverträge, FS 50 Jahre BAG, 2004 S. 49; *Konzen,* Die AGB-Kontrolle im Arbeitsvertragsrecht, FS Hadding, 2004, S. 145; *Reuter,* Inhaltskontrolle im Arbeitsrecht (§ 310 Abs. 4 BGB), FS 50 Jahre BAG, 2004, S. 177; *Däubler/Dorndorf,* AGB-Kontrolle im Arbeitsrecht, 2004; *Thüsing/Leder,* Gestaltungsspielräume bei der Verwendung vorformulierter Arbeitsbedingungen, BB 2005, 938 und 1563; *Coester,* Inhaltskontrolle von Arbeitsverträgen, Jura 2005, 251; *Reinecke,* Flexibilisierung von Arbeitsentgelt und Arbeitsbedingungen nach dem Schuldrechtsmodernisierungsgesetz, NZA 2005, 953; *Hanau/Hromadka,* Richterliche Kontrolle flexibler Entgeltregelungen in allgemeinen Arbeitsbedingungen, NZA 2005, 73; *Willemsen/Grau,* Alternative Instrumente zur Entgeltflexibilisierung im Standardarbeitsvertrag, NZA 2005, 1137; *Schwirtzek,* Mit Mankoabreden nach der Schuldrechtsreform – zurück in die Zukunft! NZA 2005, 437; *Diller,* Nachvertragliche Wettbewerbsverbote und AGB-Recht, NZA 2005, 250; *Schimmelpfennig,* Kontrolle eines formularmäßigen Änderungsvorbehalts, NZAS 2005, 603; *Hümmerich,* Widerrufsvorbehalte in Formulararbeitsverträgen, NJW 2005, 1759; *Seel,* Wirksamkeit von Überstundenregelungen in Formulararbeitsverträgen, DB 2005, 1330; *Bayreuther,* Vertragskontrolle im Arbeitsrecht nach der Entscheidung des BAG zur Zulässigkeit zweistufiger Ausschlussfristen, NZA 2005, 1337; *Preis/Roloff,* Die Inhaltskontrolle vertraglicher Ausschlussfristen, RdA 2005, 144; *Moll,* AGB-Kontrolle von Änderungs- und Bestimmungsklauseln, 2006; *Hromadka,* „Pacta sunt servanda" und „Gesetzesumgehung". AGB-Kontrolle von Leistungsbestimmungsrechten im Arbeitsvertrag, FS Konzen, 2006, S. 321; *Lieb,* Grundfragen der arbeitsrechtlichen Angemessenheitskontrolle gemäß §§ 305 ff. BGB, FS Konzen, 2006, S. 501; *Dauner-Lieb/Henssler/Preis,* Inhaltskontrolle im Arbeitsrecht, 2006; *Lieb/Jacobs,* Rn. 141 ff.; *Zöllner,* Vertragskontrolle und Gerechtigkeit, NZA 2006 Sonderbeilage 3 zu Heft 24, S. 99. Dort weitere Nachw. S. 103 Fn. 32; *Preis/Roloff,* Die neueste Entwicklung der Vertragsinhaltskontrolle im Arbeitsrecht – Zwischenbilanz und Ausblick, ZfA 2007, 43.

Aus der älteren Literatur zur Angemessenheitskontrolle: *Söllner,* Einseitige Leistungsbestimmung im Arbeitsverhältnis, 1966; *Säcker,* Gruppenautonomie und Übermachtkontrolle im Arbeitsrecht, 1972, S. 201 ff.; *G. Hueck,* Gleichbehandlung und Billigkeitskontrolle, Gedächtnisschrift Dietz, 1973, S. 241; *Westhoff,* Die Inhaltskontrolle von Arbeitsverträgen, 1975; *v. Hoyningen-Huene,* Die Billigkeit im Arbeitsrecht, 1978, insb. S. 128 ff.; *Lieb,* § 3 I 5; *M. Wolf,* RdA 1988, 270; *U. Preis,* ZIP 1989, 885; *Zöllner,* RdA 1989, 152.; *Fastrich,* Richterliche Inhaltskontrolle im Privatrecht, 1992, insbes. S. 159 ff.; *U. Preis,* Grundfragen der Vertragsgestaltung im Arbeitsrecht, 1993, insb. S. 191 ff.; *Dieterich,* Grundgesetz und Privatautonomie im Arbeitsrecht, RdA 1995, 129; *Preis/Stoffels,* Die Inhaltskontrolle der

den Schutz des Arbeitnehmers gegen ungerechte Vertragsgestaltung sicherzustellen und dass es deshalb zusätzlicher, generalklauselartiger Grenzen bedarf, an denen der Vertragsinhalt zu überprüfen ist. Dafür hat sich der seltsame, eher dem obrigkeitsstaatlichen Wörterbuch entstammende Begriff der Vertragskontrolle eingebürgert. Es geht dabei selbstverständlich nicht nur um die schon im BGB angelegte Überprüfung am Maßstab der Sittenwidrigkeit, der als zu grobmaschig erscheint. Vielmehr hat man zunächst in Anlehnung an die von der Rechtsprechung der Zivilgerichte entwickelte Kontrolle der AGB den Maßstab der Billigkeit bemüht. Das lag insbesondere bei der Überprüfung von Einheitsarbeitsbedingungen nahe, von denen man jedenfalls in rechtstatsächlicher Sicht sagen konnte, dass sie vom Arbeitgeber, ähnlich wie AGB „einseitig" aufgestellt werden, so dass die analoge Heranziehung von § 315 BGB eine gewisse Plausibilität hatte. Das AGB-Gesetz hat dann nicht diesen Maßstab verwendet, sondern stellte in § 9 darauf ab, ob die getroffenen Bestimmungen den Vertragspartner des Verwenders entgegen den Geboten von Treu und Glauben unangemessen benachteiligen. Im Gefolge dessen wurde dann auch für das bürgerliche Recht bei der vom AGBG nicht erfassten Kontrolle von Einzelverträgen – über deren Voraussetzungen im Einzelnen erhebliche Unsicherheit bestand – der Maßstab der Angemessenheit favorisiert. Mit Gesetz vom 19. 7. 1996 wurde der Kontrollmaßstab des § 9 AGBG durch den neu eingeführten § 24a AGBG auch auf vorformulierte Einzelverträge, die von Unternehmen gegenüber Verbrauchern verwendet werden, ausgedehnt. Arbeitsverträge waren zwar von der Anwendung auch dieser Norm ausgenommen. Es bestehen aber wenig Zweifel, dass von ihr eine beträchtliche Ausstrahlungswirkung auf die Vertragskontrolle im Arbeitsrecht ausging, zumal sie zeitlich und sachlich gut mit der vom BVerfG[73] vor allem in der Bürgschaftsentscheidung geforderten grundrechtsbezogenen Vertragskontrolle im bürgerlichen Recht zusammenpasste. Auch die Streitfrage, ob im Arbeitsrecht die Angemessenheitskontrolle nur für Einheitsarbeitsbedingungen[74] oder auch für Individualverträge[75] platz zu greifen hat, war damit zu Gunsten der zweiten Meinung entschieden, jedenfalls soweit nicht der Vertrag Gegenstand des Aushandelns war, was rechtstatsächlich-praktisch nur bei leitenden Angestellten und in einigen anderen Sonderfällen in Betracht kommt.

2. AGB-Kontrolle: Anwendbarkeit der Regelung

Durch die Schuldrechtsreform 2002 ist das Recht der AGB vom AGBG in das BGB transferiert worden (§§ 305–310). Gleichzeitig ist die bis dahin geltende Bereichsausnahme für Arbeitsverträge beseitigt worden. Arbeitsverträge, welche die AGB-Eigenschaft erfüllen (das sind insbes. die Einheitsarbeitverträge) unterliegen daher ohne weiteres der Inhaltskontrolle nach den genannten Vorschriften. AGB-Charakter haben Vertragsbedingungen dann, wenn sie von einer Vertragspartei, dem sog. **Verwender** – als solcher kommt nach Sachlage nur der Arbeitgeber in Betracht – für eine Vielzahl von Verträgen vorformuliert sind, § 305 I BGB. Eine „Vielzahl" liegt nach ganz h.M. schon bei drei oder vier Verträgen vor, so dass auch die Arbeitsverträge in Kleinbetrieben, wenn sie einheitlich sind, von der Regelung erfasst werden.

Verträge selbständiger und unselbständiger Handelsvertreter, ZHR 160 (1996), 442; *Fastrich,* Inhaltskontrolle im Arbeitsrecht ..., RdA 1997, 65; *Lieb,* Rn. 108 ff.; *Pauly,* Analoge Anwendung des AGB-Gesetzes auf Formulararbeitsverträge?, NZA 1997, 1030.

[73] BVerfGE 81, 242 (Handelsvertreterentscheidung); 89, 214 (Bürgschaftsentscheidung). Zur Übertragung in das Arbeitsrecht vgl. *Dieterich,* RdA 1995, 129; *Fastrich,* RdA 1997, 65.

[74] So vor allem *Preis,* Grundfragen der Vertragsgestaltung im Arbeitsrecht, 1993, S. 257 ff.

[75] So *Fastrich,* Richterliche Inhaltskontrolle im Privatrecht, 1992, S. 184 ff.; *ders.,* RdA 1997, 77 ff.

Die wesentlichen Vorschriften über die AGB-Kontrolle, §§ 307–309 BGB, finden nach § 310 III Nr. 2 BGB bei Verträgen zwischen einem Unternehmer und einem Verbraucher (sog. Verbraucherverträge) auch dann Anwendung, wenn Vertragsbedingungen nur zur einmaligen Verwendung vorformuliert sind, also auf nicht einheitliche Einzelverträge, sofern der Verbraucher auf Grund der Vorformulierung auf ihren Inhalt keinen Einfluss nehmen konnte. Auch wenn man den Arbeitnehmer für den Arbeitsvertragschluss richtigerweise nicht als Verbraucher i.S.v. § 13 BGB qualifiziert,[76] weil das eigentliche Verbraucherschutzrecht keine arbeitsrechtlichen Ziele verfolgt, ist der Rechtsgedanke von § 310 III BGB auf Arbeitsverträge jedenfalls analog anzuwenden. Letztlich ist auch gar nicht verständlich, warum der Arbeitnehmer, dem ein Einzelvertrag vorgesetzt wird, in Bezug auf den Vertragsinhalt weniger Schutz erfahren soll, als einer, mit dem ein Einheitsvertrag geschlossen wird. Kommt es ausnahmsweise zu einem Aushandeln des Vertrages, findet § 310 III BGB ohnehin keine Anwendung.

3. Die Grundnorm § 307 BGB

a) Grundanforderung

Die zentrale Kontrollnorm § 307 BGB verlangt vom Arbeitgeber, bei der Formulierung des Vertrages auf eine Treu und Glauben entsprechende Angemessenheit der Vertragsbedingungen zu achten (Abs. 1 Satz 1). Er darf mit den Vertragsbestimmungen den Arbeitnehmer nicht unangemessen benachteiligen.

b) Auslegungszweifel

Wenig sinnvoll erscheint freilich die Regel in Abs. 1 Satz 2, dass eine unangemessene Benachteiligung sich auch daraus ergeben „kann"(?), dass die Bestimmung nicht klar und verständlich ist. Im Arbeitsrecht ist schon seit langem die Auffassung vertreten worden, dass Unklarheiten in Verträgen zu Lasten des Arbeitgebers gehen. Freilich bedürfen auch Vertragstexte zunächst der Sinnklärung durch Interpretation. Dafür stellt § 305c II BGB die Regel auf, dass Zweifel bei der Auslegung zu Lasten des Verwenders gehen.[77] Ob Zweifel bei der Auslegung bestehen, ist nun aber seinerseits eine Frage, die sich nur auf Grund der Auslegung beantworten lässt. Texte für sich genommen können fast immer mehreres bedeuten. Dass der Laie (und damit in der Regel zumindest der Arbeitnehmer) sich über die Bedeutung im Zweifel ist, kann nicht schon zur Auslegung zu seinen Gunsten führen. Vielmehr muss der Zweifel auch für einen juristisch kundigen Interpreten nach Anwendung üblicher Auslegungsmethoden bestehen. Erst wenn das der Fall ist, kommt die Auslegung zu Lasten des Verwenders zum Zuge. Fraglich ist, welche Funktion nach Durchführung dieser Klärung dem

---

[76] Vgl. *Löwisch*, FS Wiedemann, 2002, S. 315f.; *Reichold*, Arbeitnehmerschutz und/oder Verbraucherschutz bei der Inhaltskontrolle des Arbeitsvertrags, FS 50 Jahre BAG, 2004, S. 153; *Tschöpe/Pirscher*, Der Arbeitnehmer als Verbraucher im Sinn des § 13 BGB? RdA 2004, 358; *J. Mohr*, Der Begriff des Verbrauchers und seine Auswirkungen auf das neugeschaffene Kaufrecht und Arbeitsrecht, AcP 204 (2004) 660: Abweichend z.B. *Derleder*, Der Konsument seines Arbeitsplatzes ..., AuR 2004, 361. Das *BAG* bejaht die Verbrauchereigenschaft von Arbeitnehmern beim Arbeitsvertragsschluss, vgl. *BAG* NZA 2005, 1111; *BAG* NZA 2006, 423; vgl. auch *BVerfG* (2. Kammer) NZA 2007, 85 (Ablehnung der Annahme einer Verfassungsbeschwerde).

[77] So z.B. wenn unklar ist, ob die Verweisung im Arbeitsvertrag auf Tarifnormen über die Lohnhöhe „statisch" oder „dynamisch" gemeint ist, d.h. den Tarifvertrag in seiner Fassung im Zeitpunkt des Abschlusses der Verweisungsklausel oder in seiner jeweiligen Fassung in Bezug nimmt. Vgl. dazu *BAG* AP Nr. 4 zu § 305c BGB = NZA 2006, 202.

§ 307 I 2 BGB noch zukommen soll. Die Anwendung dieser Norm würde ja dazu führen, dass die zu Lasten des Verwenders interpretierte Bestimmung der Unwirksamkeit anheim fiele.

c) Von der Inhaltskontrolle erfasste Vertragsbestimmungen

Der Inhaltskontrolle unterliegen allerdings nur Vertragsregelungen, durch die von Rechtsvorschriften abweichende oder diese ergänzende Regelungen vereinbart werden, § 307 III 1 BGB. Der Sinn dieser Einschränkung liegt vor allem darin, dass die durch Rechtsvorschriften nicht geregelten und normalerweise gar nicht regelbaren Vertragsbestimmungen über Inhalt und Umfang der Hauptleistungspflichten, insbesondere also über die Art der Arbeit und die Höhe des Lohnes,[78] von der Vertragskontrolle ausgenommen werden. Kontrolliert werden folglich Nebenbestimmungen und die Regelung von Nebenpflichten.

d) Unangemessene Benachteiligung

Eine unangemessene Benachteiligung sieht das Gesetz zum einen in der Abweichung von gesetzlichen Regelungen, wenn sie mit deren wesentlichen Grundgedanken nicht zu vereinbaren ist (§ 307 II Nr. 1 BGB). Ein solcher Fall kommt im Arbeitsrecht erheblich seltener in Betracht als im BGB-Schuldrecht,[79] weil der weit überwiegende teil gesetzlicher Regelungen (gemeint sind Gesetze im materiellen Sinn, also auch Tarifverträge) zwingend ist und Abweichungen entweder gar nicht oder nur zugunsten des Arbeitnehmers gestattet. Eine Benachteiligung ist insoweit von der Natur der Sache her ausgeschlossen. Die andere von § 307 II in Nr. 2 ins Auge gefasste Modalität unangemessener Benachteiligung betrifft vertragsergänzende Regelungen und soll dann vorliegen, wenn wesentliche Rechte oder Pflichten, die sich aus der Natur des Vertrages ergeben, so eingeschränkt werden, dass die Erreichung des Vertragszwecks gefährdet ist. Überzeugende Beispiele dafür sind im arbeitsrechtlichen Bereich schwer zu finden, weil die Regelungsdichte groß ist mit der Folge, dass den Vertragszweck gefährdende Ergänzungen des Arbeitsvertrags kaum vorkommen.

4. Explizite Klauselverbote

Größere Bedeutung haben daher für die Kontrolle die expliziten Klauselverbote des § 308 BGB (Klauselverbote mit Wertungsmöglichkeit) und des § 309 BGB (Klauselverbote ohne Wertungsmöglichkeit). Ein gutes Beispiel bildet etwa die Kontrolle von Widerrufsvorbehalten gemäß § 308 Nr. 4 BGB.[80] Freilich passen etliche von ihrem Tatbestand her nicht auf die Sachgegebenheiten des Arbeitsvertrages. So ist etwa das Vertragsstrafenverbot in § 309 Nr. 6 BGB schon tatbestandlich auf arbeitsvertragliche Vertragsstrafen nur anwendbar, so weit es um Vertragsstrafen für den Fall der Lösung vom Vertrag geht. Darunter fällt nicht schon die Unterlassung einzelner Dienstleistungen. Erst recht werden Vertragsstrafen für Zuwiderhandlungen gegen Wettbewerbsver-

---

[78] Dazu *Tschöpe*, Sind Entgeltabreden der Inhaltskontrolle nach §§ 305 ff. BGB unterworfen?, DB 2002, 1830.

[79] Ein Beispiel bildet die Kontrolle von Ausschlussfristen auf unangemessene Kürze an Hand von Verjährungsvorschriften, vgl. z. B. BAG NZA 2006, 149, wonach Ausschlussfristen von weniger als drei Monaten ab Fälligkeit des Anspruchs als unzumutbar anzusehen sind. Zur Problematik auch *Lakies*, AGB-Kontrolle: Ausschlussfristen vor dem Aus?, NZA 2004, 569.

[80] Vgl. z. B. *BAG* AP Nr. 1 zu § 308 BGB = SAE 2005, 307 m. Anm. von *Kort*.

bote oder die Verschwiegenheitspflicht nicht von der Vorschrift erfasst. Darüber hinaus wird von der Rechtsprechung erkannt, dass eine Anwendung von § 309 Nr. 6 BGB sich schon nach § 310 IV 2 BGB verbietet.[81]

5. Das Gebot der Berücksichtigung arbeitsrechtlicher Besonderheiten in § 310 IV 2 BGB

Generell steht die Anwendung des AGB-Rechts und damit gerade und vor allem der Klauselverbote unter einem generellen Modifikationsgebot: Bei der Anwendung der Klauselverbote auf Arbeitsverträge sind nach § 310 IV 2 BGB die **im Arbeitsrecht geltenden Besonderheiten** angemessen zu berücksichtigen.[82] Darunter sind, das ist höchst streitig, nicht bloß rechtliche Regelungen zu verstehen, was mit einer gewissen Schlichtheit aus dem Begriff der Geltung abgeleitet wird, sondern in gleicher Weise spezifische Sach- und Interessenlagen, namentlich solche, die es etwa verbieten würden, Regelungen analog anzuwenden.

6. Rechtsfolgen von Verstößen gegen die Klauselverbote der §§ 307–309

Bei Verstoß einer Vertragsklausel gegen ein Klauselverbot tritt grundsätzlich die Unwirksamkeit der Klausel ein. Die Gerichte und ein Großteil der Literatur wollen die Unwirksamkeitsfolge ohne Ausnahme eingreifen lassen. Darin liegt ein in der Sache verfehlter und methodisch nicht überzeugend begründeter rigor iuris, weil dadurch nicht selten eine zu ungerechtem Vertragsinhalt führende Veränderung der Vertragsbedingungen eintritt. Geboten ist vielmehr wie in anderen Bereichen des Verstoßes von Normen gegen höherrangiges Recht in entsprechenden Fällen eine sog. geltungserhaltende Reduktion der unangemessenen Vertragsklausel. Beispiel: Sind Ausschlussfristen zu kurz bemessen, sollte an ihre Stelle nicht einfach nichts, sondern die nach Meinung des Gerichts angemessene Frist treten.

7. Umgestaltungsvorbehalte

Von besonderer Bedeutung für die Kontrolle sind Regelungen, mit denen sich der Arbeitgeber weitgehende Rechte (insbesondere auch zur Vertragsumgestaltung) für die Zukunft vorbehält wie z.B. zur Versetzung, zur Forderung von Überstunden, von Nachtarbeit, zur Herabsetzung von Lohn und dergl. Solche Klauseln sind nicht generell unzulässig und daher grds. wirksam. Das Gebrauchmachen von dem vorbehaltenen Recht unterliegt jedoch der sog. Ausübungskontrolle.[83] Die eigentliche Inhaltskontrolle, die zur Unwirksamkeit von Vertragsklauseln führt, ist beim Arbeitsvertrag infolge des weitreichenden Netzes von mindestens einseitig zwingenden Normen nur selten veranlasst. Mit ihr ist sparsam umzugehen, weil sonst Rechtsunsicherheit ein-

---

[81] Vgl. dazu *BAG* AP Nr. 3 zu § 309 BGB = NZA 2004, 727; *Joost*, Vertragsstrafen im Arbeitsrecht – zur Inhaltskontrolle von Formulararbeitsverträgen im Arbeitsrecht, ZIP 2004, 1981; *Brors*, „Neue" Probleme bei arbeitsvertraglichen Vertragstrafeklauseln, DB 2004, 1778.
[82] Dazu *Thüsing*, Was sind die Besonderheiten des Arbeitsrechts? NZA 2002, 591; *Birnbaum*, Was sind die im Arbeitsrecht geltenden Besonderheiten? NZA 2003, 944; *Hönn*, Zu den Besonderheiten des Arbeitsrechts, ZfA 2003, 325; *Dorndorf*, Besonderheiten nach § 310 IV BGB, FS 50 Jahre BAG, 2004, S. 19; *P. Hanau*, Die Rechtsprechung zu den arbeitsrechtlichen Besonderheiten im Sinne des § 310 IV BGB, FS Konzen, 2006, S. 249; s. ferner *Reuter* FS 50 Jahre BAG, 2004, S. 177 ff. und *Joost* (Fn. 81).
[83] Näher zum Ganzen *Zöllner*, RdA 1989, 152; *ders.*, NZA 1997, 121.

tritt. Im Gegensatz zu dieser Meinung vertritt die h.L. vielfach, freilich inkonsequent, die Auffassung, dass schon der Umgestaltungsvorbehalt genauer angeben müsse, unter welchen Voraussetzungen die Umgestaltung solle erfolgen dürfen. In praxisgeeigneter Weise ist dies freilich, wenn man über generalklauselartige und damit letztlich nichtssagende Formulierungen hinauskommen will, kaum möglich.

8. Richterliche Kontrolle kollektiver Vereinbarungen

Die richterliche Kontrolle kollektiver Vereinbarungen unterliegt nicht den Regeln der §§ 305 ff. BGB. Vgl. zu ihr unten § 39 VI und § 48 II 8.

V. Nichtarbeitsrechtliche Beziehungen

Nichtarbeitsrechtliche Beziehungen[84] zwischen Arbeitgeber und Arbeitnehmer sind selbstverständlich möglich, sei es als völlig selbständiges, sei es als in gewissem Zusammenhang damit stehendes Rechtsverhältnis, wie z.B. Werkswohnungsmiete, Arbeitgeberdarlehen, Vermögensbeteiligung am Unternehmen des Arbeitgebers u.ä. Vielfach begründet der Zusammenhang die arbeitsgerichtliche Zuständigkeit für Streitigkeiten aus der Nebenbeziehung.

§ 13. Arbeitspflicht

Literatur: *Söllner,* Der Umfang der Arbeitspflicht beim Zeitlohn, in: Tomandl (Hrsg.), Entgeltprobleme aus arbeitsrechtlicher Sicht, 1979; *Stoffels,* Der Vertragsbruch des Arbeitnehmers, 1994; *Klempt,* Zur Konkretisierung des Arbeitsverhältnisses, FS Stahlhacke, 1995, S. 261.

Hauptpflicht des Arbeitnehmers ist die Pflicht zur Arbeitsleistung.

I. Persönliche Verpflichtung

Die Leistung der versprochenen Arbeit hat der Arbeitnehmer persönlich zu erbringen, § 613 S. 1 BGB. Der Arbeitnehmer kann also dem Arbeitgeber keinen Ersatzmann aufdrängen. Andererseits ergibt sich aus der Bindung der Arbeitspflicht an die Person des Arbeitnehmers, dass diese Verpflichtung beim Tod des Arbeitnehmers nicht auf seinen Erben übergeht.

Da § 613 S. 1 BGB lediglich Auslegungsregel ist, kann etwas anderes vereinbart werden, wie etwa dann, wenn die Arbeitsleistung unter Zuziehung von Hilfskräften erbracht werden soll, ein praktisch seltener Fall (mittelbares Arbeitsverhältnis, dazu unten § 27 II). Wenn vereinbart ist, dass der Verpflichtete nicht in eigener Person leisten, sondern eine andere Person als Arbeitskraft zur Verfügung stellen soll, so handelt es sich nicht um einen Arbeitsvertrag, sondern um einen Dienstverschaffungsvertrag.

---

[84] Dazu *Kania,* Nichtarbeitsrechtliche Beziehungen zwischen Arbeitgeber und Arbeitnehmer, Diss. Köln, 1990.

II. Gläubiger der Verpflichtung zur Arbeitsleistung

Gläubiger der Verpflichtung zur Arbeitsleistung ist grundsätzlich der Arbeitgeber als Vertragspartner des Arbeitsvertrages. Soweit nichts anderes vereinbart ist, kann er den Anspruch auf die Arbeitsleistung nicht abtreten (vgl. aber unten § 21 vor I). Möglich ist, dass schon nach dem ursprünglichen Vertragsinhalt die Arbeit für eine andere Person als den Arbeitgeber erbracht werden soll. Inwieweit diese dritte Person einen eigenen Anspruch auf die Arbeitsleistung (Vertrag zugunsten Dritter) und evtl. eigene Weisungsrechte haben soll, richtet sich nach den getroffenen Vereinbarungen (Arbeitnehmerüberlassung, dazu unten § 27 IV).

III. Inhalt und Umfang der Verpflichtung

1. Bestimmung der Arbeitsleistung

a) Die **Art die Arbeitsleistung** bestimmt sich in erster Linie nach dem Arbeitsvertrag. Dieser wird entweder ausdrücklich regeln, wofür der Arbeitnehmer eingestellt wird, oder es wird Entsprechendes aus den Umständen der Einstellung zu entnehmen sein (§ 157 BGB). Auch die Einstellung für eine nicht näher abgegrenzte Tätigkeit kann vorkommen, z.B. bei ungelernten Arbeitern. Andererseits kann der Arbeitsvertrag in der Regel die Tätigkeit des Arbeitnehmers nur umgrenzen, nicht im Einzelnen festlegen.

b) Die **Bestimmung der jeweils konkret zu erbringenden Arbeitsleistung**, die oft täglich, stündlich oder noch rascher wechselt, erfolgt durch die aufgrund des Weisungsrechts (§ 106 GewO) ergehenden Einzelweisungen des Arbeitgebers (vgl. dazu oben § 6 I 8 m.N.). Diese Weisungen müssen sich, wie schon dargelegt, im Rahmen von Gesetz, Kollektivvertrag und Einzelvertrag halten. Auf Gewissenskonflikte des Arbeitnehmers hat der Arbeitgeber bei der Zuweisung von Arbeit Rücksicht zu nehmen, so weit dies ohne Nachteil für das Unternehmen möglich ist. Kann jedoch die Zuweisung nicht ohne solchen Nachteil vermieden werden, ist die Weisung zulässig (z.B. Erledigung eines Auftrags der Rüstungsindustrie). Der Arbeitnehmer kann dann zwar ein Leistungsverweigerungsrecht haben, verliert aber evtl. seinen Lohnanspruch und muss damit rechnen, dass eine Kündigung seines Arbeitsverhältnisses sozial gerechtfertigt oder sogar aus wichtigem Grund zulässig ist.

c) Ein **Wechsel in der Art der Beschäftigung** kann dem Arbeitnehmer aufgrund des Weisungsrechts nur auferlegt werden, wenn die sich aus dem Arbeitsvertrag ergebenden Grenzen eingehalten werden. Je weniger detailliert die Tätigkeit des Arbeitnehmers dort umschrieben ist, um so weiter sind diese Grenzen. Freilich kann sich durch eine für längere Zeit ohne entsprechenden Vorbehalt zugewiesene Tätigkeit eine Verengung ergeben, soweit nämlich der Arbeitnehmer darauf vertrauen darf, sein Pflichtenkreis begrenze sich künftig auf Tätigkeiten dieser Art.

Kann der Arbeitnehmer aufgrund des Weisungsrechts mit unterschiedlich entlohnten Tätigkeiten beschäftigt werden, so muss er im Regelfall auch eine sich durch einen Tätigkeitswechsel ergebende **Lohnminderung** hinnehmen. Allerdings wird, wenn der Arbeitgeber nicht einen entsprechenden Vorbehalt macht, besonders häufig bei länger anhaltender Beschäftigung mit bestimmter Entlohnung ein Vertrauensschutz des Arbeitnehmers dahingehend anzunehmen sein, dass er eine zu Lohnminderung führende andere Beschäftigung nicht zu übernehmen braucht.

Soll dem Arbeitnehmer ein Beschäftigungswechsel auferlegt werden, der die einzelvertraglichen Grenzen des Weisungsrechts überschreitet, so bedarf es einer – u. U. im Wege der Änderungskündigung durchzusetzenden – Änderung des Arbeitsvertrags.

d) Im Zusammenhang mit dem Wechsel der Beschäftigung wird gern von **Versetzung** oder vom **Wechsel des Arbeitsplatzes gesprochen.**[1] Auch der Begriff der Umsetzung wird verwendet, namentlich im öffentlichen Dienst (vgl. dazu §§ 75, 76 BPersVertrG, wo Umsetzung und Versetzung unterschieden werden). Alle diese Begriffe haben leider keinen eindeutigen Inhalt: Ob damit nur ein Wechsel der Beschäftigungsart oder des Beschäftigungsorts oder eine Kombination von beidem bezeichnet werden soll. Rechtlich brauchbare Grundsätze lassen sich indessen nur aufstellen, wenn beides unterschieden wird.

Leider verwendet das BetrVG im Rahmen des Mitbestimmungsrechts in personellen Angelegenheiten den Begriff der Versetzung, den es überdies in § 95 III unklar definiert. Demgemäß ist zweifelhaft, unter welchen Voraussetzungen ein Wechsel der Beschäftigung nach § 99 BetrVG der Zustimmung des Betriebsrats bedarf. Vgl. dazu unten § 50 II 1 b dd.

e) Ein Sonderproblem bildet die **Verpflichtung zur Streikarbeit,** d. h. solcher Arbeit, die bisher von jetzt streikenden Arbeitnehmern[2] verrichtet worden ist. Vgl. dazu unten § 43 VIII.

Zum Problem, inwieweit Arbeitnehmer verpflichtet sind, während eines Arbeitskampfs gegen ihren Willen **Notdienst- und Erhaltungsarbeiten** zu übernehmen, vgl. unten § 42 VII.

2. Umfang der Arbeitsleistung

Der Umfang der Arbeitsleistung wird durch zwei Faktoren bestimmt, nämlich (a) durch die Dauer der Arbeitszeit und (b) durch das Arbeitstempo.

a) Dauer der Arbeitszeit

Sie ergibt sich fast immer aus Kollektiv- oder Einzelvereinbarungen (dazu auch oben § 2 V). Danach hat der Arbeitnehmer dem Arbeitgeber seine Arbeitskraft für die vorgesehene Stundenzahl zur Verfügung zu stellen. Meist gilt in den Betrieben eine bestimmte Regelarbeitszeit, deren Erbringung durch Vollzeitkräfte gleichsam den Normalfall darstellt. Oft bieten die Betriebe daneben aber auch Arbeit mit erheblich geringerer Stundenzahl an (sog. Teilzeitarbeit, dazu oben § 4 III 4 sowie das TzBfG). Auch deren Umfang wird für das einzelne Arbeitsverhältnis in aller Regel im Arbeitsvertrag festgelegt. Arbeit über diese Festlegung hinaus (sog. Überstunden) braucht der Arbeitnehmer grundsätzlich nicht zu leisten. Aus Tarifvertrag oder Einzelvertrag kann sich aber ein bestimmtes Überstundenkontingent ergeben, das der Arbeitgeber einseitig fordern kann. Auch die Treupflicht kann u. U. den Arbeitnehmer zur Leistung von Überstunden verpflichten (dazu auch unten § 14 II 2 b). Ob auch Betriebsvereinbarungen eine Pflicht zu Überstunden begründen können, ist streitig. Nach zutreffender Auffassung hat sich der Arbeitnehmer durch Eintritt in den Betrieb nicht der Fremdbestimmung hinsichtlich der essentialia des Arbeitsvertrages unterworfen, es sei denn, der Arbeitsvertrag enthält eine ausdrückliche und hinreichend bestimmte Ermächtigung. Die Dauer der Arbeitszeit darf den im AZG öffentlich-rechtlich geregelten Rahmen nicht überschreiten. Dazu näher unten § 32. Der Rahmen wird nur relativ selten

---

[1] Dazu *Birk,* Die arbeitsrechtliche Leitungsmacht, 1973, insb. S. 389 ff.; *Pelz,* Direktionsrecht und arbeitsvertraglicher Versetzungsbegriff, FS D. Gaul, 1987, S. 83 ff.; *v. Hoyningen-Huene/Boemke,* Die Versetzung, 1991; *v. Hoyningen-Huene,* Grundlagen und Auswirkungen einer Versetzung, NZA 1993, 145; *Weber/Ehrich,* Direktionsrecht und Änderungskündigung bei Veränderungen im Arbeitsverhältnis, BB 1996, 2246; *Lakies,* Das Weisungsrecht des Arbeitgebers (§ 106 GewO), BB 2003, 364.
[2] Zur Verrichtung von Streikarbeit durch Beamte vgl. unten § 42 VI 7 d.

ausgeschöpft. Zu Problemen kommt es allerdings in Bereichen wie dem medizinischen Dienst in Krankenhäusern, seit durch die Rechtsprechung des EuGH sog. Bereitschaftsdienst als echte Arbeitszeit qualifiziert worden ist.

aa) Variable Arbeitszeit. Wird der Arbeitnehmer nicht für eine bestimmte Regelarbeitszeit eingestellt, sondern soll er nach Arbeitsanfall oder anderen Bedarfskriterien arbeiten (Aushilfskräfte, Randbelegschaft, Zusatzkräfte für wetterbedingten Spitzenbedarf etc.) – vielfach geht es dabei um Arbeit auf Abruf[3] – muss dem Arbeitnehmer eine gewisse Mindestbeschäftigung garantiert sein und es muss sichergestellt sein, dass er nicht beliebig auf Abruf für die Erbringung der Arbeitsleistung (unbezahlt!) bereitzustehen hat. Deshalb stellt § 12 TzBfG gewisse Mindestanforderungen auf,[4] die freilich ihrerseits wieder zu weit gehen, etwa im Gaststättengewerbe schwer erfüllbar sind. Das BAG überprüft die Abrede freilich nicht nur, wie geboten, an Hand von § 12 TzBfG, sondern darüber hinaus auch nach §§ 307 ff. BGB.[5] Mittlerweile gibt es eine ganze Reihe von flexiblen Arbeitszeitgestaltungsmodellen,[6] die meist tarifvertraglich fundiert sind, mit Arbeitszeitkonten und Ausgleichszeiträumen, innerhalb derer ein bestimmter Arbeitszeitdurchschnitt eingehalten werden muss. Häufig werden solche Systeme der Arbeitszeitwirtschaft mit Hilfe von EDV gesteuert und kontrolliert.[7]

bb) Altersteilzeit. Um Arbeitnehmern einen, wie das Gesetz sich ausdrückt, gleitenden Übergang vom Erwerbsleben in die Altersrente zu ermöglichen, ist das Institut der Altersteilzeit geschaffen worden, das seine arbeitsrechtliche Grundlage in Tarifverträgen, in Betriebsvereinbarungen oder im Arbeitsvertrag findet. Die Arbeitszeit des auf die Altersgrenze zugehenden Arbeitnehmers wird dabei herabgesetzt, regelmäßig auf die Hälfte, er erhält aber vom Arbeitgeber ein proportional erhöhtes Arbeitsentgelt, damit sein Einkommen nicht entsprechend der Verringerung der Arbeitszeit absinkt. Altersteilzeit wird staatlich durch Leistungen der Bundesagentur für Arbeit gefördert, die unter bestimmten, im AltersteilzeitG von 1996 genau spezifizierten Voraussetzungen dem Arbeitgeber für längstens sechs Jahre den Aufstockungsbetrag in Höhe von 20% des Regelentgelts sowie zugehörige Rentenversicherungsbeiträge ersetzt, § 4 AltersteilzeitG. Der Gesetzgeber verfolgt mit dem Gesetz nicht nur den in seinem § 1 deklarierten Zweck der Förderung älterer Arbeitnehmer, sondern in Wahrheit arbeitsmarktpolitische Ziele, indem er die Zuschusserteilung von der Einstellung eines bei einer Arbeitsagentur gemeldeten Arbeitslosen zur Voraussetzung macht.

cc) Einführung von Kurzarbeit.[8] Für die industrielle Praxis wichtig ist die Möglichkeit, auf den bei allgemeinen Konjunktureinbrüchen oder bei speziellem Auftragsrückgang stark verminderten Arbeitsbedarf durch Einführung von Kurzarbeit zu reagieren (dazu schon oben § 2 V 2). Dabei wird für den ganzen Betrieb oder bestimmte Betriebsteile (in der Regel die unmittelbar der Produktion von Gütern zugeordneten) die Arbeitszeit vorübergehend verkürzt. Der Arbeitgeber gerät dann hinsichtlich der wegfallenden Arbeitszeit nicht in Annahmeverzug und seine Lohnzahlungspflicht wird entsprechend gekürzt. Der Arbeitnehmer erhält für den Ausfall meist gewisse Lohnersatzleistungen, inbes. das aus Mitteln der Arbeitslosenversicherung gezahlte

---

[3] Dazu *Nicolai*, Rechtssicherheit für die Arbeit auf Abruf, DB 2004, 2812. Besonders bekannt geworden ist unter dem Kürzel KAPOVAZ die sog. kapazitätsorientierte variable Arbeitszeit; dazu *Plander*, AuR 1987, 281; *Klevemann*, BB 1987, 1242; *Hanau*, RdA 1987, 25.

[4] Dazu unten § 32 VIII sowie die Kommentierungen des TzBfG; *Schüren*, NZA 1996, 1306.

[5] Dazu *BAG* AP Nr. 4 zu § 12 TzBfG = NZA 2006, 423.

[6] Dazu *Linnenkohl/Rauschenberg*, Arbeitszeitflexibilisierung, 4. Aufl., 2001.

[7] Dazu *Adamski*, Die Organisation der computergesteuerten Zeitwirtschaft, 1995.

[8] Vgl. die Nachw. unten § 40 V; ferner *Säcker/Oetker*, ZfA 1991, 131.

Kurzarbeitergeld,[9] §§ 169ff. SGB III. Es versteht sich, dass Kurzarbeit einseitig vom Arbeitgeber nur angeordnet werden kann, wenn dafür eine Grundlage im Arbeitsvertrag besteht. In vielen Bereichen greift ein tarifvertragliches Instrumentarium ein, das Voraussetzungen und Zuständigkeit für die Anordnung regelt. Für nicht tarifgebundene Arbeitnehmer gilt diese Regelung zwar nicht normativ, da es sich um Inhaltsnormen, nicht um Betriebsnormen handelt.[10] Wohl aber sind die tariflichen Regelungen meist durch die in allen Betrieben übliche Bezugnahme auf den Tarifvertrag anwendbar.[11] Zu den mitbestimmungsrechtlichen Fragen vgl. unten § 49 II 3 und IV 1.

dd) Teilzeitanspruch. Einen sehr weit gehenden Eingriff in die Gestaltungsfreiheit des Arbeitgebers stellt die Einräumung eines Anspruchs für den länger als sechs Monate bei seinem Arbeitgeber beschäftigten Arbeitnehmer auf Verringerung der vereinbarten Arbeitszeit gemäß § 8 TzBfG dar. Der Arbeitnehmer kann dabei grundsätzlich den Umfang der Verringerung selbst bestimmen, desgleichen die durch die Verringerung veranlasste veränderte Verteilung der Arbeitszeit, nicht aber die Verringerung nur für eine von vornherein befristete Zeit verlangen.[12] Seinen Anspruch muss er spätestens drei Monate vor dem gewünschten Termin geltend machen. Über beide Veränderungselemente muss verhandelt und nach Möglichkeit eine Einigung erzielt werden, § 8 III TzBfG. Nach Abs. 4 der Bestimmung muss der Arbeitgeber der Arbeitszeitverlängerung und der Neuverteilung der Arbeitszeit entsprechend den Wünschen des Arbeitnehmers zustimmen, so weit betriebliche Gründe nicht entgegenstehen. Ein betrieblicher Grund liegt nach dem Gesetz insbesondere vor, wenn die Verringerung die Organisation, den Arbeitsablauf oder die Sicherheit im Betrieb wesentlich beeinträchtigt oder unverhältnismäßige Kosten verursacht. Seine Entscheidung hat der Arbeitgeber spätestens einen Monat vor dem gewünschten Beginn dem Arbeitnehmer schriftlich mitzuteilen. Nicht rechtzeitige Ablehnung führt dazu, dass die vom Arbeitnehmer gewünschte Veränderung der Arbeitszeit wirksam wird. Das Verlangen auf Verringerung der Arbeitszeit wird offenbar verhältnismäßig oft gestellt, aber auch nicht selten abgelehnt, wie die arbeitsgerichtliche Praxis zeigt.[13] Die Rechtsprechung stellt an das Vorliegen betrieblicher Gründe für die Ablehnung des Teilzeitanspruchs insgesamt hohe Anforderungen.[14]

Einen etwas anders ausgestalteten Teilzeitanspruch räumt § 81 V 2 SBG IX Schwerbehinderten ein, wenn die kürzere Arbeitszeit wegen Art oder Schwere der Behinderung notwendig ist. Der Arbeitgeber kann dem Anspruch nach Halbs. 2 i.V.m. Abs. 4 S. 3 nur entgegenhalten, dass ihm die Erfüllung des Anspruchs nicht zumutbar oder dass sie unverhältnismäßig teuer sei.

ee) Arbeitszeitverlängerungsanspruch. Einen dem Teilzeitanspruch korrespondierenden Anspruch auf Verlängerung der Arbeitszeit sieht das Gesetz nicht vor.[15] Im-

---

[9] Dazu *Waltermann*, Sozialrecht, 6. Aufl., 2006, Rn. 398ff.

[10] Abw. *Säcker/Oetker*, ZfA 1991, S. 141ff.

[11] Ob eine Betriebsvereinbarung als Rechtsgrundlage ausreicht, ist streitig. Bejahend *BAG* NZA 1991, 607f.; verneinend mit Recht *Söllner/Waltermann*, Arbeitsrecht, 14. Aufl., 2006, Rn. 628ff.

[12] *BAG* NZA 2007, 253.

[13] Dazu *Dütz*, Einstweiliger Rechtsschutz beim Teilzeitanspruch, AuR 2003, 161; *Opitz*, Rechtsprechung zum Teilzeitanspruch nach zwei Jahren Teilzeit- und Befristungsgesetz, AuR 2003, 165; *H. Hanau*, Die betrieblichen Gründe des § 8 Abs. 4 Satz 1 TzBfG im Lichte aktueller Entscheidungen des BAG, RdA 2005, 301 m. N.; *M. Lorenz*, Die Verringerung der Arbeitszeit auf Wunsch des Arbeitnehmers – der allgemeine Teilzeitanspruch des § 8 TzBfG, 2005.

[14] Bejaht hat es das Vorliegen betrieblicher Gründe gegenüber dem Verlangen einer Reduzierung auf ein Viertel der Vollzeit einer Flugbegleiterin, wenn der Arbeitnehmer wegen seines geringeren Arbeitsvolumens nicht auf allen Umlaufketten planbar ist, *BAG* NZA 2007, 259.

[15] Bedenklich deshalb die abweichende Formulierung in *BAG* NZA 2007, 255.

merhin kann sich aus dem Gleichbehandlungsgrundsatz ein Anspruch eines Arbeitnehmers ergeben, bei der Vergabe von Überstunden berücksichtigt zu werden. Einen Anspruch auf bevorzugte Berücksichtigung bei der Besetzung von freien Arbeitsplätzen mit längerer Arbeitszeit räumt § 9 TzBfG einem Teilzeitbeschäftigten ein, der seinen Wunsch nach Verlängerung seiner vertraglich vereinbarten Arbeitszeit angezeigt hat. Der Anspruch setzt gleiche Eignung gegenüber anderen Bewerbern voraus sowie dass keine Arbeitsplatzwünsche anderer teilzeitbeschäftigter Arbeitnehmer entgegenstehen. Obwohl diese in ihren Voraussetzungen reichlich vage Regelung erhebliches Konfliktpotential birgt, scheint sie in der Praxis noch keine wesentliche Rolle zu spielen. Das BAG versteht die Regelung dahin, dass ein Teilzeitbeschäftigter auch verlangen kann, bei Freiwerden eines Teilzeitarbeitsplatzes dessen Vereinigung mit seinem eigenen zu fordern.[16] Darüber hinaus soll der Arbeitgeber evtl. sogar bei Einrichtung neuer Arbeitsplätze durch den Arbeitgeber zu einer die Verfügbarkeit solcher Plätze ermöglichenden Organisation verpflichtet sein, ein Eingriff in die unternehmerische Organisationshoheit des Arbeitgebers, die eindeutig zu weit geht.

b) Arbeitstempo

Das Arbeitstempo[17] ist im Allgemeinen nur bei einer Verbindung der Arbeitsleistung mit automatischen Anlagen genau fixiert, insbesondere bei Fließbändern. Dem Unbehagen, das aus dieser Fixierung entsteht, sucht man mitunter dadurch Rechnung zu tragen, dass man den Arbeitnehmern wenigstens gruppenweise Möglichkeiten der Tempovariation einräumt. Im Zeitlohn richtet sich das Arbeitstempo vielfach nach den Umständen. Die Arbeitnehmer erledigen innerhalb der Arbeitszeit, was ihnen zugewiesen wird. Der Arbeitgeber darf die Arbeitnehmer nicht physisch überfordern, andererseits müssen die Arbeitnehmer eine ihren Fähigkeiten und den sonstigen Umständen angemessene Arbeitsleistung erbringen. Bummeln stellt eine teilweise Nichterfüllung dar, die den Arbeitgeber zur Lohnkürzung und zum Schadensersatz berechtigt (näher unten § 19 I). Zu hohen Tempoanforderungen braucht der Arbeitnehmer hingegen nicht nachzukommen. Beim Akkordlohn bestimmt der Arbeitnehmer weitgehend selbst das Tempo seiner Arbeitsleistung. Die Höhe des Entgelts reguliert sich dabei automatisch durch die Höhe der Leistung (näher unten § 16 V 3). Der Arbeitnehmer ist allerdings auch beim Akkordlohn verpflichtet, eine angemessene Mindestleistung zu erbringen.

IV. Ort und zeitliche Lage der Arbeitsleistung

1. Ort

Wo die Arbeitsleistung zu erbringen ist, ergibt sich meist aus dem Arbeitsvertrag oder aus den Umständen. In der Regel wird der Arbeitnehmer für einen bestimmten Betrieb eingestellt. Soweit ihm nichts Besonderes vertraglich zugesagt ist, muss er innerhalb des vorgesehenen Betriebes seine Arbeitsleistung an jedem zumutbaren Arbeitsplatz (rein örtlich verstanden) erbringen. Auch ein Wechsel dieses Platzes innerhalb des Betriebes kann ihm jederzeit durch Weisung auferlegt werden, § 106 S. 1

---

[16] *BAG* NZA 2006, 255; *LAG Berlin* NZA RR 2007, 12; bedenklich auch *BAG* NZA 2007, 255.
[17] Dazu *Rüthers*, Rechtsprobleme des Zeitlohnes an taktgebundenen Produktionsanlagen, ZfA 1973, 399.

GewO (zur Frage, inwieweit dies der Zustimmung des Betriebsrats bedarf, vgl. unten § 50 II 1 b dd). Dagegen braucht der Arbeitnehmer im Allgemeinen nicht ohne sein Einverständnis in einen anderen Betrieb des Arbeitgebers überzuwechseln. Bei Verlegung des Betriebs am gleichen Ort muss er zwar in der Regel mitgehen, eine Verlegung des Betriebs an einen anderen Ort verpflichtet ihn dagegen nicht, die Arbeit an dem neuen Ort aufzunehmen. Er setzt sich dann aber der Gefahr einer betriebsbedingten Kündigung aus (unten § 24 V 4).

2. Die zeitliche Lage der Arbeitsleistung

a) Die Festlegung, von wann bis wann der Arbeitnehmer eine der Gesamtzeit nach vorgegebene Arbeitsleistung zu erbringen hat, erfolgt heute im Regelfall gleichberechtigt durch Arbeitgeber und Betriebsrat im Rahmen der Mitbestimmung in sozialen Angelegenheiten nach § 87 Abs. 1 Nr. 2 BetrVG (vgl. dazu auch unten § 49 II 2). Wo die Mitbestimmung des Betriebsrats nicht eingreift (z.B. wenn kein Betriebsrat vorhanden ist), kann der Arbeitgeber die Lage der Arbeitszeit kraft seines Weisungsrechts allein bestimmen.

b) Die Festlegung muss sich innerhalb der durch die Arbeitszeitvorschriften (insbesondere das ArbZG) aufgestellten Grenzen halten. Danach darf eine bestimmte tägliche Höchstarbeitszeit nicht überschritten werden, und es sind bestimmte Pausen zu gewähren. Sonntagsarbeit ist nur in Sonderbereichen und nur in bestimmten Ausnahmefällen zulässig. Auch Nachtarbeit unterliegt gewissen Beschränkungen. Näher zu diesen Grenzen unten § 32.

c) Wünschenswert sind flexible Regelungen, die dem Arbeitnehmer möglichst viel Selbstbestimmung einräumen, etwa durch **Gleitzeiten.** Sie werden meist in Betriebsvereinbarungen (oft auf tarifvertraglicher Grundlage) vereinbart. Dabei ist ein Teil der Arbeitszeit täglich als sog. Kernarbeitszeit zu erbringen, z.B. von 9–15 Uhr. Daneben gibt es eine Gleitzeit morgens (z.B. von 6–9 Uhr) und eine Gleitzeit nachmittags (z.B. von 15–19 Uhr). Die Erbringung der nicht durch die Kernarbeitszeit abgeleisteten Arbeitszeit wird nach unterschiedlichen Modellen geregelt. Am einfachsten ist die Vorgabe einer festen Stundenzahl, die gleich bleibend täglich zu erbringen ist, deren Verteilung auf die Gleitzeiten aber der Arbeitnehmer selbst bestimmt. Nach anderen Modellen kann der Arbeitnehmer sie freier verteilen, z.B. innerhalb einer bestimmten Wochenstundenzahl, aber auch innerhalb längerer Zeiträume. Dazu bedarf es der Einrichtung von **Arbeitszeitkonten,** deren Abrechnung umso problematischer ist, je länger die Gesamtausgleichsperiode festgelegt wird.[18] In der Praxis nicht selten ist auch die Vereinbarung sog. **Vertrauensarbeitzeit,** bei der auf Kontrolle der Anwesenheit und der Einhaltung der Arbeitszeit verzichtet wird.[19] Das BAG konterkariert derartige liberale Regelungen, indem es ein bestimmtes Maß an Kontrolle verlangt, damit der Arbeitgeber dem Betriebsrat nach § 80 I Nr. 1 BetrVG Auskunft über die Einhaltung der öffentlichrechtlichen Arbeitszeitvorschriften geben kann.[20] Darin offenbart sich ein eher obrigkeitsstaatliches Verständnis der Regelung.

---

[18] Dazu *Kroll,* Arbeitszeitkonten und ihre Abwicklung, 2004.
[19] Dazu *Helke Grunewald,* Grundlagen und Grenzen der Vertrauensarbeitzeit …, 2005.
[20] *BAG* AP Nr. 61 zu § 80 BetrVG 1972 = NZA 2003, 1348.

V. Erfüllungszwang

Die Erfüllung der Arbeitspflicht unterliegt nach h.M. im arbeitsrechtlichen Schrifttum keinem direkten Erfüllungszwang. Zwar kann auf ihre Erfüllung geklagt werden, aber aus einem Urteil auf Erbringung einer bestimmten Arbeitsleistung darf nach dieser Auffassung nicht vollstreckt werden, weil Dienstleistungen stets als unvertretbar iSd nach § 61 Abs. 1 ArbGG anzuwendenden § 888 II ZPO anzusehen seien. Das auf eine Erfüllungsklage hin ergehende Leistungsurteil hat danach neben seiner Wirkung als moralischer Appell nur die Bedeutung, die Rechtslage ähnlich wie ein Feststellungsurteil zu klären und evtl. die Grundlage für die Durchsetzung eines Schadensersatzanspruches zu bilden. Dieser Auffassung kann, wie *Stoffels*[21] ausführlich begründet hat, nicht gefolgt werden, weil Unvertretbarkeit einer Handlung nur vorliegt, wenn sie nicht durch Dritte vorgenommen werden kann, wofür es eindeutig nur auf die Perspektive des Gläubigers der Zwangsvollstreckung ankommen kann. Für eine große Zahl von Arbeitsverhältnissen, namentlich für die Tätigkeit von Arbeitern und einfacheren Angestellten, ist daher die Vollstreckung des Urteils nach § 887 ZPO möglich.[22]

VI. Befreiung von der Arbeitspflicht[23]

Eine Befreiung von der Arbeitspflicht kann kraft Vereinbarung, kraft einseitiger Suspendierung oder kraft Gesetzes eintreten.

1. Vereinbarte Befreiung

Die Arbeitsvertragspartner können selbstverständlich vereinbaren, den Arbeitnehmer von einer an sich gegebenen Verpflichtung zur Erbringung der Arbeitsleistung trotz Fortdauer des Arbeitsverhältnisses für bestimmte Zeit zu befreien. Ein solcher Fall kommt gegenüber dem einzelnen Arbeitnehmer z.B. als unbezahlter Sonderurlaub oder nach Ausspruch einer Kündigung bis zum Ablauf der Kündigungsfrist vor, gegenüber der ganzen Belegschaft in Gestalt sog. Kurzarbeit und bei der Werksbeurlaubung (= Beurlaubung der Gesamtbelegschaft – dort aber in Betrieben mit Betriebsrat vielfach durch Betriebsvereinbarung). Inwieweit damit gleichzeitig eine Befreiung von der Lohnzahlungspflicht einhergeht, richtet sich nach den getroffenen Vereinbarungen oder dem nach den Umständen zu ermittelnden Sinn und Zweck der vereinbarten Aussetzung. Vgl. zur unbezahlten Freistellung auch unten § 17 V.

Auch bei Suspendierung beider Hauptpflichten bleiben die Nebenpflichten grundsätzlich voll in Kraft, insbesondere etwa die Verschwiegenheitspflicht und die Pflicht zur Unterlassung von Wettbewerb. Auch die Betriebszugehörigkeit und die betriebsverfassungsrechtliche Rechtsstellung des Arbeitnehmers bleiben während der Zeit der Arbeitsaussetzung in der Regel erhalten.

---

[21] *Stoffels*, Der Vertragsbruch des Arbeitnehmers, 1994, S. 59 ff. m.N.
[22] Ausführlich zum Verfahren nach § 61 II ArbGG *Stoffels*, a.a.O., S. 164 ff.
[23] Umfassend zur Suspendierung und ihren Arten APS/*Preis*, 1. Teil K V Rn. 74 ff.; *v. Hoyningen-Huene*, NJW 1981, 713; *Faßhauer*, NZA 1986, 453; *Dikomey*, Das ruhende Arbeitsverhältnis, 1990; *Salje*, Die Suspendierung des Arbeitnehmers als Mittel des Konkurrenzschutzes unter Arbeitgebern?, FS Kissel, 1994, S. 983.

2. Befreiung durch einseitige Suspendierung

Im Gegensatz zur vereinbarten Suspendierung kommt eine Suspendierung durch einseitige Erklärung nur unter besonderen Voraussetzungen ausnahmsweise in Betracht.

a) Eine Suspendierung durch den Arbeitgeber findet sich vor allem gegenüber gekündigten Arbeitnehmern, etwa wenn die Kündigung wegen des Verdachts erheblicher Pflichtverletzungen erfolgt. Dabei tritt aber nur eine Befreiung von der Arbeitspflicht ein, während die Lohnfortzahlungspflicht des Arbeitgebers bestehen bleibt. Die Arbeitspflicht wird ferner suspendiert durch die Aussperrung (dazu unten § 43), bei rechtmäßiger Aussperrung unter gleichzeitigem Verlust des Lohnanspruchs. Auch Kurzarbeit kann bei Vorliegen einer entsprechenden (meist tarifvertraglichen) Rechtsgrundlage vom Arbeitgeber einseitig – evtl. unter Zustimmung des Betriebsrats – angeordnet werden.

b) Eine Suspendierung durch den Arbeitnehmer selbst erfolgt im Fall seiner Teilnahme an einem rechtmäßigen Streik. Vgl. dazu und zum Verlust des Anspruchs auf die Gegenleistung unten § 43 I und II.

3. Befreiung aufgrund Gesetzes

Das Gesetz befreit von der Arbeitspflicht insbesondere an Feiertagen (§ 9 ArbZG), während des Erholungsurlaubs (BUrlG) und für Schwangere eine bestimmte Zeit vor und nach der Niederkunft (MuSchG). Weitere Befreiungstatbestände finden sich in § 629 BGB, § 38 BetrVG und § 26 ArbGG. Frei von der Arbeitspflicht ist der Arbeitnehmer ferner bei Unmöglichkeit ihrer Erbringung und in den ihr gleichgestellten Fällen der Unzumutbarkeit der Leistung, § 275 BGB (dazu näher unten § 19 I). Das Gleiche gilt erst recht, wenn das Arbeitsverhältnis ruht, wie z.B. für die Dauer des Grundwehrdienstes oder einer Wehrübung, § 1 ArbPlSchG. Die durch Annahmeverzug des Arbeitgebers ausfallende Arbeitszeit braucht der Arbeitnehmer nicht nachzuarbeiten, auch wenn ausnahmsweise wegen besonderer Umstände keine Unmöglichkeit der Erbringung anzunehmen ist, arg. § 615 BGB.

4. Leistungsverweigerungsrechte[24]

Einer Befreiung von der Arbeitspflicht nahe steht es, wenn der Arbeitnehmer die Leistung der Arbeit wegen Unzumutbarkeit gemäß § 242 oder § 275 III BGB verweigern darf. Dabei entfällt die Arbeitspflicht nicht ipso iure, sondern der Arbeitnehmer hat nur eine Einrede. Hierher gehört die Arbeitsverweigerung wegen nicht von vornherein vertragsimmanenter Gefährdung von Körper und Gesundheit oder Persönlichkeit, wegen Gewissenskonflikten oder entgegenstehenden religiösen Überzeugungen sowie wegen dringender familiärer Pflichten. Die berechtigte Leistungsverweigerung führt idR zur Unmöglichkeit der verweigerten Arbeitsleistung und unterliegt insoweit keiner Nachholungspflicht. Ebenso zieht sie keine Schadensersatzpflicht wegen Nichterbringung der Hauptleistung nach sich, wohl aber kann eine zum Schadensersatz verpflichtende Verletzung einer Schutzpflicht im Anbahnungsverhältnis oder im Arbeitsverhältnis wegen unterlassener oder verspäteter Offenbarung einer möglichen Pflichten- oder Rechtsgüterkollision vorliegen. Bei körperlichen und gesundheitlichen Gefahren können sich Zurückbehaltungsrechte auch aus § 9 III ArbSchG, aus § 21 VI Gefahrstoff-VO sowie aus § 273 I i.V.m. § 618 I BGB ergeben.[25] Soweit bereits die

---

[24] Dazu weiterführend *Henssler,* AcP 190 (1990), 538; *N. Fabricius,* Einstellung der Arbeitsleistung bei gefährlichen und normwidrigen Tätigkeiten, 1997.
[25] Dazu *BAG* AP Nr. 23, 24 zu § 618 BGB; *BAG* DB 1997, 535; ErfK/*Wank,* § 618 BGB Rn. 32.

Zuweisung einer Arbeit wegen einer normwidrigen Weisung unwirksam ist, bedarf es nicht der Zurückbehaltung, vielmehr entfällt die Verpflichtung des Arbeitnehmers zur Ausführung der zugewiesenen Arbeit.[26]

Welche Folgen die Ausübung eines Leistungsverweigerungsrechts für die Entgeltverpflichtung des Arbeitgebers hat, lässt sich nicht einheitlich beantworten, sondern richtet sich vornehmlich nach §§ 326 und 615 BGB. Dazu unten § 19 II.

VII. Verletzung der Arbeitspflicht

Der Arbeitnehmer kann seine Arbeitspflicht durch Nichtleistung oder Schlechtleistung verletzen. Welche Folgen das hat, wird im Gesamtzusammenhang des arbeitsrechtlichen Leistungsstörungsrechts dargelegt (vgl. dazu unten § 19). Der Arbeitgeber kann zwecks Abschreckung vor einem Vertragsbruch im Arbeitsvertrag besondere Sanktionen vereinbaren, insbesondere Vertragsstrafen (auch dazu näher unten § 18 IX 2).

VIII. Arbeitspflicht und Dienstpflicht

Die Arbeitspflicht ist in der Literatur verschiedentlich als in die umfassendere Dienstpflicht eingebettet angesehen worden.[27] Dienstpflicht in diesem Sinn soll die Pflicht sein, sich in den Betrieb des Arbeitgebers einzuordnen, um sich dort der Arbeitsaufgabe zu widmen und die Interessen des Arbeitgebers nach besten Kräften zu fördern. Im neueren Schrifttum[28] heißt es noch, den Arbeitnehmer treffe die Pflicht, sich der vom Arbeitgeber organisierten Arbeitsteilung einzufügen. Eine Pflicht dieses Inhalts anzunehmen, ist indessen nicht sinnvoll. Zwar treffen den Arbeitnehmer neben der nach Inhalt und Umfang bereits erörterten Arbeitspflicht eine Reihe sonstiger Pflichten (Nebenpflichten). Die Dienstpflicht ließe sich jedoch allenfalls als Gesamtheit oder Summe von Hauptpflicht und Nebenpflichten verstehen, dagegen nicht als eine von diesen zu unterscheidende Pflicht mit besonderem Inhalt.

Selbstverständlich muss der Arbeitnehmer, um seine Hauptpflicht erfüllen zu können, im Betrieb erscheinen und Weisungen des Arbeitgebers befolgen, aber diese „Verpflichtungen" bilden nur Modalitäten der Hauptpflicht. Vgl. auch die Darlegungen zur angeblichen Gehorsamspflicht unten § 14 IV.

§ 14. Nebenpflichten des Arbeitnehmers

Literatur: *Wiedemann*, Das Arbeitsverhältnis als Austausch- und Gemeinschaftsverhältnis, 1966; *Schwerdtner*, Fürsorgetheorie und Entgelttheorie im Recht der Arbeitsbedingungen, 1970; *Ernst Wolf*, „Treu und Glauben", „Treue" und „Fürsorge" im Arbeitsverhältnis, DB 1971, 1863; *Fenn*, Fürsorgetheorie und Entgelttheorie im Recht der Arbeitsbedingungen, AuR 1971, 321; *E. A. Kramer*, Arbeitsvertragsrechtliche Verbindlichkeiten neben Lohnzahlung und Dienstleistung, 1975; *Tomandl* (Hrsg.), Treue- und Fürsorgepflicht im Arbeitsrecht, 1975 (mit Beiträgen von *Tomandl, Richardi, Mayer-Maly, Zöllner* und *E. A. Kramer*); *W. Schwarz*, Dauerschuldverhältnis und Dogmatik arbeitsvertraglicher Treuepflicht, FS Wilburg, 1975, S. 355 ff.; *Herschel*, Haupt- und Nebenpflichten im Arbeitsverhältnis, BB 1978, 569; *Schwerdtner*, Fürsorge- und Treuepflichten im Gefüge des Arbeitsverhältnisses, ZfA

---

[26] Anders offenbar *Wiese*, ZfA 1996, 471.
[27] Vgl. *Nikisch* I, § 26.
[28] *Söllner*, 11. Aufl., 1994, § 28 IV.

1979, 1; *H. J. Weber,* Die Nebenpflichten des Arbeitgebers, RdA 1980, 289; *Motzer,* Die positive Vertragsverletzung des Arbeitnehmers, 1982; *Wiese,* Der personale Gehalt des Arbeitsverhältnisses, ZfA 1996, 439.

Die Arbeitspflicht als Hauptpflicht des Arbeitnehmers wird von einer Anzahl von Nebenpflichten begleitet. Der **Begriff Nebenpflicht** besagt dabei nichts über die praktische Bedeutung der Pflicht im Arbeitsverhältnis, und er besagt nichts darüber, ob eine ihm unterfallende Pflicht dem Erfüllungszwang unterliegt. Die Qualifizierung als Nebenpflicht bedeutet ausschließlich, dass die betreffende Pflicht nicht im Gegenseitigkeitsverhältnis der §§ 320 ff. BGB steht. Solche Pflichten leiten sich meist aus Treu und Glauben oder aus Sondervorschriften her, gelegentlich auch aus analoger Anwendung von Normen, die für andere Vertragstypen gelten. Dabei unterscheidet man zweckmäßig zwischen Unterlassungspflichten und Pflichten zu positivem Tun.

I. Unterlassungspflichten

Unterlassungspflichten sind vor allem Rücksichtspflichten: Der Arbeitnehmer hat auf bestimmte Interessen des Arbeitgebers Rücksicht zu nehmen. Zu weit geht es, wenn in der älteren Literatur die allgemeine Formel gebraucht wird, der Arbeitnehmer habe alles zu unterlassen, was die Interessen des Arbeitgebers und seines Betriebes schädigt.[1] Treu und Glauben verlangen vom Arbeitnehmer nicht die unbedingte Hintanstellung eigener Interessen hinter die des Arbeitgebers. Vielmehr bedarf es zur Entscheidung typischer Interessenkonflikte einer Interessenabwägung.

1. Die **Verschwiegenheitspflicht**[2] verbietet dem Arbeitnehmer, Geschäfts- und Betriebsgeheimnisse Dritter mitzuteilen. Diese aus Treu und Glauben abzuleitende Rücksichtspflicht geht über die Strafbestimmung des § 17 UWG hinaus (vgl. die zur Strafbarkeit zusätzlich erforderlichen subjektiven Voraussetzungen).

2. Mit der Verschwiegenheitspflicht eng verwandt ist die **Pflicht, ruf- und kreditschädigende Mitteilungen an Dritte zu unterlassen,** und zwar auch dann, wenn die mitgeteilten Tatsachen erweislich wahr sind. Die Pflicht endet freilich da, wo berechtigte Interessen des Arbeitnehmers, dritter Personen oder der Allgemeinheit die Mitteilung notwendig machen.[3] Auch hier muss aber der Arbeitnehmer den für den Arbeitgeber schonendsten Weg gehen, etwa bei Missständen im Betrieb zuerst versuchen, über den Betriebsrat Abhilfe zu schaffen. Eine Anzeige bei der zuständigen Behörde darf der Arbeitnehmer nur erstatten, wenn auf schonenderem Weg Abhilfe nicht erreicht werden kann.[4] Immerhin ist sie in der Regel als milderes Mittel gegenüber der Flucht in die Öffentlichkeit vorzuziehen. Deshalb darf der Arbeitnehmer z. B. auch in Umweltschutzsachen nur unter gravierenden Voraussetzungen den Arbeitgeber in Zeitungs- oder Rundfunkinterviews belasten.

---

[1] So z. B. *Hueck,* § 37 I; *Nikisch* I, S. 448.

[2] Dazu *Marhold,* Geheimnisschutz und Verschwiegenheitspflichten im Arbeitsrecht, in: Ruppe (Hrsg.), Geheimnisschutz im Wirtschaftsleben, 1980, S. 93; *Taeger,* AuA 1992, 201; *Fezer,* JZ 1993, 956; *Aurica Hartung,* Geheimnisschutz und Whistleblowing im deutschen und englischen Recht, 2006.

[3] In diesem Zusammenhang sind auch die Entscheidungen des BGH (AP Nr. 4 zu § 611 BGB Schweigepflicht) und des *BVerfG* (BVerfGE 66, 116, 131 ff.) zu Wallraff-BILD von Interesse.

[4] Dazu *Hinrichs,* Das Beschwerde- und Anzeigerecht der Arbeitnehmer, ArbRGegw. 18 (1981), S. 35; *Preis/Reinfeld,* AuR 1989, 361; *Müller,* Whistleblowing – ein Kündigungsgrund?, NZA 2002, 424; *Aurica Hartung* (Fn. 2).

3. Die **Annahme von Schmiergeldern** ist dem Arbeitnehmer **verboten**. Darunter versteht man die Zuwendung von geldwerten Geschenken oder anderen Vorteilen, durch die der Arbeitnehmer zu einem pflichtwidrigen Tun[5] veranlasst oder für ein solches nachträglich belohnt werden soll. Darauf, ob der Arbeitnehmer tatsächlich pflichtwidrig gehandelt hat, kommt es nicht an. Es genügt, dass die Zuwendung in der Erwartung oder in dem Glauben gegeben wird, der Arbeitnehmer treffe seine Entscheidung nicht objektiv nach den Interessen seines Arbeitgebers, sondern notfalls unter Hintanstellung solcher Interessen im Interesse des Schmiergeldgebers. Das ist stets anzunehmen, wenn das Geschenk den Umfang üblicher Gelegenheitsgeschenke überschreitet. Auch hier geht die arbeitsvertragliche Pflicht über den Inhalt der strafrechtlichen Sanktion des § 299 StGB hinaus, der eine wettbewerbliche Bevorzugung verlangt. Schmiergeldannahme bildet idR einen wichtigen Grund zur Kündigung. Streitig ist seltsamerweise, ob der Arbeitnehmer, wie eigentlich selbstverständlich sein sollte, ein empfangenes Schmiergeld an den Arbeitgeber herauszugeben hat.[6] Eine Konkurrenz mit einem vom Gericht anzuordnenden Verfall (§ 73 I 1 StGB) tritt nicht ein (§ 73 I 2 StGB).

4. Die **Pflicht zur Unterlassung von Wettbewerb**[7] ist vom Gesetz ausdrücklich nur für Handlungsgehilfen vorgesehen, vgl. § 60 HGB. Danach darf ein Handlungsgehilfe ohne Einwilligung des Arbeitgebers weder ein Handelsgewerbe betreiben noch im Handelszweig des Arbeitgebers für eigene oder fremde Rechnung Geschäfte machen. Für andere Arbeitnehmer gilt diese Regelung nicht. Sie unterliegen nur der aus Treu und Glauben abzuleitenden Rücksichtspflicht auf die Interessen des Arbeitgebers. Danach dürfen sie im Geschäftszweig des Arbeitgebers diesem keine Konkurrenz machen.[8] Ein bei einem Versicherungsagenten angestellter Chauffeur darf also nicht auf eigene Rechnung Versicherungsverträge vermitteln, ein Handwerksgeselle nicht im Bereich seines Meisters selbständig Handwerksleistungen erbringen.

Diese Unterlassungspflichten enden grundsätzlich mit dem Ende des Arbeitsverhältnisses. Sollen sie darüber hinaus wirken, muss dies eigens vereinbart werden (**nachvertragliches Konkurrenz- oder Wettbewerbsverbot**).[9] Einer solchen Vereinbarung, die von der h.M. und vom BAG als gegenseitiger Vertrag angesehen wird,[10] sind aber vom Gesetzgeber recht enge Grenzen gezogen worden, damit ihr berufliches Fortkommen nicht zu sehr eingeschränkt werden kann. Neben der Einhaltung einer besonderen Form setzt die Gültigkeit des nachvertraglichen Wettbewerbsverbots vor allem die Verpflichtung zur Zahlung einer sog. **Karenzentschädigung**[11] voraus. Nähe-

---

[5] Verschiedentlich wird gesagt, es genüge, dass der Zuwendende den Arbeitnehmer überhaupt zu einem bestimmten Verhalten veranlassen wolle. Das ist etwas zu streng, die Grenzen sind aber vage und flüssig.

[6] Vgl. dazu *BAG* AP Nr. 1, 3, 4 und 5 zu § 687 BGB; *Isele*, RdA 1962, 52; *Schulz*, RdA 1971, 278; *Mayer*, NJW 1983, 1300; MünchArbR/*Blomeyer* § 51 Rn. 79 ff. Der Anspruch folgt aus analoger Anwendung von § 667 BGB, vgl. *BGH* NJW 2001, 2476.

[7] Vgl. dazu oben § 8 II 9. Aus der Literatur *Buchner*, Wettbewerbsverbote während und nach Beendigung des Arbeitsverhältnisses, 1995; *Bauer/Diller*, Wettbewerbsverbote, 4. Aufl., 2006.

[8] Vgl. *BAG* AP Nr. 8, 10 und 12 zu § 611 BGB Treupflicht.

[9] *Wertheimer*, Nachvertragliche Wettbewerbsverbote bei Arbeitsverträgen, 1998; *Düwell*, DB 2002, 2270.

[10] Vgl. nur *BAG* AP Nr. 42 zu § 74 HGB m. N.; st. Rspr.

[11] Zu dieser *Bengelsdorf*, Der Anspruch auf Karenzentschädigung, DB 1985, 1585; *Nave*, NJW 2003, 3522; *BAG* DB 1986, 2288. Diesem Erfordernis genügt nach der Rspr. nicht, wenn sich der Arbeitgeber vorbehält, ob er das Wettbewerbsverbot bei Vertragsende in Anspruch nehmen oder die (karenzentschädigungslose) Freigabe erklären will (sog. bedingtes Wettbewerbsverbot), vgl. *BAG* AP Nr. 36, 50 und 67 zu § 74 HGB sowie AP Nr. 35 zu § 611 BGB Konkurrenzklausel. Aus der dadurch begründeten Unwirksamkeit des Wettbewerbsverbots wird ein Wahlrecht des Arbeitnehmers analog § 75

res vgl. §§ 74 bis 75 f HGB, die nach § 110 mit § 6 II GewO für alle Arbeitnehmer gelten. Das Wettbewerbsverbot ist nur verbindlich, wenn es berechtigten geschäftlichen Interessen des Arbeitgebers dient. Nach der Rspr. ist das im wesentlichen nur der Fall, wenn es Betriebsgeheimnisse schützt oder den Einbruch in den Kunden- oder Lieferantenkreis des Arbeitgebers verhindern soll.[12]

5. Nicht verboten ist dem Arbeitnehmer die Ausübung von **Nebentätigkeiten**[13], gleichgültig ob entgeltlich oder nicht. Sie dürfen nur nicht mit dem Arbeitsverhältnis kollidieren oder den Arbeitnehmer gesundheitlich überfordern. Soweit im Arbeitsvertrag Nebentätigkeiten über das objektiv Erforderliche hinaus verboten oder an eine Zustimmung des Arbeitgebers[14] gebunden werden, ist dies mit dem Wertgehalt von Art. 12 GG nicht vereinbar. Zulässig ist jedoch die Vereinbarung einer Anzeigepflicht.

6. Die bisher genannten, durch die Rechtsprechung näher ausgeformten Rücksichtspflichten bilden **keinen numerus clausus.** Vielmehr können sich aus Treu und Glauben auch noch andere, freilich seltener aktuell werdende Rücksichtspflichten ergeben. So darf z. B. kein Arbeitnehmer seine Mitarbeiter zu Vertragsverletzungen verleiten.[15] Auch das **Recht der freien Meinungsäußerung**[16] kann durch den Arbeitsvertrag in gewissem Umfang beschränkt sein, und zwar auch ohne ausdrückliche Abrede. Das gilt z. B. für Angestellte bei Tendenzunternehmen: Der Lektor eines geistlichen Verlags darf keine Bücher zur Propagierung des Atheismus schreiben, und der Geschäftsführer einer Liga gegen den Alkohol darf nicht die Trunksucht verherrlichen. **Politische Propaganda**[17] im Betrieb ist jedenfalls insoweit unzulässig, als sie den Betriebsfrieden und die Ordnung im Betrieb zu beeinträchtigen geeignet ist, aber auch schon insoweit, als sie sich als Belästigung von Mitarbeitnehmern darstellt, die ein Recht darauf haben, nicht überall mit Politik konfrontiert zu werden.[18] Unzulässig ist sie ferner stets für Arbeitnehmer im Verhältnis zu Kunden des Arbeitgebers. Außerhalb des Betriebes und einer evtl. außerbetrieblichen Tätigkeit darf sich der Arbeitnehmer politisch auch für solche Ziele engagieren, die den Interessen des Arbeitgebers abträglich sind: Höhere Steuern, Umweltkontrollen, Verstaatlichung von Produktionsmitteln u. a. mehr.

HGB gefolgt, vgl. *BAG* DB 1991, 709 (= AP Nr. 60 zu § 74 HGB); ein solches Wahlrecht gewährt die Rechtsprechung auch, wenn das Wettbewerbsverbot nur für den Fall einer vom Arbeitnehmer „ausgelösten" Beendigung des Arbeitsverhältnisses gelten soll, *BAG* AP Nr. 11 zu § 75 HGB.

[12] *BAG* AP Nr. 5 zu § 74 a HGB.

[13] *Glöckner,* Nebentätigkeitsverbote im Individualarbeitsrecht, 1993; *Grunewald,* NZA 1994, 971; *Kempen/Kreuder,* AuR 1994, 214; *Hunold,* NZA 1995, 558; *Wank,* Nebentätigkeit, 1995; *BAG* AP Nr. 60 u. 68 zu § 626 BGB.

[14] Das *BAG* hält Zustimmungserfordernisse für zulässig, gibt aber einen Anspruch auf Zustimmung, wenn die Aufnahme der Nebentätigkeit betriebliche Interessen nicht beeinträchtigt, vgl. *BAG* AP Nr. 8 zu § 611 BGB Nebentätigkeit = NZA 2002, 965. Zur Begründung wird auf eine angebliche Überwachungspflicht des Arbeitgebers hingewiesen, dass Höchstarbeitszeiten nicht überschritten werden. Der Arbeitgeber als Hilfssheriff im Obrigkeitsstaat.

[15] Vgl. *Hueck,* § 37 I.

[16] Dazu *Buchner,* Tendenzförderung als arbeitsrechtliche Pflicht, ZfA 1979, 335; *Simitis,* Die verordnete Sprachlosigkeit: Das Arbeitsverhältnis als Kommunikationsbarriere, FS Simon, 1987, S. 329; *Rüthers/Buhl,* ZfA 1986, 19 (60 ff.); *Kissel,* Arbeitsrecht und Meinungsfreiheit, NZA 1988, 145; *Söllner,* FS Herschel, 1982, S. 389.

[17] Dazu z. B. *Meisel,* Politik im Betrieb, RdA 1976, 38; *Konzen,* Politische Radikalität und Privatautonomie, FS Mühl, 1981, S. 365 (381); *Buchner,* Meinungsfreiheit im Arbeitsrecht, ZfA 1982, 49; *R. Hofmann,* Das Verbot parteipolitischer Betätigung im Betrieb, 1987. Zum Plakettentragen im Betrieb *v. Hoyningen-Huene/Hofmann,* BB 1984, 1050; *Zachert,* AuR 1984, 289; *Thümmel,* Betriebsfrieden und Politplakette, 1985; *Buschmann/Grimberg,* AuR 1989, 65; eingehender Überblick bei *Sowka/Krichel,* Politische und gewerkschaftliche Betätigung im Betrieb, DB 1989, Beil. Nr. 11. Aus der Rspr. vgl. *BAG* NZA 1987, 153; *LAG Düsseldorf* DB 1985, 135.

[18] Dazu auch unten § 46 VII 2 c.

Würde man anders entscheiden, so wären vier Fünftel der erwerbstätigen Bevölkerung in ihrer politischen Betätigung eingeengt.

II. Handlungspflichten

1. Die Arbeitsleistung begleitende Pflichten

Einige Handlungspflichten sind **Pflichten,** die die Erbringung der eigenen **Arbeitsleistung begleiten** und eng mit ihr zusammenhängen, wie die Pflicht, auf Verlangen den Stand der Arbeiten mitzuteilen, über ihre Durchführung Auskunft zu geben, gegebenenfalls Rechenschaft zu legen und im Zuge der Arbeitsleistung erlangte Gegenstände herauszugeben. Es handelt sich hierbei um Pflichten, wie sie auch den Beauftragten beim Auftrag treffen. Sie lassen sich ebenso aus Treu und Glauben herleiten wie aus analoger Anwendung von Auftragsregeln. Generell ist die Auskunftspflicht des Arbeitnehmers heute immer dann zu bejahen, wenn im Hinblick auf das bestehende Arbeitsverhältnis ein berechtigtes Interesse des Arbeitgebers an der Auskunftserteilung besteht. Es muss dazu ein Zusammenhang mit der Erfüllung der Arbeitsleistung oder einer sonstigen Pflichtenbindung gegeben sein und es muss der Grundsatz der Verhältnismäßigkeit gewahrt werden.[19]

Eng damit verwandt ist etwa die Pflicht des Arbeitnehmers, dem Arbeitgeber unverzüglich den Eintritt der Arbeitsunfähigkeit oder anderer Gründe einer Leistungsverhinderung anzuzeigen.[20] Anzeigepflichten können auch mit Bezug auf die Gegenleistung des Arbeitgebers bestehen, so etwa bei Überzahlung von Lohn durch den Arbeitgeber.[21]

2. Die Schutzpflichten

Eine andere Gruppe von Pflichten des Arbeitnehmers sind **Schutzpflichten.** Durch sie wird der Arbeitnehmer verpflichtet, Schaden vom Arbeitgeber abzuwenden oder zumindest dazu beizutragen, dass der Schadenseintritt vermieden wird.

a) Hierhin gehört einmal die **Pflicht zur Anzeige drohender Schäden.** Diese Pflicht reicht besonders weit, wo ein Zusammenhang mit der eigenen Arbeitsleistung besteht, wie bei Materialfehlern, Störungen an Maschinen und Geräten oder Störungen in der Energieversorgung, kurz bei allen Schäden, die im eigenen Pflichtenbereich auftreten können. Dagegen ist der Arbeitnehmer zur Anzeige nicht ohne weiteres verpflichtet, wo der Schaden in fremdem Pflichtenbereich auftritt, wie etwa bei Nachlässigkeiten oder strafbaren Handlungen anderer Arbeitnehmer.[22] Eine unbedingte Anzeigepflicht hat hier nur, wer mit entsprechenden Aufsichts- oder Kontrollaufgaben betraut ist, wie etwa der zuständige Meister oder ein Werkschutzangehöriger. Ist allerdings der drohende Schaden besonders groß, trifft jeden Arbeitnehmer eine entsprechende Pflicht.

b) In **dringenden Fällen** muss der Arbeitnehmer auch selbst Hand anlegen, um **drohende Schäden** vom Betrieb, insbesondere von den Betriebsanlagen, **abzuwenden,** wie etwa bei Unwetterkatastrophen oder Störungen der Energieversorgung. Unter Umständen muss der Arbeitnehmer in einer solchen Lage vorübergehend auch Arbeiten übernehmen, die sonst nicht in seinen Pflichtenkreis fallen. Es

---

[19] *BAG* AP Nr. 24 zu § 242 BGB Auskunftspflicht.
[20] *BAG* NZA 1990, 433.
[21] *BAG* AP Nr. 16 zu § 12 BGB, wo die Anzeigepflicht zu den Schadensabwendungspflichten gerechnet wird.
[22] Dazu z. B.: *LAG Berlin* BB 1989, 630.

genügt, dass ihm die Arbeiten zumutbar sind. Das ist zu verneinen, wenn die Arbeiten Kräfte und Fähigkeiten des Arbeitnehmers übersteigen oder eine erhebliche Gefährdung für seine Gesundheit bedeuten. Zur Übernahme von Arbeiten zum Schutz der Betriebsanlagen sind Arbeitnehmer auch im Fall eines Streiks verpflichtet (z. B. Fortführung von Brandsicherungskontrollen, Sicherung von Hochöfen und Gießeinrichtungen etc.). Vgl. dazu unten § 42 VII.

Aus der Schadensabwendungspflicht folgt keine **Pflicht, Überstunden** etwa deswegen **zu leisten,** weil der Arbeitgeber seinen übernommenen Aufträgen sonst nicht nachkommen kann.[23] Eine Schutzpflicht in diesem Sinn besteht nicht. Von ihr wird vielmehr nur der gegenständliche Bereich der Produktionsanlagen und Arbeitsmittel erfasst. Im Vertrag kann aber als Teil der Hauptpflicht die Leistung von Überstunden vereinbart werden (s. oben § 13 III 2 a). Für Angestellte ergibt sich je nach ihrer Stellung eine dahingehende Verpflichtung aus ergänzender Vertragsauslegung.

c) Die Aufnahme von Nebentätigkeiten oder überhaupt weiteren Tätigkeiten muss der Arbeitnehmer anzeigen, soweit der Arbeitgeber ein berechtigtes Interesse an der Kenntnis hat, wie zumindest immer dann, wenn sich Auswirkungen auf Lohnsteuer oder Sozialversicherungsbeiträge ergeben. Dass zum Schaden des Arbeitgebers bei Verletzung der Anzeigepflicht nicht die vom Arbeitgeber evtl. nachzuzahlenden Anteile an der Sozialversicherung gehören, wie das BAG[24] annimmt, trifft nicht ohne weiteres zu, weil der Arbeitgeber, auch wenn er dem Arbeitnehmer bei rechtzeitiger Anzeige nicht hätte kündigen können, möglicherweise sich auf anderem Weg wirtschaftlichen Ersatz für die höhere Belastung mit Arbeitskosten verschafft hätte.

III. Die Treupflicht

Die vorstehenden Erörterungen und die angeführten Beispiele zeigen deutlich, dass sowohl für Rücksichtspflichten wie für Schutzpflichten der Satz erheblich zu weit geht, der Arbeitnehmer müsse die Interessen des Arbeitgebers nach besten Kräften wahrnehmen und alles unterlassen, was diese Interessen schädigt.[25] So braucht der Arbeitnehmer nicht auf sein sonntägliches Tanzvergnügen zu verzichten, auch wenn er dadurch am nächsten Tag etwas weniger leistungsfähig ist. Er darf zum Skifahren gehen, auch wenn er sich dabei das Bein brechen und mehrere Wochen arbeitsunfähig werden kann. Eine Überspannung der Nebenpflichten des Arbeitnehmers wäre verfehlt.[26]

Auf der anderen Seite kann auf eine gewisse Einbindung insbesondere des gesamten dienstlichen Verhaltens des Arbeitnehmers in die Interessensphäre von Arbeitgeber, Betrieb und Unternehmen nicht verzichtet werden. Ob diese Bindungen als **Treubindungen** zu bezeichnen sind, ist eine Zeit lang viel diskutiert worden. Die Frage hat nicht nur theoretische Bedeutung. Wer die Pflichten wie hier als **Rücksichts- und Schutzpflichten** bezeichnet, stellt auf ihre **Funktion** ab. Wer von **Treu-**

---

[23] Vgl. *Hueck,* § 33 VI 6, S. 210 f.; jedoch kann eine Verpflichtung zu Überstunden stillschweigend vereinbart sein, wenn Überstunden orts-, branchen- oder betriebsüblich sind, *Hueck,* § 33 VI 2, S. 208. Eine grundsätzliche Pflicht, auf Verlangen des Arbeitgebers arbeitszeitrechtlich zulässige Überstunden zu leisten, bejaht *Nikisch* I, § 27 III 4, S. 292 f.; differenzierter *Schwerdtner,* Die „Überstunde" als Rechtsproblem, in: Brennpunkte des Arbeitsrechts, Schriftenreihe des DAI, 2003 S. 305, 309 ff.

[24] *BAG* AP Nr. 3 zu § 611 BGB Doppelarbeitsverhältnis.

[25] Vgl. oben bei Fn. 1.

[26] Das gilt vor allem auch für das „private" Verhalten des Arbeitnehmers, vgl. dazu *Mayer-Maly,* Arbeitsverhältnis und Privatsphäre, AuR 1968, 1; *Otto,* Personale Freiheit und soziale Bindung, 1978, S. 99 ff.; *Motzer,* Die positive Vertragsverletzung des Arbeitnehmers, 1982, S. 107 ff.; *Gragert,* Außerdienstliches Verhalten von Arbeitnehmern, RdA 2002, 192.

pflichten spricht, knüpft an ihre **gedankliche Grundlage** an. Treubindungen im Arbeitsverhältnis beruhen nicht auf einem angeblichen Gemeinschaftscharakter des Arbeitsverhältnisses (zu dieser Charakterisierung oben § 12 II 7), wie immer wieder unterstellt wird. Aus der Verneinung des Gemeinschaftscharakters folgt daher nicht, dass es im Arbeitsverhältnis keine Treupflichten gäbe.[27] Die Treupflicht hat auch nichts mit historisierenden Vorstellungen über Vasallentreue oder Sozialromantik zu tun. Treue ist vielmehr das vom Recht zu fordernde, höchst nüchterne **Korrelat zu dem Vertrauen,** das die Partner eines Arbeitsvertrages notwendigerweise einander einräumen müssen.[28] In diesem Gedanken hat auch § 242 BGB seinen Ursprung. Es ist evident, dass das eingeräumte Vertrauen um so größer sein muss, je unbestimmter und komplexer die Leistungsinhalte in einem Rechtsverhältnis sind, je offener das Rechtsverhältnis für Entwicklungen ist, und je länger es dauert. Bei einem Dauerschuldverhältnis mit personalem Charakter wie dem Arbeitsverhältnis ist das Maß des eingeräumten Vertrauens auf beiden Seiten naturgemäß erheblich größer als in rein vermögensrechtlichen Austauschverträgen. Daraus aber folgt mit Selbstverständlichkeit eine nicht unerhebliche, über das Maß bei anderen Schuldverhältnissen hinausgehende Treubindung. Ihr Bestehen zu leugnen, ist der Sache nach verfehlt. Wer den Begriff bekämpft, begibt sich in die Gefahr, die Grundlage der Pflicht aus dem Auge zu verlieren und damit auch die Pflicht selbst ihrem Wesen nach zu verkennen.

Die Treupflicht ist, sowenig wie § 242 BGB, Ausgeburt einer Ideologie, wie behauptet wird. Sie spiegelt auch keine Interessenidentität vor,[29] die empirisch nicht haltbar wäre. Im Gegenteil: wo empirisch feststellbare Interessenidentität bestände, bedürfte es keiner Treupflicht. Die Treupflicht ist nicht etwa per se Hauptpflicht im Arbeitsverhältnis,[30] wie in der NS-Zeit verschiedentlich angenommen worden ist. Sie ist vielmehr zum einen Quelle von Nebenpflichten, zum andern Maßstab für die Auslegung und Begrenzung aller Pflichten im Arbeitsverhältnis, sowohl der Hauptpflichten als auch der Nebenpflichten.

IV. Die Gehorsamspflicht

In der älteren Literatur ist noch die Rede von einer arbeitsrechtlichen Gehorsamspflicht des Arbeitnehmers. Darunter wird die Pflicht des Arbeitnehmers verstanden, Weisungen des Arbeitgebers zu befolgen. Die Gehorsamspflicht soll danach das Gegenstück zum Weisungsrecht des Arbeitgebers sein.[31] Indessen wird dabei die Rechtsnatur des Weisungsrechts verkannt. Dieses ist kein Forderungsrecht (dem stets auf der Schuldnerseite eine Pflicht gegenüber stehen würde), sondern ein Gestaltungsrecht. Den Gestaltungsrechten korrelieren keine Pflichten auf der Gegenseite (vgl. etwa Rücktritt, Kündigung oder Anfechtung). Durch die Weisung wird vielmehr nur eine andere, bereits bestehende Pflicht des Arbeitnehmers, meist die Arbeitspflicht, konkretisiert. Missachtet der Arbeitnehmer eine wirksame Weisung des Arbeitgebers, so verletzt er keine Gehorsamspflicht, sondern er erfüllt seine Arbeitspflicht schlecht oder gar nicht. Damit, dass der Arbeitnehmer sich dem Bestimmungsrecht des Arbeitgebers unterwirft, verpflichtet er sich nicht zum Gehorsam an sich.

---

[27] So aber *H. J. Weber,* RdA 1980, 289 (292 f.).
[28] Dazu ausführlich *Wiese,* GK-BetrVG vor § 81, Rn. 11 ff.; kritisch *Simitis,* FS Simon, 1987, S. 332 ff.
[29] So aber *H. J. Weber,* RdA 1980, 289 (292 f.).
[30] Zutreffend *H. J. Weber,* RdA 1980, 289 (292 f.).
[31] Vgl z. B. *Hueck,* § 36 1. Verneinend wie hier *Birk,* Die arbeitsrechtliche Leitungsmacht, 1973, S. 89 f.; *Adomeit,* Rechtsquellenfragen im Arbeitsrecht, 1969, S. 101.

V. Vereinbarungen über Nebenpflichten

Im Arbeitsvertrag können auch Vereinbarungen über Nebenpflichten getroffen werden. Selbstverständlich kann der Arbeitgeber den Arbeitnehmer von Nebenpflichten entbinden, ihm etwa eine Konkurrenztätigkeit erlauben, die Verschwiegenheitspflicht lockern und dergleichen. Hingegen unterliegt die **Vermehrung und Verstärkung von Nebenpflichten** z.T. engen Grenzen. Diese können sich z.B. daraus ergeben, dass die intendierte Bindung des Arbeitnehmers seinen grundrechtlichen Schutz berührt (Zölibatsklausel, nachvertragliche Konkurrenzklausel, Einschränkung der Meinungsfreiheit, Bindung des privaten Verhaltens etc.). Insoweit sind Vereinbarungen nur wirksam, wenn sie durch ein schutzwertes Interesse des Arbeitgebers getragen sind. Interessant ist die Frage, inwieweit sich der Arbeitnehmer zur **Übernahme von Verlusten** verpflichten kann. Man wird das nur in engen Grenzen und unter besonderen Voraussetzungen als zulässig ansehen können, wie etwa dann, wenn der Arbeitnehmer das Arbeitsverhältnis wegen besonderer persönlicher Interessen begründen oder fortsetzen will.[32] Vielfach wird sich dazu die Frage stellen, ob überhaupt ein Arbeitsverhältnis vorliegt und nicht vielmehr selbständige Unternehmertätigkeit oder ein Gesellschaftsverhältnis.

VI. Erfüllungszwang bei Nebenpflichten

Inwieweit die Erfüllung von Nebenpflichten erzwungen werden kann, ist weitgehend ungeklärt. Die schuldhafte Verletzung von Nebenpflichten führt, falls ein Schaden entstanden ist, stets zum Schadensersatzanspruch. Daneben wird jedoch verschiedentlich auch die Möglichkeit des Erfüllungszwangs bei Nebenpflichten bejaht. Insbesondere die Einhaltung von Unterlassungspflichten kann durch Klage und einschlägige Vollstreckungsmittel durchgesetzt werden, das gleiche gilt von den die Arbeitsleistung begleitenden Handlungspflichten wie der Auskunftspflicht. Schutzpflichten werden sich vielfach schon rein rechtstatsächlich kaum für einen Erfüllungszwang eignen. Soweit es aber um vertretbare Handlungen geht (dazu oben § 13 V) dürfte ein Erfüllungszwang ebensowenig ausgeschlossen sein wie hinsichtlich der Hauptpflicht.

VII. Vorvertragliche und nachvertragliche Pflichten[33]

1. Vorvertragliche Pflichten

Unterlassungspflichten ebenso wie Handlungspflichten können den Arbeitnehmer auch schon **vor Abschluss des Arbeitsvertrages** treffen, und zwar namentlich in Gestalt von Offenbarungspflichten und Schutzpflichten. Solche Pflichten stellen keine Vorwirkung des späteren Arbeitsvertrages dar, sondern fließen unmittelbar aus dem **gesetzlichen Schuldverhältnis der angebahnten Vertragsverhandlung**. Das ist schon deswegen von Bedeutung, weil diese Pflichten auch dann relevant werden können und bei Verletzung Schadensersatzansprüche auszulösen vermögen, wenn es nicht zum Abschluss eines Arbeitsvertrages kommt (vgl. näher oben § 12 I 5).

---

[32] Verneinend mit wenig gründlicher Analyse *BAG* BB 1991, 413.

[33] Dazu *Zöllner,* Die vorvertragliche und die nachwirkende Treue- und Fürsorgepflicht im Arbeitsverhältnis, in: Tomandl (Hrsg.), Treue- und Fürsorgepflicht im Arbeitsrecht, 1975, S. 91; *Wiedemann,* Zur culpa in contrahendo beim Abschluß des Arbeitsvertrags, FS Herschel, 1982, S. 463; *Fezer,* Zur nachvertraglichen Verschwiegenheitspflicht des Arbeitnehmers, JZ 1993, 956; MünchArbR/*Richardi* § 43.

2. Nachvertragliche Pflichten

Umgekehrt dauern viele Pflichten auch **über die Beendigung des Arbeitsvertrages hinaus** fort. Dies stellt keine eigentliche „Nachwirkung" des Vertrages dar, vielmehr erklärt es sich daraus, dass die Kündigung oder sonstige Beendigung des Arbeitsvertrages nicht das Schuldverhältnis im ganzen beseitigt, sondern nur dasjenige Rahmenverhältnis beendet, aus dem die Hauptpflichten fortlaufend neu entstehen. Die Beendigung des Vertrages setzt also nur eine zeitliche Grenze für die Neuentstehung von Hauptpflichten. Inwieweit damit auch der Fortdauer oder Neuentstehung von Nebenpflichten ein Ende gesetzt wird, ist aus Inhalt und Zweck dieser Pflichten im Einzelnen zu bestimmen. Insbesondere Verschwiegenheits- und Geheimhaltungspflichten dauern vielfach über das Vertragsende fort, die Pflicht zur Unterlassung von Wettbewerb allerdings nur, wenn dies besonders vereinbart ist (vgl. näher oben I 4 und unten § 22 V).

§ 15. Die Rechtsstellung des Arbeitnehmers in Bezug auf Arbeitsplatz, Arbeitsmittel und Arbeitsergebnis

I. Arbeitsplatz

Die Rechtsstellung des Arbeitnehmers wird gelegentlich als **Recht am Arbeitsplatz im Sinn eines absolut geschützten Rechts verstanden.**[1] Dafür findet sich im Gesetz kein Anhalt. Auch einleuchtende Sachgründe für die Einführung einer derartigen Konstruktion in die juristische Dogmatik bestehen nicht.[2] Das Interesse des Arbeitnehmers an seinem Arbeitsplatz ist vielmehr durch die relative Rechtsbeziehung des Arbeitnehmers zu seinem Arbeitgeber hinreichend geschützt. Diese Rechtsbeziehung genießt in mannigfacher Weise Bestandsschutz, insbesondere durch die Kündigungsschutzvorschriften (näher dazu unten § 22 IV). Verletzt der Arbeitgeber diese Rechtsbeziehung, so ist er aus dem Arbeitsvertrag schadensersatzpflichtig, einer zusätzlichen Anwendung von § 823 I BGB bedarf es nicht. Bedeutung hätte ein absoluter Schutz der Stellung des Arbeitnehmers nur bei Beeinträchtigung von dritter Seite. Insoweit würde jedoch ein umfassender Schutz wie bei absoluten Rechtsstellungen gerade zu weit gehen. Es bleibt daher beim relativen Charakter des Arbeitsverhältnisses, auch wenn es, ähnlich wie die Grundstücksmiete, durch die Regelung des § 613a BGB eine gewisse „Verdinglichung" erfahren hat, indem bei Veräußerung des Betriebs ein Übergang der betrieblichen Arbeitsverhältnisse auf den Erwerber stattfindet.

II. Arbeitsmittel und Arbeitszeugnisse

Über Arbeitsmittel, Arbeitserzeugnisse, Waren und ähnliche Gegenstände wird vielfach die tatsächliche Gewalt durch Arbeitnehmer ausgeübt. Da die Ausübung für den Arbeitgeber unter dessen Wei-

---

[1] So vor allem *Fabricius*, AcP 160, 305 ff.; *Migsch*, Die absolut geschützte Rechtsstellung des Arbeitnehmers, 1972; seltsam unentschieden *Brox/Rüthers/Henssler* Rn. 365.

[2] Treffend *Söllner*, 11. Aufl., 1994, § 28 III 4. Ausführlich *Zöllner*, Die Stellung des Arbeitnehmers in Betrieb und Unternehmen, BAG-FS, 1979, S. 745 (747 ff.). Umfassende Nachweise und Aufarbeitung der Argumente bei *Chr. Ebert*, Das „Recht am Arbeitsplatz", Diss. Marburg, 1990; ablehnend in Bezug auf Art. 14 GG auch *Ruffert*, Vorrang der Verfassung und Eigenständigkeit des Privatrechts, 2001 S. 437; *Hergenröder*, Kündigung und Kündigungsschutz im Lichte der Verfassung, ZfA 2002, 355, 362.

sungsgewalt erfolgt, ist nicht der betreffende Arbeitnehmer, sondern der **Arbeitgeber Besitzer**. Den Arbeitnehmern kommt besitzrechtlich nur die Stellung von Besitzdienern zu, § 855 BGB.

Dem entspricht, dass bei der Bearbeitung von Sachen im Sinn von § 950 BGB, etwa bei der **Verarbeitung** von Rohstoffen, nicht die unmittelbar an der Sache tätigen Arbeitnehmer das Eigentum erwerben, sondern der Arbeitgeber. Hersteller im Sinn von § 950 BGB kann in einer modernen, arbeitsteiligen Wirtschaft nicht die zufällig mit dem einzelnen Produkt in körperlichem Kontakt stehende Person sein, sondern nur der Arbeitgeber als der „Dirigent" und juristische Zurechnungspunkt des ganzen Herstellungsverfahrens.

III. Arbeitnehmererfindungen und Verbesserungsvorschläge[3]

1. Nicht selten macht der Arbeitnehmer während seines Arbeitsverhältnisses Erfindungen oder er entdeckt andere technische Verbesserungsmöglichkeiten. Daran knüpft sich die Frage, wer die Auswertung betreiben darf und inwieweit der Arbeitgeber dem Arbeitnehmer zu einer Vergütung verpflichtet ist. Das Problem ist von großer praktischer Bedeutung, weil kommerziell verwertbare Erfindungen heute in ganz erheblichem Umfang in Betrieben gemacht werden.[4] Gesetzgeberisch ist es schwer zu lösen, weil die Interessenlage je nach den Umständen sehr verschieden zu beurteilen ist und das Verdienst am Zustandekommen einer Erfindung unterschiedlich verteilt sein kann. Die Schwierigkeiten einer gerechten Konfliktlösung spiegeln sich in der wechselvollen Geschichte der geltenden Regelung deutlich wider. Es ist bezeichnend, dass es zu einer Vorläuferregelung erst im Zweiten Weltkrieg kam, als der NS-Staat den Erfindergeist der Arbeitnehmer im Interesse der Rüstung und der gesamten Kriegswirtschaft anspornen wollte.

2. Die **heute geltende Regelung**, die man keineswegs als voll befriedigend bezeichnen kann,[5] ist in dem Gesetz über Arbeitnehmererfindungen vom 25. 7. 1957 verankert, zu dem zwei Durchführungsverordnungen vom 1. 10. 1957 ergangen sind. Eine wichtige Ergänzung enthalten ferner die Richtlinien des Bundesarbeitsministers für die Vergütung von Arbeitnehmererfindungen im privaten Dienst vom 20. 7. 1959, die nach einem Erlass vom 1. 12. 1960 auf Arbeitnehmer im Öffentlichen Dienst, Beamte und Soldaten entsprechend anzuwenden sind.

3. Das ArbNErfG unterscheidet hinsichtlich der Erfindungen zwischen Diensterfindungen und freien Erfindungen. Den früher viel vertretenen Begriff der Betriebserfindung kennt das Gesetz nicht.

---

[3] Dazu *Reimer/Schade/Schippel*, Das Recht der Arbeitnehmererfindung, 7. Aufl., 2000; *Volmer/Gaul*, Arbeitnehmererfindungsgesetz, 2. Aufl., 1983; *O. Kunze*, Arbeitnehmererfinder- und Arbeitnehmerurheberrecht als Arbeitsrecht, RdA 1975, 42; *B. Schwab*, Erfindung und Verbesserungsvorschlag im Arbeitsverhältnis, 1985; *Bartenbach/Volz*, Arbeitnehmererfindungsgesetz, 4. Aufl., 2002; *Gaul*, Die Arbeitnehmererfindung, 2. Aufl., 1990; *Bartenbach/Volz*, Arbeitnehmererfindervergütung, 2. Aufl., 1999; *Buchner*, Die Vergütung für Sonderleistungen des Arbeitnehmers, GRUR 1985, 1; *Götting*, Gewerblicher Rechtsschutz, 8. Aufl., 2007; *Haertel/Krieger/Kaube*, ArbNErfRecht, 3. Aufl., 1988; *Sandberger*, Verwertungsrechte an Forschungsergebnissen in der Universität, WissR 1988, 225; *Sack*, Kollisions- und europarechtliche Probleme des ArbNErfRechts, FS Steindorff, 1990, S. 1333; *Bartenbach*, Grundsätze des Rechts der ArbNErf, NZA 1990 Beil. 2; *Heilmann/Taeger*, Prakt. Rechtsfragen des ArbNErfRechts, BB 1990, 1969; *Bayreuther*, Zum Verhältnis zwischen Arbeits-, Urheber- und Arbeitnehmererfindungsrecht, GRUR 2003, 570; *Schwab*, Das Arbeitnehmererfinderrecht, AR-Blattei SD 670; *Friemel*, Die Betriebsvereinbarung über Arbeitnehmererfindungen und technische Verbesserungsvorschläge, 2004; *Bartenbach/Volz*, Arbeitnehmererfindungsrecht, 4. Aufl., 2006.

[4] Das Bundespatentamt schätzt den Anteil der Arbeitnehmererfindungen an den zum Gegenstand von Patentanmeldungen gemachten Erfindungen auf etwa 80%! Vgl. RdA 1984, 304 (ähnlich *Bartenbach/Volz*, Arbeitnehmererfindungsrecht, 1996, S. 3). Zweifelhaft ist freilich seine Unterstellung, dass eine Arbeitnehmererfindung vorliegt, wenn Anmelder und Erfinder nicht identisch sind.

[5] Dazu *E. Franke*, Der lange Weg zur Reform des ArbEG ..., FS Bartenbach, 2005, S. 127.

a) Eine **Diensterfindung** liegt bei einer während der Dauer des Arbeitsverhältnisses gemachten Erfindung vor, wenn sie (1) aus der dem Arbeitnehmer obliegenden Tätigkeit erwachsen ist oder (2) maßgeblich auf Erfahrungen oder Arbeiten des Betriebes (bzw. der öffentlichen Verwaltung) beruht.

Diensterfindungen muss der Arbeitnehmer unverzüglich, gesondert und schriftlich melden (Näheres § 5 ArbNErfG). Der Arbeitgeber kann dann die Erfindung unbeschränkt in Anspruch nehmen, jedoch nur binnen einer Frist von vier Monaten seit Eingang einer ordnungsgemäßen Meldung der Erfindung. Durch die unbeschränkte Inanspruchnahme gehen alle Rechte aus der Erfindung auf den Arbeitgeber über, der Arbeitnehmer hat nur Anspruch auf Bekanntgabe seines Namens („Erfinderehre") und auf angemessene Vergütung,[6] und zwar bereits ab Inanspruchnahme, nicht erst ab der Nutzung (Näheres dazu §§ 9ff. ArbNErfG).

Der Arbeitgeber kann die Diensterfindung auch nur beschränkt in Anspruch nehmen. Dann verbleibt dem Arbeitnehmer das Verwertungsrecht, allerdings ist es dadurch praktisch stark eingeschränkt, dass der Arbeitgeber ein nicht ausschließliches Benutzungsrecht hat.[7]

Der Arbeitgeber kann schließlich die Erfindung auch freigeben. Die Freigabe tritt von selbst ein, wenn der Arbeitgeber die Erfindung nur beschränkt in Anspruch nimmt oder wenn er die Frist für die Inanspruchnahme verstreichen lässt.

b) Eine **freie Erfindung** liegt vor, wenn die Voraussetzungen der Diensterfindung nicht erfüllt sind. Ist eine freie Erfindung während der Dauer des Arbeitsverhältnisses gemacht worden, so muss der Arbeitnehmer dies dem Arbeitgeber unverzüglich mitteilen. Will der Arbeitgeber geltend machen, dass es sich in Wahrheit um eine Diensterfindung handelt, so kann er dies nur binnen drei Monaten durch schriftliche Erklärung gegenüber dem Arbeitnehmer tun, § 18 ArbNErfG.

4. Die Regelung über Arbeitnehmererfindungen gilt nur für Erfindungen, die patentfähig oder gebrauchsmusterfähig sind, § 2 ArbNErfG (vgl. dazu das PatG und das GebrMG). Bei **technischen Verbesserungsvorschlägen,** die diese Voraussetzungen nicht erfüllen, unterscheidet das Gesetz: Für Vorschläge, die dem Arbeitgeber eine ähnliche Vorzugsstellung gewähren wie ein gewerbliches Schutzrecht, erwächst dem Arbeitnehmer ein Anspruch auf angemessene Vergütung, wenn der Arbeitgeber die Vorschläge verwertet, § 20 ArbNErfG. Für andere technische Verbesserungsvorschläge verweist es dagegen auf die Regelung durch Tarifverträge und Betriebsvereinbarungen. Mit Recht wird jedoch angenommen, dass sich eine Vergütungspflicht bei Verbesserungsvorschlägen, die eine über die normale Vertragspflicht des Arbeitnehmers hinausgehende Leistung darstellen, auch aus Treu und Glauben ergeben kann.[8] Voraussetzung der Vergütungspflicht ist auch hier, dass der Arbeitgeber den Vorschlag verwertet hat.

5. Für **Verbesserungsvorschläge nichttechnischer,** z.B. betriebswirtschaftlich-organisatorischer **Art,** enthält das Gesetz keinerlei Regelung. Für solche Vorschläge kann sich ein Vergütungsanspruch ebenfalls nur aus Sonderregelungen in Kollektivverträgen oder aus Treu und Glauben ergeben.

---

[6] Dazu *H. S. Werner,* Zur Anrechnung des Dienstgehalts auf die Arbeitnehmererfinder-Vergütung, BB 1983, 839; *Seitz,* Zur Neuregelung der ArbNErfVergütung bei … Pauschalabfindung, BB 1985, 808; *Sturm,* Zur Angemessenheit von Arbeitnehmererfindervergütungen, DB 1989, 1869; *Bartenbach/ Volz,* Arbeitnehmererfindervergütung, 2. Aufl., 1999; s. auch *BGH* BB 2002, 1490.

[7] Zur Problematik vgl. *Kraft,* Die Freigabe der Diensterfindung für das Ausland und die Rechte des Arbeitgebers nach § 14 Abs. 3 ArbNErfG, GRUR 1970, 381; *O. Kunze,* Die nicht ausschließlichen Benutzungsrechte des Arbeitgebers nach dem ArbNErfG in arbeitsrechtlicher Sicht, AuR 1977, 294.

[8] Vgl. *Hueck,* FS Nikisch, 1958, S. 68ff.; *BAG* AP Nr. 1 zu § 20 ArbNErfG.

IV. Urheberrechte des Arbeitnehmers[9]

1. Die **Urheberrechte an einem geschützten Werk** (z. B. der Literatur, der Tonkunst oder der bildenden Kunst, dazu §§ 2 ff. UrhG), wie sie in den §§ 1 ff. UrhG geregelt sind, stehen dem Urheber zu, und zwar auch dann, wenn er Arbeitnehmer ist und das Werk in Erfüllung einer Verpflichtung aus dem Arbeitsverhältnis entstanden ist. Als Schöpfer des geschützten Werkes ist und bleibt er der Urheber im Sinne des Gesetzes, § 7 UrhG. Das gilt freilich nur, soweit die schöpferische Leistung im wesentlichen von ihm ausgeht. Trägt der Arbeitnehmer nur unwesentliche ausführende, korrigierende oder verbessernde Maßnahmen bei, die ihn nicht wenigstens zum Miturheber machen, so hat er selbstverständlich keine Urheberrechte.

2. Eine **Verpflichtung zur Übertragung von Urheberrechten** besteht für den Arbeitnehmerurheber nicht. Im Arbeitsvertrag kann aber vereinbart werden, dass er Nutzungsrechte an dem Werk dem Arbeitgeber überträgt. Eine solche Verpflichtung kann sich auch als stillschweigend vereinbart oder aus ergänzender Auslegung des Arbeitsvertrages ergeben, z. B. für den angestellten Architekten, der für seinen Arbeitgeber einen Bauplan anfertigt, für den Redakteur einer Zeitung, für den angestellten Schriftsteller bei der Drei-Groschen-Romanfabrik, für den Musterzeichner einer Textilfirma, den Modelleur eines Keramikwerks usw. Für die Einräumung dieser Nutzungsrechte gelten nach § 43 UrhG die (großenteils urheberschützenden) Vorschriften der §§ 31 ff. UrhG. § 43 UrhG schränkt die Anwendung jedoch ein, soweit sich dies aus Inhalt und Wesen des Arbeitsverhältnisses ergibt. Das kann z. B. der Fall sein für die Regelungen über das Änderungsrecht (§ 39 UrhG) oder das Rückrufsrecht (§ 42 UrhG), wenn der Arbeitnehmer das Werk in Erfüllung seiner Verpflichtungen aus dem Arbeitsverhältnis geschaffen hat. Mit anderen Worten: Der Schutz des Urhebers ist im Arbeitsverhältnis in gewissem Umfang eingeschränkt. Anders als bei Inanspruchnahme einer Diensterfindung braucht der Arbeitgeber bei vereinbarter Nutzung eines dienstlich geschaffenen Werkes keine Vergütung zu zahlen. Die Nutzung ist durch das Arbeitsentgelt jedenfalls im Regelfall abgegolten.

Namentlich im Medienbereich finden sich auch **kollektive Regelungen** über Fragen der Verwertung und der Nutzungsvergütung.[10]

3. Nach § 2 I Nr. 1 UrhG sind auch **Programme für die Datenverarbeitung** grds. dem Urheberrechtsschutz unterstellt. Das allgemeine Erfordernis des § 2 II UrhG, dass es sich um eine persönliche geistige Schöpfung handeln muss, wird durch § 69 a III UrhG modifiziert: Es muss sich (nur) um ein individuelles Werk im Sinn handeln, dass es das Ergebnis der eigenen geistigen Schöpfung seines Urhebers ist. Ausdrücklich fügt das Gesetz hinzu, dass zur Bestimmung der Schutzfähigkeit keine anderen Kriterien anzuwenden sind, insbesondere nicht qualitative oder ästhetische. Diese eher delphischen Formeln sollen zum Ausdruck bringen, dass EG-einheitlich für Computerprogramme das für die Schutzfähigkeit erforderliche Niveau gegenüber anderen Werken abgesenkt sein soll. Schutzfähig sind Programme in jeder Gestalt, einschließlich des Entwurfsmaterials. Mithin kommt Schutzfähigkeit sowohl der Systemanalyse wie dem Datenflussplan (Flussdiagramm, dazu § 2 I Nr. 7 UrhG) und dem fertig codierten Programm zu. Soweit danach eine Schutzfähigkeit anzunehmen ist, stellen sich die oben angesprochenen Fragen auch für als qualifizierte Programmierer tätige Arbeitnehmer.[11] Auf Grund einer EG-Richtlinie[12] ist in § 69 b UrhG vorgesehen worden, dass vorbehaltlich abweichender

---

[9] Vgl. dazu *Vinck,* Die Rechtsstellung des Urhebers im Arbeits- und Dienstverhältnis, 1972; O. *Kunze,* RdA 1975, 42 (47); *Rojahn,* Der Arbeitnehmer-Urheber in Presse, Funk und Fernsehen, 1978; *M. Rehbinder,* Die urheberrechtlichen Nutzungsrechte im Arbeitsverhältnis, 1983; *Birk,* FS Hubmann, 1985, S. 1; *Zöllner,* ZfA 1985, 451; *Gaul,* NJW 1986, 163; *Seewald/Freudling,* Der Beamte als Urheber, NJW 1986, 2688; rechtsvergleichend und rechtspolitisch wichtig die für Österreich erstellte Untersuchung von *Dittrich,* Arbeitnehmer und Urheberrecht, 1978; *Sandberger,* WissR 1988, S. 240 ff.; *Wandtke,* Die Rechte der Urheber und ausübenden Künstler im Arbeits- und Dienstverhältnis, 1993; *Grobys/Foerstl,* Die Auswirkungen der Urheberrechtsreform auf Arbeitsverträge, NZA 2002, 1015; *Th. Fuchs,* Arbeitnehmerurhebervertragsrecht, 2005; *Schack,* Urheber- und Urhebervertragsrecht, 3. Aufl., 2005; *M. Rehbinder,* Urheberrecht, 14. Aufl., 2006; *Julia T. Hoecht,* Die Urheberrechte im Arbeitsverhältnis, 2006 *Schricker,* Urheberrecht, 3. Aufl., 2006; *Wandtke/Bullinger,* Praxiskommentar zum Urheberrecht, 2. Aufl., 2006; *Dreier/Schulze,* Urheberrechtsgesetz, 2. Aufl., 2006.

[10] Dazu *Hubmann,* RdA 1987, 89; *Riepenhausen,* Urheberrecht III, AR-Blattei D.

[11] Dazu z. B. *Buchner,* in: Lehmann (Hrsg.), Rechtsschutz und Verwertung von Computerprogrammen, 1989; *Scholz,* Die Rechtsstellung des Computerprogramme erstellenden Arbeitnehmers, 1989; *Junker,* Computerrecht, 1989, Rn. 578 ff.; *BAG* AP Nr. 2 zu § 43 UrhG; *Sack,* Computerprogramme und Arbeitnehmer-Urheberrecht, BB 1991, 2165 ff.; *Holländer,* Arbeitnehmerrechte an Software, 1991; *Brandi-Dohm,* Arbeitnehmererfindungsschutz bei Softwareerstellung, CR 2001, 285.

[12] EG-Richtlinie 91/250/EWG v. 14. 5. 1991, ABlEG 1991 L 122/42; dazu *Sack,* BB 1991, 2165, 2168.

vertraglicher Vereinbarungen bei Computerprogrammen, die von einem Arbeitnehmer in Wahrnehmung seiner Aufgaben oder nach den Anweisungen seines Arbeitgebers geschaffen worden sind, der Arbeitgeber zur Ausübung aller vermögensrechtlichen Befugnisse an dem Programm berechtigt ist.

§ 16. Die Arbeitsentgeltpflicht

Hauptpflicht des Arbeitgebers ist die Zahlung von Arbeitsentgelt. Nach § 612 Abs. 1 BGB gilt eine Vergütung als stillschweigend vereinbart, wenn die Dienstleistung den Umständen nach nur gegen eine Vergütung zu erwarten war.[1]

I. Begriff des Arbeitsentgelts

Das Arbeitsentgelt – das BGB spricht in § 611 von der Vergütung – wird in der Praxis bei Arbeitern meist als Lohn, bei Angestellten als Gehalt bezeichnet. In der ökonomischen, soziologischen und juristischen Literatur besteht eine gewisse Vorliebe für den Begriff des Arbeitslohnes als Ausdruck für alle Entgeltformen. Demgegenüber ist der Begriff Arbeitsentgelt vorzuziehen, weil er Missverständnisse vermeidet. Sprachlich ist dies freilich nicht konsequent durchführbar.

Regelmäßig ist das Arbeitsentgelt **Gegenleistung für die erbrachte Arbeit**.[2] Die Entgeltpflicht steht daher im Gegenseitigkeitsverhältnis zur Arbeitspflicht. Diese synallagmatische Beziehung findet ihre grundsätzliche rechtliche Folge in der Anwendung von §§ 323 ff. BGB (dazu unten § 19 II).

Neben der „Normalvergütung", die in diesem direkten und, wie man sagen könnte, kurzzeitperiodischen Austauschverhältnis steht (Lohn pro Stunde, Gehalt pro Woche oder Monat), gibt es auch geldliche oder geldwerte Leistungen des Arbeitgebers, bei denen die direkte **synallagmatische Beziehung gelockert** oder ganz aufgehoben ist, wie z.B. die Gewährung bezahlter Freizeit in Gestalt des Erholungsurlaubs (dazu unten § 17 IV) und das Ruhegehalt (dazu unten § 29). Leistungen dieser Art sind selbstverständlich weder rechtlich noch wirtschaftlich „unentgeltlich", vielmehr werden sie mit Rücksicht auf das bestehende Arbeitsverhältnis und die vom Arbeitnehmer insgesamt erbrachte Arbeit gewährt. Deshalb besteht Streit über ihre rechtliche Einordnung. Früher betonte man bei Leistungen dieser Art den Fürsorgecharakter, in neuerer Zeit wird ihre Zuordnung zum Arbeitsentgelt vertreten. An der neueren Auffassung ist zutreffend, dass Rechtsgrundlage von Urlaub oder Ruhegeld nicht die Fürsorgepflicht oder die allgemeine Treupflicht ist und dass die entsprechenden Leistungen jedenfalls im weiteren Sinn Belohnung für Dienste sind. Beide sind aber keine das Arbeitsverhältnis typisierenden Hauptpflichten. Die Pflicht zur Urlaubsgewährung wird im Regelfall nicht vertraglich übernommen, sondern ist gesetzlich oder tarifvertraglich angeordnete Folge des Arbeitsvertrages, die Pflicht zur Ruhegeldleistung übernimmt der Arbeitgeber zwar um der vom Arbeitnehmer zu erbringenden (oder schon erbrachten) Dienste willen, aber das dadurch bewirkte „Austauschverhältnis" ist jedenfalls nur indirekt und gelockert auf die Arbeitnehmerleistung bezogen. Eine unmittelbare Anwendung der §§ 320 ff. BGB kommt daher nicht in Betracht. Vom Arbeitsentgelt sollte deshalb allenfalls in weiterem Sinn gesprochen werden. Besser dürfte es sein, den Begriff für Leistungen der genannten Art zu vermeiden. Dieselbe Problematik einer engeren und weiteren Bedeutung stellt sich hinsichtlich anderer Begriffe wie insbesondere dem des Lohnes.

---

[1] Zur entsprechenden Anwendung der Vorschrift, wenn über den Rahmen des Arbeitsvertrages hinaus Dienste ohne Vergütungsregelung geleistet werden, *BAG* DB 1978, 1131.

[2] Dazu aus ökonomischer Sicht anregend *Siepmann,* Wer gibt wem was im Arbeitsverhältnis, BB 1991, 1931.

Das BAG hat die Terminologie dahin zu präzisieren versucht, den Begriff des Arbeitsentgelts enger zu verstehen als den des Lohnes[3]. Arbeitsentgelt soll danach nur die als Gegenleistung für bestimmte Arbeit gewährte Vergütung sein, während Zahlungen des Arbeitgebers mit „Unterhaltselementen", wie etwa die Lohnfortzahlung im Krankheitsfall, zwar Lohn, aber nicht Arbeitsentgelt seien. Das wird der Mehrdeutigkeit des Lohnbegriffs nicht gerecht. In anderem Zusammenhang unterscheidet das BAG zwischen Arbeitsentgelt im engeren und im weiteren Sinn. Entgelt i.e.S. soll nur pro rata temporis verdientes Entgelt sein, während zum Entgelt im weiteren Sinne Zahlungen aus anderen Motiven gehören, insbes. als Belohnung für Betriebstreue gedachte Zuwendungen.[4]

Für die Rechtsanwendung wichtig ist, dass der Begriff des Entgelts und des Lohnes in gesetzlichen Bestimmungen jeweils auslegungsbedürftig ist. So ist beispielsweise Urlaubsentgelt Arbeitslohn im Sinn von § 850 II ZPO, aber nicht Gegenleistung im Sinn von §§ 320 ff. BGB.

II. Bemessung des Arbeitsentgelts[5]

1. Über die Höhe des Arbeitsentgelts werden häufig im **Arbeitsvertrag** Vereinbarungen getroffen, sei es bei der Einstellung, sei es später („Gehaltserhöhung"). Für die meisten Arbeitsverhältnisse bestehen ferner Regelungen in **Lohn- und Gehaltstarifverträgen.** Allerdings kommt diesen nicht selten, namentlich in Zeiten der Vollbeschäftigung, nur die Bedeutung zu, einen rechtlich garantierten Mindestlohn auszuweisen, während der sog. Effektivverdienst der Arbeitnehmer in etlichen Branchen nicht unbeträchtlich über den tariflichen Beträgen liegt.[6] Dieser **Vorsprung der Effektivlöhne vor den tariflich ausgewiesenen Vergütungen** wird bei tariflichen Lohnerhöhungen vielfach beibehalten (sog. Lohndrift). Durch die Änderung von Lohntarifverträgen, die ungefähr einmal im Jahr erfolgt, wird daher in solchen Fällen nicht der zu zahlende Lohn geregelt, sondern lediglich das Ausmaß zu gewährender Lohnerhöhungen signalisiert. In Zeiten schlechter oder partiell ungünstiger Konjunktur mit hohen Arbeitslosenzahlen ist freilich auch tarifvertraglich das Vorhandensein eines Niedriglohnsektors nicht auszuräumen. So liegen etwa die untersten Tariflöhne im Friseurhandwerk, aber auch in einigen anderen Branchen namentlich in den neuen

---

[3] *BAG* AP Nr. 3 zu § 2 ArbKrankhG.

[4] Vgl. *BAG* DB 1991, 446; DB 1991, 868; DB 1991, 1024.

[5] Dazu aus ökonomischer Sicht *B. Molitor,* Lohn- und Arbeitsmarktpolitik, 1988; *Ackermann,* in: Gaugler (Hrsg.), Handwörterbuch des Personalwesens, 3. Aufl., 2004, Stichwort Lohn- und Gehaltsdifferenzierung; *Bellmann/Gerlach/Hübler,* Lohnstruktur in der Bundesrepublik Deutschland, 1984; eindringlich die Stellungnahmen des Sachverständigenrats zur Begutachtung der gesamtwirtschaftlichen Entwicklung in Jahres- und Sondergutachten, einsehbar unter www.sachverstaendigenrat-wirtschaft .de/Gutachten, dort geordnet nach Themenfeldern. Aus rechtlicher Sicht *Kraft,* Die betriebliche Lohngestaltung im Spannungsfeld von Tarifautonomie, betrieblicher Mitbestimmung und Vertragsfreiheit, FS K. Molitor, 1988, S. 207; *Reuter,* Die Lohnbestimmung im Betrieb, ZfA 1993, 221; *Joost,* Betriebliche Mitbestimmung der Lohngestaltung, ZfA 1993, 257; *Schaub,* Entgeltanpassung im Arbeitsverhältnis, BB 1996, 1058. S. ferner aus rechtstatsächlicher Sicht *Büge,* Entgelt in der betrieblichen Praxis, ZfA 1993, 178; *Feudner,* Das Entlohnungssystem der IBM Deutschland GmbH, ZfA 1993, 185; *Giese,* Entlohnungsformen und Entlohnungstendenzen in der modernen Textilindustrie, ZfA 1993, 189; *H.P. Müller,* Entgeltsystematik und Entgeltfindung bei der Hoechst AG, ZfA 1993, 197; *Lesch,* Lohnfindung und Tarifpolitik im Ordnungsrahmen der Europäischen Wirtschafts- und Währungsunion, IW-Trends, Vierteljahreszeitschrift zur empirischen Wirtschaftsforschung, 2000, Nr. 3 S. 20; *Diepold,* Die leistungsbezogene Vergütung, 2005; *Zander/Wagner,* Handbuch des Vergütungsmanagements, Bd. 1, 2005; *Franke,* Entgeltbemessung bei geringfügigen Beschäftigungsverhältnissen, NZA 2006, 1143; *Hohenstatt/Stamer,* „Carried Interest" im Arbeitsrecht, BB 2006, 2413.

[6] Vgl. zu Ausmaß und ökonomischen Aspekten *Gerfin,* Ausmaß und Wirkung der Lohndrift, in: H. Arndt, Lohnpolitik und Einkommensverteilung, Verhandlungen auf der Tagung des Vereins für Socialpolitik 1969, S. 472; *Hunold,* DB 1981 Beilage 26, S. 8 f.; *Robak/Wolter,* ArbRGegw 21 (1984), S. 71 (76 ff.).

Bundesländern noch unter fünf Euro. Da die Tarifmacht der Gewerkschaften offenbar nicht ausreicht, höhere Löhne durchzusetzen, erheben sich politische Forderungen nach Einführung **gesetzlicher Mindestlöhne.** So human das anmutet, so bedenklich ist die damit verbundene völlige Ausschaltung von Kräften des Arbeitsmarkts, weil sie die Zahl der Beschäftigten sinken und damit die Zahl der Arbeitslosen steigen lässt.

In der Praxis wird die tarifliche Grundregelung nicht selten durch differenzierte **betriebliche Regelungen** (in Gestalt von Betriebsvereinbarungen oder Gesamtzusagen) ergänzt (sog. innerbetriebliche Lohnsysteme). Es ergibt sich dadurch ein kompliziertes Zusammenspiel mehrerer Bestimmungsfaktoren bei der alljährlichen „Übersetzung" tariflicher Lohnerhöhungen in die betriebliche Praxis.[7] Nach der Rspr. des *BAG* soll auch bei Anrechnungsentscheidungen des Arbeitgebers weithin das Mitbestimmungsrecht des Betriebsrats gemäß § 87 I Nr. 10 BetrVG greifen.[8] Anpassungsprobleme ergeben sich auch bei Arbeitszeitverkürzung mit sog. vollem Lohnausgleich.[9]

Soweit eine vertragliche Vereinbarung über die Lohnhöhe fehlt und kein Tarifvertrag kraft Gesetzes Anwendung findet (z.B. weil Arbeitnehmer oder Arbeitgeber nicht tarifgebunden sind), gilt nach § 612 II BGB die **übliche Vergütung** als vereinbart. Gemeint ist damit die in der betreffenden Gegend und Branche übliche Vergütung. Handelt es sich, wie meist, um ein für einen Betrieb begründetes Arbeitsverhältnis, so ist jedoch die *im Betrieb* übliche Vergütung maßgebend. Zahlt der Arbeitgeber daher grundsätzlich nach Tarifvertrag oder in bestimmter Höhe über dem Tariflohn, so muss er einem neu eintretenden Arbeitnehmer, sofern er nicht etwas anderes mit ihm vereinbart, ebenfalls Lohn in dieser Höhe gewähren (streitig). Unter Umständen kommt auch eine **Entlohnung nach billigem Ermessen** in Betracht.

Die Kenntnis der juristischen Bestimmungsfaktoren für die Lohnhöhe vermittelt keine ausreichende Einsicht in die Frage, wodurch **ökonomisch** die **Lohnhöhe** als Preis der Arbeitsleistung **determiniert** wird. Diese Frage bildet ein zentrales Anliegen der sog. **Lohntheorien.** Eine einheitliche, wirtschaftswissenschaftlich anerkannte Lohntheorie gibt es bislang nicht. Es lassen sich markttheoretische, machttheoretische und kreislauftheoretische Ansätze unterscheiden. Das wirkliche Geschehen ist indessen so komplex, dass es nur durch eine differenzierte Kombination aller dieser Ansätze angemessen erfasst werden kann. Ein ausreichend realitätsbezogenes Modell dafür scheint noch nicht gefunden zu sein. Zur Frage des **Einflusses von Tariflohnerhöhungen auf die reale Lohnhöhe** vgl. unten § 34 II 1 b. Aus der Sicht der Unternehmen sind Löhne vor allem **Kosten** (dazu schon oben § 1 I 1). Diese schlagen um so mehr zu Buch, je lohnintensiver das Unternehmen arbeitet. Für die Beurteilung der Belastung durch den Nominallohn ist wesentlich, dass zu den für effektiv geleistete Arbeit (also in direktem Austausch) gezahlten Bruttolöhnen gesetzliche und tarifliche **Personalzusatzkosten**[10] treten (Arbeitgeberanteile zur Sozialversicherung, Feiertagslohnzahlung, Lohnfortzahlung bei Krankheit, Gratifikationen, Urlaubsentgelt u. a.), die bis 1996 fast ständig auch relativ gestiegen sind (im produzierenden Gewerbe von 1966: 43,4% auf 1996: 82% (alte Bundesländer).In der Zeitspanne bis 2000 (die Erhebungen finden nur alle paar Jahre statt) gab es einen vermutlich erhebungstechnisch verursachten Knick nach unten auf 77,4% und bis 2003 wieder einen leichten Anstieg (in Ostdeutschland lagen die Zahlen deutlich niedriger). In manchen anderen Branchen wie im Kreditgewerbe und im Versicherungsgewerbe liegen die Personalzusatzkosten deutlich über 100%!

2. Um die Berechnung des Lohnes überschaubar zu machen, gibt es in der Praxis **tarifliche und betriebliche Lohnsysteme,**[11] die vielfach einen nach Lohngruppen unterschiedenen Grundlohn ausweisen, zu dem Zuschläge und Zulagen treten können, die unter bestimmten Voraussetzungen gewährt werden, etwa als Erschwernis-, Alters-,

---

[7] Vgl. z.B. *Ziepke*, Die Anrechnung von Tariflohnerhöhungen, BB 1981, 61.

[8] Dazu unten § 47 II 10.

[9] *BAG* AP Nr. 58 zu § 1 TVG Tarifverträge: Metallindustrie. Dazu unten § 36 IV 2.

[10] Dazu *Hemmer*, Personalzusatzkosten, Entwicklung und Methodenkritik, 1981; *Schröder*, Personalzusatzkosten in der deutschen Wirtschaft, IW-Trends, Vierteljahreszeitschrift zur empirischen Wirtschaftsforschung, 2003, Nr. 3 S. 37.

[11] Dazu *Richardi*, Lohngerechtigkeit und Leistungslohn, RdA 1969, 234; *Paasche*, Zeitgemäße Entlohnungssysteme, 1978; *ders.*, Zeitgemäße Lohngestaltung, 1981; *Zander/Femppel*, Lohn- und Gehaltsfestsetzung, 11. Aufl., 1997. S. auch Nachw. Fn. 4.

Dienstalters-, Orts-, Teuerungs- oder Leistungszulagen. Weit verbreitet sind auch Zuschläge für Nachtarbeit, Spät- und Schichtarbeit, ferner für Sonn- und Feiertagsarbeit. Die Bemessung des Lohns sucht man durch oft vielfältig differenzierende **Methoden der Arbeitsbewertung**[12] zu objektivieren.

Derartige Lohnsysteme und Bewertungsmethoden stehen in engem Zusammenhang mit der ungeklärten und allem Anschein nach ewigen Frage der **Lohngerechtigkeit.**[13] Bei ihr geht es nicht nur darum, ob die Arbeitnehmer als Gesamtgruppe („Klasse") bei der Verteilung des Volkseinkommens gegenüber Nichtarbeitnehmern angemessen partizipieren (dazu schon oben § 1 II 2 und § 2 III). Erheblich schwieriger ist vielmehr das Problem der angemessenen Verteilung zwischen unterschiedlichen Gruppen von Arbeitnehmern und innerhalb dieser zwischen Tüchtigen und weniger Tüchtigen. Der Stellenwert der Leistung ist in der gewerblichen Wirtschaft nach wie vor hoch, während er im öffentlichen Dienst weithin und zu stark zurücktritt. Die Lohnsysteme berücksichtigen aber auch in erheblichem Maß soziale Faktoren.

3. Unter Überstunden versteht man in der Praxis die von einem Arbeitnehmer über die regelmäßige betriebliche Arbeitszeitdauer hinaus geleisteten Arbeitsstunden (sog. **Überarbeit**). Der damit nicht zu verwechselnde Begriff der **Mehrarbeit** bezieht sich hingegen auf die Überschreitung der vom AZG bestimmten regelmäßigen Höchstarbeitszeit. Ob Überarbeit zu vergüten ist, richtet sich nach den getroffenen Vereinbarungen. Bei Stunden- und Akkordlöhnen ergibt sich die Vergütungspflicht von selbst. Bei höheren Angestellten wird dagegen vielfach der Arbeitsvertrag dahin auszulegen sein, dass Überstunden als durch das normale Gehalt abgegolten anzusehen sind. Soweit eine Vergütungspflicht besteht, bedeutet das nicht notwendig, dass die Vergütung relativ höher sein müsste als die Normalvergütung. Eine Verpflichtung dazu bedarf vielmehr einer besonderen Rechtsgrundlage. Viele Tarifverträge sehen solche Überstundenzuschläge vor (vielfach dort ungenau Mehrarbeitszuschläge genannt). Leistet ein Arbeitnehmer zusätzliche Arbeitsstunden zu seiner individuellen Regelarbeitszeit, bleibt er dabei aber unter der betrieblichen Regelarbeitszeit (z. B. ein Teilzeitarbeitnehmer), hat er grundsätzlich keinen Anspruch auf tarifvertragliche Überstundenzuschläge,[14] weshalb man insoweit besser nicht von Überstunden spricht.

4. Arbeitsentgelt ist das sog. **Bruttoentgelt,** das sich zusammensetzt aus dem an den Arbeitnehmer auszubezahlenden Nettoentgeltbetrag und den vom Arbeitgeber einbehaltenen öffentlich-rechtlichen Lohnabzügen (Lohnsteuer und Sozialversicherungsbeiträge, evtl. auch Kirchensteuer).

a) Die **Lohnsteuer** stellt eine besondere Form der Erhebung der Einkommensteuer dar. Der Arbeitgeber muss einen entsprechenden Teilbetrag des Lohnes abziehen und direkt an das Finanzamt abführen. Der Arbeitnehmer bleibt trotz dieser Abführungspflicht des Arbeitgebers der Steuerschuldner. Abgezogen und vom Arbeitgeber abgeführt wird auch die Kirchensteuer.

b) Abgezogen werden ferner die **Arbeitnehmeranteile der Beiträge zur Sozialversicherung.** Für die Krankenversicherung, Rentenversicherung und die Arbeitslosenversicherung müssen die Beiträge je zur Hälfte von Arbeitgeber und Arbeitnehmer getragen werden (während die Unfallversicherung der Arbeitgeber allein trägt). Der Arbeitnehmeranteil ist Teil des Bruttoentgelts, während der Arbeitgeberanteil nicht zu diesem gehört.

Die Verquickung von sozialversicherungsrechtlichem Beitrag und arbeitsvertragsrechtlichem Lohnabzug (dazu unten § 17 I 4 a) kann zu komplizierten Ausgleichsproblemen führen, wenn Fehler unterlaufen.

c) Eine **Klage auf Entgeltzahlung**[15] gegen den Arbeitgeber muss grundsätzlich auf Zahlung des Bruttobetrages gerichtet werden[16] (streitig). Neuerdings wird vertreten, die Klage könne i. d. R. sowohl

---

    [12] Dazu *Gaul,* Die Arbeitsbewertung und ihre rechtliche Bedeutung, 4. Aufl., 1981.

    13 Zu dieser *Richardi,* Lohngerechtigkeit und Leistungslohn, RdA 1969, 234. Vgl. ferner *Ottel,* Die Idee des gerechten Lohnes in betriebswirtschaftlicher Sicht, ZfB 1961, 705 ff.; *Krelle,* Der gerechte Lohn in national-ökonomischer Sicht, in: Heckel (Hrsg.), Der gerechte Lohn, 1963; *Pfeiffer/Dörric/ Stoll,* Menschliche Arbeit in der industriellen Produktion, 1977; *Gast,* Gedanken zum gerechten Arbeitsentgelt, BB 1991, 1053; *Schweres,* Ist gerechte Entlohnung möglich?, AuA 2001, 547; *Schneevoigt,* „Lohngerechtigkeit? – Life ist unfair", FS Andresen, 2006.

    [14] Vgl. z. B. *BAG* DB 1996, 685.

    [15] Zur Geltendmachung durch einstweilige Verfügung *Vossen,* RdA 1991, 216.

    [16] *Berkowsky/Drews,* DB 1985, 2099; *dies.,* DB 1994, 1978; *Schaub* § 71 I 4 m. N. der Rspr. Abweichend *Germelmann/Matthes/Prütting/Müller-Glöge,* ArbGG 5. Aufl., 2004 § 46 Rn. 43. S. dazu auch *BAG (GS)* NZA 2001, 1195.

auf den Netto- wie auf den Bruttobetrag gerichtet werden. Dem ist besser nicht zu folgen. Das Arbeitsgericht hat nicht über die Höhe der Abzüge zu entscheiden. Diese muss vielmehr der Arbeitgeber in eigener Verantwortung vornehmen. Praktische Schwierigkeiten können sich freilich dennoch im Vollstreckungsverfahren ergeben.[17]

Zweifelhafter ist die Frage, in welcher Höhe dem Arbeitnehmer Schadensersatzansprüche gegen Dritte wegen Lohnausfalls erwachsen.[18]

III. Zahlung des Arbeitsentgelts

1. Zahlungszeit

Diese bestimmt sich nach den in Tarif- oder Einzelverträgen getroffenen Vereinbarungen, in Ermangelung solcher Vereinbarungen kann die Orts- oder Branchenüblichkeit maßgebend sein (§ 157 BGB). Wo auch diese fehlt oder sich nicht feststellen lässt, gilt § 614 BGB. Ob eine Regelung auch vom Betriebsrat nach § 87 I Nr. 4 BetrVG im Rahmen des Mitbestimmungsrechts in sozialen Angelegenheiten erzwungen werden kann, ist zweifelhaft, da es sich um eine materiellrechtliche Frage der Entlohnung handelt.

2. Zahlungsort

Der **Zahlungsort** bestimmt sich nach Tarif- oder Einzelvertrag. Über ihn kann eine Regelung durch Betriebsvereinbarung nach § 87 I Nr. 4 BetrVG erzwungen werden. Wo ausdrückliche Vereinbarungen fehlen, wird vielfach der Sitz des Betriebes als Zahlungsort anzunehmen sein (§ 157 BGB). § 270 BGB gilt dann nicht, d.h. die Lohnschuld ist nicht Schickschuld, sondern grundsätzlich Holschuld. Weithin üblich geworden ist aufgrund von Kollektivverträgen die Überweisung auf ein Bankkonto des Arbeitnehmers, aber auch die Auszahlung per Scheck findet sich nicht selten.

3. Lohnbelege

Dem Arbeitnehmer muss eine Lohnabrechnung in Textform ausgehändigt werden, § 108 GewO, der für alle Arbeitnehmer gilt. Näheres zum Inhalt der Abrechnung s. dort.

4. Quittung

Selbstverständlich hat der Arbeitgeber bei Vornahme der Lohnzahlung einen Anspruch auf Quittungserteilung (§ 368 BGB). Dagegen kann er nicht die Erteilung einer sog. **Ausgleichsquittung** verlangen, d.h. einer Bestätigung des Arbeitnehmers, dass diesem weitere Ansprüche nicht zustehen. In der Praxis kommt die Ausgleichsquittung gleichwohl vielfach vor. Sie ist rechtlich als Vergleich, Erlassvertrag oder negatives Schuldanerkenntnis (je nach Sachlage deklaratorisch oder konstitutiv) zu werten. Zur Problematik näher unten § 22 V 3.

5. Überzahlung

Einem Bereicherungsanspruch des Arbeitgebers aus § 812 I 1 BGB auf Rückzahlung nicht geschuldeten Lohns (z.B. Computerfehler) kann der Arbeitnehmer, wenn er das Geld verbraucht hat, ohne gleichzeitig damit Aufwendungen erspart zu haben, den Einwand der Entreicherung entgegenhalten (§ 818 III BGB), soweit er nicht die Rechtsgrundlosigkeit kannte. Bei Überzahlungen in geringer Höhe sieht das BAG einen Anscheinsbeweis für den Verbrauch als geführt an.[19]

---

[17] Näher dazu *Schaub,* § 71 I 4 m.N.

[18] In dieser Frage sind sich nicht einmal die Zivilsenate des BGH einig. Vgl. dazu orientierend Palandt/*Heinrichs,* BGB 65. Aufl., 2006, § 252 Rn. 8 ff.

[19] *BAG* AP Nr. 13 und 25 zu § 812 BGB; anders bei sog. Besserverdienenden, *BAG* SAE 1994, 323 (Anm. *Misera/M. Schwab).* Näher dazu MünchKomm/*Lieb,* § 818 Rn. 83 f.

IV. Verjährung und Ausschlussfrist

1. Der Anspruch auf Arbeitsentgelt **verjährt** wie fast alle Ansprüche in drei Jahren, § 195 I BGB. Die Verjährung beginnt mit dem Schluss des Jahres, in dem der Anspruch entstanden ist, § 199 I Nr. 1 BGB. Die nach Nr. 2 dieser Norm eintretende Hinausschiebung auf den Zeitpunkt, in welchem der Arbeitnehmer als Gläubiger des Anspruchs von den anspruchsbegründenden Umständen und von der Person des Schuldners Kenntnis erlangt hat oder ohne grobe Fahrlässigkeit hätte erlangen müssen, wird nur selten eine Rolle spielen. Die Verjährung schafft nur eine Einrede in Gestalt eines Leistungsverweigerungsrechts, § 214 BGB.

2. Bei Ablauf einer **Ausschlussfrist**[20] geht dagegen der Lohnanspruch unter. Solche Ausschlussfristen für die Geltendmachung von Lohnansprüchen können durch Kollektiv- oder Einzelvertrag vereinbart werden, gegenüber tarifvertraglichen Ansprüchen wirken sie aber nur, soweit sie im Tarifvertrag vereinbart sind, § 4 IV TVG.

Insbesondere tarifvertragliche Ausschlussfristen sind in der Praxis recht häufig und haben die Arbeitsgerichtsbarkeit in zahlreichen Fällen beschäftigt. Sie sind meist erheblich kürzer als die Verjährungsfrist. Ihre Statuierung ist vor allem überall da sinnvoll, wo der Lohnanspruch von tatsächlichen Umständen abhängt, deren Feststellung oder Überprüfung schon nach Ablauf kurzer Zeit stark erschwert wird, wie etwa bei stundenweiser Entlohnung unter wechselnden Arbeitszeiten oder im Fall des Akkordlohnes. Zulässig und in der Praxis nicht selten sind auch **zweistufige Ausschlussfristen,** bei denen die Geltendmachung des Anspruchs an eine bestimmte Frist gebunden ist und im Fall der Ablehnung des Anspruchs durch den Arbeitgeber eine zweite Frist beachtet werden muss, innerhalb derer dann eine gerichtliche Geltendmachung erfolgen muss.

V. Formen des Arbeitsentgelts

Formen des Arbeitsentgelts lassen sich nach verschiedenen Kriterien unterscheiden, etwa nach dem Gegenstand der Vergütung, nach der Art der Bemessung und nach dem Anlass der Gewährung.

1. Geldlohn und Naturallohn

Arbeitsentgelt wird regelmäßig – praktisch fast ausschließlich – in Geld geschuldet, vgl. § 107 GewO. Ausnahmsweise, insbesondere in bestimmten Branchen und Berufen, kommt auch die Gewährung von Sachbezügen als Teil des Entgelts in Betracht (mitunter Deputat genannt).[21] Man spricht insoweit gern von Naturallohn, der nicht nur die Lieferung von Naturalien im Sinn von Naturprodukten umfasst, sondern von Waren jeder Art, insbesondere auch Textilien und Heizmaterial, sowie die Gewährung von Kost oder Wohnung. Die Vereinbarung solcher Bezüge muss dem Interesse des Arbeitnehmers oder der Eigenart des Arbeitsverhältnisses entsprechen. Zwischen Geldlohn und Naturallohn stehen moderne Formen der (teilweisen) Entlohnung etwa durch Aktienoptionen[22].

---

[20] Dazu *Hansjörg Weber,* Die Ausschlußfrist im Arbeitsrecht, 1983; *Bauer,* NZA 1987, 440; *Schrader,* Neues zu Ausschlussfristen, NZA 2003, 345; *Krause,* Vereinbarte Ausschlussfristen, RdA 2004, 36 ff. und 106 ff.

[21] Dazu *BAG* AP Nr. 5–7, 9 zu § 611 BGB Deputat.

[22] Dazu z. B. *Scheuer,* Aktienoptionen als Bestandteil der Arbeitnehmervergütung in den USA und in der BRD, 2004; s. auch *Petereit/Neumann,* DB 2003, 1295.

Die Werkswohnung gehört nur hierher, wenn ihre Überlassung zu der vom Arbeitgeber geschuldeten Gegenleistung für die Dienste gehört, nicht dagegen, wenn sie gleichsam als Folge einer Nebenabrede gewährt wird und der Arbeitnehmer seinerseits ein Entgelt für die Überlassung zahlt (Werksmietwohnung, dazu auch unten § 49 II 9).

Unter die beiden herkömmlichen Kategorien nicht einordenbar ist die entgeltweise Überlassung von Vermögensbeteiligungen (dazu unten VI).

2. Zeitlohn und Leistungslohn

Der Zeitlohn ist die auch heute verbreitetste Form der Entlohnung. Am Anfang der industriellen Entwicklung stand er überall ganz im Vordergrund. Der Arbeitnehmer erhält hier nicht ein bestimmtes Gehalt, das ausbezahlt wird ohne Rücksicht darauf, wie viele Stunden effektiv gearbeitet wurde, sondern sein Lohn wird nach der tatsächlich geleisteten Arbeitszeit berechnet (abgesehen von den Fällen, in denen das Gesetz Lohnfortzahlung auch ohne Arbeitsleistung verlangt).

Den Gegensatz zum Zeitlohn bilden die **Nichtzeitlohnarten,** d. h. alle Arten, bei denen die Höhe des Lohnes nicht nach der Länge der aufgewendeten Zeit berechnet wird, mag sie auch von der aufgewendeten Arbeitszeit mit abhängen. Vielfach handelt es sich dabei um Arten sog. **Leistungslohns.**[23] Darunter versteht man die Lohnarten, bei denen die Höhe des Lohnes durch die Leistung des Arbeitnehmers, insbesondere durch Menge oder Qualität der geleisteten Arbeit, unmittelbar beeinflusst wird. Hierhin gehören zum Teil auch Entlohnungsregelungen, die im Zug von sog. **Zielvereinbarungen** getroffen werden, einem in der Managementlehre empfohlenen Führungsinstrument, bei dem bestimmte meist unternehmerische Ziele zwischen dem Arbeitgeber und der Arbeitnehmerseite kollektiv- oder einzelvertraglich vereinbart werden, bei deren Erreichung die Arbeitnehmer eine besondere Vergütung (Bonus etc.) erhalten.[24] Je nach Ausgestaltung handelt es sich dabei teilweise um alten Wein in neuen Schläuchen (wie z. B. Prämienlohn).

3. Akkordlohn[25]

Dieser stellt die bekannteste Art des Leistungslohnes dar.

a) Bei ihm ist der **Arbeitslohn direkt der Zahl der geleisteten Arbeitseinheiten proportional,** etwa der Zahl der produzierten oder bearbeiteten (z. B. gestanzten oder bemalten) Stücke. Das bedeutet, dass der Arbeiter hier im Gegensatz zum Zeitlohn durch Fleiß und Geschick seinen Verdienst erhöhen kann. Die Einführung des Ak-

---

[23] Dazu *B. Schwab,* Arbeit im Leistungslohn, 1988; *Walter Maier,* Arbeitsanalyse und Lohngestaltung, 2. Aufl., 1988; *REFA,* Methodenlehre des Arbeitsstudiums, 1988; *Mölders,* Arbeitsrechtliche Rahmenbedingungen für Cafeteria-Systeme, DB 1996, 213; *Ulmer,* Leistungsorientierte Vergütung, AuA 2003, 28; *Diepold,* Die leistungsbezogene Vergütung, 2005.

[24] Dazu z. B. *Bauer/Diller/Göpfert,* Zielvereinbarungen auf dem arbeitsrechtlichen Prüfstand, BB 2002, 882; *Köppen,* Rechtliche Wirkungen arbeitsrechtlicher Zielvereinbarungen, DB 2002, 374; *Plander,* Die Rechtsnatur arbeitsrechtlicher Zielvereinbarungen, ZTR 2002, 155; *Carmen Silvia Hergenröder,* Zielvereinbarungen, AR-Blattei (2003); *Däubler,* Zielvereinbarungen und AGB-Kontrolle, ZIP 2004, 2209; *Bross,* Die individualarbeitsrechtliche Zulässigkeit von Zielvereinbarungen, RdA 2004, 273; *Riesenhuber/v. Steinau-Steinrück,* Zielvereinbarungen NZA 2005, 785; *Hidalgo/Rid,* Wie flexibel können Zielbonussysteme sein? BB 2005, 2686; *Diepold,* Die leistungsbezogene Vergütung, 2005.

[25] Dazu *Gaul,* Die Arbeitsbewertung und ihre rechtliche Bedeutung, 4. Aufl., 1981; *Dietz/Gaul/Hilger,* Akkord und Prämie, 2. Aufl., 1967; *Pfeiffer/Dörric/Stoll* (Fn. 13); *M. Hoffmann,* Die Gruppenakkordarbeit, 1981; *Böhrs,* Leistungslohngestaltung mit Arbeitsbewertung, persönlicher Bewertung, Akkordlohn, Prämienlohn, 3. Aufl., 1980; *Maier* (Fn. 23), S. 131 ff.; *Diepold* (Fn. 24), S. 49 ff.; *Schwab,* Das Recht der Arbeit im Leistungslohn (Akkord und Prämie), AR-Blattei D Akkordarbeit I.

kordlohnes in der Industrie um die Wende vom 19. zum 20. Jahrhundert (teilweise auch schon früher) hat zu einer ungeheuren Produktivitätserhöhung geführt, freilich auch zu gesundheitlicher Überforderung der Arbeitnehmer.

b) Die sinnvolle und gerechte **Bemessung des Akkordlohnes** ist eine arbeitswissenschaftliche Aufgabe ersten Ranges.

aa) Beim historisch älteren **Geldakkord** wird ein bestimmter Geldbetrag pro Leistungseinheit vorgesehen. Leistungseinheit kann ebensowohl ein hergestelltes Stück, eine Fläche, eine Gewichtseinheit oder ein Längenmaß sein (deshalb auch z.B. Stückakkord, Flächenakkord, Gewichtsakkord u.ä.). Durch Multiplikation der Zahl der vom Arbeitnehmer erbrachten Leistungseinheiten mit dem Geldbetrag errechnet sich sein Lohnanspruch. Der Nachteil dieser Akkordform liegt darin, dass die für die Lohnbemessung entscheidende Größe, nämlich die den Berechnungen zugrunde gelegte Zeit für die Erbringung der Leistungseinheit (sog. Zeitvorgabe) nicht offen ausgewiesen wird und damit arbeitswissenschaftlich nicht fassbar ist. Dadurch stößt auch die Anpassung bei Lohnerhöhungen auf Schwierigkeiten.

bb) Der **Zeitakkord** ist die modernere Form des Akkords, die diese Nachteile zu vermeiden sucht. Bei ihm werden zwei Elemente getrennt ausgeworfen: die pro Leistungseinheit erforderliche Zeit in Minuten (Zeitfaktor) und der pro Minute zu verdienende Geldbetrag (Geldfaktor).

(1) Geldfaktor: Er errechnet sich aus dem für den Akkordlöhner vorgesehenen Stundenverdienst dividiert durch 60. Vielfach regeln Tarifverträge das Nähere. Dabei wird von einem tariflichen Grundlohn als **Akkordbasis** ausgegangen, meist (aber nicht notwendig) dem für die entsprechende Tätigkeit maßgebenden Zeitlohn. Zu diesem Grundlohn tritt evtl. ein sog. Akkordzuschlag hinzu, wodurch sich der Akkordrichtsatz ergibt, der z.B. bei 115% des Grundlohns liegen kann. Der Zuschlag beruht auf der Vorstellung, dass derjenige, der im Akkord arbeitet, auch bei normaler Leistung mehr verdienen soll als der Zeitlöhner. Neuere Tarifverträge unterscheiden allerdings vielfach nicht mehr zwischen Zeitlohn und Akkordrichtsatz; der Akkordrichtsatz liegt dann also bei 100% des Zeitlohns, der als Akkordbasis dient. Formelhaft kann man sagen:

Geldfaktor   = Akkordrichtsatz : 60
Akkordrichtsatz = Akkordbasis + evtl. Akkordzuschlag
Akkordbasis   = Grundlohn (meist Zeitlohn der entsprechenden Lohngruppe)

Die Festlegung des Geldfaktors ist also in aller Regel ein reines (und nicht schwieriges) Rechenexempel.

(2) Zeitfaktor: Zentrale Frage der Akkordbemessung, die dem Zeitakkord den Namen gegeben hat, ist die Bestimmung des für die Leistungseinheit maßgebenden Zeitfaktors (= **Vorgabezeit**). Darunter versteht man die in Minuten ausgedrückte Zeit, die für die Erbringung der akkordierten Leistungseinheit bei Normalleistung erforderlich ist. Der Akkordverdienst errechnet sich dann nach der **Formel:**

Zeitfaktor × Geldfaktor × Zahl der erbrachten Leistungseinheiten.

Wird die Vorgabezeit richtig bemessen, kommt der Arbeitnehmer also bei normaler Leistung auf den für ihn vorgesehenen Stundenverdienst (den Akkordrichtsatz). Ein Mehrverdienst setzt hingegen ein, wenn die Normalleistung überschritten wird.

Einfaches **Beispiel:** Tariflicher Stundenlohn (Akkordbasis) Euro 15,–, Akkordrichtsatz 115% (= 17,25 Euro), Geldfaktor also Euro 17,25 : 60 = 28,75 Cent. Beträgt der Zeitfaktor pro Leistungseinheit („Vorgabezeit") vier Minuten, so erhält der Arbeitnehmer pro Leistungseinheit 4 × 28,75 = 115 Cent. Arbeitet er der Zeitvorgabe von 4 Min. entsprechend, verdient er pro Stunde genau den Betrag des Akkordrichtsatzes (15 × 1,15 = 17,25 Euro). Schafft er pro Stunde mehr als 15 Leistungseinheiten (also mehr als normal), z. B. 20 Einheiten, so beträgt sein Effektivverdienst 20 × 1,15 = 23,00 Euro pro Stunde.

Offensichtlich kommt für die Bemessung des Zeitfaktors dem Begriff der **Normalleistung** erhebliche Bedeutung zu. Darunter ist nach einer weithin zugrunde gelegten arbeitswissenschaftlichen Definition die Leistung zu verstehen, die ein ausreichend geeigneter, eingeübter und eingearbeiteter Arbeitnehmer unter betriebsüblichen Bedingungen auf die Dauer und im Mittel der täglichen Schichtzeit erbringen kann, ohne seine Gesundheit zu schädigen, und unter Berücksichtigung von Zeiten für persönliche Bedürfnisse, kleinere Störungen im Arbeitsablauf und für Kurzerholung.

Bleibt der Akkordarbeiter unter der Normalleistung, würde nach der Akkordformel sein Verdienst unter den Akkordrichtsatz absinken, unter Umständen also auch unter den Stundenverdienst der Zeitlöhner. Etliche Tarifverträge schieben dem einen Riegel vor, indem sie **Verdienstsicherungsklauseln für Akkordlöhne** einbauen, die ein Absinken unter den Akkordgrundlohn verbieten. Die Schneidigkeit des Akkordsystems wird dadurch erheblich gemildert. Akkordarbeit bietet dann zwar die Chance, mehr zu verdienen als im Zeitlohn, bedeutet aber bei unternormaler Leistung kein Verdienstrisiko.

Die Ermittlung des Zeitfaktors erfolgt im Allgemeinen nach **arbeitswissenschaftlichen Methoden,** z. B. RefA (Reichsausschuß für Arbeitszeitermittlung), Bédeaux-System, MTM (Methods Time Measurement), Work Factor. Alle diese Methoden arbeiten mit intensiver und detaillierter Beobachtung des Arbeitsablaufs zur Ermittlung des Zeitbedarfs.

Den Vorgang der Ermittlung der Vorgabezeit bezeichnet man als **Zeitaufnahme.** Er wird von besonders geschultem Personal (Arbeitsstudiensachbearbeitern) vorgenommen. Es ist offensichtlich, dass von Fachkunde und Objektivität des Zeitnehmers die Richtigkeit des Akkords in hohem Maß abhängt.

Der Vorteil des Zeitakkords besteht einmal darin, dass er das Problem der Ermittlung der richtigen Vorgabezeit separiert und dadurch leichter zugänglich macht, und zum zweiten darin, dass bei Lohnerhöhungen nur jeweils der Geldfaktor angepasst werden muss.

c) Die Festlegung der Akkordfaktoren unterliegt dem **Mitbestimmungsrecht** des Betriebsrats nach § 87 I Nr. 11 BetrVG. Vgl. dazu unten § 49 II 11.

4. Prämienlohn

Dem Akkordlohn verwandt ist der Prämienlohn.[26] Der Arbeitnehmer erhält hier neben seinem Grundlohn zusätzlich eine Prämie nach bestimmten Gesichtspunkten, etwa für einen festgelegten Gütegrad der von ihm hergestellten Produkte oder für ihre besonders hohe Zahl. Die Abgrenzung zum Akkord ist bei Leistungsprämien zuweilen schwierig, nämlich wenn es um Prämien für Mengenleistungen geht. Man wird den wesentlichen Unterschied darin sehen können, dass bei der Prämie keine direkte Proportionalität zwischen Verdienststeigerung und quantitativer Leistungssteigerung besteht.

In der Praxis finden sich neben Mengenprämien und Qualitätsprämien vor allem Maschinennutzungsprämien, mit denen meist eine optimale Ausnutzung technischer Einrichtungen erreicht, und Ersparnisprämien, mit denen der Verbrauch von Fertigungsmaterial oder Hilfsstoffen herabgedrückt werden soll. Einen davon abweichenden Charakter haben Prämien, mit denen nicht die Arbeitsleistung selbst, sondern anderes Verhalten belohnt wird, wie etwa Anwesenheits-, Pünktlichkeits- oder Treueprämien, die eher Gratifikationen ähneln.

---

[26] Hierzu *Lieb,* ZfA 1988, 413; *Weinreich,* Gratifikationen, Anwesenheits- und Treueprämien, Tantiemen, 4. Aufl., 1998.

5. Provision

Bei der Provision[27] wird der Arbeitnehmer prozentual am Wert bestimmter Geschäfte beteiligt, meist der von ihm abgeschlossenen oder vermittelten Geschäfte (Abschlussprovision, Vermittlungsprovision), gelegentlich aber auch aller in einem bestimmten Gebiet zustande gekommenen (Gebietsprovision). Diese Entgeltform ist z.B. für Handlungsreisende typisch, vgl. § 65 HGB. Der Arbeitnehmer kann dabei die Höhe seines Verdienstes durch Fleiß und Geschick zwar beeinflussen, jedoch nicht in linear abhängiger Weise wie beim Akkord. Es handelt sich daher nicht um Leistungslohn im engeren Sinn.

6. Tantieme

Als Tantieme bezeichnet man eine Beteiligung am Geschäftsgewinn (Reingewinn – anders die Provision, die vom Bruttowert des einzelnen Geschäfts berechnet wird). Die Tantieme wird in einigen Branchen als zusätzliche Vergütung gezahlt, um die Arbeitnehmer an der wirtschaftlichen Entwicklung des Unternehmens zu interessieren. Für höhere Angestellte ist sie häufiger zu finden als für andere Arbeitnehmer.

7. Gratifikationen

Gratifikationen[28] sind zusätzliche Lohnbestandteile, die nicht für Leistungen, sondern meist zu besonderen Anlässen vorgesehen werden (Weihnachten, Dienstjubiläen). Als Rechtsgrundlagen kommen neben einer ausdrücklichen vertraglichen Zusage oder einer Kollektivvereinbarung vor allem der Grundsatz der Gleichbehandlung und eine Betriebsübung in Betracht. Eine der gravierendsten Rechtsfragen im Zusammenhang mit Gratifikationen ist, wann sich eine ursprünglich freiwillige und unverbindliche Gratifikationsgewährung durch Wiederholung zu einer Betriebsübung verdichtet mit der Folge, dass den Arbeitnehmern ein Rechtsanspruch auf die Gratifikation erwächst. Vgl. dazu oben § 6 I 7. Systematisch lassen sich Gratifikationen mit anderen, nicht im direkten Austausch zur Arbeitsleistung stehenden Lohnbestandteilen (z.B. Anwesenheits- oder Treuprämien, dazu oben 4.) zu der Gruppe der Sonderleistungen oder Sondervergütungen (vgl. die Verwendung dieses Begriffs in § 4b EFZG) des Arbeitsgebers zusammenfassen.[29]

Gratifikationen werden nicht selten mit **Rückzahlungsklauseln** verbunden, nach denen der Arbeitnehmer die Gratifikation zurückzugewähren hat, wenn bestimmte Ereignisse eintreten, insbesondere wenn der Arbeitnehmer das Arbeitsverhältnis vor einem bestimmten in der Zukunft liegenden Zeitpunkt kündigt. Damit soll der Arbeitnehmer jedenfalls für gewisse Zeit an den Betrieb gebunden werden. Solche Klauseln sind, weil sie den Arbeitnehmer in seiner Bewegungs- und Entschlussfreiheit beschränken, nur in begrenztem Umfang zulässig[30] (vgl. dazu oben § 8 II 9). Sie unterliegen nunmehr auch der Kontrolle nach den Regelungen des AGB-Rechts (dazu oben § 12 IV).

---

[27] Dazu die Kommentare zum HGB bei §§ 65, 87ff.; ferner *Stötter/Lindner/Karrer*, Die Provision und ihre Abrechnung, 2. Aufl., 1980.

[28] *Jahnke*, Gratifikationen und Sonderleistungen, 1978; *Lipke*, Gratifikationen, Tantiemen, Sonderzulagen, 1982; *Reichold*, DB 1988, 498; *Belling*, NZA 1990, 214; *Dörner*, Die Rechtsprechung des *BAG* zum Gratifikationsrecht in den Jahren 1988 bis 1992, RdA 1993, 24; *Hauck*, Die Entwicklung des Gratifikationsrechts in der Rechtsprechung des *BAG* seit 1992, RdA 1994, 358; Nachw. neuerer Lit. zu einer Fülle von Einzelfragen bei *Schaub/Linck*, Arbeitsrechts-Handbuch, 11. Aufl., 2005, § 78.

[29] Zur Problematik ihrer Kürzung bei Fehlzeiten vgl. *Björn Gaul*, Sonderleistungen und Fehlzeiten, 1994. Die Frage ist jetzt in § 4b EFZG ausdrücklich geregelt.

[30] AP Nr. 255 zu § 611 BGB Gratifikation = NZA 2004, 924.

8. Stock-options[31]

Stock-options als Lohnbestandteil bieten Optionsrechte auf den Erwerb von Unternehmensanteilen. Praktikabel ist diese Entlohnungsform bislang nur bei Aktiengesellschaften. Wegen des stark spekulativen, auch Kapitalmarktrisiken einschließenden Charakters wird diese Entlohnungsform fast ausschließlich nur mit Führungskräften vereinbart, die dadurch allerdings auch nicht selten extrem hohe Beträge einheimsen. Mitarbeiter erhalten hier das Recht, Aktien zu einem bestimmten Preis zu erwerben. Steigt der Aktienkurs in der Zwischenzeit, machen die Rechtsinhaber einen entsprechenden Gewinn.

9. Andere Lohnsysteme

Es gibt noch andere, oft auf spezielle Bedürfnisse zugeschnittene Lohnsysteme, wie z.B. das im Gastgewerbe vielfach übliche Tronc-System.[32] Darauf kann hier im Einzelnen nicht eingegangen werden.

10. Investivlohn und Konsumtivlohn[33]

Unter Investivlöhnen versteht man diejenigen Lohnteile, die nicht konsumtiv verwendet werden dürfen, sondern zur Vermögensbildung[34] durch Sparen gebunden sind. Bislang kommen solche Löhne in der Bundesrepublik nur auf für die Arbeitnehmer freiwilliger Basis vor. Der Investivlohn kann ökonomisch gesehen zu gleichmäßigerer Einkommensverteilung zwischen Unternehmern und Arbeitnehmern führen, weil durch Erhöhung der Größe „Sparen der Arbeitnehmer" nach volkswirtschaftlichen Zusammenhängen (Keynessche Verteilungsgleichung) das Einkommen der Unternehmer ceteris paribus verringert wird.[35] Im Gegensatz zur konsumtiv verwendeten Nominallohnerhöhung kann der Investivlohn im Allgemeinen nicht auf die Preise überwälzt werden. Stabilitätspolitisch kann er gleichwohl nachteilig sein, weil die durch ihn verursachte Schmälerung der Unternehmergewinne rezessionsbegünstigend wirken kann. Von ökonomischer Seite wird daher als wirtschaftspolitisch günstigere Alternative die investive Gewinnbeteiligung des Arbeitnehmers empfohlen.[36]

11. Änderungen des Entlohnungssystems[37]

Änderungen, insbesondere auch der Lohnformen, sind in größeren Betrieben meist schwierig zu bewerkstelligen, können aber große Bedeutung für Leistungsbereitschaft, Produktivität und Arbeitszufriedenheit haben. Soweit nicht eine Festlegung durch Tarifvertrag besteht, bedarf der Arbeitgeber, sofern er sich die Änderung nicht im Ar-

---

[31] Dazu z.B. *Loritz*, Stock-option und sonstige Mitarbeiterbeteiligungen aus arbeitsrechtlicher Sicht, ZTR 2002, 258; *Pulz*, Personalbindungen mit Aktienoptionen, BB 2004, 1107.

[32] Zu diesem *Mayer-Maly*, Das Troncsystem, ÖJZ 1967, 314; *Salje*, Trinkgeld als Lohn, DB 1989, 321.

[33] *Säcker*, Der Arbeitslohn und seine Bestimmung in: v. Maydell u.a. (Hrsg.), Handbuch der Sozialpolitik, 1988, S. 218 ff.; *B. Molitor*, Lohn- und Arbeitsmarktpolitik, 1988, S. 174 ff.; *Loritz*, Investivlohnmodelle und Arbeitsrecht, FS Kissel, 1994, S. 687; *Wagner*, Rechtliche Fragen des Investivlohnes, BB 1998, Beilage 11.

[34] Hier freilich ohne unmittelbare Beteiligung an der Substanz des Unternehmens. Zur Vermögensbildung in Arbeitnehmerhand vgl. unten VI u. VII.

[35] Eine gute lesbare Darstellung der Zusammenhänge für wirtschaftswissenschaftlich nicht besonders Vorgebildete bei *Oberhauser*, Investivlohn und investive Gewinnbeteiligung, WiSt 1978, 60. Vgl. ferner *Luig*, Vermögenspolitik in der Wettbewerbswirtschaft, 1980.

[36] Vgl. *Oberhauser* (Fn. 35).

[37] Dazu *Otto*, Die Änderung von Entlohnungssystemen, FS Stahlhacke, 1995, S. 395.

beitsvertrag vorbehalten hat, der Zustimmung der Arbeitnehmer. In Betrieben mit Betriebsrat ist auch die Zustimmung des Betriebsrats nach § 87 I Nr. 10 BetrVG erforderlich.

VI. Arbeitsentgelt und Beteiligung am Substanzzuwachs des Unternehmens

Für alle genannten Entgeltformen mit Ausnahme der investiven Gewinnbeteiligung ist charakteristisch, dass die Höhe des Entgelts ökonomisch durch das Erfordernis begrenzt wird, dem Unternehmen ausreichende Mittel zu seiner Substanzerhaltung und -vermehrung zu belassen. Wird dagegen verstoßen, so führt das entweder zu Preiserhöhungen mit ihren negativen gesamtwirtschaftlichen Auswirkungen oder zur Substanzauszehrung bzw. zur Verminderung der Wettbewerbsfähigkeit und des wirtschaftlichen Wachstums. Dass der Wertzuwachs bei der Unternehmenssubstanz ausschließlich dem Eigentümer anfällt, ist ein Ansatzpunkt für Kritik am bestehenden Wirtschaftssystem.

Soweit diese Kritik marxistischen Gedankengängen entspringt, ist sie zwar in zentralen Grundannahmen und Folgerungen widerlegt (das gilt insbesondere für die Mehrwertlehre). Durch die Auseinandersetzung mit dem Marxismus ist aber die Erkenntnis stärker ins Bewusstsein gedrungen, dass die Beteiligung des Arbeitnehmers am Substanzzuwachs des Unternehmens ein Gebot der Gerechtigkeit sein kann. Sozialismus und Marxismus haben zu einer wirtschaftlich für den einzelnen Arbeitnehmer verwertbaren Substanzbeteiligung keine Modelle anzubieten. Fiktives gesellschaftliches Miteigentum am Unternehmen oder Staatseigentum haben für den Arbeitnehmer keinen Vermögenswert. Gerade im Sozialismus kann daher der Arbeitnehmer nicht mehr an Lohn erhalten, als ausgeschüttet, d. h. dem Unternehmen entzogen werden kann.

In der Bundesrepublik gibt es zahlreiche Vorschläge und Modelle für die Mitarbeiterbeteiligung am Unternehmen.[38] In einigen tausend Unternehmen der alten Bundesländer ist sie auf sehr unterschiedliche Weise und mit unterschiedlichem Erfolg praktiziert worden.[39] Auch in den neuen Bundesländern finden entsprechende Versuche große Resonanz. Zu einer allgemein geübten Form des Arbeitsentgelts mit substantiell erheblicher Beteiligung der Arbeitnehmer am eigenen Unternehmen ist es bislang

---

[38] *Horn* (Hrsg.), Pro und Contra Arbeitspartizipation, 1978; *Gaugler*, Zieldynamik erfolgsorientierter Mitarbeitervergütungen, in: Gaugler (Hrsg.), Verantwortliche Personalführung, 1982, S. 107; *Laßmann/Schwark*, Beteiligung der Arbeitnehmer am Produktivvermögen, 1985 (ZGR, Sonderheft 5 mit Beiträgen von Gaugler, Lutter, Hanau, Moxter, D. Schneider, H. Geiger); *Loritz*, Die Mitarbeit Unternehmensbeteiligter, 1984; *Reuter*, Rechtliche und rechtspolitische Probleme der Mitarbeiterbeteiligung, BB 1990, 713; *Krauter*, Betriebliche Gewinn- und Kapitalbeteiligung der Arbeitnehmer. Eine Kreislauf- und nutzentheoretische Analyse, 1985; *Langer/Weiler*, Die gesellschaftspolitische Bedeutung einer breit gestreuten Einkommens- und Vermögensbildung, Wien 1985; *Guski/Schneider*, Betriebliche Vermögensbeteiligung in der BRD, Teil 2 (Praxis), 1983; *Pulte*, Betriebliche Vermögensbeteiligung, 1985; *Reinhard Schultz*, Gewinn- und Kapitalbeteiligung der Arbeitnehmer, 1986; *Beuthien* (Hrsg.), Arbeitnehmer oder Anteilsinhaber, 1987; *Wagner/Loritz*, Visionen für kapitalbeteiligte Arbeitnehmer im Rahmen der Unternehmenssteuerreform, DStZ 1992, 779; *Wagner*, Kapitalbeteiligung von Mitarbeitern und Führungskräften, 1999; *Wagner*, Formen der Mitarbeiterbeteiligung, BB 2000, 42; *Düwell*, Die stärkere Beteiligung der Arbeitnehmer am Produktivvermögen, ZTR 1999, 1.

[39] Vgl. dazu *Schanz*, Befunde zur Praxis der Mitarbeiterkapitalbeteiligung, in: Laßmann/Schwark, Beteiligung der Arbeitnehmer am Produktionsvermögen, 1985 (ZGR Sonderheft 5), S. 69 ff. Zur geschichtlichen Entwicklung vgl. *Conrad*, Erfolgsbeteiligung und Vermögensbildung der Arbeitnehmer bei Siemens (1847–1945), Zeitschrift für Unternehmensgeschichte, Beiheft 36, 1986; zu einer tatsächlichen Bestandsaufnahme s. auch *Guski/Schneider*, Betriebliche Vermögensbeteiligung in der BRD, Teil I, 1977.

nicht gekommen. Das liegt nicht nur an der streng beachteten Freiwilligkeit der Beteiligung für die Arbeitnehmer, sondern auch daran, dass die Beteiligung an der Unternehmenssubstanz Probleme im Bereich des Steuerrechts und im Bereich der zivilrechtlichen Konstruktion der Substanzbeteiligung aufwirft, die nach geltendem Recht nicht befriedigend zu lösen sind (dazu noch näher unten VII.).

VII. Vermögensbildung in Arbeitnehmerhand

In zahlreichen Arbeitsverhältnissen kommt eine Beteiligung der Arbeitnehmer an der Substanz des eigenen Unternehmens schon von der Natur der Sache her nicht in Betracht. Das gilt nicht nur für den öffentlichen Dienst, sondern auch für viele Klein- und Kleinstunternehmen, für Unternehmen, die nicht auf lange Dauer angelegt sind oder deren wirtschaftliche Existenz ungewiss ist und noch in etlichen anderen Fällen. Sozialpolitisch geht es deshalb umfassender um eine Beteiligung der Arbeitnehmer nicht lediglich am arbeitgebenden Unternehmen, sondern auch an fremden Unternehmen, d.h. am Produktivvermögen der Wirtschaft überhaupt. Eine solche Beteiligung auch an fremden Unternehmen ist schon im Interesse der Risikostreuung wichtig, weil sonst für den Arbeitnehmer bei Insolvenz des eigenen Unternehmens das Arbeitsplatzrisiko mit dem Vermögensrisiko kumuliert. Noch weiter als die Beteiligung am Produktivvermögen greift das ganz allgemeine Ziel einer Verbesserung der Vermögensbildung in Arbeitnehmerhand. Das Arbeitsrecht[40] wird durch diese Ziele nur auf der Seite der Mittelaufbringung angesprochen (vermögensbildende, insbesondere Produktivkapitalbeteiligung ermöglichende Formen des Arbeitsentgelts). Die Seite der Mittelverwendung hingegen betrifft das Gesellschaftsrecht[41] samt Kapitalmarktrecht und das allgemeine Zivilrecht (Aktien, GmbH-Anteile, stille Beteiligungen, Kommanditbeteiligungen, Arbeitnehmerdarlehen an Wirtschaftsunternehmen, Schuldverschreibungen, Treuhandkonstruktionen für sog. Unterbeteiligungen und manches andere). Die Akzeptanz und Attraktivität einschlägiger Lösungen hängt naturgemäß erheblich von den steuerlichen Folgen ab.[42] Muss der Arbeitnehmer den Vermögenszufluss zum vollen Wert versteuern wie Lohn, führt dies zu erhöhten Abzügen beim bar ausgezahlten Lohn, eine bei geringer Verdienenden naturgemäß ganz unpraktikable Konstellation.

An einer auf Vermögensbildung ausgerichteten Lohnpolitik an Stelle der inflatorisch wirkenden Nominallohnpolitik besteht ein erhebliches Gemeinwohlinteresse, weil von ihr nicht nur den Geldwert stabilisierende, sondern auch verteilungspolitisch günstigere Wirkungen ausgehen.[43] Es liegt daher nahe, dass der Staat in das Geschehen för-

---

[40] Speziell dazu *Hanau,* Arbeitsrechtliche Probleme der Vermögensbeteiligung der Arbeitnehmer, in: Laßmann/Schwark (Hrsg.), Beteiligung der Arbeitnehmer am Produktivvermögen, 1985, S. 111 ff.; zur Mitarbeiterbeteiligung durch Tarifvertrag *Loritz,* BB 1990, 1741.

[41] Dazu z. B. Arbeitskreis GmbH-Reform, Thesen und Vorschläge zur GmbH-Reform, Band 2, 1972, S. 73 ff.; *Horn,* Unternehmensbeteiligungen der Arbeitnehmer und Gesellschaftsrecht, ZGR 1974, 133; *Lutter,* Vermögensbildung und Unternehmensrecht, 1975, S. 34 ff. Zu Praxismodellen vgl. *Bauer/Röder,* Beteiligung von Arbeitnehmern am Produktivvermögen: Das Stihl-Modell, NZA 1986, 17; Genussrechtsmodell bei Otto-Versand, RdA 1988, 236; *Conrad,* Erfolgsbeteiligung und Vermögensbildung der Arbeitnehmer bei Siemens (1847–1945), 1986; *Loritz,* Die Mitarbeit Unternehmensbeteiligter. Weitere Angaben in *Beuthien* (Fn. 38). Kritisch dazu *Ehmann,* RdA 1990, 80.

[42] Dazu *Loritz,* Die Mitarbeit Unternehmensbeteiligter, S. 119 ff., 449 ff.; *Wagner/Loritz* (Fn. 38).

[43] Vgl. *Oberhauser* (Fn. 35).

dernd eingreift.[44] Diese Förderung erfolgt auf zweierlei Weise, nämlich durch Gewährung einer Arbeitnehmersparzulage nach dem 5. Vermögensbildungsgesetz[45] (§ 13) und unabhängig davon durch Gewährung eines Einkommensteuer-Freibetrags für die Beteiligung, die der Arbeitgeber dem Arbeitnehmer unentgeltlich oder verbilligt überlässt (§ 19a EStG).

Dieses letztgenannte Erfordernis der völligen oder teilweisen Unentgeltlichkeit wurde eingeführt, um eine kumulative Förderung derselben Beteiligung nach dem 5. Vermögensbildungsgesetz und nach § 19a EStG auszuschließen. Möglich und in der Praxis nicht selten ist eine Kombination dergestalt, dass der Arbeitgeber dem Arbeitnehmer teilweise unentgeltlich eine Vermögensbeteiligung (z.B. eine Belegschaftsaktie) überlässt, die der Arbeitnehmer dann, soweit er sie bezahlen muss, mit den vom Arbeitgeber zugewendeten und evtl. in Tarifverträgen festgelegten sowie nach dem 5. VermBG durch Prämien geförderten vermögenswirksamen Leistungen des Arbeitgebers bezahlt. Das macht in der Praxis die Beteiligungsmodelle außerordentlich kompliziert.[46]

Vermögenswirksame Leistungen sind Geldleistungen des Arbeitgebers, die der Arbeitgeber gemäß näherer Regelungen in Tarifverträgen, Betriebsvereinbarungen oder Einzelverträgen (5. VermBG § 10) für den Arbeitnehmer zu bestimmten Zwecken anlegt, wie insbesondere als Sparbeiträge auf Grund eines Sparvertrags über Wertpapiere und andere im Gesetz näher bezeichnete Vermögensanlagen (5. VermBG § 2). Sie sind arbeitsrechtlich, lohnsteuerrechtlich und sozialversicherungsrechtlich Entgelt, das den gesetzlichen Abzügen unterliegt. Für die tarifvertragliche Fundierung gibt es eher nur vereinzelte Beispiele, etwa in der chemischen Industrie. Um staatliche Förderung zu erlangen, muss der Arbeitnehmer in der Wahl der Anlageform frei sein (5. VermBG § 12). Die Förderung durch die Arbeitnehmersparzulage (5. VermBG § 13) ist kompliziert geregelt, sie hat nur geringen Umfang und verlangt die Festlegung der vermögenswirksamen Leistungen für sieben bzw. sechs Jahre. Überdies setzt sie voraus, dass das zu versteuernde Einkommen € 17 900 (bei zusammenveranlagten Verheirateten € 35 800) nicht übersteigt. Damit sind die anlagefähigen und -interessierten Arbeitnehmer weitgehend von der Inanspruchnahme der Förderung ausgeschlossen.

Völlig anders ausgestaltet ist die steuerliche Förderung nach § 19a EStG. Hier muss der Arbeitnehmer im Rahmen eines gegenwärtigen Dienstverhältnisses unentgeltlich oder verbilligt eine vermögenswirksame Leistung bestimmten Typs nach dem 5. VermBG als Sachzuwendung erhalten. Diese sonst als Einkünfte aus nicht selbständiger Arbeit, also Arbeitsentgelt, zu versteuernde Zuwendung, ist bis zur Höhe des Wertes der halben Beteiligung, maximal bis zu 135 € steuerfrei (Freibetrag). Unterliegt der Arbeitnehmer also einem Steuersatz von 25%, beläuft sich die Zuwendung des Staates nach dieser Förderungsmethode auf einmal pro Jahr knapp 34 €. Erforderlich ist die Festlegung der Beteiligung während einer sechsjährigen Sperrfrist. Der bürokratische Aufwand für derartige geringfügige Förderungen ist hoch.

VIII. Arbeitsentgeltschutz und -sicherung

Das Arbeitsentgelt bildet meist die Lebensgrundlage des Arbeitnehmers. Das Recht ist deshalb bemüht, ihm diese Grundlage möglichst ungeschmälert zu erhalten oder in

---

[44] Auf das Jahr 1970 zurückgehende Pläne der Bundesregierung, das Problem der Vermögensbildung in Arbeitnehmerhand durch große Fonds zu lösen, in welche die Unternehmen Schuld- oder Beteiligungstitel einzubringen hätten, während die Arbeitnehmer an diesen Fonds lediglich nach Art von Investmentanteilen berechtigt sein sollen, sind mit Recht nicht verwirklicht worden (Einzelheiten zum Kabinettsbeschluss vom 11. 6. 1971 in *Wolfgang J. Mückl*, Vermögenspolitische Konzepte der Bundesrepublik Deutschland, 1975; zum Kompromiss der SPD/FDP Koalition vom Januar 1974 vgl. die Darstellung BABl. 1974, 85 ff.). Die angestrebte Lösung hätte für den einzelnen Arbeitnehmer nur geringe Vorteile, insgesamt aber eine aus Gründen der Wirtschaftsverfassung außerordentlich problematische zentrale Anhäufung einer riesigen Vermögensmasse mit sich gebracht. Zur Kritik vor allem *Scholz*, RdA 1973, 65 ff.; *Lutter*, Vermögensbildung und Unternehmensrecht, 1975, S. 18 ff. m.w.N.; *R. Luig* (Fn. 35).
[45] Dazu *Laux*, Das novellierte Fünfte Vermögensbildungsgesetz, 1989; *Bonsels/Giloy*, Handbuch der Vermögensbildung, 1990; *Schaub/Linck*, Arbeitsrechts-Handbuch, 11. Aufl., 2005, § 83 Rn. 21 ff. m.N.
[46] Vgl. näher zum Grundsätzlichen *Loritz*, Die Beteiligung der Nichtselbständigen am Produktivvermögen, 1992; *Wagner*, Mitarbeiterbeteiligung in Deutschland – ein Überblick, NJW 2003, 3081.

bestimmten Fällen wenigstens den Entzug zu beschränken. In diesen Zusammenhang gehören im Grunde auch wichtige Sonderregelungen des Leistungsstörungsrechts, wie die §§ 615, 616 BGB, die unten § 18 behandelt werden. Hier sind einige spezielle institutionelle Sicherungen des Arbeitsentgelts zu erörtern.

1. Feiertagslohnzahlung[47]

Da an gesetzlichen Feiertagen nicht gearbeitet werden darf, würde der Arbeitnehmer in der Regel, falls durch einen solchen Feiertag ein Wochenarbeitstag entfällt, eine Lohneinbuße erfahren. Dem beugt das Entgeltfortzahlungsgesetz (EFZG) vor. Danach hat der Arbeitgeber dem Arbeitnehmer den Arbeitsverdienst zu zahlen, den er ohne den Feiertagsausfall erhalten hätte. Welche Tage gesetzliche Feiertage sind, wird durch die Feiertagsgesetze der Länder geregelt und ist daher für einige Feiertage regional unterschiedlich.

2. Einschränkung des Naturallohns

Lohn soll vor allem in Geld gezahlt werden. Naturallohn darf nur in den Grenzen, die § 107 GewO aufstellt, gewährt werden. Das zu Beginn der industriellen Entwicklung verbreitete Trucksystem, bei dem der Arbeitnehmer bestimmte Waren vom Arbeitgeber erwerben musste, die ihm zu hohen Preisen auf den Lohn angerechnet wurden, ist durch ein in der GewO geregeltes Truckverbot wirksam bekämpft worden. Der Kern dieses Verbots ist im jetzigen § 107 GewO erhalten geblieben.

Die entgeltweise Zuwendung von Kapitalbeteiligungen und Vermögenswerten ist im staatlich geförderten oder steuerlich begünstigten Rahmen von vornherein unbedenklich, aber auch darüber hinaus, soweit die Freiwilligkeit auf Arbeitnehmerseite sichergestellt ist.

3. Lohnpfändungsbeschränkungen[48]

Die Ansprüche des Arbeitnehmers auf Arbeitsentgelt sind vielfach der einzige nennenswerte Vermögenswert, der ihm zur Verfügung steht. Gläubiger des Arbeitnehmers, die einen vollstreckbaren Titel gegen den Arbeitnehmer besitzen, müssen daher auf das Arbeitseinkommen Zugriff nehmen können.

Diese Möglichkeit der Gläubigerbefriedigung aus dem Arbeitnehmereinkommen gefährdet andererseits die Existenz des Arbeitnehmers. Die Pfändbarkeit des Arbeitsentgelts ist deshalb beschränkt, und zwar einmal durch Gewährung eines pfändungsfreien Betrags („Pfändungsgrenze"), zum andern dadurch, dass bestimmte Arten von Bezügen oder Teile davon der Pfändung entzogen werden, z.B. Reisespesen. Vgl. näher §§ 850–850i ZPO.

4. Abtretung und Verpfändung

In Höhe der Unpfändbarkeit ist die Lohnforderung auch der Abtretung und Verpfändung entzogen, §§ 400, 1274 II BGB, und in gleicher Höhe kann nicht gegen sie aufgerechnet werden, § 394 BGB. Das **Aufrechnungsverbot**[49] gilt aber nur für den Arbeitgeber, nicht für den Arbeitnehmer. Aufrechnungs-

---

[47] Dazu die Kommentare zum EFZG (Nachweise unten § 19 Fn. 7).

[48] Dazu *Rosenberg/Gaul/Schilken*, Zwangsvollstreckungsrecht, 11. Aufl., 1997, § 56 I 1; *Helwich*, Pfändung des Arbeitseinkommens, 2. Aufl., 1993; *Brehm*, Zur Reformbedürftigkeit des Lohnpfändungsrechts, FS Henckel, 1995, S. 41; *Bengelsdorf*, Lohnpfändungsrecht 2. Aufl., 2007.

[49] Dazu *Kurz/Schellen*, Zu Rechtsfragen bei der Gewährung von Arbeitgeberdarlehen, FS D. Gaul, 1987, S. 127 ff.; ErfK/*Preis*, § 611 BGB Rn. 569; *BAG* SAE 2004, 20 m. Anm. *Corts*.

verträge innerhalb der Unpfändbarkeitsgrenze sind gleichfalls unzulässig.[50] Die **Lohnzurückbehaltung** wegen fälliger Gegenansprüche des Arbeitgebers nach § 273 BGB wird durch § 394 BGB nur insoweit ausgeschlossen, als sie aufrechnungsähnlich wirkt, d. h. nur bei Gegenansprüchen, die auf Geld gehen. Nicht ausgeschlossen ist deshalb z. B. die Lohnzurückbehaltung gemäß § 320 BGB, wenn der Arbeitnehmer seine Arbeitsleistung nicht bewirkt.

5. Lohnschutz in der Insolvenz des Arbeitgebers

Die Behandlung der Lohnforderungen des Arbeitnehmers bei Insolvenz des Arbeitgebers ist kompliziert geregelt.

a) Das Arbeitsverhältnis wird durch die Eröffnung des Insolvenzverfahrens nicht aufgelöst, sondern besteht mit Wirkung für die Insolvenzmasse fort, § 108 I 1 InsO. Das bedeutet, dass Lohnansprüche, die nach Verfahrenseröffnung entstehen, Masseforderungen sind. Nach ausdrücklicher Regelung in § 108 II InsO sind hingegen aus der Zeit vor Verfahrenseröffnung rückständige Lohnforderungen reine Insolvenzgläubigerforderungen. Die frühere Regelung der KO, nach der Lohnrückstände für die letzten sechs Monate vor Konkurseröffnung Masseschulden waren, besteht nicht mehr. Auch eine bevorzugte Rangstellung der Arbeitnehmerforderungen, wie sie die KO vorsah, gibt es nicht mehr. Lohnforderungen für die Zeit vor Verfahrenseröffnung können aber Masseverbindlichkeiten sein, soweit ein vorläufiger Insolvenzverwalter mit Verfügungsbefugnis bestellt worden ist und dieser die Dienstleistungen des Arbeitnehmers für die Masse in Anspruch genommen hat, § 55 II InsO, wie das in der Regel der Fall ist, wenn der vorläufige Verwalter den Betrieb einstweilen weiterführt.

b) Eine Sicherung rückständiger Lohnforderungen für die Zeit vor der Insolvenz bietet das sog. **Insolvenzgeld**,[51] das Arbeitnehmern gezahlt wird, wenn sie im Inland beschäftigt waren und bei Vorliegen eines Insolvenzereignisses für die vorausliegenden drei Monate noch Ansprüche auf Arbeitsentgelt haben, §§ 183 ff. SGB III. Insolvenzereignis ist nicht nur die Eröffnung eines Insolvenzverfahrens über das Vermögen des Arbeitgebers, sondern auch die Abweisung des Eröffnungsantrags mangels Masse, ferner auch die vollständige Beendigung der Betriebstätigkeit im Inland, wenn ein Eröffnungsantrag nicht gestellt worden ist und ein Insolvenzverfahren mangels Masse offensichtlich nicht in Betracht kommt. Die Mittel für das Insolvenzgeld werden von den Arbeitgebern allein durch Umlage aufgebracht, die von den Berufsgenossenschaften eingezogen wird, §§ 359 ff. SGB III. Die hierfür aufgewendeten Mittel sind gewaltig (nach Mitteilung der BdA in 2002 1,9 Mrd. €).

§ 17. Nebenpflichten des Arbeitgebers

Literatur: Vgl. die Angaben bei § 14. S. ferner *Thees,* Das Arbeitnehmerpersönlichkeitsrecht als Leitidee des Arbeitsrechts, 1995; *Kort,* Inhalt und Grenzen der arbeitsrechtlichen Personenfürsorgepflicht, NZA 1996, 854; *Wiese,* Der personale Gehalt des Arbeitsverhältnisses, ZfA 1996, 439.

Der Arbeitnehmer stellt im Arbeitsverhältnis dem Arbeitgeber einen (meist wesentlichen) Teil seiner Kraft zur Verfügung. Er zieht daraus seine Lebensgrundlage und

---

[50] *Hueck,* § 45 IV.

[51] Dazu *Lakies,* NZA 2000, 565; *Peters-Lange,* in: Kasseler Handbuch des Arbeitsförderungsrechts, 2003 § 8; kurze Orientierung bei *Waltermann,* Sozialrecht, 6. Aufl., 2006, Rn. 437 f.

kann für Alter, Krankheit und Notfälle nur unzureichend selbst vorsorgen. Durch die Eingliederung in den Betrieb begibt er sich in den vom Arbeitgeber gestalteten Gefahren- und Einwirkungsbereich, dem er sich nicht entziehen kann. Darüber hinaus erbringt der Arbeitnehmer oft dadurch eine besondere „Leistung" – dies nicht im Rechtssinn gemeint – dass er sich auf die besonderen Bedürfnisse des Arbeitgebers einstellt, in die Besonderheiten und Gegebenheiten des Betriebes einarbeitet und dafür andere Entwicklungsmöglichkeiten nicht nutzt. In diesem Ausgeliefertsein an Umstände, Handlungen und Entwicklungen im vom Arbeitgeber zu verantwortenden Bereich und dem sich darauf Einrichten steckt die Wurzel für die meisten Nebenpflichten des Arbeitgebers im Arbeitsverhältnis. Diese Pflichten sind zum überwiegenden Teil Schutzpflichten. Dazu treten Pflichten, die zwar ebenfalls dem Schutz bestimmter Interessen des Arbeitnehmers dienen, die aber ihrer Funktion nach über den bloßen Schutz weit hinausgreifen im Sinn echter Förderung.

I. Schutzpflichten

1. Die Pflicht zum Schutz von Leben und Gesundheit des Arbeitnehmers

Der Arbeitgeber hat Betrieb, Arbeitsmittel und Arbeitsablauf so zu gestalten, dass der Arbeitnehmer vor Gefahren für Leben und Gesundheit, soweit wie nach den Umständen und insbesondere nach der Art der Arbeitsleistung möglich, geschützt ist. Diese Pflicht ist als arbeitsvertragliche Schutzpflicht gesetzlich geregelt, § 618 I BGB, § 62 I HGB; ausführlicher, aber nicht inhaltsreicher §§ 3, 4 ArbSchG. Ihre Konkretisierung im Einzelnen ist freilich schwierig. Insoweit ist von erheblicher praktischer Bedeutung, dass das Arbeitsschutzrecht (im engeren Sinn, dazu unten §§ 30–33) die einschlägigen Einzelpflichten zum Teil minutiös ausgestaltet hat. Das an sich öffentlich-rechtlich konzipierte Arbeitsschutzrecht konkretisiert zugleich den Mindestinhalt der arbeitsvertraglichen Schutzpflichten des Arbeitgebers (zu dieser rechtssystematischen Entwicklung und ihrer praktischen Bedeutung vgl. näher unten § 30). Eine Verletzung dieser Pflichten durch den Arbeitgeber führt daher nicht nur zur deliktischen, sondern gleichzeitig zur vertraglichen Haftung und damit zum Einstehen für Hilfspersonen nach § 278 BGB ohne Exculpationsmöglichkeit. Andererseits verweist § 618 III BGB auf Vorschriften des Deliktsrechts zurück. Deshalb könnten theoretisch im Fall der Schutzpflichtverletzung auch unterhaltsberechtigte Dritte oder kraft Gesetzes dienstberechtigte Angehörige nach §§ 844, 845 BGB einen Ersatzanspruch gegen den Arbeitgeber erlangen. Dies alles hat indessen für die betriebliche Praxis nur geringe Bedeutung, weil § 104 SGB VII den Arbeitnehmer und seine Hinterbliebenen bei Arbeitsunfällen (und damit auch bei Berufskrankheiten) auf die Sozialversicherungsansprüche beschränkt; näher dazu unten § 20 I 1. Die Beschränkung gilt nur dann nicht, wenn der Arbeitgeber den Unfall vorsätzlich herbeigeführt hat. Ein nur die Verletzung der Schutzpflicht umfassender Vorsatz reicht dazu nicht aus. Da bei Verletzung von Leben oder Gesundheit des Arbeitnehmers im Fall einer Schutzpflichtverletzung fast stets ein Arbeitsunfall gegeben sein wird, kommen Schadensersatzansprüche insoweit kaum in Betracht.

Eine Klage auf Erfüllung der Schutzpflicht ist nach h.M. grundsätzlich zulässig, allerdings mit der Einschränkung, dass die Erfüllung nicht für Zeiten verlangt werden kann, in denen der Arbeitgeber die Arbeitnehmer nicht zu beschäftigen braucht (Werksferien, Auftragsmangel u.ä.). Praktikabel ist eine solche Klage freilich nur in wenigen Fällen. Größere praktische Bedeutung kommt daher dem Recht der Arbeitnehmer zu, die Leistung zu verweigern, solange nicht eine pflichtgemäße Organisation der Arbeit gegeben ist.

2. Pflicht zum Schutz von Persönlichkeitsbelangen des Arbeitnehmers[1]

Der Arbeitgeber hat das Persönlichkeitsrecht des Arbeitnehmers zu achten und muss den Arbeitnehmer auch vor Beeinträchtigungen seiner Persönlichkeit schützen. So muss er ihn etwa gegen ungerechte Behandlung durch Vorgesetzte, gegen Hänseleien durch Mitarbeitnehmer oder gegen ungerechtfertigte Vorwürfe Dritter im Zusammenhang mit seiner Tätigkeit in Schutz nehmen. Das Gleiche gilt hinsichtlich des derzeit viel diskutierten Mobbing. Er hat eine Verschwiegenheitspflicht auch in Bezug auf wahre Tatsachen, die dem Arbeitnehmer nachteilig sind, wenn er sie im Zusammenhang mit dem Arbeitsverhältnis erfährt. Die Personalakten des Arbeitnehmers muss er sorgfältig verwahren und darf sie Dritten nicht zugänglich machen.[2] Auskunft über den Arbeitnehmer an Dritte darf er aber geben, wenn auf deren Seite ein berechtigtes Interesse vorliegt (sehr streitig, vielfach wird Einwilligung des Arbeitnehmers verlangt).[3] Unzutreffende Abmahnungen muss der Arbeitgeber aus der Personalakte entfernen.[4] Auch die vom BDSG statuierte Verpflichtung zur **Sicherung personenbezogener Daten** des Arbeitnehmers in Dateien, insbesondere in EDV-Anlagen gegen Missbrauch (dazu auch unten § 30 III 1 d) gehört hierher.[5] Und schließlich folgt auch die eine Zeit lang viel berufene **Pflicht zu menschengerechter Arbeitsgestaltung** über den Schutz von Leben und Gesundheit des Arbeitnehmers hinaus aus der Pflicht zum Persönlichkeitsschutz. Es geht dabei darum, Betrieb, Arbeitsmittel und Arbeitsablauf so einzurichten, dass dem Bedürfnis des Menschen nach körperlichem und seelischem Wohlbefinden so weit wie möglich Rechnung getragen wird.[6]

Diese Pflicht entspricht den grundrechtlichen Postulaten unserer Verfassung, die den Menschen in seiner Würde und Personhaftigkeit geschützt wissen will, und die deshalb zumindest im Rahmen der Konkretisierung von Generalklauseln und bei Bestimmung des Umfangs der aus der Treupflicht abzuleitenden Schutzpflichten zu berücksichtigen ist.[7]

Persönlichkeit und Persönlichkeitsrecht des Arbeitnehmers werden freilich in jüngerer Zeit zu oft herangezogen, um bestimmte Ergebnisse zu rechtfertigen. So stellt weder die Aufbewahrung des Personalfragebogens eines erfolglosen Bewerbers noch das Mithörenlassen eines Telefongesprächs eine Persönlichkeitsverletzung dar, wie in der Rspr. behauptet wird.[8]

---

[1] Dazu vor allem *Wiese*, Adressaten und Rechtsgrundlagen des innerbetrieblichen Persönlichkeitsschutzes von Arbeitnehmern, ZfA 2006, 631 m. N.

[2] *BAG* AP Nr. 8 (Pflicht, Personalakten Dritten nicht zugänglich zu machen), 14 (Pflicht, ärztliche Gutachten unter Verschluss zu halten), 15 (Vorbehalt der Beobachtung durch Videokameras), 24 (Abhören von Telefongesprächen), 27 (Mithörenlassen von Telefongesprächen) zu § 611 BGB Persönlichkeitsrecht.

[3] Dazu *Scholz*, NZA 1990, 717.

[4] *BAG* NZA 1986, 227. Dazu *K. Kammerer*, Personalakte und Abmahnung, 1989; *Blaeser*, Betriebliches Personalaktenrecht, 2. Aufl., 1999.

[5] Dazu *Zöllner*, Daten- und Informationsschutz im Arbeitsverhältnis, 2. Aufl., 1983; *Däubler*, Gläserne Belegschaften, 4. Aufl., 2002; *Gola/Wronka*, Handbuch zum Arbeitnehmerdatenschutz, 4. Aufl., 2004; *Buchner*, ZfA 1988, 449; *Däubler*, Arbeitnehmerdatenschutz – ein Problem der EG?, in: Tinnefeld/Philipps/Heil, Informationsgesellschaft und Rechtskultur in Europa, 1995, S. 110.

[6] Vgl. dazu oben § 2 VIII und § 8 II 1, ferner unten § 30 IV und § 52.

[7] Näher dazu *Zöllner*, Arbeitsrecht und menschengerechte Arbeitsgestaltung, RdA 1973, 212. Anders *P. Hanau*, Die Rechtspflicht zur Humanisierung der Arbeit, in: Betriebsführung und Industrial Engineering, 1982, 353 (abgedruckt auch in: Fürstenberg u. a., Menschengerechte Gestaltung der Arbeit, 1983). Vgl. ferner *Kreikebaum/Herbert*, Humanisierung der Arbeit, 1988; *Wriedt*, BB 1987, 1537.

[8] Ersteres von *BAG* AP Nr. 7 zu § 611 BGB Persönlichkeitsrecht, Letzteres von *ArbG Berlin* DB 1989, 885.

Am ehesten beim Schutz der Persönlichkeit des Arbeitnehmers zu verorten ist auch das **Maßregelungsverbot** des § 612a BGB,[9] das dem Arbeitgeber verbietet, den Arbeitnehmer bei einer Vereinbarung oder einer Maßnahme zu benachteiligen, weil der Arbeitnehmer in zulässiger Weise seine Rechte ausübt, z.B. an einem rechtmäßigen Streik teilnimmt, einen ihm angesonnenen Verzicht auf bestimmte Ansprüche ablehnt oder Ansprüche einklagt.

3. Schutz der eingebrachten Sachen des Arbeitnehmers[10]

§ 618 BGB regelt nur Schutzpflichten hinsichtlich Leben und Gesundheit des Arbeitnehmers. Daraus lässt sich aber kein Umkehrschluss ziehen, dass der Arbeitgeber für Sachen des Arbeitnehmers keine Sorge zu tragen habe. Bei dieser Norm handelt es sich nicht um eine abschließende Regelung der Schutzpflichten, sondern nur um die Regelung einer besonders wichtigen Fallgruppe. Gegenstände, die der Arbeitnehmer notwendigerweise (wie z.B. Kleidung) oder üblicherweise in den Betrieb mitbringt, müssen geschützt werden. Da der Arbeitnehmer für diesen Schutz, wenn er Arbeit leisten soll, nicht selbst sorgen kann, entspricht es der Natur der Sache, dem Arbeitgeber auch hierfür eine Schutzpflicht aufzuerlegen.[11] Wie weit sie reicht, richtet sich nach den Umständen. Nur sinnvolle und wirtschaftlich zumutbare Sicherungen können verlangt werden. Danach sind z.B. den Arbeitnehmern, wenn sie für ihre Arbeit im Betrieb die Kleidung wechseln müssen, verschließbare Schränke zur Verfügung zu stellen. Wertsachen und größere Geldbeträge unterfallen der Schutzpflicht dagegen nicht.

Die Frage, inwieweit der Arbeitgeber den Arbeitnehmern **Parkraum für ihre Kraftfahrzeuge** zur Verfügung stellen muss,[12] hat mit der Pflicht zum Schutz des Eigentums nur am Rande zu tun, weil nicht die Sicherung der Kraftfahrzeuge im Vordergrund steht, die auch bei Inanspruchnahme öffentlichen Parkraums in der Regel kaum stärker gefährdet wären. Vielmehr handelt es sich meist darum, dass ausreichender öffentlicher Parkraum in zumutbarer Nähe des Betriebsgeländes fehlt, so dass die Arbeitnehmer ihre Kraftfahrzeuge nur benutzen können, wenn betriebliche Parkplätze bereitgestellt werden. Pointiert gesagt geht es weniger darum, die Kraftfahrzeuge der Arbeitnehmer zu schützen, als den Arbeitnehmern den Weg zum Betrieb zu erleichtern. Unter diesem Aspekt ist denn auch die Interessenabwägung zu treffen.

Eine andere, voll der Schutzpflicht zuzuordnende Frage ist es, welche Vorkehrungen der Arbeitgeber zu treffen hat, *wenn* er eigenen Parkraum zur Verfügung stellt. Hier muss er für eine zweckgerechte und verkehrssichere Ausgestaltung Sorge tragen, nach der wohl zu weit gehenden Auffassung des BAG evtl. auch bei An- und Abfahrt Posten aufstellen u.ä.[13]

4. Schutz von Vermögensinteressen des Arbeitnehmers

a) Abführung von Sozialversicherungsbeiträgen und Lohnsteuer

Die finanzielle Vorsorge für Krankheit, Arbeitslosigkeit, Unfall und Alter ist vom geltenden Recht in erster Linie der Sozialversicherung anvertraut. Der Arbeitgeber wirkt an dieser Vorsorge insofern mit, als er den aus den Beiträgen zur Kranken-, Renten-, Pflege- und Arbeitslosenversicherung zusammengesetzten **Gesamtsozialversicherungsbeitrag**, dessen Schuldner er ist (§ 28e SGB IV) an die

---

[9] Dazu *Faulenbach*, Das arbeitsrechtliche Maßregelungsverbot (§ 612a BGB), 2005.

[10] Vgl. dazu *Kramer*, Arbeitsvertragsrechtliche Verbindlichkeiten neben Lohnzahlung und Dienstleistung, 1975, S. 69ff.; MünchArbR/*Blomeyer*, § 96 Rn. 40f.; *Schwab*, Die Haftung im Arbeitsverhältnis – Eine Übersicht, 2. Teil: Die Haftung des Arbeitgebers, NZA-RR 2006, 505 (508); *BAG NZA* 1987, 201; *BAG* AP Nr. 12 zu § 6 BetrAVG; *BAG* AP Nr. 8 zu § 611 BGB Parkplatz.

[11] Näher dazu *BAG* AP Nr. 26, 36, 58, 75 zu § 611 BGB Fürsorgepflicht; AP Nr. 7 zu § 618 BGB.

[12] Dazu *BAG* AP Nr. 1 zu § 611 BGB Parkplatz.

[13] Dazu *BAG* AP Nr. 4 zu § 611 BGB Parkplatz; *Salje*, DAR 1988, 151.

Krankenkasse als Einzugsstelle für alle Sozialversicherungsträger (§§ 28 d und 28 h SGB IV) abzuführen hat. So weit der Arbeitnehmer im Innenverhältnis die Hälfte der Beiträge zu tragen hat (so im Grundsatz mit kleinen Ausnahmen bei allen vier genannten Versicherungsarten), muss er entsprechende Abzüge vom Arbeitslohn machen (s. oben § 16 II 4), die er nur sehr begrenzt nachholen kann, § 28 g SGB IV. Die Nichtabführung des Beitrags zur Sozialversicherung hat allerdings mit Ausnahme bei der Rentenversicherung im Regelfall keinen negativen Einfluss auf die Leistungsansprüche des Arbeitnehmers gegen die Sozialversicherung, weil es dafür nur auf das Bestehen der Versicherungspflicht ankommt. Andere Pflichten des Arbeitgebers wie die zur Anmeldung des Arbeitnehmers zur Sozialversicherung und zur Erstattung von Unfallanzeigen können für die Gewährung von Versicherungsleistungen an den Arbeitnehmer wesentlich sein. Die von den Sozialversicherungsgesetzen insoweit dem Arbeitgeber auferlegten Pflichten werden heute nicht nur als öffentlich-rechtliche Pflichten gegenüber den Sozialversicherungsträgern, sondern auch als privatrechtliche Verpflichtungen aus dem Arbeitsvertrag gegenüber den Arbeitnehmern angesehen. Das bedeutet, dass ihre schuldhafte Verletzung den Arbeitgeber gegenüber dem Arbeitnehmer haftbar machen kann. Die Haftung kann sich durch mitwirkendes Verschulden des Arbeitnehmers mindern, etwa wenn Anmeldung und Beitragsabzug auf eigenen Wunsch des Arbeitnehmers unterblieben sind. Die Berechnung und Abführung der Lohnsteuer (dazu oben § 16 II 4a) ist schon deshalb nicht nur öffentlich-rechtliche Pflicht des Arbeitgebers gegenüber dem Staat, sondern Pflicht gegenüber dem Arbeitnehmer aus dem Arbeitsvertrag, weil der Arbeitnehmer trotz der Abführungspflicht des Arbeitgebers Steuerschuldner ist und deshalb neben dem Arbeitgeber dem Staat gesamtschuldnerisch haftet.

b) Freistellungspflicht bei Haftung gegenüber Dritten

Hat der Arbeitnehmer im Zuge betrieblicher Arbeiten einen Dritten geschädigt und wäre insoweit bei Schädigung seines Arbeitgebers seine Haftung gegenüber dem Arbeitgeber nach den dafür maßgebenden Grundsätzen (vgl. dazu unten § 20 II) gemindert, muss der Arbeitgeber in gleichem Umfang den Arbeitnehmer von der Inanspruchnahme durch den geschädigten Dritten freistellen. Näher dazu unten § 20 II 2.

c) Hinweis- und Auskunftspflichten

Der Arbeitgeber muss bei Änderungs- oder Aufhebungsverträgen den Arbeitnehmer auf damit verbundene steuerliche und versorgungsrechtliche Nachteile hinweisen,[14] die ihm bekannt sind und von denen er annehmen muss, dass sie das Einverständnis des Arbeitnehmers beeinflussen könnten. Hingegen braucht der Arbeitgeber bei Pfändung von Arbeitseinkommen durch einen Gläubiger des Arbeitnehmers den Arbeitnehmer nicht auf Möglichkeiten des Pfändungsschutzes hinzuweisen.

II. Förderungspflichten

Der Arbeitgeber hat bestimmte Belange des Arbeitnehmers nicht nur zu schützen, sondern auch zu fördern. Insoweit lässt sich von Förderungspflichten sprechen. Eine genaue Abgrenzung zu den Schutzpflichten ist nicht nötig. Eher zu den Förderungs- als zu den Schutzpflichten sind vor allem die folgenden Pflichten zu rechnen:

1. Die Beschäftigungspflicht[15]

Die Frage, ob der Arbeitgeber verpflichtet ist, den Arbeitnehmer tatsächlich im Rahmen der vereinbarten Tätigkeit zu beschäftigen, könnte bei oberflächlicher Betrachtung müßig erscheinen, solange nur der Arbeitgeber, falls er die angebotene Arbeitsleistung nicht entgegennimmt, zur Zahlung des Arbeitsentgelts verpflichtet bleibt.

---

[14] *BAG* NZA AP Nr. 24 zu § 1 BetrAVG; *BAG* AP Nr. 2 zu § 1 BetrAVG Auskunft; *BAG* AP Nr. 99 zu § 611 BGB Fürsorgepflicht; *BAG* AP Nr. 2 zu § 2 SGB III.
[15] Dazu *Dütz*, Der Beschäftigungsanspruch in der Rechtsprechung des Bundesarbeitsgerichts, BAG-FS, 1979, S. 71 m. N.; *Leßmann*, RdA 1988, 149; *Pallasch*, Der Beschäftigungsanspruch des Arbeitnehmers, 1993, *Ruhl/Kassebohm*, NZA 1995, 497; *Bepler*, Lizenzfußballer – Arbeitnehmer mit Beschäftigungsanspruch? FS Fenn, 2000, S. 43; auch *BAG (GS)* AP Nr. 14 zu § 611 BGB Beschäftigungspflicht.

Dementsprechend wurde früher ein Anspruch auf Beschäftigung grundsätzlich abgelehnt und nur in besonderen Ausnahmefällen bejaht, in denen wegen der Natur des Berufs ein besonderes Interesse an der Ausübung der Beschäftigung besteht, wie bei Schauspielern, Journalisten oder Wissenschaftlern. Seit geraumer Zeit hat sich indessen die Ansicht durchgesetzt, dass jedem Arbeitnehmer grundsätzlich Gelegenheit zur Ausübung der vereinbarten Tätigkeit gegeben werden muss.[16] Der Arbeitnehmer soll dadurch nicht nur in die Lage versetzt werden, sich seine Fertigkeiten zu erhalten und evtl. neue hinzu zu erwerben, sondern er soll auch die in der Arbeit liegende, mitunter einzige wesentliche Möglichkeit der Persönlichkeitsverwirklichung nützen können.

Der Anspruch auf Beschäftigung entfällt, soweit ihm schutzwerte Interessen des Arbeitgebers entgegenstehen, wie z.B. die Stilllegung einer Betriebsabteilung, Auftragsmangel, Verdacht einer strafbaren Handlung des Arbeitnehmers oder Streitigkeiten mit Arbeitskollegen oder Vorgesetzten. Eine eigenständige Dimension hat demgegenüber die Frage, inwieweit der Arbeitgeber verpflichtet ist, einen gekündigten Arbeitnehmer während eines Rechtsstreits über die Wirksamkeit der Kündigung weiterzubeschäftigen. Dazu unten § 24 VII 6. Die Beschäftigungspflicht des Arbeitgebers gegenüber nicht streikenden Arbeitnehmern während eines Streiks dauert fort, solange eine sinnvolle Beschäftigung möglich ist. Sie kann nur nach den Grundsätzen der Arbeitskampfrisikolehre entfallen. Davon abweichend will das BAG dem Arbeitgeber gestatten, einen Betrieb oder Betriebsteil ohne Aussperrung stillzulegen mit der Folge der Suspendierung der beiderseitigen Pflichten und damit auch der Beschäftigungspflicht[17] (dazu auch unten § 19 V 5).

2. Pflichten im Zuge der Beendigung des Arbeitsverhältnisses

a) Angemessene Zeit zur Arbeitssuche

Wird ein dauerndes Arbeitsverhältnis gekündigt, so muss der Arbeitgeber dem Arbeitnehmer, noch während die Kündigungsfrist läuft, auf Verlangen **angemessene Zeit zur Arbeitssuche** gewähren, § 629 BGB. Der Arbeitgeber muss also das Fortkommen des Arbeitnehmers durch Freistellung von der Arbeit fördern. Von wem die Kündigung ausgeht, spielt keine Rolle. Ob der Arbeitnehmer für die Dauer der Freistellung seinen Lohnanspruch behält, ist nicht in § 629 BGB geregelt, sondern bemisst sich nach § 616 I BGB. Vgl. dazu unten § 19 II 4.

b) Zeugniserteilung[18]

Der Arbeitnehmer kann bei der Beendigung des Arbeitsverhältnisses ein schriftliches Zeugnis fordern, § 109 GewO. Das Zeugnis muss Auskunft geben über die Art

---

[16] Vgl. dazu schon oben § 7 II 1.
[17] *BAG* AP Nr. 130 zu Art. 9 GG Arbeitskampf (mit Anm. *Oetker*) = SAE 1995, 254 (mit ablehnender Anm. von *Lieb*); anders noch *BAG* AP Nr. 129 zu Art. 9 GG Arbeitskampf.
[18] Dazu *Schleßmann*, Das Arbeitszeugnis, 17. Aufl., 2004; *G. Huber*, Das Arbeitszeugnis in Recht und Praxis, 8. Aufl., 2001; *Liedtke*, NZA 1988, 270; *Göldner*, ZfA 1991, 225; *Dachrodt*, Zeugnisse lesen und verstehen, 6. Aufl., 2001; *St. Löw*, NJW 2005, 3605; *BAG* AP Nr. 12, 16 und 17 zu § 630 BGB; *BAG* DB 1986, 1340. Interessante Fälle auch *LAG Frankfurt* DB 1985, 820 (keine Beschränkung der Zeugnisse auf bestimmten Zeitraum des Arbeitsverhältnisses); *LAG Düsseldorf* LAGE Nr. 2 zu § 630 BGB (Beurteilungsspielraum: Zufriedenheit – vollste Zufriedenheit); *LAG Hamburg* DB 1985, 284 (Haftung des alten Arbeitgebers gegenüber dem Arbeitnehmer bei Falschauskunft an neuen Arbeitgeber); *LAG Hamm* LAGE § 630 BGB Nr. 5 (Anspruch auf Neuerteilung); *ArbG Ludwigshafen* DB 1987, 1364 (Erwähnung der Betriebsratstätigkeit im qualifizierten Zeugnis nur auf ausdrücklichen Wunsch des Arbeitnehmers).

des Dienstverhältnisses bzw. der Beschäftigung und seine Dauer (einfaches Zeugnis), § 109 I 2 GewO. Auf Verlangen des Arbeitnehmers ist das Zeugnis auch auf die Leistungen und auf die Führung des Arbeitnehmers in seinem Arbeitsverhältnis zu erstrecken (qualifiziertes Zeugnis), § 109 I 3 GewO. Das Zeugnis muss wahr sein, es darf den Arbeitnehmer nicht unberechtigt hochloben,[19] andererseits müssen kritische Äußerungen über Leistungen oder Führung des Arbeitnehmers maßvoll abgefasst werden, da unter Umständen schon aus bloßen Andeutungen negative Schlüsse gezogen werden. Mit der Wahrheitspflicht ist es freilich nicht vereinbar, dass im Zeugnis die Wahrnehmung einer Elternzeit nur erwähnt werden darf, wenn die Ausfallzeit zu einer wesentlichen Unterbrechung der Beschäftigung geführt hat.[20] Ist das Zeugnis unrichtig, so kann der Arbeitnehmer die Erteilung eines richtigen Zeugnisses verlangen und notfalls mit der Erfüllungsklage durchsetzen.[21] Dabei kann er nicht nur die Unrichtigkeit von Tatsachen geltend machen, sondern auch von Werturteilen (streitig). Schuldhaft unrichtige Zeugniserteilung macht den Arbeitgeber gegenüber dem Arbeitnehmer schadensersatzpflichtig. Hat der Arbeitnehmer ein qualifiziertes Zeugnis verlangt und erhalten und sagt ihm die Beurteilung nicht zu, so kann er noch nachträglich die Erteilung eines einfachen Zeugnisses fordern (abweichend h. L.). Er geht dadurch eines evtl. Anspruchs auf Richtigstellung des qualifizierten Zeugnisses nicht verlustig. Streitigkeiten über Zeugnisse beschäftigen die Gerichte ziemlich oft (1985: 7772 Fälle[22]). Eine Pflicht des Arbeitgebers zur Erteilung mündlicher Auskünfte über den Arbeitnehmer an mögliche neue Arbeitgeber besteht nicht. Wenn er Auskunft gibt, muss diese richtig sein. Ob er Auskunft geben darf ohne Einwilligung des Arbeitnehmers ist eine Frage, die Schweigepflicht und Datenschutz betrifft (dazu oben I 2). Das Zeugnis dient im Regelfall den Interessen des Arbeitnehmers. Schon dadurch unterscheidet es sich von der **dienstlichen Regelbeurteilung,** mit der der Arbeitgeber in regelmäßigen Abständen Eignung, Befähigung und fachliche Leistung des Arbeitnehmers feststellt und in den Personalakten für eigene Zwecke festhält. Diese Regelbeurteilung darf (nicht muss) der Arbeitgeber vornehmen ohne entsprechendes Verlangen und sogar gegen den Willen des Arbeitnehmers.[23]

c) Pflicht zur Wiedereinstellung

Aus der Schutz- und Förderungspflicht des Arbeitgebers kann unter besonderen Umständen eine Wiedereinstellungspflicht nach beendetem Arbeitsverhältnis folgen,[24] wie insbesondere dann, wenn ein Arbeitnehmer zu Unrecht entlassen worden ist und seine Wiedereinstellung einem dringenden Gebot der Gerechtigkeit entspricht, etwa um den Arbeitnehmer zu rehabilitieren.[25] Zur Wiedereinstellungspflicht nach Arbeitskämpfen vgl. unten § 43 VII. Zu weit geht die Bejahung einer Wiedereinstellungs-

---

[19] Zu weitgehend aber *BAG* SAE 1972, 201 (Anm. *Beitzke*), wo behauptet wird, der Arbeitgeber müsse Angaben im Zeugnis gegen sich gelten lassen, wenn er Ansprüche auf Schadensersatz gegen den ausgeschiedenen Arbeitnehmer erhebt.

[20] So aber *BAG* AP Nr. 30 zu § 630 BGB= NZA 2005, 1237

[21] Streitig und in der Sache schwierig ist die Frage der Beweislast. Auszugehen ist davon, dass der Arbeitnehmer, wenn er Berichtigung verlangt, grds. die Beweislast für die Unrichtigkeit der Beurteilung durch den Arbeitgeber trägt. Der Arbeitgeber hat freilich erhebliche Darlegungslasten und kann nicht ins Blaue hinein behaupten. Dazu *BAG* AP Nr. 28 zu § 630 BGB = NZA 2004, 842. Für dem Arbeitnehmer nachteilige Tatsachen außerhalb der Leistungsbeurteilung wird die Beweislast in der Regel beim Arbeitgeber liegen.

[22] BArbBl 1986, 122 (Tab. 204).

[23] *BAG* AP Nr. 5 zu § 8 BPersVG.

[24] Vgl. *BAG* SAE 1978, 120 (Anm. *Sieg*).

[25] Vgl. dazu *BAG* AP Nr. 3 zu § 611 BGB Fürsorgepflicht und die Anm. von *Larenz* bei AP Nr. 4 zu § 611 BGB Fürsorgepflicht sowie *Söllner/Meyer,* AR-Blattei, Arbeitsvertrag – Arbeitsverhältnis X: Nachwirkung des Arbeitsvertrages (unter A); *BAG* AP Nr. 1 zu § 1 KSchG 1969 Wiedereinstellung.

pflicht nach wirksamer Kündigung aus betrieblichen Gründen, wenn das betriebliche Erfordernis durch veränderte Entwicklung entfällt.[26] Auch nach Ablauf eines wirksam befristeten Arbeitsverhältnisses besteht kein Anspruch auf Wiedereinstellung. Anderes kann für die Verlängerung des befristeten Arbeitsverhältnisses gelten, wenn der Grund für die Befristung sich erneuert oder andauert, wie dann, wenn ein Arbeitnehmer zur Vertretung eines Betriebsratsmitglieds eingestellt worden ist und dieses vor Ablauf der Befristung erneut gewählt wird. Die Einstellung eines anderen Arbeitnehmers zur Vertretung kann dann treuwidrig sein, insbes. wenn das Arbeitsverhältnis des bisher als Vertreter Tätigen mehrmals erneuert worden ist.[27]

III. Treu und Fürsorgepflicht

Die Schutz- und Förderungspflichten des Arbeitgebers sind das Korrelat dazu, dass der Arbeitnehmer sich im Arbeitsverhältnis den Gegebenheiten im Betrieb und den Entscheidungen und Maßnahmen des Arbeitgebers in weitem Umfang anvertraut. Diesem Anvertrauen seitens des Arbeitnehmers in Gestalt der Überantwortung seiner Interessen an die Sphäre des Arbeitgebers korreliert eine entsprechende Treubindung des Arbeitgebers, die Schutz und Förderung des Arbeitnehmers umfasst. Schutz- und Förderungspflichten sind demgemäß nichts anderes als Ausprägungen der Treupflicht des Arbeitgebers (vgl. zu den Grundlagen der Treupflicht im Arbeitsverhältnis näher oben § 14 III). Soweit entsprechende Pflichten des Arbeitgebers gesetzlich ausgeformt wurden (wie z.B. beim Erholungsurlaub), kann zwar auf die Treubindung als Erklärung verzichtet werden. Dagegen wäre die generelle Verabschiedung von Treubindungen im Arbeitsverhältnis wenig glücklich, weil auch in dieser Rechtsbeziehung immer wieder neue, oft nicht scharf konturierte, aber gleichwohl notwendige Pflichten zu entwickeln sind, die sich nur mit Treubindungen als generalklauselartiger Grundlage erklären lassen. Die dargelegten Erscheinungsformen der Schutz- und Förderungspflichten des Arbeitgebers bilden denn auch keinen numerus clausus, sondern stellen nur die wichtigsten, typischerweise gegebenen Pflichten dar. Auch die Anpassung des Arbeitsvertragsrechts an sich ändernde Verhältnisse, an neue Gefährdungen und Chancen, kann ohne Generalklausel nicht gelingen. Die Treupflicht des Arbeitgebers ist dazu unentbehrlich. Zu den aus der Treupflicht abzuleitenden, gesetzlich nicht ausgeformten Schutzpflichten des Arbeitgebers gehört es etwa, dem Arbeitnehmer beizustehen, wenn er durch Mitarbeiter gemobbt wird;[28] der Arbeitgeber muss dazu ihm zumutbare und geeignete Maßnahmen treffen, die den Arbeitnehmer von der Anfeindung befreien.

Anders kann man sich entscheiden hinsichtlich des Begriffs der **Fürsorgepflicht**. In der Sache kann auf sie als die wesentlichste Erscheinungsform arbeitgeberischer Treupflicht keinesfalls verzichtet werden. Wenn hier von Schutz- und Förderungspflichten des Arbeitgebers gesprochen wird, so ist damit inhaltlich durchaus nichts anderes gemeint als die traditionellen Erscheinungsformen der Fürsorgepflicht. Es wird lediglich der Begriff der Fürsorge wegen seiner patriarchalischen Anklänge vermieden.

---

[26] In diese Richtung aber *LAG Hamburg* DB 1991, 1180; *LAG Köln* DB 1988, 1475; *Hueck/v. Hoyningen-Huene*, KSchG § 1 Rn. 156 a ff.; eingehend dazu *vom Stein*, RdA 1991, 85 ff.
[27] Siehe den Fall *BAG* AP Nr. 11 zu § 1 KSchG 1969 Wiedereinstellung = NZA 2002, 896.
[28] Mobbing ist die systematische und zielgerichtete Anfeindung eines Arbeitnehmers im Betrieb, die freilich praktisch nicht ganz selten mit Wissen und stillschweigender Billigung des Arbeitgebers stattfindet. Dazu mit interessanten Ausführungen zur rechtstatsächlichen Problematik *LAG Thüringen* LAGE Art. 2 GG Persönlichkeitsrecht Nr. 8 a.

IV. Pflicht zur Gewährung von Erholungsurlaub[29]

Dem Schutz und der Förderung von Gesundheit, Leistungsfähigkeit und Lebensfreude des Arbeitnehmers dient auch der Erholungsurlaub. Sein Gegenstand ist die Gewährung bezahlter Freizeit. Eine Verpflichtung dazu ist heute durch das BUrlG jedem Arbeitgeber auferlegt. Sie braucht daher nicht mehr, wie früher, eigens aus der Treu- und Fürsorgepflicht des Arbeitgebers abgeleitet zu werden.

1. Urlaubsanspruch

Nach der gesetzlichen Regelung steht jedem Arbeitnehmer in jedem Kalenderjahr ein Anspruch auf bezahlten Erholungsurlaub zu, § 1 BUrlG. Freizeit und Entgelt bilden eine grundsätzlich untrennbare Einheit; es liegt nicht etwa ein aufspaltbarer Doppelanspruch vor.[30] Nach der Rechtsprechung des BAG ist der Urlaubsanspruch auf Freistellung von der Arbeit gerichtet.[31] Das Urlaubsentgelt soll demgegenüber lediglich die weiter zu zahlende Arbeitsvergütung darstellen. Das ist wenig überzeugend, weil § 13 BUrlG das Urlaubsentgelt gerade nicht danach bemisst, was der Arbeitnehmer bekäme, wenn er arbeiten würde, und widerspricht auch der von der Rechtsprechung angenommenen Unabdingbarkeit des Urlaubsentgeltanspruchs. Zudem führt diese Auffassung zur Pfändbarkeit des Urlaubsentgelts,[32] ein nicht unbedenkliches Ergebnis. Anspruchsberechtigt sind nach § 2 BUrlG auch die arbeitnehmerähnlichen Personen.

2. Dauer des Urlaubs

Die Dauer des Urlaubs beträgt mindestens 24 Werktage, § 3 I BUrlG. Längere Dauer schreibt das Gesetz für Jugendliche (§ 19 JArbSchG) und für Schwerbehinderte (§ 125 SGB IX) vor. Die Sonntage werden in die Urlaubsdauer nicht eingerechnet, wohl aber die Sonnabende, auch wenn sie im Betrieb grundsätzlich keine Arbeitstage sind, vgl. § 3 II BUrlG. Wird also, wie in den meisten Betrieben, nur Montag bis Freitag gearbeitet, so erhält ein Arbeitnehmer genau vier Wochen Urlaub, d.h. er wird praktisch für 20 Arbeitstage freigestellt. Tarifliche Urlaubsregelungen knüpfen statt dessen vielfach an die Zahl der Arbeitstage an.

Die Urlaubsdauer aufgrund von Tarifverträgen betrug 1994 für 98% der Arbeitnehmer mindestens 5 Wochen, für 79% in Westdeutschland und 33% in Ostdeutschland sechs Wochen oder mehr.

---

[29] Vgl. dazu *Neumann/Fenski*, BUrlG, 9. Aufl., 2003; *Stahlhacke/Bachmann/Bleistein/Berscheid*, GK-BUrlG, 5. Aufl., 1992; *Natzel*, Bundesurlaubsrecht, 4. Aufl., 1988; *Hohmeister*, BUrlG, 1995; *Leinemann/Linck*, Urlaubsrecht, 2. Aufl., 2001; *Neumann*, Urlaub als Entgelt oder aus Fürsorgepflicht, RdA 1977, 265; *Beckerle*, Urlaubsanspruch und Erholungsbedürfnis, RdA 1985, 352; *Kohte*, Kontinuität und Bewegung im Urlaubsrecht, BB 1984, 609; *Weber*, Die Ansprüche auf Urlaub, Urlaubsentgelt und Urlaubsabgeltung, RdA 1995, 229; *Leinemann*, Reformversuche und Reformbedarf im Urlaubsrecht, BB 1995, 1954.

[30] Wie hier die h. M.; abweichend *Ihmels*, Das Recht auf Urlaub, 1981; *ders.*, JZ 1983, 18. Abweichend ferner in anderer Richtung *Leinemann*, Der Urlaubsanspruch nach dem BUrlG, DB 1983, 989.

[31] In etwas anderer Formulierung geht der Anspruch des Arbeitnehmers auf Beseitigung der Hauptpflicht des Arbeitnehmers für die Dauer des Urlaubs, *BAG* AP Nr. 11 und 14 zu § 3 BUrlG Rechtsmissbrauch; *BAG* AP Nr. 23 zu § 7 BUrlG

[32] Diese gegen die früher h. M. in der Tat bejahend *BAG* AP Nr. 80 zu § 7 BUrlG Abgeltung.

3. Wartezeit und Zwölftelung

Den vollen Urlaubsanspruch erwirbt der Arbeitnehmer nur, wenn sein Arbeitsverhältnis vor Urlaubsgewährung bereits mindestens sechs Monate bestanden hat, § 4 BUrlG (sog. Wartezeit). Soweit er danach keinen vollen Urlaubsanspruch im Kalenderjahr erwerben kann, etwa weil sein Arbeitsverhältnis erst um die Jahresmitte oder später begonnen hat, ist ihm ein Zwölftel des Jahresurlaubs für jeden vollen Monat des Bestehens seines Arbeitsverhältnisses zu gewähren. Das gleiche gilt, wenn er vor Erfüllung der Wartezeit aus dem Arbeitsverhältnis wieder ausscheidet, oder wenn er die Wartezeit zwar erfüllt hat, aber in der ersten Hälfte eines Kalenderjahres aus dem Arbeitsverhältnis ausscheidet, § 5 BUrlG.

Beispiele: Eintritt am 1. August; dem Arbeitnehmer ist gegen Jahresende ein Fünfzwölftelurlaub zu gewähren (§ 5 I lit. a BUrlG). Eintritt am 15. 2., Ausscheiden am 20. 6.; dem Arbeitnehmer sind vier Zwölftel des vollen Urlaubsanspruchs zu gewähren (§ 5 I lit. b BUrlG); Eintritt am 12. 10., Ausscheiden am 8. 6. des nächsten Jahres; dem Arbeitnehmer sind für das Kalenderjahr, in dem er ausscheidet, fünf Zwölftel, für das vergangene Jahr zwei Zwölftel des vollen Anspruchs zu gewähren (§ 5 lit. a und c mit § 7 III 4 BUrlG). Im zuletzt genannten Fall erwirbt der Arbeitnehmer, wenn er sogleich am 9. 6. ein neues Arbeitsverhältnis eingeht, nicht etwa ohne weiteres einen Vollanspruch gegen den neuen Arbeitgeber, sondern nur, wenn er vom alten Arbeitgeber keinen Urlaub erhalten hat (Ausschluss von Doppelansprüchen durch § 6 BUrlG).

4. Zeitpunkt und Erteilung des Urlaubs

a) Übertragung

Der Urlaub muss grundsätzlich in dem Kalenderjahr genommen werden, in dem der Anspruch entsteht. Eine Übertragung auf das nächste Jahr ist nur aus dringenden Gründen zulässig und darf auch dann nicht über die ersten drei Monate hinaus erfolgen,[33] es sei denn, dass ein Teilurlaubsanspruch bei fortbestehendem Arbeitsverhältnis (§ 5 lit. a BUrlG) entsteht, § 7 III BUrlG. Nicht rechtzeitig genommener Urlaub verfällt. Die Praxis verfährt demgegenüber sinnvollerweise sehr freizügig. Soweit die nicht rechtzeitige Gewährung vom Arbeitgeber zu vertreten ist, muss er den Urlaub als Schadensersatz (Naturalrestitution) gewähren. Auch kann der Berufung des Arbeitgebers auf den Verfall des Urlaubs die Rechtsmissbrauchseinrede entgegenstehen.

b) Urlaubszeitpunkt

Die Festsetzung des konkreten Urlaubszeitpunkts erfolgt durch den Arbeitgeber[34] (einseitiges Bestimmungsrecht, das vom Weisungsrecht zu unterscheiden ist). Dabei sind Urlaubswünsche des Arbeitnehmers nach Maßgabe der betrieblichen Erfordernisse und sozial vorrangiger Urlaubswünsche anderer Arbeitnehmer zu berücksichtigen, § 7 I BUrlG. Auch eine vertragliche Einigung über den Urlaubszeitpunkt ist möglich, der Arbeitnehmer hat aber keinen Anspruch auf sie. Soweit die einseitige Festlegung durch den Arbeitgeber gegen § 7 I BUrlG verstößt, ist sie unwirksam. Der Arbeitnehmer muss allerdings der Festlegung unverzüglich widersprechen, um zu vermeiden, dass sein Einverständnis mit der von seinen Wünschen abweichenden Festlegung als erteilt gilt.

---

[33] Dazu *Künzl*, Befristung des Urlaubsanspruchs, BB 1991, 1630.
[34] Abweichend *Weber*, RdA 1995, 229 (230).

Soweit das BetrVG eingreift, ist für die Urlaubserteilung § 87 I Nr. 5 BetrVG zu beachten. Danach hat der Betriebsrat ein Mitbestimmungsrecht nicht nur bei der Aufstellung allgemeiner Urlaubsgrundsätze (dazu gehören auch allgemeine Regeln über den sozialen Vorrang von Urlaubswünschen) und des Urlaubsplans, sondern auch bei der Festsetzung der zeitlichen Lage des Urlaubs für einzelne Arbeitnehmer, wenn zwischen dem Arbeitgeber und den beteiligten Arbeitnehmern kein Einverständnis erzielt wird. Die Reichweite dieses Mitbestimmungsrechts im Einzelnen ist streitig. Vgl. dazu auch unten § 49 II 5 und IV 2.

c) Durchsetzung[35]

Der Arbeitnehmer darf sich den Urlaub nicht einfach selbst nehmen, sondern muss notfalls auf seine Erteilung klagen. Die Klage kommt freilich in den meisten Fällen zu spät, insbesondere, wenn der Arbeitnehmer den Urlaub noch in der schöneren Jahreszeit nehmen möchte. In solchen Fällen kann nur das Verfahren der einstweiligen Verfügung oder die Einschaltung des Betriebsrats helfen.

5. Abgeltung des Urlaubs[36]

In vielen Fällen wird Urlaub, der nicht rechtzeitig erteilt worden ist, mit Geld abgegolten. Nach dem Gesetz ist eine derartige Abgeltung nur zulässig, soweit der Urlaub wegen Beendigung des Arbeitsverhältnisses nicht mehr gewährt werden kann, § 7 IV BUrlG. Der Anspruch ist Surrogat für den Urlaubsanspruch. Kann dieser bis zum Ausscheiden nicht mehr erfüllt werden, z. B. wegen fortdauernder Arbeitsunfähigkeit, kommt Abgeltung nicht in Betracht. Nach der Rspr. entsteht der Anspruch erst mit Beendigung des Arbeitsverhältnisses.

6. Urlaubszweck

Urlaubszweck[37] ist es, dem Arbeitnehmer Erholung von geleisteter Arbeit zu ermöglichen. Deshalb muss der Urlaub nach § 7 II BUrlG grundsätzlich ungeteilt genommen werden. In der Praxis wird das weithin (und meist auf Wunsch des Arbeitnehmers) nicht beachtet.

Die Vorschrift ist freilich nach ihrem Zweck nur für die gesetzliche Urlaubsdauer maßgebend. Hat der Arbeitnehmer, wie heute weit überwiegend, einen höheren Urlaubsanspruch, so genügt es dem gesetzlichen Erfordernis, wenn der Urlaub in zwei Blöcken genommen wird. Auch die Abspaltung einzelner Urlaubstage ist umso unbedenklicher, je länger die Gesamtdauer des Jahresurlaubsanspruchs ist.

Dem Urlaubszweck darf der Arbeitnehmer nicht dadurch entgegen handeln, dass er während des Urlaubs eine dem Erholungszweck widersprechende Erwerbstätigkeit[38] leistet, § 8 BUrlG, insbesondere in seinem eigenen oder einem ähnlichen Beruf. Nichts einzuwenden wäre dagegen, wenn ein Angestellter sich während seines Urlaubs als Skilehrer verdingt. Dem Erholungszweck kann der Urlaub schließlich auch nicht gerecht werden, wenn der Arbeitnehmer während des Urlaubs erkrankt. Deshalb sind Krankheitstage auf den Urlaub nicht anzurechnen, soweit sie durch ärztliches Zeugnis nachgewiesen werden, § 9 BUrlG. Auch andere urlaubsstörende Ereignisse können einen Anspruch auf „Nachurlaub" begründen.[39]

---

[35] *Dörner,* Die Durchsetzung des Urlaubsanspruchs, AR-Blattei Urlaub X; *Pleim,* NZA 1988, 716; *Gerauer,* NZA 1988, 154; *Hiekel,* NZA 1990 Beil. 2, S. 32 ff.; *Walker,* Der einstweilige Rechtsschutz im Urlaubsrecht, FS Leinemann, 2006 S. 641; *BAG* AP Nr. 10, 16 und 20 zu § 7 BUrlG; AP Nr. 114 zu § 626 BGB; *LAG Rhld.-Pfalz* NZA 1991, 600.

[36] S. auch die Entscheidungen des *BAG* AP Nr. 18, 21, 26, 34, 49, 51, 56, 63 zu § 7 BUrlG Abgeltung. Kritisch dazu etwa *Birk,* SAE 1986, 167.

[37] Zum Urlaubszweck *Winderlich,* AuR 1989, 300; *Streblow,* Erholungsurlaub trotz Krankheit, 1986, S. 163 ff.; *Klumpp,* Allgemeines Urlaubsrecht – Überblick (B I 2) AR-Blattei SD 1640.1. Aus der Rechtsprechung *BAG* AP Nr. 28 zu § 7 BUrlG.

[38] Dazu *Berger-Delhey,* ZTR 1989, 146; *BAG* AP Nr. 3 zu § 8 BUrlG.

[39] Dazu *Wachter,* AuR 1982, 306. Einschränkend *BAG* AP Nr. 19 zu § 7 BUrlG (kein Anspruch auf Nachurlaub wegen Beschäftigungsverbot nach dem MuSchG).

Aus dem Zweck des Erholungsurlaubs ist abzuleiten, dass ein Urlaubsverlangen mindestens dann **rechtsmissbräuchlich** ist, wenn der Arbeitnehmer im Kalenderjahr bei an sich bestehendem Arbeitsverhältnis nur wenige Tage effektiv gearbeitet hat; zwischen geleisteter Arbeit und Urlaubsdauer darf kein Missverhältnis bestehen.[40] Zwar kann in einem solchen Fall, wenn der Arbeitnehmer krank war, ein Erholungsbedürfnis als solches durchaus gegeben sein, aber dieses Bedürfnis ist nicht durch geleistete Arbeit entstanden. Die Rechtsprechung des BAG nimmt demgegenüber seit langem an, dass der Umfang der vom Arbeitnehmer im Kalenderjahr erbrachten Arbeitsleistung unerheblich sei.[41]

Die Verquickung von Urlaubszweck und Urlaubsanspruch darf nicht zu eng gesehen werden. Der Arbeitnehmer verliert nicht etwa seinen Urlaubsanspruch und verstößt auch sonst nicht gegen seine Pflichten, wenn er ihn für eine zweckwidrige Tätigkeit benützt, sofern diese nur keine *Erwerbs*tätigkeit darstellt. Der Gegenschluss aus § 8 BUrlG erscheint hier zumindest naheliegend.

7. Urlaubsentgelt

Die Freistellung von der Arbeit würde dem Arbeitnehmer wenig nützen, wenn er in dieser Zeit nicht wenigstens in etwa sein gewohntes Arbeitseinkommen weiter erhielte. Da im Urlaub in der Regel höhere Aufwendungen anfallen, ist der Arbeitnehmer ohnehin gezwungen, während des Jahres für den Urlaub Rücklagen zu bilden. Im Hinblick darauf ist in den meisten Tarifverträgen ein zusätzliches Urlaubsgeld[42] in oft beträchtlicher Höhe vorgesehen. Das vom Gesetz vorgeschriebene Urlaubsentgelt bemisst sich nach dem durchschnittlichen Arbeitsverdienst während der letzten 13 Wochen (sog. **Bezugszeitraum**) vor dem Urlaubsbeginn. Das bedeutet, richtig verstanden, nicht, dass dieser Betrag als Urlaubsentgelt zu zahlen ist, er bildet vielmehr nur die sowohl nach oben wie nach unten zu korrigierende (vgl. näher § 11 I BUrlG) Bemessungsgrundlage, aus der ein fiktiver Durchschnittsverdienst pro Arbeitstag errechnet wird. Dieser wird mit der Zahl der durch den konkreten Urlaub ausfallenden Arbeitstage multipliziert.[43] Freunde gelehrter Theoriebezeichnungen sprechen vom modifizierten Referenzprinzip. Der Arbeitnehmer kann ohne Rücksicht auf den normalen Lohnzahlungszeitpunkt verlangen, dass ihm das Urlaubsentgelt vor Urlaubsbeginn ausbezahlt wird, § 11 II BUrlG.

8. Zwingende Wirkung

Die Bestimmungen des Urlaubsgesetzes sind als Mindestbedingungen in der Richtung zwingend, dass durch Einzelvertrag oder Betriebsvereinbarung nicht zu Ungunsten des Arbeitnehmers abgewichen werden kann. Dagegen kann durch Tarifvertrag grundsätzlich auch zu Ungunsten des Arbeitnehmers abgewichen werden. Allerdings darf weder der Urlaubsanspruch beseitigt noch die gesetzliche Mindestdauer unterschritten werden, § 13 I 1 BUrlG. Auch die Entgeltgewährung nach dem sog. Lebensstandardprinzip darf nicht angetastet werden. Soweit ein Tarifvertrag zulässigerweise zu Ungunsten der Arbeitnehmer vom BUrlG abweicht, gelten diese Abweichungen auch zwischen nicht tarifgebundenen Arbeitgebern und Arbeitnehmern, wenn sie die Geltung der einschlägigen Tarifver-

---

[40] Zur Problematik des rechtsmissbräuchlichen Urlaubsbegehrens *Buchner*, Urlaub und Rechtsmißbrauch, DB 1982, 1823; *Kohte*, BB 1984, 609; *Streblow* (Fn. 37); *Beckerle*, RdA 1985, 352.
[41] *BAG* AP Nr. 11, 14, 16 und 17 zu § 3 BUrlG Rechtsmißbrauch; AP Nr. 26, 37 zu § 7 BUrlG Abgeltung.
[42] Angaben dazu bei *Clasen*, BArbBl. 1990, 11.
[43] Bei stark wechselnder Beschäftigung oder schwankendem, evtl. auch – wie bei manchen provisionsberechtigten Arbeitnehmern – durch den Arbeitnehmer lenkbarem zeitlichem Anfall der Vergütung kann die Berechnung nach dem Gesetz problematisch sein. Vgl. dazu z.B. *BAG* AP Nr. 12 zu § 11 BUrlG. Zur Entgeltberechnung nach dem Freischichtenmodell der Metallindustrie *Leinemann*, BB 1990, 201; zu Problemen bei ungleichmäßiger Arbeitszeitverteilung *Bengelsdorf*, BB 1988, 1161.

tragsbestimmungen vereinbart haben. Eine solche auf einen Tarifvertrag Bezug nehmende Vereinbarung ist jedenfalls durch Einzelvertrag möglich (dazu unten § 38 I 7), nach wohl richtiger Auffassung jedoch auch durch Betriebsvereinbarung.

V. Unbezahlte Freistellung[44]

In der Praxis findet sich nicht selten die ad hoc vereinbarte zeitweilige Freistellung des Arbeitnehmers von der Arbeitspflicht ohne Entgelt bei Aufrechterhaltung des Arbeitsverhältnisses. Vielfach wird dabei – altem Sprachgebrauch folgend – von unbezahltem Urlaub oder von Beurlaubung gesprochen. Ein Anspruch des Arbeitnehmers auf solche Freistellung besteht nur, soweit eine besondere Rechtsgrundlage vorliegt (z. B. Tarifvertrag oder betriebliche Übung). Davon zu unterscheiden ist die einseitige Suspendierung von der Arbeitspflicht. Vgl. dazu oben § 13 VI 2.

VI. Bildungsurlaub[45]

Ein Anspruch auf Freistellung des Arbeitnehmers zu Bildungszwecken besteht nur auf Grund einzelner Ländergesetze und zahlreicher Tarifverträge. Von den eingeräumten Ansprüchen wird nur sehr beschränkt Gebrauch gemacht. Über entsprechende Freistellungsansprüche für Betriebsratsmitglieder vgl. § 37 VI und VII BetrVG (dazu unten § 47 III 8 c).

VII. Elternzeit[46]

Diese früher Erziehungsurlaub genannte Einrichtung gibt Arbeitnehmern, wenn sie ein Kind selbst betreuen und erziehen, das Recht, (unbezahlte) volle oder teilweise Freistellung von der Arbeit für eine Dauer bis zu drei Jahren zu verlangen. Wegen der (komplizierten) Voraussetzungen vgl. im Einzelnen § 15 BErzGG.

VIII. Vereinbarte Nebenpflichten

Nicht selten übernimmt der Arbeitgeber im Zusammenhang mit dem Arbeitsverhältnis weitere, weder kraft Gesetzes noch kraft Treupflicht geschuldete Pflichten, wie z. B. zur Verschaffung oder Überlassung einer Wohnung, Zurverfügungstellung eines Dienstwagens, Finanzierung einer Sonderausbildung, Gewährung eines Darlehens, Zahlung von Umzugskosten und noch manches andere. Dabei kann es sich um Pflichten handeln, die Bestandteil des Arbeitsvertrags sind und bleiben, wie etwa hinsichtlich der Werkdienstwohnung,[47] es kann sich aber auch ein vom Arbeitsverhältnis weitgehend abgelöstes Rechtsverhältnis herausbilden, wie bei der Werkmietwohnung oder beim Arbeitgeberdarlehen. Da sich auch bei diesen der Zusammenhang mit dem Arbeitsverhältnis meist nicht gänzlich löst, ergeben sich schwierige Fragen, inwieweit das Schicksal des Arbeitsverhältnisses auf das andere Rechtsverhältnis einwirkt.

---

[44] Dazu *v. Hoyningen-Huene,* NJW 1981, 713; *Faßhauer,* NZA 1986, 453; vgl. auch oben § 13 VI 1.

[45] Dazu *Mauer,* Rechtliche Aspekte der Bildungsfreistellung, 1992; *Düwell,* BB 1994, 637; *Schiefer,* DB 1994, 1926.

[46] Zu Einzelheiten vgl. *Hönsch,* Elternzeit und Erziehungsgeld, 2001; *Buchner/Becker,* MuSchG und BErzGG 7. Aufl., 2003; *Winterfeld,* Neuregelungen zu Erziehungsgeld und Elternzeit, BB 2004, 930.

[47] Dazu *O. Gaßner,* Rechtsanwendung beim doppeltypischen Vertrag am Beispiel der Werkdienstwohnung, AcP 186 (1986), 325.

§ 18. Der Grundsatz der Gleichbehandlung

Literatur: *Bötticher,* Der Anspruch auf Gleichbehandlung im Arbeitsrecht, RdA 1953, 161; *ders.,* Der Ansatz des Gleichbehandlungsanspruchs im Arbeitsrecht, RdA 1957, 317; *G. Hueck,* Der Grundsatz der gleichmäßigen Behandlung im Privatrecht, 1958; *H. Egger,* Gestaltungsrecht und Gleichbehandlungsgrundsatz im Arbeitsrecht, 1979; *Mayer-Maly,* Die Gleichbehandlung der Arbeitnehmer, DRdA 1980, 261; *W. Blomeyer,* Die zulässige Ungleichbehandlung im Arbeitsrecht, FS G. Müller, 1981, S. 51; *Konzen,* Gleichbehandlungsgrundsatz und personelle Grenzen der Kollektivautonomie, ebenda S. 245; *Hanau,* Freiheit und Gleichheit im Arbeitsverhältnis, FS 600 Jahre Universität Köln, 1988, S. 183; *Hunold,* Gleichbehandlung im Betrieb (Rechtsprechungsübersicht), DB 1991, 1670; *Schüren,* Ungleichbehandlungen im Arbeitsverhältnis – Versuch einer Strukturierung der Rechtfertigungsvoraussetzung, FS Gnade, 1992, S. 161; MünchArbR/*Richardi,* § 14; *Lieb,* Personelle Differenzierungen und Gleichbehandlung, ZfA 1996, 319; *Weber/Ehrich,* Der Gleichbehandlungsgrundsatz bei freiwilligen Leistungen des Arbeitgebers, ZIP 1997, 1681; *Kort,* Zur Gleichbehandlung im deutschen und europäischen Arbeitsrecht, RdA 1997, 277; *Wiedemann,* Die Gleichbehandlungsgebote im Arbeitsrecht, 2001; *Wiedemann,* Gerechtigkeit durch Gleichbehandlung, FS 50 Jahre BAG, 2004, S. 265; *Gerlach,* Gleichbehandlung und Umverteilung, DRdA 2004, 221; *H. Hanau,* Der arbeitsrechtliche Gleichbehandlungsgrundsatz zwischen Privatautonomie und Kontrahierungszwang, FS Konzen, 2006, 233. Literatur zum **Allgemeinen Gleichbehandlungsgesetz** s. unten vor VIII.

Der Grundsatz der Gleichbehandlung verbietet dem Arbeitgeber unter bestimmten Voraussetzungen, bei Maßnahmen und Entscheidungen, die über einzelne Arbeitsverhältnisse hinausreichen, Arbeitnehmer ungleich zu behandeln. Unbestritten ist, dass der Grundsatz nur die willkürliche Ungleichbehandlung verbietet, hingegen die Ungleichbehandlung aus sachlichen Gründen nicht hindert. Hingegen sind die Voraussetzungen, unter denen der Grundsatz eingreift wie auch seine Reichweite zum Teil heftig umstritten. Auch über die Folgen, die sich an einen Gleichbehandlungsverstoß knüpfen, besteht keine Einigkeit.

I. Geltungsgrundlage

Der Grundsatz der Gleichbehandlung, dessen Geltung im Arbeitsrecht bei aller Unsicherheit über seine Grenzen seit langem anerkannt ist und eine eminente praktische Bedeutung erlangt hat, findet seine Grundlage nicht in den an den Gesetzgeber gerichteten Gleichheitsgeboten des Art. 3 I und II GG, die für Privatrechtssubjekte bei ihrer privatautonomen Betätigung jedenfalls nicht unmittelbar gelten. Auch eine Herleitung aus der Treupflicht allein ist nicht möglich. Am überzeugendsten ist noch immer die Gründung auf fundamentale Gerechtigkeitsanforderungen, wie sie sich im **Gebot der Verwirklichung austeilender Gerechtigkeit** manifestieren, dessen Geltung überall da anzunehmen ist, wo die Rechtsordnung einem Machtträger Befugnisse zur Verteilung von Vor- und Nachteilen innerhalb einer durch Gemeinschaftsbande verbundenen Personengruppe einräumt. Die grundlegende Entwicklung dieser Auffassung ist *Götz Hueck*[1] zu verdanken, dem nur insoweit nicht zu folgen ist, als er eine Gemeinschaft auch zwischen Arbeitgeber und Arbeitnehmern annimmt. Dies ist indessen zur Geltung des Grundsatzes nicht erforderlich. Es genügt, dass der Arbeitgeber die Macht hat, über die Verteilung von Gütern innerhalb der Betriebsgemeinschaft der Arbeitnehmer zu entscheiden. Zum Vorliegen einer Gemeinschaft vgl. oben § 12 II 7c und II 8.

---

[1] *G. Hueck,* Gleichbehandlung, 1958, insb. S. 151 ff.

Keine Rechtsgrundlage für den allgemeinen Gleichbehandlungsgrundsatz geben auch die Diskriminierungsverbote der Verfassung, des EU-Rechts und des (fälschlich so bezeichneten) Allgemeinen Gleichbehandlungsgesetzes (AGG) ab. Aus ihnen lässt sich lediglich das Verbot ableiten, aus ganz bestimmten, einzeln benannten Gründen zu differenzieren. Näher dazu noch unten VIII. Nicht zutreffend ist auch die Annahme, der Gleichbehandlungsgrundsatz sei durch das AGG abgelöst worden.[2]

Nicht glücklich ist die verschiedentlich in der Rechtsprechung aufscheinende, aber auch in der Literatur zu findende **Gleichsetzung** oder Zusammenfassung **von Gleichbehandlung und Billigkeitskontrolle.**[3] Letztere ist ein Anwendungsfall der Verwirklichung ausgleichender Gerechtigkeit. Die relativ klaren Konturen des Gleichbehandlungsgrundsatzes werden verwischt, wenn man ihn mit dem Billigkeitsgedanken verquickt.[4]

II. Der Gleichbehandlungsgrundsatz als objektiver Rechtssatz

Der Grundsatz der Gleichbehandlung normiert kein subjektives Recht auf Gleichbehandlung und dementsprechend keine Pflicht des Arbeitgebers,[5] auf deren *selbständige* Erfüllung geklagt werden könnte, sondern er stellt einen objektiven Rechtssatz[6] nach Art einer Generalklausel dar, durch den andere Pflichten der Arbeitsverhältnispartner geformt oder geschaffen werden können. Allerdings kann Folge einer Verletzung des Grundsatzes auch die Begründung von Ansprüchen sein, wie evtl. dann, wenn ein Arbeitnehmer von der Gewährung einer Gratifikation willkürlich ausgeschlossen worden ist. Obgleich es sich um eine an sich freiwillige Leistung des Arbeitgebers handelt, auf die vor Gewährung kein Arbeitnehmer Anspruch hatte, kann der willkürlich von der Gewährung ausgeschlossene Arbeitnehmer eventuell die Leistung fordern (dazu noch näher unten V. 1.).

Andererseits wird die Gleichbehandlung nicht aufgedrängt. Der Einzelne kann der **Ungleichbehandlung zustimmen.** Demgemäß tritt der Grundsatz auch zurück, soweit einzelvertraglich der Arbeitnehmer eine ihn ungleich treffende Regelung mit dem Arbeitgeber vereinbart.[7] Die bei der Einstellung eines Arbeitnehmers in den Arbeitsvertrag aufgenommenen Bedingungen brauchen daher weder den im Betrieb üblichen noch denen anderer gleichzeitig Eingestellter zu entsprechen. Der Gleichbehandlungsgrundsatz selbst ist aber deswegen nicht etwa dispositiv, er kann also nicht als solcher im Arbeitsverhältnis abbedungen werden.

---

[2] So *G. A. Maier/Mehlich,* Das Ende des richterrechtlich entwickelten arbeitsrechtlichen Gleichbehandlungsgrundsatzes?, DB 2007, 110; richtig *Hinrichs/Zwanziger,* DB 2007, 574.

[3] Zu finden z.B. bei *Söllner,* 11. Aufl., 1994, § 31 III und verschiedentlich beim BAG, vgl. z.B. AP Nr. 1 und 2 zu § 305 BGB Billigkeitskontrolle.

[4] *G. Hueck,* GS Dietz, 1973, S. 241 ff.; *v. Hoyningen-Huene,* Die Billigkeit im Arbeitsrecht, 1978, S. 105 f.

[5] Anders z.B. *Brox/Rüthers/Hennsler,* Rn. 315.

[6] *G. Hueck,* Gleichbehandlung, 1958, S. 327.

[7] Vgl. *BAG* AP Nr. 32 zu § 242 BGB Gleichbehandlung. Zu dem im Einzelnen schwierigen Verhältnis zwischen Gleichbehandlungsgrundsatz und Vertragsfreiheit *Konzen,* FS G. Müller, 1981, S. 245 (250 ff.).

III. Reichweite des Gleichbehandlungsgrundsatzes

1. Gleichbehandlung in Betrieb und Unternehmen

Der Gleichbehandlungsgrundsatz erfasst nach bislang noch fast allgemeiner Meinung nur den einzelnen Betrieb (freilich den ganzen), nicht das Unternehmen insgesamt.[8] Begründet wird dies teilweise damit, dass nur die Arbeitnehmer des Betriebs in einer echten Gemeinschaft stünden. Ob diese Auffassung uneingeschränkt zutrifft, erscheint zweifelhaft.[9] Zwischen den Arbeitnehmern des Unternehmens bestehen ebenfalls eine ganze Reihe von Beziehungen, die es nahelegen können, bei der Unternehmensbelegschaft ebenfalls von einer Gemeinschaft zu sprechen (vgl. dazu oben § 11 II 9). Diese wenn auch lockeren Gemeinschaftsbeziehungen könnten als Grundlage für die Anwendung des Gleichbehandlungsgrundsatzes im Unternehmen ausreichen.[10] Freilich würde der Grundsatz in seiner Bedeutung im Unternehmen weit hinter derjenigen im Betrieb zurückbleiben. Der arbeitstechnische Zweck, die geographische Lage, die Entwicklung des Betriebs und last not least die für ihn geltenden kollektiven Normen (Tarifverträge und Betriebsvereinbarungen) werden für viele, gleichwohl nicht für alle Fragen eine differenzierende Behandlung der Belegschaften verschiedener Betriebe als nicht willkürlich erscheinen lassen.[11] Wichtiger noch ist, dass Maßnahmen des Arbeitgebers im einzelnen Betrieb vielfach spezifisch betriebsbezogen und daher von ihrem Zweck her nur den einzelnen Betrieb betreffen;[12] sie lösen dann eine unternehmensweite Gleichbehandlung nicht aus. Im Konzern[13] gilt der Gleichbehandlungsgrundsatz nicht, da die einzelnen Konzernunternehmen jeweils rechtlich selbständig sind und die Arbeitnehmer eines Konzerns (trotz einer gewissen Konzernmitbestimmung) keine Gemeinschaft bilden.

2. Kollektiver Charakter

Der Gleichbehandlungsgrundsatz als allgemeines Prinzip erfasst die Rechtsbeziehungen zwischen Arbeitgeber und Arbeitnehmer in ihrer Gesamtheit *(G. Hueck)*. Seine Anwendung kommt daher an sich bei allen Arten von Maßnahmen oder Entscheidungen des Arbeitgebers in Betracht. An den Gleichbehandlungsgrundsatz ist jedoch nur anzuknüpfen, soweit eine Maßnahme gemeinschaftsbezogen, d.h. im arbeitsrechtlichen Bereich betriebsbezogen ist, anders ausgedrückt, soweit ihr kollektiver Charakter beizumessen ist. Die individuelle Besserstellung oder Schlechterstellung des einzelnen Arbeitnehmers durch Einzelmaßnahmen wird durch den Grundsatz nicht ausgeschlossen. Das eigentliche Problem liegt daher in der Frage, wonach zu entscheiden ist, wann eine Maßnahme des Arbeitgebers kollektiven Charakter trägt. Ein solcher betrieblich-kollektiver Charakter ist namentlich immer dann anzunehmen, wenn von einer Maßnahme mehrere Arbeitnehmer betroffen sind und der Arbeitgeber zu erken-

---

[8] *Lieb,* 8. Aufl., Rn. 102; *Tschöpe,* DB 1994, 40; anders *Lieb/Jacobs,* Rn. 108.
[9] S. dazu auch *BAG* AP Nr. 111 zu § 242 BGB Gleichbehandlung sowie Nr. 105, ebenda mit Anm. *Fastrich.*
[10] Vgl. *BAG* 17. 11. 98 1 AZR 147/98.
[11] Zur Differenzierung zwischen Betrieben mit und ohne Betriebsrat *BAG* AP Nr. 130 zu § 242 BGB Gleichbehandlung.
[12] Vgl. *H. Hanau,* FS Konzen, 2006, S. 233 (247).
[13] Dazu *Windbichler,* Arbeitsrecht im Konzern, 1989, S. 420ff.; *Rüthers/Bakker,* ZfA 1990, 284ff.; *BAG* AP Nr. 32 zu § 16 BetrAVG unter B II 3. Anders *H. Hanau,* FS Konzen, 2006, S. 248.

nen gibt, dass er bei dieser Maßnahme nach gewissen Regeln vorgeht. Hier liegt die Bedeutung der Lehre *Böttichers*[14] vom **Normvollzug** als Grundlage der Gleichbehandlungspflicht. Wo der Arbeitgeber für sein eigenes Verhalten eine allgemeine Norm aufstellt, handelt er kollektiv. Insoweit ist er nach dem Gleichbehandlungsgrundsatz an die Einhaltung der Norm gebunden und kann nicht willkürlich einzelne Arbeitnehmer von der Anwendung der Norm ausschließen.

Der Gleichbehandlungsgrundsatz gilt aber nicht nur in solchen Fällen, in denen einzelne Arbeitnehmer von einer kollektiven Maßnahme oder Regel ausgenommen werden (also beim „Normvollzug"), sondern auch, wenn der Arbeitgeber zwischen den Arbeitnehmern nach abstrakten Merkmalen differenziert und dadurch unter den Arbeitnehmern bezüglich dieser Maßnahmen bevorzugte und benachteiligte Gruppen bildet. Der Gleichbehandlungsgrundsatz erfasst also auch die aufgestellte „abstrakte" Differenzierungsregel **(Gleichbehandlung bei der Regelaufstellung).** Das bedeutet, dass die Gruppenbildung nicht sachfremd sein darf.[15] Weit überwiegend geht es heute bei der Anwendung des Gleichbehandlungsgrundsatzes im Arbeitsrecht um die Sachgerechtigkeit abstrakter Gruppenbildung, nicht um Ungleichbehandlung Einzelner.

3. Anwendungsbereich

a) Hauptanwendungsbereich des Gleichbehandlungsgrundsatzes bildet seit jeher die **Gewährung von freiwilligen, zusätzlichen Sozialleistungen,** wie insbesondere Gratifikationen und Ruhegeldern. Soweit der Arbeitgeber etwa einzelnen gehobenen Angestellten in ihrem individuell ausgehandelten Anstellungsvertrag ein Ruhegeld zusagt, liegt keine Entscheidung mit kollektivem Bezug vor. Führt er dagegen für eine größere Zahl von Arbeitnehmern nach bestimmten Regeln ein Ruhegeld ein, etwa durch eine Ruhegeldordnung, so muss die Regel dem Grundsatz der Gleichbehandlung entsprechen. Der Arbeitgeber kann dabei Gruppen bilden mit unterschiedlicher Leistungsbemessung oder alleiniger Anspruchsberechtigung. Soweit ein Betriebsrat vorhanden ist, wird vielfach für Gruppenbildung und Leistungsrelationen ein Mitbestimmungsrecht des Betriebsrats nach § 87 I Nr. 10 BetrVG eingreifen.[16] Auch für die unter Beachtung des Mitbestimmungsrechts gemeinsam getroffene Entscheidung gilt nach h. M. der Gleichbehandlungsgrundsatz (dazu aber unten VI).

b) Ähnlich ist anerkannt, dass auch bei nachteiligen Maßnahmen, etwa bei der **Kürzung oder Einstellung von Sozialleistungen,** nicht willkürlich differenziert werden darf.[17]

c) Größere Schwierigkeiten macht die Abgrenzung des Gleichbehandlungsgrundsatzes im Bereich der **Lohn- und Gehaltsfestlegung.** Soweit hier individuelle Vereinbarungen getroffen werden, gehen sie einer allgemeinen Lohnhandhabung oder -ordnung im Betrieb (wenn diese nicht als normative Ordnung zwingend ist) vor.[18] Vereinbart ein Arbeitnehmer bei oder nach seiner Einstellung einen geringeren als den betriebsüblichen Lohn, so kann er also nicht unter Berufung auf den Gleichbehand-

---

[14] Vgl. *Bötticher,* Der Anspruch auf Gleichbehandlung im Arbeitsrecht, RdA 1953, 161 (162ff.).

[15] *BAG* AP Nr. 39, 83, 139 und 162 zu § 242 BGB Gleichbehandlung; Nr. 5, 17, 18, 25 zu § 1 BetrAVG Gleichbehandlung. Näher dazu unten IV.

[16] Zum „kollektiven Charakter" als Voraussetzung für sowohl Gleichbehandlungsgrundsatz als auch § 87 I Nr. 10 BetrVG *H. Hanau,* Individualautonomie und Mitbestimmung in sozialen Angelegenheiten, 1994, S. 171 f.; *Reichold,* RdA 1995, 147.

[17] Vgl. *BAG* AP Nr. 30 zu § 242 BGB Gleichbehandlung.

[18] Vgl. AP Nr. 31, 102 u. 184 zu § 242 BGB Gleichbehandlung.

lungsgrundsatz seine Gleichstellung verlangen. Anders ist es, wenn in einem Betrieb eine allgemeine Lohnordnung neu eingeführt oder eine bestehende geändert wird. Insoweit darf kein Arbeitnehmer willkürlich im Zuge dieser Änderungen schlechter behandelt werden.[19]

d) Für die **Ausübung des Weisungsrechts** gilt der Gleichbehandlungsgrundsatz zwar abstrakt gesehen ebenfalls. Seine Anwendung in diesem Bereich ist jedoch praktisch stark reduziert. So kann etwa die Zuweisung bestimmter Arbeiten an einen Arbeitnehmer nicht der Überprüfung anhand des Gleichbehandlungsgrundsatzes unterstellt werden, weil insoweit nicht nach allgemeinen, selbstgesetzten Regeln, sondern grundsätzlich individuell verfahren wird. Bedeutung hat der Gleichbehandlungsgrundsatz insoweit eher im **Bereich der betrieblichen Ordnung** wie etwa bei der Anordnung von Überwachungsmaßnahmen.[20] Allerdings unterliegt dieser Bereich heute in den meisten Betrieben dem Mitbestimmungsrecht des Betriebsrats in sozialen Angelegenheiten nach § 87 I Nr. 6 BetrVG. Wird im Zusammenwirken mit dem Betriebsrat eine Regelung durch Betriebsvereinbarung getroffen, so unterfällt diese einer stärkeren, an Art. 3 GG orientierten Gleichheitsbindung (vgl. unten VI). Der Gleichbehandlungsgrundsatz greift hingegen ein, wo das Mitbestimmungsrecht nicht zum Zuge kommt, etwa bei den von der Geltung des BetrVG ausgenommenen Betrieben und bei Betrieben ohne Betriebsrat. Er greift ferner ein, soweit Regelungen nicht durch Betriebsvereinbarung, sondern durch eine mit Zustimmung des Betriebsrats getroffene Arbeitgeberweisung erfolgen.

e) Am wenigsten fassbar ist die Anwendung des Gleichbehandlungsgrundsatzes bei der **Kündigung**, weil hier der kollektive Bezug der Maßnahme des Arbeitgebers selten eindeutig feststellbar ist. Vielmehr wird ihm die individuelle Prüfung der Maßnahme vom Gesetz gerade vorgeschrieben. Ein und derselbe Kündigungsgrund kann im Hinblick auf persönliche Umstände und Fähigkeiten des Arbeitnehmers eine unterschiedliche Entscheidung nahelegen, und bei der Kündigung mehrerer Arbeitnehmer aus betrieblichen Erfordernissen, etwa bei Stilllegung einer Abteilung, wird dem Arbeitgeber die Auswahl der zu Kündigenden nach sozialen Gesichtspunkten zur Pflicht gemacht (§ 1 III KSchG). Die dabei notwendige Prüfung berührt sich zwar mit Gleichbehandlungsüberlegungen, ist aber damit keineswegs identisch. Die Anwendung des Gleichbehandlungsgrundsatzes wird dadurch theoretisch zwar nicht ausgeschlossen, praktisch ist für sie aber nur wenig Raum.[21]

IV. Inhalt des Gleichbehandlungsgrundsatzes

Der Gleichbehandlungsgrundsatz verlangt nicht die Beachtung schematischer Gleichheit, sondern nur die Gleichheit der angeordneten Folgen bei Gleichheit der sachzugehörigen Voraussetzungen.

1. Rechtstechnisch ist der Grundsatz nicht als Gebot gleichmäßiger Behandlung, sondern als **Verbot unsachlicher Differenzierung** zu verstehen. Daraus dürfen freilich keine Folgerungen für die Rechtsfolgen eines Verstoßes gezogen werden. Die negative Fassung bringt vielmehr den Blickwinkel der Prüfung besser zum Ausdruck: Dass nicht die Sachlichkeit der Differenzierung jeweils positiv erkennbar sein muss, sondern die Unsachlichkeit eventueller Differenzierungsmerkmale.[22] Noch deutlicher tritt dies in der Formulierung des Gleichbehandlungsgrundsatzes als **Willkürverbot** hervor: Dem Arbeitgeber ist die willkürliche Differenzierung verboten, wobei Willkür aber im vorliegenden Zusammenhang gleichbedeutend ist mit unsachlicher oder sachfremder Differenzierung.[23]

---

[19] Vgl. *BAG* AP Nr. 36, 42 und 76 zu § 242 BGB Gleichbehandlung.

[20] Vgl. *BAG* AP Nr. 1 zu § 242 BGB Gleichbehandlung.

[21] Gegen eine Anwendung überhaupt *BAG* AP Nr. 41 zu Art. 9 GG Arbeitskampf (unter 3.). Vgl. aber *BAG* DB 1979, 1659 (unter 2 a). Etwa wie hier *Preis*, Prinzipien des Kündigungsrechts bei Arbeitsverhältnissen, 1987, S. 375 ff.

[22] Anders aber im Ergebnis die Rechtsprechung zur Gleichbehandlung bei Sozialleistungen. Dazu unten 2.

[23] Ausführlich hierzu *G. Hueck*, Anm. zu *BAG* AP Nr. 176 zu § 242 BGB Ruhegehalt. Zum gleichgerichteten Verständnis des verfassungsrechtlichen Gleichheitssatzes *P. Kirchhof*, Objektivität und

2. Die differenzierende Kraft der einer Ungleichbehandlung zugrunde gelegten Voraussetzungen oder Merkmale unterliegt oft sehr erheblichen Beurteilungsschwierigkeiten. Insbesondere geht es dabei um die **Sachzugehörigkeit und** um das im Hinblick auf die Rechtsfolgen ausreichende **sachliche Gewicht der differenzierenden Merkmale.**

Beispiele: Muss der Arbeitgeber bei einer freiwilligen Sozialleistung nach der Einkommenshöhe der Arbeitnehmer staffeln, etwa die Höhe der Weihnachtsgratifikation an den Monatslohn anlehnen, oder darf er allen Arbeitnehmern gleichviel geben oder vielleicht sogar umgekehrt proportional zur Einkommenshöhe zuteilen? Sicherlich darf er bei Zuwendungen nicht nach der Haarfarbe der Arbeitnehmer vorgehen, wohl aber nach ihren Familienverhältnissen. Darf er es auch nach dem Alter, etwa einem 29 jährigen verwehren, was ein 30 jähriger bekommt, und wenn ja in welchen Grenzen? War man früher geneigt, solche Altersstufen für jedenfalls nicht gleichbehandlungswidrig zu halten, greift nunmehr das Antidiskriminierungsrecht ein, das Differenzierungsverbote auf Grund bestimmter Eigenschaften und Merkmale, darunter auch des Alters, eingeführt hat (dazu noch unten VIII.)

Überall dort, wo sich die Unsachlichkeit der Differenzierung nicht eindeutig feststellen lässt, hat der Arbeitgeber insoweit einen (u. U. breiten) **Spielraum des Ermessens.** Das gilt ganz besonders, soweit der Arbeitgeber freiwillige Leistungen erbringt. Diese Freiwilligkeit des „Ob" der Leistung legt hier die Freiheit der Ausgestaltung des „Wie" der Leistung nahe.[24] Leider lässt die Rechtsprechung des BAG nicht selten die angesichts der Unbestimmtheit des Gleichbehandlungsgrundsatzes notwendige Zurückhaltung außer acht und setzt ihr eigenes richterliches Ermessen an die Stelle des vom Arbeitgeber durchaus zulässig ausgeübten Ermessens (vgl. die zahlreichen Beispiele unten 3.). Das hat für den Arbeitgeber nicht vorhersehbare und nicht kalkulierte Veränderungen des betrieblichen Leistungsgefüges zur Folge. Zu dieser Entwicklung ist es gekommen, weil die Rechtsprechung die ursprünglich weiten Formulierungen des Gleichbehandlungsgrundsatzes auf dem Feld der freiwilligen Zusatzleistungen verengt hat. Sie verlangt bei allen Leistungen, die nicht auf die ganze Belegschaft erstreckt werden, dass die Gruppenbildung sachlichen Kriterien entspricht[25] und konkretisiert dies gar dahin, dass Differenzierungen immer dann sachfremd seien, wenn es für sie keine billigenswerten Gründe gebe. Damit ist dem Arbeitgeber zum einen die Darlegungs- und Beweislast für die Sachlichkeit der Differenzierung zugefallen.[26] Bedeutsamer noch ist, dass die Rechtsprechung für die Beurteilung der Sachlichkeit auf den spezifischen, letztlich von ihr selbst abgegrenzten „engeren" Zweck der Zuwendung abstellt: Altersversorgung dient der Versorgung im Alter, Weihnachtsgratifikationen dienen der Finanzierung zusätzlicher Aufwendungen aus Anlass des Festes usw. Von daher rechtfertigen sich Differenzierungen fast überhaupt nicht mehr. Dass allen Zuwendungen letztlich Lohncharakter innewohnt und der Arbeitgeber gerade bei der Lohndifferenzierung nicht durch den Gleichbehandlungsgrundsatz gebunden sein kann,[27] weil dies überhaupt nicht justiziabel wäre, ist an sich evident, wird aber vom BAG weitgehend außer Betracht gelassen.[28]

Willkür, FS Geiger zum 80. Geburtstag, 1989, S. 82. Weiterführend *Huster,* Rechte und Ziele, 1994 (Kurzfassung JZ 1994, 541), der für abstufende Anwendung des Gleichheitssatzes unter Heranziehung des Verhältnismäßigkeitsgrundsatzes eintritt.

[24] Formulierung in Anlehnung an *Lieb,* ZfA 1996, 319 (320). Das Argument von *Preis,* FS Kissel, 1994, S. 879 (888), freiwillige Zusatzleistungen des Arbeitgebers seien in Wahrheit gar nicht freiwillig, sondern geschähen aus marktlichem Zwang, trifft nicht zu. Vgl. dazu *Lieb,* ZfA 1996, 319 (335 ff.).

[25] Vgl. z. B. *BAG* AP Nr. 11 und 18 zu § 1 BetrAVG Gleichbehandlung.

[26] Ausdrücklich für Beweislast des Arbeitgebers *BAG* AP Nr. 17 zu § 1 BetrAVG Gleichbehandlung und AP Nr. 102 zu § 242 BGB Gleichbehandlung.

[27] Anders im Leitsatz *BAG* AP Nr. 121 zu § 242 BGB Gleichbehandlung für freiwillige Lohnerhöhungen; der Sache nach fordert das *BAG* Gleichbehandlung aber insoweit nur bei Normvollzug, *wenn* eine allgemeine Regel aufgestellt wurde.

[28] Zum Ganzen mit Recht kritisch *Lieb,* ZfA 1996, 319.

Demgegenüber ist daran festzuhalten, dass der Arbeitgeber in der Festlegung des gesamten Zwecks seiner Zuwendung frei sein muss und damit grundsätzlich auch darin, welche Arbeitnehmergruppen er durch Zusatzleistungen begünstigen will – dies bis zur Willkürgrenze.

3. Die **Merkmale**, die **für eine sachliche Differenzierung** dienen können, sind naturgemäß zu vielfältig, um kurz und in systematisierter Form referiert werden zu können. Einige Hinweise sollen aber die Problematik verdeutlichen.

a) An die in vielen Betrieben soziologisch gesehen vorhandene Gruppenbildung von Arbeitern einerseits und Angestellten andererseits durfte der Arbeitgeber früher in aller Regel anknüpfen, und zwar auch bei Gewährung von Sozialleistungen. Das geltende Recht geht jedoch kaum mehr von einem arbeitsrechtlich relevanten Unterschied beider Gruppen aus. Die abstrakte Anknüpfung an die Unterscheidung dürfte daher in den meisten Fällen unzulässig sein.[29] Eine dem Merkmal nahe kommende Differenzierung kann sich ergeben, wenn an die Art der Tätigkeit angeknüpft wird. Öffentliche Dienstgeber dürfen zwischen **Beamten und Angestellten** differenzieren, soweit nicht gleichstellende Abreden insbesondere durch Tarifvertrag vorliegen.

b) **Leitende Angestellte** brauchen in keiner Beziehung mit anderen Arbeitnehmern gleichbehandelt zu werden (dazu auch unten VI).

c) Zwischen **Voll- und Teilzeitbeschäftigten** ließe sich aus ihrer unterschiedlichen Situation und Beziehung zum Betrieb in verschiedener Hinsicht sachgerecht differenzieren.[30] Insoweit wurde jedoch schon früher unter Heranziehung des Verbots mittelbarer Benachteiligung von Frauen anders entschieden.[31] Derzeit gilt eine Sonderregelung im TzBfG, die eine Differenzierung weitgehend ausschließt. Näher dazu unten IX.

d) **Höher verdienende Angestellte** dürfen von der Gewährung einer Teuerungszulage ausgeschlossen werden;[32] Außendienstmitarbeiter brauchen nicht in eine den Innendienstmitarbeitern eingeräumte betriebliche Altersversorgung einbezogen zu werden.[33] Ebenso ist eine Differenzierung bei Sonderzuwendungen zwischen geprüften und ungeprüften wissenschaftlichen Hilfskräften der Universität zulässig.[34]

e) Die **Zusammenführung mehrerer Betriebe** mit unterschiedlichen Arbeitsbedingungen (etwa auch Sozialleistungen) zu einem einheitlichen Betrieb lässt für die schlechter bedachten Arbeitnehmer keinen Anspruch auf Gleichstellung mit den anderen entstehen.[35]

f) Vielfach sollen Regelungen nur für solche Arbeitnehmer gelten, die vor oder nach einem bestimmten **Stichtag** bestimmte Voraussetzungen erfüllen, insbesondere schon oder noch in einem Arbeitsverhältnis zum Arbeitgeber standen. Die „Sachlichkeit" des Merkmals kann z.B. fraglich sein, wenn rückwirkend mittels Einheitsarbeitsvertrag erfolgende Lohnerhöhungen für ausgeschiedene Arbeitnehmer nicht gelten sollen[36] oder wenn die Geltung neu eingeführter oder geänderter Ruhegeldordnungen davon abhängig gemacht wird, dass Arbeitnehmer zu einem bestimmten Stichtag noch nicht in Ruhestand getreten sind.[37]

---

[29] Vgl. aber *BAG* AP Nr. 248 zu § 611 BGB Gratifikation. Differenzierungsmöglichkeit stärker zurücknehmend *BAG* AP Nr. 261 zu § 611 BGB Gratifikation.

[30] Stärker einschränkend schon für das alte, die Differenzierung nicht verbietende Recht *BAG* DB 1982, 1466. Zur Problematik *Schüren*, NZA 1993, 529. Unzutreffend *BAG* NZA 1997, 842, wonach die Zurücklegung einer längeren Dienstzeit für Teilzeitbeschäftigte als Voraussetzung für den Ausschluss der ordentlichen Kündigung gleichbehandlungswidrig sei. Eher das Gegenteil ist richtig.

[31] Dazu unten § 9 II 7 a m.N. Zu neuerdings unzulässiger Ungleichbehandlung bei einer betrieblichen Altersversorgung *BAG* AP Nr. 1 zu § 1 BetrAVG Gleichbehandlung.

[32] Anders *BAG* AP Nr. 42 zu § 242 BGB Gleichbehandlung; dagegen treffend *Lieb*, ZfA 1996, 319 (332).

[33] Anders *BAG* AP Nr. 11 zu § 1 BetrAVG Gleichbehandlung. Kritisch *Lieb*, ZfA 1996, 319; wie hier aber *BAG* AP Nr. 124 zu § 242 BGB Gleichbehandlung für im Zeitungsvertrieb Beschäftigte.

[34] Anders *BAG* AP Nr. 107 zu § 242 BGB Gleichbehandlung.

[35] Zutreffend *BAG* AP Nr. 41 zu § 242 BGB Gleichbehandlung.

[36] Die Zulässigkeit der Differenzierung verneint zu Unrecht *BAG* AP Nr. 40 (Anm. *Schwerdtner*) und 47 zu § 242 BGB Gleichbehandlung; anders für Gratifikation *BAG* AP Nr. 184 zu § 611 BGB Gratifikation.

[37] Zu dieser Problematik umfassend *G. Hueck*, Anm. zu AP Nr. 176 zu § 242 BGB Ruhegehalt; ferner *BAG* AP Nr. 187 ebenda. Vgl. ferner *Lieb*, Die Nachprüfbarkeit von Stichtagsregelungen ..., in:

V. Rechtswirkungen des Gleichbehandlungsgrundsatzes

1. Der Gleichbehandlungsgrundsatz ist, auch als Verbot unsachlicher Differenzierung formuliert, zunächst nichts anderes als ein **Verhaltensmaßstab.** Damit ist noch nichts ausgesagt über seine Wirkungen, insbesondere auch nicht über die Folgen eines Verstoßes. Auch in der negativen Formulierung als Verbot darf er nicht als gesetzliches Verbot im Sinn von § 134 BGB verstanden werden.[38] Dies wäre zu starr und würde dazu führen, dass die durch Maßnahmen oder Entscheidungen des Arbeitgebers begünstigten Arbeitnehmer keine Ansprüche erwerben könnten. Der Grundsatz ist auch kein Schutzgesetz iSv § 823 II BGB.[39] Der Gleichbehandlungsgrundsatz ist vielmehr ein dem Arbeitsverhältnis immanentes Prinzip, dessen Missachtung zu unterschiedlichen Rechtsfolgen führen kann.[40] Rechtsgeschäfte, die unter Verletzung des Gleichbehandlungsgrundsatzes zum Nachteil bestimmter Arbeitnehmer ergehen (z.B. Kündigung, Weisung, Widerruf von Sozialleistungen) sind danach unwirksam (nicht nichtig, d.h. sie können durch Zustimmung geheilt werden). Rechtsgeschäfte, durch die bestimmte Arbeitnehmer unter Verstoß gegen den Gleichbehandlungsgrundsatz begünstigt werden, sind hingegen grundsätzlich wirksam. Wird ein Arbeitnehmer zu Unrecht von einer zulässig aufgestellten Zuwendungsordnung ausgeschlossen (Ungleichbehandlung beim Normvollzug), hat er selbstverständlich Anspruch darauf, mit den anderen gleichbehandelt zu werden.

Äußerst problematisch ist hingegen, wie zu verfahren ist, wenn der Arbeitgeber bei der Gruppenabgrenzung unzulässig eng vorgegangen ist. Nach h.M. und Rechtsprechung soll dann in aller Regel zwar die Grundzusage rechtsbeständig sein, die differenzierende Klausel hingegen wegen des Gleichbehandlungsverstoßes unwirksam, mit der Folge, dass dann nicht nur die ursprünglich Begünstigten, sondern auch die ohne unzulässige Differenzierung Anspruchsberechtigten die Leistung verlangen können. Dass dies insbesondere bei hohen Leistungen (z.B. bei betrieblicher Altersversorgung) und ursprünglich enger Gruppenbegünstigung zu untragbaren oder jedenfalls unverhältnismäßigen Belastungen des Arbeitgebers führt, ist evident. Deshalb sind differenzierende Lösungen geboten, die einen tragbaren Ausgleich der Interessen bewirken: (1) Ausgangspunkt ist selbstverständlich, dass die begünstigten Arbeitnehmer Leistungen, die sie bereits erhalten haben, behalten dürfen (was letztlich schon aus den Grundsätzen über das fehlerhafte Arbeitsverhältnis folgt). (2) Die zu Unrecht von den Leistungen ausgeschlossenen Arbeitnehmer dürfen die Leistungen für die Vergangenheit beanspruchen, soweit der Arbeitgeber mit seiner differenzierenden Regel schuldhaft gegen den Gleichbehandlungsgrundsatz verstoßen hat, weil darin gleichzeitig eine Verletzung seiner Treupflicht liegt. (3) Man wird ferner, das ist allerdings sehr viel zweifelhafter, eine Gleichbehandlung für die Vergangenheit auch bei nicht schuldhaftem Verhalten des Arbeitgebers fordern können, wenn dies nach den Gesamtumständen, insbesondere auch nach dem Volumen der Belastung zumutbar ist. (4) Bei Leistungsversprechen, die auch in die Zukunft wirken, muss der Arbeitgeber, wenn die Ausdehnung der Leistungen entsprechend dem Gleichbehandlungsgrundsatz ihn fühl-

---

Höfer u.a., Neuregelung der betrieblichen Altersversorgung, 1975, S. 35. Zur abgesenkten BAT-Vergütung für Neueingestellte im öffentlichen Dienst *BAG* AP Nr. 1 zu § 74 BAT.

[38] Vgl. *G. Hueck,* Gleichbehandlung, 1958, S. 294 ff.

[39] Ausführlich gegen die Schutzgesetzeigenschaft *G. Hueck,* Gleichbehandlung, 1958, S. 293 ff. Für die Schutzgesetzeigenschaft tritt *Wiedemann,* FS 50 Jahre BAG, 2004, S. 276 f. ein, der behauptet, die Frage sei bislang nicht erörtert worden.

[40] Dazu und zum folgenden grundlegend *G. Hueck,* Gleichbehandlung, S. 278 ff.

bar stärker belastet, das Gesamtvolumen der Leistung auf den ursprünglich ins Auge gefassten Gesamtumfang reduzieren dürfen. Ist die Leistung dadurch nicht mehr sinnvoll, kann er sie ganz widerrufen. Denkbar wäre auch eine an die verfassungsrechtliche Rechtsprechung zu Art. 3 I GG angelehnte Lösung. Dort werden gegen die Grundrechtsnorm verstoßende Gesetze nicht für nichtig erklärt, sondern nur für unvereinbar mit dem Grundgesetz.[41] Wie dort dem Gesetzgeber könnte beim Gleichbehandlungsverstoß dem Arbeitgeber überlassen werden, wie er den Verstoß ausräumt: Durch Anhebung der benachteiligten Gruppe, durch Absenkung der Bevorzugten oder durch eine egalisierende Lösung.[42]

2. Die Differenzierungsgründe, auf die der Arbeitgeber seine Ungleichbehandlung stützt, braucht er grundsätzlich **nicht offenzulegen**.[43] Die Ungleichbehandlung stellt nicht etwa deswegen einen Verstoß gegen den Gleichbehandlungsgrundsatz dar, weil der Arbeitgeber seine Differenzierungsüberlegungen nicht publiziert. Auch wenn ein Arbeitnehmer Ansprüche aus der Verletzung des Gleichbehandlungsgrundsatzes geltend macht, besteht kein Veröffentlichungserfordernis.[44] Der Arbeitgeber muss lediglich dem Anspruchsteller Auskunft geben, u. a. damit dieser die Chancen eines Prozesses prüfen kann,[45] aber auch um ihm die Prozessführung überhaupt zu ermöglichen, etwa auch, die Höhe seiner Ansprüche zu beziffern. Eine entsprechende Auskunftspflicht folgt aus allgemeinen Grundsätzen wie auch aus der arbeitsrechtlichen Treupflicht.[46]

VI. Gleichbehandlung und kollektive Normsetzung[47]

Sowohl Tarifverträge als auch Betriebsvereinbarungen sind an die Beachtung des verfassungsrechtlichen Gleichheitssatzes gebunden.[48] Eine Anwendung des Gleichbehandlungsgrundsatzes innerhalb des Anwendungsbereichs kollektivrechtlich erzeugter Normen ist daher weder möglich noch nötig.[49] Derartige Normen müssen Arbeitnehmergruppen, die der Rechtssetzungsmacht der Kollektivnormerzeuger nicht unterliegen (beim Tarifvertrag die Außenseiter, bei der Betriebsvereinbarung die leitenden Angestellten), nicht einbeziehen, wie sie dies ja ohnehin nur für begünstigende Normen könnten.

Davon zu unterscheiden ist die Frage, ob der Arbeitgeber gehalten ist, aufgrund des Gleichbehandlungsgrundsatzes die vom Geltungsbereich kollektivrechtlicher Normen ausgeschlossenen Arbeitnehmer unter Umständen gleich zu behandeln. Für den Tarifvertrag ist das selbst dann zu verneinen, wenn der Arbeitgeber ihn selbst abgeschlossen hat (Firmentarifvertrag). Die Geltungsdifferenzierung in § 4 I TVG zwischen gewerkschaftsangehörigen Arbeitnehmern und Außenseitern erlaubt dem Arbeitgeber

---

[41] Ständige Rspr. des *BVerfG* seit BVerfGE 2, 266 (288). Der *EuGH* verlangt bei Verstößen gegen Art. 119 EG-Vertrag für den Rückwirkungszeitraum die Anhebung der benachteiligten Gruppe auf das Niveau der Bevorzugten. Nur für die Zukunft soll eine Absenkung der Leistungen zulässig sein, vgl. *EuGH* AP Nr. 58 zu Art. 119 EWG-Vertrag.

[42] Die Anlehnung an die verfassungsrechtliche Rspr. empfiehlt *Söllner* (in: Hromadka (Hrsg.), Arbeitsrecht und Beschäftigungskrise, 1997, S. 51, 68) für Gleichheitsverstöße in Tarifverträgen.

[43] Anders *Reuter*, SAE 1981, 4. Weniger stark abweichend *van Venrooy*, RdA 1983, 329: der Arbeitgeber brauche nicht die wirklichen, sondern nur mögliche Gründe offenzulegen. Zur Problematik auch *Misera*, SAE 1985, 206.

[44] Anders *BAG* AP Nr. 44 zu § 242 BGB Gleichbehandlung mit insoweit ablehnender Anmerkung von *Mayer-Maly*. Eher noch weitergehend *BAG* AP Nr. 11 zu § 1 BetrAVG Gleichbehandlung. Ausführlich kritisch *Lieb*, ZfA 1996, 319 (333 ff.); jetzt ausdrücklich offen gelassen in *BAG* NZA 1996, 418.

[45] Dagegen *Lieb*, ZfA 1996, 319 (334).

[46] Dazu *BAG* AP Nr. 38 zu § 242 BGB Auskunftspflicht mit lesenswerter Anm. von *Kocher*.

[47] Vgl. *Konzen*, FS G. Müller, 1981, S. 245 ff.; *Wiedemann/Peters*, Neuere Rechtsprechung zur Bedeutung des Gleichheitssatzes für Tarifverträge, RdA 1997, 100.

[48] Vgl. zur Differenzierung zwischen Arbeitern und Angestellten in einer Betriebsvereinbarung *BAG* AP Nr. 172, 186 zu § 611 BGB Gratifikation; zur Zulässigkeit von Stichtagsregelungen in einem Sozialplan *BAG* AP Nr. 88, 89 zu § 112 BetrVG 1972; AP Nr. 123 zu § 242 BGB Gleichbehandlung.

[49] Allerdings vertritt das *BAG* die Auffassung, dass die betriebsverfassungsrechtliche Gleichbehandlungsregelung des § 75 BetrVG beim Abschluss einer Betriebsvereinbarung zu beachten sei, vgl. *BAG* v. 22. 3. 05 1 AZR 48/04.

auch die Anwendungsdifferenzierung. Sachgrund für die unterschiedliche Behandlung ist nicht die Mitgliedschaft, sondern der vom Tarifvertrag ausgehende normative Zwang.[50]

Ganz die gleichen Überlegungen verbieten es, entgegen der Rechtsprechung des BAG,[51] den Arbeitgeber als zur Gleichbehandlung leitender Angestellter mit den in einem Sozialplan bedachten Arbeitnehmern verpflichtet anzusehen. Auch der Sozialplan ist ja keine vom Arbeitgeber stets freiwillig abgeschlossene Vereinbarung,[52] sondern entspricht in der Regel nur partiell seinem eigenen Willen, da der Abschluss immer unter dem Einigungszwang des § 112 IV BetrVG steht. Ähnliche Überlegungen gelten auch für andere erzwingbare Betriebsvereinbarungen. Lediglich im Bereich der freiwilligen Betriebsvereinbarungen ließe sich von einer Entscheidung oder Maßnahme des Arbeitgebers sprechen, die eine Anknüpfung an den Grundsatz der Gleichbehandlung erlauben könnte. Auch dann würde das Gleichbehandlungserfordernis nicht eingreifen, weil die Andersbehandlung von leitenden Angestellten nicht willkürlich ist.

VII. Gleichbehandlung und Betriebsübung

Der Gleichbehandlungsgrundsatz hat mit der Betriebsübung eine Reihe von Berührungspunkten, ist aber von ihr zu unterscheiden.[53] Er berührt sich mit ihr insofern, als auch er sein Hauptanwendungsfeld im Bereich zusätzlicher sozialer Leistungen hat und dort anspruchsbegründend wirken kann. Auch seine Betriebsbezogenheit und kollektive Natur ergeben Übereinstimmungen, und beide können in der Wirkung ähnlich sein, etwa im Hinblick auf die Begründung von Ansprüchen. Die Voraussetzungen und die sachliche Reichweite sind jedoch verschieden. Bei der Betriebsübung geht es darum, inwieweit die gleichförmige Wiederholung bestimmter Maßnahmen und Entscheidungen eine rechtliche Bindung in der Zukunft erzeugt und damit auch z. B. den schon bisher von der Maßnahme Begünstigten einen Rechtsanspruch (etwa auf eine Gratifikation) verschafft. Beim Gleichbehandlungsgrundsatz geht es dagegen darum, inwieweit das gleichförmige Nebeneinander einer Handhabung (also nicht ihre zeitliche Reihe) sich zugunsten (oder zu Lasten) anderer Arbeitnehmer auswirkt.

VIII. Benachteiligungs- oder Diskriminierungsverbote nach dem AGG[54]

1. Zweck und sachlicher Geltungsbereich im Arbeitsrecht

Einen über den allgemeinen Gleichbehandlungsgrundsatz in bestimmter Beziehung (dazu unten 4.) hinausreichenden Schutz intendieren die im AGG geregelten Benach-

---

[50] Vgl. *Konzen*, FS G. Müller, 1981, S. 257 ff.; *BAG* AP Nr. 7 zu § 4 TVG mit zustimmender Anm. *G. Hueck*; abweichend *Wiedemann/Stumpf*, TVG, § 3 Anm. 125 a. E.; *Wiedemann*, RdA 1969, 321 (323 ff.).

[51] *BAG* AP Nr. 8 zu § 112 BetrVG 1972.

[52] Vgl. *Löwisch*, FS G. Müller, 1981, S. 303; a. A. *Konzen*, FS G. Müller, 1981, S. 262; *Hanau*, RdA 1979, 330.

[53] Vgl. dazu *Bötticher*, RdA 1953, 161; *Seiter*, Die Betriebsübung, 1967, S. 62 f. und 105 ff.

[54] Dazu *Thüsing*, Das Arbeitsrecht der Zukunft? – die deutsche Umsetzung der Antidiskriminierungsrichtlinien im internationalen Vergleich, NZA 2004, Sonderbeilage zu Heft 22, S. 3; *Wank*, Diskriminierung in Europa – die Umsetzung der europäischen Antidiskriminierungsrichtlinien aus deutscher Sicht, NZA 2004, Sonderbeilage zu Heft 22 S. 16; *Schiek*, Gleichbehandlungsrichtlinien der EU-Umsetzung im deutschen Arbeitsrecht, NZA 2004, 873 *Reichold*, Sozialgerechtigkeit versus Vertragsgerechtigkeit – arbeitsrechtliche Erfahrungen mit Diskriminierungsregeln, JZ 2004, 384 (dazu Erwiderung von *Classen*, JZ 2004, 613); *Picker*, Antidiskriminierung im Zivil- und Arbeitsrecht, ZfA 2005, 167; *Nicolai*, Das Allgemeine Gleichbehandlungsgesetz in der anwaltlichen Praxis, 2006; *Thüsing*, Das künftige Antidiskriminierungsrecht als Herausforderung für Wissenschaft und Praxis, ZfA 2006, 241; *Reichold*, Diskriminierungsschutz und Verfassungsrecht, ZfA 2006, 257; *Däubler*, Was bedeutet Diskriminierung nach neuem Recht? ZfA 2006, 479; einen ausführlichen Überblick über das Gesetz gibt *Richardi*, Neues und Altes – ein Ariadnefaden durch das Labyrinth des AGG, NZG 2006, 881; ausführlich auch *Kamanabrou*, Die arbeitsrechtlichen Vorschriften des Allgemeinen Gleichbehandlungsgesetzes, RdA 2006, 321; *Kamanabrou*, Rechtsfolgen unzulässiger Benachteiligung im Antidiskriminierungsrecht, ZfA 2006, 327; *Rebhahn*, Das neue Antidiskriminierungsrecht – Anmerkungen zur Lage in

teiligungsverbote. Ziel des Gesetzes ist es, Benachteiligungen aus bestimmten Gründen zu verhindern und zu beseitigen, § 1 AGG, und zwar aus den folgenden: Rasse, ethnische Herkunft, Geschlecht, Religion, Weltanschauung, Behinderung, Alter und sexuelle Identität. Der „Katalog" ist abschließend, er geht über den des GG und des EU-Rechts hinaus. Für das Arbeitsrecht bedeutsam ist, dass vom Gesetz nach § 2 I Benachteiligungen (1) hinsichtlich der Bedingungen des Zugangs zu einer Tätigkeit (einschließlich Auswahlkriterien und Einstellungsbedingungen, (2) der Beschäftigungs- und Arbeitsbedingungen einschließlich Arbeitsentgelt und (3) der Entlassungsbedingungen erfasst werden. Allerdings schränkt das Gesetz im zuletzt genannten Punkt seine Reichweite dadurch ein, dass für Kündigungen ausschließlich die Bedingungen des allgemeinen und besonderen Kündigungsschutzes gelten, § 2 IV AGG, eine im Ansatz vernünftige Regelung, die nur leider völlig unklar geraten ist und bei der sich die Frage stellt, ob sie nicht europarechtswidrig ist.[55] Ein denkbarer Ausweg aus Unklarheit und Europarechtswidrigkeit könnte darin liegen, dass sie nur hinsichtlich der Geltendmachung von Kündigungsmängeln auf das Kündigungsschutzrecht verweist.

Persönlich erfasst werden von den arbeitsrechtlichen Vorschriften der §§ 7–18 AGG nicht nur Arbeitnehmer, einschließlich der Auszubildenden und arbeitnehmerähnlichen Personen, sondern auch Bewerber und ehemalige Arbeitnehmer, § 6 AGG.

2. Das Benachteiligungsverbot des § 7 AGG

Es besagt, dass die vom Gesetz geschützten Personen nicht wegen eines der Gründe des § 1 benachteiligt werden dürfen. Gerichtet ist es nicht nur an den Arbeitgeber als Partner des Arbeitsvertrages, sondern es gilt auch für Tarifverträge und Betriebsvereinbarungen.[56] Das Verbot ist freilich kein absolutes, vielmehr kann die Benachteiligung erlaubt (gerechtfertigt) sein, wenn der nach § 1 geschützte Grund wegen der auszuübenden Tätigkeit oder wegen der Bedingungen ihrer Ausübung eine wesentliche und entscheidende berufliche Anforderung darstellt, § 8 AGG, wobei das Gesetz zusätzlich verlangt, dass „der Zweck rechtmäßig und die Anforderung angemessen" ist. Wann dies im Einzelnen der Fall ist, unterliegt nach vielen Richtungen erheblichen Zweifeln. In der rechtswissenschaftlichen Durchdringung und Strukturierung der Voraussetzungen für die Rechtfertigung von Benachteiligungen liegt eine Hauptaufgabe für Wissenschaft und Rechtsprechung gegenüber dem Antidiskriminierungsrecht, um dieses für eine praktisch gedeihliche Anwendung aufzubereiten. Zusätzliche Rechtfertigungsgründe sieht das AGG in § 9 für die Benachteiligung wegen Religionszugehörigkeit und Weltanschauung und in § 10 wegen des Alters vor. Dieser zweitgenannte

---

Österreich, ZfA 2006, 347; *Thüsing*, Arbeitsrechtlicher Diskriminierungsschutz, 2006; s. ferner *Kamanabrou*, Vertragsgestaltung und Antidiskriminierung, NZA 2006, Beilage 3 zu Heft 24, S. 138; *Schrader*, Gestaltungsmöglichkeiten des Arbeitgebers nach Inkrafttreten des AGG, DB 2006, 2529; *Jagst*, AGG – Einführung zum Allgemeinen Gleichbehandlungsgesetz, 2007; *Schleusener/Suckow/Voigt*, Kommentar zum Allgemeinen Gleichbehandlungsgesetz, 2007; *G. Wisskirchen*, Der Umgang mit dem AGG – ein „Kochrezept" für Arbeitgeber, DB 2007, 1491; *Adomeit/Mohr*, Benachteiligung von Bewerbern (Beschäftigten) nach dem AGG als Anspruchsgrundlage für Entschädigung und Schadensersatz, NZA 2007, 179; *Dagmar Schiek* (Hrsg.), Allgemeines Gleichbehandlungsgesetz (AGG) – in Kommentar aus europäischer Perspektive, 2007; *Steinmeyer*, Das allgemeine Gleichbehandlungsgesetz und die betriebliche Altersversorgung, ZfA 2007, 27; *Adomeit/Mohr*, Kommentar zum AGG, 2007.

[55] Den Versuch einer Auslegung unternimmt *Löwisch*, Kündigen unter dem AGG, BB 2006, 2189; s. ferner *Diller/Krieger/Arnold*, Kündigungsschutz plus AGG – sind Arbeitnehmer künftig doppelt vor Kündigungen geschützt? NZA 2006, 887; *Bayreuther*, Kündigungsschutz im Spannungsfeld zwischen Gleichbehandlungsgesetz und europäischem Antidiskriminierungsschutz, DB 2006, 1842.

[56] *Löwisch*, Kollektivverträge und Allgemeines Gleichbehandlungsgesetz, DB 2006, 1729.

Rechtfertigungsgrund ist umfänglich und kompliziert, was nicht wunder nimmt, weil schon der Tatbestand der **Altersdiskriminierung**[57] alles andere als klar ist, wie dies an den im Berufsrecht unvermeidlichen zahlreichen Altersgrenzen deutlich wird, die Junge wie Alte diskriminieren können und von den Betroffenen subjektiv ganz unterschiedlich aufgenommen werden.

3. Unmittelbare und mittelbare Benachteiligung

Das Gesetz verbietet nicht nur die unmittelbare Benachteiligung, sondern auch die mittelbare. Unmittelbare Benachteiligung ist nach der Legaldefinition in § 3 I AGG eine „weniger günstige Behandlung einer Person" als sie eine andere Person in einer vergleichbaren Situation „erfährt, erfahren hat oder erfahren würde". Eine mittelbare Benachteiligung liegt nach der nicht leicht verständlichen Definition in § 3 II AGG vor, „wenn dem Anschein nach neutrale Vorschriften, Kriterien oder Verfahren" Personen in besonderer Weise benachteiligen können. Es geht dabei darum, dass Personen, die das durch § 1 AGG vor Diskriminierung geschützte Merkmal aufweisen, prozentual durch die scheinbar neutralen Vorschriften häufiger benachteiligt werden als andere. Die mittelbar benachteiligende Regelung knüpft begrifflich nicht an das „verbotene" Merkmal an, sondern an andere Merkmale, führt aber im Ergebnis zu überwiegender Benachteiligung der geschützten Gruppe. Das Vorliegen dieses Tatbestands wird in der Regel durch einen statistischen Vergleich ermittelt zwischen der Gruppe, die von der fraglichen Vorschrift bzw. dem fraglichen Kriterium erfasst wird und der Gruppe, bei der das nicht der Fall ist. Geht es z.B. um eine soziale Vergünstigung für 60–62-Jährige, die durch den Eintritt in den Vorruhestand ausgeschlossen wird, so sollen Frauen die Vergünstigung trotzdem erhalten, weil bei ihnen der frühzeitige Vorruhestand deutlich häufiger vorkommt als bei Männern.[58] Das Beispiel zeigt aufs beste, wie fragwürdig das Kriterium der mittelbaren Benachteiligung ist. Das Gesetz sucht die Bedenklichkeit dadurch zu mildern, dass es das Vorliegen des Tatbestands der mittelbaren Benachteiligung mit Hilfe eines Es-sei-denn-Satzes ausschließt, wenn die betreffenden Vorschriften, Kriterien oder Verfahren durch ein rechtmäßiges Ziel gerechtfertigt und die Mittel zur Erreichung des Ziels angemessen und erforderlich sind.

4. Verhältnis zum allgemeinen Gleichbehandlungsgrundsatz

Man könnte meinen, durch die Möglichkeit der Rechtfertigung der Benachteiligung stünden die Benachteiligungsverbote dem allgemeinen Gleichbehandlungsgrundsatz ganz nahe, der die unterschiedliche Behandlung ja dann erlaubt, wenn für sie sachliche Gründe bestehen. Indessen trifft das nur in einem sehr abstrakt-strukturellen Sinn zu. Ein Unterschied der Problematik liegt schon darin, dass die Benachteiligungsverbote

---

[57] Zu dieser praktisch besonders häufig in Betracht kommenden Form der Benachteiligung ist eine Flut von Spezialbeiträgen erschienen, vgl. z.B. *Schmidt/Senne,* Das gemeinschaftsrechtliche Verbot der Altersdiskriminierung und seine Bedeutung für das deutsche Arbeitsrecht, RdA 2002, 80; *Schlachter,* Altersgrenzen angesichts des gemeinschaftsrechtlichen Verbots der Altersdiskriminierung, GS W. Blomeyer, 2003, S. 355; *Waltermann,* Übergang vom Erwerbsleben in den Ruhestand und arbeitsrechtliche Altergrenzen, GS W. Blomeyer, 2003, S. 495; *Zöllner,* Altersgrenzen beim Arbeitsverhältnis jetzt und nach Einführung eines Verbots der Alterdiskriminierung, GS W. Blomeyer, 2003, S. 517; *Waltermann,* Altersdiskriminierung, ZfA 2006, 305; *Kamanabrou,* Vertragsgestaltung und Antidiskriminierung, NZA 2006, Beilage 3 zu Heft 24, S. 138 ff.
[58] Vgl. *BAG* 20. 8. 02 AP Nr. 6 zu § 1 TVG Tarifverträge – Süßwarenindustrie.

auch eingreifen, wenn es nicht um Gleichbehandlung geht, wie nämlich dann, wenn von der Entscheidung des Arbeitgebers gar nicht mehrere Arbeitnehmer betroffen sind, etwa nur ein Arbeitsplatzbewerber vorhanden ist, der abgewiesen wird. Der Begriff der Benachteiligung verlangt nicht eine aktuell im Vergleich zu anderen Arbeitnehmern in gleicher Lage erfolgende Benachteiligung, ihm genügt vielmehr auch die Benachteiligung eines einzigen Betroffenen, vgl. § 3 I AGG. Ein wesentlicher Unterschied liegt auch im Ansatz beider Verbote: während der Gleichbehandlungsgrundsatz nur bei kollektivem Handeln des Arbeitgebers eingreift (s. oben III. 2), gilt das Benachteiligungsverbot auch bei individuellen Maßnahmen. Ebenso bedeutsam ist der Unterschied, dass die Rechtfertigung einer gewöhnlichen Ungleichbehandlung an der eigenen Zwecksetzung des Arbeitgebers zu messen ist unter Einräumung eines breiten Ermessensspielraums, während die Rechtfertigung einer Diskriminierung nur aus objektiven, von der Rechtsordnung her zu sehenden Gründen in Betracht kommt. Beim Gleichbehandlungsgrundsatz genügt die Vertretbarkeit des Differenzierungsgrundes, beim Benachteiligungsverbot muss die Differenzierung aus beruflichen Gründen erforderlich sein.

5. Ausschreibung von Arbeitsplätzen und Benachteiligungsverbot

Es versteht sich, dass der Arbeitgeber freie Arbeitsplätze nur in einer Benachteiligungen vermeidenden Weise ausschreiben darf, weil sonst die Arbeitsplatzchancen der durch das Benachteiligungsverbot geschützten Personenkreise gemindert werden. Entsprechend differenzierende Merkmale des Anforderungsprofils dürfen folglich nur genannt werden, wenn dafür einschlägige, eine Differenzierung rechtfertigende sachliche Gründe bestehen. Sie lassen sich am ehesten für das Nachtclubmilieu erfinden (dunkelhäutige Tänzerin für exotische Show, schwuler Wächter etc.). Erfolgt die Ausschreibung entgegen dem Verbot, begründet das die Vermutung einer Benachteiligung.[59]

6. Schutzpflichten des Arbeitgebers

Der Arbeitgeber darf den Arbeitnehmer nicht nur selbst nicht benachteiligen, sondern muss ihn auch vor Benachteiligungen durch andere schützen (auch vorbeugend), und zwar nicht nur durch Mitarbeitnehmer (dazu § 12 II und III AGG), sondern auch durch Dritte (§ 12 IV AGG). In § 12 I nimmt der Gesetzgeber dazu den Mund recht voll: Der Arbeitgeber müsse die erforderlichen Maßnahmen treffen (man denkt hinzu: koste es, was es wolle); in § 12 II nimmt er das dann wieder dahin zurück, dass die in geeigneter Weise erfolgte Schulung der Beschäftigten zum Zweck der Verhinderung von Benachteiligungen als Erfüllung der Pflichten nach Abs. 1 gelte. In jedem Fall setzt der Grundsatz der Verhältnismäßigkeit dem Ausmaß der Schutzpflichten Grenzen.

7. Rechte der Betroffenen bei Verstößen

Bei Verstößen gegen das AGG sieht das Gesetz eine Reihe von Sanktionen vor, darunter ein **Beschwerderecht** des Beschäftigten bei den „zuständigen Stellen" im Unter-

---

[59] Beispiel aus einem nicht veröffentlichten Rechtsprechungsfall: In einer Annonce für eine Anwaltskanzlei wurde eine „Volljuristin" gesucht, ein männlicher Bewerber erhielt auf seine Klage Schadensersatz.

nehmen (§ 13 AGG), wenn sie sich benachteiligt fühlen (sic!) mit der Folge, dass die Beschwerde geprüft und beschieden werden muss. Bei Belästigung oder sexueller Belästigung am Arbeitsplatz gibt das Gesetz ein **Leistungsverweigerungsrecht** unter Lohnfortzahlungspflicht, wenn der Arbeitgeber keine oder offensichtlich ungeeignete Maßnahmen zum Schutz des Betroffenen ergreift und die Einstellung der Arbeit zu ihrem Schutz erforderlich ist (§ 14 AGG). Wegen der Geltendmachung von Rechten dürfen die Betroffenen nicht benachteiligt werden (**Maßregelungsverbot**). Das Gleiche gilt für Arbeitnehmer, die den Betroffenen unterstützen oder als Zeugen aussagen, § 16 AGG. Jedem, der nach seiner Ansicht aus einem der Gründe des § 1 AGG benachteiligt worden ist, steht auch die Möglichkeit offen, sich an die **Antidiskriminierungsstelle des Bundes** zu wenden, § 27 AGG, die freilich außer Information und Beratung nur anbieten kann, zwischen den Beteiligten zu vermitteln.

Schadensersatz muss der Arbeitgeber leisten, wenn er gegen ein Benachteiligungsverbot verstößt und dies zu vertreten hat, § 15 I AGG. Aus dem Verstoß ergibt sich kein Erfüllungsanspruch des Betroffenen, insbesondere kein Anspruch auf Einstellung oder Beförderung, wie § 15 VI AGG ausdrücklich normiert. Auch wenn der Schaden aus der Benachteiligung in der Nichteinstellung oder Nichtbeförderung liegt, wäre Schadensersatz nur in Geld zu leisten. Der Arbeitnehmer kann hier freilich nicht etwa Lohnansprüche quasi auf Lebenszeit liquidieren. Man wird aus § 15 VI AGG vielmehr abzuleiten haben, dass der Nichteinstellungs- und Nichtbeförderungsschaden selbst als Schadensersatz nicht liquidiert werden kann, sondern nur anderweitiger Vermögensschaden.

Neben den Schadensersatz stellt das Gesetz aber einen Anspruch auf **Entschädigung** wegen eines Schadens, der nicht Vermögensschaden ist, § 15 II AGG. Er geht auf angemessene Entschädigung in Geld, die bei einer Nichteinstellung drei Monatsgehälter nicht übersteigen darf, wenn der Beschäftigte auch bei benachteiligungsfreier Auswahl nicht eingestellt worden wäre. Daraus geht incidenter hervor, dass die Entschädigung höher bemessen werden darf, wenn benachteiligungsfreie Auswahl zur Einstellung geführt hätte.

Für die Geltendmachung von Schadensersatz und Entschädigung gilt eine **Ausschlussfrist von zwei Monaten,** innerhalb derer schriftliche Geltendmachung erforderlich ist, § 15 IV AGG. Zum Fristbeginn siehe dort Satz 2.

8. Beweislastfragen[60]

Für die betriebliche Praxis der Anwendung des AGG ist von zentraler Bedeutung, wie die Darlegungs- und Beweislast hinsichtlich des Vorliegens einer unerlaubten Benachteiligung verteilt ist. Insoweit geht es um mehrere Elemente des Vorgangs. Ganz ohne Frage muss der Betroffene Arbeitnehmer oder Arbeitsplatzbewerber behaupten und darlegen, dass er bei einer der in § 2 I AGG genannten Maßnahmen benachteiligt worden ist, also z.B. nicht eingestellt, nicht befördert oder mit schlechteren Bedingungen eingestellt worden ist und dass er selbst eines der durch § 1 AGG geschützten Merkmale aufweist. Das wird ihm in der Regel unschwer gelingen. Praktisch problematisch ist erst die Frage, ob die nachteilige Entscheidung oder Maßnahme wegen des geschützten Merkmals getroffen worden ist, d.h. ob dieses Merkmal für die Entschei-

---

[60] Dazu *Prütting,* Beweisrecht und Beweislast im arbeitsgerichtlichen Diskriminierungsprozeß, FS 50 Jahre BAG, 2004, S. 1311; *Grobys,* Die Beweislast im Anti-Diskriminierungsprozess, NZA 2006, 898; *Hoentzsch,* Europarechtskonformität und Auslegung der Beweislastregelung in § 22 AGG, DB 2006, 2631.

dung ursächlich oder wenigstens mitursächlich war. Insoweit muss die nach allgemeinen Grundsätzen eigentlich dem Arbeitnehmer obliegende Beweislast für diesen erleichtert werden, wenn das Benachteiligungsverbot nennenswert greifen soll. § 611a I 3 BGB hatte insoweit für die Benachteiligung wegen des Geschlechts in Anlehnung an EG-rechtliche Vorgaben die Regelung getroffen, dass der Arbeitnehmer Tatsachen glaubhaft zu machen hatte, die eine Benachteiligung wegen des Geschlechts vermuten lassen. Unter Glaubhaftmachung war nicht der in § 294 ZPO geregelte Vorgang zu verstehen und die Vermutungsregelung sollte keine Vermutungsregelung i. S. v. § 292 ZPO bedeuten[61] (eigenständige gemeinschaftsrechtliche Bedeutung der Begriffe). Vielmehr verlangt Glaubhaftmachung lediglich eine Darlegung, die eine Benachteiligung wegen des Geschlechts als wahrscheinlich erscheinen lässt. In der Sache ist richtig, dass der Begriff nichts anderes bewirken soll als eine Senkung des Beweismaßes. Folge der Glaubhaftmachung in § 611a BGB war die Überbürdung der Beweislast auf den Arbeitgeber, dass nicht auf das Geschlecht bezogene sachliche Gründe die unterschiedliche Behandlung rechtfertigten.

Nunmehr sieht § 22 AGG, der auch für arbeitsrechtliche Streitigkeiten gilt, vor, dass der Betroffene die Beweislast für Indizien trägt, die eine Benachteiligung vermuten lassen. Ob dies den auf Glaubhaftmachung abstellenden europäischen Vorgaben entspricht, ist vom Wortlaut her zwar zweifelhaft, in der Sache bei richtiger Auslegung aber zu bejahen.[62] Ist es dem Betroffenen gelungen, hinreichende vermutungsbegründende Indizien zu beweisen, hat das die gleiche Folge wie in § 611a BGB die Glaubhaftmachung: Der Arbeitgeber trägt dann die Beweislast, dass die Benachteiligung nicht auf durch § 1 AGG ausgeschlossene Gründe zurückzuführen ist. Wegen dieser Beweislastverteilung ist es von großer Bedeutung, welche Indizien ausreichen, die Vermutung einer Benachteiligung zu tragen. Schon die Annahme in der Rechtsprechung, eine nicht diskriminierungsneutrale Ausschreibung begründe die entsprechende Vermutung[63], geht sehr weit. Bedenklich erscheint die Annahme, das Verbot der Altersdiskriminierung schließe beim Einstellungsgespräch die Frage nach dem Alter des Bewerbers aus, was auch zur Folge haben müsste, ein Verstoß begründe ein Indiz für eine Benachteiligung. Die eigentliche Problematik liegt freilich, das ist evident, darin, dass Entscheidungen letztlich durch äußerlich nicht erkennbare innere psychische Vorgänge bei der entscheidenden Person bestimmt werden, für die es einen Beweis nicht gibt und auch nicht geben kann. Deshalb läuft der vom Arbeitgeber zu führende Beweis auf nichts anderes hinaus als auf die Darlegung von Gründen, die der Vernunft zugänglich und die geeignet sind die Entscheidung sachlich zu tragen. Diese Gründe müssen an in der konkreten Sachlage vorhandene Tatsachen anknüpfbar und sie müssen nachvollziehbar sein. Gefühle und Empfindungen des Entscheidenden scheiden aus, auch wenn sie die in Wahrheit bestimmenden Gründe sind und mit einem nach § 1 AGG verbotenen Grund nichts zu tun haben. Nimmt also der Arbeitgeber einen Bewerber nicht, weil er ihm tief unsympathisch ist (was ein im Grunde sehr „vernünftiger" Grund sein könnte, weil ja Zusammenarbeit gefordert ist), kann er damit die Benachteiligung aus verbotenem Grund nicht widerlegen, sondern muss für seine Entscheidung einen „objektiven" Grund suchen. Das Vorliegen der für diesen Grund objektiv maßgeblichen oder erforderlichen Tatsachen kann er evtl. beweisen, hingegen kaum jemals, dass dieser Grund für die getroffene Entscheidung wirklich bestimmend war.

---

[61] So die ganz h. M. im Schrifttum sowie *BAG* v. 5. 2. 2004 8 AZR 112/03 EzA § 611a BGB 2002 Nr. 3 mit ausführlicher Anm. von *Herresthal*.

[62] Zutreffend *Hoentzsch*, Europarechtskonformität und Auslegung der Beweislastumkehr in § 22 AGG, DB 2006, 2632ff.

[63] Vgl. Fn. 59.

Konsequenz der vertrackten Beweislage ist für den Arbeitgeber, dass bei allen Entscheidungen, bei denen mit einem Benachteiligungsstreit zu rechnen ist, eine sorgfältige Dokumentation „vorzeigbarer" Gründe für die Entscheidung erfolgt, etwa der mangelnden Eignung, der Befähigungsdefizite im Vergleich zu anderen Bewerbern, etwaiger Hinweise auf mangelnde Teamfähigkeit oder zu befürchtender Störungen des Betriebsfriedens und noch vieles mehr. Freilich ist der Arbeitgeber auch dann nicht unbedingt auf der sicheren Seite, wenn er die bessere Eignung vorgezogener Bewerber objektiv belegen kann. So hat etwa das BAG in einer im Ergebnis verfehlten Entscheidung[64] angenommen, dass eine Benachteiligung des Bewerbers schon darin gelegen habe, dass er infolge einer nicht geschlechtsneutralen Ausschreibung im Auswahlverfahren gar nicht zum Zug gekommen sei. Dass er auch bei Teilnahme an diesem Verfahren wegen besserer Eignung anderer Bewerber nicht genommen worden wäre, erschien dem Gericht unerheblich.

Weniger Beweisprobleme dürfte die Rechtfertigung einer gerade auf die Differenzierung wegen eines geschützten Merkmals gestützten Benachteiligung mit sich bringen. Hier wird es meist nicht um den Beweis von Tatsachen gehen, sondern darum, den Richter zu überzeugen, dass die Differenzierung auf Grund des geschützten Merkmals erforderlich ist (also z. B. die Bedienung im Schwulenlokal männlich und schwul sein muss). Fragen dieser Art werden vielfach einem Beweis gar nicht zugänglich sein, sondern nur einer Plausibilisierung.

9. Gleichbehandlung von Männern und Frauen

Sie war zwar im Ansatz schon durch den Grundsatz der Gleichbehandlung geboten, eine echte Gleichstellung war damit jedoch praktisch nicht zu erreichen, weil bestimmte Unterschiede zwischen den Geschlechtern durchaus geeignet waren, in mancher Hinsicht eine unterschiedliche Behandlung zu rechtfertigen. Biologische, auch in die Psyche hineinreichende Verschiedenheiten von Mann und Frau, wie sie Unterschiede nicht nur in Bezug auf Nachwuchserzeugung und Muskelkraft, sondern auch hinsichtlich der Lebenserwartung bedingen, können gewisse Rollenunterschiede und Unterschiede im Lebensablauf bedingen. Für den Ausgleich daraus resultierender Chancenunterschiede sinnvolle Regeln zu entwickeln, ist eine vielschichtige Aufgabe, zu deren Lösung das Richtige weder unter der Zielvorgabe statistisch gleicher Rollenverteilung im Erwerbsleben etc. noch unter den gängigen Ausdeutungen des Gleichheitssatzes zu finden sein wird, Letzteres vor allem deshalb, weil es vielfach notwendig ist, gerade Unterschiede in sachlich an sich einschlägigen Voraussetzungen zu negieren, wie sie in der Industrie z. B. in Gestalt deutlich höherer Fehlzeiten der Frauen (nach arbeitgeberseitigen Angaben sind sie um 50% höher) de facto vorliegen.

Der verstärkte Schutz gegen die Benachteiligung wegen des Geschlechts wird nunmehr von dem Benachteiligungsverbot des § 7 AGG mitumfasst. Welche Bedeutung daneben der europarechtliche Schutz auf Grund von Art. 141 EG-Vertrag sowie dazu ergangener Richtlinien (dazu oben § 10 II 1 und 9a) noch haben wird, bleibt abzuwarten. Die Rechtsprechung des EuGH hat bisher zwecks Durchsetzung der Gleichstellung eine rigorose Haltung gezeigt,[65] die jederzeit wieder aktuell werden kann, wenn die nationale Rechtsprechung richtigerweise einen mittleren, abgewogenen Kurs präferiert.

---

[64] Vgl. Fn. 59.
[65] Zur Schlichtheit einschlägiger Entscheidungen treffend *Elke Hermann*, SAE 3003, 125.

10. Beurteilung des Gesetzes[66]

Das Gesetz, dessen Titel völlig irreführend ist, weil es gerade nicht um *allgemeine* Gleichbehandlung geht, hat zu Recht harte Kritik erfahren, nicht nur wegen seiner rechtstechnischen Schwächen, die sich weitgehend durch Auslegung überwinden lassen, sondern vor allem wegen seines freiheitsbeschränkenden und der Privatautonomie feindlichen Inhalts.[67] Es dürfte nicht zu viel behauptet sein, wenn man seine Regelungen für den gesellschaftlichen Wandel und für die Bewahrung ordentlicher gesellschaftlicher Verhältnisse als bei uns weitgehend überflüssig ansieht. Allerdings gilt das unter zeitlicher Perspektive nicht für die Benachteiligung von Frauen. Zwar würde sich die Gleichstellung der Frau im Lauf der Zeit von selbst in dem von den Frauen gewünschten Maß einstellen, aber vermutlich erheblich länger dauern als unter dem Druck des Diskriminierungsverbots.

IX. Benachteiligungsverbote nach Sondervorschriften

Für einige arbeitsrechtliche Sonderkonstellationen sieht das Gesetz spezifische Benachteiligungs- oder Diskriminierungsverbote vor.

1. Teilzeitbeschäftigte und befristet Beschäftigte

Ein teilzeitbeschäftigter Arbeitnehmer darf nach § 4 I TzBfG wegen der Teilzeitarbeit nicht schlechter behandelt werden als ein vergleichbarer Vollzeitbeschäftigter. Entsprechendes gilt nach § 4 II TzBfG für befristet Beschäftigte. Um einen dem AGG ähnlichen Benachteiligungsschutz handelt es sich hier insofern, als die den Arbeitnehmer benachteiligende Differenzierung wegen des geschützten Merkmals nicht erfolgen darf. Im Unterschied zu den Diskriminierungsverboten des AGG geht es insoweit aber um echte Gleichbehandlung, weil die Benachteiligung im Vergleich zu anderen Beschäftigten gegeben sein muss. Ein evidenter Unterschied besteht auch darin, dass das Verbot nicht an persönliche Eigenschaften oder Merkmale des Arbeitnehmers anknüpft, sondern an seine vertragliche Situation beim Arbeitgeber. Eine Benachteiligung ist nach § 4 TzBfG zugelassen, wenn sachliche Gründe eine unterschiedliche Behandlung rechtfertigen.[68] Für die wichtigste Arbeitsbedingung, das Arbeitsentgelt, wird das aber praktisch dadurch ausgeschlossen, dass eine Bemessung mindestens nach dem Verhältnis der Arbeitszeit des Teilzeitbeschäftigten zu der eines Vollzeitbeschäftigten zwingend vorgeschrieben wird.[69] Bei befristet Beschäftigten gilt eine entsprechende Relationalität für die Bemessung nach Bezugszeiträumen. Dass der Arbeitsplatz

---

[66] Dazu *Bauer/Thüsing/Schunder*, Das allgemeine Gleichbehandlungsgesetz – Alter Wein in neuen Schläuchen?, NZA 2006, 774; s.a. *Bauer/Preis/Schunder*, NZA 2006, 1261.

[67] Dazu namentlich *Picker*, ZfA 2005, 167 m.w.N.

[68] Das *BAG* hat eine solche Rechtfertigung z.B. verneint für eine tarifvertragliche Regelung, die einen (gegenüber § 8 TzBfG günstigeren) Anspruch auf Verringerung der Arbeitszeit gewährt, diesen aber für Teilzeitbeschäftigte generell ausschloss, *BAG* AP Nr. 3 zu § 8 TzBfG.

[69] Zulässig ist die Beschränkung von Überstundenzulagen auf Mehrarbeit, mit der die Regelarbeitszeit der Vollzeitbeschäftigten überschritten wird, vgl. *BAG* AP Nr. 1 zu § 1 TVG Tarifverträge: Nährmittelindustrie, AP Nr. 11 zu § 1 TVG Tarifverträge: Chemie; zulässig, wenn nicht sogar geboten ist es, bei der Bemessung von Sozialplanabfindungen die unterschiedliche Arbeitszeit von Teil- und Vollzeitkräften anteilig zu berücksichtigen, *BAG* AP Nr. 142 zu § 112 BetrVG 1972.

eines Teilzeitbeschäftigten für den Arbeitgeber mit relativ höheren Arbeitskosten verbunden sein kann, darf folglich als Sachgrund für eine Differenzierung nicht herangezogen werden.

2. Leiharbeitnehmer

Leiharbeitnehmer müssen, von einem Sonderfall abgesehen, für die Dauer der Überlassung an den Entleiher grundsätzlich mindestens ebenso gute Arbeitsbedingungen einschließlich des Arbeitsentgelts erhalten wie vergleichbare Arbeitnehmer im Betrieb des Entleihers, § 9 Nr. 2 AÜG. Entgegenstehende Vereinbarungen sind unwirksam. Der Leiharbeitnehmer kann aber von dem Verleiher die Gewährung der für einen vergleichbaren Arbeitnehmer des Entleihers geltenden Arbeitsbedingungen verlangen, § 10 IV AÜG.

§ 19. Leistungsstörungen im Arbeitsverhältnis

Literatur: *Söllner,* „Ohne Arbeit kein Lohn", AcP 167 (1967), 132; *Fabricius,* Leistungsstörungen im Arbeitsverhältnis, 1970; *Beuthien,* Lohnminderung bei Schlechtarbeit und Arbeitsverlust, ZfA 1972, 73; *Ehmann,* Das Lohnrisiko der an einem rechtmäßigen Arbeitskampf nicht beteiligten Arbeitnehmer, DB 1973, 1946 u. 1994; *Söllner,* Der Umfang der Arbeitspflicht beim Zeitlohn, in: Tomandl (Hrsg.), Entgeltprobleme in arbeitsrechtlicher Sicht, 1979; *Motzer,* Die positive Vertragsverletzung des Arbeitnehmers, 1982; *Ehmann,* Das Lohnrisiko im Arbeitsfrieden und im Arbeitskampf, Jura 1983, 181 u. 238; *v. Stebut,* Leistungsstörungen im Arbeitsverhältnis, RdA 1985, 66; *Kraft,* Sanktionen im Arbeitsverhältnis, NZA 1989, 777; *Bengelsdorf,* Schadensersatz bei Nichtantritt der Arbeit, BB 1989, 2390; *Berger-Delhey,* Der Vertragsbruch des Arbeitnehmers – Tatbestand und Rechtsfolgen, DB 1989, 2171; MünchArbR/*Blomeyer,* §§ 55, 56; *v. Hoyningen-Huene,* Sicherheiten im Arbeitsverhältnis, FS Serick, 1992 S. 171; *Stoffels,* Der Vertragsbruch des Arbeitnehmers, 1994; *Canaris,* Die Reform des Rechts der Leistungsstörungen, JZ 2001, 499; *Richardi,* Leistungsstörung und Haftung im Arbeitsverhältnis, NZA 2002, 1004; *Henssler,* Arbeitsrecht und Schuldrechtsreform, RdA 2002, 129; *Löwisch,* Auswirkungen der Schuldrechtsreform auf das Recht des Arbeitsverhältnisses, FS Wiedemann, 2002, S. 311 (323ff.); *Henssler/Muthers,* Arbeitsrecht und Schuldrechtsmodernisierung – Das neue Leistungsstörungsrecht, ZGS 2002, 219; *Reichold,* Anmerkungen zum Arbeitsrecht im neuen BGB, ZTR 2002, 202; *Gotthardt,* Arbeitsrecht nach der Schuldrechtsreform, 2. Aufl., 2003; *Dauner-Lieb/Konzen/Schmidt* (Hrsg.), Das neue Schuldrecht in der Praxis, 2003; *W. Servatius,* Die Haftung des Arbeitnehmers für Nicht- und Schlechtleistung, Jura 2005, 838; *Löwisch,* Ersatz vergeblicher Aufwendungen bei Verletzung arbeitsvertraglicher Pflichten, FS Wissmann, 2005, S. 37; *Dauner-Lieb,* Im Labyrinth der Pflichtverletzungen. Schadensersatz bei Schlechtleistung, FS Konzen, 2006, S. 63.

Für das Leistungsstörungsrecht im Arbeitsverhältnis gelten grundsätzlich die Vorschriften des allgemeinen BGB-Schuldrechts (§§ 275–304, 311a, 320–326). Sie werden teilweise überlagert und modifiziert durch Sondervorschriften des Dienstvertragsrechts (§§ 615, 616, 618 III und 619a). Hinzu treten für einzelne Fragenbereiche arbeitsrechtliche Sondergesetze wie insbesondere im Lohnfortzahlungsrecht sowie rechtsfortbildend gewonnene ungeschriebene Grundsätze wie etwa hinsichtlich der Folgen von Arbeitskämpfen. Das Leistungsstörungsrecht des BGB ist durch die sog. Schuldrechtsmodernisierung mit Wirkung zum 1. 1. 2002 in etlichen Beziehungen umgestaltet worden. Das hat zu bedenken, wer ältere Literatur und Rechtssprechung heranzieht, die freilich zu vielen Fragen nach wie vor wichtig geblieben ist.

Als zentral für das neue Leistungsstörungsrecht gilt der Begriff der Pflichtverletzung (§ 280 I BGB), für die charakteristisch ist, dass sie ein Vertretenmüssen nicht voraussetzt (vgl. § 280 I 2 BGB). Auch mit diesem weiten Ansatz lassen sich freilich nicht alle leistungsstörungsrechtlich relevanten Ereignisse sinnvoll erfassen, wie sich etwa im Bereich der Unmöglichkeit der Leistung zeigt, die den Schuldner in jedem Fall von der Primärleistungspflicht frei werden lässt, § 275 I BGB. Denn so weit für die Unmöglichkeit der Leistung kein Verhalten des Schuldners ursächlich geworden ist, die Unmöglichkeit vielleicht sogar ausschließlich auf einem Verhalten des Gläubigers beruht (der Arbeitgeber verursacht einen Arbeitsunfall oder eine Erkrankung des Arbeitnehmers), ist es absurd, von einer „Pflichtverletzung" des Schuldners zu sprechen.[1] Gleichwohl mag hier von diesem gebräuchlichen Ansatz ausgegangen werden.

Als Leistungsstörungstypen hat man im Ansatz Nichtleistung und Schlechtleistung zu unterscheiden, wobei aber die Nichtleistung sogleich zu unterteilen ist in die bloß verzögerte und die unmögliche Leistung. Das System des BGB kann hier nicht umfassend dargestellt werden. Im folgenden werden die im Arbeitsverhältnis auftretenden Leistungsstörungen, an die BGB-Regelung anknüpfend, mit ihren arbeitsrechtlichen Besonderheiten dargelegt. Erinnert sei daran, dass das Leistungsstörungsrecht mehrere sorgfältig zu unterscheidende Fragen zu beantworten hat: (1) Was wird aus der ursprünglichen (primären) Leistungspflicht? (2) Muss der Schuldner, dessen Leistung gestört ist, statt der Primärleistung eine andere Leistung erbringen, insbesondere Schadensersatz? (3) Was wird aus der Gegenleistungspflicht?

I. Die Verletzung der Arbeitspflicht

1. Nichtleistung der Arbeit

a) Regelfolge Unmöglichkeit

Erbringt der Arbeitnehmer seine Arbeitsleistung nicht, so liegt im Arbeitsverhältnis im Gegensatz zu anderen Arten des Schuldvertrags in aller Regel nicht lediglich eine Verspätung der Leistung vor, die bei Verschulden als Verzug zu werten wäre. Vielmehr ist insbesondere bei allen zeit- und betriebsgebundenen Arbeitsleistungen die Erbringung zu bestimmter Zeit so wesentlich, dass die Verzögerung der Unmöglichkeit gleichzusetzen ist.[2] Ein solcher absoluter Fixcharakter der Arbeit ist nicht nur dort gegeben, wo sich aus den Gesamtumständen zwingend ergibt, dass eine Nachholung der nichtgeleisteten Arbeit nicht in Betracht kommt, sondern auch überall da, wo die Nichtnachholbarkeit Vertragsinhalt, und zwar auch stillschweigender, ist. Die beim absoluten Fixgeschäft gegebene enge Verbindung zwischen Leistungszeit und Leistungsgegenstand ist der vertraglichen Festlegung zugänglich, und zwar auch dann, wenn die Verbindung nach den Umständen sachlich nicht notwendigerweise geboten ist. Eine dahingehende Vereinbarung wird man bei betrieblichen Arbeitsverhältnissen als in der Regel gegeben ansehen dürfen. Das gilt auch in den neuerdings nicht mehr seltenen Fällen, in denen die Arbeitnehmer nicht in kurzen Perioden feste Arbeitszeitmengen zu leisten haben, sondern auf sog. Arbeitszeitkonten arbeiten, etwa mit dem Recht, pro Jahr eine bestimmte Zahl von Schichten vor- oder nacharbeiten zu dürfen. Denn auch in solchen Fällen wird der konkrete Zeitpunkt der Arbeitserbrin-

---

[1] Es ist daher bedenklich, anzunehmen, die Unmöglichkeit gehe im Tatbestand der Pflichtverletzung auf (so z. B. *Jauernig/Stadler*, BGB 11. Aufl., 2004, zu §§ 275–292 Rn. 2) oder die Unmöglichkeit habe keine eigenständige Bedeutung mehr neben den Grundtypen der Pflichtverletzung, sie sei bloße Ursache eines Störungstatbestands (so Palandt/*Heinrichs*, BGB, 65. Aufl., 2006, Vorb. vor § 275 Rn. 2).

[2] Dazu *Beuthien*, Das Nachleisten versäumter Arbeit, RdA 1972, 20; *Stoffels*, S. 107 ff.; abweichend v. *Stebut*, S. 66.

gung im vorhinein festgelegt und kann nicht ad hoc einseitig verlegt werden. Nichtleistung der Arbeit ist daher in aller Regel **Unmöglichkeit der Arbeitsleistung.** Die
Vorschriften über den Verzug spielen demgemäß hinsichtlich der Arbeitsleistung (anders für das Arbeitsentgelt) nur in Ausnahmefällen eine Rolle (zu ihnen unten e).

b) Befreiung von der Leistungspflicht

Ist dem Arbeitnehmer die Leistung unmöglich, z. B. wegen eines Unfalls oder wegen
einer Gefängnisstrafe, so ist der Anspruch auf die Arbeitsleistung ausgeschlossen, d. h.
der Arbeitnehmer ist von seiner Primärpflicht zu Arbeit frei, § 275 I BGB. Dem stehen
im Ergebnis die beiden in Abs. 2 und 3 geregelten Fälle der Unzumutbarkeit der Leistung gleich, in denen freilich nicht der Anspruch ausgeschlossen wird wie in Abs. 1,
sondern dem Schuldner nur ein Leistungsverweigerungsrecht eingeräumt wird. Das
kommt etwa in Betracht bei schwerer Krankheit des Ehegatten oder eines Kindes[3]
oder bei Todesfall in der Familie, bei der Hochzeit des Arbeitnehmers oder bei der
Geburt eines Kindes, ferner wenn der Arbeitnehmer höheren Pflichten zu folgen hat,
wie etwa gerichtlicher Ladung als Zeuge oder Laienrichter. Bei mit Arbeitsunfähigkeit
verbundener Krankheit, dem praktisch häufigsten Grund[4] für die Anwendung von
§ 275 BGB auf die Arbeitspflicht, liegt nicht in jedem Fall physische Unmöglichkeit
der Erbringung der Arbeitsleistung vor, wie an sich der gebräuchliche Begriff der Arbeitsunfähigkeit nahe legt, vielmehr kann bei leichteren Erkrankungen durchaus bloße
Unzumutbarkeit gegeben sein. Eine Differenzierung ist aber weder sinnvoll noch von
den Rechtsfolgen her nötig. Der Arbeitnehmer wird in allen Fällen des § 275 BGB frei
ohne Rücksicht darauf, ob er die Unmöglichkeit zu vertreten hat (vgl. aber die Heranziehung des Vertretenmüssens bei der Abwägung, ob nach Abs. 2 Satz 2 Unzumutbarkeit vorliegt). Frei von der Arbeitspflicht wird der Arbeitnehmer auch, wenn nachträglich ein Beschäftigungsverbot eingreift, wie etwa für werdende Mütter nach §§ 3, 4
MuSchG vor der Entbindung und für Wöchnerinnen gemäß § 6 MuSchG nach der
Entbindung.

§ 275 BGB greift sowohl bei objektiver wie bei subjektiver Unmöglichkeit ein. Desgleichen umfasst er, anders als nach altem Schuldrecht, nicht nur die nachträgliche,
sondern auch die anfängliche Unmöglichkeit. Das hat vereinfachende Folgen insofern,
als deshalb auch bei anfänglicher Unmöglichkeit nicht mehr zwischen objektiver und
subjektiver Unmöglichkeit unterschieden werden muss.

c) Schadensersatz

§ 275 BGB entbindet den Schuldner lediglich von der Erbringung der Primärleistung. Ob er Sekundärpflichten hat in Gestalt der Verpflichtung zum Schadensersatz,
beantwortet sich nach anderen Normen.

---

[3] Dazu auch § 45 SGB V, insb. Abs. 3.
[4] Krankheit spielt in der betrieblichen Praxis eine ungeheure Rolle. Der durchschnittliche Krankenstand in den Unternehmen der dt. Wirtschaft schwankt mit der Konjunktur. Je höher die Arbeitslosigkeit ist umso niedriger ist er. Durchschnittlich liegt er nach arbeitgeberseitigen Angaben bei 5–7%
der Belegschaft, d. h. bei über 1,4 Mio. Arbeitnehmern. In den letzten Jahren ist er kontinuierlich gefallen. Nach von den Krankenkassen aufgrund der eingereichten ärztlichen Bescheinigungen erhobenen
Zahlen ist der Prozentsatz der ärztlich „Krankgeschriebenen" niedriger, 2005 betrug er 3,3% (Veröffentlichung des Bundesgesundheitsministeriums www.bmg.bund.de). Dabei ist zu berücksichtigen,
dass sich viele Arbeitnehmer für wenige Tage krank melden, ohne eine ärztliche Bescheinigung vorzulegen, vom Arbeitgeber aber Lohnfortzahlung erhalten. Obligatorisch ist die Vorlage nur bei drei Tage
überschreitender Dauer der Krankheit.

aa) Schadensersatz bei nachträglicher Unmöglichkeit. Für die nachträgliche Unmöglichkeit greifen §§ 280–285 BGB ein. Nach § 280 ist zwischen dem Schadensersatz statt der Leistung (Abs. 3) und dem Ersatz für weitere Schäden, insbesondere den Begleitschaden (Abs. 1) zu unterscheiden.

(1) Schadensersatz nach Abs. 1 ist nur zu leisten, wenn der Schuldner die Nichtleistung zu vertreten hat (Satz 1), wobei nach der Formulierung der Norm die Beweislast für fehlendes Vertretenmüssen beim Schuldner, d.h. beim Arbeitnehmer läge. Diese Beweislast wird jedoch im Arbeitsverhältnis durch § 619a BGB zugunsten des Arbeitnehmers nochmals umgekehrt.

(2) Schadensersatz statt der Leistung nach § 280 III BGB umfasst hingegen den Ersatz für die ausgebliebene Leistung selbst; er ist auf das Erfüllungsinteresse (in Geld) gerichtet, beim Dienstvertrag also z.B. auf die Kosten für die Beschäftigung einer Ersatzkraft. Den Wert der Leistung als solcher zu verlangen, wäre für den Arbeitgeber im Normalfall wenig sinnvoll, da er in aller Regel nach dem für die Arbeitsleistung vereinbarten Lohn bestimmt wird, der Arbeitgeber also, da er den Lohn spart, insoweit keinen Schaden hat. Schadensersatz statt der Leistung setzt nach § 280 III voraus, dass zusätzlich die Voraussetzungen von §§ 281, 282 oder 283 BGB vorliegen. Im Normalfall ist § 283 BGB einschlägig, weil bei Unmöglichkeit der Arbeitsleistung der Arbeitnehmer stets nach § 275 frei wird. § 283 verweist in Satz 1 sinnigerweise auf § 280 zurück. Dadurch ist das Vertretenmüssen auch hier Voraussetzung der Schadensersatzpflicht. Die Rückumkehr der Beweislast nach § 619a BGB gilt auch hier. Die Verweisungen in § 283 auf § 281 I 2 und 3 und V haben für das Arbeitsverhältnis keine Bedeutung.

bb) Schadensersatz bei anfänglicher Unmöglichkeit. Wenn das Leistungshindernis schon im Zeitpunkt des Vertragsschlusses vorliegt (anfängliche Unmöglichkeit), hat dies trotz des Freiwerdens nach § 275 BGB auf die Wirksamkeit des Vertrages keinen Einfluss, § 311a I BGB. Der Gläubiger hat aber grundsätzlich einen Anspruch auf Schadensersatz statt der Leistung (oder auf Ersatz seiner Aufwendungen nach § 284 BGB), § 311a II BGB. Der Anspruch greift aber nicht, wenn der Schuldner das Leistungshindernis bei Vertragsschluss nicht kannte und seine Unkenntnis auch nicht zu vertreten hat. Auch bei anfänglicher Unmöglichkeit ist der Arbeitnehmer also zum Schadensersatz verpflichtet, wenn ihn ein Verschulden trifft. Im Unterschied zur nachträglichen Unmöglichkeit bezieht sich das Erfordernis des Vertretenmüssens aber nicht auf den Eintritt der Unmöglichkeit, sondern auf die Kenntnis davon. Ein weiterer Unterschied besteht dahingehend, dass § 619a BGB nicht auf die anfängliche Unmöglichkeit anwendbar ist, folglich die Beweislast für fehlendes Verschulden beim Arbeitnehmer liegt. Ob § 311a II BGB auch gilt, wenn die Arbeitsleistung wegen eines gesetzlichen Verbots rechtlich unmöglich ist, unterliegt Streit.[5]

d) Rücktritt

Das in § 323 BGB für gegenseitige Verträge vorgesehene Rücktrittsrecht des Gläubigers bei Nichtleistung scheidet beim Arbeitsvertrag generell aus. An seiner Stelle finden die Vorschriften über die Kündigung Anwendung, die als Spezialregelungen insoweit dem Rücktrittsrecht vorgehen. Die Kündigung ist jedoch nur unter den im Kündigungsrecht geltenden Beschränkungen möglich. Eine fristlose Entlassung wegen

---

[5] Verneinend *Löwisch*, FS Wiedemann, 2002, S. 325, jedoch zu Unrecht. Der Arbeitnehmer haftet allerdings, wenn seine Arbeitsleistung verboten ist, nur, wenn er das Verbot kannte, und er haftet nicht, wenn der Arbeitgeber es ebenfalls kannte.

verschuldeter Nichtleistung der Arbeit kommt also nur in Betracht, wenn die Nicht-leistung als wichtiger Grund anzusehen ist (dazu unten § 23 III 2).

e) Verzug

Ist bei Nichtleistung von Arbeit die Nachholung ausnahmsweise möglich (bloße Leistungsverzögerung), kann der Arbeitgeber auf Erfüllung beharren und daneben den begleitenden Verzögerungsschaden nach § 280 I BGB ersetzt verlangen; auch die Leis-tungsverzögerung ist eine Pflichtverletzung im Sinn dieser Norm. Für den Schadens-ersatzanspruch ist aber nach § 280 II BGB zusätzlich erforderlich, dass Verzug des Schuldners vorliegt. Dazu müssen die Voraussetzungen des § 286 BGB erfüllt sein. Das bedeutet, dass die Leistung fällig sein muss, dass der Schuldner nach Eintritt der Fälligkeit gemahnt worden ist (Abs. 1) oder die Mahnung aus den besonderen Grün-den des Abs. 2 entbehrlich ist und dass der Schuldner die Verzögerung zu vertreten hat (Abs. 4). Die Beweislast für das Bestehen des Anspruchs und für die Mahnung oder das Vorliegen der Voraussetzungen ihrer Entbehrlichkeit liegt beim Arbeitgeber, hin-gegen trägt der Arbeitnehmer die Beweislast für mangelndes Verschulden. Die Beweis-lastumkehr nach § 619a BGB gilt hierfür nicht. Einer Mahnung wird es nur in Sonder-fällen bedürfen, weil die Leistung, obwohl sie bei Verzug keinen Fixcharakter hat, fast immer „nach dem Kalender" bestimmt sein wird. Schadensersatz statt der Leistung kann der Gläubiger nach §§ 280 III, 281 I 1 BGB verlangen, wenn er dem Schuldner erfolglos eine angemessene Frist zur Leistungserbringung gesetzt hat. Für das Rück-trittsrecht gilt das oben unter d Ausgeführte.

2. Nichterfüllung von Nebenpflichten

Sie ist selbstverständlich Pflichtverletzung. Es kann sich um leistungsbezogene Ne-benpflichten handeln, deren Erfüllung nur in Zusammenhang mit der Arbeitsleistung möglich ist, z.B. die während der Arbeitstätigkeit vorzunehmende Dokumentation der Modalitäten des Arbeitsvorgangs. Die Erfüllung wird dann mit der Nichtvornahme unmöglich. Die Schadensersatzfolgen sind dann die gleichen wie oben unter 1. darge-legt. Handelt es sich um leistungsbezogene Nebenpflichten, die gleichwohl selbständig erfüllbar sind, z.B. eine Pflicht zur Rechenschaftslegung oder zur Herausgabe von durch die Arbeitstätigkeit erlangten Gegenständen, so ist deren Nichterfüllung in al-ler Regel nur Verzögerung der Leistung. Der Arbeitgeber kann dann auf Erfüllung klagen, er kann aber auch Schadensersatz nach § 280 I oder nach § 281 I 1 BGB ver-langen, Letzteres nur nach Setzung einer angemessenen Frist und unter Verlust des Erfüllungsanspruchs gemäß § 281 IV BGB. Die Nichterfüllung von Schutz- und Rück-sichtspflichten führt zur Schadensersatzpflicht nach § 280 I BGB, wenn der Arbeit-nehmer die Nichtleistung zu vertreten hat. Schadensersatz statt der Leistung (gemeint ist hier: der Hauptleistung) kommt nur unter der besonderen, in § 282 BGB geregelten Voraussetzung in Betracht, dass dem Arbeitgeber die Erbringung der Arbeitsleistung durch den Arbeitnehmer nicht mehr zuzumuten ist, wie etwa dann, wenn der Labor-gehilfe wiederholt giftige Substanzen oder Säure verschüttet hat.

3. Schlechterfüllung der Arbeitsleistung

Sie steht der Nichterfüllung von Nebenpflichten ganz nahe: Der Arbeiter in der Ma-schinenhalle bedient die Maschine unsachgemäß, der Bankangestellte gibt dem Kunden eine unrichtige Auskunft, der Lohnbuchhalter rechnet falsch, der Dachdeckergeselle deckt das Dach des Kunden schlecht.

Bei der rechtlichen Beurteilung ist zwar davon auszugehen, dass beim Dienstvertrag im Gegensatz zum Werkvertrag nicht ein bestimmter Erfolg geschuldet wird, sondern nur eine bestimmte Tätigkeit. Der Arbeiter schuldet also seinem Arbeitgeber nicht die Herstellung einwandfreier Stücke, der Dachdeckergeselle nicht ein dichtes Dach usw. Andererseits schuldet aber der Arbeitnehmer nicht lediglich „subjektive Mühewaltungen" *(Esser)*, sondern eine ordnungsgemäße Tätigkeit unter Einsatz der im Verkehr erforderlichen Sorgfalt. Konnten bei derartigem Einsatz einwandfreie Stücke entstehen, eine zutreffende Auskunft gegeben, ein dichtes Dach erstellt werden usw., so hat der Arbeitnehmer seine Verpflichtung schlecht erfüllt. Liegt dagegen das schlechte Arbeitsergebnis an anderen Umständen, z.B. an schlechtem Material oder Gerät, so hat der Arbeitnehmer ordnungsgemäß erfüllt. Eine Schlechtleistung im genannten Sinn stellt eine Pflichtverletzung dar, die den Arbeitnehmer nach § 280 I zum Schadensersatz verpflichtet. Davon ist die Frage zu unterscheiden, inwieweit der Arbeitgeber den Lohn verweigern oder mindern darf. Darüber unten III.

II. Lohnzahlungspflicht bei Nichtleistung der Arbeit[6]

Von den Rechtsfolgen für die Hauptpflicht selbst sind beim gegenseitigen Vertrag die Rechtsfolgen für die Gegenleistung zu unterscheiden: Ob der Arbeitnehmer das auf die unterbliebene und dadurch unmöglich gewordene Arbeitsleistung bezogene Arbeitsentgelt verlangen kann oder ob die Lohnzahlungspflicht des Arbeitgebers entfällt.

1. Verlust des Gegenleistungsanspruchs nach allgemeinen Regeln des Schuldrechts

Nach den allgemeinen Regeln über den gegenseitigen Vertrag wird der Arbeitgeber gemäß § 326 I BGB von der Pflicht zur Gegenleistung befreit. Auf ein Vertretenmüssen des Arbeitnehmers kommt es nicht an. Er verliert folglich seinen Lohnanspruch nicht nur, wenn er blau macht, sondern auch, wenn er an einem rechtmäßigen Streik teilnimmt oder wenn er unverschuldet aus Gründen, die nicht in seiner Person liegen, nicht zur Arbeit erscheinen kann, wie etwa bei einem Verkehrsstau, einer Autopanne usw.

2. Ausnahme bei Verantwortung des Gläubigers

Von dem unter 1. dargelegten Grundsatz gibt es Ausnahmen. Ist der Arbeitgeber für den Umstand, der zur Leistungsbefreiung des Arbeitnehmers nach § 275 BGB führt, ganz oder überwiegend verantwortlich, behält der Arbeitnehmer den Lohnanspruch, § 326 II BGB. Er muss sich allerdings anrechnen lassen, was er durch die Befreiung

---

[6] Dazu neben der in den folgenden Fn. angegebenen Lit. *Zeuner*, Begrenzungen der Lohnfortzahlungspflicht als Problem der Risikotragung, AuR 1975, 300; *Thome*, Lohnfortzahlung bei Arbeitsverhinderung, 1987; *Schwerdtner*, NZA 1988, 593; *Clausen*, AuR 1989, 320; *Lambeck*, NZA 1990, 88; *Veil*, NZA 1990, 249.

von der eigenen Leistungspflicht erspart oder was er anderweitig erwirbt oder zu erwerben böswillig unterlässt. Die gleiche Ausnahme greift auch ein, wenn die Leistungsbefreiung nach § 275 BGB während des arbeitgeberischen Annahmeverzugs eintritt (zu diesem unten IV).

3. Lohnfortzahlung bei Krankheit des Arbeitnehmers

Die praktisch wichtigste Durchbrechung der synallagmatischen Grundregelung im § 326 I BGB ist die Lohnfortzahlungspflicht im Krankheitsfall. Sie ist im Gesetz über die Zahlung des Arbeitsentgelts an Feiertagen und im Krankheitsfall (Entgeltfortzahlungsgesetz = EFZG) vom 26. 5. 1994 geregelt,[7] durch das die früheren Fortzahlungsnormen in § 616 II BGB, § 63 HGB und § 133 c GewO für Angestellte und des Lohnfortzahlungsgesetzes für Arbeiter abgelöst und einer einheitlichen Regelung zugeführt worden sind. Auch für Auszubildende gilt im Krankheitsfall das EFZG, vgl. dessen § 1 II, der als Sonderregelung der persönlichen Verhinderung durch Krankheit dem § 19 II BBiG vorgeht.

a) Dauer und Höhe

§ 3 EFZG gewährt dem Arbeitnehmer bei Arbeitsunfähigkeit infolge Krankheit Anspruch auf Entgeltfortzahlung für die Zeit der Arbeitsunfähigkeit bis zur Dauer von sechs Wochen. Die Höhe der Entgeltfortzahlung beträgt nach § 4 I EFZG derzeit 100% des dem Arbeitnehmer bei der für ihn maßgebenden regelmäßigen Arbeitszeit zustehenden Arbeitsentgelts, d. h. des ohne Berücksichtigung von Überstunden erzielbaren Lohnes. Bei einem durchschnittlichen Krankenstand von fast 7% der Belegschaft liegt darin eine hohe Belastung, für die der Arbeitgeber keinen Gegenwert erhält.[8] Zu Einzelheiten der Berechnung vgl. § 4 I a bis III EFZG.[9] Die Entgeltfortzahlung endet grundsätzlich schon vor Ablauf der 6-Wochenfrist, wenn das Arbeitsverhältnis vorher endet, § 8 EFZG. Davon macht das Gesetz zwei Ausnahmen: Das Entgelt muss für die 6-Wochenfrist auch über das Ende des Arbeitsverhältnisses hinaus fortgezahlt werden, wenn der Arbeitgeber aus Anlass der Krankheit das Arbeitsverhältnis kündigt, d. h. er soll sich nicht durch sog. Anlasskündigung der Lohnfortzahlung entziehen können, § 8 I 1 EFZG (wohl aber durch Kündigung aus anderen Gründen, § 8 II EFZG), und desgleichen muss fortgezahlt werden, wenn der Arbeitnehmer aus einem vom Arbeitgeber zu vertretenden wichtigen Grund kündigt, § 8 I 2 EFZG.

b) Fehlendes Verschulden

Die Entgeltfortzahlung ist nach § 3 I EFZG an die Voraussetzung geknüpft, dass kein Verschulden des Arbeitnehmers vorliegt. Damit kann nicht gemeint sein, dass den

---

[7] Dazu die Kommentare zum EFZG von *Gola*, 1994; *Marienhagen/Künzl* (Loseblatt); *Helml*, 1995; *Brecht*, 2. Aufl., 2000; *Kaiser/Dunkl/Hold/Kleinsorge*, 6. Aufl., 2004; *Feichtinger/Malkmus*, 2003; *Jochen Schmitt*, 5. Aufl., 2005; *ders.*, Die Auswirkungen der Schuldrechtsreform auf das Recht der Entgeltfortzahlung im Krankheitsfall, GS Heinze, 2005, S. 785.

[8] Arbeitgebern, die in der Regel nicht mehr als 30 Arbeitnehmer beschäftigen, werden die für die Entgeltzahlung benötigten Mittel auf Antrag von der Krankenkasse in Höhe von 80% erstattet, § 1 I AAG. Die Mittel dafür werden aber durch die Krankenkasse im Wege des Umlageverfahrens von den beteiligten Arbeitgebern erhoben, § 7 AAG, die mit der Umlage auch für die Kosten dieses Von-einer-Tasche-in-die-andere-Verfahrens aufkommen müssen.

[9] Dazu *J. Schmitt*, Die Berücksichtigung von Überstunden bei der Entgeltfortzahlung ..., FS 50 Jahre BAG, 2004, S. 197.

Arbeitnehmer eine Verpflichtung gegenüber dem Arbeitgeber träfe, nicht krank zu werden und keinen Unfall zu erleiden. Würde man dies annehmen, müsste jede Außerachtlassung der im Verkehr erforderlichen Sorgfalt, die zu Krankheit oder Unfall führt, als verschuldete Arbeitsverhinderung und damit als schuldhafte Verletzung des Arbeitsvertrags gewertet werden. Auch von einem Verschulden gegen sich selbst zu sprechen, würde kaum der Klarheit und richtigen Abgrenzung dienen. Im gegebenen Sachzusammenhang bedeutet der Begriff des Verschuldens[10] wohl nur ein dem Arbeitnehmer vorwerfbares Verhalten im Sinn der Verletzung einer Obliegenheit, wobei § 276 BGB für die Abgrenzung nicht passt. Vorwerfbar *in diesem Sinn* kann nicht jedes Verhalten sein, bei dem der Arbeitnehmer unter Zugrundelegung verkehrsüblicher Sorgfalt mit dem Eintritt einer Schädigung rechnen musste, sondern nur dann, wenn es einen groben Verstoß gegen das von einem verständigen Menschen im eigenen Interesse zu erwartende Verhalten darstellt.[11] Dies ist nicht schon der Fall, wenn der Arbeitnehmer in Folge von Unachtsamkeit krank wird oder einen Unfall erleidet. Sonst wäre er mittelbar gehalten, sein gesamtes privates Verhalten so einzurichten, dass seine Arbeitsfähigkeit keinesfalls auch nur vorübergehend beeinträchtigt wird. Vorsätzliche Selbstschädigung (Selbstmordversuch) ist in der Regel,[12] Schwangerschaft,[13] auch außereheliche, nie als verschuldet anzusehen.[14] Sportunfälle werden in aller Regel als unverschuldet zu gelten haben[15] (selbst Drachenfliegen), wohl allerdings nicht auch Bungeespringen.[16] Bei gefährlicheren Sportarten kommt es freilich auch darauf an, dass der Arbeitnehmer sich erst nach hinreichender Vorbereitung darauf einlässt. Verkehrsunfälle sind bei grob verkehrswidrigem Verhalten[17] oder bei Trunkenheit am Steuer[18] als verschuldet zu werten; im übrigen gelten auch sie für die Lohnfortzahlung als nicht verschuldet. Vorwerfbarkeit im hier zugrunde zu legenden Sinn verlangt andererseits nicht, dass der Arbeitnehmer die Arbeitsunfähigkeit subjektiv hätte vermeiden können. Deshalb ist Alkoholabhängigkeit entgegen dem BAG stets als verschuldet anzusehen.[19] Die Vielfalt des Lebens hat die Rspr. auch genötigt, Lohnfortzahlungsfragen bei Arbeitsunfähigkeit nach Schneiden von Obstbäumen, Entfernung von Tätowierungen, Organspenden, Schönheitsoperationen, Fingerhakeln, Raufereien und Schwarzfahrten zu entscheiden. Arbeitsunfähigkeit infolge nicht rechtswidrigen Schwangerschaftsabbruchs durch einen Arzt ordnet § 3 II EFZG als unverschuldet ein.

c) Wiederholte Erkrankung

Wiederholte Erkrankung lässt die 6-Wochenfrist der Fortzahlung grundsätzlich bei jeder neuen Erkrankung neu beginnen. Bei Arbeitsunfähigkeit aufgrund desselben (nicht

---

[10] Zur Problematik vgl. *P. Hofmann,* Zum Problem des Verschuldens bei krankheitsbedingter Arbeitsunfähigkeit, ZfA 1979, 275; *Lorenz,* SAE 1983, 87; *Münkel,* Das Verschulden im System der Entgeltfortzahlungsregelungen, 1989; *Schäfer,* NZA 1992, 529.

[11] *Hueck,* § 44 III 1 a cc; *BAG* AP Nr. 71 und 77 zu § 1 LohnfortzG.

[12] *BAG* AP Nr. 34 zu § 1 LohnfortzG; abweichend die neuere Rechtsprechung, vgl. AP Nr. 44 ebenda.

[13] Schwangerschaft ist als solche keine Krankheit i. S. des EFZG. Sie kann aber Ursache von Krankheiten sein, die zur Anwendung des EFZG führen.

[14] Vgl. *Hueck,* S. 333, m. w. N.

[15] Vgl. z. B. *BAG* AP Nr. 18 und 45 zu § 1 LohnfortzG, aber auch Nr. 42 ebenda (Boxsport).

[16] Zu dieser existenzwesentlichen Frage *Gerauer,* NZA 1994, 496.

[17] Z. B. Fahren ohne Sicherheitsgurt, *BAG* AP Nr. 46 ebenda; abweichend *Denck,* RdA 1980, 246 und BB 1982, 682.

[18] Vgl. *BAG* AP Nr. 8 und 77 zu § 1 LohnFG.

[19] Anders *BAG* DB 1983, 2420; DB 1986, 976; AP Nr. 94 zu § 1 LohnFG; differenzierend *BAG* AP Nr. 75 zu § 616 BGB (Rückfall nach Entziehungskur).

des gleichen!) Grundleidens besteht allerdings eine Art „Fortsetzungszusammenhang", der innerhalb von zwölf Monaten eine neue 6-Wochenfrist nur einmal und nur bei einer vom selben Leiden freien Zwischenzeit von mindestens sechs Monaten entstehen lässt, § 3 I 2 EFZG.[20]

d) Missbrauchsbekämpfung

Die Entgeltfortzahlung wird nicht selten durch Arbeitnehmer in Anspruch genommen, die gar nicht krank sind. Um die Missbräuche einzudämmen, sieht das EFZG in § 5 Melde- und Nachweispflichten vor.[21]

Besonders spektakulär ist der berühmte Fall Paletta,[22] bei dem sich eine ausländische Familie mit vier beim selben Arbeitgeber beschäftigten Arbeitnehmern gegen Ende des Urlaubs im Ausland unter Vorlage von Arbeitsunfähigkeitsbescheinigungen geschlossen krank meldete, und zwar zum wiederholten Mal. Der EuGH hielt den Nachweis über die Krankheit als durch die Arbeitsunfähigkeitsbescheinigung des ausländischen Arztes für hinreichend geführt und hält in einschlägigen Fällen den Arbeitgeber für voll gegenbeweispflichtig. Mit dem Fall waren sowohl der EuGH als auch das BAG je zweimal beschäftigt, außerdem mehrere Instanzgerichte.

Die Krankenkassen als Sozialversicherungsträger sind nach § 275 I Nr. 3 b SGB V verpflichtet, bei Zweifeln an der Arbeitsunfähigkeit unverzüglich eine Überprüfung durch den medizinischen Dienst der Krankenversicherung zu veranlassen. Der Arbeitgeber hat das Recht, eine solche Überprüfung zu verlangen, § 275 I a S. 3 SGB V. Um Missbräuchen entgegenzusteuern, gibt es auch den Vorschlag, sog. Karenztage einzuführen, d. h. die ersten Krankheitstage lohnfortzahlungslos zu halten. Der Gesetzgeber mochte sich dazu bislang nicht entschließen.

e) Haftung Dritter

Ist für einen Unfall, der zur Arbeitsunfähigkeit führt, ein **Dritter schadensersatzpflichtig** (etwa aus § 823 BGB oder § 7 StVG), so wird dieser nicht etwa von der Schadensersatzpflicht gegenüber dem Arbeitnehmer in Höhe der Lohnfortzahlungsbeträge befreit. Vielmehr geht der Anspruch, soweit der Arbeitgeber den Lohn fortbezahlt hat, auf den Arbeitgeber über (§ 6 EFZG).[23] Die **Nichtanrechnung des Lohnfortzahlungsanspruchs bei der Schadensersatzberechnung** rechtfertigt sich aus dem gesetzgeberischen Sinn der Lohnfortzahlung. Sie soll den Arbeitnehmer sozial sichern, nicht den Drittschädiger entlasten. Deshalb wird der Anspruch auf den Arbeitgeber übergeleitet, der für die Existenzsicherung des Arbeitnehmers ein Vermögensopfer trägt. Nach anderer Auffassung liegt ein Fall der Drittschadensliquidation vor.[24] Indessen wird der Drittschädiger mit sonstigem Schaden, den der Arbeitgeber durch die Verletzung des Arbeitnehmers erleidet, nicht belastet. Der Arbeitgeber kann z. B. nicht von dem Dritten den aufgrund der ausgefallenen Arbeiten ihm entgangenen Gewinn fordern.

f) Teilweise Arbeitsunfähigkeit

Ist der Arbeitnehmer teilweise (wieder) arbeitsfähig, braucht der Arbeitgeber die dadurch mögliche Teilleistung – sie kann qualitativ oder quantitativ gemindert sein – an sich nicht anzunehmen.[25] Mit Zustimmung des Arbeitgebers kann aber, wie aus § 74 SGB V hervorgeht, ein sog. Wiedereingliederungsverhältnis begründet werden, das der stufenweisen Wiederaufnahme der Tätigkeit dient.[26]

---

[20] Vgl. dazu *BAG* DB 1983, 234; DB 1985, 659; DB 1990, 178; AP Nr. 93, 99 zu § 1 LohnFG.

[21] Dazu *Worzalla*, NZA 1996, 61; *Kramer*, BB 1996, 1662; *Abele*, NZA 1996, 631.

[22] Vgl. die Nachweise oben § 9 Fn. 8. Sehr gut informierend *Franzen*, SAE 1995, 59.

[23] Ausführlich *Jahnke*, NZV 1996, 169.

[24] Dazu *Kollhosser*, Lohnfortzahlung, Schadensersatz und Regressinteressen beim Unfall eines Angestellten, AcP 166 (1966), 277; vgl. auch BGHZ 43, 378.

[25] Abweichend *Hitzfeld*, Liber discipulorum, 1996, S. 55 ff.

[26] Dazu *Gitter*, ZfA 1995, 123. Vgl. ferner oben § 4 Fn. 32.

g) Lohnfortzahlung bei Beschäftigungsverbot nach dem MuSchG

Einem Beschäftigungsverbot nach dem MuSchG unterliegende Frauen erhalten volle Lohnfortzahlung in Gestalt von sog. **Mutterschutzlohn,** soweit sie keinen Anspruch auf Mutterschaftsgeld nach sozialversicherungsrechtlichen Bestimmungen haben, § 11 MuSchG. Soweit Schwangere Mutterschaftsgeld erhalten (dazu § 13 MuSchG), muss ihnen der Arbeitgeber einen die Differenz zum Arbeitsentgelt ausgleichenden **Zuschuss zum Mutterschaftsgeld** leisten, § 14 MuSchG, der heute im Gegensatz zu früher den Löwenanteil der Bezüge ausmacht. Das liegt daran, dass das Mutterschaftsgeld seit seiner Einführung 1968 konstant 13 Euro pro Tag beträgt und nicht erhöht worden ist, während das durchschnittliche Nettoarbeitsentgelt mittlerweile auf über 50 Euro angestiegen ist. Die Aufwendungen der Arbeitgeberseite für den Zuschuss zum Mutterschaftsgeld betragen mittlerweile jährlich über 1 ½ Mrd. Euro. Den Arbeitgebern wird hier eine soziale Last auferlegt, die von ihrem Sinn und Zweck her Sache der Allgemeinheit und deshalb aus Steuermitteln zu begleichen wäre. Zwar hat der Arbeitgeber für seine Aufwendungen für Mutterschutzlohn und Zuschuss zum Mutterschaftsgeld samt einschlägigen Sozialversicherungsleistungen Anspruch auf Erstattung durch die Krankenkasse, § 1 II AAG. Es handelt sich dabei aber nicht um eine Entlastung der Arbeitgeber, vielmehr werden die Mittel durch eine Umlage bei den am Ausgleich beteiligten Arbeitgebern aufgebracht, § 7 AAG, bei der zu den Aufwendungen für die Entgeltzahlung auch noch die Verwaltungsaufwendungen der Kassen hinzutreten. Die nunmehr geltende Regelung ist durch eine überaus sinnige Entscheidung des BVerfG[27] veranlasst worden, das die Regelung in § 14 I EFZG wegen Beeinträchtigung der Arbeitsplatzchancen von Frauen beanstandete, weil nicht alle Arbeitgeber in das Ersatz- und Umlageverfahren einbezogen waren. Darüber kann man nur verwundert den Kopf schütteln. Eine durch die bisherige Regelung allenfalls geringfügig gefährdete Gleichstellung der Frauen war dem BVerfG wichtig, sachliche Gerechtigkeit im Arbeitsverhältnis nicht.

4. Lohnfortzahlung bei anderen persönlichen Hinderungsgründen[28]

Nach § 616 BGB, der für alle Arbeitnehmer gilt, bleibt der Lohnanspruch erhalten, wenn der Arbeitnehmer durch einen in seiner Person liegenden Grund für eine verhältnismäßig nicht erhebliche Zeit ohne sein Verschulden an der Arbeitsleistung verhindert ist. Im Gegensatz zum EFZG ist diese Bestimmung dispositiv, was in der Praxis nicht selten zu abweichenden Regelungen führt.

a) Als solche **persönliche Verhinderungsgründe** kommen vor allem Todesfälle, Begräbnisse, Geburten oder schwere Krankheitsfälle in der eigenen Familie[29] in Betracht. Das BAG hat unzutreffend, aber „sozial", die Teilnahme an der goldenen Hochzeit der Eltern hierhin gerechnet,[30] vertretbarer schon die eigene Hochzeit.[31] Die praktisch häufigeren Fälle sind heute tarifvertraglich näher geregelt. Es fragt sich freilich, ob an-

---

[27] *BVerfG* E 109, 64 = AP Nr. 66 zu Art. 6 GG Mutterschutz Nr. 11.

[28] Dazu *Moll,* Dienstvergütung bei persönlicher Verhinderung, RdA 1980, 138.

[29] Dazu *Löwisch,* Zum Anspruch auf bezahlte Arbeitsbefreiung bei Pflege eines erkrankten Kindes, DB 1979, 209; *Sowka,* RdA 1993, 34. Aus der Rechtsprechung vgl. *BAG* AP Nr. 47–51 zu § 616 BGB, aber auch *BAG* NJW 1987, 2458 (keine bezahlte Arbeitsfreistellung bei Niederkunft der Lebensgefährtin).

[30] Siehe auch *BAG* AP Nr. 43 zu § 616 BGB.

[31] *BAG* AP Nr. 61 zu § 616 BGB.

gesichts mehrwöchiger Urlaubsansprüche und gestiegener Einkommen für derartige Sozialleistungen noch ein rechtspolitisches Bedürfnis besteht.

Kein Lohnanspruch nach § 616 BGB besteht bei objektiven, nicht in der Person liegenden Verhinderungsgründen[32] (z. B. allgemeine Verkehrssperre infolge einer Katastrophe). Man darf nicht etwa einen Schluss a maiore ad minus ziehen nach dem Muster: Wenn schon bei einem in der Person liegenden Grund Lohn fortgezahlt werden muss, dann erst recht bei unpersönlichen Gründen. Die Ausdehnung verbietet sich, weil die Interessenlage nicht vergleichbar ist. Mit persönlicher, d. h. vereinzelter Leistungsverhinderung muss der Arbeitgeber rechnen. Er kann sie auch leichter tragen. Allgemeine Hinderungsgründe sind unberechenbar und belasten hoch.

Zweifeln kann man hingegen, ob ein Autounfall, bei dem der Arbeitnehmer nicht arbeitsunfähig wird, aber nicht weiterfahren kann, einen persönlichen Verhinderungsgrund darstellt.

b) Die Verhinderung muss **unverschuldet** sein (vgl. dazu oben 3 b).

c) Der Lohnfortzahlungsanspruch besteht nur für eine **verhältnismäßig nicht erhebliche Zeit.** Die Bemessung hat vor allem auf die Relation zwischen Verhinderungszeit und Dauer des Arbeitsverhältnisses abzustellen. Auch die Länge der Kündigungsfrist kann einen gewissen Anhalt geben, ferner ist der Anlass der Verhinderung in die Abwägung miteinzubeziehen. Ist danach die Verhinderung von verhältnismäßig erheblicher Dauer, so entfällt der Lohnanspruch nicht für die gesamte Verhinderungszeit, sondern nur für den die Verhältnismäßigkeit überschießenden Zeitraum.[33]

d) **Lohnfortzahlung in Sonderfällen:** In einer Reihe von Fällen ist die Verpflichtung zur Lohnfortzahlung speziell geregelt, so etwa für die von ihrer beruflichen Tätigkeit frei gestellten Betriebsratsmitglieder, § 37 II BetrVG, ferner für den Arbeitsausfall durch Wochenfeiertage, der systematisch nicht als Leistungsstörung einzuordnen ist (vgl. dazu oben § 13 VI 3 und § 16 VIII 1).

III. Lohnzahlungspflicht bei Schlechtleistung des Arbeitnehmers

Nicht voll geklärt ist, welche Auswirkungen die Schlechterfüllung der Arbeitsleistung (zu dieser oben I 3 mit Beispielen) auf den Lohnanspruch hat. Nach der Auffassung von *Hueck*[34] kommt eine Minderung des Lohnes, soweit nichts anderes vereinbart ist, nicht in Betracht, weil eine Regelung, wie sie das Gesetz beim Kaufvertrag, Werkvertrag und Mietvertrag vorsieht, für den Dienstvertrag nicht besteht. Aus dieser Regelungslücke ergibt sich allerdings kein zwingendes argumentum e contrario. Auch beim Dienstvertrag ist vielmehr davon auszugehen, dass der Arbeitnehmer ordnungsgemäße Dienste verspricht. Leistet er diese nicht, so könnte das als (teilweise) Nichterfüllung zu bewerten sein, die zur Lohnminderung berechtigt.

Indessen lässt sich die Schlechterfüllung des Arbeitnehmers der Nichtleistung nicht völlig gleichsetzen. Der Arbeitnehmer schuldet nicht ein bestimmtes Stück und nicht

---

[32] Abweichend *Moll* (Fn. 28). Wie hier *BAG* DB 1982, 1883 und *BAG* AP Nr. 58 und 59 zu § 616 BGB bei witterungsbedingtem Fehlen oder Zuspätkommen. Zum Smog-Alarm *Ehmann*, NJW 1987, 401; *Richardi*, NJW 1987, 1231.

[33] Wie hier *BAG* AP Nr. 2 zu § 616 BGB. Abweichend aber die ganz h. M.: *BAG (GS)* AP Nr. 22 zu § 616 BGB; Staudinger/*Oetker*, § 616, BGB Rn. 91 mit zahlreichen Nachweisen. Die Begründung der h. M., die verhältnismäßige Nichterheblichkeit sei Voraussetzung der Entstehung des Anspruchs, nicht Bemessung seiner Dauer, ist begriffsjuristisch und bürdet dem Arbeitnehmer das Risiko auf, sich bei der äußerst schwierigen Beurteilung der Dauerfrage zu irren. Es gibt beim besten Willen keinen Grund, diese Frage bei § 616 BGB anders zu entscheiden als sie im EFZG für den Sonderfall der Krankheit geregelt ist.

[34] *Hueck*, § 35 I 6.

das Ergebnis einer Gesamttätigkeit, sondern lediglich ordnungsgemäße Tätigkeit. Praktisch wird diese Tätigkeit kaum je in toto nicht ordnungsgemäß sein, sondern nur ausschnitthaft.

Beispiele: Das Dach wird vom Dachdeckergesellen nicht auf seiner Gesamtfläche falsch eingedeckt, sondern nur an einzelnen Stellen. Der angestellte Kraftfahrer wird nicht auf der ganzen Strecke verkehrswidrig gefahren sein, sondern nur an der Unfallstelle.

Die Lohnvorenthaltung könnte daher, da die Entgeltpflicht tätigkeits- und nicht gesamterfolgsbezogen ist, auch nur ausschnitthaft erfolgen, wobei sich der zeitlich zutreffende Bezug nur schwer ermitteln ließe. Für den Regelfall ist daher in der Tat von dem Grundsatz auszugehen, dass der Arbeitgeber bei Schlechtleistung des Arbeitnehmers zur Lohnzahlung verpflichtet bleibt.

Anders liegen die Dinge, wenn der Arbeitnehmer die Schlechtleistung zu vertreten hat. Der Arbeitgeber hat dann einen Schadensersatzanspruch gegen den Arbeitnehmer nach § 280 I BGB, mit dem er gegen den Lohnanspruch aufrechnen kann, freilich nach § 394 BGB nur außerhalb der Pfändungsgrenzen.[35] Statt des Schadensersatzanspruchs kann der Arbeitgeber auch Lohnminderung analog §§ 326 I 1 Hs. 2, 441 BGB geltend machen.

Anders liegen die Dinge ferner, wo sich der Umfang der Schlechtleistung entgeltbezogen ausgrenzen lässt, wie insbesondere beim Akkord, oder wo die Schlechtleistung so erheblich ist, dass sie der Nichtleistung gleichgestellt werden kann. Hier kann die Lohnzahlungspflicht jeweils in entsprechendem Umfang entfallen, und zwar auch dann, wenn kein Verschulden vorliegt. In der Praxis finden sich entsprechende Regelungen, insbesondere im Akkordrecht („nur einwandfreie Stücke werden vergütet").[36]

IV. Annahmeverzug des Arbeitgebers[37]

1. Annahmeverzug des Arbeitgebers liegt vor, wenn er die ordnungsgemäß angebotene Arbeitsleistung des Arbeitnehmers nicht annimmt, §§ 293, 294 BGB, d.h. wenn er den Arbeitnehmer nicht beschäftigt, z.B. ihn am Betreten des Betriebes hindert, ihm keine Arbeit zuweist, keine Geräte oder kein Material zur Verfügung stellt.

a) Auf ein **Verschulden des Arbeitgebers** als Gläubiger der Arbeitsleistung kommt es nicht an. Ist die bestellte Maschine, zu deren Bedienung der Arbeitnehmer eingestellt worden ist, nicht rechtzeitig eingetroffen, so ist es unerheblich, ob der Arbeitgeber sie zeitig genug bestellt hatte.

---

[35] Zur Lohnminderungsproblematik vgl. die zum Teil in die Irre gehende Entscheidung *BAG* AP Nr. 71 zu § 611 BGB Haftung des Arbeitnehmers mit lesenswerter Anm. von *Möschel;* ferner *Beuthien,* S. 73; *Motzer,* S. 159 ff.; *Ullrich,* NJW 1984, 585; *Leßmann,* FS Wolf, 1985, S. 395; *Lieb,* Rn. 186 ff. (bei *Lieb/Jacobs* finden sich leider dazu keine Ausführungen).

[36] *BAG* AP Nr. 13 zu § 611 BGB Akkordlohn.

[37] Dazu *Picker,* Betriebsrisikolehre und Arbeitskampf, JZ 1979, 285; *Schaub,* Rechtsfragen des Annahmeverzugs im Arbeitsrecht, ZIP 1981, 347; *Schäfer/Berkowsky,* Zum Weiterbeschäftigungsangebot des Arbeitgebers während des Kündigungsschutzprozesses, DB 1982, 902; *Peter,* Kündigung, Annahmeverzug und Weiterbeschäftigung, DB 1982, 488; *Nierwetberg,* § 615 BGB und der Fixschuldcharakter der Arbeitspflicht, BB 1982, 995; *Denck,* Das vorläufige Weiterbeschäftigungsangebot des Arbeitgebers im Kündigungsrechtsstreit, NJW 1983, 255; *Rückert,* Unmöglichkeit und Annahmeverzug im Dienst- und Arbeitsvertrag, ZfA 1983, 1; *v. Stebut,* S. 66; *Picker,* Fristlose Kündigung ..., Annahmeverzug und Vergütungsgefahr ..., JZ 1985, 641 u. 693; *Stephan,* Die Rechtsprechung des *BAG* zum Annahmeverzug des Arbeitgebers, NZA 1992, 585; *Waas,* Rechtsfragen des Annahmeverzugs bei Kündigung durch den Arbeitgeber, NZA 1994, 151; *Picker,* Arbeitsvertragliche Lohngefahr und dienstvertragliche Vergütungsgefahr, FS Kissel, 1994, S. 813; *Picker,* Die Lohngefahrtragung im Dienst- und Arbeitsvertrag nach der Schuldrechtsreform, FS Ulrich Huber, 2006, S. 497.

b) **Ordnungsgemäß** ist das Angebot der Arbeitsleistung grundsätzlich nur, wenn ein tatsächliches Angebot erfolgt, § 294 BGB. Der Arbeitnehmer muss also in der Regel in Person am Arbeitsplatz erscheinen. Ein wörtliches Angebot genügt aber, wenn der Arbeitgeber erklärt hat, dass er die Leistung nicht annehmen werde, oder wenn er eine erforderliche Mitwirkungshandlung nicht vornimmt, § 295 BGB. Hat der Arbeitgeber etwa im Zuge einer unwirksamen Kündigung dem Arbeitnehmer zu erkennen gegeben, dass er ihn keinesfalls weiterbeschäftigen wolle, so genügt eine Erklärung des Arbeitnehmers, aus der seine Bereitschaft zur Arbeitsleistung hervorgeht. Diese wird vielfach in einem Widerspruch gegen die Kündigung bzw. in der Erhebung der Kündigungsschutzklage zu sehen sein.[38] In seiner jüngeren Rspr. nimmt das BAG jedoch an, der Arbeitnehmer brauche bei unrechtmäßiger Kündigung überhaupt kein Angebot zu machen,[39] vielmehr müsse der Arbeitgeber den Arbeitnehmer wieder zur Arbeitsaufnahme auffordern.[40] Das ist aus dem Gesetz nicht begründbar und wird der Interessenlage nicht gerecht. Die Voraussetzungen von § 296 BGB liegen entgegen dem BAG nicht vor.[41] Besonders krass ist die Auffassung des BAG, ein wörtliches Angebot des Arbeitnehmers sei selbst dann nicht erforderlich, wenn der Arbeitnehmer nach ein- oder sogar mehrmonatiger Erkrankung während der Zeit der Ungewissheit über die Wirksamkeit der Kündigung wieder arbeitsfähig wird.[42]

c) Der Annahmeverzug tritt nicht ein, wenn dem Arbeitnehmer seinerseits die Erbringung der **Arbeitsleistung unmöglich** ist, § 297 BGB. Fällt etwa die Stromversorgung im ganzen Land aus und kann der Arbeitgeber deshalb seine Arbeitnehmer nicht beschäftigen, so braucht er gleichwohl einem Arbeitnehmer den Lohn nicht zu zahlen, der wegen Ausfall der Zugverbindung nicht an der Arbeitsstelle erscheinen konnte.[43]

2. Als **Folge des Annahmeverzugs** wird der Arbeitnehmer von der Verpflichtung zur Arbeitsleistung frei, wie aus § 615 BGB hervorgeht. Der Arbeitnehmer braucht also die infolge des Annahmeverzugs ausgefallene Arbeitszeit nicht nachzuholen. Zu dem gleichen Ergebnis käme man im Regelfall auch auf Grund von § 275 BGB, weil eine versäumte Arbeitsleistung meist als unmöglich anzusehen ist (vgl. oben I). Die Bedeutung des § 615 BGB gegenüber den allgemeinen Grundsätzen besteht aber darin, dass der Arbeitnehmer auch in solchen Fällen von der Verpflichtung befreit wird, in

---

[38] *BAG* AP Nr. 23, 26, 31 zu § 615 BGB.

[39] Die Phantasie des Gerichts treibt zu einen Nachbarproblem ähnliche Blüten: In der Erhebung der Kündigungsschutzklage soll auch die Geltendmachung von Ansprüchen aus Annahmeverzug liegen (mit der Folge der Einhaltung tariflicher Ausschlussfristen, die zur Fristwahrung nur die „Geltendmachung" eines Anspruchs verlangen); wo allerdings gerichtliche Geltendmachung erforderlich sei, soll es für die Geltendmachung von Zahlungsansprüchen anders sein. Umgekehrt soll der schriftsätzlich angekündigte Klageabweisungsantrag des Arbeitgebers hinsichtlich der Kündigungsschutzklage eine schriftliche Ablehnung der mit der Kündigungsschutzklage „geltend gemachten" Vergütungsansprüche aus Annahmeverzug sein. Zu beidem zuletzt *BAG* AP Nr. 188 zu § 4 TVG Ausschlussfristen = NZA 2006, 845.

[40] *BAG* AP Nr. 34 und 35 zu § 615 BGB (mit gemeinsamer Anm. von *Konzen*) sowie Nr. 35 a, 39, 79, 1106, 112 ebenda. Vgl. auch die Anm. zu den beiden erstgenannten Entsch. v. *Kraft* (EzA § 615 BGB Nr. 43) und *Winterfeld* (SAE 1986, 17).

[41] Anders *Konzen* (Fn. 40) mit freilich allzufein gesponnenen Überlegungen, die das zentrale praktische Problem nicht hinreichend berücksichtigen. Aus der jüngeren Rspr. vgl. *BAG* AP Nr. 53 zu § 615 BGB m. Anm. *Kaiser* sowie AP Nr. 60 zu § 615 BGB = SAE 1995, 185 m. Anm. *Misera.* Vgl. auch *Stahlhacke,* AuR 1992, 8; *Stephan* (Fn. 37) sowie *Ramrath,* SAE 1992, 61.

[42] Vgl. *BAG* AP Nr. 45, 50, 60 zu § 615 BGB. Stark kritisch zu Recht *Misera,* SAE 1995, 189. Wie das *BAG* hingegen ErfK/*Preis,* 7. Aufl., § 615 BGB Rn. 54 mit einigen Nachweisen aber ohne Begründung und Analyse der Informationslage.

[43] Vgl. *BAG* AP Nr. 28 zu § 615 BGB.

denen eine Nachholung durchaus möglich wäre. Bei gewöhnlichen Schuldverhältnissen tritt dagegen während des Annahmeverzugs für den Schuldner lediglich eine Haftungserleichterung ein, keine Leistungsbefreiung (vgl. § 300 BGB).

3. Soweit die Arbeitsleistung infolge des Annahmeverzugs unterbleibt, **behält der Arbeitnehmer** entgegen § 326 I 1 BGB seinen **Lohnanspruch**, ohne zur Nachleistung verpflichtet zu sein, § 615 Satz 1 BGB. Darin liegt eine Erweiterung gegenüber § 326 II 1 2. Fall BGB insofern, als die Lohnfortzahlung auch dann Platz zu greifen hat, wenn die Arbeitsleistung durch den Annahmeverzug nicht unmöglich geworden ist,[44] die Befreiung von der Arbeitsleistung nach § 275 BGB folglich nicht eingetreten ist, sodass § 326 II BGB nicht zum Zuge kommt.

Auf den Lohnfortzahlungsanspruch muss sich der Arbeitnehmer anrechnen lassen, was er infolge des Unterbleibens der Arbeitsleistung erspart (z.B. Fahrtkosten) oder durch anderweitige Verwendung seiner Arbeitskraft erwirbt (etwa durch ein Aushilfsarbeitsverhältnis) oder zu erwerben böswillig unterlässt, § 615 Satz 2 BGB.[45] Der zuletzt genannte Abzugsposten kann Anwendungsschwierigkeiten bereiten.[46] Böswilligkeit liegt nicht schon vor, wenn der Arbeitnehmer eine ihm an sich mögliche Ersatzarbeit nicht annimmt. Die Ablehnung einer ihm angebotenen gleichwertigen Arbeit, deren Übernahme mit keinen wesentlichen sonstigen Nachteilen verbunden ist, begründet dagegen in aller Regel die Anrechnungspflicht. Dazwischen liegen die zweifelhaften Fälle, die nur unter Heranziehung von Treu und Glauben nach den Umständen des Einzelfalles zu lösen sind: inwieweit der Arbeitnehmer sich selbst um Ersatzarbeit bemühen und inwieweit er auch nicht gleichwertige Arbeit übernehmen muss.[47] Richtigerweise wird man den Arbeitnehmer auch als zur Übernahme einer nicht gleichwertigen Arbeit verpflichtet ansehen müssen, sofern diese zumutbar ist. Insoweit müssen nicht notwendig die gleichen Kriterien maßgebend sein wie im Rahmen der Arbeitslosenversicherung. Als zumutbar wird man jedenfalls ansehen müssen, dass der Arbeitnehmer Tätigkeiten übernimmt, die in ihrer Wertigkeit nicht wesentlich unterhalb der bisherigen Tätigkeit liegen. Diese Übernahme muss auch erfolgen, wenn die Entlohnung geringer ist.

Auch die Weiterbeschäftigung durch den Arbeitgeber, der das Arbeitsverhältnis (möglicherweise) unwirksam gekündigt hat, dem Arbeitnehmer aber zwecks Vermeidung allzu hoher Lohnnachzahlungspflichten im Fall eines Unterliegens im Kündigungsschutzrechtsstreit die Weiterbeschäftigung anbietet, ist in der Regel für den Arbeitnehmer zumutbar.[48] Dass insoweit der Arbeitnehmer die Weiterbeschäftigung nur zu den vorherigen Konditionen übernehmen müsse, trifft nicht zu. Es handelt sich insoweit nicht um die Fortsetzung des bisherigen Arbeitsverhältnisses – deshalb entfällt auch der Annahmeverzug für dieses nicht[49] – sondern um ein Arbeitsverhältnis eigener Art, das auflösend bedingt ist durch die rechtskräftige Entscheidung im Kündigungsstreit. Nicht einzulassen braucht sich der Arbeitnehmer auf ein Weiterbeschäftigungsangebot, das nur unter dauerhafter Änderung des bisherigen Arbeitsvertrages gilt.[50]

---

[44] Anders *Nierwetberg* (Fn. 37), der zu Unrecht den Fixschuldcharakter der Arbeitsleistung verabsolutiert und daraus auf systematische Ungereimtheiten des Gesetzes schließt.

[45] Dazu *Schirge*, Böswilliges Unterlassen anderweitigen Erwerbs nach § 615 Satz 2 BGB im gekündigten Arbeitsverhältnis, DB 2000, 1278; *Spirolge*, Der böswillig unterlassene anderweitige Erwerb, NZA 2001, 707.

[46] Dazu *BAG* AP Nr. 47, 52 zu § 615 BGB.

[47] Vgl. dazu *BAG* AP Nr. 1–4 zu § 615 BGB Böswilligkeit; siehe auch *Gumpert*, Anrechnung von anderweitigem Erwerb des Arbeitnehmers während des Kündigungsschutzprozesses, BB 1964, 1300.

[48] Grundsätzlich in diese Richtung *Schirge* (Fn. 45); *BAG* AP Nr. 98 zu § 615 BGB; AP Nr. 4 zu § 11 KSchG 1969; ablehnend *Berkowski*, DB 1981, 1569f.; *Peter*, DB 1982, 488 (492).

[49] Dazu *Löwisch*, DB 1986, 2433; *Waas*, NZA 1994, 151, 156ff.

[50] *BAG* NZA 2006, 314.

V. Betriebsrisiko und Arbeitskampfrisiko[51]

1. Betriebsrisikolehre

Ist das Unterbleiben der Arbeitsleistung von keinem Teil zu vertreten und greifen keine besonderen Lohnfortzahlungsregelungen ein, so hängt der Lohnanspruch des Arbeitnehmers grundsätzlich davon ab, ob das Unterbleiben der Arbeitsleistung auf einem Annahmeverzug des Arbeitgebers beruht – dann gilt § 615 BGB – oder sich sonst als Unmöglichkeit der Arbeitsleistung darstellt – dann gilt § 326 I BGB. Für einen bestimmten Bereich des Arbeitsausfalles wird jedoch die Abgrenzung der Lohnzahlungspflicht von der noch h. L. nicht durch Einordnung in die beiden genannten Kategorien vorgenommen, sondern mit Hilfe besonderer Grundsätze über das sogenannte Betriebsrisiko.

a) Zentrales Argument für die Entwicklung dieser Lehre war die Behauptung, dass die individualrechtlich konzipierten Regelungen über Unmöglichkeit und Annahmeverzug dann nicht passen, wenn die fehlende Möglichkeit der Beschäftigung auf Störungen im betrieblichen Bereich zurückzuführen ist, z. B. die Beschäftigung wegen mangelnder Rohstoffe, fehlender Energie, Nichtbetretbarkeit des Betriebs infolge einer Katastrophe oder wegen Maschinenstörungen unterbleibt. Bei derartigen Sachverhalten soll die Gegenleistungsgefahr (das Lohnrisiko) bei fehlender Beschäftigungsmöglichkeit nach eigenständigen, nicht im Gesetz vorfindbaren Regeln verteilt werden.

b) Die Betriebsrisikolehre setzt dogmatisch bei Störungen im Betriebsbereich an. Störungen aufgrund wirtschaftlicher Fehlentwicklung hingegen, wie sie sich im Kapital-, Liquiditäts- und Auftragsmangel zeigen, geben zu Modifikationen der Gefahrverteilung von vornherein keinen Anlass. Kann der Arbeitgeber wegen Geldmangels keine Rohstoffe beschaffen, keine Energie mehr einkaufen und die Maschinen nicht reparieren lassen oder fehlt es ihm an Aufträgen, so kommt eine Abwälzung dieses Risikos (sog. Wirtschaftsrisiko) auf die Arbeitnehmer auch dann nicht in Betracht, wenn dadurch sekundär Störungen im Arbeitsbereich eintreten. Die Betriebsrisikolehre erfasst demnach die auf Ka-

---

[51] Dazu *Mayer-Maly/Nipperdey*, Risikoverteilung in mittelbar von rechtmäßigen Arbeitskämpfen betroffenen Betrieben, 1965; *Biedenkopf*, Die Betriebsrisikolehre als Beispiel richterlicher Rechtsfortbildung, 1970; *Seiter*, Streikrecht und Aussperrungsrecht, 1975, S. 305 ff.; *Nitsche*, Die Betriebsrisikolehre, 1976; *Kalb*, Rechtsgrundlage und Reichweite der Betriebsrisikolehre, 1977; *H. Borrmann*, Auswirkungen des Arbeitskampfes auf außerhalb des umkämpften Tarifvertrags liegende Betriebe, DB 1978, 1978; *Nassauer*, Sphärentheorien zu Regelungen der Gefahrtragungshaftung in vertraglichen Schuldverhältnissen, 1978 (dazu die inhaltsreiche Rezension von *Musielak*, AcP 181, 236); *Lieb*, Fernwirkungen von Arbeitskämpfen, BAG-FS, 1979, S. 327; *Ehmann*, Betriebsrisikolehre und Kurzarbeit, 1979; *Picker*, Betriebsrisikolehre und Arbeitskampf, JZ 1979, 285; *Löwisch*, Arbeitskampf und Betriebsrisiko, WuR 1981, Sonderheft 2, S. 98; *Seiter*, Die neue Betriebsrisiko- und Arbeitskampfrisikolehre, DB 1981, 578; *Lieb*, § 3 II 2; *Rückert*, Unmöglichkeit und Annahmeverzug im Dienst- und Arbeitsvertrag, ZfA 1983, 1; *Richardi*, Gefahrtragungsregelung und Abwehrrecht bei arbeitskampfbedingten Betriebsstörungen, FS Strasser, 1983, S. 451; *Colneric*, in: Däubler (Hrsg.), Arbeitskampfrecht, 2. Aufl., 1987, TZ 600 ff.; *Seiter*, Staatsneutralität im Arbeitskampf, 1987, S. 136 ff. (ausführliche klare Darstellung); *Denck*, NZA 1987, 433; *Otto*, RdA 1987, 1; *Picker*, JZ 1988, 62; *Staudinger/Richardi* (1989) § 615 Rn. 185 ff.; *Lieb*, NZA 1990, 289; *Linnenkohl/Rauschenberg*, AuR 1990, 137; *Lieb*, in: v. Stebut/Lieb/Zöllner (Hrsg.), Arbeitskampfrecht (Gedächtnis-Symposion Seiter), 1990, S. 163 ff.; *Picker*, Arbeitsvertragliche Lohngefahr und dienstvertragliche Vergütungsgefahr, FS Kissel, 1994, S. 813; *ders.*, Betriebsstillstand und Lohngefahrtragung, Gedächtnisschrift Hofmeister, 1996, S. 549; *Kissel*, Arbeitskampfrecht, 2002; *Luke*, § 615 Satz 3 BGB und Neuregelung des Betriebsrisikos, NZA 2004, 244 ff.; *Reichold*, Betriebsrisiko als Substratgefahrtragung, ZfA 2006, 223; *Picker*, Die Lohngefahrtragung im Dienst- und Arbeitsvertrag nach der Schuldrechtsreform, FS Ulrich Huber, 2006, S. 497.

tastrophen, behördlichen oder gesetzlichen Maßnahmen, auf Arbeitskämpfen oder dem Eingreifen Dritter beruhenden Behinderungen der Beschäftigung von Arbeitnehmern nur insoweit, als es um Betriebsstörungen geht.

c) Nach den Grundsätzen der traditionellen Betriebsrisikolehre soll das Lohnrisiko bei fehlender Beschäftigungsmöglichkeit infolge von Betriebsstörungen der Arbeitgeber zu tragen haben. In Ausnahme hiervon soll aber in zwei Fällen der Betriebsstörung das Lohnrisiko der Arbeitnehmerseite zuzuweisen sein: (1) Bei der Betriebsstörung infolge von Arbeitskämpfen und (2) bei der den Bestand des Betriebs gefährdenden Betriebsstörung.

Die zweite Ausnahme scheint bisher nicht tragender Gegenstand höchstrichterlicher Entscheidungen gewesen zu sein, sondern lediglich Gegenstand von obiter dicta.[52] Es spricht vieles dafür, sie gänzlich zu verabschieden.[53] In der Regel kann der Arbeitgeber ohnehin viele wirtschaftliche Risiken durch Kündigung aus betrieblichen Gründen oder durch Einführung von Kurzarbeit wenigstens teilweise auf die Arbeitnehmer abwälzen. Den Arbeitnehmern mehr aufzuerlegen, besteht kein überzeugender Grund.[54] Auch andere Gläubiger des Unternehmens brauchen ihre Forderungen bei Bestandsbedrohung nicht herabzusetzen.

Aber auch der allgemeine Grundsatz der Betriebsrisikolehre ist überflüssig. Wie rechtshistorische Untersuchungen namentlich von *Picker* und *Rückert* gezeigt haben, hat der BGB-Gesetzgeber ganz bewusst das Betriebsrisiko in § 615 BGB mit erfasst und dem Arbeitgeber zugewiesen. Der allgemeine Grundsatz ist daher zwar im Ergebnis inhaltlich zutreffend,[55] es bedarf seiner aber nicht, weil die Grundsatzfrage vom BGB nicht offen gelassen, sondern durch § 615 BGB entschieden ist. Insoweit hat die Hinzufügung von Satz 3 durch die Schuldrechtsreform nichts Neues gebracht. Ohnehin handelt es sich um eine rein formale Verweisung auf Betriebsrisikogrundsätze ohne Klärung ihres Inhalts.

Folgt man dem, so bleibt als **eigentlicher Problembereich** für die Betriebsrisikolehre, inwieweit das Leistungsstörungsrecht des BGB, genauer: die in § 615 BGB getroffene Grundentscheidung zu modifizieren ist, wenn die Beschäftigungsmöglichkeit von Arbeitnehmern **infolge von Arbeitskämpfen** entfällt. Die Behandlung der auf Arbeitskämpfen beruhenden Leistungsstörungen ist dogmatisch von der Betriebsrisikolehre zu trennen, weil ihre spezifische Problematik, die Bewältigung von Arbeitskampffolgen, gänzlich anderer Überlegungen und Gründe bedarf. Ohnehin beschränkt man sich bei der rechtlichen Ordnung von Leistungsstörungen infolge von Arbeitskämpfen nicht mehr auf durch Arbeitskampf eintretende Betriebsstörungen, sondern entlastet den Arbeitgeber von der Lohnzahlungspflicht auch dann, wenn eine Beschäftigung der Arbeitnehmer vom Betrieb her technisch durchaus möglich wäre, aber infolge Arbeitskampfes wirtschaftlich nicht sinnvoll erscheint,[56] z. B. wegen fehlender Abnahme der Produkte durch ein bestreiktes Unternehmen, bei Ausbleiben von Zulieferungen, die anderswo, wenn auch wesentlich teurer beschafft werden müssten. In derartigen Konstellationen geht es nicht nur um Fragen der Verteilung des Betriebsrisikos, sondern auch des **Wirtschaftsrisikos,** das seit jeher nicht als Bestandteil der Betriebsrisikolehre verstanden wurde. Wenn gleichwohl im Zusammenhang mit Arbeitskämpfen in derartigen Fällen die Arbeitgeberseite von der Lohnzahlung und damit partiell auch vom Wirtschaftsrisiko entlastet wird, zeigt das, dass man es in Wahrheit nicht mit dem Betriebsrisiko schlechthin, sondern mit einer **speziellen Gefahr** zu tun hat, nämlich der **Gegenleistungsgefahr bei arbeitskampfbedingten Stö-**

---

[52] So schon bei der Grundsatzentscheidung *RAG* ARS 3, 116. Vgl. ferner *BAG* AP Nr. 15, 28, 31 zu § 615 Betriebsrisiko; ferner AP Nr. 56 zu § 615 BGB.

[53] So z. B. auch *Ehmann*, Betriebsrisikolehre, 1979, S. 44.

[54] Hier gilt allerdings der Vorbehalt, dass bei Unkündbarkeit von Arbeitsverhältnissen eine Anpassung nach den Regeln über den Wegfall der Geschäftsgrundlage in Betracht kommt.

[55] Abweichend in der Sache *Ehmann*, Betriebsrisikolehre, 1974, S. 44 sowie NJW 1987, 401 ff., der etwa bei Betriebsausfall infolge Smog-Alarm annimmt, es liege Unmöglichkeit der Arbeitsleistung vor, daher könne Kurzarbeitergeld in Anspruch genommen werden. Gegen ihn *Richardi*, NJW 1987, 1231.

[56] Vgl. *Seiter*, Streikrecht, 1975, S. 306 m. N.

rungen. Es ist daher sinnvoller, wie namentlich *Picker* und *Seiter* vorgeschlagen haben, insoweit vom **Arbeitskampfrisiko** zu sprechen.[57]

2. Inhalt und Problematik der Arbeitskampfrisikolehre

Kann der Arbeitgeber arbeitskampfbedingt Arbeitnehmer nicht beschäftigen, greift für die Beurteilung der Lohnzahlungspflicht nicht § 615 BGB ein, sondern es ist die rechtsfortbildend entwickelte Arbeitskampfrisikolehre maßgebend. Im Grundsatz rechtfertigt sich das daraus, dass das individualrechtlich entwickelte Leistungsstörungsrecht für die besonderen, vom Gesetzgeber nicht bedachten Arbeitskampfkonstellationen nicht passt. Immerhin hat der Gesetzgeber sein Einverständnis mit der Integrierung besonderer Grundsätze in das Leistungsstörungsrecht mit der Einfügung des höchst ungeschickt formulierten und inhaltsleeren Satz 3 in § 615 BGB signalisiert. Auch wenn die Geltung besonderer Arbeitskampfrisikogrundsätze in Rechtsprechung[58] und Lehre weithin anerkannt ist, besteht freilich über die Reichweite der arbeitskampfbedingten Zuweisung des Lohnrisikos an die Arbeitnehmerseite zum Teil Unklarheit.

a) Handelt es sich um einen **rechtmäßigen Streik im selben Unternehmen** (nicht notwendig im selben Betrieb), so ist der Wegfall des Lohnanspruchs für die arbeitswilligen Arbeitnehmer, die infolge des Streiks nicht beschäftigt werden zu können, zwar nicht erfreulich, das Ergebnis aber unausweichlich, und zwar schon deshalb, weil sonst der Arbeitskampf für die Arbeitnehmerseite zu stark von Risiken entlastet würde. Der Streik weniger Arbeitnehmer (in Schlüsselstellungen oder -abteilungen) könnte unter Umständen den ganzen Betrieb stilllegen, während nahezu der gesamten Belegschaft der Lohn fortbezahlt werden müsste. Zwar dürfte der Arbeitgeber zur Abwehr die ganze Belegschaft aussperren (vgl. dazu unten § 42 IX). Es wäre indessen nicht sinnvoll, dem Arbeitgeber einen solchen Rechtsakt mit Kampfcharakter aufzuerlegen, wenn der Betrieb ohnehin nicht arbeiten kann. Die Aussperrung würde gegenüber der Lohnverweigerung nach Arbeitskampfrisikogrundsätzen zu einer Kampfverschärfung und -ausweitung führen. Der Arbeitgeber muss statt dessen die Möglichkeit haben, die bei Teilstreik inadäquate wirtschaftliche Belastung zu verringern, ohne zu Kampfmaßnahmen zu greifen. Die Überwälzung des Lohnrisikos auf die gesamte Belegschaft bei einer streikbedingten Betriebsstörung ist unter Zumutbarkeitserwägungen auch insofern vertretbar, als jedenfalls rechtmäßige Arbeitskämpfe um tariflich regelbare Ziele fast immer der gesamten Belegschaft zugute kommen.

Den Lohnwegfall auf *gewerkschaftsangehörige Arbeitnehmer* zu beschränken[59] ist insofern rechtlich bedenklich, als dadurch Arbeitnehmer wegen ihrer Koalitionsangehörigkeit schlechtergestellt werden, was Art. 9 III 2 GG verwehrt. Auch wird dabei zu wenig berücksichtigt, dass Tariferhöhungen als Ergebnis von Arbeitskämpfen auch den Außenseitern zugute kommen. Zwar sind es die Gewerkschaften, die den Streik tragen und führen, und ihre Mitglieder entscheiden allein über das Streikende, doch dürfte dies allein nicht rechtfertigen, die Außenseiter vom Lohnrisiko zu entlasten.

Ist ein Arbeitnehmer arbeitswillig, wird der Arbeitgeber nicht deshalb von der Entgeltfortzahlungspflicht frei, weil er der Gewerkschaft zugesichert hat (z.B. im Rahmen einer Notdienstvereinbarung), andere als die in der Vereinbarung genannten Arbeitnehmer nicht zu beschäftigen.[60] Dies dürfte der

---

[57] In gleichem Sinn auch ErfK/*Dieterich*, Art. 9 GG Rn. 135 ff.

[58] *BAG* AP Nr. 2, 3 und 4 zu § 615 BGB Betriebsrisiko; AP Nr. 70 zu Art. 9 GG Arbeitskampf, bestätigt in AP Nr. 130, 135, 137–139 zu Art. 9 GG Arbeitskampf.

[59] So insbesondere *Biedenkopf* (Fn. 51), S. 23; abgelehnt von *BAG* AP Nr. 4 zu § 615 BGB Betriebsrisiko.

[60] Zutreffend *BAG* AP Nr. 129 zu Art. 9 Arbeitskampf; anders aber *BAG* AP Nr. 130 zu Art. 9 GG Arbeitskampf.

Grund für die überraschende Erfindung einer neben der Aussperrung dem Arbeitgeber eingeräumten Stilllegungsbefugnis sein (zu dieser unten 5.).

b) Ist die fehlende Beschäftigungsmöglichkeit Folge eines **Arbeitskampfs in einem fremden Unternehmen**, z.B. einem Betrieb der Energieversorgung, der Rohstofferzeugung oder des Transportwesens, so sind die unter a) genannten Gründe für den Lohnentzug in mittelbar betroffenen Unternehmen ebenfalls einschlägig, wenn die Arbeitnehmer des nur mittelbar betroffenen Unternehmens an dem erkämpften Vorteil wenigstens indirekt partizipieren. Das kann z.B. bei der Bestreikung von Zulieferfirmen der Fall sein, wenn für diese gleichartige Tarifverträge (wenn auch in einem anderen Bundesland) maßgebend sind. Ein Beispiel bieten Elektrofirmen, die Ausstattungsteile an Automobilfirmen „zuliefern". Dagegen sind die Gründe weniger überzeugend, wenn der Arbeitskampf in Betrieben stattfindet, für die andere tarifrechtliche Zuständigkeiten bestehen,[61] wie das etwa der Fall ist, wenn Reifenhersteller als Zulieferer einer Automobilfabrik bestreikt werden. Ob auch für diese Fallgestaltung ein Lohnwegfall in Betracht kommt, ist streitig. Vgl. dazu unten d. Nicht entscheidend ist, ob es sich bei dem die Beschäftigungsmöglichkeit lahmlegenden Arbeitskampf um einen Streik oder eine Abwehraussperrung handelt.[62] Und nichts anderes könnte letztlich auch für die Angriffsaussperrung gelten.

Die Zuweisung des Lohnrisikos an die Arbeitnehmerseite greift nicht nur dann, wenn die Beschäftigung der Arbeitnehmer infolge des Arbeitskampfs in einem fremden Unternehmen (wegen fehlender Energie, Rohstoffe oder Zulieferteile) unmöglich ist, sondern auch, wenn die Fortsetzung der Produktion zwar technisch möglich wäre, aber für den Arbeitgeber nicht zumutbar ist, weil die Abnahme seiner Produkte arbeitskampfbedingt eingeschränkt ist[63] (Produktion auf Halde), eine Konstellation, von der vor allem Zulieferer betroffen sind, wenn ihre Abnehmer bestreikt werden. Für die gleiche Behandlung spricht, dass es im Grunde eine zufällige Konstellation ist, ob unmittelbar das Zuliefer- oder das Abnehmerunternehmen durch Arbeitskampf stillgelegt ist.

c) Zweifelhaft ist, ob der Arbeitgeber die Lohnzahlung nach Arbeitskampfrisikogrundsätzen auch dann verweigern kann, wenn die Betriebsstörung (im eigenen oder fremden Unternehmen) von einem **rechtswidrigen Arbeitskampf** ausgeht.[64] Das wird verschiedentlich verneint mit der Begründung, dass rechtswidriges Verhalten mit den Mitteln des Rechts bekämpft werden müsse und nicht zu Lasten der sich rechtmäßig verhaltenden Arbeitnehmer gehen dürfe. Dabei wird freilich verkannt, dass die Möglichkeiten des Arbeitgebers, rechtswidrige Arbeitskämpfe mit rechtlichen Mitteln zu bekämpfen, schon im eigenen Unternehmen faktisch stark begrenzt sind und im fremden Unternehmen überhaupt nicht zu Gebote stehen.

d) Trotz der unter b) und c) dargelegten Zweifel ist eine **Arbeitskampfrisikoverteilung** sinnvoll, **die Differenzierungen weitestgehend vermeidet**.[65] Arbeitskampf ist der Kampf zwischen zwei großen gesellschaftlichen Gruppen,[66] der in aller Regel um die Verteilung der erarbeiteten Erträge geführt wird. Es ist rechtspolitisch vernünftig, in diesem Kampf die Risiken entsprechend den dargelegten Grundsätzen zuzumessen.

---

[61] Vgl. die Bedenken in *BAG* DB 1976, 776.
[62] Vgl. *BAG* AP Nr. 70 zu Art. 9 GG Arbeitskampf.
[63] Dazu ausführlich *Lieb,* NZA 1990, 289 ff.
[64] Bejahend *BAG* AP Nr. 3 zu § 615 BGB Betriebsrisiko; differenzierend *Löwisch,* WuR 1981, S. 110 f.; ablehnend *Ehmann,* DB 1973, 1994 Fn. 120.
[65] Siehe aber auch *BAG* AP Nr. 29 zu § 615 BGB Betriebsrisiko.
[66] So schon die für die Betriebsrisikolehre grundlegende Entscheidung des *RG* v. 6. 2. 1922, RGZ 106, 272.

Die Arbeitnehmerseite trägt bei arbeitskampfbedingter Störung der Beschäftigungs-möglichkeit das Lohnrisiko, die Arbeitgeberseite das Risiko der aus dem Ausbleiben der Arbeitsleistung resultierenden Schäden. Eine an Normen des BGB orientierte dog-matische Begründung hierfür lässt sich nicht geben. Es handelt sich vielmehr um eine im Wege der Rechtsfortbildung geschaffene Regel, die den vom Gesetzgeber nicht be-dachten Raum der Gefahrtragung bei Leistungsstörungen infolge von Arbeitskämpfen ordnet. Es ist diejenige Regel, die auch dem Gesetzgeber vorzuschlagen wäre, falls er sich entschlösse, die rechtlichen Folgen des Arbeitskampfs einer gesetzlichen Ordnung zuzuführen.

Erheblich zu eng ist es, die Zuweisung des Lohnrisikos bei arbeitskampfbedingten Störungen aus dem Prinzip der Kampfparität abzuleiten, wie das BAG[67] dies versucht. Deutlich wird das u. a. an der Frage der rechtlichen Einordnung des Problems der Ar-beitskampfrisikoverteilung (dazu unter 3).

e) Zu relativ neuen Konstellationen führt ein verändertes Kampfverhalten der Ar-beitnehmerseite, das man mit dem Begriff des **Wellenstreiks** zu kennzeichnen ver-sucht. Bei ihm legt eine kleine, meist mit Schlüsselfunktion im Betrieb ausgestattete Arbeitnehmergruppe die Arbeit nieder, aber absichtlich und unangekündigt nur für kurze Zeit, um dann, wenn der Arbeitgeber die Schlüsselfunktionen anderweitig ver-sorgt hat, an den Arbeitsplatz zurückzukehren und die Arbeit anzubieten. Kann der Arbeitgeber diese Arbeitnehmer dann nicht beschäftigen, weil er die Arbeitsplätze mit Aushilfskräften besetzt hat, beruht die mangelnde Beschäftigungsmöglichkeit auf ei-nem Kampfverhalten der betroffenen Arbeitnehmer, die deshalb keinen Lohn verlan-gen können.[68]

3. Charakter und systematische Stellung der Arbeitskampfrisikogrundsätze

Die Grundsätze über die Lohnrisikoverteilung bei Wegfall der Beschäftigungsmöglichkeit infolge von Arbeitskämpfen gehören rechtssystematisch ins Leistungsstörungsrecht. Sie haben zwar enge Be-rührungspunkte auch mit dem Arbeitskampfrecht, sind aber gleichwohl dort nicht zentral anzusiedeln, weil der Lohnwegfall nach Risikogrundsätzen kein Kampfmittel der Arbeitgeberseite darstellt.[69] Das zeigt sich am deutlichsten in den Fällen, in denen die Beschäftigungsmöglichkeit infolge eines bran-chen- oder gebietsfremden Arbeitskampfes entfällt, gilt aber auch dann, wenn wegen Teilstreik im eigenen Betrieb die Lohnzahlung unterbleibt. Auch dann wird der Arbeitgeber die Lohnzahlung in vielen Fällen unterlassen, ohne dadurch auf das Kampfverhalten der Gegenseite Einfluss nehmen zu wollen. Vgl. zum Vorstehenden auch unten § 41 VI 2 d.

4. Eintritt des Lohnwegfalls

a) Der Lohnwegfall tritt bei Vorliegen der in den Risikoverteilungsgrundsätzen ent-haltenen Voraussetzungen **automatisch** ein. Es bedarf dazu keiner rechtsgestaltenden Erklärung des Arbeitgebers.[70] Gewiss kann namentlich in den Fällen fehlender Ab-nahme von Produkten durch arbeitskampfbetroffene Betriebe die Bestimmung des Zeitpunkts zweifelhaft sein, ab welchem die Fortsetzung der Produktion nicht mehr sinnvoll ist. Indessen hat der Arbeitgeber hier keinen echten Bestimmungsspielraum. Es ist vielmehr sein Risiko, wenn er einen unzutreffenden Zeitpunkt als maßgebend ansieht. Richtig an der neueren Auffassung ist lediglich, dass der Arbeitgeber selbst-

---

[67] *BAG* AP Nr. 70, 71 zu Art. 9 GG Arbeitskampf; *Lieb*, NZA 1990, 289; *Lieb/Jacobs*, Rn. 190.
[68] Vgl. dazu *BAG* AP Nr. 147, 152, 154 und 155 zu Art. 9 GG Arbeitskampf.
[69] Anders *Seiter*, Streikrecht, 1975, S. 306; *Eisemann*, AuR 1981, 357.
[70] So aber *Seiter*, RdA 1979, 395; *ders.*, DB 1981, 584.

verständlich lohnzahlungspflichtig bleibt, solange er vertragsgemäße Arbeit (mag sie auch im Ergebnis sinnlos sein) noch entgegennimmt. Im Zweifel muss daher der Arbeitgeber dem Arbeitnehmer verdeutlichen, dass er die angebotene Tätigkeit aus Arbeitskampfrisikogründen nicht als Erfüllung annimmt.

b) Ein **Mitbestimmungsrecht des Betriebsrats**[71] bei den vom Arbeitgeber im Zusammenhang mit dem Wegfall der Beschäftigungsmöglichkeit zu treffenden Entscheidungen hinsichtlich der vorübergehenden Stilllegung des Betriebs oder bestimmter Betriebsabteilungen besteht grundsätzlich nicht. Zum einen scheidet ein „wirtschaftliches" Mitbestimmungsrecht nach § 111 Satz 3 Nr. 1 BetrVG aus, weil die volle oder teilweise Unterbrechung des Betriebs auf Grund von Arbeitskampfmaßnahmen keine Betriebsstilllegung oder -einschränkung im Sinn der genannten Norm ist. Zum andern greift auch ein Mitbestimmungsrecht nach § 87 I Nr. 2 oder 3 BetrVG nicht ein. Soweit der arbeitskampfbedingte Wegfall der Beschäftigung automatisch eintritt, ist das evident. Aber auch dann, wenn ein Teil des Betriebes noch weitergeführt werden kann oder die Arbeit im ganzen Betrieb gestreckt werden soll, ist es entgegen der h.M. im Schrifttum und der Rechtsprechung des BAG nicht sinnvoll, eine Beteiligung des Betriebsrats bei der Durchführung der Einschränkungsmaßnahmen vorzusehen. Auch wenn der Betriebsrat nicht über das Ob der Einschränkung, sondern nur über das Wie mitbestimmen soll, wächst ihm dadurch zu viel Einfluss zu. Das Verhalten der Unternehmen im Umfeld von Arbeitskämpfen darf, auch wenn es nicht um den Einsatz echter Kampfmittel geht, nicht dem Einfluss des Betriebsrats unterliegen.[72]

5. Verhältnis zur sog. Stilllegungsbefugnis

Nach neuerer Rechtsprechung des BAG[73] soll der Arbeitgeber in bestreikten Betrieben befugt sein, den ganzen Betrieb stillzulegen unter Suspendierung der Arbeitsverhältnisse nicht streikender Arbeitnehmer, und zwar ohne Rücksicht darauf, ob die suspendierten Arbeitnehmer beschäftigt werden könnten (näher dazu unten § 41 VI 3). Inwiefern dafür ein rechtliches Bedürfnis besteht, ist unklar. Soweit bislang ersichtlich, wäre dies nur der Fall, wenn der arbeitskampfrisikobedingte Wegfall der Lohnzahlungspflicht bei Streik im eigenen Haus enger als bisher gefasst würde oder die Beweisanforderungen für den Wegfall der Beschäftigungsmöglichkeit unerfüllbar wären.

---

[71] Zu dieser Problematik *H. Borrmann,* Auswirkungen des Arbeitskampfs auf außerhalb des umkämpften Tarifvertrags liegende Betriebe, DB 1978, 1978; *Lieb,* Fernwirkungen von Arbeitskämpfen, BAG-FS, 1979, S. 343; *Seiter,* Mitbestimmung des Betriebsrats vor vorübergehender Stillung mittelbar arbeitskampfbetroffener Betriebe, RdA 1979, 393. Ausführlich *Ehmann,* Betriebsrisikolehre und Kurzarbeit, 1979; *Kraft,* Mitwirkung und Mitbestimmung des Betriebsrats beim Arbeitskampf, FS G. Müller, 1981, 265 (279 ff.); *Heinze,* Mitbestimmung des Betriebsrats im Arbeitskampf, DB 1982, Beilage 23; *Brox/Rüthers,* Rn. 452 ff.; *Wiese,* Stellung und Aufgaben des Betriebsrats im Arbeitskampf, NZA 1984, 378; *Jahnke,* Betriebsrisiko und Mitbestimmung des Betriebsrats, ZfA 1984, 69; *Seiter,* Staatsneutralität, S. 144 f.; *Schulin,* in: Lieb/v. Stebut/Zöllner, Arbeitskampfrecht, 1990, S. 191 ff.; *Lieb,* Zur Mitbestimmung des Betriebsrats bei der Bewältigung der Fernwirkungen von Arbeitskämpfen, NZA 1990, 377; *Kalb,* FS Stahlhacke, 1995, S. 213, 229 ff.; *MünchArbR/Otto* § 290 Rn. 59 ff.; *Kreutz,* in: GK-BetrVG, 8. Aufl., 2005, § 74 Rn. 69 ff.; *Wiese,* in: ebenda, § 87 Rn. 406 ff.; *Lieb/Jacobs,* Rn. 682. Aus der Rechtsprechung vgl. *BAG* AP Nr. 70 und 71 zu Art. 9 GG Arbeitskampf (Anm. *Richardi*) = EzA § 615 BGB Betriebsrisiko Nr. 7 und 8 mit Anm. von *Dütz* und *Ehmann/Schnauder* = SAE 1981, 197 und 205 (Anm. *Konzen*).

[72] Anders *Wiese* (Fn. 71); *Richardi,* BetrVG, 10. Aufl., 2006, § 87 Rn. 381 f.

[73] *BAG* AP Nr. 130 u. 137–139 zu Art. 9 GG Arbeitskampf; *Lieb,* SAE 1995, 254; 1996, 182; *Konzen,* Anm. zu AP Nr. 137–139 zu Art. 9 GG Arbeitskampf; *Dütz,* Arbeitsrecht, 3. Aufl., 1997, Rn. 679; *Rieble,* SAE 1996, 224.

VI. Verlagerung des Lohnzahlungsrisikos aufgrund anderen Arbeitnehmerverhaltens

1. Wird die Beschäftigung eines Arbeitnehmers aufgrund seines **eigenen Verhaltens** unmöglich (z. B. durch Verursachung eines Brandes im Betrieb oder Beschädigung von Maschinen), so hängt die Frage, ob er seinen Lohn beanspruchen kann, davon ab, ob er sein Verhalten zu vertreten hat. Ist das der Fall, macht er sich im Rahmen der für die Arbeitnehmerhaftung geltenden Grenzen (dazu unten § 20 II 1) schadensersatzpflichtig. Der Arbeitgeber kann dann entweder mit diesem Anspruch aufrechnen (was nur innerhalb der Pfändungsgrenzen zulässig ist) oder nach § 326 I BGB von der Lohnzahlung absehen. Liegt ein Verschulden nicht vor, so kommt eine Lohnminderung nicht in Betracht.

2. Eine durch **andere Arbeitnehmer verursachte Unmöglichkeit** der Beschäftigung, auch wenn sie verschuldet ist, kann nicht zur Lohnminderung führen.

3. Etwas anderes dürfte anzunehmen sein, wenn die Unmöglichkeit der Beschäftigung auf einem **rechtswidrigen Amtsverhalten des Betriebsrats** beruht. Beispiel: Der Betriebsrat verweigert zu Unrecht die Zustimmung zu Überstunden, die erforderlich sind, um beschädigte Produktionseinrichtungen zu reparieren.[74] Muss der Betriebsrat schon nicht haften, so könnte doch der Gedanke der Gemeinschaft der betriebsangehörigen Arbeitnehmer als Solidargemeinschaft bei solidarischem Verhalten, zu dem gerade die Amtsausübung der Mandatsträger gehört, entsprechende Risikozurechnungsüberlegungen tragen. In solchen Entwicklungen kehrt letztlich das Gedankengut der sog. Sphärentheorie wieder, nach der das Lohnrisiko bei fehlender Beschäftigungsmöglichkeit demjenigen zuzuweisen sein soll, in dessen Sphäre der auslösende Umstand fällt.

VII. Leistungsstörungen bei der Lohnzahlungspflicht

Leistungsstörungen bei Erfüllung der Hauptpflicht des Arbeitgebers werden im Wesentlichen nach den allgemeinen Vorschriften behandelt. Gerät der Arbeitgeber in Schuldnerverzug, wofür wegen § 286 II BGB keine Mahnung erforderlich ist, so kommt § 280 I mit § 286 BGB zur Anwendung.[75] Der Eintritt des Verzugs wird auch durch unverschuldeten vorübergehenden Liquiditätsmangel nach allgemeinen Grundsätzen zur Geldschuld nicht gehindert. Auch eine Unmöglichkeit der Leistung in Gestalt einer auf wirtschaftlichen Gründen beruhenden dauernden Zahlungsunfähigkeit hat der Arbeitgeber stets zu vertreten, was den Arbeitnehmern allerdings im Regelfall wenig helfen wird. Der Rücktritt vom Vertrag ist sowohl bei Verzug wie bei Unmöglichkeit ausgeschlossen (vgl. oben I 1 d und e). Zur Frage der Ausübung von Zurückbehaltungsrechten bei Verzögerungen der Lohnzahlung vgl. unten VIII.

VIII. Zurückbehaltungsrechte im Arbeitsverhältnis[76]

1. Die Einrede des nichterfüllten Vertrages, § 320 BGB

a) Soweit ein Arbeitnehmer die ihm obliegende Arbeitsleistung nicht erbringt, kann der **Arbeitgeber** nach § 320 BGB den darauf entfallenden Lohn zurückbehalten, sofern er nicht zur Lohnfortzahlung oder zur Vorleistung verpflichtet ist (wie etwa bei vereinbarter Zahlung praenumerando). Bedeutung hat dies nur, soweit die Arbeitsleistung nicht infolge ihrer Nichterbringung unmöglich wird (dazu oben I 1), weil sonst § 326 I BGB eingreift.

---

[74] Dazu *Löwisch,* Anm. *BAG* AP Nr. 2 zu § 87 BetrVG 1972 Kurzarbeit; *Otto,* Anm. SAE 1979, 145 (150).

[75] Aus der Rspr. vgl. *BAG* AP Nr. 2 zu § 286 BGB.

[76] *Söllner,* Das Zurückbehaltungsrecht des Arbeitnehmers, ZfA 1973, 1; *Söllner,* Zum Leistungsverweigerungsrecht des Arbeitnehmers, AuR 1985, 323; *Henssler,* Das Leistungsverweigerungsrecht des Arbeitnehmers bei Pflichten- und Rechtsgüterkollisionen, AcP 190 (1990), 538.

b) Schwieriger zu beurteilen ist die Frage, inwieweit der **Arbeitnehmer** die Arbeitsleistung zurückbehalten kann, wenn der Arbeitgeber die ihm obliegende Lohnzahlung nicht erbringt. Die Schwierigkeit ergibt sich daraus, dass die versäumte Arbeitsleistung im Allgemeinen nicht nachgeholt werden kann und deshalb unmöglich wird. Gleichwohl wäre es eine ungerechtfertigte Schlechterstellung des Arbeitnehmers, wenn er wegen dieser Eigenart der Arbeitsleistung gezwungen wäre, trotz vereinbarter Vorleistungspflicht des Arbeitgebers seinerseits vorzuleisten. Zahlt der Arbeitgeber den geschuldeten Lohnbetrag vertragswidrig nicht im voraus, darf also der Arbeitnehmer die Arbeitsleistung zurückbehalten. Er verliert dadurch trotz eintretender Unmöglichkeit der Arbeitsleistung nicht den Anspruch auf die Gegenleistung. Das kann einmal daraus folgen, dass der Arbeitgeber für die eintretende Unmöglichkeit verantwortlich ist, § 326 II 1 Alt. 1 BGB, oder daraus, dass der Arbeitgeber sich in Annahmeverzug befindet, § 615 Satz 1 BGB.[77] Der Arbeitnehmer muss allerdings seine Arbeitsleistung unter der Voraussetzung anbieten, dass der Arbeitgeber die ihm obliegende Lohnzahlung erbringt. Ist der Arbeitnehmer vorleistungspflichtig, wie im Fall der postnumerando-Zahlung, so kommt ein Zurückbehaltungsrecht nach § 320 BGB nicht in Betracht, weil es immer nur für im synallagmatischen Bezug stehende Leistungen eingreift.

2. Das Zurückbehaltungsrecht des § 273 BGB

Im zuletzt genannten Fall kann ein Zurückbehaltungsrecht aus § 273 BGB eingreifen, das nur Konnexität voraussetzt, die selbstverständlich gegeben ist. Aufgrund von § 273 ist auch die Zurückbehaltung von Leistungen bei Verletzung von Nebenpflichten möglich, z.B. wenn der Arbeitgeber seinen Verpflichtungen in Bezug auf den Arbeitsschutz nicht nachkommt. Insoweit ist aber die Abgrenzung zum Leistungsverweigerungsrecht aus § 242 BGB fließend (dazu oben § 13 VI 4). Vgl. auch das Leistungsverweigerungsrecht nach § 14 AGG (dazu oben § 18 VIII 7).

3. Gemeinsame Ausübung

Die gemeinsame Ausübung des Zurückbehaltungsrechts durch mehrere Arbeitnehmer ragt in das Arbeitskampfrecht hinein. Vgl. dazu unten § 41 V 1 c und § 42 III 4.

IX. Disziplinarische Folgen bei Pflichtverletzungen des Arbeitnehmers: Betriebsbußen und Betriebsjustiz[78]

1. Kündigung

Pflichtverletzungen des Arbeitnehmers können die ordentliche, in schweren Fällen auch die außerordentliche Kündigung rechtfertigen. Bei relativer Vollbeschäftigung und mangelnden Arbeitskräften wird der Arbeitgeber zu diesem Mittel nur in Ausnahmefällen greifen. Auch ist das schwere Geschütz der Entlassung in vielen Fällen als Reaktion auf kleinere Verfehlungen nicht verhältnismäßig und sozial nicht wünschenswert. In solchen Fällen stellt sich die Frage einer anderweitigen Sanktion. Die Geltendmachung eines Schadensersatzanspruchs scheitert oft schon am Nachweis eines Vermögensschadens oder doch an den Schwierigkeiten der Ermittlung seiner Höhe. Sie ist darüber hinaus in der Praxis weithin unüblich. In manchen Bereichen sind allerdings Schadenspauschalierungsabreden zu finden.[79]

---

[77] Dazu näher *Söllner,* Das Zurückbehaltungsrecht des Arbeitnehmers, ZfA 1973, 1 (10).

[78] Dazu *Zöllner,* Betriebsjustiz, ZZP 83 (1970), 365 mit umfassenden Nachweisen; *Weitnauer,* Vereinsstrafe, Vertragsstrafe und Betriebsstrafe, FS Reinhardt, 1972, S. 179; *E. Schumann,* Abschied von der Betriebsjustiz, Gedächtnisschrift Dietz, 1973, S. 323; *U. Luhmann,* Betriebsjustiz und Rechtsstaat, 1975; *Kaiser/Metzger-Preziger,* Betriebsjustiz, 1976; *Germelmann,* Die gerichtliche Überprüfbarkeit von Verwarnungen, RdA 1977, 75; *Söllner,* Vertragsstrafen im Arbeitsrecht, AuR 1981, 97; *v. Hoyningen-Huene,* Streitschlichtung im Betrieb, NZA 1987, 577; *Kraft,* Sanktionen im Arbeitsverhältnis, NZA 1989, 777; *Heinze,* Zur Abgrenzung von Betriebsbuße und Abmahnung, NZA 1990, 169; *Walker,* Zur Zulässigkeit von Betriebsbußen, FS Kissel, 1994, S. 1205. Ausführlich *Wiese,* in: GK-BetrVG, 8. Aufl., 2005, § 87 Rn. 235 ff.; *Dietz/Richardi,* BetrVG, 10. Aufl., 2006, § 87 Rn. 213 ff.

[79] Dazu ausführlich *Stoffels,* S. 235 ff.

2. Vertragsstrafe

Die durch Individualvertrag verabredete **Vertragsstrafe**[80] kommt als Sanktion, namentlich in Angestelltenverhältnissen, offenbar nicht ganz selten vor. Ihre Zulässigkeit zur Sicherung von Wettbewerbsverboten und zur Verhinderung von Vertragsbruch ist nicht ernstlich zu bezweifeln. Stärkere Probleme ergeben sich bei der Absicherung von Nebenpflichten, die mehr dem „Ordnungsbereich" zuzuweisen sind, und besonders bedenklich sind Vertragsstrafen, mit denen an sich zulässige Kündigungen von Arbeitnehmerseite verhindert werden sollen. Streitig ist die Frage, inwieweit Vertragsstrafenabreden in vorformulierten Verträgen, insbesondere in AGB getroffen werden können. Dazu oben § 12 IV 4.

3. Betriebsbußen

In größeren Betrieben findet sich vielfach ein eigenes Sanktionswesen für Pflichtverletzungen der Arbeitnehmer, in dem sog. Betriebsbußen eine besondere Rolle spielen.

a) Dem Arbeitnehmer wird dabei für Verstöße gegen die betriebliche Ordnung und ordnungsbezogene Verhaltensregeln eine Geldbuße[81] auferlegt, deren Höhe in einem Katalog festgelegt oder doch näher eingegrenzt sein kann und deren Verhängung vielfach, aber nicht immer, in einem gerichtsähnlichen Verfahren erfolgt. Dieses Phänomen des Arbeitslebens beschäftigt die öffentliche Diskussion von Zeit zu Zeit stark, wobei auch von **Betriebsjustiz** gesprochen wird. Dieser wird vorgeworfen, dass ihre Tätigkeit auch kriminelle Täter erfasse und der ordentlichen Justiz entziehe, dadurch die Strafrechtspflege aushöhle und dem Täter rechtsstaatliche Garantien vorenthalte. Die Berechtigung dieser Vorwürfe ist vom Tatsächlichen her schwer nachzuprüfen, da die Mehrzahl der Unternehmen keinen freien Einblick gewährt und auch die Gewerkschaften Stillschweigen wahren. Zustand und Wirksamkeit der Strafjustiz lassen es freilich dem unbefangenen Betrachter eher wünschenswert erscheinen, wenn Gelegenheitsstraftätern der Gang zum Strafrichter erspart bleibt. Darüber hinaus sprechen manche Erhebungen dafür, dass die Unterlassung von Strafanzeigen gegenüber betrieblichen Straftätern vom Vorhandensein einer betrieblichen Disziplinargewalt ganz unabhängig ist. Die Bedenken gegen eine sich auf Betriebsbußen beschränkende Betriebsjustiz sind daher besser zurückzustellen. Im Zusammenhang mit dem Leistungsstörungsrecht geht es ohnehin nicht um die Frage der innerbetrieblichen Aburteilung von Straftaten, sondern um die privatrechtliche Ahndung von Pflichtverletzungen, die in der größten Zahl der Fälle gerade keine kriminellen Verhaltensweisen darstellen. Die Betriebsbuße hat hier durchaus eine wichtige Funktion auch als gegenüber der Kündigung weniger harte Sanktion.[82] Rechtlich kann man die Betriebsbuße als eine Unterart der Vertragsstrafe sehen,[83] für deren Fundierung in einer Betriebsvereinbarung ihr Zweck als Ordnungsmittel die Grundlage abgibt, durch den eine entsprechende Kompetenz des Betriebsrats nach § 87 I Nr. 1 BetrVG begründet wird. Dass die Betriebsbuße von der Intention des Arbeitgebers her auch eine Disziplinarmaßnahme mit „Strafcharakter" sein kann,[84] steht dem Vertragsstrafencharakter nicht entgegen. Es geht insoweit nicht um Begriffsmystik, sondern um pragmatischen Umgang mit der Betriebswirklichkeit.

b) Die Verhängung von Betriebsbußen bedarf einer **Rechtsgrundlage** in Tarifvertrag, Betriebsvereinbarung oder Einzelvertrag.[85] Soweit das Betriebsverfassungsrecht eingreift, muss bei der Vereinba-

---

[80] Dazu näher *Söllner*, Vertragsstrafen im Arbeitsrecht, AuR 1981, 97; *Schwerdtner*, Grenzen der Vereinbarungsfähigkeit von Vertragsstrafen im Einzelarbeitsverhältnis, FS Hilger/Stumpf, 1983, S. 631; *Popp*, Schadensersatz und Vertragsstrafe bei Arbeitsvertragsbruch, NZA 1988, 455; *Stoffels*, S. 186 ff.; *Heinze*, Konventionalstrafe und andere Sanktionsmöglichkeiten in der arbeitsrechtlichen Praxis, NZA 1994, 244; *v. Koppenfels*, Die Vertragsstrafe im Arbeitsrecht nach der Schuldrechtsmodernisierung, NZA 2002, 598 *Hauck*, Die Vertragsstrafe im Arbeitsrecht im Licht der Schuldrechtsreform, NZA 2006, 816; *BAG* DB 1984, 2143 (Vertragsstrafe im Einzelvertrag); *BAG* AP Nr. 12 zu § 339 BGB m. Anm. *Löwisch* (Abgrenzung zur Betriebsbuße); AP Nr. 14 ebenda (Begriff des Vertragsbruchs).

[81] Manche wollen auch andere Sanktionen, wie etwa den Verweis, diesem Begriff zuordnen. Das hat zu dem Problem der Abgrenzung zur individualrechtlichen Abmahnung geführt; dazu *Heinze*, NZA 1990, 169; *Schaub*, NJW 1990, 872; *v. Hoyningen-Huene*, NZA 1987, 577.

[82] *Leßmann*, Betriebsbuße statt Kündigung, DB 1989, 1769.

[83] Ausschließlich in diesem Sinn will *Richardi*, BetrVG, 10. Aufl., 2006, § 87 Rn. 232 ff. die Betriebsbußen auffassen.

[84] Siehe zuletzt *BAG* AP Nr. 12 zu § 87 BetrVG 1972 Betriebsbuße.

[85] Bedenken äußert *Lieb*, 4. Aufl., § 2 IV gegen diese Regelungsinstrumente. Zutreffend weist er daraufhin, dass Bußnormen im Tarifvertrag nicht mit normativer Geltung gegenüber Außenseitern vereinbart werden können. Denkbar ist aber, dass der Arbeitgeber durch Einzelvertrag die Geltung des Ta-

rung eines Betriebsbußenwesens das Mitbestimmungsrecht des Betriebsrats nach § 87 I Nr. 1 BetrVG gewahrt werden.[86] Die Vereinbarung einer echten individuellen Vertragsstrafe ist hingegen mitbestimmungsfrei.

c) Die verhängte Betriebsbuße kann **gerichtlich** daraufhin **nachgeprüft** werden, ob für ihre Verhängung eine wirksame Rechtsgrundlage besteht, und ob der Betroffene den Tatbestand verwirklicht hat, der die Verhängung tragen soll (unstreitig). Darüber hinaus kann auch die Höhe der verhängten Buße gerichtlicher Überprüfung zugeführt werden, wobei das Ausmaß dieser Nachprüfung im Einzelnen umstritten ist. Das BAG[87] will eine Nachprüfung der Angemessenheit zulassen, andere plädieren für eine Billigkeitskontrolle nach §§ 315, 317 BGB.[88] Zutreffend ist, da es sich um vertragsstrafenartige Sanktionen handelt, die Überprüfbarkeit nach dem Grundsatz der Verhältnismäßigkeit in Anwendung von § 343 BGB. Wesentliche Unterschiede im Ergebnis dürften daraus kaum folgen.

d) Die **Verhängung von Betriebsbußen** bedarf in jedem Einzelfall, soweit das BetrVG eingreift, der Mitwirkung des Betriebsrats, § 87 I Nr. 1 BetrVG,[89] dagegen sind weitere Verfahrensgarantien, wie das BAG sie verlangt, wegen der weitgehenden gerichtlichen Überprüfbarkeit nicht erforderlich.[90] Die vom Arbeitgeber unwirksam verhängte Betriebsbuße kann gleichwohl als individualrechtliche Abmahnung zu werten sein (zu dieser unten § 24 V 3 c).

§ 20. Besonderheiten der Haftung im Arbeitsverhältnis

Literatur: *Canaris*, Risikohaftung bei schadensgeneigter Tätigkeit in fremdem Interesse, RdA 1966, 41; *Gitter*, Schadensausgleich im Arbeitsunfallrecht, 1969; *Gamillscheg/Hanau*, Die Haftung des Arbeitnehmers, 2. Aufl., 1974; *Denck*, Der Schutz des Arbeitnehmers vor der Außenhaftung, 1980; *Kohte*, Arbeitnehmerhaftung und Arbeitgeberrisiko, 1981; *Bydlinski*, Die Risikohaftung des Arbeitgebers, 1986; *Otto*, Ist es erforderlich, die Verteilung des Schadensrisikos bei unselbständiger Arbeit neu zu ordnen? Gutachten zum 56. DJT, 1986; *Seewald*, ebenda; *Hammen*, Arbeitnehmerhaftung im Umbruch – Gedanken zum Beschluß des BAG v. 12. 6. 1992 – GS 1/89, WM 1993, 1450; *Blomeyer*, Beschränkung der Arbeitnehmerhaftung bei nicht gefahrgeneigter Arbeit – BAG GS NJW 1993, 1732, JuS 1993, 903; *Richardi*, Abschied von der gefahrgeneigten Arbeit als Voraussetzung für die Beschränkung der Arbeitnehmerhaftung, NZA 1994, 241; *Schlachter*, Das Recht der Arbeitnehmerhaftung bei Verzicht auf die „Gefahrgeneigtheit" der Beschäftigung, in: FS zur Wiedererrichtung des Oberlandesgerichts in Jena, 1994, S. 253; *R. Krause*, Die Beschränkung der Außenhaftung des Arbeitnehmers, VersR 1995, 752; *Deutsch*, Das Verschulden als Merkmal der Arbeitnehmerhaftung, RdA 1996, 1; *Stoffels*, Haftung des Arbeitgebers, AR-Blattei SD 1995; *Ahrens*, Arbeitnehmerhaftung bei betrieblich veranlaßter Tätigkeit, DB 1996, 934; *Langenbucher*, Risikohaftung und Schutzpflichten im innerbetrieblichen Schadensausgleich, ZfA 1997, 523; *Otto/Schwarze*, Die Haftung des Arbeitnehmers,

---

rifvertrags mit den Außenseitern vereinbart. Zum Erfordernis einer Bußordnung *BAG* AP Nr. 1 zu § 87 BetrVG 1972 Betriebsbuße (Anm. *Konzen*); AP Nr. 12 ebenda (Anm. *Brox*). S. ferner zur Betriebsvereinbarung als Grundlage *BAG* AP Nr. 52 zu § 77 BetrVG 1972; *BAG* AP Nr. 12 zu § 87 BetrVG 1972 Betriebsbuße. *Walker* (FS Kissel, S. 1205 (1212 ff.) will die Betriebsvereinbarung nur zusammen mit einer individuellen Unterwerfung des Arbeitnehmers unter die Bußordnung ausreichen lassen.

[86] Vgl. dazu unten § 49 II 1.
[87] *BAG* AP Nr. 1 zu § 56 BetrVG Betriebsbußen.
[88] *Baur*, Betriebsjustiz, JZ 1965, 163.
[89] *BAG* AP Nr. 12 zu § 87 BetrVG 1972 Betriebsbuße = NZA 1990, 193.
[90] Näher dazu *Zöllner*, Betriebsjustiz, ZZP 83 (1970), 365. *Luhmann*, Betriebsjustiz und Rechtsstaat, 1975; *Herschel*, Betriebsjustiz und Rechtsstaat – Eine Antikritik, BB 1975, 1209.

3. Aufl., 1998; *Henssler,* Arbeitsrecht und Schuldrechtsreform, RdA 2002, 129; *Walker,* Die eingeschränkte Haftung des Arbeitnehmers unter Berücksichtigung der Schuldrechtsmodernisierung, JuS 2002, 736; *Cl. Bittner,* Die Erfüllung des arbeitsrechtlichen Freistellungsanspruchs, NZA 2002, 833; *Oetker,* Neues zur Arbeitnehmerhaftung durch § 619a BGB?, BB 2002, 43; *Waltermann,* Aktuelle Fragen der Haftungsbeschränkung bei Personenschäden, NJW 2002, 1225; *Herrmann,* Unternehmens- und Mitarbeiterhaftung, in: Schünemann/Stober (Hrsg.), Haftungsgrundsätze und Haftungsgrenzen des Sicherheitsgewerbes, 2002, S. 15 ff.; *M. Katzenstein,* Die Außenwirkung der arbeitsrechtlichen Haftungsbeschränkungen, RdA 2003, 346; *R. Krause,* Geklärte und ungeklärte Fragen der Arbeitnehmerhaftung, NZA 2003, 577; *P. Hanau,* Rückwirkungen der Haftpflichtversicherung auf die Haftung?, FS Lorenz, 2004, S. 283; *Otto,* Neujustierung der Risikoverteilung bei der Arbeitnehmerhaftung, FS 50 Jahre BAG, 2004, 283; *Waltermann,* Risikozuweisung nach den Grundsätzen der beschränkten Arbeitnehmerhaftung, RdA 2005, 98.

I. Haftung des Arbeitgebers

1. Haftung für Personenschäden[1]

Der Arbeitgeber haftet für Personenschäden (Tötung und Verletzung des Körpers), die durch einen **Arbeitsunfall**[2] verursacht werden, nur bei Vorsatz, § 104 I SGB VII. Dieser wird nur selten vorliegen, auch nicht in der milderen Gestalt des dolus eventualis. Die vorsätzliche Außerachtlassung von Arbeitsschutzvorschriften reicht dazu nicht aus. Arbeitsunfall im genannten Sinn kann auch ein Verkehrsunfall sein, wie immer dann, wenn die Arbeitstätigkeit und die Teilnahme am Verkehr in organischem Zusammenhang stehen.[3] Insbesondere greift der Haftungsausschluss deshalb Platz bei Unfällen im sog. **Werksverkehr,**[4] d.h. wenn die Arbeitnehmer mit vom Arbeitgeber organisierten Transporten zwischen Betrieb und Wohnung oder Betrieb und konkreter Arbeitsstelle (z.B. Bauarbeiter) transportiert werden. Das gleiche Haftungsprivileg wie für Arbeitsunfälle genießt der Arbeitgeber auch hinsichtlich Berufskrankheiten,[5] § 104 I mit § 7 I SGB VII.

Als Grund für die Haftungsminderung wird angesehen, dass die finanziellen Mittel der gesetzlichen Unfallversicherung durch die Arbeitgeberseite aufgebracht werden und dass andererseits der Arbeitnehmer von der Unfallversicherung Leistungen erhält, die seine materiellen Einbußen regelmäßig voll oder weitgehend ausgleichen. Für den immateriellen Schaden erhält der Arbeitnehmer allerdings von der Unfallversicherung keinen Ersatz. Trotzdem wird durch § 104 SGB VII auch ein Anspruch auf Schmerzensgeld gegen den Arbeitgeber ausgeschlossen.[6] In Einzelfall kann dies sehr hart sein, wie etwa dann, wenn der Arbeitnehmer durch einen vom Arbeitgeber grob fahrlässig verursachten Arbeitsunfall ein Bein verliert. Eine differenziertere gesetzliche Regelung wäre deshalb wünschenswert. Gleichwohl ist es richtig, wenn das BVerfG[7] die Verfassungswidrigkeit der bestehenden Regelung verneint hat. Der Arbeitnehmer hat immerhin aus der Unfallversicherung den erheblichen Vorteil, dass er Leistungen auch erhält, wenn der Arbeitsunfall nicht auf einem Verschulden des Arbeitgebers beruht, ja sogar von ihm nicht einmal verursacht worden ist, und dass selbst eigenes Verschulden des Arbeitnehmers die Ansprüche weder ausschließt noch mindert (vgl. § 7 SGB VII). Ein Gleichheitsverstoß ist auch nicht dadurch begründet worden, dass infolge des durch das Zweite Schadensrechtsänderungsgesetz 2002 dem § 253 BGB hinzugefügten Abs. 2 nunmehr ideeller Schadensersatz bei Körperverletzungen auch im Rahmen vertraglicher Schadensersatzansprüche gewährt wird.[8]

---

[1] Dazu *Rolfs,* NJW 1996, 3177; *Marschner,* BB 1996, 2090; *Waltermann,* NJW 2002, 1225.
[2] Zum Begriff des Arbeitsunfalls vgl. § 8 I SGB VII.
[3] Vgl. *BAG* AP Nr. 1 zu § 636 RVO; BGH AP Nr. 7, 13 zu § 636 RVO.
[4] Vgl. *BAG* AP Nr. 31 zu § 611 BGB Haftung des Arbeitgebers.
[5] Zum Begriff § 9 SGB VII.
[6] Vgl. *BAG* AP Nr. 4 zu § 636 RVO.
[7] BVerfGE 34, 118; AP Nr. 21 zu § 636 RVO.
[8] Anders *Richardi,* NZA 2000, 1009.

Kein Haftungsausschluss für den Arbeitgeber tritt ein bei Verursachung von sog. Wegeunfällen i.S.v. § 8 II Nr. 1–4 SGB VII, etwa wenn der Arbeitgeber den Arbeitnehmer zufällig auf dem Weg zur Arbeit anfährt oder ihn aus Gefälligkeit mitnimmt und dabei einen Unfall verursacht. Der Arbeitgeber haftet daher insoweit voll nach den Vorschriften über unerlaubte Handlungen oder aufgrund von Gefährdungshaftungstatbeständen oder wegen positiver Forderungsverletzung. Die Herausnahme aus der Privilegierung ist insofern seltsam, als der Arbeitnehmer auch in diesen Fällen Versicherungsschutz genießt und die nötigen Mittel dazu vom Arbeitgeber aufgebracht werden. Innere Konsequenz ist nicht die Stärke dieser Regelung.

Zur **Regresshaftung des Arbeitgebers** gegenüber dem Sozialversicherungsträger, die nicht nur bei Vorsatz, sondern auch bei grober Fahrlässigkeit eingreift, vgl. § 110 SGB VII.[9]

2. Haftung für Sachschäden[10]

Die Haftung des Arbeitgebers für Sachschäden des Arbeitnehmers unterliegt grundsätzlich keinen Besonderheiten. Der Arbeitgeber haftet aus dem Arbeitsvertrag (positive Forderungsverletzung) für eigenes Verschulden und das seiner Erfüllungsgehilfen, aus den Deliktsvorschriften (in erster Linie § 823 I BGB) für eigenes Verschulden und (nach § 831 BGB) für rechtswidriges Verhalten seiner Verrichtungsgehilfen, für letztere allerdings mit der Möglichkeit der Exkulpation.

Darüber hinaus können Ersatzansprüche auch ohne Verschulden des Arbeitgebers entstehen, wenn der Arbeitnehmer im Zuge gefährlicher[11] Arbeiten einen Sachschaden erleidet, der mit der Tätigkeit typischerweise verbunden ist. Die Begründung dafür ist streitig. Sie wird am ehesten in analoger Anwendung von § 670 BGB zu sehen sein. Jedenfalls darf wie im Auftrags- und Geschäftsbesorgungsrecht im Ergebnis kein Zweifel daran bestehen, dass der Geschäftsherr das spezifische Risiko der in seinem Interesse ausgeübten Tätigkeit tragen muss.[12] Dass der Arbeitnehmer andererseits nicht für die gewöhnliche Abnutzung und Verschmutzung seiner Kleidung Ersatz verlangen kann, wenn nicht im Vertrag etwas Besonderes vereinbart ist, bedarf keiner Hervorhebung. Für Unfallschäden am zur Erbringung der Arbeitsleistung verwendeten Kfz des Arbeitnehmers haftet der Arbeitgeber, wenn das Kfz mit seiner Billigung eingesetzt, keine besondere Vergütung dafür gewährt und dem Arbeitgeber der Einsatz eines eigenen Kfz erspart wurde.[13]

---

[9] Dazu interessant *Plum*, VersR 1983, 905.

[10] Dazu auch *v. Genius*, Risikohaftung des Geschäftsherrn, AcP 173 (1973), 499; *Gick*, Verschuldensunabhängige Haftung des Arbeitgebers für Sachschäden des Arbeitnehmers, JuS 1979, 638; *K. H. Koch*, Der Eigenschaden des Arbeitnehmers, 1982; *Klein*, DRdA 1983, 347; *BAG* DB 1990, 690 (Pkw-Schaden auf Arbeitgeberparkplatz); *Frieges*, Der Anspruch des Arbeitnehmers auf Ersatz selbstverschuldeter Eigen-Sachschäden, NZA 1995, 403; *Reichold*, Geschäftsbesorgung im Arbeitsverhältnis, NZA 1994, 488; *Blomeyer*, Der Eigenschaden des Arbeitnehmers – Überlegungen zur zukünftigen gesetzlichen Regelung, FS Kissel, 1994, S. 77; *Franzen*, Aufwendungsersatzansprüche der kommunalen Dienstkräfte gegenüber ihrem Arbeitgeber/Dienstherrn, ZTR 1996, 305.

[11] Ob die Arbeiten eine Gefahrneigung aufweisen müssen, ist zweifelhaft, vgl. *Frieges*, a.a.O. S. 404.

[12] Vgl. vor allem *Canaris*, RdA 1966, 41. Enger *BAG* GS AP Nr. 2 zu § 611 BGB Gefährdungshaftung des Arbeitgebers („Ameisensäurefall"), wo die Haftung auf außergewöhnliche Schäden beschränkt wird. Weiterziger wieder *BAG* AP Nr. 6 ebenda (Anm. *Brox*) = SAE 1982, 49 (Anm. *v. Hoyningen-Huene*); *BAG* DB 1988, 2516. Eine Lösung über § 612 BGB (Vergütungspflicht für Gefahrtragung des Arbeitnehmers) vertritt *Koch* (Fn. 10).

[13] *BAG* AP Nr. 6, 11, 13, 14 zu § 611 BGB Gefährdungshaftung des Arbeitgebers; *BAG* NZA 1996, 32. Dazu auch *LAG Hamm* LAGE § 670 BGB Nr. 6; *LAG Rhld-Pfalz* NZA 1995, 842; *Bydlinski* a.a.O.

II. Haftung des Arbeitnehmers

1. Haftung des Arbeitnehmers gegenüber dem Arbeitgeber

a) Grundsatz

Für Schäden, die der Arbeitnehmer bei Ausführung seiner Arbeit dem Arbeitgeber zufügt, haftet er dem Arbeitgeber, wenn der Tatbestand einer Pflichtverletzung oder einer unerlaubten Handlung erfüllt ist und Verschulden (Vorsatz oder Fahrlässigkeit) vorliegt. Kompliziert ist die Regelung der **Beweislast**. Für Pflichtverletzungen gilt grundsätzlich die in § 280 I BGB vorgesehene Verteilung: Dem Gläubiger obliegt es, den eingetretenen Schaden samt der Pflichtverletzung und dem Kausalzusammenhang zu beweisen, der Schuldner muss nach § 280 I 2 BGB den Entlastungsbeweis führen, dass er die Pflichtverletzung nicht zu vertreten hat. Für den Entlastungsbeweis des Arbeitnehmers kehrt § 619a BGB die in § 280 I 2 BGB vorgesehene Beweislastumkehrung nochmals um, d.h. dem Arbeitgeber obliegt damit die Beweislast für alle Haftungsvoraussetzungen. Für die Haftung aus § 823 BGB ergibt sich die gleiche Beweislastzuweisung unmittelbar aus der Norm.

b) Erforderlichkeit der Haftungseinschränkung

Trotz der für den Arbeitnehmer günstigen Zuweisung der Beweislast würde ihn die materiell uneingeschränkte Haftung in vielen Fällen übermäßig belasten. Im Zuge länger andauernder oder sich immer wiederholender Tätigkeiten ist ein gelegentliches Außerachtlassen der Sorgfalt praktisch unvermeidbar. Obliegt dem Arbeitnehmer eine Tätigkeit, bei der der Eintritt eines Schadens schon bei geringfügiger Außerachtlassung der erforderlichen Sorgfalt nicht unwahrscheinlich ist (sog. schadens- oder gefahrengeneigte Arbeit), wäre es grob unbillig, ihn bei jedem Zusammentreffen von Fahrlässigkeit und Schadenseintritt haften zu lassen, insbesondere dann, wenn bereits ein sehr leichter Sorgfaltsverstoß einen verhältnismäßig hohen Schaden herbeiführt.

Die in der Praxis häufigsten und die Gerichte am meisten beanspruchenden Fälle betreffen angestellte Kraftfahrer, die bei Verkehrsunfällen Schäden verursachen. Aber auch viele andere Tätigkeiten gehören hierher, wie etwa die Bedienung komplizierter Maschinen, die Handhabung von Computern, die Erstellung differenzierter Analysen, die Erteilung schwieriger Auskünfte u.a. Seit langem bestand Einigkeit darüber, dass die Haftung des Arbeitnehmers mindestens bei derartiger schadensgeneigter Arbeit eingeschränkt werden muss. In jüngerer Zeit hat die Rechtsprechung, vielfachen Forderungen im Schrifttum nachgebend, die Gefahrengeneigtheit als Voraussetzung für eine Haftungsbeschränkung des Arbeitnehmers aufgegeben,[14] freilich mit nicht nachvollziehbarer Begründung wie etwa der, dass im Grunde jede Tätigkeit schadensgeneigt sei.

c) Derzeitiges „richterrechtliches" Konzept für die Haftungseinschränkung

Nach der Rechtsprechung gilt für die Haftung des Arbeitnehmers bei betrieblicher Tätigkeit folgendes:

(1) Bei sog. leichtester Fahrlässigkeit[15] haftet der Arbeitnehmer überhaupt nicht,

(2) bei Vorsatz und grober Fahrlässigkeit haftet er voll (jedenfalls in der Regel),

---

[14] Vgl. *BAG* GS AP Nr. 101, 103 zu § 611 BGB Haftung des Arbeitnehmers; *BGH* AP Nr. 102 ebenda.

[15] Zu diesem sonst nicht gebräuchlichen Begriff *Mayer-Maly*, Die Wiederkehr der culpa levissima, AcP 163, 1963, 114.

(3) bei der dazwischen liegenden leichten Fahrlässigkeit des Arbeitnehmers erfolgt eine Schadensteilung zwischen Arbeitgeber und Arbeitnehmer, d.h. die Ersatzpflicht wird gemindert. Das Ausmaß der Minderung ist unter Abwägung aller Umstände, insbesondere auch des Verschuldensmaßes, der Schadenshöhe und der Risikokonstellation zu bestimmen. Besser nicht zu folgen ist in der Rechtsprechung ebenfalls vertretenen Konzepten, eine Schadensteilung evtl. auch bei grober Fahrlässigkeit vorzunehmen[16] und nur bei gröbster Fahrlässigkeit davon abzusehen.[17] Bezugspunkt des Verschuldens ist dabei nicht schon der Pflichtverstoß des Arbeitnehmers, sondern der Schaden.[18] Auch ein vorsätzlicher oder grobfahrlässiger Verstoß gegen Pflichten führt daher nicht zur vollen Haftung, wenn der Schadenseintritt nicht vorhersehbar war.

Die Haftungsminderung setzt nach der Rechtsprechung voraus, dass der Schaden aus betrieblicher Tätigkeit resultiert. Es muss ein Zusammenhang zwischen Arbeitserbringung und Schadensverursachung bestehen, was dann der Fall sein soll, wenn die Tätigkeit des Arbeitnehmers durch den Betrieb veranlasst und aufgrund des Arbeitsverhältnisses geleistet wurde.[19] Dies wiederum liegt nach der gleichen Entscheidung vor, wenn dem Arbeitnehmer die Tätigkeit arbeitsvertraglich übertragen worden ist oder er sie im Interesse des Arbeitgebers im Betrieb ausführt. Diese Formeln besagen vor allem, dass der Arbeitnehmer dann nicht privilegiert ist, wenn er seine arbeitsvertragliche Tätigkeit unterbrochen oder beendet hatte. Nicht zum Zuge mangels betrieblicher Tätigkeit kommen die haftungsmindernden Grundsätze, wenn es um die Haftung wegen Nichtleistung geht. Dazu gehört nicht nur das Blaumachen, sondern z.B. auch der Verstoß gegen Unterlassungsverpflichtungen (Wettbewerbsverbot, Verschwiegenheitspflicht u.a.).

d) Keine Veränderung des Maßstabs objektiver Fahrlässigkeit

Nicht durchgesetzt haben sich Vorschläge, von der objektiven Fahrlässigkeit des § 276 BGB für das Arbeitsrecht zugunsten eines in bestimmter Weise subjektivierten Maßstabs Abstand zu nehmen.[20] Dem Arbeitnehmer sollte danach nicht die im Verkehr erforderliche Sorgfalt abverlangt werden, sondern nur die ihm nach seinen persönlichen Kenntnissen und Fähigkeiten mögliche Sorgfalt. Der darin steckende Gedanke ist nur insoweit richtig, als der Arbeitgeber dem Arbeitnehmer nicht Arbeiten übertragen darf, deren Ausführung die Kenntnisse und Fähigkeiten des Arbeitnehmers übersteigt. Tut er dies dennoch, so trifft ihn am Schadenseintritt ein Mitverschulden, das seinen Schadensersatzanspruch mindern oder ganz ausschließen kann. Dadurch wird aber nicht der grundsätzliche, dem Arbeitnehmer auferlegte Sorgfaltsgrad gemindert, wie sich insbesondere auch an seiner Haftung gegenüber Dritten zeigt. Verfehlt ist es deshalb auch, für die Beschränkung der Arbeitnehmerhaftung an die durch die Schuldrechtsreform erfolgte Neufassung des § 276 I 1 BGB anzuknüpfen. Mit dieser lässt sich jedenfalls eine nach Verschuldensgraden gestufte Haftung des Arbeitnehmers nicht begründen. Auch Versuche, gelegentliche und im Grunde dem einzelnen Menschen unvermeidbare Verstöße gegen die im Verkehr erforderliche Sorgfalt bei einem im übrigen sorgfältigen Arbeitnehmer nicht als Verschulden zu werten,[21] vermochten nicht zu überzeugen. Sie stehen in Widerspruch zu Grundannahmen, auf denen letztlich die Funktionsfähigkeit des gesamten Verschuldenshaftungsrechts beruht.

---

[16] Für eine evtl. Teilung aber *BAG* AP Nr. 97 und 122 zu § 611 BGB Haftung des Arbeitnehmers (Abwägung im Einzelfall).

[17] *BAG* AP Nr. 111 zu § 611 BGB Haftung des Arbeitnehmers = NZA 1998, 310. Vgl. dazu *Walker,* JuS 2002, 736, 739. Für Entbehrlichkeit der neuen Schuldstufe ausdrücklich auch *Otto,* FS 50 Jahre BAG, 2004, S. 97 ff.

[18] Dazu ausführlich *BAG* AP Nr. 122 zu § 611 BGB Haftung des Arbeitnehmers.

[19] *BAG* GS AP Nr. 103 zu § 611 BGB Haftung des Arbeitnehmers.

[20] Dazu *Enneccerus/Nipperdey,* Allgemeiner Teil des Bürgerlichen Rechts, 15. Bearbeitung, § 213 III; *Hueck,* S. 228; *Nikisch* I, S. 300.

[21] In diesem Sinn z.B. *Scheuerle,* Der arbeitsrechtliche Fahrlässigkeitsbegriff und das Problem des innerbetrieblichen Schadensausgleichs, RdA 1958, 247, 252 f.

e) Rechtliche Begründung der Haftungseinschränkung

Lange Zeit hat man den Grund für die Haftungsminderung in der Fürsorgepflicht des Arbeitgebers gesehen.[22] Die wichtigsten Einwände gegen diese Lehre hat *Canaris*[23] formuliert: Es gehe um ein Problem der Schadenszurechnung; die Fürsorgepflicht sei kein Schadenszurechnungsgrund. Darüber hinaus gebe es ähnliche Haftungsbeschränkungen auch in Rechtsverhältnissen, die keine Fürsorgepflicht kennen. *Canaris* leitet statt dessen die Haftungsbeschränkung aus einem Prinzip der Risikohaftung bei Tätigkeit in fremdem Interesse ab, das auch in reinen Auftragsverhältnissen und bei Geschäftsführung ohne Auftrag Geltung beanspruche.

Unter diesem Prinzip stellt sich die Frage, wer letztlich den bei der Ausführung einer Tätigkeit in fremdem Interesse entstehenden Schaden tragen soll. Hierbei kann die Übernahme bestimmter Risiken im Interesse eines anderen zur Überwälzung des Schadens auf den Interessenten führen. Diese Überlegung reicht freilich allein zur Problemlösung nicht aus. Denn *in welchem Ausmaß* die Überwälzung geschieht und unter welchen *Voraussetzungen im Einzelnen* sie erfolgen kann, dafür gibt es kein allgemeines, in allen in Frage kommenden Rechtsverhältnissen gleichermaßen anwendbares Prinzip. Vielmehr könnte hier nur eine Gesamtbetrachtung der für das Rechtsverhältnis typischen Interessenlage und der Pflichtenintensität beider Seiten den richtigen Maßstab geben. Beim Arbeitsverhältnis ist die Besonderheit der Treubindung des Arbeitgebers für die Abgrenzung von Bedeutung. Das Risiko eines Schadenseintrittes bei der Tätigkeit des Arbeitnehmers trägt faktisch, von den Drittschäden abgesehen, ohnehin zunächst der Arbeitgeber, und die zentrale Frage des Arbeitnehmerhaftungsrechts lautet, inwieweit dieses Risiko im Verschuldensfall durch das Recht auf den Arbeitnehmer überwälzt werden soll. Hier setzen letzten Endes die gleichen Gründe, die zur Anerkennung einer weitgehenden Schutz- und Rücksichtspflicht des Arbeitgebers gegenüber dem Arbeitnehmer geführt haben, auch der Geltendmachung von Schadensersatz Grenzen. Die von *Hueck* begründete, beim Treuegedanken ansetzende Lehre, ist daher nach wie vor in ihrem Kern aktuell. Der Gedanke der Risikotragung und -abgrenzung formuliert ein allgemeines, über das Arbeitsverhältnis hinausreichendes Problem, er stellt jedoch kein aus sich heraus für die einzelnen Rechtsverhältnisse konkretisierbares Prinzip zur Verfügung. Für die Rechtsfolgenbestimmung, die eines Maßstabs bedarf, muss vielmehr zusätzlich der Treuegedanke bemüht werden.

Verfehlt ist es, im Zusammenhang mit der Haftungsminderung von der **Verteilung des Betriebsrisikos** zu sprechen. Dieser Begriff dient der Ordnung ganz anders strukturierter Leistungsstörungsprobleme (dazu oben § 18 V). Seine Verwendung im Zusammenhang mit der Arbeitnehmerhaftung stiftet nur Verwirrung.

Nicht durchgesetzt haben sich zu Recht bislang Vorschläge, den Arbeitnehmer nur für grobe Fahrlässigkeit[24] oder gar nur für Vorsatz haften zu lassen. Richtig ist an solchen Überlegungen immerhin, dass je nach den Umständen auch bei grober Fahrlässigkeit eine volle Haftung für hohe Schäden unbillig sein kann.[25] Andererseits ist das derzeitige Konzept der Rechtsprechung in etlichen Konstellationen zu lasch. Sinnvoller dürfte nicht die völlige Freistellung des Arbeitnehmers bei auch nur leichter Fahrlässigkeit sein, sondern die Begrenzung des Haftungsumfangs,[26] wobei sich eine (abso-

---

[22] *Hueck*, S. 233.
[23] *Canaris*, RdA 1966, 44.
[24] Mit Recht dagegen *BAG* AP Nr. 93 zu § 611 BGB Haftung des Arbeitnehmers = NZA 1988, 579.
[25] Vgl. *LAG Köln* LAGE § 611 BGB Gefahrgeneigte Arbeit Nr. 10.
[26] Gegen ein Höchstsummenkonzept de lege lata *BAG* AP Nr. 97 zu § 611 BGB Haftung des Arbeitnehmers.

lute) am Arbeitsentgelt orientierte Höchsthaftungssumme mit einer relativen, (wie bisher) an die Umstände, insbesondere das Maß des Verschuldens anknüpfende kombinieren ließe.

f) Zwingender Charakter der Haftungseinschränkung

Das von der Rechtsprechung entwickelte Konzept der Haftungsminderung ist als Arbeitnehmerschutzrecht einseitig zwingend, kann also nicht zum Nachteil des Arbeitnehmers abgeschwächt werden.[27]

2. Haftung des Arbeitnehmers gegenüber Dritten[28]

Hat der Arbeitnehmer in Ausführung seiner Beschäftigung einem Dritten Schaden zugefügt, so haftet er diesem nach den Deliktsvorschriften. Eine Haftungsminderung gegenüber Dritten nach den Grundsätzen über die eingeschränkte Haftung gegenüber dem Arbeitgeber kommt grundsätzlich nicht in Betracht, da den Dritten keinerlei Schutz- und Rücksichtspflichten gegenüber dem Arbeitnehmer treffen.[29] Dies würde jedoch im Hinblick auf eine gerechte Risikoverteilung zwischen Arbeitgeber und Arbeitnehmer den Arbeitnehmer zu stark belasten; ob durch die im Interesse des Arbeitgebers liegende Tätigkeit dieser selbst oder ein Dritter geschädigt wird, hängt vielfach rein vom Zufall ab. Dem Arbeitnehmer ist daher ein *Freistellungsanspruch* gegen den Arbeitgeber[30] zuzuerkennen. Danach kann der Arbeitnehmer verlangen, dass ihn der Arbeitgeber von der Inanspruchnahme durch den geschädigten Dritten in der Höhe freistellt, in der dem Arbeitnehmer bei Schädigung des Arbeitgebers eine Haftungsminderung zuerkannt würde.[31] Soweit der Arbeitnehmer den Schadensersatzanspruch des Dritten erfüllt, kann er vom Arbeitgeber entsprechenden Ersatz fordern.

Der Freistellungsanspruch ist abtretbar und pfändbar.[32] Er verwandelt sich durch die Übertragung in einen Zahlungsanspruch.[33] Schwierigkeiten ergeben sich, wenn der Arbeitnehmer einen Freistellungsanspruch auch in den Fällen haben soll, in denen die Eigenhaftung des Arbeitgebers gegenüber dem geschädigten Dritten beschränkt ist, sei es vertraglich oder kraft Gesetzes (Letzteres z.B. nach § 300 BGB). Der Regress des Arbeitnehmers im Wege des Freistellungsanspruchs würde in solchen Fällen die Haftungsbeschränkung des Arbeitgebers gegenüber dem Dritten konterkarieren. Überwiegend wird daher angenommen, dass im Regelfall die Haftungsbeschränkung auch zugunsten des Arbeitnehmers wirkt (Regressbehinderung im Gesamtschuldverhältnis; gestörter Gesamtschuldnerausgleich).[34] Das gilt aber nicht für den Fall der Enthaftung des Arbeitgebers durch Exkulpation bei § 831 BGB. Insoweit bleibt der Anspruch des Dritten gegen den Arbeitnehmer aus § 823 BGB unberührt. Dieser kann andererseits Freistellung verlangen, so dass der Arbeitgeber im Ergebnis doch haftet und

---

[27] Vgl. *BAG* AP Nr. 126 zu § 611 BGB Haftung des Arbeitnehmers.

[28] Dazu *Gamillscheg*, Die Haftung des Arbeitnehmers gegenüber Dritten, FS Rheinstein, 1969, Band 2, S. 1043; *Lichtenberg*, Berufliches Haftpflichtrisiko und Versicherungsschutz des Arbeitnehmers, 1976; *Denck*, Der Schutz des Arbeitnehmers vor der Außenhaftung, 1980; *Baumann*, BB 1994, 1300; *R. Krause*, VersR 1995, 752.

[29] Vgl. *BGH* AP Nr. 99 zu § 611 BGB Haftung des Arbeitnehmers = BGHZ 108, 305; *BGH* AP Nr. 104 zu § 611 BGB Haftung des Arbeitnehmers. Dazu *Denck*, BB 1989, 1192; *ders.*, JZ 1990, 175; *Gitter*, NZV 1990, 415; *Baumann*, BB 1990, 1833; *Wohlgemuth*, DB 1991, 911 f.

[30] Dazu *Gerhardt*, Der Befreiungsanspruch, 1966, S. 116 ff.

[31] Weitergehend *Denck,* Der Schutz des Arbeitnehmers vor der Außenhaftung, 1980, S. 254 ff., der die Freistellung auch bei grober Fahrlässigkeit des Arbeitnehmers gewähren will. Zu weitergehender Freistellungspflicht aus anderen Gründen *BAG* AP Nr. 94 zu § 611 BGB Haftung des Arbeitnehmers.

[32] *BAG* AP Nr. 37, 45 zu § 611 BGB Haftung des Arbeitnehmers; a. A. BGHZ 41, 203 (205 f.).

[33] Vgl. *BAG* AP Nr. 37, 45 zu § 611 BGB Haftung des Arbeitnehmers.

[34] Vgl. BGH NJW 1987, 2669; BGH JZ 1990, 384; *Denck*, NZA 1988, 265; *Burkert/Kirchdörfer*, JuS 1988, 341; *Lieb/Jacobs* Rn. 229 ff.

bei Abtretung des Freistellungsanspruchs an den Geschädigten sogar direkt in Anspruch genommen wird.

3. Haftung des Arbeitnehmers gegenüber Betriebsangehörigen

Verletzt der Arbeitnehmer bei Erbringung seiner Arbeitsleistung einen Mitarbeitnehmer, so führt das Prinzip der unbeschränkten Haftung des Arbeitnehmers gegenüber Dritten, verbunden mit dem Freistellungs- bzw. Ersatzanspruch gegenüber dem Arbeitgeber zu einem Widerspruch mit dem § 104 I SGB VII zugrundeliegenden Gedanken (zu diesem oben I 1). Denn in aller Regel wird auf Seiten des geschädigten Betriebsangehörigen ein Arbeitsunfall vorliegen, für den der Arbeitgeber auch bei eigenem Verschulden nicht einzustehen braucht. Könnte der geschädigte Arbeitnehmer den Schädiger auf Schadensersatz in Anspruch nehmen und dieser seinerseits sich beim Arbeitgeber schadlos halten, so würde mittelbar der Arbeitgeber entgegen dem Prinzip des § 104 I SGB VII doch persönlich für den Arbeitsunfall aufkommen. Soll der Grundgedanke dieser Vorschrift auch bei einem durch Arbeitskollegen verschuldeten Arbeitsunfall gewahrt werden, so kann nur entweder für diesen Fall der Freistellungsanspruch des schuldhaft handelnden Arbeitnehmers verneint oder der Anspruch des geschädigten Arbeitnehmers ausgeschlossen werden. In der höchstrichterlichen Rechtsprechung von BAG und BGH war diese Frage einige Zeit lang kontrovers.[35] Der Gesetzgeber hat sie dann dahin entschieden, dass das Haftungsprivileg des Arbeitgebers unter Angehörigen desselben Betriebes entsprechend gilt (vgl. § 105 SGB VII). Damit sind Schadensersatzansprüche eines Arbeitnehmers bei einem Arbeitsunfall gegen einen nicht vorsätzlich handelnden Arbeitskollegen ausgeschlossen.

Die Regelung schießt freilich insofern über das notwendige Maß hinaus, als sie Ansprüche auch da ausschließt, wo eine Haftungsminderung für den Schädiger nicht eingreift, nämlich bei grober Fahrlässigkeit.[36] In solchen Fällen würde ein Freistellungsanspruch gegen den Arbeitgeber nicht in Betracht kommen, dieser also auch nicht mittelbar für den Arbeitsunfall haften müssen. Man müsste daher den Sinn des § 105 SGB VII umfassender, d. h. über den Zweck der Vermeidung von Freistellungs- oder Regressansprüchen gegen den Arbeitgeber hinausgehend bestimmen. Dieser Sinn ist indessen dunkel.[37]

Die **Haftung für Sachschäden** bleibt von der Regelung des § 105 SGB VII unberührt. Insoweit kann der geschädigte Arbeitnehmer auch von seinem Arbeitskollegen vollen Ersatz verlangen, während dieser andererseits einen Freistellungsanspruch gegen den Arbeitgeber haben kann.

4. Mankohaftung[38]

Besondere Behandlung in Literatur und Rechtsprechung erfährt die Haftung des Arbeitnehmers für Fehlbestände (= Mankohaftung). In Betracht kommt sie, wenn dem Arbeitnehmer die Obhut über ein Warenlager oder der Transport von Gegenständen anvertraut ist, vor allem aber, wenn er Kassenbe-

---

[35] Vgl. *BAG (GS)* AP Nr. 4 zu §§ 898, 899 RVO und BGHZ 27, 62.

[36] Vgl. aber den Regressanspruch des Sozialversicherungsträgers nach § 110 SGB VII, der nicht nur bei Vorsatz, sondern auch bei grober Fahrlässigkeit eingreift. Zu den u. U. bedenklichen Folgen *Denck*, Der Schutz des Arbeitnehmers vor der Außenhaftung, 1980, S. 107 ff.

[37] Vgl. zu diesem Problemkreis näher *Gitter*, Schadensausgleich im Arbeitsunfallrecht, 1969, S. 243 ff.; *Denck*, Der Schutz des Arbeitnehmers vor der Außenhaftung, 1980, S. 89 ff.; *Kohte*, AuR 1983, 229.

[38] Dazu *Reinecke*, Die Mankohaftung des Arbeitnehmers, ZfA 1976, 215; *Jung*, Mankohaftung aus dem Arbeitsvertrag, 1985; *ders.*, BlStSozArbR 1985, 289; *Pauly*, Grundfragen der Mankohaftung, BB 1996, 2038; *Deinert*, Mankohaftung, RdA 2000, 22. Kritisch MünchArbR/*Blomeyer*, § 57 Rn. 72 ff., 82 ff.; *BAG* NZA 1986, 23; *BAG* EzA § 611 BGB Gefahrgeneigte Arbeit Nr. 26.

stände verwaltet. Zutreffend hat die Rechtsprechung in solchen Fällen keine gefahrgeneigte Tätigkeit als gegeben angesehen und deshalb eine Beschränkung der Haftung verneint.[39] Seit es auf diese Voraussetzung der Haftungsbeschränkung nicht mehr ankommt, stellt sich das Problem, die Verantwortlichkeit des Arbeitnehmers nicht zu weit zurück zu nehmen.[40] Erhebliche Bedeutung kommt der Verteilung der Beweislast zu.[41] Dafür kann relevant werden, welche Anspruchsgrundlage für den Ersatzanspruch des Arbeitgebers anzuwenden ist. Entgegen Vorstellungen in Literatur und Rechtsprechung kommt eine Haftung nach Auftrags- oder Verwahrungsrecht grundsätzlich nicht in Betracht, vielmehr haftet der Arbeitnehmer wegen Verletzung von Pflichten aus dem Arbeitsvertrag. Dafür gilt an sich die Beweislastregel des § 619 a BGB, doch wird man ihre Anwendbarkeit zu verneinen haben, wo auf Grund der Umstände im Wesentlichen allein der Arbeitnehmer in der Lage ist, aufzuklären, ob die erforderliche Sorgfalt beachtet worden ist.

§ 21. Übergang des Arbeitsverhältnisses

Literatur: *Seiter,* Betriebsinhaberwechsel, 1980; *Franzen,* Der Betriebsinhaberwechsel nach § 613 a BGB im internationalen Arbeitsrecht, 1994; *Lieb,* Betriebs-(Teil-)Übergang bei zentraler Unternehmensorganisation, ZfA 1994, 229; *Boecken,* Unternehmensumwandlungen und Arbeitsrecht, 1996; *Feudner,* Deutsches Arbeitsrecht und Standort Deutschland – zum Schutzzweck des § 613 a BGB, DB 1996, 830; *Gentges,* Die Zuordnung von Arbeitsverhältnissen beim Betriebsübergang, RdA 1996, 265; *Steinau-Steinrück,* Haftungsrechtlicher Arbeitnehmerschutz bei der Betriebsaufspaltung, 1996; *A. Junker,* Betriebsrat und Betriebsvereinbarung bei der Umstrukturierung von Unternehmen, in: Hromadka (Hrsg.), Recht und Praxis der Betriebsverfassung, 1996, S. 101; *Chr. Hartmann,* Die privatautonome Zuordnung von Arbeitsverhältnissen nach Umwandlungsrecht, ZfA 1997, 21; *Franzen,* Die Richtlinie 98/50/EG zur Änderung der Betriebsübergangsrichtlinie 77/187/EWG und ihre Auswirkungen auf das deutsche Arbeitsrecht, RdA 1999, 361; *ders.,* Informationspflichten und Widerspruchsrecht beim Betriebsübergang nach § 613 a Abs. 5 und 6 BGB, RdA 2002, 258; *Krause,* Die tatsächliche Betriebsführung als konstitutives Erfordernis des Betriebsübergangs, ZfA 2001, 67; *Waas,* Die Konsolidierung des Betriebsbegriffs in der Rspr. von EuGH und BAG zum Betriebsübergang, ZfA 2001, 377; *Moll,* Betriebsübergang und Betriebsänderung, RdA 2003, 129; *Hauck,* Neueste Entwicklung der Rechtsprechung zu § 613 a BGB, NZA Beil. 18/2004, S. 17; *Hergenröder,* Tarifeinheit oder Tarifmehrheit durch Betriebsübergang nach § 613 a BGB?, FS 50 Jahre BAG, 2004, S. 713; *Kamanabrou,* Europarechtliche Bedenken gegen die Klagefrist bei Kündigungen wegen Betriebsübergangs, NZA 2004, 950; *Ahlborn,* Europäisierung des Arbeitsrechts, ZfA 2005, 109; *Altenburg/Leister,* Der Widerspruch des Arbeitnehmers beim umwandlungsbedingten Betriebsübergang und seine Folgen, NZA 2005, 15; *Däubler,* Tarifliche Betriebsverfassung und Betriebsübergang, DB 2005, 666; *Grau,* Rechtsfolgen bei Verstößen gegen die Unterrichtungspflicht bei Betriebsübergang gemäß § 613 a BGB, RdA 2005, 367; *ders.,* Unterrichtung der Arbeitnehmer und ihrer Vertreter gem. Art. 7 der Betriebsübergangsrichtlinie 2001/23/EG ..., ZfA 2005, 647; *Kock,* Zum Betriebsübergang bei Nutzung von Betriebsmitteln, ZIP 2005, 2079; *Gaul/Otto,* Das Spiel über die Bande – Der Wechsel in Beschäftigungsgesellschaften zur Vermeidung von § 613 a BGB, ZIP 2006, 644; *Joussen,* Kirchliche Arbeitsvertragsinhalte beim Betriebsübergang, NJW 2006, 1850; *Hergenröder,* Rechtsgeschäftlicher Betriebsinhaberwechsel AR-Blattei SD 500.1, 2007; *ders.,* Betriebsinhaberwechsel durch Gesamtrechtsnachfolge, AR-Blattei SD 500.2, 2008; *ders.,* Dezentralisierung der Produktion und Arbeitsrecht, RdA 2007, 218.

Die Rechte der Arbeitsvertragspartner sind nur begrenzt übertragbar. So kann der Arbeitnehmer seinen Lohnanspruch nur abtreten, soweit er sich oberhalb der Pfändungsgrenze bewegt (vgl. oben § 16 VIII 3), der Anspruch des Arbeitgebers auf die Arbeitsleistung ist nach § 613 Satz 2 BGB nur abtretbar, wenn sich dies aus dem Arbeitsvertrag ergibt. Eine dahingehende Vereinbarung findet sich vor allem bei Leiharbeitnehmern (dazu unten § 27 III 1). Nebenansprüche aus dem Arbeitsverhältnis sind in der Regel selbständig überhaupt nicht abtretbar (anders aber z.B. entstandene Schadensersatz- oder Freistellungsansprüche).

---

[39] *BAG* AP Nr. 77 zu § 611 BGB Haftung des Arbeitnehmers. Anders *Reinecke* (Fn. 38), S. 221 ff.

[40] Siehe dazu *BAG* AP Nr. 87 zu § 611 BGB Haftung des Arbeitnehmers.

[41] Vgl. dazu unter der Rechtslage vor der Schuldrechtsreform *BAG* AP Nr. 49, 67, 77 und 87 zu § 611 BGB Haftung des Arbeitnehmers.

Von der Übertragung einzelner Rechte aus dem Arbeitsvertrag zu unterscheiden ist der Übergang der gesamten Rechtsstellung eines Arbeitsvertragspartners. Er ist theoretisch auf beiden Seiten denkbar, praktisch kommt er jedoch nur auf Arbeitgeberseite vor, und zwar erfolgt er (I) im Wege der Gesamtrechtsnachfolge, (II) der vertraglichen Vereinbarung und (III) kraft Gesetzes bei Betriebsveräußerung.

I. Gesamtrechtsnachfolge

Bei Tod des Arbeitgebers tritt grundsätzlich der Erbe in die Arbeitgeberstellung ein.[1] Anderes kann bei höchstpersönlichen Arbeitsverhältnissen gelten (siehe § 22 I 2). § 613 Satz 2 BGB schließt diesen Erbübergang des Arbeitsverhältnisses nicht aus. Auch die Gesamtrechtsnachfolge bei Verschmelzung und Spaltung von Gesellschaften oder bei übertragender Umwandlung nach dem UmwG führt zum automatischen Arbeitgeberwechsel (zur Anwendung von § 613a BGB auf solche Umwandlungen unter III 1 d).

II. Vertragliche Vereinbarung

Möglich ist auch, dass der Eintritt einer anderen Person in die gesamte Rechtsstellung des Arbeitgebers vertraglich vereinbart wird. Eine solche Vereinbarung bedarf der Zustimmung sowohl des alten und des neuen Arbeitgebers als auch des Arbeitnehmers. Sie kommt in der Praxis durchaus vor, z.B. in Konzernen, wenn der Arbeitnehmer einem anderen Konzernunternehmen zugeordnet wird.

III. Übergang der Arbeitgeberstellung bei rechtsgeschäftlichem Betriebsübergang

Betriebe werden in der Wirtschaftspraxis sehr häufig übertragen, und zwar nicht nur im Rahmen der Veräußerung des ganzen Unternehmens, zu dem der Betrieb gehört (Beispiel: Der bisherige Arbeitgeber gibt die Fortführung des Unternehmens aus Altersgründen oder aus wirtschaftlicher Erfolglosigkeit auf und veräußert es deshalb), sondern auch als Veräußerung von (kleinen oder großen) Unternehmensteilen, etwa einzelnen Produktionsstätten (Beispiel: Das Unternehmen gibt die Fertigung bestimmter Güter auf) oder Hilfsbetrieben (Beispiel: Früher selbst hergestellte Verpackungen werden nun von einem Lieferanten bezogen). Die Veräußerbarkeit der in solchen Betrieben liegenden Ressourcen hat selbstverständlich ökonomisch erhebliche Bedeutung, sowohl als Wertrealisierung auf Seiten des Veräußerers als auch als Möglichkeit der Ressourcennutzung zur Wertschöpfung auf Erwerberseite. Arbeitsrechtlich tritt dabei die Frage auf, was aus den Arbeitsverhältnissen der von der Betriebsveräußerung betroffenen Arbeitnehmer wird, ob sie beim Veräußerer bleiben oder auf

---

[1] Besonderer Betrachtung bedürfen im Hinblick auf § 613a BGB gewillkürte Erbfolge, Sondererbfolge, Testamentsvollstreckung und Vermächtnis, dazu eingehend *Hergenröder*, AR-Blattei SD 500.2 Rn. 21 ff.

den Erwerber übergehen. § 613 a BGB regelt dies in einzelnen Beziehungen sehr unklar. Die bis zur (1972 erfolgten) Einfügung dieser Bestimmung h. L. nahm an, dass der Übergang der Arbeitgeberstellung nicht ipso iure stattfände, sondern nur auf Grund einer der Zustimmung des Arbeitnehmers bedürftigen Vereinbarung zwischen altem und neuem Betriebsinhaber.[2] Eine Gegenauffassung bejahte dagegen unter entsprechender Anwendung von § 571 BGB a. F. (nunmehr § 566 BGB) bei Betriebsübergang den automatischen Eintritt des neuen Arbeitgebers in die Arbeitsverhältnisse.[3] § 613 a BGB baut auf dieser Auffassung auf, indem er anordnet, dass bei rechtsgeschäftlichem Übergang eines Betriebes oder Betriebsteiles auf einen anderen Inhaber dieser kraft Gesetzes in die Rechte und Pflichten aus den im Zeitpunkt des Übergangs bestehenden Arbeitsverhältnissen eintritt.

Die Regelung des § 613 a BGB beruht auf gemeinschaftsrechtlichen Vorgaben. Es handelt sich dabei um die Richtlinien 77/187/EWG und 98/50/EG sowie deren Zusammenführung in der Richtlinie 2001/23/EG (Näheres oben § 10 II 9 b). Aufgrund des Vorrangs des Gemeinschaftsrechts ist eine richtlinienkonforme Auslegung des nationalen Rechts geboten, sodass auch bei der Anwendung des § 613 a BGB regelmäßig überprüft werden muss, ob die vertretene Auffassung mit der RL 2001/23/EG in Einklang steht oder letztere dazu zwingt, die Vorschrift in die eine oder andere Richtung europarechtskonform auszulegen.[4]

Die **sozialpolitische Bedeutung** von § 613 a BGB ist schwer abzuschätzen. Während früher der Betriebsinhaber nicht gezwungen werden konnte, die bestehenden Arbeitsverhältnisse zu übernehmen, ist nunmehr ein Erwerb des Betriebs ohne gleichzeitige Übernahme aller Arbeitsverhältnisse nur möglich, soweit die nicht übernommenen Arbeitnehmer damit einverstanden sind. Darin kann im Einzelfall eine erhebliche Erschwerung der Veräußerung von Betrieben liegen, über deren gesamtwirtschaftliche und sozialpolitische Zweckmäßigkeit man geteilter Meinung sein kann.

1. Rechtsgeschäft

Voraussetzung der Anwendung von § 613 a BGB ist, dass der Übergang des Betriebs kraft Rechtsgeschäfts erfolgt.

a) Kausalgeschäft des Betriebsübergangs wird in aller Regel Kauf, Pacht oder Schenkung sein. Dessen Abschluss allein bedeutet noch keinen Übergang. Andererseits ist nicht die dingliche Übertragung der Einzelstücke des Betriebsvermögens oder der sonstige Übergang dinglicher Verfügungsgewalt über die Betriebsmittel erforderlich. Bei der Verpachtung etwa käme dies ohnehin nur hinsichtlich des Inventars in Betracht.

b) Nicht notwendig ist, dass ein Rechtsgeschäft zwischen bisherigem und neuem Inhaber des Betriebes stattgefunden hat. Ausreichend ist vielmehr, dass ein Rechtsgeschäft beider mit einer Mittelsperson vorliegt, wie etwa bei Neuverpachtung eines schon vorher verpachteten Betriebes durch den Eigentümer, die zum direkten Betriebsübergang zwischen altem und neuem Pächter führen kann.[5]

c) Geschäftsunfähigkeit des Veräußerers hindert das Vorliegen eines rechtsgeschäftlichen Übergangs nicht. Zwar kann das Übertragungsgeschäft rückabzuwickeln sein. Für die Zwischenzeit liegt gleichwohl ein rechtsgeschäftlicher Übergang vor. Die Pa-

---

[2] Näher dazu *Hueck*, S. 516 f.; *BAG* AP Nr. 1 und 6 zu § 419 BGB Betriebsnachfolge.
[3] Vgl. z. B. *Nikisch* I, S. 659 f.
[4] Vertiefend dazu *Hergenröder*, AR-Blattei SD 500.1 Rn. 34 ff.
[5] *BAG* AP Nr. 24 zu § 613 a BGB; zur Frage des Betriebsübergang bei Rückfall der Pachtsache an den Verpächter vgl. *Hergenröder*, AR-Blattei SD 500.1 Rn. 316 ff.

rallelen zum fehlerhaften Arbeitsverhältnis (dazu oben § 12 II 1 b) sind unübersehbar. Anders kann aus Gründen des Geschäftsunfähigenschutzes bei Geschäftsunfähigkeit des Erwerbers zu entscheiden sein. Im Verhältnis zu den Arbeitnehmern wird sich dann der Veräußerer weiterhin an seiner Arbeitgeberstellung festhalten lassen müssen.

d) Keine Anwendung findet § 613 a BGB, wenn der Betriebsübergang kraft Gesetzes erfolgt, wie insbesondere beim Erbübergang.[6] Jedoch kann im Rahmen der Gesamtrechtsnachfolge nach dem UmwG, wie etwa der Verschmelzung oder Spaltung, ein Betriebsübergang in Betracht kommen, was § 324 UmwG bestätigt. Da es sich bei dieser Norm um eine Rechtsgrundverweisung handelt, sind auch im Zusammenhang mit solchen Vorgängen stets die tatbestandlichen Voraussetzungen des § 613 a BGB zu prüfen. Infolge der Umwandlung muss mithin ein Betrieb oder Betriebsteil i.S.d. § 613 a BGB von einem Rechtsträger auf einen anderen übergehen. Der Betriebsübergang scheitert hier allerdings nicht an dem Merkmal des Übergangs „durch ein Rechtsgeschäft".[7]

e) Die bloße rechtliche Möglichkeit der Fortführung des Betriebes durch den Erwerber genügt für das Vorliegen eines Betriebsübergangs nicht. Dazu ist es erforderlich, dass der bisherige Inhaber seine weisungsunabhängige Betätigung in dem Betrieb oder Betriebsteil einstellt. Eines besonderen Übertragungsaktes der Leitungsmacht an den neuen Betriebsinhaber bedarf es nicht. Sofern der neue Inhaber den Betrieb jedoch nicht führt, scheidet ein Betriebsübergang aus. Ein wesentliches Moment für den Übergang ist nach h.M. mithin die tatsächliche Weiterführung oder Wiederaufnahme der Geschäftätigkeit der erwerbenden natürlichen oder juristischen Person.[8] Die Übernahme der Organisations- und Leitungsmacht ist auch für die Bestimmung des Zeitpunktes des Betriebsübergangs maßgeblich.[9]

2. Übergang eines Betriebes

a) Die schwierigste und häufig nur im Einzelfall zu beantwortende Frage der Anwendung von § 613 a BGB liegt darin, wann der Übergang eines Betriebes den Gegenstand eines Rechtsgeschäfts bildet. Die Probleme resultieren daraus, dass unter einem Betrieb herkömmlich die organisatorische Zusammenfassung der sächlichen und persönlichen Mittel zur Erreichung eines arbeitstechnischen Zwecks verstanden wird. Entgegen diesem Betriebsbegriff kann aber nicht erforderlich sein, dass sich der Konsens zwischen Veräußerer und Erwerber auf die Übernahme der Belegschaft oder wenigstens von Belegschaftsteilen erstreckt. Der Übergang der Arbeitsverhältnisse ist nach dem Wortlaut des § 613 a I 1 BGB nicht tatbestandliche Voraussetzung, sondern Folge des Betriebsübergangs.[10] Das schließt nicht aus, dass die Übernahme eines nach Zahl und Sachkunde wesentlichen Teils der Belegschaft, vor allem in Branchen, in denen es im Wesentlichen auf die menschliche Arbeitskraft ankommt, einen Betriebs-

---

[6] Zum Betriebsübergang kraft Gesetzes und hoheitlicher Akte *Hergenröder,* AR-Blattei SD 500.1 Rn. 289.

[7] *BAG* AP Nr. 209 zu § 613 a BGB; *Altenburg/Leister,* NZA 2005, 15, 16; MünchKomm/*Müller-Glöge,* § 613 a Rn. 63, 217.

[8] *BAG* AP Nr. 186 zu § 613 a BGB; AP Nr. 190 zu § 613 a BGB; NZA 2006, 597; *Willemsen/Annuß,* NJW 1999, 2073, 2074; *Hergenröder,* AR-Blattei SD 500.1 Rn. 113 m.w.N.

[9] Zum Zeitpunkt des Betriebsübergangs *EuGH* AP Nr. 1 zu EWG-Richtlinie 77/187 *(House of Lords).*

[10] Siehe *EuGH* AP Nr. 14 zu EWG-Richtlinie 77/187 *(Ayse Süzen);* AP Nr. 32 zu EWG-Richtlinie Nr. 77/187 *(Temco); BAG* AP Nr. 172 zu § 613 a; AP Nr. 187 zu § 613 a BGB; AP Nr. 126 zu § 1 KSchG Betriebsbedingte Kündigung.

übergang signalisieren kann. Auf welche Elemente eines Betriebs oder Unternehmens es angesichts dessen ankommt, um vom Übergang eines Betriebs sprechen zu können, entzieht sich einer allgemeingültigen generalisierenden Beurteilung.

b) Die Rechtsprechung des EuGH und des BAG hat diesbezüglich herausgearbeitet, dass insoweit der Übergang einer ihre **Identität wahrenden wirtschaftlichen Einheit** erforderlich ist. Um näher bestimmen zu können in welchen Konstellationen dies gegeben ist, hat die Judikatur sieben Kriterien entwickelt. Hierzu rechnen (1) die Art des betreffenden Unternehmens oder Betriebs, (2) die Tatsache, ob materielle Betriebsmittel wie Gebäude und bewegliche Güter übergegangen sind sowie deren Wert und Bedeutung, (3) die Übernahme immaterieller Betriebsmittel und der vorhandenen Organisation, (4) der Grad der Ähnlichkeit zwischen der vor und der nach dem Übergang verrichteten Tätigkeit, (5) die Weiterbeschäftigung der Hauptbelegschaft (ein nach Zahl und Sachkunde wesentlicher Teil des Personals) durch den neuen Inhaber, (6) die Übernahme der Kundschaft und Lieferantenbeziehungen sowie (7) die Dauer einer eventuellen Unterbrechung dieser Tätigkeiten. Dabei haben sowohl der EuGH[11] als auch das BAG[12] darauf hingewiesen, dass diese Prüfsteine weder abschließend sind noch ihnen eine derartige Bedeutung beizumessen ist, dass sie einer isolierten Betrachtung zugänglich wären. Demzufolge ist die Erfüllung eines dieser Kriterien nicht in jedem Fall ausreichend, um den Übergang einer ihre Identität wahrenden wirtschaftlichen Einheit anzunehmen. Zudem darf letztere nicht etwa als bloße Tätigkeit bzw. Betätigungsmöglichkeit verstanden werden. Ihre Identität kann sich auch aus anderen Merkmalen, wie etwa ihrem Personal, ihren Führungskräften, ihrer Arbeitsorganisation, ihren Betriebsmethoden und den ihr zur Verfügung stehenden Betriebsmitteln ergeben. Es ist schlussendlich eine Gesamtbetrachtung aller in jedem Einzelfall maßgeblichen Umstände vorzunehmen, wobei die genannten Kriterien Teilaspekte der Bewertung sein können, jedenfalls aber stets zu prüfen sind.[13]

Immerhin lassen sich folgende Grundsätze formulieren: Liegt eine **betriebsmittelarme** – also eine Tätigkeit, welche im Wesentlichen auf der menschlichen Arbeitsleistung beruht (Dienstleistungsbereich) – vor, kommt der Übernahme der Belegschaft für das Vorliegen eines Betriebsübergangs eine erhebliche Bedeutung zu. Liegt eine **betriebsmittelreiche** Tätigkeit (produzierendes Gewerbe) vor, kann ein Übergang der wirtschaftlichen Einheit auch unabhängig von der Weiterbeschäftigung der Belegschaft durch den neuen Inhaber gegeben sein, wenn die übernommenen Betriebsmittel identitätsprägend sind.

c) Zu beachten ist, dass sich der Betriebsübergang und die **Stilllegung eines Betriebes** konzeptionell ausschließen.[14] Ist ein Betrieb von dem bisherigen Inhaber stillgelegt worden, kommt ein Betriebsübergang nicht mehr in Betracht. Von einer Stilllegung wird dann gesprochen, wenn die zwischen Arbeitgeber und Arbeitnehmer bestehende Betriebs- und Produktionsgemeinschaft derart aufgelöst wird, dass der Unternehmer den bisherigen arbeitstechnischen Betriebszweck auf Dauer nicht mehr weiterverfolgt. Hierzu ist es erforderlich, dass die bisherige wirtschaftliche Tätigkeit in der ernstlichen und endgültigen Absicht eingestellt wird, dem Betriebszweck dauernd oder zumindest für eine wirtschaftlich erhebliche Zeit nicht mehr weiter nachzugehen. Neben dem endgültigen Willensentschluss des Arbeitgebers den Betrieb aufzugeben muss es zu

---

[11] St. Rspr.; *EuGH* EAS RL 77/187/EWG Art. 1 Nr. 2 *(Spijkers);* AP Nr. 14 zu EWG-Richtlinie Nr. 77/187 *(Ayse Süzen);* AP Nr. 34 zu EWG-Richtlinie Nr. 77/187 *(Carlito Abler);* NZA 2006, 29 *(Güney-Görres).*

[12] St. Rspr., *BAG* AP Nr. 174 zu § 613a BGB; AP Nr. 197 zu § 613a BGB; AP Nr. 126 zu § 1 KSchG Betriebsbedingte Kündigung; AP Nr. 274 zu § 613a; NZA 2006, 31; NZA 2006, 263.

[13] Zu den einzelnen Prüfsteinen umfassend *Hergenröder,* AR-Blattei SD 500.1 Rn. 164 ff.

[14] Zur Betriebsstilllegung und -unterbrechung vertiefend *Hergenröder,* AR-Blattei SD 500.1 Rn. 216 ff.

einer tatsächlichen Auflösung der Betriebsorganisation kommen. Von der Betriebsstilllegung ist die nur vorübergehende Betriebsunterbrechung abzugrenzen.

d) Von einem Betriebsübergang ebenfalls zu unterscheiden ist die **bloße Funktionsnachfolge,** welche den Anwendungsbereich des § 613a BGB nicht eröffnet. Diese umfasst die Auftragsnachfolge (eine bereits ausgelagerte Tätigkeit wird dem ausführenden Unternehmen entzogen und einem Dritten übertragen), die Auftragsübernahme (ein Unternehmen tritt in vergebene Aufgaben im Verlauf eines nicht beendeten Auftragsverhältnisses zwischen dem Auftraggeber und dem bisherigen Auftragnehmer mit deren Einwilligung als neuer Auftragnehmer ein) sowie die Auftragsrücknahme (bislang ausgelagerte Tätigkeiten werden einem beauftragten Unternehmen entzogen, um fortan vom Auftraggeber selbst durchgeführt zu werden). Dem genannten Problemkreis ist auch das klassische Outsourcing (erstmalige Fremdvergabe arbeitstechnischer Aufgaben) zugehörig. Beispiel: Ein großes Industrieunternehmen schließt seinen Gärtnereibetrieb oder seine Näherei (Hilfsbetriebe) und überträgt deren Aufgaben einem selbständigen Unternehmen. Würde hier das die Aufgaben übernehmende Unternehmen auch die Arbeitnehmer des Hilfsbetriebs übernehmen müssen, könnte die unternehmerische Umdisposition vielfach gar nicht realisiert werden, weil ihr Rationalisierungseffekt beeinträchtigt wäre. Maßgeblich ist vor allem in diesen Konstellationen darauf abzustellen, ob der Erwerber eine vorhandene betriebliche Organisation übernimmt. Fehlt es daran, ist in der Übernahme von materiellen oder immateriellen Betriebsmitteln lediglich eine Funktionsnachfolge zu sehen.

Die Konsequenzen des § 613a BGB können nicht an jegliche betriebliche Funktionsnachfolge geknüpft werden. Zwar hat der EuGH den Übergang einer wirtschaftlichen Einheit befürwortet, wenn nicht die Aufgaben eines ganzen Hilfsbetriebs, sondern nur einzelner Arbeitnehmer ausgelagert werden, wie im Fall der *Christel Schmidt*[15], deren Arbeitsverhältnis mit einem Kreditinstitut auf das die Reinigungsaufgaben des bisherigen Arbeitgebers übernehmende Gebäudereinigungsunternehmen übergegangen ist. (Näher dazu m. N. oben § 10 II 9b). Gleichwohl ist gerade bei der Auftragsneuvergabe darauf zu achten, dass allein aus der Fortführung der Tätigkeit bzw. der Ähnlichkeit der von Erwerber und Veräußerer erbrachten Leistungen nicht auf den Übergang einer ihre Identität wahrenden wirtschaftlichen Einheit geschlossen werden kann, da letztere nicht als bloße Tätigkeit verstanden werden darf. Entscheidend ist eine Gesamtabwägung. Dementsprechend kann bei der Auftragsnachfolge von Betrieben, deren Tätigkeit nicht im Wesentlichen auf menschlicher Arbeitskraft beruht, mit der Übernahme des für die Durchführung der Aufgaben notwendigen Inventars ein solcher Übergang einhergehen.[16]

Hinsichtlich der Übernahme von materiellen Betriebsmitteln im Rahmen der Auftragsnachfolge hat das BAG in der Vergangenheit noch verlangt, dass dem Erwerber diese eigenwirtschaftlich zur Verfügung gestellt werden müssen. Davon ist es in Anlehnung an die Rechtsprechung des EuGH nunmehr abgerückt.[17] Die Übernahme von Betriebsmitteln stellt damit weiterhin ein wesentliches Indiz zur Bejahung eines Betriebsübergangs dar, wenn diese das wesentliche betriebliche Substrat repräsentieren und sie zu einem gleichen oder jedenfalls ganz ähnlichen arbeitstechnischen Zweck bei dem Erwerber verwendet werden. Übernimmt jemand jedoch nur das Betriebsgrundstück samt Gebäude, etwa nach Art eines „Gehäuses", ohne darin einen Betrieb fortführen zu wollen (er benützt das Gelände etwa nur als Lagerplatz oder er lässt das Gebäude abreißen und errichtet einen Freizeitpark), so lässt sich nicht vom Übergang eines Betriebs sprechen. Will er zwar in dem Gebäude einen Betrieb führen, jedoch mit völlig anderem Zweck (z.B. ein Hotel oder eine Schule anstelle einer Kosmetikfabrik), kann konsequenterweise ebenfalls ein Betriebsübergang nicht vorliegen. Andererseits vermag gerade bei Einzelhandelsgeschäften die Weiternutzung von Geschäfts- und Verkaufsräumen neben der Beibehaltung des Warensortiments und der Betriebsform ein besonderes Indiz für einen Betriebsübergang darzustellen.

---

[15] *EuGH* AP Nr. 106 zu § 613a BGB *(Christel Schmidt);* bestätigt und gefestigt durch *EuGH* EuZW 1996, 212 *(Merckx u. Neuhuys,* mit Anm. v. *Waas);* vgl. aber auch *EuGH* AP Nr. 14 zu EWG-Richtlinie 77/187 *(Ayse Süzen).*

[16] *EuGH* AP Nr. 34 zu EWG-Richtlinie Nr. 77/187 *(Carlito Abler)* – Übernahme von Inventar einer Großküche. Dazu *Ahlborn,* ZfA 2005, 109.

[17] *EuGH* NZA 2006, 29 *(Güney-Görres); BAG* AP Nr. 299, 302, 305 zu § 613a BGB. Vgl. näher *Ahlborn,* ZfA 2005, 109; *Hergenröder,* AR-Blattei SD 500.1 Rn. 181ff.

3. Betriebsteil

Der Übergang eines Betriebsteils richtet sich nach den gleichen Maßstäben wie die Beurteilung der Frage, ob ein Betriebsübergang stattgefunden hat. Auch hier muss eine ihre Identität wahrende wirtschaftliche Einheit übergehen, wobei den genannten Kriterien die bereits erwähnte Bedeutung zukommt. Schwieriger ist die Feststellung, ob ein Betriebsteil überhaupt vorliegt. Ein Großauftrag stellt einen solchen nicht dar. Auch sind einzelne oder eine Vielzahl von sächlichen oder immateriellen Betriebsmitteln als solche regelmäßig nicht als ein übergangsfähiger Betriebsteil anzusehen. Maßgeblich dafür ist, dass die Betriebsmittel für sich keinen arbeitstechnischen Zweck zu erfüllen vermögen. Nicht ausreichend ist es ferner, dass mittels nicht organisierter Betriebsmittel bei dem Erwerber erst ein Betrieb gegründet wird. Vielmehr müssen die übergehenden Betriebsmittel bereits bei dem Veräußerer eine organisatorische Untergliederung zur Verfolgung eines Teilzwecks erfüllen, welche von dem Erwerber übernommen wird. Folglich sind Betriebsteil sicher alle ausgliederungsfähigen und daher selbständig veräußerbaren organisatorischen Funktions- oder Wirkungseinheiten, welche auch durch eine Gruppe von Arbeitnehmern dargestellt werden können, mit denen bestimmte abgrenzbare Zwecke, auch lediglich Hilfszwecke, beim Veräußerer wie beim Erwerber verfolgt werden können[18] (Beispiele: Das Restaurant in einem Kaufhaus, die Mälzerei in einer Bierbrauerei, die Eisengießerei in einer Maschinenfabrik).

4. Rechtsfolgen

a) Es kommt zu einem **gesetzlichen Übergang des Arbeitsverhältnisses als ganzem,** wenn die tatbestandlichen Voraussetzungen des § 613 a BGB erfüllt sind. Der neue Arbeitgeber tritt voll in die arbeitsvertragliche Position des alten Arbeitgebers ein,[19] ohne Rücksicht auf den Willen der Beteiligten, und er tritt nicht neben den alten Arbeitgeber, sondern an seine Stelle (zur Weiterhaftung des alten Arbeitgebers siehe unten 5).

b) Dem Übergang des Arbeitsverhältnisses kann jeder betroffene Arbeitnehmer gemäß § 613 a VI 1 BGB innerhalb eines Monats nach Zugang der Unterrichtung schriftlich (§ 126 BGB) **widersprechen.** Der Widerspruch kann nur in Bezug auf das gesamte Arbeitsverhältnis erfolgen. In engem Zusammenhang mit der Ausübung des Widerspruchs steht die gemäß § 613 a V BGB in Textform (§ 126 b BGB) vorzunehmende Unterrichtung der von dem Betriebsübergang betroffenen Arbeitnehmer, welche diesen eine geeignete Entscheidungsgrundlage für die Ausübung des Widerspruchsrechts geben soll.[20] Diese Informationspflicht kann durch den Veräußerer und/oder Erwerber vorgenommen werden. Es besteht insoweit eine Gesamtschuld i.S.d. § 421 I BGB, sodass die Auskunft durch den einen auch für den anderen wirkt. Ausweislich des Gesetzeswortlauts hat die Unterrichtung vor dem Betriebsübergang zu erfolgen, ihr kann aber auch noch danach genügt werden. Bei der Unterrichtungspflicht handelt es sich

---

[18] Vgl. MünchKommBGB/*Müller-Glöge,* § 613 a Rn. 18.

[19] So wirkt ein Annahmeverzug des alten Arbeitgebers, der vor dem Betriebsübergang eingetreten ist, auch zu Lasten des neuen, vgl. *BAG* AP Nr. 49 zu § 615 BGB. Ausführlich zu dem Übergang von Ansprüchen *Hergenröder,* AR-Blattei SD 500.1 Rn. 1020 ff.

[20] Vgl. *Franzen,* Informationspflichten und Widerspruchsrecht beim Betriebsübergang nach § 613 a Abs. 5 und 6 BGB, RdA 2002, 258; *Riesenhuber,* Informationspflichten beim Betriebsübergang ..., RdA 2004, 340; *Gaul/Otto,* Rechtsfolgen einer fehlenden oder fehlerhaften Unterrichtung bei Betriebsübergang und Umwandlung, DB 2005, 2465.

nach h. M. um eine echte Rechtspflicht[21], welche für die Verwirklichung des Betriebsübergangs als solchen keine Wirkungen zeitigt. Auch ist sie für die Ausübung des Widerspruchsrechtes keine Voraussetzung. Sie setzt lediglich die Monatsfrist zu dessen Ausübung in Gang. Wurde die Unterrichtung nicht, unvollständig oder unrichtig unternommen, steht den betroffen Arbeitnehmern ein bis zu den Grenzen der Verwirkung (§ 242 BGB) zeitlich unbefristetes Widerspruchsrecht zu.[22]

Inhaltlich ist es auf Grund des Zwecks der Unterrichtung notwendig, dass der Betriebsübernehmer grundsätzlich mit Firmenbezeichnung und Anschrift genannt wird, so dass er identifizierbar ist. Auch ist über den Gegenstand des Betriebsübergangs zu informieren. Ferner muss sich die Unterrichtung auf den konkreten oder den geplanten Zeitpunkt des Übergangs (§ 613 a V Nr. 1 BGB), den Grund für den Übergang (§ 613 a V Nr. 2 BGB), die rechtlichen, wirtschaftlichen und sozialen Folgen des Übergangs für die Arbeitnehmer (§ 613 a V Nr. 3 BGB) und die hinsichtlich der Arbeitnehmer in Aussicht genommenen Maßnahmen (§ 613 a V Nr. 4 BGB) zu erstrecken. Die Unterrichtungsverpflichteten haben zur Erfüllung der Informationspflicht über diese Punkte ihre Kenntnisse, Vorstellungen, Erwartungen und Planungen einfließen zu lassen. Sie müssen dabei grundsätzlich im Rahmen einer subjektiven Determinierung die betroffenen Arbeitnehmer über die Auswirkungen des Betriebsübergangs im Rahmen einer generalisierenden Unterrichtung, welche nicht auf Besonderheiten einzelner Arbeitsverhältnisse einzugehen braucht, aufklären. Insoweit ist auf den Kenntnisstand sowohl des Veräußerers als auch des Erwerbers, welche sich wechselseitig zu informieren haben, zum Zeitpunkt des Zugangs der Information abzustellen.[23]

c) Widerspricht ein Arbeitnehmer dem Übergang seines Arbeitsverhältnisses, verbleibt es bei dem zu dem Veräußerer bestehenden Arbeitsverhältnis. Er läuft jedoch dadurch Gefahr, dass der alte Arbeitgeber das Arbeitsverhältnis betriebsbedingt gem. § 1 II KSchG kündigen kann, nämlich wenn er in dem ihm verbliebenen Unternehmensteil keine Möglichkeit der Weiterbeschäftigung des Widersprechenden hat. § 613 a IV BGB steht dieser Kündigung nicht entgegen. Inwieweit der Veräußerer den Widerspruch des Arbeitnehmers im Rahmen der Sozialauswahl zu Gunsten anderer, nicht von dem Betriebsübergang betroffener Arbeitnehmer, berücksichtigen kann, ist strittig.[24] Aufgrund der abschließenden Aufzählung der gemäß § 1 III 1 KSchG zu berücksichtigenden Kriterien dürfte eine Berücksichtigung des Widerspruchs bei diesen nicht möglich sein.[25]

Allerdings steht das BAG auf dem Standpunkt, dass den Betriebsveräußerer beim Betriebsteilübergang bereits im Vorfeld desselben besondere Pflichten treffen, vorhandene Arbeitsplätze **freizuhalten**. Sobald dieser mit einem Widerspruch eines betroffenen Arbeitnehmers rechnen muss, soll er im Hinblick auf den Grundgedanken des § 162 BGB gehalten sein, dem Arbeitnehmer einen vorhandenen freien Arbeitsplatz anzubieten. Als maßgeblicher Zeitraum wird insoweit derjenige zwischen Zugang der Unterrichtungsschrift und Ablauf der Widerspruchsfrist gemäß § 613 a VI 1 BGB angesehen.[26] Regelmäßig wird freilich einem Arbeitgeber nicht bekannt sein, ob ein Arbeitnehmer dem später erfolgenden Übergang seines Arbeitsverhältnisses widersprechen wird, so dass man in diesem Fall von einem Missbrauch kaum sprechen kann.[27]

[21] So *Willemsen/Lembke*, NJW 2002, 1159, 1161 f.; *Meyer*, BB 2003, 1010, 1014; *Franzen*, RdA 2002, 258, 262; *Hauck*, FS Hellmut Wissmann (2005), S. 551; a. A. *Bauer/von Steinau-Steinrück*, ZIP 2002, 457, 458. Eingehend *Grau*, ZfA 2005, 647.
[22] BAG AP Nr. 284, 311, 312 zu § 613 a BGB.
[23] Dazu *BAG* AP Nr. 284, 311, 312 zu § 613 a BGB; *Hergenröder*, AR-Blattei SD 500.1 Rn. 449 ff. m. w. N.. sowie zu dem Unterrichtungskatalog Rn. 410 ff.
[24] Vertiefend zu dieser Problematik *Berkowsky*, Betriebsübergang und Sozialauswahl widersprechender Arbeitnehmer, NZA 2004, 1374; *Hergenröder*, AR-Blattei SD 500.1 Rn. 596 ff.
[25] Siehe auch *BAG* AP Nr. 284 zu § 613 a BGB.
[26] *BAG* AP Nr. 241 zu § 613 a BGB mit krit. Anm. *Franzen*; ErfK/*Preis*, § 613 a Rdnr. 102. In diesem Sinne ebenfalls unabhängig von einem Betriebsübergang für den Fall einer Stellenbesetzung vor Ausspruch einer betriebsbedingten Kündigung *BAG* AP Nr. 121 zu § 1 KSchG 1969 Betriebsbedingte Kündigung.
[27] Insoweit kritisch auch *Lunk/Möller*, NZA 2004, 9, 10 f.; *Meyer*, NZA 2005, 9, 10; *Pomberg*, DB 2002, 2177, 2178.

d) Zum **kollektiven Widerspruch** mehrerer Arbeitnehmer näher unten § 41 II 1b mit Fn. 2.

5. Weiterhaftung des bisherigen Arbeitgebers

Der alte Arbeitgeber haftet für Verpflichtungen, die vor dem Betriebsübergang entstanden sind, noch in bestimmtem Umfang weiter (näheres § 613a II BGB).[28] Der Arbeitnehmer soll dadurch geschützt werden, falls der neue Arbeitgeber sich als nicht zahlungsfähig erweist. Für nach dem Betriebsübergang entstehende Verpflichtungen haftet der alte Arbeitgeber dagegen nicht. Diese Regelung ist, falls der Erwerber wirtschaftlich schlecht steht, für die Arbeitnehmer nachteilig. Aus dem Gesetz geht nicht klar hervor, in welchem Umfang der **neue Arbeitgeber** für Verpflichtungen **haftet**, die vor dem Betriebsübergang entstanden sind. § 613a II BGB könnte nahe legen, dass eine Haftung nur für nach Betriebsübergang fällig werdende Verpflichtungen besteht. Man wird jedoch darüber hinaus aus Abs. 1 den Eintritt in alle früher entstandenen Verpflichtungen (einschließlich der Pensionsanwartschaften noch betriebszugehöriger Arbeitnehmer[29]) ohne Rücksicht auf den Fälligkeitstermin abzuleiten haben.

6. Ruhestandsverhältnisse

Wie der Wortlaut eindeutig ergibt, greift § 613a BGB nicht Platz bei **Ruhestandsverhältnissen**[30], da allein bestehende Arbeitsverhältnisse auf den Erwerber übergehen. Auch auf Rechte und Pflichten aus Vereinbarungen mit ausgeschiedenen Arbeitnehmern über **Wettbewerbsverbote** (vgl. dazu §§ 74ff. HGB, 110 GewO) ist § 613a BGB nicht anwendbar. Strittig ist, ob infolge einer analogen Anwendung des § 613a BGB der Betriebserwerber aus dem Wettbewerbsverbot berechtigt ist.[31]

7. Insolvenz

Problematisch ist die **Anwendung von § 613a BGB in der Insolvenz**,[32] weil dadurch die wirtschaftlich optimale Verwertung der Insolvenzmasse behindert und eine Unternehmenssanierung stark erschwert werden kann. Die h.L. vertritt eine Zwischenlösung, wonach der Erwerber des Betriebs zwar die Arbeitsverhältnisse zu übernehmen hat, für bereits entstandene Verpflichtungen des Veräußerers aber nicht zu haften braucht.[33] Das ist von erheblicher Bedeutung im Hinblick auf Ruhegeldanwartschaften[34], deren Bedienung auf diese Weise dem Pensionssicherungsverein überbürdet wird (dazu unten § 29 I 4d). Die Anwendung des § 613a BGB kommt nicht in Betracht, wenn der Insolvenzverwalter einen Betrieb für den insolventen Inhaber gemäß §§ 80, 148 InsO weiter führt. Er rückt in die

---

[28] Dazu *Reichold*, ZIP 1988, 551; *Renaud/Markert*, DB 1988, 2358; *Hergenröder*, AR-Blattei SD 500.1 Rn. 1328ff.

[29] *BAG* AP Nr. 27, 31 zu § 613a BGB.

[30] Dazu *BAG* AP Nr. 6 zu § 613a BGB; AP Nr. 109 zu § 7 BetrAVG; *Säcker/Joost*, Auswirkungen eines Betriebsübergangs auf Ruhestandsverhältnisse, DB 1978, 1035, 1078; vgl. zu den Sicherungsproblemen bei Ruhestandsverhältnissen unten § 26 II.

[31] Zum Streitstand *Hergenröder*, AR-Blattei SD 500.1 Rn. 1183ff.; befürwortend MünchKomm/*Müller-Glöge*, § 613a Rn. 102f.; MünchArbR/*Wank* § 124 Rn. 144f.

[32] Dazu bereits *Wiedemann/Willemsen*, Die Anwendung des § 613a BGB im Konkurs, RdA 1979, 418; *Henckel*, ZGR 1984, 225; *Keller-Stoltenhoff*, Die rechtstatsächlichen Auswirkungen des § 613a BGB im Konkurs, 1986 (ZIP-Beiheft); *Seiter*, Betriebsinhaberwechsel, 1980, S. 134ff.; *Hergenröder*, AR-Blattei SD 500.1 Rn. 1277ff.; ablehnend *Gravenbrucher Kreis* ZIP 1989, 468, 474.

[33] *BAG* AP Nr. 18 zu § 613a BGB; AP Nr. 10 zu § 113 InsO; AP Nr. 283 zu § 613a BGB; (s. aber auch Nr. 38 sowie AP Nr. 283 zu § 613a BGB ebenda: volle Haftung bei Massemangel); *Moll*, NJW 1993, 2016, 2019; *Staudinger/Annuß* § 613a Rn. 316.

[34] Dazu *Lohkemper*, Die Erwerberhaftung für Ruhegeldanwartschaften bei der übertragenden Sanierung, 1997; *Hergenröder*, AR-Blattei SD 500.1 Rn. 1301ff.

Betriebsinhaberstellung aufgrund eines öffentlich-rechtlichen Aktes als Partei kraft Amtes ein, womit es insoweit an einem „Rechtsgeschäft" fehlt.

8. Tarifverträge

Tarifverträge die für den Betrieb beim Veräußerer galten, erfassen den Betriebserwerber normativ dann ohne weiteres, wenn er seinerseits kongruent tarifgebunden ist. Fehlt es an seiner Tarifgebundenheit, tritt hinsichtlich der übergehenden Arbeitsverhältnisse nach § 613a I 2 i.V.m. S. 3 BGB eine Transformation jedenfalls tariflicher Inhalts- und Beendigungsnormen ein[35]. Es kommt dadurch zu einer individualrechtlichen Fortgeltung der Tarifvertragsnormen[36]. Die Tarifregelungen gelten nur für die übergegangenen Arbeitsverhältnisse weiter, nicht für neu beim Erwerber begründete, und sie gelten zwingend nur für ein Jahr. Danach gelten sie ähnlich wie Tarifverträge im Nachwirkungsstadium lediglich dispositiv, die Arbeitsvertragsparteien können von da ab auch ungünstigere Bedingungen vereinbaren. Nach Satz 3 gilt Satz 2 nicht (d.h. die Weitergeltung der bisherigen tariflichen Bedingungen entfällt), wenn entsprechende Arbeitsbedingungen beim Erwerber durch Tarifvertrag geregelt sind, d.h. durch einen Tarifvertrag, dessen Geltungsbereich für den übergegangenen Betrieb einschlägig und hinsichtlich dessen der Erwerber tarifgebunden ist. Nach h.M. kommt es zu einer Geltung des beim Erwerber gültigen Tarifvertrages nur dann, wenn auch der betroffene Arbeitnehmer seinerseits entweder aufgrund seiner Gewerkschaftszugehörigkeit oder gemäß § 5 TVG aufgrund einer Allgemeinverbindlichkeitserklärung tarifgebunden ist.[37] Fraglich ist nach Satz 3 die Ersetzung der nach Satz 2 fortgeltenden Tarifbedingungen durch Betriebsvereinbarung („Über-Kreuz-Ablösung"). Während man für eine solche Ablösung den Wortlaut der Vorschrift ins Feld führen kann, hat das BAG insoweit unter dem Gesichtspunkt des § 77 III BetrVG systematische Bedenken geäußert, da sich ungünstigere Regelungen einer Betriebsvereinbarung regelmäßig nicht gegenüber tarifvertraglichen Regelungen oder einzelvertraglichen Abreden durchzusetzen vermögen.[38] Eine Verkürzung der Jahresfrist des § 613a I 2 BGB ist unter den Voraussetzungen des Satzes 4 möglich.

9. Betriebsvereinbarungen

Betriebsvereinbarungen, die der frühere Betriebsinhaber abgeschlossen hatte, gelten nach Betriebsübergang für den Betriebserwerber ohne weiteres normativ weiter,[39] soweit der Betrieb in seiner „Identität" erhalten bleibt. Wird er allerdings beim neuen Erwerber einem anderen Betrieb eingegliedert (oder geht nur ein Betriebsteil über), so kommt eine umfassende kollektivrechtliche Weitergeltung grundsätzlich nicht in Betracht. Dann kommt es auch insoweit gem. § 613a I 2 BGB zur Transformation dieser Regelungen. Anderes kann dann gelten, wenn im Anschluss an einen Betriebsteilübergang der Betriebsrat gemäß § 21a BetrVG im Amt bleibt. Dann wäre es nicht folgerichtig, die von ihm geschlossenen Betriebsvereinbarungen nicht fortgelten zu lassen.[40]

---

[35] Zur Transformation von Abschluss-, Betriebs- und Betriebsverfassungsnormen sowie Normen über gemeinsame Einrichtungen vgl. *Hergenröder*, AR-Blattei SD 500.1 Rn. 826, 828.

[36] Im Gegensatz dazu wird teilweise angenommen, dass § 613a I 2 BGB eine beschränkte normative Weitergeltung der Kollektivvertragsregelungen zum Inhalt habe, vgl. *Zöllner*, DB 1995, 1401, 1402 f.; dazu näher *Moll*, RdA 1996, 275, 276 f.

[37] *Kania*, DB 1994, 530 und 1995, 626; MünchKomm/*Müller-Glöge*, § 613a BGB Rn. 139; *BAG* AP Nr. 20 zu § 4 TVG; AP Nr. 30 zu § 4 TVG Tarifkonkurrenz; *Schiefer*, FS 50 Jahre *BAG* 2004, 859, 866 f.; a. A. noch die Vorauflage.

[38] *BAG* AP Nr. 26 zu § 4 TVG Geltungsbereich (unter B II 2 c ee (5) (b).

[39] So *BAG* AP Nr. 89, 118 zu § 613a BGB; AP Nr. 7 zu § 77 BetrVG 1972 Betriebsvereinbarung; *Hohenstatt/Müller-Bonanni*, NZA 2003, 766, 769. Zu Gesamtbetriebsvereinbarungen näher *Hohenstatt/Müller-Bonanni*, NZA 2003, 766; *Jacobs*, FS Konzen, 2006, S. 345.

[40] So für den Fall, dass der Betriebsteil selbständig ohne Eingliederung in einen Erwerberbetrieb weitergeführt wird, er also seine Identität bewahrt, *BAG* AP Nr. 7 zu § 77 BetrVG 1972 Betriebsvereinbarung.

10. Kündigungsverbot

Sein Ziel, den Arbeitnehmern bei Betriebsveräußerung den Arbeitsplatz zu erhalten, sichert der Gesetzgeber durch § 613 a IV 1 BGB ab. Dabei handelt es sich um ein eigenständiges Kündigungsverbot im Sinne des § 13 III KSchG, nicht aber um eine Konkretisierung der sozialen Rechtfertigung einer Kündigung. Ein Verstoß gegen § 613 a IV 1 BGB führt zur Nichtigkeit jeder ordentlichen, außerordentlichen oder einer Änderungskündigung gemäß § 134 BGB. Als selbständiger Unwirksamkeitsgrund greift das Kündigungsverbot auch dann ein, wenn eine Anwendung des KSchG für den betreffenden Arbeitnehmer mangels Betriebsgröße (§ 23 KSchG) oder mangels erfüllter Wartezeit (§ 1 Abs. 1 KSchG) nicht möglich ist.

Die Problematik der Anwendung des § 613 a IV 1 BGB liegt darin, dass Kündigungen, die aus anderen Gründen erfolgen und durch die Vorschrift nicht verboten sind (§ 613 a IV 2 BGB), oft schwer von der veräußerungsbedingten Kündigung zu unterscheiden sein werden. Die Rechtsprechung lässt Abs. 4 S. 1 dann eingreifen, wenn die Kündigung wesentlich durch den Betriebsübergang bedingt ist, d.h. wenn dieser den tragenden Grund für die Kündigung bildet. Das ist zu verneinen, wenn für die Kündigung ein anderer sachlicher Grund besteht, der die Kündigung selbständig zu tragen vermag.[41] Dies ist etwa der Fall, wenn die ausgesprochenen Kündigungen zu einer Rationalisierung führen, oder welche der Betrieb hätte stillgelegt werden müssen[42], wobei eine Kündigung des alten Betriebsinhabers auch aufgrund eines Erwerberkonzepts möglich ist[43]. Erfolgt eine Kündigung in der konkreten Absicht, den Betrieb stillzulegen, ändert der Betriebsinhaber jedoch seinen Entschluss und veräußert diesen, wird die Kündigung nicht im Nachhinein gem. § 613 a IV BGB unwirksam, da der Zeitpunkt der Kündigungserklärung maßgeblich ist.[44] Allerdings ist an einen Wiedereinstellungsanspruch des gekündigten Arbeitnehmers zu denken (Siehe auch § 17 II 2 c).[45]

Obschon § 613 a IV 1 BGB seinem Wortlaut nach lediglich für Kündigungen gilt, sind auch **Aufhebungsverträge** unzulässig, die entweder durch den Veräußerer oder den Erwerber des Betriebes veranlasst sind, um das Kündigungsverbot nach § 613 a IV 1 BGB zu umgehen.[46] Dies gilt gerade dann, wenn zu schlechteren Bedingungen eine Einstellungsgarantie beim Erwerber gegeben wird. Wirksam ist allerdings eine Vereinbarung, die auf ein endgültiges Ausscheiden des Arbeitnehmers aus dem Arbeitsverhältnis gerichtet ist. Denn insoweit kommt es nicht zu einer Gefährdung der von § 613 a BGB geschützten Kontinuität des Arbeitsverhältnisses.[47]

11. Prozessuales

Das prozessuale Vorgehen eines im Rahmen eines Betriebsübergangs gekündigten Arbeitnehmers hängt von der Person des Kündigenden und dem Kündigungszeitpunkt ab. Kündigt der Betriebsveräußerer *vor* dem Betriebsübergang, ist er für die dagegen erhobene Kündigungsschutzklage passivlegitimiert. Dies gilt ohne weiteres in entsprechender Anwendung des § 265 I ZPO dann, wenn die Klage noch *vor* dem Betriebsübergang rechtshängig wird, der Betriebsveräußerer führt den Prozess in gesetzlicher Prozessstandschaft weiter. Ein in der Folge ergehendes Urteil wirkt gem. § 325 I ZPO für und

---

[41] Beispiel *BAG* NZA 1997, 148; vertiefend *Hergenröder*, AR-Blattei SD 500.1 Rn. 623 ff.

[42] *BAG* AP Nr. 147, 250, 316 (Sanierungskonzept des Veräußerers) zu § 613 a BGB; *Lipinski*, NZA 2002, 75, 80.

[43] *BAG* AP Nr. 34, 250 zu § 613 a BGB; dazu *Gaul/Bonanni/Naumann*, DB 2003, 1902. Ein „Konzept" in diesem Sinne liegt allerdings nicht vor, wenn der Erwerber nur nicht bereit ist, mit sämtlichen Arbeitnehmern den Betrieb fortzuführen. Zur Frage der Sozialauswahl *Hergenröder*, AR-Blattei SD 500.1 Rn. 662 ff.

[44] *BAG* AP Nr. 237 zu § 613 a BGB.

[45] *BAG* AP Nr. 34, 250 zu § 613 a BGB; eingehend *Hergenröder*, AR-Blattei SD 500.1 Rn. 769 ff. m. N.

[46] *BAG* AP Nr. 5, 7, 13 zu § 1 BetrAVG Betriebsveräußerung; AP Nr. 31 zu § 620 BGB Aufhebungsvertrag; *Hillebrecht*, NZA 1989, Beil. 4, 10, 11; ErfK/*Preis*, § 613 a Rn. 154.

[47] *BAG* AP Nr. 2, 185, 193 zu § 613 a BGB; AP Nr. 56 zu § 1 TVG: Tarifverträge: Einzelhandel. Zum Aufhebungsvertrag in Zusammenhang mit dem Eintritt in eine Beschäftigungs- und Qualifizierungsgesellschaft *BAG* AP Nr. 31 zu § 620 BGB Aufhebungsvertrag; *Gaul/Otto*, ZIP 2006, 644; *Gänßbauer*, Beschäftigungs- und Qualifizierungsgesellschaften zur Unternehmenssanierung in der Insolvenz, 2002.

gegen den Erwerber.[48] Schließen die Parteien nach dem Betriebsübergang einen Prozessvergleich, so wirkt dieser in Bezug auf die Beendigung des Arbeitsverhältnisses jedenfalls dann für und gegen den Betriebserwerber, wenn er von diesem ausdrücklich oder konkludent gem. § 177 BGB genehmigt wird.[49] Auch ist der Betriebsveräußerer, der eine Kündigung vor einem Betriebsübergang ausgesprochen hat, trotz des Verlustes der Arbeitgeberstellung berechtigt, einen Auflösungsantrag gem. § 9 I 2 KSchG zu stellen, jedenfalls wenn der Auflösungszeitpunkt zeitlich vor dem Betriebsübergang liegt.[50] Nach bestr. Auffassung des BAG ist die Kündigungsschutzklage aber auch in dem Falle gegen den Betriebsveräußerer zu erheben, wenn die Klage *nach* dem Betriebsübergang erhoben wird.[51] Allerdings findet dann keine Rechtskrafterstreckung gem. § 325 I ZPO auf den neuen Betriebsinhaber statt, der Arbeitnehmer muss vielmehr Klage gegen diesen mit dem Antrag erheben, dass zwischen den Parteien das Bestehen eines Arbeitsverhältnisses festgestellt werde.

Kündigt der Betriebsveräußerer allerdings *nach* dem Betriebsübergang, geht die Kündigung mangels eines bestehenden Arbeitsverhältnisses ins Leere, eine Kündigungsschutzklage wäre unbegründet.[52] Anderes gilt, wenn der Arbeitnehmer dem Betriebsübergang widersprochen hat, da dann das Arbeitsverhältnis mit dem alten Betriebsinhaber fortgesetzt wird.

Für eine Kündigung des Betriebserwerbers *nach* dem Betriebsübergang gelten die allgemeinen Grundsätze, die Kündigungsschutzklage ist gegen diesen zu erheben.

§ 22. Die Beendigung des Arbeitsverhältnisses

Literatur: *Wiedemann*, Subjektives Recht und sozialer Besitzstand nach dem KSchG, RdA 1961, 1; *Reuter*, Reichweite und Grenzen der Legitimität des Bestandsschutzes von Arbeitsverhältnissen, Ordo Band 33, 1982, S. 165; *Kraft*, Bestandsschutz des Arbeitsverhältnisses; Lohn ohne Arbeit – Überlegungen zur Reduzierung der Regelungsdichte des Arbeitsrechts und zur Wiederherstellung der Äquivalenz im Arbeitsverhältnis, ZfA 1994, 463; *K. Gamillscheg*, Die Beendigung des Arbeitsverhältnisses, 2001; *Preis*, Reform des Bestandsschutzrechts im Arbeitsrecht, RdA 2003, 65; *Hunold*, AR-Blattei SD 1080 Lebensstellung und Dauerstellung, 2000; *ders.*, AR-Blattei SD 220.8 Beendigung des Arbeitsverhältnisses, 2006; *Mohr*, Beschäftigungsförderung durch Kündigungsförderung, ZfA 2006, 547; *Bausback*, Der Bestandsschutz des Arbeitsverhältnisses auf europäischer und internationaler Ebene – Entwicklungen vom Mittelalter bis zur Gegenwart, 2007; *Kamanabrou*, Europarechtskonformer Schutz vor Benachteiligungen bei Kündigungen, RdA 2007, 199; rechtsvergleichend: *Tomandl* (Hrsg.), Beendigung des Arbeitsvertrags, 1986.

I. Gründe für die Beendigung

Die Beendigung des Arbeitsverhältnisses kann aus einer Vielzahl von Gründen eintreten.

1. Tod des Arbeitnehmers

Der Tod des Arbeitnehmers lässt das Arbeitsverhältnis enden, und zwar mit sofortiger Wirkung (arg. § 613 S. 1 BGB). Den Hinterbliebenen bleibt kein Lohnanspruch für die Zeit nach dem Tod, auch nicht für eine Übergangszeit. Nur ein rückständiger Lohnanspruch geht nach § 1922 BGB auf die Erben über.

---

[48] *BAG* AP Nr. 44 zu § 4 KSchG 1969; AP Nr. 282 zu § 613a BGB; dazu näher *Hergenröder*, AR-Blattei SD 500.1 Rn. 717, 1192 ff.

[49] *BAG* NZA 2007, 328.

[50] *BAG* AP Nr. 282 zu § 613a BGB. Dazu *Berkowsky*, Auflösungsantrag und Betriebsübergang, NZI 2006, 81.

[51] *BAG* AP Nr. 34 zu § 613a BGB; AP Nr. 44 zu § 4 KSchG 1969; a.A. *Löwisch/Neumann*, DB 1996, 474, 475.

[52] *BAG* AP Nr. 284 zu § 613a BGB.

2. Tod des Arbeitgebers

Der Tod des Arbeitgebers ist mindestens für den Regelfall kein Beendigungsgrund, vielmehr rückt der Erbe in die Arbeitgeberstellung ein (vgl. oben § 21 I). Zweifelhaft ist, inwieweit dies auch für Arbeitsleistungen gilt, die spezifisch auf die Person des Arbeitgebers zugeschnitten sind (Privatsekretärin, Privatlehrer, Privatchauffeur, Krankenpflegerin). Es ist eine Frage der Auslegung des Arbeitsvertrags, ob hier das Arbeitsverhältnis als auf den Tod des Arbeitgebers befristet anzusehen ist, wie z.B. bei einer Krankenpflegerin, die für einen moribunden Patienten eingestellt wird, oder ob es statt dessen nur durch Kündigung seitens des Erben beendet werden kann. Für letzteres spricht zumindest dann viel, wenn mit dem Ableben des Arbeitgebers in näherer Zeit nicht zu rechnen war. Zur Frage, inwieweit die Befristung auf einen ungewissen Zeitpunkt zulässig ist, vgl. unten 3 b).

3. Befristung[1]

a) Grundlagen

Die Befristung des Arbeitsverhältnisses ist als Beendigungsgrund nicht selten. Man findet sie nicht nur bei zur Aushilfe eingestellten Arbeitnehmern, bei der zweckgebundenen Einstellung für begrenzte Projekte oder im öffentlichen Dienst, wenn Haushaltsmittel nur für eine begrenzte Zeit zur Verfügung gestellt werden, sondern auch in der Privatwirtschaft, um konjunkturell bedingte Ungewissheiten des Personalbedarfs aufzufangen. Solche Befristungen sind, wie aus § 620 BGB hervorgeht, grundsätzlich zulässig. Die Schutzbedürftigkeit des Arbeitnehmers im Arbeitsverhältnis gebietet jedoch Einschränkungen. Gemäß § 620 III BGB gilt für Arbeitsverträge das Teilzeit- und Befristungsgesetz, welches die Zulässigkeit befristeter Arbeitsverträge regelt und das Ziel verfolgt, die Diskriminierung von teilzeitbeschäftigten und befristeten Arbeitnehmern zu verhindern, vgl. § 1 TzBfG. Zur Befristung einzelner Arbeitsbedingungen vgl. oben § 7 I 4.

b) Zweckbefristung

Die Dauer des Arbeitsvertrages kann sich auch aus Art, Zweck oder Beschaffenheit der Arbeitsleistung ergeben, § 3 I 2 TzBfG. Auch eine solche Zweckbefristung bedarf eines sachlichen Grundes. Da die Vertragsdauer vom Vertragszweck abhängt, muss dieser im Hinblick auf § 14 IV TzBfG schriftlich vereinbart sein.[2] Nachteilig für den Arbeitnehmer kann dabei sein, dass der Endtermin dem Zeitpunkt nach ungewiss ist.

Beispiele: Ein Arbeitnehmer wird eingestellt bis zur terminlich ungewissen Rückkehr eines Wissenschaftlers von einer Weltreise oder bis zur Rückmeldung einer erkrankten Arbeitnehmerin. Dadurch

---

[1] Kommentare zum TzBfG: *Annuß/Thüsing*, 2. Aufl., 2006; *Gräfe/Arnold/Henke/Imping/Lehnen/Rambach/Spinner*, 2005; *Howe/Kossens/Pielenz/Räder*, 2004; KR/*Lipke*; *Meinel/Heyn/Herms*, 2. Aufl., 2004. Vgl. ferner *Bauschke*, AR-Blattei SD 380 Befristete Arbeitsverträge, 2002; *Klette/Backfisch*, Teilzeitarbeit und befristete Arbeitsverträge nach dem Teilzeit- und Befristungsgesetz, DStR 2002, 593, 595 ff.; *Steinau-Steinrück/Oelkers*, Befristung von Arbeitsverträgen – Chancen und Fallen, NJW-Spezial 2005, 33 ff. Die einschlägige ältere Rspr. ist nahezu vollständig in AP zu § 620 BGB Befristeter Arbeitsvertrag zu finden, vgl. dort vor allem Nr. 16 (GS), 50, 74, 97. Siehe nunmehr die Entscheidungen in AP zum TzBfG. Rechtstatsächliches Material bei *Bergbacher/Hartwig/Liebau*, Zur Empirie befristeter Arbeitsverträge in kleinen und mittleren Unternehmen, Soz. Fortschr. 1989, 101.

[2] *BAG* AP Nr. 18 zu § 14 TzBfG.

wird der Arbeitnehmer seinerseits gebunden, andererseits aber dem Risiko ausgesetzt, von einem Tag zum anderen seine Beschäftigung zu verlieren. Die Anerkennung einer derartigen Befristung belastet den Arbeitnehmer jedenfalls in den Fällen stark, in denen er den Zeitablauf nicht wenigstens ungefähr überschauen kann. Das widerspricht in der Regel den Anforderungen an eine soziale Risikoverteilung im Arbeitsverhältnis. Diesem Umstand trägt § 15 II TzBfG Rechnung. Der Arbeitsvertrag endet im Fall der Zweckbefristung mit Erreichen des Zwecks, frühestens jedoch zwei Wochen nachdem dem Arbeitnehmer eine schriftliche Unterrichtung des Arbeitgebers über den Zeitpunkt der Zweckerreichung zugegangen ist.

c) Zeitbefristung

Eine zeitlich genau bestimmte Befristung beendet das Arbeitsverhältnis nicht in jedem Falle. Die Rechtsordnung kann sie nicht unbeschränkt tolerieren, weil durch sie der Kündigungsschutz, wie ihn vor allem das KSchG erstrebt, unter bestimmten Voraussetzungen umgangen oder zumindest funktionslos gestellt würde. Das gilt in erster Linie für die wiederholte Befristung (sog. Kettenarbeitsverhältnis), aber je nach Sachlage auch schon bei einmaliger Befristung. Nach der Grundvorstellung des KSchG soll dem Arbeitnehmer der Arbeitsplatz erhalten werden und lediglich bei Vorliegen sachlicher Gründe genommen werden können. Daraus ergibt sich, dass eine Befristung des Arbeitsverhältnisses grundsätzlich nur insoweit zulässig sein kann, als für sie ein hinreichender **sachlicher Grund** vorhanden ist.[3] Ein solcher kann sich aus spezialgesetzlichen Vorschriften wie zum Beispiel § 21 I BBiG, § 21 BEEG oder § 2 WissZeitVG ergeben. Liegt eine solche vorrangige Sonderregelung nicht vor, so ist § 14 I TzBfG maßgeblich. Er enthält einen nicht abschließenden Katalog von Befristungsgründen.

Ein sachlicher Grund liegt danach insbesondere vor, wenn:
– nur vorübergehender Bedarf besteht, § 14 I 2 Nr. 1 TzBfG. Der Arbeitgeber muss hierfür auf Grund konkreter Tatsachen davon ausgehen, dass der Bedarf der zusätzlichen Arbeitsleistung in absehbarer Zeit nicht mehr besteht.[4] Die bloße Unsicherheit des künftigen Personalbedarfs stellt keinen hinreichenden Sachgrund dar.[5] Ein projektbedingter erhöhter Bedarf an Beschäftigten kann die Befristung des Arbeitsvertrages eines projektbezogen tätigen Arbeitnehmers rechtfertigen (sog. Projektbefristung). Die Prognose des Arbeitgebers, dass für die Beschäftigung des Arbeitnehmers über das vereinbarte Vertragsende hinaus mit hinreichender Sicherheit kein Bedarf mehr besteht, muss sich dann nur auf das konkrete Projekt beziehen.[6]
– die Tätigkeit im Anschluss an eine Ausbildung oder an ein Studium erfolgt, § 14 I 2 Nr. 2 TzBfG. Hiermit soll der Übergang von Absolventen ins Berufsleben und der damit verbundene Erwerb erster Berufserfahrung gefördert werden.
– der Arbeitnehmer zur Vertretung eines anderen Arbeitnehmers beschäftigt wird, § 14 I 2 Nr. 3 TzBfG. Hiervon betroffen sind Arbeitsverhältnisse zur Aushilfe oder Vertretung insbes. für beurlaubte Arbeitnehmer.[7] Dabei muss der befristet eingestellte Arbeitnehmer nicht genau die Aufgaben des Vertretenen übernehmen, auch eine mittelbare Vertretung ist möglich.[8]
– die Eigenart der Arbeitsleistung die Befristung rechtfertigt, § 14 I 2 Nr. 4 TzBfG. Diese Regelung umfasst Arbeiten, für die typischerweise befristete Arbeitsverträge abgeschlossen werden, wie zum

---

[3] *BAG* GS AP Nr. 16 zu § 620 Befristeter Arbeitsvertrag. S. auch *Thüsing*, Teilzeit- und Befristungsgesetz – Oder: Von der Schwierigkeit eines Kompromisses zwischen Beschäftigungsförderung und Arbeitnehmerschutz, ZfA 2004, 67.

[4] *BAG* AP Nr. 150 zu § 620 Befristeter Arbeitsvertrag. Siehe auch *Böhm*, Befristung von Leiharbeitsverhältnissen nach der AÜG-Reform – „Vorübergehender betrieblicher Bedarf" bei Dienstleistungs- und Subunternehmen, RdA 2005, 360.

[5] *BAG* EzA § 620 BGB Nr. 116; *BAG* AP Nr. 162, 182 zu § 620 BGB Befristeter Arbeitsvertrag; *BAG* AfP 1997, 656.

[6] *BAG* NZA 2005, 357; dazu *Petrovicki*, Projektbefristung von Arbeitsverhältnissen, NZA 2006, 411.

[7] Vgl. z.B. § 21 I BEEG. Aus der Rspr. *BAG* AP Nr. 178, 226 zu § 620 BGB Befristeter Arbeitsvertrag; AP Nr. 13 zu § 14 TzBfG.

[8] *BAG* AP Nr. 228 zu § 620 BGB Befristeter Arbeitsvertrag; AP Nr. 1 zu § 14 TzBfG Vertretung.

Beispiel bei programmgestaltenden Mitarbeitern von Rundfunkanstalten[9] oder wenn der Arbeitnehmer nur für bestimmte, zeitlich begrenzte Aufgaben eingestellt wird.[10] Auch die Befristung der Arbeitsverträge von Spitzensportlern gehört hierher.[11]

- die Befristung zur Erprobung erfolgt, § 14 I 2 Nr. 5 TzBfG. Es kann eine angemessene Probezeit[12] vereinbart werden, wenn der Arbeitgeber plant, den Arbeitnehmer später unbefristet einzustellen.[13]
- Gründe in der Person des Arbeitnehmers die Befristung rechtfertigen, § 14 I 2 Nr. 6 TzBfG. Dieser Tatbestand ist erfüllt im Falle jobbender Studenten[14], im Rahmen von öffentlichen Arbeitsbeschaffungsmaßnahmen[15] oder wenn sich der Arbeitnehmer selbst die Befristung wünscht, wobei dies seinem eigenen, freien Willen entsprechen muss.[16] In letzterem Falle müssen zudem im Zeitpunkt des Vertragsschlusses objektive Anhaltspunkte vorliegen, die auf ein arbeitnehmerseitiges Interesse an einer befristeten Beschäftigung schließen lassen, wobei entscheidend ist, dass auch beim einem Angebot auf Abschluss eines unbefristeten Arbeitsvertrages nur ein befristetes Arbeitsverhältnis vereinbart worden wäre.[17] Ein häufig vorkommender Fall des § 14 I 2 Nr. 6 TzBfG liegt in der Vereinbarung einer **Altersgrenze**.[18] Nach § 41 Satz 2 SGB VI gelten Vereinbarungen über eine Beendigung des Arbeitsverhältnisses durch eine Altersgrenze auf einen Zeitpunkt vor Vollendung des 65. Lebensjahres, in dem der Arbeitnehmer eine Altersrente beantragen kann, als auf die Vollendung des 65. Lebensjahres geschlossen. Etwas anderes gilt nur dann, wenn die Vereinbarung innerhalb der letzten drei Jahre vor dem vorgesehenen Beendigungszeitpunkt abgeschlossen oder vom Arbeitnehmer bestätigt worden ist. Man wird aus dieser, an sich nur für rentenversicherte Arbeitnehmer gedachten Regelung generell schließen dürfen, dass auch vor dem Hintergrund des § 1 AGG die Altersgrenze von 65 Jahren einzelvertraglich vorgesehen werden kann und dass auch gegen frühere Altersgrenzen keine Bedenken bestehen, wenn zum einen eine Altersversorgung zur Verfügung steht und zum anderen die entsprechende individuelle Vereinbarung nicht zu weit im Voraus getroffen worden ist. Insoweit kann auch auf § 10 Nr. 5 AGG rekurriert werden; freilich ist die Vereinbarkeit der Vorschrift mit Gemeinschaftsrecht umstritten.[19] Ansonsten bedürfen einzelvertragliche Altersgrenzen als Befristung des Arbeitsverhältnisses eines sachlichen Grundes.
- der Arbeitnehmer aus befristeten Haushaltsmitteln vergütet wird, § 14 I 2 Nr. 7 TzBfG. Dies gilt, wenn im öffentlichen Dienst für einen Sonderzweck einmalige Haushaltsmittel zur Verfügung gestellt werden.[20] Unzulässig ist die Befristung dagegen, wenn sie, wie vielfach im öffentlichen Dienst, nur darauf gestützt wird, dass die alljährliche Wiederbewilligung bestimmter Haushaltsmittel ungewiss sei;[21] hier wälzt die öffentliche Hand die Unsicherheit ihrer Haushaltssituation auf die Arbeitnehmer ab.

---

[9] *BVerfG* AP Nr. 1, 4 zu Art. 5 Abs. 1 GG Rundfunkfreiheit; *BAG* NZA 2007, 147; ErfK/*Müller-Glöge*, § 14 TzBfG Rn. 65. Vgl. auch *Opolony*, Die Befristung von Bühnenarbeitsverhältnissen, ZfA 2000, 179.

[10] So *BAG* AP Nr. 30 zu § 620 BGB Befristeter Arbeitsvertrag; *BAG* AP Nr. 77, 97 zu § 620 BGB Befristeter Arbeitsvertrag.

[11] ErfK/*Müller-Glöge*, § 14 TzBfG Rn. 63; *Dieterich*, Die Befristung von Trainerverträgen im Spitzensport, NZA 2000, 858. Eingehend *Persch*, Zur Anwendung des Verschleißtatbestandes im Sport, RdA 2006, 166; *Zindel*, Die Befristung von Arbeitsverhältnissen mit Trainern im Spitzensport, 2006.

[12] Dazu *BAG* AP Nr. 26, 45, 46 und 61 zu § 620 BGB Befristeter Arbeitsvertrag; AP Nr. 15 zu § 620 BGB Probearbeitsverhältnis. Vgl. auch unten § 23 II 3.

[13] *BAG* AP Nr. 183 zu § 620 BGB Befristetes Arbeitsverhältnis; APS/*Backhaus*, § 14 TzBfG Rn. 257.

[14] *BAG* AP Nr. 136 zu § 620 BGB Befristeter Arbeitsvertrag.

[15] Dazu *Berger-Delhey*, Die Befristung von Arbeitsverträgen im Rahmen von Arbeitsbeschaffungsmaßnahmen, NZA 1990, 47; ErfK/*Müller-Glöge*, § 14 TzBfG Rn. 85.

[16] *BAG* AP Nr. 68, 91 zu § 620 BGB Befristeter Arbeitsvertrag.

[17] *BAG* AP Nr. 188 zu § 620 BGB Befristeter Arbeitsvertrag.

[18] Dazu *Boerner*, Der neue (alte) § 41 Abs. 4 Satz 3 SGB VI, ZfA 1995, 537 m. w. N.; *Hunold*, AR-Blattei SD 45, Die Altersgrenze im Arbeitsverhältnis, 2004; APS/*Backhaus*, § 14 TzBfG Rn. 111; *BAG* AP Nr. 1, 2 zu § 620 Altersgrenze. Zu Altersgrenzen in Betriebsvereinbarungen: *BAG* GS AP Nr. 46 zu § 77 BetrVG 1972.

[19] Vgl. zum Problemkreis näher *Bertelsmann*, ZESAR 2005, 242; *König*, ZESAR 2005, 218; *Linsenmaier*, RdA 2003, 22; *Schmidt/Senne*, RdA 2002, 80; *Schlachter*, RdA 2004, 352; *Waltermann*, NZA 2005, 1265.

[20] *BAG* AP Nr. 215 zu § 620 BGB Befristeter Arbeitsvertrag; AP Nr. 229 zu § 620 BGB Befristeter Arbeitsvertrag.

[21] Vgl. dazu *BAG* AP Nr. 17, 50, 116 und 229 zu § 620 BGB Befristeter Arbeitsvertrag.

– die Befristung auf einem gerichtlichen Vergleich beruht, § 14 I 2 Nr. 8 TzBfG.[22] Erforderlich ist hierfür neben der Mitwirkung des Gerichts allerdings das tatsächliche Bestehen eines offenen Streits der Parteien über die Rechtslage hinsichtlich des zwischen ihnen bestehenden Rechtsverhältnisses zum Zeitpunkt des Vergleichsschlusses.[23]

Wie der Wortlaut des § 14 I 2 TzBfG („insbesondere") deutlich macht, können aber auch andere sachliche Gründe zur Rechtfertigung der Befristung herangezogen werden. § 14 II–III TzBfG sehen darüber hinaus die Möglichkeit der Befristung auch ohne sachlichen Grund vor, vgl. dazu unten I 3 e.

Die vertragliche Befristungsabrede bedarf zu ihrer Wirksamkeit nach § 14 IV TzBfG der Schriftform. Eine mündliche und damit nach 14 IV TzBfG, § 125 Satz 1 BGB formnichtig vereinbarte Befristung wird durch die nach Vertragsbeginn erfolgte schriftliche Niederlegung nicht rückwirkend wirksam.[24] Vom Schriftformerfordernis betroffen ist aber nur die Befristungsabrede selbst. Der Arbeitsvertrag kann formlos, also auch mündlich abgeschlossen werden und auch der sachliche Grund, der die Befristung rechtfertigt, muss nicht schriftlich festgehalten werden.[25] Ist die Befristung unwirksam, so gilt der Arbeitsvertrag als auf unbestimmte Zeit geschlossen, § 16 Satz 1 TzBfG. Es ist nicht etwa der Vertrag als Ganzes unwirksam (Siehe auch § 12 II 1 c), sondern nur die Befristung entfällt für die Zukunft[26]. Eine ordentliche Kündigung ist dann gemäß § 16 Satz 1 und 2 TzBfG frühestens zum vereinbarten Ende des Arbeitsvertrags möglich, wenn nicht nach § 15 III TzBfG etwas anderes vereinbart wurde oder die Befristung nur wegen Verstoß gegen das Schriftformerfordernis unwirksam ist.

Die eingeschränkte Zulässigkeit der Befristung von Arbeitsverhältnissen zielt, wie bereits oben erläutert, darauf ab, die Umgehung des Kündigungsschutzes zu unterbinden. Da der Kündigungsschutz nach dem KSchG erst nach sechs Monaten Betriebs- oder Unternehmenszugehörigkeit beginnt (§ 1 I KSchG), wurde angenommen, einmalige Befristungen seien bis zu diesem Zeitraum auch ohne Sachgrund zulässig.[27] Das gleiche sollte für die Beschäftigung in Kleinstbetrieben gelten. Mit der Regelung im Teilzeit- und Befristungsgesetz hat sich die Zulässigkeit befristeter Arbeitsverträge jedoch vom Kündigungsschutz gelöst und stellt eine eigenständige Regelung dar, welche weder in den ersten sechs Monaten noch für Kleinstbetriebe Ausnahmen macht.[28]

Zu beachten ist, dass der sachliche Grund grundsätzlich nur für die Befristung selbst vorliegen muss und nicht auch für ihre Dauer.[29] Ein Grund für die Befristung ist jedoch dann nicht gegeben, wenn ihre Länge in keinem Zusammenhang zum Befristungsgrund steht.[30] War der Befristungsgrund bei Vereinbarung der Befristung gegeben und fällt er später weg, wird dadurch nicht nachträglich die wirksam getroffene Befristung unwirksam.[31]

---

[22] *BAG* AP Nr. 179 zu § 620 BGB Befristeter Arbeitsvertrag; ErfK/*Müller-Glöge*, § 14 TzBfG Rn. 100.

[23] *BAG* AP Nr. 1 zu § 14 TzBfG Vergleich.

[24] *BAG* AP Nr. 15, 16 zu § 14 TzBfG.

[25] *BAG* AP Nr. 12 zu § 14 TzBfG.

[26] *BAG* AP Nr. 15 zu § 14 TzBfG. Erforderlich ist jedoch, dass der Arbeitnehmer die Unwirksamkeit der Befristung gemäß § 17 TzBfG binnen drei Wochen seit Fristende durch Klageerhebung geltend macht, vgl. APS/*Backhaus*, § 17 TzBfG Rn. 17 ff.

[27] Dazu *Kliemt*, Das neue Befristungsrecht, NZA 2001, 296 ff.; anders noch: *Söllner*, Arbeitsrecht, 11. Aufl., 1994, § 34 II; *BAG* AP Nr. 83 zu § 620 BGB Befristeter Arbeitsvertrag.

[28] Annuß/Thüsing-*Maschmann*, Teilzeit- und Befristungsgesetz, § 14 TzBfG Rn. 4; *BAG* AP Nr. 7 zu § 14 TzBfG.

[29] *BAG* AP Nr. 22 zu § 2 BAT SR 2y; AP Nr. 13 zu § 14 TzBfG.

[30] ErfK/*Müller-Glöge*, § 14 TzBfG Rn. 25.

[31] *BAG* NZA 2002, 696.

d) Wiederholte Befristung mit Sachgrund

Für den Arbeitnehmer bedenklich ist naturgemäß die wiederholte Befristung, bei der ein durch Fristablauf beendetes Arbeitsverhältnis mit neuer Befristung fortgesetzt wird (so genannte **Anschlussbefristung**).[32] Der Arbeitnehmer wird dadurch u. U. in die Erwartung versetzt, sein Arbeitsverhältnis werde immer wieder verlängert werden. Zwar hat er dadurch einerseits den Vorteil, bis zum Fristende keiner ordentlichen Kündigung ausgesetzt zu sein, andererseits kommt ihm weder die Schutzfunktion der Kündigungsfristen noch des allgemeinen Kündigungsschutzes zugute. Die wiederholte Befristung legt auch eher den Verdacht nahe, zur Verhinderung des Kündigungsschutzes vereinbart worden zu sein. Bei wiederholter Befristung sind deshalb an die sachliche Berechtigung der Befristung strengere Anforderungen zu stellen. Weithin üblich sind wiederholte Befristungen für Saisonarbeitskräfte.[33]

e) Erleichterte Zulassung befristeter Arbeitsverträge nach § 14 II TzBfG[34]

Nach § 14 II 1 TzBfG ist eine kalendermäßige Befristung bis zu zwei Jahren auch ohne Vorliegen eines sachlichen Grundes zulässig. Auch die (höchstens) dreimalige Verlängerung eines befristeten Arbeitsvertrags bis zu dieser Gesamtdauer erlaubt der Gesetzgeber, wobei vorauszusetzen ist, dass die Vertragsbedingungen gleich bleiben und die neue Befristung ohne Unterbrechung an die vorangegangene anknüpft.[35] Für eine wirksame Befristung erforderlich ist weiter, dass die Vereinbarung über das Hinausschieben des Beendigungszeitpunkts noch *vor* Abschluss der Laufzeit des bisherigen Vertrages getroffen wird. Keine Verlängerung i.S.v. § 14 II 1 TzBfG liegt nach alledem vor, wenn neben dem Hinausschieben des Beendigungszeitpunkts des befristeten Arbeitsvertrags gleichzeitig der Vertragsinhalt geändert wird. Dies soll nach der bedenklichen Auffassung des BAG auch bei der Vereinbarung von aus der Sicht des Arbeitnehmers verbesserten Arbeitsbedingungen gelten.[36] Eine entsprechende sachgrundlose Befristung ist jedoch nach § 14 II 2 TzBfG ausgeschlossen, wenn mit demselben Arbeitgeber zuvor bereits ein unbefristetes oder befristetes Arbeitsverhältnis bestanden hat. Ziel dieser Vorschrift ist es, Befristungsketten entgegen zu wirken. Im Schrifttum wird die Vorschrift daher teleologisch dahingehend reduziert, dass der Ausschlussgrund nur greift, wenn ein enger sachlicher Zusammenhang zu einem vorhergehenden Arbeitsverhältnis mit demselben Arbeitgeber besteht.[37] Die Rechtsprechung ist dem allerdings nicht gefolgt.[38]

Die beschäftigungsfördernde Wirkung des § 14 II TzBfG ist umstritten, letztlich aber kaum zweifelhaft. Andererseits wählt die Arbeitgeberseite bei Einstellungen sicherlich vielfach die Befristung auch dann, wenn sie ohne die besondere gesetzliche Zulassung unbefristete Arbeitsverhältnisse abgeschlossen hätte.

---

[32] Grundlegend für die rechtliche Behandlung war *BAG* AP Nr. 7 zu § 1 KSchG; vgl. aus neuerer Zeit auch *BAG* AP Nr. 35, 37 und 71 zu § 620 BGB Befristeter Arbeitsvertrag; *BAG* AP Nr. 87 zu § 620 BGB Befristeter Arbeitsvertrag. Ausführlich dazu KR/*Lipke*, 7. Aufl., 2004, § 620 BGB Rn. 63 ff.

[33] Dazu z. B. *BAG* AP Nr. 1 zu § 620 BGB Saisonarbeit.

[34] Dazu *Sowka*, Befristete Arbeitsverträge ohne Sachgrund nach neuem Recht, DB 2000, 2427; *Osnabrügge*, Die sachgrundlose Befristung von Arbeitsverhältnissen nach § 14 II TzBfG, NZA 2003, 639 ff.

[35] *BAG* AP Nr. 19, 22 zu § 14 TzBfG; ErfK/*Müller-Glöge*, § 14 TzBfG Rn. 114.

[36] *BAG* NZA 2007, 204.

[37] Dazu *Löwisch*, „Zuvor" bedeutet nicht: „In aller Vergangenheit" BB 2001, 254; ErfK/*Müller-Glöge*, § 14 TzBfG Rn. 125.

[38] *BAG* AP Nr. 7 zu § 14 TzBfG; ebenso *Hromadka*, Das neue Teilzeit- und Befristungsgesetz, NJW 2001, 404; *Lakies*, Das Teilzeit- und Befristungsgesetz, DZWIR 2001, 13.

f) Unternehmensgründung

Eine Befristung ohne sachlichen Grund ist des Weiteren als Zeitbefristung in den ersten vier Jahren nach der Gründung eines Unternehmens zulässig, wobei auch mehr als drei Verlängerungen möglich sind, § 14 II a 1 und 2 TzBfG. Der Ausschlussgrund des § 14 II 2 TzBfG ist hier ebenfalls anwendbar, § 14 II a 4 TzBfG.

g) Ältere Arbeitnehmer

Um die Einstellung älterer Arbeitnehmer zu fördern, erlaubt § 14 III 1 TzBfG[39] unter bestimmten Voraussetzungen außerdem die Befristung von Arbeitsverträgen ohne sachlichen Grund bis zu einer Dauer von fünf Jahren mit Arbeitnehmern, die das 52. Lebensjahr bei Beginn des Arbeitsverhältnisses vollendet haben. Diese müssen allerdings unmittelbar vor Beginn des befristeten Arbeitsverhältnisses mindestens vier Monate beschäftigungslos i.S. des § 119 I Nr. 1 SGB III gewesen sein, Transferkurzarbeitergeld bezogen oder an einer öffentlich geförderten Beschäftigungsmaßnahme nach dem SGB II oder SGB III teilgenommen haben. Bis zur Gesamtdauer von fünf Jahren ist gem. § 14 III 2 TzBfG auch die mehrfache Verlängerung des Arbeitsvertrages zulässig.

4. Auflösende Bedingung[40]

Die Vereinbarung einer auflösenden Bedingung (§ 158 II BGB) kommt in der Praxis sehr selten vor. Sie liegt dann vor, wenn nach Vorstellung der Vertragsparteien, der Eintritt eines die Beendigung des Arbeitsverhältnisses auslösenden Ereignisses ungewiss ist.[41] Ihre Bedenklichkeit wird offenbar weithin empfunden. Insbesondere scheint sie nicht eingesetzt zu werden zur Überwälzung des Wirtschaftsrisikos auf den Arbeitnehmer (*Beispiel:* Das Arbeitsverhältnis steht unter der auflösenden Bedingung des Absinkens der Aufträge unter ein bestimmtes Niveau). Die früher zuweilen übliche Vereinbarung der Eheschließung als auflösende Bedingung sieht man unter Berufung auf Art. 6 GG als unzulässig an (dazu oben § 8 II 7). Die Zulässigkeit war nach früherer Rechtsprechung des BAG nur in Ausnahmefällen zu bejahen, nämlich, soweit es sich um eine dem Arbeitnehmer günstige oder um eine allein auf seinen Wunsch vereinbarte Bedingung handelt.[42] Nunmehr wird die auflösende Bedingung vom Teilzeit- und Befristungsgesetz erfasst. Ihre Wirksamkeit richtet sich nach den Vorschriften, auf die § 21 TzBfG verweist. Insbesondere das Schriftformerfordernis des § 14 IV TzBfG und das Erfordernis eines sachlichen Grundes nach § 14 I TzBfG sind anwendbar. Auf § 14 II-III TzBfG erstreckt sich der Verweis hingegen nicht, so dass die Vereinbarung einer auflösenden Bedingung ohne sachlichen Grund nicht in Betracht kommt.

5. Zweckerreichung

Die Zweckerreichung ist entgegen anderen in der Literatur vertretenen Meinungen[43] kein Endigungsgrund. Das Arbeitsverhältnis ist auf die Leistung von Diensten, nicht auf die Erreichung eines bestimmten Zwecks gerichtet. Die Zweckerreichung könnte daher nicht per se Endigungsgrund sein,

---

[39] Vgl. näher *Bauer,* NZA 2007, 544; *Schiefer/Köster/Korte,* DB 2007, 1081. Die am 1. 5. 2007 in Kraft getretene Neuregelung war erforderlich geworden, weil der *EuGH* in § 14 III TzBfG a.F. einen Verstoß gegen das im europäischen Gemeinschaftsrecht verankerte Verbot der Diskriminierung wegen des Alters gesehen hatte, vgl. *EuGH* AP Nr. 1 zu Richtlinie 2000/78/EG. Das *BAG* (AP Nr. 23 zu § 14 TzBfG) war dem EuGH gefolgt und hatte eine auf § 14 Abs. 3 TzBfG a.F. gestützte sachgrundlose Befristung rückwirkend für unwirksam erklärt (dazu oben § 10 II 4 b, bb).

[40] Dazu *Enderlein,* Die Reichweite des Arbeitnehmerschutzes im Falles des auflösend bedingten Arbeitsvertrages, RdA 1998, 90; KR/*Lipke* § 620 BGB Rn. 11, 15. Aus der älteren Rspr. vgl. *BAG* AP Nr. 4, 7, 9 und 14 zu § 620 BGB Bedingung; *BAG* AP Nr. 1 und 2 zu § 620 BGB Altersgrenze.

[41] ErfK/*Müller-Glöge,* § 21 TzBfG Rn. 3.

[42] *BAG* AP Nr. 4 zu § 620 BGB Bedingung; vgl. vor allem KR/*Lipke,* § 620 BGB Rn. 11, 15.

[43] Etwa *Hueck,* § 55 III 1; *Nikisch* I, § 47 II 1.

sondern allenfalls Endtermin oder auflösende Bedingung. Derartige Endigungsgründe sind bei freien Dienstverträgen (Arzt, Architekt, geschäftlicher Berater) tragbar (vgl. § 620 BGB), bei Arbeitsverhältnissen sind sie es nur innerhalb der vom TzBfG gesetzten Grenzen (dazu oben 3 b).

6. Aufhebungsvertrag[44]

Das Arbeitsverhältnis kann auch durch Aufhebungsvertrag zwischen Arbeitgeber und Arbeitnehmer beendet werden. Ein solcher Vertrag bedarf zu seiner Wirksamkeit nach § 623 BGB der Schriftform, unterliegt darüber hinaus aber grundsätzlich keinen rechtlichen Beschränkungen. Weder die Vorschriften über den Kündigungsschutz finden Anwendung, noch hat der Betriebsrat ein Mitwirkungsrecht nach § 102 BetrVG. Dies ist unbedenklich, wenn der Aufhebungsvertrag aus freien Stücken geschlossen wird, wie z.b. dann, wenn nach einer unwirksamen Kündigung von den Parteien vertraglich Klarheit über die Auflösung des Arbeitsverhältnisses geschaffen wird. Der Arbeitnehmer ist beim Aufhebungsvertrag dem Arbeitgeber schon deshalb nicht unterlegen, weil er ja in der Regel durch eine Verweigerung des Abschlusses nichts zu verlieren hat. Dagegen sind mit einer gewissen Vorsicht diejenigen Aufhebungsverträge zu betrachten, die zur Vermeidung einer arbeitgeberseitigen Kündigung geschlossen werden.[45] Der Aufhebungsvertrag ist kein Haustürgeschäft, welches der Arbeitnehmer nach § 312 BGB widerrufen könnte.[46]

Vom Aufhebungsvertrag begrifflich zu trennen ist der sog. **Abwicklungsvertrag**, mittels welchem nach erfolgter wirksamer Kündigung die Modalitäten der Beendigung des Arbeitsverhältnisses geregelt werden.[47]

7. Kündigung

Der praktisch wichtigste Beendigungsgrund ist die Kündigung. Bei ihr sind zwei Formen zu unterscheiden, die ordentliche Kündigung und die außerordentliche. Näher dazu unten § 23.

8. Sonstige Beendigungsgründe

a) Die **Auflösung durch Gerichtsurteil** kommt in der Praxis nicht selten vor. Sie ist unter bestimmten Voraussetzungen im Lauf eines Kündigungsschutzprozesses möglich, wenn nach dem Ergebnis des Prozesses die Kündigung unwirksam wäre und das Arbeitsverhältnis deshalb an sich fortgesetzt werden müsste (vgl. dazu § 9 KSchG sowie unten § 24 VII 3 b).

---

[44] Aus der Rspr. vgl. *BAG* AP Nr. 14 zu § 620 BGB Bedingung; AP Nr. 37 (wichtig!), 41, 42 zu § 123 BGB; AP Nr. 56 zu § 1 TVG Tarifverträge Einzelhandel; NZA 1996, 811; AP Nr. 43 zu § 123 BGB; AP Nr. 4 zu § 620 BGB Aufhebungsvertrag; AP Nr. 131 zu § 626 BGB. S. weiter *Germelmann*, Grenzen der einvernehmlichen Beendigung von Arbeitsverhältnissen, NZA 1997, 236; *Weber/Ehrich*, Anfechtung eines Aufhebungsvertrages – der verständig denkende Arbeitgeber, NZA 1997, 414; *Geiger*, Neues zu Aufhebungsvertrag und Sperrzeit, NZA 2003, 838; *Bauer*, Arbeitsrechtliche Aufhebungsverträge, 8. Aufl., 2007; *Dahlem/Wiesner*, Arbeitsrechtliche Aufhebungsverträge in einem Vergleich nach § 278 VI ZPO, NZA 2004, 530; *Weber/Ehrich/Burmester*, Handbuch der arbeitsrechtlichen Aufhebungsverträge, 4. Aufl., 2004; *Schmidt-Rolfes*, Aufhebungs- und Abwicklungsvertrag unter Berücksichtigung der Abfindungsregelung nach § 1a KSchG, NZA 2005, Beil. 1, S. 3; *Glatzel*, AR-Blattei SD 260 Der Aufhebungsvertrag, 2006.

[45] Beispiel für Umgehung der Kündigungsvorschriften durch bedingten Aufhebungsvertrag *BAG* AP Nr. 3 zu § 620 BGB Bedingung. Vgl. ferner aus der Rspr. *BAG* AP Nr. 22, 42, 51 zu § 123 BGB (Anf. eines Aufhebungsvertrags wg. Drohung); *BAG* AP Nr. 19 zu § 9 KSchG 1969.

[46] *BAG* AP Nr. 1 zu § 312 BGB; vgl. auch *Mengel*, Kein Widerrufsrecht bei Aufhebungsverträgen!, BB 2003, 1278 ff.; *Hümmerich*, Alea iacta est – Aufhebungsvertrag kein Haustürgeschäft, NZA 2004, 809.

[47] Dazu näher *Werner*, Sozialrechtliche Folgen des Abwicklungsvertrages, NZA 2002, 262; *Gaul*, Aufhebungs- und Abwicklungsvertrag: Aktuelle Entwicklungen im Arbeits- und Sozialversicherungsrecht, BB 2003, 2457; *Hümmerich*, Aufhebungsvertrag und Abwicklungsvertrag, 2. Aufl., 2003; *ders.*, Aufhebungs- und Abwicklungsvertrag in einem sich wandelnden Arbeitsrecht, NJW 2004, 2921.

b) Durch **einseitige Verweigerungserklärung** nach Ablauf eines Kündigungsschutzprozesses kann der Arbeitnehmer, falls er inzwischen ein neues Arbeitsverhältnis eingegangen ist, das Arbeitsverhältnis ebenfalls zum Erlöschen bringen, § 12 KSchG.

c) Die **Lösung** des Arbeitsverhältnisses durch **Aussperrung** ist als Beendigungsgrund umstritten (näher dazu unten § 43 IV 2).

d) Das Gleiche gilt von der Möglichkeit der so genannten **Abkehr** durch den Arbeitnehmer im Zuge einer vom Arbeitgeber durchgeführten Aussperrung. Dazu unten § 43 IV 3.

II. Keine Beendigungsgründe

Keine Beendigungsgründe per se sind die Insolvenz des Arbeitgebers[48] sowie die Stilllegung oder die Veräußerung eines Betriebs. Sie können Gründe darstellen, die eine ordentliche Kündigung sachlich rechtfertigen, aber sie lösen das Arbeitsverhältnis nicht von sich aus auf.

III. Fortsetzung des beendeten Arbeitsverhältnisses

Wird ein beendetes Arbeitsverhältnis von dem Arbeitnehmer mit Wissen des Arbeitgebers fortgesetzt, so gilt es nach § 625 BGB als auf unbestimmte Zeit verlängert, wenn nicht der Arbeitgeber unverzüglich widerspricht. Handelt es sich um ein befristetes Arbeitsverhältnis, bei dem der Endtermin eingetreten ist, so enthält § 15 V TzBfG eine spezielle Regelung. Die Vorschrift fingiert die Verlängerung des Arbeitsverhältnisses auf unbestimmte Zeit, wenn das befristete Arbeitsverhältnis nach Ablauf der Zeit, für die es eingegangen wurde oder nach Zweckerreichung mit Wissen des Arbeitgebers fortgesetzt wird, ohne dass dieser unverzüglich widerspricht oder dem Arbeitnehmer die Zweckerreichung unverzüglich mitteilt. § 625 BGB findet jedoch noch dann Anwendung, wenn ein Arbeitsverhältnis wirksam gekündigt und die Kündigungsfrist abgelaufen ist bzw. ein durch Anfechtung oder Abschluss eines Aufhebungsvertrages beendetes Arbeitsverhältnis fortgeführt wird.[49]

IV. Bestandsschutz des Arbeitsverhältnisses[50]

Mit der Bindung der ordentlichen Kündigung an die Einhaltung bestimmter Fristen und der Beschränkung der außerordentlichen Kündigung auf schwerwiegende Gründe sucht der Gesetzgeber die Partner des Arbeitsverhältnisses gegen den plötzlichen Ver-

---

[48] *Bertram*, Die Kündigung durch den Insolvenzverwalter, NZI 2001, 625; *Friese*, Das kollektive Kündigungsschutzverfahren nach § 126 InsO, ZinsO 2001, 350; *Hess*, AR-Blattei SD 915.6, 7 Insolvenz, 2001.

[49] *BAG* AP Nr. 4 zu § 14 TzBfG.

[50] Dazu umfassend *v. Stebut*, Der soziale Schutz als Regelungsproblem des Vertragsrechts, 1982. Zum verfassungsrechtlichen Gebot eines Bestandsschutzes *Hergenröder*, Kündigung und Kündigungsschutz im Lichte der Verfassung, ZfA 2002, 355; *Oetker*, Der arbeitsrechtliche Bestandsschutz unter dem Firmament der Grundrechtsordnung, 1996 (gekürzte Fassung RdA 1997, 9); *Kamanabrou*, Verfassungsrechtliche Aspekte eines Abfindungsschutzes bei betriebsbedingten Kündigungen, RdA 2004, 333; *Lindner*, Grundrechtsfestigkeit des arbeitsrechtlichen Kündigungsschutzes, RdA 2005, 166.

lust der Leistungen des anderen Teiles zu schützen. Die Auflösung des Arbeitsverhältnisses wird dadurch jedoch nur hinausgeschoben, nicht verhindert. Diese Auflösung trifft den Arbeitnehmer nicht nur dann schwer, wenn das Arbeitsverhältnis Grundlage seiner materiellen Existenz ist, sondern auch, wenn es einen wesentlichen Teil seines Lebensinhalts bildet. Daraus erklärt es sich, dass ein über die Fristgewährung bei Kündigungen hinausreichender Bestandsschutz zugunsten des Arbeitnehmers eingeräumt wird. Kernstück dieses Bestandsschutzes ist der Kündigungsschutz. Dieser kommt als allgemeiner Kündigungsschutz dem Großteil der Arbeitnehmerschaft zugute, als besonderer Kündigungsschutz nur bestimmten Arbeitnehmergruppen, wie etwa Betriebsratsmitgliedern, Schwerbehinderten, Schwangeren und Wöchnerinnen.

Der Bestandsschutz greift aber über den Kündigungsschutz hinaus. So gilt er etwa auch gegenüber unzulässigen Befristungen (vgl. oben I 3), und er liegt in gewissem Sinn auch der Einschränkung der Nichtigkeit von Arbeitsverträgen zugrunde. Durch Tarifvertrag ist er in zahlreichen Bereichen erweitert worden, so etwa im öffentlichen Dienst, wo nach bestimmter Dauer des Arbeitsverhältnisses eine ordentliche Kündigung durch den Arbeitgeber überhaupt nicht mehr zulässig ist.[51] Ähnliche Regelungen finden sich etwa für ältere Arbeitnehmer auch in der Privatwirtschaft. Der Bestandsschutz gehört zu den wichtigsten sozialpolitischen Anliegen der Gegenwart. Ihm sind freilich Sachgrenzen gesetzt, vgl. oben § 1 I, III und unten § 24 II (dort auch zur Analyse der Interessenlage und zu den Rechtstatsachen).

V. Beendigung und nachvertragliches Pflichtenverhältnis[52]

1. Kein Erlöschen sämtlicher Rechte und Pflichten

Die Beendigung des Arbeitsverhältnisses führt nicht zum Erlöschen sämtlicher Rechte und Pflichten der Vertragsparteien, nur entstehen keine neuerlichen Hauptleistungspflichten. Selbstverständlich sind die vor Beendigung des Arbeitsvertrages noch nicht erfüllten Ansprüche – wie die Pflicht zur Zahlung rückständigen Gehalts oder die Pflicht zur Rechnungslegung – und die Zeugnispflicht (§§ 630 BGB, 109 GewO) zu erfüllen. Nebenpflichten wie Verschwiegenheitspflichten oder Auskunftspflichten können sogar neu entstehen. Dies gilt auch für die Pflicht zur Wiedereinstellung des Arbeitnehmers nach einer unberechtigten Kündigung (hierzu oben § 17 II 2 c). Schutz- und Rücksichtspflichten können fortbestehen.[53] Es besteht also ein nachvertragliches Pflichtenverhältnis.

2. Vereinbarte Nachwirkungen

Einzelne Pflichten, wie ein Wettbewerbsverbot[54] für die Zeit nach Beendigung des Arbeitsverhältnisses (hierzu oben § 7 II 9 und § 14 I 4), können vereinbart werden.

---

[51] Vgl. näher § 34 II TVöD sowie § 34 II TV-L (Unkündbarkeit nach 15 Jahren, frühestens nach Vollendung des 40. Lebensjahres).

[52] Dazu *Zöllner*, Die vorvertragliche und die nachwirkende Treue- und Fürsorgepflicht im Arbeitsverhältnis, in: Tomandl (Hrsg.), Treue- und Fürsorgepflicht im Arbeitsrecht, 1975, S. 91; *Boemke*, AR-Blattei SD 220.10 Nachwirkungen des Arbeitsverhältnisses, 1998.

[53] Zu Beispielen s. *BAG* AP Nr. 80 bis 82 zu § 611 BGB Fürsorgepflicht.

[54] Zum nachvertraglichen Wettbewerbsverbot im einseitig vorformulierten Arbeitsvertrag näher *Koch*, RdA 2006, 28; vgl. ferner *Buchner*, AR-Blattei SD 1830.3 Wettbewerbsverbot III, 2007.

3. Ausgleichsquittung[55]

Arbeitgeber lassen sich bei Beendigung des Arbeitsverhältnisses häufig eine Ausgleichsquittung erteilen (dazu bereits oben § 16 III 4). Der Arbeitnehmer bestätigt darin im Regelfall, dass ihm weitere Ansprüche nicht zustehen. Hier ist eine Quittung (§ 368 BGB), verbunden mit einem negativen Schuldanerkenntnis (§ 397 II BGB), gewollt. Im Falle eines gegenseitigen Nachgebens ist ferner die rechtliche Einordnung als Vergleich (§ 779 BGB) oder, sofern bestehende Forderungen erlassen werden, als Erlassvertrag (§ 397 BGB) möglich. Die Wirksamkeit der Erklärungen ist anhand der allgemeinen Vorschriften zu prüfen. Wie bei jeder vertraglichen Vereinbarung kommt es auf den Willen beider Vertragsparteien an. Bei Unklarheiten ist der Verständnishorizont des Arbeitnehmers maßgeblich. Die Erklärung muss hinreichend bestimmt formuliert sein. Zum Teil stehen einem Verzicht schon gesetzliche Vorschriften wie § 4 IV 1 TVG (hierzu unten § 37 IV 1) oder § 7 IV i. V. m. § 13 Abs. I, III BUrlG entgegen. Seit Geltung der Vorschriften über die Klauselkontrolle im Arbeitsverhältnis kann, wenn die Ausgleichquittung beispielsweise einen Rechtsverzicht ohne jede ausgleichende Gegenleistung des Arbeitgebers beinhaltet, eine unangemessene Benachteiligung im Sinne des § 307 BGB gegeben sein.[56] Je nach Einzelfall kann der Arbeitnehmer bei einem Irrtum über die Bedeutung seiner Erklärung diese nach § 119 Abs. 1 BGB und bei widerrechtlicher Drohung des Arbeitgebers nach § 123 BGB anfechten.

Beispiel: Die nur allgemein formulierte Ausgleichsquittung führt im Regelfall nicht dazu, dass der Arbeitnehmer keine Kündigungsschutzklage[57] erheben oder keine Ruhegehaltsansprüche[58] oder Entgeltfortzahlungsansprüche wegen Krankheit[59] geltend machen dürfte.

§ 23. Die Kündigung

Literatur: *Molitor,* Die Kündigung, 2. Aufl., 1951; *Preis,* Prinzipien des Kündigungsrechts bei Arbeitsverhältnissen, 1987; *Kramer,* Kündigungsvereinbarungen im Arbeitsvertrag, 1994; *Kania/Kramer,* Unkündbarkeitsvereinbarungen in Arbeitsverträgen, Betriebsvereinbarungen und Tarifverträgen, RdA 1995, 287; *Oetker,* Arbeitsrechtlicher Kündigungsschutz und Tarifautonomie, ZfA 2001, 287; *Koch,* Kündigungsschutz im unternehmerischen Alltag, ZfA 2002, 445; *Schiefer,* Auswirkungen des Kündigungsschutzes auf die betriebliche Praxis, ZfA 2002, 427; *Annuß,* Betriebsbedingte Kündigung und vertragliche Bindung, 2004; *Kiel,* Die Kündigung unkündbarer Arbeitnehmer, NZA 2005, Beil. 1, S. 18; *Stahlhacke/Preis/Vossen,* Kündigung und Kündigungsschutz im Arbeitsverhältnis, 9. Aufl., 2005; *Busemann/Schäfer,* Kündigung und Kündigungsschutz im Arbeitsverhältnis, 5. Aufl., 2006; *Ramrath,* Die Kündigung von Arbeitsverträgen, 2006.
Rechtsvergleichend *Rebhahn,* Abfindung statt Kündigungsschutz? – Rechtsvergleich und Regelungsmodelle, RdA 2002, 272; *ders.,* Der Kündigungsschutz des Arbeitnehmers in den Staaten der EU, ZfA 2003, 163; *Trödtmann/Schauer,* Die Kündigung des Arbeitsverhältnisses. Ein Überblick über die Rechtslage in Deutschland, anderen europäischen Ländern und den USA, NZA 2003, 1187.

---

[55] Dazu *Kibler,* Die Ausgleichsquittung im deutschen Arbeitsrecht, ZIAS 1995, 51; *Kramer/Marhold,* AR-Blattei SD 290 Ausgleichsquittung, 2001. Aus der Rspr. vgl. *LAG Köln* AR-Blattei ES 290 Nr. 10 (Zeugnis); *BAG* AP Nr. 177 zu § 4 TVG Ausschlußfristen (anteiliges 13. Monatsgehalt).
[56] *LAG Schleswig-Holstein* NZA-RR 2004, 74.
[57] Vgl. *BAG* AP Nr. 4 bis 6 zu § 4 KSchG 1969; *LAG Hamm* DB 1985, 818.
[58] *BAG* AP Nr. 163 zu § 242 BGB Ruhegehalt.
[59] *BAG* AP Nr. 3 zu § 9 LFZG.

I. Allgemeines

Das Arbeitsverhältnis als Dauerschuldverhältnis darf nicht schlechterdings unauflöslich sein. Für die Vertragspartner muss die Möglichkeit bestehen, sich von der rechtlichen Bindung zu lösen. Dazu genügt nicht die einverständliche Lösung durch Aufhebungsvertrag. Jede Partei braucht vielmehr auch die Befugnis, sich *einseitig* von den Vertragsbindungen zu befreien. Das Recht stellt hierzu die Kündigung zur Verfügung, die freilich nicht beliebig zulässig ist, sondern verschiedenen Voraussetzungen und Beschränkungen unterliegt.

1. Rechtsnatur, Inhalt und Form der Kündigung: Die Kündigung ist eine einseitige empfangsbedürftige Willenserklärung. Sie erfolgt durch den Arbeitgeber selbst oder einen mit entsprechender Vertretungsmacht ausgestatteten Vertreter.[1] Sie hat rechtsgestaltende Wirkung. Das Kündigungsrecht ist demgemäß ein Gestaltungsrecht. Wegen ihrer einschneidenden Bedeutung für den anderen Teil muss die Kündigung so erklärt werden, dass Klarheit über ihren Charakter und ihren Inhalt herrscht und dass sie den anderen Teil nicht im Zweifel über ihre Gültigkeit lässt. § 623 BGB macht die Schriftform zur Wirksamkeitsvoraussetzung für die Beendigung von Arbeitsverhältnissen.[2] Das Schriftformerfordernis gilt daher für Aufhebungsverträge sowie für Kündigungen aller Art. Die Kündigung von Berufsausbildungsverhältnissen muss nach § 22 III BBiG schriftlich und nach Ablauf der Probezeit unter Angabe der Gründe erfolgen. Eine Kündigung muss außerdem aus den genannten Gründen unmissverständlich erklärt werden, und sie darf grundsätzlich nicht unter eine Bedingung gestellt werden.

Davon macht man eine Ausnahme für so genannte **Potestativbedingungen,** d.h. für Bedingungen, deren Eintritt vom Willen des Kündigungsempfängers abhängt. Von praktischer Bedeutung ist dies für die so genannte **Änderungskündigung,**[3] bei der die Kündigung in der Regel unter der Bedingung[4] erklärt wird, dass der andere Teil nicht neue Arbeitsbedingungen zugesteht.

Beispiele: Der Arbeitgeber kündigt dem Arbeitnehmer unter der Bedingung, dass dieser nicht bereit ist, eine andere Arbeit zu übernehmen oder gegen geringeren Lohn zu arbeiten. Der Arbeitnehmer kündigt unter der Bedingung, dass sein Gehalt nicht erhöht wird.

In derartigen Fällen kann sich der Kündigungsempfänger durch eigene Entschließung Klarheit über die Gültigkeit der Kündigung verschaffen.

2. Gegenstand der Kündigung ist das Arbeitsverhältnis, vgl. §§ 622, 626 BGB. Das bedeutet: das Arbeitsverhältnis *als Ganzes.* Die Kündigung kann nicht auf einen Teil des Arbeitsverhältnisses, etwa auf bestimmte Arbeitsbedingungen wie den Urlaub

---

[1] Dazu *Matth. Beck,* Die Erklärung von Kündigung und Abmahnung durch den Arbeitgeber, 1997; ErfK/*Müller-Glöge,* § 620 BGB Rn. 22 ff.

[2] Vgl. *Caspers,* Rechtsfolgen des Formverstoßes bei § 623 BGB, RdA 2001, 28.

[3] Dazu *Fischermeier,* Die betriebsbedingte Änderungskündigung, NZA 2000, 737; *Stoffels,* Gestaltungsmöglichkeiten durch Änderungskündigungen, ZfA 2002, 401; *Berkowsky,* Die Änderungskündigung, 2004; *ders.,* Vorrang der Änderungskündigung vor der Beendigungskündigung, NZA 2006, 697; *Breuckmann,* Entgeltreduzierung unter besonderer Berücksichtigung der Änderungskündigung, 2004; *Annuß/Bartz,* Änderungskündigung schwer gemacht, NJW 2006, 2153 ff.; *Linck,* AR-Blattei SD 1020.1.1. Änderungskündigung, 2006; vgl. auch § 24 X.

[4] Meist wird man die Bedingung als *aufschiebende* zu verstehen haben. Aber auch die Deutung als auflösende Bedingung ist je nach Formulierung möglich. Dem Begriff der Änderungskündigung unterfällt ferner die unbedingte, mit einem Angebot zur inhaltlich geänderten Fortsetzung des Arbeitsverhältnisses verbundene Kündigung. Eine genaue Unterscheidung ist vielfach weder vom Tatsächlichen her möglich noch von den Rechtsfragen her nötig.

oder die Arbeitszeit, beschränkt werden. Eine so genannte **Teilkündigung**[5] gibt es
kraft Gesetzes nicht. Davon können die Parteien des Arbeitsverhältnisses abweichen,
d. h. sie können vorsehen, dass ein bestimmter Teil der arbeitsvertraglichen Vereinbarungen gesondert gekündigt werden kann etwa mit der Folge, dass an seine Stelle dann
die gesetzlichen oder tarifvertraglichen Normen treten.[6] Eine ähnliche Bedeutung hat
es für die Praxis, wenn sich der Arbeitgeber für die Gewährung bestimmter Leistungen, z. B. Gratifikationen, ein **einseitiges Widerrufsrecht** vorbehält.[7] Diesbezüglich ist
auch an eine gegenläufige („negative") betriebliche Übung zu denken.[8] Soweit derartige Sondermöglichkeiten einseitiger Umgestaltung fehlen, kann ein Vertragsteil, der
das Arbeitsverhältnis an sich fortsetzen möchte, aber zu veränderten Bedingungen, die
Umgestaltung nur mit dem Mittel der Änderungskündigung versuchen. Diese ergreift
jedoch bei ihrem Wirksamwerden den ganzen Vertrag. Vgl. zur Anpassung der Arbeitsbedingungen oben § 7.

3. Die Kündigung unterliegt den **allgemeinen Vorschriften über Willenserklärungen und Rechtsgeschäfte.**

a) Sie kann daher wegen Willensmängeln, Formmangel, Gesetzesverstoß oder Sittenwidrigkeit nach §§ 116, 117, 118, 125, 126, 134, 138 BGB nichtig und sie kann nach
§§ 119, 123 BGB anfechtbar sein.[9]

Beispiel: Der Arbeitgeber entlässt den männlichen Sekretär, weil er ein weiblich besetztes Vorzim-
mer für geschäftsfördernder hält. Die Kündigung ist nach § 134 BGB i. V. mit §§ 1, 2 I Nr. 2 AGG
nichtig.

In Betracht kommt auch, dass die Kündigung wegen Verstoß gegen Treu und Glauben (**Rechtsmissbrauch**) unwirksam ist. Bei der Kündigung des Arbeitgebers werden allerdings die meisten Tatbestände unter die Sozialwidrigkeit nach § 1 KSchG fallen. Jedoch ist bei einer an sich nach § 1 KSchG
rechtswirksamen Kündigung eine Unwirksamkeit wegen venire contra factum proprium denkbar.[10]
Erst recht greift Treu und Glauben bei Arbeitsverhältnissen ein, auf die das KSchG nicht anwendbar
ist.[11] Selbstverständlich darf das nicht zur Etablierung eines Ersatzkündigungsschutzes führen.[12]

b) Als **empfangsbedürftige Willenserklärung** muss die Kündigung, wenn sie unter Abwesenden erklärt wird, dem anderen Teil zugehen. Maßgebend dafür sind §§ 130 ff. BGB. Problematisch ist insoweit vor allem, wenn einem in Urlaub befindlichen Arbeitnehmer die an seine Normalanschrift über-

---

[5] Zu dieser *BAG* AP Nr. 3 zu § 3 BetrVG 1972; *G. Hueck,* Die Teilkündigung im Arbeitsrecht, RdA
1968, 201.
[6] Vgl. als Bsp. *BAG* AP Nr. 25 zu § 611 BGB Arzt-Krankenhaus-Vertrag. Die oben genannte Vereinbarung kann auch als beiderseitig vereinbarter Widerrufsvorbehalt zu deuten sein; es liegt bei Ausübung des Widerrufs keine Kündigung vor. Ein Rechtsschutz des Arbeitnehmers besteht dann nur
über § 315 III BGB.
[7] Siehe hierzu *Preis,* Änderungsvorbehalte – Das *BAG* durchschlägt den gordischen Knoten, NZA
2006, 632; *Schmiedl,* Freiwilligkeits- und Widerrufsvorbehalt – überkommene Rechtsinstitute?, NZA
2006, 1195.
[8] *BAG* AP Nr. 50 zu § 242 BGB Betriebliche Übung; AP Nr. 74 zu § 242 BGB Betriebliche Übung.
[9] Siehe *Linck,* AR-Blattei SD 1010.3, Die nichtige Kündigung, 2006, Rn. 65 ff.
[10] Zweifelnd *BAG* AP Nr. 5 zu § 242 BGB Kündigung; wie im Text AP Nr. 1 zu § 13 KSchG 1969;
AP Nr. 87 zu § 613 a BGB. Einen fast skandalösen Fall einer Kündigung zur Unzeit (nach Arbeitsunfall vor Operation!) behandelt *LAG Bremen* LAGE Nr. 1 zu § 242 BGB.
[11] Wesentlich enger *BAG* AP Nr. 2 zu § 134 BGB; AP Nr. 9 zu § 242 BGB Kündigung. Zu dieser
Problematik *Oetker,* Gibt es einen Kündigungsschutz außerhalb des Kündigungsschutzgesetzes?, AuR
1997, 41; *Lakies,* Änderung des Kündigungsschutzgesetzes und allgemeiner Kündigungsschutz nach
§ 242 BGB – Verfassungsrechtliche Fragen, DB 1997, 1078; *Löwisch,* Grenzen der ordentlichen Kündigung in kündigungsschutzfreien Betrieben, BB 1997, 782; *Annuß,* § 242 BGB als Fundament eines
allgemeinen Kündigungsschutzes, BB 2001, 1989; *Lettl,* Der arbeitsrechtliche Kündigungsschutz nach
den zivilrechtlichen Generalklauseln, NZA-RR 2004, 57 ff.
[12] *BVerfG* AP Nr. 17 zu § 23 KSchG; *BAG* AP Nr. 9, 12 zu § 242 BGB Kündigung; siehe auch
MünchKommBGB/*Hergenröder,* § 23 KSchG Rn. 38 ff.

sandte Kündigung zugeht. Dafür gelten die allgemeinen Grundsätze des BGB,[13] deren für den Arbeitnehmer evtl. negative Folgen durch § 5 KSchG gemildert werden. In besonderen Konstellationen kann aber schon der Zugang nach Treu und Glauben zu verneinen sein.

4. Das Kündigungsrecht auf Arbeitgeberseite steht dem Arbeitgeber selbst zu. Er bedarf zu seiner Ausübung grundsätzlich keiner Zustimmung des **Betriebsrates**. In Betrieben, die dem BetrVG unterliegen, muss er jedoch vor Ausspruch der Kündigung den Betriebsrat anhören, § 102 BetrVG (vgl. dazu näher unten § 50 III-V). Die Unterlassung vorheriger Anhörung macht die Kündigung unwirksam. Das Gleiche gilt nach der Rechtsprechung, wenn die Anhörung des Betriebsrats wegen ungenügender Unterrichtung fehlerhaft war[14]. Ferner kann der Arbeitgeber mittelbar durch den Betriebsrat zur Kündigung betriebsstörender Arbeitnehmer gezwungen werden, vgl. § 104 BetrVG.

5. Der kündigende Teil braucht den **Kündigungsgrund** bei der Erklärung der Kündigung **nicht zu nennen**.[15] Die Kündigung ist – von Berufsausbildungsverhältnissen außerhalb der Probezeit abgesehen (§ 22 III BBiG)[16] – auch ohne Angabe des Kündigungsgrundes voll wirksam. Auf Verlangen des anderen Teils muss aber bei der **außerordentlichen Kündigung** der Kündigungsgrund unverzüglich schriftlich mitgeteilt werden, § 626 II 3 BGB. Der Gekündigte soll die Möglichkeit haben nachzuprüfen, ob ein wichtiger Grund für die Kündigung vorliegt. Teilt der Kündigende den Grund nicht mit, so hat dies keine Folgen für die Wirksamkeit der außerordentlichen Kündigung.[17] Er verletzt jedoch eine Nebenpflicht des Arbeitsvertrages und macht sich bei Verschulden *schadensersatzpflichtig*. Der Schadensersatzanspruch geht freilich nur dahin, den Gekündigten so zu stellen, wie er stünde, wenn er den Kündigungsgrund rechtzeitig gekannt hätte, also nicht auf Fortsetzung des Arbeitsverhältnisses, sondern auf Ersatz der Aufwendungen, die der Gekündigte nicht gemacht hätte, wenn ihm der Grund rechtzeitig mitgeteilt worden wäre (z.B. Prozesskosten).

Für die **ordentliche Kündigung** fehlt eine entsprechende Regelung im Gesetz, da diese Kündigungsart nach dem BGB keines besonderen Grundes bedarf. Teilweise wird vertreten, dass der Arbeitgeber aufgrund einer arbeitsvertraglichen Nebenpflicht zur Mitteilung der Kündigungsgründe auf Verlangen des Gekündigten verpflichtet ist.[18] Im Übrigen besteht jedenfalls für den Arbeitgeber im Kündigungsschutzprozess eine Obliegenheit, die Kündigungsgründe darzulegen und zu beweisen.[19]

6. Die Angabe der Kündigungsgründe bedeutet **keine** *materiellrechtliche* **Sperre für das Nachschieben** solcher Gründe.[20] Der kündigende Teil kann also die Kündigung auch später noch durch zusätzliche, dem Gekündigten nicht mitgeteilte Gründe untermauern. Darauf, ob diese Gründe den Anlass, das Motiv der Kündigung gebildet haben, kommt es nicht an, sondern nur, ob sie objektiv geeignet sind, die Kündigung zu rechtfertigen. Zur evtl. Schadensersatzpflicht vgl. oben 5. Natürlich lässt sich die Kündigung nicht auf Gründe stützen, die erst *nach Ausspruch* der Kündigung entstanden sind. Solche Gründe können allenfalls eine neue Kündigung tragen.

Fraglich ist, inwieweit dem Arbeitgeber das Nachschieben verwehrt ist, wenn das BetrVG anwendbar ist. Nach älterer Auffassung sollen Gründe nicht nachgeschoben werden dürfen, auf die sich die

---

[13] *BAG* AP Nr. 16 zu § 130 BGB; AP Nr. 6 zu § 174 BGB; s. dazu *Popp*, DB 1989, 1133; *Dilcher*, JZ 1989, 298. Zu Unrecht verneint wurde der Zugang in *BAG* AP Nr. 18 zu § 130 BGB.

[14] *BAG* AP Nr. 142 zu § 102 BetrVG 1972.

[15] Abweichend *Schwerdtner*, JZ 1973, 379; ferner *Knütel*, Die Begründungspflicht bei Kündigungen, NJW 1970, 121. Wie hier aber z.B. MünchKommBGB/*Hesse*, vor § 620 Rn. 109.

[16] Vgl. *BAG* AP Nr. 1, 4 zu § 15 BBiG; HWK/*C. S. Hergenröder*, § 22 BBiG Rn. 12.

[17] Vgl. dazu *BAG* AP Nr. 65 zu § 626 BGB.

[18] KR/*Etzel*, § 1 KSchG Rn. 239.

[19] MünchKommBGB/*Hesse*, vor § 620 Rn. 109.

[20] Dazu ausführlich *BAG* AP Nr. 39 zu § 102 BetrVG; *Schwerdtner*, Grenzen der Zulässigkeit des Nachschiebens von Gründen im Kündigungsschutzprozess, NZA 1987, 361; *Winterstein*, Nachschieben von Kündigungsgründen – Hinweise für die betriebliche Praxis, NZA 1987, 728.

Anhörung des Betriebsrats nach § 102 I BetrVG vor Ausspruch der Kündigung nicht erstreckt hat. Eine Ausnahme soll nur für Gründe gelten, die zwar bei der Kündigung schon vorlagen, dem Arbeitgeber aber ohne sein Verschulden nicht bekannt waren und wenn gegenüber dem nachgeschobenen Grund kein Widerspruch des Betriebsrats nach § 102 III BetrVG in Betracht kommt. Eine so weitgehende Einschränkung des Nachschiebens ist weder vom Wortlaut des § 102 BetrVG noch von seinem Sinn her geboten. Die Anhörung vor der Kündigung ist ordnungsgemäß, wenn sie sich auf alle Kündigungsgründe erstreckt, die dem Arbeitgeber vor Ausspruch der Kündigung bekannt waren. Auf Verschulden kommt es ebenso wenig an wie darauf, ob Widerspruchsgründe des Betriebsrats gegen vorliegende, aber dem Arbeitgeber nicht bekannte Kündigungsgründe in Betracht kommen. Tauchen solche Kündigungsgründe nach Ausspruch der Kündigung auf und will der Arbeitgeber sie in dem Kündigungsrechtsstreit geltend machen, so muss er *vor dieser Geltendmachung* den Betriebsrat zu diesen Gründen hören. Die Anhörung dient insoweit nur dem Zweck, den Arbeitgeber zu einer Prüfung der Frage zu veranlassen, ob diese Gründe in den Prozess eingeführt werden sollen. Hingegen wäre es nicht sinnvoll, den Arbeitgeber zu nochmaliger Kündigung aufgrund der nachgeholten Anhörung zu zwingen. Der Entschluss des Arbeitgebers, das Arbeitsverhältnis aufzulösen, war ja bereits aufgrund der zunächst ins Auge gefassten Kündigungsgründe nach Anhörung des Betriebsrats gefasst und ausgeführt worden.[21]

Von dem Problem, ob materiellrechtlich ein Nachschieben von Kündigungsgründen zulässig ist, muss die ganz andere Frage unterschieden werden, inwieweit *prozessrechtlich* im Lauf eines gerichtlichen Kündigungsrechtsstreits noch Kündigungsgründe vorgetragen werden dürfen. Für die erste Instanz regelt dies § 61a V ArbGG, für die Berufungsinstanz § 67 ArbGG. In der Revisionsinstanz ist neues Tatsachenvorbringen grundsätzlich nicht möglich, vgl. § 559 ZPO mit § 72 V ArbGG.

II. Die ordentliche Kündigung

1. Nur ein **auf unbestimmte Zeit eingegangenes Arbeitsverhältnis** kann durch ordentliche Kündigung beendet werden. Befristete Arbeitsverhältnisse unterliegen der ordentlichen Kündigung also nicht. Vor Zeitablauf kommt ihre Beendigung grundsätzlich nur durch außerordentliche Kündigung in Betracht, die eines wichtigen Grundes bedarf. Die Parteien können aber gemäß § 15 III TzBfG die ordentliche Kündigung auch für befristete Arbeitsverhältnisse vertraglich vorsehen. Bei längerer Befristung erfolgt das relativ häufig.

2. Charakteristikum der ordentlichen Kündigung in ihrer reinen Form ist es, dass sie zu ihrer Wirksamkeit keinen sachlichen Grund voraussetzt. Dies trifft noch immer zu für die vom Arbeitnehmer ausgehende Kündigung, für die des Arbeitgebers dagegen nur mehr in denjenigen Arbeitsverhältnissen, die keinem Kündigungsschutz unterliegen. Für die ordentliche Kündigung ist ferner typisch, dass sie das Arbeitsverhältnis nicht mit Wirksamwerden der Erklärung, sondern erst nach Ablauf einer Frist beendet und dass sie nicht zu beliebiger Zeit, sondern nur mit bestimmten Endterminen (meist Monatsende) erklärt werden kann.

3. Die **gesetzliche Regelung der Kündigungsfrist** in § 622 BGB (§ 621 BGB gilt nur für Dienstverträge Selbständiger) unterschied früher zwischen Angestellten und Arbeitern und ist deshalb von BVerfG für verfassungswidrig erklärt worden.[22] Die ordentliche Kündigung kann heute nach § 622 I BGB beiderseits mit einer Frist von vier Wochen zum Fünfzehnten oder zum Monatsende erfolgen. Diese Regelung gilt aber für die Kündigung durch den Arbeitgeber nur in den ersten zwei Jahren des Arbeitsverhältnisses. Hat dieses im Betrieb oder Unternehmen zwei Jahre oder länger bestanden, so gelten für die arbeitgeberseitige Kündigung – nicht für die des Arbeitnehmers – nach der Dauer der Betriebs- oder Unternehmenszugehörigkeit gestaffelte Fristen, die von einem Monat nach zwei Jahren bis zu sieben Monaten nach 20 Jahren

---

[21] Wie hier *BAG* AP Nr. 39 zu § 102 BetrVG m. w. N.
[22] S. näher oben § 5 II 1 m. N.

reichen, § 622 II BGB, wobei die Kündigung jeweils zum Ende eines Kalendermonats möglich ist. Wichtig ist, dass Beschäftigungszeiten vor Vollendung des 25. Lebensjahrs nach § 622 II 2 BGB nicht berücksichtigt werden. Für junge Arbeitnehmer gilt also gesetzlich stets die Frist des Abs. 1. In Probearbeitsverhältnissen gilt nach § 622 III BGB (längstens für 6 Monate) für beide Teile eine Kündigungsfrist von zwei Wochen.[23]

Abweichende Fristen können durch Tarifvertrag ohne Beschränkung vereinbart werden, und zwar sowohl Verlängerungen als auch Verkürzungen. Davon haben die Tarifparteien in breitem Umfang Gebrauch gemacht. Die Anwendung solcher abweichender Regelungen kann auch zwischen nicht tarifgebundenen Arbeitnehmern und Arbeitgebern vereinbart werden, allerdings nur im Geltungsbereich des in Bezug genommenen Tarifvertrags, § 622 IV BGB. Einzelvertraglich kann ansonsten unbeschränkt nur eine Verlängerung der gesetzlichen Fristen vereinbart werden, § 622 V 3 BGB. Die einzelvertragliche Abkürzung ist nur ausnahmsweise möglich, und zwar einmal für Aushilfsarbeitsverhältnisse, wenn diese nicht länger als drei Monate dauern (Abs. 5 Satz 1 Nr. 1); insoweit kann die Kündigungsfrist auch auf einen Tag abgekürzt werden. Äußerst unklar gefasst ist die in Nr. 2 geregelte Ausnahme für Kleinbetriebe (bis zu 20 Arbeitnehmern). Man könnte und sollte meinen, dass nach dem Text der Vorschrift eine vierwöchige Kündigungsfrist auch bei längerer Betriebszugehörigkeit vorgesehen werden und ohne das Erfordernis der Einhaltung eines bestimmten Endtermins (Nr. 2) vereinbart werden kann. So ist die Regelung indessen nicht gemeint. Abgewichen werden kann auch in diesen Betrieben nur für die ersten zwei Jahre, so dass sich die ganze Abweichung nicht auf die Länge der Frist, sondern nur auf die Freistellung von den in Abs. 1 geregelten Terminen erstreckt, eine Meisterleistung der Gesetzgebungskunst.

Bei allen abweichenden Regelungen darf die für den Arbeitnehmer geltende Kündigungsfrist nach § 622 VI BGB nicht länger sein als die für den Arbeitgeber geltende, hingegen kann die arbeitgeberseitige Frist, wie das ja auch Abs. 2 tut, länger bemessen werden als die arbeitnehmerseitige. Das BAG wendet diese Regelung entsprechend an auf andere Kündigungsbeschränkungen, die nur den Arbeitnehmer treffen,[24] z. B. auch auf eine Regelung, bei der der Arbeitnehmer durch eine Kündigung während des Jahres seine Provisionseinkünfte verlieren würde.

In der Insolvenz **des Arbeitgebers** beträgt die Kündigungsfrist für beide Seiten ohne Rücksicht auf die vereinbarte Vertragsdauer oder den vereinbarten Ausschluss des Rechts zur ordentlichen Kündigung 3 Monate zum Monatsende, wenn nicht eine kürzere Frist maßgeblich ist, § 113 Satz 1, 2 InsO.

4. Die ordentliche Kündigung kann einzelvertraglich oder kollektivvertraglich auch ganz **ausgeschlossen** werden.[25] Insbesondere sehen viele Tarifverträge für ältere Arbeitnehmer mit einer bestimmten Mindestbetriebszugehörigkeit eine solche Regelung

---

[23] Zum Probearbeitsverhältnis: *Preis/Kliemt*, AR-Blattei SD 1270 Probearbeitsverhältnis, 2003. Nach der Rechtsprechung bedeutet die Vereinbarung einer Probezeit im Zweifel nicht, dass das Arbeitsverhältnis auf den Ablauf der Probezeit befristet ist. Nach dem Parteiwillen kann die Probezeit jedoch als Befristung des Arbeitsverhältnisses gewollt sein (dazu oben § 22 I 3 c).

[24] *BAG* AP Nr. 27 zu § 622 BGB; *BAG* BB 1997, 579; ErfK/*Müller-Glöge*, § 622 BGB Rn. 101.

[25] Aus der Rechtsprechung *BAG* AP Nr. 21 zu § 1 TVG Tarifverträge: Lufthansa; AP Nr. 143 zu § 626 BGB; AP Nr. 275 zu § 613 a BGB; AP Nr. 5 zu § 55 BAT; DB 2007, 350; siehe ferner *Preis/Hamacher*, Die Kündigung der Unkündbaren, FS 50 Jahre Arbeitsgerichtsbarkeit in Rheinland-Pfalz, 1999, S. 245; *Rieble*, Betriebliche versus tariflichen Unkündbarkeit, NZA 2003, 1243; *Kiel*, Die Kündigung unkündbarer Arbeitnehmer, NZA 2005, Beil. 1, S. 18; *Linck/Scholz*, AR-Blattei SD 1010.7 Kündigungsausschluss, 2006.

vor.[26] Freilich bedeutet das für die dann allein eingreifende außerordentliche Kündigung, dass sich die Anforderungen an die Stärke des wichtigen Grundes im Sinne des § 626 I BGB verringern.[27] Zu prüfen ist zunächst, ob ein wichtiger Grund vorliegt, der die Fortsetzung des Arbeitsverhältnisses bis zur Erreichung des Rentenalters unzumutbar macht. Nur wenn bei unterstellter ordentlicher Kündbarkeit auch das Fortsetzen bis zum Ablauf der dann geltenden Kündigungsfrist unzumutbar ist, kann der Arbeitgeber außerordentlich fristlos kündigen (näher unten III 2 f).

5. Die **Befristung** eines Dienstverhältnisses **auf Lebenszeit** einer Person oder für längere Dauer als fünf Jahre ist dadurch eingeschränkt, dass der Arbeitnehmer (nicht der Arbeitgeber!) das Dienstverhältnis nach Ablauf von fünf Jahren mit einer Frist von sechs Monaten kündigen kann, § 624 BGB.

6. In der Praxis ist es nicht ganz selten, dass ein Arbeitsvertragspartner sein Arbeitsverhältnis **vor Dienstantritt** bereits wieder **kündigt,**[28] insbesondere dann, wenn zwischen Abschluss des Arbeitsvertrags und vereinbartem Termin der Arbeitsaufnahme ein längerer Zeitraum liegt. In solchen Fällen ist streitig, ob die Kündigungsfrist in gleicher Weise läuft, wie wenn der Arbeitnehmer bereits arbeiten würde oder ob sie erst nach dem vereinbarten Termin der Arbeitsaufnahme zu laufen beginnt.

Beispiel: Der Buchhalter B möchte sich verbessern und schließt mit A am 10. 5. einen Anstellungsvertrag, nach welchem er zum 1. 7. bei A beginnen soll. Am Tag darauf kündigt er sein Arbeitsverhältnis bei C zum 30. 6. Als C ihm eine Gehaltserhöhung anbietet, möchte B von der Bindung bei A wieder loskommen. Kann B das Arbeitsverhältnis mit A nun sofort mit der Vierwochenfrist des § 622 I BGB zum 15. 6. kündigen oder erst mit Fristbeginn am 1. 7. zum 31. 7?

Das BAG[29] nimmt mit Recht an, dass diese Frage der Vereinbarung der Parteien zugänglich ist. Liegt eine solche nicht vor und ergibt sich auch nichts aus einer ergänzenden Vertragsauslegung nach § 157 BGB, sprechen gute Gründe für die Annahme, dass die Kündigungsfrist auch bei einer Kündigung vor Dienstantritt im Zweifel mit dem Zugang der Kündigungserklärung beginnt.[30]

Gegen die *Erklärung* der Kündigung vor Dienstantritt bestehen selbstverständlich keine Bedenken, es sei denn, die Parteien hätten dies ausdrücklich ausgeschlossen.[31]

III. Die außerordentliche Kündigung[32]

Die außerordentliche Kündigung ist sowohl **bei befristeten wie bei unbefristeten Arbeitsverhältnissen** zulässig. Charakteristisch für sie ist, dass sie grundsätzlich nicht

---

[26] Vgl. näher *Linck/Scholz,* AR-Blattei SD 1010.7 Rn. 20 ff.

[27] Dazu *Bitter/Kiel,* Von angeblichen und wirklichen Wertungswidersprüchen, von Mindest- und Höchststandards: Die BAG-Rechtsprechung zur außerordentlichen Kündigung sog. unkündbarer Arbeitnehmer, FS Schwerdtner, 2003, S. 13.

[28] Dazu *Herbert/Oberrath,* Rechtsprobleme des Nichtvollzugs eines abgeschlossenen Arbeitsvertrags, NZA 2004, 121 ff.; *Linck,* AR-Blattei SD 1010.1.3 Kündigung vor Dienstantritt, 2006.

[29] Grundlegend *BAG* AP Nr. 1 zu § 620 BGB; ferner *BAG* AP Nr. 1 zu § 620 BGB Kündigung vor Dienstantritt.

[30] Vgl. *BAG* AP Nr. 1 zu § 620 BGB Kündigung vor Dienstantritt; *Joussen,* Die Kündigung eines Arbeitsverhältnisses vor Arbeitsantritt, NZA 2002, 1177, 1181. In *BAG* AP Nr. 4 zu § 620 BGB ermittelte das *BAG* durch Vertragsauslegung einen Beginn der Frist vor Dienstantritt. Zum Ganzen näher *Herbert/Oberrath,* Rechtsprobleme des Nichtvollzugs eines abgeschlossenen Arbeitsvertrags, NZA 2004, 121 ff.

[31] Dazu und zur Berechnung des Fristlaufs *BAG* AP Nr. 3 zu § 620 BGB; s. auch *BAG* AP Nr. 1 zu § 620 BGB Kündigung vor Dienstantritt.

[32] Ausführlich dazu *Feichtinger/Huep,* AR-Blattei SD 1010.8, Die außerordentliche Kündigung, 2007. Siehe ferner *Trappehl/Lambrich,* Auflösungsantrag des Arbeitgebers nach außerordentlicher Kündigung, RdA 1999, 243; *Schulte-Westenberg,* Die außerordentliche Kündigung im Spiegel der neueren Rechtsprechung, NZA-RR 2005, 617.

der Einhaltung einer Frist bedarf. Sie ist jedoch für beide Vertragsteile nur zulässig, wenn ein wichtiger Grund vorliegt, § 626 BGB.

1. Wichtiger Grund[33]

a) Wann ein Grund wichtig genug ist, die außerordentliche Kündigung zu rechtfertigen, lässt sich nicht präzise formulieren. Vielmehr kann dem Rechtsanwender nur eine relativ unbestimmte Formel nach Art einer Generalklausel an die Hand gegeben werden, die ihm die Konkretisierung im Einzelfall durch Inanspruchnahme seines Rechtsgefühls erleichtert. Den entscheidenden Gesichtspunkt bildet die Zumutbarkeit. Wichtig ist ein Grund dann, wenn dem kündigenden Vertragsteil die Fortsetzung des Arbeitsverhältnisses bis zum Ablauf der Kündigungsfrist – bzw. beim befristeten Arbeitsverhältnis bis zu dessen vereinbartem Ende – nicht zugemutet werden kann, § 626 I BGB.

Das BAG versucht eine Scheinobjektivierung dadurch, dass es eine zweigeteilte Prüfung zu Grunde legt:[34] (1) ob ein bestimmter Vorfall an sich geeignet sei, einen wichtigen Grund abzugeben; dazu muss ein Verhalten vorliegen, das zu einer konkreten Beeinträchtigung des Arbeitsverhältnisses geführt hat, und zwar im Leistungsbereich, im Bereich der betrieblichen Verbundenheit der Mitarbeiter (Betriebsordnung, Betriebsfrieden), im personalen Vertrauensbereich der Vertragspartner oder im Unternehmensbereich (Betriebsgefährdung); (2) eine umfassende Interessenabwägung, ob diese Beeinträchtigung dem kündigenden Teil die Fortsetzung des Arbeitsverhältnisses unzumutbar gemacht hat.

b) Als wichtiger Grund kommen in erster Linie gröbliche Pflichtverletzungen in Frage, wobei nicht notwendigerweise ein Verschulden vorliegen muss. Freilich werden unverschuldete Verletzungen, z.B. eine schuldlose Schadenszufügung, wesentlich seltener ausreichen. Die einmalige Verletzung von Pflichten, auch wenn sie auf Fahrlässigkeit beruht, reicht im Allgemeinen dann nicht aus, wenn keine Wiederholungsgefahr besteht. In gravierenden Fällen kann etwas anderes anzunehmen sein, wenn der Arbeitnehmer eine ganz besondere Vertrauensstellung genießt oder besondere Verantwortung zu tragen hat,[35] oder wenn er vorsätzlich gehandelt hat. Wiederholtes pflichtwidriges Verhalten kann zum wichtigen Grund kumulieren, auch wenn die Verfehlungen einzeln genommen nicht ausreichen würden. Allerdings ist dann in der Regel eine deutliche und rechtzeitige **Abmahnung** des Arbeitnehmers erforderlich, d.h. einer Beanstandung des Arbeitnehmerverhaltens, aus der mindestens inzidenter hervorgeht, dass im Wiederholungsfall der Fortbestand des Arbeitsverhältnisses gefährdet ist.[36] Insoweit kann auch auf § 314 II BGB verwiesen werden. Besonders problematisch sind naturgemäß Gründe in der Person des Arbeitnehmers. Schwere Krankheit eines Arbeitnehmers,[37] die seine alsbaldige Wiederherstellung nicht erwarten lässt, kann u.U. einen wichtigen Grund bilden, doch kommt es z.B. darauf an, ob der Arbeitgeber für eine Vertretung des Arbeitnehmers sorgen oder eine Aushilfskraft für ihn

---

[33] Vgl. dazu den Versuch einer Systematisierung bei KR/*Fischermeier*, § 626 Rn. 74 ff.

[34] Vgl. *BAG* AP Nr. 58, 80, 87, 191 und 203 zu § 626 BGB.

[35] *Beispiel:* Flugzeugpilot versäumt die Prüfung der Kraftstoffanzeiger, *BAG* AP Nr. 30 zu § 66 BetrVG 1952.

[36] *BAG* AP Nr. 57, 62 zu § 626 BGB. Vgl. auch *BAG* AP Nr. 116 zu § 626 BGB. Entbehrlich ist die Abmahnung, wenn sie aufgrund besonderer Umstände als nicht Erfolg versprechend anzusehen ist, etwa bei erkennbarer Unwilligkeit des Arbeitnehmers zu vertragsgerechtem Verhalten, *BAG* AP Nr. 32 zu § 102 BetrVG 1972; *BAG* AP Nr. 3 zu § 108 BPersVG. Näher auch noch unten § 24 bei Fn. 19.

[37] Dazu *Lepke*, Kündigung bei Krankheit, 11. Aufl., 2003; *BAG* AP Nr. 13 zu § 626 Krankheit.

einstellen kann. Auch die bisherige Dauer des Arbeitsverhältnisses und das Lebensalter wird man berücksichtigen müssen.

Wie bei allen Generalklauseln ergibt sich eine gewisse Sicherheit der Anwendung durch die Herausbildung von Fallgruppen und Unterregeln in der gerichtlichen Praxis. Freilich sind dadurch Grenzen gesetzt, dass der einzelne Fall in den Zumutbarkeitsnuancen oft anders liegt als bisher schon entschiedene Fälle. Hinweise geben auch die teils beispielhaften, teils abschließenden Regelungen von Einzelgründen für die außerordentliche Kündigung in den 1969 aufgehobenen, nun nicht mehr geltenden §§ 70–72 HGB, §§ 133 b und d GewO sowie §§ 123, 124 GewO. Eine gewisse Vergleichsmöglichkeit bieten ferner die außerordentlichen Kündigungsgründe anderer Dauerrechtsverhältnisse, wie etwa § 543 BGB für die Miete, § 723 I 2 und 3 BGB für die Gesellschaft bürgerlichen Rechts, § 133 II HGB für die OHG.

Die Vielfalt der Rechtswirklichkeit spiegelt sich in der nachfolgenden Auswahl gerichtlicher Entscheidungen wider[38]: *LAG Frankfurt* BB 1984, 1876 (Tätlichkeiten im Betrieb unter Arbeitskollegen); *BAG* NZA 2003, 1295 (grobe Beleidigung gegenüber Arbeitgeber oder Kollegen); AP Nr. 198 zu § 626 BGB (Vergleich betrieblicher Verhältnisse und Vorgehensweisen mit dem nationalsozialistischen Terrorsystem); *LAG Frankfurt* NZA 1984, 200 (Götzzitat gegenüber Arbeitgeber); *LAG Köln* DB 1984, 1101 (Schmiergeldannahme durch Zentraleinkäufer); dazu auch *BAG* NZA 1996, 419 (Schmiergeldannahme durch einen Betriebsingenieur); ebenso hierzu *BAG* AP Nr. 46 zu § 626 BGB Ausschlussfrist; *BAG* AP Nr. 14 zu § 626 BGB (Diebstahl geringwertiger Sache durch Arbeitnehmer – Bienenstichfall); *BAG* AP Nr. 179 zu § 626 BGB (Diebstahl abgeschriebener Minialkoholfläschchen); *BAG* AP Nr. 76 zu § 626 BGB (unentschuldigtes Fehlen nach Abmahnung); *BAG* AP Nr. 20 zu § 626 BGB Ausschlußfrist (unsittliches Verhalten gegenüber weibl. Angestellten); *BAG* AP Nr. 189 zu § 626 BGB (sexuelle Belästigung einer Mitarbeiterin); *LAG Hamm* DB 1986, 1338 (handschriftliche Veränderung der Zeitangabe auf der Stempelkarte); *BAG* AP Nr. 99 zu § 626 BGB (häufige Unpünktlichkeit, wenn sie einer beharrlichen Arbeitsverweigerung gleicht); *LAG Nürnberg* DB 1990, 2330 (Offenbarung möglicher Interessenkonflikte bei leitendem Angestellten); *KreisG Schwerin-Stadt* DB 1991, 869 (fristlose Kündigung eines Stasi-Mitarbeiters; dazu auch *ArbG Berlin* NZA 1991, 312 sowie *LAG Berlin* ZIP 1991, 1173 und *BVerfG* AP Nr. 67 zu Einigungsvertrag Anlage I Kap. XIX); *BAG* EzA § 626 BGB n.F. Nr. 143 m. Anm. *Kraft* (Erklärung krank zu werden, falls Urlaub nicht verlängert wird; dazu auch *BAG* AP Nr. 115 zu § 626 BGB sowie AP Nr. 38 zu § 626 BGB Ausschlußfrist (eigenmächtiger Urlaubsantritt); *BAG* AP Nr. 123 zu § 626 BGB (Verbüßung längerer Strafhaft); *BAG* AP Nr. 130 zu § 626 BGB (beharrliche Arbeitsverweigerung); *BAG* AP Nr. 202 zu § 626 BGB (verbotene private Internetbenutzung); dazu auch *BAG* AP Nr. 192 zu § 626 BGB.

c) **Strafbare Handlungen** können, sofern sie im Betrieb begangen wurden, oder für das Arbeitsverhältnis von Bedeutung sind,[39] die außerordentliche Kündigung rechtfertigen. Dagegen ist problematisch, inwieweit bereits der **Verdacht einer strafbaren Handlung** oder einer Pflichtverletzung als wichtiger Grund genügt (sog. Verdachtskündigung).[40] Unter besonderen Umständen wird das zu bejahen sein, so, wenn der Verdacht schwerwiegend ist, also ein für das Arbeitsverhältnis erhebliches Fehlverhalten beinhaltet, objektiv auf bestimmten Tatsachen beruht und eine große Wahrscheinlichkeit für die Richtigkeit des Verdachts besteht.[41] Der Arbeitnehmer muss den Verdacht nicht selbst verschuldet haben. Darüber hinaus ist Voraussetzung, dass der Arbeitgeber seinerseits alles Zumutbare getan hat, um den Verdacht aufzuklären.[42] Erforderlich ist insbesondere die Anhörung des betroffenen Arbeitnehmers.[43]

---

[38] Dazu Übersichten bei: *Schulte Westenberg*, Die außerordentliche Kündigung im Spiegel der neueren Rechtsprechung, NZA-RR 2000, 449; NZA-RR 2002, 561; NZA-RR 2005, 617.

[39] *Beispiel: BAG* AP Nr. 13 zu § 1 KSchG 1969 Verhaltensbedingte Kündigung: Auswirkung einer Straftat gegen ein konzernverbundenes Unternehmen; *BAG* AP Nr. 39 zu § 626 BGB Verdacht strafbarer Handlung.

[40] Dazu *Schütte*, Die Verdachtskündigung, NZA 1991, Beilage 2, 17; *Belling*, Die Kündigung wegen verdachtsbedingten Vertrauenswegfalls, RdA 1996, 223; *Enderlein*, Das erschütterte Arbeitgebervertrauen im Recht der verhaltensbedingten Tat- und Verdachtskündigung, RdA 2000, 325, 329 ff.; *Dörner*, AR-Blattei SD 1010.9.1 Die Verdachtskündigung, 2003; *BAG* AP Nr. 39 zu § 626 BGB Verdacht strafbarer Handlung.

[41] *BAG* AP Nr. 32 zu § 626 BGB Verdacht strafbarer Handlung; AP Nr. 37 zu § 626 BGB Verdacht strafbarer Handlung.

[42] *BAG* AP Nr. 13, 19, 23, 24, 25, 37 zu § 626 BGB Verdacht strafbarer Handlung; AP Nr. 2 zu § 626 BGB Ausschlußfrist; AP Nr. 9 zu § 103 BetrVG 1972; *BAG* AP Nr. 39 zu § 102 BetrVG 1972 (Aufklärungspflicht gebietet Anhörung); *BAG* NZA 1990, 568.

[43] *BAG* AP Nr. 13 zu § 626 BGB Verdacht strafbarer Handlung; *Mennemeyer/Dreymüller*, Verzögerungen der Arbeitnehmeranhörung bei der Verdachtskündigung, NZA 2005, 382 ff.

Stellt sich nach wirksamer Kündigung die Unbegründetheit des Verdachts heraus, so kann sich eine Pflicht des Arbeitgebers zur Wiedereinstellung ergeben.[44]

d) Einen wichtigen Grund, der keine Pflichtverletzung des Arbeitnehmers voraussetzt, kann auch das Verlangen von Mitarbeitern (auch Betriebsrat oder Dritten) bilden, den Arbeitnehmer zu entlassen (sog. **Druckkündigung**[45]), wenn es unter der ernstlichen Androhung von Nachteilen erfolgt, deren Hinnahme für den Arbeitgeber unzumutbar ist und denen er sich nicht entziehen kann. Maßgeblich ist allein die objektive Drucksituation. Beispiel: Das Pflegepersonal einer Krankenhausstation erklärt, kündigen zu wollen, falls die Stationsschwester nicht entlassen wird.[46]

e) Die Insolvenz **des Arbeitgebers** bildet keinen wichtigen Grund zur Kündigung des Arbeitsverhältnisses, und zwar weder für den Arbeitgeber noch für den Arbeitnehmer.[47]

f) Eine Sonderlage besteht, wenn das Arbeitsverhältnis weder befristet ist noch ordentlich gekündigt werden kann, wie insbesondere bei gesetzlichem oder tarifvertraglichem **Ausschluss der ordentlichen Kündigung** (dazu schon oben II 4). In solchen Arbeitsverhältnissen kann es zur außerordentlichen Kündigung kommen aus Gründen, die in einem ordentlich kündbaren Arbeitsverhältnis als wichtiger Grund nicht ausreichen würden[48], weil dem Arbeitgeber die Fortsetzung des Arbeitsverhältnisses bis zum Altersruhestand eher unzumutbar ist als bis zum Ablauf der Kündigungsfrist bei ordentlich kündbaren Arbeitnehmern. Auf die fiktive Kündigungsfrist bei ordentlicher Kündbarkeit ist für die Beurteilung der Unzumutbarkeit aber nicht abzustellen; es kommt auf die tatsächliche Vertragsbindung an.[49] Damit der durch den Ausschluss der ordentlichen Kündigung beabsichtigte Schutz des Arbeitnehmers nicht zu dessen Benachteiligung gegenüber ordentlich kündbaren Kollegen führt, ist eine fristlose Kündigung nur dann zulässig, wenn dem Arbeitgeber auch das Abwarten der fiktiven Kündigungsfrist unzumutbar ist.[50] Anderenfalls ist eine notwendige Auslauffrist einzuhalten, die der Frist entspricht, welche ohne den Ausschluss der ordentlichen Kündigung gelten würde. Gravierende Bedeutung hat dies etwa im Hinblick auf Betriebsratsmitglieder, da deren ordentliche Kündigung durch den Arbeitgeber nach § 15 KSchG ausgeschlossen ist. In ordentlich unkündbaren Arbeitsverhältnissen kommen auch Änderungskündigungen nur als außerordentliche in Betracht. Das BAG bindet die aus betrieblichen Gründen erfolgende außerordentliche Änderungskündigung gegenüber Betriebsratsmitgliedern an die Voraussetzung, dass die vorgesehene Änderung der Arbeitsbedingungen nicht nur für den Arbeitgeber unabweisbar ist (darin liegt das Erfordernis der Unzumutbarkeit der Fortsetzung zu bisherigen Bedingungen für den Arbeitgeber), sondern dass sie auch dem Arbeitnehmer zumutbar ist.[51] Eine mit notwendiger Auslauffrist zu erklärende außerordentliche Änderungskündigung gegenüber einem Betriebsratsmitglied kommt nach Ansicht des BAG etwa dann in Betracht, wenn ohne die Änderung der Arbeitsbedingungen ein sinnlos gewordenes Arbeitsverhältnis über einen erheblichen Zeitraum nur durch Gehaltszahlungen fortgesetzt wer-

---

[44] Vgl. dazu oben § 16 II 2 c mit Nachweisen; *BAG* AP Nr. 27 zu § 626 BGB Verdacht strafbarer Handlung.

[45] Dazu KR/*Fischermeier,* § 626 BGB Rn. 204 ff.; MünchKommBGB/*Hergenröder,* § 1 KSchG Rn. 264 ff.

[46] So der Fall *BAG* AP Nr. 12 zu § 626 BGB Druckkündigung.

[47] Vgl. dazu *Bertram,* Die Kündigung durch den Insolvenzverwalter, NZI 2001, 625; *Friese,* Das kollektive Kündigungsschutzverfahren nach § 126 InsO, ZinsO 2001, 350.

[48] Eine eigene Form der Kündigung aus „minder wichtigem Grund" ist hingegen abzulehnen. Vgl. Staudinger/*Preis,* § 626 BGB Rn. 63; KR/*Fischermeier,* § 626 BGB Rn. 306.

[49] ErfK/*Müller-Glöge,* § 626 BGB Rn. 74; APS/*Dörner,* § 626 BGB Rn. 42–47 a und 318 c; *BAG* AP Nr. 83 zu § 626 BGB; *BAG* AP Nr. 56 zu § 15 KSchG 1969.

[50] *BAG* AP Nr. 175 zu § 626 BGB.

[51] *BAG* AP Nr. 36 zu § 15 KSchG 1969.

den müsste und der Arbeitgeber möglicherweise sogar eine unternehmerische Entscheidung, bestimmte Arbeitsplätze einzusparen, wegen des Beschäftigungsanspruchs
des Mandatsträgers nicht vollständig umsetzen könnte.[52] Auch hier sei nicht auf eine
fiktive Kündigungsfrist, sondern auf die Zumutbarkeit bis zum Ende des Sonderkün-
digungsschutzes einschließlich des Nachwirkungszeitraums und der daran anschlie-
ßenden Kündigungsfrist abzustellen.

2. Fehlen eines wichtigen Grundes

Fehlt ein wichtiger Grund, so ist die außerordentliche Kündigung mangels Rechtsgrundlage unwirksam.

a) Allerdings muss der Arbeitnehmer, dem gekündigt worden ist, gemäß §§ 13 I 2, 4
S. 1, 7 KSchG, die Unwirksamkeit der außerordentlichen Kündigung stets **binnen einer Dreiwochenfrist gerichtlich geltend machen.** Andernfalls wird die Kündigung
voll wirksam. Diese Regelung hat der Gesetzgeber im Rahmen des Kündigungsschutzgesetzes getroffen, obgleich sie nicht zum Schutz des Arbeitnehmers wirkt,
sondern ihn im Gegenteil belastet. Die Gründe dafür sind praktischer Natur. Wegen
des rechts- und verfahrenstechnischen Zusammenhangs wird das Nähere erst im Abschnitt über den Kündigungsschutz dargelegt. Vgl. dazu unten § 24 IX.

b) Die als außerordentliche Kündigung unwirksame Kündigung kann nach § 140
BGB **umzudeuten**[53] sein in eine ordentliche Kündigung zum nächst zulässigen Termin. Das geschieht immer dann, wenn der Wille des kündigenden Teils unterstellt
werden kann, das Arbeitsverhältnis auf jeden Fall so bald wie möglich zu beenden. Ein
solcher Wille wird aber z.B. dann fehlen, wenn sich herausstellt, dass die den wichtigen Grund bildenden Tatsachen gar nicht vorliegen (der Arbeitnehmer hat z.B. den
ihm zur Last gelegten Diebstahl nicht begangen). Dagegen fehlt der Beendigungswille
nicht, wenn die als Grund geltend gemachten Tatsachen vorliegen, das Gericht aber
der Auffassung ist, sie seien nicht schwerwiegend genug, um die sofortige Lösung des
Arbeitsverhältnisses zu rechtfertigen.

Dass die Kündigung umzudeuten ist, heißt noch nicht, dass sie als umgedeutete auch wirksam ist. Sie
kann z.B. an den Erfordernissen des KSchG (dazu unten § 24) oder an fehlender Anhörung des Betriebsrats scheitern (dazu unten § 50 III).

3. Erlöschen des Kündigungsrechts

a) Kündigungserklärungsfrist[54]

Das Recht zur außerordentlichen Kündigung erlischt, wenn die Kündigung nicht
binnen zwei Wochen seit Erlangung der Kenntnis von den für die Kündigung maßgebenden Tatsachen erfolgt, § 626 II 2 BGB. Damit hat der Gesetzgeber eine sehr problematische Regelung getroffen. Sie passt im Grunde nur auf die Regelfälle der Kündigung. Dagegen ist sie in vielen Fällen für die arbeitgeberseitige Kündigung von Angestelltenverhältnissen ganz unpraktikabel. Bei der Formulierung wurde offenbar nur an

---

[52] *BAG* AP Nr. 56 zu § 15 KSchG 1969.
[53] Dazu *J. Hager,* Die Umdeutung der außerordentlichen in eine ordentliche Kündigung, BB 1989,
693; *Kl. Schmidt,* Die Umdeutung der außerordentlichen Kündigung im Spannungsverhältnis zwischen
materiellem und Prozessrecht, NZA 1989, 661; *Molkenber/Kraßhöfer-Pidde,* Zur Umdeutung im Arbeitsrecht, RdA 1989, 337 (340); *BAG* AP Nr. 3 zu § 6 KSchG 1969; *BAG* AP Nr. 13 zu § 140 BGB.
[54] Vgl. zu dieser MünchKommBGB/*Henssler,* § 626 Rn. 279 ff.; *Popp,* Ausschlußfrist gemäß § 626
Abs. 2 S 1 und S 2 BGB – ein gesetzlich konkretisierter Verwirkungstatbestand?, NZA 1987, 367.

spektakuläre, klar abgrenzbare Gründe gedacht wie Diebstahl, Fernbleiben von der Arbeit, Geheimnisverletzung u. ä.

Schon bei diesen ist zweifelhaft, unter welchen Voraussetzungen eine **Kenntnis des Arbeitgebers** anzunehmen ist. Genügt der Verdacht oder muss der Arbeitgeber Gewissheit über das Vorliegen des Grundes haben oder ist eine Zwischenstufe zwischen beidem maßgebend? Man wird hier die Frist nicht beginnen lassen dürfen, bevor der Arbeitgeber sich Gewissheit verschafft hat.[55] Sonst zwänge man ihn von Gesetzes wegen zur Verdachtskündigung.[56] Auch mit dieser Einschränkung kann der Zwang zur Fristeinhaltung bei der Kündigungserklärung misslich sein, nämlich dann, wenn der Arbeitgeber zwar die Tatsachen zweifelsfrei kennt, aber noch nicht alle für ein Gerichtsverfahren erforderlichen Beweise in Händen hat. Das BAG hat eine Erhöhung der Praktikabilität der Frist dadurch versucht, dass es die Frist bei Sachverhaltsunklarheiten erst ab einer Anhörung des Arbeitnehmers beginnen lässt. Danach beginnt die Ausschlussfrist, wenn der zur Kündigung Berechtigte zuverlässige und möglichst vollständige Kenntnis der für die Kündigung maßgebenden Tatsachen hat, die ihm die Entscheidung ermöglichen, ob die Fortsetzung des Arbeitsverhältnisses zumutbar ist oder nicht. Hat er Anhaltspunkte für das Vorliegen eines wichtigen Grundes, kann er zunächst Ermittlungen anstellen und den Betroffenen ohne Beginn der Frist anhören. Die Anhörung muss grundsätzlich innerhalb einer kurzen einwöchigen Frist erfolgen, welche jedoch bei Vorliegen besonderer Umstände auch überschritten werden darf. Hat der Kündigungsberechtigte sodann hinreichende Kenntnis vom Kündigungssachverhalt und etwaigen Beweismitteln, beginnt der Lauf der Ausschlussfrist.[57]

Schwierig in ihrer Anwendung wird die Regelung bei **zeitlich nicht klar abgrenzbaren Gründen.** Ab wann etwa stellt eine schwere Krankheit einen wichtigen Grund dar? Schon im Hinblick auf den mit der Kündigungserklärungsfrist vom Gesetz bezweckten Arbeitnehmerschutz kann hier der Arbeitgeber nicht gezwungen sein, das Arbeitsverhältnis so früh wie möglich zu kündigen. Vielmehr ist anzunehmen, dass die Entstehung des wichtigen Grundes während der ganzen Krankheit andauert, so dass die Frist überhaupt nicht zu laufen beginnt. Ist die Krankheit vorbei oder steht ihr Ende bevor, so entfällt der wichtige Grund.[58] Auch bei anderen Dauertatbeständen, z. B. geminderter Leistungsfähigkeit, beginnt die Frist nicht, solange der Dauerzustand anhält.[59]

Ebenfalls höchst problematisch ist die Anwendung der Kündigungserklärungsfrist, wenn sich der wichtige Grund aus einer **Mehrzahl einzelner, zeitlich nacheinander liegender kleinerer Pflichtverletzungen** zusammensetzt, die je für sich keinen wichtigen Grund darstellen, zusammengenommen aber die Fortsetzung des Arbeitsverhältnisses unzumutbar machen. Zweckgerechter Auslegung entspricht, dass die Frist jedenfalls mit jeder neuen kleineren Verfehlung neu zu laufen beginnt, die Geltendmachung der älteren Verfehlungen also nicht deshalb unmöglich gemacht wird, weil eine rechtlich damals vielleicht schon zulässige außerordentliche Kündigung nicht erklärt worden ist.[60]

Unklar ist ferner, auf **wessen Kenntnis** es maßgeblich ankommt: des Arbeitgebers selbst, des nächsten Vorgesetzten des Arbeitnehmers oder eines zur selbständigen Entlassung befugten Vorgesetzten. Das letztere dürfte zutreffen.[61] Kaum lösbar ist auch das Problem der **Beweislastverteilung** für die Kenntniserlangung. Der Gekündigte hat zu wenig Einblick in die Vorgänge beim Kündigenden, der Kündigende, dem die Beweislast meist auferlegt wird,[62] muss im Grunde einen Teufelsbeweis führen, nämlich dass er *nicht* schon früher Kenntnis erlangt hatte als der Fristwahrung entspricht.

---

[55] *BAG* AP Nr. 1, 3 und 6 zu § 626 BGB Ausschlußfrist; sehr weitgehend *BAG* AP Nr. 9 zu § 626 BGB Ausschlußfrist: Fristbeginn bei strafbarem Verhalten u. U. erst ab Kenntnis von der Rechtskraft des Strafurteils.

[56] Für diese gelten aber wieder andere Fristüberlegungen, vgl. *BAG* AP Nr. 2 zu § 626 BGB Ausschlußfrist; *BAG* AP Nr. 32 zu § 626 BGB Ausschlußfrist: Beginn wird gehemmt, solange der Arbeitgeber die nach pflichtgemäßen Ermessen notwendig erscheinenden Maßnahmen in gebotener Eile durchführt.

[57] Zum Ganzen *BAG* AP Nr. 6 zu § 91 SGB IX.

[58] Vgl. *BAG* AP Nr. 8 zu § 626 BGB Krankheit.

[59] Vgl. *BAG* AP Nr. 8 zu § 626 BGB Krankheit.

[60] Ähnlich *BAG* AP Nr. 4 zu § 626 BGB Ausschlußfrist; KR/*Fischermeier,* § 626 BGB Rn. 325; *BAG* AP Nr. 76 zu § 626 BGB: bei Gesamtverhalten beginnt Frist mit letztem Vorfall.

[61] So *BAG* („der zur Kündigung Berechtigte") AP Nr. 6 zu § 91 SGB IX. Zur Problematik bei juristischen Personen *G. Wiesner,* BB 1981, 1533; *Lüders,* Beginn der Zwei-Wochen-Frist des § 626 II BGB bei Kenntniserlangung durch Organmitglied, BB 1990, 790; KR/*Fischermeier,* § 626 BGB Rn. 345 ff.; *BAG* AP Nr. 1 zu § 28 BGB.

[62] Vgl. etwa *BAG* AP Nr. 7 zu § 626 BGB Ausschlussfrist; BGH DB 2002, 2640. Zur Problematik *Jobs,* Die Darlegungs- und Beweislast für die Einhaltung der Zweiwochenfrist gem. § 626 Abs. 2 BGB, BB 1972, 501.

Die Frist ist auch zu kurz, weil sie unter modernen organisatorischen Gegebenheiten vielfach kaum noch praktiziert werden kann. Hinzu kommt, dass nach der Rechtsprechung die Frist zur Anhörung des Betriebsrats gem. § 102 BetrVG einzurechnen ist.[63]

Alle diese Unklarheiten und Anwendungsprobleme machen deutlich, dass es rechtspolitisch zu überlegen wäre, die Vorschrift wieder zu streichen und es bei der Anwendung von Verwirkungsgrundsätzen bewenden zu lassen. Zur fehlenden Praktikabilität tritt jedoch hinzu, dass die Vorschrift auch inhaltlich verfehlt ist. Eine ganze Anzahl von Beispielen aus der Rechtsprechung zeigt, dass mit ihr geradezu skandalöse Fälle von Pflichtverletzungen „geheilt" werden, die dies absolut nicht verdienen. In der Praxis führt das nicht selten dazu, dass die Gerichte bei der Frage der Kenntnisnahme durch die eigentlich verantwortliche Person manipulieren. Auch das zeigt, dass der Gesetzgeber einen Fehlgriff getan hat. In die gleiche Richtung geht die Interpretation der Anl. I Kap. XIX Sachgebiet A Abschnitt III Abs. 5 Nr. 2 EV durch das LAG Berlin, wonach die Frist des § 626 II 2 BGB bei Kündigung wegen Stasimitarbeit nicht anzuwenden sei.[64] Symptomatisch tritt auch, dass das BAG die Ausschlussfrist für die außerordentliche Änderungskündigung eines Betriebsratsmitgliedes (dazu oben 2 f) erst mit dem Tag beginnen lässt, an dem dessen Weiterbeschäftigungsmöglichkeit zu bisherigen Bedingungen tatsächlich entfallen ist, nicht schon mit der lang vorher liegenden Kenntnis vom künftigen Eintritt dieses Umstands.[65]

Ist die **Ausschlussfrist vom Arbeitgeber versäumt** worden, so muss der Arbeitnehmer die darauf beruhende Unwirksamkeit der Kündigung nach § 13 I 2 KSchG binnen der Dreiwochenfrist geltend machen[66], vgl. oben 3 a und unten § 24 IX.

b) Verzeihung

Das Recht zur außerordentlichen Kündigung erlischt, soweit der zur Kündigung berechtigte Teil den vom anderen gesetzten wichtigen Grund verziehen hat (z. B. eine Beleidigung).

c) Rechtsmissbrauch

Die Kündigung kann auch wegen Rechtsmissbrauch unzulässig sein, etwa wenn sie ein venire contra factum proprium darstellt. Dagegen kommt der Fall der Verwirkung als der illoyalen Verspätung neben der Regelung der Kündigungserklärungsfrist (§ 626 II 2 BGB) nicht in Betracht.[67]

4. Zwingender Charakter der Regelung

Die in § 626 BGB getroffene Regelung, das Arbeitsverhältnis aus wichtigem Grund lösen zu können, ist zwingend, und zwar für beide Vertragsteile. Daher ist eine *Einschränkung* grundsätzlich weder durch Einzelvertrag noch durch Tarifvertrag oder Betriebsvereinbarung zulässig. Einer *Erweiterung* durch Einzelvertrag oder Betriebsvereinbarung steht entgegen, dass dadurch die gesetzlichen Mindestkündigungsfristen des § 622 BGB umgangen würden,[68] in vielen Fällen auch der Kündigungsschutz. Sind im Arbeitsvertrag z. B. bestimmte Kündigungsgründe genannt, ist besonders sorgfältig zu prüfen, inwieweit darin nur eine Konkretisierung des wichtigen Grundes oder eine unzulässige Erweiterung liegt.

Zweifelhaft ist, inwieweit *gesetzliche* Regelungen die Kündigung aus wichtigem Grund einschränken dürfen. Solche Einschränkungen bestanden früher für die gewerblichen Arbeiter in Gestalt enumerativer Aufzählung der Kündigungsgründe; dies war im Hinblick auf die relativ kurz bemessene ordentliche Kündigungsfrist unbedenklich. Zurzeit gelten Beschränkungen der außerordentlichen Kündigung

---

[63] Vgl. *BAG* AP Nr. 10, 18, 32 zu § 103 BetrVG 1972.

[64] LAG Berlin ZIP 1991, 1173.

[65] Vgl. *BAG* AP Nr. 86 zu § 626 BGB; *BAG* AP Nr. 36 zu § 15 KSchG 1969.

[66] Vgl. *BAG* AP Nr. 3 zu § 626 BGB Ausschlußfrist; *v. Hoyningen-Huene/Linck,* KSchG, 14. Aufl., 2007, § 13 Rn. 14.

[67] Ebenso *BAG* AP Nr. 20 zu § 626 BGB Ausschlußfrist; abw. *Popp,* Ausschlußfrist gemäß § 626 Abs. 2 S 1 und S 2 BGB – ein gesetzlich konkretisierter Verwirkungstatbestand?, NZA 1987, 366, 367.

[68] Vgl. *BAG* AP Nr. 67 zu § 626 BGB; *BAG* AP Nr. 3 zu § 620 BGB Bedingung.

für eine Reihe besonderer Arbeitsverhältnisse im Rahmen des besonderen Kündigungsschutzes, wie etwa für Schwangere, für Betriebsratsmitglieder und für Schwerbehinderte. Auch § 626 II 2 BGB stellt eine Einschränkung dar. Dem Gesetzgeber sind derartige Einschränkungen nur verwehrt, soweit die Verfassung entgegensteht. Danach wäre eine völlige Unauflöslichkeit unzulässig, weil sie dem Arbeitnehmer den Wechsel des Arbeitsplatzes und dem Arbeitgeber die Möglichkeit des Berufswechsels auch bei noch so dringendem Anlass verwehren würde. Auch das beiden zustehende Recht auf freie Entfaltung der Persönlichkeit verbietet das Festhalten an einem Vertrag, wenn dringende Gründe die Auflösung fordern. Über das Maß der Zumutbarkeit hinaus darf die Rechtsordnung niemanden binden. Kündigungsbeschränkungen, welche die Auflösung des Arbeitsverhältnisses von der gerichtlich nachprüfbaren Zustimmung einer dritten Stelle oder von einem rechtsgestaltenden gerichtlichen Akt (vgl. z.B. §§ 133, 140 HGB für die OHG) abhängig machen, würden aber den verfassungsrechtlichen Erfordernissen noch entsprechen. Auch hat der Gesetzgeber die Möglichkeit, das Maß der Zumutbarkeit innerhalb gewisser Grenzen zu bestimmen. Die Einschränkungen des besonderen Kündigungsschutzes sind unter diesem Gesichtspunkt verfassungskonform.

5. Befristete außerordentliche Kündigung[69]

a) Nach § 626 I BGB erfolgt die außerordentliche Kündigung fristlos, d.h. die Auflösung des Arbeitsverhältnisses tritt zu dem Zeitpunkt ein, zu dem die Kündigungserklärung wirksam wird (regelmäßig also mit deren Zugang). Diese sofortige Lösung des Arbeitsverhältnisses ist sinnvoll, wo sonst die ordentliche Kündigung mit normaler gesetzlicher Frist zur Verfügung steht, weil dann die außerordentliche Kündigung nur aus schwerwiegenden Gründen in Betracht kommen wird. Sie ist dagegen problematisch, wenn die außerordentliche Kündigung infolge der Zumutbarkeitsformel auch aus Gründen zulässig ist, die normalerweise die sofortige Auflösung des Arbeitsverhältnisses nicht zu rechtfertigen vermögen. Das kommt in Betracht, wo eine ordentliche Kündigungsmöglichkeit ganz fehlt (z.B. bei befristeten Arbeitsverhältnissen oder kraft tarifvertraglicher Regelung[70]) oder wo die Kündigungsfrist stark verlängert ist. Dort müssen auch weniger schwerwiegende Gründe als wichtiger Grund angesehen werden,[71] bei denen zwar das Abwarten der normalen Kündigungsfrist durchaus zumutbar sein würde, das Abwarten eines längeren Zeitablaufs dagegen nicht.[72] In solchen Fällen, und zwar nur in solchen, ist daher die überschießende gesetzliche Regelung durch Befristung zu korrigieren,[73] und zwar am besten dahin, dass der Kündigende mit der Kündigungserklärung die gesetzliche Normalfrist als Auslauffrist anzubieten hat. Der Gekündigte braucht sich darauf nicht einzulassen und kann auf sofortiger Beendigung bestehen[74]. Im Übrigen sind an das Vorliegen eines wichtigen Grundes

---

[69] *Schwerdtner*, Die a.o. arbeitgeberseitige Kündigung bei o. unkündbaren Arbeitsverhältnissen, FS Kissel, 1994, 1077; *Bitter/Kiel*, Von angeblichen und wirklichen Wertungswidersprüchen: Die BAG-Rechtsprechung zur außerordentlichen Kündigung sog. unkündbarer Arbeitnehmer, FS Schwerdtner, 2003, S. 13.; *Etzel*, Die „Orlando-Kündigung": Kündigung tariflich unkündbarer Arbeitnehmer, ZTR 2003, 210 ff.; *Oetker*, Arbeitsrechtlicher Kündigungsschutz und Tarifautonomie, ZfA 2001, 287 ff.

[70] Vgl. zu der beschriebenen Wirkung, dass eine a.o. Kündigung ermöglicht wird, z.B. *BAG* EzA Nr. 96 zu § 626 BGB n.F.

[71] Eine eigene Form der Kündigung aus „minder wichtigem Grund" ist hingegen abzulehnen. Vgl. *Staudinger/Preis*, § 626 BGB Rn. 63; KR/*Fischmeier*, § 626 BGB Rn. 306.

[72] *BAG* AP Nr. 162 zu § 626 BGB; ErfK/*Müller-Glöge*, § 626 BGB Rn. 74; siehe auch APS/*Dörner*, § 626 BGB Rn. 40.

[73] So die wohl h.L., wenn auch mit Unterschieden hinsichtlich der Bindung des Gekündigten an die Frist; ErfK/*Müller-Glöge*, § 626 BGB Rn. 75; KR/*Fischermeier*, § 626 BGB Rn. 304; MünchKomm-BGB/*Henssler*, § 626 BGB Rn. 111 ff.; *BAG* AP Nr. 83, 86 zu § 626 BGB; *BAG* NZA 2002, 232. Teilweise, nämlich für ordentlich unkündbare Arbeitsverhältnisse zustimmend KR/*Fischermeier*, § 626 BGB Rn. 304. Abweichend *BAG* AP Nr. 3 zu § 133b GewO.

[74] A.A. ErfK/*Müller-Glöge*, § 626 BGB Rn. 228, wonach der ArbN bis zum Ablauf der Auslauffrist weiterzuarbeiten hat, sofern er nicht seinerseits außerordentlich kündigt; ein einseitiges Lossagungsrecht bestehe nicht.

besonders strenge Anforderungen zu stellen, damit der Ausschluss der ordentlichen Kündigung nicht zu einfach durch eine außerordentliche Kündigung umgangen werden kann.[75]

b) Der kündigende Teil kann im Übrigen, auch wenn die ordentliche Kündigung des Arbeitsverhältnisses möglich ist, dem Gekündigten mit der außerordentlichen Kündigung eine Frist einräumen, deren Länge er selbst bestimmen kann. Dabei muss er allerdings erkennbar machen, dass er nicht eine ordentliche Kündigung mit evtl. unzutreffender Frist, sondern eine außerordentliche Kündigung erklären will. Auch diese Fristeinräumung stellt nur ein Angebot an den Gekündigten dar, den Beendigungszeitpunkt hinauszuschieben. Der Gekündigte braucht sich auf die ihm eingeräumte Frist nicht einzulassen, sondern kann auf sofortiger Lösung bestehen.[76]

§ 24. Der allgemeine Kündigungsschutz

Literatur: Kommentare zum KSchG von *Backmeister/Trittin/Mayer*, 2. Aufl., 2002; *Kittner/Däubler/Zwanziger*, 6. Aufl., 2004; *Löwisch/Spinner*, 9. Aufl., 2004; MünchKommBGB/*Hergenröder*, KSchG, 4. Aufl., 2005; HWK/*Molkenbur/Pods/Quecke*, KSchG, 2. Aufl., 2006; *Bader/Bram/Dörner/Wenzel* (Loseblatt); *Ascheid/Preis/Schmidt*, 3. Aufl., 2007; *Fiebig/Gallner/Griebeling/Mestwerdt/Nägele/Pfeiffer*, 3. Aufl., 2007; *v. Hoyningen-Huene/Linck*, 14. Aufl., 2007; ErfK/*Ascheid/Oetker/Kiel*, KSchG, 7. Aufl., 2007; *Becker/Etzel/Fischermeier/Friedrich/Lipke/Pfeiffer/Rost/Spilger/Weigand/Wolff*, KR, 8. Aufl., 2007.
Vgl. ferner *Zöllner*, Gutachten für den 52. DJT, 1978, S. D 113 ff.; *Otto*, Personale Freiheit und soziale Bindung, 1978, S. 56 ff.; *v. Stebut*, Der soziale Schutz als Regelungsproblem des Vertragsrechts, 1982; *Reuter*, Reichweite und Grenzen der Legitimität des Bestandsschutzes von Arbeitsverhältnissen, Ordo Bd. 33, 1982, S. 165; *Wank*, Rechtsfortbildung im Kündigungsschutzrecht, RdA 1987, 129; *Dorndorf*, Vertragsdurchsetzung als Funktion des Kündigungsschutzes, ZfA 1989, 345; *Rüthers/Henssler*, Die Kündigung bei kumulativ vorliegenden und gemischten Kündigungssachverhalten, ZfA 1988, 31; *Birk*, Umschulung statt Kündigung, FS Kissel, 1994, S. 51; *Mummenhoff*, Inhalts- gegen Bestandsschutz bei der Sozialauswahl, FS Kissel, 1994, S. 773; *Bitter/Kiel*, 40 Jahre Rechtsprechung des Bundesarbeitsgerichts zur Sozialwidrigkeit von Kündigungen, RdA 1995, 26; *Fromm*, Die arbeitnehmerbedingten Kündigungsgründe, 1995; *Hromadka*, Unternehmerische Freiheit – ein Problem der betriebsbedingten Kündigung?, ZfA 2002, 383; *Boecken/Topf*, Kündigungsschutz: zurück zum Bestandsschutz durch Ausschluss des Annahmeverzuges, RdA 2004, 19; *Walker*, Die freie Unternehmerentscheidung im Arbeitsrecht, ZfA 2004, 501; *Stahlhacke/Preis/Vossen*, Kündigung und Kündigungsschutz im Arbeitsverhältnis, 9. Aufl., 2005; *Busemann/Schäfer*, Kündigung und Kündigungsschutz im Arbeitsverhältnis, 5. Aufl., 2006.

I. Begriff und Arten

Ziel des Kündigungsschutzes ist es, den Arbeitnehmer gegen die Nachteile der einseitigen Beendigung seines Arbeitsverhältnisses durch den Arbeitgeber zu schützen.

1. Unter diesem Blickwinkel lassen sich als **Kündigungsschutz im weiteren Sinn** alle Regelungen begreifen, durch welche die Auflösung des Arbeitsverhältnisses mittels arbeitgeberseitiger Kündigung gegenüber der gesetzlichen Normallage beschränkt oder aufgehalten wird oder durch die sonstige Kündigungsnachteile ausgeglichen werden. In dieser weiteren Bedeutung gehört zum Kündigungsschutz auch die Verlängerung von Kündigungsfristen gegenüber der gesetzlichen Normalfrist (vgl. z. B. § 622 II gegenüber Abs. 1).

---

[75] APS/*Dörner*, § 626 BGB Rn. 318 b; ErfK/*Müller-Glöge*, § 626 BGB Rn. 74.
[76] Anders wohl *BAG* AP Nr. 1 zu § 123 GewO; AP Nr. 17 zu § 66 BetrVG 1952.

2. Den **Kündigungsschutz im engeren Sinn** und damit das Kerngebiet des Kündigungsschutzes bilden dagegen nur diejenigen Regelungen, die das arbeitgeberseitige Kündigungs*recht* in seinen Voraussetzungen einschränken, nicht nur die Wirkungen seiner Ausübung abmildern. Dazu gehört einmal der den Großteil aller Arbeitsverhältnisse erfassende **allgemeine Kündigungsschutz** der §§ 1 ff. KSchG, der die ordentliche Kündigung des Arbeitgebers auf bestimmte Gründe beschränkt, zum anderen der **besondere Kündigungsschutz,** der die ordentliche und teilweise auch die außerordentliche Kündigung bestimmter Arbeitnehmer, z. B. der Betriebsratsmitglieder, gänzlich oder fast gänzlich ausschließt.

II. Interessenlage und Rechtstatsachen

Der Kündigungsschutz ist der gewichtigste und umfassendste Ausschnitt aus dem Problembereich des Bestandsschutzes, den das Arbeitsverhältnis erfährt (dazu oben § 22 IV).

1. Interessenlage. Die Beschränkung arbeitgeberseitiger Kündigungsmöglichkeiten dient sowohl den Interessen des betroffenen Arbeitnehmers als auch der Allgemeinheit.

a) Die **Interessen des Arbeitnehmers** können in elementarer Weise betroffen sein. Zwar stellt der Verlust des Arbeitsplatzes für ihn heute kein absolutes materielles Existenzrisiko mehr dar. Dieses wird durch Möglichkeiten des Einrückens in einen neuen Arbeitsplatz bei einem anderen Arbeitgeber, ersatzweise durch Arbeitslosenversicherung und Sozialhilfe weitgehend aufgefangen. Vielfach ergeben sich jedoch beträchtliche Einkommensminderungen. Insoweit werden durch die Kündigung Lebensstandardinteressen des Arbeitnehmers berührt. In jedem Fall verliert der Arbeitnehmer mit seinem Arbeitsplatz die gewohnte Arbeitsumwelt, oft auch die gewohnte private Umwelt. Durch Arbeitslosigkeit oder Übergang zu anderer Arbeit wird auch die Persönlichkeit des Arbeitnehmers unmittelbar betroffen.

b) Die **Interessen der Allgemeinheit** sind vor allem betroffen, wenn Entlassungen in größerem Umfang stattfinden, weil sich dann meist die erforderliche Aufnahme der entlassenen Arbeitnehmer durch andere Unternehmen nicht reibungslos und rasch vollzieht. Arbeitslosigkeit größerer Arbeitnehmergruppen belastet die öffentlichen Kassen erheblich und kann bei größeren Umschichtungen auf dem Arbeitsmarkt zu aufwändigen Veränderungen der so genannten Infrastruktur zwingen. In vielen Fällen ist es daher sinnvoller, wenn statt größerer Entlassungen eine Streckung der Arbeit durch Einführung von Kurzarbeit erfolgt.

Auf der anderen Seite besteht ein Interesse der Allgemeinheit daran, dass die Kündigung gegenüber Arbeitnehmern möglich ist, wenn der Unternehmer zu ihrem produktiven Einsatz nicht mehr in der Lage ist. Nur dann können die zur Erreichung und Erhaltung hoher gesamtwirtschaftlicher Produktivität erforderlichen Verlagerungen des Faktors Arbeitskraft im Wirtschaftsgefüge rasch genug erfolgen. Die Produktivitätseinbußen der Volkswirtschaft durch die zu lange Erhaltung unproduktiver Arbeitsplätze gehen nicht etwa nur zu Lasten der Gewinne von Privaten, sondern auch zu Lasten der Gesamtheit.

c) Das **Interesse des Arbeitgebers** geht dahin, Arbeitnehmer, mit denen er aus persönlichen oder sachlichen Gründen nicht mehr zusammenarbeiten möchte und Arbeitnehmer, die er nicht produktiv einzusetzen vermag, so rasch wie möglich zu entlassen. Diesem Interesse wird ein sozialer Staat nicht unbegrenzt Rechnung tragen. Negieren kann er es allerdings nicht, und zwar nicht nur aus verfassungsrechtlichen, sondern auch aus ökonomischen Gründen. Kein Unternehmen lässt sich über längere Frist unrentabel führen, ohne dass das Defizit von anderer Seite ausgeglichen wird.

2. Rechtstatsachen. Abstrakte Interessenanalyse allein genügt modernen Anforderungen der Rechtsdogmatik und Rechtspolitik nicht. Hinzu treten muss vielmehr eine möglichst breite Kenntnis des tatsächlichen Geschehens und der tatsächlichen Lage der Betroffenen. Der dazu erforderlichen Rechtstatsachenforschung ist zeitweise gerade auch mit Bezug auf die Kündigungspraxis und die Auswirkungen des Kündigungsschutzes vermehrte Aufmerksamkeit geschenkt worden.[1] Die Interpretation und Verwertung dieser Rechtstatsachen ist freilich besonders schwierig. So sind etwa Aussagen über eine angebliche Funktionsunfähigkeit des Kündigungsschutzes gemacht worden, die kritischer Betrachtung nicht voll standhalten. Das gilt insbesondere für die namentlich von Arbeitsrichtern immer wieder aus ihrer prozessbedingt eingeschränkten Perspektive aufgestellte Behauptung, das KSchG sei ein reines Abfindungsgesetz, das sozialwidrige Kündigungen in Wahrheit nicht verhindere (vgl. dazu unten VII 6 a).

III. Die Grundkonzeption des allgemeinen Kündigungsschutzes

Der allgemeine Kündigungsschutz ist im ersten Abschnitt des KSchG (§§ 1–14) geregelt. Die gesetzliche Regelung ist unübersichtlich.

1. Nach § 1 I KSchG ist die ordentliche Kündigung unwirksam, wenn sie sozial ungerechtfertigt ist. Das klingt so, als könnte die Kündigung grundsätzlich wirksam erfolgen, als würden ihrer Wirksamkeit aber bestimmte Gründe entgegenstehen *(negatives System)*. Bereits der Eingangssatz von Abs. 2 belehrt jedoch im Wege doppelter Verneinung darüber, dass das Gesetz es anders meint. Danach ist die Kündigung sozial ungerechtfertigt, wenn sie *nicht* durch bestimmte Gründe bedingt ist. Das heißt nichts anderes, als dass die Kündigung, um wirksam zu sein, **durch bestimmte Gründe getragen** sein muss *(positives System)*. Das Gesetz hätte dies besser so ausgedrückt: Die ordentliche Kündigung gegenüber einem Arbeitnehmer ist nur wirksam, wenn sie durch folgende Gründe sozial gerechtfertigt ist: …

2. Den positiv erforderlichen Gründen von Abs. 2 Satz 1 werden in Abs. 2 Satz 2 und Abs. 3 **negative Gründe** gegenübergestellt, aus denen die an sich durch rechtfertigende Gründe nach Abs. 2 Satz 1 getragene Kündigung dennoch sozial ungerechtfertigt sein kann.

3. Die Unwirksamkeit der Kündigung tritt nicht von selbst ein, sondern bedarf der **fristgebundenen gerichtlichen Geltendmachung** durch den betroffenen Arbeitnehmer, §§ 4, 7 KSchG (dazu unten VII). Das Kündigungsschutz*verfahren* ist dadurch im Ansatz wie in der Durchführung individuell konzipiert. Der einzelne Arbeitnehmer muss sich gegen die Kündigung wehren, und es obliegt allein ihm, die positiven Gründe des Arbeitgebers anzugreifen und die negativen Gründe gegen die Wirksamkeit der Kündigung vorzubringen. Für den Betriebsrat ist eine prozessuale Mitwirkung am Kündigungsschutzverfahren nicht vorgesehen (zu seiner rechtlichen und tatsächlichen Stellung vor Ausspruch der Kündigung vgl. §§ 102, 103 BetrVG und unten § 50 III).

4. Dem entspricht die rechtliche Bedeutungslosigkeit des **Kündigungseinspruchs** nach § 3 KSchG. Es steht dem Arbeitnehmer nach dieser Vorschrift zwar frei, gegen die Kündigung beim Betriebsrat Einspruch einzulegen; dieser ist verpflichtet, die Herbeiführung einer Verständigung mit dem Arbeit-

---

[1] Vgl. z. B. Sachverständigenrat zur Begutachtung der gesamtwirtschaftlichen Entwicklung, Auszug aus dem Jahresgutachten 1989/90, RdA 1990, 288; *Franz,* Flexibilisierung des Arbeitsrechts aus ökonomischer Sicht, ZfA 1994, 439; *Kraft,* Bestandsschutz des Arbeitsverhältnisses: Lohn ohne Arbeit, ZfA 1994, 463; *Zöllner,* Arbeitsrecht und Marktwirtschaft, ZfA 1994, 423; *von Klitzing,* Ordnungsökonomische Analyse des arbeitsrechtlichen Bestandsschutzes …, 2001; *Löwisch,* Auswege aus dem Kündigungsschutzrisiko?, FS 50 Jahre BAG, 2004, S. 423; *Pfarr u. a.,* REGAM-Studie: Die Kündigungs-, Klage- und Abfindungspraxis in den Betrieben, BB 2004, 106; *dies.,* Hat das Kündigungsschutzgesetz präventive Wirkungen?, BB 2004, 325; *v. Hoyningen-Huene/Linck,* Einl. Rn. 80 ff.; *Löwisch/Spinner,* vor § 1 Rn. 1 ff.

geber zu versuchen, und er muss seine Stellungnahme zu dem Einspruch dem Arbeitnehmer und dem Arbeitgeber auf Verlangen schriftlich mitteilen. Gelangt diese Stellungnahme in die Gerichtsakten des Kündigungsschutzverfahrens, so ist sie dennoch nicht mehr als bloße Meinungsäußerung eines am Verfahren nicht Beteiligten.

5. Die rein **individualrechtliche Konzeption** des allgemeinen Kündigungsschutzes wird zwar vom Gesetzeswortlaut ausnahmsweise mit **kollektiven Elementen** verbunden, nämlich hinsichtlich der Negativgründe für die Sozialwidrigkeit der Kündigung in § 1 Abs. 2 Satz 2 KSchG. Die Beachtlichkeit dieser Gründe ist nach dem Wortlaut der Bestimmung an ihre rechtzeitige Geltendmachung durch den Betriebsrat gegenüber dem Arbeitgeber gebunden. Lehre und Rechtsprechung interpretieren den Gesetzeswortlaut jedoch anders (näher dazu unten VI 2).

IV. Anwendungsbereich des allgemeinen Kündigungsschutzes

1. Der allgemeine Kündigungsschutz greift **nur** gegenüber arbeitgeberseitigen **Kündigungen** Platz, nicht gegenüber anderen Gründen für die Beendigung von Arbeitsverhältnissen. Das schließt nicht aus, dass bei bestimmten anderen Beendigungsgründen, nämlich bei der Befristung, Gedanken aus dem Bereich des Kündigungsschutzes zu einem Bestandsschutz führen können (vgl. oben § 22 I 3 und IV).

2. Der allgemeine Kündigungsschutz gilt **nur für ordentliche Kündigungen,** § 13 I 1 KSchG. Eine außerordentliche Kündigung kann also nicht daraufhin geprüft werden, ob sie sozial gerechtfertigt ist oder nicht. Der Gesetzgeber geht zutreffend davon aus, dass ein wichtiger Grund im Sinn von § 626 BGB stets auch die soziale Rechtfertigung der Kündigung einschließt. Ist eine außerordentliche Kündigung freilich als solche unwirksam und kommt es zur Umdeutung in eine ordentliche (dazu oben § 23 III 3 b), so ist diese auf ihre soziale Rechtfertigung hin überprüfbar.

3. Die Anwendung von § 1 KSchG setzt voraus, dass das Arbeitsverhältnis des betroffenen Arbeitnehmers vor der Kündigung **im selben Betrieb oder Unternehmen** schon **länger als sechs Monate** ohne Unterbrechung bestanden hat, § 1 I KSchG. Erfolgt die Kündigung innerhalb der Sechs-Monatsfrist – maßgebend ist der Zugang der Kündigungserklärung, nicht der Ablauf der Kündigungsfrist – greift der Kündigungsschutz also nicht.

4. Der allgemeine Kündigungsschutz greift ferner nur in **Betrieben mit mehr als zehn Arbeitnehmern,** für Arbeitsverhältnisse, die vor dem 1. Januar 2004 begonnen haben nur in Betrieben mit mehr als fünf Arbeitnehmern Platz. Auszubildende werden nicht mitgezählt, § 23 I 2 und 3 KSchG. Teilzeitbeschäftigte werden anteilig eingerechnet, vgl. näher Satz 4. Ausgenommen sind mithin so genannte Kleinbetriebe, und gänzlich ausgenommen sind die Haushalte, letztere ohne Rücksicht auf die Zahl der Arbeitnehmer.

5. Leitende Angestellte im Sinn von § 14 II KSchG (§ 14 I erfasst Personen, die regelmäßig keine Arbeitnehmer sind) sind vom Kündigungsschutz nicht mehr wie früher ausgenommen, es gelten lediglich einige Abweichungen.[2]

6. Für die **Besatzungen von Schiffen und Luftfahrzeugen** gelten gewisse Modifikationen, § 24 KSchG.

7. Zum Verhältnis des allgemeinen Kündigungsschutzes zum AGG vgl. unten § 18 VIII 1.

---

[2] S. näher *Vogel*, Kündigungsschutz leitender Angestellter, NZA 2002, 313.

V. Soziale Rechtfertigung der Kündigung[3]

Das Gesetz unterscheidet in § 1 II und III KSchG zwischen positiven und negativen Gründen (vgl. oben III 1 und 2). Positive Gründe sind diejenigen, welche die Kündigung nach § 1 II 1 KSchG sozial rechtfertigen. Sie müssen positiv vorliegen, wenn die Kündigung wirksam sein soll. Das Gesetz sieht drei Arten solcher Gründe vor: (1) Gründe in der Person, (2) Gründe im Verhalten des Arbeitnehmers, (3) betriebliche Gründe.

1. Gründe in der Person des Arbeitnehmers[4] liegen dann vor, wenn Fähigkeiten oder Eigenschaften des Arbeitnehmers die Kündigung veranlassen. Solche sind vor allem Krankheit, mangelnde Eignung oder mangelnde Anpassungsfähigkeit, Nachlassen der Arbeitsfähigkeit. Die Prüfung einer personenbedingten Kündigung erfolgt in vier Schritten: Es muss ein Grund in der Person des Arbeitnehmers vorliegen (1), der zu der negativen Prognose führt, dass er in Zukunft nicht in der Lage ist, die Arbeitsleistung ordnungsgemäß zu erbringen (2). Die Kündigung muss das einzige und letzte Mittel sein, um die Vertragsstörung zu beseitigen (3) und eine umfassende Interessenabwägung muss zu Gunsten des Arbeitgebers ausfallen (4). (Näheres dazu siehe unten V 3.)

Beispiele: Das Mannequin altert, der Chauffeur wird blind, die Küchenhilfe ist Dauerausscheider von Typhuserregern.

Das Erreichen einer bestimmten Altersgrenze ist für sich besehen kein Grund zur Kündigung, auch nicht, wenn eine hinreichende Altersversorgung gewährleistet ist (zur Altersbefristung § 22 I 3 c).

2. Gründe im Verhalten des Arbeitnehmers[5] sind vor allem Pflichtverletzungen, ausnahmsweise sogar auch unverschuldete.[6] An das Vorliegen eines solchen Grundes knüpfen ebenso wie bei der personenbedingten Kündigung die Prüfung der negativen Prognose und des ultima-ratio-Prinzips sowie eine Interessenabwägung an.

Beispiele: Der Bankangestellte gibt falsche Auskünfte, die Film-Cutterin schneidet die falschen Szenen heraus, der Buchhalter speist den Computer falsch, der Abteilungsleiter plaudert Betriebsgeheimnisse aus.

Es kommen aber auch Verhaltensweisen als Kündigungsgründe in Betracht, die nicht pflichtwidrig sind, z. B. bei Arbeitnehmern mit besonderer Vertrauensstellung exzessives privates Schuldenmachen, das zu ständigen Lohnpfändungen führt. Dass nur Verletzungen von Vertragspflichten einen verhaltensbedingten Grund bilden könnten, wie behauptet wird, trifft nicht zu. Die Kündigung greift durchaus auch in Fällen ein, in denen ein Schadensersatzanspruch des Arbeitgebers nicht in Betracht kommt.

3. Die Gründe zu (1) und (2) brauchen nicht so schwerwiegend zu sein, dass sie einen wichtigen Grund darstellen. Sonst wäre die außerordentliche Kündigung gegeben, bei welcher der allgemeine Kündigungsschutz nicht zum Zuge kommt. Anderseits müssen die Gründe aber von einer gewissen Erheblichkeit sein. Selbstverständlich ist

---

[3] Zu den allgemeinen Grundsätzen des Kündigungsrechts vgl. *Preis*, Prinzipien des Kündigungsschutzes bei Arbeitsverhältnissen, 1987; *ders.*, Neuere Tendenzen im arbeitsrechtlichen Kündigungsschutz (Teil I und Teil II), DB 1988, 1387 ff., 1444 f.; *Lieb/Jacobs*, § 4 II 1.

[4] *Berkowsky*, Die personen- und verhaltensbedingte Kündigung, 4. Aufl., 2005; *Berkowsky*, Die personenbedingte Kündigung – Teil 1, NZA-RR 2001, 393 ff.; *ders.*, Die personenbedingte Kündigung – Teil 2, NZA-RR 2001, 449 ff.

[5] *Preis*, Die verhaltensbedingte Kündigung, DB 1990, 630 ff., 685 ff.; *Berkowsky*, Die verhaltensbedingte Kündigung – Teil 1, NZA-RR 2001, 1 ff.; *ders.*, Die verhaltensbedingte Kündigung – Teil 2, NZA-RR 2001, 57 ff.

[6] *BAG* AP Nr. 151 zu § 626 BGB.

nicht *jedes* Nachlassen der Kräfte, nicht jede Pflichtverletzung geeignet, die Kündigung sozial zu rechtfertigen. Vielmehr bedarf es einer **Interessenabwägung.** Dafür hat sich die Formel herausgebildet, dass Umstände vorliegen müssen, „die bei verständiger Würdigung in Abwägung der Interessen der Vertragsparteien und des Betriebes die Kündigung als billigenswert und angemessen erscheinen lassen".[7] Als Maßstab hat man auch verschiedentlich den ruhig und verständig urteilenden Arbeitgeber angesehen.[8] Das BAG sieht eine Kündigung dann als gerechtfertigt an, wenn sie einem objektiven, verständig urteilenden Arbeitgeber nach einer umfassenden Interessenabwägung als angemessen und gerecht erscheint.[9] Ein Teil der Lehre stellt stattdessen auf die Unzumutbarkeit der Weiterbeschäftigung für den Arbeitgeber ab.[10] Der Unterschied zur außerordentlichen Kündigung nach § 626 BGB (dazu oben § 23 III) besteht dann darin, dass auf die Unzumutbarkeit schlechthin, bei der außerordentlichen Kündigung hingegen auf die Unzumutbarkeit bis zum Zeitpunkt des Auslaufs der ordentlichen Kündigungsfrist bzw. einer Befristung des Arbeitsverhältnisses abzustellen ist, mithin bei der ordentlichen Kündigung auch etwas schwächere Gründe zum Zuge kommen können. Auch der Grundsatz der Verhältnismäßigkeit und das Prognoseprinzip nehmen Einfluss auf die Interessenabwägung, wobei noch keine Einigkeit darüber besteht, in welchem Umfang die beiden Maxime zu berücksichtigen sind.[11]

Die Kündigung ist keine Sanktion für vergangene Beeinträchtigungen des Arbeitsverhältnisses, sondern ihrer Natur nach zukunftsbezogen. Es kommt also darauf an, ob im Zeitpunkt der Kündigungserklärung eine Prognose für die Zukunft ergibt, dass die Störung das Arbeitsverhältnis auch in Zukunft beeinträchtigen wird (**Prognoseprinzip**).[12] Im Falle einer einmaligen Pflichtverletzung, deren Wiederholung nicht zu befürchten ist, kann sich dies auch aus der irreparablen Erschütterung des Vertrauensverhältnisses zwischen dem Arbeitgeber und dem jeweiligen Arbeitnehmer oder aus einer anderen belastenden Auswirkung auf das Arbeitsverhältnis ergeben.[13] Stellt sich die getroffene Prognose nachträglich als falsch heraus, so bedarf es einer Korrektur. Zwar bleibt die Kündigung selbst wirksam,[14] dem Arbeitnehmer steht aber ein Wiedereinstellungsanspruch zu, wenn die Kündigungsfrist noch nicht abgelaufen ist und keine berechtigten Interessen des Arbeitgebers der Wiedereinstellung entgegenstehen.[15]

---

[7] KR/*Etzel*, § 1 KSchG Rn. 273 ff.; *BAG* AP Nr. 130 zu § 626 BGB.

[8] *BAG* AP Nr. 5 und 21 zu § 1 KSchG; APS/*Dörner*, § 1 KSchG Rn. 69; a. A. ErfK/*Ascheid/Oetker*, § 1 KSchG Rn. 120. S. auch *Benecke*, Der verständige Arbeitgeber, RdA 2004, 147.

[9] *BAG* AP Nr. 18, 21, 50, 52 zu § 1 KSchG 1969 Verhaltensbedingte Kündigung.

[10] So etwa *v. Hoyningen-Huene/Linck*, KSchG, § 1 Rn. 178 ff.; kritisch dazu APS/*Preis*, 1. Teil, H. Rn. 32 ff.

[11] *Bitter/Kiel*, 40 Jahre Rechtsprechung des Bundesarbeitsgerichts zur Sozialwidrigkeit von Kündigungen, RdA 1994, 333, 338.

[12] Ständige Rechtsprechung des BAG: *BAG* AP Nr. 3 zu § 1 KSchG 1969 Abmahnung; *BAG* AP Nr. 26 zu § 1 KSchG 1969 Krankheit; *BAG* AP Nr. 65 zu § 1 KSchG 1969; AP Nr. 54 zu § 1 KSchG 1969 Verhaltensbedingte Kündigung; *Preis* Anm. Nr. 1 zu EzA § 611 BGB Einstellungsanspruch. Ablehnend *Kraft*, Bestandsschutz des Arbeitsverhältnisses – Lohn ohne Arbeit – Überlegungen zur Reduzierung der Regelungsdichte des Arbeitsrechts und zur Wiederherstellung der Äquivalenz im Arbeitsverhältnis, ZfA 1994, 463, 475.

[13] Dazu *Enderlein*, Das erschütterte Arbeitgebervertrauen im Recht der verhaltensbedingten Tat- und Verdachtskündigung, RdA 2000, 325 ff.; *BAG* AP Nr. 25 und 27 zu § 1 KSchG 1969 Verhaltensbedingte Kündigung.

[14] Vgl. dazu *BAG* AP Nr. 36 zu § 1 KSchG 1969 Krankheit; *BAG* AP Nr. 37 zu § 1 KSchG 1969 Krankheit.

[15] *BAG* AP Nr. 2 und 6 zu § 1 KSchG 1969 Wiedereinstellung; *Nicolai/Noack*, Grundlagen und Grenzen des Wiedereinstellungsanspruchs nach wirksamer Kündigung des Arbeitsverhältnisses, ZfA 2000, 87; siehe auch *Raab*, Der Wiedereinstellungsanspruch des Arbeitnehmers bei Wegfall des Kündigungsgrundes, RdA 2000, 147; *Oberhofer*, Der Wiedereinstellungsanspruch, RdA 2006, 92. A. A. *Kai-*

Darüber hinaus gebietet das auch im Bereich des Kündigungsschutzes grundsätzlich anwendbare Verhältnismäßigkeitsprinzip die Prüfung der Erforderlichkeit einer Kündigung i.S. des **ultima-ratio-Prinzips**. Sie muss einziges und letztmögliches, dem Arbeitgeber zur Verfügung stehendes Mittel sein. Dies lässt sich aus dem Gesetzeswortlaut ableiten, in welchem es heißt, die Kündigung müsse durch einen Grund in der Person oder dem Verhaltens des Arbeitnehmers „bedingt" oder durch „dringende" betriebliche Erfordernisse gerechtfertigt sein.[16] Hinzu kommt die Anwendung des Grundsatzes der Verhältnismäßigkeit im engeren Sinn: Der durch die Kündigung bewirkte Eingriff in die Rechtsstellung des Arbeitnehmers darf nicht außer Verhältnis zu dem veranlassenden Grund stehen.

Besondere soziale Bedeutung hat die Frage, inwieweit bei **Krankheit** die Kündigung zulässig ist.[17] Eine genaue Abgrenzung hierfür lässt sich nicht geben, wohl aber der Grundsatz, dass erhebliche Anforderungen zu stellen sind, wenn Krankheit als Kündigungsgrund dienen soll. Die Rechtsprechung des 2. Senats des BAG legt folgendes dreistufiges Prüfungsschema zugrunde:[18]

a) Negative Prognose hinsichtlich des weiteren Gesundheitszustands (dauernde Arbeitsunfähigkeit, Langzeiterkrankung oder mehrere Kurzzeiterkrankungen).

b) Fehlzeiten müssen zur erheblichen Beeinträchtigung betrieblicher Interessen führen. Diese kann liegen (a) in einer Betriebsablaufstörung, die nicht durch sachgerechte Überbrückungsmaßnahmen vermieden werden kann, (b) in einer erheblichen wirtschaftlichen Belastung durch hohe Lohnfortzahlungskosten.

c) Interessenabwägung muss ergeben, dass diese Beeinträchtigung zu einer Belastung führt, welche vom Arbeitgeber billigerweise nicht hinzunehmen ist.

Bei **verhaltensbedingter Kündigung** wird im Rahmen der Prüfung des ultima-ratio- Prinzips verlangt, dass in der Regel eine rechtzeitige und deutliche **Abmahnung** des Arbeitnehmers vorausgegangen ist.[19] Das BAG hält eine Abmahnung immer dann für erforderlich, wenn steuerbares Verhalten vorliegt. Dies kann auch bei einer personenbedingten Kündigung gegeben sein. So zum Beispiel, wenn die Vertrauensbeziehung zwischen Arbeitgeber und Arbeitnehmer wiederhergestellt werden kann[20] (zum Begriff vgl. oben § 23 III 2b). Dabei wird allerdings von den Gerichten vielfach übertrieben, die mit dieser formalen Anforderung auch bei relativ eindeutigen Verfehlungen zur Klageabweisung kommen. Richtigerweise ist die Abmahnung dort entbehrlich, wo dem Arbeitnehmer klar sein muss, dass der Arbeitgeber einen derartigen Verstoß gegen Verhaltenspflichten nicht hinnehmen wird.[21]

---

ser, Wegfall des Kündigungsgrundes – Weder Unwirksamkeit der Kündigung noch Wiedereinstellungsanspruch, ZfA 2000, 205.

[16] So *Lieb/Jacobs*, Rn. 339.

[17] *Preis*, Prinzipien des Kündigungsschutzes bei Arbeitsverhältnissen, 1987, S. 439ff.; *Preis*, Die krankheitsbedingte Kündigung, in: *Hromadka*, Krankheit im Arbeitsverhältnis, 1993, S. 93; *Mathern*, Die krankheitsbedingte Kündigung, NJW 1996, 818; *Voigt*, Rechtliche Reaktionsmöglichkeiten auf eine Fehlprognose bei der krankheitsbedingten Kündigung, DB 1996, 526; *Roos*, Die Rechtsprechung zur Kündigung wegen Krankheit, NZA-RR 1999, 617; *Lepke*, Kündigung bei Krankheit, 11. Aufl., 2003; *BAG* AP Nr. 1–43 zu § 1 KSchG 1969 Krankheit.

[18] *BAG* AP Nr. 65 zu § 1 KSchG 1969.

[19] Vgl. *BAG* AP Nr. 3 zu § 1 KSchG 1969 Verhaltensbedingte Kündigung; AP Nr. 53 zu § 1 KSchG 1969 Verhaltensbedingte Kündigung; *v. Hoyningen-Huene*, Die Abmahnung im Arbeitsrecht, RdA 1990, 193; *Hoß*, Die arbeitsrechtliche Abmahnung, MDR 1999, 333; *Kammerer*, AR-Blattei SD 20 Die Abmahnung, 2001; *Braun*, Die arbeitsrechtliche Abmahnung, RiA 2005, 265.

[20] *BAG* AP Nr. 28 zu § 626 BGB Verdacht strafbarer Handlung.

[21] *BAG* AP Nr. 163 zu § 626 BGB; AP Nr. 54 zu § 1 KSchG 1969 Verhaltensbedingte Kündigung.

4. Betriebliche Gründe[22] für die Kündigung sind, wie das Gesetz formuliert, dringende betriebliche Erfordernisse, die einer Weiterbeschäftigung des Arbeitnehmers in diesem Betrieb entgegenstehen. Maßgeblich ist, dass nach dem **Prognoseprinzip** objektiv damit zu rechnen ist, dass die Beschäftigungsmöglichkeit auf Grund einer Unternehmerentscheidung mit dem Zeitpunkt des Ablaufs der Kündigungsfrist entfällt.

Denkbar sind einmal außerbetriebliche Gründe, wie Veränderungen im Produktions- und Absatzbereich aufgrund der wirtschaftlichen Entwicklung, z.B. Rohstoffknappheit, Auftragsmangel, Absatzschwierigkeiten und dergleichen. In Betracht kommen aber weiter auch vom Arbeitgeber selbst durch betriebliche Maßnahmen technischer oder organisatorischer Art bewirkte innerbetriebliche Änderungen, die zum Wegfall des durch die Kündigung betroffenen Arbeitsplatzes führen oder die Einstellung eines anders qualifizierten Arbeitnehmers erforderlich machen, z.B. Rationalisierungsmaßnahmen, Änderung von Produktionsmethoden, „Freisetzung von Arbeitskräften durch Automation". Auch die Schließung eines Betriebes ist betrieblicher Grund für die Kündigung der Arbeitsverhältnisse, und ebenso die Betriebseinschränkung in Gestalt einer Drosselung der Produktion (auch wenn sie nicht die Reaktion auf bereits vorhandene Marktdaten wie Auftragsmangel ist), nicht hingegen der Betriebsübergang (vgl. oben § 21 III 10), nicht die Insolvenz des Arbeitgebers als solche; letztere hebt den Kündigungsschutz per se nicht auf, doch werden vielfach andere Gründe vorliegen, die Entlassungen rechtfertigen. Die Erforderlichkeit von Lohnsenkungen zur Wiederherstellung der Rentabilität ist kein Grund zur Vollkündigung, kann aber unter bestimmten Voraussetzungen eine Änderungskündigung sozial rechtfertigen.[23]

Das **ultima-ratio-Prinzip** findet, wie die Formulierung „dringende" betriebliche Erfordernisse zeigt, auch im Rahmen der betriebsbedingten Kündigung Anwendung. Die unternehmerische Entscheidung muss einzig und allein durch die (Beendigungs)-Kündigung umgesetzt werden können. Verfügt der Arbeitgeber über eine objektiv mögliche und zumutbare Beschäftigungsmöglichkeit auf einem freien Arbeitsplatz, muss er diese dem Arbeitnehmer zuvor anbieten bzw. eine Änderungskündigung aussprechen.[24] Letztere darf nur dann unterbleiben, wenn der Arbeitnehmer das Änderungsangebot vorbehaltlos und endgültig abgelehnt hat.[25]

Nicht selten stellt sich die Frage nach dem **Verhältnis von Kündigungsschutz und Kurzarbeit**.[26] Es geht dabei darum, inwieweit der Arbeitgeber gehalten ist, durch Auftragsmangel oder andere Ursachen ausgelöste Einschränkungen der Beschäftigungsmöglichkeit mittels Kurzarbeit aufzufangen, statt zu Entlassungen zu schreiten. Jedenfalls braucht sich der Arbeitgeber bei endgültigen Produktionseinschränkungen und bei wirtschaftlichen Schwierigkeiten, die nicht ersichtlich nur vorübergehender Natur sind, auf eine Arbeitsstreckung durch Kurzarbeit nicht einzulassen.[27]

---

[22] Dazu *BAG* AP § 1 KSchG 1969 Betriebsbedingte Kündigung; *Kiel/Koch*, Die Betriebsbedingte Kündigung, 2000; *Ehmann/Sutschet*, Die betriebsbedingte Kündigung, Jura 2001, 145 ff.; *Berkowsky*, Die betriebsbedingte Kündigung, 5. Aufl., 2002; *Däubler*, Neues zur betriebsbedingten Kündigung, NZA 2004, 177 ff.; *Schiefer*, Betriebsbedingte Kündigung – Kündigungsursache und Unternehmerentscheidung, NZA-RR 2005, 1 ff.

[23] Dazu *BAG* EzA § 2 KSchG Nr. 6 m. Anm. v. *Löwisch*; *BAG* NJOZ 2006, 1601; *BAG* AP Nr. 82 zu § 2 KSchG 1969.

[24] *BAG* AP Nr. 8, 80 zu § 2 KSchG 1969. Siehe auch noch unten Fn. 37.

[25] Einzelheiten in *BAG* AP Nr. 80 zu § 2 KSchG 1969.

[26] Dazu *BAG* AP Nr. 8, 14 zu § 1 KSchG und Nr. 45 zu § 1 KSchG 1969; *Denck*, Kurzarbeit vor Kündigung, Jura 1985, 178; *Meinhold*, Mitbestimmung des Betriebsrats bei der Einführung von Kurzarbeit und betriebsbedingter Kündigung, BB 1988, 623; *Preis*, Autonome Unternehmerentscheidung und „dringendes betriebliches Erfordernis", NZA 1995, 241, 247; *v. Hoyningen-Huene/Linck*, § 1 Rn. 730 ff.; MünchKommBGB/*Hergenröder*, § 1 KSchG Rn. 323 f.; *Schiefer*, Betriebsbedingte Kündigung – Kündigungsursache und Unternehmerentscheidung, NZA-RR 2005, 1, 9.

[27] Verfehlt *ArbG Münster* BB 1983, 444 (Anm. *Gagel*). Zur Problematik auch *LAG Hamm* DB 1983, 506.

Problematisch ist, inwieweit im Kündigungsschutzprozess betriebliche Gründe der **richterlichen Nachprüfung** unterliegen. Sicherlich hat der Richter zu prüfen, ob das Bedürfnis für die Beschäftigung des Arbeitnehmers durch die betrieblichen Gründe entfallen ist.[28] Dagegen darf die getroffene Maßnahme selbst grundsätzlich nicht auf ihre Erforderlichkeit oder wirtschaftliche Zweckmäßigkeit nachgeprüft werden. Fallen durch den Einsatz einer neuen Maschine hundert Arbeitsplätze weg, ist dem Richter also die Prüfung verwehrt, ob dadurch kostengünstiger produziert wird. Die Richtigkeit unternehmerischer Dispositionen ist gerichtlicher Überprüfung weitgehend entzogen, weil in einer dezentralisierten Wirtschaftsordnung der einzelne Unternehmer einen breiten Spielraum des Ermessens für unternehmerische Entscheidungen braucht. Nur ein Missbrauch dieses Ermessens kann der Überprüfung offen stehen. Das BAG hat hierzu die Formel geprägt, dass die Maßnahme des Arbeitgebers offenbar unsachlich, unvernünftig oder willkürlich sein muss.[29] Hinzu tritt, dass der Arbeitgeber den Umfang seines beruflichen und unternehmerischen Engagements selbst zu bestimmen hat. Will er nur noch halb soviel Waren produzieren oder die Produktion bestimmter Güterarten einstellen, obgleich ein Nachlassen der Nachfrage nicht in Sicht ist, so muss ihm auch dies freistehen.

Besonderheiten gelten wegen § 1 V 1 KSchG für betriebliche Gründe, wenn diese aufgrund ihrer Qualität als Betriebsänderung i.S.v. § 111 BetrVG in einem sog. Interessenausgleich (vgl. dazu § 112 BetrVG) Berücksichtigung gefunden haben. Für dort als zu kündigend namentlich genannte Arbeitnehmer gilt dann die Vermutung, dass ihre Entlassung betriebsbedingt ist. Den Gegenbeweis zu führen wird für den Arbeitnehmer in aller Regel kaum möglich sein.

VI. Sozialwidrigkeit trotz Vorliegens sozialer Rechtfertigungsgründe

Die Kündigung kann trotz Vorliegens positiver, die Kündigung sozial rechtfertigender Gründe im Sinn von § 1 II 1 KSchG dennoch sozialwidrig (= sozial ungerechtfertigt) sein. Das Gesetz sieht dafür in § 1 II 2 und III KSchG drei Sozialwidrigkeitsgründe („negative Gründe") vor: (1) Verstoß gegen eine Auswahlrichtlinie im Sinn von § 95 BetrVG, (2) Vorliegen einer Weiterbeschäftigungsmöglichkeit, (3) Unsoziale Auswahl.

1. Richtlinienverstoß

Auswahlrichtlinien für Kündigungen sind in der Praxis bislang nicht allzu häufig. Soweit sie aufgestellt werden, bedürfen sie nach § 95 BetrVG der Zustimmung des Betriebsrats (vgl. auch unten § 50 I 1). Wird gegen eine solche Richtlinie verstoßen – praktisch kommt das nur bei der Kündigung aus betrieblichen Gründen in Betracht – ist die Kündigung sozialwidrig, auch wenn ein ausreichender betrieblicher Grund für die Kündigung vorliegt.[30] Zum Erfordernis, dass der Betriebsrat der Kündigung wegen dieses Verstoßes widersprochen hat, sogleich unten 2.

---

[28] Dazu klarstellend *BAG* AP Nr. 24 zu § 1 KSchG 1969 Betriebsbedingte Kündigung (Anm. *V. Schmidt*).

[29] Vgl. *BAG* AP Nr. 6 zu § 1 KSchG 1969 Betriebsbedingte Kündigung; ausführlich auch *BAG* AP Nr. 42 zu § 1 KSchG 1969 Betriebsbedingte Kündigung (nur Missbrauchskontrolle, keine Abwägung der Nachteile von Arbeitgeber und Arbeitnehmer); *BAG* AP Nr. 79, 80, 102 zu § 1 KSchG 1969 Betriebsbedingte Kündigung; *v. Hoyningen-Huene/Linck*, § 1 Rn. 789ff.; kritisch KR/*Etzel*, § 1 KSchG Rn. 522ff., 534ff.; s. auch *Kaiser*, Die Unternehmerentscheidung bei betriebsbedingten Kündigungen, NZA 2005 Beil. 1, S. 31.

[30] Das schwierige Verhältnis der Auswahlrichtlinien zum Erfordernis sozialer Auswahl nach § 1 III KSchG (dazu unter der alten Rechtslage *Zöllner*, Auswahlrichtlinien für Personalmaßnahmen, FS

2. Weiterbeschäftigungsmöglichkeit

Weiterbeschäftigungsmöglichkeit für den Arbeitnehmer an einem anderen Arbeitsplatz im selben Betrieb oder Unternehmen führt zur Sozialwidrigkeit, und zwar auch dann, wenn diese Weiterbeschäftigung nur nach zumutbaren Umschulungs- oder Fortbildungsmaßnahmen oder nur unter geänderten Arbeitsbedingungen (gemeint ist: unter schlechteren) möglich ist und der Arbeitnehmer hierzu sein Einverständnis erklärt hat. Der Arbeitgeber muss also stets der Umsetzung des Arbeitnehmers Vorrang vor der Kündigung geben.

a) Nach dem Wortlaut ist die Geltendmachung dieser Negativgründe an die **zusätzliche Voraussetzung** geknüpft, **dass** der **Betriebsrat** aus einem dieser Gründe der Kündigung fristgerecht nach § 102 BetrVG widersprochen hat. Der Gesetzgeber hat, wenn man dem Wortlaut der Bestimmung folgt,[31] mit dieser erst durch das BetrVG 1972 eingeführten Regelung das bisherige rein individualistische Konzept des Kündigungsschutzes durchbrochen. Zwar ließe sich die Neuregelung sachlich daraus erklären, dass es sich um Einwendungen gegen die Kündigung handelt, bei denen Interessen der Gesamtbelegschaft im Spiel sind, nicht lediglich die Individualinteressen des von der Kündigung betroffenen Arbeitnehmers. Eine solche reine Wortinterpretation hätte aber erhebliche Folgen für die individuelle Position des Arbeitnehmers. Denn die Möglichkeit der Weiterbeschäftigung im selben Betrieb oder Unternehmen war schon früher im Rahmen der Prüfung, ob ein betriebliches Erfordernis für die Kündigung besteht, berücksichtigt worden, ohne dass es auf eine rechtzeitige Geltendmachung durch den Betriebsrat ankam. Nach der aktuellen Fassung des Gesetzes müsste man eigentlich annehmen, dass nunmehr eine Berücksichtigung ohne diese Geltendmachung nicht in Betracht kommt. Damit würde der einzelne Arbeitnehmer in starke Abhängigkeit vom Betriebsrat geraten. Nach der im Schrifttum herrschenden Ansicht[32] und nach der Rechtsprechung des BAG[33] soll indessen der neue Text die alte Rechtslage insoweit nicht verändert haben, d. h. es soll nach wie vor die Berücksichtigung von Umsetzungsmöglichkeiten auch dann im Prozess erfolgen können, wenn der Betriebsrat der Kündigung nicht widersprochen hat. Diese Auslegung steht zwar mit der klaren Formulierung des Gesetzes in Widerspruch. Sie kann sich aber auf den Zweck der Neuregelung berufen, die Stellung des Arbeitnehmers zu verbessern.

b) Streitig ist, ob der Arbeitnehmer sich nicht nur auf Weiterbeschäftigungsmöglichkeiten im gleichen Unternehmen, sondern auch auf solche in einem anderen **Unternehmen des gleichen Konzerns** berufen kann.[34] Darauf wird es schwerlich eine Patentantwort geben. Das BAG geht grundsätzlich davon aus, die mögliche Weiterbeschäftigung in einem anderen Unternehmen des Konzerns führe nicht dazu, dass die Kündigung sozialwidrig sei, es lässt jedoch je nach Einzelfall Ausnahmen von diesem Grundsatz zu.[35] Ausnahmen sind zum Beispiel da zu machen, wo die Berufung auf die rechtliche Selbständigkeit des anderen Unternehmens gegen Treu und Glauben verstößt, wie insbesondere dann, wenn der Arbeitgeber durch Unternehmensaufspaltung oder durch Ausgliederung von Unternehmensteilen auf selbständige Rechtsträger die

---

G. Müller, 1981, S. 665) ist durch den neuen § 1 IV KSchG zwar nicht voll geklärt, aber für die Praxis entspannt i. S. einer Vorrangigkeit der Richtlinie, KR/*Etzel*, § 1 KSchG Rn. 695 ff.

[31] Dies tun *Gumpert*, Kündigung und Mitbestimmung, BB 1972, 47, 50; *Wagener*, Schränkt das neue BetrVG den individuellen Kündigungsschutz ein?, BB 1972, 1373; *Meisel*, Die Mitwirkung und Mitbestimmung des Betriebsrates in personellen Angelegenheiten, 4. Aufl., 1974, S. 186 f., 203.

[32] Dazu *v. Hoyningen-Huene/Linck*, § 1 Rn. 740; *Stahlhacke/Preis/Vossen*, Rn. 1003.

[33] *BAG* AP Nr. 2 zu § 1 KSchG 1969 (Anm. *G. Hueck*); AP Nr. 21 zu § 1 KSchG 1969 Betriebsbedingte Kündigung; AP Nr. 67 zu § 1 KSchG 1969 Betriebsbedingte Kündigung.

[34] Dazu *Windbichler*, Arbeitsrecht im Konzern, 1989, S. 155 ff., 259 ff. m. N.; *Wank*, Rechtsfortbildung im Kündigungsschutzrecht, RdA 1987, 129, 137 ff.; *Helle*, Konzernbedingte Kündigungsschranken …, 1989; *Konzen*, Arbeitnehmerschutz im Konzern, RdA 1984, 65 (85 f.); *Weber*, Das aufgespaltene Arbeitsverhältnis, 1992, S. 196; *Bayreuther*, Die Durchsetzbarkeit des konzernweiten Kündigungsschutzes, NZA 2006, 819; *BAG* AP Nr. 1, 4 und 6 zu § 1 KSchG 1969 Konzern; *BAG* AP Nr. 28 zu § 87 BetrVG 1972 Ordnung des Betriebes.

[35] *BAG* AP Nr. 6 zu KSchG 1969 § 1 Konzern; *BAG* NZA 1999, 539.

eigenen Beschäftigungsmöglichkeiten verringert hat. Zumindest die Arbeitnehmer, deren Arbeitsverhältnisse schon vorher begründet waren, können dann verlangen, kündigungsrechtlich so behandelt zu werden, wie wenn diese Unternehmen noch Teil des arbeitgeberischen Unternehmens wären, beherrschenden Einfluss des Arbeitgebers auf die Konzernunternehmen vorausgesetzt.

c) Die Möglichkeit der Weiterbeschäftigung des Arbeitnehmers steht der sozialen Rechtfertigung der Kündigung auch dann entgegen, wenn die Weiterbeschäftigung nur nach **Umschulungs- und Fortbildungsmaßnahmen** oder nach einer Änderung der Arbeitsbedingungen möglich und der Arbeitnehmer hiermit einverstanden ist. Das bedeutet, dass der Arbeitgeber bei Bestehen solcher Weiterbeschäftigungsmöglichkeiten dem Arbeitnehmer ein entsprechendes Angebot auf Vertragsänderung zu machen hat,[36] und zwar spätestens mit der Kündigung.[37] Etwas überspitzt lässt sich auch sagen, die Änderungskündigung habe Vorrang vor der Beendigungskündigung.[38] Nur in Ausnahmefällen darf eine Änderungskündigung unterbleiben (siehe auch oben V 4).

3. Unsoziale Auswahl[39]

Nach § 1 KSchG ist eine Kündigung trotz Vorliegens dringender betrieblicher Erfordernisse sozial ungerechtfertigt, wenn der Arbeitgeber bei der Auswahl des Arbeitnehmers die Dauer der Betriebszugehörigkeit, das Lebensalter, die Unterhaltspflichten und die Schwerbehinderung des Arbeitnehmers nicht oder nicht ausreichend berücksichtigt hat.

Beispiel: Kann der Arbeitgeber infolge einer Veränderung der Produktionsmethoden nur einen Teil der bisherigen Arbeitnehmer fortbeschäftigen, so muss er i. d. R. Unverheiratete vor Familienvätern, Jüngere vor den Älteren entlassen.

Mit dem Gesetz zu Reformen am Arbeitsmarkt vom 24. 12. 2003 wurden die sozialen Gesichtspunkte in § 1 III KSchG wieder konkretisiert und um das Kriterium der Schwerbehinderung erweitert. Die Neuregelung stellt klar, welche **Sozialdaten der Arbeitnehmer** überhaupt zu berücksichtigen sind (str.).[40] Unklar bleibt aber weiterhin ihre Gewichtung (inwieweit geht Familienfürsorge vor Betriebszugehörigkeitsdauer, welche Rolle spielt das Alter der Kinder oder der Ehefrau usw.). Die Praxis hat hierfür vielfach so genannte Punktetabellen[41] entwickelt, mit denen mehr Rationalität und Gleichmäßigkeit in den Bewertungsprozess eingebracht werden soll. Die Qualität solcher Tabellen ist von Unternehmen zu Unternehmen unterschiedlich, ihre Überzeugungskraft auch in einzelnen Bewertungsbereichen verschieden groß. Das BAG steht

---

[36] So im Kern zutreffend, aber zu kompliziert *BAG* AP Nr. 8 zu § 2 KSchG (Anm. v. *Hoyningen-Huene*), wo überflüssigerweise der Grundsatz der Verhältnismäßigkeit bemüht wird. Das Ergebnis folgt direkt aus dem Gesetz (so zutreffend die Anm. von *v. Hoyningen-Huene*, a. a. O.).

[37] Streitig ist ob der Arbeitgeber vor Ausspruch der Änderungskündigung ein Angebot zur Änderung der Bedingungen machen muss, welches nicht mit einer Kündigung verbunden ist. Vgl. hierzu *BAG* AP Nr. 8, 80 zu § 2 KSchG 1969; *Preis,* Die Verantwortung des Arbeitgebers und der Vorrang betrieblicher Maßnahmen vor Entlassungen (§ 2 I Nr. 2 SGB III). Programmsatz oder verbindlicher Rechtssatz?, NZA 1998, 449, 457. Ablehnend etwa APS/*Dörner*, § 1 KSchG Rn. 91.

[38] Vgl. dazu *Berkowsky,* Vorrang der Änderungskündigung vor der Beendigungskündigung, NZA 2006, 697 ff.

[39] Dazu *BAG* AP § 1 KSchG 1969 Soziale Auswahl; AP Nr. 12 zu § 1 KSchG Betriebsbedingte Kündigung; *Lunk,* Die Sozialauswahl nach neuem Recht, NZA 2005 Beil. 1 S. 41; *Bröhl,* Aktuelle Rechtsprechung des BAG zur Sozialauswahl, BB 2006, 1050.

[40] Aus dem Gesetzeswortlaut ergibt sich nicht eindeutig, ob daneben auch andere Kriterien berücksichtigt werden können. Vgl. dazu *Kittner,* in: KDZ, § 1 KSchG Rn. 473; KR/*Etzel,* § 1 KSchG Rn. 678 l; a. A. ErfK/*Ascheid/Oetker,* § 1 KSchG Rn. 490; *Junker,* Grundkurs Arbeitsrecht, 5. Aufl., Rn. 375, der annimmt, die Kriterien der Sozialauswahl seien auf die in § 1 III KSchG genannten beschränkt.

[41] Dazu *Ehmann,* BlStSozArbR 1984, 209; *Fenski,* DB 1990, 1917; *Rieble,* NJW 1991, 65; *BAG* AP Nr. 19 zu § 1 KSchG 1969 Soziale Auswahl; NZA 2007, 139.

ihnen als Instrument für eine Vorauswahl positiv gegenüber[42]. Mit Recht nimmt man aber an, dass eine verbindliche Auswahlentscheidung nicht gleichsam rechnerisch getroffen werden kann. Dem Schutz vor Diskriminierungen wird künftig verstärkt Beachtung zu schenken sein, dazu aber auch § 18 VIII 1.

Erhebliche praktische Bedeutung kommt der Frage zu, welche Arbeitnehmer in die Sozialauswahl einzubeziehen sind. Zum einen kommen insoweit nur Arbeitnehmer desselben Betriebs in Betracht (ganz h.M.), zum anderen nur solche, die von dem betrieblichen und damit die Kündigung rechtfertigenden Grund potentiell betroffen sind, z.B. dem Auftragsrückgang, dem Wegfall von Arbeitsplätzen aufgrund einer Rationalisierungsmaßnahme. Einbezogen werden somit nur Arbeitnehmer, die im Rahmen des arbeitgeberischen Weisungsrechts austauschbar sind. Der Personenkreis wird durch § 1 III 2 KSchG weiter eingeschränkt. In die Sozialauswahl sind solche Arbeitnehmer nicht einzubeziehen, deren Weiterbeschäftigung wegen ihrer Kenntnisse, Fähigkeiten und Leistungen oder zur Sicherung einer ausgewogenen Personalstruktur[43] im berechtigten betrieblichen Interesse liegt. In erster Linie soll das wohl bedeuten, dass der Arbeitgeber die besonders guten Mitarbeiter nicht aus sozialen Gründen zugunsten Schwächerer entlassen muss, eine ökonomisch vernünftige, freilich zur Schutzaufgabe des Arbeitsrechts konträre Problemlösung. Die Prüfung der Sozialauswahl erfolgt in drei Schritten: (1) Zuerst sind die in die Auswahl einzubeziehenden Arbeitnehmer festzustellen, (2) dann die Sozialdaten zu ermitteln und zu vergleichen und (3) zuletzt müssen diejenigen ausgenommen werden, deren Weiterbeschäftigung gem. § 1 III 2 KSchG im berechtigten betrieblichen Interesse liegt. Über die Reihenfolge der zwei letzten Prüfungspunkte besteht Uneinigkeit.

Nach § 1 III 3 KSchG trägt der Arbeitnehmer die **Darlegungs- und Beweislast**[44] dafür, dass der Arbeitgeber unsozial ausgewählt hat. Die Beibringung der erforderlichen Tatsachen wird ihm indessen in vielen Fällen kaum möglich sein, ganz besonders nicht in großen Unternehmen, in denen u.U. eine Vielzahl von vergleichbar beschäftigten Arbeitnehmern vorhanden ist. Die Rechtsprechung hat daher eine differenzierte Verteilung der Darlegungslast entwickelt, nach welcher der Arbeitnehmer im Kündigungsschutzprozess zunächst nur die unsoziale Auswahl vorzubringen braucht und, soweit er nicht selbst über die erforderlichen Kenntnisse verfügt, vom Arbeitgeber differenzierte Auskunft über den von ihm berücksichtigten Personenkreis[45] samt deren Sozialdaten und über den von ihm angelegten Bewertungsmaßstab verlangen kann. In den Fällen des § 1 V KSchG (dazu schon oben V 4 am Ende) lässt das Gesetz ausdrücklich die richterliche Überprüfung der Sozialauswahl nur auf grobe Fehlerhaftigkeit zu, es sei denn, dass sich die Sachlage nach Zustandekommen des Interessenausgleichs wesentlich geändert hat.

VII. Das Kündigungsschutzverfahren

Die Geltendmachung der Unwirksamkeit einer Kündigung ist nur in einem arbeitsgerichtlichen Verfahren möglich. Dies gilt gemäß § 23 I 2 und 3 KSchG unabhängig von der Größe des Betriebs und auch dann, wenn die Wartezeit nicht erfüllt ist. Unterlässt der Arbeitnehmer die rechtzeitige Geltendmachung, so gilt die Kündigung als von Anfang an rechtswirksam. Ihre Sozialwidrigkeit und seit dem 1. 1. 2004 auch alle

---

[42] *BAG* NZA 2007, 139.
[43] Näher *BAG* NZA 2007, 139.
[44] Dazu *BAG* AP Nr. 18 zu § 1 KSchG 1969 Soziale Auswahl; *Linck*, Die soziale Auswahl bei betriebsbedingter Kündigung, 1990, S. 167 ff.
[45] Zu der sehr schwierigen Frage, wieweit der vom Arbeitgeber in die Sozialauswahl einzubeziehende Personenkreis zu erstrecken ist, *BAG* EzA § 1 KSchG Soziale Auswahl Nr. 27 (Anm. *Hergenröder*); *Löwisch/Spinner*, § 1 KSchG Rn. 349 ff.

anderen Unwirksamkeitsgründe (mit Ausnahme einer mündlichen Kündigung, vgl. § 4 Satz 1 KSchG, der den Zugang einer schriftlichen Kündigung voraussetzt) werden geheilt; die Kündigung gilt als von Anfang an wirksam, § 7 KSchG. Der Grund für diese Regelung liegt darin, dass der Arbeitgeber schnell Gewissheit über die Rechtslage haben soll. Der Arbeitnehmer soll, wenn er die Kündigung nicht hinnehmen will, zu baldiger gerichtlicher Klärung gezwungen werden. Tut er dies nicht, tritt *Rechtssicherheit durch Zeitablauf* ein.

1. Die Kündigungsschutzklage

Die Geltendmachung erfolgt durch Klageerhebung vor dem Arbeitsgericht. Das Gesetz bezeichnet die Klage als Feststellungsklage (§ 4 KSchG), und so wird sie in der Praxis auch tenoriert; der Klageantrag richtet sich also auf die Feststellung, dass das Arbeitsverhältnis durch die angegriffene Kündigung nicht aufgelöst worden ist. Der Sache nach handelt es sich freilich um eine Klage mit einer gewissen Gestaltungsfunktion,[46] wie aus der ohne sie eintretenden Heilung der Unwirksamkeit hervorgeht. Aus dieser Besonderheit resultiert das Problem, in welchem Verhältnis die Kündigungsschutzklage zu einer allgemeinen Feststellungsklage über die Wirksamkeit oder Unwirksamkeit des Arbeitsverhältnisses steht. Dazu noch näher unten VIII 2 (insbes. Fn. 80).

2. Klagefrist

Die Erhebung der Klage hat grundsätzlich binnen drei Wochen nach Zugang der Kündigung zu erfolgen. Maßgebend ist nicht der Zeitpunkt, zu dem das Arbeitsverhältnis endet, sondern das Wirksamwerden der Kündigungserklärung. Das wird von Arbeitnehmern oft verkannt. Die Klage muss nicht innerhalb der Frist dem Arbeitgeber zugestellt sein, es genügt der Eingang der Klage bei Gericht.

Bei unverschuldeter Fristversäumung ist eine **nachträgliche Zulassung der Klage** durch das Gericht möglich, § 5 KSchG. Die Frist wird auch dadurch gewahrt, dass der Arbeitnehmer die Unwirksamkeit der Kündigung innerhalb der Dreiwochenfrist aus anderen Gründen geltend macht, § 6 KSchG.[47]

Beispiel: Der Arbeitnehmer wendet sich vor Ablauf der Dreiwochenfrist gegen die Kündigung mit der Begründung, dass der Betriebsrat nicht angehört worden sei (§ 102 I 2 BetrVG). Stellt sich im Prozess heraus, dass die Anhörung doch erfolgt ist, so kann der Arbeitnehmer dazu übergehen, die Sozialwidrigkeit der Kündigung geltend zu machen.

Das gilt entsprechend, wenn er binnen der Dreiwochenfrist zwar nicht die Rechtsgültigkeit der Kündigung unmittelbar, wohl aber inzidenter angegriffen hat, wie etwa bei der Erhebung einer Klage auf Fortzahlung des Lohnes für die Zeit nach Ablauf der Kündigungsfrist.[48]

---

[46] Dazu *Tschöpe*, Die Fiktionswirkung des § 7 KSchG, DB 1984, 1522; *Künzl*, Kündigungsschutzklage als Feststellungs- oder Gestaltungsklage?, DB 1986, 1280; *BAG* GS AP Nr. 14 zu § 611 BGB Beschäftigungspflicht: Feststellungsklage. Zum Verhältnis zu § 256 ZPO: *BAG* AP Nr. 10 zu § 611 BGB Treupflicht.

[47] Dazu *Bayreuther*, § 6 KSchG als Ausgangspunkt für eine allgemeine Regelung der Klageerweiterung im Kündigungsschutzprozess, ZfA 2005, 391.

[48] Vgl. *v. Hoyningen-Huene/Linck*, § 6 Rn. 5; *BAG* AP Nr. 3 zu § 5 KSchG 1951. Dazu, dass die Lohnklage mit der Kündigungsschutzklage verbunden werden kann, *Zeuner*, Zur Entgeltklage im

Die Dreiwochenfrist des § 4 KSchG ist eine prozessuale Klageerhebungsfrist.[49] § 7 KSchG knüpft an ihre Nichteinhaltung aber die materiellrechtliche Fiktion, dass die Kündigung als von Anfang an wirksam gilt, so dass die Frist materiellrechtliche Wirkung hat und eine Klage bei Versäumung der Frist durch Sachurteil als unbegründet abzuweisen ist. Dies ist wegen des unterschiedlichen Rechtskraftumfangs von Bedeutung. Die Dreiwochenfrist ist keine Verjährungs-, sondern eine Ausschlussfrist, so dass sie von Amts wegen zu beachten ist.[50]

3. Die gerichtliche Entscheidung

a) Entscheidung über den Feststellungsantrag

Kommt das Gericht zu dem Ergebnis, dass die Kündigung sozial gerechtfertigt ist, so weist es die Klage des Arbeitnehmers ab. Das Arbeitsverhältnis ist dann grundsätzlich mit Ablauf der Kündigungsfrist beendet. Hält das Gericht dagegen die Kündigung für sozial nicht gerechtfertigt bzw. aus anderen Gründen für unwirksam, so spricht es aus, dass das Arbeitsverhältnis durch die angegriffene Kündigung nicht aufgelöst worden ist. Der Arbeitnehmer hat dann einen Anspruch auf Weiterbeschäftigung und, im Rahmen von § 615 Satz 1 BGB und § 11 KSchG, der insoweit dem § 615 Satz 2 BGB als Sondervorschrift vorgeht,[51] auf Lohnnachzahlung und -fortzahlung. Ist der Arbeitnehmer inzwischen ein neues Arbeitsverhältnis eingegangen, so kann er binnen einer Woche nach Rechtskraft des Urteils die Fortsetzung des alten Arbeitsverhältnisses gegenüber dem bisherigen Arbeitgeber verweigern, § 12 KSchG.

b) Auflösung durch Urteil[52]

Auf Antrag des Arbeitnehmers kann das Gericht trotz Unwirksamkeit der Kündigung das Arbeitsverhältnis durch Urteil auflösen und den Arbeitgeber zur Zahlung einer angemessenen **Abfindung**[53] verurteilen, wenn dem Arbeitnehmer nach Lage der Dinge die Fortsetzung des Arbeitsverhältnisses nicht zuzumuten ist, § 9 I 1 KSchG. Auch der Arbeitgeber kann die gleiche Entscheidung erwirken, wenn Gründe vorliegen, die eine weitere den Betriebszwecken dienliche Zusammenarbeit nicht erwarten lassen, § 9 I 2 KSchG. Die Voraussetzungen der Auflösung durch Urteil unterliegen strenger Prüfung. Als **Zeitpunkt der Auflösung** ist nach der Regelung des § 9 II KSchG der Beendigungstermin festzusetzen, der sich im Fall der Wirksamkeit der Kündigung ergeben hätte. Dieser Zeitpunkt wird praktisch wegen der Prozessdauer fast immer in der Vergangenheit liegen. Der Arbeitnehmer verliert daher für die Zwischenzeit seinen ihm sonst nach § 615 BGB, § 11 KSchG zustehenden Lohnanspruch. Dieser Verlust wird durch die Abfindung nicht ohne weiteres ausgeglichen.[54]

Kündigungsschutzstreit, RdA 1997, 6; *Löwisch*, Neuregelung des Kündigungs- und Befristungsrechts durch das Gesetz zu Reformen am Arbeitsmarkt, BB 2004, 154, 160.

[49] *BAG* AP Nr. 14 zu § 4 KSchG 1969; *v. Hoyningen-Huene/Linck*, § 4 Rn. 144 ff.; *Boewer*, Ausgewählte Aspekte des Kündigungsschutzprozesses, RdA 2001, 380, 387; KR/*Friedrich* § 4 KSchG Rn. 136; *Lepke*, Zur Rechtsnatur der Klagefrist des § 4 KSchG, DB 1991, 2034. Ausführlich zur Problematik *Vollkommer*, Begründet die Dreiwochenfrist des § 3 des KSchG eine besondere Prozessvoraussetzung oder ist sie eine materiellrechtliche Frist?, AcP 161 (1962), S. 332.

[50] *BAG* AP Nr. 14 zu § 4 KSchG 1969.

[51] Zum Verhältnis von § 615 BGB und KSchG vgl. *BAG* AP Nr. 23 zu § 615 BGB (Anm. *Herschel*); *Schaub*, Rechtsfragen des Annahmeverzuges im Arbeitsrecht, ZIP 1981, 347.

[52] Dazu *Keßler*, Der Auflösungsantrag nach § 9 KSchG im Spiegel der Judikatur, NZA-RR 2002, 1 ff.

[53] Näher dazu *Rolfs*, Neuregelung der Anrechnung von Abfindungen auf das Arbeitslosengeld, NZA 1997, 793; *Rebhahn*; Abfindung statt Kündigungsschutz? – Rechtsvergleich und Regelungsmodelle, RdA 2002, 272 ff.: *Grobys*, Der gesetzliche Abfindungsanspruch in der betrieblichen Praxis, DB 2003, 2174; *Rolfs*, AR-Blattei SD 10 Abfindung, 2005; *Hergenröder*, Pfändungs- und Insolvenzschutz arbeitsrechtlicher Abfindungsansprüche, ZVI 2006, 173.

[54] Zur Frage, ob daraus auf eine Verfassungswidrigkeit der Zeitpunktregelung geschlossen werden kann, *Boewer*, Zur Verfassungsmäßigkeit des Auflösungszeitpunktes gem. § 9 Abs. 2 KSchG, DB 1982, 751; *Belling*, Die Verfassungswidrigkeit der rückwirkenden Auflösung des Arbeitsverhältnisses nach § 9 KSchG, DB 1985, 1890; *Redeker/Martin*, BB 1986, 1219; *Reinecke*, Zur Verfassungsmäßigkeit des

Für die **Höhe der Abfindung** gibt § 10 KSchG gewisse Rahmenregeln. In der Praxis geht dabei die Festsetzung nach § 10 I vielfach nach der Faustregel vor sich, dass für jedes Jahr der Betriebszugehörigkeit des Arbeitnehmers etwa ein Monatsverdienst als Abfindung gewährt wird.

Ihrem Sinn und Zweck nach handelt es sich bei der Abfindung nach §§ 9, 10 KSchG um eine Entschädigung für den unberechtigten Verlust des Arbeitsplatzes, wie sich daraus ergibt, dass diese Abfindung nur in Betracht kommt, wenn die Kündigung sozialwidrig – oder sittenwidrig, vgl. § 13 II KSchG – ist. Stellt der Arbeitnehmer den Antrag, so genügt es, wenn die Kündigung zumindest auch wegen Sozialwidrigkeit unwirksam ist, zusätzliche andere Unwirksamkeitsgründe schaden nicht. Hat jedoch der Arbeitgeber die Auflösung beantragt, so kommt das Gericht dem Antrag nur nach, wenn die Kündigung ausschließlich wegen der fehlenden sozialen Rechtfertigung unwirksam ist. Dadurch unterscheidet sie sich grundlegend von Abfindungen, die bei sog. Betriebsänderungen im Sinne von § 111 BetrVG aufgrund von Sozialplänen (§ 112 I BetrVG), gelegentlich auch nach § 113 I und III BetrVG gewährt werden. Denn in diesen Fällen sind die wegen der Betriebsänderung ausgesprochenen Kündigungen in aller Regel aus betrieblichen Gründen gerade sozial gerechtfertigt und damit rechtlich wirksam.

4. Abfindung in anderen Fällen

a) Die Aufstellung eines **Sozialplans,** der regelmäßig Abfindungsansprüche für die Arbeitnehmer im Falle betriebsbedingter Kündigungen vorsehen wird, (dazu unten § 51 II 2c) ist nach der neueren Rechtsprechung des BAG[55] nahezu bei jeder nicht ganz kleinen Entlassungswelle erforderlich. Dadurch entsteht allerdings eine praktisch augenfällige Diskrepanz zu den Fällen, in denen Arbeitnehmer einzeln oder in kleinen, nicht unter die Sozialplanpflichtigkeit fallenden Gruppen (oder in betriebsratslosen Betrieben) aus betrieblichen Gründen wirksam entlassen werden, weil sie dann weder über §§ 111, 112 BetrVG noch über §§ 9, 10 KSchG eine Abfindung erhalten. Versuche, de lege lata auch für diese Fälle einen Abfindungsanspruch zu konstruieren,[56] vermögen nicht zu überzeugen. Indessen ginge es auch rechtspolitisch wohl zu weit, für betriebsbedingte Kündigungen generell (oder gar für alle Arten der vom Arbeitgeber ausgehenden Kündigung) Abfindungen vorzusehen.[57]

b) Allerdings kann der Arbeitgeber dem Arbeitnehmer die Erhebung einer Kündigungsschutzklage durch Zahlung einer Abfindung unter bestimmten Voraussetzungen **„abkaufen".** Kündigt der Arbeitgeber betriebsbedingt und erhebt der Arbeitnehmer binnen der Drei-Wochen-Frist des § 4 S. 1 KSchG keine Kündigungsschutzklage, so sieht der seit dem 1. 1. 2004 geltende § 1a I KSchG einen Abfindungsanspruch für den Arbeitnehmer vor. Erforderlich ist der Hinweis des Arbeitgebers in der Kündigungserklärung, dass die Kündigung auf dringende betriebliche Erfordernisse gestützt werde und der Arbeitnehmer bei Verstreichenlassen der Klagefrist die Abfindung beanspruchen könne. Die Höhe der Abfindung beträgt 0,5 Monatsverdienste für jedes Jahr des

---

§ 9 KSchG, AuR 1985, 401; die Verfassungsmäßigkeit bejahend zu Recht *BAG* AP Nr. 12 zu § 9 KSchG 1969; *BVerfG* DB 1990, 1042.

[55] Nachweise unten § 51 II 2 c.

[56] Zum Beispiel bei *Görk,* Entschädigung bei unverschuldetem Verlust des Arbeitsplatzes, 1979.

[57] Näher dazu *Zöllner,* Gutachten für den 52. DJT, 1978, S. D 146 ff.; *Preis,* Reform des Bestandsschutzes im Arbeitsverhältnis, RdA 2003, 65, 71; *Kamanabrou,* Verfassungsrechtliche Aspekte eines Abfindungsschutzes bei betriebsbedingten Kündigungen, RdA 2004, 333 ff.

Bestehens des Arbeitsverhältnisses, § 1 a II 1 KSchG. Allerdings ist die Vorschrift rechtspolitisch umstritten.[58]

5. Auflösung durch Vergleich

In der Praxis werden Kündigungsschutzprozesse überwiegend durch Vergleich beendet, wobei die Vergleichsbereitschaft freilich mit der Konjunktur schwankt. Der Arbeitnehmer erklärt sich darin mit der Auflösung des Arbeitsverhältnisses zu einem bestimmten (evtl. dem § 9 II KSchG entsprechenden) Zeitpunkt einverstanden und erhält dafür eine Abfindung, die derjenigen des § 10 KSchG entsprechen kann, nicht selten aber auch beträchtlich höher ist. Für den Arbeitnehmer, der inzwischen vielfach ein neues Arbeitsverhältnis eingegangen ist, das er nicht mehr aufgeben möchte, hat das den Vorteil, dass er eine Abfindung auch dann bekommt, wenn er den Prozess sonst möglicherweise verloren hätte.[59] Für den Arbeitgeber besteht der Vorteil darin, dass er sicher sein kann, den Arbeitnehmer später nicht wieder beschäftigen zu müssen.

6. Der arbeitsrechtliche Status des Arbeitnehmers während des Kündigungsschutzverfahrens

Rechtlich unklar und rechtspolitisch heikel ist die Frage, welche arbeitsrechtliche Stellung einem gekündigten Arbeitnehmer zukommt, der Kündigungsschutzklage gegen die Kündigung erhoben hat. Ist die Klageerhebung rechtzeitig, so steht damit fest, dass jedenfalls eine Heilung nach § 7 KSchG für den Fall der Unwirksamkeit der Kündigung nicht eintritt. Das Gesetz geht aber wohl davon aus, dass der Richter die Rechtslage nicht durch sein Urteil mit ex nunc-Wirkung gestaltet, sondern dass er eine auf den Zeitpunkt der Auflösung des Arbeitsverhältnisses bzw. der Kündigungserklärung rückbezogene Diagnose der Rechtslage stellt. War die Kündigung rechtsunwirksam, so steht nunmehr fest, dass der Arbeitnehmer alle Rechte aus dem Arbeitsverhältnis behalten hat, auch diejenigen, deren Erfüllung ihm verweigert worden ist. War die Kündigung wirksam, so steht fest, dass das Arbeitsverhältnis damals aufgelöst wurde.[60]

a) **Die praktische Problematik** besteht darin, dass während des Kündigungsrechtsstreits meist Ungewissheit über den Ausgang und damit über die Auflösung des Arbeitsverhältnisses herrscht. Arbeitet der Arbeitnehmer während des Rechtsstreits nicht, obsiegt er aber, so vermag er einerseits gewisse Ansprüche nachträglich nicht mehr durchzusetzen, insbesondere den Anspruch auf Beschäftigung für die Vergangenheit. Ist sein Arbeitsplatz in der Zwischenzeit besetzt worden, führt seine Wiedereingliederung in den Betrieb evtl. zu erheblichen Schwierigkeiten. Der Arbeitnehmer hat dann trotz zuerkannten Kündigungsschutzes seinen konkreten Arbeitsplatz verloren. Der Arbeitgeber geht andererseits das Risiko ein, den Lohn nachzahlen zu müssen, ohne die Arbeitsleistung erhalten zu haben. Rechtstatsächlich ist auffällig, dass der weitaus größte Teil der im Kündigungsschutzprozess klagenden Arbeitnehmer nicht an den rechtlich eigentlich erhalten gebliebenen Arbeitsplatz zurückkehrt, sondern sich im Rahmen eines gerichtlichen oder außergerichtlichen Vergleichs mit der Auflösung des Arbeitsverhältnisses einverstanden erklärt und abfinden lässt[61] (vgl. auch oben 5). Daran knüpft sich die sachlich weit übertriebene Behauptung, das KSchG verdiene seinen Namen nicht und sei in Wahrheit ein reines Abfindungsgesetz.[62]

---

[58] *Bauer/Krieger,* Neuer Abfindungsanspruch – 1 a daneben!, NZA 2004, 77; *Busch,* Abfindung nur bei Klageverzicht jetzt auch in Sozialplänen?, BB 2004, 267; *Düwell,* Das neue Abfindungsrecht, ZTR 2004, 130; *Giesen/Besgen,* Fallstricke des neuen gesetzlichen Abfindungsanspruchs, NJW 2004, 185; *Rolfs,* Die betriebsbedingte Kündigung mit Abfindungsangebot, ZIP 2004, 333; *Wolff,* Die qualifizierte Abfindungsvereinbarung nach § 1 a KSchG – eher Steine als Brot für die Praxis, BB 2004, 378.

[59] Zu den sozialrechtlichen Folgen *Gagel,* Sperrzeitfragen bei arbeitsrechtlichen Vergleichen, NZA 2005, 1328.

[60] Anders *Böttcher,* Zum „allgemeinen" Weiterbeschäftigungsanspruch des Arbeitnehmers während des Kündigungsschutzprozesses, BB 1981, 1954. Dort auch zur Regelungstechnik der von ihm sog. „Gegengestaltungsklage".

[61] Zu diesen Rechtstatsachen *Pfarr u. a.,* BB 2004, 106.

[62] Vgl. schon *Notter,* Überlegungen zur Neugestaltung des KSch-Rechts ..., in: Freiheit in der sozialen Demokratie, Materialien zum rechtspolitischen Kongreß der SPD, 1976; *Becker/Rommelspacher,*

b) Einen Beitrag zur Lösung der Problematik erhofft man sich daraus, dem Arbeitnehmer während des Kündigungsschutzstreites seinen Arbeitsplatz durch Gewährung eines Weiterbeschäftigungsanspruchs zu sichern. Einen Schritt in diese Richtung hat der Gesetzgeber mit § 102 V BetrVG getan (dazu unten § 50 III 1 b). Über dessen (begrenzten) Anwendungsbereich hinaus muss jedoch für den Arbeitnehmer die Möglichkeit bestehen, seine Weiterbeschäftigung durchzusetzen, wenn seine Kündigungsschutzklage begründete Aussicht auf Erfolg hat und seinem Interesse an der vorläufigen Weiterbeschäftigung keine berechtigten Interessen des Arbeitgebers entgegenstehen.[63] Viele Befürworter der Weiterbeschäftigung bagatellisieren freilich die Schwierigkeiten einer kursorischen Prüfung der Begründetheit der Klage und unterschätzen die wirtschaftlichen Bedenken, die gegen eine generelle Weiterbeschäftigungspflicht bestehen. Bei Einzelkündigungen in größeren Betrieben mögen diese zu vernachlässigen sein, in kleineren Unternehmen oder bei Massenkündigungen (etwa wegen Auftragsmangels) kann der Zwang zur Weiterbeschäftigung das Unternehmen ruinieren. Rechtspolitisch kann keinesfalls eine grundsätzliche Weiterbeschäftigungspflicht ohne Rücksicht auf die Erfolgsaussichten der Klage statuiert oder auch nur generell die Ungewissheit des Prozesses dem Arbeitgeber aufgebürdet werden. Eine voll zufrieden stellende Lösung gibt es weder de lege lata noch ist sie de lege ferenda in Aussicht.

c) Einen Mittelweg für die Praxis hat der Große Senat des BAG[64] zu weisen versucht: Außer bei offensichtlich unwirksamer Kündigung soll danach für die Dauer der ersten Instanz das Interesse des Arbeitgebers, den Arbeitnehmer nicht zu beschäftigen, überwiegen. Obsiegt der Arbeitnehmer in erster Instanz, überwiegt für die zweite Instanz sein Interesse.

Den Weiterbeschäftigungsanspruch kann der Arbeitnehmer durch Leistungsklage verfolgen. Unterliegt die Kündigung der Prüfung nach dem KSchG, muss der Richter im Prozess über die Weiterbeschäftigungsklage bis zur erstinstanzlichen Entscheidung über die Kündigungsschutzklage aussetzen[65] (in anderen Fällen kann er incidenter über die Wirksamkeit der Kündigung entscheiden). Die Zwangsvollstreckung eines Weiterbeschäftigungsurteils erfolgt nach § 888 ZPO. Die praktische Problematik, dass der Arbeitsplatz des Gekündigten während des Kündigungsschutzprozesses wiederbesetzt wird und der Arbeitnehmer überdies (wegen § 11 KSchG) sich um anderweitige Arbeit kümmern muss, erfährt durch die Entscheidung des GS keine Lösung. Demgegenüber bleibt weiterhin die Frage, ob und inwieweit durch **einstweiligen Rechtsschutz** geholfen werden kann.[66]

d) Der **Status des im Kündigungsrechtsstreit weiterbeschäftigten Arbeitnehmers**[67] wirft zahlreiche Fragen auf. Erfolgt die Weiterbeschäftigung „einvernehmlich", so lässt sich von einem Vertrags-

---

Ansatzpunkte für eine Reform des Kündigungsrechts, ZRP 1976, 40; später wieder *Kraushaar*, Ist die Herausnahme der Kleinbetriebe aus dem Kündigungsschutz verfassungswidrig?, AuR 1988, 137 und Zur Verfassungsmäßigkeit der Kleinbetriebsklausel des § 23 Abs. 1 Satz 2 Kündigungsschutzgesetz, DB 1988, 2202; *H. G. Rühle*, Sinn und Unsinn des allgemeinen Kündigungsschutzes in Deutschland, DB 1991, 1378.

[63] Die Literatur zu dieser Frage ist unübersehbar. Eine vorzüglich klare Darstellung der rechtlichen Problematik bietet *G. Hueck*, Anm. zu AP Nr. 7 zu § 611 BGB Beschäftigungspflicht mit umfassenden Nachweisen der bis dahin erschienenen Literatur. Aus der neueren Literatur vor allem *Konzen*, Das Weiterbeschäftigungsverhältnis mit dem gekündigten Arbeitnehmer, FS Hyung-Bae Kim, 1995, S. 63; *Opolony*, AR-Blattei SD 1010.10 Weiterbeschäftigung, 2001; *Fastrich*, Dogmatische Probleme des Allgemeinen Weiterbeschäftigungsanspruchs, FS 50 Jahre BAG, 2004, 349 ff.

[64] *BAG GS* AP Nr. 14 zu § 611 BGB Beschäftigungspflicht; dazu *Lieb*, SAE 1986, 48; *Berkowsky*, Der Weiterbeschäftigungsanspruch nach der Entscheidung des Großen Senats, BB 1986, 795; *Mayer-Maly*, Über die an der Rechtswissenschaft und der richterlichen Rechtsfortbildung gezogenen Grenzen, JZ 1986, 559; *Dütz*, Die Weiterbeschäftigungs-Entscheidung des Großen Senats des Bundesarbeitsgerichts und ihre Folgen für die Praxis, NZA 1986, 209; *Gamillscheg*, Anm. zu EzA Nr. 9 zu § 611 BGB Beschäftigungspflicht; *v. Hoyningen-Huene*, Rechtsfortbildung im Arbeitsrecht als Vorreiter und Vorbild?, BB 1986, 2133.

[65] Dazu kritisch *Grunsky*, Vereitelung des Weiterbeschäftigungsanspruchs durch Aussetzung der Weiterbeschäftigungsklage, NZA 1987, 295.

[66] Dazu *Schaub*, Vorläufiger Rechtsschutz im Kündigungsschutzverfahren, NJW 1981, 1807; *Thieme*, Die Praxis des Weiterbeschäftigungsanspruchs, NZA 1986, Beilage 3 zu Heft 20, 20 ff.; *LAG Köln* NZA 1986, 136; *LAG Hamm* NZA 1986, 399.

[67] Dazu *BAG* AP Nr. 7 zu § 102 BetrVG 1972 Weiterbeschäftigung; AP Nr. 21, 22 zu § 611 BGB Beschäftigungspflicht; *BAG* AP Nr. 7 und 8 zu § 611 BGB Weiterbeschäftigung; *Konzen*, FS Kim, 1995, S. 63; *Pallasch*, Noch einmal – Das Weiterbeschäftigungsverhältnis und seine Rückabwicklung, BB 1993, 2225; *Schrader/Straube*, Die tatsächliche Beschäftigung während des Kündigungsrechtsstreites, RdA 2006, 98.

verhältnis sprechen[68]. Es liegt richtigerweise wohl keine Fortsetzung des bisherigen Arbeitsverhältnisses vor, auch keine befristete. Das ist offensichtlich, wenn die Fortsetzung erst nach Ablauf der Kündigungsfrist vereinbart wird und womöglich zu geänderten Arbeitsbedingungen erfolgt. Vielmehr handelt es sich um ein besonderes, zur Verminderung nachteiliger Folgen des Ungewissheitszustands geschlossenes Arbeitsverhältnis mit zeitlich ungewisser Befristung (nämlich dem Ende des Kündigungsrechtsstreits) oder unter auflösender Bedingung (der rechtskräftigen Abweisung der Kündigungsschutzklage).[69] Die Vereinbarung der Befristung oder der auflösenden Bedingung bedarf auch in diesem Fall der Schriftform, §§ 14 IV, 21 TzBfG.[70] Unterliegt der Arbeitnehmer im Prozess, so ist zwar das ursprüngliche Arbeitsverhältnis durch die wirksame Kündigung beendet, er hat aber dennoch einen Anspruch auf Lohnzahlung und gegebenenfalls Entgeltfortzahlung aus dem neu vereinbarten Arbeitsvertrag,

Erfolgte die tatsächliche Weiterbeschäftigung jedoch lediglich um die Zwangsvollstreckung zu vermeiden oder gar im Rahmen der bereits stattfindenden Zwangsvollstreckung, so kann von einem Vertragsschluss nicht ausgegangen werden.[71] Der Arbeitnehmer hat einen Anspruch auf tatsächliche Weiterbeschäftigung, nicht aber auch auf Vertragsschluss. Stellt sich im Prozess die Wirksamkeit der Kündigung heraus, so ist das Bereicherungsrecht heranzuziehen.[72] Für nicht geleistete Arbeit, etwa wegen Krankheit oder Urlaub, erhält der Arbeitnehmer dann auch keinen Wertersatz nach § 812 II BGB.[73] § 717 Abs. 2 ZPO, auf den sich manche berufen, ist auf die vorläufige Vollstreckbarkeit des Weiterbeschäftigungsanspruchs nicht anwendbar. Dem Arbeitnehmer eine Gefährdungshaftung bei erstinstanzlichem Obsiegen aufzuerlegen, ginge erheblich zu weit; sie stünde übrigens auch in einem unüberbrückbaren Gegensatz zur Entwicklung der allgemeinen Arbeitnehmerhaftung.

Obsiegt der Arbeitnehmer im Kündigungsschutzprozess, so ist das ursprüngliche Arbeitsverhältnis durch die unwirksame Kündigung nicht beendet worden und die Lohn- und eventuelle Entgeltfortzahlung ergibt sich unmittelbar aus dem fortbestehenden Arbeitsvertrag.

7. Streitgegenstände

Zum Streitgegenstand des Kündigungsschutzverfahrens vgl. unten VIII 2.

VIII. Verhältnis der Sozialwidrigkeit zu anderen Kündigungsmängeln

Die Kündigung kann neben der Sozialwidrigkeit auch andere Mängel aufweisen, z.B. gegen ein Gesetz verstoßen (vgl. oben § 23 I 3a).

1. Die **Geltendmachung dieser Mängel** bedarf seit dem 1.1.2004 genau wie die Sozialwidrigkeit der gerichtlichen Klage binnen drei Wochen, § 13 III KSchG.[74] Versäumt der Arbeitnehmer also die Dreiwochenfrist, so gilt die Kündigung insgesamt als

---

[68] Eine vertragliche Vereinbarung kann dann darin zu sehen sein, dass der Arbeitgeber den Arbeitnehmer „freiwillig" zur Weiterbeschäftigung auffordert und dieser die Beschäftigung aufnimmt. Vgl. *Ricken*, Annahmeverzug und Prozessbeschäftigung während des Kündigungsrechtsstreits, NZA 2005, 323, 328.

[69] Soll nach dem Willen beider Parteien das ursprüngliche, gekündigte Arbeitsverhältnis fortgesetzt werden, so war die vertragliche Grundlage bei Wirksamkeit der Kündigung bereits im Zeitpunkt der Abrede von Arbeitgeber und Arbeitnehmer weggefallen. Die rechtliche Beziehung der Parteien ist dann nach den Grundsätzen über das faktische Arbeitsverhältnis abzuwickeln. *BAG* AP Nr. 66 zu § 1 LohnFG.

[70] Dazu näher *Sittard*, Die Prozessbeschäftigung und das TzBfG, RdA 2006, 218.

[71] *BAG* AP Nr. 1 zu § 611 BGB Weiterbeschäftigung; *Ricken*, Annahmeverzug und Prozessbeschäftigung während des Kündigungsrechtsstreits, NZA 2005, 323, 328; *Schrader/Straube*, Die tatsächliche Weiterbeschäftigung während des Kündigungsrechtsstreites, RdA 2006, 98, 104.

[72] *BAG* AP Nr. 1 zu § 611 BGB Weiterbeschäftigung.

[73] *Schrader/Straube*, Die tatsächliche Weiterbeschäftigung während des Kündigungsrechtsstreites, RdA 2006, 98, 104.

[74] Vgl. hierzu *Richardi*, Die neue Klagefrist bei Kündigungen, NZA 2003, 764; *Raab*, Der erweiterte Anwendungsbereich der Klagefrist gemäß § 4 KSchG, RdA 2004, 321.

von Anfang an wirksam. Mängel können also nicht mehr geltend gemacht werden (anders aber, wenn er wegen einem anderen Mangel bereits vor Ablauf der Dreiwochenfrist Klage erhoben hatte, § 6 KSchG, vgl. oben VII 2). Ausgenommen hiervon ist allerdings der Zugang einer mündlichen Kündigung. Denn die Klageerhebungsfrist beginnt nach § 4 KSchG erst im Zeitpunkt des Zugangs einer **schriftlichen** Kündigung.

2. Ein ganz anderes Problem liegt darin, ob der Arbeitnehmer, wenn er Klage gegen die Kündigung erhebt, in dem Prozess **alle Mängel der Kündigung geltend machen muss.** Sicherlich braucht er nicht alle Tatsachen vorzutragen, aus denen sich die Unwirksamkeit einer von ihm angegriffenen Kündigung ergibt. Ein mittelbarer Zwang folgt aber daraus, dass durch den rechtskräftigen Abschluss des Verfahrens die Geltendmachung anderer Mängel ausgeschlossen wird. Das beruht auf dem Umfang der materiellen Rechtskraft des Sachurteils, die ihrerseits vom **Streitgegenstand der Kündigungsschutzklage** bestimmt wird. Dieser umfasst nicht lediglich die Nichtauflösung des Arbeitsverhältnisses wegen Unwirksamkeit der Kündigung aus einem ganz bestimmten Grund,[75] sondern wegen Unwirksamkeit der angegriffenen Kündigung schlechthin.

> **Beispiel:** Hat sich der Arbeitnehmer im Prozess darauf beschränkt, die Sozialwidrigkeit der Kündigung geltend zu machen und ist seine Klage rechtskräftig abgewiesen worden, so steht der erneuten, diesmal etwa auf § 102 I 3 BetrVG gestützten Klage gegen die Kündigung die Rechtskraft des Urteils entgegen. Denn der Arbeitnehmer hatte in dem entschiedenen Prozess gemäß der gesetzlichen Festlegung des Klageantrags in § 4 KSchG Feststellung begehrt, dass das Arbeitsverhältnis durch die Kündigung vom … nicht aufgelöst worden sei. Wird diese Klage durch Sachurteil abgewiesen, so steht rechtskräftig fest, dass das Arbeitsverhältnis durch die fragliche Kündigung aufgelöst worden ist.

Dieser so genannte punktuelle Streitgegenstandsbegriff ist heute ganz h.M.[76] Das BAG folgt ihm im Ansatz, modifiziert bzw. erweitert den Streitgegenstand aber nach zwei Richtungen:[77] Zum einen werde durch das Urteil über die Beendigung des Arbeitsverhältnisses *zu einem ganz bestimmten Termin,* nämlich dem mit der Kündigung ins Auge gefassten Beendigungszeitpunkt, entschieden. Zum anderen soll nach Meinung des BAG durch eine der Klage stattgebende Entscheidung auch positiv festgestellt sein, dass im *Zeitpunkt des Kündigungszugangs ein Arbeitsverhältnis zwischen den Parteien bestanden hat.*[78] Es ist sehr begreiflich, dass das BAG hierfür auf den Zugangszeitpunkt abstellen will, weil sich sonst die Unsicherheit über den potentiellen (bei Zugrundelegung der Unwirksamkeit der Kündigung ja für den Prozess irrelevanten) Beendigungstermin auf die Rechtskraft auswirken würde.[79] Der Arbeitnehmer

---

[75] So aber insb. *Bettermann,* Der Gegenstand des Kündigungsstreits nach dem Kündigungsschutzgesetz, ZfA 1985, 5 ff. Diese Auffassung trägt dem Bedürfnis nach umfassender Beendigung des Streits über die Wirksamkeit einer Kündigung zu wenig Rechnung.

[76] Vgl. *v. Hoyningen-Huene/Linck,* § 4 Rn. 118 ff.; KR/*Friedrich,* § 4 KSchG Rn. 225; *Prütting,* in: Germelmann/Matthes/Prütting, ArbGG, 5. Aufl., 2004, Einl. Rn. 161 ff.; *Stahlhacke,* Der Streitgegenstand der Kündigungsschutzklage und ihre Kombination mit einer allgemeinen Feststellungsklage, FS Wlotzke, 1996, S. 173 ff.; vgl. auch *Weißenfels,* Streitgegenstand in arbeitsgerichtlichen Bestandsstreitigkeiten, BB 1996, 1326; *Kampen,* Die punktuelle Streitgegenstandstheorie und die sich daraus ergebenden Probleme mit Anträgen und Tenorierungen im Kündigungsschutzverfahren, AuR 1996, 172; *Boewer,* Streitgegenstand und Prüfungsmaßstab bei der Änderungsschutzklage, BB 1996, 2618.

[77] *BAG* AP Nr. 3 und 17 zu § 4 KSchG 1969; *BAG* AP Nr. 10 zu § 611 BGB Treupflicht.

[78] Vgl. insbes. *BAG* AP Nr. 113 zu § 626 BGB; *BAG* AP Nr. 3 und 17 zu § 4 KSchG 1969; *BAG* AP Nr. 5 zu § 54 BMT-G II.

[79] Noch weiter geht die umfassende Streitgegenstandstheorie, nach welcher Streitgegenstand des Kündigungsschutzprozesses der Bestand des Arbeitsverhältnisses insgesamt (und zwar im Zeitpunkt der letzten mündlichen Verhandlung) sei. So insbes. *Zeuner,* Wiederholung der Kündigung und

muss auf Grund dieses punktuellen Streitgegenstandsbegriffs jede neue Kündigung des Arbeitgebers durch erneute Klage bzw. Erweiterung des bisherigen Klageantrags binnen einer Frist von drei Wochen attackieren.[80] Nur durch Kombination mit einer allgemeinen Feststellungsklage über das Bestehen des Arbeitsverhältnisses nach § 256 ZPO kann der Arbeitnehmer daher eine Entscheidung über den weiteren Streitgegenstand (Bestand des Arbeitsverhältnisses im Zeitpunkt der letzten mündlichen Verhandlung) erreichen. Eine solche Kombination ist, ein entsprechendes Feststellungsinteresse vorausgesetzt[81], zulässig. Fraglich bleibt hierbei aber, ob der Arbeitnehmer eventuelle weitere zwischenzeitliche Kündigungen des Arbeitgebers mit jeweils eigenen Klagen gem. § 4 KSchG angreifen muss, wie konsequenterweise anzunehmen ist, weil sonst Heilung dieser Kündigungen nach § 7 KSchG eintritt. Das BAG steht denn auch auf dem Standpunkt, dass der Arbeitnehmer nach Kenntnis von einer weiteren Kündigung diese in den Prozess einführen und eine dem Wortlaut des § 4 KSchG angepasste Antragstellung vornehmen muss, wobei in Anwendung des Rechtsgedankens des § 6 KSchG eine verlängerte Anrufungsfrist durch die bis dahin verfolgte Feststellungsklage gewährt wird.[82] Auch die gegenüber dem punktuellen Streitgegenstandsbegriff erweiterten Meinungen führen im Übrigen dazu, dass der Arbeitnehmer alle Mängel der von ihm angegriffenen Kündigung im anhängigen Prozess geltend machen muss, wenn er nicht durch die Rechtskraft des Urteils damit ausgeschlossen werden will.

3. Auch für die **sittenwidrige Kündigung** – die freilich äußerst selten vorkommt – gelten diese Grundsätze. Das Gesetz stellt hier aber für den Fall, dass die Feststellungsklage innerhalb der Dreiwochenfrist erhoben worden ist, die Möglichkeit der gerichtlichen Auflösung des Arbeitsverhältnisses und der Verurteilung des Arbeitgebers zur Zahlung einer Abfindung zur Verfügung, § 13 II mit §§ 9 I 1 und II und 10 bis 12 KSchG. Das überrascht im Grunde nicht, weil schwer vorstellbar ist, dass eine sittenwidrige Kündigung nicht gleichzeitig als sozialwidrig zu qualifizieren ist, so dass die genannten Vorschriften ohnehin anwendbar wären. Die Bedeutung der Verweisung liegt also eher darin, dass § 9 I 2 KSchG – Auflösung auf Antrag des Arbeitgebers – von der Anwendbarkeit ausgeschlossen worden ist.

IX. Die Geltendmachung der Unwirksamkeit einer außerordentlichen Kündigung

Die Rechtsunwirksamkeit einer außerordentlichen Kündigung durch den Arbeitgeber muss der Arbeitnehmer nach § 13 I 2 KSchG genau wie die Unwirksamkeit der ordentlichen Kündigung durch Feststellungsklage binnen der Dreiwochenfrist des § 4 S. 1 KSchG geltend machen.

Rechtskraft im Kündigungsschutzstreit, MDR 1956, 257; *Lüke,* Zum Streitgegenstand im arbeitsrechtlichen Kündigungsschutzprozess, JZ 1960, 203; *Güntner,* Die Besonderheiten und Probleme des Kündigungsschutzverfahrens, DB 1975, 1270. Dem ist nicht zu folgen.
[80] Zur Problematik *Boemke,* Kündigungsschutzklage (§ 4 KSchG) und allgemeine Feststellungsklage (§ 256 ZPO), RdA 1995, 211; MünchKommBGB/*Hergenröder,* § 4 KSchG Rn. 99 ff.; *Prütting,* in: Germelmann/Matthes/Prütting, ArbGG, 5. Aufl., 2004, Rn. 169 ff.; *Bitter,* Zur Kombination von Kündigungsschutzklage und allgemeiner Feststellungsklage, DB 1997, 1407; *BAG* EzA § 4 KSchG Nr. 48 (Anm. *Franzen*); *BAG* AP Nr. 38 zu § 4 KSchG 1969.
[81] Dazu eingehend MünchKommBGB/*Hergenröder,* § 4 KSchG Rn. 104 f.
[82] *BAG* AP Nr. 49 zu § 4 KSchG.

1. Allgemeines

Diese Regelung gehört systematisch eigentlich nicht zum Kündigungsschutz, weil sie den Arbeitnehmer eher belastet. Mit dem allgemeinen Kündigungsschutz hat sie schon deswegen nichts zu tun, weil dieser nur ordentliche Kündigungen erfasst. Der Grund für den Regelungs- und Erörterungszusammenhang ist vielmehr rechtstechnischer und praktischer Natur. Der rechtstechnische Zusammenhang besteht in der Verweisung auf § 4 S. 1 und §§ 5 und 6 KSchG. Wichtiger ist der praktische Zusammenhang, an dem offenbar wird, dass die Regelung mittelbar auch dem Schutz des Arbeitnehmers dient. Ob eine außerordentliche Kündigung rechtswirksam ist, hängt davon ab, ob sie durch Tatsachen getragen wird, die einen wichtigen Grund darstellen. Die Beurteilung dieser Frage wird in vielen Fällen, sowohl was die Ermittlung der Tatsachen selbst als auch ihre Bewertung als wichtigen Grund angeht, zweifelhaft sein. Kommt man zu dem Ergebnis, dass ein wichtiger Grund fehlt, so wird zumeist die Kündigung in eine ordentliche umzudeuten sein (vgl. oben § 23 III 3 b). Dann erhebt sich zwangsläufig in fast allen Fällen die Frage, ob die Kündigung als ordentliche sozial gerechtfertigt ist.

2. Unwirksamkeitsgründe

Die Einhaltung der Dreiwochenfrist ist nun unabhängig davon erforderlich, welchen Unwirksamkeitsgrund der Arbeitnehmer geltend machen will. Die Beschränkung auf das Fehlen eines wichtigen Grundes[83] besteht, wie §§ 13 I 2, 4 S. 1 und die Klarstellung in § 13 III zeigen, nicht mehr.[84]

3. Anwendungsbereich

§ 23 I 2 und 3 KSchG nehmen zwar Betriebe mit in der Regel 10 oder weniger Arbeitnehmern (bei vor dem 31. 12. 2003 begonnenen Arbeitsverhältnissen 5 oder weniger) aus dem Anwendungsbereich des ersten und zweiten Abschnitts des Kündigungsschutzgesetzes aus, §§ 4 bis 7 und 13 I 1 und 2 KSchG sind hiervon jedoch ausdrücklich nicht erfasst. Der fristgebundene Klagezwang gilt daher auch für Kleinbetriebe. Aus dem Verweis des § 13 I 2 KSchG auf §§ 4 Satz 1 und 5 bis 7 KSchG ergibt sich, dass auch die Beschäftigungsdauer nicht von Bedeutung ist, so dass es nicht darauf ankommt, ob die Wartezeit des § 1 KSchG erfüllt ist.[85] Es wäre unverständlich, warum die Herausnahme der neu eingestellten Arbeitnehmer in § 1 I und nicht in § 23 KSchG vorgesehen wurde, wenn sie sich auf den ganzen ersten Abschnitt des Gesetzes erstrecken sollte. Auch sachlich wäre die Befreiung vom fristgebundenen Klageerfordernis widersinnig, weil § 13 I 2 KSchG dazu zwingen soll, alsbald eine gerichtliche Klärung über die Kündigungswirksamkeit oder aber Rechtssicherheit durch Zeitablauf herbeizuführen. Unverständlich wäre es ferner, wenn den länger Betriebsangehörigen die Einhaltung einer Klagefrist bei außerordentlicher Kündigung auferlegt würde, den neuen dagegen nicht.

---

[83] Das liegt auch vor, wenn der Arbeitnehmer geltend machen will, dass der Arbeitgeber die Ausschlussfrist des § 626 II 2 BGB nicht eingehalten hat, vgl. oben § 23 III 4 a. Denn durch diese Versäumung wird der an sich gegebene wichtige Grund als nicht mehr vorhanden angesehen.

[84] APS/*Biebl*, § 13 KSchG Rn. 18, 19; ErfK/*Ascheid/Oetker*, § 13 KSchG Rn. 12.

[85] MünchKommBGB/*Hergenröder*, § 4 KSchG Rn. 4.

X. Der Kündigungsschutz bei der Änderungskündigung[86]

1. Will der Arbeitgeber das Arbeitsverhältnis zu den bisherigen arbeitsvertraglichen Bedingungen nicht fortsetzen und kann er die Veränderung dieser Bedingungen nicht durch einseitige Erklärung (etwa aufgrund seines Weisungsrechts oder eines vorbehaltenen Widerrufs) erreichen, so bedarf er zur Änderung des Arbeitsvertrags der Zustimmung des Arbeitnehmers. Ist dieser nicht einverstanden, so kann der Arbeitgeber versuchen, das Einverständnis unter dem Druck einer sog. Änderungskündigung zu erzielen (zu Konstruktion und Zulässigkeit der Änderungskündigung oben § 23 I 1). Im Grunde geht sein Wille dann nicht auf eine Beendigung des Arbeitsverhältnisses, sondern auf eine Fortsetzung zu geänderten Bedingungen. Die Regelung des allgemeinen Kündigungsschutzes passt auf diesen Vorgang nicht ohne weiteres. Denn bei der Änderungskündigung ist nicht eigentlich fraglich, ob die Beendigung des Arbeitsverhältnisses sozial gerechtfertigt ist, sondern ob dies für die Veränderung der Arbeitsbedingungen zutrifft. Würde man die Änderungskündigung stets so prüfen wie eine Vollkündigung, so würde dies nicht nur die Interessen des Arbeitgebers an einer Umgestaltung der Arbeitsbedingungen zu wenig berücksichtigen, sondern auch in Konflikt mit dem Grundsatz stehen, dass der Arbeitgeber vor der Vollkündigung eines Arbeitnehmers gerade prüfen soll, ob er ihn nicht unter veränderten Arbeitsbedingungen weiter beschäftigen kann (vgl. oben VI 2). Änderungskündigungen ganz aus dem Kündigungsschutz herauszunehmen, ginge andererseits nicht an, weil sonst der Arbeitnehmer schutzlos auch unberechtigten Veränderungswünschen des Arbeitgebers ausgesetzt wäre.

Das Kündigungsschutzgesetz geht in § 2 deshalb von der Überprüfbarkeit der Änderungskündigung aus. Es verändert aber einmal den **Prüfungsgegenstand:** Nicht die Beendigung des Arbeitsverhältnisses wird auf ihre soziale Rechtfertigung überprüft, sondern die dem Arbeitnehmer angesonnene Veränderung der Arbeitsbedingungen (vgl. die Formulierung in § 2 Satz 1 KSchG). Zum zweiten ändert sich nach h.M. damit auch der **Prüfungsmaßstab:** An die Rechtfertigung der Änderung sind weniger strenge Anforderungen zu stellen als an die Rechtfertigung der Beendigung.[87] Zusätzlich trifft § 2 KSchG einige Regelungen, die es dem Arbeitnehmer erleichtern sollen, das Ungewissheitsrisiko zu tragen, das hinsichtlich der sozialen Beurteilung des Änderungsangebots besteht.

2. Im Einzelnen ergeben sich folgende **Alternativen:**[88]

a) Der Arbeitnehmer kann das **Änderungsangebot** des Arbeitgebers **ohne Vorbehalt annehmen.** Das ist etwa dann der Fall, wenn er ohne solchen Vorbehalt zu den geänderten Bedingungen weiterarbeitet. Die Kündigung wird hier nicht wirksam, weil die aufschiebende Bedingung (Verweigerung der

---

[86] Dazu vor allem *Bötticher,* Bestandsschutz und Vertragsinhaltsschutz im Lichte der Änderungskündigung, FS Molitor, 1962, S. 123, auf dessen Gedanken die jetzige gesetzliche Lösung basiert. Vgl. ferner *Schaub,* Die Änderungskündigung, in: Hromadka (Hrsg.), Änderung von Arbeitsbedingungen, 1990, S. 73; *Enderlein,* Die Annahme unter Vorbehalt nach § 2 Satz 1 KSchG, ZfA 1992, 21; *Precklein,* Prüfungsmaßstab bei der Änderungskündigung, 1995; *Hromadka,* Möglichkeiten und Grenzen der Änderungskündigung, NZA 1996, 1; *Berkowsky,* Die betriebsbedingte Änderungskündigung und ihr Streitgegenstand, NZA 2000, 1129 ff.; *ders.,* Die Änderungskündigung, NZA-RR 2003, 449 ff.; *ders.,* Die Änderungskündigung, NZA 2005, 1170; *Spirolke/Regh,* Die Änderungskündigung, 2004. Weitere Literatur oben § 23 Fn. 3. Die Rechtsprechung des *BAG* findet sich weitgehend in AP zu § 620 BGB Änderungskündigung und zu § 2 KSchG.

[87] Vgl. *Lieb/Jacobs,* Rn. 399 f.; *BAG* AP Nr. 1 zu § 626 BGB Änderungskündigung (Anm. *Löwisch/Knigge* und *Lieb*).

[88] Zu den Alternativen s. *BAG* AP Nr. 99 zu § 611 BGB Fürsorgepflicht.

Vertragsänderung), unter der sie erklärt ist, nicht eintritt.[89] Hat der Arbeitgeber eine unbedingte Kündigung ausgesprochen und gleichzeitig das Angebot der Fortsetzung des Vertrags zu geänderten Bedingungen gemacht, so gelten infolge der Annahme des Arbeitnehmers ohne Vorbehalt ebenfalls die neuen Arbeitsbedingungen und das Arbeitsverhältnis besteht zu diesen fort. Nach der Rspr.[90] ist die vorbehaltlose Annahme des in einer Änderungskündigung enthaltenen Änderungsangebots nicht an die Drei-Wochen-Frist nach Zugang der Kündigung entsprechend § 2 Satz 2 KSchG gebunden. Setzt der Arbeitgeber keine Frist zur Annahme nach § 148 BGB, so ist zunächst von der Kündigungsfrist auszugehen, die sich nach der Regelung in § 147 II BGB entsprechend den konkreten Umständen des Einzelfalls im Hinblick auf das dem Arbeitnehmer erkennbare Planungsinteresse des Arbeitgebers verkürzen kann.

b) Der Arbeitnehmer kann aber auch nach ausdrücklicher gesetzlicher Regelung das **Änderungsangebot unter dem Vorbehalt annehmen,** dass die Änderung der Arbeitsbedingungen nicht sozial ungerechtfertigt ist, § 2 Satz 1 KSchG. Durch diese Annahme unter Vorbehalt wird das Wirksamwerden der Kündigung verhindert. Die Regelung ist zwingend, der Arbeitgeber darf also nicht etwa die Bedingung, unter die er die Änderungskündigung stellt, so formulieren, dass der Arbeitnehmer die geänderten Bedingungen vorbehaltlos annehmen muss.

Der Vorbehalt ist nur wirksam, wenn er innerhalb der Kündigungsfrist, spätestens jedoch innerhalb von drei Wochen nach Zugang der Kündigung erklärt wird, § 2 Satz 2 KSchG. Der Arbeitnehmer muss dann einstweilen zu den geänderten Arbeitsbedingungen weiter arbeiten.

Er muss ferner die Sozialwidrigkeit der Änderung seiner Arbeitsbedingungen durch eine Feststellungsklage geltend machen, die in der Dreiwochenfrist des § 4 KSchG zu erheben ist. Die Klage richtet sich auf die Feststellung, dass die Änderung der Arbeitsbedingungen sozial ungerechtfertigt sei, § 4 Satz 2 KSchG. Verliert er diesen Prozess, wird also seine Klage abgewiesen, so steht fest, dass die Änderung der Arbeitsbedingungen sozial gerechtfertigt ist. Das Arbeitsverhältnis wird dann zu diesen, vom Arbeitnehmer ja unter Vorbehalt zugestandenen Arbeitsbedingungen fortgesetzt. Das gleiche gilt auch, wenn der Arbeitnehmer verspätet oder gar nicht klagt. Gewinnt der Arbeitnehmer dagegen den Prozess, d.h. wird festgestellt, dass die Änderung der Arbeitsbedingungen sozial ungerechtfertigt ist, so gilt die Änderungskündigung als von Anfang an rechtsunwirksam, § 8 KSchG. In diesem Fall wird das unter Vorbehalt erteilte Einverständnis des Arbeitnehmers mit der Änderung seiner Arbeitsbedingungen hinfällig, er kann die Weiterbeschäftigung zu den früheren Arbeitsbedingungen verlangen. Der Arbeitnehmer kann auch gleich – rechtzeitige Erhebung der Kündigungsschutzklage vorausgesetzt – auf Weiterbeschäftigung zu den alten Arbeitsbedingungen klagen. Obsiegt er damit in erster Instanz, müssen ihm schon ab diesem Zeitpunkt die alten Bedingungen gewährt werden.

Nicht in Betracht kommt dagegen die Auflösung des Arbeitsverhältnisses mit Verurteilung des Arbeitgebers zur Zahlung einer Abfindung nach § 9 KSchG.

c) Der Arbeitnehmer kann schließlich das **Veränderungsangebot** des Arbeitgebers strikt **ablehnen.** Dadurch tritt die aufschiebende Bedingung, unter der die Kündigung steht, ein. Der Arbeitnehmer hat aber die Möglichkeit, binnen der Dreiwochenfrist die Sozialwidrigkeit dieser Kündigung geltend zu machen. Dabei läuft er freilich Gefahr, dass die Kündigung gerade im Hinblick auf das mit ihr verbundene Angebot der Fortsetzung des Arbeitsverhältnisses zu geänderten Bedingungen als sozial gerechtfertigt angesehen wird. Der Arbeitnehmer verliert dann seinen Prozess, ohne auf das Änderungsangebot des Arbeitgebers zurückgreifen zu können. Dieses Angebot ist durch die Verweigerung der Annahme erloschen, § 146 BGB. In welcher Weise sich der Prüfungsmaßstab in dieser Variante des Arbeitnehmerverhaltens gegenüber der in § 2 KSchG geregelten Verhaltensweise ändert, ist streitig.[91] Manche meinen, dass hier nicht die Änderung der Arbeitsbedingungen, sondern die Kündigung selbst auf ihre Sozialwidrigkeit zu prüfen sei.[92] Indessen ist schwer zu erkennen, wohin das führt. Denn wenn bei dieser Prüfung das Weiterbeschäftigungsangebot des Arbeitgebers unberücksichtigt bliebe, wären die Anforderungen an die soziale Rechtfertigung der Änderungskündigung höher als in den Fällen des § 2, der Arbeitnehmer der von der Vorbehaltsmöglichkeit dieser Bestimmung Gebrauch macht, stünde materiell schlechter als derjenige, der vorbehaltlos ablehnt. Das widerspräche indessen dem Zweck der Regelung des § 2 KSchG. Auch ist nicht erkennbar, warum der Arbeitnehmer über den Prüfungsmaßstab entscheiden können soll.[93]

---

[89] Bei anderen Konstruktionen der Änderungskündigung (dazu oben § 23 Fn. 4) ist die Lage im Ergebnis nicht anders.

[90] *BAG* AP Nr. 71 zu § 2 KSchG 1969 mit krit. Anm. *Raab.* Dagegen APS/*Künzl,* § 2 KSchG Rn. 173 a.

[91] Vgl. dazu *BAG* AP Nr. 1 zu § 626 BGB Änderungskündigung mit Anmerkungen; APS/*Künzl,* § 2 KSchG Rn. 182 f.

[92] Anmerkung I *Löwisch/Knigge* und II *Lieb* zu *BAG* AP Nr. 1 zu § 626 BGB Änderungskündigung.

[93] *BAG* AP Nr. 1 zu § 626 BGB Änderungskündigung.

3. Komplikationen können sich durch das **Mitbestimmungsrecht des Betriebsrats** in personellen Angelegenheiten ergeben. Die Änderungskündigung stellt nicht nur eine Kündigung dar, sondern zielt gleichzeitig auf eine Veränderung der Arbeitsbedingungen, die als Versetzung oder Umgruppierung der Mitbestimmung unterliegen kann (vgl. dazu unten § 50 II 1 b cc, dd). **4.** Die Prüfung der sozialen Rechtfertigung der Änderungskündigung erfolgt in zwei Schritten. (1) Zunächst setzt sie das Vorliegen eines Grundes i.S.v. § 1 II KSchG voraus. Auch für die Sozialwidrigkeit angesonnener Vertragsänderungen ist zwischen **Gründen in der Person, im Verhalten und betrieblichen Gründen** zu unterscheiden. Kann etwa der Arbeitnehmer wegen nachlassender Leistungsfähigkeit oder wegen Krankheit seine bisherige Tätigkeit nicht fortsetzen, so ist die Vereinbarung einer neuen Tätigkeit (mit meist geändertem, d.h. schlechterem Entgelt) personenbedingt. Wird er wegen wiederholter Unaufmerksamkeit in einen weniger gefahrenträchtigen Tätigkeitsbereich (unter Wegfall einer erheblichen Gefahrenzulage) umgesetzt, ist die erforderliche Vertragsänderung verhaltensbedingt. In aller Regel geht es bei der Änderungskündigung um betriebliche Gründe: für die bisherige Tätigkeit besteht beispielsweise kein Bedarf mehr oder es müssen andere zeitliche Anforderungen (z.B. Umstellung auf Schichtarbeit) gestellt werden. Auch die Herabsetzung des Arbeitsentgelts oder der Wegfall von Sozialzulagen wegen Verschlechterung der wirtschaftlichen Lage ist letztlich ein betrieblicher Grund, wenn anderenfalls Arbeitnehmern gekündigt werden muss oder sogar die Schließung des Betriebs bevorsteht.[94] (Vgl. dazu auch die Frage, unter welchen Voraussetzungen ein Widerruf von Sozialzulagen in Betracht kommt; dazu oben § 7 I 3).

In einem zweiten Schritt ist dann festzustellen, ob der Arbeitnehmer die Änderung billigerweise hinzunehmen hat (2). Hierbei kommt es insbesondere darauf an, ob der Umfang der Änderungen erforderlich ist. Die Rspr. steht auf dem Standpunkt, dass eine ordentliche Änderungskündigung, die auf eine vor Ablauf der Kündigungsfrist des betreffenden Arbeitnehmers wirksam werdende Verschlechterung der Arbeitsbedingungen abzielt, nach § 1 II 2 KSchG sozial ungerechtfertigt ist. Nachdem alle vom Arbeitgeber vorgeschlagenen Vertragsänderungen am Verhältnismäßigkeitsgrundsatz zu messen seien, habe die Unwirksamkeit auch nur einer der beabsichtigten Änderungen des Arbeitsvertrages die Unwirksamkeit der ganzen Änderungskündigung zur Folge.[95]

§ 25. Der Kündigungsschutz bei Massenentlassungen

Literatur: *Hinrichs,* Kündigungsschutz und Arbeitnehmerbeteiligung bei Massenentlassungen, 2001; *Mauthner,* Die Massenentlassungsrichtlinie der EG und ihre Bedeutung für das deutsche Massenentlassungsrecht, 2004 ; *Alber,* Die Rechtsprechung des EuGH zur Richtlinie über Massenentlassungen, FS Wissmann, 2005, S. 507; *Appel,* Die „Junk"-Entscheidung des EuGH zur Massenentlassung – Nur eine Aufforderung an den Gesetzgeber?, DB 2005, 1002; *Bauer/Krieger/Powietzka,* Erstes BAG-Urteil nach der „Junk"-Entscheidung des EuGH – Endlich Klarheit bei Massenentlassungen?, DB 2005, 1570; *Dornbusch/Wolff,* Paradigmenwechsel bei Massenentlassungen, BB 2005 885; *Ferme/Lipinski,* Neues Recht der Massenentlassungen nach §§ 17, 18 KSchG?, ZIP 2005, 593; *Nicolai,* Neue Regeln für Massenentlassungen?, NZA 2005, 206; *Osnabrügge,* Massenentlassungen – Kein russisches Roulette für Arbeitgeber, NJW 2005, 1093; *Riesenhuber/Domröse.,* Richtlinienkonforme Auslegung der §§ 17, 18 KSchG und Rechtsfolgen fehlerhafter Massenentlassungen, NZA 2005, 568; *Wolter,* Wende im Recht der Massenentlassung, AuR 2005, 135; *Franzen,* Massenentlassung und Betriebsänderung unter dem Einfluss des europäischen Gemeinschaftsrechts, ZfA 2006, 437; *Giesen,* Massenentlassungsanzeige erst nach Abschluss von Sozialplanberatungen?, SAE 2006, 135; MünchKommBGB/*Hergenröder,* 3. Ergänzungslieferung zur 4. Aufl., 2006, §§ 17, 18 KSchG; *Jacobs/Naber,* Massenentlassungen – Kündigungserklärung als Zeitpunkt der Entlassung, SAE 2006, 61; *Reinhard,* Rechtsfolgen fehlerhafter Massenentlassungen, RdA 2007, 207.

Werden mehrere Arbeitnehmer gleichzeitig oder innerhalb eines kürzeren Zeitraums entlassen, so berührt dies nicht nur die Interessen der Allgemeinheit in besonderer Weise, sondern auch die Chancen der betroffenen Arbeitnehmer, einen angemes-

---

[94] *BAG* AP Nr. 40 zu § 4 TVG Nachwirkung; umfassend hierzu *Grobys,* Änderungskündigung zur Entgeltreduzierung, NJW-Spezial 2004, 81 ff.
[95] *BAG* AP Nr. 86 zu § 2 KSchG 1969; siehe auch *BAG* AP Nr. 81 zu § 2 KSchG 1969; Nr. 19 zu § 15 KSchG 1969; für Umdeutung demgegenüber *Löwisch,* NZA 1988, 633, 636.

senen neuen Arbeitsplatz zu finden. Das Gesetz ist daher bestrebt, solche Entlassungen möglichst hinauszuschieben und zu verteilen. Die entsprechenden Regelungen greifen über den allgemeinen Kündigungsschutz hinaus, der durch sie nicht berührt wird. Der von einer Massenentlassung betroffene Arbeitnehmer kann also ungehindert die Kündigung wegen Sozialwidrigkeit angreifen. Dies wird ihm freilich selten helfen, weil Massenentlassungen in aller Regel nur vorgenommen werden, wenn betriebliche Gründe der durch § 1 II 1 KSchG geforderten Art vorliegen.[1] Der gesetzliche Schutz greift auch nach ausdrücklicher Vorschrift (§ 17 I 2 KSchG) nicht nur bei Entlassungen, sondern bei jeder vom Arbeitgeber veranlassten Beendigung von Arbeitsverhältnissen, also z.B. auch bei entsprechenden Aufhebungsverträgen.

I. Instrumente des Kündigungsschutzes bei Massenentlassungen

Das Schutzsystem des Gesetzes arbeitet mit folgenden Instrumenten:

1. Anzeigepflicht[2]

Für bestimmte Entlassungsquantitäten besteht eine Anzeigepflicht gegenüber der Agentur für Arbeit, die gleichzeitig Voraussetzung für das Wirksamwerden der Entlassungen ist. Vgl. dazu näher § 17 KSchG. Früher verstand man unter „Entlassung" das tatsächliche Ausscheiden des Arbeitnehmers aus dem Betrieb, also nicht die Kündigung als das Arbeitsverhältnis beendigenden Gestaltungsakt. Seit der *Junk*-Entscheidung des EuGH[3] vom 27. 1. 2005 kann daran nicht mehr festgehalten werden. Nach Ansicht des EuGH sind die Art. 2 bis 4 der EG-Richtlinie Nr. 98/59 (ex Rl 25/129/EWG) dahingehend auszulegen, dass die Kündigungserklärung das Ereignis ist, welches als Entlassung gilt. Die Massenentlassung muss also schon vor Ausspruch der Kündigungen angezeigt werden. Uneinigkeit besteht darüber, ob § 17 KSchG in diesem Sinne richtlinienkonform ausgelegt werden kann[4], oder ob eine Gesetzesänderung erforderlich ist um die Richtlinie umzusetzen.[5] Das BAG hat sich zu Recht der Auffassung des EuGH angeschlossen und meint, unter „Entlassung" könne nach allgemeinem Sprachgebrauch auch die Kündigung verstanden werden.[6] Erfasst werden nur Betriebe mit mehr als 20 Arbeitnehmern. Die Anzeigepflicht ist gestaffelt und richtet sich nach dem Verhältnis der Zahl der Entlassungen zur Arbeitnehmergesamtzahl.[7]

Die Anzeigepflicht hat freilich nicht nur Schutzfunktion (zu dieser die nachfolgenden Ausführungen), sondern soll die *arbeitsmarktpolitische und arbeitsmarktverwaltende Tätigkeit des Staates* vorbereiten und unterstützen. Das ergibt sich aus den nicht nur dem Betriebsrat, sondern auch der Agentur für Arbeit nach § 17 II und III KSchG zu erteilenden Auskünften.

§ 17 II KSchG sieht gleichzeitig eine **Beteiligung des Betriebsrats** vor, die neben die betriebsverfassungsrechtliche Mitwirkung nach §§ 92, 102 und 111 BetrVG tritt. Danach muss der Betriebsrat rechtzeitig über bestimmte mit der Massenentlassung in Zusammenhang stehende Fragen unterrichtet werden, vgl. im Einzelnen § 17 II 1 Nr. 1–6 KSchG. Weiter müssen Arbeitgeber und Betriebsrat die Möglichkeiten beraten, Entlassungen zu vermeiden oder einzuschränken und ihre Folgen zu mildern, § 17 II 2 KSchG. Da gem. § 17 III 2, 3 KSchG die Beratung mit dem Betriebsrat vor der Erstattung der

---

[1] Dazu *Rumpenhorst,* Das berechtigte betriebliche Bedürfnis i.S. des § 1 III 2 KSchG bei Massenentlassungen, NZA 1991, 214.

[2] Dazu *LAG Frankfurt* DB 1991, 658. Zur Berechnung der Arbeitnehmerzahl: *BAG* AP Nr. 5 zu § 17 KSchG 1969; *BAG* AP Nr. 6 zu § 17 KSchG 1969; MünchKommBGB/*Hergenröder,* 3. Ergänzungslieferung zur 4. Aufl., 2006, § 17 KSchG Rn. 30 f.; *Osnabrügge,* Massenentlassungen – Kein russisches Roulette für Arbeitgeber, NJW 2005, 1093 ff.

[3] *EuGH* AP Nr. 18 zu § 17 KSchG.

[4] So z.B. *Nicolai,* NZA 2005, 206; *Osnabrügge,* NJW 2005, 1093, 1094.

[5] In diesem Sinne etwa *Bauer/Krieger/Powietzka,* DB 2005, 445, 446.

[6] *BAG* AP Nr. 21 zu § 17 KSchG 1969; *BAG* NZA 2007, 25 (auch zum Vertrauensschutz betroffener Arbeitgeber).

[7] Siehe zur Berechnung der Schwellenwerte auch *EuGH* NZA 2007, 193.

Anzeige zu liegen hat,[8] stellt sich die Frage, wann die Konsultationen insoweit als abgeschlossen zu gelten haben. Unproblematisch ist der Fall, dass zwischen den Betriebsparteien Einigkeit erzielt wird. Ist eine Übereinkunft aber nicht in Sicht, so sind mehrere Zeitpunkte denkbar: So kann man auf das Scheitern der Verhandlungen abstellen, die Anrufung der Einigungsstelle[9], den Abschluss der Verhandlungen vor der Einigungsstelle und schließlich ist der Spruch derselben ein mögliches Datum. Hinsichtlich des Gegenstandes der Verhandlungen ist überdies eine Differenzierung im Hinblick auf Beratungen über die Möglichkeit, Massenentlassungen zu vermeiden oder zu beschränken sowie bezüglich der Abmilderung der Folgen durch soziale Begleitmaßnahmen (Interessenausgleich, Sozialplan) denkbar. Richtigerweise wird man vom Arbeitgeber verlangen müssen, mit dem ernsten Willen zur Einigung mit der Arbeitnehmervertretung über die Durchführung der Massenentlassung sowie deren soziale Begleitmaßnahmen zu verhandeln[10] – nicht mehr, aber auch nicht weniger. Keinesfalls muss vor der Anzeige an die Agentur für Arbeit jedenfalls ein Einigungsstellenverfahren abgewartet werden.

2. Gesetzliche Wirksamkeitssperre

Die Wirksamkeit der angezeigten Entlassungen wird hinausgeschoben, und zwar auf den Ablauf eines Monats seit Anzeige, sofern nicht die Agentur für Arbeit einer früheren Wirksamkeit zustimmt, § 18 I KSchG. Gemeint ist seit der *Junk*-Entscheidung des EuGH nicht mehr die Wirksamkeit der durch Ablauf der Kündigungsfrist herbeigeführten Beendigung des Arbeitsverhältnisses,[11] sondern die der Kündigungserklärung.[12] Insoweit ist § 18 I KSchG die Anordnung einer aufschiebend bedingten Kündigung zu entnehmen.[13] Weder die Anzeige noch die Zustimmung der Agentur für Arbeit bewirken eine vor dem Ablauf der Kündigungsfrist liegende Beendigung. Die gesetzliche Wirksamkeitssperre führt aber dann zu Folgen, wenn der Arbeitgeber die Anzeige verzögert oder gar nicht erstattet. Die Bedeutung der gesetzlichen Wirksamkeitssperre ist daher im neueren Arbeitsrecht nicht mehr groß (vgl. § 622 BGB). Die Sperre wirkt nur relativ zugunsten der Arbeitnehmer. Der Arbeitgeber kann sich daher auf die Unwirksamkeit nicht berufen, wenn der Arbeitnehmer die Entlassung akzeptiert.

Ob der Ausspruch der Kündigung vor einer Erstattung der Massenentlassungsanzeige zu deren Unwirksamkeit führt, hat das BAG bislang offen gelassen,[14] richtigerweise ist die Frage zu bejahen. Umstritten ist, ob Unwirksamkeit aus § 134 BGB folgt, weil § 17 KSchG ein Verbotsgesetz im Sinne der Vorschrift enthält[15] oder ob sie sich bereits aus § 18 I KSchG ergibt.[16] Offen ist gegenwärtig weiter, ob ein Arbeitnehmer, der eine Kündigung wegen Verstoßes gegen § 17 KSchG für unwirksam hält, die Drei-Wochen-Frist der §§ 4, 7 KSchG einhalten muss. Soweit nicht ohnedies innerhalb dieser Frist Kündigungsschutzklage erhoben wird und dem Arbeitnehmer § 6 KSchG zugute kommt, wird man dies verlangen müssen.[17]

3. Behördliche Wirksamkeitssperre

Mehr Gewicht kommt der Befugnis der Agentur für Arbeit zu, die Wirksamkeit der Entlassungen bis zu einem höchstens zwei Monate nach der Anzeige liegenden Termin hinauszuschieben, § 18 II KSchG.

4. Zulassung von Kurzarbeit

Die Bundesagentur für Arbeit kann innerhalb der gesetzlichen oder behördlichen Wirksamkeitssperre für die Entlassung die Einführung von Kurzarbeit zulassen, wenn der Arbeitgeber nicht in der Lage

---

[8] *BAG* NZA 2007, 25.

[9] *ArbG Berlin* SAE 2006, 140, 146. Die Vorlage wurde zwischenzeitlich zurückgenommen.

[10] *Franzen*, ZfA 2006, 437, 445, 456 f., der darauf hinweist, dass die Richtlinie davon ausgehe, dass die Behörde in einem Stadium eingeschaltet werde, in dem Gespräche über die Durchführung der Massenentlassung und deren Folgen noch sinnvoll sein können.

[11] So noch *BAG* AP Nr. 8 zu § 17 KSchG 1969.

[12] *Osnabrügge*, NJW 2005, 1093, 1094.

[13] *BAG* NZA 2007, 25, 27.

[14] *BAG* AP Nr. 21 zu § 17 KSchG (Rn. 16); NZA 2007, 25, 27.

[15] So z.B. *ArbG Berlin* NZA 2005, 585, 486.

[16] APS/*Moll*, § 18 KSchG Rn. 44.

[17] MünchKommBGB/*Hergenröder*, 3. Ergänzungslieferung zur 4. Aufl., 2006, § 18 KSchG Rn. 25. Offen gelassen in *BAG* AP Nr. 21 zu § 17 KSchG Nr. 21 (Rn. 16).

ist, die Arbeitnehmer während dieser Zeit voll zu beschäftigen, § 19 I KSchG. Die entsprechende Kürzung des Arbeitsentgelts ist aber trotz behördlicher Zulassung der Kurzarbeit nur von dem Zeitpunkt an möglich, zu dem das Arbeitsverhältnis bei wirksamer Kündigung (oder aus anderen Gründen) enden würde, § 19 II KSchG. In der Praxis ist die Einführung von Kurzarbeit vielfach tarifvertraglich geregelt. Diese Bestimmungen gehen dann vor, § 19 III KSchG. Die Einführung von Kurzarbeit dient der **Arbeitsstreckung** bei vorübergehenden Beschäftigungsschwierigkeiten (Konjunkturrückgang). Sie hilft, Entlassungen zu vermeiden und wirkt daher als Maßnahme des Kündigungsschutzes. Finanzielle Nachteile für die Arbeitnehmer aus der Kürzung des Arbeitsentgelts werden durch die Gewährung von **Kurzarbeitergeld** aus Mitteln der Arbeitslosenversicherung zu einem erheblichen Teil ausgeglichen. Näher dazu §§ 169 ff. SGB III. Vgl. auch oben § 2 V 2.

II. Behördliche Zuständigkeit

Die Anzeigen über Massenentlassungen haben bei der Agentur für Arbeit, in deren Bezirk der betroffene Betrieb liegt, zu erfolgen. Die anfallenden Entscheidungen treffen entweder die Bundesagentur für Arbeit oder die Agentur für Arbeit des jeweiligen Bezirks. Entscheidungen nach § 18 KSchG trifft die Agentur für Arbeit durch ihre Geschäftsführung oder einen besonderen Ausschuss. Näheres dazu in § 20 KSchG. Der ergehende Verwaltungsakt ist für die Arbeitsgerichte bindend. Sie können die Entscheidung nicht nachprüfen. Für die Geschäftsbereiche des Bundesverkehrsministers und des Bundesministers für Post und Telekommunikation ist die Zuständigkeit der Zentrale der Bundesagentur für Arbeit vorgesehen, § 21 KSchG. Zu Aufgaben und Aufbau der Arbeitsbehörden im Allgemeinen vgl. oben § 11 II 2.

§ 26. Der besondere Kündigungsschutz

Literatur: *Wilhelm,* Die Zusammenhänge zwischen Sonderkündigungsschutz und dem Kündigungsschutzgesetz, NZA 1988, Beilage 3 S. 18 ff.; *Fröhlich/Mirwald,* Besonderer Kündigungsschutz – Ein Überblick, ArbRB 2006, 339; *Linck,* AR-Blattei SD 1010.3 Mängel der Kündigung, 2006.

Als besonderen Kündigungsschutz bezeichnet man diejenigen Kündigungsbeschränkungen, die nur bestimmten Arbeitnehmern mit besonderen Eigenschaften oder unter besonderen Voraussetzungen wegen erhöhter Schutzbedürftigkeit oder Schutzwürdigkeit zugute kommen.

I. Betriebsverfassungsrechtliche Funktionsträger[1]

Die Inhaber betriebsverfassungsrechtlicher Ämter sind naturgemäß in besonderer Gefahr, vom Arbeitgeber gekündigt zu werden, und zwar um so mehr, je stärker sie von den Befugnissen und Möglichkeiten ihres Amts Gebrauch machen und bei Interessenkonflikten für die Interessen der Arbeitnehmer eintreten. Die zweckgerechte Amtsführung ist daher nur gewährleistet, wenn der Amtsträger sich ohne Furcht vor dem Verlust seines Arbeitsplatzes betätigen kann.

---

[1] MünchKommBGB/*Hergenröder,* Kommentierung zu § 15 KSchG; MünchArbR/*Berkowsky,* § 157; *Hilbrandt,* Sonderkündigungsschutz von Betriebsratsmitgliedern bei Massenänderungskündigungen, NZA 1997, 465; *Nägele/Nestel,* Besonderer Kündigungsschutz bei erstmaliger Wahl des Betriebsrats, BB 2002, 354; *Stahlhacke,* Außerordentliche betriebsbedingte Änderungskündigung von Betriebsratsmitgliedern, FS Hanau, 1999, S. 281; *Weber/Lohr,* Sonderkündigungsschutz von Betriebsratsmitgliedern, BB 1999, 2350 ff. Aus der Rspr. vgl. *BAG* AP zu § 15 KSchG 1969.

1. Schutz gegen die ordentliche Kündigung

a) **Betriebsratsmitglieder, Mitglieder der Jugend- und Auszubildendenvertretung und Personalratsmitglieder** können während ihrer Amtszeit sowie bis zu einem Jahr nach deren Beendigung nicht ordentlich gekündigt werden, § 15 I und II KSchG. Das Kündigungsverbot greift nicht ein bei einer Beendigung des Arbeitsverhältnisses aus anderen Gründen, etwa durch Fristablauf. Ferner gilt es nicht für die Kündigung vor Amtsantritt, sofern sie nicht eine Umgehung des Verbots darstellt. Eine gewisse Ausnahme von dem Kündigungsverbot ist für den Fall der (teilweisen) Betriebsstilllegung vorgesehen, vgl. näher § 15 IV und V KSchG. Die Kündigung ist in diesem Fall eine ordentliche Kündigung, bedarf also der Einhaltung der einschlägigen Frist.[2] Nach Maßgabe von § 96 III SGB IX genießen Mitglieder der Schwerbehindertenvertretung sowie deren Stellvertreter den gleichen Kündigungsschutz wie beispielsweise ein Mitglied des Betriebs- oder Personalrats, so dass auch insoweit § 15 KSchG zur Anwendung gelangt.[3]

b) **Ersatzmitglieder des Betriebsrats** (§ 25 BetrVG) werden vom Kündigungsschutz ebenfalls in gewissem, freilich beschränktem Umfang erfasst.[4]

c) **Wahlvorstandsmitglieder und Wahlbewerber**[5] sind ebenfalls gegen die ordentliche Kündigung geschützt, wenn auch nur für den kürzeren Zeitraum bis zu sechs Monaten nach Bekanntgabe des Wahlergebnisses, § 15 III KSchG.

d) **Arbeitnehmervertreter im Aufsichtsrat,** Mitglieder des Wirtschaftsausschusses und der Einigungsstellen genießen keinen besonderen Kündigungsschutz. Sie stehen nur unter der praktisch nicht allzu großen Schirmwirkung des Benachteiligungsverbots (vgl. z. B. § 26 S. 2 MitbestG, § 78 BetrVG).

2. Schutz gegen außerordentliche Kündigung[6]

Die außerordentliche Kündigung aus wichtigem Grund wird durch § 15 KSchG nicht beschränkt. Sie bedarf aber nach § 103 I BetrVG bei Betriebsratsmitgliedern, Mitgliedern der Jugend- und Auszubildendenvertretung, Mitgliedern des Wahlvorstands und Wahlbewerbern der Zustimmung des Betriebsrats. Wenn dieser die Zustimmung verweigert, kann der Arbeitgeber sie durch das Arbeitsgericht ersetzen lassen, § 103 II BetrVG. Nach der Meinung des BAG muss die Zustimmung des Betriebsrats bzw. ihre Ersetzung durch das Arbeitsgericht vor der Erklärung der Kündigung erwirkt werden.[7]

Das Arbeitsgericht hat nach § 103 II BetrVG zu prüfen, ob die außerordentliche Kündigung gerechtfertigt ist. Das ist sie nach § 626 BGB, wenn ein wichtiger Grund vorliegt. Die Formulierung des § 103 II BetrVG verlangt vom Gericht dazu die umfassende Berücksichtigung aller Umstände; diese hat das Gericht im Beschlussverfahren von Amts wegen aufzuklären.

---

[2] *BAG* AP Nr. 11 zu § 102 BetrVG (Anm. *G. Hueck*).
[3] MünchKommBGB/*Hergenröder*, § 15 KSchG Rn. 10.
[4] Vgl. näher MünchKommBGB/*Hergenröder*, § 15 KSchG Rn. 27 ff.; *Uhmann*, Kündigungsschutz von Ersatzmitgliedern des Betriebsrats, NZA 2000, 576; *BAG* AP Nr. 3, 5, 7 und 26 zu § 15 KSchG; *BAG* AP Nr. 26 zu § 15 KSchG 1969.
[5] Beispielsfall zur Reichweite des Schutzes *BAG* AP Nr. 2 zu § 15 KSchG 1969 Wahlbewerber.
[6] Dazu MünchKommBGB/*Hergenröder*, § 15 KSchG Rn. 91 ff.; *LAG Berlin* NZA 1989, 280; *BAG* AP Nr. 95 zu § 626 BGB und Nr. 35 zu § 15 KSchG 1969.
[7] Vgl. *BAG* AP Nr. 8, 18 und 32 zu § 103 BetrVG 1972; *BAG* AP Nr. 36 zu § 103 BetrVG 1972; *Fischermeier*, Die Beteiligung des Betriebsrats bei außerordentlichen Kündigungen gegenüber Betriebsratsmitgliedern und anderen Funktionsträgern, ZTR 1998, 433. Zum Verhältnis von Ersetzungsverfahren und nachfolgender Kündigungsschutzklage *BAG* AP Nr. 3, 4 zu § 103 BetrVG 1972.

Für Personalratsmitglieder vgl. die entsprechenden Regelungen in §§ 47 I, 108 BPersVG sowie den Landespersonalvertretungsgesetzen.

Für die Frage, inwieweit Pflichtverletzungen einen wichtigen Grund für die außerordentliche Kündigung von Funktionsträgern bilden, ist grundsätzlich nur auf die **arbeitsvertraglichen Pflichten** des Arbeitnehmers abzustellen. Eine Verletzung seiner Amtspflichten zieht dagegen nur den vom Arbeitsgericht zu verhängenden Ausschluss aus dem Amt gem. § 23 I BetrVG nach sich. Die Kündigung ist aber zulässig, wenn die Amtspflichtverletzung zugleich eine Verletzung des Arbeitsvertrages darstellt.[8]

II. Schwerbehinderte

Schwerbehinderte[9] genießen einen besonderen Kündigungsschutz nach §§ 85 ff. SGB IX. Danach bedarf die Kündigung eines seit über sechs Monaten beim Arbeitgeber beschäftigten Schwerbehinderten der vorherigen Zustimmung des Integrationsamtes,[10] §§ 85, 90 I Nr. 1 SGB IX mit weiteren Einschränkungen in § 90 SGB IX. Für die ordentliche Kündigung gilt eine Frist von mindestens vier Wochen, § 86 SGB IX. Auch die außerordentliche Kündigung aus wichtigem Grund bedarf der vorherigen Zustimmung, § 91 SGB IX. Das Integrationsamt soll jedoch bei dieser Art Kündigung die Zustimmung erteilen, wenn die Kündigung aus einem Grund erfolgt, der nicht in Zusammenhang mit der Behinderung steht (etwa Kündigung wegen einer nicht durch die Behinderung verursachten Pflichtverletzung), § 91 IV SGB IX.

Die Entscheidung des Integrationsamts ist ein Verwaltungsakt, der den Rechtsmitteln der VwGO unterliegt, vgl. dazu §§ 118 ff. SGB IX. Der Arbeitnehmer kann also versuchen, die etwa erteilte Zustimmung zur Kündigung im Verwaltungsstreitverfahren zu Fall zu bringen, der Arbeitgeber kann versuchen, die etwa verweigerte Zustimmung zu erzwingen. Widerspruch und Anfechtungsklage haben dabei keine aufschiebende Wirkung, § 88 IV SGB IX. Dadurch ergibt sich u. U. ein zeitlich aufwendiges Verfahren mit der Bemühung zweier verschiedener Gerichtszweige.[11]

Im Übrigen ist die Schwerbehindertenvertretung nach § 95 II SGB IX vor jeder einen Schwerbehinderten betreffenden Entscheidung – und damit auch vor einer Kündigung – zu hören. Verletzt der Arbeitgeber diese Pflicht, führt dies allerdings nicht zur Unwirksamkeit der Kündigung, vielmehr liegt eine Ordnungswidrigkeit nach § 156 II SGB IX vor.

---

[8] Beispielsfall *BAG* AP Nr. 1 zu § 103 BetrVG 1972. Dazu umfassend MünchKommBGB/*Hergenröder*, § 15 KSchG Rn. 101 ff.; APS/*Linck*, § 15 KSchG Rn. 134 ff.

[9] Vgl. dazu die unten § 33 IV angegebene Literatur; ferner *Bachmann*, Schwerbehindertenschutz durch Kündigungsschutz?, ZfA 2003, 43; *Bauer/Powietzka*, Kündigung schwerbehinderter Arbeitnehmer – Nachweis, Sozialauswahl, Klagefrist und Reformbedarf, NZA-RR 2004, 505 ff.; *Griebeling*, Neues im Sonderkündigungsschutz schwerbehinderter Menschen, NZA 2005, 494; *Schlewing*, Der Sonderkündigungsschutz schwerbehinderter Menschen nach der Novelle des SGB IX, NZA 2005, 121; *Brose*, Die Auswirkungen des § 84 Abs. 1 SGB IX auf den Kündigungsschutz bei verhaltensbedingten, betriebsbedingten und personenbedingten Kündigungen, RdA 2006, 149.

[10] Das sind besondere Dienststellen der Länder.

[11] Dazu *H. J. Otto*, Kündigung Schwerbehinderter – aufschiebende Wirkung des Widerspruchs gegen die Zustimmung der Hauptfürsorgestelle, DB 1975, 1554; *Lüke*, Das Nebeneinander verschiedener Rechtswege …, GS D. Schultz, 1987, S. 235.

III. Mutterschutz[12]

Kündigungen sind unzulässig während der gesamten Schwangerschaft sowie bis zum Ablauf von vier Monaten nach der Entbindung, § 9 I MuSchG. Voraussetzung ist lediglich, dass dem Arbeitgeber die Schwangerschaft oder Entbindung z.Z. der Kündigung bekannt war oder ihm innerhalb von zwei Wochen nach Zugang der Kündigung mitgeteilt wird. Die Überschreitung dieser Frist ist unschädlich, wenn sie auf einem von der Schwangeren nicht zu vertretenden Grund beruht und die Mitteilung unverzüglich nachgeholt wird. Der Kündigungsschutz umfasst sowohl die ordentliche wie die außerordentliche Kündigung.

Andererseits kann durch die zuständige oberste Landesbehörde[13] „in besonderen Fällen ausnahmsweise" die Kündigung für zulässig anerkannt werden, vgl. § 9 III MuSchG. Eine solche behördliche Zustimmung wird praktisch nur für außerordentliche Kündigungen und selbst für diese nur selten in Betracht kommen.

Der Kündigungsschutz bedeutet zunächst nur, dass die Arbeitnehmerin gegen den Verlust ihres Arbeitsplatzes geschützt ist. Er bedeutet nicht, dass sie unter allen Umständen auch Lohn erhalten muss. Ist sie wegen Schwangerschaft oder Entbindung arbeitsunfähig, so hat sie den Lohnfortzahlungsanspruch vielmehr nur in dem für Krankheit durch das EFZG (dazu oben § 19 II) gewährten Umfang. Bleibt sie der Arbeit, etwa in den ersten Monaten der Schwangerschaft, trotz Arbeitsfähigkeit fern, verliert sie ihren Lohnanspruch insoweit. Ist sie arbeitsfähig und arbeitswillig, verhält sie sich aber so, dass ihre Beschäftigung für den Arbeitgeber schlechterdings unzumutbar ist, so kann auch dies zum Verlust ihres Lohnanspruchs führen.[14]

IV. Kündigungsschutz während der Elternzeit

Während der Elternzeit (dazu oben § 17 VII) hat der diesen Zeitraum in Anspruch nehmende Elternteil Kündigungsschutz, vgl. näher § 18 BEEG.

V. Wehr- und Zivildienst[15]

Das Arbeitsverhältnis Wehrpflichtiger ruht während der Einberufung zum Grundwehrdienst oder zu einer Wehrübung, § 1 I ArbPlSchG. Während dieser Zeit (beim Grundwehrdienst schon von der Einberufung an) darf der Arbeitgeber das Arbeitsverhältnis nicht kündigen, § 2 I ArbPlSchG. Vor und nach dem Wehrdienst darf er den Wehrdienst nicht zum Anlass einer Kündigung nehmen. Näheres regelt § 2 II ArbPlSchG mit wichtiger Beweislastregelung in Satz 3. Die außerordentliche Kündigung aus wichtigem Grund wird zwar durch diese Regelungen nicht berührt. Die Einberufung des Arbeitnehmers darf jedoch grundsätzlich (d.h. mit gewissen Ausnahmen) nicht als wichtiger Grund gewertet werden, § 2 III ArbPlSchG. Ähnliche Regelungen finden sich im Eignungsübungsgesetz, das die Einberufung Freiwilliger zu einer Übung zur Auswahl von freiwilligen Soldaten zum Gegenstand hat. Zur Anwendung des ArbPlSchG auf Zeitsoldaten s. § 16 a ArbPlSchG. Probleme ergeben sich vielfach im Hinblick auf den Wehrdienst ausländischer Arbeitnehmer in ihrem Herkunftsland.[16]

---

[12] Vgl. dazu die unten § 33 II angegebene Literatur; ferner HWK/*Hergenröder*, Kommentierung zu § 9 MuSchG; KR/*Bader*, Kommentierung zu § 9 MuSchG; *Schliemann*, Neue höchstrichterliche Rechtsprechung zum Mutterschutz, NZA-RR 2000, 113, 114.

[13] Die oberste Arbeitsbehörde des Landes oder eine von ihr bestimmte Stelle, § 9 III 1 MuSchG.

[14] Vgl. dazu den spektakulären Fall *BAG GS* AP Nr. 5 zu § 9 MuSchG.

[15] Dazu KR/*Weigand*, Kommentierung zu § 2 ArbPlSchG; *Sahmer*, ArbPlSchG, 13. Aufl., (Loseblatt); *Berger-Delhey*, Wehrpflicht und Arbeitsrecht, ZTR 1996, 210; HWK/*Hergenröder*, Kommentierung zu § 2 ArbPlSchG.

[16] Dazu *BAG* AP Nr. 9 zu § 1 KSchG 1969 Personenbedingte Kündigung; *BAG* AP Nr. 9 zu § 1 KSchG 1969 Personenbedingte Kündigung.

Für Zivildienstleistende gilt der Kündigungsschutz nach dem ArbPlSchG entsprechend (§ 78 I Nr. 1 Zivildienstgesetz). Vgl. aber auch die Einschränkung in § 15 a Zivildienstgesetz.[17]

VI. Sonstige Kündigungsbeschränkungen

1. Für **Heimarbeiter** gilt das KSchG nicht. Der Gesetzgeber sorgt jedoch für einen gewissen Beschäftigungs- und Entgeltschutz durch § 29 HAG.[18] Soweit ein Heimarbeiter betriebsverfassungsrechtlicher Funktionsträger ist, gilt statt § 15 KSchG die Regelung des § 29 a HAG.

2. Neben den bisher genannten Kündigungsbeschränkungen, die in der Praxis relativ häufig zur Anwendung kommen, finden sich noch andere, seltener einschlägige Bestimmungen, wie etwa Art. 48 II 2 GG, § 2 III AbgG für **Bundestagsabgeordnete**, für **Immissionsschutz- und Störfallbeauftragte** nach §§ 58 II 1, 58 c I BImSchG sowie den **Abfallbeauftragten** nach § 55 Abs. 3 KrWAbfG, § 58 II 1 BImSchG.[19]

VII. Rechtsschutz

Nachdem § 13 III KSchG zwar die Anwendbarkeit des ersten Abschnitts des KSchG auf schriftliche Kündigungen, die bereits aus anderen als den in § 1 II und III KSchG bezeichneten Gründen rechtsunwirksam sind, ausschließt, die Vorschriften der §§ 4 bis 7 KSchG aber für anwendbar erklärt, müssen sämtliche Unwirksamkeitsgründe binnen drei Wochen mit der punktuellen Kündigungsschutzklage (dazu oben § 24 VII) geltend gemacht werden. Ansonsten tritt Heilung der Rechtsunwirksamkeit der Kündigung nach § 7 KSchG ein.

§ 27. Gruppenarbeitsverhältnis, mittelbares Arbeitsverhältnis und Leiharbeitsverhältnis

Literatur: _Ramm,_ Die Aufspaltung der Arbeitgeberfunktion, ZfA 1973, 263; _Müllner,_ Aufgespaltene Arbeitgeberstellung und Betriebsverfassungsrecht, 1978; _Konzen,_ Arbeitsrechtliche Drittbeziehungen, ZfA 1982, 259; _Windbichler,_ Arbeitsrecht im Konzern, 1989; _Weber,_ Das aufgespaltene Arbeitsverhältnis, 1992.

Die im Folgenden darzustellenden Sonderformen des Arbeitsverhältnisses lassen sich als **Arbeitsverhältnisse mit arbeitsrechtlichen Drittbeziehungen** zusammenfassen.

Für einen Teil dieser Verhältnisse ist charakteristisch, **dass die Arbeitsleistung**, abweichend von der für das Arbeitsverhältnis typischen Gestaltung, **einem Dritten erbracht wird** oder unmittelbar zugute kommt. Allerdings reicht dies nicht aus, um in jedem Fall auch **arbeitsrechtliche** Beziehungen zu Dritten anzunehmen. Lässt ein zu dem Dritten durch einen Werkvertrag oder selbständigen Dienstvertrag in Beziehung stehender Arbeitgeber seinen Arbeitnehmer im Betrieb des Dritten arbeiten, so entstehen

---

[17] Kritisch dazu KR/_Weigand,_ § 2 ArbPlSchG Rn. 7, 8.

[18] Vgl. hierzu die Kommentare zum HAG, etwa von _Brecht,_ 1977, _Otten,_ 1996 und _Schmidt/Koberski/Tiemann/Wascher,_ 4. Aufl., 1998, vgl. ferner _Mehrle,_ Heimarbeit, AR-Blattei SD 910, 1997, Rn. 126 ff.; _BAG_ AP Nr. 2 zu § 29 HAG (Verfassungsmäßigkeit).

[19] Übersicht über die einschlägigen Bestimmungen bei MünchKommBGB/_Hergenröder,_ § 13 KSchG Rn. 62 ff.

dadurch arbeitsrechtliche Beziehungen weder zwischen dem Arbeitgeber und dem Dritten noch zwischen dem Arbeitnehmer und dem Dritten.

Beispiel: Eine Computerherstellerin (Arbeitgeber) lässt laufend die in einem Industriebetrieb oder einer Bank (Dritter) installierten Geräte durch ihre angestellten Ingenieure (Arbeitnehmer) betreuen.

Vielmehr müssen noch andere Umstände hinzukommen.
Andersartig ist die Drittbeziehung, wenn die **Arbeitsleistung** zwar dem Arbeitgeber **direkt** erbracht wird, an ihrer Erbringung aber **noch andere Arbeitnehmer beteiligt** sind. Dabei geht es nicht um die rein faktische Kooperation, wie sie bei Zusammenarbeit mehrerer stets gegeben ist, sondern nur um Formen, die eine gewisse **rechtliche Koppelung** der beteiligten Arbeitsverhältnisse aufweisen.

Bei den arbeitsrechtlichen Drittbeziehungen steht in den meisten Gestaltungen (nicht beim Gruppenarbeitsverhältnis) eine Aufteilung oder **Aufspaltung der Arbeitgeberfunktion** in Frage. Sie kann dazu führen, dass hinsichtlich bestimmter Ansprüche und Rechte des Arbeitnehmers (nur selten hinsichtlich aller) neben den Vertragspartner-Arbeitgeber der Dritte tritt, sei es, dass er unmittelbar Schuldner der entsprechenden Leistungen wird oder dass ihn eine sekundäre Einstandspflicht trifft. Die Annahme einer solchen Rechtsbeziehung zu dem „Dritten" kann, von seltenen ausdrücklichen Absprachen abgesehen, auf der Auslegung bestimmter Verträge, auf zu unterstellender Schutzwirkung von Verträgen, auf einem sonstigen „Schutzverhältnis" oder auch auf dem Sinn bestimmter Schutznormen des Arbeitsrechts beruhen.

I. Gruppenarbeitsverhältnis[1]

Bei den Gruppenarbeitsverhältnissen sind mehrere Arbeitnehmer zu einer Arbeitsgruppe zusammengefasst.

1. Nimmt der Arbeitgeber die Zusammenfassung der Gruppe im Betrieb vor, um ihr etwa die gemeinsame Erbringung einer Leistungseinheit zu übertragen (Montagekolonnen, Bauarbeiterkolonnen), so spricht man von einer **Betriebsgruppe**.[2] Die Arbeitsverhältnisse der Gruppenmitglieder sind hier zwar weitgehend unabhängig voneinander, aber es bestehen doch Zusammenhänge in einzelnen Beziehungen, z. B. für die Entgeltberechnung, wenn diese etwa auf die Gesamtleistung der Gruppe abstellt (Gruppenakkord). Allerdings bedarf der Arbeitgeber zu einer derartigen Entgeltberechnung, wenn keine kollektiv- oder einzelvertragliche Grundlage für sie besteht, der Zustimmung der betroffenen Arbeitnehmer. Auch das Mitbestimmungsrecht des Betriebsrats nach § 87 I Nr. 10, 11 und 13 BetrVG[3] muss gewahrt werden. Praktische Bedeutung können auch Beweislastfragen erlangen, wenn die Gruppenleistung schlecht erfüllt wird und ungeklärt ist, auf welche Arbeitnehmer die Schlechtleistung zurückgeht.[4]

---

[1] Dazu *Rüthers*, Probleme der Organisation, des Weisungsrechts und der Haftung bei Gruppenarbeit, ZfA 1977, 1; *Herlitzius*, Lean Production, Arbeitsrechtsfragen bei Einführung und Gestaltung von Gruppenarbeit, 2. Aufl., 1997; *Schwab*, AR-Blattei SD 40 Akkordarbeit, 2007, Rn. 72 ff.; *Hunold*, AR-Blattei SD 840 Gruppenarbeit, 2003; *Franken*, Arbeitsrechtliche Fragen der Gruppenarbeitsverhältnisse, 2005.

[2] Dazu *Hunold*, AR-Blattei SD 840 Gruppenarbeit, 2003, Rn. 19 ff.; Beispielsfälle mit Haftungsfragen *BAG* AP Nr. 4 zu § 611 BGB Akkordkolonne m. Anm. *Lieb* (Fliesenleger); AP Nr. 51 zu § 1 TVG Tarifverträge: Bau (Anm. *Leipold*).

[3] Zur Mitbestimmung bei der Durchführung von Gruppenarbeit: *Preis/Elert*, Erweiterung der Mitbestimmung bei Gruppenarbeit?, NZA 2001, 371; *Raab*, Die Arbeitsgruppe als neue betriebsverfassungsrechtliche Beteiligungsebene, NZA 2002, 474; *Wiese*, Die Mitbestimmung des Betriebsrats über Grundsätze zur Durchführung von Gruppenarbeit nach § 87 Abs. 1 Nr. 13 BetrVG, BB 2002, 198 ff.; *Blanke*, Arbeitsgruppen und Gruppenarbeit in der Betriebsverfassung, RdA 2003, 140.

[4] Dazu *BAG* AP Nr. 4 zu § 611 BGB Akkordkolonne; ErfK/*Preis*, § 611 BGB Rn. 192.

2. Schließen sich die Arbeitnehmer schon vor der Arbeitsaufnahme beim Arbeitgeber zu einer Gruppe zusammen, um gemeinsam eine Leistung zu erbringen, so spricht man von einer **Eigengruppe.**[5] Nicht ganz selten ist diese Gestaltung etwa bei Orchestern oder Musikkapellen, ferner bei den so genannten Gängen der Hafenarbeiter, während Landarbeiterkolonnen bald gänzlich der Vergangenheit angehören dürften. Auch bei Bauarbeiterkolonnen kommt die Form der Eigengruppe vor.[6]

a) Die **Arbeitnehmer** bilden in einem solchen Fall **untereinander** eine Gesellschaft bürgerlichen Rechts, in Ausnahmefällen einen (nicht rechtsfähigen) Verein, eine GmbH oder eine Genossenschaft. Ihre Beziehungen zueinander bzw. zur Gruppe als Gesamtheit (oder als juristische Person) können rein mitgliedschaftsrechtlich zu deuten sein, aber auch u.U. (zusätzlich) als Dienst- oder Arbeitsverträge.

b) Die **Beziehungen zum Auftraggeber der Gruppe** sind verschiedener Gestaltung zugänglich.

aa) Es ist möglich, dass die **Gruppe im eigenen Namen** mit dem Dritten einen **Werkvertrag oder selbständigen Dienstvertrag** schließt. Dann entstehen arbeitsrechtliche Beziehungen der einzelnen Gruppenmitglieder zu dem Dritten nicht.

bb) Es kann aber auch sein, dass die Gruppe im eigenen Namen mit dem Dritten einen **Dienstverschaffungsvertrag** schließt. Bei der Erfüllung dieses Vertrages durch die Gruppe dem Dritten gegenüber kommen zwei Möglichkeiten in Betracht: (1) Der Dritte hat mit jedem Gruppenmitglied einen Arbeitsvertrag zu schließen. (2) Es wird eine Art „Leiharbeitsverhältnis" begründet.

cc) Denkbar ist ferner, dass die Gruppe mit dem Dritten nicht im eigenen Namen, sondern **im Namen aller Gruppenmitglieder** Arbeitsverträge abschließt. Dann liegen unmittelbare Arbeitsverträge zwischen den Gruppenmitgliedern und dem Dritten vor, die freilich untereinander in einer gewissen Abhängigkeit stehen, insbesondere in Bezug auf ihre Beendigung.

Beispiel: Ein Musiker einer Fünfmannkapelle spielt ständig falsch. Dann kann allen aus wichtigem Grund gekündigt werden.

3. Dem Gruppenarbeitsverhältnis verwandt ist die gemeinsame Übernahme eines Arbeitsplatzes durch mehrere Arbeitnehmer zur abwechselnden Erfüllung der Arbeitspflicht beim sog. **Job-Sharing.**[7] Vgl. dazu auch § 13 TzBfG.

II. Mittelbares Arbeitsverhältnis[8]

1. Als mittelbares Arbeitsverhältnis bezeichnet man ein **mehrstufiges Arbeitsverhältnis,** bei dem ein Mittelsmann (z.B. ein so genannter Zwischenmeister) einerseits Arbeitgeber eines von ihm eingestellten Arbeitnehmers ist, seinerseits aber in einem Arbeitsverhältnis zu einem dritten Arbeitgeber steht. Wesentliches Merkmal ist, dass die Leistungen des „unteren" Arbeitnehmers gleichzeitig zur Erfüllung der Arbeitsverpflichtungen des Mittelsmannes gegenüber dem oberen Arbeitgeber dienen. Ein Arbeitnehmer verpflichtet sich dabei zur Erbringung einer Arbeitsleistung unter Hinzuziehung von Gehilfen, die er selbst in eigenem Namen einzustellen hat (z.B. Melkmeister mit Melkgehilfen).

Diese Gestaltung war früher vor allem in der Landwirtschaft und im Bauwesen nicht selten zu finden. Heute kommt sie noch bei Orchestern vor, wenn der Orchesterleiter sich dem Auftraggeber als Arbeitnehmer verdingt und die Orchestermusiker seinerseits als seine eigenen Arbeitnehmer anstellt.

---

[5] Dazu *Konzen,* ZfA 1982, 259, 300; *Hunold,* AR-Blattei SD 840 Gruppenarbeit, 2003, Rn. 19ff.

[6] Beispielsfall zur Haftung *BAG* AP Nr. 50 zu § 4 TVG Ausschlußfristen.

[7] Dazu *Schüren,* Job-Sharing, 1983; *Marienhagen,* Der Job-Sharing-Vertrag (Vertragsmuster), 1986; *Danne,* Job-Sharing, 1986; *Mosler,* Teilzeitarbeit, AR-Blattei SD 1560, 2002, Rn. 330ff.; Münch-ArbR/*Schüren,* § 166 Rn. 75ff.; *Schaub,* Arbeitsrechtshandbuch, 11. Aufl., § 44 Rn. 77ff.

[8] *Waas,* Das sog. „mittelbare Arbeitsverhältnis", RdA 1993, 153; *Streicher,* Rechtsformzwang und mittelbares Arbeitsverhältnis, Diss. Berlin, 1995; *Röhsler,* AR-Blattei SD 220.3 Mittelbares Arbeitsverhältnis, 1998.

Ein **Beispiel** bildet der Fall des Südfunk-Tanzorchesters, BAG AP Nr. 2 zu § 611 BGB Mittelbares Arbeitsverhältnis. Das BAG nahm an, dass zwischen dem Süddeutschen Rundfunk und dem Orchesterleiter L. ein Arbeitsverhältnis vorlag, die Musiker des Orchesters aber in arbeitsvertraglichen Beziehungen nur zu L., nicht zum Süddeutschen Rundfunk, standen. Zwischen ihnen und dem Südfunk hielt das Gericht nur ein mittelbares Arbeitsverhältnis für gegeben.

2. Die **Besonderheit der Rechtsfigur des mittelbaren Arbeitsverhältnisses** liegt vor allem darin, dass auch der mittelbare Arbeitgeber des Unterarbeitnehmers (also der „obere" Arbeitgeber) gewisse Arbeitgeberfunktionen gegenüber diesem besitzt. Inwieweit er ein Weisungsrecht hat, richtet sich nach den getroffenen Vereinbarungen oder ergibt sich aus dem Sinn der Beschäftigung. Insbesondere obliegen dem mittelbaren Arbeitgeber gewisse Schutz- und Rücksichtspflichten, für deren Schlechterfüllung er haftet, wobei er für seine Erfüllungsgehilfen nach § 278 BGB, nicht nach § 831 BGB einstehen muss. Außerdem haftet er subsidiär auch für das Arbeitsentgelt (streitig).[9] Diese Folgen ließen sich mindestens teilweise durch einen **Vertrag** zwischen Mittelsmann und mittelbarem Arbeitgeber **mit Schutzwirkung für den Unterarbeitnehmer** erklären. Richtiger dürfte es indessen sein, aus den Grundgedanken des Arbeitsrechts heraus ein **vertragsähnliches Schuld-(=Schutz-)verhältnis** anzunehmen.[10] Betriebsverfassungsrechtlich zählen in der Regel sowohl der Unterarbeitnehmer als auch der Mittelsmann zum Betrieb des Oberarbeitgebers.

Vom mittelbaren Arbeitsverhältnis zu unterscheiden ist der Fall, dass ein Arbeitnehmer mit einem anderen Arbeitnehmer ein Gehilfenverhältnis *im Namen des Arbeitgebers* begründet. Dann liegt kein mehrstufiges Arbeitsverhältnis vor, sondern beide Arbeitnehmer stehen in direkten arbeitsvertraglichen Beziehungen zu dem Arbeitgeber. Vereinbart der Mittelsmann das Arbeitsverhältnis zwar im eigenen Namen, aber für Rechnung seines Arbeitgebers, so kann ein direktes Arbeitsverhältnis schon unter Umgehungsgesichtspunkten anzunehmen sein.[11]

III. Leiharbeitsverhältnis[12]

1. Begriff und Bedeutung

Beim Leiharbeitsverhältnis wird ein Arbeitnehmer von seinem Arbeitgeber, der mit ihm im eigenen Namen einen Arbeitsvertrag geschlossen hat, an einen anderen Arbeitgeber „ausgeliehen". Ein **echtes Leiharbeitsverhältnis** liegt dabei nur vor, wenn der Arbeitsvertrag auf Erbringung von Diensten an den verleihenden Arbeitgeber gerich-

[9] Vgl. dazu *BAG* AP Nr. 2 und 3 zu § 611 BGB Mittelbares Arbeitsverhältnis; *BAG* AP Nr. 57 zu § 611 BGB Abhängigkeit.

[10] Einen gesetzlichen Anhalt dafür bietet § 21 II HAG. Für analoge Anwendung dieser Norm auf alle mittelbaren Arbeitsverhältnisse *Konzen*, ZfA 1982, 275, 302; *Ascheid/Preis/Schmidt/Preis*, 1. Teil Grundlagen zur Beendigung von Arbeitsverhältnissen, F Kündigung in besonderen Arbeitsverhältnissen, Rn. 36.

[11] Vgl. *BAG* SAE 1983, 46 (Anm. *Zeiss*) = NJW 1983, 645.

[12] *Konzen*, ZfA 1982, 259, 266, 303; *Windbichler*, S. 81 ff. und passim; *Rüthers/Bakker*, ZfA 1990, 245; *Kania*, Überlassung von Maschinen mit Bedienungspersonal, NZA 1994, 871; *Marschner*, Die Abgrenzung der Arbeitnehmerüberlassung von anderen Formen des Personaleinsatzes, NZA 1995, 668; *Hamann*, Erkennungsmerkmale der illegalen Arbeitnehmerüberlassung in Form von Scheindienst- und Scheinwerkverträgen, 1995; *Vögele/Stein*, Fremdfirmen in Unternehmen, 1996; *Wank*, Neuere Entwicklungen im Arbeitnehmerüberlassungsrecht, RdA 2003, 1; *Hantl-Unthan*, Arbeitnehmerüberlassung, AR-Blattei SD 125, 2004; *Schüren*, Die Verfassungsmäßigkeit der Reform des Arbeitnehmerüberlassungsgesetzes, RdA 2006, 303. Siehe ferner die Kommentierungen von *Boemke/Lembke*, Arbeitnehmerüberlassungsgesetz, 2. Aufl., 2005; *Schüren/Hamann*, AÜG, 3. Aufl., 2007; *Thüsing*, Arbeitnehmerüberlassungsgesetz, 2005.

tet ist (Leiharbeit), während bei der **unechten Arbeitnehmerleihe** der Arbeitnehmer von vornherein Dienste nur den Entleihern leisten soll, wie insbesondere bei der gewerbsmäßigen Arbeitnehmerüberlassung durch Zeitarbeitsunternehmen (Zeitarbeit). Von Arbeitnehmerleihe ist dabei nur zu sprechen, wenn der Arbeitnehmer dem Entleiher-Arbeitgeber dergestalt überlassen wird, dass der Entleiher nicht in den Arbeitsvertrag zwischen dem Verleiher und dem Arbeitnehmer eintritt,[13] wohl aber berechtigt sein soll, dem Arbeitnehmer Weisungen in Bezug auf die Arbeitsleistung zu erteilen. Nicht entscheidend für das Vorliegen eines Leiharbeitsvertrags ist, ob der Anspruch auf die Arbeitsleistung vom Verleiher an den Entleiher abgetreten wurde oder nicht. Eine solche Abtretung bedarf nach § 613 Satz 2 BGB der Zustimmung des Arbeitnehmers. Für das Verleihen ohne Abtretung gilt jedoch nichts anderes. Das Verleihen muss entweder bereits im Arbeitsvertrag vorgesehen sein oder der Arbeitnehmer muss ad hoc zustimmen. Die Dauer der Überlassung ist nicht ausschlaggebend. In der Regel wird es sich um relativ kurze Überlassungszeiten handeln, aber auch eine mehrjährige Dauer steht einem Leiharbeitsverhältnis nicht grundsätzlich entgegen, wenngleich in solchen Fällen jeweils besonders sorgfältig zu prüfen ist, ob nicht zumindest konkludent eine Vereinbarung über den Wechsel des Arbeitgebers zwischen den Beteiligten zustande gekommen ist.

Nicht entscheidend ist ferner, ob der Entleiher-Arbeitgeber für die Überlassung des Arbeitnehmers an den Verleiher-Arbeitgeber ein Entgelt zahlt. Vorschläge, die entgeltliche Arbeitnehmerüberlassung als Mietarbeitsverhältnis zu bezeichnen, sind dem eingebürgerten Sprachgebrauch fern.

Kein Leiharbeitsverhältnis liegt vor, wenn Arbeitnehmer eines Unternehmens zu einem Kunden dieses Unternehmens geschickt werden, um in dessen Betrieb Maschinen aufzustellen oder zu warten (**Montagebeziehung).** Der Kunde kann hier zwar gewisse Wünsche gegenüber den Arbeitnehmern äußern, auch besitzt er das Hausrecht, ein arbeitsrechtliches Weisungsrecht ist ihm aber nicht übertragen. Hingegen ist Arbeitnehmerleihe zu bejahen, wenn ein Unternehmen einem anderen Geräte oder Maschinen leiht und gleichzeitig dem Entleiher auch eingearbeitetes Personal zur Bedienung für die Entleihzeit zur Verfügung stellt.[14]

Die **tatsächliche Bedeutung** des Leiharbeitsverhältnisses ist nicht genau bekannt. Sie ist mit Sicherheit nicht gering. Häufig praktiziert wird das Leiharbeitsverhältnis – vom Bereich der gewerblichen Arbeitnehmerüberlassung abgesehen (darüber unten IV) – für gehobene Angestellte in Konzernverhältnissen, die von einem Konzernunternehmen in ein anderes, oft ins Ausland, geschickt oder „abgeordnet" werden (dazu auch unten V 3).

2. Rechtliche Behandlung

Beim Leiharbeitsverhältnis hat der Verleiher-Arbeitgeber grundsätzlich alle Arbeitgeberpflichten. Insbesondere ist er auch verpflichtet, den Lohn zu zahlen. Der Arbeitnehmer ist verpflichtet, seine Arbeitsleistungen faktisch dem Entleiher zu erbringen. Ob er diese Verpflichtung rechtlich gegenüber dem Verleiher oder gegenüber dem Entleiher hat, hängt davon ab, ob eine wirksame Abtretung erfolgt ist. In jedem Fall hat er die *Weisungen* des Entleihers zu beachten. Den Entleiher treffen vor allem *Schutz- und Rücksichtspflichten*. Dagegen trägt er, sofern nichts anderes vereinbart ist, keine Pflicht zur *Entgeltzahlung*. Länger dauernde Überlassung kann aber die Schutzpflicht des Entleihers begründen, sich über die ordnungsgemäße Lohnzahlung Gewissheit zu verschaffen. Das Haftungsprivileg des Arbeitgebers und der Mitarbeit-

---

[13] Abweichend *Heinze*, ZfA 1976, 183, der das Leiharbeitsverhältnis als Vertragsbeitritt des Entleihers zum Arbeitsvertrag zwischen Verleiher und Arbeitnehmer deuten will. Mindestens ein großer Teil der einschlägigen Vereinbarungen lässt indessen nicht auf einen dahingehenden Willen der Beteiligten schließen.

[14] Vgl. den Fall *BAG* AP Nr. 2 zu § 831 BGB; *Kania*, Überlassung von Maschinen mit Bedienungspersonal, NZA 1994, 871 ff.

nehmer bei Arbeitsunfällen nach §§ 104, 105 SGB VII gilt auch zu Gunsten und zu Lasten verletzter Leiharbeitnehmer.[15] Unter welchen Voraussetzungen das *Leiharbeitsverhältnis beendet* werden kann, ist Gegenstand der Vereinbarungen zwischen Verleiher und Entleiher. Das Arbeitsverhältnis zwischen Leiharbeitnehmer und Verleiher kann allein von den Parteien des Arbeitsvertrages beendet werden.

Problematisch ist die **betriebsverfassungsrechtliche Behandlung** der Leiharbeitnehmer.[16] Ob sie zur Belegschaft sowohl des Verleiherbetriebs wie des Entleiherbetriebs oder nur zu einem von ihnen gehören, ist eine Frage, für die eine einfache Lösung schon deswegen nicht möglich ist, weil die Leihe für ganz kurze ebenso wie für sehr lange Zeit vorkommt.[17] Die gesetzliche Regelung in § 14 AÜG (dazu unten IV) gilt jedenfalls unmittelbar nur für die gewerbsmäßige und damit unechte Arbeitnehmerleihe. Nach dem BAG ist § 14 I AÜG analog auch auf echte Leiharbeitnehmer anwendbar.[18]

IV. Gewerbsmäßige Arbeitnehmerüberlassung[19]

Unechte Leiharbeit (zum Begriff oben III 1) wird praktisch nur im Rahmen gewerbsmäßiger Arbeitnehmerüberlassung erfolgen. Diese Form des „Leiharbeitsverhältnisses" ist für den Arbeitnehmer schon insofern nachteiliger, als der Verleiher ihn gar nicht selbst beschäftigen kann, es daher auch keine Möglichkeit der Rückkehr an einen Stammarbeitsplatz gibt, sondern immer nur erneute Ausleihe. Man spricht insoweit gern von **Zeitarbeit,** womit man Arbeit auf begrenzte Zeit meint, und bezeichnet die überlassenden Unternehmen als Zeitarbeit-Unternehmen.

1. In derartigen Fällen nimmt die Arbeitnehmerüberlassung **Elemente der Arbeitsvermittlung** in sich auf.[20] Außerdem ist meist ein besonderer Schutz der zu überlassenden Arbeitnehmer erforderlich. Beiden Problemkreisen trägt das Arbeitnehmerüberlassungsgesetz (AÜG) Rechnung.

---

[15] Dazu *Rolfs,* NJW 1996, 3177, 3178.

[16] Siehe *Windbichler,* Arbeitsrecht im Konzern, 1989, S. 277 ff.; *Rüthers/Bakker,* ZfA 1990, 245, 305 ff.; *Fitting/Kaiser/Heither/Engels,* BetrVG, 23. Aufl., § 5 Rn. 219, 237 ff.; *BAG* AP Nr. 35 zu § 99 BetrVG; *Hamann,* Betriebsverfassungsrechtliche Auswirkungen der Reform der Arbeitnehmerüberlassung, NZA 2003, 526, 530.

[17] Teilweise wird angenommen, Leiharbeitnehmer seien aufgrund der Regelung des § 7 Satz 2 BetrVG generell dem Entleiherbetrieb zuzuordnen. So zum Beispiel: *Hamann,* Betriebsverfassungsrechtliche Auswirkungen der Reform der Arbeitnehmerüberlassung, NZA 2003, 526, 530; *Reichold,* Die reformierte Betriebsverfassung 2001 – Ein Überblick über die neuen Regelungen des Betriebsverfassungs-Reformgesetzes, NZA 2001, 857, 861. Andere wollen Leiharbeitnehmer generell nicht einrechnen: *Löwisch,* Änderung der Betriebsverfassung durch das Betriebsverfassungs-Reformgesetz, BB 2001, 1734, 1737; *Hanau,* Denkschrift – zu dem Regierungsentwurf eines Gesetzes zur Reform des Betriebsverfassungsgesetzes, RdA 2001, 65, 68. Siehe weiter *Dewender,* Die Rechtsstellung der Leiharbeitnehmer nach den §§ 7 S. 2 und 9 BetrVG, RdA 2003, 274.

[18] *BAG* AP Nr. 8 zu § 14 AÜG.

[19] Dazu die Kommentare zum AÜG von *Sandmann/Marschall* (Loseblatt); *Schüren/Hamann,* 3. Aufl., 2007; *Niebler/Biebl/Ulrich,* 1996; *Ulber,* 2. Aufl., 2002; *Boemke/Lembke,* 2. Aufl., 2004; *Thüsing,* 2005; vgl. ferner *Säcker/Kühnast,* Die vermutete Arbeitsvermittlung (§ 1 II AÜG) als gesetzgebungspolitische Fehlleistung …, ZfA 2001, 117; *Picker,* Arbeitnehmerüberlassung – eine moderne Personalwirtschaftsform als Mittel arbeitsrechtlicher Modernisierung, ZfA 2002, 469; *Raab,* Europäische und nationale Entwicklungen im Recht der Arbeitnehmerüberlassung, ZfA 2003, 389; *Schüren/Behrend,* Arbeitnehmerüberlassung nach der Reform – Risiken der Neuen Freiheit, NZA 2003, 521 ff.; *Wank,* Neuere Entwicklungen im Arbeitnehmerüberlassungsrecht, RdA 2003, 1 ff.; *Kokemoor,* Neuregelung der Arbeitnehmerüberlassung durch die Hartz-Umsetzungsgesetze, NZA 2003, 238; *Hantl-Unthan,* AR-Blattei SD 125 Arbeitnehmerüberlassung, 2004; *Schüren,* Leiharbeit in Deutschland, RdA 2007, 231; *Walker,* Rechtsverhältnisse bei der gewerbsmäßigen Arbeitnehmerüberlassung und Schadensersatzansprüche des Entleihers wegen Schlechtleistung, AcP 194 (1994), 295. Zur Abgrenzung der gewerblichen Arbeitnehmerüberlassung vgl. *BAG* AP Nr. 5 zu § 14 AÜG m. w. N.

[20] Dazu *Bauer,* NZA 1995, 203.

2. Unter den Anwendungsbereich des AÜG fällt nur die gewerbsmäßige Arbeitnehmerüberlassung, d. h. eine Tätigkeit, die darauf gerichtet ist, am Arbeitskräftemarkt durch diese Überlassung, d. h. die „Ausleihe" von Arbeitnehmern, dauerhaft Entgelt zu erzielen. Nicht darunter fällt die bloß Arbeitskräfte vermittelnde Tätigkeit, aufgrund deren es zum Abschluss von Arbeitsverträgen zwischen dem Arbeitnehmer und dem die Vermittlung in Anspruch nehmenden Arbeitgeber kommt, vgl. § 296 SGB III. Einer besonderen Erlaubnis bedarf es dafür nicht mehr.

3. Das AÜG knüpft die gewerbsmäßige Arbeitnehmerüberlassung an eine **Erlaubnis der Bundesagentur für Arbeit** (§ 1 AÜG) und räumt dieser Kontrollbefugnisse ein (z. B. §§ 7, 8 AÜG). Gegenüber dem Verleiher sichert es den Arbeitnehmer dadurch, dass es die Einhaltung der gesetzlichen Regelungen im Rahmen von Erteilung, Rücknahme und Widerruf der Erlaubnis behördlichem Zwang unterstellt, § 3 Nr. 1–3 mit §§ 4 und 5 I Nr. 3 AÜG, ferner bei Unwirksamkeit des Vertrages mit dem Verleiher wegen fehlender Erlaubnis dem Arbeitnehmer einen Schadensersatzanspruch einräumt (§ 10 II AÜG). Der Verleiher ist verpflichtet, den wesentlichen Inhalt des Arbeitsverhältnisses in einer Urkunde niederzulegen, für die eine ganze Reihe von Angaben gefordert wird (Näheres § 11 I AÜG).

Das Gesetz bezieht aber auch den **Entleiher** in die Sicherung des Arbeitnehmers ein. Es lässt ihn für die Erfüllung der Sozialversicherungsbeiträge wie einen selbstschuldnerischen Bürgen haften (§ 28 e II 1 SGB IV), erlegt ihm die arbeitsrechtlichen Schutzpflichten auf (§ 11 VI AÜG) und es macht ihn zum **subsidiären Arbeitgeber,** falls der mit dem Verleiher geschlossene Arbeitsvertrag wegen fehlender Erlaubnis nichtig ist, § 10 I mit § 9 Nr. 1 AÜG.

Von einer gewissen Bedeutung ist schließlich, dass Leiharbeitnehmer nicht verpflichtet sind, bei einem Entleiher zu arbeiten, der von einem Streik unmittelbar betroffen ist, § 11 V AÜG. Dadurch soll die naheliegende Möglichkeit eingeschränkt werden, Leiharbeitnehmer zur Durchführung von Streikarbeit zu engagieren und dadurch die Wirksamkeit des Arbeitskampfs zu unterlaufen.

Verboten ist die **gewerbsmäßige Arbeitnehmerüberlassung im Baugewerbe** für die Tätigkeit von Arbeitern, § 1 b AÜG.

Betriebsverfassungsrechtlich gelten die überlassenen Arbeitnehmer als solche des Verleiherbetriebs, § 14 I und II AÜG, jedoch mit gewichtigen Ausnahmen in Abs. 2 und 3. Diese gesetzliche Regelung ist höchst lückenhaft, die Rechtslage daher nicht eindeutig. Ob Leiharbeitnehmer auch als Arbeitnehmer des Entleiherbetriebs anzusehen sind, ist umstritten.[21] Bedeutung hat dieser Streit dann, wenn das BetrVG Schwellenwerte festlegt, die bei Einrechnung der Leiharbeitnehmer überschritten werden. Das BAG rekurriert in Bezug auf Schwellenwerte und Statusfragen auf den Vertragsarbeitgeber.[22] Ob der Betriebsrat des Verleiher- oder des Entleiherbetriebs zu beteiligen ist, richtet sich nach dem Gegenstand des Mitbestimmungsrechts und danach, wer die mitbestimmungspflichtige Entscheidung trifft.[23]

V. Sonstige Dreierbeziehungen

1. Dem unechten Leiharbeitsverhältnis nahe steht die Erbringung von Arbeitsleistungen im Rahmen sog. **Gestellungsverträge,**[24] wie sie im Bereich der Krankenpflege z. B. zwischen eingetragenen Vereinen der DRK-Schwesterngesellschaften und Krankenhausträgern hinsichtlich des Schwesternpersonals geschlossen werden. Die Rotkreuzschwestern (gelegentlich auch Gastschwestern) stehen hier in einem Rechtsverhältnis (zu dessen arbeitsrechtlicher Qualifizierung oben § 4 III 2 d) zu ihrem Schwesternverein, hingegen nicht zum Krankenhaus, obgleich dieses Weisungsrechte gegenüber dem Pflegepersonal hat. Gewerbsmäßige Arbeitnehmerüberlassung liegt nicht vor.[25] Die Pflichtenlage des Krankenhausträgers gegenüber den Schwestern ist ähnlich der des Leiharbeitgebers.[26]

---

[21] Zum Teil wird angenommen, sie seien nicht einzubeziehen: so z. B. *Löwisch*, BB 2001, 1734, 1737; *Hanau*, RdA 2001, 65, 68 ; andere gehen von einer generellen Einrechnung aus : so z. B. *Boemke*, AR-Blattei SD 540 Betriebszugehörigkeit, 2005, Rn. 47 ff.; *Hamann*, NZA 2003, 526, 530; *Reichold*, NZA 2001, 857, 861. Teilweise wird vertreten, Leiharbeitnehmer seien nur im Rahmen von Vorschriften zu berücksichtigen, welche das Wahlverfahren betreffen: ErfK/*Wank*, § 14 AÜG Rn. 6.
[22] *BAG* AP Nr. 1 zu § 9 BetrVG 2002; *BAG* NZA 2005, 1006.
[23] *BAG* AP Nr. 1 zu § 87 BetrVG 1972 Leiharbeitnehmer.
[24] MünchArbR/*Richardi*, § 205 Rn. 10 ff.
[25] Vgl. *BAG* AP Nr. 10 zu § 611 BGB Rotes Kreuz.
[26] Vgl. *Mayer-Maly* in Anm. zu der in Fn. 25 genannten Entscheidung; *Konzen*, ZfA 1982, 259, 303 f. Vgl. auch MünchArbR/*Richardi*, § 205 Rn. 11 ff.

2. Arbeitsrechtliche Dreierbeziehungen sieht man heute vielfach auch im Rahmen **sportlicher Organisationsformen** als gegeben an, namentlich beim Lizenzfußball.[27] Sowohl das Verhältnis des Spielers zu seinem Verein wie auch das zum Deutschen Fußballbund ist aus dem rechtlichen Freiraum des Vereinsrechts herausgewachsen und wird durch arbeitsrechtliche Grundsätze überlagert.

3. Wird ein Arbeitnehmer im Rahmen eines **Konzerns** in andere Konzernunternehmen entsandt,[28] liegt vielfach ein echtes Leiharbeitsverhältnis vor (oben III 1). Es kann aber auch sein, dass der Arbeitnehmer in rechtliche Beziehungen zu mehreren Konzernunternehmen tritt, die mit der Denkfigur des Leiharbeitsverhältnisses nicht adäquat zu erfassen sind, bei denen der Arbeitnehmer vielmehr als mehreren Konzernunternehmen gleichartig zugeordnet anzusehen ist. Insbesondere kann in solchen Fällen ein einheitliches Arbeitsverhältnis zu mehreren Konzernunternehmen bestehen, in dem alle beteiligten Konzernunternehmen gesamtschuldnerisch für Entgelt und Beschäftigung einzustehen haben.[29] Man spricht von der „Konzerndimension" des Arbeitsverhältnisses. Über sie ist vorerst wissenschaftlich noch weithin keine Einigung erzielt.

4. Zu arbeitsrechtlichen Dreierbeziehungen kommt es schließlich auch bei Ausgliederung und Übertragung bestimmter Arbeitgeberfunktionen auf übergreifende Träger (sog. **Gesamtarbeitgeber**), wie z.B. gemeinsame Einrichtungen der Tarifvertragsparteien. Vgl. dazu oben § 4 V 5.

§ 28. Das Berufsausbildungsverhältnis

Literatur: Vgl. die Kommentare zum Berufsbildungsgesetz von *Gedon/Spiertz* (Loseblatt); *HWK/Hergenröder*, 2. Aufl., 2006; *Herkert/Töltl*, CD-ROM Kommentar, Grundversion 3/2006); *Knopp/Kraegeloh*, 5. Aufl., 2005; *Nehls*, 2005; *Wohlgemuth/Lakies/Malottke/Pieper/Proyer*, 3. Aufl., 2006; *ErfK/Schlachter*, 7. Aufl., 2007. Siehe ferner *Natzel*, Das neue Berufsbildungsgesetz, DB 2005, 610 ff.; *Opolony*, Das Recht der Berufsausbildung nach dem Berufsausbildungsreformgesetz, BB 2005, 1050 ff.; *Taubert*, Neuregelungen im Berufsbildungsrecht, NZA 2005, 503 ff.; *Lakies*, AR-Blattei SD 400 Berufsbildung, 2006.

I. Das Berufsausbildungsverhältnis ist ein **echtes Arbeitsverhältnis,** vgl. oben § 5 IV. Es unterscheidet sich vom Grundtypus des Arbeitsverhältnisses dadurch, dass bei ihm zu dem Austausch von Leistung und Gegenleistung der **Zweck der Ausbildung** zu einem Beruf hinzutritt. Für den Ausbildenden (den Arbeitgeber) begründet es neben den sonstigen arbeitsvertraglichen Pflichten die spezielle Pflicht, den Ausbildungszweck in erheblichem Umfang zu fördern (näher dazu § 14 BBiG) und für den Auszubildenden (den Arbeitnehmer), sich um den Erwerb der beruflichen Handlungsfä-

---

[27] Dazu *Meyer-Cording*, Die Arbeitsverträge der Berufsfußballspieler, RdA 1982, 13; *H.P. Westermann*, Zum Vertragsrecht im bezahlten Fußballsport, JA 1984, 394; *ders.*, Der Sportler als „Arbeitnehmer besonderer Art", in: Sport als Arbeit, 1985; *Imping*, Die arbeitsrechtliche Stellung des Fußballspielers, 1996; *Arens/Scheffer*, AR-Blattei SD 1480.2 Fußballsport, 1999, Rn. 133 ff.; *Linck*, in: Schaub, Arbeitsrechtshandbuch, § 186 Rn. 94 ff.; *BAG* AP Nr. 4 zu § 620 BGB Bedingung; *BAG* DB 1990, 739.

[28] Dazu *K.P. Martens*, Das Arbeitsverhältnis im Konzern, FS 25 Jahre BAG, 1979, S. 367; *Fabricius*, Rechtsprobleme gespaltener Arbeitsverhältnisse im Konzern, 1982; *Zöllner*, Betriebs- und unternehmensverfassungsrechtliche Fragen bei konzernrechtlichen Betriebsführungsverträgen, ZfA 1983, 93; *Henssler*, Der Arbeitsvertrag im Konzern, 1983; *Konzen*, Arbeitsverhältnisse im Konzern, ZHR 151 (1987), 566; *Weber*, S. 125 ff. Umfassend *Windbichler*, Arbeitsrecht im Konzern, 1989; *Rüthers/Bakker*, Arbeitnehmerentsendung und Betriebsinhaberwechsel im Konzern, ZfA 1990, 245; *Säcker*, Arbeitnehmerüberlassung im Konzern und Betriebsratsorganisation, FS Quack, 1991, S. 439; *A. Junker*, Internationales Arbeitsrecht im Konzern, 1992; *Silberberger*, Weiterbeschäftigungsmöglichkeit und Kündigungsschutz im Konzern, 1994; *A. Junker*, Arbeitsrecht in grenzüberschreitenden Konzernen, ZIAS 1995, 564; *Brors/Schüren*, Konzerninterne Arbeitnehmerüberlassung zur Kostensenkung, BB 2004, 2745; *Küttner*, Personalhandbuch, 14. Aufl., 2007, Konzernarbeitsverhältnis, Rn. 1 ff.; *ErfK/Preis*, § 611 BGB Rn. 232 ff.

[29] Vgl. *BAG* AP Nr. 1 zu § 1 KSchG Konzern; siehe auch *BAG* AP Nr. 6, 9, 13 zu § 1 KSchG 1969 Konzern.

higkeit zu bemühen, vgl. § 13 BBiG. Der Ausbildungszweck des Berufsausbildungsverhältnisses erlangt z. B. Bedeutung bei der Frage, ob Auszubildende unter 18 Jahre nach § 113 BGB partiell geschäftsfähig sind. Nach der h. L. ist das zu verneinen, da bei Berufsausbildungsverhältnissen der Ausbildungszweck überwiegt.[1]

II. Die **gesetzliche Regelung** kann hier nicht im Einzelnen dargestellt werden, vgl. dazu §§ 4–26 BBiG. Wichtig ist, dass Auszubildenden eine angemessene Vergütung gewährt werden muss, § 17 BBiG. Die Höhe der Vergütung ist in die Vertragsniederschrift des Ausbildungsvertrages aufzunehmen (§ 11 Abs. 1 S. 2 Nr. 6 BBiG). Sie ist in den meisten Branchen tarifvertraglich geregelt und schwankt von Branche zu Branche beträchtlich. Fehlt eine tarifliche Regelung, kann auf die Empfehlungen der Kammern und Innungen zurückgegriffen oder auf die branchenüblichen Sätze abgestellt werden. Die Bereitschaft der Unternehmen, Ausbildungsplätze bereitzustellen, wird dadurch in angespannten Zeiten ungünstig beeinflusst. Hinzu tritt, dass der ausbildende Arbeitgeber nicht nur nach § 14 Abs. 1 Nr. 3 BBiG dem Auszubildenden kostenlos die Ausbildungsmittel zur Verfügung stellen muss. Nach der Rechtsprechung muss er zudem als Kosten der Ausbildung auch die gesamten Kosten für Unterkunft und Verpflegung des Auszubildenden tragen, die durch eine Ausbildung an anderem Ort als dem des Ausbildungsbetriebs anfallen.[2]

Das Berufsausbildungsverhältnis beginnt mit einer zu vereinbarenden Probezeit von mindestens einem und höchstens vier Monaten, § 20 BBiG. Während dieser Zeit kann es jederzeit von beiden Teilen fristlos und ohne Vorliegen von Gründen gekündigt werden, danach von beiden Teilen nur aus wichtigem Grund (fristlos) und vom Auszubildenden mit einer Vierwochenfrist, wenn er die Berufsausbildung aufgeben oder sich für eine andere Berufstätigkeit ausbilden lassen will, § 22 BBiG. Ohne Kündigung endet es mit dem Ablauf der Ausbildungszeit, im Falle einer Stufenausbildung mit Ablauf der letzten Stufe, § 21 BBiG. Wird der Auszubildende im Anschluss an das Berufsausbildungsverhältnis weiter beschäftigt, ohne dass hierüber ausdrücklich eine Vereinbarung getroffen wird, gilt ein Arbeitsverhältnis auf unbestimmte Zeit als begründet, § 24 BBiG. Im Rahmen des zum 1. April 2005 in Kraft getretenen Berufsausbildungsreformgesetzes wurden wichtige Neuerungen in das BBiG aufgenommen. Zu nennen sind u. a. die Möglichkeit der Stufenausbildung (§ 5 Abs. 2 Nr. 1 BBiG), die nunmehr gesetzlich normierte Verbundausbildung (§ 10 Abs. 5 BBiG) sowie die in § 2 Abs. 3 BBiG fakultativ vorgesehene Auslandsausbildung. Neben diesen Vorschriften enthält das BBiG eine umfangreiche Regelung der Ordnung der Berufsbildung mit Vorschriften über die Eignung der Ausbildenden und der Ausbildungsstätten (§§ 27–30 BBiG), über die Ausbildungsordnung (§ 5 BBiG), das Prüfungswesen (§§ 37 ff. BBiG), die behördliche Überwachung (§ 76 BBiG) u. a. mehr. Für Auszubildende, die noch jugendlichen Alters sind, treten außerdem die Vorschriften des JArbSchG hinzu.

III. Vom Berufsausbildungsverhältnis sind **andere Ausbildungsverhältnisse** zu unterscheiden, vgl. dazu oben § 5 IV 1 b. Auch für sie trifft das BBiG eine gewisse Vorsorge, vgl. § 26 BBiG.

IV. Im Gesetz nicht geregelt und umstritten ist die Frage, inwieweit Auszubildende **streiken** dürfen.[3] Das BAG[4] hat in zwei Entscheidungen judiziert, dass Auszubildenden das Recht der Teilnahme an kurzen Warnstreiks jedenfalls dann zugestanden werden müsse, wenn über die Ausbildungsvergütung verhandelt wird. Ausdrücklich offen gelassen hat das BAG die Frage, ob ein Streikrecht Auszubildender auch dann besteht, wenn mit dem Arbeitskampf nur eine Verbesserung der Arbeitsbedingungen von Arbeitnehmern erreicht werden soll. Fraglich ist damit, ob ein Streikrecht Auszubildender allgemein oder auch für längerfristige Streiks besteht. Soweit ausschließlich ausbildungsfremde Gründe Anlass für den Streik geben, scheint dies fraglich.[5]

V. Die **Förderung der Berufsausbildung** ist eines der wichtigsten Anliegen jeder Sozialpolitik. Niemand sollte ohne eine qualifizierte Ausbildung in das Berufsleben eintreten (etwa als ungelernter Arbeiter), sondern eine seiner Neigung und Begabung entsprechende Ausbildung erhalten.

1. So sieht das SGB III bestimmte Förderungsmöglichkeiten vor, wie z. B. Berufsberatung (§ 30 SGB III), Ausbildungsvermittlung (§ 35 SGB III), unterstützende Leistungen nach Maßgabe der §§ 45, 46 SGB III, verschiedene Möglichkeiten der Förderung der Berufsausbildung (§§ 59 ff. SGB III) sowie bestimmte finanzielle Hilfen zur Förderung der Berufsausbildung (§§ 235 ff. SGB III). Neben den

---

[1] Vgl. HWK/*Hergenröder*, § 10 BBiG Rn. 7 m. w. N.

[2] Vgl. dazu *BAG* SAE 1996, 244 mit zustimmender Anm. *Gitter.*

[3] Dazu z. B. *Gedon/Spiertz*, § 10 BBiG Rn. 96; *Kissel*, Arbeitskampfrecht, 2002, § 42 Rn. 36 ff.; *Seiter*, Streikrecht und Aussperrungsrecht, 1975, S. 248 f.; *Wohlgemuth/Lakies*, § 10 BBiG Rn. 6.

[4] *BAG* v. 12. 9. 1984 und v. 29. 1. 1985, AP Nr. 81 und 83 zu Art. 9 GG Arbeitskampf; weitergehend wohl *BAG* v. 30. 8. 1994, AP Nr. 131 zu Art. 9 GG Arbeitskampf.

[5] So auch *Gedon/Spiertz*, § 10 BBiG Rn. 96; HWK/*Hergenröder*, Art. 9 GG Rn. 191 m. w. N.

gesetzlich geregelten Fördermaßnahmen hat das Bundesministerium für Bildung und Forschung im April 2003 das Programm STARegio ins Leben gerufen, mit welchem auf die Verschlechterung des Ausbildungsangebotes in den alten Bundesländern reagiert wird.[6]

2. Verschiedene Aufgaben sind dem **Bundesinstitut für Berufsbildung** übertragen worden, welches eine bundesunmittelbare rechtsfähige Körperschaft des öffentlichen Rechts mit Sitz in Bonn ist (vgl. hierzu im Einzelnen §§ 89 ff. BBiG).

§ 29. Betriebliche Altersversorgung

I. Die betriebliche Altersversorgung[1]

1. Praktische Bedeutung der betrieblichen Altersversorgung[2]

Angesichts der aufgrund der demographischen Entwicklung und der hohen Arbeitslosigkeit in Deutschland maroden gesetzlichen Rentenversicherungssysteme wird eine Zusatzversorgung der Arbeitnehmer vor allem im Alter zunehmend wichtiger. Die betriebliche Altersversorgung hat daher (und im Gegensatz zu früher) für alle Arbeitnehmer (nicht nur für diejenigen der gehobenen Einkommenskategorien) eine immer größere Bedeutung. Rechtlich ist die betriebliche Altersversorgung ausgesprochen kompliziert, weil die jeweils für sich schon unübersichtlichen arbeits- und steuerrechtlichen Regelungen bei Konzeption und Durchführung eines betrieblichen Rentenwerks in Einklang gebracht werden müssen.

a) Vom Drei-Säulen- zum Drei-Schichten-Modell

Bis zum Jahr 2005 sprach man in Deutschland bei der Altersversorgung vom Drei-Säulen-Modell bei dem dem Arbeitnehmer die gesetzliche Rente, die Betriebsrente und das eigene Vermögen als „Drei-Säulen" der Altersversorgung zur Verfügung standen. Mit Inkrafttreten des Alterseinkünftegesetzes am 1. 1. 2005, das wichtige Neuerungen (vor allem im Steuerrecht) gebracht hat, die auch für die betriebliche Altersversorgung Auswirkung haben, gibt es das sog. Drei-Schichten-Modell. Die erste Schicht ist die Basisversorgung, zu der die gesetzliche Rentenversicherung, die berufsständischen Versorgungseinrichtungen (z.B. der Rechtsanwälte und Steuerberater) und die sog. Rürup-Rente gehören. Die zweite Schicht sind staatlich streng reglementierte private Rentenprodukte mit zahlreichen Restriktionen und Garantien der privaten Anbieter, wozu namentlich die sog. Riester-Rente, aber auch die betriebliche Altersversorgung gehören. Die dritte Schicht umfasst Kapitalanlageprodukte, wie Sparverträge

---

[6] Zu den Förderleistungen im Einzelnen www.staregio.de.

[1] Hierzu die Kommentare von *Höfer/Reiners/Wüst*, 3. Aufl. (Loseblatt); *Schulz* (Loseblatt); *Heubeck/Höhne/Paulsdorff/Rau/Weinert*, Bd. I, 2. Aufl., 1982, Bd. II, 1978; *Blomeyer/Otto/Rolfs*, Betriebsrentengesetz, 4. Aufl., 2006; *Ahrend/Förste/Rühmann*, Gesetz zur Verbesserung der betrieblichen Altersversorgung, 7. Aufl., 1999; nunmehr *Ahrend*, Betriebsrentengesetz, 10. Aufl., 2005; *Steinmeyer*, Betriebliche Altersversorgung und Arbeitsverhältnis, 1991; *Loritz*, FS Kraft, 1998, 385.

[2] Zahlenangaben für 1990 in der letzten amtlichen Erhebung des Statistischen Bundesamts, für 1996 in einer auf Industrie und Handel beschränkten Erhebung des Ifo-Instituts, ferner jedes Jahr in den Geschäftsberichten des Pensionssicherungsvereins. Siehe ferner *Uebelhack*, in: aba-Arbeitsgemeinschaft (Hrsg.), Handbuch der betrieblichen Altersversorgung (Loseblatt), Teil 1, 30. Aufl., 2007, BetrAV, S. 19 ff.

und Lebensversicherungen (Kapitallebensversicherungen und fondsgebundene Lebensversicherungen; bei letzteren sagt der Versicherer keine festen Auszahlungsbeträge zu, sondern investiert das Geld in Kapitalmarktprodukte, wie Rentenpapiere und Aktien). Ziel der Reform war vor allem die Neuregelung der vom Bundesverfassungsgericht mehrfach beanstandeten[3] ungleichmäßigen Besteuerung von Sozialversicherungsrenten und Beamtenpensionen. In der ersten und zweiten Schicht wurde die Besteuerung auf eine sog. nachgelagerte Besteuerung umgestellt[4], d.h., der Arbeitnehmer darf den Aufwand steuerlich wie Sonderausgaben geltend machen und muss die späteren Erträge im Zeitpunkt des Bezugs im Alter versteuern.[5]

b) Beeinflussung der arbeitsrechtlichen Gestaltung durch das Steuerrecht

Die steuerliche Situation beeinflusst die hier interessierenden arbeitsrechtlichen Gestaltungen. Die meisten arbeitsrechtlichen Fragen wirft die zweite Schicht auf, bei der der Arbeitgeber für die betriebliche Altersvorsorge verantwortlich ist. Bei der Riester-Rente und bei der Rürup-Rente hingegen sowie bei Produkten der dritten Schicht schließt der Arbeitnehmer mit einem privaten Anbieter einen Vertrag, die Leistung des Arbeitgebers beschränkt sich auf einen Zuschuss, so er einen solchen zugesagt hat.

Die betriebliche Altersversorgung kennt fünf Durchführungswege, nämlich die **Direktzusage,** die **Direktversicherung,** die betriebliche und überbetriebliche **Unterstützungskasse,** die **Pensionskasse** und den **Pensionsfonds.** Im Öffentlichen Dienst gab es bis vor kurzem für fast alle Arbeitnehmer besondere Zusatzversorgungen.

Heute wird in der privaten Wirtschaft für die Altersvorsorge eine relativ neue Form, nämlich das sog. **Zeitwertkonto** genutzt. Der Arbeitgeber behält auf Wunsch und im Einvernehmen mit dem Arbeitnehmer einen Teil der geschuldeten Vergütung ein und investiert diesen Teil in Kapitalanlagen außerhalb des Unternehmens. Hier kann sich aus unversteuertem Geld ein Kapitalstock aufbauen, weil der Arbeitgeber sofort entsprechende Verbindlichkeiten ausweisen kann. Der Arbeitnehmer muss die Zahlungen erst im Zeitpunkt des Zuflusses und damit im Ruhestand, während dem er im Regelfall einen deutlich geringeren Steuersatz als in der aktiven Zeit hat, versteuern.

c) Praktische Bedeutung der betrieblichen Altersversorgung

Heute haben in Deutschland ca. 46% der Arbeitnehmer in der Privatwirtschaft eine betriebliche Altersversorgung.[6] Nach Zahlen des Pensionssicherungsvereins haben etwa 4,9 Mio. Arbeitnehmer unverfallbare Anwartschaften, es gibt ungefähr 3,8 Mio. Betriebsrentner.[7] Für Leistungen aus der betrieblichen Altersversorgung wurden im Jahr 2003 in der Privatwirtschaft über 16 Mrd. Euro ausgegeben. Die Höhe der Betriebsrenten ist völlig unterschiedlich, weil solche an ganz unterschiedliche Einkommensbezieher bis hin zu Topmanagern bezahlt werden.

---

[3] BVerfGE 54, 19; 86, 369; 105, 73.

[4] Für die Sozialversicherungsrente besteht dafür eine Übergangsfrist bis 2025 für die steuerliche Behandlung der Rentenbeiträge und bis 2040 für die Zahlung der Renten (§§ 10 III 4, 22 Nr. 1 S. 3 lit. a aa) S. 2 EStG).

[5] Zu steuerlichen Fragen *Loritz*, Die Neuregelung der Rentenbesteuerung, Sozialrechtstagung Bayreuth 2005, abgedruckt in: LVA-Mitt. 2005, 241 ff.; *ders.*, Private Altersvorsorgemöglichkeiten und steuerrechtliche Aspekte, DRV 2007, 381 ff.; *Schnitker/Grau*, NJW 2005, 10.

[6] *Infratest Sozialforschung*, Situation und Entwicklung der betrieblichen Altersversorgung in der Privatwirtschaft und im öffentlichen Dienst 2001–2004, 2005, S. 32, 34, 38.

[7] Veröffentlichung des *Pensions-Sicherungs-Vereins Versicherungsverein auf Gegenseitigkeit*, http://www.psvag.de/framesets/wir2.html.

2. Die einzelnen Formen der betrieblichen Altersversorgung

a) Direktzusage

Bei dieser sagt der Arbeitgeber dem Arbeitnehmer für den Fall des Eintritts in den Ruhestand und gegebenenfalls auch im Fall der Invalidität und für den Fall des Todes dem Ehegatten die Zahlung bestimmter Versorgungsleistungen zu. Der Arbeitgeber hat dafür in der Bilanz Rückstellungen zu bilden. In der Regel werden Direktzusagen heute rückgedeckt. Die in den späteren Jahren der Rentenzahlung erforderlichen Beträge werden im Rahmen der steuerlichen Abzugsmöglichkeiten z.B. in eine Lebensversicherung oder auch in andere Kapitalanlagen, etwa offene und geschlossene Fonds investiert. Auch das Invaliditäts- und bei Zusage einer Hinterbliebenenrente das vorzeitige Todesfallrisiko werden abgesichert.

b) Direktversicherung

Hier schließt der Arbeitgeber bei einem Lebensversicherer eine Lebensversicherung auf den Arbeitnehmer als versicherte Person ab. Nach wie vor ist die Direktversicherung die am weitesten verbreitete Form der betrieblichen Altersversorgung, wobei die steuerliche Begünstigung auch dieser Form mit Wirkung vom 1. 1. 2005 weitgehend beseitigt wurde. Die nachgelagerte Besteuerung ist nicht verwirklicht, der Arbeitnehmer muss vielmehr die Beträge bei Zahlung durch den Arbeitgeber versteuern.

c) Unterstützungskassen

Die Unterstützungskasse ist eine selbstständige Trägereinrichtung, im Regelfall in der Form des gemeinnützigen eingetragenen Vereins. Definitionsgemäß (§ 1 b IV BetrAVG) darf die Unterstützungskasse auf ihre Leistungen keinen Rechtsanspruch gewähren, um die für gemeinnützige Unternehmen gesetzlich angeordnete Steuerbefreiung zu erhalten (§ 5 I Nr. 3 KStG, § 3 KStDV). In der Vermögensanlage ist sie prinzipiell frei und kann das Geld auch durch Gewährung von Darlehen an das arbeitgebende Trägerunternehmen anlegen. Die steuerlich von diesem abziehbaren Dotierungen sind allerdings eng begrenzt. Der Arbeitnehmer muss erst zum späteren Zeitpunkt die ihm dann zufließenden Versorgungsleistungen versteuern.

Der nach § 1 IV BetrAVG definitionsgemäß erforderliche Ausschluss eines Rechtsanspruchs wird vom BAG dahingehend uminterpretiert, dass nur ein an enge Voraussetzungen geknüpfter Widerruf der Versorgungszusagen zulässig ist[8] (Einzelheiten unten 4 b).
Eine Belebung hat die Unterstützungskasse in den letzten 1 ½ Jahrzehnten durch die sog. **rückgedeckte Gruppenunterstützungskasse** erfahren. Hier initiiert ein Lebensversicherer die Gründung der Unterstützungskasse als Träger der betrieblichen Altersversorgung mehrerer voneinander unabhängiger Unternehmen. Die für die späteren Rentenzahlungen dieser Versorgungseinrichtung erforderlichen Beträge werden in Lebensversicherungen zum Zwecke der Rückdeckung investiert, um das Risiko der Unternehmen so gering wie möglich zu halten.[9]

d) Pensionskassen

Eine Pensionskasse ist ein speziell für ein oder mehrere Unternehmen zum Zweck der betrieblichen Altersversorgung gegründetes Lebensversicherungsunternehmen, das

---

[8] *BAG* AP Nr. 20 zu § 1 BetrAVG Unterstützungskassen, *BAG* Nr. 8 und 13 zu § 1 BetrAVG Besitzstand; dagegen *Loritz*, ZFA 1989, 1 sowie Anmerkung zu *BAG* AP Nr. 4 zu § 1 BetrAVG Unterstützungskassen.
[9] Zudem führt dies zur steuerlichen Abzugsfähigkeit des Aufwands.

im Regelfall als kleinerer VVaG organisiert ist. Es gewährt den Arbeitnehmern des/der tragenden Unternehmen/s *Rechtsansprüche auf Versorgungsleistungen* (vgl. § 1 b III BetrAVG). Als Versicherungsunternehmen unterliegt die Pensionskasse der Versicherungsaufsicht.

e) Pensionsfonds

Der Pensionsfonds stellt eine rechtfähige Versorgungseinrichtung dar, die dem Arbeitnehmer auf seine Leistungen einen Rechtsanspruch gewährt (§ 1 b III BetrAVG). Ein Pensionsfonds kann auf Initiative des zuständigen Arbeitgeberverbandes und der zuständigen Gewerkschaft von einer Bank aufgelegt und gemanagt werden. Er investiert das Geld überwiegend in Aktien, Rentenpapieren und Investmentfonds.

3. Aufbringen der Beiträge

Beiträge für die Altersversorgung können allein vom Arbeitgeber, allein vom Arbeitnehmer oder von beiden zusammen aufgebracht werden. Der Arbeitgeber kann sich verpflichten, bestimmte Beiträge in eine Versorgungseinrichtung einzubezahlen (sog. **beitragsorientierte Zusage**, § 1 II Nr. 1 BetrAVG). Er kann auch die Versorgung in einer bestimmten Höhe zusagen und sich verpflichten, die dazu erforderlichen Beiträge aufzubringen (§ 1 II Nr. 1 BetrAVG). In der Regel werden dann aber betragsmäßig festgelegte Rentenbeträge zugesagt, die sich nach der Länge der Betriebszugehörigkeit richten (z.B. 100,– € pro Jahr der Betriebszugehörigkeit). Hier trägt der Arbeitgeber das Risiko, dass bei immer höherer Lebenserwartung das angesparte Deckungskapital für die späteren Rentenzahlungen nicht ausreicht. Bei Unterstützungskassen und Pensionskassen sind die Arbeitgeber verpflichtet, nachzudotieren, damit die Kassen ihrerseits die Rentenzahlungen erbringen können.

Der Arbeitnehmer kann auch künftige Entgeltansprüche in eine wertgleiche Anwartschaft auf Versorgungsleistungen umwandeln (sog. **Entgeltumwandlung**). Schließlich kann der Arbeitnehmer seine Betriebsrente selbst finanzieren, indem er die Beiträge an einen Pensionsfonds, eine Pensionskasse oder eine Direktversicherung aus seinem Arbeitsentgelt leistet und die Zusage des Arbeitgebers auch die aus diesen Leistungen erwachsenden Anwartschaften mit umfasst (§ 1 II Nr. 4 BetrAVG). Der Arbeitnehmer hat sogar einen Anspruch gegen den Arbeitgeber, dass dieser jährlich von seinem Verdienst einen Betrag bis zu einer bestimmten Höhe für die betriebliche Altersversorgung verwendet (§ 1 a BetrAVG).

Anwartschaften auf eine Zusage aus einer betrieblichen Altersversorgung werden **unverfallbar**, wenn das Arbeitsverhältnis vor Eintritt des Versorgungsfalles, aber nach Vollendung des 30. Lebensjahres endet und die Versorgungszusage zu diesem Zeitpunkt mindestens fünf Jahre bestanden hat (§ 1 b I BetrAVG). Dann behält der Arbeitnehmer auch bei einem Wechsel des Arbeitgebers seine Anwartschaft und erhält bei Eintritt in den Ruhestand vereinbarungsgemäß eine Versorgung. Hat der Arbeitnehmer seine Versorgungsanwartschaft durch betriebliche Entgeltumwandlung selbst finanziert, behält er in jedem Fall die Anwartschaft (§ 1 b V BetrAVG).

4. Ansprüche auf eine und aus einer betrieblichen Altersversorgung

a) Rechtsgrundlage

Der Anspruch auf eine betriebliche Altersversorgung bedarf einer rechtswirksamen Vereinbarung. Diese geschieht häufig im Individualarbeitsvertrag zwischen dem Arbeitgeber und den einzelnen Arbeitnehmern. Es gibt auch betriebliche Ruhegeldordnungen, die heute im Regelfall ausdrücklich als Bestandteil des Arbeitsverhältnisses vereinbart werden. Eine betriebliche Altersversorgung durch betriebliche Übung ist heute im Gegensatz zu früher unüblich, weil sie mit zum Teil nicht kalkulierbaren Risiken für den Arbeitgeber behaftet ist.

b) Widerruf und Änderung

aa) Der Arbeitgeber ist frei, ob er einem Arbeitnehmer eine betriebliche Altersversorgung zusagt, ob und wie er zu deren Finanzierung beiträgt und in welcher Form sie erfolgen soll. Wird eine Versorgungszusage in einer **Betriebsvereinbarung** zugesagt, so bietet dies den Vorteil, dass die Betriebsvereinbarung und damit die Rechtsgrundlage, wenn nichts anderes geregelt ist, jederzeit kündbar ist (§ 77 VI BetrVG). Entschließt sich ein Arbeitgeber, für die Zukunft eine Versorgungszusage nicht mehr zu gewähren, dann gibt es nichts mehr zu verteilen und es tritt keine Nachwirkung der Betriebsvereinbarung ein. Soll das Volumen der Zulagen nur neu verteilt werden (also bei einer sog. teilmitbestimmten Betriebsvereinbarung), dann besteht nach der Rechtsprechung die Nachwirkung (hierzu unten § 37 V). In den vergangenen Jahrzehnten mussten betriebliche Versorgungszusagen häufig geändert werden, weil die Unternehmen nicht mehr in der Lage gewesen wären, die in späteren Zeiten erforderlichen Volumina aufzubringen. Der Arbeitgeber kann durch Kündigung der Betriebsvereinbarung seine Zusagen für die Zukunft „einfrieren", so dass sich die Anwartschaften der begünstigten Arbeitnehmer nicht mehr erhöhen und neu in den Betrieb eintretende Arbeitnehmer keine Zusagen mehr erhalten. Hat ein Arbeitgeber allerdings die Zusage individualvertraglich eingeräumt, dann kann er sich nur bei Ausübung eines für diesen Fall vereinbarten Widerrufsrechts davon lösen. Hierbei spielt neuerdings die AGB-Kontrolle eine bisher noch nicht überschaubare Rolle.

bb) Von den Möglichkeiten des Widerrufs für die Zukunft sind die des Widerrufs und der Teilwiderrufs der **bereits gewährten Zusagen** zu unterscheiden. Das BAG lässt den Widerruf oder den Teilwiderruf nur unter eingeschränkten Voraussetzungen zu.[10] In **erdiente Versorgungsanwartschaften** darf grundsätzlich nur bei schweren Notlagen eingegriffen werden, bei denen der Pensionssicherungsverein (s. § 7 BetrAVG) einspringt. Die sog. **erdiente Dynamik,** also die Chance künftiger Steigerungen, darf nur bei triftigen Gründen widerrufen oder eingeschränkt werden. In die Zusagen bezüglich der erst zu erwerbenden Anwartschaften darf, wenn keine wirksame Widerrufsmöglichkeit besteht, nur bei Vorliegen wichtiger Gründe, also etwa bei langfristiger Gefährdung der Unternehmenssubstanz eingegriffen werden. Zahlreiche Einzelheiten sind nach wie vor umstritten.

---

[10] S. insb. *BAG* AP Nr. 4 zu § 1 BetrAVG Unterstützungskassen, bereits früher, *BAG* AP-Nr. 57, 162 zu § 242 BGB-Ruhegehalt.

c) Dynamisierung

Um eine Aushöhlung der laufenden betrieblichen Versorgungsansprüche zu vermeiden, schreibt der Gesetzgeber dem Arbeitgeber alle drei Jahre eine Prüfung der Anpassung und eine Entscheidung nach billigem Ermessen vor. Diese Verpflichtung gilt als erfüllt, wenn die Anpassung nicht geringer ist als der Anstieg der Verbraucherpreise für Deutschland oder die Nettolöhne vergleichbarer Arbeitnehmergruppen des Unternehmens im Prüfungszeitraum. Ebenfalls entfällt die Prüfungs- und Anpassungsverpflichtung, wenn sich der Arbeitgeber verpflichtet, die laufenden Leistungen jährlich wenigstens um 1% anzupassen, wenn die Altersversorgung um eine Direktversicherung oder Pensionskasse durchgeführt wurde und alle Überschussanteile zur Erhöhung der Leistungen verwendet werden und weitere Voraussetzungen gegeben sind oder auch wenn eine Beitragszusage mit Mindestleistungen erteilt wurde.

d) Eintritt des Pensionssicherungsvereins

Ist der Arbeitgeber nicht in der Lage, die Altersversorgung zu erfüllen, insbesondere im Fall der Zahlungsunfähigkeit oder Insolvenz des Unternehmens (zu Einzelheiten s. § 7 BetrAVG), so hat der Pensionssicherungsverein einzutreten. Er ist eine privatrechtliche Einrichtung in der Rechtsform des Versicherungsvereins auf Gegenseitigkeit, der als beliehener Unternehmer auf öffentlichrechtlicher Grundlage berechtigt ist, von allen ca. 63 000 Arbeitgebern (= Mitgliedern), die ihren Arbeitnehmern (unverfallbare) Anwartschaften zugesagt haben, Umlagen zu erheben. Der für das Jahr 2007 angekündigte Beitragssatz beträgt 3,1% der Summe aller von einem Arbeitgeber zugesagten unverfallbaren Anwartschaften. Mit Hilfe der Beiträge werden künftig bereits im Jahr der Insolvenz der jeweiligen Unternehmen und nicht erst im Jahr des Eintritts des Versorgungsfalls die (auch künftigen) Sicherungspflichten des Pensionssicherungsvereins abgedeckt.

II. Altersteilzeitgesetz

Der Gesetzgeber hat mit einem komplizierten und in weiten Teilen nicht geglückten Regelungswerk die Möglichkeit geschaffen, dass Arbeitnehmer, die das 55. Lebensjahr vollendet haben, mittels Leistungen der Bundesagentur für Arbeit die Arbeitszeit reduzieren zu können. Häufig wird länger gearbeitet, als die geschuldete Arbeitszeit und die Überarbeit dann durch vorzeitigen Eintritt in den Ruhestand abgegolten. Die Regelung ist wenig effektiv und wegen der vielfachen Änderungen auch nicht verlässlich. Von einer Darstellung der Einzelheiten soll abgesehen werden.

Dritter Teil. Arbeitsschutzrecht

§ 30. Abgrenzung und Überblick

Literatur: Gesamtdarstellungen: *Anzinger/Koberski*, Kommentar zum Arbeitszeitgesetz, 2. Aufl., 2005; *Aufhauser/Brunhöber/Igl*, Arbeitssicherheitsgesetz, 3. Aufl., 2004; *Heilmann/Aufhauser*, Arbeitsschutzgesetz, 2. Aufl., 2005; *Kittner/Pieper*, Arbeitsschutzrecht, 3. Aufl., 2006; *Kollmer*, Arbeitsschutzgesetz, 2005; *Spinnarke/Schork*, Arbeitssicherheitsrecht, 2004; ferner die **weitere Literatur:** *Herschel*, Vom Arbeitsschutz zum Arbeitsrecht, FS zum 100jährigen Bestehen des DJT, Bd. 1, 1960, S. 305; *Ossenbühl*, Vorsorge als Rechtsprinzip im Gesundheits-, Arbeits- und Umweltschutz, NVwZ 1986, 161; *Wriedt*, Zur Theorie und Praxis einer Humanisierung der Arbeit, BB 1988, 2025; *Benz*, Die Haftung des betrieblichen Vorgesetzten im Bereich der Arbeitssicherheit und des Umweltschutzes, BB 1988, 2237; *Wank*, Der Einfluß des europäischen Arbeitsschutzrechts auf die Rechtslage in der BRD, in: *v. Maydell/Schnapp*, Die Auswirkungen des EG-Rechts auf das Arbeits- und Sozialrecht der Bundesrepublik unter Berücksichtigung der neuen Länder, 1992, S. 63; *Wlotzke*, Technischer Arbeitsschutz im Spannungsverhältnis von Arbeits- und Wirtschaftsrecht, RdA 1992, 85; *Maschmann*, Die Zukunft des Arbeitsschutzrechts, BB 1995, 146; *Hanau*, Arbeitsvertragliche Konsequenzen des Arbeitsschutzes, FS Wlotzke, 1996, S. 37; *Wlotzke*, Das betriebliche Arbeitsschutzrecht: Ist-Zustand und künftige Aufgaben, NZA 2000, 19; *Pieper*, Das Arbeitsschutzrecht in der deutschen und europäischen Arbeits- und Sozialordnung, 1998; *Schubert*, Europäisches Arbeitsschutzrecht und betriebliche Mitbestimmung, 2005.

Zur historischen Entwicklung des Arbeitsschutzes s. die Beiträge der Tagung der *Deutschen Sektion der Internationalen Gesellschaft für das Recht der Arbeit und der sozialen Sicherheit* in Berlin am 15./16. 3. 1991 über die erste internationale Arbeiterschutzkonferenz 1890 in Berlin, abgedruckt in ZfA 1991, 277–408 *(Richardi, Kaufhold, Kern, R. Birk, Kunz, Konzen, Steckermeier)*.

Spezielle Textsammlung: *Nipperdey* II, Arbeitssicherheit (Loseblatt).

I. Systematische Abgrenzung des Arbeitsschutzrechts

Obwohl praktisch das gesamte Arbeitsrecht dem Arbeitnehmerschutz dient, erscheint es sinnvoll, einen besonderen Bereich als Arbeitsschutzrecht abzugrenzen. Unter dieser bis heute verwendeten Bezeichnung werden seit jeher diejenigen Regelungsbereiche zusammengefasst, die vom Öffentlichen Recht her konzipiert sind und deren Durchsetzung öffentlich-rechtlichem Zwang unterliegt. Das **Arbeitsschutzrecht i.e.S.** umfasst also alle diejenigen gesetzlichen Regelungen zum Schutz des Arbeitnehmers, deren Einhaltung behördlicher Überwachung und behördlichem Zwang oder straf- oder ordnungsrechtlicher Sanktion unterliegt. Daneben enthält das moderne Arbeitsrecht zahlreiche bedeutsame Regelungen, die rein oder überwiegend privatrechtlich ausgestaltet und auch sanktioniert sind, insbesondere durch die Möglichkeit der Erfüllungsklage und des Schadensersatzes. Sie gehören dann nicht zum eigentlichen Arbeitsschutzrecht, auch nicht wenn sie zwingend sind.

Beispiele: Wird einem Arbeitnehmer unter Verstoß gegen § 1 KSchG gekündigt, so muss er sich selbst gegen die Kündigung wenden. Keine Behörde überwacht das Kündigungsverhalten des Arbeitgebers oder nimmt dem Arbeitnehmer die Erhebung der Kündigungsschutzklage nach § 4 KSchG ab.

§ 618 BGB ist zwingend (vgl. § 619 BGB), unterliegt aber lediglich privatrechtlichem Zwang, § 618 III BGB. Ähnliches gilt vom Lohnschutz in Gestalt der Bestimmungen über die Entgeltfortzahlung im Krankheitsfall (dazu oben § 19 II 3).

Eine rein privatrechtliche Sanktionierung ist unzureichend, wo es um den Schutz von Leben und Gesundheit des Arbeitnehmers in den Massenarbeitsverhältnissen der Industrie geht. Erfahrungsgemäß macht der Arbeitnehmer nur diejenigen Rechte selbst geltend, deren Verletzung ihn unmittelbar berührt (Lohnvorenthaltung, Kündigung), während er bloße Gefahren, die aus der **Verletzung von Schutznormen** drohen, eher verdrängt. Hier muss der öffentlich-rechtliche Zwang eingreifen. Historisch gesehen hat der Gesetzgeber bei den ersten Regelungen zum Lebens- und Gesundheitsschutz an eine privatrechtliche Sanktionierung überhaupt nicht gedacht, sondern nur die behördliche Erzwingung ins Auge gefasst (dazu auch oben § 3 II 1).

> Soweit es im Arbeitsschutzrecht um Pflichten des Arbeitgebers gegenüber dem Staat geht, haben die entsprechenden Normen öffentlich-rechtlichen Charakter. Soweit Arbeitsschutznormen auch die Pflichtenlage im Arbeitsverhältnis gestalten, kommt ihnen in gleicher Weise Privatrechtscharakter zu.

II. Individualrechtliche Bedeutung der Arbeitsschutzvorschriften

1. Selbst wenn man **arbeitsschutzrechtliche Regelungen** als rein öffentlich-rechtlich qualifiziert, wirken sie sich auf die privatrechtlichen Beziehungen zwischen Arbeitgeber und Arbeitnehmer aus. Einmal stellen Arbeitsschutznormen in der Regel **Schutzgesetze** i.S.v. § 823 II BGB dar[1], aus deren Verletzung dem Arbeitnehmer ein Schadensersatzanspruch erwächst (der allerdings bei einem Arbeitsunfall (Definition in § 8 SGB VII) gemäß § 104 SGB VII meist ausgeschlossen ist). Zum anderen ist das Erbringen der Arbeitsleistung unter Bedingungen, die eine Missachtung arbeitsschutzrechtlicher Normen darstellen, für den Arbeitnehmer zumindest in der Regel unzumutbar. Der Arbeitnehmer kann daher seine Arbeitsleistung insoweit **zurückhalten.**

2. Generell hat sich heute eine Auffassung durchgesetzt, wonach die arbeitsschutzrechtlichen Gesetzesbestimmungen auch den **Inhalt des Arbeitsverhältnisses** gestalten,[2] also **auch privatrechtlicher Natur** sind. Demzufolge braucht sich der Arbeitnehmer im Falle der Zurückhaltung seiner Arbeitsleistung nicht auf das Prinzip der Unzumutbarkeit zu berufen, sondern kann direkt auf den Vertragsinhalt verweisen.[3] Darüber hinaus steht ihm nicht bloß ein deliktischer, sondern auch ein vertraglicher Schadensersatzanspruch zu (Vorteil: § 278 BGB ist anwendbar), der freilich häufig wegen § 104 SGB VII nicht durchgreifen wird.

> Allerdings gibt die Nichteinhaltung einer arbeitsschutzrechtlichen Norm dem einzelnen Arbeitnehmer nicht generell einen klagbaren individuellen Anspruch auf Erfüllung der Schutzgesetze (anders wohl die h.L.). Der Einzelprozess ist nämlich nicht das geeignete Verfahren zur Durchsetzung einer kollektiv bedeutsamen Maßnahme. Für den einzelnen Arbeitnehmer ist die Versagung dieses Erfüllungsanspruchs kein Nachteil, weil er seine Leistung zurückhalten und damit auf den Arbeitgeber Druck ausüben kann, ihn unter zumutbaren Bedingungen, also unter Einhaltung der Arbeitsschutzvorschriften, zu beschäftigen.

---

[1] Das gilt nach der Rspr. aber nicht für Unfallverhütungsvorschriften der Berufsgenossenschaften (s. *BGH* VersR 1969, 827 (828)).

[2] Grundlegend *Nipperdey*, Die privatrechtliche Bedeutung des Arbeitsschutzrechts, in: Die RG-Praxis im deutschen Rechtsleben, Bd. 4, 1929, S. 203; ausführlich *Wlotzke*, FS Hilger/Stumpf, 1983, S. 723; *Hanau*, FS Wlotzke, 1996, S. 37.

[3] Vgl. zum Zurückbehaltungsrecht bei Arbeit in gefahrstoffbelasteten Räumen *BAG* NZA 1997, 86; allgemein zur Problematik *Fabricius*, Einstellung der Arbeitsleistung bei gefährlichen und normwidrigen Tätigkeiten, 1997, S. 83 ff.

III. Einteilung des Arbeitsschutzrechts

Das Arbeitsschutzrecht lässt sich einmal nach dem sachlichen Inhalt seiner Regelungen, zum anderen nach dem geschützten Personenkreis einteilen.

1. Unter **inhaltlichen Gesichtspunkten** lassen sich folgende Gebiete herausheben:

a) Der **Betriebs- oder Gefahrenschutz** will den Arbeitnehmer vor den aus den Betriebsanlagen und der Produktionsweise drohenden Gefahren für Leben und Gesundheit schützen. Er ist vor allem Unfallschutz und Gesundheitsschutz, letzterer in Bezug auf allgemeine und spezifische Gesundheitsgefahren (allgemeine und Berufskrankheiten).

b) Der **Arbeitszeitschutz** hat die Aufgabe, die aus der Festlegung der Arbeitszeit dem Arbeitnehmer drohenden gesundheitlichen Gefahren zu bannen und ihm die zur Persönlichkeitsentfaltung erforderliche Freizeit zu sichern. Zu diesem Zweck gibt es Vorschriften über die tägliche Höchstdauer, über die zeitliche Lage der Arbeitszeit, über Ruhepausen und Ruhezeiten. Näheres unten § 32.

c) Der **Entgeltschutz** des Arbeitnehmers ist nur noch in Sonderbereichen dem Arbeitsschutzrecht zugewiesen (vgl. z.B. §§ 11 ff. MuSchG). In der Regel ist er rein privatrechtlich ausgebildet, seine Durchsetzung daher allein der Initiative des Arbeitnehmers selbst überlassen.

d) Der **Datenschutz**[4] ist ein weiteres Gebiet. Seine Aufgabe ist es, „den einzelnen davor zu schützen, dass er durch den Umgang mit seinen personenbezogenen Daten in seinem Persönlichkeitsrecht beeinträchtigt wird" (vgl. § 1 I BDSG). Das Bundesdatenschutzgesetz gilt für die Erhebung, Verarbeitung und Nutzung personenbezogener Daten, und zwar nicht nur für öffentliche Stellen, sondern auch für nicht-öffentliche und damit u.a. auch für Arbeitgeber (§§ 1 II, 2 IV, 27–38a BDSG). Unter bestimmten Voraussetzungen muss ein Datenschutzbeauftragter bestellt werden (§§ 4f, 4g BDSG). Die gesetzliche Regelung ist nicht spezifisch arbeitsrechtlich konzipiert, sondern stellt ein allgemeines, dem **Persönlichkeitsschutz** dienendes Gesetz dar. Gleichwohl kommt diesem im Rahmen der Arbeitsbeziehungen spezifische Bedeutung (verbunden mit spezifischer Problematik) zu, so dass von einem eigenen arbeitsrechtlichen Schutzbereich gesprochen werden kann. Vgl. dazu oben § 17 I 2.

e) Auch der **Umweltschutz** ist in Teilen mit dem Arbeitsschutz eng verzahnt.[5] Wo das Rechtsgebiet des Umweltschutzrechtes durch die Technik geprägte Sachverhalte regelt, wie z.B. das Immissionsschutz-, das Gefahrstoff- oder das Strahlenschutzrecht, bestehen die (gleichen) Gefahren sowohl für die Arbeitnehmer des Betriebes als auch für Personen und Sachen außerhalb des Betriebes. Deshalb enthalten zahlreiche Um-

---

[4] Dazu *Ehmann,* Arbeitsschutz und Mitbestimmung bei neuen Technologien, 1981; *Zöllner,* Daten- und Informationsschutz im Arbeitsverhältnis, 2. Aufl., 1983; *Buchner,* Vom „gläsernen Menschen" zum „gläsernen Unternehmen" – Zur rechtlichen Bindung der Datenerfassung und -verarbeitung im Betrieb, ZfA 1988, 449; *Ehmann,* Informationsschutz und Informationsverkehr im Zivilrecht, AcP 188 (1988), 230; *Wohlgemuth,* Datenschutz für Arbeitnehmer, 2. Aufl., 1988; *Deutsch,* Die Genomanalyse im Arbeits- und Sozialrecht, NZA 1989, 657; *Bellgardt,* EDV-Einsatz im Personalwesen, 1990; *Gola,* Handbuch zum Arbeitnehmerdatenschutz, 3. Aufl., 2002; *ders.,* Datenschutz und Multimedia am Arbeitsplatz; *Gola/Klug,* Neuregelungen zur Bestellung betrieblicher Datenschutzbeauftragter, NJW 2007, 118; *Koch,* Der betriebliche Datenschutzbeauftragte, 6. Aufl., 2006.

[5] Hierzu *Kloepfer/Veit,* NZA 1990, 121 (123 ff.).

weltschutzgesetze und -verordnungen zugleich Vorschriften zum Schutz der Arbeitnehmer.[6]

2. Eine andere Einteilung des Arbeitsschutzrechts unterscheidet nach den **Zielgruppen** besonderer Schutzregelungen: Frauen- und Mutterschutz, Jugendarbeitsschutz, Schwerbehindertenschutz, Heimarbeiterschutz. Da die maßgebenden Gesetze jedoch sowohl Elemente des Arbeitsschutzrechts i. e. S. als auch rein privatrechtliche Sonderregelungen enthalten (so z. B. das MuSchG, das JArbSchG, das HAG und das SGB IX), hat diese zielgruppenorientierte Einteilung nur noch untergeordnete Bedeutung.

IV. Abgrenzung von Arbeitsschutz und menschengerechter Arbeitsgestaltung[7]

1. Menschengerechte Arbeitsgestaltung und die damit weitgehend identische, gelegentlich aber noch etwas umfassender gesehene **Humanisierung des Arbeitslebens** (zu beidem oben § 2 VIII und § 17 I 2 sowie unten § 52), zielen teilweise auf die dem Arbeitsschutz sehr nahe stehende Verbesserung der Arbeitsbedingungen. Der menschengerechten Arbeitsgestaltung geht es nämlich auch um die Vermeidung bestimmter psychischer oder körperlicher Belastungen, die zwar nicht als unmittelbar krankheitsverursachend anzusehen sind, aber doch das physische und psychische Wohlbefinden beeinträchtigen können, ja sogar bei lange dauernder Einwirkung u. U. das Entstehen bestimmter Krankheiten begünstigen. Die **Abgrenzung zum Gesundheitsschutz** ist demgemäß fließend; es gibt eine nicht ganz schmale Zone von Regelungen oder Maßnahmen, die man beiden Bereichen zuordnen könnte. Im Grundansatz ist jedoch beides verschieden. Denn es gibt keinen allgemeinen Erfahrungssatz, dass jedwede psychische oder physische Belastung krank macht. Menschengerechte Arbeitsgestaltung sucht aber Belastungen auch da zu vermeiden, wo sie keine oder jedenfalls eher unwahrscheliche Krankheitsursachen sind.

2. In der politischen Diskussion ebenso wie in rechtlichen Erörterungen wird statt dieser Trennung nicht selten der Gesundheitsschutz des Arbeitsschutzrechts (nur) als Teilbereich der menschengerechten Arbeitsgestaltung angesehen. Eine solche Begriffsbestimmung empfiehlt sich jedoch nicht, schon weil sie mit §§ 90, 91 BetrVG nicht zu vereinbaren ist. Die dort niedergelegten, auf menschengerechte Arbeitsgestaltung zielenden *Mitbestimmungsrechte des Betriebsrats* müssen sinnvoll von den stärkeren *Mitwirkungsrechten* in § 87 I Nr. 7 BetrVG, die den Gesundheitsschutz betreffen, abgegrenzt werden. Das kann nur gelingen, wenn sich §§ 90, 91 BetrVG auf einen anderen und nicht auch auf denselben Schutzgegenstand richten wie § 87 I Nr. 7 BetrVG.

3. Verfehlt wäre auch die umgekehrte Sichtweise, wonach menschengerechte Arbeitsgestaltung Teil des Arbeitsschutzes wäre und diese somit ganz oder nahezu ganz vom Gesundheitsschutz umfasst würde. Ein weiter Gesundheitsbegriff ist utopisch und liegt der Konzeption des deutschen Arbeitsschutzrechts nicht zugrunde.

V. Durchführung des Arbeitsschutzes

1. Die Normen des Arbeitsschutzrechts wenden sich grundsätzlich an den **Arbeitgeber** (vgl. §§ 3–14 ArbSchG). Er ist nicht nur dem Arbeitnehmer gegenüber aus dem Arbeitsverhältnis, sondern auch öffentlich-rechtlich gegenüber dem Staat zu entsprechendem Verhalten verpflichtet. Die Durchführung des Arbeitnehmerschutzrechtes ist daher zunächst Sache des Arbeitgebers, der für den vorschriftsmä-

---

[6] So z. B. § 6 I Nr. 2 BImSchG, § 1, § 19, § 21 I Nr. 3 ChemG, die Gefahrstoffverordnung, § 24 SprengG, aber auch die Strahlenschutzverordnung sowie die Röntgenverordnung.

[7] Dazu *Zöllner*, RdA 1973, 212; *Hanau*, Die Rechtspflicht zur Humanisierung der Arbeit, Fortschrittliche Betriebsführung und Industrial Engineering, 1982, S. 353; *Ehmann* (Fn. 4), S. 27 f.; *Fitting/ Kaiser/Heither/Engels/Schmidt*, BetrVG, 23. Aufl., 2006, § 87 Rn. 293, § 90 Rn. 2–4; *GK/Wiese/ Weber*, vor § 90 Rn. 1 ff.

ßigen Zustand der Arbeitsräume und Maschinen und für die Einhaltung der Arbeitszeitvorschriften u. ä. zu sorgen hat. In der Regel begehen bei Verstößen auch nur er selbst oder seine Repräsentanten eine Ordnungswidrigkeit oder Straftat (vgl. § 9 OWiG, § 14 StGB, §§ 25, 26 ArbSchG).[8]

2. Der **Arbeitnehmer** ist aus dem Arbeitsvertrag zu einem den Arbeitsschutzvorschriften korrespondierenden Verhalten verpflichtet (vgl. §§ 15, 16 ArbSchG). Derartige Verpflichtungen sind freilich, anders als die Pflichten des Arbeitgebers, meist nicht öffentlich-rechtlich sanktioniert. Rechtsfolgen einer Verletzung durch den Arbeitnehmer, wie etwa Schadensersatzpflichten oder, praktisch noch bedeutsamer, Gründe für die Kündigung des Arbeitsverhältnisses durch den Arbeitgeber, ergeben sich dann nur im Verhältnis zum Arbeitgeber. In bestimmten Fällen begeht der Arbeitnehmer aber auch Ordnungswidrigkeiten oder Straftaten, vgl. z. B. §§ 25, 26 ArbSchG, oder er unterliegt, wie bei Verstößen gegen die Unfallverhütungsvorschriften der Berufsgenossenschaften, der Ordnungsstrafgewalt dieser Sozialversicherungsträger, vgl. § 209 SGB VII.

3. Dem **Betriebsrat** kommt die Funktion zu, die Durchführung der arbeitsschutzrechtlichen Vorschriften einschließlich der Unfallverhütungsvorschriften zu überwachen, vgl. § 80 I Nr. 1 BetrVG. Ferner hat er die für den Arbeitsschutz zuständigen Behörden, Unfallversicherungsträger und etwa sonst in Betracht kommende Stellen bei der Bekämpfung von Unfall- und Gesundheitsgefahren durch Anregung, Beratung und Auskunft zu unterstützen sowie sich für die Durchführung der Arbeitsschutzvorschriften im Betrieb einzusetzen, § 89 I BetrVG. Der Betriebsrat muss bei allen mit Arbeitsschutz und Unfallverhütung in Zusammenhang stehenden Besichtigungen und Fragen und bei Unfalluntersuchungen hinzugezogen werden, § 89 II 1 und IV BetrVG. Auflagen und Anordnungen, die den Arbeitsschutz betreffen, müssen ihm unverzüglich mitgeteilt werden, § 89 II 2 BetrVG. Die nach § 193 SGB VII erforderlichen Anzeigen über gravierende Betriebsunfälle hat der Betriebsrat mit zu unterzeichnen, § 193 V SGB VII. Bei betrieblichen Regelungen über die Verhütung von Arbeitsunfällen und Berufskrankheiten sowie über den Gesundheitsschutz, die im Rahmen der Arbeitsschutzvorschriften getroffen werden sollen, hat der Betriebsrat mitzubestimmen, § 87 I Nr. 7 BetrVG.

4. Sicherheitsbeauftragte müssen in Unternehmen mit mehr als 20 Beschäftigten bestellt werden. Die Bestellung obliegt dem Arbeitgeber unter Mitwirkung des Betriebsrats (§ 22 I 1 SGB VII). Die Sicherheitsbeauftragten sind in der Regel Arbeitnehmer des Betriebs, die sich freiwillig für die besonderen Belange des Arbeitsschutzes einsetzen. Die Zahl der Sicherheitsbeauftragten wird durch die Unfallverhütungsvorschriften der Berufsgenossenschaften geregelt. Aufgabe der Sicherheitsbeauftragten ist es, den Unternehmer bei der Durchführung des Unfallschutzes zu unterstützen, insbesondere sich von dem Vorhandensein und der Benutzung der Sicherheitsvorkehrungen fortlaufend zu überzeugen, § 22 II SGB VII.

5. Fachkräfte für Arbeitssicherheit (Sicherheitsingenieure, -techniker oder -meister) hat der Arbeitgeber nach § 5 ASiG zu bestellen. Bestellung und Abberufung bedürfen der Zustimmung des Betriebsrats, § 9 III 1 ASiG. Ihr Aufgabenbereich ist umfassender definiert als derjenige der Sicherheitsbeauftragten und deckt diesen voll mit ab, § 6 ASiG. Gleichwohl sind die Sicherheitsbeauftragten dadurch nicht überflüssig geworden. Das Gesetz lässt deshalb Sicherheitsbeauftragte und Fachkräfte für Arbeitssicherheit im so genannten **Arbeitsausschuss** zusammenwirken, § 11 ASiG.

6. Betriebsärzte muss der Arbeitgeber nach § 2 ASiG bestellen (zur Erforderlichkeit der Zustimmung des Betriebsrats vgl. § 9 III 1 ASiG). Zu ihren Aufgaben vgl. § 3 ASiG und unten § 31. Auch sie wirken im Arbeitsschutzausschuss mit.

7. Überbetriebliche Dienste von Betriebsärzten und Fachkräften für Arbeitssicherheit können vom Arbeitgeber anstelle eigener Betriebsärzte oder Fachkräfte für Arbeitssicherheit verpflichtet werden, vgl. § 19 ASiG. Damit soll vor allem den Belangen kleinerer Betriebe Rechnung getragen werden.

8. Spezialgesetze verpflichten den Arbeitgeber, weitere Personen für den Arbeitsschutz zu bestellen, so insb. § 4f BDSG (Datenschutzbeauftragter), § 31 StrlSchV (Strahlenschutzverantwortlicher und Strahlenschutzbeauftragter), § 98 SGB IX (Schwerbehindertenbeauftragter), §§ 53, 58a BImSchG (Immissionsschutzbeauftragter und Störfallbeauftragter).

9. Staatliche Aufsicht. Die behördliche Überwachung der Arbeitsschutzvorschriften obliegt in der Regel den Arbeitsschutzbehörden der Länder, vgl. § 21 ArbSchG, § 15 GSG, § 21 ChemG, § 51 JArbSchG, § 20 MuSchG, §§ 30, 36 SprengG. Die untere Verwaltungsebene bilden die **Staatlichen Ämter für Arbeitsschutz** und die **Gewerbeaufsichtsämter**. Letztere sind nur für die Prüfung der Einhaltung einiger Rechtsverordnungen, namentlich der Arbeitsstättenverordnung, zuständig, vgl. § 139b GewO und oben § 11 I 3. Oberste Verwaltungsbehörden sind zumeist die Arbeitsminister oder -senatoren der Länder. In einigen Berufszweigen bestehen **Sonderaufsichtsbehörden**, wie die Bergäm-

---

[8] Allgemein: *Herzberg,* Die Verantwortung für Arbeitsschutz und Unfallverhütung im Betrieb, 2. Aufl., 2003; ferner *Faber,* Die Arbeitsschutzrechtlichen Grundpflichten des § 3 ArbSchG.

ter für den Bergbau, die Seemannsämter für die Seeschifffahrt oder das Bundesamt für Güterverkehr für Kraftfahrer. Dem Schwerbehindertenschutz widmen sich die Integrationsämter.

10. Berufsgenossenschaften üben eine besondere Aufsicht aus im Hinblick auf den Unfallschutz und die Verhütung von Berufskrankheiten. Sie beschäftigen dazu besondere Aufsichtspersonen. Näheres dazu §§ 17ff. SGB VII. Die Zusammenarbeit mit den Gewerbeaufsichtsbeamten ist durch besondere Verwaltungsvorschriften geregelt.

11. Auch **private Organisationen,** und zwar zugelassene Überwachungsstellen i. S. v. § 14 GSG, wie z. B. die Technischen Überwachungsvereine (TÜV), sind in einzelnen Bereichen mit der Wahrnehmung von Überwachungsaufgaben betraut.

VI. Neuere Entwicklungen[9]

Das Arbeitsschutzrecht ist insgesamt schwer überschaubar geworden, insbesondere auch wegen verschiedener **EG-Richtlinien.**[10] Auf der Grundlage von **Art. 95 EG (ex Art. 100a EGV)** wurden mehrere Harmonisierungsrichtlinien betreffend die Beschaffenheit technischer Arbeitsmittel zum Zweck der Beseitigung technischer Handelshemmnisse und auf der Grundlage von **Art. 138 EG (ex Art. 118a EGV)** die Richtlinie über die Durchführung von Maßnahmen zur Verbesserung der Sicherheit und des Gesundheitsschutzes der Arbeitnehmer bei der Arbeit (89/391/EWG)[11] und zahlreiche darauf beruhende Einzelrichtlinien wie z. B. die Richtlinie 2003/10/EG des Europäischen Parlaments und des Rates vom 6. Februar 2003 über Mindestvorschriften zum Schutz von Sicherheit und Gesundheit der Arbeitnehmer vor der Gefährdung durch physikalische Einwirkungen (Lärm) erlassen.[12]

Schließlich ist auch noch auf die Verordnung (EG) Nr. 2062/94 des Rates vom 18. 7. 1994 hinzuweisen, wodurch eine Europäische Agentur für Sicherheit und Gesundheitsschutz am Arbeitsplatz errichtet wurde.[13] Sie hat ihren Sitz in Bilbao und dient vor allem dem Informations- und Gedankenaustausch, der Unterstützung der mittel- und osteuropäischen Länder sowie der Förderung kleinerer und mittlerer Unternehmen, jeweils bezogen auf den Arbeitsschutz.

Auch der bisher nicht in Kraft getretene Vertrag über eine Verfassung für Europa[14] enthält in seinem zweiten Teil, der Charta der Grundrechte der Union, Regelungen zum Arbeitsschutzrecht, die allerdings allein die Organe der Union binden, die Mitgliedstaaten aber nur dann, wenn diese Unionsrecht durchführen.[15] So statuiert Artikel II-91 das Recht der Arbeitnehmer auf gerechte und angemessene Arbeitsbedingungen, wozu bezahlter Jahresurlaub, die Begrenzung der Höchstarbeitszeit und „sichere und würdige Arbeitsbedingungen" rechnen. Artikel II-92 enthält besondere Vorschriften zum Schutz von Jugendlichen am Arbeitsplatz.

Auch **Art. 30 Abs. 1 Einigungsvertrag** enthält eine Aufforderung an den gesamtdeutschen Gesetzgeber zur Reform des Arbeitsschutzrechts in Übereinstimmung mit dem Recht der Europäischen Gemeinschaften.

Die erforderlichen Reformen sind durch die Novellierung des Gerätesicherheitsgesetzes im Jahre 1992 und vor allem durch das **Arbeitsschutzgesetz** weitgehend verwirklicht worden. Das Arbeits-

---

[9] Vgl. auch oben § 10 II 9.
[10] Hierzu *Schubert,* Europäisches Arbeitsschutzrecht und betriebliche Mitbestimmung, 2005; *Wank/Börgmann,* Deutsches und Europäisches Arbeitsschutzrecht, 1992; *Wlotzke,* EG-Binnenmarkt und Arbeitsrechtsordnung – Eine Orientierung, NZA 1990, 417 (419f.); *ders.,* RdA 1992, 85.
[11] ABlEG Nr. L 183 v. 29. 6. 1989, S. 1.
[12] ABlEG Nr. L 42 v. 15. 2. 2003, S. 38ff.
[13] ABlEG Nr. L 216 vom 20. 8. 1994, S. 1.
[14] ABlEG Nr. C 310 vom 16. 12. 2004.
[15] *Möstl,* Verfassung für Europa, 2005, S. 52f.

schutzgesetz[16] regelt die Grundlagen für den Arbeitsschutz bei der Arbeit. Es enthält sowohl Pflichten des Arbeitgebers (§§ 3–14 ArbSchG) als auch Rechte und Pflichten der Beschäftigten (§§ 15–17 ArbSchG). Von Bedeutung ist § 18 I ArbSchG, der die Bundesregierung ermächtigt, mit Zustimmung des Bundesrats Rechtsverordnungen zu erlassen und dadurch die allgemeinen Bestimmungen des Arbeitsschutzgesetzes zu konkretisieren.[17]

Beim Arbeitsschutz sind auch die von Deutschland ratifizierten Übereinkommen der Internationalen Arbeitsorganisation einzuhalten, was aber keine praktischen Auswirkungen hat, weil das deutsche Recht diesen, soweit sie ratifiziert wurden, ohnehin entspricht.

§ 31. Gesundheitsschutz

Der Schutz der Gesundheit des Arbeitnehmers ist die wichtigste, stets aktuelle Aufgabe des Arbeitsschutzrechts. Soweit sie noch nicht im wünschenswerten Ausmaß gelöst ist, liegt dies weniger an den gesetzlichen Grundlagen als an der z. T. fehlenden Bereitschaft und Initiative zu ihrer sachgerechten Durchführung.

I. Inhaltliche Regelungen des Gesundheitsschutzes

1. Ausgangspunkt sind die in §§ 3 bis 5 ArbSchG aufgestellten **Grundpflichten des Arbeitgebers,** der bei Maßnahmen des Arbeitsschutzes von zahlreichen, in § 4 ArbSchG aufgestellten allgemeinen Grundsätzen auszugehen hat. Dabei hat er gemäß § 5 ArbSchG die Gefährdungen für die Beschäftigten zu ermitteln, um die erforderlichen Maßnahmen durchführen zu können.[1] Gefährdungsbeurteilung und die festgelegten Maßnahmen sind vom Arbeitgeber zu dokumentieren (§ 6 ArbSchG). Der Arbeitgeber hat die notwendigen Voraussetzungen für die erste Hilfe in Notfällen zu schaffen sowie arbeitsmedizinische Vorsorge zu treffen (§§ 10, 11 ArbSchG). Von Bedeutung ist auch seine Pflicht, die Arbeitnehmer über Sicherheit und Gesundheitsschutz zu unterweisen, § 12 ArbSchG. Weitere Vorschriften des Gesundheitsschutzes sind § 618 BGB, § 62 HGB, § 80 SeemG, § 61 BBergG, § 28 JArbSchG, § 12 HAG.

2. In der **Arbeitsstättenverordnung**[2] ist eine ausführliche Regelung über die Beschaffenheit der Arbeitsplätze in Gewerbebetrieben getroffen worden, die sich unter anderem mit Fragen der Lüftung, der Beleuchtung, der Raumtemperaturen und der Verkehrswege befasst. Der Arbeitgeber muss die Arbeitsstätte so einrichten, dass der Arbeitnehmer nach den allgemein anerkannten arbeitsmedizinischen und hygienischen Regeln z. B. vor Infektionskrankheiten geschützt ist.[3] Ferner hat der Arbeitgeber die erforderlichen Maßnahmen zu treffen, damit die nicht rauchenden Beschäftigten in Arbeitsstätten

---

[16] Gesetz über die Durchführung von Maßnahmen des Arbeitsschutzes zur Verbesserung der Sicherheit und des Gesundheitsschutzes der Beschäftigten bei der Arbeit vom 7. 8. 1996, BGBl. I, 1246 – Kommentare: *Kittner/Pieper,* 2. Aufl., 2002; *Kollmer/Vogl,* 2. Aufl., 1999; weitere Literatur: *Wlotzke,* NZA 1996, 1017; *Kollmer,* Arbeitsschutzgesetz, 2. Aufl., 1999.

[17] Mehrere Verordnungen sind bereits ergangen. Diese betreffen die Benutzung persönlicher Schutzausrüstung bei der Arbeit, die manuelle Handhabung von Lasten, die Arbeit an Bildschirmgeräten sowie die Benutzung von Arbeitsmitteln bei der Arbeit. Außerdem ist die Arbeitsstättenverordnung novelliert worden. Vgl. zum Ganzen *Kollmer,* Verordnungen zum Arbeitsschutzgesetz, AR-Blattei, SD 200.2; *Kollmer/Blachnitzky/Kossens,* Die neuen Arbeitsschutzverordnungen, 1999.

[1] Dazu *Bürkert,* Beurteilung von Gefährdungen und Belastungen, AuA 1997, 190.

[2] Verordnung über Arbeitsstätten (ArbStättV) v. 12. 8. 2004 (BGBl. I, 2179). Kommentare: *Eberstein/Mayer; Heinen/Tentrop/Wienecke; Kollmer,* 2001; *Opfermann/Streit; Schmatz/Nöthlichs;* alle Loseblatt.

[3] Zum Schutz vor HIV-Infektion und Aids-Erkrankung *Lichtenberger/Schücking,* NZA 1990, 41.

wirksam vor den Gesundheitsgefahren durch Tabakrauch geschützt sind.[4] Die ArbStättV stellt im Ganzen höchst wünschenswerte Anforderungen, manches ist freilich von zu großer Liebe zum Detail geprägt. Insbesondere für kleinere Betriebe und für solche, die nicht in Neubauten auf freiem Feld eingerichtet werden, sondern sich in vorhandenen Anlagen zurechtfinden müssen, werden die Schaffung neuer Arbeitsplätze sowie wesentliche Erweiterungen und Änderungen bestehender Arbeitsstätten erschwert, vgl. § 8 I 2 ArbStättV. Beim In-Kraft-Treten der Verordnung bereits bestehende Arbeitsstätten sind von der Anwendung ausgenommen, vgl. § 8 I ArbStättV.

3. Für bestimmte Tätigkeiten enthalten weitere Verordnungen Regelungen des Gesundheitsschutzes. Die **Bildschirmarbeitsverordnung**[5] soll einen wirksamen Gesundheitsschutz bei der Arbeit an Bildschirmgeräten verwirklichen. Der Sicherheit und dem Gesundheitsschutz bei manuellen Transportarbeiten dient die **Lastenhandhabungsverordnung**.[6] Die **Verordnung über die Benutzung persönlicher Schutzausrüstungen**[7] regelt die Bereitstellung von persönlichen Schutzausrüstungen durch den Arbeitgeber und die Benutzung durch die Beschäftigten bei der Arbeit. Detaillierte Vorschriften über die Bereitstellung und Benutzung von Arbeitsmitteln enthält die **Betriebssicherheitsverordnung.**[8] Die **Baustellenverordnung**[9] dient der wesentlichen Verbesserung von Sicherheit und Gesundheitsschutz der Beschäftigten auf Baustellen. Nach der **Biostoffverordnung**[10] muss der Arbeitgeber für Tätigkeiten mit biologischen Arbeitsstoffen einschließlich Tätigkeiten in deren Gefahrenbereich Schutzmaßnahmen zur Sicherheit und zum Gesundheitsschutz der Beschäftigten treffen und persönliche Schutzausrüstungen zur Verfügung stellen.

Zumeist eine Spezialisierung nach Branchen weisen die **Unfallverhütungsvorschriften der Berufsgenossenschaften** auf, die aufgrund von § 15 I SGB VII für den jeweiligen Berufszweig einer Berufsgenossenschaft ergehen.[11] Diese autonome Rechtsetzung erfolgt unter Beachtung der staatlichen Arbeitsschutzvorschriften und bedarf der staatlichen Genehmigung, § 15 IV SGB VII.

4. Auch diese Regelungen sind notwendigerweise noch immer abstrakt und allgemein. Den konkreten Verhältnissen des einzelnen Betriebs und erst recht den einzelnen Arbeitsabläufen im Betrieb vermögen sie nicht voll gerecht zu werden. Die im jeweiligen Einzelfall erforderlichen Maßnahmen werden von den Arbeitsschutzbehörden durch **Verwaltungsakt** angeordnet, vgl. § 22 III ArbSchG, § 12 ASiG, § 15 GRG, § 23 ChemG, § 2 V MuSchG, §§ 32–33 SprengG.

5. Ganz erhebliche inhaltliche Anforderungen an die Arbeitssicherheit gehen auch von **allgemeinen Schutzvorschriften** aus, die nicht speziell oder allein für den Arbeitsschutz erlassen worden sind, sondern auch oder sogar überwiegend dem Schutz des Publikums dienen sollen. Zu nennen sind vor allem:

a) Das **Chemikaliengesetz** (ChemG; genauer Titel: Gesetz zum Schutz vor gefährlichen Stoffen)[12], das Vorschriften über Anmeldung, Prüfung, Einstufung, Kennzeichnung und Verpackung von gefährlichen (insbesondere giftigen, ätzenden, entzündlichen, krebserzeugenden, fruchtschädigenden, um-

---

[4] § 5 ArbStättV.

[5] Verordnung über Sicherheit und Gesundheitsschutz bei der Arbeit an Bildschirmgeräten v. 4. 12. 1996 (BGBl. I, 1841); zuletzt geändert durch Art. 304 Achte ZuständigkeitsanpassungsVO v. 25. 11. 2005 (BGBl. I, 2304); *Lohbeck,* Arbeitsunterbrechungen an Bildschirmarbeitsplätzen (…), ZTR 2001, 502.

[6] Verordnung über Sicherheit und Gesundheitsschutz bei der manuellen Handhabung von Lasten bei der Arbeit v. 4. 12. 1996 (BGBl. I, 1841). – Dazu *Opfermann/Rückert,* Neue Regeln zur manuellen Handhabung von Lasten bei der Arbeit, AuA 1997, 187.

[7] Verordnung über Sicherheit und Gesundheitsschutz bei der Benutzung persönlicher Schutzausrüstungen bei der Arbeit v. 4. 12. 1996 (BGBl. I, 1841). – Dazu *Opfermann/Rückert,* Neuregelungen für persönliche Schutzausrüstungen, AuA 1997, 224.

[8] Verordnung über Sicherheit und Gesundheitsschutz bei der Bereitstellung von Arbeitsmitteln und deren Benutzung bei der Arbeit, über Sicherheit beim Betrieb überwachungsbedürftiger Anlagen und über die Organisation des betrieblichen Arbeitsschutzes (BetrSichV) v. 27. 9. 2002 (BGBl. I, 3777); zuletzt geändert durch das Zweite Gesetz zur Neuregelung des Energiewirtschaftsrechts v. 7. 7. 2005 (BGBl. I, 1970).

[9] Verordnung über Sicherheit und Gesundheitsschutz auf Baustellen v. 10. 6. 1998 (BGBl. I, 1283); zuletzt geändert durch Art. 15 GefahrstoffVO-AnpassungsVO v. 23. 12. 2004 (BGB. I, 3758).

[10] Verordnung über Sicherheit und Gesundheitsschutz bei Tätigkeiten mit biologischen Arbeitsstoffen v. 27. 1. 1999 (BGBl. I, 50).

[11] Vgl. zu ihnen und zum Verhältnis gegenüber den staatlichen Arbeitsschutzbehörden § 21 ArbSchG.

[12] BGBl. I, 521 i. d. F. der Bekanntmachung v. 20. 6. 2002 (BGBl. I, 1060; zuletzt geändert durch Art. 12 G v. 22. 8. 2006 (BGBl. I, 1970); hierzu *Klein/Weinmann/Thomas,* Gefahrstoffrecht und Chemikaliensicherheit, 2005.

weltgefährlichen) chemischen Elementen, Verbindungen und Zubereitungen enthält. Es wird ergänzt durch mehrere aufgrund des Gesetzes ergangener Verordnungen. Zu erwähnen ist hier insbesondere die **Gefahrstoffverordnung.**[13]

b) Das **Geräte- und Produktsicherheitsgesetz** (Gesetz über technische Arbeitsmittel und Verbraucherprodukte – GPSG)[14], das auch dem Schutz vor Gefahren dient, die von technischen Arbeitsmitteln und überwachungsbedürftigen Anlagen ausgehen (§ 1 II GPSG). Unter technischen Arbeitsmitteln versteht das Gesetz verwendungsfertige Arbeitseinrichtungen, vor allem Werkzeuge, Arbeitsgeräte, Maschinen, Fördereinrichtungen sowie Beförderungsmittel. Überwachungsbedürftige Anlagen im Sinne des Gesetzes sind insbesondere Druckbehälteranlagen, Abfüllanlagen für Gase und brennbare Flüssigkeiten, Aufzüge und Getränkeschankanlagen. Die Bestimmungen des GSG werden durch eine Vielzahl von Rechtsverordnungen konkretisiert; hervorzuheben ist namentlich die **Betriebssicherheitsverordnung.**[15]

6. Die **allgemein anerkannten Regeln der Technik**[16] haben, obgleich es sich bei ihnen selbstverständlich nicht um Rechtsnormen handelt, über verschiedene Generalklauseln, insbesondere über das Gerätesicherheitsgesetz erhebliche Bedeutung für die inhaltlichen Anforderungen an die Sicherheit technischer Einrichtungen, Geräte usw. Die Frage, unter welchen Voraussetzungen von einer anerkannten Regel der Technik zu sprechen ist und wie eng ihr Zusammenhang mit der Arbeitssicherheit sein muss, gehört heute zu den schwierigsten Problemen des Arbeitsschutzrechts. Insbesondere durch die sog. Sicherheitsregeln der Berufsgenossenschaften sowie durch die DIN-Normen werden hier mitunter inhaltliche Anforderungen gestellt, die rechtsstaatlich nicht unbedenklich sind, weil sie ohne zureichenden Grund in die Handlungs- und Berufsausübungsfreiheit der Unternehmen eingreifen.[17]

II. Institutionelle Regelungen

Institutionelle Regelungen für den Gesundheitsschutz sieht das **Arbeitssicherheitsgesetz**[18] (ASiG; genauer Titel: Gesetz über Betriebsärzte, Sicherheitsingenieure und andere Fachkräfte für Arbeitssicherheit) von 1973 vor. Die nach diesem Gesetz zu bestellenden Betriebsärzte haben weit reichende Aufgaben im Bereich des Arbeitsschutzes, der Unfallverhütung und des sonstigen Gesundheitsschutzes (vgl. näher § 3 ASiG). Freilich sind diese Aufgaben so umfassend formuliert, dass sie kaum erfüllt werden können, wenn nicht eine große Zahl von Betriebsärzten vorgesehen wird. Ökonomische Gründe ebenso wie der Mangel an ausreichend sachkundigen Medizinern setzen der Aufgabenverfolgung engere Grenzen.

Eher zu realisieren dürften die Aufgaben der vom Arbeitgeber zu bestellenden Fachkräfte für Arbeitssicherheit sein (dazu oben § 30 V 5), vgl. § 6 ASiG. Auch hier hängt der Erfolg jedoch davon ab, ob eine genügende Zahl wirklich fachkundiger und durchsetzungsfähiger Personen mit diesen Aufgaben betraut werden kann.

---

[13] Neufassung v. 15. 11. 1999 (BGBl. I, 2233 u. BGBl. 2000 I, 739); zuletzt geändert durch Verordnung v. 27. 9. 2002 (BGBl. I, 3777); *Heilmann,* Gefahrstoffrecht, 3. Aufl., 2005; *Maaß,* Schutz vor Gefahrstoffen am Arbeitsplatz, NZA 1998, 688.

[14] Gesetz v. 6. 1. 2004 (BGBl. I, 2; zuletzt geändert durch das Zweite Gesetz zur Neuregelung des Energiewirtschaftsrechts v. 7. 7. 2005 (BGBl. I 1970); hierzu: *Wilrich,* Geräte- und Produktsicherheitsgesetz, 2005; *Klindt,* NJW 2004, 465.

[15] Verordnung über Sicherheit und Gesundheitsschutz bei der Bereitstellung von Arbeitsmitteln und deren Benutzung bei der Arbeit, über Sicherheit beim Betrieb überwachungsbedürftiger Anlagen und über die Organisation des betrieblichen Arbeitsschutzes (BetrSichV) v. 27. 9. 2002 (BGBl. I, 3777); zuletzt geändert durch das Zweite Gesetz zur Neuregelung des Energiewirtschaftsrechts v. 7. 7. 2005 (BGBl. I, 1970).

[16] Dazu *Marburger,* Die Regeln der Technik im Recht, 1979.

[17] Vgl. dazu auch *Ehmann,* Arbeitsschutz und Mitbestimmung bei neuen Technologien, 1981, S. 41 ff.

[18] Zu diesem die Kommentare von: *Spinnarke/Schörk* (Loseblatt); *Anzinger/Bieneck,* 1998; *Kittner/ Pieper,* 3. Aufl., 2006; *Schelter* (Loseblatt). Ferner *Gitter,* Zur Haftung des Betriebsarztes, RdA 1983, 156; *Fritsche,* Die rechtliche Stellung der Betriebsärzte im Unternehmen, 1984; *Bieneck,* Das Arbeitssicherheitsgesetz – Grundlage für den betrieblichen Arbeitsschutz, FS Wlotzke, 1996, S. 465.

III. Praktische Problematik

Obwohl der Gesundheitsschutz auf dem Papier perfekt erscheinen mag und seine Durchführung vielgestaltig gesichert ist, zeigen sich in der Praxis doch nach wie vor z. T. schwerwiegende Mängel. Noch immer gibt es wegen ganz verschiedener Ursachen zahlreiche schwere **Berufskrankheiten**. Die **absolute Zahl der Arbeitsunfälle** ist hoch (vgl. dazu schon oben § 2 VII mit Zahlenangaben). Das liegt nicht an der marktwirtschaftlichen Wirtschaftsordnung, sondern an einem systemunabhängigen Geflecht von Ursachen, zu denen unzureichende Überwachung vieler Betriebe, Gleichgültigkeit auf Arbeitgeber- wie auf Arbeitnehmerseite und ein nicht optimal gestaltetes Haftungssystem gehören.

Auch der **allgemeine Gesundheitsschutz** lässt zu wünschen übrig. Die werksärztliche Betreuung ist noch in einer Vielzahl von Betrieben unzureichend. Mängel der Arbeitsplatzgestaltung, der Maschinenkonstruktion, des Arbeitsablaufs, aber auch Betriebsblindheit der Beteiligten sind maßgebliche Ursachen.

§ 32. Arbeitszeitschutz

Literatur (zum Arbeitszeitgesetz): *Anzinger,* Neues Arbeitszeitgesetz in Kraft getreten, BB 1994, 1492, *ders.,* Die aktuelle Entwicklung im Arbeitszeitrecht, RdA 1994, 11; *Diller,* Fortschritt oder Rückschritt? – Das neue Arbeitszeitrecht, NJW 1994, 2726; *Dorsch,* Moderne Arbeitszeitgestaltung, ArbR-Gegw. Bd. 30 (1993), 73; *Erasmy,* Ausgewählte Rechtsfragen zum neuen Arbeitszeitrecht, NZA 1994, 1105 und NZA 1995, 97; *Anzinger,* Das Arbeitszeitgesetz, FS Wlotzke 1996, S. 427; *Zmarzlik,* AR-Blattei SD 240; *Junker,* Brennpunkte des Arbeitszeitgesetzes, ZfA 1998, 105; ferner die **Kommentare und Monographien:** *Baeck/Deutsch,* Arbeitszeitgesetz, 2. Aufl., 2004; *Kraegeloh,* Arbeitszeitgesetz, 1995; *Roggendorff,* Arbeitszeitgesetz, 1994; *Neumann/Biebl,* Arbeitszeitgesetz, 14. Aufl., 2004; *Anzinger/Koberski,* Kommentar zum Arbeitszeitgesetz, 2. Aufl., 2005; *Linnenkohl/Rauschenberg,* Arbeitszeitgesetz, 2. Aufl., 2004; *Linnenkohl/Rauschenberg/Gressierer,* Arbeitszeitflexibilisierung, 4. Aufl., 2001; *Tietje,* Grundfragen des Arbeitszeitrechts, 2001; *Schliemann,* Arbeitszeitgesetz, Loseblatt
Zu rechtspolitischen Aspekten: *Löwisch,* Arbeits- und sozialrechtliche Hemmnisse einer weiteren Flexibilisierung der Arbeitszeit, RdA 1984, 197; *Linnenkohl,* Begriff und Bedeutung der „Arbeitszeitflexibilisierung", BB 1985, 1920; *Hromadka* (Hrsg.), Arbeitszeitrecht im Umbruch, 1988; *Oechsler u. a.,* Konfliktfeld Arbeitszeitverkürzung, BB 1988, 845; *Gast,* Der Faktor Zeit und das Arbeitsrecht, FS Wiese, 1998, 121.

I. Zweck des Arbeitszeitschutzes

Der Arbeitszeitschutz ist seinem Zweck nach vorwiegend Gesundheitsschutz und Persönlichkeitsschutz für den Arbeitnehmer, vgl. § 1 Nr. 1 ArbZG. Der Arbeitnehmer soll vor den Gefahren physischer und psychischer Überforderung bewahrt werden, er soll ausreichende Freizeit erhalten und seine Arbeit in vernünftigem Arbeitsrhythmus verrichten. Es ist kein Zufall, dass arbeitszeitrechtliche Vorschriften historisch am Beginn des Arbeitsschutzrechts stehen. Im modernen Arbeitsrecht ist der Arbeitszeitschutz freilich nur noch ein Ausschnitt aus dem allgemeinen Arbeitszeitrecht.[1] Durch das Arbeitszeitgesetz (ArbZG) hat das Arbeitszeitrecht im Jahre 1994 eine Reform erfahren, die freilich in Teilen immer noch die erforderliche Flexibilität vermissen lässt.

---

[1] Vgl. zu anderen Materien des Arbeitszeitrechts z. B. oben § 13 III 2a, IV 2.

II. Rechtsquellen des Arbeitszeitschutzes

Rechtsquellen des Arbeitszeitschutzes sind neben dem ArbZG zahlreiche Sonderregelungen im JArbSchG und im MuSchG, ferner die EWG-VO Nr. 3820 über die Harmonisierung bestimmter Sozialvorschriften im Straßenverkehr und das Gesetz über das Fahrpersonal von Kraftfahrzeugen und Straßenbahnen, das Ladenschlussgesetz und das Seemannsgesetz.

Im europäischen Bereich ist besonders auch die Richtlinie 93/104/EG über bestimmte Aspekte der Arbeitszeitgestaltung[2] hervorzuheben.

III. Höchstarbeitszeit[3]

Der historisch wichtigste Bestandteil des Arbeitszeitschutzes war die Statuierung einer Höchstarbeitszeit. Das Gesetz geht von einer **regelmäßigen werktäglichen Arbeitszeitdauer** von acht Stunden aus, § 3 S. 1 ArbZG. Daraus ergibt sich, weil am Sonntag grundsätzlich ein Beschäftigungsverbot besteht (s. unten V), eine **wöchentliche Höchstarbeitszeit** von 48 Stunden.

Diese wird von den meisten Arbeitnehmern, insbesondere wenn sie einen geltenden Tarifvertrag oder Individualarbeitsvertrag einhalten, weit unterschritten. Erreicht oder überschritten wird sie nicht selten von Angestellten in gehobenen Positionen, aber auch im Bereich des Gesundheitswesens z.B. von angestellten Ärzten.

Gesetzlich zulässig ist eine **Überschreitung** der täglichen Höchstarbeitszeit auf bis zu zehn Stunden, wenn innerhalb von sechs Kalendermonaten oder innerhalb von 24 Wochen im Durchschnitt acht Stunden werktäglich nicht überschritten werden (§ 3 S. 2 ArbZG). In einem Tarifvertrag oder in einer aufgrund eines Tarifvertrages erlassenen Betriebsvereinbarung sind nach § 7 I und II ArbZG darüber hinausgehende Arbeitszeitverlängerungen zulässig. Im Geltungsbereich solcher Tarifverträge besteht für nicht tarifgebundene Arbeitgeber die Möglichkeit, solche tarifvertraglichen oder tarifvertraglich zugelassenen Regelungen durch Betriebsvereinbarung oder mangels Bestehens eines Betriebsrats durch schriftliche Individualvereinbarung zu übernehmen, § 7 III ArbZG.

IV. Dauer und Lage der Arbeitszeit

Die **Lage der Arbeitszeit** ist arbeitsschutzrechtlich nur für einige Sonderfälle geregelt. So besteht u.a. ein **Nachtarbeitsverbot** für werdende und stillende Mütter (§ 8 MuSchG) und für Jugendliche (§ 14 JArbSchG).[4] Ferner gibt es ein **Verbot der Samstagsarbeit** für Jugendliche (§ 16 JArbSchG).

Auf Dauer und Lage der Arbeitszeit in Verkaufsstellen wirkt sich auch das Ladenschlussgesetz aus.[5] Zur Zuständigkeit für die Festsetzung der Arbeitszeitlage vgl. oben § 13 IV 2 und unten § 49 II 2. Zur Problematik der **Schichtarbeit** vgl. oben § 2 V 3.

---

[2] ABlEG Nr. L 307 v. 13. 12. 1993, S. 18; hierzu *Lörcher*, AuR 1994, 49.

[3] *Loritz/Koch*, Reisezeit als Arbeitszeit, BB 1987, 1102; *Kleveman*, KAPOVAZ und Überstunden, BB 1987, 1242; *v. Stebut*, Rechtsfolgen von Arbeitszeitüberschreitungen, NZA 1987, 257; *Kramer*, Einzelvertragliche Verlängerbarkeit tariflich festgelegter Arbeitszeit, DB 1994, 426; *Hunold*, Nebentätigkeit und Arbeitszeitgesetz, NZA 1995, 558.

[4] Das vormals geltende Nachtarbeitsverbot für Arbeiterinnen wurde durch BVerfGE 85, 191 für verfassungswidrig erklärt. Hierzu im Vorfeld der Entscheidung *Loritz*, ZfA 1992, 607; zum Verstoß gegen EG-Recht unten § 33 Fn. 6.

[5] Zum Ladenschlussrecht nach der Föderalismusreform, die die Regelung der Ladenschlusszeiten nunmehr ausschließlich den Ländern zuweist *Horstmann*, Neue Gesetzgebungskompetenzen bei Ladenschluss und Arbeitszeit, NZA 2006, 1246; *Kühling*, Ladenschluss nach der Föderalismusreform, AuR 2006, 384; allgemein die Kommentierungen von: *Neumann*, Das neue Ladenschlussgesetz, 3. Aufl., 1997; *Zmarzlik*, Ladenschlussgesetz, 2. Aufl., 1997; *Stober*, Ladenschlussgesetz, 4. Aufl., 2000; vgl. ferner: *Schemder*, Das Ladenschlussgesetz im europäischen Vergleich, AuA 1996, 410.

V. Sonn- und Feiertagsruhe[6]

Grundsätzlich ausgeschlossen ist die Beschäftigung von Arbeitnehmern an Sonn- und Feiertagen, vgl. § 9 ArbZG, freilich mit zahlreichen Ausnahmen, vgl. §§ 10–13 ArbZG und § 17 i.V.m. §§ 4–15 LadSchlG. Ein weiter gehendes Verbot der Sonntags- arbeit besteht für werdende und stillende Mütter, § 8 MuSchG, und für Jugendliche, §§ 17, 18 JArbSchG.

Das Sonntagsarbeitsverbot und seine Ausnahmen waren seit den Achtzigerjahren zunehmend strei- tig geworden.[7] Zahlreiche Unternehmen waren und sind aus technischen Gründen auf Sonntagsarbeit angewiesen, etwa bei der Fertigung von Mikrochips. Andere Branchen, wie z.B. die Textilindustrie, forderten für Sonderfälle, insbesondere für bestimmte Überwachungstätigkeiten, die gesetzliche Zulas- sung der Sonntagsarbeit aus wirtschaftlichen Gründen, um die Laufzeiten teurer Maschinen zu erhö- hen.[8] Die bis 1994 geltenden Ausnahmevorschriften der GewO (§§ 105c–105j) entstammten dem ver- gangenen Jahrhundert und wurden modernen Anforderungen z.T. nicht mehr gerecht, zumal die Bundesrepublik Deutschland das weltweit restriktivste Sonntagsarbeitsverbot hatte.[9] Der Gesetzgeber hat diesen Entwicklungen in Teilen durch eine erweiterte Zulassung der Sonntagsarbeit nach §§ 9–13 ArbZG Rechnung getragen. In Tarifverträgen oder aufgrund von erlassenen Betriebsvereinbarungen sind über die gesetzliche Ausnahmevorschrift des § 10 ArbZG hinausgehende Regelungen zulässig, § 12 ArbZG. Noch weiter gehende Regelungen kann die Bundesregierung und bei deren Nichttätig- werden eine Landesregierung bzw. die obersten Landesbehörden jeweils durch Rechtsverordnung erlassen, § 13 ArbZG.

VI. Ruhezeit und Ruhepausen

Die Gewährung ausreichender Ruhezeiten nach Beendigung der täglichen Arbeit und von Ruhepausen während der Arbeit, die aus gesundheitlichen Gründen beson- ders wichtig sind, wird vom Gesetz eingehend geregelt. In bestimmten Bereichen wie Krankenhäusern oder bei der Pflege können sich daraus Schwierigkeiten ergeben.[10]

1. Nach Beendigung der täglichen Arbeitszeit muss die **Ruhezeit** mindestens elf Stunden betragen, nur zehn Stunden im Gastgewerbe und Verkehrswesen (§ 5 ArbZG). Endet die Arbeitszeit also abends um 20 Uhr, so darf die Arbeit am nächsten Morgen nicht vor 7 Uhr beginnen. Für Jugendliche beträgt der Zeitraum mindestens zwölf Stunden, § 13 JArbSchG.

2. Bei einer **Arbeitszeit von mehr als sechs Stunden** muss/müssen mindestens eine halbstündige **Ruhepause** oder zwei viertelstündige Ruhepausen gewährt werden, bei einer Arbeitszeit von mehr als neun Stunden mindestens eine solche von 45 Minuten. Länger als **sechs** Stunden dürfen Arbeitnehmer generell und Jugendliche nach § 11 JArbSchG nicht länger als viereinhalb Stunden ohne Pause beschäf- tigt werden. Die Ruhepausen müssen im Voraus feststehen (§ 4 ArbZG). Durch Tarifvertrag oder auf-

---

[6] Zur früheren Rechtslage und zu den verfassungsrechtlichen Möglichkeiten und Grenzen der Sonn- tagsarbeit: *Richardi*, Grenzen industrieller Sonntagsarbeit, 1988; *Loritz*, Möglichkeiten und Grenzen der Sonntagsarbeit, 1989; *Benda*, Probleme der industriellen Sonntagsarbeit, 1990, jeweils m.w.N.; zum geltenden Recht: *Kuhr*, Die Sonntagsruhe im Arbeitszeitgesetz aus verfassungsrechtlicher Sicht, DB 1994, 2186; *Berger-Delhey*, „Druckerschwärze und Papier" … „Sonntags … nie"?, BB 1994, 2199 (speziell zur Pressefreiheit); *Richardi/Annuß*, Bedarfsgewerbeverordnungen: Sonn- und Feiertagsarbeit ohne Grenzen?, NZA 1999, 953; dies., Sonn- und Feiertagsarbeit unter der Geltung des Arbeitszeitge- setzes, 1999.

[7] S. die Nachweise in Fn. 6.

[8] Hierzu *Loritz*, Möglichkeiten und Grenzen der Sonntagsarbeit, 1989, S. 8 ff.

[9] Zu einem rechtsvergleichenden Überblick *Loritz*, Möglichkeiten und Grenzen der Sonntagsarbeit, 1989, S. 151 ff.

[10] Vgl. zum ArbZG in Kliniken *Kempter*, Auswirkungen des Arbeitszeitgesetzes auf die Arbeitszeit- regelung in Kliniken, NZA 1996, 1190; *Ohnesorg*, Grundfragen des Arbeitszeitrechts am Beispiel des Krankenhausbereichs, PersR 1998, 448; *Teichner*, Arbeitszeitgesetz und Arzthaftung, MedR 1999, 255.

grund eines Tarifvertrages in einer Betriebsvereinbarung sind Abweichungen zulässig (§ 7 I Ziff. 2, 3, II ArbZG). Im Geltungsbereich eines solchen Tarifvertrages können auch in Betrieben nicht tarifgebundener Arbeitgeber entsprechende Abweichungen durch Betriebsvereinbarung oder bei Fehlen eines Betriebsrats durch individualvertragliche Vereinbarung geregelt werden (§ 7 III ArbZG).

VII. Gleitende Arbeitszeit[11]

In zahlreichen Betrieben und Verwaltungen gilt die sog. gleitende Arbeitszeit, bei der jeder Arbeitnehmer zwar in einer Kernarbeitszeit während bestimmter Tagesstunden stets anwesend zu sein hat (etwa von 9 bis 12 Uhr und von 13 bis 15 Uhr), dagegen während der Gleitzeit (z.B. morgens von 7.30 bis 9 Uhr und nachmittags von 15 bis 18 Uhr) Beginn und Ende der Arbeitszeit frei wählen kann. Er muss nur während des Lohnabrechnungszeitraums eine bestimmte Gesamtstundenzahl erfüllen. In manchen Betrieben ist die Regelung strenger, es muss dort jeweils täglich die regelmäßige Arbeitszeit voll erbracht werden, späterer Arbeitsbeginn zwingt also automatisch zu späterem Arbeitsschluss am gleichen Tag. Auch bei gleitender Arbeitszeit sind die Grenzen des Arbeitszeitgesetzes, insbesondere die des § 3 ArbZG, zu beachten.

VIII. Arbeit auf Abruf, Arbeitsplatzteilung und Turnusarbeit

Arbeitszeitliche Schutznormen für besondere Formen der Teilzeitarbeit finden sich im Teilzeit- und Befristungsgesetz (TzBfG).[12] Dies gilt zunächst für die **Arbeit auf Abruf**, also für Arbeitsverhältnisse, in denen der Arbeitgeber den Arbeitnehmer zur Arbeit „abrufen" kann, wenn dies aus seiner Sicht erforderlich ist. Da der Arbeitnehmer seine Arbeitsleistung entsprechend dem Arbeitsanfall zu erbringen hat, wird eine sog. **kapazitätsorientierte variable Arbeitszeit (KAPOVAZ)**[13] bzw. eine **bedarfsabhängige variable Arbeitszeit (BAVAZ)** vereinbart. Damit dem Arbeitnehmer nicht das gesamte Wirtschaftsrisiko übertragen werden kann, muss die Vereinbarung gemäß § 12 I TzBfG eine bestimmte Dauer der wöchentlichen und täglichen Arbeitszeit vorsehen. Fehlt es an einer Vertragsregelung zur Wochenarbeitszeit, so fingiert das Gesetz eine wöchentliche Arbeitszeit von zehn Stunden. Unterbleibt eine vertragliche Festlegung der täglichen Arbeitszeit, muss der einzelne Arbeitseinsatz des Arbeitnehmers mindestens drei Stunden dauern. Schutzbestimmungen für die **Arbeitsplatzteilung**, das sog. „Jobsharing"[14], und die **Turnusarbeit** enthält § 13 TzBfG. Die Vorschrift regelt die gegenseitige Vertretung der Arbeitsplatzpartner und den Kündigungsschutz.

IX. Arbeitsbereitschaft, Bereitschaftsdienst und Rufbereitschaft

Arbeitszeit im Sinne des Arbeitszeitschutzrechts ist die Zeit vom Beginn bis zum Ende der Arbeit ohne die Ruhepausen, § 2 I 1 ArbZG. Auf die Art der Tätigkeit kommt es dabei nicht an. Auch die Überwachung einer Maschine oder das Modellstehen ist Arbeit in diesem Sinn. Zweifelhaft kann die Behandlung von Zeiten sein, in de-

---

[11] *Frey,* Flexible Arbeitszeit, 1985, S. 147 ff.; *Schüren,* Gleitzeitsysteme – Inhaltsschranken der „Zeitsouveränität", AuR 1996, 381; *Müll,* Flexible Arbeitszeiten und ihre soziale Absicherung, ZTR 2000, 111.

[12] Gesetz über Teilzeitarbeit und befristete Arbeitsverträge v. 21.12.2000 (BGBl. I, 1966); zuletzt geändert durch das Gesetz zu Reformen am Arbeitsmarkt v. 24.12.2003 (BGBl. I, 3002).

[13] Hierzu *Frey,* Flexible Arbeitszeit, 1985, S. 58 ff.; *Meyer,* Kapazitätorientierte Variable Arbeitszeit (KAPOVAZ), 1989; vgl. auch schon oben § 13 III 2 a.

[14] Zu Einzelheiten *Frey,* Flexible Arbeitszeit, 1985, S. 101 ff.; *Danne,* Das Job-sharing, 1986.

nen der Arbeitnehmer nicht seine gewöhnliche oder eigentliche Tätigkeit erbringt, gleichwohl aber anwesend oder in Bereitschaft sein muss. Beispiele sind die Wartezeiten eines Chauffeurs oder Kellners, die Kabinenzeit eines Fernlastfahrers, die sog. Wendezeit eines Straßenbahnschaffners, der Bereitschaftsdienst eines angestellten Arztes, und die während der Dienstreisen mit anderen als der Hauptleistung verbrachten Zeiten.[15]

Üblicherweise wird unterschieden zwischen der *Arbeits- oder Dienstbereitschaft* i.e.S. (z.B. Warten des Kellners auf Gäste),[16] dem *Bereitschaftsdienst,* bei dem sich der Arbeitnehmer an einem vom Arbeitgeber bestimmten Ort aufhalten muss, aber eigenen Interessen nachgehen kann, und der *Rufbereitschaft,* bei der die Anwesenheit nicht erforderlich ist, sondern bloße Erreichbarkeit genügt (die beiden letztgenannten Formen gelten häufig für angestellte Ärzte, Techniker und Monteure).

Hinsichtlich der rechtlichen Behandlung sind **mehrere Fragestellungen** zu unterscheiden:

1. Ob und in welcher Höhe die betreffende Zeit *zu vergüten* ist; insoweit ist, wenn eine tarifliche Regelung fehlt, zunächst der Arbeitsvertrag auszulegen. Enthält auch er keine Anhaltspunkte, so kommt es in Analogie zu § 612 I BGB darauf an, ob und inwieweit objektiv eine Vergütungserwartung besteht.[17]

2. Ob es sich um *Arbeitszeit i.S.d. § 2 I ArbZG* handelt, die also grundsätzlich in die Höchstarbeitszeit des § 3 ArbZG einzurechnen ist. Diese Frage ist danach zu beurteilen, ob die betreffende Wartezeit ihrem typischen Charakter nach den Arbeitnehmer an voller Entspannung und Erholung hindert.[18] Ist dies der Fall, so muss sie grundsätzlich als Arbeitszeit i.S.d. § 2 I ArbZG qualifiziert werden. Das ist etwa zu bejahen für die Tätigkeit eines durchgehend beanspruchten Fabrikpförtners, für die Wartezeiten des Kellners und für die Wendezeiten des Straßenbahnschaffners, dagegen zu verneinen für die bloße Rufbereitschaft eines Arztes oder eines Technikers.[19]

Früher war die Einordnung des *Bereitschaftsdienstes angestellter Krankenhausärzte* umstritten. Dieser war nach herkömmlicher Rechtsprechung des BAG arbeitszeitrechtlich nicht als Arbeits-, sondern als Ruhezeit zu qualifizieren,[20] sofern der Arbeitnehmer nicht tatsächlich gearbeitet hat. Seit der „Simap"-Entscheidung des EuGH vom 3. 10. 2000[21] war jedoch zweifelhaft, ob diese Betrachtung mit der EG-Arbeitszeitrichtlinie[22] in Einklang steht.

Dem Urteil lag ein Vorabentscheidungsgesuch eines spanischen Gerichts zugrunde. Der EuGH stellte fest, dass der *im Ausgangsverfahren streitige* Bereitschaftsdienst, den die Ärzte der Teams zur medizinischen Grundversorgung in Form persönlicher Anwesenheit in der Gesundheitseinrichtung leisteten, insgesamt als Arbeitszeit im Sinne der Richtlinie 93/104/EG anzusehen sei. Das Urteil hat eine kontroverse Diskussion darüber ausgelöst, ob nunmehr auch § 2 I 1 ArbZG „richtlinienkonform" dahin auszulegen sei, dass Bereitschaftsdienstzeiten Arbeitszeiten darstellten.[23] Auf eine Vorlage des

---

[15] Hierzu *Els,* Dienstreise und Arbeitszeit, BB 1986, 2192; *Loritz/Koch,* BB 1987, 1102; *Hunold,* AR-Blattei, [D] Dienstreise- und Wegezeit I; *ders.,* Arbeitszeit, insbesondere Reisezeit, im Außendienst, NZA 1993, 10; *Loritz,* NZA 1997, 1188.

[16] Dazu *Fechner,* Probleme der Arbeitsbereitschaft, 1963; *Gitter,* Probleme der Arbeitsbereitschaft, ZfA 1983, 375.

[17] *Loritz/Koch,* BB 1987, 1102 (1107).

[18] In diesem Sinne auch *BVerwG* DB 1988, 1022 = NZA 1988, 881.

[19] *HessVGH* BB 1985, 1398.

[20] Statt aller: *BAG* AP Nr. 27 zu § 242 BGB Betriebliche Übung, Bl. 294.

[21] *EuGH* 3. 10. 2000 – Rs. C 303/98 (Simap), NZA 2000, 1227 = DB 2001, 818.

[22] Richtlinie 93/104/EG v. 23. 11. 1993, ABlEG Nr. L 307 v. 13. 12. 1993, S. 18.

[23] Befürwortend: *ArbG Gotha* DB 2001, 1254; *ArbG Kiel* NZA 2002, 150; *LAG Hamburg* NZA 2002, 507; *LAG Niedersachsen* ZTR 2002, 431; *Ebener/Schmalz,* DB 2001, 813; *Trägner,* NZA 2002,

LAG Schleswig-Holstein zur Frage, ob es sich bei einem im Krankenhaus geleisteten Bereitschaftsdienst generell um Arbeitszeit handele[24], hat der EuGH in der Folge entschieden, dass dies der Fall sei, selbst wenn der Betroffene beispielsweise schlafen könne.[25]

Da die damalige deutsche Rechtslage den europäischen Vorgaben nicht entsprach, stellte der Gesetzgeber mit einer Änderung der §§ 5 III, 7 I Nr. 1a ArbZG klar, dass Bereitschaftsdienst in vollem Umfang Arbeitszeit darstellt.[26]

Zwischenzeitlich existiert jedoch ein Richtlinienvorschlag der Kommission zur Änderung der Richtlinie, dass die Ruhezeit keine Arbeitszeit mehr darstellt.[27]

3. Fraglich ist, ob es sich um *Arbeitsbereitschaft i. S. d. § 7 I Nr. 1a, Nr. 4a ArbZG* handelt. Diese Frage stellt sich von vornherein nur für solche Wartezeiten, die in die Arbeitszeit nach § 2 I ArbZG einzurechnen sind. Soweit sie in diese nicht einzurechnen sind, bedarf es einer Verlängerung nach §§ 7 ff. ArbZG gar nicht. Arbeitsbereitschaft in diesem Sinne liegt nur vor, wenn der Arbeitnehmer zwar einerseits an voller Erholung und Entspannung gehindert ist, andererseits aber nicht seine eigentliche Arbeitsleistung erbringt und durch die Bereitschaft erheblich weniger als bei voller Arbeitsleistung beansprucht wird. Denn nur dann, wenn die Arbeitsbereitschaftszeit die Kräfte erheblich schont, lässt es sich rechtfertigen, die Höchstarbeitszeiten zu überschreiten. Das ist etwa zu bejahen für die Wartezeiten eines Chauffeurs und für Kabinenzeiten eines Fernfahrers, dagegen wird man die Wendezeiten der Straßenbahnschaffner zumindest dann als volle Arbeitszeit zu rechnen haben, wenn sie nicht von längerer Dauer sind. Die Tätigkeit eines Pförtners kann je nach dem Ausmaß, in dem sie den Arbeitnehmer beansprucht, volle Arbeitszeit oder Arbeitsbereitschaft sein.

§ 33. Sonderschutz für bestimmte Arbeitnehmer

Eine stattliche Zahl rechtlicher Regelungen widmet sich den Schutzaufgaben, die sich aus besonderen Eigenschaften bestimmter Arbeitnehmer ergeben. Hervorzuheben sind die Sonderregelungen für Frauen, für werdende Mütter und Wöchnerinnen, für Jugendliche, für Schwerbehinderte sowie für Teilzeitbeschäftigte und befristet Beschäftigte. Dabei geht es durchweg nicht mehr nur um Arbeitsschutz i. e. S. (vgl. oben § 30 I), sondern auch um Sonderregelungen rein privatrechtlichen Charakters. Im Folgenden wird keine Gesamtdarstellung aller Besonderheiten dieser Arbeitsverhältnisse gegeben, vielmehr sind nur einige wesentliche Regelungen hervorzuheben. Auf die Sonderregelungen des Kündigungsschutzes wird nicht mehr eingegangen (dazu oben § 26), ebenso bleiben Abweichungen hinsichtlich des Arbeitszeitschutzes weitgehend außer Betracht (dazu oben § 32).

126; *Heinze,* ZTR 2002, 102; ablehnend: *ArbG Kiel* NZA 2002, 980; *LAG Schleswig-Holstein* DB 2002, 693; *Tietje,* NZA 2001, 241; *Litschen,* NZA 2001, 1355; vgl. *Breezmann,* NZA 2002, 946.

[24] *LAG Schleswig-Holstein* NZA 2002, 621.

[25] *EuGH* Slg. 2003 I, 8389 (8445 ff.) Rn. 60 = AP Nr. 7 zu EWG-Richtlinie Nr. 93/104 *(Jäger);* vgl. hierzu *Boerner/Boerner,* NZA 2003, 883; *BAG* AP Nr. 7 zu § 611 Bereitschaftsdienst.

[26] Vgl. auch *Boerner,* NJW 2004, 1559; *Körner,* NJW 2003, 3606.

[27] KOM (2004) 607 v. 22. 9. 2004.

I. Frauenschutz[1]

1. Der Grundsatz der **Gleichberechtigung der Geschlechter** und das jetzt in § 7 AGG (früher § 611a BGB)[2] geregelte **Benachteiligungsverbot** hindern den Gesetzgeber nicht, Frauen aus sachlichen Gründen in Bezug auf den Arbeitsschutz besser zu stellen als Männer. Eine in bestimmten Berufen tatsächlich vorhandene geschlechtsbedingte Minderleistungsfähigkeit vermag dies zu rechtfertigen. Nicht gerechtfertigt und ein Verstoß gegen § 7 AGG/§ 611a BGB und gegen den verfassungsrechtlichen Gleichbehandlungsgrundsatz sind allerdings **Frauenquoten** namentlich bei der Einstellung und Beförderung. Dies wurde inzwischen auch vom EuGH entschieden.[3] Zur allgemeinen Problematik der Gleichbehandlung und Gleichstellung der Geschlechter am Arbeitsplatz und zu der vor allem in den letzten Jahren verstärkt diskutierten mittelbaren Diskriminierung s. oben § 10 II 9 und § 18 VIII.

2. Die arbeitsschutzrechtliche Besserstellung der Frau hat insgesamt nur noch beschränkten Umfang.[4] Mitunter erweist sich eine ursprünglich als begünstigend (schützend) eingeführte Regelung für Frauen später sogar als eine Benachteiligung, wie z.B. das vom BVerfG für verfassungswidrig erklärte (früher geltende) Nachtarbeitsverbot für Arbeiterinnen.[5]

Besondere **Beschäftigungsverbote und -beschränkungen** für Frauen bestehen im Bergbau für Arbeiten unter Tage, § 64a BBergG. Ferner kann im Bereich der Seeschifffahrt die Beschäftigung von Frauen auf einem bestimmten Schiff oder mit bestimmten Arbeiten aus Gründen des Gesundheitsschutzes verboten oder beschränkt werden, §§ 92, 143 I Nr. 8 SeemG. Im Rahmen der Erfüllung der Beschäftigungspflicht nach dem **Schwerbehindertenrecht** hat der Arbeitgeber schwerbehinderte Frauen besonders zu berücksichtigen, § 71 I 2 SGB IX. Daneben sind bei der in der Integrationsvereinbarung festzulegenden Personalplanung besondere Regelungen zur Beschäftigung eines angemessenen Anteils von schwerbehinderten Frauen vorzusehen, § 83 II 2 SGB IX. Das Gesetz zum Schutz der Beschäftigten vor **sexueller Belästigung** am Arbeitsplatz kommt dagegen nicht nur Frauen, sondern Angehörigen beiderlei Geschlechts zugute.[6]

---

[1] Zum Arbeitsverhältnis der Frau allgemein *U. Köbl*, Die Frau im Arbeitsrecht, 3. Aufl., 1995. Vgl. ferner *Meisel*, Arbeitsschutz für Frauen und Mütter, 1980; *Gamillscheg*, Frauenarbeitsschutz, Gleichbehandlung, Begünstigung der Frau, FS Strasser, 1983, S. 209; *Seeland*, Männer und Frauen im Arbeitsleben, DB 1983, 1430; *Mockenhaupt*, Gleicher Lohn für „gleiche" Arbeit oder für „vergleichbare" Arbeit, ZfA 1984, 31; *Molitor*, Die Stellung der Frau im Recht der Arbeit und der sozialen Sicherheit, RdA 1984, 13.

[2] Dazu *EuGH* NJW 1997, 645.

[3] Zu Frauenquoten abl. *EuGH* NZA 1995, 1095 = EuZW 1995, 762 mit Anm. *Loritz*; s. auch *BAG* NZA 1994, 77.

[4] Vgl. dazu die Besprechung durch *Hanau*, ZfA 1979, 519 (520ff.).

[5] Hierzu oben § 32 IV mit Fn. 4; der *EuGH* hat in seiner Entscheidung v. 25. 7. 1991 (betreffend ein entsprechendes Verbot des französischen Rechts) erklärt, Art. 5 Richtlinie Nr. 76/207 des Rates der EG verbiete es, Nachtarbeit alleine für Frauen zu untersagen (*EuGH* DB 1991, 2194).

[6] Beschäftigtenschutzgesetz v. 19. 8. 2005 (BGBl. I, 103). Dazu *Degen*, Neue Rechtsprechung zu sexueller Belästigung am Arbeitsplatz, PersR 1999, 8; *Marzodko/Rinne*, Sexuelle Belästigung am Arbeitsplatz, ZTR 2000, 305; *Schlachter*, Sexuelle Belästigung am Arbeitsplatz – Inhalt und Funktion des Arbeitsplatzbezugs, NZA 2001, 121.

II. Mutterschutz[7]

Der Schutz der werdenden und stillenden Mutter ist im MuSchG geregelt.[8] Er umfasst vor allem folgende Gegenstände:

1. Regeln über die **Gestaltung des Arbeitsplatzes** und die Bereitstellung von Gelegenheiten zum Ausruhen (§ 2 MuSchG).

2. Verbote der Beschäftigung mit bestimmten Tätigkeiten[9] (z. B. Lastentragen, Akkordarbeit, Fließbandarbeit, Beschäftigung auf Beförderungsmitteln oder unter besonderen Körperhaltungen), näheres §§ 3 I und 4 MuSchG. **Sechs Wochen vor der Entbindung** brauchen werdende Mütter nicht mehr zu arbeiten, § 3 II MuSchG. Nach der Entbindung besteht ein absolutes Beschäftigungsverbot für 8 Wochen, in besonderen Fällen bis zu 12 Wochen, § 6 I MuSchG (**Schutzfrist nach der Entbindung**). Darüber hinaus besteht ein beschränktes Beschäftigungsverbot bei eingeschränkter Leistungsfähigkeit in den ersten Monaten nach der Entbindung und für stillende Mütter, § 6 II und III MuSchG. Mehrarbeit ist für werdende und stillende Mütter verboten. Nachtarbeit und Sonn- und Feiertagsarbeit sind nur in bestimmten Ausnahmefällen zulässig, § 8 MuSchG.

3. Arbeitnehmerinnen und Arbeitnehmer – also nicht nur, aber auch Mütter – haben Anspruch auf Elternzeit,[10] wenn sie ein Kind, mit dem sie in einem Haushalt leben, selbst betreuen und erziehen. Der Anspruch besteht grundsätzlich bis zur Vollendung des dritten Lebensjahres des Kindes. Die Elternzeit kann, auch anteilig, von jedem Elternteil allein oder von beiden Elternteilen gemeinsam genommen werden. Der Anspruch besteht grundsätzlich bis zur Vollendung des dritten Lebensjahres des Kindes (§ 15 BEEG).[11]

Bezug und Höhe des **Elterngeldes** hängen von zahlreichen einzelnen Voraussetzungen ab, die in den §§ 2 ff. BEEG geregelt sind. In den einzelnen Bundesländern wird bisher darüber hinaus Familien- bzw. Erziehungsgeld nach den jeweiligen Landesgesetzen gewährt, hier bleibt die weitere Entwicklung abzuwarten.

4. Kündigungsschutz gewähren § 9 MuSchG und § 18 BEEG (dazu oben § 26 III und IV).

5. Ein **Recht der Arbeitnehmerin zur fristlosen Kündigung** während der Schwangerschaft und während der Schutzfrist nach der Entbindung ist mit Wirkung zum Ende der Schutzfrist in § 10 MuSchG vorgesehen. Zum Ende der Elternzeit kann der

---

[7] *Sbresny-Uebach,* AR-Blattei, [D] Mutterschutz I; *Schleicher,* Mutterschutz und Grundgesetz, BB 1985, 340; *Peters-Lange/Rolfs,* Reformbedarf und Reformgesetzgebung im Mutterschutz- und Erziehungsgeldrecht, NZA 2000, 682; *Winkler,* Die Risiko- und Lastenverteilung im Mutterschutzrecht, 2002. Rechtsvergleichend: *Coester-Waltjen,* Mutterschutz in Europa, 1986. Ferner die Kommentare zum MuSchG von *Bulla/Buchner/Becker,* 7. Aufl., 2003; *Zmarzlik/Zipperer/Viethen/Vieß,* 9. Aufl., 2005; *Meisel/Sowka,* 5. Aufl., 1999; *Gröninger/Thomas* (Loseblatt); *Ebener,* 3. Aufl., 2002.

[8] In der Fassung der Bekanntmachung v. 20. 6. 2002 (BGBl. I, 2318), zuletzt geändert durch GKV-Modernisierungsgesetz vom 14. 11. 2003 (BGBl. I, 2190).

[9] *Paul,* Einstellung Schwangerer bei Beschäftigungsverboten nach dem Mutterschutzgesetz, DB 2000, 974.

[10] Zu Elterngeld und Elternzeit: *Ebener,* Mutterschutz, Erziehungsgeld, Elternzeit, 3. Aufl., 2002; *Hambüchen,* Kindergeld, Erziehungsgeld, Elternzeit (Loseblatt); *Hönsch,* Erziehungs- und Kindergeldrecht, 3. Aufl., 1998; *Igl,* Kindergeld und Erziehungsgeld, 3. Aufl., 1993; *Zmarzlik/Zipperer/Viethen,* Mutterschutzgesetz, Mutterschaftsleistungen, Bundeserziehungsgeldgesetz, 9. Aufl., 2002.

[11] Gesetz zum Elterngeld und zur Elternzeit (Bundeselterngeld- und Elternzeitgesetz) v. 29. 9. 2006 (BGBl. I, 1402).

Arbeitnehmer das Arbeitsverhältnis nur unter Einhaltung einer Frist von drei Monaten kündigen, § 19 BEEG.

6. Ein besonderer **Entgeltschutz**[12] ist in den §§ 11 und 14 MuSchG geregelt. Dieser wird ergänzt durch sozialversicherungsrechtliche Regelungen über die Mutterschaftshilfe, die auch das Mutterschaftsgeld umfasst, falls kein Arbeitsentgelt gezahlt wird, vgl. § 13 MuSchG, §§ 195ff. RVO. Zum Entgeltschutz des BEEG s. oben 3.

7. Die **Durchführung des Mutterschutzgesetzes** wird einschließlich des Entgeltschutzes behördlich überwacht, §§ 19, 20 MuSchG.

8. Der staatliche **Familienleistungsausgleich**[13] vollzieht sich in der Regel durch die steuerliche Freistellung eines Einkommensbetrags in Höhe des Existenzminimums eines Kindes. Dies geschieht entweder in Form des Kinderfreibetrags nach § 32 VI EStG oder in Form des Kindergeldes nach den §§ 62ff. EStG. Anspruch auf Kindergeld nach dem Bundeskindergeldgesetz besteht dagegen vorwiegend in Fällen mit Auslandsberührung. Das steuerrechtliche wie das sozialrechtliche Kindergeld beträgt für das erste, zweite und dritte Kind jeweils 154 Euro und für das vierte und jedes weitere Kind jeweils 179 Euro monatlich, § 66 Abs. 1 EStG und § 6 Abs. 1 BKGG.

III. Jugendarbeitsschutz[14]

Die gesundheitlichen Gefahren der Eingliederung in den Arbeitsprozess sind naturgemäß im Stadium der körperlichen und seelischen Entwicklung des Menschen besonders groß. Jugendliche bedürfen daher eines besonderen Schutzes. Er ist verwirklicht im Gesetz zum Schutze der arbeitenden Jugend (JArbSchG). Dessen Regelungen beruhen teilweise auf der Jugendarbeitsschutzrichtlinie der EU.[15] Sie wurde umgesetzt durch das Zweite Gesetz zur Änderung des Jugendarbeitsschutzgesetzes v. 24. 2. 1997.[16] **Hauptpunkte der gesetzlichen Regelung** des derzeit geltenden JArbSchG sind das Verbot der Kinderarbeit, ein verstärkter Arbeitszeitschutz für Jugendliche, partielle Beschäftigungsverbote, ein erhöhter Urlaubsanspruch und eine besondere gesundheitliche Betreuung. Das Gesetz unterscheidet zwischen Kindern und Jugendlichen. *Kinder* sind alle noch nicht 15-jährigen sowie die noch vollzeitschulpflichtigen Jugendlichen, *Jugendliche* alle übrigen noch nicht 18 Jahre alten Personen, § 2 JArbSchG. Gelegentlich dehnt das Gesetz seinen Schutz auf Personen über 18 Jahre aus, vgl. § 9 I 2 Nr. 1 JArbSchG.

Das Gesetz greift in seinem Geltungsbereich über das Arbeitsrecht hinaus (vgl. näher § 1 JArbSchG), hat aber naturgemäß seine Hauptbedeutung im Bereich arbeitsrechtlicher Beziehungen.

---

[12] *Lembke*, Mutterschutzlohn und Entgeltfortzahlung, NZA 1998, 349.

[13] *Hambüchen*, Kindergeld, Erziehungsgeld, Elternzeit (Loseblatt); *Hönsch*, Erziehungs- und Kindergeldrecht, 3. Aufl., 1998; *Igl*, Kindergeld und Erziehungsgeld, 3. Aufl., 1993; *Tipke/Lang*, Steuerrecht, 18. Aufl., 2005, § 9 Rn. 91–96.

[14] Dazu *Gröninger/Gehring* (Loseblatt); *Schoden*, 5. Aufl., 2004; ferner: *Thumser/Eichler* (Loseblatt); *Schmidt*, Defizite im Jugendarbeitsschutz, BB 1998, 1362; *Kollmer*, Grundzüge der Kinderschutz-Verordnung, NZA 1998, 1268; *Wenzel*, Einsatz von Minderjährigen bei Inventuren, DB 2001, 1613.

[15] Richtlinie 94/33/EG v. 22. 6. 1994, ABlEG Nr. L 216 v. 20.081994, S. 12; hierzu *Lörcher*, AuR 1994, 360.

[16] BGBl. I, 311; dazu *Zmarzlik*, DB 1997, 674; *Anzinger*, Aktuelle Änderungen beim Jugendarbeitsschutzgesetz, AuA 1997, 185.

1. Verbot der Kinderarbeit

Kinderarbeit ist grundsätzlich verboten, § 5 JArbSchG. Davon bestehen nur wenige Ausnahmen, wie insbesondere für die Beschäftigung durch Personensorgeberechtigte im Familienhaushalt (§ 1 II Nr. 2 JArbSchG), ferner für Kinder über 13 Jahre für leichte und geeignete Arbeiten, jedoch nur für ganz kurze Arbeitszeiten (§ 5 III JArbSchG). **Behördliche Ausnahmen** können für Theater- und Musikaufführungen und in ähnlichen Fällen bewilligt werden (§ 6 JArbSchG). Mit diesen Regelungen zieht das Gesetz den Rahmen für Kinderarbeit sehr eng, wodurch leider auch sinnvolle Beschäftigungen unterbunden werden. Das führt mit Sicherheit dazu, dass gegen das Gesetz auch verstoßen wird.

2. Beschäftigungsverbote und Beschränkungen für Jugendliche

Jugendliche dürfen nicht mit Arbeiten beschäftigt werden, die ihre *Leistungsfähigkeit übersteigen* oder bei denen sie bestimmten Gefahren ausgesetzt sind, § 22 I JArbSchG. Arbeit unter Tage ist grundsätzlich nicht zulässig, § 24 I JArbSchG.

Akkordarbeit und andere unmittelbar leistungsabhängige Entgeltformen dürfen für Jugendliche nicht vorgesehen werden, § 23 I Nr. 1 und 2 JArbSchG.

Fließbandarbeit mit vorgeschriebenem Arbeitstempo ist ebenfalls nicht zulässig, § 23 I Nr. 3 JArbSchG.

In bestimmter Weise *vorbestrafte Personen* dürfen nicht Arbeitgeber, Vorgesetzter oder Aufsichtsperson von Jugendlichen sein, § 25 JArbSchG.

3. Gesundheitliche Betreuung

a) Einstellungsuntersuchung

Die Dauerbeschäftigung Jugendlicher ist nur nach einer weniger als vierzehn Monate zurückliegenden ärztlichen Untersuchung zulässig, die sich auf den Gesundheits- und Entwicklungsstand sowie die körperliche Beschaffenheit des Jugendlichen zu erstrecken hat, §§ 32, 37 JArbSchG.[17] Falls der Arzt die Gesundheit oder die Entwicklung des Jugendlichen durch die Ausübung bestimmter Arbeiten oder durch die Beschäftigung während bestimmter Zeiten für gefährdet hält, muss er dies im Untersuchungsbericht vermerken. Der Arbeitgeber darf den Jugendlichen erst dann beschäftigen, wenn ihm die ärztliche Bescheinigung über die Untersuchung vorliegt.

Nur die *faktische Beschäftigung,* nicht der *Abschluss des Arbeitsvertrages* ist ohne ärztliche Untersuchung und Bescheinigung verboten.[18] Aus dem Abschluss des Arbeitsvertrages erwächst dem Jugendlichen die nicht klageweise erzwingbare **Nebenpflicht,** sich ärztlich untersuchen zu lassen. Deren Verletzung führt zur Berechtigung des Arbeitgebers zur fristlosen Kündigung gemäß § 626 BGB und zum Schadensersatz gemäß § 628 II BGB.

b) Nachuntersuchung

Der Jugendliche muss vor Ablauf des ersten Beschäftigungsjahres nachuntersucht werden, § 33 JArbSchG, außerdem dann, wenn der Arzt, etwa bei der ersten Untersuchung, eine Nachuntersuchung angeordnet hat (§ 35 JArbSchG). Darüber hinaus kann der Jugendliche alljährlich weitere Nachuntersuchungen *freiwillig* in Anspruch nehmen, § 34 JArbSchG. Die Nachuntersuchung muss die Auswirkungen der Arbeit auf Gesundheit und Entwicklung des Jugendlichen einbeziehen, § 37 I JArbSchG. Für die Untersuchungen muss der Arbeitgeber dem Jugendlichen bezahlte Freizeit gewähren, § 43 JArbSchG. Die Kosten der Untersuchung trägt hingegen der Staat, § 44 JArbSchG.

---

[17] Verfahrensmäßige Einzelheiten sind in der Jugendarbeitsschutzuntersuchungsverordnung vom 16. 10. 1990 (BGBl. I, 2221) geregelt.

[18] Vgl. *BAG* AP Nr. 1 zu § 15 BBiG, wonach der Vertrag nach §§ 308, 309 BGB a. F. (vgl. § 311 a I BGB n. F.) gültig ist, wenn die Parteien eine spätere Vorlage der ärztlichen Bescheinigung vorsehen. Der Vertrag soll ferner dann vollwirksam werden, wenn der Jugendliche das 18. Lebensjahr überschreitet.

4. Arbeitszeitschutz

Der **Arbeitszeitschutz** des Jugendlichen[19] ist besonders eingehend und sehr kompliziert geregelt. Grundsätzlich, d.h. mit etlichen Ausnahmen, gilt Folgendes: Die tägliche Arbeitszeit darf acht Stunden nicht überschreiten, § 8 JArbSchG, die sog. Schichtzeit (das ist die tägliche Arbeitszeit unter Hinzurechnung der Pausen, § 4 II JArbSchG) darf nicht mehr als zehn Stunden betragen (§ 12 JArbSchG), eine Beschäftigung ist grundsätzlich nur von sechs bis zwanzig Uhr möglich, § 14 I JArbSchG. Die Beschäftigung ist nicht nur an Sonntagen, sondern auch an Samstagen verboten, § 16 JArbSchG. Die Wochenarbeitszeit darf 40 Stunden nicht überschreiten, § 8 JArbSchG, was heute angesichts der bestehenden (kurzen) Wochenarbeitszeiten keine Probleme mehr bereitet. Zudem ist im Falle der Verkürzung der Arbeitszeit an einzelnen Werktagen auf weniger als acht Stunden, an den übrigen Werktagen derselben Woche eine Beschäftigung von achteinhalb Stunden zulässig (§ 8 II a JArbSchG). Für die Beschäftigung an Tagen mit Berufsschulunterricht enthält § 9 JArbSchG spezielle Regelungen. Nach § 21 a JArbSchG können in einem Tarifvertrag oder aufgrund eines solchen in einer Betriebsvereinbarung bestimmte Abweichungen von verschiedenen Arbeitszeitnormen dieses Gesetzes zugelassen werden. § 21 b JArbSchG ermächtigt den Bundesminister für Arbeit und Sozialordnung zur Schaffung bestimmter Ausnahmen durch Rechtsverordnung, die der Zustimmung des Bundesrates bedarf.

5. Mindesturlaubsdauer

Die **Mindesturlaubsdauer** ist gegenüber dem BUrlG für Jugendliche wesentlich höher angesetzt, vgl. im Einzelnen § 19 JArbSchG sowie oben § 17 IV 2.

6. Behördliche Durchführung des Jugendarbeitsschutzes

Die Regelung der behördlichen Zuständigkeiten zur Durchführung des Jugendarbeitsschutzes unterliegt dem Landesrecht, § 51 I 1 JArbSchG. Die Länder haben durch Verordnungen die Übertragung auf die Gewerbeaufsichtsämter vorgenommen. Vgl. zu diesen oben § 11 I 3. Zu den speziellen Befugnissen im Bereich des Jugendarbeitsschutzes vgl. §§ 51 ff. JArbSchG.

7. Gesamtbeurteilung der Regelung

Die Regelung des Jugendarbeitsschutzes ist in wichtigen Punkten notwendig und richtig, an einigen Stellen ist sie jedoch als überzogen, in Einzelheiten sogar als unglücklich anzusehen. Die Handhabung des Jugendarbeitsschutzes ist für die Betriebe zu kompliziert, die ständige Sonderbehandlung der Jugendlichen gegenüber erwachsenen Arbeitnehmern verhindert häufig, Jugendliche in den Arbeitsablauf vernünftig einzuziehen, bei Außenarbeit (wie sie z.B. im Handwerk viel anfällt) entstehen z.T. geradezu unüberwindliche Schwierigkeiten. Dadurch wird die Beschäftigung Jugendlicher erschwert. Für deren Entwicklung wäre es in den meisten Fällen sinnvoller, wenn sie stärker in den normalen Arbeitsprozess integriert würden, selbstverständlich unter Verschonung mit schweren und gefährlichen Arbeiten. Die Möglichkeiten zur Abweichung von den gesetzlichen Regelungen nach §§ 21 a, 21 b JArbSchG sind zwar im Ansatz zu begrüßen, allerdings unnötig differenziert und kompliziert ausgefallen.

IV. Schwerbehindertenschutz

Die **Rehabilitation und Teilhabe behinderter Menschen** ist seit dem 1. 7. 2001 umfassend (wenn auch nicht abschließend) im SGB IX[20] geregelt. **Teil 1 des SGB IX**

---

[19] Hierzu *Zmarzlik*, Arbeitszeit und Freizeit Jugendlicher, DB 1988, 442.
[20] Sozialgesetzbuch (SGB) Neuntes Buch (IX) – Rehabilitation und Teilhabe behinderter Menschen – v. 19. 6. 2001 (BGBl. I, 1046); zuletzt geändert durch Gesetz v. 27. 4. 2005 (BGBl. I, 1138). – Kommentare: *Bihr/Fuchs/Krauskopf/Lewering* (Loseblatt); *Ernst/Adlhoch/Seel*, 2002; *Hauck/Noftz* (Loseblatt); *Knittel* (Loseblatt); *Kossens/von der Heide/Maaß*, 2. Aufl., 2006; *Lachwitz/Schellhorn/Welti*, 2002; *Mrozynski* (zu Teil 1), 2002; *Neumann/Pahlen/Majerski-Pahlen*, 11. Aufl., 2005; *Joussen/Ziegler*,

(§§ 1–67) enthält eine Rahmenregelung für die **Sozialleistungen,** die von verschiedenen Rehabilitationsträgern an behinderte oder von Behinderung bedrohte Menschen erbracht werden. Hierzu zählen unter anderem Leistungen zur Teilhabe am Arbeitsleben, die teilweise auch von Arbeitgebern in Anspruch genommen werden können, §§ 33–43 SGB IX. **Teil 2 des SGB IX** (§§ 68–160) befasst sich speziell mit der Teilhabe schwerbehinderter Menschen am Erwerbsleben. Dieses so genannte **Schwerbehindertenrecht** entspricht weitgehend dem früheren Schwerbehindertengesetz[21] und enthält sowohl sozialrechtliche als auch arbeitsrechtliche Regelungen. Die Eingliederung schwerbehinderter Menschen in den Arbeitsprozess wird namentlich durch eine Beschäftigungspflicht der Arbeitgeber angestrebt. Daneben kommt den Schwerbehinderten ein besonderer Arbeits- und Kündigungsschutz zugute.

1. Geschützter Personenkreis

Der zweite Teil des SGB IX schützt schwerbehinderte und diesen gleichgestellte behinderte Menschen, § 68 Abs. 1 SGB IX. Dabei sieht das Gesetz Menschen als behindert an, wenn ihre körperliche Funktion, geistige Fähigkeit oder seelische Gesundheit länger als sechs Monate von dem für das Lebensalter typischen Zustand abweicht und daher ihre Teilhabe am Leben in der Gesellschaft beeinträchtigt ist, § 2 I 1 SGB IX. Die Auswirkungen auf die Teilhabe am gesellschaftlichen Leben werden als Grad der Behinderung nach Zehnergraden abgestuft festgestellt, § 69 I 3 SGB IX.

a) **Schwerbehinderteneigenschaft** haben Menschen, die einen Grad der Behinderung von mindestens 50 aufweisen. Ferner müssen sie im Bundesgebiet ihren Wohnsitz, gewöhnlichen Aufenthalt oder Beschäftigungsort haben, § 2 II SGB IX.

b) Die **Gleichstellung mit Schwerbehinderten** können Personen beantragen, die zu weniger als 50, mindestens aber zu 30 Prozent behindert sind. Ebenso wie die Schwerbehinderten müssen sie im Inland wohnen oder beschäftigt sein. Zusätzlich setzt die Gleichstellung voraus, dass die Betroffenen infolge ihrer Behinderung ohne die Gleichstellung einen geeigneten Arbeitsplatz nicht erlangen oder nicht behalten können, § 2 III SGB IX.

Während die Eigenschaft als Schwerbehinderter schon bei Erfüllung der gesetzlichen Voraussetzungen gegeben ist, erfolgt die Gleichstellung mit Schwerbehinderten erst auf Antrag durch einen konstitutiven Verwaltungsakt des Arbeitsamts, § 68 II SGB IX. Für gleichgestellte Behinderte gelten grundsätzlich dieselben Regelungen wie für Schwerbehinderte; ausgenommen sind nur die Vorschriften über den Zusatzurlaub und die Fahrgeldbefreiung, § 68 III SGB IX.

2. Beschäftigungspflicht

Die Eingliederung Schwerbehinderter in den Arbeitsprozess soll insbesondere durch eine Beschäftigungspflicht der Arbeitgeber gefördert werden. So haben private und öffentliche Arbeitgeber mit mindestens 20 Arbeitsplätzen grundsätzlich auf we-

---

Behinderte Arbeitnehmer, 2005; *Gagel,* Rehabilitation im Betrieb unter Berücksichtigung des neuen SGB IX – ihre Bedeutung und das Verhältnis von Arbeitgebern und Sozialleistungsträgern, NZA 2001, 988; *Welti,* Das neue SGB IX – Recht der Rehabilitation und Teilhabe behinderter Menschen, NJW 2001, 2210; *Rolfs/Paschke,* Die Pflichten des Arbeitgebers und die Rechte schwerbehinderter Arbeitnehmer nach § 81 SGB IX, BB 2002, 1260.

[21] In der Fassung der Bekanntmachung v. 26. 8. 1986 (BGBl. I, 1421, ber. 1550); zuletzt geändert durch Gesetz v. 29. 9. 2000 (BGBl. I, 1394).

nigstens 5 Prozent der Arbeitsplätze schwerbehinderte Menschen zu beschäftigen, § 71 I 1 SGB IX. Darüber hinaus kann die Quote durch Rechtsverordnung nach Bedarf auf bis zu 10 Prozent erhöht oder auf bis zu 4 Prozent herabgesetzt werden, § 79 Nr. 1 SGB IX. Unter den beschäftigten Schwerbehinderten müssen sich in angemessenem Umfang Personen befinden, die nach Art oder Schwere ihrer Behinderung im Arbeitsleben besonders betroffen oder die älter als 50 Jahre sind, § 72 I SGB IX.

Der öffentlich-rechtlichen Beschäftigungspflicht steht kein Einstellungsanspruch von Schwerbehinderten gegenüber. Ein Anreiz zur Erfüllung der Pflicht soll jedoch von einer **Ausgleichsabgabe** des Arbeitgebers ausgehen, deren Höhe sich nach der jahresdurchschnittlichen Quote der von ihm beschäftigten Schwerbehinderten richtet. Je nach Höhe der erreichten Beschäftigungsquote beträgt die Abgabe je Monat und unbesetztem Pflichtarbeitsplatz 105, 180 oder 260 Euro, § 77 I und II SGB IX. Die Abgabe erhöht sich nach Maßgabe des § 77 III SGB IX entsprechend der Veränderung der Bezugsgröße nach § 18 I SGB IV. Die Verwendung der Abgabe ist in § 77 V–VII und § 78 SGB IX geregelt.

3. Diskriminierungsverbot

Arbeitgeber dürfen schwerbehinderte Beschäftigte bei einer Vereinbarung oder Maßnahme nicht wegen ihrer Behinderung benachteiligen, § 81 II SGB IX. Das Benachteiligungsverbot dient der Umsetzung europäischen Rechts[22] und entspricht im Wesentlichen dem geschlechtsbezogenen Diskriminierungsverbot des § 7 AGG. Es gilt insbesondere bei der Begründung des Arbeitsverhältnisses, beim beruflichen Aufstieg, bei einer Weisung oder bei einer Kündigung und ist auch von Betriebs- und Tarifpartnern zu beachten.[23] Eine unterschiedliche Behandlung wegen der Behinderung ist jedoch zulässig, soweit eine Vereinbarung oder eine Maßnahme die Art der von dem schwerbehinderten Beschäftigten auszuübenden Tätigkeit zum Gegenstand hat und eine bestimmte körperliche Funktion, geistige Fähigkeit oder seelische Gesundheit wesentliche und entscheidende berufliche Anforderung für diese Tätigkeit ist. Wird in Bezug auf die Begründung eines Arbeitsverhältnisses oder auf den beruflichen Aufstieg gegen das Diskriminierungsverbot verstoßen, kann der hierdurch benachteiligte Schwerbehinderte eine angemessene Entschädigung in Geld verlangen.

4. Ansprüche schwerbehinderter Menschen

Schwerbehinderte haben gegenüber ihren Arbeitgebern einen einklagbaren zivilrechtlichen Anspruch auf eine ihren Fähigkeiten und Kenntnissen entsprechende Beschäftigung und auf besondere Berücksichtigung bei inner- und außerbetrieblichen Maßnahmen der beruflichen Bildung. Daneben können sie eine behinderungsgerechte Gestaltung der Arbeitsstätten, der Arbeitsplätze, des Arbeitsumfeldes, der Arbeitsorganisation und der Arbeitszeit verlangen. Ist wegen der Art oder Schwere der Behinderung eine kürzere Arbeitszeit notwendig, besteht zudem ein Anspruch auf Teilzeitbeschäftigung. Die genannten Ansprüche sind indes nur insoweit gegeben, als ihre

---

[22] Richtlinie 2000/78/EG des Rates v. 27. 11. 2000 zur Festlegung eines allgemeinen Rahmens für die Verwirklichung der Gleichbehandlung in Beschäftigung und Beruf, ABlEG Nr. L 303 v. 2. 12. 2000, S. 16.
[23] *BAG* Urt. v. 18. 11. 2003, NZA 2004, 545.

Erfüllung für den Arbeitgeber zumutbar und nicht mit unverhältnismäßigen Aufwendungen verbunden ist, § 81 IV und V SGB IX.

5. Integrationsvereinbarung

Die Arbeitgeber treffen mit der Schwerbehindertenvertretung und dem Betriebs- oder Personalrat eine verbindliche Integrationsvereinbarung über die Eingliederung schwerbehinderter Menschen. Darin sollen namentlich Regelungen zur Personalplanung sowie zur Gestaltung der Arbeitsplätze, des Arbeitsumfeldes, der Arbeitsorganisation und der Arbeitszeit vereinbart werden. Auf Antrag der Schwerbehindertenvertretung bzw. des Betriebs- oder Personalrats hat der Arbeitgeber in entsprechende Verhandlungen einzutreten, § 83 SGB IX. Aufgrund dieses ausdrücklich geregelten Antragsrechts ist umstritten, ob der Arbeitgeber auch zum Abschluss einer Integrationsvereinbarung verpflichtet ist.[24]

6. Kündigungsschutz

Den Kündigungsschutz der Schwerbehinderten regeln die §§ 85–92 SGB IX, vgl. oben § 26 II.

7. Zusatzurlaub

Schwerbehinderte Beschäftigte haben Anspruch auf bezahlten Zusatzurlaub von fünf Arbeitstagen im Urlaubsjahr, § 125 SGB IX (vgl. oben § 17 IV 2), und sind auf ihr Verlangen von **Mehrarbeit** freizustellen, § 124 SGB IX.

8. Durchführung des Schwerbehindertenrechts

Soweit die Regelungen zur Teilhabe Schwerbehinderter am Arbeitsleben nicht durch freie Entschließung des Arbeitgebers erfüllt werden, obliegt ihre Durchführung den **Integrationsämtern** und der **Bundesagentur für Arbeit**. Diese Behörden werden jeweils von Beratenden Ausschüssen unterstützt, §§ 101 ff. SGB IX. Darüber hinaus wird in Betrieben und Dienststellen mit wenigstens fünf schwerbehinderten Beschäftigten von diesen eine **Schwerbehindertenvertretung** gewählt, die aus einer Vertrauensperson und mindestens einem stellvertretenden Mitglied besteht, §§ 94 ff. SGB IX. Gesamt-, Konzern-, Bezirks- und Hauptschwerbehindertenvertretungen sind in § 97 SGB IX vorgesehen. Schließlich wird vom Arbeitgeber ein **Beauftragter** bestellt, der ihn in Angelegenheiten schwerbehinderter Menschen verantwortlich vertritt, § 98 SGB IX.

---

[24] Befürwortend: *Schröder*, in: Hauck/Noftz, SGB IX (Loseblatt), § 83 Rn. 6; *Knittel*, SG IX (Loseblatt), § 83 Rn. 1, 2. Ablehnend: *Steck*, in: *Kossens/von der Heide/Maaß*, SGB IX, 2. Aufl., 2006, § 83 Rn. 5.

V. Schutz Teilzeitbeschäftigter und befristet Beschäftigter

Teilzeitbeschäftigte und befristet beschäftigte Arbeitnehmer werden durch das Teilzeit- und Befristungsgesetz (TzBfG)[25] gegen **Diskriminierungen** geschützt, die von einseitigen Maßnahmen des Arbeitgebers oder von individual- oder kollektivvertraglichen Vereinbarungen ausgehen.

1. Ein **teilzeitbeschäftigter Arbeitnehmer** darf wegen der Teilzeitarbeit grundsätzlich nicht schlechter behandelt werden als ein vergleichbarer vollzeitbeschäftigter Arbeitnehmer, § 4 I 1 i. V. m. § 2 TzBfG.[26] Das Benachteiligungsverbot bezieht sich auf alle nicht von § 4 I 2 TzBfG erfassten **Arbeitsbedingungen,** wie zum Beispiel auf Dauer und Lage der Arbeitszeit oder des Jahresurlaubs. Eine Schlechterstellung des Teilzeitbeschäftigten ist ausnahmsweise zulässig, wenn sie durch sachliche Gründe gerechtfertigt ist. Dazu müssen Gründe vorliegen, die einem wirklichen Bedürfnis des Unternehmens entsprechen und für die Erreichung dieses Ziels geeignet und erforderlich sind.[27] Derartige Umstände können sich aus der unterschiedlichen Arbeitsbelastung, Qualifikation oder Berufserfahrung von Vollzeit- und Teilzeitkräften ebenso ergeben wie aus unterschiedlichen Anforderungen am Arbeitsplatz.[28]

Darüber hinaus ist einer Teilzeitkraft **Arbeitsentgelt** oder eine andere **teilbare geldwerte Leistung,** wie etwa Personalrabatt oder Dienstwagennutzung, mindestens in dem Umfang zu gewähren, der dem Anteil ihrer Arbeitszeit an der Arbeitszeit eines vergleichbaren Vollzeitbeschäftigten entspricht, § 4 I 2 TzBfG. Im Bereich der individuell vereinbarten Vergütung gilt dies jedoch nur eingeschränkt, weil dem Grundsatz der Vertragsfreiheit insoweit Vorrang zukommt. Das Gleichbehandlungsgebot ist hier nur dann anwendbar, wenn der Arbeitgeber die Leistungen nach einem erkennbaren und generalisierenden Prinzip gewährt, indem er bestimmte Voraussetzungen oder Zwecke festlegt.[29] Trotz der unterschiedlichen Formulierungen der beiden Sätze des § 4 I TzBfG ist die Benachteiligung eines Teilzeitbeschäftigten im Entgeltbereich nicht absolut unzulässig sondern bei Vorliegen eines Sachgrundes zulässig.[30]

2. Befristet beschäftigte Arbeitnehmer genießen einen ähnlichen Diskriminierungsschutz wie Teilzeitbeschäftigte, § 4 II i. V. m. § 3 TzBfG. Sind bestimmte Beschäftigungsbedingungen, zum Beispiel Urlaubsansprüche oder Kündigungsfristen, von der Dauer des Bestehens des Arbeitsverhältnisses in demselben Betrieb oder Unternehmen abhängig, so sind für befristet Beschäftigte grundsätzlich dieselben Zeiten zu berücksichtigen wie für unbefristet Tätige, § 4 II 3 TzBfG. Das Benachteiligungsverbot des § 4 II TzBfG ist entsprechend auf Arbeitnehmer anzuwenden, die aufgrund eines **auflösend bedingten Arbeitsvertrags** tätig sind, § 21 TzBfG.

---

[25] Gesetz über Teilzeitarbeit und befristete Arbeitsverträge v. 21. 12. 2000 (BGBl. I, 1966); zuletzt geändert durch Gesetz v. 24. 12. 2003 (BGBl. I, 3002). – Kommentare: *Buschmann/Dieball/Stevens-Bartol,* 2. Aufl., 2001; *Ihlenfeld/Kles,* 2. Aufl., 2001; *Meinel/Heyn/Herms,* 2. Aufl., 2002; *Rolfs,* 2002; *Worzalla/Will/Mailänder/Worch/Heise,* 2001. – Weitere einführende Literatur: *Bauer,* NZA 2000, 1039; *Däubler,* ZIP 2001, 217; *Hromadka,* NJW 2001, 400; *Preis/Gotthardt,* DB 2001, 145; *Richardi/Annuß,* BB 2000, 2201; *Viethen,* Beilage zu NZA 24/2001, 3.

[26] *Thüsing,* Das Verbot der Diskriminierung wegen Teilzeit und Befristung nach § 4 TzBfG, ZfA 2002, 249.

[27] Vgl. *EuGH* NZA 2001, 883 (886), zu Art. 141 EG (ex Art. 119 EGV).

[28] Vgl. BAGE 97, 350 (354), zu § 2 I BeschFG 1985.

[29] Vgl. BAGE 97, 350 (353), zu § 2 I BeschFG 1985; ferner *BAG* NZA 2000, 1050 (1051); *BAG* NZA 2001, 782 (784).

[30] In diesem Sinne z. B. *BAG* Urt. v. 11. 12. 2003, NZA 2004, 723; *Meinel/Heyn/Herms,* TzBfG, 2. Aufl., 2004, § 4 Rn. 42.

Vierter Teil. Kollektives Arbeitsrecht

Literatur: *Gamillscheg*, Kollektives Arbeitsrecht, Bd. 1, 1997.

Unter dem Begriff des **kollektiven Arbeitsrechts** fasst man das Recht der arbeitsrechtlichen Koalitionen, das Tarifvertragsrecht, das Arbeitskampfrecht einschließlich des Schlichtungsrechts und das Recht der Mitbestimmung im Unternehmen sowie das Betriebsverfassungsrecht zusammen.

Systematisch betrachtet ist dies nicht unproblematisch (vgl. schon oben § 6 III). Es hat sich dennoch als zweckmäßig erwiesen, weil auf diese Weise zahlreiche Rechtsfragen, denen der unmittelbare Bezug zu einzelnen Problemen des Individualarbeitsrechts fehlt (etwa die Koalitionsbildung, die Koalitionsfreiheit und die kollektive Rechtmäßigkeit von Arbeitskämpfen), gesondert erfasst werden. Dem kollektiven Arbeitsrecht werden allerdings auch zahlreiche Fragen zugeordnet, denen unmittelbare Bedeutung in den einzelnen Arbeitsverhältnissen zukommt, wie etwa die Rechtmäßigkeit von Arbeitskämpfen auf einzelvertraglicher Ebene.

Erster Abschnitt. Tarifvertragsrecht

Literaturhinweise: Eine ausführliche aktuelle Gesamtdarstellung des Tarifvertragsrechts gibt es von *Löwisch/Rieble*, in: Münchener Handbuch zum Arbeitsrecht, 2. Aufl., 2000, Bd. 3, §§ 245 ff.; *A. Stein*, Tarifvertragsrecht, 1997; *Fuchs/Reichold*, Tarifvertragsrecht, 2. Aufl., 2006; *Oetker/Krause/Jacobs*, Tarifvertragsrecht, 2007. Der führende Kommentar heißt *Wiedemann*, TVG, 7. Aufl., 2007.

Weitere Kommentare: *Däubler*, Tarifvertragsgesetz, 2. Aufl., 2006; *Kempen/Zachert*, Tarifvertragsgesetz, 4. Aufl., 2006; *Löwisch/Rieble*, Tarifvertragsgesetz, 2. Aufl., 2004.

Wichtige Monographien zum Gesamtgebiet des Tarifvertragsrechts: *Biedenkopf*, Grenzen der Tarifautonomie, 1964; *Richardi*, Kollektivgewalt und Individualwille bei der Gestaltung des Arbeitsverhältnisses, 1968; *Säcker*, Gruppenautonomie und Übermachtkontrolle im Arbeitsrecht, 1972; *G. Müller*, Die Tarifautonomie in der Bundesrepublik Deutschland, 1990; *Loritz*, Tarifautonomie und Gestaltungsfreiheit des Arbeitgebers, 1990; *Rieble*, Arbeitsmarkt und Wettbewerb, 1996; *Rieken*, Autonomie und tarifliche Rechtsetzung, 2006.

Zu empirischen und zu rechtspolitischen Fragen: *F. Schilling*, Der Einigungsprozeß bei Tarifverhandlungen, 1984; *Ehmann*, Tarifautonomie im Wandel der Industriegesellschaft, Bitburger Gespräche, Jahrbuch 1985, S. 19 ff.; *Henssler*, Flexibilisierung der Arbeitsmarktordnung, ZfA 1994, 487; *Konzen*, Die Tarifautonomie zwischen Akzeptanz und Kritik, NZA 1995, 913; *Heinze*, Gibt es eine Alternative zur Tarifautonomie?, DB 1996, 729; *Waltermann*, Zuständigkeiten und Regelungsbefugnisse im Spannungsfeld von Tarifautonomie und Betriebsautonomie, RdA 1996, 129; Wissenschaftlicher Beirat beim Bundesministerium für Wirtschaft und Arbeit, Tarifautonomie auf dem Prüfstand, 2004. Aus der älteren Literatur sind noch von grundlegender Bedeutung: *Sinzheimer*, Der korporative Arbeitsnormenvertrag, 2 Teile, 1907 und 1908 (unveränderter Neudruck 1977); *ders.*, Ein Arbeitstarifgesetz, 1916.

§ 34. Tarifvertrag, Grundlagen der Tarifautonomie und Rechtsnatur der Tarifnormen

I. Begriff und Regelungsinhalt des Tarifvertrags[1]

1. Der Tarifvertrag ist seinem Grundtypus nach ein **Vertrag, in dem Regeln vereinbart werden, die nach dem Willen der Tarifvertragspartner in Arbeitsverhältnissen oder im Rahmen der Betriebsverfassung Anwendung finden sollen.** Die Besonderheit von Tarifverträgen liegt darin, dass sie Regeln aufstellen, die einen **Geltungsanspruch gegenüber Dritten,** also gegenüber Personen erheben, die nicht Partner des regelaufstellenden Vertrages sind.

2. Gemäß § 1 I TVG beinhaltet ein Tarifvertrag grundsätzlich zwei Regelungsbereiche, den sog. normativen und den schuldrechtlichen Teil. Im normativen Teil werden Regeln aufgestellt, die in den einzelnen Arbeitsverhältnissen unmittelbar gelten (**Normen).** Daneben enthält ein Tarifvertrag stets auch schuldrechtliche Pflichten der Tarifvertragsparteien (**schuldrechtlicher Teil),** wie insbesondere die (relative) *Friedenspflicht,* die den Tarifvertragsparteien auch ohne ausdrückliche Vereinbarung auferlegt, den Tarifvertrag während seiner Dauer als rechtsverbindlich zu respektieren. Kampfhandlungen zum Zwecke seiner Abänderung sind deshalb in dieser Zeit nicht gestattet.

Ein Vertrag, der keine Normen, sondern ausschließlich die Regelung schuldrechtlicher Pflichten der Tarifparteien enthält, ist ein Tarifvertrag, wenn diese Pflichten auf einen Tarifnormenvertrag Bezug nehmen, so dass eine Ergänzung des schuldrechtlichen Teiles eines anderen Normenvertrages vorliegt. Verkauft hingegen ein Arbeitgeber einer Gewerkschaft ein Kraftfahrzeug oder umgekehrt, so handelt es sich nur um einen herkömmlichen Kaufvertrag. Die Qualifizierung eines Vertrags als Tarifvertrag ist wichtig für die Rechtsform (§ 1 II TVG verlangt für einen Tarifvertrag Schriftform) und für die Zuständigkeit der Arbeitsgerichte (§ 2 I Nr. 1 ArbGG). Nicht tariffähige Arbeitnehmerkoalitionen haben die Möglichkeit, mit einzelnen Arbeitgebern oder bei (derzeit allerdings nicht bestehender) entsprechender Vollmacht mit deren Verbänden allgemein-schuldrechtliche Verträge zugunsten ihrer Mitglieder (= Arbeitnehmer) abzuschließen. Diese erhalten so gesicherte Rechtspositionen.[2]

3. Bestimmungen über die Dauer oder die Art und Weise der Geltung, etwa eine Befristung, eine Regelung über zulässige Abweichungen oder Ergänzungen durch Individualverträge oder Betriebsvereinbarungen (sog. Öffnungsklauseln, s. unten § 37 II 2), also **Geltungsregelungen,** gehören weder zum normativen noch zum schuldrechtlichen Teil des Tarifvertrages.

4. Von der rechtlichen Qualifizierung eines Vertrages als Tarifvertrag ist die Frage zu unterscheiden, ob er wirksam geschlossen wurde (dazu § 34 IV). Das muss durch mindestens zwei tariffähige Parteien innerhalb ihrer Tarifzuständigkeit nach allgemeinen rechtsgeschäftlichen Regeln unter Wahrung der Schriftform des § 1 II TVG geschehen (hierzu §§ 34 IV und 35). Fehlt einer Partei z.B. die Tariffähigkeit, so ist zwar der Tarifvertrag unwirksam. Es handelt sich aber nach wie vor um einen solchen mit der Folge, dass für Streitigkeiten nach § 2 I Nr. 1 ArbGG die Arbeitsgerichte zuständig sind.

---

[1] Zu Begriff, Rechtsnatur und geschichtlicher Entwicklung vgl. *Buchner,* Inhalt des Tarifvertrags, AR-Blattei, SD 1550.5, 2001; ferner *Plander,* Was sind Tarifverträge?, ZTR 1997, 145.

[2] Zu Einzelheiten *Löwisch/Rieble,* TVG, Grundl. Rn. 27 ff.

II. Praktische Bedeutung und Funktionen des Tarifvertrags[3]

1. Praktische Bedeutung des Tarifvertrags

a) Schon die große Zahl der jährlich neu abgeschlossenen Tarifverträge (im Jahr 2004 ca. 6100) gibt Aufschluss über die **praktische Bedeutung** dieses Regelungsinstrumentariums. Derzeit sind mehr als 61 700 Tarifverträge in Kraft.[4] Unmittelbar tarifgebunden sind zwar aufgrund des geringen Organisationsgrades (von nur 22% der insgesamt ca. 27 Millionen abhängig Beschäftigten) nur ca. 5,45 Millionen Beschäftigte[5]. Tatsächlich entfalten Tarifverträge aber aufgrund einzelvertraglicher Bezugnahme einen Verbreitungsgrad von mehr als 90%.[6]

Inwieweit die einzelnen Regelungen der Tarifverträge auch tatsächlich Anwendung finden, ist nicht erfasst. Neben der dem Günstigkeitsprinzip (oben § 6 I 4) entsprechenden übertariflichen Entlohnung finden angesichts der schwierigen wirtschaftlichen Situation vieler Unternehmen auch (oftmals bei Fehlen tarifvertraglicher Öffnungsklauseln tarifvertragswidrige) negative Abweichungen in sog. betrieblichen Bündnissen für Arbeit statt.

b) Der **volkswirtschaftliche Nutzen** und Nachteil von Tarifverträgen ist umstritten und in den letzten Jahren wieder in das Zentrum der politischen und wissenschaftlichen Diskussion gerückt.[7] So ist etwa für den deutschen Rechtsbereich empirisch belegt, dass die Reallöhne der Arbeitnehmer von 1870–1914 gestiegen sind, obwohl in dieser Zeit die Tarifverträge ökonomisch für die Gesamtwirtschaft keine Rolle gespielt haben und die Zahl der Arbeitnehmer laufend größer geworden ist.[8]

Bei einer Gesamtbetrachtung aller empirischen Befunde spricht jedoch manches dafür, dass die Tarifverträge zumindest in gewissen Zeiten Einfluss auf die Reallöhne hatten. Ob dies heute in größerem Umfang noch gilt, ist allerdings zweifelhaft. Lohnerhöhungen haben in den letzten 3 Jahrzehnten zu einem erheblichen Rationalisierungsdruck, verbunden mit Arbeitsplatzabbau, geführt, der die real bezahlten Löhne in diesen Branchen nach unten gedrückt hat. Dies gilt vor allem vor dem Hintergrund, dass ganze Produktionszweige ins Ausland abgewandert sind. Angesichts der internationalen Verflechtung der deutschen Wirtschaft erscheint es ökonomisch wenig sinnvoll, eine Verbesserung der Arbeitnehmereinkommen über weitere erhebliche Erhöhungen der Tariflöhne erreichen zu wollen. Dies würde zu weiteren **Wettbewerbsnachteilen** deutscher gegenüber ausländischen Unternehmen und dazu führen, dass die Bundesrepublik als Standort für viele Unternehmen weiterer Branchen zunehmend

---

[3] Dazu *Pornschlegel,* Entwicklungstendenzen und Konfliktfelder der Tarifvertragsgestaltung, RdA 1978, 155; *Sölter,* Arbeitslosigkeit und Tarifautonomie, 1985; Zahlenangaben für das Jahr 2004 im Bericht Tarifvertragliche Arbeitsbedingungen im Jahr 2004, Bundesministerium für Wirtschaft und Arbeit, S. 3–11.

[4] Davon sind 27 800 Firmentarifverträge, also Tarifverträge, die zwischen einer Gewerkschaft und einem einzelnen Arbeitgeber abgeschlossen sind (näheres III 3; unten § 35 II u. § 38 III); zunehmend an Bedeutung gewinnen auch die firmenbezogenen Verbandstarifverträge.

[5] *Möschel,* Tarifvertragsreform zwischen Ökonomie und Verfassung, BB 2005, 490.

[6] Wissenschaftlicher Beirat beim Bundesministerium für Wirtschaft und Arbeit, Tarifautonomie auf dem Prüfstand, 2004, S. 9.

[7] Hierzu *Samuelson/Nordhaus,* Volkswirtschaftslehre, Bd. 2, 8. Aufl., 1987, S. 341 ff.; *Molitor,* Lohn- und Arbeitsmarktpolitik, 1988, S. 82 ff.; *Dickmann,* Kollektive Interessenvertretung, Recht und ökonomische Effizienz, 1992; Wissenschaftlicher Beirat beim Bundesministerium für Wirtschaft und Arbeit, Tarifautonomie auf dem Prüfstand, 2004, S. 9; *Schwarze,* Tarifvertragliche Rechtsgestaltung, ZfA 2003, 447.

[8] Vgl. *Ashok V. Desai,* Real wages in Germany 1871–1913, Oxford 1968, insb. die Übersichten S. 125 f.; *Möschel,* Tarifvertragsreform zwischen Ökonomie und Verfassung, BB 2005, 490; Bericht Tarifvertragliche Arbeitsbedingungen im Jahr 2004, Bundesministerium für Wirtschaft und Arbeit.

unattraktiv würde. Die **Beteiligung am Produktivvermögen** ist zumindest für bestimmte Unternehmen ein richtiger Ansatz zu einer finanziellen Verbesserung der Arbeitnehmerposition.

c) Tarifverträge führten in der Vergangenheit fast ausnahmslos zu einer Erhöhung des **Nominallohns.**

d) Der **Nachteil** zahlreicher Tarifverträge besteht darin, dass sie Lohnerhöhungen für alle tarifgebundenen Arbeitnehmer und Arbeitgeber einer Region in gleicher Höhe herbeiführen, ohne Rücksicht auf den Produktivitätszuwachs des einzelnen Unternehmens, seine Rentabilität und Leistungsfähigkeit. Verbunden u. a. mit Arbeitszeitverkürzungen haben sie manches Unternehmen an die Grenze seiner Belastbarkeit gebracht. In den neuen Bundesländern sind in Tarifverträgen deshalb erstmals **Härtefallklauseln** eingeführt worden, wonach die Betriebsparteien für solche Unternehmen unter bestimmten Voraussetzungen Ausnahmen von den tarifvertraglichen Löhnen vereinbaren können. Aber auch unabhängig von dieser Ausnahmesituation können Arbeitsbedingungen, die für den großen Konzern, der aufgrund seiner Marktstellung zu jährlichen Preiserhöhungen in der Lage ist, noch erträglich sind, für den kleinen Betrieb ruinös sein. Dieser vermag dann häufig qualifizierte Arbeitnehmer durch attraktive Konditionen nicht mehr zu gewinnen. Seine Konkurrenzsituation verschlechtert sich auch dadurch. Die Tarifverträge führen auf diese Weise zu einer Nivellierung vor allem auch zwischen tüchtigen, mittelmäßigen und wenig tauglichen Arbeitnehmern, wenn alle gleich hohe Löhne erhalten und dem Unternehmer kein finanzieller Spielraum für leistungsbezogene Differenzierungen mehr verbleibt. Zu Recht wird deshalb mehr Flexibilität gefordert.[9]

e) In Zeiten hoher Arbeitslosigkeit, wie wir sie nunmehr seit längerem haben, ist die **beschäftigungspolitische Wirkung** der Tarifverträge ins Blickfeld gerückt[10]. Die Gewerkschaften haben vergeblich durch tarifliche Arbeitszeitverkürzungen die Einstellung von mehr Arbeitnehmern zu erreichen versucht. Arbeitszeitverkürzungen führen in vielen Fällen zur Schwarzarbeit der Arbeitnehmer (womit die Nachfrage an Arbeitskräften nicht auf die Unternehmen zukommt) und in jedem Fall zu einem verstärkten Rationalisierungsdruck, durch den das angestrebte Ziel der Schaffung neuer Arbeitsplätze nicht erreicht wird. Hinzu kommt, dass angesichts verstärkter internationaler Konkurrenz vielen Unternehmen nur die Verlagerung von Produktionsstätten ins Ausland übrig bleibt, die zu einem Arbeitsplatzabbau im Inland führt.

Angesichts der aufgezeigten Nachteile wurden in den letzten Jahren Forderungen nach einer Reformierung des Tarifvertragsrechts erhoben, um z. B. durch gesetzliche Öffnungsklauseln und den Wegfall der Nachbindung mehr Flexibilität bei der Gestaltung von Arbeitsbedingungen zu erreichen.[11] Diese Reformvorhaben konnten sich bislang nicht durchsetzen[12].

2. Schutz-, Ordnungs- und Befriedungsfunktion des Tarifvertrags

Trotz dieser Nachteile steht für den Juristen außer Frage, dass der Tarifvertrag als arbeitsrechtliches **Schutzinstrument,** als **Garant für Rechts- und Planungssicherheit** auf Zeit, sowie als **Gestaltungsmittel** für die allgemeinen Arbeitsbedingungen in der Vergangenheit erhebliche Bedeutung hatte. Auch heute ist noch kein besseres Instrument in Sicht, das ihn insgesamt ersetzen könnte.

a) Die **Schutzwirkung** beruht auf dem Verbot, Bedingungen des Tarifvertrages im Einzelarbeitsvertrag zu Lasten der Arbeitnehmer zu ändern, also zu unterschreiten (besonders wichtig bei plötzlichem Ertragsrückgang des Unternehmens, bei Krankheit und Notlage eines Arbeitnehmers und vor allem für Arbeitnehmer, die sich alleine dem Arbeitgeber gegenüber nicht durchsetzen könnten).

b) Als **Gestaltungsmittel für allgemeine Arbeitsbedingungen** liegt die Bedeutung des Tarifvertrages darin, dass der Abschluss bzw. die Änderung eines einzigen Tarifvertrages die Änderung sehr vieler

---

[9] Umfassend *Zöllner,* Flexibilisierung des Arbeitsrechts, ZfA 1988, 265 (272) zum „Tarifvertrag als Anpassungsinstrument"; s. auch *v. Hoyningen-Huene/Meier-Krenz,* ZfA 1988, 293 (Flexibilisierung des Arbeitsrechts durch Verlagerung tariflicher Regelungskompetenzen auf den Betrieb) und *Lieb,* NZA 1994, 289 und 337 (skeptisch gegenüber solchen Verlagerungen); vgl. zu den Problemen im öffentlichen Dienst und einer möglichen Flexibilisierung *Loritz,* Die rechtlichen Rahmenbedingungen für die Modernisierung des Bundes-Angestelltentarifvertrages, ZTR 1993, 91; *Henssler,* ZfA 1994, 487.

[10] *Rieble,* Tarifvertrag und Beschäftigung, ZfA 2004, 1 f.

[11] Gesetzentwürfe der FDP BT-Drs. 14/2612 und 14/6548; Gesetzentwurf der CDU/CSU zur Modernisierung des Arbeitsrechts 2003 BT-Drs. 15/1182; *Dieterich/Hanau/Henssler/Oetker/Wank/Wiedemann,* Empfehlungen zur Entwicklung des Tarifvertragsrechts, RdA 2004, 65.

[12] Zur Frage der verfassungsrechtlichen Zulässigkeit gesetzlicher Öffnungsklauseln § 37 II.

Einzelarbeitsverträge erspart. Gewerkschaften und Arbeitgeberverbände sind sachkundige Partner, die regelmäßig die Folgen ihrer Vereinbarungen übersehen können. Der Tarifvertrag hat **Kartellwirkung**, die den Wettbewerb der einzelnen Arbeitgeber neutralisiert. Ob diese Nivellierung in Zeiten globaler Märkte tatsächlich einen Vorteil darstellt, ist zweifelhaft.[13]

c) Die **Gewährleistung von Rechts- und Planungssicherheit**[14] bezüglich der tariflich geregelten Arbeitsbedingungen für die Dauer der Laufzeit des Tarifvertrags wird durch die relative Friedenspflicht der Tarifvertragsparteien sicher gestellt, welche einen Arbeitskampf um tariflich geregelte Arbeitsbedingungen ausschließt.

III. Rechtliche Grundlagen der Tarifautonomie und Rechtsnatur der Tarifnormen

Literatur: *Zöllner,* Tarifmacht und Außenseiter, RdA 1962, 453; *Biedenkopf,* Grenzen der Tarifautonomie, 1964; *Zöllner,* Die Rechtsnatur der Tarifnormen nach deutschem Recht, 1966; *Schüren,* Die Legitimation der tariflichen Normsetzung, 1990; *Scholz,* Tarifautonomie, Arbeitskampf und privatrechtlicher Wettbewerb, FS Rittner, 1991, 629; *Birk,* Tarifautonomie in rechtsvergleichender Sicht, RdA 1995, 71; *Rieble,* Der Tarifvertrag als kollektiv-privatautonomer Vertrag, ZfA 2000, 5; *Waltermann,* Zu den Grundlagen der Tarifautonomie, ZfA 2000, 53; *Picker,* Tarifautonomie am Scheideweg von Selbstbestimmung und Fremdbestimmung im Arbeitsleben, FS 50 Jahre BAG, 2004, 795.

1. Der Tarifvertrag hat als Rechtsquelle seit jeher zahlreiche Fragen aufgeworfen. Während er hinsichtlich der schuldrechtlichen Pflichten der Tarifparteien unstreitig ein privatrechtlicher Vertrag ist, bereitet es Schwierigkeiten, bezüglich des normativen Teiles die Befugnisse der Tarifparteien zur Schaffung eines solchen Regelungswerkes sowie dessen Rechtscharakter und Wirkungen rechtsdogmatisch zu erklären.

Nach h. M. beruht die Tarifautonomie auf **staatlicher Delegation** (sog. *Delegationstheorie*), wobei insbesondere die Rechtsprechung von einer Anerkennung der Rechtsetzungsbefugnis durch die staatliche Gewalt ausgeht,[15] während die Literatur diese Befugnis z. T. unmittelbar aus Art. 9 III GG herleitet,[16] z. T. aber auch von originärer Autonomie spricht.[17]

Die Befugnis der Tarifparteien ausschließlich als rechtsgeschäftliches Handeln zu qualifizieren,[18] überzeugt schon wegen der zwingenden Wirkung der Tarifnormen nicht.[19] Denn es stellt ein Grundprinzip unserer Rechtsgeschäftslehre dar, dass es Rechtsgeschäfte, die zu Belastungen unbeteiligter Dritter führen, nicht gibt.[20]

---

[13] Grundlegend zum Verhältnis von „Arbeitsmarkt und Wettbewerb" *Rieble,* 1996.

[14] *Wiedemann/Thüsing,* TVG, § 1 Rn. 864.

[15] BVerfGE 4, 96 (106 ff.); E 18, 18 (28); E 34, 307 (317); E 44, 322 (340 f.); *BAG* AP Nr. 4, 16, 18 zu Art. 3 GG; AP Nr. 2 zu § 1 TVG Rückwirkung; AP Nr. 12 zu § 3 TVG Verbandszugehörigkeit; AP Nr. 13 zu Art. 9 GG.

[16] *Biedenkopf,* S. 102 ff.; *W. Weber,* Koalitionsfreiheit und Tarifautonomie als Verfassungsproblem, 1965, S. 24.

[17] *Galperin,* FS Molitor, 1962, S. 154 f.; *Herschel,* Referat zum 46. DJT, 1966, Bd. II, Teil D, S. 11, 16; *Zöllner,* Die Rechtsnatur der Tarifnormen, S. 12 ff., 24 ff.

[18] *Lotmar,* Der Arbeitsvertrag, Bd. 1, 1908, S. 755 ff.; *Jacobi,* Grundlehren des Arbeitsrechts, 1927, S. 246 ff., insbes. 272 ff.; in neuerer Zeit *Ramm,* Die Parteien des Tarifvertrages, S. 84 ff., der sowohl die Verbände als auch die Mitglieder als Partner des Tarifvertrages erachtet.

[19] Überzeugender war die Ansicht *Hugo Sinzheimers,* Der korporative Arbeitsnormenvertrag, insb. S. 63 ff., 81 ff., wonach die Verbände ein Tarifvertragsabschluss aus eigenem Recht tätig werden und den Vertrag im eigenen Namen schließen (sog. Verbandstheorie). Für das geltende Recht vertritt *Ramm,* Die Parteien des Tarifvertrages, S. 90 f., noch die Theorie, dass die Arbeitnehmer beim Abschluss des Tarifvertrages durch die Gewerkschaften vertreten würden und unter einer Art sozialer Vormundschaft stünden.

[20] U. a. deshalb ist auch der von *Richardi,* Kollektivgewalt und Individualwille bei der Gestaltung des Arbeitsverhältnisses, 1968, S. 127 ff., insb. S. 144 ff. im Anschluss an *Bötticher* (Gestaltungsrecht und

Streitig ist auch der **Rechtscharakter der Tarifnormen.** Liegen hier dem öffentlichen oder dem privaten Recht zuzuordnende Regelungen vor, ist der Tarifvertrag Rechtssatz oder (auch insoweit) Vertrag?[21] Davon hängt die Wirkungsweise der Tarifnormen ab.[22]

2. Bei der Lösung all dieser Probleme darf der Wert formaler Einordnungen und verschiedener daraus abgeleiteter Theorien nicht überschätzt werden.[23] Wichtig ist der Zweck der Tarifautonomie, die zudem nur in ihrem historischen Kontext verständlich wird. Tarifautonomie im Sinn einer **Regelungszuständigkeit** ist den Tarifparteien nicht vom Staat verliehen, sondern von diesen selbst aus eigenem Willen übernommen worden.

3. Gesetzliche Grundlage der Tarifautonomie ist in historischer und sachlicher Hinsicht das Tarifvertragsgesetz, das bereits vor dem Grundgesetz gegolten hat. Auch ohne die verfassungsrechtliche Garantie des Art. 9 III GG gäbe es deshalb die Tarifautonomie, die somit nicht *unmittelbar* aus der Verfassung hergeleitet werden muss. Sie wird durch Art. 9 III GG verfassungsrechtlich unterfangen und damit mit Verfassungsrang garantiert. Ihre einfachgesetzliche Ausgestaltung muss den aus dieser Verfassungsnorm abzuleitenden Koalitionsgarantien entsprechen. Der Gesetzgeber kann freilich unter Berücksichtigung der sonstigen Verfassungsnormen und insbesondere der Rechte der Arbeitnehmer und Arbeitgeber über den in Art. 9 III GG garantierten Teilbereich (s. oben § 9 IV 4c und unten § 39 III) hinausgehen. Ohne gesetzliche Regelung wäre eine *Norm*setzung der Tarifparteien nicht möglich.

In jedem Fall bedürfen die jeweiligen Verbände zur konkreten Rechtsnormsetzung stets der *Regelungslegitimation,* die nur durch den privatrechtlichen *Verbandsbeitritt* jedes einzelnen Mitglieds gegeben ist und sich auch als *Regelungsauftrag und Regelungsunterwerfung* kennzeichnen lässt.[24] Die jeweilige Verbandssatzung begrenzt deshalb auch die Befugnisse der einzelnen Tarifpartei (s. III 7 § 39). Die Tarifautonomie ist also primär ein **Teil der Privatautonomie,** nämlich eine Art Privatautonomie auf einer kraft besonderer gesetzlicher Regelung geschaffenen höheren Ebene. Dem Gesetzgeber wäre es von Verfassung wegen verwehrt, seine eigenen Rechtsetzungsbefugnisse auf die Tarifparteien als Privatrechtssubjekte zu übertragen.[25] Auch schon deshalb sind die Tarifnormen nicht hoheitlich gesetztem Recht gleichzustellen.

Unterwerfung im Privatrecht, 1964, S. 18 ff.) vertretenen Ansicht – sog. mandatarische Theorie – nicht zu folgen.

[21] Zum Meinungsstand s. den Überblick bei *Wiedemann/Thüsing,* TVG, § 1 Rn. 36.

[22] Praktische Konsequenzen ergeben sich daraus kaum bei den Rechtsnormen i.S.d. § 4 I 1 TVG (Inhalts-, Abschluss- und Beendigungsnormen), sehr wohl aber bei den Betriebsnormen, die nach dem Wortlaut der §§ 3 II, 4 I 2 TVG sogar generell und damit, selbst wenn sie belastend wären, auch für die nicht tarifgebundenen Arbeitnehmer gelten sollen. Das lässt sich jedenfalls bei allein privatrechtlicher Qualifizierung und Wirkungsweise nicht begründen.

[23] Zumindest in der Begründung nicht unproblematisch deshalb *BAG* AP Nr. 6 zu § 1 TVG Tarifverträge: Seniorität, das aus der Tatsache, dass Tarifparteien Recht setzen, herleitet, deren einzelne Mitglieder könnten gegen erstere keine Schadensersatzansprüche wegen Benachteiligung durch eine Tarifregelung haben.

[24] Hierzu *Zöllner,* RdA 1962, 453, 456f.; letztlich zurückgehend auf *Lieb,* Die Rechtsnatur der Allgemeinverbindlicherklärung von Tarifverträgen als Problem des Geltungsbereichs autonomer Normensetzung, Münchener Diss. 1960, S. 58 ff.

[25] BVerfGE 44, 322 und 346f. hat offen gelassen, ob das Grundgesetz prinzipiell von einem „Numerus clausus" der zulässigen Rechtsetzungsformen ausgeht. Ein solcher Typenzwang der Rechtsquellen würde jedenfalls nicht in dem von Art. 9 III GG maßgeblich gestalteten Bereich der Regelung von Arbeits- und Wirtschaftsbedingungen gelten. Demgegenüber bleibt festzuhalten, dass Art. 80 I GG völlig ausgehöhlt werden könnte, wenn der Gesetzgeber sogar auf Privatrechtssubjekte Teile seiner Normsetzungsbefugnis delegieren dürfte.

4. Zusammenfassend bleibt festzuhalten: Die Tarifautonomie beruht schon historisch auf einer gesetzlichen Regelung im Tarifvertragsgesetz. Sie wird durch Art. 9 III GG verfassungsrechtlich als Institution, nicht jedoch in Einzelheiten garantiert. Zwingend notwendig für die Geltung der Rechtsnormen für die einzelnen Arbeitgeber und Arbeitnehmer ist deren privatrechtlicher Verbandsbeitritt. *Tarifnormen* sind keine hoheitlichen Akte, sondern *privatrechtliche* Regelungen, wenngleich solche *besonderer Art.* Auch *schuldrechtliche Vereinbarungen* der Tarifparteien sind *rein privatrechtlicher Natur.*

IV. Wirksames Zustandekommen von Tarifverträgen

Literatur: *Schilling,* Der Einigungsprozeß bei Tarifverhandlungen, 1984.

1. Einigung

Tarifverträge kommen, wie alle Verträge, grundsätzlich durch übereinstimmende Willenserklärungen von zwei oder mehr Tarifparteien zustande.

Entscheidet in einem Tarifkonflikt eine Schlichtungsstelle, so kann dieser Tarifvertrag dennoch nur durch **Konsens der Tarifparteien über den Schlichtungsspruch** wirksam werden.[26] Zweifelhaft ist, ob ein schriftlicher Vorvertrag der Tarifparteien mit bindender Wirkung, der selbst kein Tarifvertrag ist, zulässig ist.[27] Man kann das grundsätzlich bejahen. Allerdings muss der Vertrag sehr sorgfältig ausgelegt werden. Sofern die Tarifparteien nur ihr Verhandlungsergebnis festhalten, aber noch in den zuständigen Gremien bestätigen lassen wollen, soll die Bindung nur vorbehaltlich der Zustimmung gelten.

2. Vertretung

Beim Abschluss von Tarifverträgen kann sich jede Tarifpartei durch beliebige Personen rechtsgeschäftlich vertreten lassen (§ 164 BGB). § 2 II TVG, wonach *Spitzenorganisationen* im Namen der ihnen angeschlossenen Verbände Tarifverträge abschließen können, wenn sie eine entsprechende Vollmacht haben, besagt nichts anderes. Diese Vorschrift stellt nur klar, dass Spitzenorganisationen auch dann als Vertreter bei Tarifabschlüssen wirksam agieren können, wenn sie nicht rechtsfähig sind, obwohl die fehlende Rechtsfähigkeit generell der Möglichkeit, Vertreter zu sein, entgegensteht. Welche Organe der jeweils vertragschließenden Verbände (als Vertreter) für diese handeln, richtet sich nach deren Satzung. Anstelle des Vorstands sind häufig besondere Kommissionen (Tarifkommissionen) vorgesehen. Die Wirksamkeit des Vertragschlusses für den Verband wird oftmals durch Beschränkung der Vertretungsmacht oder durch einen vertraglichen Vorbehalt von der Zustimmung der Mitglieder oder der Repräsentanten (z.B. der von gewerkschaftlichen Vertrauensleuten) abhängig gemacht.

---

[26] Ein Zustandekommen durch Verwaltungsakt kennt das geltende Recht im Gegensatz zur Weimarer Zeit, wo durch verbindliche Schlichtungsentscheidung eine tarifvertragliche Regelung getroffen werden konnte, nicht (zu einer landesrechtlichen Ausnahme unten § 44 II 2 b).

[27] Bejahend *BAG* AP Nr. 6 zu § 1 TVG Form; AP Nr. 20 zu § 1 TVG; *BAG* BB 2007, 556; *Birk,* Tarifrechtlicher Vorvertrag und arbeitsrechtlicher Boykott im Ausland, AuR 1977, 235. Aus einem solchen Vorvertrag können aber die einzelnen Arbeitgeber und Arbeitnehmer grundsätzlich keine Ansprüche herleiten, außer wenn ausnahmsweise ein Vertrag zugunsten Dritter (§§ 328 ff. BGB) vorliegt.

3. Abschlussfreiheit

Keine Tarifpartei kann zum Abschluss eines Tarifvertrages mit **rechtlichen** Mitteln gezwungen werden (Abschlussfreiheit). Die Gegenpartei darf allerdings durch Arbeitskampfmaßnahmen **faktischen** Zwang auf die Entschließung der anderen Partei ausüben (s. im Einzelnen unten § 41). Von der Abschlussfreiheit ist die Frage zu unterscheiden, ob eine Tarifpartei zu Tarifverhandlungen mit einem bestimmten gegnerischen Verband verpflichtet ist, ob es also einen sog. **Verhandlungsanspruch** gibt.[28] Ein solcher Anspruch ist im Grundsatz und im Gegensatz zur Auffassung des BAG[29] zu bejahen.[30] Einer kleineren Gewerkschaft muss es prinzipiell möglich sein, sich dem Tarifabschluss einer größeren anzuschließen. Selbstverständlich braucht kein Arbeitgeber mit verschiedenen Gewerkschaften unterschiedliche Tarifverträge zu schließen. Auch eine Gewerkschaft muss bei Bestehen mehrerer zuständiger Arbeitgeberverbände zu Verhandlungen mit allen bereit sein. Dies folgt schon aus dem richtig verstandenen Ultima-ratio-Grundsatz;[31] dieser erlegt jeder Tarifpartei die Pflicht auf, alle zumutbaren Verhandlungsmöglichkeiten auszuschöpfen, damit ein Arbeitskampf vermieden wird. Standen die Parteien bereits in Rechtsbeziehungen, weil sie schon einen Tarifvertrag geschlossen hatten, so ergibt sich die Verhandlungspflicht zusätzlich auch aus ihrer **Dauerrechtsbeziehung**.[32] Ausnahmsweise können erhebliche Sachgründe der Verhandlungspflicht entgegenstehen, etwa wenn eine Gewerkschaft nur eine völlig unbedeutende kleine Spezialistengruppe vertritt. Selbstverständlich können Tarifparteien ausdrücklich oder konkludent eine Verhandlungspflicht vereinbaren.[33]

4. Form und Veröffentlichung

Tarifverträge bedürfen zum Zweck der Klarstellung und Kundmachung zu ihrer Wirksamkeit der Schriftform (§ 1 II TVG). Für diese gilt § 126 II BGB. Bei Missachtung dieser Form ist der Tarifvertrag nichtig (§ 125 S. 1 BGB; zu den Folgen unten V 3 a). Nehmen die Tarifparteien auf einen anderen schriftlichen Tarifvertrag Bezug, so genügt dies der Schriftform, selbst wenn auf die jeweils geltende Regelung dieses Tarifvertrages verwiesen wird.[34]

Nach § 8 TVG muss jeder Arbeitgeber die für seinen Betrieb maßgeblichen Tarifverträge an geeigneter Stelle im Betrieb auslegen, also zur Einsicht zugänglich machen. Das beim Bundesarbeitsministeri-

---

[28] Bejahend *Mayer-Maly,* Der Verhandlungsanspruch tariffähiger Verbände, RdA 1966, 201 ff.; *ders.,* Bemerkungen zur Entwicklung der Diskussion über den Verhandlungsanspruch tariffähiger Verbände, FS K. Molitor, 1988, S. 239 ff.; *Wiedemann/Thüsing,* TVG, § 1 Rn. 216; *Seiter,* Der Verhandlungsanspruch der Tarifvertragsparteien, FS zum 125jährigen Bestehen der Juristischen Gesellschaft zu Berlin, 1984, S. 729 ff. mit Darstellung der gegenteiligen Rechtsprechung des BAG; *ders.,* Anm. zum Urt. des *BAG* v. 14. 7. 1981 – 1 AZR 159/78, SAE 1984, 100; s. auch *dens.,* ZfA 1989, 283 (289 ff.); *Wiedemann/Thüsing,* RdA 1995, 281, 286.

[29] *BAG* AP Nr. 5 zu Art. 9 GG; AP Nr. 1 zu § 1 TVG Verhandlungspflicht; *BAG* AP Nr. 52 zu Art. 9 GG, Gr. III 4; gl. Ansicht *Brox/Rüthers,* Rn. 136; *M. Coester,* Zur Verhandlungspflicht der Tarifvertragsparteien, ZfA 1977, 87 ff.; *Konzen,* Anm. zu EzA Art. 9 GG Nr. 33.

[30] Umfassend *Hottgenroth,* Die Verhandlungspflicht der Tarifparteien, 1990.

[31] Abzulehnen ist insoweit dessen Verständnis durch *BAG* AP Nr. 52 zu Art. 9 GG, Gr. III 4 c.

[32] Hierzu *Seiter,* FS zum 125jährigen Bestehen der Juristischen Gesellschaft zu Berlin, S. 729 ff.; *ders.,* ZfA 1989, 283 (289); s. auch unten V 1.

[33] Hierzu *Hanau,* SAE 1990, 17 f.

[34] Zu weiteren Einzelheiten *Braun,* Verbandstarifliche Normen in Firmentarifverträgen und Betriebsvereinbarungen, BB 1986, 1428 (1429); *BAG* AP Nr. 7 zu § 1 TVG Form. Zu tariflichen Bezugnahmeklauseln unten § 38 I 7; zu den Grenzen der Delegationsmöglichkeit der Tarifparteien im Einzelnen unten § 39 VII.

um geführte Tarifregister bewirkt ebenfalls eine beschränkte Publizität (vgl. § 6 TVG, § 11 Nr. 1 TVG i.V.m. §§ 14 ff. DVO zum TVG; zur Übersendungspflicht der Tarifparteien s. § 7 TVG). Auch die Bundesvereinigung der deutschen Arbeitgeberverbände führt ein umfassendes Tarifarchiv.

Die Erfüllung der Publizitätserfordernisse ist nach allgemeiner Ansicht weder Gültigkeitsvoraussetzung für den Tarifvertrag selbst noch für die Geltung der in ihm enthaltenen Rechtsnormen.[35] Dass diese im Gegensatz zur Geltung hoheitlicher Rechtsnormen auch ohne Publizität wirksam sind, lässt sich nur damit begründen, dass Tarifnormen auf Arbeitgeber und Arbeitnehmer beschränkt sind und die verbandsinternen Informationen eine schnelle und umfassende Kenntnisnahme garantieren.[36] Im Falle einer arbeitsvertraglichen Bezugnahme auf Tarifverträge ist zudem vom Arbeitgeber die Hinweispflicht nach § 2 Abs. 1 Nr. 10 NachwG zu beachten Auch diese Hinweispflicht ist nicht Geltungsvoraussetzung für die schuldrechtlich wirkenden Regelungen des Tarifvertrags[37].

5. Tariffähigkeit

Nur **tariffähige Personen** können Tarifverträge wirksam abschließen, in jedem Fall also Gewerkschaften, Arbeitgeber und Arbeitgeberverbände (§ 2 I TVG, zu Einzelheiten unten § 35).

6. Tarifzuständigkeit

Neben der Tariffähigkeit ist weitere Wirksamkeitsvoraussetzung, dass die Tarifvertragsparteien innerhalb ihrer durch Satzung festgelegten **Tarifzuständigkeit** handeln (im Einzelnen hierzu § 35 VI).

V. Erscheinungsformen des Tarifvertrags

1. Verbandstarifvertrag, firmenbezogener Verbandstarifvertrag, Firmentarifvertrag

Steht auf Arbeitgeberseite ein Verband, so spricht man von einem **Verbandstarifvertrag**, steht dort ein einzelner Arbeitgeber, von einem **Firmentarifvertrag**, auch Werks-, Haus- oder Unternehmenstarifvertrag genannt. Schließen eine Gewerkschaft und ein Arbeitgeberverband einen Tarifvertrag, der nur einen Betrieb oder ein Unternehmen erfasst, dann liegt ein sog. **firmen- oder betriebsbezogener Verbandstarifvertrag** vor[38].

2. Mehrgliedriger Tarifvertrag

Häufig steht auf jeder Seite des Tarifvertrages nur eine Partei. Es können aber auch auf einer oder beiden Seiten mehrere Parteien stehen (sog. **mehrgliedrige Tarifver-**

---

[35] Vgl. *Lindena*, Publizität von Tarifverträgen, DB 1988, 1114; *BAG* AP NachwG § 2 Nr. 5.

[36] Zur Problematik *Zöllner*, Zur Publikation von Tarifvertrag und Betriebsvereinbarung, DVBl. 1958, 124.

[37] Den Arbeitgeber kann allerdings im Falle der Verletzung des § 2 Abs. 1 Nr. 10 NachwG eine Schadensersatzpflicht nach § 280 Abs. 1, 2, § 286 BGB treffen, AP BGB § 242 Betriebliche Übung Nr. 61.

[38] *Meyer*, Das Regelungsverhältnis von Verbands- und firmenbezogenen Verbandstarifvertrag im Vergleich zum Haustarifvertrag, NZA 2004, 366; *Buchner*, Unternehmensbezogene Tarifverträge – tarif-, verbands- und arbeitskampfrechtlicher Spielraum, DB Beilage 2001, Nr. 9, 1.

träge).[39] Namentlich bei Tarifverträgen der öffentlichen Arbeitgeber waren bis vor kurzem auf der Arbeitgeberseite stets Bund, Länder (vertreten durch die Tarifgemeinschaft deutscher Länder) und Kommunen (vertreten durch die Vereinigung der kommunalen Arbeitgeberverbände) beteiligt. Auf der Arbeitnehmerseite steht seit der Gründung von ver.di oft nur noch eine Partei. Stehen auf beiden Seiten mehrere Tarifparteien, so sind im Zweifel voneinander unabhängige Tarifverträge gewollt, d.h. jede Seite kann gegenüber nur einer Partei der anderen Seite den Tarifvertrag kündigen.

3. Rahmen-, Mantel-, Lohn/Gehaltstarifvertrag

Die allgemeinen Arbeitsbedingungen, wie insbesondere die Einteilung der Arbeitnehmer in Lohn- und Gehaltsgruppen, Urlaub, Kündigungsschutz und Arbeitszeit, werden häufig in langfristigen sog. **Rahmen- oder Manteltarifverträgen** geregelt. Demgegenüber wird die Höhe der einzelnen Vergütungssätze in **Lohn- und Gehaltstarifverträgen** mit kürzerer Laufzeit (zumeist ein bis zwei Jahre) festgelegt. Dies hat den Vorteil, dass nicht der gesamte Tarifvertrag gekündigt werden muss, wenn eine Gewerkschaft nur Lohn- und Gehaltserhöhungen anstrebt. Zusätzlich gibt es eine Vielzahl von Tarifverträgen, die einzelne Bereiche, wie den Rationalisierungsschutz, gemeinsame Einrichtungen (etwa betriebliche Unterstützungskassen, Pensionskassen) und Urlaubsregelungen, zum Inhalt haben.

4. Tarifsozialplan als neue Erscheinungsform

Seit Ende der neunziger Jahre haben sich die Gewerkschaften einem neuen Betätigungsbereich zugewandt, welcher tarifrechtliche und arbeitskampfrechtliche Fragen nach dem Verhältnis der Tarifmacht zur Betriebsautonomie einerseits und zur Unternehmerfreiheit andererseits aufwirft. Im Falle beabsichtigter Standortverlegungen ins Ausland, Betriebsschließungen oder sonstiger Unternehmensumstrukturierungen, versuchen die Gewerkschaften neuerdings notfalls auch durch Streiks den Abschluss sog. Tarifsozialpläne zu erzwingen[40]. Erstrebt werden Regelungen über Ausgleichsmaßnahmen etwa in Form verlängerter Kündigungsfristen, Abfindungsregelungen oder Qualifizierungsmaßnahmen, also typische Inhalte von Sozialplänen. Solche Forderungen können die Unternehmensumstrukturierung tatsächlich zu teuer und damit undurchführbar machen. Die Rechtmäßigkeit dieser neuen „Strategie des doppelten Sozialplans" ist lebhaft umstritten. Im Kern geht es darum, ob die §§ 111ff. BetrVG dem Betriebsrat als sachnäherer gewählter Interessensvertretung der betroffenen Arbeitnehmer den Abschluss von Sozialplänen ausschließlich zuweist oder ob zugleich tariflich regelbare Angelegenheiten vorliegen. Das BAG hat sich für Letzteres und damit für eine Zulässigkeit von Tarifsozialplänen[41] und deren Erstreikbarkeit[42] entschieden, was angesichts des damit verbundenen Eingriffs in die Unternehmerfreiheit abzulehnen ist.

VI. Tarifvertrag als privatrechtlicher Vertrag

Literatur: *Seiter,* Dauerrechtsbeziehungen zwischen Tarifvertragsparteien – Zur Lehre vom gesetzlichen Schuldverhältnis im kollektiven Arbeitsrecht –, ZfA 1989, 283; *Rieble,* Arbeitsmarkt und Wettbewerb, 1996, Rn. 1194ff.; *Rieken,* Autonomie und tarifliche Rechtsetzung, 2006.

---

[39] Hierzu *Lieb,* SAE 1968, 59f.; zu prozessualen Fragen *LAG Köln* LAGE § 1 TVG Nr. 3.

[40] *Bauer/Krieger,* „Firmentarifsozialplan" als zulässiges Ziel eines Arbeitskampfes?, NZA 2004, 1019; *Hensche,* Tarifvertrag und Unternehmenspolitik, AuR 2004, 443; *Meyer,* Der Firmentarif-Sozialplan als Kombinationsvertrag, DB 2005, 830; *Löwisch,* Beschäftigungssicherung als Gegenstand betrieblicher und tariflicher Regelungen und von Arbeitskämpfen, DB 2005, 554; *Schiefer/Worzalla,* Unzulässige Streiks um Tarifsozialpläne, DB 2006, 46; *Willemsen/Stamer,* Erstreikbarkeit tariflicher Sozialpläne: Wiederherstellung der Arbeitskampfparität, NZA 2007, 423, BAG DB 2007, 1362.

[41] 4. Senat des *BAG* vom 6. 12. 2006 (4 AZR 798/05); *Lipinski,* Erstreikbarkeit von Tarifsozialplänen zulässig, DB 2007, 1250.

[42] So der 1. Senat des *BAG* in der Entscheidung vom 24. 4. 2007 (1 AZR 252/06), wonach die Gewerkschaften auch sehr weitgehende Forderungen aufstellen können, deren Umfang aufgrund der Tarifautonomie keiner gerichtlichen Kontrolle unterliegt.

1. Das gesetzliche Schuldverhältnis der Tarifvertragsanbahnung

Durch die Aufnahme von Tarifverhandlungen entsteht, wie bei jedem anderen angestrebten Vertragschluss, ein vorvertragliches Schuldverhältnis, das Schutz- und Rücksichtspflichten auslöst (§ 311 Abs. 2 BGB). Diese Pflichten reichen bis hinein in den Arbeitskampf (unten § 42 VII). So sind die Tarifparteien etwa zur Verschwiegenheit bezüglich der wirtschaftlichen Verhältnisse der jeweils anderen Partei und ihrer Mitglieder verpflichtet. Sie müssen generell bei der Gestaltung der Verhandlungen auf die andere Partei und ihre konkreten Verhandlungsmöglichkeiten Rücksicht nehmen. Wo bereits tarifvertragliche Beziehungen bestanden haben, die z. B. nur unterbrochen wurden und wieder fortgesetzt werden, ist das Ausmaß der Schutz- und Rücksichtspflichten größer. Ebenso wie es *vorvertragliche Pflichten* gibt, gibt es auch die *nachvertraglichen Pflichten,* insbesondere eine Verschwiegenheitspflicht. Sie gilt selbstverständlich auch, wenn es nach dem Ende der Laufzeit eines Tarifvertrages nicht zum Abschluss eines neuen kommt. Aus der nachvertraglichen Pflicht lässt sich in der Regel ein Verhandlungsanspruch der Tarifpartei herleiten, die einen neuen Tarifvertrag erstrebt.[43]

2. Fehlen schuldrechtlicher Hauptpflichten

Zwischen den Tarifvertragsparteien bestehen **keine schuldrechtlichen Hauptpflichten,** sondern nur **Nebenpflichten,** da primäres Ziel des Tarifvertrages die Vereinbarung von Tarifnormen ist, die nur in den Rechtsbeziehungen zwischen Mitgliedern gelten. Der Tarifvertrag wird deshalb zutreffend als **Normenvertrag**[44] gekennzeichnet.

3. Mängel des Tarifvertrages[45]

Da der Tarifvertrag ein bürgerlich-rechtlicher Vertrag ist, finden grundsätzlich auch die Vorschriften des bürgerlichen Rechts über Rechtsgeschäfte und Verträge Anwendung. Im Einzelnen sind aber die Wirkungen von Mängeln des Tarifvertrags problematisch.

a) Mängel, die generell zur **Nichtigkeit** eines Vertrages führen, machen auch den Tarifvertrag nichtig, so z. B. der Formmangel (§ 125 BGB), ein Gesetzes- (§ 134 BGB) oder Sittenverstoß (§ 138 BGB), fehlende Tariffähigkeit,[45a] Geschäftsunfähigkeit oder mangelnde Vertretungsmacht. Auch wenn ein Tarifvertrag bislang als gültig angesehen wurde, wirkt die Nichtigkeit anders als beim Individualarbeitsvertrag (s. oben §§ 4 III 1, 12 II 1) nicht nur ex nunc, sondern ex tunc. Davon zu unterscheiden ist, wie sich diese von Anfang an bestehende Nichtigkeit auf die **vom Tarifvertrag erfassten Arbeitsverhältnisse** auswirkt, in denen er durchgeführt wurde. Hier gelten die Grundsätze des fehlerhaften Arbeitsverhältnisses, d. h. Arbeitgeber und Arbeitnehmer müssen sich, soweit die Leistungen zumindest von einer Seite bereits erbracht wurden, so behandeln lassen, als sei der Tarifvertrag erst ex nunc unwirksam.

---

[43] Zum grundsätzlichen Bestehen eines Verhandlungsanspruches oben § 34 IV 3.
[44] Grundlegend zu diesem Begriff *A. Hueck,* Normenverträge, JhJb 76, S. 33 ff.
[45] Vgl. hierzu auch *Wiedemann/Thüsing,* TVG, § 1 Rn. 327 ff.; *Hahn,* Die fehlerhafte Normenanwendung im Arbeitsverhältnis, 1976.
[45a] *BAG* AP Nr. 34 zu § 4 TVG Tarifkonkurrenz.

b) Dies gilt entsprechend bei der **Anfechtung** (§§ 119, 123 BGB), die Verträge ansonsten mit Wirkung ex tunc (§ 142 I BGB) beseitigt. Hinsichtlich der Anfechtungswirkung ist beim Tarifvertrag jedoch zu differenzieren:[46] Der **schuldrechtliche Teil** des Tarifvertrages kann mit Rückwirkung angefochten werden, allerdings nur soweit eine Rückabwicklung möglich ist.[47] Im Übrigen sowie bezüglich des normativen Teils wirkt die Anfechtung hingegen nur ex nunc. Denn hier werden **Rechtsnormen** betroffen, die in der Vergangenheit bereits Geltung beansprucht haben und deshalb – ähnlich wie Gesetze –, soweit ein Vertrauenstatbestand geschaffen wurde, nicht rückwirkend entfallen dürfen.

c) § 139 BGB, wonach bei **Teilnichtigkeit** im Zweifel das ganze Geschäft nichtig ist, gilt nicht für Tarifverträge. Schon im BGB findet diese Norm (nach den Sonderregelungen § 306 II und § 2085 BGB und) bei abweichendem Parteiwillen keine Anwendung. Ist eine Klausel eines Tarifvertrags unwirksam, so bleibt er im Zweifel im Übrigen aufrechterhalten. Die Tarifparteien können nach Ansicht des BAG einen unwirksamen Tarifvertrag gem. § 141 BGB bestätigen und dadurch in Kraft setzen.[48]

4. Fragen der Beendigung

Ein Tarifvertrag kann einvernehmlich oder einseitig beendet werden. Eine einvernehmliche Beendigung liegt bei der Aufnahme einer Befristung oder Bedingung vor. Der Tarifvertrag endet dann automatisch mit Fristablauf bzw. Bedingungseintritt. Daneben ist auch die Beendigung durch Aufhebungsvertrag möglich, wobei der Abschluss eines neuen Tarifvertrags in der Regel die konkludente Aufhebung des alten beinhaltet. Als einseitige Beendigungsgründe sind die ordentliche und die außerordentliche Kündigung zu nennen. Der Tarifvertrag kann als privatrechtliches Dauerschuldverhältnis nach § 314 BGB bei Vorliegen eines wichtigen Grundes, z. B. wegen schwerwiegender Vertragsverletzung der anderen Tarifvertragspartei[49] außerordentlich gekündigt werden. In den praktisch wichtigen Fällen der Veränderung der wirtschaftlichen Verhältnisse fordert die Rechtsprechung angesichts des ultima ratio Grundsatzes vor der Kündigung eine Nachverhandlung zwischen den Tarifvertragsparteien.[50] Nach Auffassung des BAG kann das Rechtsinstitut des **Wegfalls der Geschäftsgrundlage** bei Tarifverträgen nicht gelten,[51] was in dieser Allgemeinheit nicht zutrifft.[52] Vielmehr ist in extremen Ausnahmefällen die Möglichkeit der Beendigung oder Anpassung des Tarifvertrages für die Zukunft wegen **Wegfalls der Geschäftsgrundlage gem.** § 313 BGB zu bejahen.[53] Noch nicht hinreichend geklärt sind allerdings die tatbestandlichen Voraussetzungen, in welchen Fällen einer Tarifpartei das Festhalten am

---

[46] A. A. noch 3. Aufl.

[47] Das ist etwa bezüglich bestimmter Verhaltenspflichten, wie insbes. der Friedenspflicht, ausgeschlossen. Hat eine Gewerkschaft unter Verstoß gegen die Friedenspflicht einen Arbeitskampf durchgeführt, so bleibt er deshalb auch bei Anfechtung des Tarifvertrages rechtswidrig.

[48] *BAG* AP Nr. 9 zu § 1 TVG Tarifverträge: DDR.

[49] Etwa die Verletzung der Friedenspflicht, vgl. *BAG* AP Nr. 4 zu § 1 TVG Friedenspflicht.

[50] *BAG* AP Nr. 3 zu § 1 TVG Kündigung.

[51] *BAG* AP Nr. 3 zu § 9 TVG 1969.

[52] Hierzu *Belling/Hartmann*, ZfA 1997, 87; ferner *Oetker*, RdA 1995, 82 (96 ff.).

[53] *Otto*, Die Kündigung des Tarifvertrages aus wirtschaftlichen Gründen, FS Kissel, 1994, S. 787; a. A. *BAG* AP Nr. 3 zu § 9 TVG 1969. Eine andere Auffassung will demgegenüber nicht zwischen Kündigung aus wichtigem Grund und Wegfall der Geschäftsgrundlage unterscheiden, vgl. *Henssler*, ZfA 1994, 487 (493 f.). Zur Frage, ob eine richterliche Vertragsanpassung nach § 313 BGB nicht einen unzulässigen Eingriff in die Tarifautonomie darstellt siehe *Löwisch/Rieble*, TVG, § 1 Rn. 34.

Tarifvertrag unzumutbar ist und ihr deshalb ein Lösungs- oder Anpassungsrecht eingeräumt werden muss.[54]

5. Auslegung von Tarifverträgen

Tarifverträge sind entgegen der h. M.[55] auch bezüglich ihres normativen Teils grundsätzlich **wie Verträge, nicht wie Gesetze auszulegen.**[56] Der Wille der Vertragsparteien ist vorrangig.[57] Bei der Auslegung ist aber zu berücksichtigen, dass die Tarifnormen nicht die Tarifparteien, sondern die Mitglieder treffen. Eine Interpretation, die im Wortlaut nicht zum Ausdruck kommt, ist deshalb nur möglich, wenn auch die Mitglieder den Wortlaut in einer bestimmten Weise verstanden haben. Geheime Vorbehalte zwischen den Tarifparteien sind unbeachtlich. Einen Grundsatz, dass Tarifverträge im Zweifel zugunsten der Arbeitnehmer auszulegen sind, gibt es nicht.[58] Abzustellen ist bei der Auslegung auf den Sprachgebrauch der beteiligten Kreise, nicht auf den der Allgemeinheit. Bei der Lückenschließung im Wege der Auslegung ist Zurückhaltung geboten.[59]

§ 35. Tariffähigkeit und Tarifzuständigkeit

Literatur: *Zöllner/Seiter,* Paritätische Mitbestimmung und Art. 9 Abs. 3 Grundgesetz, 1970, S. 25 ff., erschienen auch in ZfA 1970, 97 ff. (121 ff.); *Löwisch,* Gewollte Tarifunfähigkeit im modernen Kollektivarbeitsrecht, ZfA 1974, 29; *Konzen,* Die Tarifzuständigkeit im Tarif- und Arbeitskampfrecht, FS Kraft 1998, 291; *Rieble,* Relativität der Tariffähigkeit, FS Wiedemann 2002, 519; *Bayreuther,* Gewerkschaftspluralismus im Spiegel aktueller Rechtsprechung – Abschied vom „Einheitstarifvertrag"?, BB 2005, 2633; *Kocher,* Relative Durchsetzungsfähigkeit: Notwendige oder hinreichende Bedingung der Tariffähigkeit?, DB 2005, 2816; *Ricken,* Autonomie und tarifliche Rechtsetzung, 2006; **Rechtsprechung:** BAG AP Nr. 1 und 4 zu § 2 TVG Tariffähigkeit und AP Nr. 36, 38, 39 zu § 2 TVG.

Die Tariffähigkeit ist die Fähigkeit, Partei eines wirksamen Tarifvertrages zu sein. Sie ist ein Sonderfall der Rechtsfähigkeit und von dieser streng zu unterscheiden; denn nicht alle rechtsfähigen Subjekte sind tariffähig. Andererseits wird die Tariffähigkeit auch Institutionen gewährt, die nach allgemeinem bürgerlichen Recht nicht rechtsfähig

---

[54] Vgl. zur außerordentlichen Kündigung der Metalltarifverträge vom März 1991 durch die Arbeitgeberverbände *Buchner,* Kündigung der Tarifregelungen über die Entgeltanpassung in der Metallindustrie der östlichen Bundesländer, NZA 1993, 289; *Zachert,* Möglichkeit der fristlosen Kündigung von Tarifverträgen in den neuen Bundesländern, NZA 1993, 299; *Oetker,* Die Kündigung von Tarifverträgen, RdA 1995, 82.

[55] *Buchner,* Tarifwille und Richtermacht, SAE 1987, 45 ff.; *BAG* AP Nr. 4, 135, 144 zu § 1 TVG Auslegung. Auch das *BAG* interpretiert Individualvertragsklauseln, die die Inbezugnahme eines Tariftrages anordnen, nach den Grundsätzen der Vertragsauslegung (*BAG* AP Nr. 2 zu § 1 TVG Bezugnahme auf Tarifvertrag).

[56] Näheres dazu bei *Zöllner,* Das Wesen der Tarifnormen, RdA 1964, 443 (448); *Ananiadis,* Die Auslegung von Tarifverträgen, 1974. Zur Möglichkeit ergänzender Auslegung *Mayer-Maly,* RdA 1988, 136.

[57] Hierzu *Dütz,* Subjektive Umstände bei der Auslegung kollektivvertraglicher Normen, FS K. Molitor, 1988, S. 63.

[58] Wie hier *Hanau,* Arbeitsrecht in der sozialen Marktwirtschaft, FS zum 125jährigen Bestehen der Juristischen Gesellschaft zu Berlin, 1984, S. 227, 235. *Löwisch/Rieble,* TVG, § 1 Rn. 547 ff.; *Wiedemann/Thüsing,* TVG, § 1 Rn. 950.

[59] S. auch *BAG* DB 1991, 1024.

sind. Da der Tarifvertrag zugleich Normenwirkung entfaltet, lässt sich die Tariffähigkeit auch als Fähigkeit zur Erzeugung verbindlicher Normen verstehen.[1]

I. Tariffähigkeit der Gewerkschaften und Arbeitgeberverbände

1. Rechtliche Merkmale der Koalition

In § 2 I TVG wird den Gewerkschaften, einzelnen Arbeitgebern sowie Vereinigungen von Arbeitgebern Tariffähigkeit zuerkannt. Gewerkschaften und Vereinigungen von Arbeitgebern i.S. dieser Vorschrift sind nur Koalitionen. Die Tariffähigkeit erfordert damit zunächst die Erfüllung aller Koalitionsvoraussetzungen. Es muss sich somit um Vereinigungen zum Zwecke der Erhaltung und Förderung der Arbeitsbedingungen auf privatrechtlicher Grundlage von einiger Dauer und mit körperschaftlicher Organisation handeln, die **gegnerfrei und gegnerunabhängig**, ferner unabhängig von Staat, Parteien und Kirche sind, und die über den Bereich des einzelnen Unternehmens hinausgreifen (vgl. im einzelnen oben § 9 III). Das Kriterium der **Gegnerunabhängigkeit** ist problematisch. Gerade von diesem hängt es jedoch ab, ob Tarifverträge ihre wichtigste Aufgabe der sinnvollen Ordnung des Arbeitslebens erfüllen können. **Bei vollparitätischer Mitbestimmung in Großunternehmen** wäre dies in Frage gestellt, weil die Gewerkschafts- bzw. Arbeitnehmerseite hier auch auf der Arbeitgeberbank mit wirkt.

Unter anderem um dies zu vermeiden, wurde versucht, bei der Ausgestaltung der Mitbestimmung im Mitbestimmungsgesetz 1976 der Anteilseignerseite ein leichtes Übergewicht zu bewahren, um eine Abhängigkeit der Unternehmensleitungen von den Gewerkschaften zu verhindern. In der Tat würde eine solche bei einer Vielzahl von Großunternehmen auf das Verhalten und auf die Verhandlungsfähigkeit der Arbeitgeberseite durchschlagen und sie tarifunfähig machen. Die geltende Regelung im Mitbestimmungsgesetz weicht von der vollen Parität nur geringfügig ab. Sie hat in der Praxis die Wirkung, dass gerade die für die Gestaltung der Arbeitsbedingungen und die Verbandstätigkeit maßgeblichen Posten der Personalvorstände de facto nicht mit Personen besetzt werden können, die das Vertrauen und Wohlwollen der Gewerkschaftsseite nicht besitzen. Es erscheint äußerst zweifelhaft, ob die Arbeitgeberseite hier einen von der Gewerkschaft tatsächlich unabhängigen Kurs steuern kann, zumal gerade Großunternehmen mitunter auch erheblichen Einfluss im Verband haben. Hinzu kommt die Problematik eines eventuell paritätisch bestellten Arbeitsdirektors bei den der Montanmitbestimmung unterliegenden Unternehmen.[2] Das Bundesverfassungsgericht hat einen Verfassungsverstoß gegen das Grundrecht der Koalitionsfreiheit des Art. 9 III GG verneint,[3] ist aber nicht zum Kern der Problematik vorgedrungen.

2. Zusätzliche Merkmale der Tariffähigkeit

Neben den Koalitionsvoraussetzungen erfordert die Tariffähigkeit nach herrschender, aber bestrittener Ansicht **zusätzliche weitere Merkmale.**

a) Arbeitnehmervereinigungen sind nach Auffassung des BAG nur tariffähig, wenn sie eine gewisse „soziale Mächtigkeit" besitzen.[4] Diese setze ein bestimmtes Maß an

---

[1] So insb. *Richardi*, Kollektivgewalt und Individualwille bei der Gestaltung des Arbeitsverhältnisses, 1968, S. 129.

[2] Hierzu *Zöllner*, Zur Problematik der Auswahl und Bestellung des Arbeitsdirektors nach dem Mitbestimmungsgesetz, DB 1976, 1766.

[3] BVerfGE 50, 290 (373–376).

[4] Hierzu *Hemmen*, Durchsetzungsfähigkeit als Kriterium für den Gewerkschaftsbegriff im Tarifvertragsrecht, 1988; *Gitter*, Durchsetzungsfähigkeit als Kriterium der Tariffähigkeit für einzelne Arbeitgeber und Arbeitgeberverbände, FS Kissel, 1994, S. 265.

organisatorischer Leistungsfähigkeit voraus und die Möglichkeit, auf den sozialen Gegenspieler wirkungsvoll Druck und Gegendruck auszuüben. Zur Bestimmung der sozialen Mächtigkeit zieht das BAG mehrere Kriterien heran. Zum einen bedürfe es einer bestimmten **Mitgliederzahl**. Bei wenigen Mitgliedern sei sie zu verneinen[5], außer wenn aufgrund der **Schlüsselstellung** der organisierten Arbeitnehmer eine relative Organisationsstärke bejaht werden könne[6]. Alternativ zur Mitgliederzahl könne sich die Durchsetzungskraft auch darin zeigen, dass eine Gewerkschaft bereits **aktiv in den Prozess der tariflichen Regelung eingegriffen** und eine Reihe von Tarifverträgen abgeschlossen habe.[7] Diese dürften aber nicht auf einem Tarifdiktat der Arbeitgeberseite beruhen[8]. Liegen noch keine Tarifvertragsabschlüsse vor, so sei die Prognose ausreichend, dass Tarifverträge ernsthaft zu erwarten sind[9]. Dies ist als viel zu unbestimmt abzulehnen.

Das BAG[10] hat in neuerer Zeit sowohl der Unabhängigen Flugbegleiterorganisation („UFO") als auch der Christlichen Gewerkschaft Metall (CGM), somit zwei kleineren Arbeitnehmerkoalitionen, die Tariffähigkeit zuerkannt. Im UFO-Beschluss begründet das BAG die Tariffähigkeit der Vereinigung primär mit der Schlüsselstellung des Kabinenpersonals, welches aufgrund seiner unverzichtbaren Funktion auf Flügen ausreichenden Druck auf die Arbeitgeberseite ausüben könne. Es komme nur auf die Stärke der Arbeitnehmervereinigung innerhalb des von ihr selbst gewählten tariflichen Zuständigkeitsbereichs an. Auch im CGM-Beschluss betont das BAG, dass allein die Mitgliederzahl nicht entscheidend für das Kriterium der sozialen Mächtigkeit sei. Im Fall der Christlichen Gewerkschaft Metall stellt das BAG zur Bejahung der Tariffähigkeit auf deren bisherige erfolgreiche Teilnahme am Tarifgeschehen ab (3000 Anschlusstarifverträge und 550 eigenständige Tarifverträge, wobei den Anschlusstarifverträgen geringeres Gewicht zukommen soll). Interessant ist die Aussage des BAG, wonach zur Bejahung der Tariffähigkeit die erforderliche Durchsetzungsfähigkeit nicht in allen von der Arbeitnehmervereinigung regional und fachlich beanspruchten Bereichen vorliegen müsse. Die Durchsetzungsfähigkeit in einem nicht unbedeutenden Teil des in Anspruch genommenen Zuständigkeitsbereichs reiche vielmehr aus, um Tariffähigkeit bundesweit zu begründen. Dies hatte die Vorinstanz noch anders gesehen. Nach Ansicht des LAG Baden-Württemberg kann die Tariffähigkeit nur abstrakt bestimmt werden und müsse bundesweit bestehen.[11] Das BAG hat ersichtlich die Anfor-

---

[5] *BAG* AP Nr. 25 zu § 2 TVG (mit abl. Anm. *Mayer-Maly*) = SAE 1969, 137 (mit abl. Anm. *Zöllner*); *BAG* AP Nr. 30, 32, 34, 36, 38, 39 zu § 2 TVG; BVerfGE 58, 233, hat die Verfassungswidrigkeit dieser Ansicht verneint, allerdings noch unter Zugrundelegung der mittlerweile aufgegebenen Kernbereichslehre. Dem *BAG* stimmen zu: *Dütz*, AuR 1976, 65; *Söllner*, AuR 1976, 321; *Herschel*, AuR 1976, 225; *ders.*, AuR 1978, 321. Kritisch und/oder ablehnend: *Zöllner*, SAE 1969, 140; *Grunsky*, JZ 1977, 473 f.; *Buchner*, BAG-FS, 1979, S. 55 ff.; *Zeuner*, BAG-FS, 1979, S. 727 (740); *Gamillscheg*, FS Herschel, 1982, S. 99. Umfassend *Konzen*, SAE 1984, 138 ff., der für eine Aufgabe des einheitlichen Gewerkschaftsbegriffs plädiert.
[6] *BAG* AP Nr. 32 zu § 2 TVG (VOE).
[7] *BAG* AP Nr. 36 zu § 2 TVG, zu II 3 d. Abschließend (nach Zurückverweisung in der Sache) entschieden von *BAG* AP Nr. 39 zu § 2 TVG.
[8] *BAG* DB 1987, 947; Wie dies festgestellt werden soll, ohne damit eine unzulässige Inhaltskontrolle des Tarifvertrags vorzunehmen, ist fraglich.
[9] *BAG* AP Nr. 36 zu § 2 TVG, zu II 3 d.
[10] *BAG* AP Nr. 1 zu § 2 TVG Tariffähigkeit; *BAG* AP Nr. 4 zu § 2 TVG Tariffähigkeit; vorgehend ArbG Stuttgart und LAG Baden-Württemberg hierzu *Richardi*, Der CGM-Beschluss des ArbG Stuttgart: Tariffähigkeit und Tarifzensur, NZA 2004, 1025; *Rieble*, Der CGM-Beschluss des ArbG Stuttgart, BB 2004, 885; *Bayreuther*, Gewerkschaftspluralismus im Spiegel der aktuellen Rechtsprechung – Abschied vom „Einheitstarifvertrag"?, BB 2005, 2633; *Hümmerich/Holthausen*, Soziale Mächtigkeit durch aktive Teilnahme am Tarifgeschehen – Der CGM-Beschluss des 1. Senats, NZA 2006, 1070.
[11] NZA-RR 2005, 85.

derungen an die soziale Mächtigkeit reduziert, indem es den Bezugspunkt zur Bestimmung der Tariffähigkeit auf einen Teil des satzungsmäßigen Zuständigkeitsbereichs begrenzt.[12] Auch wenn die Tendenz zu begrüßen ist, die bislang aufgestellten hohen Hürden[13] abzusenken, ist das Merkmal der sozialen Mächtigkeit weiterhin insgesamt auch in der jetzt reduzierten Form abzulehnen. Es verletzt die positive Koalitionsfreiheit, indem es kleinen und insbesondere neu gegründeten Gewerkschaften unverhältnismäßig erschwert wird, überhaupt Mitglieder zu gewinnen, zu halten und im Arbeitsleben in Konkurrenz zu den etablierten Gewerkschaften zu vertreten. Zudem kann eine Druckausübung trotz kleinen Mitgliederbestandes gegeben sein, vor allem bei Unterstützung durch Außenseiter. Die Ansicht des BAG steht zudem in einem unauflöslichen Wertungswiderspruch zur Tariffähigkeit des einzelnen Arbeitgebers[14] und auch eines Arbeitgeberverbandes, für den das BAG keine bestimmte Durchsetzungskraft (Mächtigkeit) verlangt.[15]

b) Weitere Voraussetzung der Tariffähigkeit ist sowohl für Arbeitnehmer- als auch für Arbeitgeberverbände, dass Tarifabschlüsse zu den satzungsmäßigen Aufgaben des Verbandes gehören (sog. **Tarifwilligkeit**).

Ein Verband, in dessen Satzung der Abschluss von Tarifverträgen nicht enthalten ist, ist hierzu von den Mitgliedern nicht ermächtigt. Es gibt Arbeitgeberverbände, die Unternehmern eine **Mitgliedschaft ohne Tarifbindung** ermöglichen.[16] Hierzu stehen verschiedene rechtliche Konstruktionen zur Verfügung (im Einzelnen § 38 I 2). Eine für die Frage der Tarifwilligkeit relevante Konstruktion ist die der Gründung eines eigenen Arbeitgeberverbandes, der in der Satzung Tarifvertragsabschlüsse nicht als Aufgabenbereich aufnimmt. Dieser Verband ist zwar eine Koalition, mangels Tarifwilligkeit aber nicht tariffähig.

Problematisch ist, ob sich der Verband in der Satzung für den Abschluss von Tarifverträgen inhaltliche Beschränkungen[17] auferlegen kann, etwa dass er nur Lohntarifverträge abschließen darf. Die h.L. verneint dies[18] mit wenig überzeugenden Begründungen.

3. Einheitlicher Gewerkschaftsbegriff des Bundesarbeitsgerichts

Zu beachten ist, dass eine Gewerkschaft i.S.d. Gesetzes nach dem sog. einheitlichen Gewerkschaftsbegriff des BAG nur eine tariffähige Arbeitnehmerkoalition ist.[19] Die Frage der Tariffähigkeit ist damit nicht nur im Rahmen des § 2 I TVG relevant, sondern immer dann, wenn das Gesetz von Gewerkschaft spricht, z.B. § 2 BetrVG. Es ist

---

[12] Zur relativen Tariffähigkeit siehe *Löwisch/Rieble,* TVG § 2 Rn. 37f.; *Rieble,* FS Wiedemann, 2002, 519; *Kocher,* relative Durchsetzungsfähigkeit: Notwendige oder hinreichende Bedingung der Tariffähigkeit?, DB 2005, 2816; *Dütz,* DB 1996, 2385.

[13] *BAG* AP Nr. 38, 39 zu § 2 TVG.

[14] Treffend dazu *Zeuner,* BAG-FS, 1979, S. 727 (740ff.); *Wiedemann/Oetker,* § 2 Rn. 399.

[15] *BAG* DB 1991, 1027.

[16] Hierzu *Buchner,* NZA 1994, 2; *ders.,* NZA 1995, 761; *Röckl,* DB 1993, 2382; *Schaub,* BB 1994, 2005; *Däubler,* NZA 1996, 225, 230; *Reuter,* RdA 1996, 201; *S.-J. Otto,* NZA 1996, 624; *LAG Rheinland-Pfalz* NZA 1995, 800, abgeändert durch *BAG* SAE 1997, 169 (mit Anm. *Junker*), das die Frage der Zulässigkeit der Begrenzung der personellen Tarifzuständigkeit auf einen Teil der Mitglieder offen ließ.

[17] Streng davon zu unterscheiden sind die (zulässigen) Zuständigkeitsbeschränkungen (hierzu unter VI).

[18] Vgl. *Löwisch,* ZfA 1974, 29 (35ff.); *ders.,* Arbeitsrecht, Rn. 240; im Ergebnis ähnlich *Wiedemann,* Zur Tarifzuständigkeit, RdA 1975, 78 (80).

[19] *BAG* AP Nr. 24 zu Art. 9 GG.

zweifelhaft, ob diese Rechtsprechung mit der in Art. 9 III GG getroffenen Wertentscheidung vereinbar ist. Zudem sind Begriffe immer im Kontext des jeweiligen Normzweckes funktional zu bestimmen.[20]

4. Nicht tariffähige Verbände

Schließlich gibt es Verbände, die aus Rechtsgründen keine Tarifverträge abschließen können (wie etwa die **Beamtenverbände**). Sie erfüllen zwar die Koalitionseigenschaft, sind aber nicht tariffähig.

5. Zusammenfassung

Somit kann festgehalten werden: Die Verbände müssen zwar (von ausdrücklicher gesetzlicher Zuerkennung abgesehen, dazu unter IV) die Koalitionsvoraussetzungen erfüllen, um tariffähig zu sein. Umgekehrt ist aber nicht jede Koalition tariffähig. Hat sich eine Koalition aufgelöst und ihre Betätigung eingestellt, so endet damit auch die Tariffähigkeit.[21]

II. Tariffähigkeit der Arbeitgeber

Auf Arbeitgeberseite ist nach § 2 I TVG auch der einzelne Arbeitgeber tariffähig[22], und dies zu Recht. Er könnte sich ansonsten jedem Tarifvertragsabschluss entziehen, indem er keinem Arbeitgeberverband beiträte. Zudem könnten die Arbeitgeber einen Tarifvertragsabschluss verhindern, wenn sie einen solchen aus den satzungsmäßigen Aufgaben ihres Verbandes ausnähmen. Der Abschluss gesonderter Tarifverträge mit einem einzelnen Arbeitgeber – man spricht hier von einem Haus-, Firmen- oder **Unternehmenstarifvertrag** – ist vor allem dann sinnvoll, wenn sich die Situation seines Unternehmens von derjenigen der übrigen im Verband zusammengeschlossenen Unternehmen erheblich unterscheidet, etwa besonders gut oder besonders schlecht ist. Darauf kann im Wege der sog. „**betriebsnahen Tarifpolitik**"[23] besondere Rücksicht genommen werden.

Ob ein Verband einen Tarifvertrag abschließen kann, der auf einen Betrieb oder auf ein Unternehmen beschränkt ist,[24] und ob er in den Verbandstarifvertrag Bestimmungen aufnehmen darf, die nur für ein Unternehmen gelten, ist äußerst strittig.[25] U. a.

---

[20] Grundlegend *Buchner,* Die Rechtsprechung des Bundesarbeitsgerichts zum Gewerkschaftsbegriff, BAG-FS, 1979, 55 ff.; *Franzen,* Tarifrechtssystem und Gewerkschaftswettbewerb – Überlegungen zur Flexibilisierung des Flächentarifvertrags, RdA 2001, 7; *Rieble,* Relativität der Tariffähigkeit, FS Wiedemann 2002, 528; so auch *ArbG Stuttgart* NZA-RR 2004, 540; *Konzen,* SAE 1984, 138.

[21] *BAG* AP Nr. 8 zu § 9 TVG.

[22] Zur unbeschränkten Tariffähigkeit einzelner Arbeitgeber siehe *BAG* AP Nr. 40 zu § 2 TVG; *BAG* AP Nr. 162 zu Art. 9 GG Arbeitskampf.

[23] Dazu z.B. *Buchner,* Möglichkeiten und Grenzen betriebsnaher Tarifpolitik, DB 1970, 2025 u. 2074; *Richardi,* Rechtsprobleme einer betriebsnahen Tarifpolitik, JurA 1971, 141; *Beuthien,* Unternehmensbezogene Tarifverträge und paritätische Mitbestimmung im Unternehmen, BB 1975, 477; *Heß,* Rechtsfragen zum „betriebsnahen Tarifvertrag" unter Berücksichtigung von Tarifpluralitäten, ZfA 1976, 45.

[24] Hierzu *Frey,* Gleichheitsfragen im Tarifvertragsrecht, DB 1971, 2407, ferner die in Fn. 23 genannten.

[25] Hierzu *Deeken,* Individualnorm im Tarifvertrag?, DB 1967, 464.

werden solche Tarifverträge für gleichheitssatzwidrig erachtet.[26] Ein Verstoß gegen den Gleichheitssatz läge indes nur vor, wenn sich keine sachlichen Gründe für die Differenzierung finden ließen, was kaum vorkommen dürfte. Entscheidend ist, dass einem Verband i.d.R. die Legitimation fehlt, einen Tarifvertrag zu schließen, der nur für ein Unternehmen gilt. Er bedarf hierzu der Zustimmung dieses Unternehmens. Besteht die Möglichkeit, den personellen Geltungsbereich von Tarifverträgen kraft Satzung nur auf einen Teil der Mitglieder zu erstrecken, gibt es in Bezug auf Art. 3 I GG prinzipiell keine Bedenken.

Der Arbeitgeber verliert durch seinen Verbandsbeitritt nicht die Tariffähigkeit. Schließt er mit einer Gewerkschaft einen Firmentarifvertrag, so wird er zwar i.d.R. gegen die Verbandssatzung verstoßen. Die Wirksamkeit des Firmentarifvertrags wird dadurch aber nicht berührt. Eine weitere Frage ist, ob die Gewerkschaft ihn zum Abschluss eines solchen Tarifvertrages (durch Streik) zwingen kann.[27]

Eine **Konzernobergesellschaft**[28] ist nur dann und nur insoweit tariffähig, als sie Arbeitgeberin ist. Ein Tarifvertrag bindet deshalb nur sie und wirkt demzufolge nur für die bei ihr beschäftigten Arbeitnehmer. Die Konzernobergesellschaft kann aber in Vollmacht für die abhängigen Unternehmen einen Tarifvertrag oder mehrere Tarifverträge abschließen. Schließt sie nur einen Tarifvertrag, so kommt rechtlich dennoch zwischen der Gewerkschaft und jedem einzelnen Konzernunternehmen je ein Firmentarifvertrag zustande.

III. Tariffähigkeit von Spitzenverbänden[29]

Das TVG gewährt in § 2 III TVG auch den Spitzenorganisationen der Gewerkschaften und Arbeitgeberverbände die Tariffähigkeit, wenn eine entsprechende Vollmacht (Satzungsermächtigung) besteht. Spitzenorganisationen in diesem Sinn sind alle Zusammenschlüsse der Gewerkschaften und Arbeitgeberverbände, bei letzteren z.B. die Landesverbände (oben § 9 II).

Der Begriff der Spitzenorganisation in § 2 TVG deckt sich nicht mit dem in § 12 TVG, welcher nur den in §§ 5–11 verwendeten Terminus mit einer ganz anderen Bedeutung betrifft. Die Spitzenorganisationen können sich aber auch damit begnügen, nur in Vertretung ihrer Mitgliedsverbände zu handeln (vgl. § 2 II TVG). Sie sind dann nicht selbst Partei des Tarifvertrages, weshalb auch hier Tariffähigkeit nicht erforderlich ist. Unterschiedliche Folgen haben diese verschiedenen Handlungsmöglichkeiten für die Haftung bei Nichterfüllung der schuldrechtlichen Tarifvertragspflichten (§ 2 IV TVG).

IV. Tariffähigkeit der Innungen

Den Handwerksinnungen hat der Gesetzgeber durch § 54 III Nr. 1 HandwO Tariffähigkeit verliehen, obwohl sie als Körperschaften des öffentlichen Rechts keine Koalitionen sind.[30] Der Gesetzgeber hat grundsätzlich die Möglichkeit, auch anderen Organisationen als Koalitionen die Tariffähigkeit zu verleihen, solange er sie nicht so vielen unbedeutenden Institutionen gewährt, dass den Koalitionen ihr wesentlicher Aufgaben- und Tätigkeitsbereich entzogen wird.[31]

---

[26] *Mayer-Maly*, Zur Problematik betriebsnaher Tarifpolitik, DB 1965, 32f.; *Richardi* (Fn. 1), S. 353; *Buchner*, Möglichkeiten und Grenzen betriebsnaher Tarifpolitik, DB 1970, 2025.

[27] Dazu *v. Hoyningen-Huene*, Die Rolle der Verbände bei Firmenarbeitskämpfen, ZfA 1980, 453; *BAG* AP Nr. 13 zu § 2 TVG; *BAG* AP Nr. 162, 163 zu Art. 9 GG Arbeitskampf; kritisch zu dieser Rechtsprechung *Rolf/Clemens*, NZA 2004, 410; *Bauer/Krieger*, NZA 2004, 1019; vgl. auch unten § 42 IX.

[28] Umfassend zum Konzerntarifvertrag *Windbichler*, Arbeitsrecht im Konzern, 1989, S. 460ff.

[29] Hierzu *Wiedemann/Thüsing*, RdA 1995, 280.

[30] Dies steht nach BVerfGE 20, 312 (319) ihrer Tariffähigkeit nicht entgegen.

[31] Vgl. BVerfGE 38, 281 (303ff.), das in der Existenz von Arbeitnehmerkammern keine Verletzung des Koalitionsgrundrechts der Gewerkschaften erblickte.

V. Gerichtliche Feststellung der Tariffähigkeit

§ 2a I Nr. 4, § 97 ArbGG gibt die Möglichkeit, vom zuständigen Arbeitsgericht im Beschlussverfahren (hierzu unten § 56 II) die Tariffähigkeit einer Organisation oder eines einzelnen Arbeitgebers feststellen zu lassen. Andere Verfahren, in denen die Tariffähigkeit Vorfrage ist, sind nach § 97 V ArbGG auszusetzen. Die fehlende Tariffähigkeit führt zur Nichtigkeit der geschlossenen Tarifverträge ex tunc. Zudem erwächst die Entscheidung nach zutreffender Ansicht gegenüber jedermann in materielle Rechtskraft.[32]

VI. Die Tarifzuständigkeit[33]

Ein Verband kann Tarifverträge nur in den Grenzen seiner satzungsmäßigen Ermächtigung durch die Mitglieder abschließen[34]. Regelungsmaterie und Geltungsbereich des Tarifvertrags (dazu § 38 II) müssen dem satzungsmäßig festgelegten **räumlichen, persönlichen** und **betrieblich-fachlichen** Zuständigkeitsbereich unterfallen. Eine Überschreitung dieser Grenzen führt zur Unwirksamkeit. Die Tarifzuständigkeit dient der Abgrenzung der Zuständigkeitsbereiche zwischen gleichrangigen Arbeitnehmer- bzw. Arbeitgebervereinigungen[35]. Ein bayerischer Arbeitgeberlandesverband könnte für baden-württembergische Unternehmen auch dann keine Tarifverträge abschließen, wenn diese Unternehmen unter Verstoß gegen die Satzung bei ihm Mitglieder wären. Von praktischer Bedeutung ist vor allem die satzungsmäßige Begrenzung der Zuständigkeit auf Unternehmen eines bestimmten Industriezweiges, die sich heute in den meisten Gewerkschaftssatzungen findet (**Industrieverbandsprinzip**, oben § 9 II 1). Tarifverträge für Arbeitnehmer anderer Industriezweige dürfen dann nicht geschlossen werden.

Beispiel: Die IG-Metall darf ohne Satzungsänderung keinen allgemeinen Metallarbeitertarifvertrag schließen, der auch für die Metallarbeiter in der Holz-, Bau- oder keramischen Industrie gelten sollte.

Strittig ist, ob die Tarifzuständigkeit des tarifschließenden Verbandes eine *eigenständige Voraussetzung der Tarifvertragswirksamkeit* darstellt,[36] nur ein Element der Tariffähigkeit oder überhaupt verzichtbar ist.[37] Die Tarifzuständigkeit sollte schon aus Grün-

---

[32] *Wiedemann/Oetker*, § 9 Rn. 30 ff.; *Grunsky*, Arbeitsgerichtsgesetz, 7. Aufl., 1995, § 97 Rn. 22; *Matthes* in *Germelmann/Matthes/Müller-Glöge/Prütting*, Arbeitsgerichtsgesetz, 5. Aufl., 2004, § 97 Rn. 28.

[33] Dazu *Kraft*, Abschied von der „Tarifzuständigkeit" als Wirksamkeitsvoraussetzung eines Tarifvertrages, FS Schnorr von *Carolsfeld*, 1973, S. 255; *Wiedemann*, Zur Tarifzuständigkeit, RdA 1975, 78; *Zachert*, Rechtsfragen bei der Durchsetzung der Tarifzuständigkeit, AuR 1982, 181; *van Veenroy*, Auf der Suche nach der Tarifzuständigkeit, ZfA 1983, 49; *Rüthers*, in: Brox/Rüthers, Arbeitskampfrecht, Rn. 135; *Buchner*, Tarifzuständigkeit bei Abschluss von Verbands- und Firmentarifverträgen, ZfA 1995, 95; *Konzen*, Die Tarifzuständigkeit im Tarif- und Arbeitskampfrecht, FS Kraft, 1998, 291; *Ricken*, Autonomie und tarifliche Rechtsetzung, 2006; *BAG* AP Nr. 123 zu Art. 9 GG.

[34] Die Tarifzuständigkeit der vertragsschließenden Verbände muss zudem kongruent sein, *BAG* AP Nr. 7 zu § 2 TVG Tarifzuständigkeit.

[35] Innerhalb der DGB-Gewerkschaften werden die Zuständigkeiten der Einzelgewerkschaften nach der Satzung gegeneinander abgegrenzt; im Streitfall ist der Schiedsspruch des Schiedsverfahrens (§ 16 der DGB-Satzung) auch für den Gegenspieler verbindlich, *BAG* AP Nr. 14 zu § 2 Tarifzuständigkeit.

[36] So z.B. *Wiedemann*, RdA 1975, 78 (80); *Konzen*, Die Tarifzuständigkeit im Tarif- und Arbeitskampfrecht, FS Kraft 1998, 301 f.; *BAG* AP Nr. 1–4 zu § 2 TVG Tarifzuständigkeit.

[37] *Kraft* (Fn. 90), S. 255 ff., hält das Merkmal der Tarifzuständigkeit generell nicht für erforderlich. Seiner Ansicht nach beinhaltet die Überschreitung der Tarifzuständigkeit die Überschreitung der

den der Klarheit als eigenständige Voraussetzung angesehen werden. Die Tariffähigkeit ist nämlich definiert als Fähigkeit, überhaupt *irgendeinen,* nicht nur einen Tarifvertrag ganz bestimmter Art abschließen zu können. Zudem unterscheidet auch § 2a I Nr. 4 ArbGG Tariffähigkeit und Tarifzuständigkeit. Die Tarifzuständigkeit bestimmt sich nach den Satzungen der Verbände, wobei eine Gewerkschaft aufgrund ihrer Satzungsautonomie frei bestimmen kann, auf welche Betriebe sie ihre Tarifzuständigkeit erstreckt.[38] Die Gewerkschaften umschreiben ihren Zuständigkeitsbereich häufig recht weit, was ihnen aber offen steht.[39] Gelten dann für einen Betrieb mehrere Tarifverträge, so liegt Tarifpluralität bzw. Tarifkonkurrenz vor (s. unten § 38 III). Größere Überschneidungen werden durch das in der Satzung des DGB verankerte Industrieverbandsprinzip verhindert.[40]

§ 36. Gegenstand und Inhalt von Tarifverträgen

Literatur: *Biedenkopf,* Grenzen der Tarifautonomie, 1964; *Hölters,* Harmonie normativer und schuldrechtlicher Abreden in Tarifverträgen, 1973; *Zöllner,* Maßregelungsverbote und sonstige tarifliche Nebenfolgenklauseln nach Arbeitskämpfen, 1977; *Zachert,* Die Sicherung und Gestaltung der Normalarbeitsverträge durch Tarifvertrag, 1989; *Th. Baumann,* Anforderungen an den Tarifvertrag als Gesetz, RdA 1987, 270; *Etzel,* Tarifordnung und Arbeitsvertrag, NZA 1987, Beilage 1, S. 19; *Richardi,* Kollektivvertragliche Arbeitszeitregelung, ZfA 1990, 211; *Dieterich,* Zur Verfassungsmäßigkeit tariflicher Betriebsnormen, FS Däubler, 1999, 451 f.; *Waltermann,* Zu den Grundlagen der Rechtsetzung durch Tarifvertrag, FS Söllner 2000, 1251; *Bayreuther,* Tarifautonomie als kollektiv ausgeübte Privatautonomie, 2005.

Der Tarifvertrag hat einen **normativen** und einen **schuldrechtlichen** Teil (oben § 34 I 2). Im normativen Teil werden die Arbeitsbedingungen geregelt. Hier sind Normen enthalten über den Inhalt, den Abschluss und die Beendigung von Arbeitsverhältnissen sowie über betriebliche und betriebsverfassungsrechtliche Fragen (§ 1 I TVG). Ferner kann der normative Teil Rechtsnormen über (in § 1 I TVG nicht genannte) gemeinsame Einrichtungen der Tarifparteien enthalten (§ 4 II TVG). Der schuldrechtliche Teil regelt Rechte und Pflichten der Tarifparteien. Zusätzlich kann der Tarifvertrag Geltungsregelungen enthalten (oben § 34 I 3). Darüber hinaus können Tarifparteien Vereinbarungen in den Tarifvertrag aufnehmen, die lediglich allgemein schuldrechtlicher Art und nicht erkämpfbar sind.

Vollmacht der gewerkschaftlichen Vertretung mit der Folge, dass §§ 177 ff. BGB zur Anwendung kämen.

[38] *BAG* AP Nr. 4, 5, 7 und 14 zu § 2 TVG Tarifzuständigkeit; *BAG* DB 1997, 731; *BAG* NZA 2002, 1050; *BAG* AP Nr. 18 zu § 2 TVG Tarifzuständigkeit s. auch Fn. 38.

[39] *BAG* AP Nr. 4 zu § 2 TVG Tarifzuständigkeit hält es sogar für wirksam, wenn die Satzung gewollt oder ungewollt dazu führt, dass eine Gewerkschaft nur für ein einziges Unternehmen eines bestimmten Wirtschaftszweiges zuständig wird.

[40] Hierzu *Sohn,* Berufsverband und Industriegewerkschaft, 1964; *Zachert,* AuR 1982, 181 ff. In zweifelhaften Fällen wird die Satzung einer dem DGB angehörenden Gewerkschaft durch einen Schiedsspruch authentisch interpretiert oder ergänzt (*BAG* AP Nr. 5 und Nr. 10 zu § 2 TVG Tarifzuständigkeit). Solange ein Schiedsspruch nicht vorliegt, bleibt es nach Auffassung des *BAG* (AP Nr. 11 zu § 2 TVG Tarifzuständigkeit) bei der alleinigen Tarifzuständigkeit der vor der Konkurrenzsituation als zuständig angesehenen Gewerkschaft.

I. Inhalt des normativen Teils

1. Arbeitsverhältnisnormen

Als Normen für die Arbeitsverhältnisse nennt § 1 TVG Normen, die den *Inhalt*, den *Abschluss* oder die *Beendigung* von Arbeitsverhältnissen regeln. Da Regeln über die Beendigung zum Inhalt des Arbeitsverhältnisses gehören, unterscheidet man nur zwei Arten von Arbeitsverhältnisnormen: **Inhaltsnormen** und **Abschlussnormen**. Was im Einzelnen zu diesen zu rechnen ist, ist äußerst strittig. Zutreffenderweise geht es hierbei um die Grenzen der Tarifautonomie (hierzu unten § 39). Hier ist zunächst der grundsätzliche Regelungsgegenstand darzulegen.

a) Inhaltsnormen bilden die größte Gruppe der Tarifnormen. Man versteht darunter Regelungen, die für das Arbeitsverhältnis von seinem Zustandekommen ab gelten. Dazu zählen etwa Normen über die Lohnhöhe, die Art und den Zeitpunkt der Lohnzahlung, die Bemessung von Akkorden, Zulagen, Prämien, ferner Regelungen über Leistungsstörungen (z.B. Lohnfortzahlung bei Abwesenheit des Arbeitnehmers, Haftung des Arbeitnehmers), Normen über Arbeitszeit, Urlaub, Kündigungsfristen, Art und Weise der Kündigung, Ruhegeld, Ausgleichszahlungen bei Kündigung infolge von Rationalisierungsmaßnahmen und vieles andere.

Eine Unterart der Inhaltsnormen stellen die sog. **Zulassungsnormen**[1] dar. Mit Hilfe dieser Normen wird es ermöglicht ("zugelassen"), im Einzelarbeitsvertrag oder in einer Betriebsvereinbarung von solchen gesetzlichen Regelungen abzuweichen, die eine Abweichung nur gestatten, wenn ein **Tarifvertrag** dies zulässt. Die Hauptbeispiele sind § 7 ArbZG und § 12 ArbZG, wonach durch Tarifvertrag unter bestimmten Voraussetzungen die tägliche oder wöchentliche Arbeitszeit verlängert oder anders verteilt werden kann. Der Tarifvertrag muss hier die erhöhte Arbeitszeit oder anderweitige Verteilung nicht selbst verbindlich festlegen. Er kann sich darauf beschränken, den Arbeitsvertrags- oder den Betriebsparteien die Vereinbarung einer verlängerten Arbeitszeit zu erlauben.[2]

b) Abschlussnormen sind Regelungen über das Zustandekommen von Arbeitsverhältnissen.[3] Sie haben in der tariflichen Praxis nur geringe Bedeutung. Drei Gruppen sind zu unterscheiden:

aa) Formvorschriften, die den schriftlichen Abschluss der Arbeitsverträge verlangen, gewähren – sofern sie heute, da Arbeitnehmer ohnehin den Anspruch auf schriftliche Niederlegung der wesentlichen Arbeitsbedingungen nach § 2 NachwG haben, noch vorkommen – nur einen in die gleiche Richtung gehenden Anspruch. Die Wirksamkeit des Arbeitsvertrages hängt von der Schriftform nicht ab. Deshalb liegt lediglich eine Inhaltsnorm vor.[4]

---

[1] Dazu *Herschel*, Die Zulassungsnormen des Tarifvertrags, RdA 1969, 211; *Floretta*, Die Beteiligung der Kollektivvertragsparteien am Arbeitszeitschutz – Die Rechtsnatur von Zulassungsnormen im Kollektivvertrag, FS Hämmerle, 1972, S. 79.

[2] Inwieweit solche Zulassungsnormen auch bei anderen tarifdispositiven Rechtsvorschriften (z.B. § 13 I BUrlG, § 616 II 1 und 2 BGB, § 622 III BGB) anstelle unmittelbarer tariflicher Regelungen in Betracht kommen, ist durch Auslegung der jeweiligen Norm zu ermitteln.

[3] Zu Abschlussnormen *Buchner*, Der Umfang tariflicher Abschlußnormen, insbesondere ihre Abgrenzung zu den Normen über betriebliche Fragen, RdA 1966, 208.

[4] Anders ist dies zumeist bei Formvorschriften für Nebenabreden, die ohne Einhaltung dieser Form unwirksam sind; *BAG* AP Nr. 1, 4, 5, 8 zu § 4 BAT; *BAG* AP Nr. 1 zu § 3 TV Arb Bundespost; *BAG* AP Nr. 9 zu § 17 BAT.

bb) **Abschlussverbote** untersagen die Einstellung bestimmter Arbeitnehmer auf bestimmten Arbeitsplätzen, etwa die Einstellung von Jugendlichen oder Frauen für gesundheitsgefährdende Tätigkeiten.[5] Z. T. werden auch sog. **Skalen,** die die Beschäftigung bestimmter Gruppen von Arbeitnehmern über einen vorgeschriebenen Prozentsatz hinaus verbieten (z. B. die Einstellung von mehr als 5% Auszubildenden oder Teilzeitbeschäftigten) als Abschlussnormen qualifiziert. Soweit solche Skalen überhaupt rechtswirksam sind (Lehrlingsskalen können gegen Art. 12 I GG, Frauenskalen zusätzlich gegen Art. 3 II GG verstoßen), sind sie i. d. R. nicht als Abschlussverbote gewollt. Denn als solche würden sie zu einer Benachteiligung gerade der tarifgebundenen Arbeitgeber führen.[6] Ein allerdings unzulässiges Abschlussverbot[7] sind die sog. **Organisations- oder Absperrklauseln,** die den Arbeitgeber zwingen, nur Gewerkschaftsmitglieder zu beschäftigen (im Einzelnen hierzu § 40 IX).

cc) **Abschlussgebote** verpflichten den Arbeitgeber unter bestimmten Voraussetzungen zur Einstellung bestimmter Arbeitnehmer, etwa zur Einstellung von Frauen oder älteren Arbeitnehmern in Höhe einer bestimmten Quote. Früher gab es häufig sog. Wiedereinstellungsklauseln, die den Arbeitgeber zur Wiedereinstellung von Arbeitnehmern nach Arbeitskämpfen verpflichteten (hierzu unten § 43 VII). Arbeitnehmer können durch solche Klauseln nicht verpflichtet werden, weil dies gegen das Grundrecht freier Berufswahl (Art. 12 I GG) verstieße. Ob Arbeitgeber zur Einstellung verpflichtet werden können, ist äußerst zweifelhaft. Die normative Wirkung ist jedenfalls dann abzulehnen, wenn der Arbeitnehmer nicht individuell bestimmt oder doch wenigstens eindeutig bestimmbar ist.

2. Betriebsnormen

Literatur: *Loritz,* Tarifautonomie und Gestaltungsfreiheit des Arbeitgebers, 1990, S. 34 ff.; *Säcker/ Oetker,* Grundlagen und Grenzen der Tarifautonomie, 1992, S. 135 ff.; *Kreßel,* Tarifvertragliche Regelungsbefugnisse bei Fragen der Arbeitsgestaltung, RdA 1994, 23; *H. Hanau,* Zur Verfassungsmäßigkeit von tarifvertraglichen Betriebsnormen am Beispiel der qualitativen Besetzungsregeln, RdA 1996, 158; *Ingelfinger,* Arbeitsplatzgestaltung durch Betriebsnormen, 1996; *Loritz,* Betriebsnormen und Außenseiter, FS Zöllner, Bd. 2, 1998, 865.

Betriebsnormen sind in § 1 I, § 3 II TVG als Normen über betriebliche Fragen bezeichnet. Wie die historische Entwicklung zeigt, sind darunter nur solche Normen zu verstehen, deren einheitliche Anwendung auf gewerkschaftsangehörige und nicht gewerkschaftsangehörige Arbeitnehmer im Betrieb aus tatsächlichen oder rechtlichen Gründen unumgänglich und nicht nur aus Gleichheits- oder Rationalisierungsgründen oder aus tarifpolitischen Zweckmäßigkeitserwägungen wünschenswert ist.[8] Dabei liegt eine Unmöglichkeit der Differenzierung bereits dann vor, wenn eine individualvertragliche Regelung wegen evident sachlogischer Unzweckmäßigkeit ausscheidet.[9] Es geht stets um **Fragen der Betriebsorganisation.**[10]

---

[5] Vgl. hierzu *Schoner,* Die tariflichen Abschlussverbote, DB 1968, 483 u. 529. Angesichts umfassender gesetzlicher Arbeitsschutzbestimmungen sind solche tarifvertraglichen Abschlussverbote heute relativ selten.

[6] Nähere Begründung bei *Zöllner,* Anm. zu BAG AP Nr. 1 zu § 4 TVG Lehrlingsskalen; vgl. auch *Frey,* Die Rechtsnatur tarifvertraglicher Lehrlingsskalen, zugleich ein Beitrag zur Tarifvertragssystematik, RdA 1970, 182.

[7] Allg. Ansicht, statt aller Wiedemann/*Thüsing,* § 1 Rn. 633 m. w. N.

[8] Für eine enge Auslegung auch *Walker,* Zur Zulässigkeit von Betriebsbußen, FS Kissel, 1994, S. 1205, 1221 f.

[9] *BAG* AP Nr. 2 zu § 3 TVG Betriebsnormen = SAE 1999, 125 m. Anm. *Ingelfinger.*

[10] *BAG* AP Nr. 46, 47 zu Art. 9 GG (mit Anm. *Scholz*) hat im Ergebnis zu Recht Tarifnormen, die die Zahl der Arbeitnehmer, welche von der (tariflichen) Möglichkeit des Vorruhestandes Gebrauch

Vor allem früher wurde zwischen Solidarnormen und Ordnungsnormen unterschieden, was aber den Regelungsbereich bei weitem nicht ausschöpft.

Solidarnormen haben den Zweck, Einrichtungen zugunsten der gesamten Belegschaft zu schaffen, etwa Waschräume, Arbeitsschutzeinrichtungen (Entlüftungs- und Entstaubungsanlagen) oder ein Betriebskasino. Der einzelne Arbeitnehmer erhält hier aber keinen (individuell durchsetzbaren) Anspruch. Die Einhaltung solcher Normen überwachen vielmehr Gewerkschaften und Betriebsräte (§ 80 I Nr. 1 BetrVG).

Ordnungsnormen sind Regelungen über die Ordnung im Betrieb, wie etwa Kontrollnormen über die Anwesenheit, Rauchverbote und betriebliches Disziplinarwesen (zu Einzelheiten unten § 37 III 3).

Wichtiger ist heute eine weitere Kategorie von Normen, wozu z.B. sog. **qualitative Besetzungsregelungen** gehören. Diese schreiben für bestimmte Arbeitsplätze eine Mindestqualifikation vor.[11] Auch sog. **Skalen,** die bestimmen, dass nur ein bestimmter Prozentsatz aller Arbeitnehmer eines Betriebs eine verlängerte Arbeitszeit haben darf, werden als Betriebsnormen qualifiziert.[12] Beide Arten von Betriebsnormen sind verfassungswidrig, was im Einzelnen unten (§ 37 III 2 und § 39 III 3) dargestellt wird.

Die Betriebsnormen sind von den Inhaltsnormen streng zu unterscheiden, weil § 3 II TVG für sie eine besondere Geltungsweise (für **den Betrieb** aller tarifgebundenen Arbeitgeber, somit auch für die nicht tarifgebundenen Arbeitnehmer, die sog. Außenseiter) anordnet (zu den damit verbundenen Problemen unten § 37 III 2).

3. Betriebsverfassungsrechtliche Normen[13]

Sie sind in § 3 II TVG zwar vorgesehen und gelten dann für alle Betriebe, deren Arbeitgeber tarifgebunden sind. Das TVG enthält aber keine Aussage über die äußerst strittige Frage, ob und inwieweit die Vorschriften des BetrVG zwingendes Recht sind oder durch Tarifvertrag abgeändert werden können.[14] Dabei ist zwischen Fragen der Organisation der Betriebsverfassung und der Mitbestimmungsrechte zu unterscheiden. Mehrere Vorschriften des BetrVG[15] sehen die Möglichkeit einer Abänderung bezüglich der Strukturen der Betriebsverfassung durch Tarifvertrag ausdrücklich vor.[16] Wo das nicht der Fall ist, steht das BetrVG hinsichtlich der organisatorischen Ausgestaltung nicht zur Disposition der Tarifparteien. Bezüglich der Mitbestimmungsrechte des

---

machen dürfen, prozentual begrenzen, nicht als Betriebsnormen qualifiziert. Denn es geht dabei nicht um die Betriebsorganisation, sondern um die Beendigung der Arbeitsverhältnisse. So auch *Neumann,* Auswahl beim Vorruhestand, FS Molitor, 1988, S. 249 (251 f.).

[11] Vgl. *BAG* AP Nr. 57 zu Art. 9 GG = SAE 1991, 236 mit abl. Anm. *Loritz,* das Betriebsnormen immer dann bejaht, wenn eine Regelung nicht Inhalt eines Individualarbeitsvertrages sein kann. S. im Einzelnen unten § 36 I 3 und § 39 III 5.

[12] S. *Richardi,* DB 1990, 1613.

[13] Hierzu *Spilger,* Tarifvertragliches Betriebsverfassungsrecht, 1988; *Giesen,* Tarifvertragliche Rechtsgestaltung für den Betrieb, 2002.

[14] Hierzu *v. Hoyningen-Huene/Meier-Krenz,* Mitbestimmung trotz Tarifvertrages?, NZA 1987, 793 ff.; *dies.,* Flexibilisierung des Arbeitsrechts durch Verlagerung tariflicher Regelungskompetenzen auf den Betrieb, ZfA 1988, 293; *Meier-Krenz,* Die Erweiterung von Beteiligungsrechten des Betriebsrats durch Tarifvertrag, 1988; *ders.,* Die Erweiterung von Mitbestimmungsrechten des Betriebsrats durch Tarifvertrag, DB 1988, 2149; *Richardi,* Erweiterung der Mitbestimmung des Betriebsrats durch Tarifvertrag, NZA 1988, 673; *Spilger,* Tarifvertragliches Betriebsverfassungsrecht, 1988, S. 25 ff.; *Weyand,* Möglichkeiten und Grenzen der Verlagerung tariflicher Regelungskompetenzen auf die Betriebsebene, AuR 1989, 193 ff.; *Schwarze,* Der Betriebsrat im Dienst der Tarifvertragsparteien, 1991.

[15] §§ 3, 21a I 4, II 2, III, 38 I 4, 47 IV, IX, 55 IV, 72 IV, VIII, 73a IV, 76 VIII, 86, 117 II BetrVG.

[16] Insbesondere durch die Novellierung des § 3 BetrVG im Rahmen der Reform 2001 wurden die Möglichkeiten einer tarifvertraglichen Gestaltung der Organisationsgrundlagen erheblich erweitert.

Betriebsrats ist zunächst gesicherte Erkenntnis, dass die Rechte des Betriebsrats durch Tarifvertrag nicht eingeschränkt werden können, da das BetrVG insoweit Mindestbedingungen aufstellt.[17] Eine tarifvertragliche Erweiterung hat das BAG dagegen entgegen zahlreichen Stimmen in der Literatur[18] in bestimmten Fällen zugelassen.[19] Dies ist zumindest dort abzulehnen, wo die Mitbestimmung des Betriebsrats die unternehmerische Entscheidungsfreiheit über das Gesetz hinausgehend einengen würde. Ferner darf dem Betriebsrat, der aufgrund der gesetzgeberischen Legitimation im Rechtskreis der Arbeitnehmer tätig wird, nicht eine über das Gesetz hinausgehende Möglichkeit zu Eingriffen in individuelle Rechtspositionen der Arbeitnehmer eingeräumt werden. Das Personalvertretungsrecht des Bundes und der Länder kann kraft ausdrücklicher gesetzlicher Regelungen (vgl. nur §§ 3, 97 BPersVG) durch Tarifvertrag nicht abweichend geregelt werden.

4. Normen über gemeinsame Einrichtungen der Tarifvertragsparteien[20]

§ 4 II TVG ermöglicht den Tarifparteien die Schaffung gemeinsamer Einrichtungen und nennt beispielhaft Lohnausgleichskassen und Urlaubskassen. Es gibt z.B. auch Zusatzversorgungskassen.[21] Gemeinsame Einrichtungen sollen zumeist Aufgaben erfüllen, die über ein einzelnes Unternehmen hinausreichen. Die Einrichtung als solche könnte durch eine schuldrechtliche Tarifvertragsvereinbarung errichtet werden. Aber die zumeist zu Lasten der einzelnen Arbeitgeber gehende **Mittelaufbringung (Finanzierung)** und die **Erbringung der Leistungen** an die Arbeitnehmer **(Leistungsseite)** erfordern Tarifnormen besonderer Art. Sie sind einmal für das Verhältnis zwischen der Einrichtung und den einzelnen Arbeitgebern notwendig (etwa für Ansprüche der Einrichtung gegen die einzelnen Firmen auf Zahlung bestimmter Beiträge). Zum anderen muss die Verpflichtung der Einrichtung gegenüber den anspruchsberechtigten Arbeitnehmern festgelegt werden. Tarifverträge über gemeinsame Einrichtungen können nach der abzulehnenden Rechtsprechung auch für allgemeinverbindlich erklärt werden.[22]

---

[17] BAG AP Nr. 62 zu § 80 BetrVG 1972.

[18] Statt aller: *Beuthien,* Tarifverträge betriebsverfassungsrechtlichen Inhalts, ZfA 1986, 131; *Meier-Krenz,* DB 1988, 2149; *Richardi,* NZA 1988, 673, jeweils mit umfassender Darstellung des Meinungsstandes; *Hohenstatt/Schramm,* DB 2004, 2216; *Wolter,* RdA 2002, 218 ff.

[19] BAG AP Nr. 23 zu § 77 BetrVG 1972; BAG AP Nr. 53 zu § 99 BetrVG 1972; *BAG* AP Nr. 62 zu § 80 BetrVG 1972; *BAG* AP Nr. 121 zu § 102 BetrVG 1972.

[20] Dazu *Bötticher,* Die gemeinsamen Einrichtungen der Tarifvertragsparteien, 1966; *Zöllner,* Empfiehlt es sich, das Recht der Gemeinsamen Einrichtungen der Tarifvertragsparteien (§ 4 Abs. 2 TVG) gesetzlich näher zu regeln?, Gutachten für den 48. DJT, 1970, Bd. I, Teil G; *ders.,* Die Wirkung der Normen über gemeinsame Einrichtungen der Tarifvertragsparteien, RdA 1967, 361; *ders.,* Der Begriff der gemeinsamen Einrichtung der Tarifvertragsparteien, BB 1968, 597; *Wiedemann,* Rationalisierungsschutz, Tarifmacht und gemeinsame Einrichtungen, RdA 1968, 420; *Mayer-Maly,* Gemeinsame Einrichtungen im Spannungsfeld von Tarifmacht und Organisationspolitik, BB 1965, 829; zum österr. Recht *O. Martinek,* Die gemeinsamen Einrichtungen der Kollektivvertragsparteien, FS Strasser, 1983, S. 425; *Otto/Schwarze,* Tarifnormen über gemeinsame Einrichtungen und deren Allgemeinverbindlicherklärung, ZfA 1995, 639.

[21] Hierzu *Hanau,* Gemeinsame Einrichtung von Tarifvertragsparteien als Instrument der Verbandspolitik, RdA 1970, 161; *Hromadka,* Gemeinsame Einrichtungen der Tarifvertragsparteien, NJW 1970, 1441; *v. Hoyningen-Huene,* Die Allgemeinverbindlicherklärung der Vorruhestandstarifverträge im Baugewerbe, BB 1986, 1909.

[22] BAG AP Nr. 1 zu § 4 TVG Ausgleichskasse; AP Nr. 13 zu § 5 TVG; das BVerfG hält dies mit wenig überzeugender Begründung für verfassungsgemäß, vgl. BVerfGE 44, 322; 55, 7 (21 ff.); *BVerfG* AP Nr. 8 zu § 4 TVG Gemeinsame Einrichtungen; vgl. ferner *Otto/Schwarze,* ZfA 1995, 639, 689 ff.

II. Inhalt des schuldrechtlichen Teils

Der Tarifvertrag ist in erster Linie **Normenvertrag.** Er regelt im Normalfall nur die Rechtsbeziehungen Dritter (der einzelnen Arbeitgeber und Arbeitnehmer), nicht die der tarifschließenden Verbände (s. unten § 38 I, oben § 34 I 2). Dennoch enthält er stets und ohne ausdrückliche Regelungen zwei schuldrechtliche Pflichten der Tarifparteien, nämlich die **Friedenspflicht** und die **Durchführungspflicht.** Weitere schuldrechtliche Absprachen können getroffen werden.

1. Friedenspflicht[23]

Während der Laufzeit des Tarifvertrages haben die Tarifparteien diesen mit seinen Regelungen als rechtsverbindlich zu respektieren. Diese Friedenspflicht ist unabdingbar.

a) Inhalt

Die Friedenspflicht verlangt, dass die Tarifparteien während der Laufzeit des Tarifvertrages eine Änderung nicht mit Arbeitskampfmaßnahmen durchzusetzen versuchen.[24] Es steht den Parteien frei, den Tarifvertrag innerhalb der dafür vorgesehenen Fristen durch Kündigung zu beenden. Jede Partei kann ferner die andere um eine einvernehmliche vorzeitige Beendigung oder Änderung bitten. Darum kämpfen darf sie nicht, weil dies der Bindungswirkung des Vertrages widerspräche.

b) Umfang

Ohne besondere Vereinbarung besteht nur eine **relative** Friedenspflicht. Sie erstreckt sich nur auf die im Tarifvertrag *geregelten* Arbeitsbedingungen, hindert die Tarifparteien aber nicht, bezüglich der *nicht geregelten* Bereiche Forderungen an die Gegenseite zu stellen.

Besteht etwa ein Lohntarifvertrag, so dürfen die Tarifparteien durchaus einen Arbeitskampf um die Urlaubstarifverträge führen. Die relative Friedenspflicht ist allerdings nicht rein formalistisch etwa dahingehend zu verstehen, dass bei Vereinbarungen eines Lohntarifvertrages die Gewerkschaften während dessen Laufzeit um ein zusätzliches Urlaubsgeld oder zusätzliche vermögenswirksame Leistungen kämpfen dürften. Sie betrifft immer die einzelnen **Regelungsgegenstände,** die durch Auslegung zu ermitteln sind. Die Arbeitgeber, die bestimmte Löhne und evtl. Lohnnebenleistungen vereinbaren, können davon ausgehen, dass nicht zusätzliche „Personalkosten" auf sie zukommen. Enthält ein Tarifvertrag (auch nur sehr globale) Regelungen über die Lage der Arbeitszeit, so verstößt eine Kampfmaßnahme, mit dem Ziel, das Arbeitszeitende in bestimmter Weise festzusetzen, gegen die relative Friedenspflicht.[25] Wollen die Tarifparteien jegliche Nachforderung während der Laufzeit des Tarifvertrages

---

[23] Zu dieser *Strasser,* Die Rechtsgrundlage der tariflichen Friedenspflicht, RdA 1965, 401; *Nipperdey,* Zur Abgrenzung der tariflichen Friedenspflicht, FS Schmitz, Bd. 1, 1967, S. 275; *Brox/Rüthers,* Arbeitskampfrecht, Rn. 218 ff.; *Löwisch,* Reichweite und Durchsetzung der tariflichen Friedenspflicht am Beispiel der Metalltarifrunde 1987, NZA 1988, Beilage 2, S. 3 ff.; *Stahlhacke,* Aktuelle Probleme tariflicher Friedenspflicht, FS K. Molitor, 1988, S. 351; *Otto,* Relative Friedenspflicht, tariflicher Regelungsgegenstand und Geschäftsgrundlage, FS Wiedemann, 2002, S. 401; *Bratz,* Reichweite und Grenzen gewerkschaftlicher Friedenspflicht aus Tarifverträgen, ZTR 2004, 122.
[24] Zur Problematik der Warnstreiks vor Ablauf der Friedenspflicht unten § 41 VI 4.
[25] Vgl. hierzu die z. T. differierenden Entscheidungen von *LAG Niedersachsen* LAGE Art. 9 GG Arbeitskampf Nr. 35 = DB 1988, 714; *LAG Schleswig-Holstein* LAGE Art. 9 GG Arbeitskampf Nr. 32 mit Anm. *Buchner; ArbG Düsseldorf* EzA Art. 9 GG Arbeitskampf Nr. 72; *ArbG Frankfurt/M.* EzA § 1 TVG Friedenspflicht Nr. 4; *LAG Berlin* NZA 1988, 814.

ausschließen, so können sie eine **absolute Friedenspflicht** vereinbaren, die ausdrücklich geregelt werden muss.

c) Die verpflichteten und begünstigten Rechtssubjekte

Die Friedenspflicht verpflichtet jede Tarifpartei nicht nur gegenüber dem Vertragsgegner, sondern auch gegenüber dessen Mitgliedern. Der Tarifvertrag ist deshalb hinsichtlich der Friedenspflicht ein **Vertrag mit Schutzwirkung für Dritte**. Wird die Friedenspflicht durch einen gewerkschaftlichen Streik verletzt, so ist die streikführende Gewerkschaft aus § 280 I BGB auch dem bestreikten Unternehmen gegenüber zum Schadensersatz verpflichtet. Sperrt ein Arbeitgeberverband unter Verstoß gegen die Friedenspflicht aus, so ist neben dem einzelnen Arbeitgeber auch der Verband aus § 280 I BGB den Arbeitnehmern zum Schadensersatz verpflichtet.

2. Durchführungspflicht[26]

a) Tariferfüllungspflicht

Der Tarifvertrag ist wie jeder Vertrag durch die Tarifparteien zu erfüllen. Unzulässig ist damit eine bewusst falsche Auslegung des Vertrags durch die Tarifparteien gegenüber ihren Mitgliedern oder die Aufforderung an die Mitglieder, die tarifvertraglichen Pflichten nicht zu erfüllen, indem sie etwa die Tariflöhne unterschreiten. Während die Friedenspflicht Arbeitskampfmaßnahmen untersagt, verbietet die Tariferfüllungspflicht alle sonstigen Handlungen, welche den Tarifvertrag in Frage stellen können.

b) Einwirkungspflicht[27]

Primärer Zweck des Tarifvertrages ist die Vereinbarung verbindlicher Normen für die Mitglieder der tarifschließenden Verbände. Die Verbände müssen deshalb, auch wenn sie nicht im Namen ihrer Mitglieder handeln, dafür Sorge tragen, dass diese, also die einzelnen Arbeitgeber und Arbeitnehmer, die Tarifnormen einhalten und ihre Pflichten erfüllen.[28] Einer Tarifpartei ist die Einwirkung aber nicht zumutbar bei zweifelhafter Rechtslage hinsichtlich einer Tarifnorm, wenn also keine Klarheit besteht, ob das Verhalten dem Tarifvertrag entspricht oder nicht.[29] Ferner müssen die Gewerkschaften auf ihre Mitglieder einwirken, damit diese Streikexzesse unterlassen.[30] Sehr problematisch ist die Einwirkungspflicht der Gewerkschaften auf ihre Mitglieder bei nicht gewerkschaftlichen Streiks.[31]

Die Einwirkungspflicht erfüllen die Verbände mit den ihnen zustehenden verbandsrechtlichen Mitteln, insbesondere durch Information ihrer Mitglieder. Bei wiederholter oder gezielter Missachtung eines Tarifvertrages muss der Verband gegen das Mit-

---

[26] Hierzu Wiedemann/*Thüsing*, § 1 Rn. 913 ff.; *Ramm*, Die Parteien des Tarifvertrags, 1961, S. 10 ff.; *Feudner*, Die Durchsetzung von Tarifverträgen, DB 1991, 1118.

[27] Hierzu *Buchner*, Abschied von der Einwirkungspflicht der Tarifvertragsparteien, DB 1992, 572.

[28] Vgl. *BAG* AP Nr. 1 zu § 1 TVG Durchführungspflicht; a. A. *Buchner*, DB 1992, 572 (577 f.).

[29] *BAG* AP Nr. 3 zu § 1 TVG Durchführungspflicht; vgl. auch *Buchner*, DB 1992, 570; a. A. *Schwarze*, Die Einwirkungsklage als Mittel zur Beseitigung tarifwidriger Betriebsvereinbarungen?, ZTR 1992, 229 (232 f.).

[30] *BAG* AP Nr. 109, 111 zu Art. 9 GG Arbeitskampf. Lehnt ein Mitglied eines satzungsmäßigen Organs eine solche Einwirkung ab, haftet die Gewerkschaft nach § 31 BGB analog (vgl. *BAG* AP Nr. 111 zu Art. 9 GG Arbeitskampf).

[31] Hierzu *Heckelmann*, Die Grenzen gewerkschaftlicher Einwirkungspflicht bei wilden Streiks, DB 1970, 158.

glied mit adäquaten Mitteln wie Aufforderungen, Warnungen und Verbandsstrafen vorgehen. Bei ganz schwerwiegenden Verstößen muss auch zum letzten Mittel, dem **Verbandsausschluss**, gegriffen werden. Ein Anspruch gegen den Tarifpartner auf Einschreiten gegenüber den Mitgliedern besteht häufig dort wo ein kollektives eigenes Interesse des Verbandes berührt ist. Dieser Anspruch kann im Wege der Leistungsklage geltend gemacht werden, mit dem Antrag, der Tarifpartner möge auf eines seiner Mitglieder einwirken. Diese sog. Einwirkungsklage ist nach Ansicht des BAG gem. § 253 II Nr. 2 ZPO auch dann genau genug bezeichnet, wenn der anderen Tarifpartei satzungsmäßig mehrere Möglichkeiten der Einwirkung offen stehen.[32]

3. Zusätzlich vereinbarte Pflichten

Über die jedem Tarifvertrag immanenten Pflichten hinaus können weitere Pflichten durch die Tarifparteien vereinbart werden, soweit sie mit den im selben oder in einem anderen Tarifvertrag vereinbarten oder noch zu vereinbarenden Normen in unmittelbarem Zusammenhang stehen (hierzu oben § 34 I 2). So kann etwa eine **absolute Friedenspflicht** begründet oder eine **Schlichtungsvereinbarung** getroffen werden, die vor Einleitung eines Arbeitskampfes ein Schlichtungsverfahren verbindlich vorschreibt (hierzu unten § 44). Die Tarifparteien können auch gegenseitige Leistungspflichten eingehen, wie z.B. im Zusammenhang mit der Schaffung einer gemeinsamen Einrichtung die Bereitstellung eines Grundstücks oder finanzieller Mittel oder die Übernahme der Geschäftsführung der Einrichtung zusagen.

Sehr strittig ist die Frage, ob im *schuldrechtlichen Teil* eines Tarifvertrages solche Pflichten der einzelnen Arbeitgeber und Arbeitnehmer vorgesehen werden können, deren *normative Regelung (mit unmittelbarer Geltung) unzulässig* ist, die also durch innerverbandliche Einwirkung erzwungen werden müssten. Die Frage wurde im Zusammenhang mit Differenzierungsklauseln,[33] Außenseiterklauseln und Betriebsnormen[34] erörtert. Die Vereinbarung solcher Pflichten ist unzulässig. Die Tarifparteien können nicht auf diesem „Umweg" Ziele erreichen, die ihnen die Rechtsordnung als normative Regelungen aus rechtlichen Erwägungen (z.B. wegen Verstoßes gegen Art. 3 I GG – Gleichbehandlungsgebot – oder Art. 9 III GG – Koalitionsfreiheit –) verwehrt.

§ 37. Wirkungsweise der Tarifnormen

Literatur: *Ramm,* Die Parteien des Tarifvertrages, 1961; *Zöllner,* Die Rechtsnatur der Tarifnormen nach deutschem Recht, 1966; *Richardi,* Kollektivgewalt und Individualwille bei der Gestaltung des Arbeitsverhältnisses, 1968; *Strasser,* Kollektivvertrag und Verfassung, 1968; *Adomeit,* Rechtsquellen-

---

[32] *BAG* AP Nr. 3 zu § 1 TVG Durchführungspflicht unter Aufgabe von *BAG* AP Nr. 20 zu § 1 TVG Tarifverträge: Druckindustrie; zust. *Löwisch/Rieble*, § 1 Rn. 450; *Schwarze,* Die Einwirkungsklage als Mittel zur Beseitigung tarifwidriger Betriebsvereinbarungen?, ZTR 1992, 229 (231), der bei tarifwidrigen Betriebsvereinbarungen die Einwirkungsklage allerdings als ungeeignet ansieht; abl. *Kasper,* Durchbrechung des prozessualen Erkenntnisverfahrens bei der sog. Einwirkungsklage der Tarifvertragsparteien?, DB 1993, 682 (685f.).

[33] Vgl. z.B. *Zöllner,* Tarifvertragliche Differenzierungsklauseln, 1967, S. 39ff.

[34] *Loritz,* Tarifautonomie und Gestaltungsfreiheit des Arbeitgebers, 1990, S. 123ff.

fragen im Arbeitsrecht, 1969, S. 155 ff.; *Säcker,* Gruppenautonomie und Übermachtkontrolle im Arbeitsrecht, 1972.

I. Unmittelbare und zwingende Wirkung

Tarifnormen gelten nach der ausdrücklichen Regelung des § 4 I und II TVG unmittelbar und zwingend für die von ihnen erfassten Rechtsbeziehungen. **Unmittelbarkeit** bedeutet, dass ihre Geltung für die Betroffenen ohne weiteres (also auch ohne Kenntnis) eintritt und keines zusätzlichen Transformationsaktes bedarf. Die Tarifnormen werden aber nicht zum Inhalt der von ihnen erfassten Rechtsverhältnisse, sondern wirken auf diese wie eine sonstige Rechtsnorm ein. **Zwingende** Wirkung bedeutet das Verbot, in den vom Tarifvertrag erfassten Arbeitsverhältnissen von den tariflichen Regelungen abzuweichen.

1. Rechtsnatur der Tarifnormen

Auch wenn man Tarifnormen als echte Rechtsnormen begreift (oben § 34 III), haben sie doch einen **anderen Charakter als staatliche Normen;** denn ihre Geltung wird zusätzlich von einem rechtsgeschäftlichen Element getragen, nämlich dem Konsens der Normunterworfenen, die sich der Rechtsetzungsmacht der Verbände durch ihren Verbandsbeitritt unterwerfen.[1]

2. Einordnung der Tarifnormen

Die **Einordnung der Tarifnormen** sollte allerdings in ihrer Bedeutung nicht überschätzt werden. Insbesondere dürfen daraus **keine begrifflichen Folgerungen** gezogen werden. Dies gilt zum einen für die *Anwendung der Grundrechte,* die nicht in genau der gleichen Weise wie bei Gesetzen erfolgen kann (oben § 8 III), zum anderen aber auch für die *Auslegung der tariflichen Normen.*[2] Trotz der Qualifizierung als Rechtsnormen ist die Publikation keine Geltungsvoraussetzung.[3]

---

[1] Im Rahmen der Rechtsordnung kann ohnehin nicht streng zwischen hoheitlichen Normen einerseits und rechtsgeschäftlichen Regelungen andererseits unterschieden werden. Vielmehr ist die Gesamtheit dieser Regelungen als eine Art Stufenbau mit mannigfaltigen Formen des Übergangs zu sehen, wobei die Tarifnormen eine solche Übergangsform darstellen.

[2] S. oben § 34 VI 5. Näher hierzu *Zöllner,* Das Wesen der Tarifnormen, RdA 1964, 443, 448; *Ananiadis,* Die Auslegung von Tarifverträgen, 1974; *Herschel,* Eigenart und Auslegung der Tarifverträge, AuR 1976, 1; *Buchner,* Tarifwille und Richtermacht, SAE 1987, 45; *Dütz,* FS K. Molitor, 1988, S. 63 ff.; *Schaub,* Auslegung und Regelungsmacht von Tarifverträgen, NZA 1994, 597; MünchArbR/*Löwisch/Rieble,* § 265. Deshalb ist z. B. einer von den Tarifparteien geduldeten Tarifübung der Vorrang vor dem Wortlaut des Tarifvertrages zuzuerkennen. A. A. *BAG* AP Nr. 5 zu § 1 TVG Tarifverträge: Rundfunk; das BAG (AP Nr. 135 zu § 1 TVG Auslegung und AP Nr. 2 zu § 1 TVG Tarifverträge: Dachdecker) lässt nicht einmal mehr die Auffassung der beteiligten Berufskreise als selbständiges Auslegungskriterium zu. Ein gutes Beispiel für den Vorrang des Willens der Tarifparteien ist *BAG* AP Nr. 19 zu § 611 BGB Lehrer, Dozenten. Zur Auslegung von Tarifbegriffen nach objektiver Verkehrsanschauung s. neuerdings *BAG* AP Nr. 45 zu § 99 BetrVG 1972; die vom Wortlaut abweichende Auslegung bei einem Redaktionsversehen lässt auch das *BAG* (JZ 1991, 419 mit Anm. *Rüthers/Heilmann*) zu.

[3] Oben § 34 IV 4.

II. Ausnahmen von der zwingenden Wirkung

Tarifnormen sind nach § 4 III TVG ausnahmsweise nicht zwingend, wenn der Tarifvertrag etwas anderes vorsieht, also Abweichungen zulässt (sog. **Öffnungsklauseln**[4]), oder wenn diese zugunsten der Arbeitnehmer erfolgen (sog. **Günstigkeitsprinzip**). In diesen Fällen ist eine Abweichung durch Betriebsvereinbarung und Einzelarbeitsvertrag gestattet.

1. Günstigkeitsprinzip[5]

§ 4 III TVG erlaubt von Tarifregelungen abweichende Abmachungen, soweit sie eine Änderung der ersteren zugunsten des Arbeitnehmers enthalten. Der Tarifvertrag statuiert also lediglich **Mindestarbeitsbedingungen.** Zweiseitig zwingende Tarifvertragsnormen stünden in Widerspruch zur Privatautonomie, auf der auch die Tarifnormsetzung beruht (siehe oben § 34 III). Im Rahmen dieses sog. Günstigkeitsprinzips kann die tarifliche Regelung damit durch rangniedere Betriebsvereinbarungen oder Einzelarbeitsverträge beiseite geschoben werden. Bezüglich der Betriebsvereinbarung ist dies allerdings umstritten. Die einschlägigen Normen des BetrVG (§ 77 III, § 87 I Eingangssatz BetrVG) werden von der Lit. z.T. so verstanden, dass sie § 4 III TVG verdrängen.[6]

a) Anwendungsbereich

Entgegen dem Wortlaut des § 4 III TVG greift das Günstigkeitsprinzip **nicht bei allen tariflichen Regelungen** ein. So ist es von der Natur der Sache her bei Abschluss-

---

[4] Hierzu *Lohs,* DB 1996, 1722; *Löwisch,* Tariföffnung bei Unternehmens- und Arbeitsplatzgefährdung, NJW 1997, 905.

[5] Dazu *Joost,* Tarifrechtliche Grenzen der Verkürzung der Wochenarbeitszeit, ZfA 1984, 173; *Belling,* Das Günstigkeitsprinzip im Arbeitsrecht, 1984; *ders.,* Das Günstigkeitsprinzip nach dem Beschluss des Großen Senats des Bundesarbeitsgerichts vom 16. 9. 1986, DB 1987, 1888; *W. Blomeyer,* Das kollektive Günstigkeitsprinzip, DB 1987, 634; *Zöllner,* Flexibilisierung des Arbeitsrechts, ZfA 1988, 265 (287 f.); ebd. *Mager,* Änderung von Arbeitszeitregelungen durch Tarifvertrag und Betriebsvereinbarung, S. 45, 48 ff.; *Zöllner,* Die Zulässigkeit einzelvertraglicher Verlängerung der tariflichen Wochenarbeitszeit, DB 1989, 2121 (2124 ff.); *Bengelsdorf,* Tarifliche Arbeitszeitbestimmungen und Günstigkeitsprinzip, ZfA 1990, 563; *Buchner,* Tarifliche Arbeitszeitbestimmung und Günstigkeitsprinzip, DB 1990, 1715; *Heinze,* Tarifautonomie und so genanntes Günstigkeitsprinzip, NZA 1991, 329; *Käppler,* Tarifvertragliche Regelungsmacht, NZA 1991, 745; *Lieb,* NZA 1994, 289 (292 ff.); *T. Schmidt,* Das Günstigkeitsprinzip im Tarifvertrags- und Betriebsverfassungsrecht, 1994; *Bergner,* Die Zulässigkeit kollektivvertraglicher Arbeitszeitregelungen und ihr Verhältnis zu abweichenden individualvertraglichen Vereinbarungen im Lichte des Günstigkeitsprinzips, 1995; *Kraus,* Günstigkeitsprinzip und Autonomiebestreben am Beispiel der Arbeitszeit, 1995; *Gitter,* FS Wlotzke, 1996, 297; *Säcker/Oetker,* Höchstnormenbeschlüsse der Koalitionen zwischen Freiheitsschutz und Verbandsautonomie, ZfA 1996, 85; *Wank,* NJW 1996, 2273; *C. Fischer,* EzA Art. 9 GG Nr. 65, Bl. 44–61; *Schliemann,* Tarifliches Günstigkeitsprinzip und Bindung der Rechtsprechung, NZA 2003, 122; *Rieble,* Öffnungsklauseln und Tarifverantwortung, ZfA 2004, 405; *Waltermann,* Tarifliche Öffnungsklauseln und betriebliche Bündnisse für Arbeit, ZfA 2005, 505.

[6] Hierzu unten § 48 II 6; zur Problematik ferner *Henssler,* ZfA 1994, 487 (506 f.); *Ehmann/Schmidt,* NZA 1995, 193 (194); *Blomeyer,* NZA 1996, 337 (344 ff.); *Ehmann/Lambrich,* NZA 1996, 346; *Hromadka,* FS Wlotzke, 1996, S. 333 (344); *Junker,* Der Flächentarifvertrag im Spannungsverhältnis von Tarifautonomie und betrieblicher Regelung, ZfA 1996, 383; *Löwisch,* JZ 1996, 812; *Richardi,* Gutachten B zum 61. Deutschen Juristentag, Karlsruhe 1996; *Waltermann,* RdA 1996, 129 (131); *Wank,* NJW 1996, 2273 (2275 f.); *Zachert,* RdA 1996, 140 (146); *C. Fischer,* Die tarifwidrigen Betriebsvereinbarungen, 1998, S. 71 ff., 244 ff.

verboten und Formvorschriften ausgeschlossen und passt nicht für betriebsverfassungsrechtliche Normen und für Normen über gemeinsame Einrichtungen.[7] Auf Abschlussgebote ist seine Anwendbarkeit nicht ersichtlich. Als Anwendungsfeld verbleiben daher im Wesentlichen die Inhaltsnormen[8] und die Betriebsnormen.

Das Günstigkeitsprinzip greift nicht nur ein, wenn eine vom Tarifvertrag **abweichende Abmachung** dem Tarifvertrag **nachfolgt,** sondern auch wenn sie bei seinem Abschluss **bereits besteht.** Deshalb braucht der Arbeitnehmer nicht zu befürchten, dass seine (günstigeren) Arbeitsbedingungen von einem späteren Tarifvertrag beeinträchtigt werden.

Strittig ist, ob dies auch gilt, wenn die günstigere Abmachung statt auf einem Individualvertrag auf einer durch **Einheitsarbeitsvertrag** gestalteten **allgemeinen Arbeitsbedingung** beruht. Nach einer z. T. in der Literatur und früher auch vom BAG vertretenen Ansicht[9] sollen solche Einheitsarbeitsbedingungen generell durch Tarifvertrag zum Nachteil des Arbeitnehmers abgelöst werden können.[10] Der Große Senat des BAG hat inzwischen zur Ablösung einer vertraglichen Einheitsregelung durch eine Betriebsvereinbarung entschieden, dass diese u. a. nur möglich ist, wenn die Neuregelung bei kollektiver Betrachtung für die Belegschaft insgesamt nicht ungünstiger ist, insbesondere der Dotierungsrahmen aufrechterhalten bleibt.[11] Diese Rechtsprechung vermag bei der Betriebsvereinbarung nicht zu überzeugen, wäre beim Verbandstarifvertrag ohnehin nicht anwendbar und ist auch bei einem Firmentarifvertrag abzulehnen.[12] Nur, wenn sich der Arbeitgeber ausdrücklich oder konkludent[13] die Möglichkeit der Verschlechterung vorbehalten hat oder wenn die Geschäftsgrundlage weggefallen ist,[14] ist eine Abänderung möglich, die dann auch durch Tarifvertrag (ebenso durch Betriebsvereinbarung, s. oben § 7 II 2 b) erfolgen kann.

b) Objektiv-individueller Beurteilungsmaßstab

Bei der Frage nach dem Beurteilungsmaßstab ist auseinander zuhalten, auf welchen Personenkreis bezogen der Günstigkeitsvergleich stattfinden soll (individuell oder kollektiv) und ob der Vergleich nach subjektiven oder objektiven Maßstäben zu erfolgen hat. Das Günstigkeitsprinzip gestattet eine Abweichung nur, soweit für den betroffenen Arbeitnehmer (nicht für die Gesamtbelegschaft) der **günstigere Charakter** der abweichenden Abmachung **feststeht (individueller Beurteilungsmaßstab).** Indifferente Abmachungen, d. h. Abmachungen, die weder günstiger noch ungünstiger sind, erlaubt das Gesetz in § 4 III TVG nicht. Strittig ist der Maßstab (subjektiv oder objektiv) für den Vergleich.[15] Auf die rein subjektive Ansicht des Arbeitnehmers oder auch der Gesamtbelegschaft kann es nicht ankommen. Maßgebend ist ein objektiver Maßstab, d. h. für den Charakter der Günstigkeit kommt es grundsätzlich auf den *Standpunkt eines objektiven Betrachters* an, nicht auf die subjektive Meinung der Beteilig-

---

[7] Grundlegend *Zöllner,* Gutachten für den 48. DJT, 1970, Bd. I, Teil G, S. 100 ff.

[8] Dies gilt auch für negative Inhaltsnormen, vgl. *Schlüter,* FS Stree/Wessels, 1993, S. 1061 (1070).

[9] Z. B. *BAG* AP Nr. 7 zu § 4 TVG Günstigkeitsprinzip; AP Nr. 11 zu Art. 44 Truppenvertrag; AP Nr. 87 zu § 242 BGB Ruhegehalt; AP Nr. 12 zu § 4 TVG Ordnungsprinzip; *Säcker* a. a. O., S. 235 mit Nachw. Anders die h. M., vgl. z. B. *Canaris,* RdA 1974, 18 (22 ff.) m. N.; *Lieb/Jacobs,* § 6 I 2 b.

[10] Es soll hier das sog. Ordnungsprinzip gelten (zur Ablehnung dieses Prinzips unten V 1 Fn. 51).

[11] *BAG* AP Nr. 17 zu § 77 BetrVG 1972 (zu dieser Entscheidung im einzelnen oben § 7 II 2 b); *W. Blomeyer,* Das kollektive Günstigkeitsprinzip – Bemerkungen zum Beschluß des Großen Senats des Bundesarbeitsgerichts vom 16. 9. 1986, DB 1987, 634; *Belling,* Das Günstigkeitsprinzip nach dem Beschluß des Großen Senats des Bundesarbeitsgerichts vom 16. 9. 1986, DB 1987, 1888 f.

[12] A. A. LAG Frankfurt/M. LAGE § 3 TVG Bezugnahme auf Tarifvertrag Nr. 2.

[13] Gesamtzusagen, die am Schwarzen Brett oder in Betriebsversammlungen gemacht worden sind sowie bei betrieblichen Übungen, stehen grundsätzlich auch ohne besondere Erklärung unter dem Vorbehalt kollektivvertraglicher Verschlechterung (dazu oben § 7 II 2 c).

[14] In beiden Varianten lässt auch der Große Senat des *BAG* (AP Nr. 17 zu § 77 BetrVG 1972) eine Verschlechterung durch Betriebsvereinbarung zu und würde wohl auch eine Verschlechterung durch Tarifvertrag für zulässig erachten.

[15] S. die Literatur in Fn. 5.

ten. Für viele Abweichungen wird eine eindeutige Beurteilung der Günstigkeit nicht möglich sein (*Beispiel:* im Arbeitsvertrag werden tarifliche Kündigungsfristen abgekürzt oder verlängert).

c) Vergleichsgegenstände und -ausmaß

Verglichen werden muss die **tarifliche Regelung** mit der getroffenen **abweichenden Regelung,** nicht diese mit der sonst bestehenden Situation des Arbeitnehmers.[16] Eine Einstellung zu untertariflichen Bedingungen ist also nicht deswegen eine zulässige Abweichung vom Tarifvertrag, weil der Arbeitnehmer ansonsten überhaupt nicht eingestellt und mithin arbeitslos wäre.

Die schwierigste Frage bei der Beurteilung der Günstigkeit ist, **in welchem Ausmaß** der Vergleich des Tarifvertrages mit der abweichenden Regelung zu erfolgen hat. Keine Probleme gibt es, wenn der Arbeitsvertrag vom Tarifvertrag nur in einem Punkt, häufig etwa bei Gewährung eines die tarifliche Höhe übersteigenden Lohnes, abweicht. Schwierigkeiten bestehen hingegen, wenn die arbeitsvertragliche Regelung teils günstigere, teils ungünstigere Elemente als der Tarifvertrag enthält. So ist insbesondere seit der tariflichen Festlegung der **38,5-Stunden-Woche** erneut[17] streitig geworden, ob eine Verlängerung der tariflichen Arbeitszeit, verbunden mit einem Mehrverdienst für den einzelnen Arbeitnehmer, günstiger oder ungünstiger ist.[18]

aa) Ein isolierter Vergleich (**Einzelvergleich**) jeder einzelnen Vertragsregelung mit der entsprechenden Tarifvertragsnorm, bei dem der Arbeitnehmer aus beiden Vertragswerken die für ihn jeweils günstigere Regelung beanspruchen könnte (sog. *Rosinentheorie*), ist abzulehnen. Denn hier würden zusammengehörige Regelungen schematisch und ohne Rücksicht auf den Willen der Tarifparteien auseinander gerissen.

bb) Einigkeit besteht andererseits darin, dass nicht der Arbeitsvertrag im Ganzen mit dem Tarifvertrag verglichen und hinsichtlich der Günstigkeit abgewogen werden kann (**Gesamtvergleich**).[19]

cc) Nach h.L. muss ein **Gruppenvergleich** stattfinden, bei dem sachlich zusammengehörige Regelungen, Sachgruppen von Regelungen also, gegeneinander zu halten sind. Welche Regelungen zu einer Gruppe zusammenzufassen sind, ist allerdings immer noch nicht überzeugend geklärt.[20]

Ein *bloß wirtschaftlicher Zusammenhang* verschiedener Regelungen kann für die Gruppenbildung nicht ausreichen. Er würde z.B. auch zwischen Lohnhöhe und Urlaubsdauer bestehen. Vielmehr ist auf den *bei natürlicher Betrachtung gegebenen unmittelbaren Zusammenhang* abzustellen. Er besteht z.B. zwischen der Höhe des Grundlohnes und den Leistungszulagen, zwischen Urlaubslänge und -zuschuss, zwischen Pensionshöhe und Pensionsvoraussetzungen, zwischen Wochenarbeitszeit und

---

[16] *Wiedemann,* RdA 2000, 169 ff.; Verfehlt deshalb *Adomeit,* Das Günstigkeitsprinzip – neu verstanden, NJW 1984, 26 f. Hierzu bereits *Zöllner,* Flexibilisierung des Arbeitsrechts, ZfA 1988, 265 (287).

[17] Frühere Erörterungen der Problematik bei: *Zöllner,* Gutachten für den 48. DJT, 1970, Bd. I, Teil G, S. 100 ff.; *A. Hueck,* Handbuch des Arbeitsrechts, Bd. III, 1922, Das Tarifrecht, S. 61 ff.; *Nipperdey,* Beiträge zum Tarifrecht, 1924, S. 12 ff.

[18] Hierzu *Zöllner,* Gutachten für den 52. DJT, 1978, Teil D, S. 43; *Joost,* ZfA 1984, 173; *Richardi,* Die tarif- und verfassungsrechtliche Bedeutung der tarifvertraglichen Arbeitszeitregelung in der Metallindustrie, NZA 1984, 387 (389); *Buchner,* Rechtswirksamkeit der tarifvertraglichen Regelung über die Flexibilisierung der Arbeitszeit in der Metallindustrie, DB 1985, 913 (921); *v. Hoyningen-Huene,* Die Einführung und Anwendung flexibler Arbeitszeiten im Betrieb, NZA 1985, 9 (14); *Bengelsdorf,* ZfA 1990, 563.

[19] Gewährt etwa der Einzelarbeitsvertrag mehr Urlaub, aber weniger Ruhegeld als der Tarifvertrag, so könnte schwerlich festgestellt werden, welche Regelung günstiger ist.

[20] Vgl. *LAG München* DB 1990, 2273.

Lohn,[21] nicht hingegen ohne weiteres zwischen Grundlohn und Weihnachtsgratifikation oder zwischen Leistungs- und Sozialzulagen.[22] **Mehrarbeit** auch von einigen Stunden bei mehr Lohn ist bei den heutigen Arbeitszeiten objektiv für den einzelnen Arbeitnehmer günstiger,[23] weil die Arbeitszeitverkürzung nicht dem Arbeitnehmer, namentlich nicht seinem gesundheitlichen Schutz, sondern der Schaffung neuer Arbeitsplätze dienen soll und der einzelne Arbeitnehmer insoweit ein „Mehr" an individueller Entscheidungsfreiheit erhält.[24] Eine längere Lebensarbeitszeit bei gleichzeitigem Wahlrecht des Arbeitnehmers, wann er in den Ruhestand treten will, ist für ihn günstiger als eine starre tarifvertragliche niedrigere Altersgrenze.

2. Fortentwicklung des Günstigkeitsprinzips[25]

Möglicherweise ist angesichts der veränderten wirtschaftlichen Rahmenbedingungen gerade beim Günstigkeitsvergleich ein grundlegendes Umdenken nötig. In Zeiten hoher Arbeitslosigkeit stellt sich die Frage, ob nicht doch eine Beschäftigungsgarantie in den Günstigkeitsvergleich zwischen Tarifvertrag und Einzelarbeitsvertrag (bei der Betriebsvereinbarung sieht § 77 III BetrVG keinen Günstigkeitsvergleich vor) einzustellen ist.[26] Das BAG hat diese Frage im Burda-Beschluss damit verneint, dass zwischen einer Beschäftigungsgarantie und dem Lohnverzicht kein sachlicher Zusammenhang bestehe, also unterschiedliche nicht miteinander vergleichbare Regelungsgegenstände vorlägen und zudem das Arbeitsplatzrisiko nicht abschätzbar sei.[27] Dieser enge Sachgruppenvergleich des BAG ist durch § 4 III TVG aber nicht zwingend vorgeschrieben, da der Wortlaut des § 4 III TVG keine Vorgaben bezüglich des Vorgehens des Vergleichs macht, einen erweiterten Günstigkeitsvergleich unter Einbeziehung einer Beschäftigungsgarantie also nicht ausschließt. Arbeitsplatzerhaltung sowie Unternehmenssicherung sind als verfassungsrechtlich gesicherte Positionen bei der Anwendung des § 4 III TVG einzustellen.[28]

3. Öffnungsklauseln[29]

Die Tarifparteien können durch sog. Öffnungsklauseln die Tarifnormen zur Disposition stellen, damit auch die Regelungssperre des § 77 III BetrVG beseitigen und somit in einzelnen Bereichen abweichende Betriebsvereinbarungen zulassen.[30] Zahlreiche Tarifverträge enthalten mittlerweile solche Öffnungsklauseln.

---

[21] *Zöllner*, DB 1989, 2121 (2125). A. A. *LAG Baden-Württemberg* DB 1989, 2028 f.

[22] Insoweit soll aber nach der Rspr. die Herstellung eines inneren Zusammenhangs durch ausdrückliche oder stillschweigende Vereinbarung möglich sein. Vgl. *BAG* AP Nr. 1 zu § 4 TVG Sozialzulagen.

[23] *Zöllner*, Gutachten für den 52. DJT, 1978, Teil D, S. 43; ferner *v. Hoyningen-Huene*, Die Einführung und Anwendung flexibler Arbeitszeiten im Betrieb, NZA 1985, 9 (14); *Joost*, ZfA 1984, 173 (180); *Zöllner*, DB 1989, 2121 (2125). A. A. *LAG Baden-Württemberg* DB 1989, 2028 f. mit abl. Anm. *Buchner; Buchner*, Die Umsetzung der Tarifverträge im Betrieb, RdA 1990, 1 (8 ff.); *Schlüter*, FS Stree/Wessels, 1993, S. 1060 (1072).

[24] Dies liegt auf der Linie des GS (DB 1990, 1724), der den Arbeitsvertragsparteien wegen des Günstigkeitsprinzips erlaubte, sich über eine in einer Betriebsvereinbarung festgelegte Altersgrenze von 65 Jahren hinwegzusetzen; s. auch *Buchner*, DB 1990, 1715 (1719 ff.); *Löwisch*, BB 1990, 59.

[25] *Schliemann*, Tarifliches Günstigkeitsprinzip und Bindung der Rechtsprechung, NZA 2003, 122; *Kort*, Kündigungserschwerungen gegen Lohnverzicht in „Bündnissen für Arbeit" – Vergleich von Äpfeln mit Birnen?, FS 50 Jahre BAG, 2004, 753 f.; *Kast/Freihube*, Neue Hoffnung für betriebliche „Bündnisse für Arbeit" nach dem Urteil des *BAG* vom 19. 3. 2003, BB 2003, 2569.

[26] BAGE 91, 230, 233; ebenso *Dieterich*, Flexibilisiertes Tarifrecht und Grundgesetz, RdA 2002, 1, 3; kritisch dagegen *Bauer*, NZA 1999, 957, 958 f.; *Adomeit*, NJW 2000, 1918; *Rüthers*, NJW 2003, 546; *Rieble*, Tarifvertrag und Beschäftigung, ZfA 2004, 1 ff.; für eine gesetzliche Erweiterung des Günstigkeitsprinzips Wissenschaftlicher Beitrat beim Bundesministerium für Wirtschaft und Arbeit, Tarifautonomie auf dem Prüfstand, 2004; *Kort*, Kündigungserschwerungen gegen Lohnverzicht in „Bündnissen für Arbeit" – Vergleich von Äpfeln mit Birnen?, FS 50 Jahre BAG, 2004, 753 f.

[27] Der Gesetzgeber setzt eine solche Abschätzung in § 112 V Nr. 2 BetrVG aber gerade voraus.

[28] So auch *Robert*, Betriebliche Bündnisse für Arbeit versus Tarifautonomie?, NZA 2004, 633 f.

[29] *Rieble*, Öffnungsklauseln und Tarifverantwortung, ZfA 2004, 405 ff.

[30] Sogar die rückwirkende Genehmigung einer gegen § 77 III BetrVG verstoßenden Betriebsvereinbarung ist nach *BAG* AP Nr. 12 zu § 77 BetrVG 1972 Tarifvorbehalt möglich; *Waltermann*, Tarifver-

Die in den letzten Jahren vielfach praktizierten Bündnisse für Arbeit (Unterschreitung des Tariflohnniveaus gegen Verzicht auf betriebsbedingte Kündigungen, geregelt in Betriebsvereinbarungen, Regelungsabreden und vertragliche Einheitsregelungen) haben nicht nur zur Diskussion über eine Erweiterung des Günstigkeitsprinzip (s. o.), sondern auch zu einer solchen um gesetzliche Öffnungsklauseln geführt.[31] Mit deren Hilfe würde die für Regelungen der Betriebsparteien bestehende Tarifsperre des § 77 III BetrVG aufgehoben, so dass betriebliche Bündnisse in Form von Betriebsvereinbarungen zulässig würden. Über die verfassungsrechtliche Zulässigkeit solcher gesetzlicher Öffnungsklauseln wird lebhaft gestritten[32]. Soweit sie bestimmte Grenzen nicht überschreiten, verstoßen sie nicht gegen Art. 9 III GG.

III. Adressaten der normativen Wirkung

1. Arbeitsverhältnisnormen

Inhaltsnormen gelten nach § 4 I 1 TVG zwischen den beiderseits Tarifgebundenen. Das sind nach § 3 I TVG beim Verbandstarifvertrag die Mitglieder der tarifschließenden Verbände, also Arbeitgeber und Arbeitnehmer bzw. beim Haustarifvertrag der einzelne Arbeitgeber (im Einzelnen zur Tarifgebundenheit § 38 I). Die normative Wirkung besteht damit bereits dann nicht, wenn entweder der Arbeitgeber oder der Arbeitnehmer nicht tarifgebunden ist oder die Verbandssatzung eine Mitgliedschaft ohne Tarifbindung vorsieht und der betreffende Arbeitgeber auf die Tarifbindung verzichtet. Angesichts eines gewerkschaftlichen Organisationsgrades von nur ca. 22%[33] werden somit ca. 78% der Arbeitsverhältnisse bzw. Arbeitnehmer nicht von den Inhaltsnormen eines Tarifvertrages normativ erfasst. Die Arbeitsverhältnisnormen können für diese sog. **Außenseiter** – außer bei Allgemeinverbindlicherklärung des Tarifvertrages (s. unten § 38 IV) – nur schuldrechtlich entweder *kraft einzelvertraglicher Bezugnahme* (s. unten § 38 I 7) oder kraft betrieblicher Übung gelten.

Auch **Abschlussnormen** und **Beendigungsnormen** gelten nach § 4 I TVG unmittelbar und zwingend nur bei beiderseitiger Tarifgebundenheit.[34] Unproblematisch ist dies für *Abschlussverbote* und für konstitutive *Formvorschriften*. Sind beide Arbeitsvertragsparteien tarifgebunden, so kommt der intendierte Arbeitsvertrag bei Verstoß gegen eine solche Norm nicht zustande. Stellt ein tarifgebundener Arbeitgeber dagegen einen nicht tarifgebundenen Arbeitnehmer unter Missachtung eines Abschlussver-

---

tragliche Öffnungsklauseln für betriebliche Bündnisse für Arbeit – Zur Rolle der Betriebsparteien, ZfA 2005, 505 ff.

[31] *Raab*, Betriebliche Bündnisse für Arbeit – Königsweg aus der Beschäftigungskrise?, ZfA 2004, 371 ff.; *Buchner*, Öffnung der Tarifverträge im Spannungsfeld verfassungsrechtlicher Vorgaben und arbeitsmarktpolitischer Erfordernisse, GS Heinze, 2005, 105 f.; *Robert*, Betriebliche Bündnisse für Arbeit versus Tarifautonomie?, NZA 2004, 633 f.

[32] Dazu *Buchner*, Öffnung der Tarifverträge im Spannungsfeld verfassungsrechtlicher Vorgaben und arbeitsmarktpolitischer Erfordernisse, GS Heinze, 2005, 105 f.; *Wolf*, Tarifliche und gesetzliche Öffnungsklauseln für Tarifverträge im Spannungsfeld von positiver und negativer Koalitionsfreiheit, GS Heinze 2005, 1095 f.; *Natzel*, Gesetzliche Öffnungsklauseln im Kommen?, NZA 2005, 903 f.; *Hromadka*, Gesetzliche Tariföffnungsklauseln – Unzulässige Einschränkung der Koalitionsfreiheit oder Funktionsbedingung der Berufsfreiheit?, NJW 2003, 1273 f.

[33] Vgl. die Nachweise in: Tarifvertragliche Arbeitsbedingungen im Jahr 2004, Bundesministerium für Wirtschaft und Arbeit S. 3–11.

[34] Zur Problematik *Buchner*, Der Umfang tariflicher Abschlussnormen, insbesondere ihre Abgrenzung zu den Normen über betriebliche Fragen, RdA 1966, 208.

bots ein, so ist der Arbeitsvertrag gültig. Deshalb muss jeweils sorgfältig geprüft werden, ob die Tarifpartner die dadurch eintretende Schlechterstellung organisierter Arbeitnehmer wirklich gewollt haben.

Bei *Abschlussgeboten* ist unklar, inwieweit eine normative Wirkung überhaupt möglich ist. Das ist sie nicht, wenn die begünstigten Arbeitnehmer nicht genau zu ermitteln sind. Dann besteht lediglich eine verbandsinterne Verpflichtung des Arbeitgebers, sich gemäß dem Abschlussgebot zu verhalten, also z.B. bei einer entsprechenden Tarifklausel mindestens 20% Arbeitnehmer im Alter über 50 Jahre zu beschäftigen.

Beendigungsnormen, wonach z.B. das Arbeitsverhältnis endet, sobald der Arbeitnehmer das 65. Lebensjahr vollendet hat,[35] können nur für tarifgebundene Arbeitnehmer gelten.

2. Betriebsnormen

Für Betriebsnormen[36] soll nach § 4 I 2 TVG die für Inhaltsnormen getroffene Regelung des Satzes 1 *entsprechend* gelten. Der Sinn dieser Vorschrift wird erst durch einen Blick auf § 3 II TVG deutlicher. Danach genügt für die normative Geltung dieser Regelungen allein die Tarifgebundenheit des Arbeitgebers. Die damit verbundene Einbeziehung von Außenseitern ist nicht unproblematisch. Keinen Bedenken begegnet eine solche Einbeziehung bei *Solidarnormen* (oben § 36 I 2), weil sie den Arbeitnehmer nur begünstigen. Hingegen führen *Ordnungsnormen* (oben § 36 I 2) (auch) zu einer Belastung für ihn; sie können für Außenseiter nicht ohne weiteres Wirkung entfalten, weil diese der Gewerkschaft keine Ermächtigung zur Rechtsetzung erteilt haben.[37] In Grenzen ist hier die Transformation ins einzelne Arbeitsverhältnis durch Betriebsvereinbarung (hierzu unten § 46 II 7, § 47 IV 5) und durch das Weisungsrecht des Arbeitgebers möglich. Er kann in gewissem Rahmen zur einheitlichen Anwendung der Ordnungsnormen im Betrieb verpflichtet sein.[38] Vollends problematisch sind Betriebsnormen, durch welche die Gewerkschaften eine Gestaltung der *Arbeitsplätze* erreichen wollen, ohne Rücksicht, ob dort Gewerkschaftsmitglieder oder Außenseiter beschäftigt sind. Solche Normen überschreiten die *Grenzen tariflicher Regelungsmacht;* sie verstoßen gegen die negative Koalitionsfreiheit, weil die Außenseiter die Freiheit haben müssen, ihre Arbeitsbedingungen selbst zu gestalten.[39] **Qualitative Besetzungsregelungen** (hierzu oben § 35 I 2 und unten § 38 II), aber auch Normen, die vorschreiben, dass auf bestimmten Arbeitsplätzen nur eine bestimmte Art oder Menge an

---

[35] Vgl. *BAG* AP Nr. 9 zu § 620 BGB; s. im Einzelnen unten § 40 VI.

[36] S. oben § 36 I 2. Zur Problematik dieser Normen *Zöllner,* Tarifmacht und Außenseiter, RdA 1962, 453; *Dieterich,* Die betrieblichen Normen nach dem TVG v. 9. 4. 1949, 1964; *Lieb,* Begriff, Geltungsweise und Außenseiterproblematik der Solidarnormen, RdA 1967, 441; *Richardi* S. 229f.; *Scholz,* Rechtsfragen zur Verweisung zwischen Gesetz und Tarifvertrag, FS G. Müller, 1981, 509 (516 u. 533 ff.); *Loritz,* Tarifautonomie und Gestaltungsfreiheit des Arbeitgebers, 1990, S. 34 ff.; *H. Hanau,* Zur Verfassungsmäßigkeit von tarifvertraglichen Betriebsnormen am Beispiel der qualitativen Besetzungsregelungen, RdA 1996, 158; *Ingelfinger,* Arbeitsplatzgestaltung durch Betriebsnormen, 1996, S. 102 ff.

[37] Zur Begründung *Zöllner,* Tarifmacht und Außenseiter, RdA 1962, 453 (456 f.); *Buchner,* Tarifvertragsgesetz und Koalitionsfreiheit, Münchener Diss. 1964, insbes. S. 7 f., 73 ff.; *Lieb,* Begriff, Geltungsweise und Außenseiterproblematik der Solidarnormen, RdA 1967, 441 ff. m. w. N.; *Walker,* Zur Zulässigkeit von Betriebsbußen, FS Kissel, 1994, S. 1205 (1219 ff.); *Reuter,* Möglichkeiten und Grenzen der tarifvertraglichen Gestaltung durch Betriebsnormen – Beispiel Arbeitszeit, DZWiR 1995, 353.

[38] Vgl. im Übrigen zum Problem der Begrenzung der tariflichen Rechtsetzungsmacht auf verbandsangehörige Arbeitnehmer und Arbeitgeber unten § 38 I.

[39] Deshalb scheiden tarifliche Entlohnungssysteme auch für die nicht tarifgebundenen Arbeitnehmer eines Betriebes aus, vgl. *Reuter,* Die Lohnbestimmung im Betrieb, ZfA 1993, 221 (248 f.).

Arbeit verrichtet werden darf,[40] sind verfassungswidrig: Zum einen wegen Verstoßes gegen die negative Koalitionsfreiheit (Art. 9 III GG), soweit sie auch Außenseiter einbeziehen, und zum anderen wegen Verstoßes gegen die Berufsfreiheit (Art. 12 I GG; hierzu im Einzelnen unten § 39 III 3).

3. Betriebsverfassungsrechtliche Normen

Betriebsverfassungsrechtliche Normen gestalten die Organisation der Betriebsverfassung (hierzu oben § 36 I 3 und unten § 46) bzw. erweitern die Mitbestimmungsrechte des Betriebsrats. Auch diese gelten nach § 4 I 2, § 3 II TVG bereits bei einseitiger Tarifgebundenheit des Arbeitgebers normativ.

4. Normen über gemeinsame Einrichtungen

Normen über gemeinsame Einrichtungen[41] haben nach § 4 II TVG unmittelbare und zwingende Wirkung für das Verhältnis der geschaffenen Einrichtung zu tarifgebundenen Arbeitgebern (zumeist hinsichtlich der Finanzierungspflichten der Arbeitgeber) und tarifgebundenen Arbeitnehmern (insbesondere bezüglich ihrer Ansprüche gegenüber der Einrichtung). Die unmittelbare und zwingende Wirkung soll nach dieser Vorschrift auch für die Satzung der Einrichtung gelten. Dies ist nicht nachvollziehbar, weil durch diese Satzung auch nicht-tarifgebundene Dritte und die Öffentlichkeit betroffen werden. Die Überordnung des Tarifvertrages über die Satzung ist deshalb einschränkend dahin zu interpretieren, dass die Tarifparteien schuldrechtlich verpflichtet sind, für die mit dem Tarifvertrag übereinstimmende Gestaltung der Satzung Sorge zu tragen.

IV. Unverbrüchlichkeit tariflicher Normen

1. Verzicht

Der auf der zwingenden Wirkung der Tarifnormen beruhende Schutz der Arbeitnehmer würde geschmälert, wenn diese auf bereits entstandene tarifliche Rechte, z.B. auf Lohn- oder Urlaubsansprüche, (auf Druck des Arbeitgebers) verzichten könnten. Das Gesetz lässt deshalb einen solchen Verzicht im Sinne eines Rechtsverzichts nur in einem Vergleich zu, der von den Tarifparteien gebilligt wird (§ 4 IV 1 TVG)[42]. Ein Vergleich im Sinne des § 4 IV 1 TVG ist dabei nicht eng rechtstechnisch, also nach § 779 BGB, zu verstehen. Es genügt vielmehr jeder Vertrag, dem die Tarifparteien zustimmen, auch ohne gegenseitiges Nachgeben.

Ein Erlassvertrag oder ein negatives Schuldanerkenntnis[43] über tarifliche Ansprüche ist deshalb nichtig, wenn ihm nicht die Tarifvertragsparteien zustimmen.[44] Kein Verzicht liegt dagegen vor, wenn

---

[40] Zu solchen Regelungen ausführlich *Loritz* (Fn. 36), insb. S. 34 ff.

[41] § 4 II TVG nennt beispielhaft Lohnausgleichskassen und Urlaubskassen. Zu gemeinsamen Einrichtungen *Zöllner*, Die Wirkung der Normen über Gemeinsame Einrichtungen, RdA 1967, 361; *ders.*, Der Begriff der gemeinsamen Einrichtungen der Tarifparteien, BB 1968, 597; *ders.*, Gutachten für den 48. DJT, 1970, Bd. I, Teil G; *Schelp*, Gemeinsame Einrichtungen der Tarifvertragsparteien, FS Nipperdey, 1965, Bd. 2, S. 579; *Waas*, Probleme der Tarifgebundenheit bei Normen über gemeinsame Einrichtungen der Tarifvertragsparteien, RdA 2000, 81 f.

[42] *BAG* AP Nr. 24 zu § 4 TVG.

[43] Die sog. Ausgleichsquittung, mit der der Arbeitnehmer bei Arbeitvertragende bestätigt, keine Ansprüche mehr gegen den Arbeitgeber zu haben, kann im Einzelfall als Erlassvertrag oder negatives Schuldanerkenntnis einzuordnen sein.

[44] Dies ist formlos möglich, vgl. *BAG* AP Nr. 5 zu § 1 TVG Form.

Arbeitgeber und Arbeitnehmer den Arbeitsvertrag vorzeitig einvernehmlich aufheben, auch wenn dabei eine tarifliche Kündigungsfrist nicht zur Anwendung kommt; denn die Kündigungsfrist ist kein tarifliches Recht. Auch die Vereinbarung einer Vertragseinschränkung (z. B. Kurzarbeit oder Suspendierung des Arbeitsverhältnisses) ist kein Verzicht auf tarifliche Ansprüche. § 4 IV 1 TVG hindert zudem nur den sog. Rechtsverzicht. Wird in einer Vereinbarung ein *Streit um Tatsachenfragen,* etwa darum, ob der Arbeitnehmer die fraglichen Überstunden wirklich geleistet hat oder ob die von ihm hergestellten Stücke tatsächlich einwandfrei waren, beigelegt, so wird zu Recht überwiegend die Anwendung von § 4 IV 1 TVG verneint. Hat ein Arbeitnehmer einen unverzichtbaren tariflichen Anspruch vor Gericht bereits eingeklagt, so ist eine *Klagerücknahme* ohne Zustimmung der Tarifparteien zulässig, weil sie den materiellrechtlichen Anspruch unberührt lässt, selbst wenn er dann etwa infolge einer Verfallklausel erlischt oder wegen Verjährung nicht mehr durchgesetzt werden kann.

2. Verwirkung

Nach § 4 IV 2 TVG ist auch die Verwirkung tariflicher Rechte ausgeschlossen. Damit ist allerdings nicht das Prinzip von Treu und Glauben per se außer Kraft gesetzt. Der Einwand unzulässiger Rechtsausübung wurde daher durch die Vorschrift nicht beseitigt. Betroffen ist nur der gegen eine verspätete Geltendmachung gerichtete Verwirkungseinwand.[45] Der Arbeitnehmer soll die Sicherheit haben, dass ihm tarifliche Ansprüche durch Zögern mit der Geltendmachung nicht genommen werden. Praktische Bedeutung kommt dem kaum zu, weil die meisten Tarifverträge Ausschlussfristen für die Geltendmachung enthalten.

3. Ausschlussfristen[46]

Das Gesetz sichert die tariflichen Ansprüche konsequenterweise auch dadurch, dass es Ausschlussfristen für die Geltendmachung **tariflicher** Rechte nur wirksam sein lässt, wenn sie im Tarifvertrag vereinbart sind, § 4 IV 3 TVG. Einzelvertragliche Ausschlussfristen greifen also gegenüber echten Tarifansprüchen nicht durch. Tarifvertragliche Ausschlussklauseln, auch Verfallklauseln genannt, können auch individualvertragliche Ansprüche umfassen.[47] Ausschlussfristen stellen rechtsvernichtende Einwendungen dar. Der von ihnen betroffene Anspruch geht bei Versäumung der Frist unter, was im Prozess von Amts wegen zu beachten ist. Dogmatisch davon zu unterscheiden sind **Verjährungsfristen,** durch die dem Anspruch lediglich eine Einrede entgegensteht (§ 214 I BGB). Aus dem Sinn des § 4 IV 3 TVG ist abzuleiten, dass auch eine einzelvertraglich vereinbarte verkürzte Verjährungsfrist (vgl. dazu § 202 BGB) gegenüber tariflichen Ansprüchen keine Wirkung entfalten kann.

Die tarifvertragliche Ausschlussfrist gilt wie jede Tarifnorm unabhängig von der nach § 8 TVG angeordneten Auslegung des Tarifvertrags und der Erfüllung der Hinweispflicht des § 2 I NachwG, also auch ohne Kenntnis des Anspruchsberechtigten.[48] Hat der Arbeitnehmer die Ausschlussfrist versäumt, wobei oftmals die Frage des Fristbeginns schwierig zu beurteilen ist, und ist der Hinweis nach § 2 I 1 NachwG unterblieben, wird der Arbeitnehmer aber über einen Schadensersatzanspruch nach § 280 I, II, 286 BGB geschützt[49].

---

[45] Vgl. *BAG* AP Nr. 1 zu § 4 TVG Vertragsstrafe.

[46] Dazu *Hansjörg Weber,* Die Ausschlussfrist im Arbeitsrecht, 1983, sowie die umfangreiche in AP zu § 4 TVG Ausschlussfristen veröffentlichte Rspr.; *Kiefer,* Ausschlussfristen – Überholte Regelungen?, NZA 1988, 785; *Kosnopfel,* Bedeutung tariflicher Ausschlussfristen im Kündigungsrechtsstreit, BB 1988, 1818; *Vögele,* Zum Versäumnis von Ausschlussfristen, NZA 1988, 199; *Plüm,* Tarifliche Ausschlussfristen im Arbeitsverhältnis, MDR 1993, 14. Zur Verjährungsunterbrechung durch Klageerhebung und -rücknahme *BAG* AP Nr. 141 zu § 4 TVG Ausschlussfristen; zur Bedeutung der Klauseln „schriftliche Geltendmachung" und „gerichtliche Geltendmachung" *BAG* AP Nr. 46 zu § 615 BGB; EzA § 615 BGB Nr. 48 und *BAG* AP Nr. 141 zu § 4 TVG; *Krause,* RdA 2004, 36.

[47] Zum Überblick *BAG* SAE 1991, 84, das Ausschlussklauseln allerdings einen zu begrenzten Anwendungsbereich beimisst.

[48] *BAG* AP Nr. 5 zu § 2 NachwG; dazu *Schrader,* NZA 2003, 245.

[49] *BAG* AP Nr. 5 zu § 2 NachwG.

V. Nachwirkung des normativen Teils[50]

1. Sinn und Wirkungsweise des § 4 V TVG

Tarifverträge enden durch Fristablauf, Kündigung oder vertragliche Aufhebung. In der Praxis werden sie häufig vor Fristablauf oder vor Ablauf der Kündigungsfrist durch einen neuen Tarifvertrag ersetzt. Dann treten dessen Normen an die Stelle des bisherigen Tarifvertrages, gleichgültig, ob sie günstiger oder ungünstiger[51] sind.[52] Endet ein Tarifvertrag dagegen, ohne dass ein neuer zustande kommt, so gelten nach § 4 V TVG die Normen des bisherigen Tarifvertrages weiter, bis sie durch Einzelvereinbarungen, Betriebsvereinbarungen oder durch einen neuen Tarifvertrag ersetzt werden. Auf diese Weise wird zum Schutz der unmittelbar tarifgebundenen Arbeitnehmer ein „rechtsfreier Zustand" vermieden und die Zeit bis zum Abschluss einer anderen Abmachung durch Weitergeltung der Tarifnormen überbrückt. Betriebsverfassungsrechtliche Normen[53] oder Regelungen über gemeinsame Einrichtungen gem. § 4 II TVG entfalten keine Nachwirkung.[54]

Die Weitergeltung im Nachwirkungsstadium unterscheidet sich von der ursprünglichen Normenwirkung dadurch, dass die **zwingende Wirkung entfällt**. § 4 V TVG sieht zwar die unmittelbare Weitergeltung (Nachwirkung) der *Normen* (nicht aber der schuldrechtlichen Vereinbarungen) des beendeten Tarifvertrages vor, lässt aber gleichzeitig ihre Ersetzung durch eine andere Abmachung zu. Andere Abmachung kann neben einem neuen Tarifvertrag eine Einzelvereinbarung[55] aber auch eine Betriebsvereinbarung sein. Die Betriebsvereinbarung als andere Abmachung i. S. v. § 4 V TVG wird aber meist an § 77 III BetrVG scheitern (dazu unten § 48 II 6). Können sich nach Ablauf eines Tarifvertrages die Verbände längere Zeit nicht auf einen neuen Tarifvertrag einigen, erfolgt nicht selten ein „Umbau" der bisher durch Tarifvertrag getroffenen Regelung mittels Änderung der Einzelarbeitsverträge. Auf die Beachtung des Günstigkeitsprinzips kommt es dabei nicht an, da die zwingende Wirkung entfallen ist. Im Nachwirkungsstadium kann der Arbeitgeber z. B. die Löhne durch Vereinbarung mit den Arbeitnehmern unter das Tarifniveau herabsetzen. Er darf zur Durchsetzung dieses Ziels auch zum Mittel der Massenänderungskündigung[56] greifen, unter Beachtung der Regelungen des Kündigungsschutzrechtes.[57]

2. Voraussetzungen der Nachwirkung

a) Anwendungsbereich

§ 4 V TVG findet seinem Wortlaut nach („Ablauf") nur Anwendung, wenn der zeitliche Geltungsbereich des Tarifvertrags endet. Daneben ist § 4 V TVG entsprechend seiner Überbrückungsfunktion analog anzuwenden, wenn die Tarifwirkung aus einem anderen Grund als durch Zeitablauf wegfällt.

---

[50] Vgl. dazu *Herschel,* Der nachwirkende Tarifvertrag, insbesondere seine Änderung, ZfA 1976, 89; *ders.,* Nachwirkung gegenüber tarifdispositivem Recht, DB 1980, 687; *Frölich,* Eintritt und Beendigung der Nachwirkung von Tarifnormen, NZA 1992, 1105; *Lieb,* NZA 1993, 337.

[51] BAG AP Nr. 1 zu § 1 TVG: Gewerkschaften.

[52] Das folgt daraus, dass bei Regelungen gleicher Stufe die jeweils spätere ohne weiteres die frühere ersetzt. Geht man vom Rechtsnormencharakter des Tarifvertrages aus, so ergeben sich keine Zweifel. Es bedarf nicht der Berufung auf ein sog. **Ordnungsprinzip** (vgl. hierzu *C. Fischer,* Die tarifwidrigen Betriebsvereinbarungen, 1998, S. 127 ff.; aber auch *Säcker,* S. 284 ff.).

[53] Hierzu *Behrens/Hohenstatt,* DB 1991, 1877; s. auch *BAG* AP Nr. 57 zu Art. 9 GG.

[54] *BAG* AP Nr. 42 zu § 1 BetrAVG Zusatzversorgungskassen.

[55] *BAG* AP Nr. 16 zu § 4 TVG Nachwirkung.

[56] Vgl. dazu oben § 7 I 2 und § 23 I 1 und unten § 41 V 1 b, VI 4.

[57] Vgl. *Zöllner,* Der Abbau einheitsvertraglicher Arbeitsbedingungen im nicht tariflich gesicherten Bereich, RdA 1969, 250; *Seiter,* Streikrecht und Aussperrungsrecht, S. 399 ff. Abweichend *Säcker,* S. 392 ff.

Ein Beispiel ist der Wegfall der Tarifbindung wegen Beendigung der Zugehörigkeit eines Betriebes zum räumlichen Geltungsbereich (z.B. bei Betriebsverlagerung) oder betrieblichen Geltungsbereich (z.B. bei Produktionsumstellung)[58] (vgl. zu diesen Wirkungsvoraussetzungen unten § 38 II). Werden aber hierdurch die Geltungsvoraussetzungen eines anderen Tarifvertrages erfüllt, dann gilt dieser, weil § 4 V TVG nur vor einem inhaltsleeren Arbeitsverhältnis schützen will. Das BAG wendet § 4 V TVG zu Unrecht auch dann entsprechend an, wenn eine Tarifbindung aufgrund von Gesamtrechtsnachfolge entfällt.[59]

b) Keine Abbedingung

Die sog. Nachwirkung des § 4 V TVG kann im Tarifvertrag ausdrücklich oder konkludent ausgeschlossen werden.[60]

c) Beschränkung auf bereits bestehende Arbeitsverhältnisse

Die Nachwirkung erfasst nur Arbeitsverhältnisse, die bei Beendigung des Tarifvertrages bereits begründet waren.[61] Diese Beschränkung ergibt sich aus dem Wortlaut „gelten weiter" und aus der Funktion des § 4 V TVG. Selbstverständlich kann der Arbeitgeber bei Abschluss eines Arbeitsvertrages mit einem neuen Arbeitnehmer die Anwendung des abgelaufenen Tarifvertrages vereinbaren, und er wird dies vielfach tun, wenn er diesen Tarifvertrag ohnehin im Betrieb weiter anwendet. Es handelt sich dann aber nicht um eine auf § 4 V TVG, sondern um eine auf vertragliche Verweisung gegründete Anwendung, auch wenn der neu eintretende Arbeitnehmer tarifgebunden ist. Desgleichen sind die Regelungen des abgelaufenen Tarifvertrages für Neueintretende auch ohne entsprechende Vereinbarung maßgebend, wenn ihre Anwendung betriebsüblich ist oder wenn sie aufgrund von § 612 BGB oder aufgrund ergänzender Vertragsauslegung geboten ist. Hat aber der Arbeitgeber die Anwendung des Tarifvertrages in seinem Betrieb bereits bei einer relativ erheblichen Zahl von Arbeitnehmern durchbrochen, so wird der nachwirkende Tarifvertrag auf neu eintretende Arbeitnehmer ohne entsprechende Vereinbarung nicht anzuwenden sein.

d) Keine Beendigung der Nachwirkung

Die Nachwirkung endet, wenn eine wirksame andere Abmachung i.S.d. § 4 V TVG in Form eines nachfolgenden Tarifvertrags, einer Betriebsvereinbarung, einer einzelvertraglichen Abrede[62] oder einer Änderungskündigung vorliegt, welche die jeweilige Regelungsmaterie erfasst.

3. Tarifvertragliche Regelungen im Nachwirkungsstadium

Nach Ablauf eines Tarifvertrags gelingt es den Tarifvertragsparteien nicht immer, sogleich einen neuen endgültigen Tarifvertrag abzuschließen. Streitig ist, ob die Tarifparteien in der Zeit nach Ablauf des Tarifvertrags diesen in einzelnen Punkten abändern dürfen, ohne damit dem ganzen Tarifvertrag oder auch nur den Änderungen zwingende Geltung beizulegen.[63] Dies ist zu bejahen. Der Tarifvertrag ist auch im Nachwirkungsstadium ausschließlich **autonomes Recht,** das der Verfügung der Tarifparteien unterliegt und das sie auch mit dispositiver Wirkung (verändert oder unverändert) verlängern können. Dies ist sowohl mit Geltung für alle tarifgebundenen Arbeitsverhältnisse und damit über die Reich-

---

[58] *BAG* AP Nr. 21 zu § 3 TVG.

[59] *BAG* AP Nr. 14 zu § 3 TVG.

[60] *BAG* AP Nr. 12, 19 zu § 4 TVG Nachwirkung; zum konkludenten Ausschluss *BAG* AP Nr. 29 zu § 4 TVG Nachwirkung.

[61] Vgl. *BAG* AP Nr. 1, 8, 32 zu § 4 TVG Nachwirkung, AP Nr. 6 zu § 13 BUrlG (zust. Anm. *G. Hueck*), sowie *BAG* AP Nr. 113 zu § 87 BetrVG 1972 Lohngestaltung (mit Anm. *Wiese*), AP Nr. 11 zu § 3 TVG; vgl. *Rüthers,* Nachwirkungsprobleme bei Firmentarifverträgen desselben Arbeitgebers mit verschiedenen Gewerkschaften, FS G. Müller, 1981, S. 445 (451) m.w.N. Abweichend das überwiegende Schrifttum, z.B. *Lieb/Jacobs,* § 6 I 3; *Wiedemann/Wank,* § 4 Rn. 330 m.w.N.

[62] *BAG* AP Nr. 42 zu § 4 TVG Nachwirkung: Eine wirksame andere Abmachung liegt nach dem *BAG* auch dann vor, wenn die arbeitsrechtliche Vereinbarung vor dem Nachwirkungszeitraum getroffen wurde.

[63] Verneinend *BAG* AP Nr. 6–8 zu § 4 TVG Nachwirkung. Bejahend *Wiedemann/Wank,* § 4 Rn. 199; *Lieb/Jacobs,* § 6 I 4.

weite der Nachwirkung hinausgreifend, als auch mit Beschränkung auf die von der Nachwirkung ohnehin erfassten Arbeitnehmer zulässig.

Ob ein solcher Tarifvertrag der Friedenspflicht unterliegt, richtet sich nach der ausdrücklichen Regelung und, bei Fehlen einer solchen, nach den Umständen. Keine Bedenken bestehen jedenfalls, wenn die Tarifpartner die Friedenspflicht ausschließen, sofern die Regelung lediglich während des Übergangszeitraums begrenzte Ordnungsaufgaben erfüllen soll.[64]

4. Allgemeinverbindlich erklärter Tarifvertrag

Endet ein allgemeinverbindlich erklärter Tarifvertrag, so erfasst die Nachwirkung auch die nicht tarifgebundenen Arbeitnehmer.[65] Die AVE gilt fort, kann jedoch aufgehoben werden. Dann erfasst die Nachwirkung nur noch die Mitglieder der tarifschließenden Gewerkschaft. Die AVE selbst kann keine Nachwirkung entfalten. Wird im Nachwirkungszeitraum ein neuer Tarifvertrag geschlossen, der nicht mehr für allgemeinverbindlich erklärt wird, liegt eine andere Abmachung im Sinne des § 4 V TVG nur für die tarifgebundenen Arbeitnehmer, nicht dagegen für die Außenseiter vor[66].

§ 38. Voraussetzungen der normativen Wirkung

Tarifliche Normen gelten für das einzelne Arbeitsverhältnis normativ, d. h. unmittelbar und zwingend, wenn Tarifgebundenheit besteht und das Arbeitsverhältnis unter den Geltungsbereich des Tarifvertrags fällt (§ 4 I 1 TVG).

I. Tarifgebundenheit[1]

Tarifnormen gelten normativ grundsätzlich nur für Tarifgebundene, § 4 I 1 und 2 sowie § 4 II TVG.

1. Tarifgebundenheit durch Mitgliedschaft beim tarifschließenden Verband

Tarifgebundenheit in diesem Sinne wird durch die Mitgliedschaft beim tarifschließenden Verband begründet, § 3 I TVG. Der Beitritt zu einer Koalition schafft deren Ermächtigung, das Mitglied durch das Setzen tariflicher Rechtsnormen zu binden. Fehlt die Ermächtigung, darf der Arbeitnehmer jedenfalls von belastenden Tarifregelungen nicht automatisch erfasst werden. Die verfassungsrechtlichen Grundvorstellungen unserer Rechtsordnung, wonach der Einzelne nicht beliebigen Rechtsetzungsgewalten ausgeliefert werden darf, gebieten diese Beschränkung der Rechtsetzungsmacht der Tarifvertragsparteien auf den Mitgliederkreis.

---

[64] Dazu *Lieb/Jacobs*, § 6 I 3.
[65] *BAG* AP Nr. 22 zu § 4 TVG Nachwirkung m. Anm. *Löwisch/Rieble*.
[66] *BAG* AP Nr. 38 zu § 4 TVG.
[1] Dazu *Nipperdey/Säcker*, Die Tarifgebundenheit, AR-Blattei, [D] Tarifvertrag, III Tarifgebundenheit, 1972; *Wagenitz*, Die personellen Grenzen der Tarifmacht, 1972.

Die Tarifgebundenheit braucht nicht schon beim Abschluss des Tarifvertrags zu bestehen, sondern kann auch nachträglich durch Verbandsbeitritt begründet werden. Sie wirkt dann aber nicht zurück.

Inhaltsnormen und Abschlussnormen gelten nur bei **beiderseitiger Tarifgebundenheit.** Bei betriebsverfassungsrechtlichen Normen genügt die **Tarifgebundenheit des Arbeitgebers,** bei Betriebsnormen genügt sie, wenn man deren Reichweite einschränkend interpretiert (dazu oben § 37 III 2)

Mit der **Auflösung** der Tarifpartei entfällt die Tarifgebundenheit ihrer Mitglieder.[2]

2. Mitgliedschaft ohne Tarifbindung („OT-Mitgliedschaften")[3]

Ein Arbeitgeber hat zwar oft ein Interesse an den einzelnen Leistungen der Verbände wie Beratung oder Prozessvertretung, will sich aber nicht immer den durch die Verbände abgeschlossenen Tarifverträgen unterwerfen. Deshalb gibt es bei Arbeitgeberverbänden sog. OT-Mitgliedschaften, d.h. Mitgliedschaften ohne Tarifbindung. Hierzu bestehen verschiedene rechtliche Konstruktionsmöglichkeiten. Zum einen können innerhalb **eines** Verbands (sog. *Stufenmodell*[4]) in der Satzung verschiedene Arten der Mitgliedschaften (welche sich in den Mitgliedschaftsrechten unterscheiden) angeboten werden: eine solche mit Verbandstarifbindung, eine solche ohne Verbandstarifbindung und eine Gast-[5] bzw. Fördermitgliedschaft. Neben dieser internen Lösung können auch zwei rechtlich selbständige Verbände gegründet werden (sog. *Aufteilungsmodell*), wobei einer der Verbände satzungsmäßig den Abschluss von Tarifverträgen generell ausschließt, somit tarifunwillig und damit tarifunfähig ist (s.o.). Beide Konstruktionen zeichnen sich dadurch aus, dass sie ohne Zustimmung der Gewerkschaften erfolgen können. Eine dritte Konstruktionsmöglichkeit, die Begrenzung des tarifvertraglichen Geltungsbereichs (s.u.) auf einen Teil der Mitglieder, geht dagegen nur einvernehmlich durch beide Tarifvertragsparteien.[6]

Die Zulässigkeit einseitig begründeter OT-Mitgliedschaften in Form des Stufenmodells ist sehr umstritten[7] und wird vor allem von Gewerkschaftsseite mit Hinweis auf § 3 I TVG abgelehnt, um die auf diese Weise mögliche sog. „Tarifflucht" zu unterbinden. Der Wortlaut des § 3 I TVG könnte dem Stufenmodell entgegenstehen, da danach die Mitgliedschaft in einem Verband zwingend die Tarifgebundenheit jedes Mitglieds nach sich zu ziehen scheint. In zwei neueren Entscheidungen hat das BAG erstmals zum Stufenmodell ausdrücklich Stellung bezogen und solche OT-Mitgliedschaften grundsätzlich für zulässig erachtet[8]. Geht man von der Legitimationstheorie (§ 34 III) als Grundlage der Rechtsetzung der Tarifparteien aus, ist die Anerkennung solcher Mitgliedschaften ohne Tarifunterworfenheit Konsequenz des privatautonomen Willens jedes einzelnen Mitglieds. § 3 I TVG steht dem nicht entgegen, da Mitglied nach diesem privatautonomen Ansatz nur dasjenige ist, das alle Mitgliedschaftsrechte, insbesondere solche im Zusammenhang mit den Tarifvertragsabschlüssen, innehat.

---

[2] *BAG* AP Nr. 4 zu § 3 TVG.

[3] *Wilhelm/Dannhorn,* Die „OT-Mitgliedschaft" – neue Tore für die Tarifflucht?, NZA 2006, 466; *Besgen,* Mitgliedschaft im Arbeitgeberverband ohne Tarifbindung, 1998; *Thüsing/Stelljes,* Verbandsmitgliedschaft und Tarifgebundenheit, ZfA 2005, 527; *Buchner,* Bestätigung der OT-Mitgliedschaft durch das BAG, NZA 2006, 1377.

[4] *Schlochauer,* FS Schaub, 1998, 703.

[5] *Wiedemann/Oetker,* § 3 Rn. 101; *Kempen/Zachert,* § 2 Rn. 91; BAGE 12, 285; BAGE 51, 163.

[6] Nach der Rechtsprechung unproblematisch zulässig, *BAG* AP Nr. 17 zu § 3 TVG Verbandszugehörigkeit.

[7] Dagegen: *Schaub,* § 206 Rn. 29; *Deinert,* Zur Zulässigkeit von OT-Mitgliedschaften in Arbeitgeberverbänden, AuR 2006, 217ff.; dafür *Löwisch* ZfA 1974, 29, 37; *Buchner,* NZA 1994, 2ff.; *ders.,* NZA 1995, 761, 764; *Reuter,* RdA 1996, 201, 205.

[8] *BAG* AP Nr. 42 zu § 4 TVG Nachwirkung; *BAG* AP Nr. 19 zu § 2 TVG; Kraft Satzung dürfen die OT-Mitglieder aber keine Einflussmöglichkeiten auf die Tarifvertragsgestaltung haben.

3. Firmentarifvertrag

Beim **Firmentarifvertrag** wird die Tarifgebundenheit des Arbeitgebers bereits durch seine Stellung als Tarifpartei begründet (§ 3 I TVG). Da er selbst nach § 2 I TVG tariffähig ist (s. oben § 35 II), ist die Verbandsmitgliedschaft nicht Voraussetzung.

4. Spitzenverbände

Schließen **Spitzenverbände** im eigenen Namen einen Tarifvertrag (dazu oben § 35 III), so ist die Tarifbindung der einzelnen Arbeitgeber und Arbeitnehmer problematisch. Denn diese sind nicht Mitglieder des jeweiligen Verbandes, das sind nur die Mitgliedsverbände. Deren Tarifbindung wiederum kann die normative Geltung der tariflichen Regelungen in den Einzelarbeitsverhältnissen nicht bewirken. Das TVG enthält hier eine Regelungslücke. Sie ist durch *erweiternde Auslegung* des § 3 I TVG dahingehend zu schließen, dass auch die Mitglieder des Mitgliedsverbandes tarifgebunden sind. Die Ermächtigung zum Tarifvertragsschluss wird hier gleichsam durch mehrere Mitgliedsverhältnisse vermittelt. Man kann von einer indirekten Mitgliedschaft sprechen.

5. Nachbindung/Fortwirkung gem. § 3 III TVG

a) Zweck der Regelung

Damit sich die Mitglieder der Tarifparteien der normativen Wirkung eines Tarifvertrags nicht durch **Austritt** aus dem Verband entziehen können[9], lässt § 3 III TVG die **Tarifgebundenheit** bis zum Ende des Tarifvertrags **fortbestehen**[10]. Ein **Verbandsaustritt** befreit einen Arbeitgeber deshalb nicht von der zwingenden Geltung des bestehenden Tarifvertrags. Erst wenn dieser abgelaufen und durch einen neuen Tarifvertrag ersetzt worden ist, endet die Tarifgebundenheit. Ebenso endet die Tarifgebundenheit bei einer wesentlichen inhaltlichen Änderung des Tarifvertrags[11], da das ausgetretene Mitglied hierauf keinerlei Einflussmöglichkeiten mehr hat. Eine Bindung an den neuen Tarifvertrag besteht nicht.[12]

b) Anwendungsbereich

Bei Normen über gemeinsame Einrichtungen i.S.v. § 4 II TVG findet § 3 III TVG keine Anwendung, so dass der Arbeitgeber mit dem Verbandsaustritt auch aus der gemeinsamen Einrichtung ausscheidet.[13] Beim **Verbandswechsel** des Arbeitgebers kommt nach h.M. § 3 III TVG zur Anwendung mit der Folge, dass der bisherige Tarifvertrag fortgilt; das Nebeneinanderbestehen zwischen diesem und einem wegen der neuen Verbandszugehörigkeit geltenden neuen Tarifvertrag soll nach den Grundsätzen über die Tarifmehrheit und Tarifkonkurrenz (hierzu unten III) gelöst werden.[14] Geht ein Betrieb, insbesondere durch Veräußerung, auf einen neuen, an den bisherigen Tarifvertrag nicht ge-

---

[9] Hierzu *J. Bauer/Diller*, DB 1993, 1085; *Lieb*, NZA 1994, 337; *Krauss*, DB 1996, 528; *BAG* AP Nr. 15 zu § 3 TVG.
[10] Gilt für Arbeitgeber und Arbeitnehmer *BAG* AP Nr. 26 zu § 4 TVG.
[11] So *BAG* DB 1992, 2088 obiter dictum *BAG* AP Nr. 9 zu § 3 TVG; *BAG* AP Nr. 11 zu § 3 TVG.
[12] Vom Verbandsaustritt streng zu unterscheiden ist die Nachwirkung der Tarifnorm nach Ablauf des Tarifvertrags (§ 4 V TVG, hierzu oben § 37 V). Im ersten Fall gilt der Tarifvertrag nämlich nach wie vor zwingend, im letzten nur dispositiv.
[13] *BAG* AP Nr. 42 zu § 1 BetrAVG Zusatzversorgungskassen.
[14] *BAG* AP Nr. 3 zu § 3 TVG; AP Nr. 20 zu § 4 TVG Tarifkonkurrenz; *Bauer/Diller*, DB 1993, 1085; *Gamillscheg*, Kollektives Arbeitsrecht, § 17 I 5 c (1), S. 725 f.; *Gerhards*, BB 1995, 1290; a.A. *Wiedemann/Oetker*, § 3 Rn. 108; *Bieback*, DB 1989, 477 (480), die immer § 3 III TVG anwenden wollen; z.T. will man dem Arbeitnehmer noch weiter entgegenkommen, z.B. *Konzen*, ZfA 1975, 401.

bundenen Arbeitgeber über, dann gilt § 3 III TVG nicht.[15] Vielmehr greift die Sonderregelung des § 613 a I 2–4 BGB ein.[16]

c) Nachwirkung und Fortwirkung

Nach Ablauf der von § 3 III TVG angeordneten Zeit der Tarifgebundenheit tritt im Gegensatz zur Ansicht des BAG[17] keine Nachwirkung nach § 4 V TVG ein.

6. Allgemeinverbindlicherklärung

Die **Allgemeinverbindlicherklärung** (hierzu im Folgenden unter IV) begründet keine Tarifbindung.[18] Zwar gelten die Normen eines für allgemeinverbindlich erklärten Tarifvertrags auch für die Außenseiter unmittelbar und zwingend,[19] aber gerade nicht aufgrund der Tarifgebundenheit, die eine *Voraussetzung* der normativen Geltung ist, *nicht* ihre *Folge*. Wird die Allgemeinverbindlicherklärung aufgehoben, so findet § 3 III TVG keine Anwendung. Der Tarifvertrag gilt deshalb nicht zwingend weiter.

7. Arbeitsvertragliche Bezugnahmeklauseln[20]

Die **Bezugnahme auf einen Tarifvertrag** durch Einzelarbeitsvertrag, durch Betriebsübung oder durch Betriebsvereinbarung begründet keine Tarifgebundenheit.[21] Hier liegt keine normative, sondern eine schuldrechtlich vereinbarte „Geltung" vor.

Gelegentlich verbindet der Gesetzgeber mit der Bezugnahme auf den Tarifvertrag besondere Wirkungen, wie z.B. in § 13 I 2 BUrlG. Der Arbeitgeber kann allerdings, weil keine normative Bindung vorliegt, durch Kündigung des Arbeitsvertrags oder der Betriebsvereinbarung die Bezugnahmeklausel beseitigen.

Arbeitsvertragliche Bezugnahmeklauseln können in verschiedenen Formen vorkommen. Zu nennen sind hier *statische* Bezugnahmeklauseln, die auf einen bestimmten Tarifvertrag in seiner konkreten Fassung verweisen, *kleine dynamische* Bezugnahmeklauseln, die auf einen konkreten Tarifvertrag in seiner jeweils gültigen Fassung verweisen und sog. *große dynamische* Bezugnahmeklauseln. Diese verweisen nicht auf einen konkreten Tarifvertrag, sondern erklären den jeweils für den Betrieb bzw. Arbeitgeber geltenden Tarifvertrag in der jeweils geltenden Fassung für anwendbar.

Der tarifgebundene Arbeitgeber verfolgt mit den Bezugnahmeklauseln in der Regel eine Gleichstellung der nichtorganisierten mit den organisierten Arbeitnehmern. Wegen dieses Gleichstellungszwecks wurden bislang die dynamischen Klauseln von der Rechtsprechung im Regelfall als Gleichstellungsabreden ausgelegt. Die Dynamik endete daher mit Wegfall der Tarifbindung des Arbeitgebers, auch wenn

---

[15] *BAG* AP Nr. 17 zu § 613 a BGB.

[16] Vgl. *BAG* AP Nr. 49 zu § 613 a BGB; *LAG Frankfurt* BB 1986, 1222 = LAGE § 613 a BGB Nr. 6. Zu Einzelheiten *Zöllner*, Veränderung und Angleichung tarifvertraglich geregelter Arbeitsbedingungen nach Betriebsübergang, DB 1995, 1401; *Moll*, Kollektivvertragliche Arbeitsbedingungen nach einem Betriebsübergang, RdA 1996, 275; *Boecken*, Unternehmensumwandlungen und Arbeitsrecht, 1996, 125 ff.; *Mengel*, Umwandlungen im Arbeitsrecht, 1996, S. 140 ff.

[17] *BAG* AP Nr. 13, 14 zu § 3 TVG; AP Nr. 3 zu § 3 TVG Verbandsaustritt m. Anm. *Rieble; BAG* AP Nr. 8 zu § 3 TVG.

[18] Das bejaht *BAG* AP Nr. 12 zu § 5 TVG zu Unrecht.

[19] Vgl. hierzu auch *May*, Die verfassungsmäßige Zulässigkeit der Bindung von Außenseitern durch Tarifverträge, 1989.

[20] *Annuß*, Tarifbindung durch arbeitsvertragliche Bezugnahme?, ZfA 2005, 405; *Gaul*, Bezugnahmeklauseln – zwischen Inhaltskontrolle und Nachweisgesetz, ZfA 2003, 75; *Hanau*, Die Rechtsprechung des *BAG* zur arbeitsvertraglichen Bezugnahme auf Tarifverträge, NZA 2005, 489; *Reinecke*, Vertragliche Bezugnahme auf Tarifverträge in der neueren Rechtsprechung des Bundesarbeitsgerichts, BB 2006, 2637.

[21] A. A. *v. Hoyningen-Huene*, Die Bezugnahme auf den Tarifvertrag – ein Fall der Tarifbindung, RdA 1974, 138, der die Bezugnahme auf den Tarifvertrag mit ausführlicher Begründung als einen Fall der Tarifbindung ansieht. Interessanter Fall aus der Rspr. *BAG* AP Nr. 9 zu § 4 TVG Nachwirkung. Zur Tragweite tariflicher Bezugnahmeklauseln *G. Müller*, RdA 1990, 321.

der Gleichstellungszweck nicht klar in der Regelung zum Ausdruck kam. Diese Rechtsprechung hat das Bundesarbeitsgericht unter Geltung der §§ 305 ff. BGB wegen der Unklarheitenregel des § 305 c II BGB, wie im Rahmen eines obiter dictum angekündigt, jetzt aufgeben[22]. Verweist der tarifgebundene Arbeitgeber bei Abschluss des Arbeitsvertrags auf den einschlägigen Tarifvertrag, ist diese Bezugnahmeklausel nur dann als Gleichstellungsabrede einzuordnen, wenn der Zweck der Gleichstellung in der Klausel selbst hinreichend deutlich zum Ausdruck kommt. Anderenfalls liegt eine gewöhnliche dynamische Bezugnahmeklausel vor, die auch dann weiter fortgilt, wenn der Arbeitgeber nach Verbandsaustritt und Nachbindungsphase nicht mehr tarifgebunden ist. Der Arbeitgeber ist dann weiterhin verpflichtet, Tariflohnerhöhungen weiterzugeben.

Auch der Gleichbehandlungsgrundsatz kann eine Tarifgebundenheit nicht herbeiführen (hierzu schon oben § 18 III 1, VI).

II. Geltungsbereich des Tarifvertrags[23]

Jeder Tarifvertrag hat einen nach räumlichen und sachlichen Merkmalen abgegrenzten Adressatenkreis, für den er innerhalb eines bestimmten Zeitraumes gilt. Man spricht insoweit vom Geltungsbereich des Tarifvertrags und unterscheidet den räumlichen, betrieblichen, fachlichen, persönlichen und zeitlichen Geltungsbereich.[24] Diesen legen die Tarifparteien selbst fest, wobei sie sich innerhalb ihrer Zuständigkeit halten müssen, da nur insoweit eine Satzungsermächtigung durch die Mitglieder vorliegt.[25] Überschneiden sich die Geltungsbereiche verschiedener Tarifverträge, kann eine Tarifkollision in Form der Tarifkonkurrenz oder der Tarifpluralität vorliegen (im Einzelnen dazu unten III).

1. Räumlicher Geltungsbereich

Tarifverträge gelten geographisch selten für das Gesamtgebiet der Bundesrepublik (wichtige Ausnahme: viele Tarifverträge für den Öffentlichen Dienst). Meist ist das Tarifgebiet auf einen Bezirk oder ein Land beschränkt, wobei Anknüpfungspunkt für den räumlichen Geltungsbereich mangels anderweitiger Regelung durch die Tarifparteien der Erfüllungsort des betroffenen Arbeitsverhältnisses ist, der am einstellenden Betriebssitz liegt.[26] Probleme ergeben sich, wenn der Arbeitnehmer vorübergehend außerhalb des Tarifgebiets eingesetzt wird, z.B. durch eine zeitweilige Entsendung des Arbeitnehmers ins Ausland oder eine Entsendung von Arbeitnehmern aus einem in einem Tarifgebiet liegenden Betrieb mit niedrigeren Tariflöhnen in eine anderes Tarif-

---

[22] Ankündigung der Rechtsprechungsänderung in *BAG* AP Nr. 22 zu § 14 TzBfG; Vollzug der Rechtsprechungsänderung mit der Entscheidung vom 18. 4. 2007 BAG 4 AZR 652/05; *Klebeck,* Unklarheiten bei arbeitsvertraglichen Bezugnahmeklauseln – Zur angekündigten Anwendbarkeit des § 305 c II BGB auf arbeitsvertragliche Bezugnahmeklauseln, NZA 2006, 15; *Bauer/Haussmann,* Schöne Bescherung: Abschied von der Gleichstellungsabrede!, DB 2005, 2815.

[23] Dazu *Hromadka/Maschmann/Wallner,* Der Tarifwechsel, 1996; *Buchner,* Der Geltungsbereich des Tarifvertrags, AR-Blattei SD (1999), 1550.4.

[24] Vgl. etwa *BAG* AP Nr. 10, 11, 14 zu § 4 TVG Geltungsbereich (die Geltung bleibt auch im Konkurs bestehen, selbst wenn die Arbeitnehmer nur mit Abwicklungsarbeiten beschäftigt werden). Nach *BAG* AP Nr. 6 zu § 2 TVG Tarifzuständigkeit ist eine Feststellungsklage über den Geltungsbereich eines Tarifvertrags gegenüber einem einzelnen Arbeitgeber mangels Bestehens eines Rechtsverhältnisses unzulässig. Die Tarifzuständigkeit sei im Beschlussverfahren (§ 97 ArbGG) zu klären.

[25] Dazu auch oben § 35 II.

[26] *BAG* ZTR 1987, 213; s. ferner *BAG* AP Nr. 5 zu § 1 TVG Tarifverträge: Großhandel; *BAG* AP Nr. 17 zu § 1 TVG Tarifverträge: Gebäudereinigung.

gebiet mit höheren Tariflöhnen.[27] Bei nur vorübergehende Entsendung bleibt die Zugehörigkeit zum Tarifvertrag seines eigentlichen Arbeitsplatzes bestehen.[28] Beim Haustarifvertrag fällt der räumliche Geltungsbereich mit dem betrieblichen Geltungsbereich zusammen.

Weithin noch ungeklärt ist die Problematik, ob ein Verbands- oder Firmentarifvertrag, der für ein Unternehmen gilt, auch für einen neu gegründeten oder neu hinzu erworbenen Betrieb gilt.[29] Das ist, sofern sich nicht aus dem Tarifvertrag anhand ganz besonderer Anhaltspunkte im Wege der Auslegung ergibt, dass er auch für neu hinzukommende Betriebe gelten soll, grundsätzlich zu verneinen. Denn für alle Beteiligten und Betroffenen muss die Geltung eines Tarifvertrags bei seinem Abschluss überschaubar sein; hier fehlt zudem prinzipiell die Legitimation der tarifschließenden Parteien. Galt im Falle des Neu*erwerbs* eines Betriebs für diesen ein Tarifvertrag, so gelten dessen Regeln nach § 613 a I S. 2 BGB (nur dann) individualrechtlich fort, wenn, wie hier vertreten, der Tarifvertrag des alten Unternehmens nicht gilt.

2. Betrieblicher Geltungsbereich

Ihm kommt in der Praxis besondere Bedeutung zu. Die meisten Tarifverträge beschränken ihre Geltung auf bestimmte Arten von Betrieben, z. B. Betriebe der metallverarbeitenden Industrie, der chemischen Industrie, des Baugewerbes. Der Tarifvertrag gilt dann von vornherein nicht für Betriebe anderer Wirtschaftsbranchen. Ein Tarifvertrag für die Metallindustrie kann daher schon vom betrieblichen Geltungsbereich her keine Anwendung auf Metallarbeiter in einem Betrieb der chemischen Industrie finden. Soweit eine Tarifpartei nach dem Industrieverbandsprinzip (oben § 9 II 1, § 35 VI) organisiert ist, würde für Betriebe, die nicht zu diesem Industriezweig gehören, die Tarifzuständigkeit fehlen. Ein Mischbetrieb liegt vor, wenn in einem Betrieb mehrere arbeitstechnische Zwecke nebeneinander verfolgt werden, die unterschiedlichen Branchen zuzuordnen sind. In diesem Fall ist der Tarifvertrag anzuwenden, der die Tätigkeiten erfasst, die dem Betrieb allein nach der Anzahl der Arbeitnehmer (nicht nach wirtschaftlichen Gesichtspunkten wie z. B. Umsatz) sein Gepräge geben[30].

Verändert der Betrieb durch Produktionsumstellung seinen Charakter und fällt er dadurch aus dem tarifvertraglichen Geltungsbereich heraus, so endet die unmittelbare und zwingende Wirkung der Tarifnormen. Soweit freilich keine anderen Abmachungen (z. B. ein Tarifvertrag einer anderen Branche oder auch arbeitsvertragliche Absprachen) eingreifen, ist in entsprechender Anwendung von § 4 V TVG eine **Nachwirkung** der bisherigen Tarifnormen anzunehmen (dazu oben § 37 V).

3. Fachlicher Geltungsbereich

Der fachliche Geltungsbereich grenzt die Anwendbarkeit des Tarifvertrags (oder bestimmter tariflicher Normen) nach der Art der Tätigkeit ab. Viele Tarifverträge gelten keineswegs für alle Arbeitnehmer eines Betriebes bestimmter Art, sondern z. B. nur für technische oder kaufmännische Angestellte. Häufig erfolgt eine Einteilung der Arbeit-

---

[27] Hierzu *Däubler*, DB 1991, 1622, der hier allerdings viel zu weitgehend eigene Kollisionsregeln entwickeln will.

[28] A. A. *BAG* AP Nr. 2 zu § 1 BAT-G für den Fall, dass der Endpunkt der Entsendung nicht feststeht.

[29] Hierzu: *Sowka/Weiss*, DB 1991, 1518.

[30] *BAG* AP Nr. 18 zu § 1 TVG Tarifverträge Einzelhandel.

nehmer in Vergütungsgruppen.[31] Der fachliche Geltungsbereich ist meist *innerhalb des betrieblichen Geltungsbereichs* – so ein solcher festgelegt ist – erheblich. In erster Linie ist also stets der betriebliche Geltungsbereich zu prüfen. Wird ein Arbeitsverhältnis bereits von ihm nicht erfasst, so kommt es auf den fachlichen Geltungsbereich nicht an. Ansonsten bestimmen die Tarifparteien den fachlichen Geltungsbereich nach ihrem freien Willen.[32]

4. Persönlicher Geltungsbereich

Der Geltungsbereich eines Tarifvertrags kann auch nach Merkmalen persönlicher Art abgegrenzt sein, die sich als fachliche Merkmale kennzeichnen lassen, z. B. durch Herausnahme der Auszubildenden, der Teilzeitarbeitnehmer oder der Aushilfskräfte in einem Tarifvertrag. Auch die Festlegung, dass ein Tarifvertrag *nur* für Arbeiter oder *nur* für Angestellte gelten soll, gehört zur Abgrenzung des persönlichen Geltungsbereichs.

Dieser darf nicht mit der Tarifgebundenheit verwechselt werden. Zwar bewirken beide Voraussetzungen eine Beschränkung der Tarifvertragsgeltung in persönlicher Beziehung. Aber während der persönliche Geltungsbereich durch den normativen Teil des Tarifvertrags selbst abgegrenzt wird, ergibt sich die Tarifgebundenheit nicht aus dem Tarifvertrag, sondern aus anderen, vom Gesetz als maßgebend erklärten Merkmalen. Der Unterschied ist wichtig im Hinblick auf die Allgemeinverbindlicherklärung: Sie kann das Fehlen der Tarifgebundenheit eines Arbeitnehmers oder Arbeitgebers ersetzen, nicht aber den persönlichen Geltungsbereich erweitern (vgl. näher unten IV 2).

5. Zeitlicher Geltungsbereich

Die Tarifnormen gelten ohne anderweitige Regelung grundsätzlich vom Abschluss des Tarifvertrags an. Das Inkrafttreten des Tarifvertrags kann aber durch ausdrückliche Regelung hinausgeschoben werden. Der Tarifvertrag umfasst dann die zur Zeit des Inkrafttretens noch bestehenden Arbeitsverhältnisse.[33] (Zur zeitlichen Geltung nach **Verbandsaustritt** s. § 3 III TVG, hierzu oben § 38 I 5, zur Weitergeltung nach Ablauf des Tarifvertrages s. § 4 Abs. V TVG, hierzu § 37 V).

Eine **rückwirkende Inkraftsetzung** von Tarifverträgen ist wegen der Normwirkung nur in den Grenzen, wie sie vom Bundesverfassungsgericht für Gesetze entwickelt wurden[34], möglich[35]. Von einer Rückwirkung kann zudem im Interesse der Rechtssicherheit und Rechtsklarheit nur bei ausdrücklicher Anordnung ausgegangen werden.[36] Die Rückwirkung erlangt nach der Rechtsprechung nur dann Geltung für das konkrete Arbeitsverhältnis, wenn die Tarifgebundenheit der Arbeitsvertragsparteien sowohl zum Zeitpunkt des Abschlusses des rückwirkenden Tarifvertrags, als auch im

---

[31] Sie stellen nach heute h. M. nicht nur Bestimmungsfaktoren für die Lohnbemessung nach §§ 317–319 BGB dar, sondern eine echte Gruppeneinteilung, vgl. *BAG* AP Nr. 46 zu § 256 ZPO.

[32] *BAG* AP Nr. 4 zu § 3 BAT m. Anm. *Bauschke* und *Wiedemann/Lembke.*

[33] *BAG* AP Nr. 6 zu § 1 TVG Rückwirkung.

[34] Grundlegend BVerfGE 11, 139 (148 f.); st. Rspr., vgl. BVerfGE 72, 175 (196). Der 1. Senat unterscheidet nach wie vor zwischen echter und unechter Rückwirkung, während der 2. Senat nur noch zwischen dem zeitlichen und dem sachlichen Anwendungsbereich der Rechtsnorm differenziert erstmals BVerfGE 63, 343 (356); ferner E 72, 200 (241); E 77, 300 (377); E 92, 277 (325). Zum Überblick *Fiedler*, NJW 1988, 1624.

[35] Hierzu *BAG* AP Nr. 2 und Nr. 3 zu § 1 TVG; AP Nr. 12 zu § 1 TVG Rückwirkung; AP Nr. 20 zu § 1 TVG Tarifverträge: Lufthansa. S. zur Rückwirkung auch unten § 39 IV.

[36] Vgl. *BAG* AP Nr. 26 zu § 111 BetrVG 1972; SAE 1990, 303 mit Anm. *Hergenröder;* zu einem speziellen Fall der unzulässigen Rückwirkung durch nachträgliche Erweiterung des personellen Geltungsbereiches eines Tarifvertrages *BAG* AP Nr. 11 zu § 1 TVG Rückwirkung.

Zeitraum der Rückwirkung bestanden hat[37]. Nach den Prinzipen des Bundesverfassungsgerichts muss zwischen der grundsätzlich zulässigen unechten und der grundsätzlich unzulässigen echten Rückwirkung[38] differenziert werden. Eine unechte Rückwirkung liegt vor, wenn an einen Sachverhalt, der in der Vergangenheit begonnen hat, aber noch nicht abgeschlossen ist, andere Rechtsfolgen geknüpft werden. Bei echter Rückwirkung wird in bereits abgeschlossene Tatbestände eingegriffen. Das ist nur zulässig, wenn ausnahmsweise kein Vertrauensschutz besteht, insbesondere wenn die rückwirkende Regelung für den Normunterworfenen vorhersehbar war[39].

III. Tarifkollisionen[40]

Eine Tarifkollision innerhalb eines Betriebs kann in Form der Tarifkonkurrenz und in Form der Tarifpluralität vorkommen. In diesen Fällen muss geklärt werden, welcher Tarifvertrag auf das konkrete Arbeitsverhältnis Anwendung findet, da es im TVG keine ausdrückliche Kollisionsregelung gibt.

1. Tarifkonkurrenz

a) Begriff

Tarifkonkurrenz liegt vor, wenn für **ein** und dasselbe Arbeitsverhältnis mehrere Tarifverträge normativ[41] gelten, weil das einzelne Arbeitsverhältnis vom Geltungsbereich mehrerer Tarifverträge erfasst wird und beide Parteien gleichzeitig an mehrere von verschiedenen Tarifvertragsparteien abgeschlossene Tarifverträge gebunden sind.

Wegen der Dominanz des **Industrieverbandsprinzips** (s. oben §§ 9 II 1, 35 VI, 38 II 2) stimmen die betrieblichen Geltungsbereiche mehrerer Tarifverträge nur noch selten überein. Trifft dies ausnahmsweise einmal zu, so tritt eine Tarifkonkurrenz meist dennoch nicht auf, weil Arbeitnehmer praktisch immer und Arbeitgeber in den meisten Fällen nur einem einzigen Verband angehören.[42] **Tarifkonkurrenz** gibt es, wenn (a) bei Tarifbindung von Arbeitgeber und Arbeitnehmern ein anderer, nach seinem Geltungsbereich ebenfalls einschlägiger Tarifvertrag für allgemeinverbindlich[43] erklärt

---

[37] *BAG* AP Nr. 6, Nr. 15 zu § 1 TVG Rückwirkung.

[38] So die Terminologie des 1. Senats, der 2. Senat spricht von Rückbewirkung von Rechtsfolgen und tatbestandlicher Rückanknüpfung

[39] *BAG* AP Nr. 10 zu § 1 BetrAVG Überversorgung; *BAG* AP Nr. 21 zu § 1 TVG Rückwirkung

[40] Zu diesen Problemen: *B. Müller,* Tarifkonkurrenz und Tarifpluralität, NZA 1989, 449; *Kraft,* Tarifkonkurrenz, Tarifpluralität und das Prinzip der Tarifeinheit, RdA 1992, 161; *Kania,* Tarifpluralität und Industrieverbandsprinzip, DB 1996, 1921; *Jacobs,* Tarifeinheit und Tarifkonkurrenz, 1999, 411 ff.; *Schliemann,* Tarifkollision – Ansätze zur Vermeidung und Auflösung, NZA 2000, Sonderbeilage zu Heft 24, 24; *Buchner,* Tarifpluralität und Tarifeinheit – einige Überlegungen zur Rechtsprechung des Bundesarbeitsgerichts, FS 50 Jahre BAG, 2004, 631; *Meyer,* Das Regelungsverhältnis von verbands- und firmenbezogenem Verbandstarifvertrag im Vergleich zum Haustarifvertrag, NZA 2004, 366; *Hromadka,* Tarifeinheit bei Tarifpluralität, GS Heinze, 2005, 383; *Bayreuther,* Gewerkschaftspluralismus im Spiegel aktueller Rechtsprechung – Abschied vom „Einheitstarifvertrag"?, BB 2005, 2633; *Meyer,* Rechtliche wie praktische Unzulänglichkeiten einer Tarifpluralität, NZA 2006, 1387; Bayreuther, Tarifpluralitäten und -konkurrenzen im Betrieb, NZA 2007, 187. Aus der Rspr. vgl. die in AP zu § 4 TVG Tarifkonkurrenz abgedruckten Entscheidungen.

[41] *BAG* AP Nr. 29 zu § 4 TVG, wonach auch beim Zusammentreffen eines normativ geltenden Tarifvertrags mit einer Bezugnahmeklausel eine nach dem Grundsatz der Tarifeinheit aufzulösende Tarifkonkurrenz vorliege, ist daher verfehlt.

[42] Mehreren Verbänden können mitunter die Arbeitgeber sog. Mischbetriebe angehören. Beispiel: Ein Unternehmen der Unterhaltungselektronik hat zugleich ein Verkaufsgeschäft, so in *BAG* AP Nr. 18 zu § 1 TVG Tarifverträge: Einzelhandel.

[43] Dazu den schwierigen Fall *BAG* SAE 1977, 56 (Anm. *Konzen*); ferner *BAG* AP Nr. 3 zu § 3 TVG: Hier hatte ein Verbandsaustritt des Arbeitgebers (nach BAG) die Nachwirkung des bis dahin gelten-

wird oder wenn (b) ohne Tarifbindung von Arbeitgeber und Arbeitnehmern mehrere Tarifverträge für allgemeinverbindlich erklärt werden[44] oder wenn (c) ein Arbeitgeber den Verband wechselt und man davon ausgeht (hierzu unter b), dass der alte Tarifvertrag eine Nachbindung (§ 3 III TVG) entfaltet, obwohl der Arbeitgeber durch den Beitritt zu einem anderen Verband einem neuen Tarifvertrag unterliegt, oder wenn (d) ein verbandsangehöriger Arbeitgeber bei Bestehen eines Verbandstarifvertrags zugleich einen Firmentarifvertrag abschließt.

b) Auflösung der Tarifkonkurrenz

Innerhalb eines Arbeitsverhältnisses können nicht beide konkurrierenden Tarifverträge zur Anwendung kommen (**Grundsatz der Tarifeinheit**). Daher ist danach zu fragen, nach welchen Kriterien (wenn keine Regelung in den Tarifverträgen selbst enthalten ist) diese Normenkollision auf gleicher Normenhierarchieebene aufgelöst werden kann. Für die Konkurrenz zwischen allgemeinverbindlichen und infolge Tarifgebundenheit geltenden Tarifverträgen muss die durch den Verbandsbeitritt selbst gewählte Tarifbindung vorgehen (**Vorrang kraft Koalitionsmitgliedschaft**). Dies gilt im Gegensatz zur Ansicht des BAG[45] und des BVerfG[46] auch, wenn der „selbst gewählte" Tarifvertrag infolge eines Verbandsaustritts nur noch Nachbindung entfaltet; denn die AVE darf aus Gründen der Achtung der Koalitionsfreiheit nicht einen Tarifvertrag verdrängen, der auf dem Willen der Tarifparteien beruht. Entgegen einer verbreiteten Ansicht[47] greift § 3 III TVG nicht ein, und es entsteht somit keine Nachbindung und damit auch keine Tarifkonkurrenz, wenn ein Arbeitgeber zeitgleich mit seinem Verbandsaustritt wieder einem anderen Verband beitritt und hierdurch für alle bisher dem alten Tarifvertrag unterfallenden Arbeitsverhältnisse nunmehr ein anderer Tarifvertrag zur Anwendung gelangt[48]. Angesichts der Gründung von ver.di wird in Zukunft öfter eine kongruente Tarifbindung vorliegen, womit der Wechsel des Arbeitgeberverbandes eine Möglichkeit des schnellen Tarifwechsels für den Arbeitgeber darstellt[49].

Schließt ein verbandsangehöriger Arbeitgeber einen **Firmentarifvertrag und besteht gleichzeitig** auch ein **Verbandstarifvertrag**, so ist beiderseitige Tarifbindung für beide Tarifverträge gegeben. Ebenso besteht Übereinstimmung des betrieblichen Geltungsbereichs. Nach allgemeiner Ansicht geht hier der räumlich engere Tarifvertrag als der speziellere dem räumlich weiteren vor (sog. **Spezialitätsprinzip**), d.h. es findet nur der Firmentarifvertrag Anwendung. Das entspricht auch dem Postulat einer betriebsnahen Tarifpolitik (hierzu oben § 35 II). Kann ein Vorrang nach diesem Kriterium nicht festgestellt werden, findet nach dem **Mehrheitsprinzip** derjenige Tarifvertrag Anwendung, dem die meisten Arbeitsverhältnisse unterfallen.

---

den Tarifvertrags (gemäß § 3 III TVG) ausgelöst und zugleich bewirkt, dass auch ein nur für die nicht tarifgebundenen Arbeitgeber für allgemeinverbindlich erklärter Tarifvertrag ebenfalls zur Anwendung kam.

[44] *BAG* AP Nr. 3 zu § 3 TVG lässt Einschränkungsklauseln bei der AVE zu, die eine solche Konkurrenz von vornherein ausschließen. Zur Ablehnung solcher Einschränkungen IV 2.

[45] *BAG* AP Nr. 3 zu § 3 TVG.

[46] BVerfGE 44, 322 (352); E 55, 7 (24).

[47] *Konzen*, Tarifbindung, Friedenspflicht und Kampfparität beim Verbandswechsel des Arbeitgebers, ZfA 1975, 401 (426 ff.); *Bieback*, DB 1989, 477.

[48] Für den Fall des Betriebsübergangs nach § 613a BGB und für den Fall der Nachwirkung nach § 4 V TVG geht das *BAG* schon vom Prinzip der Einzelablösung durch beiderseitige Tarifgebundenheit aus, *BAG* AP Nr. 12 zu § 1 TVG Bezugnahme auf Tarifvertrag.

[49] *Melms*, Tarifwechsel und ver.di, NZA 2002, 296.

2. Tarifpluralität

a) Begriff

Neben der Tarifkonkurrenz kann eine Kollision mehrerer Tarifverträge auch in der Form entstehen, dass für *verschiedene* Arbeitsverhältnisse *innerhalb eines Betriebs* verschiedene Tarifverträge normativ gelten. Im Unterschied zur Tarifkonkurrenz liegt bei der Tarifpluralität[50] kein Aufeinandertreffen gleichrangiger Normen innerhalb eines Arbeitsverhältnisses vor, sondern nur innerhalb eines Betriebs. Nur der einzelne Arbeitgeber ist bei der Tarifpluralität damit auf der betrieblichen Ebene an mehrere (i.d.R. zwei) unterschiedliche Tarifverträge gebunden.[51]

b) Auflösung der Tarifpluralität

Nach Ansicht des BAG gilt aus Gründen der Rechtssicherheit und Rechtsklarheit das **Prinzip der Tarifeinheit,** wonach in einem Betrieb nur **ein** Tarifvertrag Geltung beanspruchen kann. Eine Normenkollision sei nach dem Kriterium der Spezialität aufzulösen[52]. Dies folge für die betrieblichen und betriebsverfassungsrechtlichen Normen schon aus § 3 II TVG und müsse auch für die Arbeitsverhältnisnormen wegen der oft schwierigen Abgrenzung zu den Betriebsnormen gelten. Die überwiegende Ansicht in der Literatur lehnt dies jedoch ab.[53] Die bei Geltung mehrerer Tarifverträge auftretenden Probleme, u.a. bezüglich der Geltung betrieblicher und betriebsverfassungsrechtlicher Normen,[54] sind lösbar. Im Betrieb gelten beide Tarifverträge daher nebeneinander. Es liegt **Tarifpluralität** vor.[55] Die Ansicht der Rechtsprechung begünstigt einseitig die etablierten großen Gewerkschaften. Indes fehlt für diese Ansicht jede Rechtsgrundlage. Die hierdurch eintretende Beschränkung der Entfaltung kleinerer Gewerkschaften verstößt gegen die Koalitionsbetätigungsgarantie des Art. 9 Abs. 3 GG.[56] Auch die neue Rechtsprechung des BAG zur erleichterten Anerkennung der Tariffähigkeit kleinerer Gewerkschaften (oben § 35 I 2a) verlangt bei der Tarifpluralität ein Umdenken. Sonst werden die von solchen Gewerkschaften abgeschlossenen Tarifverträge durch die Anwendung des Grundsatzes der Tarifeinheit obsolet gemacht.[57]

---

[50] Eine Normenkollision bezüglich des einzelnen Arbeitsverhältnisses ist aber nicht ausgeschlossen.

[51] Bei fehlender Tarifgebundenheit des Arbeitgebers kann die vertragliche Inbezugnahme eines Tarifvertrages nicht zur Tarifpluralität führen, vgl. *BAG* AP Nr. 21 zu § 4 TVG, aber auch *BAG* AP Nr. 20 zu § 4 TVG Tarifkonkurrenz; zu dieser Entscheidung *Kraft,* RdA 1992, 161 (167); *Säcker/Oetker,* ZfA 1993, 1 (13ff.).

[52] *BAG* AP Nr. 126 zu § 1 TVG Tarifverträge: Bau; *BAG* AP Nr. 16, 19, 30 zu § 4 TVG Tarifkonkurrenz; *BAG* AP Nr. 22 zu § 4 TVG; *BAG* AP Nr. 17 zu § 3 EntgeltFG; anders dagegen im Falle des § 4 V TVG *BAG* AP Nr. 26 zu § 4 TVG Nachwirkung, womit ein nachwirkender Tarifvertrag eine stärkere Bestandskraft hat als ein normativ wirkender, da dieser durch den Grundsatz der Tarifeinheit verdrängt werden kann.

[53] Das *BAG* dürfte dabei auch die verfassungsrechtlich zulässigen Grenzen richterlicher Rechtsfortbildung überschritten haben, vgl. *Kraft,* RdA 1992, 161 (167f.); *Fenn,* FS Kissel, 1994, S. 213; a.A. *Säcker/Oetker,* ZfA 1993, 1 (4ff.).

[54] *BAG* AP Nr. 19, 20, 22 zu § 4 TVG Tarifkonkurrenz.

[55] Vgl. *B. Müller,* NZA 1989, 449.

[56] Vgl. auch *Salje,* Anm. zu *BAG* SAE 1993, 74.

[57] Teilweises Abrücken des *BAG* NZA 2005, 655 noch mit der Argumentation der gewillkürten Tarifpluralität.

IV. Allgemeinverbindlicherklärung[58]

1. Zweck der Regelung

Die Beschränkung der Normwirkung auf tarifgebundene Arbeitnehmer und Arbeitgeber könnte dann zu Schwierigkeiten führen, wenn ein tarifgebundener Arbeitgeber nicht tarifgebundene Arbeitnehmer (Arbeitnehmer-Außenseiter) zu schlechteren Bedingungen als die tarifgebundenen beschäftigte. Diese mit dem unschönen Begriff der „Schmutzkonkurrenz" titulierte Situation kommt heute kaum noch vor. Deshalb bräuchte es die Allgemeinverbindlicherklärung nicht zu geben. Tarifgebundene Arbeitgeber stört mitunter, wenn nicht tarifgebundene schlechtere, oft auch nur flexiblere Arbeitsbedingungen vereinbart haben.

Um solche Konkurrenzvorteile auszuschalten, erstreben die Sozialpartner vielfach die Erstreckung der Tarifgeltung auf die Außenseiter. Das Instrument für diese Erstreckung ist die sog. Allgemeinverbindlicherklärung (AVE) eines Tarifvertrags durch den Staat. Für diesen geht es freilich nicht um den Schutz der Verbandsangehörigen vor lästiger Konkurrenz, die heute angesichts der in Deutschland im internationalen Vergleich sehr teuren Arbeitskraft in manchen Branchen sogar volkswirtschaftlich nützlich ist, sondern um das Wohl derjenigen Arbeitnehmer, deren Arbeitsbedingungen mangels beiderseitiger Tarifbindung u.U. unter das „sozial angemessene" Niveau absinken könnten (**Schutzzweck**). Der Staat hat zwar unter gewissen Voraussetzungen die Möglichkeit, selbst Mindestarbeitsbedingungen festzulegen (vgl. das Gesetz über die Festsetzung von Mindestarbeitsbedingungen von 1952, bislang noch nie angewandt), was jüngst politisch wieder diskutiert wird. Er tritt mit dieser Möglichkeit aber hinter die Regelungstätigkeit der Tarifparteien zurück (vgl. § 1 dieses Gesetzes). Nach h. M.[59] ist sogar die Allgemeinverbindlicherklärung von Tarifverträgen, die gemeinsame Einrichtungen der Tarifparteien und Beitragspflichten anordnen, verfassungsgemäß. Dies ist im Hinblick auf die negative Koalitionsfreiheit sehr bedenklich. Außenseiter dürfen in keinem Fall zwangsweise zu Mitgliedern der gemeinsamen Einrichtungen werden, sondern können allenfalls Beitragslasten haben.

2. Inhalt und Wirkung der AVE

Die Wirkung der AVE entspricht ihrem Inhalt: Mit der AVE erfassen die Rechtsnormen des Tarifvertrags in seinem Geltungsbereich die nicht tarifgebundenen Arbeitgeber und Arbeitnehmer (§ 5 IV TVG). Das bedeutet, dass die **Geltung** der Tarifnormen auf die Außenseiter **erstreckt** wird. Am Inhalt des Tarifvertrags vermag sie nichts zu ändern. Insbesondere ist sie nicht in der Lage, den Geltungsbereich des Tarifvertrags (zu diesem Begriff oben II) einzuschränken oder auszudehnen.[60] Ein für das Land Bayern vereinbarter Tarifvertrag kann also z.B. nicht durch AVE auf das Land Baden-Württemberg erstreckt werden. Eine Allgemeinverbindlicherklärung darf im Gegensatz zur Ansicht des BAG[61] nicht mit Rückwirkung erfolgen. Zum Verhältnis der AVE zur Tarifgebundenheit vgl. oben I 5. Die Allgemeinverbindlicherklärung erfolgt durchaus nicht selten.[62]

---

[58] *Richardi*, Arbeitsvertrag und Tarifgeltung, ZfA 2003, 655; *Lesch*, Die Allgemeinverbindlichkeit von Tarifverträgen, 2003; *Lakies*, Die Allgemeinverbindlicherklärung von Tarifverträgen, AR-Blattei, SD, 1550.10, 2004.

[59] BVerfGE 55, 7; vgl. auch *BVerfG* AP Nr. 8 zu § 4 TVG Gemeinsame Einrichtungen; AP Nr. 25 zu § 5 TVG.

[60] A. A. zu Unrecht das *BAG* (AP Nr. 3 zu § 3 TVG, Nr. 88 zu § 1 TVG Tarifverträge: Bau), das Einschränkungsklauseln im Rahmen pflichtgemäßen Ermessens, insbesondere um eine Tarifkonkurrenz zu verhindern, für zulässig hält.

[61] Nach *BAG* AP Nr. 18 zu § 5 TVG (kritisch zur Begründung *Herschel* in Anm. ebenda) kann die AVE Rückwirkung entfalten, wobei allerdings die Grundsätze über die Rückwirkung von Gesetzen entsprechend anzuwenden seien.

[62] Vgl. *Lorenz/Clasen*, BABl. 4/1997, S. 6; Verzeichnis der allgemeinverbindlich erklärten Tarifverträge unter beck-online Modul Arbeitsrecht Plus.

3. Voraussetzungen der AVE[63]

a) Die AVE setzt in **materieller** Hinsicht einen gültigen Tarifvertrag voraus und ist nur zulässig, wenn (1) die tarifgebundenen Arbeitgeber wenigstens 50% der unter den Geltungsbereich des Tarifvertrags fallenden Arbeitnehmer beschäftigen, und wenn (2) die AVE im öffentlichen Interesse geboten erscheint, § 5 I 1 Nr. 1 und 2 TVG. Davon kann nach S. 2 abgewichen werden, wenn die AVE zur Behebung eines sozialen Notstandes erforderlich erscheint.

b) **Formelle Voraussetzung** der AVE ist, dass eine Tarifvertragspartei einen **Antrag** auf AVE stellt.

4. Zuständigkeit und Verfahren

Zuständig für die AVE ist der *Bundesminister für Arbeit,* der seine Befugnis gemäß § 5 VI TVG auf die *oberste Arbeitsbehörde eines Landes* übertragen kann. Für die AVE ist das Einvernehmen mit einem aus Vertretern der Spitzenorganisationen paritätisch besetzten Ausschuss erforderlich, vgl. § 5 I 1 TVG. Außerdem müssen vor der Entscheidung über die AVE eine Reihe von Stellen gehört werden, § 5 II TVG. Wirksamkeitsvoraussetzung der AVE ist die öffentliche Bekanntmachung (vgl. § 5 VII TVG). Einzelheiten des Verfahrens der AVE sind in der Durchführungsverordnung zum TVG geregelt.[64]

5. Rechtsnatur[65]

Über die Rechtsnatur der Allgemeinverbindlicherklärung wurde früher viel gestritten.[66] Zutreffend ist die Qualifizierung der AVE als **eigenständiger Rechtsetzungs-**

---

[63] Vgl. hierzu *v. Hoyningen-Huene,* Die Allgemeinverbindlicherklärung der Vorruhestandstarifverträge im Baugewerbe, BB 1986, 1909; *Wiedemann,* Zur Wirksamkeit der Allgemeinverbindlicherklärung von Vorruhestandstarifverträgen, RdA 1987, 262 (264 ff.); *Stahlhacke,* Die Allgemeinverbindlicherklärung von Tarifverträgen über das Arbeitszeitende im Verkauf, NZA 1988, 344; *BAG* zur Wirksamkeit einer Allgemeinverbindlicherklärung AP Nr. 16 zu § 1 TVG Tarifverträge: Gebäudereiniger (mit Anm. *Zachert*).

[64] BGBl. I 1970, 193 i.d.F. der Neubekanntmachung v. 16. 1. 1989, BGBl. I, 77, zuletzt geändert durch die 8. Zuständigkeitsverordnung vom 25. 11. 2003, BGBl I 2003, 2304; hierzu *Stahlhacke,* NZA 1989, 334.

[65] Dazu *Lieb,* Die Rechtsnatur der Allgemeinverbindlicherklärung von Tarifverträgen als Problem des Geltungsbereichs autonomer Normensetzung, Münchener Diss. 1960, S. 58 ff.; *Bettermann,* Rechtssetzungsakt, Rechtssatz und Verwaltungsakt – Satzungsgenehmigung und Allgemeinverbindlichkeitserklärung, FS Nipperdey, 1965, Bd. II, S. 723; *Zöllner,* Die Rechtsnatur der Allgemeinverbindlicherklärung von Tarifverträgen, DB 1967, 334; *Hofbauer,* Der Rechtscharakter der Tarifverträge und der Allgemeinverbindlicherklärung, 1974; *Badura,* Anm. zu BVerfG EzA § 5 TVG Nr. 5; *v. Hoyningen-Huene,* BB 1986, 1909; *Schlachter,* Allgemeinverbindlich-Erklärung des Vorruhestandstarifvertrages im Baugewerbe, BB 1987, 758; *Wiedemann,* Zur Wirksamkeit der Allgemeinverbindlicherklärung von Vorruhestandstarifverträgen, RdA 1987, 262; *Backhaus/Wenner,* Können Tarifparteien auf Allgemeinverbindlicherklärung eines Tarifvertrages klagen?, DB 1988, 115.

[66] Längere Zeit wurde angenommen, sie stelle einen Verwaltungsakt dar, der eine über den Mitgliederkreis der Verbände hinausgreifende Rechtsetzung sanktioniere *(Herschel,* FS Bogs, 1959, S. 125 ff.; *ders.,* Vom Wesen der Allgemeinverbindlicherklärung, RdA 1983, 162). Diese Auffassung hat heute praktisch keine Anhänger mehr. Nicht durchzusetzen vermochte sich auch die von Herschel begründete Auffassung, nach der den Tarifvertragsparteien im Falle der AVE eine zusätzliche, die Außenseiter mitumfassende Tarifmacht durch Verwaltungsakt verliehen wird. Nach moderner Auffassung kann die Verleihung oder Erweiterung von Rechtsetzungsbefugnissen stets nur durch einen Rechtssatz erfolgen. Als überwunden erscheint ferner die Lehre, die in der AVE einen staatlichen Mitwirkungsakt bei autonomer Rechtsetzung sehen will *(Nipperdey/Heussner,* Die Rechtsnatur der AVE von Tarifverträgen, in: Külz/Naumann (Hrsg.), Staatsbürger und Staatsgewalt, 1963, Bd. 1, S. 211 ff.). Dieser Lehre liegt das Denkmodell der sog. **erweiterten Autonomie** zugrunde, wonach den Tarifparteien über den Bereich ihrer eigentlichen Autonomie – betreffend die Verbandsmitglieder – hinaus Rechtsetzungsmacht für

akt. Das bedeutet, dass sie als eine Art Rechtsverordnung[67] einzustufen ist.[68] Diese Rechtsverordnung ergeht nicht gegenüber sämtlichen Arbeitnehmern, wiederholt also nicht die Rechtsetzung gegenüber den Tarifgebundenen, sondern erstreckt lediglich die Geltung auf die Außenseiter.[69] Die Tarifparteien können nach der Rechtsprechung des Bundesverwaltungsgerichts[70] im Wege der Feststellungsklage auf Allgemeinverbindlicherklärung klagen.

6. Ende der Allgemeinverbindlichkeit

Wie sehr die AVE vom Tarifvertrag abhängt, zeigt sich an ihrer Beendigung. Sie erfolgt regelmäßig nicht durch staatlichen Akt, sondern durch Ablauf des Tarifvertrags, § 5 V 3 TVG. Die AVE führt also nicht zu einer Erhöhung der Lebensdauer des Tarifvertrags, und ihre eigene Lebensdauer reicht über diejenige des Tarifvertrags nicht hinaus. Selbstverständlich kann der Bundesarbeitsminister die AVE auch vor Ablauf des Tarifvertrags wieder aufheben. Dazu wird jedoch selten Anlass bestehen. Durch Eröffnung des Insolvenzverfahrens endet die AVE nicht.[71] Über die Folgen der Aufhebung s. oben I 6.

V. Arbeitnehmer-Entsendegesetz[72] und Tariftreueerklärungen[73]

Am 1. 3. 1996 trat das Gesetz über zwingende Arbeitsbedingungen bei grenzüberschreitenden Dienstleistungen (Arbeitnehmerentsendegesetz) in Kraft. Dieses Gesetz

---

den gesamten von ihnen repräsentierten Sozialbereich verliehen werde. Lediglich die Geltung der „autonom" gesetzten Normen für Nichtmitglieder steht unter dem Vorbehalt der Mitwirkung des Staates durch AVE, ähnlich wie die Geltung gemeindlicher Satzungen von der Genehmigung der Aufsichtsbehörde abhängt. Es muss hier dahinstehen, inwieweit von erweiterter Autonomie in anderen Rechtsbereichen sinnvoll gesprochen werden kann. Für den Bereich des Tarifrechts passt diese Denkvorstellung schon vom Umfang der Außenseiterrechtsetzung her nicht. Die Autonomie der Tarifpartner ist auf ihre Verbandsmitglieder beschränkt (vgl. dazu *Zöllner*, DB 1967, 334).

[67] Vgl. *Zöllner*, DB 1967, 334; BVerfGE 44, 322 = AP Nr. 15 zu § 5 TVG; BVerfGE 55, 7; *BVerwG* AP Nr. 6 u. 7 zu § 5 TVG; *BVerwG* AP Nr. 23 zu § 5 TVG; *BAG* AP Nr. 12 zu § 5 TVG; *BAG* AP Nr. 25 zu § 5 TVG.

[68] Sie unterliegt gleichwohl als arbeitsrechtlicher und historischer Sonderfall nicht den Beschränkungen des Art. 80 GG, vgl. *BAG* AP Nr. 13 zu § 5 TVG; BVerfGE 44, 322 = AP Nr. 15 zu § 5 TVG; BVerfGE 55, 7; *Zöllner*, DB 1967, 334 (337).

[69] Anders noch die Verordnungstheorien während der Weimarer Zeit.

[70] *BVerwG* AP Nr. 23 zu § 5 TVG; s. auch *Mäßen/Mauer*, Allgemeinverbindlicherklärung und verwaltungsgerichtlicher Rechtsschutz, NZA 1996, 121.

[71] *BAG* AP Nr. 14 zu § 4 TVG Geltungsbereich.

[72] Hierzu *Löwisch*, FS Zeuner, 1994, 91; *Gerken/Löwisch/Rieble*, BB 1995, 2370; *Koenigs*, DB 1995, 1710; *ders.*, DB 1997, 225; *Deinert*, RdA 1996, 339; *Junker/Wichmann*, NZA 1996, 505; *Selmayr*, ZfA 1996, 615; *Bieback*, Rechtliche Probleme von Mindestlöhnen, insbesondere nach dem Arbeitnehmerentsendegesetz, RdA 2000, 207; *Büdenbender*, Die Erklärung der Allgemeinverbindlichkeit von Tarifverträgen nach dem Arbeitnehmer-Entsendegesetz, RdA 2000, 193; *Singer/Büsing*, SAE 2003, 32, 35–39 Anmerkung zu EuGH 24. 1. 2002 Vereinbarkeit des Arbeitnehmerentsendegesetzes mit der Dienstleistungsfreiheit; *Schwab*, Das Arbeitnehmer-Entsendegesetz – Eine Zwischenbilanz, NZA-RR 2004, 1.

[73] *Seifert*, Rechtliche Probleme von Tariftreueerklärungen, ZfA 2001, 1; *Mühlbach*, Tariftreue und europäisches Vergaberecht, RdA 2003, 339; *Konzen*, Europäische Dienstleistungsfreiheit und nationaler Arbeitnehmerschutz, NZA 2002, 781; *Wolter*, Tariftreue vor dem Bundesverfassungsgericht, AuR 2006, 137; *Löwisch*, Landesrechtliche Tariftreue als Voraussetzung der Vergabe von Bau- und Verkehrsleistungen, DB 2004, 814.

erstreckt nach § 1 I AEntG bestimmte in allgemeinverbindlichen Tarifverträgen des Baugewerbes enthaltene Arbeitsbedingungen auf ausländische Arbeitgeber und ihre im Inland beschäftigten Arbeitnehmer, für die nach Art. 30 II EGBGB gerade nicht das deutsche, sondern grundsätzlich das Recht des Heimatlandes gilt. § 1 AEntG erklärt diese Arbeitsbedingungen zudem als zwingend im Sinne des deutschen internationalen Privatrechts. Hintergrund dieser Gesetzgebung war folgender: Nach Einführung der Freizügigkeit in der EU boten immer mehr Arbeitgeber aus den EU-Mitgliedsstaaten Arbeitsleistungen vor allem in der Baubranche zu den in der Regel erheblich günstigeren Konditionen ihres Sitzstaates an, was zu vermehrter Arbeitslosigkeit deutscher Arbeitnehmer führte. Seit 1999 ist das Gesetz zudem nach § 1 IIIa AEntG auch auf inländische Rechtsverhältnisse mit inländischen Arbeitgebern anwendbar. Das Gesetz ist ordnungspolitisch und rechtlich[74] höchst bedenklich und es ist unsicher, ob es nicht in Teilen auch umgangen werden kann.[75]

Das Arbeitnehmerentsendegesetz ist nach Ansicht des EuGH eine zulässige Beschränkung der Dienstleistungsfreiheit der Art. 49, 50 EG, soweit es dem Schutz des entsandten Arbeitnehmers diene[76]. Teilweise wurde gegen das Arbeitnehmerentsendegesetz angeführt, dass es durch deutsche Arbeitgeber mittels des Abschlusses eines Firmentarifvertrages unterlaufen werden könne, der dann in Konkurrenz zum allgemeinverbindlich erklärten Verbandstarifvertrag diesem im Wege des Spezialitätsgrundsatzes vorgehe, was den ausländischen Arbeitgebern aber faktisch verwehrt sei. In diesem Zusammenhang ist die Entscheidung des BAG zu beachten, wonach für den Geltungsbereich des § 1 III AEntG der grundsätzliche Vorrang des Firmentarifvertrags vor dem für allgemeinverbindlich erklärten Tarifvertrag ausdrücklich aufgegeben worden ist[77].

Neben der Allgemeinverbindlicherklärung und dem Arbeitnehmerentsendegesetz sind Tariftreueerklärungen ein drittes Instrument zur staatlichen Einflussnahme auf die Arbeitsbedingungen. Die Tariftreueerklärungen stellen nach einigen landesrechtlichen Vergabegesetzen vor allem für die Bauwirtschaft neben u.a. der Zuverlässigkeit und der Leistungsfähigkeit ein zusätzliches Vergabekriterium dar, d.h die Auftragsvergabe wird daran gebunden, dass sich der Arbeitgeber verpflichtet, seinen Arbeitnehmern den am Leistungsort einschlägigen Lohntarif zu zahlen. Lohndumping soll dadurch vermieden werden. Die rechtliche insb. die verfassungsrechtliche[78] und europarechtliche Zulässigkeit solcher Tariftreueerklärungen ist aber höchst fraglich.

Erwähnt sei schließlich bei den staatlichen Maßnahmen zur Einflussnahme auf die Arbeitsvertragsbedingungen auch die derzeitige Diskussion über die Einführung gesetzlicher **Mindestlöhne**.[79] Die Tendenz zur weitergehenden Marktabschottung widerspricht den Aufforderungen an die Tarifparteien nach mehr Flexibilität im Tarifsystem.

---

[74] Hierzu *Junker/Wichmann*, NZA 1996, 505; *BVerfG* AP Nr. 1 zu § 47 HRG: Kein Verstoß gegen die negative Koalitionsfreiheit.

[75] *Junker/Wichmann*, NZA 1996, 505 (509f.).

[76] *EuGH* AP Nr. 2 zu Art. 85 EG-Vertrag; AP Nr. 1 zu Art. 59 EG-Vertrag; *Singer/Büsing* SAE 2003, 32, 35–39 Anmerkung zu *EuGH* 24. 1. 2002 Vereinbarkeit des Arbeitnehmerentsendegesetzes mit der Dienstleistungsfreiheit.

[77] *BAG* IBR 2004, 462.

[78] Nach Ansicht des *BVerfG* vom 11. 7. 2006 verletzten solche Tariftreueerklärungen weder die Koalitionsfreiheit noch die Berufsfreiheit, da der Eingriff durch das Sozialstaatsprinzip gerechtfertigt sei und zudem eine Stärkung der Tarifautonomie damit einhergehe, NZA 2007, 42, sehr kritisch dazu *Rieble*, Tariftreue vor dem Bundesverfassungsgericht, NZA 2007, 1, der insbesondere die einseitige protektionistische Parteinahme durch gesetzlich gebilligte Koppelungsgeschäfte des Staates im Tarifsystem für nicht gerechtfertigt hält.

[79] *Rieble/Klebeck*, Gesetzlicher Mindestlohn?, ZIP 2006, 829.

§ 39. Grenzen der Tarifautonomie

Literatur: *Zöllner,* Tarifmacht und Außenseiter, RdA 1962, 453; *Biedenkopf,* Grenzen der Tarifautonomie, 1964; *Zöllner,* Die Rechtsnatur der Tarifnormen nach deutschem Recht, 1966; *Richardi,* Kollektivgewalt und Individualwille bei der Gestaltung des Arbeitsverhältnisses, 1968; *Knebel,* Koalitionsfreiheit und Gemeinwohl, 1977, S. 110 ff.; *Zöllner,* Maßregelungsverbote und sonstige tarifliche Nebenfolgenklauseln nach Arbeitskämpfen, 1977; *Wiedemann,* Unternehmensautonomie und Tarifvertrag, FS Riesenfeld, 1983, S. 301 (= RdA 1986, 231); *Beuthien,* Mitbestimmung unternehmerischer Sachentscheidungen kraft Tarif- oder Betriebsautonomie?, ZfA 1984, 1; *Runggaldier,* Kollektivvertragliche Mitbestimmung bei Arbeitsorganisation und Rationalisierung, 1983; *Picker,* Die Regelung der „Arbeits- und Wirtschaftsbedingungen" – Vertragsprinzip oder Kampfprinzip?, ZfA 1986, 199; *Zöllner,* Der Einsatz neuer Technologien als arbeitsrechtliches Problem, DB Beilage 7 zu Heft 10, 1986, S. 6 f.; *Kulka,* Die kartellrechtliche Zulässigkeit von Tarifverträgen über das Ende der täglichen Arbeitszeit im Einzelhandel, RdA 1988, 336; *Schüren,* Tarifgeltung für Außenseiter?, RdA 1988, 138; *Zachert,* Neue Entwicklungen zur Tarifautonomie und betrieblichen Mitbestimmung, NZA 1988, 185; *Dütz,* Rechtsgrenzen für koalitionsautonome Arbeitszeitregelungen im Pressebereich, insbesondere zur tariflichen Einschränkung von Wochenendarbeit, AfP 1989, 605; *Zöllner,* Die Zulässigkeit einzelvertraglicher Verlängerung der tariflichen Wochenarbeitszeit, DB 1989, 2121; *Loritz,* Tarifautonomie und Gestaltungsfreiheit des Arbeitgebers, 1990; *ders.,* Rechtsprobleme der tarifvertraglichen Regelung des „freien Wochenendes", ZfA 1990, 133; *Richardi,* Kollektivvertragliche Arbeitszeitregelung, ZfA 1990, 211; *Säcker/Oetker,* Grundlagen und Grenzen der Tarifautonomie, 1992; *dies.,* Höchstnormbeschlüsse der Koalitionen zwischen Freiheitsschutz und Verbandsautonomie, ZfA 1996, 85; *Rieble,* Beschäftigungspolitik durch Tarifvertrag, ZTR 1993, 54; *Schlüter,* Die Grenzen der Tarifmacht bei der Regelung der Wochenarbeitszeit, FS Stree und Wessels, 1993, S. 1061; *Birk,* Die Tarifautonomie in rechtsvergleichender Sicht, RdA 1995, 71; *Ehmann/Schmidt,* Grenzen des Tarifvertrages, NZA 1995, 193; *Tomandl,* Die Tarifautonomie im österreichischen Recht, RdA 1995, 76; *Ingelfinger,* Arbeitsplatzgestaltung durch Betriebsnormen, 1996; *Schwarze,* Die Grundrechtsfindung der Tarifnormen aus der Sicht grundrechtlicher Schutzpflichten, ZTR 1996, 1; *Söllner,* Grenzen des Tarifvertrags, NZA 1996, 897; *Dieterich,* Die grundrechtsdogmatischen Grenzen der Tarifautonomie in der Rechtsprechung des Bundesarbeitsgerichts, FS Wiedemann, 2002, S. 229; *Boemke,* Bindung der Tarifvertragsparteien an die Grundrechte, FS 50 Jahre BAG, 2004, S. 613; *Waltermann,* Zur Grundrechtsbindung der tarifvertraglichen Rechtsetzung, FS 50 Jahre BAG, 2004, S. 913; *Dieterich,* Gleichheitsgrundsätze im Tarifvertragsrecht – Besprechung des Urteils BAG v. 27. 5. 2004 – 6 AZR 129/03, RdA 2005, 177.

I. Überblick über die Problematik und den Meinungsstand

Die Tarifparteien können mit ihrer Regelungstätigkeit nicht beliebige Gegenstände in beliebiger Weise regeln. Vielmehr sind ihrer Tarifmacht verschiedene Grenzen gesetzt. Sie wurden in den vergangenen Kapiteln bereits erläutert oder berührt und sollen nunmehr systematisch zusammengefasst werden. Trotz inzwischen jahrzehntelanger literarischer Diskussion ist vieles streitig geblieben, nicht zuletzt, weil die Grenzen der Tarifautonomie unter mehreren völlig verschiedenen Aspekten diskutiert werden. Es wird geprüft, ob die Tarifparteien dem **Gemeinwohl** verpflichtet sind und z.B. Tarifverträge schließen dürfen, die erheblichen volkswirtschaftlichen Schaden verursachen, etwa durch Anheizen der Inflation oder durch Herbeiführen der Konkurrenzunfähigkeit ganzer Branchen. Ein weiterer Bereich betrifft das Problem, ob und inwieweit Tarifverträge Einfluss auf **unternehmerische Entscheidungen**[1] nehmen können (siehe oben § 34 V 4 zu Tarifsozialplänen). Schließlich ist seit jeher strittig, wo die Tarifautonomie eine Grenze in der **Individualsphäre** der einzelnen Arbeitnehmer findet und welche allgemein in der Rechtsordnung geltenden Schranken auch die Tarifparteien treffen.

[1] *Kühling/Bertelsmann,* Tarifautonomie und Unternehmerfreiheit, NZA 2005, 1017.

Es genügt nicht, wie *Siebert*, die Grenzen der Tarifautonomie anhand eines Individualbereiches der Arbeitnehmer zu bestimmen,[2] weil dies die Problematik auf einen Teilbereich verengt. Der Ansatz *Biedenkopfs* ist, soweit er nach der demokratischen Legitimation der Tarifvertragsparteien zur Normsetzung fragt,[3] nicht umfassend genug, weil dieser bei den vielen Problemen nur zu den Grundlagen der Tarifautonomie, nicht zu deren Grenzen führt.[4] Da nach hier vertretener Ansicht die Tarifautonomie originär entstanden und nicht vom Staat verliehen ist (s. oben § 34 III), sind auch die Meinungen zu begrenzt, welche die Grenzen der Tarifautonomie nach der Reichweite der staatlichen Delegation festlegen wollen.[5]

Die Grenzen der Tarifautonomie werden nicht durch einen einheitlichen oder gar homogenen rechtlichen Gesichtspunkt erschöpft, sondern durch **mehrere Aspekte** vorgezeichnet und geprägt. So sind die **persönlichen Grenzen** bezüglich der Tarifmacht mit Blick auf die Grundlagen der Tarifautonomie zu ziehen. Da Grundlage der Tarifautonomie die den Verbänden von den Mitgliedern durch ihren Beitritt erteilte Regelungslegitimation ist (oben § 34 III), darf die Tarifautonomie grundsätzlich nur die Mitglieder der tarifschließenden Verbände erfassen. **Sachliche Grenzen** ergeben sich aus der positivrechtlichen Regelung in Art. 9 III GG, der von „Arbeits- und Wirtschaftsbedingungen" spricht, sowie aus §§ 1 ff. TVG, die die tarifliche Regelungsbefugnis ausschließlich auf arbeitsrechtliche Gegenstände erstrecken und sonstige Schranken (z. B. Günstigkeitsprinzip) aufrichten. Schließlich sind Tarifparteien, wie alle Rechtssubjekte, an die **allgemeinen Schranken der Rechtsordnung** gebunden. Soweit die Tarifparteien im Rahmen ihrer Grenzen verbleiben, ist ihre Rechtsetzung frei und autonom. Deshalb haben auch die tarifunterworfenen Mitglieder, die sich durch die tariflichen Normen benachteiligt fühlen, grundsätzlich keine Schadensersatzansprüche gegen die Tarifparteien oder ihre Repräsentanten.[6] Davon zu unterscheiden sind die innerverbandlichen Kontrollrechte der Mitglieder.[7]

II. Tarifmacht und Außenseiter

1. Keine Rechtsetzung gegenüber Außenseitern

a) Die Außenseiter haben den Verbänden keinen Rechtsetzungsauftrag erteilt. Rechtsetzung ihnen gegenüber käme daher nur kraft staatlicher Delegation in Betracht, die nicht zulässig ist. Die klare Sicht dieser Dinge darf nicht mit dem unglücklichen und schillernden Begriff der *erweiterten Autonomie* verschleiert werden (vgl. zu diesem oben § 38 IV 5). Für die Inhalts- und Abschlussnormen ist diese Begrenzung der Tarifmacht auf Verbandsangehörige durch § 4 I 1 TVG verdeutlicht. Weniger klar dagegen ist die Beschränkung der Reichweite bei den **betrieblichen** und **betriebsverfassungsrechtlichen** Normen. Sie besteht jedoch auch hier und muss bei der Auslegung des TVG berücksichtigt werden. Das bedeutet insbesondere, dass durch betrieb-

---

[2] *Siebert*, Kollektivnormen und Individualrecht im Arbeitsverhältnis, FS Nipperdey, 1955, S. 119 ff.

[3] *Biedenkopf*, insb. S. 47 ff., 227 ff., 252 ff.

[4] Vgl. zur Ablehnung dieses Ansatzes auch *Söllner/Waltermann*, § 17 I 4 b.

[5] *Peters/Ossenbühl*, Die Übertragung von öffentlichrechtlichen Befugnissen auf die Sozialpartner unter besonderer Berücksichtigung des Arbeitszeitschutzes, 1967, S. 14; *Säcker*, Grundprobleme der kollektiven Koalitionsfreiheit, 1969, S. 40 ff.; wie hier: *W. Weber*, Koalitionsfreiheit und Tarifautonomie als Verfassungsproblem, 1965, S. 24.

[6] *BAG* AP Nr. 6 zu § 1 TVG Tarifverträge: Seniorität.

[7] Hierzu *Vorderwülbecke*, Rechtsform der Gewerkschaften und Kontrollbefugnisse des Gewerkschaftsmitglieds, 1988, insbes. S. 102 ff.

liche Normen eine unmittelbare Bindung von Außenseitern nicht bewirkt werden kann (vgl. dazu näher oben § 37 III 2 und 3, § 38 I 1 sowie unten § 48 II 7).

b) Das gilt auch, soweit bestimmte arbeitsrechtliche Schutzgesetze **tarifdispositiv** sind und zugleich die Zulässigkeit der Abweichung auch gegenüber Außenseitern vorsehen,[8] wie z.B. § 622 III BGB, § 4 IV 2, § 12 EFZG, § 13 I 2, II BUrlG. Die tarifvertragliche Abweichung vom Gesetz ist hier nicht ohne weiteres für die Außenseiter verbindlich, sondern nur, wenn eine Bezugnahme auf die tarifvertragliche Regelung erfolgt. Für § 7 und § 12 ArbZG ist trotz des unbestimmten Wortlauts die gleiche Auslegung geboten.

2. Verbot der Differenzierung[9]

Trotz der Beschränkung der unmittelbaren Geltung von Tarifnormen auf Verbandsangehörige gewähren die Arbeitgeber in der Regel heute auch Außenseitern die tariflichen Arbeitsbedingungen. Zumeist wird gar nicht nach der Gewerkschaftszugehörigkeit gefragt.[10] Eine unterschiedliche Behandlung wäre aber auch im Hinblick auf den Gleichbehandlungsgrundsatz rechtlich zulässig, vgl. oben § 18 III 1.

In der Vergangenheit haben die Gewerkschaften zahlreiche Versuche unternommen, ihren Mitgliedern durch tarifliche Gestaltungen eine Besserstellung gegenüber den Außenseitern zu verschaffen, um dadurch einen finanziellen Ausgleich für die Beitragsaufwendungen zu gewähren *(Lastenausgleich)* und die Außenseiter zum Gewerkschaftsbeitritt zu veranlassen *(Mitgliederwerbung)*.

Rechtstechnisches Mittel dazu sind die sog. **Differenzierungsklauseln.** Sie sind früher in verschiedener Gestalt vereinbart worden: (1) als sog. **mitgliedschaftsanknüpfende Klauseln,** bei denen die Gewerkschaftszugehörigkeit in den Tatbestand der Anspruchsnorm aufgenommen wurde: „Jeder gewerkschaftsangehörige Arbeitnehmer erhält zwei Tage Sonderurlaub", (2) als **Tarifausschlussklauseln,** durch die dem Arbeitgeber verboten wird, bestimmte Leistungen auch den Außenseitern zu gewähren: „Diese Leistung darf nur an Gewerkschaftsmitglieder erbracht werden", (3) als **Spannen- oder Abstandsklauseln,** mit denen den gewerkschaftsangehörigen Arbeitnehmern ein bestimmter Vorsprung in ihren Arbeitsbedingungen vor den allgemeinen Arbeitsbedingungen der Außenseiter zugesagt wird: „Gewerkschaftsmitglieder erhalten einen Monatslohn, der um € 100 höher liegt als derjenige vergleichbarer nicht gewerkschaftsangehöriger Arbeitnehmer". Solche Klauseln sind unzulässig.[11] Je nach ihrer Ausgestaltung können sie gegen die positive oder negative Koalitionsfreiheit des Art. 9 III GG verstoßen[12] oder in unzulässiger Weise in die Vertragsfreiheit der Außenseiter eingreifen.

---

[8] Zur Problematik auch *Scholz,* Rechtsfragen zur Verweisung zwischen Gesetz und Tarifvertrag, FS G. Müller, 1981, S. 509, insbes. 531 ff.

[9] Hierzu: *Biedenkopf,* S. 97 ff.; *Bötticher,* Die gemeinsamen Einrichtungen der Tarifvertragsparteien, 1966; *Gamillscheg,* Die Differenzierung nach der Gewerkschaftszugehörigkeit, 1966; *A. Hueck,* Tarifausschlußklausel und verwandte Klauseln im Tarifvertragsrecht, 1966; *Zöllner,* Tarifvertragliche Differenzierungsklauseln, 1967; *Gitter,* Die Unzumutbarkeit als Grenze der Tarifmacht, AuR 1970, 129; *Leventis,* Tarifliche Differenzierungsklauseln nach dem Grundgesetz und dem Tarifvertragsgesetz, 1974; *Bunge,* Tarifinhalt und Arbeitskampf, 1980, S. 138 ff.; *Dorndorf,* Tarifvertragliche und tarifvertragsgesetzliche Differenzierung am Beispiel der Vorruhestandstarifverträge, AuR 1988, 1 (9 ff.); *Bauer/Arnold,* Tarifliche Differenzierungsklauseln – Gewerkschaften auf Abwegen, NZA 2005, 1209; *Franzen,* Vorteilsregelungen für Gewerkschaftsmitglieder, RdA 2006, 1; aus der Rspr. *BAG* GS AP Nr. 13 und 46 zu Art. 9 GG (s. auch Fn. 11).

[10] Dazu, ob der Arbeitgeber überhaupt fragen darf, oben § 12 I 5.

[11] So für Spannenklauseln *BAG* GS AP Nr. 13 zu Art. 9 GG.

[12] *BAG* AP Nr. 46 und 47 zu Art. 9 GG hat deshalb zu Recht eine tarifvertragliche Klausel mit dem Inhalt der Begrenzung des Vorruhestands auf 5% (bzw. 2%) der Arbeitnehmer des Betriebs so ausge-

Mit dem Differenzierungsproblem ist die Frage verwandt, ob **gewerkschaftlichen Vertrauensleuten** im Betrieb durch Tarifverträge eine Sonderstellung, insbesondere eine rechtliche Absicherung verschafft werden kann.[13]

Verschiedentlich ist auch erwogen worden, den Außenseitern einen **Solidaritätsbeitrag** zugunsten der Gewerkschaft aufzuerlegen. Nach fast allgemeiner Auffassung ist dies durch Tarifvertrag nicht zulässig.[14]

III. Sachliche Grenzen

1. Gegenstand der Tarifautonomie

a) Die tarifvertragliche Regelungsbefugnis erstreckt sich nach §§ 1 ff. TVG ausschließlich auf **arbeitsrechtliche Gegenstände,** und innerhalb dieser ist sie beschränkt auf den Arbeitsvertragsinhalt sowie auf betriebliche und betriebsverfassungsrechtliche Fragen. Der Koalitionsgarantie des Art. 9 III GG ist damit voll entsprochen. Eine Erweiterung der Grenzen wäre zwar dem Gesetzgeber möglich; sie kann aber nicht unmittelbar aus der Verfassung abgeleitet werden. Das gilt auch dann, wenn man den **Begriff der Arbeits- und Wirtschaftsbedingungen** weiter auslegt als dies der h. L. entspricht (dazu oben § 9 III 1). Die Koalitionsgarantie besteht nur in einem Teilbereich,[15] ihr ist daher mit der derzeitigen Regelung des TVG auf jeden Fall Genüge getan. Die Tätigkeitsbefugnis erstreckt sich damit entgegen vereinzelter Auffassungen nicht auf die Investitionstätigkeit der Unternehmen und ihre Preisgestaltung. Auch Fragen der Unternehmensverfassung, insbesondere etwa der Besetzung von Unternehmensorganen, sind tariflicher Regelung nach dem TVG nicht zugänglich.[16] Ebenso wenig können die Tarifparteien beschäftigungspolitisch motivierte tarifliche Regelungen treffen.[17]

b) Im Einzelnen bereitet die **Abgrenzung des Regelungsgegenstandes** auch beim Arbeitsvertragsinhalt Schwierigkeiten. Wenn gelegentlich gesagt wird, Inhaltsnorm könne alles sein, was der Regelung in einem Arbeitsvertrag zugänglich sei, so geht das jedenfalls dann zu weit, wenn man jegliche arbeitsvertragliche Nebenabrede noch so untypischer Art einbezogen wissen will. Andererseits darf hier nicht zu eng begrenzt werden. Vielmehr muss den Tarifpartnern die Möglichkeit verbleiben, den sich wandelnden Bedürfnissen und Vorstellungen Rechnung zu tragen und „tarifpolitisches Neuland" zu betreten. Deshalb ist es etwa zulässig, die Vermögensbildung in Arbeitnehmerhand zu regeln.[18] Allerdings bestehen insoweit gewisse Grenzen. So kann etwa die Gewährung von Belegschaftsaktien nicht durch Tarifvertrag vorgesehen werden, weil dadurch in die Zuständigkeit der Hauptsammlung eingegriffen würde, und es kann vom Unternehmer generell nicht die Einräumung betrieblicher Beteiligungen verlangt werden, weil dies gegen Art. 14 GG verstieße.[19] Bei Investivlohnmodellen können die Tarifparteien nur die Mittelaufbringung, nicht jedoch die Mittelverwendung regeln.[20]

---

legt, dass nicht nur tarifgebundene Arbeitnehmer berücksichtigt werden dürfen, weil dies gegen Art. 9 III GG (negative Koalitionsfreiheit) verstoßen hätte.

[13] Vgl. dazu unten § 46 VII 3 a m. N.

[14] Dazu *A. Hueck,* Die Frage der tarifrechtlichen Zulässigkeit von Solidaritätsbeiträgen nach geltendem deutschen Recht, RdA 1961, 141.

[15] Das Bundesverfassungsgericht hat unerwartet in seiner Entscheidung E 93, 352 die Lehre von der Gewährleistung nur eines Kernbereichs (hierzu *Meik,* Der Kernbereich der Tarifautonomie, 1987) aufgegeben. Zu Einzelheiten oben § 9 IV 4 c.

[16] Dazu *Beuthien,* ZfA 1983, 141 ff.

[17] *Zöllner,* DB 1989, 2121; *Loritz,* ZfA 1990, 133 (163 f.); *Bengelsdorf,* ZfA 1990, 563 (570 f.); *Rieble,* ZTR 1993, 54 (56); a. A. *Däubler,* DB 1989, 2534; *Waltermann,* NZA 1991, 754.

[18] Dazu *Pohlschröder,* Vermögensbildung durch Tarifvertrag und Gesetz, 1966; *Loritz,* Betriebliche Arbeitnehmerbeteiligungen in Tarifverträgen und Betriebsvereinbarungen, DB 1985, 531; *ders.,* § 19a EStG und die Mitarbeiterbeteiligung durch Tarifvertrag, BB 1990, 1741.

[19] Zu Einzelheiten *Loritz,* Die Mitarbeit Unternehmensbeteiligter, 1984, S. 108 ff.; *ders.,* DB 1985, 531 (532 ff.). § 19a VII EStG, der davon ausgeht, durch Tarifverträge könne dem Arbeitgeber die Pflicht zu Einräumung von Darlehensforderungen an seine Arbeitnehmer auferlegt werden, baut deshalb auf einer verfassungswidrigen Tarifregelung auf.

[20] Vgl. *Loritz,* Investivlohnmodelle und Arbeitsrecht, FS Kissel, 1994, S. 687 (691 ff.).

c) Nicht möglich ist es nach geltendem Recht, zwischen **erkämpfbaren und nicht erkämpfbaren Regelungen** im Tarifvertrag zu unterscheiden.[21] Gelegentlich wird behauptet, die Tarifvertragsparteien seien hinsichtlich des Gegenstandes freier gestellt, soweit sie beiderseitig freiwillige Regelungen träfen. Eine solche Unterscheidung ergibt sich indes weder aus Art. 9 III GG noch aus dem TVG. Sie wäre in der Tarif- und Arbeitskampfpraxis auch schwer zu gewährleisten. Davon zu unterscheiden ist die Möglichkeit der Tarifparteien, wie alle Rechtssubjekte allgemein schuldrechtliche Absprachen zu treffen, die dann weder erkämpfbar noch gegenüber den eigenen Mitgliedern mit verbandsrechtlichen Mitteln durchsetzbar sind. Sollen die Mitglieder aus solch allgemein schuldrechtlichen Verträgen verpflichtet werden, so bedürfen die Tarifparteien einer entsprechenden Vollmacht, die im Verbandsbeitritt allein nicht zu sehen ist und derzeit den Tarifparteien von den Mitgliedern auch nicht erteilt ist.

d) Zur Frage, ob für **schuldrechtliche Tarifregelungen** die Grenzen weiter gesteckt sind als für normative, vgl. oben § 36 II 2.

2. Europarechtliche Grenzen[22]

Gemeinschaftsrecht genießt gegenüber nationalem Recht einen sog. Anwendungsvorrang. Die Tarifparteien haben deshalb bei ihrer Rechtsnormsetzung als höherrangiges Recht auch die unmittelbar geltenden Bestimmungen des EG-Vertrages (insbesondere Art. 12 und Art. 141 EG) sowie das sekundäre Gemeinschaftsrecht, v.a. in Form von Verordnungen Art. 249 II EG, zu beachten.[23] Ob nicht oder noch nicht umgesetzte Richtlinien gegenüber den Tarifvertragsparteien eine Bindung entfalten, ist umstritten[24].

3. Grundrechtliche Grenzen[25]

Wichtige Eingriffsgrenzen ergeben sich aus den Grundrechten, welche nach der neueren Rechtsprechung des BAG[26] nur mittelbar gelten (im Einzelnen zu ihrer grundsätzlichen Anwendbarkeit oben § 8 III). Die Bestimmung dieser Grenzen muss unter sorgsamer Interessenabwägung durch situationsgerechte Anwendung der Grundrechte erfolgen (siehe im Einzelnen § 40).

Besondere verfassungsrechtliche Grenzen der Tarifautonomie ergeben sich im öffentlichen Dienst. Hier darf eine Tarifregelung nicht dazu führen, dass die Ausführung der von der Verfassung, von der Legislative und Exekutive vorgegebenen bzw. gestellten Aufgaben behindert oder gar verhindert würde.[27]

---

[21] Dazu *Bunge*, Tarifinhalt und Arbeitskampf, 1980, S. 173 ff.; *Brox/Rüthers*, Rn. 260 ff.

[22] *Schaub*, EG-Recht und Tarifvertrag, Arbeitsrecht im sozialen Dialog, FS Wissmann, 2005, S. 578.

[23] *BAG* AP Nr. 6 zu § 1 TVG; Wiedemann/*Thüsing*, Einl. Rn. 119; *Löwisch/Rieble*, § 1 Rn. 305 f.

[24] *Löwisch/Rieble*, § 1 Rn. 305 f.

[25] *R. Singer*, Tarifvertragliche Normenkontrolle am Maßstab der Grundrechte, ZfA 1995, 611; *A. Wiedemann*, Die Bindung der Tarifnormen an Grundrechte, insbesondere an Art. 12 GG, 1993; *Hartmann*, Gleichbehandlung und Tarifautonomie, 1994; *Dieterich*, Die grundrechtsdogmatischen Grenzen der Tarifautonomie in der Rechtsprechung des Bundesarbeitsgerichts, FS Wiedemann, 2002, 229; *Boemke*, Bindung der Tarifvertragsparteien an die Grundrechte, FS 50 Jahre BAG, 2004, S. 613; *Waltermann*, Zur Grundrechtsbindung der tarifvertraglichen Rechtsetzung, FS 50 Jahre BAG, 2004, S. 913; *Dieterich*, Gleichheitsgrundsätze im Tarifvertragsrecht – Besprechung des Urteils *BAG* v. 27. 5. 2004 – 6 AZR 129/03, RdA 2005, 177.

[26] *BAG* AP Nr. 5 zu § 1 TVG Gleichbehandlung; siehe dazu die Besprechung von *Dieterich* Fn. 25.

[27] S. *Loritz*, Tarifautonomie und Gestaltungsfreiheit des Arbeitgebers, S. 82 ff.; verfehlt deshalb *BAG* AP Nr. 25 zu § 5 TVG (s. auch Fn. 25).

4. Begrenzung durch arbeitsrechtliche Gesetze

Die wichtigsten inhaltlichen Grenzen werden durch arbeitsrechtliche Gesetze gezogen[28]. Bei diesem einfachen Gesetzesrecht sind bezüglich der Frage nach seiner Abdingbarkeit und damit Begrenzungswirkung folgende Kategorien zu unterscheiden: Zweiseitig zwingendes Gesetzesrecht stellt die stärkste Grenze dar, weil davon selbst zugunsten der Arbeitnehmer durch Tarifvertrag nicht abgewichen werden kann[29] (Bsp. § 6 I MuSchG, § 85 SGB IX, § 57 aff. HRG). Die meisten Regelungen stellen als Arbeitnehmerschutzvorschriften aber nur Mindestbedingungen auf, sind also nur einseitig zwingend. Daneben gibt es dispositives Gesetzesrecht, wovon generell abgewichen werden kann und sog. tarifdispositives Gesetzesrecht, welches nur den Tarifparteien, nicht dagegen den Arbeitsvertragsparteien eine Abweichung zu Gunsten und zu Ungunsten der Arbeitnehmer eröffnet (§ 622 IV BGB, § 4 IV EFZG, § 12 III TzBfG, § 7 ArbZG, § 13 I 1 BUrlG (dazu oben § 6 I 2; zur Abänderbarkeit der Betriebsverfassung durch Tarifvertrag oben § 36 I 3 und unten § 48 II 6).[30]

Auch das Günstigkeitsprinzip des § 4 III TVG kann durch eine tarifvertragliche Regelung nicht modifiziert oder gar außer Kraft gesetzt werden. Tarifnormen können sich deshalb nicht selbst die Qualität von *Höchstnormen* beilegen. Das steht mit dem Gedanken der geschützten Individualsphäre insofern in Einklang, als dadurch den Arbeitsvertragsparteien ein Freiraum zur eigenverantwortlichen Gestaltung der Arbeitsbedingungen verbleibt. Jedenfalls in normalen Zeiten, in denen keine schwerwiegenden übergeordneten Allgemeininteressen eingreifen, wird ein solcher Freiraum durch das verfassungsrechtlich geschützte *Prinzip der Vertragsfreiheit* geradezu gefordert.[31]

5. Begrenzung durch Richterrecht

Lückenausfüllende und rechtsfortbildende Regeln ziehen der Tarifautonomie ebenfalls inhaltliche Grenzen, soweit nicht auch ihnen Tarifdispositivität zukommt. Zwar ist es methodisch nicht unbedenklich, von „tarifdispositivem Richterrecht"[32] zu sprechen. In der Sache besteht aber kein Zweifel, dass Tarifdispositivität lückenausfüllender und rechtsfortbildender Grundsätze in Betracht kommt. Das Sachproblem liegt darin, worauf im einzelnen Regelungsbereich die Tarifdispositivität jeweils gestützt werden kann. Die Denkfigur des Richterrechts reicht als Grundlage nicht aus.

6. Kollektivfreie Individualsphäre

Eine Zeitlang wurde die Begrenzung der Tarifmacht durch eine kollektivfreie, d.h. der kollektiven Rechtsetzung nicht zugängliche Individualsphäre stark diskutiert. Es ging z.B. um Fragen der kollektivrechtlichen Regelung der Lohnverwendung, des Ab-

---

[28] Aus der neueren Rechtsprechung: *BAG* AP Nr. 87 zu § 2 BeschFG 1985; AP Nr. 10 zu § 14 TzBfG.

[29] Zur Verfassungsmäßigkeit beidseitig zwingenden Gesetzesrechts *BVerfG* SAE 1997, 129 m. Anm. *Hufen.*

[30] Vgl. auch *Säcker/Oetker,* Grundlagen und Grenzen der Tarifautonomie, S. 170 ff.

[31] Zum Streitstand bezüglich des Verfassungsranges des Günstigkeitsprinzips *BAG* GS AP Nr. 17 zu § 77 BetrVG 1972 zu C II 3; ablehnend *Papier,* Der verfassungsrechtliche Rahmen für die Privatautonomie im Arbeitsrecht, RdA 1989, 137 (141).

[32] Vgl. hierzu die Nachw. oben § 6 V 2 Fn. 50 ff., s. ferner *Schwerdtner,* Das tarifdispositive Richterrecht als Methodenproblem, in: Fabricius/Naendrup/Schwerdtner, Arbeitsrecht und juristische Methodenlehre, 1980, S. 109 ff.; *Schüren/Zachert,* Tarifautonomie und tarifdispositives Richterrecht, AuR 1988, 245; *Hromadka,* FS Kissel, 1994, S. 417 (422 f.).

tretungsverbots von Lohnansprüchen oder des Freizeitverhaltens der Arbeitnehmer. Unzweifelhaft gibt es eine Sphäre auf Seiten der Arbeitgeber und der Arbeitnehmer, die der Kollektivmacht nicht zugänglich ist. Mit der Bezeichnung als „kollektivfreie Individualsphäre" wird aber nur schlagwortartig umschrieben, dass das Individuum auch in der Arbeitswelt den kollektiv Mächtigen nicht total überantwortet werden darf.

7. Verbandsrechtliche Grenzen

Die tarifliche Regelungsmacht beruht nicht allein auf staatlicher Ermächtigung, sondern zusätzlich auf dem Konsens der Mitglieder des tarifschließenden Verbands, nämlich der mit dem Verbandsbeitritt verbundenen Regelungslegitimation. Daher kann die tarifliche Rechtsetzungsmacht nicht weiter gehen als diese Regelungslegitimation reicht (vgl. oben § 34 III). Tarifliche Normsetzung muss deshalb innerhalb der Tarifzuständigkeit der Tarifpartner verbleiben (s. oben § 35 VI), und sie hat die immanenten Schranken der Legitimation zu beachten, wie sie sich insbesondere aus dem Prinzip der Zumutbarkeit ergeben.

8. Allgemeine Grenzen für rechtliche Eingriffe

Ganz generell gilt für Eingriffe übergeordneter Instanzen, dass sie das Prinzip der Zumutbarkeit zu wahren haben[33], das sich u.a. im **Übermaßverbot**, auch Verhältnismäßigkeitsgrundsatz genannt, und damit in den Grundsätzen der Geeignetheit, der Erforderlichkeit und der Verhältnismäßigkeit[34] (im engeren Sinn – auch als Proportionalität bezeichnet) konkretisiert.

IV. Zeitliche Grenzen[35]

Dass die Tarifmacht sich nicht beliebiger in der Vergangenheit liegender Tatbestände bemächtigen kann, um an sie Rechtsfolgen zu knüpfen, wurde bereits dargelegt (oben § 38 II 5). Diese Problematik verquickt sich in gewissem Umfang mit dem Schutz der Individualsphäre, vor allem wenn der rückwirkende Eingriff *bereits entstandene* Rechte erfasst und schmälert. Die Rückwirkungsproblematik greift aber über den Schutz der Individualsphäre hinaus und berührt allgemein das der Rechtsstaatlichkeit immanente Problem der Rechtssicherheit und der Ermöglichung vorausschauender Disposition. Danach darf jedenfalls nur eine Rückwirkung tarifvertraglich statuiert werden, die für die durch sie Belasteten vorhersehbar war. Das ist i.d.R. nur der Fall, wenn die Rückwirkung nicht weiter greift als bis zu dem Zeitpunkt, zu dem der frühere Tarifvertrag beendet war. Bei länger anhaltendem tariflosem Zustand kann auch dieser Zeitpunkt erheblich zu weit zurückliegen.

---

[33] Hierzu *BAG* AP Nr. 2 zu § 1 TVG Vorruhestand.

[34] S. *BAG* AP Nr. 3 zu § 1 TVG Vorruhestand, MünchArbR/*Löwisch/Rieble*, § 259; *Löwisch/Rieble*, TVG, § 1 Rn. 292 f.

[35] Dazu *Wiedemann*, Zeitliche Grenzen kollektiver Gestaltungsmacht, RdA 1959, 454. Zur Rückwirkung der AVE s. oben § 38 IV 2.

V. Bindung der Tarifautonomie an das Gemeinwohl[36]

Tarifverträge sind ein Teil der normativen Ordnung, für deren Sinnhaftigkeit und Zweckmäßigkeit letztlich der Staat verantwortlich ist. Er enthält sich nur im Bereich der Tarifautonomie eigener Ordnungstätigkeit und überlässt den Tarifparteien diese Ordnung.[37] Es kann deshalb kein Zweifel bestehen, dass die Tarifparteien bei ihren Tarifabschlüssen das Gemeinwohl wahren müssen.[38]

Das eigentliche Problem liegt darin, *welche Folgen* sich aus einer Missachtung der Bindung ergeben und inwieweit die Einhaltung der Bindung *überprüfbar* ist. Das Gemeinwohl ist nämlich keine feststehende, für das nachprüfende Organ jederzeit abrufbare Größe, sondern ein höchst unbestimmter Wert mit zahlreichen einzelnen Elementen, die in sehr komplexen Zusammenhängen stehen. Das Gemeinwohl muss jeweils „konkretisiert" werden. Aber nicht jeder auf das Gemeinwohl Verpflichtete hat dazu eine unbeschränkte Zuständigkeit. Die Unbestimmtheit des Gemeinwohls hat vielmehr nur zur Folge, dass ein breiter *Ermessensspielraum* bei seiner Konkretisierung besteht. Wo indes die Grenzen des Gemeinwohls eindeutig überschritten sind, lassen sich durchaus justiziable Folgerungen ziehen. Das gilt namentlich bei Tarifabschlüssen, die die Erfordernisse des gesamtwirtschaftlichen Gleichgewichts in grober Weise missachten.[39] Der Staat hat im Stabilitätsgesetz seine Vorstellungen vom Gemeinwohl und seiner Konkretisierung verbindlich niedergelegt. Daran ist nicht nur er selbst gebunden, vielmehr besteht auch eine gewisse Bindung der Tarifpartner. Sie geht freilich nicht so weit, dass die sog. Orientierungsdaten der konzertierten Aktion nach dem StabG für die Tarifpartner strikt maßgebend sind.[40] Ein die aufgestellten Grenzen grob missachtender Tarifvertrag kann indessen nach § 138 BGB nichtig sein.

VI. Richterliche Kontrolle von Tarifverträgen[41]

Jeder Richter, der eine Tarifnorm anwendet, muss inzidenter das wirksame Zustandekommen des Tarifvertrags und die Rechtmäßigkeit der in Frage stehenden Norm prüfen, also eine **Rechtskontrolle** durchführen[42]. Problematisch ist jedoch, ob es auch eine richterliche **Billigkeitskontrolle** gibt. Das BAG hat eine solche Kontrolle für Ta-

---

[36] Dazu z.B. *Löwisch*, Die Ausrichtung der tariflichen Lohnfestsetzung am gesamtwirtschaftlichen Gleichgewicht, RdA 1969, 129; ausführlich *Säcker*, Gruppenautonomie und Übermachtkontrolle im Arbeitsrecht, 1972, S. 277 ff.; *Badura*, AöR 104 (1979), 246; *M. Schmidt-Preuß*, Lohnstopp durch Zivilurteil?, JuS 1979, 551 (552 f.); *Wiedemann*, FS G. Müller, 1981, S. 807; *Rüfner*, RdA 1985, 193; dazu *Herschel*, Tarifautonomie und Gemeinwohl, RdA 1986, 1 f.; *Picker*, ZfA 1986, 199 (216 ff.). Zum Gemeinwohl als Grenze tariflicher Arbeitskämpfe: *Seiter*, Streikrecht und Aussperrungsrecht, 1975, S. 543 ff.; *Grunsky*, Abwehraussperrung und Allgemeininteresse im Arbeitskampf, ZRP 1976, 129 (131 f.); *Thüsing*, Tarifautonomie und Gemeinwohl, FS 50 Jahre BAG, 2004, S. 889.
[37] Vgl. BVerfGE 4, 96 (106); 18, 18 (26); 28, 295 (304); 44, 322 (341, 347).
[38] In diesem Sinn auch BVerfGE 38, 281 (307); *BAG (GS)* AP Nr. 1, 43 zu Art. 9 GG Arbeitskampf; AP Nr. 13 zu Art. 9 GG.
[39] Ebenso *Wiedemann*, FS G. Müller, 1981, S. 817.
[40] Zur Bindung der Tarifpartner an die Orientierungsdaten *Koppensteiner*, Die Konzertierte Aktion im Spannungsfeld zwischen Geldwertstabilität und Tarifautonomie, in: Hoppmann (Hrsg.), Konzertierte Aktion, 1971, S. 229 f.; *Külp*, Zur Problematik der Tarifautonomie, Hamburger Jahrbuch für Wirtschafts- und Gesellschaftspolitik, 1972, S. 199 (208 ff.); *Erdmann*, Die Respektierung des gesamtwirtschaftlichen Rahmens durch die Koalitionen bei Ausübung ihrer Rechte in der Arbeitsverfassung, ZfA 1980, 417.
[41] Dazu z.B. *Thiele*, Zur gerichtlichen Überprüfung von Tarifverträgen und Betriebsvereinbarungen, FS Larenz, 1973, S. 1043; *Reuß*, Die Unzulässigkeit gerichtlicher Tarifzensur, AuR 1975, 289; *v. Hoyningen-Huene*, Die Billigkeit im Arbeitsrecht, 1978, S. 168 ff.; *Schliemann*, Arbeitsgerichtliche Kontrolle von Tarifverträgen, ZTR 2000, 198.
[42] Vgl. *BAG* AP Nr. 21 zu § 1 TVG; AP Nr. 12 zu § 15 AZO.

rifverträge im Grundsatz zu Recht verneint.[43] § 310 Abs. 4 S. 1 BGB, wonach Tarifverträge ausdrücklich von der Inhaltskontrolle nach den §§ 305 ff. BGB ausgenommen werden, ist damit nur eine Klarstellung der bisherigen Rechtslage. Tarifverträge sind nur am Maßstab der Generalklauseln, § 138 und § 242 BGB, zu messen[44]. Freilich darf nur die Überschreitung weit gesteckter Grenzen Folgen haben. Die Anwendung eines allgemeinen Billigkeitsmaßstabs hingegen würde zu einer Beschneidung der Kompetenzen der Tarifpartner führen.

VII. Keine Delegationsbefugnis der Tarifvertragsparteien

Die Tarifvertragsparteien können ihre Befugnis zur Normsetzung nicht delegieren. Zwar dürfen sie Zulassungsnormen (s. oben § 36 I 1) und tarifliche Öffnungsklauseln (s. unten § 48 II 6) vereinbaren, mit denen die sonst fehlende Befugnis zu einzelvertraglichen oder betrieblichen Regelungen gewährt wird. Diese Regelungen haben aber nicht die Qualität von Tarifnormen und beruhen jeweils auf einer auch ohne tarifliche Regelung im Grundsatz bestehenden Regelungsautonomie (Vertragsautonomie, Betriebsautonomie). Nur in engen Grenzen können die Tarifparteien die Ausfüllung oder Konkretisierung einer tariflichen Regelung Dritten überlassen.

Ein solches Überlassen ist erfolgt als in Tarifverträgen nur die durchschnittliche wöchentliche Arbeitszeit (z.B. 38,5 oder 37 Stunden) festgelegt und die Bestimmung der individuellen regelmäßigen wöchentlichen Arbeitszeit den Betriebspartnern zur Regelung durch Betriebsvereinbarung überlassen wurde. Dies ist gerade wohl als noch zulässig zu erachten[45]; denn die Tarifparteien haben selbst die wesentlichen Dinge geregelt[46]. Aber es handelt sich im Gegensatz zur Ansicht des BAG[47] dann um Bestimmungs-, nicht um Öffnungsklauseln; deshalb kann eine Bindung der Außenseiter jedenfalls nicht mit der Begründung erreicht werden, es liege eine Betriebsvereinbarung vor, die stets **alle** Betriebsangehörigen binde[48] (näheres unten § 48 II 7).

Ihrer Normsetzungsverantwortung dürfen sich die Tarifvertragsparteien auch nicht dadurch begeben, dass sie auf den *jeweiligen* Inhalt solcher Tarifverträge verweisen, die von anderen Tarifvertragsparteien abgeschlossen werden (sog. dynamische Verweisung)[49]. Die gegenteilige Ansicht des BAG, das bei einem sachlichen Regelungszusammenhang solche Verweisungen zulässt[50], ist abzulehnen, weil sie im Ergebnis dazu führt, dass die verbandsangehörigen Mitglieder dem Willen **anderer** Tarifparteien, denen sie keine Regelungslegitimation erteilt haben, unterworfen sind.

---

[43] *BAG* AP Nr. 1 zu § 1 TVG Tarifverträge: Süßwarenindustrie; AP Nr. 1 zu § 1 BetrAVG Besitzstand, nicht entschieden von *BAG* AP Nr. 15 zu § 611 BGB Bühnenengagementsvertrag und *BAG* AP Nr. 9 zu § 620 BGB Bedingung.

[44] So *BAG* AP Nr. 2 zu § 1 TVG Vorruhestand.

[45] Bedenken hingegen äußern *Löwisch*, DB 1984, 2457; *ders.*, NZA 1985, 170; *Richardi*, NZA 1984, 387; *v. Hoyningen-Huene*, NZA 1985, 9.

[46] Kritisch hinsichtlich der rechtspolitischen Bewertung *Joost*, Lohnverluste bei Arbeitszeitverkürzung mit vollem Lohnausgleich, JuS 1989, 274 f., der von einer „Selbstentmachtung der Tarifparteien" spricht.

[47] AP Nr. 23 zu § 77 BetrVG 1972.

[48] So aber z.B. *Hanau*, NZA 1985, 73.

[49] Dazu *Scholz*, Rechtsfragen zur Verweisung zwischen Gesetz und Tarifvertrag, FS G. Müller, 1981, S. 509 (526 ff.); *Wiedemann/Thüsing*, § 1 Rn. 235; Zum Verweisungsproblem auch oben § 6 II 1 m.w.N.; *Gröbing*, Zur Rechtswirksamkeit von Verweisungsklauseln in Tarifverträgen, AuR 1982, 116; *Herschel*, Gesetzliche Verweisung auf einen jeweiligen Tarifvertrag, ZfA 1985, 21; *Braun*, Verbandstarifliche Normen in Firmentarifverträgen und Betriebsvereinbarungen, BB 1986, 1428.

[50] *BAG* AP Nr. 7, 8 zu § 1 TVG Form. A.A. noch *BAG* AP Nr. 3 zu § 4 TVG Geltungsbereich.

§ 40. Einzelne Tarifvertragsklauseln

I. Effektivklauseln und Tariflohnerhöhung[1]

Aufgrund des Günstigkeitsprinzips darf der Arbeitgeber einen höheren Lohn als den Tariflohn zahlen. Wird dieser in einem solchen Fall in einem neuen Tarifvertrag erhöht, so stellt sich die Frage, wie sich diese Tariflohnerhöhung, bezogen auf den bisherigen Effektivlohn, auswirkt. Kommt es zur *Aufsaugung* und zur *Aufstockung?* Bei einer Aufsaugung geht der Tariflohn im höheren Effektivlohn auf, der damit unverändert bleibt. Bei einer Aufstockung tritt die Tariflohnerhöhung zum bisherigen Effektivlohn hinzu, der sich entsprechend erhöht. Was im konkreten Fall gewollt ist, richtet sich nach dem Arbeitsvertrag.

1. Regelung im Arbeitsvertrag

Im Arbeitsvertrag kann, solange der Tariflohn nicht unterschritten wird, wirksam sowohl die Anrechnung der Tariflohnerhöhung als auch die Aufstockung geregelt werden.[2] Der Arbeitgeber darf zudem bei Vorliegen eines sachlichen Grundes durchaus eine Anrechnung nur bei einem Teil der Arbeitnehmer vornehmen.[3] Fehlt eine solche ausdrückliche Regelung[4], so ist der Wille der Vertragsparteien im Wege der *ergänzenden Vertragsauslegung* zu ermitteln. Wurde der Lohn im Ganzen gewährt und ergab sich hierbei ein höherer Effektivlohn, so wird dies ohne besondere Vereinbarung im Einzelvertrag zur Aufsaugung einer tariflichen Grundlohnerhöhung führen.[5] Ergab sich der Effektivlohnvorsprung jedoch aus gesondert geregelten *Zulagen,* so wird der Arbeitnehmer im Zweifel davon ausgehen können, dass ihm die Zulage bei einer tariflichen Erhöhung des Grundlohnes verbleibt.[6]

2. Regelung im Tarifvertrag

Die Gewerkschaften haben mittels sog. Effektivklauseln versucht, die Aufstockung einer Tariflohnerhöhung festzuschreiben. Als Effektivklauseln bezeichnet man Klau-

---

[1] Hierzu *Sauerbier,* Übertarifliche Entlohnung und Tariflohnerhöhung, AR-Blattei, [SD] Tariflohnerhöhung, 2001.

[2] Neben der individualrechtlichen Zulässigkeit einer Anrechnungsklausel ist aber noch an ein eventuelles Mitbestimmungsrecht des Betriebsrats in Fragen der betrieblichen Lohngestaltung zu denken, das nach § 87 I Nr. 10 BetrVG im Falle der Änderung der Verteilungsgrundsätze besteht (siehe im Einzelnen dazu § 49 II).

[3] *BAG* NZA 1989, 854.

[4] Hierzu und zur gesamten Problematik *BAG* AP Nr. 5–16 zu § 4 TVG Übertariflicher Lohn und Tariflohnerhöhung; *Mayer-Maly,* Übertariflicher Lohn und Tariflohnerhöhung, FS Giger, 1984, S. 469, 478.

[5] Vgl. z.B. *BAG* AP Nr. 47 zu § 242 BGB Gleichbehandlung. Nach dem *BAG* (AP Nr. 15 zu § 4 TVG Übertariflicher Lohn und Tariflohnerhöhung) können übertarifliche Zulagen sogar dann auf eine spätere Tariflohnerhöhung angerechnet werden, wenn sie jahrelang vorbehaltlos zusätzlich zum Tariflohn gewährt wurden.

[6] Vgl. z.B. *BAG* AP Nr. 1 zu § 4 TVG Tariflohn und Leistungsprämie, das dies insbes. bei echten Leistungszulagen bejaht. Siehe aber auch *BAG* AP Nr. 15 zu § 4 TVG Übertariflicher Lohn und Tariflohnerhöhung (Fn. 5).

seln, die das Verhältnis einer Tariflohnerhöhung zum Effektivlohn regeln, wobei drei Arten der Effektivklauseln zu unterscheiden sind: Effektivgarantieklauseln, begrenzte Effektivklauseln und negative Effektivklauseln/Verrechnungsklauseln. Intention all dieser Klauseln ist der Ausschluss der Aufsaugung der Tariflohnerhöhung. Denn diese hat zur Folge, dass sich eine Tariflohnerhöhung mangels Änderung des Effektivlohns für den einzelnen Arbeitnehmer nicht auswirkt, dieser damit das Interesse am Tarifgeschehen und an der Interessenvertretung durch die Gewerkschaften verliert und in letzter Konsequenz damit auch nicht mehr streikbereit sein wird.

a) Effektivgarantieklauseln

Sie lauten etwa: „Die Tariflohnerhöhung ist effektiv zu gewähren", oder: „Die Tariflohnerhöhung tritt dem tatsächlich gezahlten Lohn in jedem Fall hinzu". Mit der Effektivgarantieklausel soll eine Anrechnung der Tariflohnerhöhung ausgeschlossen werden und zugleich sollen die bisherigen arbeitsvertraglich gewährten übertariflichen Zulagen zum Bestandteil des Tariflohns erklärt werden. Solche Klauseln sind unwirksam, weil sie gegen das Schriftformerfordernis (der tatsächliche Tariflohn ist nicht mehr aus dem Tarifvertrag ersichtlich) und gegen den Gleichbehandlungsgrundsatz verstoßen (es wird nicht mehr der gleiche Tariflohn für die gleiche Arbeit gewährt). Ein entscheidendes Argument gegen die Zulässigkeit solcher Klauseln ist auch, dass nach dem zwingenden § 4 III TVG die Regelungsmacht der Tarifparteien auf die Festlegung von Mindestarbeitsbedingungen begrenzt ist und damit die Frage der übertariflichen Entlohnung allein der Gestaltungsmacht der Arbeitsvertragsparteien obliegt.[7]

Eine Tarifklausel, die eine Arbeitszeitverkürzung „bei vollem Lohnausgleich" festlegt, kann deshalb nicht verhindern, dass sich der übertarifliche Lohn bei Arbeitnehmern mit Stundenlohnberechnungen wegen der geringeren Stundenzahl insgesamt verringert. Würde Gegenteiliges vereinbart, so läge eine unzulässige Effektivgarantieklausel vor.[8]

b) Begrenzte/beschränkte Effektivklausel

Umstritten ist, ob die Tarifparteien wenigstens den „Aufsaugungseffekt" durch eine einfache Effektivklausel verhindern können (sog. **begrenzte** oder **beschränkte Effektivklausel**) ohne im Unterschied zur Effektivgarantieklausel die gesamte aufgrund der Aufstockung zu zahlende Summe als (zwingenden) Tariflohn zu garantieren. Dem Arbeitgeber wird die Möglichkeit belassen, durch einzelvertragliche Vereinbarung mit dem Arbeitnehmer, gegebenenfalls durch eine Änderungskündigung, die aufgestockte Gesamtsumme bis auf das tarifliche Niveau abzusenken.

Beispiel: Liegt der effektive Stundenlohn von Stanzern in einer Automobilfabrik um 1 € über dem Tariflohn und erfolgt eine Tariflohnerhöhung um 0,50 € mit Effektivklausel, so müsste der Arbeitgeber jedenfalls zunächst den Gesamtlohn um diese volle Tariflohnerhöhung anheben. Er könnte allenfalls den Effektivlohnvorsprung von 0,50 € nachträglich durch einvernehmliche Vertragsänderung mit dem Arbeitnehmer oder u. U. auch durch Änderungskündigung beseitigen.

Die Wirksamkeit dieser begrenzten Klauseln wird mit denselben Argumenten, welche auch gegen die Effektivgarantieklausel angeführt werden, verneint.[9] Trotz zum Teil

---

[7] Vgl. *Nipperdey*, 1. Halbbd., S. 602 f.; *Joost*, Lohnverluste bei Arbeitszeitverkürzung mit vollem Lohnausgleich, JuS 1989, 274 (278); *BAG* AP Nr. 2 zu § 4 TVG Effektivklausel; *BAG* AP Nr. 12 zu § 4 TVG Ordnungsprinzip.

[8] *BAG* AP Nr. 15 zu § 4 TVG Effektivklausel.

[9] Gegen diese Klauseln etwa *BAG* AP Nr. 7 (mit ablehnender Anm. *Bötticher*), 15 zu § 4 TVG Effektivklausel; *Nikisch* II, § 83 IV 4, S. 453; *Richardi*, Die begrenzte Effektivklausel im Tarifvertrag, DB 1969, 1986; *Hansen*, Ist die begrenzte Effektivklausel wirklich eine unmögliche Konstruktion?, RdA

erheblicher Kritik seitens der Literatur hieran[10] ist das Ergebnis der Unwirksamkeit solcher Klauseln zutreffend. Die Tarifparteien können und dürfen dem einzelnen Arbeitgeber nicht eine bestehende individualvertragliche Möglichkeit zum Abbau einzelarbeitsvertraglicher Leistungen nehmen, da dies nicht im Rahmen ihrer Regelungsmacht liegt.[11]

c) Negative Effektivklauseln/Verrechnungsklauseln

Unwirksam sind auch sog. negative Effektivklauseln/Verrechnungsklauseln, welche den umgekehrten Effekt haben sollen und die Anrechnung außer- oder übertariflicher einzelvertraglich geschuldeter Entgeltbestandteile vorschreiben;[12] denn die Tarifparteien können nicht einzelvertragliche Vergütungsansprüche der Arbeitnehmer zu deren Ungunsten ändern.[13]

II. Verdienstsicherungsklauseln

Sie sollen Arbeitnehmern ihren bisherigen Effektivlohn auch dann erhalten, wenn sie aus bestimmten Gründen – z.B. wegen Alters oder gesundheitlicher Beeinträchtigung oder bei Veränderungen des Arbeitsgefüges infolge von Rationalisierungsmaßnahmen – auf einen Arbeitsplatz mit schlechterer Entlohnung umgesetzt werden.[14] Die aufgrund der Klausel zunächst weiter zu gewährenden übertariflichen Lohnbestandteile sollen nicht unabdingbaren Charakter haben. Vielmehr soll nach der Meinung des BAG[15] ein späterer Abbau oder eine Verrechnung mit späteren Tariflohnerhöhungen durchaus möglich sein.

Im Unterschied zur Effektivklausel, die die Aufstockung einer Tariflohnerhöhung auf den Effektivlohn erreichen soll, will die Verdienstsicherungsklausel dagegen nur den Abbau des Effektivlohns bei Tätigkeitsveränderung verhindern. Das letztere hält das BAG für zulässig, weil anders als bei Effektivklauseln nicht der bisherige Effektivlohn aufgestockt werde, sondern nur als Berechnungsgrundlage für den neuen Lohn diene. In dieser Unterscheidung liegt nicht etwa, wie Kritiker moniert haben,[16] ein innerer Widerspruch. Die begrenzte Effektivklausel kollidiert mit Individualrechtspositionen des Arbeitgebers und häufig auch mit einer arbeitsvertraglichen Absprache. Die Verdienstsicherungsklausel hingegen trifft für unter bestimmten Voraussetzungen erfolgende Umsetzungen eine im Arbeitsvertrag nicht enthaltene Lohnregelung und knüpft dafür an den bisherigen Verdienst als Berechnungsgrundlage an.[17]

1985, 78; *Mayer-Maly*, Übertariflicher Lohn und Tariflohnerhöhung, FS Giger, 1989, S. 469. *BAG* AP Nr. 7, 15 zu § 4 TVG Effektivklausel. Zur Darstellung der Rspr. *Neumann*, ArbRGegw. 27, 1990, S. 33 (41 f.).

[10] Für die Wirksamkeit der Effektivklauseln sprechen sich mit unterschiedlichen Konstruktionen aus: *Bötticher,* Die Ausübung der Tarifmacht durch negative Inhaltsnormen, RdA 1968, 418; *Lieb,* Die Entwicklung des Arbeitsrechts im Jahre 1969, ZfA 1970, 197 (203 f.); *Wiedemann,* Übertarifliches Entgelt und tarifliche Effektivklauseln, GS Dietz, 1973, S. 361; *Hansen,* RdA 1985, 78; ausdrücklich gegen das *BAG* auch LAG Hamburg, AuR 1991, 120.

[11] Zur Problematik *Lieb/Jacobs,* § 6 I 2; *Buchner,* Tarifvertrag, AR-Blattei, SD 1550.5, 2001.

[12] *BAG* AP Nr. 12 zu § 4 TVG Ordnungsprinzip.

[13] Zulässig ist nach *BAG* AP Nr. 33 zu § 1 TVG Tarifverträge: Metallindustrie aber die Änderung der aufgrund einer Betriebsvereinbarung geschuldeten nichttariflichen Lohnbestandteile.

[14] Vgl. den Tarifvertrag in der Metallindustrie Baden-Württemberg vom 3. 4. 1978, RdA 1978, 384.

[15] *BAG* AP Nr. 9 zu § 4 TVG Effektivklausel mit Anm. *Wiedemann* = EzA Nr. 1 zu § 4 TVG Effektivklausel mit Anm. *Konzen* = SAE 1981, 144 mit Anm. *Mayer-Maly*.

[16] Etwa *Kempen,* Die Effektivklausel als Instrument tariflicher Sozialpolitik, AuR 1982, 50.

[17] Ähnlich wie hier einen Widerspruch verneinend *Lieb/Jacobs,* § 6 I 3 b; ausführlich *Konzen,* Anm. zu *BAG* EzA § 4 TVG Effektivklausel Nr. 1.

III. Besitzstandsklauseln

Manche Tarifverträge enthalten eine Regelung, wonach bisherige günstigere Arbeitsbedingungen aus Anlass des Inkrafttretens des Tarifvertrages nicht verschlechtert werden dürfen. Der Arbeitgeber dürfte dann nicht etwa die Ausübung eines Widerrufsrechts oder eine Änderungskündigung mit dem Tarifvertrag begründen, ohne dass ihm dieses Recht aber generell genommen würde. Solche Klauseln sind unzulässig, weil die Tarifparteien auch hier (zur Problematik bei Effektivklauseln oben I 2) in eine individualvertragliche Regelung eingreifen und dem Arbeitgeber ein individualvertragliches Recht zum Widerruf oder zur Kündigung nehmen würden, um im Ergebnis übertarifliche Rechte zu sichern.[18]

IV. Bestimmungsklauseln

Soweit die Tarifparteien einzelne Arbeitsbedingungen (z.B. Akkordsätze) nicht selbst abschließend festsetzen, können sie vereinbaren, dass ein Dritter (z.B. eine Kommission oder eine sachkundige neutrale Einzelperson) diese Bedingungen innerhalb eines vorgegebenen Rahmens bestimmen soll. Dieser Dritte muss dann die Bestimmung nach billigem Ermessen (§§ 315 I BGB, 106 GewO) treffen[19]. Diese Bestimmungsklauseln müssen von den Öffnungsklauseln im Sinne des § 4 III Alt. 1 TVG unterschieden werden. Bei den Bestimmungsklauseln bleibt Grundlage der Normen der Tarifvertrag selbst, während bei den Öffnungsklauseln mit einer Betriebsvereinbarung oder einer arbeitsvertraglichen Regelung eine andere Rechtsquelle Grundlage der Norm ist.

Die Manteltarifverträge der Metallindustrie des Jahres 1984 und die späteren Anschlusstarifverträge enthalten bzw. enthielten[20] eine betriebseinheitliche Verkürzung der durchschnittlichen Wochenarbeitszeit auf 38,5 Stunden für die überwiegende Zahl der Vollzeitbeschäftigten. Die individuelle regelmäßige wöchentliche Arbeitszeit jedes Beschäftigten hatte durch Betriebsvereinbarung zu erfolgen.[21] Hier liegt – anders als das BAG dies annahm[22] – eine Bestimmungsklausel vor, mit der Folge, dass die Außenseiter nicht einbezogen werden können.[23]

V. Kurzarbeitsklauseln

In zahlreichen Tarifverträgen werden die Arbeitgeber ermächtigt, bei Störungen der Zulieferungen oder des Absatzes, bei Absatzschwierigkeiten und bei ähnlichen Prob-

---

[18] Wie hier im Ergebnis *Nikisch* II, § 83 IV 1, S. 451; a.A. *Wiedemann/Wank*, TVG, § 4 Rn. 524; *Nipperdey*, Halbbd. 1, § 30 VIII 2, S. 599; *Söllner/Waltermann*, § 15 V 1b.

[19] *BAG* AP Nr. 1, 2 zu § 4 TVG Bestimmungsrecht, *BAG* AP Nr. 3 zu § 1 TVG.

[20] Das damalige Flexibilisierungsmodell wurde im Jahre 1990 wieder abgelöst. Hierzu *Richardi*, DB 1990, 1613 und *Buchner*, DB 1990, 1715.

[21] S. den Abdruck des Manteltarifvertrages in NZA 1984, 79.

[22] *BAG* AP Nr. 23 zu § 77 BetrVG 1972 ging von einer Öffnungsklausel aus, die es als wirksam erachtete. Dagegen: *Richardi*, Kollektivvertragliche Arbeitszeitregelung, ZfA 1990, 211 (221 ff.). Weitere Literaturnachweise s. oben § 39 VII Fn. 45.

[23] Zu weiteren Problemen, die diese Tarifverträge insb. in Bezug auf Vergütungsfragen bei Urlaub, Feiertagen und Krankheit aufgeworfen haben, *Leinemann*, BB 1990, 201; *Veit*, NZA 1990, 249.

lemen Kurzarbeit einzuführen, also die betriebliche Arbeitszeit zu verkürzen, mit der Folge entsprechender Lohnminderungen.[24] Solche Klauseln sind **Inhaltsnormen,**[25] wobei heute das Mitbestimmungsrecht des Betriebsrats nach § 87 I Nr. 3 BetrVG (hierzu unten § 49 II 3) zu beachten ist; der Arbeitgeber soll durch eine Kurzarbeitsklausel kein einseitiges Bestimmungsrecht erhalten.

Vor allem in neueren Tarifverträgen finden sich oftmals **Kurzarbeitsankündigungsfristen,** die die Einführung von Kurzarbeit erst nach einer bestimmten Ankündigungsfrist von z.B. 14 Kalendertagen zulassen und damit dem Arbeitsentgeltschutz des Arbeitnehmers dienen. Die damit zusammenhängenden Fragen sind vielfach noch ungeklärt.[26]

VI. Altersgrenzen[27]

Verbreitet sind auch Altersgrenzen, wonach z.B. das Arbeitsverhältnis ohne Kündigung mit Ablauf des Monats endet, in dem der Arbeitnehmer das 65. Lebensjahr vollendet.

Das BAG qualifiziert solche Klauseln als Beendigungsnormen[28] in Form einer Befristung der Arbeitsverträge.[29] Da der Eintritt des Ereignisses (Erreichen der Altersgrenze) kalendermäßig feststeht, liegt keine auflösende Bedingung vor. Die Altersgrenze stellt als subjektive Zulassungsschranke einen Eingriff in die Berufsfreiheit des Arbeitnehmers aus Art. 12 I GG dar. In Ansehung dieses Grundrechts und der gesetzlichen Befristungskontrolle nach § 14 TzBfG sind tarifvertragliche Altersregelungen daher nur zulässig, wenn ein sachlicher Grund für sie vorliegt. Nach der Rechtsprechung liegt ein solcher rechtfertigender Sachgrund vor, wenn im Hinblick auf das Interesse des Arbeitgebers an sachgerechter Personal- und Nachwuchsplanung dem Arbeitnehmer bei Erreichen der Altersgrenze ein Anspruch auf Rente aus der gesetzlichen Rentenversicherung oder einem berufsständischen Versorgungswerk zusteht und dieser damit wirtschaftlich abgesichert ist[30]. Im Falle der gesetzlichen Rentenversicherung ist § 41 S. 2 SGB VI zu beachten. Eine solche Altersgrenze verstößt auch nicht gegen das Allgemeine Gleichbehandlungsgesetz[31] (AGG), welches u.a. die EGRL 78/2000 Richtlinie zur Festlegung eines allgemeinen Rahmens für die Verwirklichung der Gleichbehandlung in Beschäftigung und Beruf[32] in nationales Recht umgesetzt hat. In § 1 AGG ist zwar grundsätzlich eine Diskriminierung wegen des Alters ausgeschlossen. In § 10 Nr. 5 AGG ist die Altersgrenze im Falle des Anspruchs auf Sozialversicherungsrente als Ausnahme aber ausdrücklich zugelassen. Nach der Rechtsprechung kann auch ausnahmsweise eine frühere Altersgrenze zulässig sein, wie zum Beispiel bei Piloten mit 60 Jahren, weil hier eine außergewöhnliche Risikolage besteht[33]. Das mit fortschreitendem Alter er-

---

[24] Vgl. *Rumpff-Dröge,* Kurzarbeit, 1975, S. 63 ff.; *BAG* AP Nr. 18 zu § 661 BGB Bergbau; AP Nr. 1 zu § 1 TVG Tarifverträge: Chemie.

[25] So auch *Ehmann,* Betriebsrisikolehre und Kurzarbeit, 1979, S. 36; *v. Stebut,* Die Zulässigkeit der Einführung von Kurzarbeit, RdA 1974, 332 (335). A.A. z.B. *Simitis/Weiss,* Zur Mitbestimmung des Betriebsrats bei Kurzarbeit, DB 1973, 1240 (1249), die von Betriebsnormen ausgehen.

[26] Hierzu *Säcker/Oetker,* Tarifliche Kurzarbeits-Ankündigungsfristen im Gefüge des Individualarbeitsrechts und des kollektiven Arbeitsrechts, ZfA 1991, 131.

[27] Hierzu *Gitter/Boerner,* Altersgrenzen in Tarifverträgen, RdA 1990, 129; *Kienast,* Das Ende von Altersgrenzen im Arbeitsverhältnis?, DB 1991, 1725; *Hunold,* Die Altersgrenze im Arbeitsverhältnis, AR-Blattei SD 45, 2004; *Boemke,* Bindung der Tarifparteien an die Grundrechte, FS 50 Jahre BAG, 2004, S. 613, 622 f.; *Zöllner,* Altersgrenzen beim Arbeitsverhältnis jetzt und nach Einführung des Verbots der Altersdiskriminierung, FS Blomeyer, 2003, S. 517; ErfK/*Müller-Glöge,* § 14 TzBfG Rn. 77 ff.

[28] *BAG* AP Nr. 9 zu § 620 BGB Bedingung; AP Nr. 19 zu § 611 BGB Beschäftigungspflicht.

[29] *BAG* AP Nr. 1, 2 und 22 zu § 620 BGB Altersgrenze.

[30] *BAG* AP Nr. 42 zu § 113 BetrVG 1972.

[31] Allgemeines Gleichbehandlungsgesetz vom 17. 8. 2006 BGBl. 2006 I, S. 1897.

[32] *Schmidt/Senne,* Das gemeinschaftsrechtliche Verbot der Altersdiskriminierung und seine Bedeutung für das deutsche Arbeitsrecht, RdA 2002, 80.

[33] *BAG* EzA § 620 BGB 2002 Altersgrenze Nr. 5; bestätigt durch *BVerfG* AP Nr. 25 zu § 620 BGB Altersgrenze.

höhte Risiko der Ausfallserscheinungen und Fehlreaktionen kann, wenn dadurch wie im Flugverkehr ein erhebliches Risiko für bedeutende Rechtsgüter Dritter bedingt ist, eine niedrigere Altersgrenze rechtfertigen. Auch dieser Fall dürfte mit dem AGG vereinbar sein, da § 8 AGG eine Differenzierung nach dem Alter aufgrund beruflicher Anforderungen zulässt.

Die EuGH-Entscheidung in der Sache Mangold, wonach die in § 14 III 4 TzBfG vorgesehene sachgrundlose Befristung älterer Arbeitnehmer mit Art. 6 I der Richtlinie 78/2000 unvereinbar ist, ändert nichts an der rechtlichen Zulässigkeit tarifvertraglicher Altergrenzen, da diese auf einem Sachgrund beruhen[34].

VII. Rationalisierungsschutzabkommen

Seit langem üblich und nach der Wiedervereinigung für das Gebiet der neuen Bundesländer von besonderer Bedeutung waren Rationalisierungsschutzabkommen. Sie untersagen z.B. betriebsbedingte Kündigungen – von Ausnahmefällen abgesehen – bis zu einem bestimmten Zeitpunkt und sehen Zuschüsse zum Kurzarbeitergeld vor. Gelegentlich wird jede betriebsbedingte Kündigung ausgeschlossen und für den Fall der Zuweisung einer geringer bewerteten Tätigkeit eine Verdienstgarantie für eine bestimmte Zeit gegeben. Solche Rationalisierungsschutzklauseln müssen, um wirksam zu sein, die allgemeinen Schranken der Tarifautonomie, insbesondere die Grenze der Zumutbarkeit, wahren (s. § 39 III 8).

VIII. Härteklauseln

Zunehmend werden in Tarifverträgen auch sog. Härteklauseln vereinbart, die für einzelne Unternehmen Abweichungen von den tariflichen Vorgaben zulassen und dadurch zumindest in gewissem Umfang produktivitätsbedingte Differenzierungen zwischen Unternehmen derselben Branche ermöglichen. Inwieweit dies zu einer produktivitätsorientierten Flexibilisierung des Flächentarifvertrages führen kann oder in Krisenbranchen zumindest keine oder weniger Unternehmen vernichtet, ist derzeit allerdings noch unklar.

IX. Differenzierungsklauseln

Differenzierungsklauseln sollen verhindern, dass nicht organisierte Arbeitnehmer über die Gleichstellung im Betrieb an den Vorteilen des Tarifvertrags partizipieren, ohne durch Beiträge die Arbeit der Gewerkschaften zu unterstützen. Diese Klauseln sind unzulässig (im Einzelnen hierzu bereits unter § 39 II 1).

---

[34] *EuGH* vom 22. 11. 2005 AP Nr. 1 zu Richtlinie 2000/78/EG (mit Anm. *Wiedemann*); aus der umfangreichen Literatur zu dieser Entscheidung etwa *Preis*, Verbot der Altersdiskriminierung als Gemeinschaftsgrundrecht, NZA 2006, 410; kritischer zu den möglichen Folgen der EuGH Entscheidung für Tarifverträge und Arbeitsverträge *Annuß*, Das Verbot der Altersdiskriminierung als unmittelbar geltendes Recht, BB 2006, 325. Die erste Klage, in der eine Verletzung des AGG (welche die EGRL 2000/78 in nationales Recht umgesetzt hat) durch die Altersgrenze für Piloten gerügt wird, ist bereits vor dem Arbeitsgericht Frankfurt anhängig (6 Ca 7405/06). Sicherheit für die Praxis wird hier letztlich erst eine Entscheidung des EuGH bringen können.

X. Qualifizierungsabkommen[35]

Weiterbildung[36] und berufliche Qualifizierung gehören in der heutigen modernen Wissensgesellschaft mit ihrem schnellen technologischen Wandel zu einem zentralen Wettbewerbs- und damit Standortfaktor. Dieses Thema ist bereits[37] Gegenstand tarifvertraglicher Regelungen, und dürfte zukünftig noch stark an Bedeutung gewinnen. Es geht hier u. a. darum, ob und inwieweit z. b. eine Qualifizierungspflicht statuiert wird, die Errichtung gemeinsamer Bildungseinrichtungen oder eine Kostenbeteiligung der einzelnen Arbeitnehmer erfolgen kann. Zu beachten gilt das Zusammenspiel mit der Betriebsverfassung in § 97 II BetrVG.

XI. Regelungen über die betriebliche Altersvorsorge[38]

Private und betriebliche Altersvorsorge (hierzu oben) gewinnen zunehmend an Bedeutung. Seit 2001[39] besteht nach § 1a BetrAVG ein gesetzlicher Anspruch auf Entgeltumwandlung. Nach § 17 V BetrAVG kann eine Entgeltumwandlung bezüglich tarifvertraglichen Entgelts nur erfolgen, soweit der Tarifvertrag eine solche selbst vorsieht oder eine diesbezügliche Regelung durch Betriebsvereinbarung oder Arbeitsvertrag ermöglicht. Den Tarifparteien kommt bei der Ausgestaltung der betrieblichen Altersvorsorge ein weit gehender Gestaltungsspielraum zu, da wesentliche Bereiche nach § 17 III BetrAVG tarifdispositiv sind.

Zweiter Abschnitt. Arbeitskampf- und Schlichtungsrecht

Literaturhinweise: *Hueck/Nipperdey*, 2. Halbbd., Bearbeitung von *Säcker; Seiter*, Streikrecht und Aussperrungsrecht, 1975; *Konzen*, Der Arbeitskampf im Verfassungs- und Privatrechtssystem, AcP 177 (1977), 473; *Brox/Rüthers*, Arbeitskampfrecht, 2. Aufl., 1984; *Zöllner*, Die Fortentwicklung des Richterrechts zum Arbeitskampf, insbesondere zur Aussperrung, DB 1985, 2450; *Picker*, Die Regelung der „Arbeits- und Wirtschaftsbedingungen" – Vertragsprinzip oder Kampfprinzip?, ZfA 1986, 199; *Hergenröder*, Der Arbeitskampf mit Auslandsberührung, 1987; *Th. Raiser*, Wissenschaft und Politik im Arbeitskampfrecht, JZ 1989, 405; *Scholz*, Verfassungsrechtliche Grundlagen des Arbeitskampfrechts, ZfA 1990, 377; *Hergenröder*, AR-Blattei, [D] Arbeitskampf, VIII Internationales Arbeitskampfrecht; *Bohr*, Rechtliche Regelungen des Streiks und wirtschaftliche Auswirkungen in der BRD, Österreich, Belgien, Frankreich und Italien, 1992; *Wank*, Grundlagen des Arbeitskampfrechts, FS Kis-

---

[35] *Rieble*, Qualifizierungstarifverträge, FS 50 Jahre BAG, 2004, S. 831; *Goos*, Die Zukunft der Tarifautonomie – Die reformierten Flächentarifverträge der chemischen Industrie, GS Heinze, 2005, S. 259.

[36] *Sandmann/Schmidt-Rolfes*, Arbeitsrechtliche Probleme der Arbeitnehmerweiterbildung, ZfA 2002, 295.

[37] *Bahnmüller/Fischbach*, Der Qualifizierungstarifvertrag für die Metall- und Elektroindustrie in Baden-Württemberg, WS I-Mitteilungen 2004, 182.

[38] *Hanau*, Tarifvertragliche Beschränkung der Entgeltumwandlung, DB 2004, 2266; *Mostert*, Tarifvereinbarungen zur betrieblichen Altersvorsorge, AiB 2005, 161; *Kerschbaumer*, Die Ausweitung der betrieblichen Altersversorgung über Tarifverträge: Wunschdenken oder Realität?, BetrVA 2004, 101; *Schack*, Der neue Chemietarifvertragsabschluss über die betriebliche Altersversorgung, BetrAV 2005, 720.

[39] Eingeführt durch das Altersvermögensgesetz vom 26. 6. 2001, BGBl. I, S. 1310.

sel, 1994, S. 1225; *Löwisch/Rieble,* Arbeitskampf, AR-Blattei SD 170, 1, 2; *Löwisch* (Hrsg.), Arbeitskampf- und Schlichtungsrecht, 1997; *Kissel,* Arbeitskampfrecht, 2002; *Kittner,* Arbeitskampf, 2005; *Melot de Beauregard,* Das Arbeitskampfrecht im Spiegel der jüngeren Rechtsprechung, NZA-RR, 2003, 617; *C. Meyer,* Arbeitskampf im Wandel, NZA 2004, 145; *Rieble* (Hrsg.), Zukunft des Arbeitskampfes, 2005; *Otto,* Arbeitskampf- und Schlichtungsrecht, 2006.

Zur künftigen Regelung des Arbeitskampfrechts: *Gentz,* Brauchen wir ein neues Tarif- und Arbeitskampfrecht?, NZA 1985, 305; *Friauf,* Die verfassungsrechtlichen Vorgaben einer gesetzlichen oder tarifvertraglichen Arbeitskampfordnung, RdA 1986, 188; *Rüthers,* Zum Gesetzgebungsauftrag im Arbeitskampfrecht, NZA 1986, 11; *Seiter,* Zur Gestaltung der Arbeitskampfordnung durch den Gesetzgeber, RdA 1986, 165; *Buchner,* Der Arbeitskampf im Medienbereich – eine Sonderform des allgemeinen Arbeitskampfrechts?, RdA 1987, 209; *Birk/Konzen/Löwisch/Raiser/Seiter,* Gesetz zur Regelung kollektiver Arbeitskonflikte, 1988; *Heinze,* Gesetzliche und vertragliche Arbeitskampfordnung, FS K. Molitor, 1988, S. 159; *Wank,* Zum Vorschlag einer Kodifizierung des Arbeitskampfrechts, RdA 1989, 263; *Lieb/v. Stebut/Zöllner* (Hrsg.), Arbeitskampfrecht, Symposion Hugo Seiter zum Gedächtnis, 1990.

§ 41. Begriff, Arten und Bedeutung des Arbeitskampfs

Literatur: Zur Literatur bis 1982 s. 3. Aufl., *Heinze,* Entwicklungslinien des Arbeitskampfrechts unter Zugrundelegung der Rechtsprechung des Bundesarbeitsgerichts, FS E. Stein, 1983, S. 83; *Randerath,* Die Kampfkündigung des Arbeitgebers im kollektiven Arbeitskampfsystem, 1983; *v. Stebut,* Der Arbeitskampf als Prozess, FS Hilger/Stumpf, 1983, S. 657; *Hettlage,* Arbeitskämpfe im rechtlichen Niemandsland?, BB 1985, 2253; *Berg/Platow/Schoof,* Tarifvertragsgesetz und Arbeitskampfrecht, 2005; *Kissel,* Arbeitskampfrecht, 2002; *Kittner,* Arbeitskampf, 2005; *Kloepfer,* Arbeitsgesetzgebung und Wesentlichkeitstheorie, NJW 1985, 2497; *Otto,* Arbeitskampf- und Schlichtungsrecht, 2006; *Richardi,* Arbeitskampfbegriff und Arbeitskampfrecht, FS E. Wolf, 1985, S. 549; *ders.,* Das Ordnungsmodell des Tarifvertragssystems und der Arbeitskampf, JZ 1985, 410; *Buchner,* Das Arbeitskampfrecht unter den Anforderungen der Verhandlungsparität und der Staatsneutralität, RdA 1986, 7; *Löffler,* Zur Lage des bundesdeutschen Arbeitskampfrechts, DRdA 1987, 160; *Pieper,* Aspekte des gewerkschaftlichen Streikrechts, AuR 1987, 121; *Löwisch,* Richterliches Arbeitskampfrecht und der Vorbehalt des Gesetzes, DB 1988, 1013; *Kalb,* Die Entwicklung des Arbeitskampfrechts durch das Bundesarbeitsgericht, RdA 1994, 385; *C. Meyer,* Arbeitskampf im Wandel, NZA 2004, 145.

I. Gegenstand und Aufgabe des Arbeitskampfrechts

Gegenstand des Arbeitskampfes sind kampfartige Erscheinungen des Arbeitslebens, bei denen die Arbeitnehmer- oder Arbeitgeberseite kollektiven Druck durch Störung der Arbeitsbeziehungen ausübt. Aufgabe des Arbeitskampfrechts ist es, Zulässigkeit und arbeitsrechtliche Folgen derartiger Kampfmaßnahmen zu bestimmen.

Hauptproblem des Arbeitskampfrechts ist die nach wie vor strittige Grenzziehung zwischen rechtmäßigen und rechtswidrigen Arbeitskämpfen. Unbestritten ist, dass Arbeitskämpfe innerhalb der geltenden Rechts- und Sozialordnung nicht generell unzulässig sein können. Wo im Einzelnen die Grenzen rechtmäßiger Kämpfe liegen, ist eine schwierige Frage. Die Schwierigkeit hat ihre Ursache in den unterschiedlichen Erscheinungsformen des Kampfes. Sie unterscheiden sich nicht nur nach den zur Störung der Arbeitsbeziehungen eingesetzten Mitteln, sondern auch nach den verfolgten Zielen. Bei rechtwidrigen Arbeitskämpfen stellen sich die Fragen des Schadensersatzes der Arbeitgeber- oder Arbeitnehmerseite und der Zulässigkeit der fristlosen Lösung der Arbeitsverhältnisse. Besondere Probleme bereiten Arbeitskämpfe mit Auslandsberührung.[1]

II. Begriff des Arbeitskampfs

1. Für die Erörterung des Arbeitskampfrechts lässt sich folgender **allgemeiner Begriff des Arbeitskampfs** bilden: Arbeitskampf ist die von der Arbeitgeber- oder Arbeitnehmerseite zur Erreichung bestimmter Ziele mittels kollektiver Störungen der Arbeitsbeziehungen bewirkte Druckausübung.

a) Die Störung muss **von der Arbeitgeber- oder Arbeitnehmerseite** ausgehen. Das bedeutet, dass Störungen, die von Lieferanten, Kunden oder Konkurrenten bewirkt werden, keine Arbeitskämpfe sind, mag es sich auch um Maßnahmen etwa eines Wirtschaftskampfs handeln. Insbesondere die Abwerbung von Arbeitnehmern ist kein Arbeitskampf.

b) Es muss sich um **kollektive** Störungen der Arbeitsbeziehungen handeln. Die Entlassungs- oder Änderungskündigung gegenüber einem einzelnen Arbeitnehmer ist ebensowenig Arbeitskampf wie die Arbeitsniederlegung durch einen einzelnen Arbeitnehmer. Auch isolierte Maßnahmen in einer Mehrzahl von Arbeitsverhältnissen begründen keinen Arbeitskampf.[2] Kollektiven Charakter gewinnen Maßnahmen in einer Mehrheit von Arbeitsverhältnissen nur dann, wenn durch die Vielzahl der Maßnahmen ein besonderer Druck erzielt wird.

c) Die **Art des ausgeübten Drucks** spielt keine Rolle. Er muss kein wirtschaftlicher Druck sein. Er kann auch im psychologischen Bereich liegen. Zu eng ist es auch, wenn nur der Druck auf die andere Seite als maßgebend angesehen wird. Namentlich politische Arbeitskämpfe versuchen die Ausübung von Druck auf Staat und Öffentlichkeit. Die Druckausübung muss allerdings durch Störung der Arbeitsbeziehungen erfolgen.

d) Für die Abgrenzung des Arbeitskampfbegriffs unerheblich ist die **Art des** mit dem Arbeitskampf verfolgten **Zieles**.

e) Mit welchem **Mittel** der Druck ausgeübt wird, ist grundsätzlich ohne Belang, z. B. ob einer Arbeitsniederlegung eine Kündigung vorausgeht oder nicht. Allerdings liegt kein Arbeitskampf vor, wenn das Mittel der Druckausübung nicht zur Störung der Arbeitsbeziehungen dient. Keine Arbeitskampfmaßnahme ist deshalb – jedenfalls i. d. R. – die Durchführung der Urabstimmung vor einem Streik.[3]

f) Es muss eine **Störung** der Arbeitsbeziehungen erfolgen. Wird von einer Kampfseite Druck ausgeübt, sei es auch zu arbeitsrechtsbezogenen Zielen, ohne dass es zu einer Störung der Arbeitsbeziehungen kommt, stellt dies keinen Arbeitskampf dar.

Beispiel: Übt die Gewerkschaft psychologischen Druck auf die Arbeitgeberseite aus, ohne dass die Arbeitsbeziehungen gestört werden, liegt kein Arbeitskampf vor. Freilich darf dies nicht zu eng gesehen werden. Ruft die Arbeitnehmerseite dazu auf, von einem bestimmten Arbeitgeber keine Waren mehr zu beziehen, so ist die arbeitsrechtliche Beziehung zu diesem Arbeitgeber zumindest mitberührt. Ähnliches gilt, wenn sich Arbeitnehmer zu Kampfzwecken an der Gründung eines Konkurrenzunternehmens beteiligen würden.

---

[1] Hierzu fundiert und umfassend *Hergenröder*, Der Arbeitskampf mit Auslandsberührung, 1987; *ders.*, AR-Blattei SD Arbeitskampf, VIII Internationales Arbeitskampfrecht.

[2] So jetzt auch *BAG* NZA 2005, 43 zum kollektiven Widerspruch nach § 613 a VI BGB mit der Begründung, dem Streit liege eine Rechtsfrage und keine Regelungsstreitigkeit zugrunde; vgl. hierzu *Rieble*, Kollektivwiderspruch nach § 613 a VI BGB, NZA 2005, 1 = AP Nr. 275 zu § 613 a BGB.

[3] Sehr streitig. Anders insbes. *BAG* AP Nr. 2 zu § 1 TVG Friedenspflicht.

2. Versuche, den dargelegten, relativ weiten Arbeitskampfbegriff unter dem Aspekt des Kampfziels **einzuengen,** sind abzulehnen, weil hierdurch in der Rechtswirklichkeit nahe beieinander Liegendes als rechtliches Phänomen getrennt würde. Das gilt auch für die Herausnahme der Massenänderungskündigung des Arbeitgebers aus dem Arbeitskampfbegriff.[4]

3. Der Arbeitskampfbegriff ist lediglich ein **materienabgrenzender Begriff der Rechtssystematik,** dessen Umfang unter reinen Zweckmäßigkeitsgesichtspunkten didaktischer und argumentationsökonomischer Art zu bestimmen ist. Die für die Rechtsfolgen wichtigste Frage, inwieweit ein kollektives Verhalten rechtmäßig oder rechtswidrig ist, wird durch den Arbeitskampfbegriff nicht festgelegt oder präjudiziert (dazu unten § 42).

4. Vom rechtssystematischen Arbeitskampfbegriff ist der in einer Reihe von Gesetzen verwendete Begriff des Arbeitskampfs (oder bestimmter Arbeitskampfformen) zu unterscheiden, vgl. z.B. § 2 I Nr. 2 ArbGG, § 74 II BetrVG, § 146 SGB III, § 91 VI SGB IX. Dieser Begriff ist nicht einheitlich. Er kann sich mit dem allgemeinen rechtssystematischen Begriff decken, er kann aber auch enger oder weiter sein. Sein Inhalt muss durch Interpretation der jeweiligen Norm bestimmt werden.[5]

III. Bedeutung des Arbeitskampfs

Die Häufigkeit von Arbeitskämpfen hat in der Vergangenheit stark geschwankt.[6] In den Jahren seit dem Zweiten Weltkrieg ist es zu Aussperrungen – im Gegensatz zur Weimarer Zeit – nur verhältnismäßig selten gekommen.[7] Auch die Häufigkeit von Streiks ist gegenüber der Weimarer Zeit zurückgegangen. Die Bundesrepublik darf im internationalen Vergleich als wirtschaftsfriedliches Land gelten. Gleichwohl war über die Jahre die zahlenmäßige Bedeutung der Arbeitskampfmaßnahmen groß.[8] In manchen Jahren waren über eine halbe Million Arbeitnehmer und mehrere tausend Betriebe betroffen. Die Zahl der durch Arbeitskampf verlorenen Arbeitstage betrug in manchen Jahren mehrere Millionen. Dass dies volkswirtschaftlich nicht bedeutungslos ist, leuchtet ein, vor allem, wenn Arbeitskämpfe in Zeiten relativ starker Auslastung der Produktionskapazität fallen. Abgesehen von den Schäden, die dadurch unmittelbar verursacht werden, ist es evident, dass durch einen solchen Produktivitätsrückgang auch die Staatseinnahmen und damit die Möglichkeiten zu gemeinwohlfördernden und sozialen Maßnahmen verringert werden. Ob Arbeitskämpfe in Zeiten globaler Märkte und oftmals kaum vorhandener Verteilungsspielräume noch sinnvoll sind, ist zweifelhaft. Allerdings zeichnet sich bislang, wenn man nicht auf staatliche Schlichtung ausweichen will, kein brauchbares Mittel ab, zu Tarifverträgen zu gelangen, wenn sich die Parteien nicht freiwillig einigen. Die Infragestellung des Arbeitskampfes mündet daher schnell in die Infragestellung der Tarifautonomie.

---

[4] So z.B. *BAG* AP Nr. 4 zu § 56 BetrVG 1952. Vgl. dazu aber auch unten § 42 III 3, V 2.

[5] Vgl. z.B. zu der Frage, inwieweit bei deliktischen Ansprüchen aus Arbeitskämpfen die ordentliche Gerichtsbarkeit oder die Arbeitsgerichtsbarkeit zuständig ist, die Interpretationserwägungen des *BGH* zu § 2 I Nr. 1 ArbGG a.F. in BGHZ 14, 347.

[6] Zahlenangaben für die Zeit von 1900 bis 1914 bei *Fricke,* Zur Organisation und Tätigkeit der deutschen Arbeiterbewegung 1890–1914, Leipzig 1962, S. 255 ff. Für die Weimarer Zeit findet sich Zahlenmaterial vor allem in den Jahrbüchern des Allgemeinen deutschen Gewerkschaftsbundes und in den Geschäftsberichten der Vereinigung der Deutschen Arbeitgeberverbände.

[7] Vgl. die Zahlenangaben bei *Ramm,* Arbeitgeber und Arbeitskampf, FS Abendroth, 1968, S. 275 (282 ff.); *M. Schneider,* Aussperrung, 1980, S. 22 f. Die bekanntesten Fälle waren die großen Aussperrungen in der Metallindustrie in Baden-Württemberg 1963 und 1971, ferner in der Druckindustrie im Bundesgebiet 1976 und 1978 sowie der Metallindustrie und in der Druck- und Verlagsindustrie 1984.

[8] Zahlen enthalten die statistischen Jahrbücher für die Bundesrepublik, ferner die Sozialberichte des Bundesarbeitsministeriums. Vgl. auch *Seiter,* 1975, S. 215 ff.

IV. Die Arten des Arbeitskampfs

1. Unterscheidung nach dem Ziel

Zunächst lassen sich Arbeitskämpfe nach dem erstrebten Ziel unterscheiden.

a) Die weitaus meisten Arbeitskämpfe werden um den **Abschluss von Tarifverträgen** geführt. Die Rechtsordnung erlaubt solche Arbeitskämpfe. Durch sie werden die Parteien des Arbeitslebens unter einen Einigungszwang gestellt. In einem arbeitskampflosen Regelungssystem könnten Neuregelungen nur über ein Verfahren der Zwangsschlichtung erzielt werden, bei dem eine dritte, unter neutralem Vorsitz entscheidende Stelle die fehlende Einigung der Parteien ersetzen müsste.

Einem solchen *Zwangsschlichtungsmodell* folgt die *Betriebsverfassung* in denjenigen Angelegenheiten, in denen eine gleichberechtigte Mitbestimmung der Arbeitnehmer besteht.[9] Das Arbeitsrecht der Weimarer Zeit sah die Möglichkeit vor, Arbeitskämpfe durch eine staatliche Zwangsschlichtung auszuschalten. Das geltende Recht kennt für die Auseinandersetzung im Bereich des Tarifwesens, von einer landesrechtlichen Ausnahme abgesehen,[10] eine Zwangsschlichtung nicht. Die Möglichkeit zum Arbeitskampf ist daher eine Ergänzung der Tarifautonomie.

Vom Ziel her keine eigene Art des Arbeitskampfs bilden **Warnstreiks** (hierzu unten § 42 VI 4 abb m. N.).

b) Betriebsvereinbarungsbezogene Arbeitskämpfe, mit denen der Abschluss einer Betriebsvereinbarung zwischen Arbeitgeber und Betriebsrat erreicht werden soll, sind relativ selten, weil § 74 II BetrVG sie klar verbietet. Zu den neuerlich vorkommenden tariflichen Sozialplänen s. oben. § 34 V 4.

c) Sonstige betriebsbezogene Arbeitskämpfe kommen dagegen häufiger vor. Mit ihnen wird versucht, eine betriebliche Maßnahme des Arbeitgebers zu erreichen, etwa die Anbringung einer Schutzvorrichtung, die Herabsetzung von Kantinenpreisen oder die Durchführung bestimmter personeller Maßnahmen, z. B. die Wiedereinstellung eines entlassenen Mitarbeiters, die Entlassung eines missliebigen Vorgesetzten oder auch nur die Versetzung bestimmter Arbeitnehmer. Hier geht es den Arbeitnehmern nicht darum, eine rechtliche *Regelung* zwischen Arbeitnehmer- und Arbeitgeberseite herbeizuführen, sondern um die faktische Vornahme bestimmter Handlungen.

d) Einzelvertragsbezogene Arbeitskämpfe richten sich auf eine Veränderung der Arbeitsbedingungen durch arbeitsvertragliche Regelung, namentlich in Form der Gewährung eines übertariflichen Lohnes. Hierhin gehören die meisten nichtgewerkschaftlichen Streiks (z. B. die Septemberstreiks des Jahres 1969).

e) Politische Arbeitskämpfe:[11] Arbeitskämpfe können sich auch darauf richten, nicht die Gegenseite des Arbeitslebens, sondern den Staat zu bestimmten Maßnahmen zu veranlassen. Von praktischer Bedeutung sind in erster Linie Arbeitskämpfe, durch die ein bestimmtes gesetzgeberisches Verhalten erreicht werden soll. Solche Arbeitskämpfe bezeichnet man als politische Arbeitskämpfe. Innerhalb dieser lässt sich noch unterscheiden zwischen arbeitsrechtsbezogenen und anderen politischen Arbeitskämpfen.

Der Streik um das Betriebsverfassungsgesetz, wie er im Jahre 1952 geführt worden ist, war ein arbeitsrechtsbezogener politischer Streik, ebenso waren es die Arbeitsniederlegungen im Zusammenhang

---

[9] Dazu unten § 48 IV.
[10] Siehe dazu unten § 44 II 2.
[11] Vgl. hierzu *Krichel,* Zur Rechtslage bei politischen Streiks, NZA 1987, 297.

mit der Änderung des inzwischen nicht mehr geltenden § 116 AFG[12] und der geplante Streik, der dem Zweck der Erhaltung des Norddeutschen Rundfunks als Dreiländeranstalt dienen sollte.[13] Ein Streik etwa gegen den Wegfall arbeitnehmerbezogener Steuervergünstigungen wäre kein arbeitsrechtsbezogener politischer Streik. Die Unterscheidung[14] hat rechtliche Bedeutung nur dann, wenn man an sie Folgerungen für die Rechtmäßigkeit knüpft (dazu unten § 42 IX).

f) Selten, aber keineswegs ausgeschlossen sind Arbeitskämpfe, die ein **Verhalten bestimmter Dritter** erzwingen wollen.

2. Eigennützige und fremdnützige Kämpfe

Die meisten Arbeitskämpfe werden geführt, um eine für den eigenen Betrieb einschlägige Regelung oder Maßnahme zu erzielen. Gelegentlich aber kommt es auch zu Arbeitskämpfen, die lediglich aus Sympathie oder Solidarität zur Unterstützung fremder Kampfforderungen geführt werden. Die wichtigste Form ist der **Sympathiestreik.**

Beispiel: Die Arbeitnehmer der Metallindustrie Nordrhein-Westfalens streiken, um Tarifforderungen in Baden-Württemberg Nachdruck zu verleihen.

Meist läuft der Sympathiestreik parallel zu einem anderwärts geführten Hauptkampf. Es gibt jedoch auch Sympathiekämpfe ohne Hauptkampf, wie insbesondere dann, wenn die eigentlich Betroffenen aufgrund der Umstände nicht kämpfen können.

Beispiel: Hafenarbeiter streiken zur Durchsetzung der Lohnforderung von Seeleuten.

3. Angriffskämpfe und Verteidigungskämpfe

Vom Ziel her lassen sich Arbeitskämpfe auch danach unterscheiden, ob sie zu Angriffszwecken, z.B. zur Herbeiführung einer neuen lohntariflichen Regelung, oder zur Abwehr eines Angriffskampfes geführt werden. Die Abwehr kann ebenfalls das Ziel der Herbeiführung einer Neuregelung, wenn auch zu anderen Bedingungen, verfolgen. Beispiel: Die Arbeitnehmerseite streikt um eine Tariflohnerhöhung von 7%, die Arbeitgeberseite sperrt zur Abwehr aus, weil sie einen Tarifabschluss ohne Lohnerhöhungen und sogar mit einem Leistungsabbau im Bereich der (tariflich geregelten) betrieblichen Altersversorgung erzielen möchte. Möglich ist aber auch, dass die angegriffene Partei gar keine Regelung wünscht und sich mit ihren Kampfmaßnahmen auf das reine Abwehrziel beschränkt.[15] Von einem Abwehrkampf spricht man auch dann, wenn der angegriffene Gegner das Kampfgebiet ausweitet, obgleich ein solcher Abwehrkampf unverkennbar auch Angriffselemente enthält, wie insbesondere, wenn der Abwehrkampf über das vom Erstangreifer intendierte Tarifgebiet hinausgeht.

Beispiel: Ein Arbeitgeberverband ruft zur Verbandsaussperrung auf, nachdem ein Mitgliedsunternehmen zur Herbeiführung eines Firmentarifvertrags bestreikt wird.

4. Regelungsstreitigkeiten und Rechtsstreitigkeiten

Mitunter wird der Begriff des Arbeitskampfs auf solche Maßnahmen beschränkt, mit denen eine zukünftige Regelung erzielt, nicht ein bestehender Rechtsanspruch

---

[12] Hierzu *LAG Rheinland-Pfalz* NZA 1986, 264.
[13] Hierzu *LAG München* NJW 1980, 957.
[14] Zur Abgrenzungsproblematik v. *Maydell,* Arbeitskampf oder politischer Streik?, JZ 1980, 431.
[15] Für die Unterscheidung zwischen Angriffs- und Abwehrkämpfen stellt *Seiter,* 1975, S. 336 auf die zeitliche Priorität des Kampfaktes im Tarifgebiet ab.

durchgesetzt werden soll.[16] Der tarifvertragsbezogene Arbeitskampf etwa wäre Regelungsstreit, die Ausübung des Zurückbehaltungsrechts zur Durchsetzung einer gesetzlich vorgeschriebenen arbeitsrechtlichen Schutzmaßnahme dagegen Rechtsstreit. Dieser Differenzierung ist für den *Begriff* des Arbeitskampfs nicht zu folgen, vor allem weil sie in der Wirklichkeit mitunter erst nach schwierigen Tatsachenermittlungen zu treffen ist (Beispiel: Gemeinsame Ausübung des Zurückbehaltungsrechts und betriebsbezogener Streik).

5. Unterscheidung nach der Teilnehmerzahl

Zudem lassen sich Arbeitskämpfe auch nach der Teilnehmerzahl unterscheiden. Bei einem Generalstreik (einer Generalaussperrung) sind sämtliche Betriebe eines Staates betroffen, während die Voll- oder auch Flächenstreik (Vollaussperrung) alle Unternehmer des Tarifgebiets in der betreffenden Branche umfasst und bei einem Teil- oder Schwerpunkt-Arbeitskampf nur einzelne Unternehmen oder sogar Betriebsteile, für die eine Regelung erstrebt wird, betroffen sind. Der Sinn eines Schwerpunktstreiks liegt darin, dass auf diese Weise zwar Druck auf die Arbeitgeberseite ausgeübt wird, auf der anderen Seite der Lohnausfall der Arbeitnehmer aber grundsätzlich gering gehalten wird.

V. Arbeitskampfmittel der Arbeitnehmerseite

1. Vorenthaltung der Arbeitsleistung

Die wichtigste Form der Druckausübung von Seiten der Arbeitnehmer ist die gemeinsame Vorenthaltung der Arbeitsleistung durch eine Mehrzahl von Arbeitnehmern. Sie kommt hauptsächlich in der Form des Streiks vor, jedoch nicht nur in dieser.

a) Streik

Darunter ist die Druckausübung einer Mehrheit von Arbeitnehmern durch gemeinsame Vorenthaltung einer nach den individualrechtlichen Regeln an sich zu erbringenden Arbeitsleistung zu verstehen. Die Vorenthaltung der Arbeitsleistung ist dabei grundsätzlich nur vorübergehend beabsichtigt, d.h. die Arbeit soll nach Erreichen des Kampfziels wieder aufgenommen werden. Streiks werden in der Rechtswirklichkeit fast ausnahmslos durch die Gewerkschaften vorbereitet, organisiert und geleitet (sog. **gewerkschaftlich getragene Streiks**). Fehlt es daran, so liegt ein **wilder oder nicht gewerkschaftlicher** Streik vor. Er kann spontan ausbrechen, aber auch von Arbeitnehmergruppen selbst organisiert sein.

Gewerkschaftliche Streiks[17] werden meist mit einer von der Gewerkschaft beschlossenen *Urabstimmung* eingeleitet, an der nur die Gewerkschaftsmitglieder des Kampfbetriebs teilnehmen. Vielfach bedarf es nach den Satzungen der Gewerkschaften einer *qualifizierten Mehrheit* (z.B. 75% der Abstimmenden), wenn ein Streik durchgeführt werden soll. I.d.R. ist auch eine *Genehmigung* des Streiks durch den Hauptvor-

---

[16] *Grunsky,* Streik und Zurückbehaltungsrecht, JuS 1967, 60 (64).
[17] Vgl. dazu *H. Grote,* Der Streik. Taktik und Strategie, 1952; vgl. ferner die Arbeitskampfrichtlinien des DGB, abgedruckt AuR 1974, 272.

stand der Gewerkschaft erforderlich. Erst danach ergeht der eigentliche *Streikbefehl* der Gewerkschaft an die Mitglieder samt der Aufforderung an die Außenseiter, sich am Streik zu beteiligen.[18]

b) Massenänderungskündigung

Wenn die Arbeitnehmer ihre Arbeitsverhältnisse rechtzeitig vor der Arbeitsniederlegung mit der Maßgabe kündigen, die Arbeit nicht niederzulegen bzw. wieder aufzunehmen, falls ihre Kampfforderungen erfüllt werden, handelt es sich in aller Regel um eine Massenänderungskündigung der Einzelarbeitsverträge. Sind die Kündigungen wirksam geworden, wird keine geschuldete Arbeitsleistung vorenthalten, da die Arbeitnehmer mit Beendigung des Arbeitsverhältnisses nicht mehr zur Leistungserbringung verpflichtet sind. Die Tatsache, dass der Arbeitgeber faktisch auf diese angewiesen ist, ändert hieran nichts. Es empfiehlt sich, diese Kampfart nicht als Unterart des Streiks zu qualifizieren, weil sie bezüglich der Rechtmäßigkeit eigenen Regeln folgt (dazu unten § 42 III 3 und V 2).

c) Gemeinsame Ausübung eines Zurückbehaltungs- oder Leistungsverweigerungsrechts

Die Vorenthaltung der Arbeitsleistung kann auch auf der gemeinsamen Ausübung eines Zurückbehaltungsrechts oder eines sonstigen Leistungsverweigerungsrechts beruhen. Liegen die Voraussetzungen dafür vor, so ist die Arbeitsleistung zwar „geschuldet", ihr steht jedoch eine Einrede entgegen, die die Nichterbringung individualrechtlich trägt. Auch insoweit sollte nicht von Streik gesprochen werden. Vgl. näher unten § 42 III 4.

d) Gemeinsame Ausübung des Widerspruchsrechts beim Betriebsübergang (§ 613 a VI BGB)

Hier liegt ebenfalls kein Streik vor.[19]

e) Boykott[20]

Durch einen Boykottaufruf will die kämpfende Partei (Verrufer) verhindern, dass ein Dritter, der Adressat, mit den Gesperrten (Rechts-)Geschäfte abschließt. Hierdurch kann auch die Behinderung der gesamten wirtschaftlichen und beruflichen Betätigungen des Gegners erfasst werden, wenn dazu aufgerufen wird, von einem bestimmten Arbeitgeber keine Waren mehr zu beziehen. Boykotte der letzteren Art sind außerordentlich selten. Hingegen wird des Öfteren versucht, die zur Durchbrechung eines Streiks vom Arbeitgeber versuchte Einstellung neuer Arbeitnehmer zu behindern.

2. Verringerung der Arbeitsleistung

Gelegentlich wählen die Arbeitnehmer statt der totalen Vorenthaltung der Arbeitsleistung das Mittel der verlangsamten Erbringung („Bummelstreik"; die Bezeichnung

---

[18] Zur Streikeinleitung *Seiter*, 1975, S. 227 ff.

[19] *BAG* AP Nr. 275 zu § 613 a BGB.

[20] Hierzu: *Seiter*, Arbeitskampfparität und Übermaßverbot unter besonderer Berücksichtigung des „Boykotts" in der deutschen Seeschiffahrt, 1979; *Binkert*, Gewerkschaftliche Boykottmaßnahmen im System des Arbeitskampfrechts, 1981; *Brox*, in: Brox/Rüthers, Rn. 64 ff.; *Konzen*, Streikrecht und Boykott, FS K. Molitor, 1988, S. 181; *Treber*, Aktiv produktionsbehindernde Maßnahmen, 1996.

„Dienst nach Vorschrift" beschönigt den Sachverhalt).[21] Für den Arbeitgeber kann diese Art des Arbeitskampfes manchmal von Vorteil sein, wenn sich dadurch der Betrieb in gewissem Umfang aufrechterhalten lässt und dies wünschenswert ist, wie z.B. bei Krankenhäusern, Institutionen der Energieversorgung u.ä. Sie hat aber den Nachteil der Unklarheit über den Umfang der von den Arbeitnehmern erbrachten Leistungen und damit der Höhe der Gegenleistungspflicht. Dass der Arbeitgeber bei verringerter Arbeitsleistung die Gegenleistung verringern darf, steht außer Frage. Er kommt jedoch in Beweisschwierigkeiten, wie hoch die Verringerung beim einzelnen Arbeitnehmer auszufallen hat. Diese Schwierigkeiten lassen sich vermeiden, wenn man dem Arbeitgeber als Kampfmittel das Recht zur Verweigerung des Arbeitsentgelts gewährt (hierzu unten VI 2). Das BAG erlaubt die Betriebsstilllegung (hierzu unten VI 3).

3. Sonstige Arbeitskampfmittel

Sonstige Arbeitskampfmittel[22] haben bisher kaum praktische Bedeutung erlangt. So sind etwa Versuche von Arbeitnehmerseite, im Zuge eines Arbeitskampfes durch Gründung von Konkurrenzunternehmen Druck auszuüben, nur ganz vereinzelt unternommen worden und, soweit ersichtlich, ohne Erfolg geblieben. Von Betriebsbesetzungen haben die Gewerkschaften angesichts ihrer klaren Rechtswidrigkeit[23] bisher kaum Gebrauch gemacht.

VI. Arbeitskampfmittel der Arbeitgeberseite

Kampfmittel der Arbeitgeberseite ist der Entzug von Beschäftigung und Lohn.

1. Aussperrung[24]

Das juristisch wichtigste, wenn auch praktisch nicht häufigste Arbeitskampfmittel der Arbeitgeber ist die Aussperrung. Als Aussperrung bezeichnet man die Druckausübung durch den Arbeitgeber oder eine Mehrheit von Arbeitgebern mittels planmäßiger Verweigerung von Beschäftigung und Lohnzahlung gegenüber einer Mehrheit von Arbeitnehmern. Keine Aussperrung liegt vor, wenn der Arbeitgeber die Erfüllung einer bereits nach Leistungsstörungsregeln entfallenen Lohnzahlungspflicht unterlässt (z.B. nach Betriebsrisikogrundsätzen, dazu oben § 19 V), oder wenn er die Arbeitsverhältnisse vor der Vorenthaltung von Beschäftigung und Lohn durch Kündigung beendet hat. Auch die Betriebsstilllegung (hierzu unten) ist keine Aussperrung.

Die Aussperrung kommt in der Rechtswirklichkeit sowohl als **Einzelaussperrung** durch einen einzelnen Arbeitgeber als auch als **Verbandsaussperrung** vor. Sie wird praktisch nur als Abwehrmaßnahme gegen Arbeitskampfmaßnahmen der Arbeitnehmerseite ergriffen (sog. **Abwehraussperrung**), wobei sie freilich i.d.R. auch Betriebe erfasst, in denen nicht oder nicht voll gestreikt wird. Insoweit wohnt auch der Abwehraussperrung ein *Angriffselement* inne. Ihr strategischer Sinn liegt vor allem darin,

---

[21] Vgl. dazu *Seiter,* 1975, S. 263 ff. m.N.; ferner BGHZ 70, 277; hierzu *Zeuner,* Die Fluglotsenentscheidung des *BGH* und das allgemeine Arbeitskampfrecht, JZ 1979, 6 (7).
[22] Dazu *Zöllner,* Die Zulässigkeit neuer Arbeitskampfformen, FS Bötticher, 1969, S. 427.
[23] Nachw. unten § 42 IV 4.
[24] Vgl. hierzu *Zöllner,* DB 1985, 2450.

einem *Schwerpunktstreik* der Gewerkschaften zu begegnen und den Druck auf die Arbeitnehmerseite durch Ausdehnung des Arbeitskampfes auf das gesamte Tarifgebiet erheblich zu verstärken. (zu weiteren Einzelheiten unten § 43 IV 2).

Die **Angriffsaussperrung**, bei der die Arbeitgeberseite von sich aus Ziele verfolgt und nicht lediglich auf einen Angriffskampf der Arbeitnehmerseite antwortet, kommt bislang kaum vor, ist aber zulässig.[25]

2. Sonstiges Verhalten des Arbeitgebers bei Streik

Der Arbeitgeber braucht, wenn er von einem Streik betroffen wird, nicht immer zur Aussperrung zu schreiten. Er kann sich vielmehr auf folgende Verhaltensweisen beschränken:

a) Unterlassung der Lohnzahlung gegenüber streikenden Arbeitnehmern

Soweit sich ein Arbeitnehmer am Streik beteiligt, erbringt er die ihm obliegende Arbeitsleistung nicht. Nach den allgemeinen Grundsätzen zum gegenseitigen Vertrag entfällt daher auch die Lohnzahlungspflicht des Arbeitgebers, siehe dazu schon oben § 19 V sowie unten § 43 II. Er verweigert also nicht etwas, das er eigentlich schuldet.

b) Unterlassung der Lohnzahlung gegenüber Nichtstreikenden nach Arbeitskampfrisikogrundsätzen

Beteiligen sich nicht alle Arbeitnehmer eines Betriebs am Streik *(Teilstreik)*, kommt es aber infolge des Streiks zu Einschränkungen des Betriebs oder zu seinem Erliegen, so entfällt nach den Grundsätzen über das Arbeitskampfrisiko, die die zwischenzeitlich in § 615 S. 3 BGB normierte Betriebsrisikolehre einschränken, die Lohnzahlungspflicht auch gegenüber arbeitswilligen Arbeitnehmern, soweit sie infolge des Teilstreiks nicht beschäftigt werden können (näheres oben § 19 V 2), wie z.B. beim Teilstreik von Schlüsselkräften. Auch hier wird nicht eine eigentlich geschuldete Leistung entzogen. Inwieweit diese staatliche Leistungen (Arbeitslosen- oder Kurzarbeitergeld) in Anspruch nehmen können, bestimmt sich nach § 146 SGB III.

c) Wirkung der Arbeitskampfrisikogrundsätze beim Wellenstreik

Bei wiederholten, für den Arbeitgeber nicht voraussehbaren Kurzstreiks (sog. Wellenstreiks) kann der Arbeitgeber seine Abwehrmaßnahmen regelmäßig nicht so begrenzen, dass sie auf den Streik beschränkt sind. Wenn dem Arbeitgeber eine andere Planung unmöglich oder unzumutbar ist, hat das BAG den Lohnanspruch insoweit entfallen lassen.[26]

d) Gesetzlicher Wegfall des Lohnanspruchs

Diese Verhaltensweisen des Arbeitgebers gehören deshalb zwar in einem weiten Sinn zum Kampfverhalten, sind aber nicht selbst *Formen* oder *Mittel* des Arbeitskampfs, denn der Arbeitgeber entzieht nicht eine an sich geschuldete Leistung, sondern ein Anspruch der Arbeitnehmer entfällt aufgrund ihres eigenen Verhaltens und ohne jedes Zutun des Arbeitgebers kraft Gesetzes.

---

[25] Offengelassen von *BVerfG* AP Nr. 117 zu Art. 9 Abs. 3 GG Arbeitskampf.
[26] *BAG* NZA 1997, 393 = AP Rn. 147 zu Art. 9 GG Arbeitskampf; zum Arbeitskampfrisiko beim „Wellenstreik" *C. Fischer*, RdA 1999, 406.

3. Betriebsstilllegung

Der Arbeitgeber ist nach Ansicht des BAG gegenüber arbeitswilligen Arbeitnehmern nicht verpflichtet, einen bestreikten Betrieb soweit wie möglich aufrechtzuerhalten. Das BAG gewährt dem Arbeitgeber das Recht, durch einseitige Erklärung die Arbeitnehmer von der Arbeitspflicht zu suspendieren. Eine dogmatische Begründung gibt das BAG hierfür nicht, sondern verweist darauf, der Arbeitgeber vollziehe mit der Stilllegung nur das, was die kampfführende Arbeitnehmerseite anstrebe, nämlich die vollständige Arbeitsniederlegung.[27] Das rechtfertigt aber nicht den Eingriff in die Arbeitsverhältnisse der nicht streikenden Arbeitnehmer, insbesondere der Außenseiter,[28] ohne zum Mittel der Aussperrung zu greifen.

4. Massenänderungskündigung

Als Angriffskampfmittel[29] der Arbeitgeberseite fungiert praktisch ausschließlich die Massenänderungskündigung, bei der eine Mehrheit von Arbeitnehmern zu ihrem Einverständnis mit einer i.d.R. verschlechternden Änderung des Arbeitsvertrages veranlasst werden soll. Sie dient namentlich in Rezessionszeiten zum Abbau übertariflicher Einheitsarbeitsbedingungen. Ihre kollektive Qualität gegenüber der auf ein einzelnes Arbeitsverhältnis beschränkten Änderungskündigung erlangt sie dadurch, dass die Chancen für den betroffenen Arbeitnehmer, in räumlicher Nähe einen anderen Arbeitsplatz zu finden, bei der Massenkündigung mitunter erheblich schlechter sind als bei der Einzelkündigung. Dadurch ist der von der Massenänderungskündigung ausgehende Druck in aller Regel größer als der von einer Einzelkündigung ausgehende.

5. Ausübung von Leistungsverweigerungsrechten

Auch auf Arbeitgeberseite kommt in Betracht, dass ein gegenüber mehreren Arbeitnehmern bestehendes Leistungsverweigerungsrecht „kollektiv" ausgeübt wird, wie etwa dann, wenn der Arbeitgeber einen Teil des Lohnes gegenüber einer Arbeitnehmergruppe zurückbehält, bis diese die Durchführung zulässiger Kontrollmaßnahmen duldet, gegen die sie sich bisher gesperrt hat. Einschlägige Fälle dürften selten sein.

6. Kollektiver Widerspruch beim Betriebs(teil)übergang

Im kollektiven Widerspruch im Rahmen eines Betriebsübergangs liegt kein Arbeitskampfmittel (siehe oben).

7. Zahlung streikbedingter Sonderzuwendungen

Die Zahlung oder das Versprechen von Streikbruchprämien durch den Arbeitgeber, um die Arbeitnehmer zur Nichtteilnahme am Streik oder zum Abbruch desselben zu

---

[27] *BAG* AP Nr. 130, 137–139 zu Art. 9 GG Arbeitskampf mit Anm. *Konzen.*
[28] Deutlich abl. und auf die Gefahr der bloß rechtspolitischen Motivation der Rspr. hinweisend *Konzen*, Anm. zu *BAG* AP Nr. 137–139 zu Art. 9 GG Arbeitskampf, Bl. 8; abl. auch *Fischer/Ruthers*, EzA Art. 9 GG Arbeitskampf Nr. 115; *Lieb,* SAE 1996, 182; *Rieble,* SAE 1996, 224.
[29] Zur Einbeziehung der Massenänderungskündigung in den Arbeitskampfbegriff siehe V1 b.

bewegen oder sie dafür zu belohnen, sind als zulässiges Kampfmittel anzusehen, jedenfalls wenn sie unabhängig von der Gewerkschaftszugehörigkeit erfolgen.[30] Entgegen der Ansicht des BAG[31] können die Tarifparteien dieses Arbeitskampfmittel nicht dadurch konterkarieren, dass die Zahlung der Prämie als verbotene tarifrechtliche Maßregelung qualifiziert wird. Auch Zahlungen nach Ende des Arbeitskampfes sind grundsätzlich rechtmäßig und verstoßen insbesondere nicht gegen § 612 a BGB.[32]

VII. Arbeitskampf und Mitbestimmungsrecht

1. Die betriebsverfassungsrechtlichen **Beteiligungsrechte des Betriebsrats** und anderer betriebsverfassungsrechtlicher Arbeitnehmergremien sind während eines Arbeitskampfs reduziert.[33] Die Mitglieder des Betriebsrats sind berechtigt, sich an einem Streik zu beteiligen, wie sie umgekehrt auch ausgesperrt werden können.[34] Freilich dürfen sie nicht am Betreten des Betriebs gehindert werden. Die Informationsrechte des Betriebsrats ruhen insoweit, als es um Informationen geht, deren Kenntnis für das Kampfgeschehen von Belang sein kann, wobei nach dem Bundesarbeitsgericht die „bloße Möglichkeit" der rechtswidrigen Verwendung der Informationen durch einzelne Betriebsratsmitglieder nicht genügen soll.[35] Die Mitwirkungs- und Mitbestimmungsrechte ruhen, soweit ihre Ausübung geeignet ist, die Kampffähigkeit des Arbeitgebers zu beeinträchtigen. Das gilt auch während rechtswidriger Arbeitskämpfe.[36] Ihr Amt dürfen Betriebsratsmitglieder wegen der betriebsverfassungsrechtlichen Friedenspflicht nicht in den Arbeitskampf einbringen. (Zum Wegfall des Lohnanspruchs unten § 43 VI).

2. Arbeitnehmervertreter im Aufsichtsrat[37] dürfen sich zwar an einem rechtmäßigen Streik durch Arbeitsniederlegung beteiligen, jedoch nicht darüber hinaus. Insbe-

---

[30] *Löwisch,* Zur rechtlichen Beurteilung besonderer Arbeitskampfmaßnahmen im Medienbereich, RdA 1987, 219 (223); *Lieb,* Der Kampf um den Arbeitskampf, RdA 1988, 327 (330); *v. Hoyningen-Huene,* Streikbedingte Sonderzuwendungen als Arbeitskampfmittel, DB 1989, 1466 ff.; *Konzen,* Anm. zum Urt. des *BAG* v. 4. 8. 1987 – 1 AZR 486/85, SAE 1989, 22 ff.; *Löwisch/Rumler,* AR-Blattei, [D] Arbeitskampf, II Streik, Anm. zu E 29, 30; *Belling,* Die Zulässigkeit freiwilliger Sonderzahlungen als Mittel der Streikabwehr, NZA 1990, 214; *ders.,* Sonderzuwendungen des Arbeitgebers im Arbeitskampf, DZWiR 1994, 133; *Rolfs,* DB 1994, 1237; gl. Ansicht *BAG* AP Nr. 35 zu § 611 BGB Gratifikation. *BAG* AP Nr. 127 zu Art. 9 GG Arbeitskampf neigt dazu, während eines Arbeitskampfes gezahlte Prämien als zulässiges Arbeitskampfmittel anzusehen.
[31] *BAG* AP Nr. 88, 120, 124, 127 zu Art. 9 GG Arbeitskampf.
[32] Entgegen *BAG* AP Nr. 123 zu Art. 9 GG Arbeitskampf gilt dies nicht nur für den Fall, dass Arbeitnehmer während des Streiks erheblich über das normale Maß hinausgehenden Belastungen ausgesetzt waren.
[33] Vgl. dazu *Heinze,* Mitbestimmung des Betriebsrates und Arbeitskampf, DB 1982, Beilage 23; *Jansen,* Die betriebliche Mitbestimmung im Arbeitskampf, 1999; *Jahnke,* Betriebsrisiko und Mitbestimmung des Betriebsrats, ZfA 1984, 69; *Lieb,* Zur Mitbestimmung des Betriebsrats bei der Bewältigung der Fernwirkungen von Arbeitskämpfen, NZA 1990, 377; *Rolfs/Bütefisch,* Gewerkschaftliche Betätigung des Betriebsratsmitglieds im Arbeitskampf, NZA 1996, 17. Aus der Rechtsprechung: *BAG* AP Nr. 44, 57–59, 63, 70, 71 zu Art. 9 GG Arbeitskampf; AP Nr. 20 zu § 102 BetrVG 1972; *LAG Köln* DB 1993, 838.
[34] *BAG* GS AP Nr. 1 zu Art. 9 GG Arbeitskampf; AP Nr. 43 zu Art. 9 GG Arbeitskampf, Gr. Teil III; *BAG* AP Nr. 110 zu Art. 9 GG Arbeitskampf.
[35] BAG, NZA 2004, 223 (225), enger *Reichold,* NZA 2004, 247 = AP Nr. 59 zu § 80 BetrVG 1972.
[36] Vgl. *BAG* AP Nr. 13 zu § 87 BetrVG 1972 Ordnung des Betriebes. Bedenklich: *BAG* AP Nr. 4 zu § 44 BetrVG 1972.
[37] Dazu *Mertens,* Aufsichtsratsmandat und Arbeitskampf, AG 1977, 306; *Reuter,* Der Einfluss der Mitbestimmung auf das Gesellschafts- und Arbeitsrecht, AcP 179 (1979), 509 (558 ff.); *Seiter,* Unterneh-

sondere dürfen sie nicht an der Organisation des Streiks mitwirken oder sonst eine streikführende Stellung einnehmen (str.). Ihr Amt dauert auch während des Arbeitskampfes fort, doch dürfen sie an kampfbezogenen Entscheidungen des Aufsichtsrats wegen der Interessenkollision nicht teilnehmen (str.).

§ 42. Rechtmäßigkeit von Arbeitskämpfen

Literatur: *Zöllner,* Aussperrung und arbeitskampfrechtliche Parität, 1974; *Seiter,* Streikrecht und Aussperrungsrecht, 1975, S. 85; *ders.,* Die Aussperrung nach dem Grundgesetz, JZ 1978, 413; *Richardi,* Die Grenzen der Zulässigkeit des Streiks, 1980; *Scholz/Konzen,* Die Aussperrung im System von Arbeitsverfassung und kollektivem Arbeitsrecht, 1980; *Lieb,* Vermutungen, Beweislastverteilung und Klarstellungsobliegenheiten im Arbeitskampf, FS Herschel, 1982, S. 223; *Konzen,* Europäische Sozialcharta und ultima ratio-Prinzip, JZ 1986, 157; *Kreuz,* Der Grundsatz der Verhältnismäßigkeit im Arbeitskampfrecht, 1988; *Löwisch,* Besondere Grenzen der Streikfreiheit in der Luftfahrt?, ZfA 1988, 137; *Söllner,* „Gute Gewohnheit – Gutes Recht", FS K. Molitor, 1988; *Käppler,* Die Folgen rechtswidriger Maßnahmen bei Arbeitskämpfen, JuS 1990, 618; *Reuter,* Die Grenzen des Streikrechts, ZfA 1990, 535; *Mückenberger,* Produktionsverflechtung und Risikoverantwortung, Verfassungsfragen zu § 116 AFG, 1992; *Rüthers/Bakker,* Die Flucht vor dem gesetzlichen Richter – Zur Vorlagepflicht an den Großen Senat im Arbeitskampfrecht, ZfA 1992, 199; *Lieb,* Die Rechtsstellung des Außenseiterarbeitgebers im Arbeitskampf, FS Kissel, 1994, S. 654; *Enderlein,* Zur Richtigkeitsgewähr der tarifvertraglichen Einigung als Leitgedanken des Arbeitskampfrechts, RdA 1995, 264; *H. Peters,* Das Scheitern der Tarifverhandlungen als Rechtmäßigkeitsvoraussetzung für Arbeitskampfmaßnahmen, 1997; *Kissel,* Arbeitskampfrecht, 2002; *Kittner,* Arbeitskampf, 2005.

I. Problematik

1. Das **Problem der Rechtmäßigkeit von Arbeitskämpfen** ist schwierig zu klären, weil die Rechtsgrundlagen des Arbeitskampfes nur in Ansätzen und die Grenzen, von einigen Teilbereichen abgesehen, überhaupt nicht gesetzlich geregelt sind. Zwar lässt sich aus einer Reihe von Normen entnehmen, dass Arbeitskämpfe grundsätzlich zulässig sein müssen. In welchem Umfang und unter welchen Voraussetzungen sie erlaubt sind, ist indessen nur relativ ungenau zu erschließen. Angesichts einer fehlenden und auch künftig nicht zu erwartenden gesetzlichen Regelung kommt der Arbeitskampfrechtsprechung des BAG gesetzesvertretende Wirkung zu.[1] Das Konzept dieser Rechtsprechung liegt jedoch nicht ein für allemal fest, vielmehr hat die Rechtsprechung im Lauf der Jahre ihre Grundsätze zum Teil erheblich gewandelt.[2]

2. Eine besondere Schwierigkeit für die Beurteilung der Zulässigkeit von Arbeitskämpfen ergibt sich daraus, dass gleichsam **auf mehreren Ebenen** angesetzt werden muss: (1.) Das Kampfverhalten kann auf der einzelvertraglichen Ebene eine Verletzung des Arbeitsvertrags, (2.) auf der deliktischen Ebene eine unerlaubte Handlung und (3.) auf der tarifvertraglichen Ebene einen Verstoß gegen die Friedenspflicht darstellen

---

nehmensmitbestimmung und Tarifauseinandersetzungen, FS G. Müller, 1981, S. 589 (599 ff.); *Matthießen,* Stimmrecht und Interessenkollision im Aufsichtsrat, 1989.

[1] Das BVerfGE 84, 212 = AP Nr. 117 zu Art. 9 GG Arbeitskampf hat dies gebilligt.

[2] Kritisch *Zöllner,* Die Fortentwicklung des Richterrechts zum Arbeitskampf, insbesondere zur Aussperrung, DB 1985, 2450; *Wenzel,* Das Arbeitskampfrecht als Prüfstein des Richterrechts, DB 1981, 1135.

(der nicht nur die Rechtsbeziehung der Tarifparteien betrifft, sondern auf die einzelvertragliche Ebene durchschlägt).

3. Damit ist auch das weitere Problem angesprochen, dass der Arbeitskampf immer sowohl als **Verhalten der einzelnen Kampfteilnehmer** als auch als „**kollektives**" **Phänomen** beurteilt werden muss. Die (kollektive) Druckausübung bewirkt nämlich nicht nur die Störung des einzelnen Arbeitsverhältnisses, sondern erzeugt gerade durch die gleichzeitige und gleichartige Störung zahlreicher Arbeitsbeziehungen einen weit über das Einzelarbeitsverhältnis hinausgehenden Druck auf den Kampfgegner. Die Rechtmäßigkeit oder Rechtswidrigkeit des kollektiven Geschehens hat grundsätzlich für die Beurteilung der Rechtmäßigkeit des Verhaltens der einzelnen Kampfteilnehmer erhebliche Bedeutung.

Für das kollektive Geschehen sind die jeweilige Gewerkschaft und der jeweilige Arbeitgeberverband verantwortlich und u. U. haftbar.

Seit Mitte der fünfziger Jahre des vergangenen Jahrhunderts würdigten h. L. und Rechtsprechung den Arbeitskampf als **kollektives Phänomen.** Ist er nach kollektiver Betrachtung rechtmäßig, so besteht diese Rechtmäßigkeit auch auf der einzelvertraglicher Ebene. Nach der Rechtsprechung des BAG stellt deshalb ein „kollektiv rechtmäßiger" Streik keine Verletzung der Einzelarbeitsverträge durch die streikenden Arbeitnehmer dar, obwohl diese (wie heute praktisch immer) die Arbeit ohne vorherige Kündigung niederlegen.[3] Umgekehrt betrachtet das BAG die nicht gewerkschaftlich getragene gemeinsame Arbeitsniederlegung durch eine Mehrheit von Arbeitnehmern trotz vorangegangener wirksamer Kündigung und damit *einzelvertraglich „an sich"* rechtmäßiges Verhalten als *kollektiv* gesehen rechtswidrigen Streik. Es lässt also diese sich aus kollektiver Beurteilung ergebende Rechtswidrigkeit auf die **einzelvertragliche Ebene** im Sinne einer Vertragsverletzung durchschlagen.[4]

II. Rechtsgrundlagen des Arbeitskampfs

1. Der Arbeitskampf ist im GG nur in Art. 9 III 3 erwähnt. Diese Vorschrift wurde erst bei der Einfügung der Notstandsverfassung im Jahre 1968 ins Grundgesetz aufgenommen.[5] Der Arbeitskampf wird dadurch aber *nicht als Grundrecht* garantiert.[6] Vielmehr sollte hierdurch nur die sich aus dem Koalitionsrecht des Art. 9 III 1 GG ergebende verfassungsrechtliche Lage „notstandsfest" gemacht werden.

a) Aus Art. 9 III 1 GG lässt sich (lediglich) eine **instrumentelle verfassungsrechtliche Garantie** des Arbeitskampfes herleiten.[7] Der Staat muss den Koalitionen die Wahrung und Förderung der Arbeits- und Wirtschaftsbedingungen, ihren grundlegenden Zweck, ermöglichen. Dazu bedarf es geeigneter Mittel, namentlich um Tarifvertragsabschlüsse herbeiführen zu können. Die Massenänderungskündigung würde nicht aus-

---

[3] Grundlegend *BAG* GS AP Nr. 1 zu Art. 9 GG Arbeitskampf. Näher dazu unten II 1, III 1 sowie unten § 42.

[4] *BAG* AP Nr. 37 zu Art. 9 GG Arbeitskampf.

[5] Zur Entstehungsgeschichte umfassend *Rüthers*, in: Brox/Rüthers, Rn. 80 ff.

[6] H. M., statt aller *Brox/Rüthers*, Rn. 82 ff. m. w. N. auch zur Gegenmeinung; *Zöllner*, S. 14.

[7] Nicht zutreffend erscheint die Ansicht, ein subjektiv-öffentliches Recht des einzelnen auf Arbeitskampf ergebe sich aus Art. 2 I GG (so z. B. *Seiter*, S. 85 ff.). Dagegen sprechen Entstehungsgeschichte und Struktur des Art. 2 I GG, der das Individuum schützt, während der Arbeitskampf eine kollektive Erscheinung darstellt und allenfalls als solche des Schutzes bedarf.

reichen[8] und die Arbeitnehmer mit dem Risiko der dauernden Lösung der Arbeitsverhältnisse schwer belasten. Eine sozialstaatlichen Grundsätzen gerecht werdende Koalitionsgarantie muss daher für beide Seiten wirkungsvolle, aber auch tragbare Arbeitskampfformen zur Verfügung stellen. Deshalb sind sowohl der tarifvertragsbezogene *Streik* als auch die tarifvertragsbezogene *Aussperrung* verfassungsrechtlich garantiert.[9] Ihre Praktizierung muss demzufolge auf allen Ebenen, außer bei Vorliegen besonderer, die Rechtswidrigkeit begründender Umstände, rechtmäßig sein und kann als solche keinen rechtswidrigen Eingriff in den Gewerbebetrieb i. S. v. § 823 I BGB darstellen.

b) All das gilt allerdings nur für **Arbeitskämpfe, die tarifvertragsbezogen** geführt werden. Andere Arbeitskämpfe, wie etwa der **einzelvertrags-, betriebs-** oder **betriebsvereinbarungsbezogene** und erst recht der **politische Arbeitskampf**[10] werden von der Koalitionsgarantie nicht umfasst. Letzterer stellt insbesondere keine spezifisch koalitionsgemäße Betätigung dar und läuft als Druckausübung auf den Gesetzgeber den Verfassungsprinzipien des parlamentarisch-demokratischen Rechtsstaats diametral entgegen.

c) Um das im TVG auf einfachgesetzlicher Ebene niedergelegte Tarifvertragssystem funktionsfähig zu halten, wären, selbst ohne Verfassungsgarantie, Streik und Aussperrung auf einfachrechtlicher Ebene notwendig. Sie sind trotz der verfassungsrechtlichen Verankerung in Art. 9 III GG nicht in ihrer Einzelausgestaltung verfassungsrechtlich garantiert.[11] Auch der Arbeitskampf eines Außenseiter-Arbeitgebers muss verfassungsrechtlich garantiert sein.[12]

2. Art. 6 Nr. 4 in Teil II **Europäische Sozialcharta** (EuSC) bildet eine weitere Grundlage des Arbeitskampfrechts. Hier wird das Recht der Arbeitnehmer und Arbeitgeber auf kollektive Maßnahmen einschließlich des Streikrechts bei Interessenkonflikten anerkannt (zur innerstaatlichen Geltung oben § 10 I 2). Auch die **Aussperrung** ist garantiert.[13] Unklar ist die sachliche Reichweite der Garantie. Angesichts der Unbestimmtheit der Vorschriften der EuSC ist ihren Anforderungen schon entsprochen, wenn nur tarifvertragsbezogene Arbeitskampfrechte von den innerstaatlichen Rechtsordnungen der Unterzeichnerstaaten gewährt werden.[14]

---

[8] Schon allein die bei der ordentlichen Kündigung (eine fristlose käme mangels wichtigen Grundes nicht in Betracht) einzuhaltenden Fristen (s. oben § 6 a I 2, § 22 II) nähmen der Massenänderungskündigung weitgehend die Schlagkraft.

[9] Vgl. für den Streik aus der neueren Rechtsprechung *BAG* AP Nr. 64, 65, 84 zu Art. 9 GG Arbeitskampf. Das *BVerfG* (BVerfGE 84, 212 = AP Nr. 117 zu Art. 9 GG Arbeitskampf) hat entschieden, dass jedenfalls Aussperrungen mit suspendierender Wirkung, die in Abwehr von Teil- oder Schwerpunktstreiks der Herstellung der Verhandlungsparität dienen, zu den durch Art. 9 III GG geschützten Arbeitskampfmitteln gehören. Zu dieser Entscheidung *Konzen*, SAE 1991, 335 und *Richardi*, JZ 1992, 27; *BAG* AP Nr. 124 zu Art. 9 GG Arbeitskampf hat das Aussperrungsrecht für den einzelnen Arbeitgeber aus dem Gebot der Verhandlungs- und Kampfparität abgeleitet.

[10] *Zielke*, Welche Rechte hat der Arbeitgeber bei politisch motivierter Arbeitsniederlegung?, BB 2005, 1274.

[11] Verfehlt BVerfGE 93, 352, das die Lehre vom Kernbereich relativiert und dies auch früheren Entscheidungen unterstellt. Zu Einzelheiten oben § 8 IV 4 c.

[12] Zu eng BVerfGE 84, 212 = AP Nr. 117 zu Art. 9 GG Arbeitskampf, das dies für Abwehraussperrungen aus Art. 9 III GG ableitet mit der Begründung, das Kampfbündnis eines Außenseiters mit einem tariffähigen Verband könne eine Vereinigung i. S. des Art. 9 Abs. 3 GG sein.

[13] Näher dazu *Seiter*, 1975, S. 129 ff. (316 ff.); *Zöllner*, S. 10 f.; *Frowein*, Zur völkerrechtlichen und verfassungsrechtlichen Gewährleistung der Aussperrung, 1976, S. 10 ff.; *Fabricius*, Der Einfluß der Europäischen Sozialcharta auf nationale rechtliche Bewertungen von Streik und Aussperrung, FS Gleitze, 1978, S. 463; *Seiter*, JZ 1978, 413; *Scholz/Konzen*, S. 61 ff.; *Konzen*, JZ 1986, 157.

[14] Vgl. *BAG* AP Nr. 85 zu Art. 9 GG Arbeitskampf, das den Sympathiestreik nicht als von Art. 6 Nr. 2 und 4 ES C gefordert ansieht. Vgl. ferner *BAG* AP Nr. 81 und 84. S. aber auch *Seiter*, S. 393.

3. In der avisierten (im bisherigen Ratifizierungsprozess jedoch gescheiterten) **Verfassung für Europa** gewährleistet Art. II – 88 ein Recht auf Kollektivverhandlungen und Kollektivmaßnahmen.[15] Allerdings binden die Grundrechte der in Aussicht gestellten Verfassung allein die Organe der Union; die Mitgliedstaaten sind nur insoweit an die Grundrechte gebunden, als sie Unionsrecht durchführen.[16]

4. § 2 I Nr. 2 ArbGG, § 74 II BetrVG, § 66 II BPersVG, § 146 SGB III, § 11 V AÜG, § 91 VI SGB IX, § 25 KSchG lassen mittelbar den Schluss zu, dass nach der Vorstellung des einfachrechtlichen Gesetzgebers tarifvertragsbezogene Arbeitskämpfe zulässig sein sollen. Auch in Art. 18 III Berliner Verf., Art. 51 II Verf. des Landes Brandenburg, Art. 51 III Landesverf. Bremen, Art. 29 IV Verf. des Landes Hessen und Art. 66 II Verf. für Rheinland-Pfalz wird der Streik erwähnt, in Art. 29 V Verf. des Landes Hessen auch die Aussperrung.[17] Art. 37 II Verf. des Freistaates Thüringen gewährleistet das Recht, Arbeitskämpfe zu führen, insbesondere das Streikrecht.

III. Rechtswidrigkeit von Arbeitskämpfen auf einzelvertraglicher Ebene[18]

Das wesentliche Faktum des Arbeitskampfes, auch in Bezug auf seinen eventuellen Unrechtsgehalt, ist die Nichterfüllung der Vertragspflichten durch die Arbeitnehmer und die Arbeitgeber. Diese bei den einzelvertraglichen Pflichten ansetzende Betrachtung wird durch die herrschende, auch vom BAG zugrunde gelegte **kollektive Arbeitskampftheorie** verdeckt. Sie setzt bei Bewertung des kollektiven Geschehens an und lässt diese auf die Bewertung des einzelvertraglichen Verhaltens durchschlagen. Richtigerweise muss die Wechselwirkung zwischen kollektivem Geschehen und individueller Pflichtenlage berücksichtigt werden (s. schon oben I).

1. Die **Teilnahme an einem Streik** oder einer Aussperrung steht in Widerspruch zu den vertraglich übernommenen Hauptpflichten aus dem Arbeitsvertrag. Gleichwohl liegt darin in den Fällen keine Verletzung des Arbeitsvertrags, in denen es sich um rechtmäßige Arbeitskämpfe handelt.

Beteiligt sich ein verbandsangehöriger Arbeitnehmer oder Arbeitgeber an einem Streik bzw. an einer Aussperrung seines Verbandes, so macht er von seinem **Koalitionsrecht** Gebrauch, dessen Mitträger er ist (vgl. zur Trägerschaft des Koalitionsrechts oben § 9 IV 3). Ein solches Gebrauchmachen von einem verfassungsmäßigen Recht kann von vornherein kein rechtswidriger Verstoß gegen den Arbeitsvertrag sein und kein Recht zur fristlosen Kündigung wegen Vertragsverletzung seitens des Vertragspartners auslösen (näher dazu unten § 43). Allerdings gilt all das entsprechend der begrenzten verfassungsrechtlichen Privilegierung nur für den **tarifvertragsbezogenen** Arbeitskampf (und für den Abwehrkampf – dazu unten IX –). Streiken die Arbeit-

---

[15] „Die Arbeitnehmerinnen und Arbeitnehmer sowie die Arbeitgeberinnen und Arbeitgeber oder ihre jeweiligen Organisationen haben nach dem Unionsrecht und den einzelstaatlichen Rechtsvorschriften und Gepflogenheiten das Recht, Tarifverträge auf den geeigneten Ebenen auszuhandeln und zu schließen sowie bei Interessenkonflikten kollektive Maßnahmen zur Verteidigung ihrer Interessen, einschließlich Streiks, zu ergreifen."

[16] *Möstl,* Verfassung für Europa, 2005, S. 52 f.

[17] Diese Vorschrift ist nach *BAG* AP Nr. 101 zu Art. 9 GG Arbeitskampf zumindest insoweit nichtig, als sie die suspendierende Aussperrung für rechtswidrig erklärt.

[18] Zum Verhältnis von Arbeitskampf und Einzelarbeitsverhältnis vgl. auch unten § 41.

nehmer, z.B. um die Wiedereinstellung von Arbeitnehmern zu erzwingen, so ist dies rechtswidrig.[19]

2. a) Das **Recht zur Teilnahme am Arbeitskampf** muss auf Arbeitnehmerseite auch den **Außenseitern** zuerkannt werden, weil das Arbeitskampfsystem ohne Beteiligung der Außenseiter nicht funktionsfähig wäre. Diese dürfen sich daher dem Streikaufruf einer Gewerkschaft anschließen und ebenfalls die Arbeit niederlegen.

b) Bereits aus der gesetzlichen Ermöglichung von Firmentarifverträgen ist zu folgern, dass der einzelne Arbeitgeber in der Lage sein muss, auch ohne Mitwirkung des Verbandes – er ist vielleicht gar nicht Mitglied – einen firmentarifvertragsbezogenen Arbeitskampf zu führen.

Umgekehrt darf der Arbeitgeber neben gewerkschaftsangehörigen Arbeitnehmern auch Außenseiter aussperren. Ob er die Aussperrung auf Mitglieder der streikführenden Gewerkschaft beschränken darf, ist umstritten.[20]

Man wird bei der hier aufgeworfenen Frage differenzieren müssen: Der Arbeitgeber darf die Aussperrung nicht ohne sachlichen Grund auf Gewerkschaftsmitglieder beschränken. Man kann es ihm hingegen nicht verwehren, etwa nur die streikbereiten und – sofern man dies für zulässig hält – streikenden Arbeitnehmer auszusperren. Sind das nur Gewerkschaftsmitglieder, so braucht er nicht auch die Außenseiter mit auszusperren. Ja es wird wegen des Verhältnismäßigkeitsprinzips sogar zulässig sein, die Aussperrung auf Gewerkschaftsmitglieder zu beschränken, wenn der Arbeitgeber, etwa bei einem rechtswidrigen Streik, gezielt auf die Gewerkschaft Druck ausüben will. Ob allein die Tatsache, dass Außenseiter keine gewerkschaftliche Streikunterstützung erhalten, ein sachlicher Differenzierungsgrund sein kann, ist zweifelhaft.

3. Massenänderungskündigungen[21] stellen, wenn die individualrechtlichen Voraussetzungen eingehalten werden, individualrechtlich zulässige Verhaltensweisen dar, die nicht lediglich dadurch rechtswidrig werden, dass sie gebündelt, also kollektiv vorgenommen werden. Ihre Rechtmäßigkeit hängt daher nicht davon ab, dass sie von dem aus der Koalitionsgarantie abzuleitenden Arbeitskampfrecht gedeckt sind.[22] Insbesondere braucht der durch Massenänderungskündigung geführte Kampf nicht tarifvertragsbezogen zu sein, er kann vielmehr auch einzelvertragliche Ziele verfolgen.

Für den Arbeitgeber ist die Massenänderungskündigung juristisch insofern risikoreich, als sie nicht nur die Sperren des § 18 KSchG für Massenentlassungen überwinden muss, sondern auch der sozialen Rechtfertigung i.S.v. §§ 1, 2 KSchG bedarf. § 25 KSchG, der die Anwendung dieser Vorschriften ausschließen würde, gilt nach ganz h.L. für die Massenänderungskündigung nicht.[23]

Die verabredete **Massenänderungskündigung von Arbeitnehmerseite** unterliegt einer Überprüfung auf ihre sachliche Rechtfertigung nach diesen Vorschriften nicht. Wohl aber kann sie – wie letztlich jedes Verhalten – eine unerlaubte Handlung i.S.v. § 823 II oder § 826 BGB sein (dazu unten IV 1). Grenzen findet sie ferner auf der tarifvertraglichen Ebene durch die Friedenspflicht (dazu unten VI 3). Ist die Massenänderungskündigung nicht oder noch nicht wirksam, so stellt die Verweigerung der Leis-

---

[19] Vgl. *BAG* AP Nr. 58 zu Art. 9 GG Arbeitskampf; s. ferner *BAG* AP Nr. 106 zu Art. 9 GG Arbeitskampf, das einen Streik mit dem Ziel, den Arbeitgeber zu zwingen, den Antrag auf Ersetzung der Zustimmung des Betriebsrats zur Kündigung eines Betriebsratsmitglieds zurückzunehmen, als rechtswidrig qualifiziert hat.

[20] Bejahend *Seiter,* JZ 1979, 657; *ders.,* JZ 1980, 749; *Konzen,* BAG-FS, 1979, S. 273 ff. Verneinend: *BAG* AP Nr. 66 zu Art. 9 GG Arbeitskampf (Anm. *Mayer-Maly*); *Pfarr,* AuR 1977, 33; *Hanau/Kroll,* JZ 1980, 181; *Rüthers,* in: Brox/Rüthers, Rn. 216.

[21] Hierzu *Hilbrandt,* Massenänderungskündigung und Arbeitskampf, 1997.

[22] Anders freilich *BAG* AP Nr. 37 zu Art. 9 GG Arbeitskampf; wie hier jetzt auch *Hilbrandt,* Massenänderungskündigung und Arbeitskampf, 1997, S. 104 ff., 147 ff.

[23] Kritisch zur h.M., ihr im Ergebnis aber zustimmend *Seiter,* S. 423 ff. Zur Auslegung des § 25 KSchG vgl. unten § 43 V 2.

tung eine Vertragsverletzung dar, die zur fristlosen Kündigung und bei Verschulden auch zum Schadensersatz nach Unmöglichkeits- oder Verzugsregeln berechtigen kann.

4. Die **gebündelte Ausübung von Zurückbehaltungsrechten**[24] oder sonstigen Leistungsverweigerungsrechten, z.B. zur Durchsetzung einer arbeitsschutzrechtlich gebotenen Unfallverhütungseinrichtung, stellt ebenfalls eine individualrechtlich zulässige Verhaltensweise dar, die nicht schon allein dadurch zu einem rechtswidrigen Geschehen werden kann, dass sie kollektiv erfolgt. Das BAG verlangt, dass die Arbeitnehmer die Berufung auf ein Zurückbehaltungsrecht deutlich zu erkennen geben;[25] andernfalls liege ein wilder Streik vor. Sind die Voraussetzungen des Leistungsverweigerungsrechts in Wahrheit nicht gegeben, so wird durch die Zurückhaltung der Leistung der Vertrag verletzt mit den gleichen Folgen wie bei Arbeitsniederlegungen aufgrund unwirksamer Kündigungen.

5. Die **Teilnahme an einem rechtswidrigen Arbeitskampf**[26] (Streik) löst Schadensersatzansprüche des Arbeitgebers gegen den Arbeitnehmer nach §§ 280 I, III, 283 BGB aus, bei einer Nebenpflichtverletzung Ansprüche nach §§ 280 I, 241 II BGB. Dabei ist zweifelhaft, inwieweit die Beweislastregelung des § 280 I 2 BGB durch § 619a BGB verdrängt wird, der Arbeitgeber also nicht nur das Vorliegen einer Pflichtverletzung des Arbeitnehmers, sondern auch das Vertretenmüssen beweisen muss. Berücksichtigt man jedoch, dass der Arbeitnehmer auch bei der Teilnahme an einem rechtswidrigen Arbeitskampf seine arbeitsvertraglichen Pflichten verletzt, so wird § 619a BGB hier anzuwenden sein. Ansonsten würde das Risiko einseitig zur Arbeitgeberseite hin verschoben.

IV. Die deliktische Rechtswidrigkeit von Arbeitskämpfen

1. Inwieweit Arbeitskämpfe den Tatbestand unerlaubter Handlungen erfüllen, ist noch immer Gegenstand weit reichender Meinungsverschiedenheiten.

a) Nach der insbesondere von *Nipperdey*[27] näher begründeten und vom BAG übernommenen Lehre[28] stellt die kollektive Arbeitsniederlegung durch die Arbeitnehmer grundsätzlich einen **Eingriff in den Gewerbebetrieb** des Arbeitgebers dar,[29] gleichgültig, ob diese Niederlegung auf individualrechtlich wirksamer Beseitigung der Arbeitspflicht durch Kündigung beruht oder nicht. Andererseits sei aber die kollektive Aktion unter bestimmten Voraussetzungen als rechtmäßig zu werten, nämlich wenn sie **sozialadäquat** sei, wie insbesondere der gewerkschaftlich organisierte, um den Abschluss von Tarifverträgen geführte Kampf. Dieses Arbeitskampfkonzept war schon insofern eine große sozialgeschichtliche Leistung, als durch sie die Arbeitskampffreiheit der Koalitionen, insbesondere die Streikfreiheit der Gewerkschaften wesentlich

---

[24] Dazu *Kraft*, Arbeitsvertrag und kollektive Kampfmaßnahmen, RdA 1968, 286; *Moll*, Zum Verhältnis von Streik und kollektiv ausgeübten Zurückbehaltungsrechten, RdA 1976, 100; *Brox*, in: Brox/Rüthers, Rn. 594 ff.

[25] Vgl. *BAG* AP Nr. 32 und 58 zu Art. 9 GG Arbeitskampf.

[26] Hierzu *Löwisch/Bitterberg*, AR-Blattei SD 170.7.

[27] *Nipperdey*, Die Ersatzansprüche für die Schäden, die durch den von den Gewerkschaften gegen das geplante Betriebsverfassungsgesetz geführten Zeitungsstreik vom 27.–29. Mai 1952 entstanden sind, Rechtsgutachten, 1953, S. 31 ff.; *ders.*, Der Arbeitskampf als unerlaubte Handlung, FS Sitzler, 1956, S. 79; *Hueck*, 6. Aufl., 1957, S. 631 ff.

[28] Vgl. *BAG* AP Nr. 106 zu Art. 9 GG Arbeitskampf m. w. N.

[29] *BAG* AP Nr. 89 zu Art. 9 GG.

gefördert wurde. Das wird von nicht ausreichend sachkundigen Kritikern immer wieder verkannt.

b) Der dargelegte deliktsrechtliche Grundansatz hat dann freilich im Einklang mit Wandlungen der deliktsrechtlichen Theorie wichtige Modifikationen in der Begründung erfahren. Dem Begriff der Sozialadäquanz steht man heute skeptischer gegenüber,[30] und das Recht am eingerichteten und ausgeübten Gewerbebetrieb wird überwiegend als sog. offener Tatbestand verstanden, dessen „Verletzung" nicht schlechthin die Rechtswidrigkeit indiziert; vielmehr sind von vornherein nur bestimmte Verhaltensweisen als tatbestandsmäßig-rechtswidrig zu qualifizieren.[31]

c) Auch gegenüber dieser fortentwickelten Betrachtung stellt sich die Frage, ob der Grundansatz der deliktischen Beurteilung des Streiks beim Recht am Gewerbebetrieb sinnvoll ist. Bedenken ergeben sich auch dann, wenn man ein Recht am Gewerbebetrieb als sonstiges Recht i. S. v. § 823 I BGB grundsätzlich anerkennt.[32] Zum einen ist es schwierig, im Rahmen dieses offenen Tatbestands die Unterscheidung zwischen zulässigen und unzulässigen Verhaltensweisen überzeugend als tatbestandliche Differenzierungen einsichtig zu machen. Zum anderen und wichtiger ist die Einsicht, dass eigentliches **Angriffsobjekt beim Arbeitskampf** nicht der Gewerbebetrieb, sondern die **Willens- und Entschließungsfreiheit des Kampfgegners** ist. Im Hinblick auf dieses Angriffsobjekt einschlägige Deliktsnorm ist in erster Linie § 823 II BGB i. V. m. den §§ 240 und 253 StGB als Schutzgesetzen. Daneben kann auch § 826 BGB in Betracht kommen.

2. Für die Begründung der Rechtswidrigkeit nach § 823 II BGB verlangen §§ 240, 253 StGB eine gesonderte Wertung, ob eine verwerfliche **Zweck-Mittel-Relation** gegeben ist. Die dabei wegen der generalklauselartigen Formulierung erlaubten und erforderlichen zahlreichen rechtlichen Überlegungen decken sich zwar in erheblichem Umfang mit denen, die bei einem Ansatz der deliktsrechtlichen Prüfung in § 823 I BGB anzustellen wären. Die Zweck-Mittel-Relation (die über den noch zu erörternden Grundsatz der Verhältnismäßigkeit weit hinausreicht) erscheint jedoch als der flexiblere Maßstab für die Unterscheidung, der es besser gestattet, der Wechselwirkung zwischen den drei verschiedenen Rechtswidrigkeitsebenen Rechnung zu tragen.

Symptomatisch dafür ist, dass das BAG die Arbeitsniederlegung durch die Arbeitnehmer nach vorangegangener Kündigung der Einzelarbeitsverhältnisse deliktsrechtlich ganz ähnlich bewertet als die Arbeitsniederlegung ohne Kündigung. Unter dem Gesichtspunkt des Eingriffs in den Gewerbebetrieb liegt das in der Tat näher als bei der Prüfung der Zweck-Mittel-Relation. Das bei deren Zugrundelegung zu gewinnende differenzierende Ergebnis ist hingegen vorzugswürdig. Soweit nämlich Arbeitskampfmaßnahmen an sich zulässige Verhaltensweisen sind – als Folge der verfassungsrechtlichen Garantie oder wegen individualrechtlicher Deckung durch Kündigung oder ein Leistungsverweigerungsrecht –, kann nicht generell das Vorliegen eines Delikts angenommen werden.

Anders liegen die Dinge für Kampfmaßnahmen, die weder individualrechtlich (durch Kündigung oder Zurückbehaltungsrecht) gestützt noch verfassungsrechtlich privilegiert sind, also namentlich für einzelvertragsbezogene, betriebsvereinbarungsbezogene oder betriebsbezogene Streiks (zu diesen Begriffen oben § 41 II), gleichgültig, ob sie von einer Koalition getragen werden oder nicht. In all diesen Fällen liegt ein rechtswidriger Bruch des Einzelarbeitsvertrags vor und gleichzeitig auf der deliktischen Ebene eine unerlaubte Handlung.

3. Die deliktische Rechtswidrigkeit eines Arbeitskampfes hat zur Folge, dass einmal die teilnehmenden Arbeitsvertragspartner außer aus Vertragsverletzung auch aus unerlaubter Handlung zum **Schadensersatz** verpflichtet sind. Für den Arbeitgeber ist dies im Fall eines Streiks wegen §§ 830, 840 BGB erheblich günstiger. Zum anderen ergibt

---

[30] Zur Kritik an der Lehre von der Sozialadäquanz vgl. auch *Nikisch* II, S. 114 ff.; *Rüthers,* Die Spannungen zwischen individualrechtlichen und kollektivrechtlichen Wertmaßstäben im Arbeitskampfrecht, AuR 1967, 129 (131 ff.); *Weitnauer,* Rechtmäßigkeit und rechtliche Folgen des „wilden" Streiks, DB 1970, 1639 und 1687 (1688 f.). Zur Kritik an der Anwendung des § 823 I BGB überhaupt vgl. insbes. *Böticher,* Zur Rechtswidrigkeit von Arbeitskämpfen, BB 1957, 621 (623).

[31] Vgl. *BAG* AP Nr. 109 zu Art. 9 GG Arbeitskampf, Gr. II 3; vgl. auch *Sibben,* NZA 1989, 453.

[32] RGZ 58, 24; BGHZ 3, 279; 8, 142; *BGH (GS)* NJW 2005, 3141. Zur Problematik ausführlich *Larenz/Canaris,* Lehrbuch des Schuldrechts, Bd. 2, 2. Halbbd., 13. Aufl., 1994, S. 537 ff., die aufgrund einer Schutzbereichsanalyse zum Ergebnis kommen, dass hierauf verzichtet werden solle, und *Fikentscher/Heinemann,* Schuldrecht, 10. Aufl., 2006, Rn. 1572 ff.

sich aus Delikt eine Haftung der den Arbeitskampf organisierenden Personen und Institutionen, die vielfach einer arbeitsvertraglichen Haftung gar nicht unterlägen. Wird etwa der Arbeitgeber von einem gewerkschaftlich geführten, gleichwohl deliktischen Streik betroffen, ein praktisch nicht eben häufiger Fall, so ist auch die Gewerkschaft Schadensersatzschuldner, auf deren Vermögen sich leichter Zugriff nehmen lässt als auf das der Arbeitnehmer.[33] Die Gewerkschaft haftet dabei nach ganz h. M. für das Verschulden ihrer verfassungsmäßigen Vertreter gemäß § 31 BGB auch dann, wenn sie nichtrechtsfähiger Verein ist.[34]

4. Von der Rechtswidrigkeit eines Arbeitskampfes als Gesamtvorgang ist die deliktische Rechtswidrigkeit einzelner Handlungen bei dessen Durchführung zu unterscheiden.[35] Der Arbeitskampf berechtigt nur zur Zurückbehaltung der Leistungen.[36] Sachbeschädigungen und die Drohung und Gewaltanwendung gegen Arbeitswillige sind auch dann rechtswidrig, wenn der Arbeitskampf als solcher rechtmäßig ist. Betriebsblockaden in der Form, dass streikende und ausgesperrte Arbeitnehmer die Zugänge zum Betrieb blockieren und Betriebsbesetzungen dergestalt, dass Arbeitnehmer ohne zu arbeiten am Arbeitsplatz bleiben oder in die Betriebe eindringen sowie jede sonstige Handlung, durch die dem Arbeitgeber gegen seinen Willen im Arbeitskampf die Verfügungsmacht über Betriebsteile entzogen wird, sind rechtswidrig.[37] Rechtlich unzulässig und i. d. R. strafbare Nötigung ist die gelegentlich auf Arbeitnehmerseite praktizierte Passierscheinausgabe für das Betreten bestreikter Betriebe. Streikposten müssen Kunden, Lieferanten und auch jeden Arbeitnehmer ohne Passierschein den Betrieb betreten lassen. Setzt die kampfführende Partei fortgesetzt rechtswidrige Kampfmittel ein oder beruht die gesamte Kampfstrategie auf rechtswidrigen Mitteln, indem sie etwa mit Betriebsblockaden oder -besetzungen droht, so ist der gesamte Streik rechtswidrig. Dies wird er allerdings nicht schon durch einzelne rechtswidrige Handlungen. Bemüht sich die Gewerkschaft trotz Kenntnis nicht, die Arbeitnehmer zu deren Beendigung zu veranlassen, so ist sie den betroffenen Arbeitgebern schadensersatzpflichtig.[38]

V. Tarifvertragswidrigkeit von Arbeitskämpfen

Tarifvertragswidrig sind Arbeitskämpfe, wenn sie gegen die tarifliche Friedenspflicht verstoßen (zu dieser oben § 36 II 1).

1. Durch die **Friedenspflicht** werden die Tarifvertragspartner verpflichtet, Kampfhandlungen, die sich gegen den Tarifvertrag richten, weder vorzunehmen noch zu un-

---

[33] Zur Haftung wegen Beihilfe zum nichtgewerkschaftlichen Streik durch die Gewerkschaft (Zahlung von Unterstützung) *BAG* AP Nr. 33 zu Art. 9 GG Arbeitskampf.

[34] BGHZ 42, 210 (216); 50, 325 (329); *BAG* AP Nr. 108, 118 zu Art. 9 GG Arbeitskampf; Münch-Komm/*Reuter*, 5. Aufl., 2006, § 31 Rn. 5. Allerdings trifft die Gewerkschaft nach Ansicht des *BAG* kein Verschuldensvorwurf, wenn die Rechtslage unklar und beachtliche Gründe für die Rechtmäßigkeit des Arbeitskampfes sprachen und eine Klärung vorab nicht möglich war, *BAG* AP Nr. 162 zu Art. 9 GG Arbeitskampf.

[35] Vgl. hierzu auch *BAG* AP Nr. 111 zu Art. 9 GG Arbeitskampf.

[36] Arbeitswillige dürfen nicht zur Teilnahme am Streik gezwungen werden, weder durch Drohung noch durch Gewalt. Zu diesem Fragenkreis *Weitnauer*, Die negative Streikfreiheit, FS Kaufmann, 1972, S. 371 ff.

[37] So *BAG* Urteil v. 14. 2. 1987 (1 AZR 103/76) – nicht veröffentlicht; *LAG Düsseldorf* LAGE Nr. 54 zu Art. 9 GG Arbeitskampf. Umfassend zur Problematik *S. Wendt*, Die Betriebsbesetzung, 1984; *Loritz*, DB 1987, 223 ff.; *Hellenthal*, NZA 1987, 52; *Derleder*, BB 1987, 818; *Friedrich*, DÖV 1988, 194; *Müller-Roden*, ZRP 1988, 161; differenzierend zu Unrecht *Treber*, Aktiv produktionsbehindernde Maßnahmen, 1996; speziell zur Rechtswidrigkeit von Betriebsblockaden *BAG* AP Nr. 111 zu Art. 9 GG Arbeitskampf und AP Nr. 109 zu Art. 9 GG Arbeitskampf, das allerdings in diesen Entscheidungen ausdrücklich darauf hingewiesen hat, es habe über die Betriebsbesetzung als Kampfmittel nicht entschieden; zu Streikposten *Zechlin*, AuR 1986, 289; *Bloesinger*, Rechtsstellung von Streikposten, 1988. Zur strafrechtlichen und polizeirechtlichen Seite s. insb. *Ostendorf*, Kriminalisierung des Streikrechts, 1987; *Rudolphi*, § 111 StGB, RdA 1987, 160; *Ronellenfitsch*, BB 1987, Beilage 6 zu Heft 10.

[38] *BAG* AP Nr. 111 zu Art. 9 GG Arbeitskampf.

terstützen. Hierbei genügt ein innerer Zusammenhang mit dem befriedeten Bereich, wenn erkennbar ist, dass die Parteien die Materie abschließend regeln wollen.[39] Der friedenspflichtwidrige Arbeitskampf wird nicht von der koalitionsrechtlichen Arbeitskampfgarantie umfasst.[40]

a) Ein **Verstoß führt** daher wie auch ein Verstoß gegen sonstige vertragliche Pflichten **zu Schadensersatzpflichten** des friedenspflichtwidrig handelnden Verbandes wegen Verletzung des Tarifvertrags. Da die Friedenspflicht **Schutzwirkung** zugunsten Dritter (§§ 280 I, 328 BGB (analog)), nämlich der tarifgebundenen Arbeitgeber und Arbeitnehmer, besitzt, ist anspruchsberechtigt nicht nur der gegnerische Verband, der vielfach keinen eigenen Schaden haben wird, sondern auch der einzelne durch einen Arbeitskampf geschädigte Arbeitgeber bzw. Arbeitnehmer.

b) Die **Teilnahme an einem friedenspflichtwidrigen Streik** oder einer friedenspflichtwidrigen Aussperrung stellt eine Verletzung des Arbeitsvertrages dar, die gegenüber dem Arbeitsvertragspartner zum Schadensersatz verpflichtet, soweit ein Verschulden vorliegt. Das gilt auch für Warnstreiks (hierzu im einzelnen unten VI 4 a bb).

c) Mit der Herausnahme des friedenspflichtwidrigen Arbeitskampfes aus der Verfassungsgarantie greift i.d.R. die deliktische Rechtswidrigkeit Platz. Im Ergebnis hat das insofern Bedeutung, als dadurch nicht nur die Parteien des Tarifvertrags, sondern auch die einzelnen Arbeitgeber und Arbeitnehmer als Teilnehmer am Arbeitskampf haftbar gemacht werden können. Allerdings gilt dies nur, soweit sie ein Verschulden trifft.

2. Sehr viel schwieriger ist die Frage zu beantworten, inwieweit die **Friedenspflicht** daran hindert, durch **Änderungskündigung** einzelvertragliche Regelungen in tarifvertraglich geregelten Bereichen zu erkämpfen. Inwieweit darf durch eine Massenänderungskündigung im übertariflichen Raum (Günstigkeitsbereich) eine Änderung der Arbeitsbedingungen erkämpft werden? Auch wenn man die Massenänderungskündigung im Grundsatz für zulässig hält (dazu oben III 3), braucht dies nicht zu bedeuten, dass sie den Tarifvertrag überspielen darf. Hier ist zu unterscheiden:

a) Die Arbeitgeberseite konzediert der Arbeitnehmerseite im Tarifvertrag Mindestarbeitsbedingungen in der berechtigten Erwartung, dass während der Laufzeit des Tarifvertrags zusätzliche Forderungen nicht gestellt werden. Der Tarifvertrag soll dem Arbeitgeber eine sichere *Kalkulationsgrundlage* bieten. Die Friedensfunktion des Tarifvertrags hindert die Gewerkschaft, die Arbeitsbedingungen durch die organisierte Massenänderungskündigung einzelvertraglich zu verbessern.[41] Das muss auch für **alle** Arbeitnehmer gelten. Zwar bindet die Friedenspflicht nur die Tarifparteien. Die auch einzelvertragliche Bindung ergibt sich entweder durch ergänzende Vertragsauslegung oder, methodisch wohl richtiger, als lückenausfüllender (dispositiver) Rechtsgrundsatz.[42] Dies bedeutet lediglich ein Verbot des kollektiven Vorgehens durch eine organisierte Massenänderungskündigung, nicht etwa ein Verbot der individuellen Änderungskündigung.

b) Der Arbeitgeber ist durch die Friedenspflicht nicht gehindert, bei laufendem Tarifvertrag durch eine Massenänderungskündigung **übertarifliche** Arbeitsbedingungen

---

[39] *BAG* AP Nr. 162 zu Art. 9 GG Arbeitskampf.

[40] Wird der Tarifvertrag von einer Tarifpartei außerordentlich gekündigt, so ist gegen die Ausübung der Kündigung kein Arbeitskampfmittel zulässig. Die andere Tarifpartei muss entweder den Rechtsweg beschreiten oder sie kann sich mit der Kündigung einverstanden erklären, so dass die Friedenspflicht endet.

[41] Vgl. *Seiter,* S. 412 m.N.

[42] Vgl. den Hinweis in *BAG* AP Nr. 37 zu Art. 9 GG Arbeitskampf (Anm. *Mayer-Maly*). Ablehnend *Seiter,* S. 413 ff.

herabzusetzen. Der Tarifvertrag bedeutet nämlich für die Arbeitnehmer keine Garantie der übertariflichen Effektivarbeitsbedingungen, sondern **nur den Schutz vor einem Unterschreiten** des Tarifniveaus.

VI. Rechtmäßigkeitsvoraussetzungen tarifvertragsbezogener Arbeitskämpfe im Einzelnen

Tarifvertragsbezogene Arbeitskämpfe werden in der Praxis ausschließlich durch Streik und Aussperrung geführt. Die bei diesen Arbeitskampfformen geübte Vorenthaltung der Leistung ist nur rechtmäßig, wenn die folgenden Kriterien erfüllt sind:

1. Führung durch tariffähige Parteien

Tarifvertragsbezogene Arbeitskämpfe können nur von tariffähigen Parteien geführt werden. Für Streiks bedeutet dies, dass sie von einer Gewerkschaft i.S. des Koalitionsrechts organisiert und geführt werden müssen.[43] Die spätere Übernahme eines wilden Streiks durch eine Gewerkschaft macht den Arbeitskampf erst vom Zeitpunkt der Übernahme an rechtmäßig.[44] Die Arbeitnehmer sind, auch wenn sie einer Gewerkschaft angehören, nicht befugt, ohne deren Zustimmung und Verantwortung für die Koalition zu handeln. Gleichermaßen bedarf die **Angriffsaussperrung** eines verbandsangehörigen Arbeitgebers zur Herbeiführung eines Verbandstarifvertrags der Zustimmung des zuständigen Arbeitgeberverbands. Auch einer von Gewerkschaftsangehörigen gegründeten Gewerkschaft stehen alle zulässigen Arbeitskampfmittel zur Verfügung, um den Abschluss eines Tarifvertrags zu erzwingen, wobei sie allerdings besondere arbeitsvertragliche und mitgliedschaftsrechtliche Loyalitätspflichten zu beachten haben.[45]

2. Tarifvertrag als Kampfziel

Der Arbeitskampf muss um eine gesetzlich zulässige Tarifregelung geführt werden.[46] Wird mit dem Arbeitskampf ein Tarifvertrag erstrebt, der gegen ein gesetzliches Verbot verstößt oder einen außerhalb der Tarifmacht liegenden Gegenstand erfassen soll, so ist der Arbeitskampf rechtswidrig. Rechtswidrig ist auch der Arbeitskampf gegen einen Tarifaußenseiter-Arbeitgeber, also gegen einen Arbeitgeber, der dem Verband, den die Gewerkschaft zum Abschluss des Tarifvertrags zwingen will, nicht angehört. Denn er kann die Forderung nicht erfüllen. Die Gewerkschaft muss von ihm zunächst den Abschluss eines Firmentarifvertrages verlangt haben.[47] Demgegenüber ist es nach Ansicht des BAG problemlos möglich, von einem verbandsangehörigen Arbeitgeber den Abschluss eines Firmentarifvertrags zu fordern und diese Forderung zwangsweise

---

[43] *BAG* AP Nr. 32, 41, 58, 106 zu Art. 9 GG Arbeitskampf.

[44] Für Rückwirkung aber offenbar *BAG* AP Nr. 3 zu Art. 9 GG Arbeitskampf. Dazu *Konzen*, Übernahme und Unterstützung wilder Streiks durch Gewerkschaften, ZfA 1970, 159 (164).

[45] *BAG* AP Nr. 87 zu Art. 9 GG.

[46] Vgl. *BAG* AP Nr. 44, 62, 106 zu Art. 9 GG Arbeitskampf.

[47] Vgl. hierzu *BAG* AP Nr. 116 zu Art. 9 GG Arbeitskampf, das wohl genügen lässt, wenn die Gewerkschaft nur bestimmte Forderungen stellt.

durchzusetzen zu versuchen.[48] Allerdings sollen auch hier die üblichen Einschränkungen wie insbesondere die Einhaltung der Friedenspflicht gelten. Das BAG begründet dies damit, dass ein einzelner Arbeitgeber durch den Eintritt in einen Verband seine Tariffähigkeit nicht verliere, übersieht jedoch, dass auf diese Weise sowohl die Entscheidung des Arbeitgebers, an Verbandstarifverträgen partizipieren zu wollen – wozu er aufgrund seiner positiven Koalitionsfreiheit berechtigt ist – unterlaufen als auch die gegnerische Koalition unzulässig geschwächt wird.[49] Unzulässig sind hingegen Arbeitskampfmaßnahmen, die in den geschützten Bereich der Unternehmensautonomie eingreifen[50] oder gegen die (negative) Koalitionsfreiheit des Arbeitgebers verstoßen,[51] indem der Arbeitgeber beispielsweise verpflichtet werden soll, seine Mitgliedschaft in einem Arbeitgeberverband nicht zu kündigen.[52]

3. Beachtung der Friedenspflicht

Der Arbeitskampf darf nicht gegen die Friedenspflicht (hierzu oben § 36 II 1) eines geltenden Tarifvertrags oder gegen eine Schlichtungsvereinbarung verstoßen.

4. Einhaltung des Übermaßverbots

Wie alle Eingriffsrechte muss auch der Arbeitskampf die Grundsätze der *Erforderlichkeit* und der *Verhältnismäßigkeit* beachten.[53] Beide Grundsätze lassen sich unter dem Oberbegriff des Übermaßverbots zusammenfassen. Hingegen ist es nicht zweckmäßig, statt des Übermaßverbots den Grundsatz der Verhältnismäßigkeit als Oberbe-

---

[48] *BAG* AP Nr. 162 zu Art. 9 GG Arbeitskampf = RdA 2003, 356 mit Anm. *Buchner* = SAE 2003, 277 mit Anm. *Besgen;* dazu *Gohritz*, Der freiwillige und der durch Arbeitskampf erzwungene Abschluss von Firmentarifverträgen und firmenbezogenen Verbandstarifverträgen, 2005; *J. Richter*, Die Erstreikbarkeit von Firmentarifverträgen mit verbandsangehörigen Arbeitgebern, 2005; s. auch noch *BAG* AP Nr. 163 zu Art. 9 GG Arbeitskampf: Streik außerdem zulässig, wenn im Firmen-Tarifvertrag auf den jeweils geltenden Verbandstarifvertrag Bezug genommen wird.

[49] *Besgen*, Anm. zum Urteil des *BAG* vom 10. 12. 2002, SAE 2003, 286 m. w. N.; vgl. auch *Jacobs*, Die Erkämpfbarkeit von firmenbezogenen Tarifverträgen mit verbandsangehörigen Arbeitgebern, ZTR 2001, 249; *Rolfs/Clemens*, Erstreikbarkeit firmenbezogener Verbandstarifverträge?, DB 2003, 1678.

[50] So hat es das *LAG Hamm* (NZA-RR 2000, 535) als unzulässig angesehen, einen betriebsbezogenen Tarifvertrag zur Nichtverlagerung der Produktion mit Arbeitskampfmitteln erreichen zu wollen, während es nach dem *LG Köln* (ArbuR 2000, 435) zulässig sein soll, betriebsbedingte Kündigungen tarifvertraglich auszuschließen.

[51] *BAG* AP Nr. 162 zu Art. 9 GG Arbeitskampf.

[52] Vgl. auch *Löwisch*, Beschäftigungssicherung als Gegenstand betrieblicher und tariflicher Regelungen und von Arbeitskämpfen, DB 2005, 554 ff.; *Hohenstett/Schramm*, Erstreikbarkeit von „tariflichen Sozialplänen"?, DB 2004, 2214; *Bauer/Krüger*, „Firmentarifsozialplan" als zulässiges Ziel eines Arbeitskampfes?, NZA 2005, 1014; *Kühling/Bertelsmann*, Tarifautonomie und Unternehmerfreiheit, NZA 2005, 1017.

[53] Dazu *BAG* GS, AP Nr. 43 zu Art. 9 GG Arbeitskampf = SAE 1972, 1 mit Anm. *Richardi;* AP Nr. 64, 65 zu Art. 9 GG Arbeitskampf; *Löwisch*, Das Übermaßverbot im Arbeitskampfrecht, ZfA 1971, 319; *Reuter*, Nochmals: Die unverhältnismäßige Aussperrung, JuS 1973, 284; *Seiter*, Arbeitskampfparität und Übermaßverbot, 1979; *Mayer-Maly*, Die Bedeutung des Grundsatzes der Verhältnismäßigkeit für das kollektive Arbeitsrecht, ZfA 1980, 473; *Hirschberg*, Der Grundsatz der Verhältnismäßigkeit, 1981; *Picker*, Ultima-ratio-Prinzip und Tarifautonomie, RdA 1982, 331; *ders.*, Der Warnstreik und die Funktion des Arbeitskampfes in der Privatrechtsordnung, 1983, insb. S. 178 ff.; *Zöllner*, Die Fortentwicklung des Richterrechts zum Arbeitskampf, insbesondere zur Aussperrung, DB 1985, 2450; *H. Kreuz*, Der Grundsatz der Verhältnismäßigkeit im Arbeitskampfrecht, 1988; *v. Hoyningen-Huene*, Streikbedingte Sonderzuwendungen als Arbeitskampfmittel, DB 1989, 1466 (1467); *Buchner*, in: Lieb/v. Stebut/Zöllner (Hrsg.), Arbeitskampfrecht, 1990, S. 21; *Wank*, Grundlagen des Arbeitskampfrechts, FS Kissel, 1994, S. 1225 (1230 ff.).

griff für Erforderlichkeit und Verhältnismäßigkeit im engeren Sinn – (auch) vom BAG als Proportionalität bezeichnet[54] – zu verwenden. Die Geeignetheit des Arbeitskampfs zur Zielverfolgung ist als Erfordernis sachlich nicht unzutreffend, aber jedenfalls dann überflüssig, wenn man das Merkmal der Erforderlichkeit richtig versteht. Denn nur ein zur Zielverfolgung geeigneter Arbeitskampf kann überhaupt erforderlich sein.

Die grundsätzliche Geltung des Übermaßverbots im Arbeitskampf ist nicht ernstlich zweifelhaft. Höchst problematisch sind aber Reichweite und Intensität seiner Anwendung.

a) Der **Grundsatz der Erforderlichkeit** bedeutet, dass der Arbeitskampf nur eingesetzt werden darf, wenn schonendere Mittel nicht zum Ziel führen.

aa) Es müssen daher zunächst Verhandlungsmöglichkeiten und tarifvertraglich vorgesehene Schlichtungseinrichtungen ausgenützt werden,[55] und es darf erst bei deren Versagen der Arbeitskampf begonnen werden. Dies wird auch als **ultima-ratio-Prinzip**[56] bezeichnet.[57]

Dieses Prinzip bezieht sich nicht primär und allein auf die Vermeidung von Vermögensschäden, die aus einem Arbeitskampf resultieren können, sondern zunächst auf den durch den Arbeitskampf bewirkten Eingriff in geschützte Rechtspositionen des Kampfgegners, insbesondere den auf seine Willensfreiheit ausgeübten Druck.[58] Ein solcher Eingriff ist erst zulässig, wenn der Angegriffene nicht mehr verhandeln will oder wenn angemessene Vertragsverhandlungen erfolglos geblieben sind oder ein Weiterverhandeln nicht mehr zumutbar ist. Hingegen kann es nicht genügen, dass die angreifende Partei die Verhandlungen als gescheitert bezeichnet. Sie muss sich vielmehr ernsthaft und mit der Bereitschaft zur Einigung den Verhandlungen gestellt haben.[59]

bb) Während des Verhandlungsstadiums sind auch sog. **Warnstreiks**[60] nicht zulässig.

Denn entweder üben sie echten Druck aus, dann verstoßen sie gegen das ultima-ratio-Prinzip,[61] oder sie haben nur einen Demonstrationseffekt, dann sind sie sinnlos.[62] Die Gewerkschaften hatten, ermuntert durch die Rechtsprechung des BAG, den Warnstreik in Form der „Neuen Beweglichkeit" als wirksame Kampftaktik eingesetzt, um durch Streiks mit relativ wenigen Arbeitnehmern ganze Betriebe und Branchen lahmzulegen. Das BAG billigte zunächst auch diese Form des „Warnstreiks",[63] obwohl

---

[54] *BAG* AP Nr. 65 und 84 zu Art. 9 GG Arbeitskampf.

[55] Anders *Picker,* RdA 1982, 331 (349 f.).

[56] Hierzu *Richardi,* Die ultima-ratio-Regel als Prinzip des Arbeitskampfrechts, FS K. Molitor, 1988, S. 269.

[57] Vgl. auch *BAG* AP Nr. 108 zu Art. 9 GG Arbeitskampf, das dieses Prinzip als Teil des Grundsatzes der Verhältnismäßigkeit bezeichnet.

[58] Das hat *Picker,* RdA 1982, 331 (349 f.) zutreffend herausgearbeitet.

[59] Abweichend *Picker,* RdA 1982, 331 (349 f.).

[60] Zu diesen *Seiter,* Der Warnstreik im System des Arbeitskampfrechts, BAG-FS, 1979, S. 583 ff.; *Mayer-Maly,* Der Warnstreik, BB 1981, 1774; *Hanau,* Der Frühwarnstreik, DB 1982, 377; *Löwisch,* Warnstreik und „Neue Beweglichkeit", BB 1982, 1373; *Bobke/Grimberg,* Der gewerkschaftliche Warnstreik im Arbeitskampfrecht, 1983; *Heinze,* Der Warnstreik und die „Neue Beweglichkeit", NJW 1983, 2409; *Seiter,* „Neue Beweglichkeit" durch Warnstreiks?, JZ 1983, 773; *Picker,* Der Warnstreik und die Funktion des Arbeitskampfes in der Privatrechtsordnung, 1983; *ders.,* Arbeitskampffreiheit und Kampffreiheitsgrenzen, 1986, S. 19 ff.; *Birk,* Der gewerkschaftliche Warnstreik im öffentlichen Dienst (Rechtsgutachten), 1985; *Lippenberger,* Rechtsfragen des Warnstreiks, 1987; *Buchner,* Der „Warnstreik" nach der Bundesarbeitsgerichtsentscheidung vom 21. Juni 1988, BB 1989, 1334; weitere Nachw. s. 3. Aufl., § 40 VI 4 a bb sowie *Seiter,* Anm. zu *BAG* EzA Nr. 54 zu Art. 9 GG Arbeitskampf, unter A vor I; *Picker,* Arbeitskampf und Gesamtrechtsordnung, DB 1989, Beilage 16; *Lieb,* Warnstreik und kein Ende?, ZfA 1990, 357.

[61] Unzutreffend noch *BAG* AP Nr. 51 zu Art. 9 GG Arbeitskampf = SAE 1977, 233 mit informativer Anm. Konzen; AP Nr. 81 zu Art. 9 GG Arbeitskampf.

[62] Ausführlich *Picker* (Fn. 60), S. 24 f. Weithin wenig überzeugend *Dorndorf,* AuR 1990, 65.

[63] *BAG* AP Nr. 81 zu Art. 9 GG Arbeitskampf = EzA Nr. 54 zu Art. 9 GG Arbeitskampf mit ausführlicher Anm. *Seiter.* Ferner *BAG* AP Nr. 83 zu Art. 9 GG Arbeitskampf.

hier eindeutig Erzwingungsstreiks[64] (das Wort „Warnstreik" war eine bewusste „falsa demonstratio"[65]) vorlagen, die weit über die bloße Demonstration der Kampfbereitschaft hinausgingen. Auf die massive Kritik der Literatur[66] hin hat das BAG in seinem Urteil vom 21. 6. 1988 diese Rechtsprechung richtigerweise aufgegeben und entschieden, dass auch Warnstreiks in Form der „Neuen Beweglichkeit" keine privilegierte Kampfform darstellten und dem ultima-ratio-Grundsatz unterliegen.[67]

Im Gegensatz zur Ansicht des BAG[68] muss die Gewerkschaft, die einen Warnstreik ausruft, die Verhandlungen eindeutig für gescheitert erklären, damit die Arbeitgeberseite erkennt, dass sie nur noch durch Nachgeben die Kampfhandlung abwenden kann.[69] Nur so wird sichergestellt, dass auch im Arbeitskampf der in unserer Rechtsordnung mit Verfassungsrang ausgestattete Grundsatz gilt, dass in einem Rechtsstaat die Gewaltanwendung stets nur das „letzte Mittel" sein darf.[70]

cc) Aus dem Grundsatz der Erforderlichkeit folgt nicht, dass die Gewerkschaft vor Einleitung eines Streiks eine **Urabstimmung** durchführen muss, wie manche annehmen.[71] Dies ist ausschließlich eine Frage der innerverbandlichen Willensbildung.[72]

b) **Den Grundsatz der Verhältnismäßigkeit**[73] bezieht man auf die Relation von Kampfmaßnahmen und Kampfziel. Verfehlt ist es jedoch, wenn man damit die Anforderung begründet, dass Kampfforderung und Kampfmittel, um rechtmäßig zu sein, erkennbar positiv in angemessenem Verhältnis zu stehen hätten. Der Verhältnismäßigkeitsgrundsatz erlaubt vielmehr nur eine Überprüfung auf Exzesse, genauer gesagt darauf, ob ein evidentes Missverhältnis besteht. Danach ist die Durchführung von Kämpfen verboten, wenn der aus ihnen resultierende Schaden in krassem Missverhältnis zu dem zu erzielenden Nutzen steht, wie insbesondere bei ruinösen Arbeitskämpfen. Eine erhebliche Rolle spielt in diesem Zusammenhang die räumliche Abgrenzung des Kampfgebiets[74] und die Zulässigkeit der Ausweitung des Kampfgebiets im Rahmen der Gestaltung des Arbeitskampfes (dazu näher unten IX).

---

[64] So jetzt auch *BAG* AP Nr. 108 zu Art. 9 GG Arbeitskampf.

[65] *Loritz*, ZfA 1985, 185 (201).

[66] *Loritz*, ZfA 1985, 185; *Adomeit*, NJW 1985, 2515; *Badura*, DB 1985, Beilage 14; *Lieb*, NZA 1985, 265; *Löwisch*, ZfA 1985, 53; *Picker*, DB 1985, Beilage 7; *Richardi*, JZ 1985, 410; *Scholz*, SAE 1985, 33; *Konzen*, JZ 1986, 157; *Reuter*, JuS 1986, 19; *Seiter*, Anm. zu *BAG* EzA Nr. 54 zu Art. 9 GG Arbeitskampf.

[67] *BAG* AP Nr. 108 zu Art. 9 GG Arbeitskampf; hierzu mit bezüglich der Einzelheiten durchweg berechtigter Kritik *Groggert*, Der ultima-ratio-Grundsatz im Warnstreikrecht des Bundesarbeitsgerichts, DB 1988, 2097; ferner *Buchner*, Der „Warnstreik" nach der Bundesarbeitsgerichtsentscheidung vom 21. Juni 1988, BB 1989, 1334; *Hohenstatt/Schaude*, Abschied vom ultima-ratio-Prinzip?, DB 1989, 1566; *Löwisch/Rieble*, Anm. zum Urt. des *BAG* vom 21. 6. 1988, JZ 1989, 91; *Hirschberg*, Der Warnstreik nach der jüngsten Entscheidung des Bundesarbeitsgerichts, RdA 1989, 212; *Picker*, DB 1989, Beilage 16; *Reuter*, SAE 1989, 102.

[68] *BAG* AP Nr. 108 zu Art. 9 GG Arbeitskampf, Gr. A I 3 c.

[69] In diesem Sinn z. B. auch *Konzen*, EzA Nr. 75 zu Art. 9 GG, Anm. IV 3; *Rüthers*, Der Abbau des „ultima-ratio"-Gebotes im Arbeitskampfrecht durch das Bundesarbeitsgericht, DB 1990, 113 (119 f.). Vgl. auch *Seiter*, S. 515, Fn. 7.

[70] *Loritz*, ZfA 1985, 185 (206 ff.).

[71] So z. B. *Nipperdey*, 2. Halbbd., S. 1025 f.; wie hier dagegen *Rüthers*, in: Brox/Rüthers, Rn. 203.

[72] Umfassend hierzu *Vorderwülbecke*, Die Pflicht zur Urabstimmung, BB 1987, 750 ff. Die Beachtung der innerverbandlichen Regeln wird zu Unrecht in der Literatur teilweise zur Rechtmäßigkeitsvoraussetzung erhoben, vgl. *Hanau/Adomeit*, C III 5 d; *Bauer/Röder*, Streik ohne Urabstimmung?, DB 1984, 1096.

[73] Dazu näher *Seiter*, S. 538 ff.; *Richardi*, Die Verhältnismäßigkeit von Streik und Aussperrung, NJW 1978, 2057; *Mayer-Maly*, Die Bedeutung des Grundsatzes der Verhältnismäßigkeit für das kollektive Arbeitsrecht, ZfA 1980, 473. Sehr unklar *BAG* AP Nr. 64, 65 zu Art. 9 GG Arbeitskampf.

[74] Dazu vor allem *Löwisch*, Probleme einer regionalen Arbeitskampfbegrenzung, ZfA 1980, 437.

5. Der (angebliche) Grundsatz der freien Kampfmittelwahl[75]

Für das Arbeitskampfrecht wird spätestens seit der Grundsatzentscheidung des Großen Senats aus dem Jahr 1955[76] ein Grundsatz der freien Wahl der Kampfmittel postuliert. Über Inhalt und Reichweite dieses Grundsatzes besteht jedoch keine Einigkeit. Manche fassen ihn i.S. der Freiheit der Auswahl aus den historisch überkommenen Kampfmitteln (Grundsatz der freien Typenauswahl) auf, evtl. verbunden mit der Möglichkeit einer in einzelnen Punkten freien Modifizierung. Andere hingegen sehen die Möglichkeit zur Bildung neuer Arbeitskampfformen als von dem Grundsatz mitumfasst an (Grundsatz der freien Typenbildung).

a) Das Problem der **freien Bildung neuer Kampfformen** stellt sich derzeit praktisch nicht in voller Schärfe, weil jedenfalls völlig neue Kampfformen nicht in Sicht sind. Streitig ist im Wesentlichen nur, ob der sog. **Bummelstreik** (dazu oben § 41 V 2) überhaupt rechtmäßig sein kann. Dies ist grundsätzlich zu bejahen. Allerdings muss auch ein solcher Streik klar von der Gewerkschaft ausgerufen werden und die einzelnen Arbeitnehmer, die sich daran beteiligen, müssen dies dem Arbeitgeber mitteilen. Dieser darf sich nicht nur mit der Aussperrung, sondern auch mit (u.U. nur teilweiser) Lohnverweigerung zur Wehr setzen, die in ihrem Ausmaß nicht zu der (gar nicht kontrollierbaren) individuellen Arbeitsverringerung beim einzelnen Arbeitgeber proportional zu sein braucht.

Die Herausbildung neuer (z. Zt. nicht ersichtlicher) Arbeitskampfformen in der Zukunft wird man nicht einfach ausschließen können, wenn sich solche neuen Formen als im Hinblick auf Veränderungen der technologischen und wirtschaftlichen Struktur sinnvoll oder gar notwendig erweisen sollten. Stets müssen sich die Kampfmittel aber auf die Zurückhaltung der Leistung beschränken.

So wäre es etwa durchaus zulässig, wenn die Arbeitgeberseite als Kampfmittel damit drohen würde, den Arbeitnehmern die Löhne zu kürzen, auch wenn sie voll arbeiten. Das wäre dann als mögliches Angriffs- oder bei Reaktion auf einen Streik adäquates Abwehrkampfmittel – gewissermaßen als ein „Minus" zur Aussperrung – anzusehen.[77]

b) Was den Grundsatz der **freien Auswahl der Kampfmittel aus den** historisch oder durch zulässige Neubildung **zur Verfügung stehenden Kampfmitteln** angeht, so können die Kampfpartner keineswegs, wie der postulierte Grundsatz nahe legt, frei wählen. So darf insbesondere ein Tarifarbeitskampf nicht mit einer Massenänderungskündigung eröffnet oder beantwortet werden.

c) Auch die **Ausgestaltung der zulässigen Kampfmittel** im Einzelnen ist nicht frei. Weder Streik noch Aussperrung dürfen nach hier vertretener Ansicht lösend erklärt werden (zu Einzelheiten unten IX 1). Frei sind die Kampfparteien im Wesentlichen nur in der strategisch motivierten Bestimmung des Kampfumfangs, ob sie etwa einen Teilstreik, Schwerpunktstreik oder Vollstreik wählen wollen. Möglich wäre auch ein Teilzeitstreik, bei dem beispielsweise pro Tag nur eine verringerte Zahl von Stunden gearbeitet wird.

6. Arbeitskampf und Außenseiter-Arbeitgeber

Besondere Fragen wirft die Stellung des nichtorganisierten Arbeitgebers im Arbeitskampfrecht auf.[78] Angesichts des § 2 I TVG darf der nichtorganisierte Arbeitgeber

---

[75] Dazu *Zöllner*, Die Zulässigkeit neuer Arbeitskampfformen, FS Bötticher, 1969, S. 427 m.N. der älteren Literatur; *Seiter*, S. 140 ff.; *Scholz/Konzen*, S. 130 ff.; *Maunz/Dürig/Herzog/Scholz*, GG, Art. 9 Rn. 311 f.; kritisch *Lieb*, Die Zulässigkeit von Demonstrations- und Sympathiearbeitskämpfen – zugleich ein Beitrag zur Rechtslage bei unklarem Kampfziel, ZfA 1982, 113 (138 f.); *v. Hoyningen-Huene*, DB 1989, 1466; *Treber*, Aktiv produktionsbehindernde Maßnahmen, 1996, S. 394 ff.

[76] *BAG* AP Nr. 1 zu Art. 9 GG Arbeitskampf. Aus neueren Entscheidungen vgl. z. B. *BAG* AP Nr. 6 zu § 1 TVG Form; AP Nr. 64 zu Art. 9 GG Arbeitskampf.

[77] S. bereits *Zöllner*, FS Bötticher, 1969, S. 427 (437 f.).

[78] Dazu *Lemke*, Die Arbeitskampfbeteiligung von Außenseitern, 2000; *Thüsing*, Der Außenseiter im Arbeitskampf, 1996.

von einer Gewerkschaft mit dem Ziel des Abschlusses eines Firmentarifvertrages bestreikt werden, wobei es auf seine soziale Mächtigkeit nicht ankommen kann. Im Hinblick auf die in aller Regel bestehende Unterlegenheit des einzelnen Unternehmens gegenüber einer kampfführenden Gewerkschaft und der sich daraus ergebenden fehlenden Parität ist es jedoch unumgänglich, dem nichtorganisierten Arbeitgeber die Möglichkeit zur „Flucht in einen Arbeitgeberverband" zu gewähren.

Unzulässig ist ein Streik gegen einen Außenseiter im Rahmen eines Verbandsarbeitskampfes. Hier muss die Gewerkschaft zunächst, um den Ultima-ratio-Grundsatz zu wahren, von diesem den Abschluss eines Firmentarifvertrages verlangen.[79] Allerdings sollen Außenseiter-Arbeitgeber nach der vom BVerfG gebilligten Rechtsprechung des BAG dann bestreikt werden dürfen, wenn diese den Arbeitsvertrag auf ihre Beschäftigten anwenden, da der Arbeitgeber in diesem Fall nicht unbeteiligter Dritter sei, sondern durch eine nach wie vor bestehende Verweisung seine Bindung selbst herbeigeführt habe.[80]

Sehr zweifelhaft und in den Einzelheiten noch ungeklärt ist auch die umgekehrte Problematik, ob sich ein nicht verbandsangehöriger Arbeitgeber einem Verbandsarbeitskampf anschließen darf und ihm dann das Recht auf Aussperrung zusteht.[81] Dies dürfte im Ergebnis zu bejahen sein mit der Folge, dass der Arbeitgeber in diesem Fall gleich einem Mitglied des Arbeitgeberverbandes zu behandeln ist.

7. Drittbetroffenheit und Gemeinwohlbetroffenheit

Wenig geklärt ist bislang die Frage, inwieweit die Rechtmäßigkeit von Arbeitskämpfen tangiert wird, wenn durch sie Dritte oder gar die Allgemeinheit geschädigt werden.

a) **Dritte** sind in vielfacher Weise durch Arbeitskämpfe nachteilig betroffen, sei es, dass die von einem bestreikten Arbeitgeber geschuldeten Lieferungen nicht oder verspätet erbracht werden,[82] sei es, dass anders nicht zu erhaltende Leistungen nicht in Anspruch genommen werden können, wie namentlich im Rahmen der Energieversorgung und des öffentlichen Verkehrs. Mitunter können die Drittschäden aus Arbeitskämpfen höher sein als der dem Arbeitskampfgegner selbst zugefügte Schaden. Wie die Beispiele zeigen, gehen die Fragen der Drittbetroffenheit und der Gemeinwohlbetroffenheit direkt ineinander über.

b) Als gesichert wird man ansehen dürfen, dass die **Drittbetroffenheit als solche** einen Arbeitskampf noch **nicht rechtswidrig** macht, und zwar auch dann nicht, wenn den Dritten ein ungewöhnlich hoher Schaden droht. Anderseits sind Arbeitskämpfe in **lebenswichtigen Versorgungsbetrieben** als unzulässig anzusehen.[83] Dazu gehören nicht nur Wasserwerke, sondern auch Betriebe der Energieversorgung. Dazwischen liegt ein Bereich, in dem es um für die Allgemeinheit zwar wichtige, aber nicht unverzichtbare Versorgungsgüter oder Dienstleistungen geht, wie insbesondere im Bereich des öffentlichen Verkehrs und der Nachrichtenübermittlung. Auch hier wäre es freilich unzulässig, wenn durch breite, mehrere Branchen übergreifende Kampfmaßnahmen jegliche Beförderungsleistung oder

---

[79] S. zur Problematik *Lieb*, Die Rechtsprechung des Außenseiterarbeitgebers im Arbeitskampf, FS Kissel, 1994, S. 653; *Häuser*, Der „Außenseiter-Arbeitgeber" im Verbandsarbeitskampf, FS Kissel, 1994, S. 297; *BAG* AP Nr. 116 zu Art. 9 GG Arbeitskampf.

[80] *BVerfG* NZA 2004, 1338 (1339) = AP Nr. 167 zu Art. 9 GG, Arbeitskampf; hierzu *Hohenstatt/Schramm*, Unzulässigkeit eines Verbandsarbeitskampfes gegen einen Außenseiter-Arbeitgeber?, DB 2005, 774; *BAG* AP Nr. 163 zu Art. 9 GG Arbeitskampf; dazu *Zachert*, FS Wissmann, 2005, S. 202 f.; ablehnend *Konzen*, GS Heinze, 2004, S. 515.

[81] Bejaht von *BVerfG* AP Nr. 117 zu Art. 9 GG Arbeitskampf mit der Begründung, dass zwischen nichtorganisiertem Arbeitgeber und Arbeitgeberverband ein „Kampfbündnis" vorliege und Art. 9 III GG deshalb auch dem einzelnen Arbeitgeber die Aussperrung garantiere.

[82] Zur Bedeutung von Arbeitskämpfen im Leistungsstörungsrecht bei Kauf- und Werkvertrag vgl. z.B. *Hueck/Nipperdey*, 2. Halbbd., S. 954 ff.; *Schlüter*, in: Brox/Rüthers, Arbeitskampfrecht, Rn. 379 ff.

[83] Ähnlich, aber weniger weitgehend, *Schlüter*, in: Brox/Rüthers, Rn. 539. Abweichend *Söllner*, „Streikarbeit" von Beamten?, AuR 1982, 233 (237), der Arbeitskämpfe für zulässig hält, wenn für eine hinreichende Versorgung der Bevölkerung Sorge getragen werde.

Informationsweitergabe unmöglich gemacht würde. Schwierig ist auch das Problem, inwieweit angestellte Ärzte streiken dürfen.[84] Für eine begrenzte Zeit ist dies als zulässig zu erachten, wenn und solange die Patientenversorgung aufrechterhalten bleibt.

c) Nimmt man eine rechtlich relevante **Gemeinwohlbindung von Tarifverträgen** an (dazu oben § 39 V), so darf für einen gegen diese Bindung verstoßenden Tarifvertrag auch nicht gekämpft werden. Das Problem liegt nicht in dieser Koppelung, sondern darin, inwieweit sich die Gemeinwohlwidrigkeit eines Tarifvertrags in judiziabler Weise feststellen lässt.[85]

d) Der **Arbeitskampf im öffentlichen Dienst** ist nicht schlechthin verboten. Sicher haben die Beamten nach deutschem Beamtenrecht kein Streikrecht,[86] wohl aber grundsätzlich die Angestellten und Arbeiter des öffentlichen Dienstes.[87] Auch sie dürfen freilich nur insoweit streiken, als sie nicht hoheitliche Funktionen wahrnehmen oder in lebenswichtigen Versorgungsbetrieben tätig sind. Bei einem Streik von Angestellten oder Arbeitern darf der Staat die streikbedingt (und gegebenenfalls aussperrungsbedingt) von ihnen nicht verrichtete Arbeit im Gegensatz zur Ansicht des BVerfG (das dies wegen Fehlens einer gesetzlichen Regelung abgelehnt hat)[88] durch Beamte ausführen lassen.[89] Die Gegenmeinung, die glaubt, hierdurch ergebe sich ein Übergewicht der Arbeitgeber,[90] verkennt, dass angesichts der elementaren Bedeutung zahlreicher Leistungen des öffentlichen Dienstes für die gesamte Bevölkerung der Staat ohne Beamteneinsatz kaum in der Lage wäre, einen Arbeitskampf längere Zeit durchzuhalten. Keinesfalls ist der Beamteneinsatz verfassungswidrig.

VII. Pflichtenverhältnis der Arbeitskampfparteien[91]

Die Arbeitskampfparteien stehen – jedenfalls beim rechtmäßigen Arbeitskampf – in einem gesetzlichen Schuldverhältnis der Vertragsanbahnung nach § 311 II BGB, und zwar beim tarifvertragsbezogenen Arbeitskampf im Schuldverhältnis sich anbahnender Tarifvertragsbeziehungen[92] (dazu schon oben § 34 VI). Dieses löst wie jede derar-

---

[84] Generell zum Ärztestreik, auch der freiberuflich tätigen und der Kassenärzte, vgl. *Zacher,* Der Ärztestreik als Rechtsproblem, Zeitschrift für Sozialreform, 1966, 129.

[85] Vgl. dazu *Seiter,* S. 542 ff.

[86] Von den Befürwortern eines solchen Streikrechts – vgl. *Däubler,* Der Streik im öffentlichen Dienst, 2. Aufl., 1971, S. 98 ff. m. w. N. – wird verkannt, dass es eines ausdrücklichen Streikverbots in den Beamtengesetzen nicht bedarf. Wenn der Beamte nicht vorher seine Entlassung erwirkt, verstößt der Streik gegen seine Dienstleistungspflicht. Anders als dem Arbeitnehmer ist dem Beamten das Streikrecht nicht durch das Koalitionsrecht garantiert. Es kann dies gar nicht sein, weil die Dienstbedingungen der Beamten wegen Art. 33 V GG der tarifvertraglichen Gestaltung entzogen sind. Gegen ein Beamtenstreikrecht *BAG* AP Nr. 86 zu Art. 9 GG Arbeitskampf; BVerfGE 8, 1 (17); 44, 249 (264); *BVerwG* JZ 1981, 220; AP Nr. 87 zu Art. 9 GG Arbeitskampf; BGHZ 69, 128; 70, 277. Vgl. ferner: *Isensee,* Beamtenstreik, 1971, m. w. N.; *Stern,* Das Staatsrecht der Bundesrepublik Deutschland, Bd. 1, 2. Aufl., 1984, S. 373 f. m. w. N.

[87] Dazu *Hanau,* Streiks im öffentlichen Dienst, ZRP 1974, 111; *Reuss,* Grenzen der Streikfreiheit im öffentlichen Dienst, FS Ule, 1977, S. 417; *Ramm,* Kollektives Arbeitsrecht und öffentlicher Dienst, JZ 1977, 737; *Löwisch,* Zulässiger und unzulässiger Arbeitskampf im öffentlichen Dienst, 1980; *A. Janssen,* Das Streikrecht der Angestellten und Arbeiter im öffentlichen Dienst und der „Dritte Weg" der Kirchen, 1982.

[88] *BVerfG* AP Nr. 126 zu Art. 9 GG Arbeitskampf.

[89] *BAG* AP Nr. 6 zu Art. 9 GG Arbeitskampf, aufgehoben durch *BVerfG* AP Nr. 126 zu Art. 9 GG Arbeitskampf; *BVerwG* AP Nr. 87 zu Art. 9 GG Arbeitskampf; hierzu *Isensee,* Streikeinsatz unter Gesetzesvorbehalt – Gesetzesvollzug unter Streikvorbehalt, DZWiR 1994, 309. *Badura/Stern,* Die Rechtmäßigkeit des Beamteneinsatzes beim Streik der Tarifkräfte, 1983; *Seiler,* Beamteneinsatz auf bestreikten Arbeitnehmerdienstposten zwischen materiellem Arbeitsrecht und öffentlichem Recht, ZBR 1985, 213.

[90] Z.B. *Söllner,* AuR 1982, 233 (242); *Rüthers,* AuR 1987, 37 (46 ff.); s. ferner *Plander,* JZ 1986, 570; *Buchner,* AuR 1987, 60; *Wohlgemuth/Sarge,* AuR 1987, 65.

[91] Vgl. *Seiter,* Dauerrechtsbeziehungen zwischen Tarifvertragsparteien – Zur Lehre vom gesetzlichen Schuldverhältnis im kollektiven Arbeitsrecht, ZfA 1989, 283; *Konzen,* Grundlagen und Grenzen des vorbeugenden Rechtsschutzes, FS Kissel, 1994, S. 571 (591 ff.).

[92] Zustimmend *Seiter,* Diskussionsbeitrag auf dem Symposion zum zehnjährigen Bestehen der Zeitschrift für Arbeitsrecht zum Thema: „Die Rechtsstellung der Arbeitgeberverbände in der Arbeitsverfassung", ZfA 1980, 328 (347); *ders.,* ZfA 1989, 283 ff.; vgl. auch *Bötticher,* ZfA 1980, 332; *Richardi,* S. 38.

tige Sonderverbindung die Rücksichtnahmepflichten nach § 241 II BGB aus und steht unter dem Grundsatz von Treu und Glauben entsprechend § 242 BGB. Die Parteien müssen deshalb die nach den Umständen billige Rücksicht auf die Interessen des Gegners nehmen. Ihre Kampfführung muss darum fair und angemessen sein.

Daraus ergibt sich namentlich die Pflicht, im Rahmen von Arbeitskämpfen die Durchführung der notwendigen Arbeiten zur Erhaltung der Betriebsanlagen zu ermöglichen (**Notdienst und Erhaltungsarbeiten**).[93] Zu den erforderlichen Arbeiten sind Arbeitnehmer auch dann verpflichtet, wenn sie an einem Streik aktiv teilnehmen möchten. Streitig ist jedoch, ob der Arbeitgeber die Auswahl der Arbeitnehmer treffen kann oder ob die Auswahl nur unter Zustimmung der Gewerkschaft erfolgen kann oder sogar dieser obliegt. Am sinnvollsten dürfte sein, dass allein die Gewerkschaft verpflichtet ist, eine geeignete Regelung mit dem Arbeitgeber zu treffen, dass aber dieser, solange die Regelung nicht vorliegt, die Auswahl selbst treffen kann.

Jede Kampfpartei ist nach Ansicht des BAG verpflichtet, der anderen zu erklären, dass eine Kampfmaßnahme vorgenommen wird, ohne hier allerdings Einzelheiten offenbaren zu müssen.[94] Aus dem arbeitskampfrechtlichen Pflichtenverhältnis folgt auch, dass der Arbeitgeber erkrankten Arbeitnehmern die **Lohnfortzahlung** unter Berufung auf den Arbeitskampf nur verweigern darf, wenn er nachweist oder zumindest gewisse Indizien dafür sprechen, dass sich der Arbeitnehmer am Streik beteiligt hätte oder wenn der Arbeitnehmer nach den Grundsätzen der Betriebsrisikolehre (§ 615 S. 3 BGB) ohnehin keinen Lohn erhalten hätte[95] (s. oben § 19 V). Erkrankte Arbeitnehmer dürfen aber ausgesperrt werden und erhalten dann keine Vergütung.[96]

VIII. Nichtgewerkschaftlicher Streik[97]

Unter nichtgewerkschaftlichen oder wilden Streiks werden die nicht von einer Gewerkschaft getragenen und organisierten Arbeitsniederlegungen verstanden. Dazu gehören im Gegensatz zur Ansicht des BAG[98] Massenänderungskündigungen von Arbeitnehmerseite nicht; denn ihre Rechtmäßigkeitsvoraussetzungen unterscheiden sich grundlegend (vgl. oben II 1 b, III 1 und 2, V 1 und 2). Unter Streiks versteht man heute besser nur Arbeitsniederlegungen ohne rechtzeitig vorausgegangene Kündigung.

Nichtgewerkschaftliche Streiks sind nicht zulässig.[99] Sie verstoßen gegen die Arbeitspflicht des Arbeitnehmers, die dieser nicht beliebig suspendieren kann. Die kampf-

---

[93] Vgl. dazu *Löwisch/Mikosch,* Erhaltungsarbeiten im Arbeitskampf, ZfA 1978, 153; *Fenn,* Zur Problematik der Erhaltungsarbeiten im Arbeitskampf, DB 1982, 430; *Söllner,* „Streikarbeit" von Beamten?, AuR 1982, 233 (237 f.); *Brox,* in: Brox/Rüthers, Rn. 349; *Heckelmann,* Erhaltungsarbeiten im Arbeitskampf, 1984; *Oetker,* Die Durchführung von Not- und Erhaltungsarbeiten bei Arbeitskämpfen, 1984; *Hirschberg,* Erhaltungsarbeiten im Arbeitskampf, RdA 1986, 355; *Thüsing,* Arbeitskampfrisiko, Notdienstvereinbarung, DB 1995, 2607; *J. H. Bauer/K. Haußmann,* Der Notdienst im Arbeitskampf, DB 1996, 881; *BAG* AP Nr. 74 zu Art. 9 GG Arbeitskampf, das aber nur zum Umfang, nicht zur Organisation der Erhaltungsarbeiten zu entscheiden hatte; *BAG* = AP Nr. 135 zu Art. 9 GG Arbeitskampf = DB 1995, 1817 bezeichnet die Regelung der Modalitäten als „zumindest zunächst gemeinsame Aufgabe des Arbeitgebers und der streikführenden Gewerkschaft."

[94] *BAG* AP Nr. 137 = SAE 1996, 224 mit Anm. *Rieble;* AP Nr. 138, 139 zu Art. 9 GG Arbeitskampf mit gemeinsamer Anm. *Konzen;* AP Nr. 140 zu Art. 9 GG Arbeitskampf.

[95] Vgl. aber auch *BAG* AP Nr. 39 zu § 1 ArbKrankhG, wonach generell kein Anspruch bei Erkrankung vor Streikbeginn (es ging hier um den damaligen Krankengeldzuschuß) besteht; ebenso zum LohnfortzG *BAG* AP Nr. 29 zu § 1 LohnfortzG = DB 1973, 1027. A.A. *BAG* AP Nr. 31 zu § 1 ArbKrankhG; *BAG* BB 1991, 2447.

[96] *BAG* AP Nr. 107 zu Art. 9 GG Arbeitskampf; vgl. auch *BAG* AP Nr. 4 zu § 14 MuSchG 1968.

[97] *Rüthers,* Rechtsprobleme der „tarifbezogenen" wilden Streiks, DB 1970, 2120; *ders.,* Rechtsprobleme der betriebsbezogenen wilden Streiks, JZ 1970, 625; *Weitnauer,* Rechtmäßigkeit und rechtliche Folgen des „wilden" Streiks, DB 1970, 1639; *Löwisch/Hartje,* Der wilde Streik nach dem Recht der Bundesrepublik, RdA 1970, 321; *Zöllner,* Arbeitsrecht und Politik, DB 1970, 54 (58); *Ramm,* Der nichtgewerkschaftliche Streik, AuR 1971, 65 und 97; *Säcker,* Gewerkschaften und wilder Streik, BB 1971, 962.

[98] *BAG* AP Nr. 37 zu Art. 9 GG Arbeitskampf.

[99] Vgl. *BAG* AP Nr. 32, 41, 58, 106 zu Art. 9 GG Arbeitskampf.

weise Verbesserung der Arbeitsbedingungen entgegen der vertraglich übernommenen Pflicht ist nur unter dem Schutz des Koalitionsrechts zulässig.[100]

IX. Rechtmäßigkeit von Abwehrkämpfen

Abwehrkämpfe der Gegenseite gegen einen Streik oder eine Aussperrung können ihrerseits tarifbezogen sein, d.h. auf den Abschluss eines Tarifvertrages abzielen (zum Begriff des Abwehrkampfes oben § 41 IV 4). Ihre Rechtmäßigkeit unterliegt dann im Wesentlichen den gleichen Grundsätzen wie die tarifvertragsbezogenen Angriffskämpfe. Ziel von Abwehrkämpfen kann aber auch sein, den Angriff lediglich abzuwehren, ohne dass die sich verteidigende Partei selbst den Abschluss eines Tarifvertrags erstrebt. Solche Abwehrkämpfe sind grundsätzlich zulässig, weil ein rechtlicher Zwang zum Abschluss von Tarifverträgen nicht besteht und die angegriffene Partei die Möglichkeit der Verteidigung haben muss. Es darf aber nicht jedes Kampfmittel gegen jeden Arbeitskampf eingesetzt werden.

1. Ein **rechtmäßiger Streik** darf nicht durch Massenkündigungen beantwortet werden, sondern lediglich mit einer **Abwehraussperrung** oder mit dem nach hier vertretener Ansicht zulässigen Kampfmittel der kollektiven Lohnminderung (oben VI 5a). Die Abwehraussperrung darf, wenn lediglich ein Teil eines Betriebes bestreikt wird, den ganzen Betrieb und damit auch arbeitswillige Arbeitnehmer erfassen (Zur Frage, ob die Abwehraussperrung eine die Arbeitsverhältnisse lösende Wirkung haben kann, s. unten § 43 IV). Die Abwehraussperrung darf ferner bei einem sog. *Schwerpunktstreik*, d.h. einem auf bestimmte Betriebe eines Tarifgebietes beschränkten Streik, das ganze für den von der Gewerkschaft intendierten Tarifabschluss maßgebende Tarifgebiet erfassen, weil sonst die Gewerkschaft allein die Kampfstrategie in ihrem Sinn bestimmen könnte. Wählt die Gewerkschaft ein besonders kleines Tarifgebiet, erstrebt sie z.B. zunächst nur einen Firmentarifvertrag oder einen Tarifvertrag für einen relativ kleinen Bezirk, so darf die Abwehraussperrung sogar das Kampfgebiet über das intendierte Tarifgebiet hinaus ausweiten, um der Gewerkschaft das Durchhalten der Angriffsposition zu erschweren. Freilich gilt dies *nur innerhalb angemessener Grenzen*. Ein Bezirksstreik darf z.B. nicht durch eine bundesweite Abwehraussperrung beantwortet werden.[101]
Nur diese relativ großzügige Anwendung des Grundsatzes der Verhältnismäßigkeit entspricht seinem Sinn. Das BAG will hingegen der Abwehraussperrung seit den auf die sog. Massenklagen der IG-Metall und IG-Druck[102] hin im Juni 1980 ergangenen Grundsatzurteilen[103] engere Grenzen ziehen, deren Einzelheiten inzwischen wieder ziemlich unklar geworden sind.

a) Einmal will es das **Tarifgebiet als grundsätzlich oberste Grenze** der Kampfgebietsausweitung postulieren. Das passt schon nicht beim Streik um einen Firmentarifvertrag, kann aber auch bei Bezirkstarifverträgen zu verfehlten Abgrenzungen führen.

---

[100] Den Befürwortern der Gegenansicht ist eine überzeugende Begründung bis heute nicht gelungen. Vgl. etwa *Däubler*, Das Grundrecht auf Streik – eine Skizze, ZfA 1973, 201 (220).

[101] Davon zu unterscheiden ist die Frage, ob die Arbeitgeberseite mit eigenen Forderungen eine Angriffsaussperrung vornehmen darf.

[102] Zu diesem beispiellosen Phänomen einer Großbeeinflussung der Rechtsprechung und eines politischen Tests der Arbeitsgerichtsbarkeit eingehend *Seiter*, Zwischenbilanz im Kampf um die Aussperrung, NJW 1980, 905. Vgl. auch die Bemerkungen bei *Adomeit*, Über einige Schwierigkeiten, ein Arbeitsrechtler zu sein, FS Hilger/Stumpf, 1983, S. 1 (13 f.).

[103] *BAG* AP Nr. 64 und 65 zu Art. 9 GG Arbeitskampf.

Angeknüpft werden könnte ohnehin nicht an das vom Angreifer intendierte Tarifgebiet, sondern allenfalls an das historisch gewachsene. Dieses kann sich jedoch als für die Zukunft verfehlt erweisen. Zu bestimmen, welches Tarifgebiet jeweils maßgebend sein soll, ist allein Sache der Tarifpartner innerhalb ihrer Tarifzuständigkeit, nicht des Gerichts. Die Arbeitgeberverbände haben aufgrund des Art. 9 III GG das gleiche Recht wie die Gewerkschaften, auf eine Neuabgrenzung hinzuwirken, und die Kampfmittelbemessung muss ihnen die Chance dazu gewähren. Allerdings dürfen nur Arbeitgeber aussperren, die in den Geltungsbereich des Tarifvertrages einbezogen werden können, weil ansonsten eine unzulässige Sympathieaussperrung vorläge (hierzu unter XI).

b) Zum anderen hatte das Gericht über die von ihm postulierte räumliche Grenze hinaus auch rechnerische, **auf die Arbeitnehmerzahl bezogene Grenzen** gezogen. Waren vom Streikaufruf weniger als ¼ der Arbeitnehmer des Tarifgebiets betroffen, so sollte die Arbeitgeberseite eine Ausdehnung um 25% der Arbeitnehmer durch Aussperrung vollziehen dürfen. Eine darüber hinausgehende Reaktion sollte „regelmäßig nicht proportional" sein. Waren mehr als 25% der Arbeitnehmer zum Streik aufgerufen, sollte das Bedürfnis zur Ausweitung „entsprechend geringer" sein. Insgesamt sollte nach „dem Eindruck" des erkennenden BAG-Senats eine Ausweitung des Arbeitskampfes auf über 50% der Arbeitnehmer des Tarifgebiets grundsätzlich nicht erforderlich sein, was aber die Entscheidung ausdrücklich offen ließ.

Dieser als „Arbeitskampfarithmetik" bezeichnete Rechtsfortbildungsversuch ist zu Recht auf breite Kritik gestoßen.[104] Ihm ist nicht zu folgen, weil er zum einen der Rechtssicherheit nicht dienlich ist[105] und zum anderen für diese Begrenzung eine überzeugende gedankliche Grundlage fehlt. Der Grundsatz der Verhältnismäßigkeit wird mit ihr weit überfordert. Das BAG selbst hat in einem neueren Urteil vom 12. 3. 1985, das ebenfalls die bundesweite unbefristete Abwehraussperrung des Jahres 1978 zu beurteilen hatte, nicht mehr auf dieses Zahlenverhältnis abgestellt und sich hiervon wohl – ohne es allerdings ausdrücklich zu sagen – distanziert.[106] Im Urteil vom 7. Juni 1988 hat das BAG selbst deutliche Bedenken gegen seine im Jahre 1980 aufgestellte zahlenmäßige Arithmetik geäußert.[107] Diese dürfte damit endgültig überholt sein.

Aus speziellen Gründen bedenklich ist die Anwendung der vom BAG postulierten Grundsätze z. B. bei einem **Arbeitskampf im Pressebereich**.[108] Dort kann die Ausdehnung des Arbeitskampfes auf alle Unternehmen (Tarifgebiet ist ohnehin derzeit das gesamte Bundesgebiet) zum Zweck seiner raschen Beendigung aus medienpolitischen Gründen geradezu geboten sein.[109] Das Übermaßverbot steht dann der Ausdehnung des Arbeitskampfes nicht entgegen, sondern verlangt sie.

In zeitlicher Hinsicht sind nach Auffassung des BAG ebenfalls Grenzen gegeben; diese sollen bei einer zweitägigen Aussperrung gegenüber einem halbstündigen Streik überschritten sein.[110]

---

[104] Vgl. dazu z.B. *Hanau*, Die neue Arbeitskampfarithmetik, insbesondere im Pressebereich, AfP 1980, 126; *Kittner*, Aktuelle Fragen des Arbeitskampfrechts, AuR 1981, 289; *Seiter*, Die neue Aussperrungsrechtsprechung des Bundesarbeitsgerichts, RdA 1981, 65; *Otto*, Die Aussperrung im Lichte der Urteile des *BAG* aus dem Jahre 1980, RdA 1981, 285 (292); *Däubler/Wolter*, Die rechtswidrige Aussperrung, AuR 1982, 144; *Richardi*, Das Ordnungsmodell des Tarifvertragssystems und der Arbeitskampf, JZ 1985, 410; *Lieb*, Zur Zulässigkeit kampfgebietsausweitender Aussperrungen, DB 1984, Beilage 12. Sich ausdrücklich vom *BAG* distanzierend *LAG Hamm* v. 9. 12. 1982, DB 1983, 558.

[105] Anders *Däubler*, Perspektiven des Arbeitskampfrechts, AuR 1982, 361, der behauptet, die Entscheidungen des *BAG* hätten unbestrittenermaßen (!) ein Stück mehr Klarheit und Rechtssicherheit gebracht. Wie hier *Mayer-Maly*, Anm. zu AP Nr. 64–66 zu Art. 9 GG Arbeitskampf.

[106] *BAG* AP Nr. 84 zu Art. 9 GG Arbeitskampf; hierzu *M. Schmidt-Preuß*, Abschied von der Aussperrungsarithmetik, BB 1986, 1093.

[107] *BAG* AP Nr. 107 zu Art. 9 GG Arbeitskampf.

[108] Vgl. dazu *Rüthers*, Rechtsprobleme der Aussperrung, 1980; *Ricker*, Die Zulässigkeit des Streiks in Presse und Rundfunk, NJW 1980, 157; *Brodmann*, Arbeitskampf und Pressefreiheit, 1982; *Rüthers*, Sonderarbeitskampfrecht der Presse, NJW 1984, 201; *Ory*, Sonderarbeitskampfrecht beim Privatfunk?, NZA 1996, 406. Kritisch zur Entscheidung des *BAG* AP Nr. 64 zu Art. 9 GG Arbeitskampf auch insoweit *Mayer-Maly* in der Anm. und *Rüthers* in EzA Nr. 37 zu Art. 9 GG Arbeitskampf. *BAG* AP Nr. 84 zu Art. 9 GG Arbeitskampf hat erneut zu Unrecht all diese Bedenken nicht akzeptiert. S. auch *Seiter*, Aussperrung im Druckgewerbe, AfP 1985, 186.

[109] A. A. nach wie vor *BAG* AP Nr. 84 zu Art. 9 GG Arbeitskampf.

[110] *BAG* AP Nr. 124 zu Art. 9 GG Arbeitskampf, wobei dieses Ergebnis fälschlicherweise nicht auf den Verhältnismäßigkeitsgrundsatz, sondern auf die Verhandlungs- und Kampfparität gestützt wird.

Die Abwehraussperrung bedarf der **Zustimmung des Arbeitgeberverbandes** dann, wenn sie kampfgebietsausweitend in bisher nicht bestreikten Unternehmen durchgeführt werden soll. Hingegen kann der einzelne Arbeitgeber einem Teilstreik in seinem Unternehmen mit der Abwehraussperrung ohne Zustimmung des Arbeitgeberverbandes nicht nur dann begegnen, wenn die Gewerkschaft einen Firmentarifvertrag herbeiführen will, sondern auch, wenn sie einen Verbandstarifvertrag erstrebt.[111]

2. Umgekehrt darf einer rechtmäßigen **Angriffsaussperrung** nicht durch eine **organisierte Massenkündigung**, sondern nur durch Abwehrstreiks begegnet werden. Auch der Abwehrstreik darf flächenausweitend sein nach analogen Grundsätzen, wie sie für die Abwehraussperrung dargelegt wurden.

3. Zweifelhaft ist, ob der einzelne Arbeitgeber einem **rechtswidrigen Teilstreik** in seinem Unternehmen, insbesondere einem nichtgewerkschaftlichen Streik, **durch Abwehraussperrung** begegnen darf.[112] Die Bejahung dieser Frage hat zur Folge, dass arbeitswillige Arbeitnehmer durch rechtswidriges Verhalten von Arbeitskollegen in Mitleidenschaft gezogen werden. Andererseits lässt sich die Möglichkeit der Aussperrung aus praktischen Gründen nicht gut völlig verneinen, weil der Arbeitgeber mit den ihm gegen die rechtswidrig Streikenden zur Verfügung stehenden rechtlichen Sanktionen vielfach den Kampf nicht beenden kann und weil er oft nicht zu unterscheiden vermag, ob die arbeitswilligen Arbeitnehmer nicht in Wahrheit doch hinter dem Teilstreik stehen. Die Abwehraussperrung gegen den rechtswidrigen Teilstreik ist aber nur zulässig, wenn sie erforderlich ist, d.h. wenn der Arbeitgeber nicht mit milderen Mitteln, wie insbesondere mit der Inanspruchnahme der Gerichte (hierzu unter 4), dem Streik ebenso wirksam begegnen kann.

Eine Verbandsaussperrung gegen rechtswidrige Streiks in einzelnen verbandsangehörigen Unternehmen kommt nur in Betracht, soweit es sich um von der Gewerkschaft organisierte Streiks handelt.

4. Einstweilige Verfügung gegen rechtswidrige Arbeitskämpfe. Rechtswidrigen Arbeitskämpfen kann auch mit einer einstweiligen Verfügung begegnet werden.[113] In den wichtigsten Fällen hat die betroffene Tarifpartei einen eigenen Verfügungsanspruch. Umstritten ist, ob gegen rechtswidrige Arbeitskämpfe, die nur die Rechte ihrer Mitglieder zu verletzen drohen, die Tarifpartei in gewillkürter Prozessstandschaft vorgehen kann.[114] Allerdings kann ein Arbeitsgericht nur dort, wo aufgrund der glaubhaft

---

[111] Unrichtig deshalb *BAG* = AP Nr. 140 zu Art. 9 GG Arbeitskampf, das generell einen Verbandsbeschluss verlangt.

[112] Bejahend *BAG* AP Nr. 6, 43 und 58 zu Art. 9 GG Arbeitskampf. Einschränkend z.B. *Wiedemann*, Die Deutschen Gewerkschaften – Mitgliederverband oder Berufsorgan?, RdA 1969, 321; *Richardi*, Der Beschluß des Großen Senats des Bundesarbeitsgerichts vom 21. April 1971, RdA 1971, 334 (342); *Seiter*, S. 372 ff. m.w.N.; *Scholz/Konzen*, S. 229 (231); *Schäuble*, Widerrechtlicher Streik und Abwehraussperrung. Die Reaktionsmöglichkeiten des widerrechtlich und unmittelbar bestreikten Arbeitgebers, 1983.

[113] Vgl. dazu *Heckelmann*, Die einstweilige Verfügung im Arbeitskampf, AuR 1970, 166; *Zeuner*, Arbeitskampf und einstweilige Verfügung, RdA 1971, 1; *Dütz*, Vorläufiger Rechtsschutz im Arbeitskampf, BB 1980, 533; *Brox*, in: Brox/Rüthers, Rn. 763 ff.; *Heinze*, Einstweiliger Rechtsschutz im arbeitsgerichtlichen Verfahren, RdA 1986, 273 (insb. 283 ff.); *Grunsky*, Prozessuale Fragen des Arbeitskampfrechts, RdA 1986, 196 (201); *v. Hoyningen-Huene*, Die einstweilige Verfügung im Firmenarbeitskampf, JuS 1990, 298; *Walker*, NZA 1993, 769 (773); *Konzen*, Grundlagen und Grenzen des vorbeugenden Rechtsschutzes unter Tarifparteien, FS Kissel, 1994, S. 571; *Isenhardt*, Einstweiliger Rechtsschutz im Arbeitskampf, FS Stahlhacke, 1995, S. 195; *Walker*, Einstweiliger Rechtsschutz im Arbeitskampf, ZfA 1995, 185. Ein Sonderproblem der Praxis behandelt *Leipold*, Die Schutzschrift zur Abwehr einstweiliger Verfügungen gegen Streiks, RdA 1983, 164.

[114] Bejahend *Konzen*, FS Kissel, 1994, S. 571 (607 f.); abl. *BAG* AP Nr. 76, 83 zu Art. 9 GG Arbeitskampf.

gemachten Tatsachen die Rechtswidrigkeit schlüssig begründet ist, ein Kampfverbot durch einstweilige Verfügung aussprechen.[115]

5. Nicht zulässig ist es, wenn der Arbeitgeber einer rechtmäßigen Ausübung des Zurückbehaltungsrechts durch Aussperrung entgegentritt. Der Durchsetzung eines Rechtsanspruches darf er nicht mit Kampfmaßnahmen begegnen. Zulässig kann die Aussperrung aber sein, wenn die Ausübung des Zurückbehaltungsrechts rechtswidrig ist, weil sie dann einem rechtswidrigen Streik gleichzusetzen ist.

X. Die arbeitskampfrechtliche Parität[116]

Die Funktionsfähigkeit der Tarifautonomie hängt davon ab, dass keine Tarifpartei der anderen bedingungslos ihren Willen aufzwingen kann. Das setzt ein schon durch Art. 9 III GG gebotenes Verhandlungsgleichgewicht (Parität) zwischen den Koalitionsparteien voraus. Dessen Bestehen lässt sich nicht mit sozialwissenschaftlichen Methoden beurteilen, sondern stellt eine auf der Basis der sozialwissenschaftlichen Fakten und der bestehenden rechtlichen Regelungen zu fällende **rechtliche Wertung** dar. Über Voraussetzungen, Inhalt und Folgen des Paritätsgebots besteht erheblicher Streit.[117] Dieses kann nicht bedeuten, dass in jedem konkreten Arbeitskampf Gleichgewichtigkeit herrschen müsste (wie sollte man dies auch messen können?). Vielmehr reicht es aus, wenn unter Berücksichtigung der realen Kräfteverhältnisse der Tarifparteien anhand einer über einen längeren Zeitraum reichenden Beurteilung ein abstrakt-materielles Gleichgewicht besteht (sog. abstrakt-materielle Parität).[118] Die Parität hängt von zahlreichen Faktoren, wie z.B. von der Pflicht zur Lohnfortzahlung im Krankheitsfall während des Arbeitskampfes, ab (s. VII). So ist es etwa ohne weiteres zulässig, dass eine große Gewerkschaft einen einzelnen Arbeitgeber zur Erzwingung eines Firmentarifvertrags bestreikt.[119] Verfehlt ist es, Paritätsgrundsatz und Grundsatz der Verhältnismäßigkeit in einen Topf zu werfen.[120] Aufgrund der bisherigen Entwicklung erscheint die praktische Bedeutung der Parität durchaus fragwürdig.

---

[115] Dazu LAG Köln, NZA 1997, 327.

[116] Zu diesem verschieden verwendeten Begriff vgl. *Bötticher,* Waffengleichheit und Gleichbehandlung der Arbeitnehmer im kollektiven Arbeitsrecht, 1956; *Kissel,* Arbeitskampfrecht, 2002, § 32 Rn. 7 ff.; *Zöllner,* S. 24 ff. mit zahlreichen Nachw.; *Konzen,* Der Arbeitskampf im Verfassungs- und Privatrechtssystem, AcP 177 (1977), 473 (525); *Eichmann,* Der Grundsatz der Kampfparität – der augenblickliche Stand der Debatte, RdA 1977, 135; *Th. Raiser,* Der Kampf um die Aussperrung, ZRP 1978, 201; *Mayer-Maly,* Aussperrung und Parität, DB 1979, 95; *v. Münch,* Verfassungsrechtliche Grundlagen des Arbeitskampfrechts, Jura 1979, 25; *Seiter,* S. 412; *Pabst,* Der Begriff „Kampfparität" in der höchstrichterlichen Rechtsprechung, 1980; *Goll,* Arbeitskampfparität und Tariferfolg, 1980; *Rüthers* (Fn. 88), S. 70 ff.; *Scholz/Konzen,* S. 186 ff.; *M. Schneider,* Aussperrung, 1980, S. 21 ff.; *Wenning-Morgenthaler,* Parität im Arbeitskampf, BlStSozArbR 1984, 305; *Richter/ Zwanziger,* Zur Zulässigkeit des Verbringens von Ersatzcrews an Bord bestreikter Schiffe, AuR 1985, 175; *Buchner,* Das Arbeitskampfrecht unter den Anforderungen der Verhandlungsparität und der Staatsneutralität, RdA 1986, 7; *Heenen,* Kampfparität und bilaterales Monopol, 1988; *Hensche,* Zur Praktikabilität und Nutzen des arbeitskampfrechtlichen Paritätsprinzips, RdA 1996, 293. Zur Parität beim Streikeinsatz von Beamten s. die Rspr. und Literatur in Fn. 78, 79.

[117] S. die Nachw. in Fn. 105.

[118] Vgl. *Zöllner,* S. 34; *Rüthers,* in: Brox/Rüthers, Rn. 168.

[119] In einer solchen Bestreikung liegt, auch wenn der Arbeitgeber nicht organisiert ist und sich nur durch Anschluss an einen Arbeitgeberverband schützen könnte, kein Verstoß gegen die negative Koalitionsfreiheit. Zur Problematik vgl. *v. Hoyningen-Huene,* Die Rolle der Verbände bei Firmenarbeitskämpfen, ZfA 1980, 453 mit Nachw.

[120] So aber *BAG* AP Nr. 124 zu Art. 9 GG Arbeitskampf für die Aussperrung gegen einen Kurzstreik.

XI. Rechtswidrigkeit von Sympathiearbeitskämpfen[121]

Sympathiearbeitskämpfe kommen praktisch nur in Form des Sympathiestreiks, selten in Form der Sympathieaussperrung in Betracht (zum Begriff oben § 41 IV 3). Wird ein Arbeitgeber bestreikt, der die erhobene Kampfforderung nicht erfüllen kann, weil die Gewerkschaft von ihm den Abschluss eines Tarifvertrages gar nicht erstrebt, liegt ein Sympathiestreik vor.

Beispiel: Die Arbeitnehmer im Tarifgebiet B streiken aus Solidarität mit den Arbeitnehmern des Tarifgebietes A, für welches die Gewerkschaft den Abschluss eines neuen Tarifvertrages erstrebt.

Ein solcher Unterstützungsstreik ist **unzulässig,** schon weil er nicht dem Ausgleich eines sonst nicht lösbaren Tarifkonfliktes dient.[122] Problematischer sind Unterstützungsarbeitskämpfe, die sich gegen den im Hauptarbeitskampf bestreikten Arbeitgeber richten, aber von Arbeitnehmern durchgeführt werden, die dem Geltungsbereich des umkämpften Tarifvertrages nicht unterfallen.

Beispiel: In einem Betrieb mit Verlagshaus und Druckerei streiken die Journalisten aus Solidarität mit den Druckern, obwohl nur letztere einen Tarifvertrag erstreben, der aber für die Journalisten nicht gilt. Auch solche Arbeitskämpfe sind grundsätzlich unzulässig.[123]

Dies gilt auch für Streiks gegen konzernmäßig verflochtene Unternehmen.[124] Ob ein Streik gegen einen Arbeitgeber, der den im Hauptarbeitskampf bestreikten Unternehmer etwa durch Übernahme der Produktion aktiv unterstützt, rechtmäßig ist, hat das BAG offen gelassen.[125]

XII. Politischer Arbeitskampf[126]

Politische Arbeitskämpfe (zum Begriff oben § 41 IV 2 e) sind ausnahmslos rechtswidrig.

Für Streik und Aussperrung ergibt sich dies bereits daraus, dass sie, wenn sie um politischer Ziele willen geführt werden, nicht tarifvertragsbezogen sein können. Für Massenänderungskündigungen

[121] *Birk,* Die Rechtmäßigkeit gewerkschaftlicher Unterstützungskampfmaßnahmen, 1978; *Seiter* (Fn. 41), S. 44 ff.; *Wohlgemuth,* Rechtsfragen des Solidaritätsstreiks, AuR 1980, 33; *Lieb,* Die Zulässigkeit von Demonstrations- und Sympathiearbeitskämpfen, ZfA 1982, 113; *Plander,* Der Sympathiestreik in der neueren Rechtsprechung des BAG, AuR 1986, 193; *ders.,* Solidaritätsverbot durch Solidaritätsstreikverbot?, ZTR 1989, 135; *Konzen,* Der Sympathiestreik bei inkongruenter Tarifzuständigkeit der Tarifparteien, DB 1990, Beilage 6; *Rüthers,* Die Zulässigkeit von Sympathiearbeitskämpfen im Medienbereich, BB 1990, Beilage 25; *Lieb,* Zur Rechtmäßigkeit von Unterstützungskämpfen insbesondere im Druck- und Verlagsbereich, RdA 1991, 145.
[122] *BAG* AP Nr. 85, 90 zu Art. 9 GG Arbeitskampf. *BAG* AP Nr. 76 (ebenso AP Nr. 85) zu Art. 9 GG Arbeitskampf hatte nur den Verstoß eines solchen Sympathiestreiks gegen die relative Friedenspflicht abgelehnt.
[123] Zur Problematik *Konzen,* DB 1990, Beilage 6; *Rüthers,* BB 1990, Beilage 25 und *Lieb,* RdA 1991, 145.
[124] Vgl. aber *BAG* AP Nr. 34 zu Art. 9 GG Arbeitskampf.
[125] *BAG* AP Nr. 85 zu Art. 9 GG Arbeitskampf.
[126] Dazu *Däubler,* Das Grundrecht auf Streik – eine Skizze, ZfA 1973, 201 (221); *Zöllner,* Über einige extreme Thesen zum Arbeitskampfrecht, ZfA 1973, 227 (240); *v. Maydell,* Arbeitskampf oder politischer Streik?, JZ 1980, 431; *v. Stebut,* Der Arbeitskampf als Prozeß, FS Hilger/Stumpf, 1983, S. 657 (668); *Jacob,* Grenzen des Arbeitskampfrechts im Staatsnotstand, 1985, S. 26 ff.; *Franke/Geraats,* Zulässigkeit von politisch motivierten Arbeitskampfmaßnahmen?, DB 1986, 965.

folgt die Rechtswidrigkeit gem. § 823 II BGB mit § 240 StGB aus der Verwerflichkeit des Zweck-Mittel-Verhältnisses. Je nach Sachlage kann auch versuchte Nötigung eines Verfassungsorgans (§ 105 StGB) vorliegen. Zwar stellt diese Norm kein Schutzgesetz zugunsten des Arbeitsvertragspartners dar, ihre Verletzung reicht aber aus, die kollektive Aktion gesetzwidrig zu machen, so dass sich eine Schadensersatzpflicht auch aus einer Verletzung der Einzelarbeitsverträge ergibt. Darauf, ob der politische Streik arbeitsrechtsbezogen ist oder nicht (zu dieser Unterscheidung oben § 41 IV 2 e), kommt es für die Rechtswidrigkeit nicht an. Zur Begründung der Rechtswidrigkeit vgl. auch oben II 1 b.

XIII. Demonstrationsarbeitskampf

Demonstrationsarbeitskämpfe, die nur in Form des Demonstrationsstreiks vorkommen, sind ebenfalls rechtswidrig.[127] Meinungsäußerung, gleich welcher Art, darf nicht auf Kosten des Vertragspartners erfolgen.

§ 43. Arbeitskampf und Einzelarbeitsverhältnis

Literatur: *Zeuner,* Arbeitskampf und Arbeitsvertrag, JZ 1962, 425. Weitere Literatur bis 1983 s. Voraufl. *Ehmann/Schnauder,* Das Lohnrisiko im Arbeitsfrieden und im Arbeitskampf, Jura 1983, 181; *Richardi,* Die Bedeutung des zivilrechtlichen Haftungssystems für den Arbeitskampf, ZfA 1985, 101; *Löwisch* (Hrsg.), Arbeitskampf- und Schlichtungsrecht, 1997; *Adam,* Das Verhältnis von Arbeitskampfrecht und Schuldrecht, 1988; *Beuthien,* Der Arbeitskampf als Wirtschaftsstörung, 1990; *Lieb,* Zum gegenwärtigen Stand der Arbeitskampfrisikolehre, NZA 1990, 289; *Löwisch/Krauß,* AR-Blattei SD 170.3.1.; *Rieble/Bitterberg,* AR-Blattei SD 170.6.
Lit. zur Problematik der Gewährung von Arbeitslosengeld unten II mit Fn. 14, 16, 17.

Der Arbeitskampf ist nicht nur kollektives Geschehen, sondern führt zwangsläufig zu einer Störung der Individualarbeitsverträge mit ihren Leistungsaustauschbeziehungen. Die Arbeitsverhältnisse werden beim Arbeitskampf – anders als etwa bei der Massenänderungskündigung[1] – nicht vorher aufgelöst, und es gibt auch keine zivilrechtliche Vorschrift wie § 273 BGB, die zum Zwecke der Gestaltung von Arbeitsbedingungen ein Recht zur Zurückbehaltung der Leistung gewähren würde.

I. Suspendierung der eigenen Hauptpflicht

Die Teilnahme eines Arbeitnehmers an einem rechtmäßigen Streik und die rechtmäßige Aussperrung durch einen Arbeitgeber bzw. (bei Verbandsangehörigkeit) seine Teilnahme an einer rechtmäßigen Aussperrung stellen keine rechtswidrige Arbeitsvertragsverletzung dar. Dogmatisch ist dies am besten in das **Recht der Leistungsstörungen** einzuordnen, indem man eine durch die Arbeitskampfteilnahme eintretende Suspendierung der jeweiligen Hauptleistungspflicht annimmt.[2] Hierdurch scheiden

---

[127] *LAG München* NJW 1980, 957; *BAG* AP Nr. 82 zu Art. 9 GG Arbeitskampf (das Ausfallen lassen des Unterrichts durch einen angestellten Lehrer, damit er an einer Demonstration teilnehmen konnte, wurde als rechtswidrig qualifiziert).
[1] Hierzu oben § 41 V 1 b, VI 4.
[2] *BAG* AP Nr. 156 zu Art. 9 GG Arbeitskampf.

Schadensersatzansprüche nach §§ 280 ff. BGB aus. Wenig geklärt ist die Frage, ob das einzelvertragliche Recht zur Arbeitskampfteilnahme als *Gestaltungsrecht* anzusehen ist, das durch rechtsgestaltende Willenserklärung auszuüben ist.[3]

Nicht suspendiert werden die meisten **Nebenpflichten** (§ 241 II BGB), insbesondere auch nicht die Pflicht zur Verschwiegenheit, zur Unterlassung von Wettbewerb und die Fürsorgepflicht des Arbeitgebers. Dieser braucht jedoch während des Streiks einem Arbeitnehmer keinen Urlaub zu erteilen.[4] Ein bereits bewilligter Urlaub wird durch einen Streik allerdings nicht unterbrochen.[5] Zur Lohnfortzahlung bei Krankheit s. oben § 42 VII.

II. Wegfall der Gegenleistung

Unstreitig bewirkt die Suspendierung der Hauptleistungspflicht des einen Teils, dass auch der andere Teil nicht verpflichtet ist, seine Gegenleistung zu erbringen. Für den Streik ergibt sich dies aus § 326 I 1 BGB.[6] Der Wegfall des Lohnanspruches ist das Opfer der Arbeitnehmer für ihren (zumeist erfolgreichen) Versuch der kampfweisen Verbesserung der Arbeitsbedingungen. Die Pflicht zur Lohnzahlung beginnt erst wieder mit der Wiederaufnahme der Arbeit.[7] Die Aussperrung ist das verfassungsmäßig garantierte[8] Recht der Arbeitgeberseite, ihre Leistungen, nämlich das Zurverfügungstellen des Arbeitsplatzes und die Zahlung des Lohnes und der Nebenleistungen,[9] zurückzuhalten, so dass schon deshalb eine individualvertragliche Pflicht nicht besteht. Das soll nach Ansicht der Rechtsprechung allerdings nicht für Arbeitnehmer gelten, die vor Beginn des Arbeitskampfes für einen festliegenden Zeitraum von der Arbeitspflicht befreit wurden.[10] Den Arbeitnehmern wird bei der Aussperrung die Erbringung ihrer Leistung unmöglich, so dass sie nach § 275 I BGB frei werden.[11] Dies gilt jedoch nur, wenn tatsächlich eine Leistungsverweigerung und nicht etwa eine Streikteilnahme in der Freizeit oder während regulärer Pausen stattgefunden hat.[12]

Bei gewerkschaftlich geführten Streiks zahlt die Gewerkschaft gemäß ihren Regelungen **Streikunterstützung** (nur) für ihre Mitglieder. Sie wird gelegentlich aber auch Außenseitern gewährt. Die Höhe der Streikunterstützung ist beachtlich, erreicht aber i.d.R. das Nettoeinkommen nicht.[13] Der

---

[3] Vgl. dazu *Seiter*, Streikrecht und Aussperrungsrecht, 1975, S. 270 ff.; s. auch *Loritz*, in: Lieb/v. Stebut/Zöllner (Hrsg.), Arbeitskampfrecht, 1990, S. 117 ff.

[4] Vgl. *BAG* AP Nr. 35 zu Art. 9 GG Arbeitskampf.

[5] Vgl. *BAG* AP Nr. 16 zu § 11 BUrlG. Der Arbeitgeber muss das Urlaubsgeld auch (weiterhin) während des Streiks bezahlen (so auch *BAG* AP Nr. 58 zu § 1 FeiertagslohnzahlungsG).

[6] Vgl. zur Sonderproblematik bei Gleitzeitregelungen *BAG* SAE 1996, 323 mit Anm. *Hergenröder*.

[7] Zu Recht hat das *BAG* AP Nr. 57 zu § 1 FeiertagslohnzahlungsG entschieden, dass auch Feiertage nur bezahlt werden müssten, wenn die Gewerkschaft vorher eindeutig dem Arbeitgeber das Ende des Streiks mitgeteilt habe; vgl. ferner *BAG* AP Nr. 146 zu Art. 9 GG Arbeitskampf.

[8] S. oben § 42 II 1.

[9] Hierzu auch oben § 42 VII.

[10] *BAG* AP Nr. 114 zu Art. 9 GG Arbeitskampf.

[11] Bei bloßer kampfweiser Verweigerung des Lohnanspruches (oben § 39 IV 2 a) werden die Arbeitnehmer entsprechend dem Rechtsgedanken der §§ 320, 323, 326 BGB von der Leistungspflicht frei, soweit sie für ihre Arbeit keinen Lohn erhalten.

[12] *BAG* BB 2006, 716; *Wolff/Degenhardt*, Streikteilnahme im Rahmen von Gleitzeit – Steuerungsmöglichkeiten für Arbeitnehmer, BB 2006, 1965.

[13] Zahlenangaben bei *Zöllner*, Aussperrung und arbeitskampfrechtliche Parität, 1974, S. 39. S. auch den insoweit instruktiven Sachverhalt von *BAG* AP Nr. 84 zu Art. 9 GG Arbeitskampf. Streikgelder und Aussperrungsunterstützungen unterliegen nach der Rechtsprechung des *BFH* (NJW 1991, 1007;

unmittelbar kampfbetroffene Arbeitnehmer erhält keine Leistungen der Arbeitslosenversicherung (vgl. § 146 SGB III), weil ansonsten die staatliche Neutralitätspflicht in Arbeitskämpfen verletzt würde. Um § 116 AFG a. F. gab es aber seit den Arbeitskämpfen des Jahres 1984 erheblichen Streit in Bezug auf die Verpflichtung der Bundesanstalt für Arbeit, **mittelbar** vom Arbeitskampf betroffenen Arbeitnehmern Leistungen zu gewähren bzw. zu versagen.[14] § 116 AFG a. F. wurde dann durch Gesetz vom 15. 5. 1986[15] neu gefasst und danach in § 146 III SGB III übernommen. Danach hat ein mittelbar vom Arbeitskampf betroffener und dadurch arbeitslos gewordener Arbeitnehmer keinen Anspruch auf Arbeitslosengeld, wenn der Beschäftigungsbetrieb „dem räumlichen und fachlichen Geltungsbereich des umkämpften Tarifvertrages zuzuordnen ist" oder wenn er allein dessen fachlichem Geltungsbereich unterfällt und im räumlichen Geltungsbereich „eine Forderung erhoben worden ist, die einer Hauptforderung des Arbeitskampfes nach Art und Umfang gleich ist, ohne mit ihr übereinstimmen zu müssen" und Voraussetzung ist, dass das Arbeitskampfergebnis „aller Voraussicht nach in dem räumlichen Geltungsbereich des nicht umkämpften Tarifvertrages im wesentlichen übernommen wird".[16] § 116 AFG war nach Ansicht des BVerfG[17] verfassungsgemäß.

Auswirkungen hat ein Arbeitskampf auch auf die Kranken- und die Rentenversicherung.[18]

Zum Wegfall der Lohnzahlungspflicht beim Streik kommt es auch gegenüber Arbeitnehmern, die am Streik nicht teilnehmen, aber wegen des Streiks nicht beschäftigt werden können. Dieser Fragenkreis wird systematisch dem Leistungsstörungsrecht zugeordnet[19] (streitig).

III. Außerordentliche Kündigung bei Streik

Weithin besteht Einigkeit, dass der Arbeitgeber beim rechtmäßigen Streik kein Recht zur fristlosen Kündigung des Arbeitsverhältnisses aus wichtigem Grund (§ 626 BGB) hat. Das BAG gewährt ihm in Sonderfällen (etwa wenn der Betrieb dauernd eingeschränkt oder gar stillgelegt wird oder der Arbeitsplatz inzwischen mit einem anderen Arbeitnehmer besetzt wurde) **ein eigenständiges arbeitskampfrechtliches**

---

a. A. noch *BFH* BStBl. II 1982, 552) nicht mehr der Besteuerung mit Einkommensteuer; a. A. *Knobbe-Keuk*, DB 1992, Beilage 6 zu Heft 17.

[14] Umfassend zur Problematik und insbes. zur sog. Neutralitätsanordnung des Verwaltungsrates der Bundesanstalt für Arbeit von 1973 *Seiter*, Staatliche Neutralität im Arbeitskampf, 1985; *W. Schmidt*, ZfA 1985, 159; *G. Müller*, Arbeitskampf und Arbeitskampfrecht, insbesondere die Neutralität des Staates und verfahrensrechtliche Fragen, Forschungsbericht 125, hrsg. vom BMA, 1985; hierzu *Buchner*, Das Arbeitskampfrecht unter den Anforderungen der Verhandlungsparität und der Staatsneutralität, RdA 1986, 7; aus der Rechtsprechung statt aller BSG SozR 4100, § 116 AFG Nr. 1; NZA 1991, 982.

[15] BGBl. I, 740.

[16] Zu § 116 AFG vgl. *Isensee*, Die Neuregelung der Arbeitskampf-Neutralität nach § 116 AFG und die Vorgaben der Verfassung, DB 1986, 429; *Löwisch*, Das Gesetz zur Sicherung der Neutralität der Bundesanstalt für Arbeit in Arbeitskämpfen, NZA 1986, 345; *Seiter*, Staatsneutralität im Arbeitskampf, 1987, S. 151 ff.; *Ossenbühl/Richardi*, Neutralität im Arbeitskampf, zur Neufassung des § 116 AFG, 1987; *Denck*, Verteilungskampf im Arbeits- und Sozialrecht – Notwendigkeit einer Ordnung, NZA 1987, 433; *Löwisch/Kreuß*, AR-Blattei SD 170. 3.

[17] BVerfG AP Nr. 4 zu § 116 AFG = SAE 1996, 202 mit Anm. *Konzen* = JZ 1995, 1169 mit Anm. *Lieb*; s. ferner *Griese*, Mittelbar arbeitskampfbetroffene Arbeitnehmer – Folgerungen aus dem Urteil des Bundesverfassungsgerichts vom 4. 7. 1995, ArbRGegw. 1996, 33; *Schulin/Wietek*, ArbRGegw. 1996, 21; zum Streit im Vorfeld dieser Entscheidung: *Ossenbühl/Richardi* (Fn. 143), S. 159 ff.; *Denck*, Reform des § 116 AFG und eigentumsgrundrechtlicher Schutz des Versicherten, ZfA 1986, 109; *Otto*, Die Verteilung des Arbeitskampfrisikos und § 116 AFG 1986, RdA 1987, 1; *Papier*, Die verfassungsrechtliche Diskussion um den „Streikparagraphen", ZRP 1986, 72; *ders.*, Schutz des sozialen Eigentums und Neutralität im Arbeitskampf, DVBl. 1986, 577; *Seiter*, Staatsneutralität im Arbeitskampf, 1987, S. 300 ff.; *Benda*, Sozialrechtliche Eigentumspositionen im Arbeitskampf, 1986.

[18] BSGE 37, 10 (GS). Dazu *Säcker*, Gruppenparität und Staatsneutralität als verfassungsrechtliche Grundprinzipien des Arbeitskampfrechts, 1974; *Schwerdtfeger*, Arbeitslosenversicherung und Arbeitskampf, 1974; *Wannagat/Pfaff*, Streik und Aussperrung im Sozialversicherungsrecht, GS Kahn-Freund, 1980, S. 327 ff.; *Wohlgemuth/Gerloff*, Die Sozialversicherungsverhältnisse der mittelbar Betroffenen im Arbeitskampf, AuR 1982, 297; *Jülicher*, in: Brox/Rüthers, Arbeitskampf, Rn. 777 ff.

[19] Dazu oben § 19 V 2, 3, 4 und § 41 VI 2.

Lösungsrecht.[20] Diese freie richterliche Erfindung ist überflüssig.[21] Stattdessen sollte man § 626 BGB differenzierend anwenden:

(1) Die Teilnahme an einem rechtmäßigen Streik allein stellt keinen wichtigen Grund zur Kündigung dar, weil dieses rechtmäßige Verhalten dem Arbeitgeber die Vertragsfortsetzung nicht unzumutbar macht.

(2) Unzumutbarkeit kann nur bei *zusätzlichen* besonderen Umständen, etwa solchen wie den vorstehend (beim Lösungsrecht des BAG) genannten, gegeben sein.[22]

> Außerordentliche Kündigungen sind keine Maßnahmen in wirtschaftlichen Kämpfen i.S.d. § 25 KSchG[23] und unterliegen deshalb der Nachprüfung gemäß § 13 I 2 KSchG.

(3) Die Teilnahme an einem **rechtswidrigen Streik** ist Arbeitsvertragsbruch und kann mitunter, nicht aber generell einen wichtigen Grund zur außerordentlichen Kündigung darstellen.[24] Ein wichtiger Grund liegt z.B. nicht vor, wenn der streikende Arbeitnehmer unverschuldet von der Rechtmäßigkeit der Arbeitsverweigerung ausging.[25]

(4) Arbeitswillige Arbeitnehmer, die nach Arbeitskampfrisikogrundsätzen ihren Lohn verlieren, können das Arbeitsverhältnis aus wichtigem Grund kündigen, etwa wenn sie eine andere Tätigkeit aufnehmen wollen. Die eigene Streikteilnahme selbst stellt für die Arbeitnehmer jedoch keinen Grund für die Kündigung dar.

IV. Lösung der Arbeitsverhältnisse bei Aussperrung

1. Die **Angriffsaussperrung** löst nach inzwischen allg. Ansicht die Arbeitsverhältnisse nicht, sondern suspendiert nur die Beschäftigungs- und Lohnzahlungspflicht des Arbeitgebers und die Arbeitspflicht des Arbeitnehmers.

2. Auch die **Abwehraussperrung** hat im Gegensatz zur früheren Ansicht des BAG[26] nur suspendierende und keine lösende Wirkung. Die seinerzeitige Begründung des BAG, ein Arbeitgeber müsse aus Gründen der Parität dem suspendierenden Streik durch ein schärfer wirkendes Kampfmittel entgegentreten können, trifft nicht zu. Die **Kampfparität** ist gewahrt, wenn durch eine (suspendierende) Abwehraussperrung der Kampfrahmen im erforderlichen Umfang[27] vergrößert werden kann.[28] In seiner späteren Rechtsprechung hat das BAG die Möglichkeit lösender Aussperrung eingeschränkt.[29] Sie soll nur noch unter besonderen Umständen zur Verfügung stehen (z.B. bei besonderer Intensität oder langer Dauer des Streiks, bei Rationalisierungsmaß-

---

[20] *BAG* GS AP Nr. 43 zu Art. 9 GG Arbeitskampf.

[21] Grundlegend *Zeuner,* JZ 1962, 425 ff. Kritisch zu dieser hier geäußerten Kritik *Seiter,* Arbeitskampfparität und Übermaßverbot, 1979, S. 76, Fn. 329.

[22] Ähnlich im Ansatz *Rüthers,* Zur Beseitigung von Arbeitsverträgen durch Aussperrung, DB 1969, 967 (971 f.).

[23] S. unter V 2.

[24] *BAG* AP Nr. 41 zu Art. 9 GG Arbeitskampf für die Teilnahme am wilden Streik.

[25] Vgl. auch *BAG* AP Nr. 59 zu Art. 9 GG Arbeitskampf, das zu weitgehend das Verschulden ablehnte und schwerlich eine klare Linie erkennen lässt.

[26] *BAG* GS AP Nr. 1 zu Art. 9 GG Arbeitskampf, das diese Meinung im Anschluss an *Nipperdey* (6. Aufl., 1959, S. 619 f.) vertreten hatte.

[27] Hierzu auch oben § 41 VI.

[28] Näher begründet bei *Zöllner,* Aussperrung und arbeitskampfrechtliche Parität, 1974, insb. S. 58.

[29] *BAG* GS AP Nr. 43 zu Art. 9 GG Arbeitskampf.

nahmen und bei Besetzung von Arbeitsplätzen). Im Gegensatz zu dieser Auffassung genügt es, den Arbeitgeber auf das Recht der außerordentlichen Kündigung aus wichtigem Grund zu verweisen, vgl. oben III.

Im Ergebnis werden sich nur wenige Unterschiede zur Meinung des BAG ergeben, die im Grunde nur eine Konkretisierung der Unzumutbarkeitsvoraussetzungen für die Weiterbeschäftigung streikender Arbeitnehmer darstellt. In der Sache wird von ihr aber jedenfalls insoweit abgewichen, als nach hier vertretener Auffassung einmal besondere Intensität oder lange Dauer eines Streiks allein keinen Lösungsgrund darstellen können; sie tun dies nur, wenn sie den Arbeitgeber dazu zwingen, den Betrieb einzuschränken. Ferner kann die Durchführung von Rationalisierungsmaßnahmen während eines Streiks, anders als nach der vom BAG vertretenen Auffassung, nur die ordentliche Kündigung sozial rechtfertigen.

3. Für den betroffenen **Arbeitnehmer** stellt die rechtmäßige Aussperrung als solche keinen wichtigen Grund zur Lösung des Arbeitsverhältnisses dar. Ein besonderes arbeitskampfrechtliches Recht zur sog. **Abkehr,** also ein Recht, sich durch einseitige Erklärung fristlos aus dem durch Aussperrung suspendierten Arbeitsverhältnis zu lösen,[30] hat der Arbeitnehmer nicht. Auch insoweit handelt es sich um eine unnötige Rechtsfortbildung. Der Arbeitnehmer kann sich aus seinem Arbeitsverhältnis fristlos durch außerordentliche Kündigung lösen, wenn nach den Gesamtumständen ein wichtiger Grund vorliegt. Das ist nur der Fall, wenn ihm die Einhaltung der ordentlichen Kündigungsfrist nicht zumutbar ist, so etwa, wenn es sich um einen Arbeitskampf von voraussichtlich längerer Dauer handelt.

4. Eine **rechtswidrige Aussperrung** wird der Arbeitnehmer jedenfalls bei längerer Dauer mit der außerordentlichen Kündigung beantworten dürfen. Verschulden des Arbeitgebers wird allerdings nicht immer vorliegen, weil die Beurteilung der Rechtmäßigkeitsvoraussetzungen durch die Rechtsprechung des BAG sehr schwierig geworden ist. Auch dann kann aber ein wichtiger Grund zu bejahen sein.

V. Ordentliche Kündigung während Streik und Aussperrung

1. Kein Zweifel besteht, dass der **Arbeitnehmer** während eines Streiks oder einer Aussperrung sein Arbeitsverhältnis durch ordentliche Kündigung lösen kann. Es kommt nicht darauf an, ob der Arbeitskampf den Grund für diese Kündigung darstellt oder nicht.

2. Auch der **Arbeitgeber** ist während des Arbeitskampfes nicht generell gehindert, ordentliche Kündigungen zu erklären. Er darf dies allerdings nur, soweit er hierdurch eine endgültige Beendigung des Arbeitsverhältnisses erstrebt. § 25 KSchG, wonach die Vorschriften des KSchG keine Anwendung auf Kündigungen und Entlassungen in Arbeitskämpfen finden, ist heute überholt und bedarf weitgehender interpretatorischer Einschränkung. Endgültige Kündigungen, die der Arbeitgeber etwa zum Zweck der Betriebseinschränkung ausspricht, können daher auf ihre Sozialwidrigkeit überprüft werden, und bei Massenkündigungen müssen die §§ 17ff. KSchG beachtet werden. Der Kündigungsschutz der Mitglieder betriebsverfassungsrechtlicher Organe nach § 15 KSchG ist während eines Arbeitskampfes nicht außer Kraft gesetzt.

VI. Besondere Arbeitnehmergruppen im Arbeitskampf

Grundsätzlich dürfen alle Arbeitnehmer streiken und ausgesperrt werden. Für **Schwerbehinderte** hat das BAG – von seinem Standpunkt aus konsequent – ausgesprochen, sie dürften nur suspendierend ausgesperrt werden.[31] § 91 VI SGB IX schreibt vor, dass Schwerbehinderte, denen lediglich aus Anlass

---

[30] So *BAG (GS)* AP Nr. 43 zu Art. 9 GG Arbeitskampf unter Teil III C 4. Aus der Literatur, dem *BAG* zustimmend, *Seiter* (Fn. 130), S. 275f. Wie hier *Konzen,* Der Arbeitskampf im Verfassungs- und Privatrechtssystem, AcP 177 (1977), 473 (519f.); *Brox,* in: Brox/Rüthers, Rn. 319.

[31] *BAG* GS AP Nr. 43 zu Art. 9 GG Arbeitskampf, Gr. Teil III C 5; die Zulässigkeit der suspendierenden Aussperrung von Schwerbehinderten hat *BAG* AP Nr. 107 zu Art. 9 GG Arbeitskampf bestätigt.

eines Streiks oder einer Aussperrung fristlos gekündigt wurde, danach wieder einzustellen sind. Diese Vorschrift ist heute, da ohnehin grundsätzlich nur suspendierend ausgesperrt werden darf, weithin überflüssig, zeigt aber, dass der Gesetzgeber die Aussperrung Schwerbehinderter für grundsätzlich zulässig erachtet.

Auch **Arbeitnehmerinnen, die den Schutz des MuSchG genießen,** dürfen suspendierend ausgesperrt werden.[32]

Betriebsratsmitglieder dürfen ebenfalls streiken und (suspendierend) ausgesperrt werden.[33] Ihr Entgeltanspruch entfällt dann sogar für die Zeit, in der sie während des Streiks oder während der Aussperrung Betriebsratsaufgaben wahrnehmen.[34]

Auch **erkrankte Arbeitnehmer** dürfen ausgesperrt werden und haben dann keinen Anspruch auf Lohnfortzahlung.[35]

Zur Arbeitskampfteilnahme von **Auszubildenden** oben § 28 IV.

VII. Wiedereinstellungspflicht nach Arbeitskämpfen

Die Wiedereinstellungspflicht nach Arbeitskämpfen hat ihre frühere große Bedeutung verloren, seit rechtmäßige Arbeitskämpfe praktisch nur noch suspendierend geführt werden. Begrenzt man die fristlose Entlassungsmöglichkeit des Arbeitgebers wie hier auf wichtige Gründe, so wird eine Wiedereinstellung praktisch nicht in Betracht kommen. Erkennt man dagegen ein weitergehendes Lösungsrecht des Arbeitgebers bei der Abwehraussperrung an, so muss nach Beendigung des Arbeitskampfes den lösend ausgesperrten Arbeitnehmern ein Anspruch auf Wiedereinstellung zuerkannt werden, soweit ihre Arbeitsplätze noch bestehen und unbesetzt sind. Kein Wiedereinstellungsanspruch besteht nach **rechtswidrigen Arbeitskämpfen,** wenn die Arbeitsverhältnisse wirksam gekündigt worden sind. Hier muss der Arbeitgeber, falls er Entlassene wieder einstellt, lediglich den *Gleichbehandlungsgrundsatz* soweit wie möglich wahren.

VIII. Umgestaltung arbeitsvertraglicher Pflichten

Eine Umgestaltung arbeitsvertraglicher Pflichten während des Arbeitskampfes bei nicht am Arbeitskampf teilnehmenden Arbeitnehmern findet grundsätzlich nicht statt. Zwar müssen sie u.U. gewisse Notdienst- und Erhaltungsarbeiten durchführen (vgl. dazu oben § 42 VII), jedoch nicht in weitergehenderem Umfang als außerhalb eines Arbeitskampfes. Ein besonderes Problem stellt die Frage der Verpflichtung zur Übernahme sog. **Streikarbeit dar,** d.h. von Arbeiten, die vor dem Arbeitskampf durch jetzt Streikende ausgeführt wurden.[36] Der Arbeitnehmer braucht sie, jedenfalls bei rechtmäßigen Streiks, nur zu übernehmen, wenn er sich entweder für diese Arbeit hat neu einstellen lassen oder wenn sie ohnehin in seinen laufenden Pflichtenkreis im Rahmen der konkreten Aufgabenverteilung fällt. Will er im letzteren Fall die Arbeit ablehnen, muss er sich dem Streik anschließen. Bei einem rechtswidrigen Streik wird man ihm jedoch ein Recht zur Verweigerung von Streikarbeit nicht einräumen können.

Zu den Verpflichtungen der Beamten bei Streiks im öffentlichen Dienst oben § 42 VI 7 d.

---

[32] Vgl. *BAG* AP Nr. 4 zu § 14 MuSchG 1968. Unzulässig ist aber, auch wenn man sie ansonsten zulässt (s. oben IV 2), die lösende Aussperrung (*BAG* AP Nr. 43 zu Art. 9 GG Arbeitskampf, Gr. Teil III C 5).

[33] Oben § 40 VII m.N. in Fn. 33; *BAG* GS AP Nr. 1 zu Art. 9 GG Arbeitskampf; AP Nr. 43 zu Art. 9 GG Arbeitskampf, Gr. Teil III; AP Nr. 110 zu Art. 9 GG Arbeitskampf.

[34] Bezüglich der Aussperrung entschieden von *BAG* AP Nr. 110 zu Art. 9 GG Arbeitskampf. A. A. zur Entlohnung bei Teilnahme an Betriebsversammlungen *BAG* BB 1988, 343 und bei Teilnahme an Schulungsveranstaltungen *BAG* AP Nr. 114 zu Art. 9 GG Arbeitskampf.

[35] *BAG* AP Nr. 107 zu Art. 9 GG Arbeitskampf. S. bereits oben § 40 VII.

[36] Hierzu *Rüthers,* Solidaritätsprinzip und Vertragstreue im Arbeitskampf, ZfA 1972, 403. Zu weitgehend in Bezug auf das Recht zur Arbeitsverweigerung *Büchner,* Rechtsprobleme der Streikarbeit, Diss. iur., Frankfurt 1986; *ders.,* Die Streikarbeit im Arbeitsrecht, insbesondere bei ausgelagerter Produktion, DB 1988, 393 ff.; *Nicolai,* Verweigerung von Streikarbeit, 1993. Dieser Grundsatz ist für einen Spezialfall in § 11 V AÜG geregelt. Danach sind Leiharbeitnehmer nicht verpflichtet, „bei einem Entleiher tätig zu sein, soweit dieser durch einen Arbeitskampf unmittelbar betroffen ist".

§ 44. Schlichtungswesen

Literatur: *Kirchner,* Vereinbarte Schlichtung und vereinbarte Schiedsgerichtsbarkeit – Abgrenzungsprobleme, RdA 1966, 1; *Isele,* Rechtsprobleme staatlicher Schlichtung, in: Abhandlungen der Geistes- und Sozialwissenschaftlichen Klasse (Hrsg.: Akademie der Wissenschaften und der Literatur), 1968, S. 1 ff.; *Boldt,* Zur Gestaltung des Schlichtungsverfahrens bei kollektiven Arbeitsstreitigkeiten in der Bundesrepublik Deutschland, FS Paul Horion, 1972, S. 69; *Lieb,* Vorbeugende Schlichtung unter Beteiligung Dritter, FS Hanau, 1999, S. 56 ff.; *Rüthers,* Tarifautonomie und Schlichtungszwang, GS Dietz, 1973, S. 299 (weitgehend identisch: Tarifautonomie und gerichtliche Zwangsschlichtung, 1973); *Söllner,* „Schlichten ist kein Richten", ZfA 1982, 1; *Lohr,* Determinanten des Schlichtungsprozesses, Diss. rer. pol. Mannheim 1982; *Brox,* in: Brox/Rüthers, Rn. 682 ff.; *Bünger/Moritz,* Schlichtung im Arbeitsverhältnis, in: Gegentendenzen zur Verrechtlichung (Hrsg. R. Voigt), 1983, S. 172 ff.; *F. Schilling,* Der Einigungsprozeß bei Tarifverhandlungen, 1984; *Löwisch* (Hrsg.), Arbeitskampf- und Schlichtungsrecht, 1997; *Otto,* in: Münchener Handbuch zum Arbeitsrecht, 2. Aufl., 2000, §§ 294 ff.; *Löwisch/Rumler,* AR-Blattei SD 170. 11.

I. Begriff und Gegenstand der Schlichtung

Schlichtung ist Hilfeleistung in einem Streit über eine zu treffende Regelung zur Herbeiführung dieser Regelung. Ihr Gegenstand sind **Regelungsstreitigkeiten.** Sie steht damit im Gegensatz zur Entscheidung eines Rechtsstreits, die durch Anwendung von Rechtsnormen erfolgt. Im Arbeitsrecht ist **Schlichtung im weiteren Sinn** die Hilfeleistung zur Herbeiführung einer Gesamtvereinbarung. Insofern hat sie große Bedeutung im Betriebsverfassungsrecht (dazu unten § 48 IV). Das Verfahren vor den Einigungsstellen (§ 76 BetrVG) ist nichts anderes als ein Schlichtungsverfahren. Einen zweiten, zahlenmäßig zwar geringeren, aber gesamtwirtschaftlich bedeutenden Bereich nimmt die Schlichtung im engeren Sinn ein, die im Zusammenhang mit dem Tarifvertrags- und Arbeitskampfwesen steht.

Schlichtung im engeren Sinn bedeutet die Hilfeleistung zur Herbeiführung eines Tarifvertrags. Ihr Zweck ist es, tarifvertragsbezogene Arbeitskämpfe zu vermeiden oder zu beenden. Nur von dieser Schlichtung ist im Folgenden die Rede. Sie ist wiederum streng zu unterscheiden von Schiedsverfahren, die an Stelle der Arbeitsgerichte Streitigkeiten zwischen Tarifparteien aus Tarifverträgen und über deren Bestehen klären sollen (vgl. § 101 ArbGG; hierzu unten § 55 III).

II. Arten der Schlichtung

Bei der Schlichtung im engeren Sinn sind zwei Arten zu unterscheiden: die zwischen den Tarifvertragsparteien vereinbarte und die auf Gesetz beruhende staatliche Schlichtung.

1. Die Tarifvertragsparteien können durch Tarifvertrag ein **Schlichtungsverfahren vereinbaren.**

a) Derartige Schlichtungsvereinbarungen können ad hoc für eine anstehende Tarifauseinandersetzung getroffen werden, sie können zusammen mit einem bestimmten Tarifvertrag für die nach seiner Beendigung erforderlichen Neuverhandlungen vorgesehen und sie können schließlich umfassend für alle Tarifstreitigkeiten zwischen bestimmten Verhandlungspartnern geschaffen werden. Zwischen vielen Gewerkschaften und ihren gegnerischen Arbeitgeberverbänden bestehen umfassende **Schlichtungsabkommen**.[1] Der Sinn solcher Abkommen liegt regelmäßig darin, dass vor Beendigung des Schlichtungsverfahrens Kampfmaßnahmen nicht zulässig sind. Die Schlichtungsvereinbarung lässt sich daher i.d.R. tarifrechtlich als Erweiterung der tariflichen Friedenspflicht deuten.[2] Darüber hinaus ergibt sich die Unzulässigkeit von Kampfmaßnahmen auch aus dem ultima-ratio-Prinzip (vgl. dazu oben § 42 VI 4).

b) Das **Schlichtungsverfahren** ist in den einzelnen Schlichtungsabkommen teilweise unterschiedlich geregelt. Die Tarifvertragspartner haben bei der Gestaltung weitgehende Freiheit. Voraussetzung des Schlichtungsverfahrens ist i.d.R., dass die zunächst einzuleitenden Vertragsverhandlungen gescheitert sind. Ob das Schlichtungsverfahren eines Antrags bedarf oder nach Erklärung des Scheiterns der Verhandlungen von selbst in Gang kommt, hängt von der Regelung im Schlichtungsabkommen ab. Meistens bestehen die **Schlichtungsstellen** aus mehreren Beisitzern, die von beiden Seiten benannt werden, und einem unparteiischen Vorsitzenden, auf den sich entweder beide Seiten einigen müssen oder der von dritter Seite zu bestellen ist.

c) **Ziel des Verfahrens** kann es zunächst sein, die Standpunkte der Tarifvertragsparteien einander so anzunähern, dass eine Einigung direkt erzielt werden kann, im ferneren aber, wenn dies nicht gelingt, einen Einigungsvorschlag zu erarbeiten. Dazu muss die Schlichtungsstelle die streitenden Parteien anhören und soweit wie möglich die Berechtigung ihrer Argumente prüfen. Vielfach wird es dabei auch um volkswirtschaftliche und betriebswirtschaftliche Fragen gehen, zu deren Klärung die Anhörung von Sachverständigen erfolgen kann.

d) Der **Einigungsvorschlag** wird nur verbindlich, wenn ihm beide Teile zustimmen. Durch die Zustimmung kommt ein Tarifvertrag zustande.[3] Möglich, aber praktisch selten ist der Fall, dass sich die Parteien im vorhinein einem Spruch der Schlichtungsstelle unterworfen haben.

2. Die **staatliche Schlichtung** findet ihre Grundlage im Kontrollratsgesetz Nr. 35 über die Ausgleichs- und Schiedsverfahren in Arbeitsstreitigkeiten von 1946[4] sowie in landesrechtlichen Schlichtungsregelungen. Gegenüber der vereinbarten Schlichtung ist das staatliche Schlichtungsverfahren *subsidiär*. Es greift nur ein, wo ein vereinbartes Schlichtungsverfahren nicht besteht oder wo es erfolglos geblieben ist.

a) Das Verfahren nach dem KRG Nr. 35 findet nur statt, wenn beide Parteien die Streitigkeiten den nach dem Gesetz zuständigen Stellen übergeben. Es hat daher heute in der Praxis keine große Bedeutung mehr.

b) Dagegen kann nach wenigen landesrechtlichen Regelungen der Staat von sich aus die Parteien zu einem Schlichtungsverfahren zwingen, vgl. etwa die Vorschrift des § 12 II des Badischen Landesgeset-

---

[1] Vgl. dazu die Muster-Schlichtungsvereinbarung v. 7. 9. 1954 („Margarethenhof-Abkommen"), die vom DGB und der BDA den Mitgliedsverbänden zur Übernahme empfohlen worden ist (abgedruckt RdA 1954, 383; hierzu auch *Erdmann*, Die Schlichtungsvereinbarung vom 7. September 1954, RdA 1955, 1). Vgl. auch die Schlichtungsvereinbarung in der Metallindustrie, RdA 1980, 165 (dazu *Kirchner*, RdA 1980, 129), in der Chemischen Industrie, RdA 1982, 119, und in der Ernährungsindustrie, RdA 1955, 384.

[2] Abweichend *Ramm*, Die Anerkennung des Streikrechts, AuR 1967, 97, der nur eine unvollkommene Verbindlichkeit annehmen will.

[3] Zur normativen Tarifwirkung eines Schiedsspruches und dessen Auslegung vgl. *BAG* AP Nr. 2 zu § 1 TVG Tarifverträge-Schuhindustrie.

[4] Vgl. hierzu *Lembke*, Staatliche Schlichtung in Arbeitsstreitigkeiten nach dem Kontrollratsgesetz Nr. 35, RdA 2000, 223.

zes über das Schlichtungswesen bei Arbeitsstreitigkeiten,[5] die bei wesentlicher öffentlicher Bedeutung die Einleitung von Amts wegen gestattet. Sehr weitgehend ist die Regelung in § 18 I dieses Gesetzes, wonach der Schiedsspruch der Schlichtungsbehörde, wenn es das öffentliche Interesse erfordert, für verbindlich erklärt werden kann. Darin liegt ein, wenn auch beschränktes **Zwangsschlichtungsverfahren.** Die verfassungsrechtliche Zulässigkeit eines solchen Verfahrens hängt davon ab, unter welchen Voraussetzungen ein öffentliches Interesse für die Verbindlichkeit des Schiedsspruchs bejaht wird. Setzt man diese Voraussetzungen niedrig an, liegt in der Zwangsschlichtung ein Eingriff in die durch das Koalitionsrecht des Art. 9 III GG gewährleistete Tarifautonomie. Beschränkt man die Zwangsschlichtung dagegen auf außergewöhnliche Umstände, in denen schwerwiegende öffentliche Interessen auf dem Spiel stehen – die Zulässigkeit des Arbeitskampfes ist dann ohnehin fraglich –, so lässt sich die Verfassungswidrigkeit schwerlich begründen, weil dadurch die Tarifautonomie jedenfalls nicht in ihrem Kernbereich betroffen wird.[6]

3. Keine Zwangsschlichtung im erörterten Sinn läge vor, wenn der Staat die **Durchführung eines Schlichtungsverfahrens vor Arbeitskämpfen** zur Pflicht machen, den Kampfparteien aber freistellen würde, das Ergebnis zu akzeptieren. Man kann geteilter Meinung sein, ob eine solche generelle Regelung zweckmäßig wäre.[7]

4. Keine Schlichtung im eben dargestellten Sinne stellt die häufig in den Medien vorkommende „besondere Schlichtung" durch Politiker dar, die dann stattfindet, wenn das Schlichtungsverfahren im Rechtssinne gescheitert ist.

Dritter Abschnitt.
Mitbestimmung und Betriebsverfassung

Literatur: 1. Zum Betriebsverfassungsgesetz 1972 vgl. die Kommentare von *Richardi*, 10. Aufl., 2006; *Kraft/Wiese/Kreutz/Oetker/Raab/Weber/Franzen* (sog. Gemeinschaftskommentar), 8. Aufl., 2005; *Fitting/Engels/Schmidt/Trebinger/Linsenmaier*, 23. Aufl., 2006; *Galperin/Löwisch*, 6. Aufl., 1982; *Däubler/Kittner/Klebe* (Hrsg.), 10. Aufl., 2006; *Hess/Schlochauer/Glaubitz*, 6. Aufl., 2006; *Stege/Weinspach*, 9. Aufl., 2002; *Weiss/Weyand*, 3. Aufl., 1994; *Wlotzke/Preis*, 3. Aufl., 2006. Vgl. ferner *Reuter/Streckel*, Grundfragen der betriebsverfassungsrechtlichen Mitbestimmung, 1973; *Etzel*, Betriebsverfassungsrecht, Eine systematische Darstellung, 8. Aufl., 2002; *Richardi*, Die neue Betriebsverfassung, 2002; *Säcker*, 10 Jahre Betriebsverfassungsgesetz 1972 im Spiegel höchstrichterlicher Rechtsprechung, 1982; *v. Hoyningen-Huene*, Betriebsverfassungsrecht, 6. Aufl., 2007; *Hromadka*, Die Betriebsverfassung, 2. Aufl., 1994; *Düwell*, Betriebsverfassungsgesetz, Handkommentar, 2. Aufl., 2006; *Gross*, Kommentar zum Betriebsverfassungsgesetz, 2006; *Klebe*, Betriebsverfassungsgesetz, 13. Aufl., 2006.

2. Zu den Rechtstatsachen: *Kliemt*, Die Praxis des Betriebsverfassungsgesetzes im Dienstleistungsbereich, 1971; *Säcker/Zander* (Hrsg.), Mitbestimmung und Effizienz, 1981; *Rancke*, Betriebsverfassung und Unternehmenswirklichkeit, 1982; *Hemmer*, Sozialplanpraxis in Bundesrepublik. Eine empirische Untersuchung, 1988; *Niedenhoff*, Die Kosten der Anwendung des Betriebsverfassungsgesetzes, 1994; *ders.*, Mitbestimmung in der Bundesrepublik Deutschland, 14. Aufl., 2005.

---

[5] Badisches Landesgesetz über das Schlichtungswesen bei Arbeitsstreitigkeiten vom 19. 10. 1949 (GVBl. 1950, S. 60) i.d.F. des ÄndG vom 29. 8. 1951 (GVBl. S. 135) und des ÄndG vom 4. 7. 1983 (GBl. S. 265), abgedruckt auch bei *Nipperdey* I, Arbeitsrecht – Textsammlung Nr. 521.

[6] Diese Ansicht steht auch mit der Rechtsprechung des Bundesverfassungsgerichts (so insbes. E 50, 290, 367) in Einklang, das betont hat, die Koalitionen müssten „im Wesentlichen" ohne staatliche Einflussnahme die Lohn- und Arbeitsbedingungen regeln können. Die Einschränkung der Koalitionsfreiheit in Extremfällen fällt darunter indes nicht.

[7] Befürwortend: *Seiter*, Kodifizierung des Arbeitskampfrechts?, NJW 1976, 1369 (1374) m.N.; *Birk/Konzen/Löwisch/Raiser/Seiter*, Gesetz zur Regelung kollektiver Arbeitskonflikte, 1988, S. 60ff.

§ 45. Der Mitbestimmungsgedanke und die Möglichkeiten seiner Verwirklichung

Literatur: *Richardi,* Der Mitbestimmungsgedanke in der Arbeitsrechtsordnung, ArbRGegw. Bd. 13 (1976), S. 19; *Badura,* Unternehmerische Mitbestimmung, Soziale Selbstverwaltung und Koalitionsfreiheit, RdA 1976, 275; *Beuthien,* Unternehmerische Mitbestimmung kraft Tarif- oder Betriebsautonomie? ZfA 1983, 141; *ders.,* Mitbestimmung unternehmerischer Sachentscheidungen kraft Tarif- oder Betriebsautonomie, ZfA 1984, 1; *Richardi,* Beteiligung der Arbeitnehmer an betrieblichen Entscheidungen in der Bundesrepublik Deutschland, RdA 1984, 88; *Löwisch,* Verfahren und Institutionen der Kollektivverhandlungen auf der Ebene des Unternehmens und des Betriebs, RdA 1985, 209; *Loritz,* Sinn und Aufgabe der Mitbestimmung heute, ZfA 1991, 1; *Windbichler,* Grenzen der Mitbestimmung in einer marktwirtschaftlichen Ordnung, ZfA 1991, 35; *Kraft,* Betriebliche Mitbestimmung und unternehmerische Entscheidungsfreiheit in der Rechtsprechung des Bundesarbeitsgerichts, FS Rittner, 1991 S. 285; *Ehmann,* Zweck und Entwicklung der betrieblichen Mitbestimmung, Die Neue Ordnung 1992, 244; *Windolf,* Mitbestimmung und „corporate control" in der Europäischen Gemeinschaft, in: Die Integration Europas, 1992; *R. Weber,* Vom Klassenkampf zur Partnerschaft, ZfA 1993, 517; *v. Hoyningen-Huene,* Das unbekannte Management-Handbuch: Das Betriebsverfassungsgesetz, FS Kissel, 1994, S. 387; *Kotthoff,* Betriebsräte und Bürgerstatus, Wandel und Kontinuität betrieblicher Mitbestimmung, 1994; *Weiss,* Arbeitnehmermitwirkung in der europäischen Gemeinschaft, FS 100 Jahre Arbeitsgerichtsverband, 1995, S. 657; *Edenfeld,* Arbeitnehmerbeteiligung im Betriebsverfassungs- und Personalvertretungsrecht, 2000; *Junker,* Betriebsverfassung in Klein- und Mittelbetrieben – Ein europäischer Vergleich, NZA 2002, 131; *Edenfeld,* Recht der Arbeitnehmermitbestimmung, 2. Aufl., 2005. *Wiese,* Individuum und Kollektiv im Betriebsverfassungsrecht, NZA 2006, 1.

I. Mitbestimmung als Grundprinzip

1. Mitbestimmung ist ein **gesellschaftspolitisches Leitprinzip.** Es bedeutet, dass Herrschafts- oder Leitungsbefugnisse (= Entscheidungsmacht) nicht einseitig, sondern nur unter Mitwirkung der Betroffenen ausgeübt werden.

Mitbestimmung beschränkt sich nicht auf die Beziehungen zwischen Arbeitgebern und Arbeitnehmern der privaten Wirtschaft und des öffentlichen Dienstes, sondern erfolgt auch in anderen Bereichen, wie z.B. Hochschulen, Schulen und Kirchen, wo sie in einem bestimmten Umfang institutionell ausgestaltet ist. Auf kommunaler Ebene bestehen mit Volksbegehren und Volksentscheid direkte Einflussmöglichkeiten der Bürger trotz demokratisch und direkt gewählter Kommunalpolitik.

2. Mitbestimmung im eigentlichen Sinn ist nur die Mitbestimmung einer **Gruppe Betroffener.** Als Gruppenmitbestimmung dient die Mitbestimmung der **Wahrnehmung solidarischer Interessen.** Ist dagegen für eine Entscheidung nur die Zustimmung eines Einzelnen erforderlich, folgt die Entscheidungsbefugnis nicht dem Mitbestimmungsprinzip, sondern dem **individuellen Konsensprinzip.** Wichtigstes Instrument ist hier der Einzelvertrag, aber auch Anhörung oder Konsultation des einzelnen Betroffenen gehören hierhin.

3. Mitbestimmung lässt sich in unterschiedlichen Formen verwirklichen: Durch mehrheitliche Entscheidung aller Betroffenen in Vollversammlungen (was praktisch häufig kaum durchführbar ist) oder in **Form repräsentativer Mitwirkung.** Die repräsentative Mitwirkung kann sich entweder durch gewählte Vertreter der Betroffenen vollziehen oder durch von den Betroffenen gebildete Verbände. Die gewählten Vertreter bzw. die Vertreter der Verbände sind entweder in den Entscheidungsorganen gleichberechtigte Mitglieder ihrer Gegenspieler (Beispiel: Aufsichtsrat), oder sie bilden ein eigenes Organ, das für bestimmte Entscheidungen dem Gegenspieler gegenübertritt und in Gestalt bestimmter rechtlicher Instrumente, etwa des Kontrakts, mit ihm zusammenwirkt (Beispiel: Der Betriebsrat, der mit dem Arbeitgeber Betriebsvereinbarungen schließt). Auch der Tarifvertrag lässt sich in diesem Sinn als Instrument der Arbeitnehmermitbestimmung verstehen. Darin wird der enge ordnungspolitische Zusammenhang zwischen Koalitionsrecht, Tarifvertragsrecht und Unternehmensmitbestimmung deutlich.[1]

4. Auf den ersten Blick bestehen **zwischen repräsentativer Gruppenmitbestimmung und Demokratie** auf Bundes-, Länder- oder Gemeindeebene gewisse Ähnlichkeiten. Diese erschöpfen sich aber *in wenigen äußerlichen Punkten*, nämlich hauptsächlich darin, dass die Repräsentanten in freien und geheimen Wahlen gewählt werden (für die Aufsichtsratmitbestimmung gilt dies sogar nur sehr eingeschränkt).[2] Es überwiegt vielmehr der Unterschied. Der wichtigste ist, dass den Mitbestimmungsrepräsentanten durch die Wahl keine Legitimation *gegenüber der Allgemeinheit* zuwächst. Deshalb ist es in vielen Fällen eher irreführend, die Einführung oder Ausdehnung von Mitbestimmung als Vorgänge einer **Demokratisierung** darzustellen.

Zu den Zusammenhängen zwischen Mitbestimmung und Wirtschaftsordnung s. oben § 1.

II. Grundprobleme der Mitbestimmung

1. Ein Grundproblem der Mitbestimmung ist, **alle betroffenen Gruppen** angemessen an Entscheidungen **zu beteiligen.** Unternehmensentscheidungen z. B. treffen auch die Verbraucher und in Gestalt externer umweltbezogener Einflüsse die Allgemeinheit schlechthin. Modelle einer Beteiligung von Vertretern des Verbraucher- oder des Allgemeininteresses in Unternehmensorganen[3] haben aber zu Recht keine Verwirklichung gefunden. Denn je mehr unterschiedliche Gruppen mit verschiedenen Interessen auf Entscheidungen einwirken, um so mehr werden diese zu einem Produkt des Zufalls anstatt der Rationalität.

Seit der Verwirklichung der Arbeitnehmermitbestimmung im Aufsichtsrat haben die lang gehegten Pläne einer gesetzlich vorgeschriebenen Beteiligung der Kapitalminderheit in den Aufsichtsräten der Aktiengesellschaft[4] ihr jähes Ende gefunden.

2. Ein zweites Grundproblem der Mitbestimmung ist die **Koppelung von Mitentscheidung und Verantwortung**[5]. Ist die Beteiligung an zentralen Entscheidungen nicht damit verbunden, für die Folgen dieser Entscheidung einstehen zu müssen (im Sinne einer persönlichen Haftung), besteht die Gefahr von Fehlentscheidungen. Um dieser Gefahr vorzubeugen, sind daher andere Verantwortungsmechanismen erforderlich.

---

[1] Vgl. *Richardi*, Recht der Betriebs- und Unternehmensmitbestimmung, Bd. 1, 2. Aufl., 1979, S. 2.
[2] Vgl. näher unten § 53.
[3] Vgl. *Spieker*, Aktienrechtsreform, Mitbestimmung der Arbeitnehmer und öffentliches Interesse, JZ 1962, 721, 726 f.; Untersuchungen zur Reform des Unternehmensrechts, Bericht des Ausschusses I der Studienkommission des 39. DJT, 1955, S. 21; *Biener*, Unternehmensverfassung – Eine Darstellung der Modelle –, RdA 1971, 174; *Steinmann*, Das Großunternehmen im Interessenkonflikt, 1969, S. 180 ff., 223 ff.
[4] Vgl. dazu etwa *Overrath*, Minderheitsvertreter im Aufsichtsrat, AG 1970, 219.
[5] Im Einzelnen hierzu *v. Hoyningen-Huene*, Betriebsverfassungsrecht, 4 ff.

III. Vor- und Nachteile der Mitbestimmung

1. Sachgerecht verwirklichte Mitbestimmung hat in vielen Bereichen zahlreiche **Vorteile.** Sie bringt verstärkt Argumente der Betroffenen in den Entscheidungsprozess ein, schafft Überprüfungs- und Begründungszwänge, durch die Erneuerungen und Veränderungen ermöglicht und Entscheidungshaltungen korrigiert werden können. So hat Mitbestimmung im arbeitsrechtlichen Bereich in vielfältiger Weise zu einer stärkeren Berücksichtigung solidarischer Interessen der Arbeitnehmerschaft geführt.

Darüber hinaus stellt Mitbestimmung eine Form der „Legitimation durch Verfahren" dar. Die inhaltlich gleiche Entscheidung wird von den Betroffenen in der Regel als besser empfunden, wenn sie von gewählten Repräsentanten mitgetragen wird oder diese doch die Möglichkeit der Einwirkung auf die Entscheidung hatten.

2. Mitbestimmung hat als System aber auch **Nachteile.**

a) Mitbestimmung ist ein **aufwendiges Führungssystem.**[6] Es erfordert großen Personalbedarf, der in größeren Unternehmen die völlige Freistellung etlicher Betriebsratsmitglieder von der Arbeitspflicht verlangt. Zudem bedeutet die praktizierte Mitbestimmung für die Entscheidungsträger im Unternehmen einen erheblichen Zeitaufwand.

b) Mitbestimmung kann zudem in den Unternehmen oftmals **effektivitäts- und planungshemmend** wirken. Dies äußert sich darin, dass Führungskräfte sinnvolle oder notwendige Veränderungen, die mit negativen Folgen für die Belegschaft verbunden sind, wie etwa die Freisetzung von Arbeitnehmern, scheuen, wenn sie befürchten müssen, dass die Hälfte des Aufsichtsrates daran Anstoß nehmen könnte. Zudem führt eine Instrumentalisierung der Betriebsverfassung mit dem Ziel der Beeinflussung unternehmerischer Entscheidungen[7] nicht selten zu beträchtlicher Verzögerung dringlicher Veränderungen oder gar zum Verzicht auf sie.

c) Mitbestimmung ist des Weiteren ein **System von hoher Komplexität.**

3. Die negativen Seiten der Mitbestimmung heben bei einer Gesamtbetrachtung nicht die Vorteile des Prinzips Mitbestimmung auf. Aber sie stellen die Aufgabe, Form und Umfang seiner Verwirklichung sorgfältig zu bedenken und permanent entsprechend den neueren Erkenntnissen und Erfahrungen weiterzuentwickeln und zu verbessern.

§ 46. Leitgedanken und System der Betriebsverfassung

Literatur: *Richardi,* Betriebsverfassung und Privatautonomie, 1973; *W. Blomeyer,* Das Übermaßverbot im Betriebsverfassungsrecht, BAG-FS, 1979, S. 17; *v. Hoyningen-Huene,* Streitschlichtung im Betrieb, NZA 1987, 577; *Kraft,* Betriebliche Mitbestimmung und unternehmerische Entscheidungsfreiheit in der Rechtsprechung des Bundesarbeitsgerichts, FS Rittner, 1991, S. 285; *Loritz,* Sinn und Aufgabe der Mitbestimmung heute, ZfA 1991, 1; *Windbichler,* Grenzen der Mitbestimmung in einer marktwirtschaftlichen Ordnung, ZfA 1991, 35; *Ehmann,* Zweck und Entwicklung der betrieblichen Mitbestim-

---

[6] Vgl. etwa zu den Kosten der Mitbestimmung unten § 47 III 7 und § 48 IV 6.

[7] Dazu z.B. *Martens,* Unternehmerische Mitbestimmung mit den Mitteln des Betriebsverfassungsrechts, RdA 1989, 164.

mung, Die Neue Ordnung 1992, S. 244; *Schlachter,* Bewährung und Reformbedürftigkeit des Betriebsverfassungsrechts, RdA 1993, 313; *Kissel,* 40 Jahre Betriebsverfassung, ArbRGegw. 30 (1993), 529; *Richardi,* 40 Jahre Betriebsverfassungsrecht, RdA 1994, 394; *Wiese,* Zum Zweck des Betriebsverfassungsrechts im Rahmen der Entwicklung des Arbeitsrechts, FS Kissel, 1994, S. 1269; *Reichold,* Betriebsverfassung als Sozialprivatrecht, 1995; *Popp,* Die Betriebsverfassung – öffentlich oder privat?, BB 1996, 1111; *v. Hoyningen-Huene,* Grundfragen der Betriebsverfassung: Mitbestimmung – Betriebsrat – Betrieb – Betriebszugehörigkeit, FS Stahlhacke, 1995, S. 173; *J. H. Bauer,* 25 Jahre Betriebsverfassungsgesetz, NZA 1997, 233; *Heinze,* Wege aus der Krise des Arbeitsrechts, NZA 1997, 1; *Wiese,* Schutz und Teilhabe als Zwecke notwendiger Mitbestimmung in sozialen Angelegenheiten, ZfA 2000, 117; *Adomeit,* Betriebsräte – noch zeitgemäß?, NJW 2001, 1033; *Rieble,* Die Akteure im kollektiven Arbeitsrecht, RdA 2004, 78; *Walker,* Die freie Unternehmerentscheidung im Arbeitsrecht, ZfA 2004, 501; *Richardi,* Der Beitrag des Bundesarbeitsgerichts zur Sicherung des Arbeitsvertrags in der Betriebsverfassung, FS 50 Jahre BAG 2004, 1041.

I. Grundgedanke der Betriebsverfassung

Grundanliegen der Betriebsverfassung ist es, den Arbeitnehmern bei den betrieblichen Entscheidungen, die ihr tägliches Dasein nachdrücklich gestalten, Mitwirkungsbefugnisse zu gewähren. Zu diesem Zweck soll der Betrieb nicht mehr ein allein vom Arbeitgeber formbares Gefüge sein, in dem Organisation und Mitarbeitertätigkeit weitgehend der Alleinbestimmung des Arbeitgebers unterliegen. Der Betrieb wird vielmehr „verfasst", d. h. er erhält eine Konstitution, die auch für den Arbeitgeber verbindlich ist. Kernstück dieser Konstitution ist die Schaffung einer Repräsentativvertretung für die Arbeitnehmer in Gestalt des Betriebsrats. Dieser hat in verschiedenen betrieblichen Entscheidungsbereichen abgestufte Mitwirkungsrechte.

II. Betriebsverfassung und Unternehmensverfassung[1]

1. Die Betriebsverfassung ist zu unterscheiden von der Unternehmensverfassung. Die Mitbestimmung in der Unternehmensverfassung verfolgt den gleichen Gedanken wie die Betriebsverfassung, jedoch auf anderer Ebene: Unternehmensrelevante Entscheidungen sollen nicht vom Eigentümer des Unternehmens allein getroffen werden können. Das Unternehmen soll vielmehr dahin verfasst sein, dass auch andere Mitträger der Unternehmensfunktion – in erster Linie die Arbeitnehmer – an den Entscheidungen mitwirken können. Eine derartige für alle Unternehmen geltende Unternehmensverfassung gibt es bislang nicht. Vielmehr ist die deutsche Unternehmensmitbestimmung rechtsformabhängig ausgestaltet (hierzu unten § 53).

2. Die Unterscheidung zwischen Betriebsverfassung und Unternehmensverfassung knüpft an die **Unterscheidung zwischen Betrieb und Unternehmen** an. *Betrieb und Unternehmen* sind *organisatorische Einheiten,* die sich durch ihren *Zweck* unterscheiden: Der **Betrieb verfolgt** einen **arbeitstechnischen Zweck,** das **Unternehmen** einen

---

[1] Dazu *D. Reuter,* Betriebs- und Unternehmensverfassung, in: M. Rehbinder (Hrsg.), Recht im sozialen Rechtsstaat, 1973, S. 197; *Th. Raiser,* Mitbestimmung im Betrieb und im Unternehmen, Festschrift Duden 1977, S. 423; *Säcker/Joost,* Betriebszugehörigkeit als Rechtsproblem im Betriebsverfassungsund Mitbestimmungsrecht, 1980; *Rube,* Paritätische Mitbestimmung und Betriebsverfassung, 1982; *Richardi,* Betriebszugehörigkeit als Rechtsproblem, FS Floretta, 1983, 595; *Löwisch,* Verfahren und Institution der Kollektivverhandlungen auf der Ebene des Unternehmens und des Betriebes, RdA 1985, 209; *Joost,* Betrieb und Unternehmen als Grundbegriffe im Arbeitsrecht, 1988.

übergreifenden, in aller Regel wirtschaftlichen **Zweck.** Beide Ebenen dürfen nicht vermengt werden, auch wenn sie eng zusammenhängen; denn kein wirtschaftlicher Zweck kann ohne ein Minimum an arbeitstechnischer Organisation und kein arbeitstechnischer Zweck allein, sondern stets nur als Unter- oder Teilzweck eines dahinter stehenden wirtschaftlichen oder ideellen Zwecks verfolgt werden. Bei der Unterscheidung zwischen der betrieblichen und der Unternehmensebene handelt es sich letztlich um eine normative Zuordnung. Die Wertung, ob eine Entscheidung dieser oder jener Ebene zuzuordnen ist, hängt dabei von ihrer größeren oder geringeren Nähe zum arbeitstechnischen bzw. wirtschaftlichen Zweck ab.[2]

Verschiedentlich wird das Verhältnis zwischen Betrieb und Unternehmen so verstanden, dass es sich beim Betrieb um einen relativ verselbständigten Teil des Unternehmens handeln soll. Die Unterscheidung soll danach nur Bedeutung haben, wenn das Unternehmen eine dezentralisierte Organisation hat[3] (Beispiel: Eine Aktiengesellschaft mit mehreren Werken). Dem ist nicht zu folgen. Die Unterscheidung zwischen Betrieb und Unternehmen knüpft nicht an realanalytisch gewonnene Ergebnisse der Soziologie an.[4] Die juristische Unterscheidung ist eine rein ideelle, die eine *Trennung nach Entscheidungsebenen* vornimmt. Das ergibt sich schon daraus, dass zwischen Betriebsverfassung und Unternehmensverfassung auch unterschieden werden muss, wenn ein Unternehmen nur einen einzigen Betrieb ohne faktisch ausgegliederte Unternehmensleitung hat. Unternehmen mit mehreren Betrieben müssen des Weiteren einen Gesamtbetriebsrat bilden, § 47 BetrVG, der kein Unternehmensorgan ist, sondern Zentralorgan der Betriebsverfassung. Auch können zwei oder mehr Unternehmen einen gemeinsamen Betrieb haben.[5] All dies verdeutlicht, dass zwischen beiden Ebenen zu differenzieren ist.

3. Die Unterscheidung zwischen Betrieb und Unternehmen als zielbezogene Entscheidungsebenen ist im Normalfall unproblematisch. Sie kann aber in Einzelfällen schwierig sein, Dies hat ihr zu Unrecht den Vorwurf eingetragen, ideologischen Charakter zu haben.[6] Gerade weil arbeitstechnischer Zweck und dahinter stehender wirtschaftlicher Zweck in enger Verbindung stehen, ergeben sich immer wieder **problematische Zuordnungen.** Beschließt die Unternehmensleitung zu investieren, um die Kapazität des Unternehmens zu erweitern, so ist dies eindeutig eine Entscheidung auf der unternehmerischen Ebene. Diese hat aber gleichzeitig unvermeidlich Auswirkungen auf der betrieblichen Ebene und kann daher betriebsverfassungsrechtliche Mitwirkungsrechte auslösen. Diese betreffen aber nur den Vollzug, ansonsten würde auf die Unternehmensebene übergegriffen. Umgekehrt gewährt das BetrVG zahlreiche Mitbestimmungsrechte auf betrieblicher Ebene, die unvermeidlich die Verfolgung wirtschaftlicher Zwecke berühren. Am gewichtigsten ist insoweit die Mitbestimmung bei der Einstellung von Arbeitnehmern. Würde das Mitwirkungsrecht der Arbeitnehmerseite so weit ausgedehnt, dass es zum Vollzug unternehmerisch-wirtschaftlicher Entscheidungen notwendige Einstellungen blockieren könnte, so läge hierin die Zuerkennung einer Mitbestimmung auf Unternehmensebene an ein Betriebsverfassungsorgan.

4. Die Unterscheidung zwischen der unternehmerischen und der betrieblichen Ebene hat erhebliche Bedeutung für die Reichweite betriebsverfassungsrechtlicher Mitwirkungsrechte. Diese Mitwirkungsrechte dürfen nicht unter beliebiger Verwendung des Gesetzeswortlauts in den unternehmerischen Bereich hinein erstreckt werden, sondern müssen sorgsam von der grundsätzlich mitbestimmungsfreien unternehmerischen Sphäre abgegrenzt werden. Demgemäß sind bei der Arbeitnehmermitwirkung

---

[2] Vgl. grundlegend zu der Unterscheidung *Jacobi,* Betrieb und Unternehmen als Rechtsbegriffe, Festschrift Ehrenberg, 1927, S. 1 ff.; *Joost,* Betrieb und Unternehmen als Grundbegriffe im Arbeitsrecht, 1988; s.a. *Neumann/Duesberg,* AR-Blattei, Betrieb I, Begriff; aus der Rspr.: *BAG* AP Nr. 1 zu § 88 BetrVG 1952; *BAG* BB 1976, 414.

[3] So *Richardi,* § 1 Rn. 55.

[4] Davon gänzlich abweichend die auf namentlich in den USA weit verbreiteten Vorstellungen fußende, rechtssoziologisch bestimmte Konzeption von *Th. Raiser,* Das Unternehmen als Organisation, 1969, S. 128 ff.; vgl. auch *Th. Raiser,* Das Arbeitsverhältnis aus der Sicht der Organisationssoziologie, ZRP 1973, 13, 16.

[5] Hierzu *Wiese,* Mehrere Unternehmen als gemeinsamer Betrieb im Sinne des Betriebsverfassungsrechts, FS D. Gaul, 1992, S. 553; *Konzen,* Der gemeinsame Betrieb mehrerer Unternehmen im Betriebsverfassungsrecht, ZIAS 1995, 588.

[6] So z.B. *Th. Raiser,* Das Unternehmen als Organisation, 1969, S. 128.

insbesondere in sozialen Angelegenheiten nach § 87 BetrVG unternehmerische Vorentscheidungen des Arbeitgebers in bestimmtem Umfang als vorgegeben zu akzeptieren und zu respektieren; die betriebsverfassungsrechtliche Mitwirkung kann sich insoweit – anders als dies die Rechtsprechung vertritt[7] – nur darauf erstrecken, die arbeitstechnisch zweckmäßige Umsetzung der unternehmerischen Vorgabe mitzugestalten.[8]

III. Charakter und Zweck des Betriebsverfassungsrechts

1. Betriebsverfassungsrecht als Privatrecht[9]

Ob Betriebsverfassungsrecht dem Privatrecht zuzuordnen ist, stellt eine vielschichtige, theoretisch hoch interessante, praktisch aber kaum bedeutsame Frage dar. Das Betriebsverfassungsrecht enthält zwar eine Reihe von Beziehungen der Über- und Unterordnung. Zudem werden Eingriffsbefugnisse und Möglichkeiten der Rechtssetzung normiert. Allerdings sind keine originären Hoheitsträger beteiligt. Das Betriebsverfassungsrecht lässt sich daher als ein weitgehend eigenständiger Annex und als Komplementärregelung zu den privatrechtlichen Beziehungen zwischen Arbeitnehmer und Arbeitgeber verstehen.

Sieht man die Grundfunktion dieser Zuordnung nur darin, die *Art der Rechtsschutzgewährung* zu bestimmen, könnte man von der Zuordnung gänzlich absehen, da die Rechtsschutzgewährung positivrechtlich umfassend geregelt ist. Sie ist ausschließlich den Arbeitsgerichten übertragen, und zwar größtenteils in der besonderen Verfahrensart des Beschlussverfahrens, vgl. § 2a I Nr. 1 und § 80 ArbGG. Zu diesem Verfahren unten § 56 II.
Materiellrechtlich zeigt sich die Nähe zum Privatrecht z.B. daran, dass Normen und Grundsätze des öffentlich-rechtlichen Haftungsrechts auf die Betriebsverfassungsorgane nicht übertragbar sind.

2. Organisationsrecht

Betriebsverfassungsrecht ist zu einem erheblichen Teil Organisationsrecht. Es schafft spezifisch betriebsverfassungsrechtliche Organe und ordnet ihnen bestimmte Zuständigkeiten zu. Auf Grund dieser Zuständigkeiten kann die Belegschaft auf betriebliche Entscheidungen inhaltlich einwirken. Wie weit die Einwirkungsmöglichkeit geht, ist bei den einzelnen betrieblichen Angelegenheiten sehr verschieden geregelt. Das Organisationsrecht der Betriebsverfassung bedient sich zur Ausgestaltung der Arbeitnehmermitwirkung eines **differenzierten Instrumentariums,** das von bloßen Informationsrechten über Anhörungs- und Beratungsrechte bis hin zu Widerspruchsrechten, Zustimmungserfordernissen und eigenen Initiativrechten reicht (Näheres unten § 48). Voll gleichberechtigt mitbestimmen kann der Betriebsrat allerdings im Wesentlichen nur in dem Teilbereich der sozialen Angelegenheiten des § 87 BetrVG.

---

[7] *BAG* AP Nr. 8 zu § 87 BetrVG 1972 Arbeitszeit; bestätigt von *BVerfG* AP Nr. 15 zu § 87 BetrVG 1972 Arbeitszeit; zu dieser Rspr. krit. *Joost,* DB 1983, 1818; *Löwisch,* SAE 1983, 134; *Loritz,* ZfA 1991, 1 (15 f.).
[8] Vgl. dazu auch *Reuter,* Die Mitbestimmung des Betriebsrats über die Lage der Arbeitszeit von Ladenangestellten, ZfA 1981, 165 (182 ff.) m. w. N.; ferner *Lieb,* § 8 I 1.
[9] Dazu *Wiese,* GK-BetrVG, Einl. Rn. 87 ff. m. w. N.; zum Problem auch *Weitnauer,* Zivilrechtliche Grundstrukturen im Betriebsverfassungsrecht, FS Duden, 1977, S. 705; *Konzen,* Privatrechtssystem und Betriebsverfassung, ZfA 1985, 469.

3. Betriebsverfassungsrecht als inhaltsbestimmendes Recht betrieblicher Entscheidungstätigkeit

Betriebsverfassungsrecht ist aber nicht bloßes Organisationsrecht, das Zuständigkeiten samt Wirkungsreichweite und Wirkungsinstrumentarium festlegt, den Inhalt betrieblicher Entscheidungstätigkeit aber dem freien Ermessen der zuständigen Organe überlässt. Es trifft vielmehr eine ganze Reihe konkreter Aussagen über die Art und Weise, in der Zuständigkeiten wahrgenommen und Entscheidungen getroffen werden müssen. Folgende Grundregeln bzw. Maximen betrieblichen Mitbestimmungsverhaltens sind in diesem Zusammenhang zu nennen:

(1) Das *Gebot der vertrauensvollen Zusammenarbeit*.
(2) *Arbeitnehmerwohl* und des *Betriebswohl* als Ziele der Zusammenarbeit (§§ 2 I, 74 I BetrVG).
(3) Die *betriebliche Friedenspflicht* (§ 74 II 2 BetrVG).
(4) Das *Verbot der politischen Betätigung im Betrieb* (§ 74 II 2 BetrVG).
(5) Das betriebliche *Neutralitätsgebot* (§ 75 I BetrVG).
(6) Die Verpflichtung zur *Förderung der Persönlichkeitsentfaltung* (§ 75 II BetrVG).

Neben diesen allgemeinen Grundsätzen enthalten die einzelnen Zuständigkeitsregelungen gleichzeitig mittelbare Vorgaben für die inhaltliche Behandlung betrieblicher Entscheidungen. Wenn etwa der Betriebsrat nach § 80 I Nr. 6 BetrVG die Aufgabe hat, die Beschäftigung älterer Arbeitnehmer im Betrieb zu fördern, so muss er dies auch bei seiner Entscheidungstätigkeit im Rahmen der personellen Mitbestimmung nach §§ 92 II, 95 BetrVG beachten. Wenn § 99 II BetrVG dem Betriebsrat das Recht gibt, bei personellen Entscheidungen seine Zustimmung aus bestimmten Gründen zu verweigern, so sind aus diesen Gründen gleichzeitig gewisse Direktiven für den Inhalt solcher Entscheidungen zu gewinnen.

4. Zweck

Zweck[10] des Betriebsverfassungsrechts ist deswegen nicht bloß die Veränderung der betrieblichen Ordnung und Organisation. Der Gesetzeszweck umfasst vielmehr auch Schutz und Förderung des Wohls der einzelnen Arbeitnehmer.

a) Dieser Schutz- und Förderungszweck des einzelnen Arbeitnehmers ist bei der Auslegung von betriebsverfassungsrechtlichen Normen zu beachten. Die für die Abgrenzung des Anwendungsbereichs oft maßgebende Sinnbestimmung betriebsverfassungsrechtlicher Regelungen darf daher nicht auf die Wahrnehmung übergreifender Belegschaftsinteressen reduziert werden.

Beispiel: Der Umfang des Mitwirkungsrechts bei Versetzungen nach § 99 I BetrVG oder der Mitbestimmung bei der Urlaubsfestsetzung nach § 87 I Nr. 5 BetrVG ist nicht nur von den Interessen etwa mitbetroffener anderer Arbeitnehmer her abzugrenzen; vielmehr ist auch der Schutz des unmittelbar von der Entscheidung betroffenen Arbeitnehmers in die Abgrenzungsüberlegungen einzubeziehen.

b) Mitbestimmung als Entscheidungspartizipation zur Wahrnehmung von Solidarinteressen bedeutet daher auch nicht, dass der Betriebsrat *nur* solche Interessen zu berücksichtigen habe, die konkret bei allen Belegschaftsmitgliedern oder doch bei größeren Arbeitnehmergruppen vorhanden sind. Zu den Solidarinteressen gehört auch der Schutz einzelner, durch betriebliche Entscheidungen benachteiligter Belegschaftsange-

---

[10] Dazu *Wiese*, FS Kissel, 1994, S. 1269.

höriger. Wo das Schutzinteresse einzelner Arbeitnehmer mit dem Gesamtinteresse der Belegschaft kollidiert, ist den Betriebsverfassungsorganen ein sinnvoller Ausgleich aufgegeben, bei dem naturgemäß ein nicht unbeträchtliches Ermessen eingeräumt ist.

IV. Anwendungsbereich des Betriebsverfassungsrechts

Das Betriebsverfassungsrecht findet nicht auf alle Betriebe uneingeschränkte Anwendung.

1. Anwendung nur auf Betriebe privatrechtlicher Rechtsträger

Das BetrVG gilt nur für Betriebe mit einem privatrechtlichen Rechtsträger. Nach § 130 BetrVG findet das BetrVG keine Anwendung auf alle Betriebe und Verwaltungen des Bundes, der Länder, der Gemeinden und sonstiger Körperschaften, Anstalten und Stiftungen des öffentlichen Rechts. Diese unterliegen vielmehr den in vieler Hinsicht ähnlichen Regelungen der Personalvertretungsgesetze (dazu unten § 54). Wichtig ist, dass die Abgrenzung zwischen BetrVG und dem Personalvertretungsrecht nicht nach der wahrgenommenen Aufgabe erfolgt, sondern allein danach, in welcher Rechtsform diese verwirklicht wird. Daher ist das BetrVG anwendbar auf Betriebe der öffentlichen Hand, die zu in privater Rechtsform geführten Unternehmen gehören (z.B. gemeindliche Versorgungs- oder Verkehrsunternehmen in der Rechtsform einer AG oder GmbH).

2. Keine Anwendung auf Kleinstbetriebe

Das BetrVG beschränkt seine Anwendung in § 1 auf Betriebe mit mindestens fünf wahlberechtigten (d.h. über achtzehnjährigen) Arbeitnehmern, von denen mindestens drei wählbar sein müssen (zur Abgrenzung der Wählbarkeit siehe § 8 BetrVG).

3. Eingeschränkte Anwendung auf Seeschifffahrt und Luftfahrt[11]

Auf Unternehmen der Seeschifffahrt findet das BetrVG hinsichtlich der Seebetriebe nur eingeschränkte und zum Teil erheblich modifizierte Anwendung. Näheres §§ 114 bis 116 BetrVG. In Luftfahrtunternehmen gilt es nur für Landbetriebe, § 117 I BetrVG.

4. Keine Anwendung auf Religionsgemeinschaften[12]

Religionsgemeinschaften sind von der Anwendung des BetrVG, soweit es sich um die beiden großen Kirchen handelt, schon nach § 130 BetrVG ausgenommen, da sie öffentlich-rechtliche Körperschaften sind (Art. 140 GG, 137 III WRV). Auf karita-

---

[11] *Grabherr,* Betriebsvertretungen für Luftfahrtpersonal nach § 117 BetrVG, NZA 1988, 532; *Franzen,* Die Betriebsverfassung in der Seeschifffahrt, AR-Blattei 5 D 1450.5 F 1994.
[12] Dazu *Bietmann,* Betriebliche Mitbestimmung im kirchlichen Dienst, 1982 m.N.; *Thüsing,* Das Arbeitsrecht in der Kirche – Ein Nachtrag zu den aktuellen Entwicklungen, NZA 2002, 306; *Loritz,* Mitbestimmungsordnung in Gemeinschaftsbetrieben kirchlicher Träger, GS Heinze 2005, 541.

tive[13] und erzieherische Einrichtungen ist das Gesetz generell nur eingeschränkt anwendbar unbeschadet ihrer Rechtsform, § 118 II BetrVG. Dazu gehören z. B. auch kirchliche Krankenhäuser.[14] Die Kirchen haben aber partiell eigene Formen der Betriebsverfassung (sog. dritter Weg).[15]

5. Eingeschränkte Anwendung auf Tendenzbetriebe[16]

Das BetrVG gilt für Unternehmen und Betriebe mit sog. Tendenzcharakter nur mit Einschränkungen, § 118 I BetrVG.

a) Was ein **Tendenzbetrieb** ist, regelt das BetrVG abschließend in § 118 I S. 1 Nr. 1 und 2 BetrVG. Nach Nr. 1 sind dies zum einen Betriebe, die überwiegend[17] und unmittelbar **bestimmte geistig-ideelle Zwecksetzungen** verfolgen. Das Gesetz nennt ausdrücklich und abschließend politische, koalitionspolitische, konfessionelle, karitative, erzieherische, wissenschaftliche oder künstlerische Bestimmungen.

Beispiele dafür sind die Betriebe der politischen Parteien, die Verwaltungen der Gewerkschaften und Arbeitgeberverbände, Vereine zur Missionsförderung, Betriebe der Kranken- und Altenpflege, soweit sie nicht Gewinnstreben verfolgen (also nicht die privaten Krankenhäuser),[18] Betriebe der Arbeiterwohlfahrt, des Roten Kreuzes, Privatschulen, Internate, wissenschaftliche Bibliotheken, Buchclubs, Museen, Forschungsinstitute, Theater, Orchester und Kabaretts. Interessanter Grenzfall: Zoologischer Garten.[19]

Nach Nr. 2 sind zudem die **Träger des Grundrechts der Pressefreiheit und der Freiheit der Berichterstattung** Tendenzbetriebe.

Dazu gehören vor allem Presseunternehmen (Herausgabe von Zeitungen und Zeitschriften),[20] alle Verlagsunternehmen, insbesondere auch Buchverlage ohne Rücksicht auf das Verlagsprogramm,[21]

---

[13] Hierzu *Löwisch,* FS Wlotzke, 1996, S. 381.

[14] Siehe dazu *BAG* AP Nr. 6 und 24 zu § 118 BetrVG 1972; BVerfGE 46, 73 = AP Nr. 1 zu Art. 140 GG; *BAG* AP Nr. 10 (Innere Mission) und 36 (Berufsbildungswerk) und Nr. 70 (mit Anm. *Thüsing*) zu § 118 BetrVG 1972; *Mayer-Maly,* BB 1977, 249; *Rüthers,* NJW 1978, 2066; *Herschel,* AuR 1978, 172; *Kohte,* BlStSozArbR 1983, 145.

[15] Dazu *Richardi,* FS Kissel, 1994, S. 967.

[16] Dazu *Rüthers,* Paritätische Mitbestimmung und Tendenzschutz, AfP, 1974, 542; *Ihlefeld,* Verfassungsrechtliche Probleme des § 118 BetrVG, RdA 1977, 223; *Mayer-Maly,* Die Rechtsstellung konzernangehöriger Verlagsdruckereien nach § 118 Abs. 1 BetrVG, FS Löffler, 1980, S. 267; *Rüthers,* Tendenzschutz und tendenzverfassungsrechtliche Mitbestimmung, AfP 1980, 2; *G. Müller,* Überlegungen zur Tendenzträgerfrage, FS Hilger/Stumpf, 1983, S. 477; *H. J. Otto,* Personalvertretungsrechtlicher Tendenzschutz contra kollektiven Sozialschutz, ebenda S. 529; *Liemen,* Zur Tendenzbetriebseigenschaft von Entwicklungshilfeorganisationen, RdA 1985, 85; *Benclowitz,* Zur Mitwirkung des Betriebsrates bei personellen und sozialen Angelegenheiten an Theatern, ZUM 1989, 440; *Oldenburg,* Die Träger der beruflichen Bildung als Tendenzbetriebe, NZA 1989, 412; *Dütz,* Mitbestimmung und Tendenzschutz bei Arbeitszeitregelungen, AfP 1992, 329; *Berger-Delhey,* Mitbestimmung des Betriebsvertretung bei Arbeitszeit von Redakteuren, NZA 1992, 441; *Marhold,* Übersicht über den Tendenzbetrieb, AR-Blattei SD 1570 (1993); *Dütz,* Mitbestimmung in kirchlichen Wirtschaftsbetrieben, FS Stahlhacke, 1995, S. 101; *Löwisch,* Tendenzschutz im Gesundheitswesen, FS Wlotzke, 1996, S. 381; *Oetker,* Europäischer Betriebsrat und Pressefreiheit. Zugleich ein Beitrag zu den Schranken der Mitbestimmung im Tendenzunternehmen, DB 1996, Beil. Nr. 10, 1; *Schlachter,* Verletzung von Konsultationsrechten des Betriebsrats in Tendenzunternehmen, FS Wissmann, 2005, 412; *Bauer,* Betriebsänderungen bei Tendenzunternehmen, FS Wissmann 2005, 215.

[17] Zur Problematik sog. **Mischbetriebe,** die tendenzgeschützte und tendenzfreie Zwecke verfolgen, *Weber,* GK-BetrVG § 118, Rn. 60 ff.

[18] Allerdings kann eine karitative Einrichtung vorliegen, wenn der öffentlich-rechtliche Träger sich lediglich der privatrechtlichen Rechtsform bedient; vgl. *BAG* AP Nr. 57 zu § 118 BetrVG 1972.

[19] Dazu *BAG* AP Nr. 43 zu § 118 BetrVG 1972.

[20] Vgl. *BAG* AP Nr. 7 zu § 118 BetrVG 1972; AP Nr. 3 zu § 99 BetrVG 1972.

[21] *BAG* AP Nr. 13 zu § 81 BetrVG 1952 und weiterführend *BAG* AP Nr. 5 zu § 118 BetrVG 1972.

Presse- und Nachrichtenagenturen, ferner Rundfunk und Fernsehen, die jedoch, soweit sie dem öffentlich-rechtlichen Bereich zugehören, schon nach § 130 nicht dem BetrVG unterfallen.

b) **Sinn der Einschränkung** des Betriebsverfassungsrechts für Tendenzunternehmen ist es, die Unternehmensträger in der Ausübung ihrer Grundrechte von Beeinträchtigungen durch betriebsverfassungsrechtliche Einflussnahme freizuhalten. Entsprechend dieser Zielsetzung erfolgt eine Beschränkung der Mitwirkungsrechte des
Betriebsrats. Diese finden nach § 118 I 1 BetrVG daher keine Anwendung, soweit die
Eigenart des Unternehmens oder Betriebs entgegensteht.[22] Das hat namentlich Bedeutung für die Mitbestimmung in personellen Angelegenheiten,[23] kann aber auch bei
Arbeitszeitregelungen[24] und Vergütungsregelungen[25] der Fall sein. Ein Einfluss des
Betriebsrats auf Einstellung, Entlassung[26] oder Versetzung von Personen, deren Charakter, geistige Haltung und Befähigung für die Tendenzverfolgung Bedeutung hat
(sog. **Tendenzträger**[27]), soll hier vermieden werden. Eine Einschränkung der Mitwirkungsrechte erfolgt aber nicht schon dann, wenn von der Maßnahme ein Tendenzträger betroffen ist. Vielmehr verlangt das BAG als zusätzliche Voraussetzung, dass
durch die Ausübung des Beteiligungsrechts die geistig-ideelle Zielsetzung des Ten-
denzträgers ernstlich beeinträchtigt werden kann. Die in Frage stehende **Maßnahme**
muss damit **Tendenzbezug** haben, denn auch gegenüber Tendenzträgern können
wertneutrale Maßnahmen erfolgen, die dann der Mitbestimmung unterliegen.[28] Die
Rechtsprechung des BAG differenziert damit zwischen wertneutralen Entscheidungen gegenüber dem Tendenzträger, die mitbestimmungspflichtig sind und Entscheidungen mit Tendenzbezug, die zu einer Einschränkung der Mitwirkungsrechte führen.[29]

Gefahren verfehlter Einflüsse von Arbeitnehmerseite liegen durchaus nicht fern.
Wenn namentlich von Gewerkschaftsseite das Ziel verfolgt wird, den Tendenzschutz
in § 118 BetrVG abzubauen und die Erforderlichkeit dieses Schutzes zu verharmlosen,
so stehen dahinter auch ganz reale politische Interessen. Einem gesetzlichen Abbau
stünden freilich in nicht unerheblichem Ausmaß verfassungsrechtliche Gründe entgegen.[30]

---

[22] Zur Notwendigkeit einer sorgfältigen Differenzierung vgl. *BAG* AP Nr. 1–4 und 11–13, 18 und 21
zu § 118 BetrVG 1972.

[23] Zur Einschränkung des Mitbestimmungsrechts bei der Einstellung etwa *BAG* AP Nr. 56 zu § 118
BetrVG 1972. Verfehlt deshalb z.B. *BAG* AP Nr. 18 zu § 118 BetrVG 1972. Zum Verhältnis Tendenzschutz zu § 15 I KSchG *BAG* AP Nr. 12 zu § 15 KSchG 1969. Vgl. ferner *BAG* AP Nr. 10 (Versetzung
eines Redakteurs) und 11 zu § 101 BetrVG 1972; AP Nr. 51 zu § 118 BetrVG 1972; AP Nr. 4 zu § 94
BetrVG 1972; *LAG München* DB 1989, 1929.

[24] Vgl. dazu *BAG* NZA 1990, 693; *Weiß/Weyand*, Zur Mitbestimmung des Betriebsrats bei der Arbeitszeit von Redakteuren, AuR 1990, 33. Für Überstundenregelung zu Unrecht die Mitbestimmung
bejahend *BAG* AP Nr. 36 zu § 87 BetrVG 1972 Arbeitszeit.

[25] Dazu *BAG* AP Nr. 27 zu § 118 BetrVG 1972; *BAG* AP Nr. 15 zu § 87 BetrVG 1972 Lohngestaltung; *Endlich*, NZA 1990, 13; auch *Meusel*, Mitbestimmung bei der Eingruppierung von Tendenzträgern, 1986.

[26] *BAG* AP Nr. 49 zu § 103 BetrVG 1972; dazu die Entscheidungsbesprechung von *Dzida/Hohen-
statt*, Tendenzschutz nur gegenüber Tendenzträgern?, NZA 2004, 1084.

[27] Das *BAG* definiert umgekehrt: Tendenzträger sind diejenigen Arbeitnehmer, für deren Tätigkeit
die Bestimmungen und Zwecke der in § 118 Abs. 1 BetrVG genannten Unternehmen prägend sind,
BAG AP Nr. 32 zu § 118 BetrVG 1972. Tendenzträger ist z B. der Redakteur einer Zeitung, nicht dagegen die Mitarbeiter in der Buchhaltung.

[28] Grundlegend *BAG* AP Nr. 2 zu § 118 BetrVG 1972 (mit Anm. *Mayer-Maly*), aus neuerer Zeit
BAG AP Nr. 39 zu § 87 BetrVG 1972 Ordnung de Betriebs; ebenso das *BVerfG* vom 15. 12. 1999 AP
Nr. 68 zu § 118 BetrVG 1972.

[29] Zu den Einzelheiten der Einschränkung der Mitwirkungsrechte GK/*Weber*, § 118 Rn. 132ff.

[30] Vgl. *Rüthers*, AfP 1980; abweichend *Ihlefeld*, AuR 1980, 257.

c) Die **Verquickung der Mitbestimmungsfrage mit der Pressefreiheit**[31] ist ambivalent. Es geht dabei nicht nur um den Schutz desjenigen, der ein Presseunternehmen wirtschaftlich trägt, sondern ebenso, was durch § 118 BetrVG nicht erfasst wird, auch „nach innen" um den Schutz derjenigen, die in den Redaktionen Nachrichten und Meinungen sammeln, formen und verbreiten. Die Interessen dieser Personen bedürfen des Schutzes in doppelter Beziehung: sowohl gegenüber dem Arbeitgeber wie gegenüber den durch Betriebsrat oder Gewerkschaft verkörperten kollektiven Mächten. Es gibt zahlreiche Versuche und Vorschläge, der vielschichtigen Problematik rechtspolitisch gerecht zu werden, vor allem in Gestalt sog. **Redaktionsstatute**[32].

V. Arbeitnehmerbegriff des BetrVG[33]

Der Arbeitnehmerbegriff des BetrVG ist grundsätzlich der gleiche wie im allgemeinen Arbeitsrecht, § 5 I BetrVG.[34] Auch Teilzeitarbeitnehmer unterfallen dem Gesetz.[35] Einige kleinere Modifikationen seines Anwendungsbereiches nimmt das BetrVG aber vor.

Die nach § 5 II BetrVG vom Arbeitnehmerbegriff ausgenommenen Gruppen erfassen weit überwiegend Personen, denen auch nach allgemeinem Arbeitsrecht Arbeitnehmereigenschaft nicht zukäme. Lediglich zu dem in Nr. 4 und 5 umschriebenen Personenkreis können im Einzelfall auch Personen gehören, die an sich als Arbeitnehmer zu qualifizieren wären. Insoweit wird der Arbeitnehmerbegriff im BetrVG geringfügig *eingeschränkt*.

VI. Leitende Angestellte[36]

Auf sie ist das BetrVG nach seinem § 5 III 1 grundsätzlich nicht anwendbar (kleine Ausnahmen nur in §§ 105, 107 I 2 und 108 II 2 BetrVG). Die leitenden Angestellten

---

[31] Zu dieser Problematik näher *Mayer-Maly*, Pressefreiheit und Tendenzschutz, AfP, 1971, 65; *Schwerdtner*, Das Rechtsverhältnis zwischen Verleger und Redakteur, BB 1971, 833; *Rüthers*, Innere Pressefreiheit und Arbeitsrecht, DB 1972, 2471. Vgl. ferner die Entwürfe eines Pressegesetzes des Arbeitskreises Presserecht von 1970 (hrsg. von *Armbruster, Arndt* u. a.) und 1972 (hrsg. von *Armbruster, Bachof* u. a.) sowie das für den 49. DJT 1972 erstattete Gutachten von *Kübler* (Bd. I, D 13 ff.) und das Referat von *Mallmann* (Bd. II, 2. Teilbd. N 10 ff.); *Mayer-Maly*, Grundsätzliches und Aktuelles zum „Tendenzbetrieb", BB 1973, 761 (766 ff.); *Rüthers*, Tarifmacht und Mitbestimmung in der Presse, 1975; *Hanau*, Pressefreiheit und paritätische Mitbestimmung, 1975; *Scholz*, Pressefreiheit und Arbeitsverfassung, 1978; *Hoffmann-Riem*, Innere Pressefreiheit als politische Aufgabe, 1979; *Ihlefeld*, Betriebsverfassungsrechtlicher Tendenzschutz und Pressefreiheit, AuR 1980, 257.
[32] Zur Wirksamkeit eines Redaktionsstatus und seiner Kündigung *BAG* AP Nr. 3 zu § 3 BetrVG 1972; *Rüthers*, Zulässigkeit und Ablösbarkeit von Redaktionsstatuten, RdA 2002, 360.
[33] *Schneider/Trümner*, Zum betriebsverfassungsrechtlichen Arbeitnehmerbegriff, AuR 1992, 177; *Rost*, Arbeitnehmer und arbeitnehmerähnliche Personen im Betriebsverfassungsrecht, NZA 99, 113.
[34] Zur Arbeitnehmereigenschaft von Auszubildenden im reinen Ausbildungsbetrieb, *BAG* AP Nr. 8 zu § 5 BetrVG 1972 Ausbildung; AP Nr. 54 zu § 5 BetrVG 1972.
[35] Dazu *Lipke*, Betriebsverfassungsrechtliche Probleme der Teilzeitarbeit, NZA 1990, 758.
[36] *Hromadka*, Der Begriff des leitenden Angestellten – Zur Auslegung des § 5 Abs. 3, 4 BetrVG i. d. F. vom 23. Dezember 1988, BB 1990, 57; *Martens*, Die Neuabgrenzung der leitenden Angestellten und die begrenzte Leistungsfähigkeit moderner Gesetzgebung, RdA 1989, 73; *G. Müller*, Kritische Bemerkungen zur neuen Bestimmung des leitenden Angestellten – Die jetzige Bestimmung des Begriffs des leitenden Angestellten in § 5 Abs. 3 BetrVG, DB 1989, 824; *Richardi*, Der Begriff des leitenden Angestellten, AuR 1991, 33 (ausführlicher Aufsatz zur Neuregelung des § 5 III BetrVG). Aus der älteren Literatur ausführlich und zusammenfassend *K. P. Martens*, Das Arbeitsrecht der leitenden Angestellten, 1982, S. 267 ff. Die Rspr. des *BAG* findet sich nahezu geschlossen in AP zu § 5 BetrVG 1972; *Reinecke*, Der Kampf um die Arbeitnehmereigenschaft – prozessuale, materielle und taktische Probleme, NZA 99, 727; *Franzen*, Reformbedarf beim Betriebs- und Arbeitnehmerbegriff des Betriebsverfassungsgesetzes?, ZfA 2000, 285.

werden aber nicht aus dem Arbeitnehmerbegriff ausgenommen, sondern als eigene Gruppe innerhalb der Arbeitnehmer abgegrenzt. Zu ihrer arbeitsrechtlichen Sonderstellung vgl. schon oben § 5 III.

1. Grund der Herausnahme aus dem Anwendungsbereich des BetrVG ist insbesondere, dass die leitenden Angestellten ihrer Funktion nach der Arbeitgeberseite zugehören. Es wäre daher nicht zweckmäßig, wenn sie aktive und passive Wahlrechte zu den Betriebsvertretungen hätten und wenn sie dem Mitbestimmungsrecht des Betriebsrats in personellen Angelegenheiten unterlägen. Der Arbeitgeber muss sich diejenigen Personen, durch die er seine Funktion als Arbeitgeber und Unternehmer wahrnimmt, selbst aussuchen können. Diese dürfen auch nicht in irgendwelche Abhängigkeit zum Betriebsrat oder in Loyalitätskonflikte zu ihm oder zum Arbeitgeber geraten.

2. Entwicklung: Die Abgrenzung war politisch ebenso wie in den Unternehmen zeitweise hart umkämpft. Vermeidbare und unvermeidbare Unklarheiten der gesetzlichen Regelung haben eine umfangreiche Literatur und höchstrichterliche Rechtsprechung hervorgebracht. Seit 1. 1. 1989 ist die gesetzliche Regelung etwas umformuliert und bis zu einem gewissen Grad präzisiert worden. Literatur und Rechtsprechung zum früheren Gesetzesstand sind daher in manchen Beziehungen überholt.

3. Für die **Abgrenzung der leitenden Angestellten** gibt § 5 in Abs. 3 Satz 2 eine Abgrenzungsregel. Sie ist zwingend, kann also weder einzel- noch kollektivvertraglich verändert werden, und sie ist abschließend. Abs. 4 hat gegenüber Abs. 3 Satz 2 nur eine Hilfsfunktion. Das Gesetz bildet in Abs. 3 Satz 2 drei Gruppen: Nach Nummer 1 macht die selbständige Berechtigung zur Einstellung und Entlassung zum leitenden Angestellten. Es darf sich dabei nicht um ganz unbedeutende Befugnisse handeln (wie z. B. eines Poliers auf einer Baustelle). Nummer 2 ordnet Generalbevollmächtigte und Prokuristen als Personen mit weit reichender Vertretungsmacht („alter ego" des Kaufmanns) den leitenden Angestellten zu. Als leitend sind sie aber nur zu qualifizieren, wenn mit ihrer weit reichenden Befugnis im Außenverhältnis auch eine nicht unbedeutende Befugnis im Innenverhältnis korrespondiert.[37] Danach sind namentlich sog. Titularprokuristen, denen Prokura nur als Ehrung oder Vertrauensbeweis erteilt worden ist, keine leitenden Angestellten. Die weitaus größte Gruppe der leitenden Angestellten wird von Nummer 3 erfasst. Für die Zuordnung müssen (kumulativ) drei Kriterien erfüllt sein: Die Wahrnehmung von für Bestand und Entwicklung des Unternehmens oder Betriebs bedeutsamen Aufgaben, die Erforderlichkeit besonderer Erfahrungen und Kenntnisse, und weitgehende Entscheidungsfreiheit oder maßgebliche Beeinflussung von Entscheidungen. Das letztere kommt vor allem bei sog. Stabsangestellten in Betracht, die zwar keine Vorgesetzteneigenschaft haben, aber Grundlagen der Entscheidung eines anderen miterarbeiten. Nicht genügend ist bloße Vorgesetzteneigenschaft. Auch Sachverantwortung oder Überwachungsfunktionen allein reichen nicht aus. Erst recht kommt es nicht auf die Bezeichnung oder auf das Selbstverständnis des Angestellten an.

Der grundsätzlichen Abgrenzungsregel des § 5 III BetrVG fügt Abs. 4 eine eigenartige Regelung hinzu. Nach ihr soll leitender Angestellter im Sinn von Abs. 3 Nr. 3 *im Zweifel* sein, wer eine der vier in Abs. 4 genannten Kriterien erfüllt. Der Gesetzgeber gibt hier eine im modernen Recht sonst kaum zu findende Auslegungshilfe für eine gesetzliche Bestimmung. Es handelt sich nicht um Vertragsauslegung und nicht um Tatsachenvermutungen, mithin auch nicht um eine Beweislastregelung. Vielmehr soll,

---

[37] Vgl. *BAG* AP Nr. 55 zu § 5 BetrVG 1972.

wenn bei aufgeklärtem Sachverhalt hinsichtlich der Zuordnung zu Abs. 3 rechtliche Zweifel verbleiben, von den in Abs. 4 genannten Tatsachen auf die rechtliche Zuordnung zur Gruppe der leitenden Angestellten geschlossen werden. Ist hingegen die Einordnung nach Abs. 3 Nr. 3 zweifelsfrei möglich, soll Abs. 4 gar nicht eingreifen. Ob diese eigenartige Gesetzestechnik wirklich für die Praxis hilfreich ist, darf bezweifelt werden.

4. Da der Betriebsrat die leitenden Angestellten nicht vertritt und auch nicht sinnvollerweise vertreten kann, sieht das Sprecherausschussgesetz (SprAuG)[38] die **Bestellung eigener Repräsentanten** in Gestalt sogenannter **Sprecherausschüsse** vor. Voraussetzung der Bildung ist, dass der Betrieb in der Regel mindestens zehn leitende Angestellte aufweist.

VII. Außertarifliche Angestellte

Dem Betriebsverfassungsrecht grundsätzlich nicht entzogen sind die sog. **außertariflichen Angestellten**,[39] denen die Voraussetzungen für die Einordnung unter die leitenden Angestellten fehlen. Dabei handelt es sich um eine in großen Unternehmen oft recht breite Gruppe von gehobenen Angestellten, für die eine Vergütungsregelung im geltenden Tarifvertrag nicht getroffen ist. Bei dieser Gruppe ist vor allem streitig, inwieweit ihre Entlohnung dem Mitbestimmungsrecht des Betriebsrats nach § 87 I Nr. 10 BetrVG unterliegt.

VIII. Stellung der Gewerkschaften im Betrieb[40]

Aus der Rechtsprechung des Bundesverfassungsgerichts ist abzuleiten, dass den Gewerkschaften durch Art. 9 III GG auch die Betätigung im Betriebsverfassungswesen im Grundsatz garantiert ist.[41] Die Entscheidungen des Bundesverfassungsgerichts betrafen zwar konkret nur die Möglichkeit der Gewerkschaften, vor der Wahl zum Personalrat für gewerkschaftliche Wahlvorschläge im Betrieb zu werben. Man wird

---

[38] Dazu die Kommentare von *Löwisch*, 2. Aufl., 1994; *J. H. Bauer*, 2. Aufl., 1990; *Borgwardt/Fischer/Jauert*, 2. Aufl., 1990; *Hromadka*, 1991; s. ferner die Gesamtdarstellung von *Joost*, in: Münchener Handbuch des Arbeitsrechts, 2000, Bd. III, §§ 322–324; *Gentz*, Die Stellung des Sprecherausschusses in Großunternehmen, dargestellt am Beispiel Daimler-Benz, Beil. 1 NZA 1990, S. 17; *Allinger*, Erste praktische Erfahrungen mit der Bildung von gesetzlichen Sprecherausschüssen, NZA 1990, 552; *Oetker*, Grundprobleme bei der Anwendung des Sprecherausschußgesetzes, ZfA 1990, 43; *Kaiser*, Sprecherausschüsse für leitende Angestellte, 1995. Zur Mitwirkung des Sprecherausschusses beim Ausscheiden leitender Angestellter s. *Löwisch*, BB 1990, 1412; *J. H. Bauer*, BB 1991, 274; *Kronisch/Deich*, Mitwirkungsrechte des Sprecherausschusses, AR-Blattei, SD 1490.3, 2006.

[39] Dazu *Lieb*, Die Regelungszuständigkeit des Betriebsrats für die Vergütung von AT-Angestellten, ZfA 1978, 179; *Gift*, Zweifelsfragen zur Rechtsstellung der außertariflichen und leitenden Angestellten, 1978; *Reuter*, Vergütung von AT-Angestellten und betriebsverfassungsrechtliche Mitbestimmung, 1979; *Wiedemann*, Höhere Angestellte im Betriebsverfassungsrecht, Gedächtnisschrift Kahn-Freund, 1980, S. 343; *Franke*, Der außertarifliche Angestellte, 1991.

[40] *Kraft*, Probleme im Spannungsfeld zwischen Betriebsverfassungsrecht und Koalitionsfreiheit, ZfA 1973, 243; *D. Reuter*, Umfang und Schranken des gewerkschaftlichen Zutrittsrechts zum Betrieb unter besonderer Berücksichtigung der Seeschiffahrt, ZfA 1976, 107; *Caspar*, Die gesetzliche und verfassungsrechtliche Stellung der Gewerkschaften im Betrieb, 1980; *Zöllner*, Zur Frage des Gewerkschaftsausschlusses wegen gewerkschaftsschädigender Kandidatur bei Betriebsratswahlen, Gutachten für die ÖTV, 1983; *Gamillscheg*, Überlegungen zum Verhältnis von Gewerkschaft und Betriebsrat, FS Stahlhacke, 1995, S. 129; *Feudner*, Die „im Betrieb/Unternehmen vertretenen" Gewerkschaften, DB 1995, 2114; *Däubler*, Gewerkschaftsrechte im Betrieb, 10. Aufl., 2000.

[41] Dazu näher oben § 9 IV 4 c.

jedoch den Gewerkschaften auch darüber hinausgehend eine **rechtlich geschützte Position zur Wahrnehmung betrieblicher Arbeitnehmerinteressen** zuerkennen dürfen, und zwar mindestens insoweit, als eine Gewerkschaft im Betrieb bereits vertreten ist, d. h. betriebsangehörige Arbeitnehmer zu Mitgliedern hat. Im Rahmen der Betriebsverfassung gehört es daher zur konstitutionellen Ausprägung betrieblicher Herrschaft, dass auch die Koalitionen unmittelbar in das Balancesystem von Kräften und Gegenkräften eingeschaltet sind.

Dieser dem Verfassungsrecht wie der Idee der Betriebsverfassung entspringende Grundgedanke hat Ausdruck in der gesetzlichen Grundregel gefunden, dass die *Zusammenarbeit* zwischen Arbeitgeber und Betriebsrat *im Zusammenwirken mit den im Betrieb vertretenen Gewerkschaften* zu erfolgen hat, § 2 I BetrVG. Daraus ergibt sich nicht lediglich eine Reflexwirkung für die Gewerkschaften, sondern die Zuerkennung eines der Koalitionszwecksetzung gemäßen subjektiven Rechts.

Es bedeutet allerdings nicht, dass die Gewerkschaften an den Entscheidungen der Betriebsverfassungsorgane ein unmittelbares oder gar gleichberechtigtes Mitwirkungsrecht hätten. Dass dies nicht der Fall sein kann, folgt ohne weiteres schon daraus, dass sich bei Koalitionspluralität, wie sie auch de facto in vielen Betrieben besteht, unzuträgliche Verhältnisse ergeben könnten. Dementsprechend sind auch die Teilnahmerechte der Gewerkschaften an den Veranstaltungen betriebsverfassungsrechtlicher Organe begrenzt, vgl. § 31 BetrVG, aber auch § 46 BetrVG.

Die im Betrieb vertretenen Gewerkschaften haben ein **Zugangsrecht zum Betrieb**[42] nach § 2 II BetrVG, das ihnen breitere Informationsmöglichkeiten über betriebliche Angelegenheiten durch Augenschein und persönlichen Kontakt mit der Belegschaft eröffnet. Aus dem Prinzip des Zusammenwirkens ist darüber hinausgehend zu folgern, dass Arbeitgeber und Betriebsrat verpflichtet sind, die Gewerkschaften auf deren Verlangen zu betrieblichen Angelegenheiten anzuhören. Auch eine gewisse Verpflichtung von Betriebsrat und Arbeitgeber zu Auskünften wird man dem Gebot des Zusammenwirkens entnehmen dürfen. Wie weit das Zugangsrecht der Gewerkschaften geht und wie seine Voraussetzungen und Grenzen im Einzelnen zu ziehen sind, ist umstritten.[43] Das BetrVG ist hier wie in vielen anderen Fragen auf einer mittleren Linie zu interpretieren.[44] Weder öffnet es unbegrenzten Zugang noch beschränkt es diesen auf wertlose Rudimente. Ob eine Gewerkschaft im Betrieb vertreten ist, was die Mitgliedschaft mindestens eines Arbeitnehmers dieses Betriebes voraussetzt, stellt, wenn dessen Person nicht offenbart werden soll, ein heikles Beweisproblem dar.

Die Rechtsprechung hält in bedenklicher Weise eine lediglich mittelbare Beweisführung in der Form für zulässig, dass ein Gewerkschaftssekretär als Zeuge über die Betriebszugehörigkeit eines Mitglieds vernommen oder eine notarielle Urkunde vorgelegt wird, in der der Notar bescheinigt, dass eine durch Ausweis identifizierte Person eidesstattlich versichert habe, in dem Betrieb beschäftigt und Mitglied der Gewerkschaft zu sein, und eine auf ihren Namen lautende Entgeltbescheinigung des Arbeitgebers vorgelegt habe.[45]

---

[42] *Richardi*, Zugangsrechte der Gewerkschaften zum Betrieb, DB 1978, 1736; *Mayer-Maly*, Gewerkschaftliche Zutrittsrechte, BB 1979, Beilage 4; s. auch *Reuter*, FS Müller, 1981, S. 387; *Richardi*, ebenda S. 413. Vgl. ferner zum koalitionsrechtlichen Zugangsrecht oben § 9 IV 4 sowie die Nachweise dort Fn. 49; aus der jüngeren Rechtsprechung zum Zutrittsrecht betriebsfremder Gewerkschaften zum Zweck der Mitgliederwerbung *BAG* AP Nr. 127 zu Art, 9 GG mit Anm. *Richardi*.
[43] Vgl. die bei GK/*Kraft/Franzen*, § 2 Rn. 50 ff. aufgeführten Einzelfälle und Meinungsnachweise.
[44] Vgl. etwa *BAG* AP Nr. 1 und 2 zu § 2 BetrVG 1972.
[45] *BAG* AP Nr. 4 zu § 2 BetrVG 1972; zust. *Grunsky*, AuR 1990, 105; MünchArbR/*v. Hoyningen-Huene*, § 302 Rn. 11; mit gewissen Einschränkungen jetzt auch GK/*Kraft/Franzen*, § 2 Rn. 39ff.; abl.

Die Zugangseröffnung und das Gebot des Zusammenwirkens bedeuten für die Gewerkschaften nicht nur Rechte, sondern auch **Pflichten.** Sie haben dadurch eine **Schutz- und Rücksichtspflicht gegenüber dem Arbeitgeber,** deren Verletzung zum Schadensersatz verpflichtet (Verletzung eines gesetzlichen Schuldverhältnisses). Das Gebot des Zusammenwirkens verlangt ferner von ihnen, dass sie betriebliche Angelegenheiten nicht in einem auf Konfrontation und Kampf ausgerichteten Kurs angehen, sondern in dem Bemühen um kooperative Lösungen. Sie dürfen insbesondere nicht die vertrauensvolle Zusammenarbeit zwischen Arbeitgeber und Betriebsrat erschweren oder gar zunichte machen. Das bedeutet nicht, dass sie nicht harte Forderungen stellen und notfalls, soweit behördliche Zuständigkeiten bestehen, mit deren Hilfe durchsetzen dürften. Auch Arbeitskämpfe sind ihnen nicht verwehrt, soweit die umkämpfte Angelegenheit tarifvertraglicher Regelung zugänglich ist und mit dem Kampf eine derartige Regelung erstrebt wird. Entsprechend dem arbeitskampfrechtlichen ultima-ratio-Prinzip muss aber vorher in ausreichendem Maß versucht worden sein, kooperative Lösungen herbeizuführen.

IX. Leitprinzipien betriebsverfassungsrechtlicher Entscheidungstätigkeit

Das Betriebsverfassungsrecht prägt die Zusammenarbeit von Arbeitgeber und Betriebsrat nicht nur organisatorisch, sondern auch inhaltlich, vgl. näher oben III 3. Für das Zusammenwirken, insbesondere für alle Formen gemeinsamer Entscheidungstätigkeit, lassen sich dem Gesetz Leitprinzipien entnehmen, die beachtet werden müssen.

1. Prinzip vertrauensvoller Zusammenarbeit

Das Prinzip vertrauensvoller Zusammenarbeit[46] (Kooperationsmaxime) ist das oberste Leitprinzip, § 2 I BetrVG.

a) Dieses Prinzip gilt nicht nur für den Inhalt der endgültig zu treffenden Entscheidung, sondern auch für ihre Vorbereitung. Insoweit ist es für die Pflichtenlage des Arbeitgebers von tiefgreifender Bedeutung. Bei seiner Informationstätigkeit ebenso wie bei der Beratung mit dem Betriebsrat muss der Arbeitgeber sich so verhalten, dass sich Vertrauen entwickeln und dann fortbestehen kann. Auch der Betriebsrat ist in gleicher Weise gebunden. Für ihn bedeutet das Prinzip insbesondere, dass er sich nicht etwa als

---

Prütting/Weth, DB 1989, 2273 und AuR 1990, 269. Die gegen die Entscheidung des *BAG* eingelegte Verfassungsbeschwerde wurde vom *BVerfG* nicht zur Entscheidung angenommen; vgl. BVerfG AP Nr. 4a zu § 2 BetrVG 1972.

[46] Dazu *Witt,* Die betriebsverfassungsrechtliche Kooperationsmaxime und der Grundsatz von Treu und Glauben, 1987; *Eich,* Rechtsmißbräuchliche Nutzung von Mitbestimmungsrechten durch den Betriebsrat (Koppelungsgeschäfte), ZfA 1988, 93; *Heinze,* Inhalt und Grenzen betriebsverfassungsrechtlicher Rechte, ZfA 1988, 53; *Weber,* Die vertrauensvolle Zusammenarbeit zwischen Arbeitgeber und Betriebsrat gemäß § 2 Abs. 1 BetrVG, 1989; *ders.,* Der Anwendungsbereich des Grundsatzes der vertrauensvollen Zusammenarbeit gemäß § 2 Abs. 1 BetrVG, ZfA 1991, 187. Beispiele aus der Rspr. zur Anwendung des Grds.: *LAG Frankfurt* NZA 1988, 441; *LAG BW* AiB 1988, 281; *LAG Köln* LAGE § 99 BetrVG 1972, Nr. 26 (betr. Zustimmungsverweigerung zu Masseneinstellung); *LAG Köln* DB 1991, 1027; *Hunold,* Die Rechtsprechung zur (vertrauensvollen) Zusammenarbeit Zwischen Arbeitgeber und Betriebsrat, NZA 2003, 169.

verlängerter Arm der Gewerkschaften verstehen darf. Es bedeutet ferner, dass dem Betriebsrat nicht die Stellung eines einseitig die Wünsche der Belegschaft bis zum äußersten verfolgenden Interessenvertreters zukommt. Der Betriebsrat muss vielmehr auf das längerfristig verstandene Interesse der Arbeitnehmer und des Betriebes bedacht sein, wie in § 2 I BetrVG ausdrücklich hervorgehoben wird. Daraus folgt, dass er zumindest diejenigen unternehmerischen Interessen des Arbeitgebers in sein Kalkül einzubeziehen hat, von denen langfristig auch das Wohl des Betriebes abhängt. Konkurrenzfähigkeit des Betriebes, Erhaltung seiner Stellung am Markt und andere wirtschaftliche Überlegungen darf der Betriebsrat ebenso wenig beiseite schieben wie der Arbeitgeber die sozialen Belange der Arbeitnehmer. Nicht Konfrontation, sondern Kooperation ist die Maxime betriebsverfassungsrechtlichen Handelns. Das Gesetz ergänzt dies durch die Verpflichtung, über streitige Fragen mit dem ernsten Willen zur Einigung zu verhandeln, § 74 I 2 BetrVG.

b) In allen privatrechtlichen Rechtsbereichen entsteht, wenn Vertrauen eingeräumt oder vom Gesetz abverlangt wird, für den anderen Teil eine Treuebindung. Vertrauenseinräumung ohne komplementäre Treuebindung wäre sinnwidrig. Solche **Treuebindungen** bestehen auch **zwischen Arbeitgeber und Betriebsrat** und bestimmen die Ausformung ihrer gegenseitigen Beziehungen.[47] Das darf nicht missverstanden werden im Sinn einer tiefgreifenden Treuepflicht. Es bedeutet aber die Einbindung betriebsverfassungsrechtlicher Tätigkeit und Rechtsausübung in die Pflicht zur Rücksicht auf die Belange der anderen Seite und es bedeutet auch formell die Pflicht, Verhandlungen und Beratungen so zu führen, dass vertrauensvolle Zusammenarbeit möglich bleibt. Durch diese Pflichtenlage wird eine nachhaltige und intensive Vertretung von Belegschaftsinteressen selbstverständlich nicht ausgeschlossen.

2. Friedenspflicht

Die betriebsverfassungsrechtliche Friedenspflicht[48] hat gegenüber dem Prinzip vertrauensvoller Zusammenarbeit nicht bloß konkretisierende und ergänzende, sondern selbständige Bedeutung. Sie gilt auch dann noch, wenn beide Parteien alle Möglichkeiten der Einigung und Beilegung von Meinungsverschiedenheiten ausgeschöpft haben, und sie gilt weitergehend sogar auch dann, wenn der andere Teil seinerseits das Gebot vertrauensvoller Zusammenarbeit schwer und nachhaltig missachtet hat.

a) Hauptinhalt der Friedenspflicht ist es, Kampfmaßnahmen zur Druckausübung auf die Gegenseite zu unterlassen, § 74 II 1 BetrVG.

b) In gleicher Weise sind beiden Teilen aber auch andere Betätigungen verwehrt, durch die der Arbeitsablauf oder der Betriebsfrieden beeinträchtigt wird, § 74 II 2 BetrVG.

c) Praktisch wichtigster Unterfall der Pflicht zur Erhaltung des Betriebsfriedens ist das **Verbot parteipolitischer Betätigung im Betrieb.**[49] Um schon jede abstrakte Ge-

---

[47] Vgl. dazu auch GK/*Kraft*, § 2 Rn. 12; *v. Hoyningen-Huene*, Das Betriebsverhältnis, NZA 1989, 121.

[48] Dazu *W. Blomeyer*, Die rechtliche Bewertung des Betriebsfriedens im Individualarbeits- und Betriebsverfassungsrecht, ZfA 1972, 85; vgl. auch *H. J. Otto*, Rezension zu Germelmann, Der Betriebsfrieden im Betriebsverfassungsrecht (1972), RdA 1973, 332; *Kempen*, Das Rechtsverhältnis zwischen den Belegschaftsvertretern und den Gewerkschaften im Arbeitskampf, NZA 2005, 185. Zur Stellung des Betriebsrats bei Arbeitskämpfen s. unten § 41 VII 1.

[49] Dazu *Buchner*, Meinungsfreiheit im Arbeitsrecht, ZfA 1982, 49; *Oetker*, Parteipolitische Betätigung von Betriebsräten im Spannungsfeld zwischen betriebsverfassungsrechtlicher Friedenspflicht und

fährdung des Betriebsfriedens zu vermeiden, besteht ein absolutes Verbot, § 74 II 3 Halbs. 1 BetrVG. Arbeitgeber und Betriebsrat dürfen daher weder für eine bestimmte Partei werben noch parteipolitische Ansichten und Forderungen im Betrieb vertreten und verbreiten. Die vom Gesetz geforderte Enthaltsamkeit wird freilich in vielfacher Weise in der Praxis missachtet, etwa beim Auftreten von Parteipolitikern in Betriebsversammlungen auf Einladung von Arbeitgeber oder Betriebsrat.[50] Dies gilt auch bei beiderseitigem Einvernehmen von Arbeitgeber und Betriebsrat.

Von dem Verbot nicht ergriffen werden tarifpolitische, sozialpolitische und wirtschaftliche Angelegenheiten, soweit sie den Betrieb oder seine Arbeitnehmer unmittelbar betreffen, § 74 II 3 Halbs. 2 BetrVG.

Zur politischen Betätigung des einzelnen Arbeitnehmers, für den § 74 II 3 BetrVG nicht gilt, vgl. oben § 14 I 6.

3. Grundsätze für die Behandlung der Betriebsangehörigen

Das Betriebsverfassungsgesetz gibt nicht nur inhaltliche Regelungen für die Beziehungen zwischen Arbeitgeber und Betriebsrat, sondern auch für die Behandlung der Betriebsangehörigen.

a) Die betriebsverfassungsrechtliche **Neutralitäts- und Gleichbehandlungspflicht** nach § 75 I 1 BetrVG verbietet die unterschiedliche Behandlung von Betriebsangehörigen wegen ihrer Abstammung und anderer Umstände, auch wegen politischer oder gewerkschaftlicher Betätigung oder Einstellung. Der Sache nach geht der Grundsatz weniger weit als der allgemeine Gleichbehandlungsgrundsatz,[51] der Ungleichbehandlung nicht nur im Hinblick auf die in § 75 ausdrücklich genannten Umstände, sondern umfassend verbietet. § 75 BetrVG geht aber über den allgemeinen Gleichbehandlungsgrundsatz insofern hinaus, als er eine auf einzelvertraglicher Zustimmung beruhende Benachteiligung oder Bevorzugung, die unter der Geltung des allgemeinen Gleichbehandlungsgrundsatzes zulässig ist, nicht vorsieht.

Besonderes Gewicht für die betriebliche Praxis hat die Neutralitätspflicht gegenüber gewerkschaftlicher Betätigung oder Einstellung. Danach dürfen, unabhängig von positiver und negativer Koalitionsfreiheit,[52] gewerkschaftsangehörige Arbeitnehmer weder bevorzugt noch benachteiligt werden. Diese Regelung bindet nicht nur den Arbeitgeber, sondern auch den Betriebsrat. Aus ihr wird gefolgert, dass **gewerkschaftliche Vertrauensleute** im Betrieb keine Sonderstellung haben dürfen. Insbesondere soll ihnen danach weder durch Betriebsvereinbarung noch durch sonstige Abmachungen ein Schutz gegen Kündigung eingeräumt werden können.[53] Im Hinblick auf die Neutralitätspflicht nicht unbedenklich

---

verfassungsrechtlich garantierter Meinungsfreiheit, BlStSozArbR 1983, 321; *Hofmann*, Das Verbot parteipolitischer Betätigung im Betrieb, 1984; *Berg*, Der Betrieb als „politikfreie Zone"? Zum Verbot der parteipolitischen Betätigung für Arbeitgeber und Betriebsrat im Betrieb, FS Gnade, 1992, S. 215; s. ferner die Nachweise oben § 14 I 6; aus der Rspr. s. *BAG* AP Nr. 1 und 5 zu § 74 BetrVG 1972; *BAG* AP Nr. 1 zu § 15 KSchG 1969; *BAG* AP Nr. 73 zu § 626 BGB (Anti-Strauß-Plakette). Zur Verfassungsmäßigkeit des betriebsverfassungsrechtlichen Verbots BVerfGE 42, 133.

[50] Vgl. dazu *Löwisch*, Betriebsauftritte von Politikern, DB 1976, 676.

[51] Dazu oben § 18.

[52] Dazu oben § 9 IV.

[53] So *Kraft*, Die Regelung der Rechtsstellung gewerkschaftlicher Vertrauensleute im Betrieb, ZfA 1976, 243; *W. Blomeyer*, Die Zulässigkeit von Tarifverträgen zugunsten gewerkschaftlicher Vertrauensleute, DB 1977, 101; *Bötticher*, Tarifvertragliche Sonderstellung der gewerkschaftlichen Vertrauensleute im Arbeitsverhältnis: Eine betriebsverfassungsrechtliche Angelegenheit, RdA 1978, 133; anderer Ansicht z. B. *Wlotzke*, Zur Zulässigkeit von Tarifverträgen über den Schutz und die Erleichterung der Tätigkeit gewerkschaftlicher Vertrauensleute, RdA 1976, 80; *Zachert*, Rechtsfragen bei Tarifverträgen zum Schutz der Tätigkeit gewerkschaftlicher Vertrauensleute, BB 1976, 514; *M. Weiß*, Gewerkschaftliche Vertrauensleute, (1978). Zur Stellung der gewerkschaftlichen Vertrauensleute insgesamt *Kraft*, Vertrauensleute im Betrieb, 1982; *Franzen*, Vorteilsregelungen für Gewerkschaftsmitglieder, RdA 2006, 1.

ist es, wenn Betriebsratsmitglieder gleichzeitig das Amt eines gewerkschaftlichen Vertrauensmanns wahrnehmen.[54]

b) Die in § 75 II BetrVG ausdrücklich vorgesehene Pflicht[55] zu Schutz und Förderung der freien Persönlichkeitsentfaltung wird in der Praxis vielfach kaum beachtet. Auch in der Literatur sind aus ihr bislang wenig konkrete Folgerungen gezogen worden. Gleichwohl sollte sie deswegen nicht für bedeutungslos gehalten werden. Auf sie lassen sich Maßnahmen im Bildungsbereich ebenso stützen wie Forderungen nach einer Humanisierung des Arbeitsplatzes bis hin zur Umgestaltung der Personalführung im Sinn kooperativer Methoden.

c) Die Pflicht zum Schutz älterer Arbeitnehmer, die sich in dem allgemeinen Aufgabenkatalog für den Betriebsrat in § 80 Nr. 6 ebenso niederschlägt wie in dem Benachteiligungsverbot des § 75 I 2 BetrVG, ist nicht bloß ein Programmsatz, sondern eine Konkretisierung des Sozialstaatsgebots mit dem Rang rechtsverbindlicher Verpflichtung. Zwar gewährt sie dem älteren Arbeitnehmer keinen Anspruch auf Einstellung. Sie wirkt sich aber bei der Beurteilung betrieblicher Entscheidungen auf ihre Rechtmäßigkeit an vielen Stellen aus, etwa im Rahmen von §§ 99 II Nr. 1 und 102 III Nr. 1 BetrVG.

§ 47. Organisation der betriebsverfassungsrechtlichen Mitbestimmung

I. Betrieb als Anknüpfungspunkt[1]

1. Die betriebsverfassungsrechtliche Organisation wird durch eine Reihe von betriebsverfassungsrechtlichen Organen getragen, denen Informationsrechte oder Rechte auf Mitwirkung an Vorbereitung und Fällen von Entscheidungen zugeordnet sind. **Bezugspunkt** für diese Organe ist grundsätzlich **der einzelne Betrieb,** nicht das Unternehmen. Das Betriebsverfassungsrecht sieht aber ausnahmsweise auch Organe vor, die über den einzelnen Betriebsbereich in ihrer Zuständigkeit hinausgreifen, nämlich Gesamtbetriebsrat, Konzernbetriebsrat, Gesamt-Jugend- und Auszubildendenvertre-

---

[54] Dazu *G. Müller,* Betriebsratsamt und gewerkschaftlicher Vertrauensmann, RdA 1976, 46.

[55] Dazu *Löwisch,* Schutz und Förderung der freien Entfaltung der Persönlichkeit der im Betrieb beschäftigten Arbeitnehmer (§ 75 Abs. 2 BetrVG), AuR 1972, 359; *Hallenberger,* Die Pflicht des Arbeitgebers zur Förderung der freien Persönlichkeitsentfaltung nach § 75 Abs. 2 Betriebsverfassungsgesetz, 1988.

[1] Dazu *Heither,* Betrieb im Betriebsverfassungsrecht – Herausforderung durch neue Organisations- und Umstrukturierungskonzepte, ArbR Gegw 36 (1999), 37; *Hüper,* Der Betrieb im Unternehmerzugriff. Arbeitnehmerinteresse und Mitbestimmung bei Betriebsübergang, Betriebsaufspaltung und Betriebsparzellierung, 1986; *Kreßel,* Der Betriebsbegriff in der betrieblichen Praxis, ArbR Gegw. 36 (1999), 69; *Peter,* Probleme des Betriebs- und Unternehmensbegriffs nach dem Betriebsverfassungsgesetz – Dargestellt am Beispiel einer Betriebs- und Unternehmensaufspaltung, DB 1990, 424; *Ehmann,* Zur Rechtsverbindlichkeit einer Betriebsvereinbarung über den Fortbestand eines Betriebes, FS Kissel, 1994, S. 175; *Löwisch,* Einheitliche und eigenständige Arbeitsorganisation als Merkmal des Betriebsbegriffs im Sinne der Betriebsverfassung, FS Kissel, 1994, S. 679; *v. Hoyningen-Huene,* Grundfragen der Betriebsverfassung: Mitbestimmung – Betriebsrat – Betrieb – Betriebszugehörigkeit, FS Stahlhacke, 1995, S. 173; *Preis,* Legitimation und Grenzen des Betriebsbegriffs im Arbeitsrecht, RdA 2000, 257; *Richardi,* Betriebsbegriff als Chamäleon, FS Wiedemann, 2002, S. 493.

tung und Wirtschaftsausschuss. Letztlich sind alle diese Gremien aber rückbezogen auf die Einzelbetriebsvertretungen und ihre Zuständigkeit. Sie sind deshalb Unternehmensorgane nur in einem eingeschränkten oder modifizierten Sinn.[2] Für das betriebsverfassungsrechtlich wichtigste Organ, den Betriebsrat des einzelnen Betriebs, ist die Mitwirkungszuständigkeit auf den Betrieb beschränkt. Die Organisation der Betriebsverfassung durch das BetrVG ist grundsätzlich zwingend. Der 2001 grundlegend erweiterte § 3 BetrVG erlaubt freilich abweichende Abmachungen. Die Tarifvertragsparteien – u. U. auch die Betriebsparteien (vgl. § 3 II BetrVG) und evtl. sogar die Arbeitnehmer (vgl. § 3 III BetrVG) – können jetzt ohne staatliche Zustimmung eigenständig Organisationsstrukturen schaffen, um den besonderen Verhältnissen in einzelnen Wirtschaftszweigen, Konzernen und Unternehmen Rechnung zu tragen; besonders problematisch ist die Generalklausel des § 3 I Nr. 3 BetrVG.[3]

2. Das Betriebsverfassungsrecht erfasst allerdings nicht alle Betriebe, sondern nur solche von einer **bestimmten Belegschaftsstärke** an. Betriebsräte werden nämlich nur in Betrieben gebildet, die in der Regel mindestens fünf ständige wahlberechtigte Arbeitnehmer haben, von denen drei wählbar sind, § 1 BetrVG. Mindestens fünf Arbeitnehmer müssen also über 18 Jahre alt sein (§ 7 BetrVG), drei von ihnen müssen wenigstens sechs Monate dem Unternehmen oder Konzern angehören (näher § 8 BetrVG). Kleinstbetriebe können keinen Betriebsrat bilden. Ihren Belegschaften bleiben bislang die betriebsverfassungsrechtlichen Teilhaberechte regelmäßig versagt. Nach dem 2001 eingefügten § 4 II BetrVG sind Kleinstbetriebe nunmehr stets einem existierenden Hauptbetrieb zuzuordnen.[4] Auch das Erreichen der nach § 1 erforderlichen Belegschaftsstärke verschafft im Übrigen noch nicht alle Mitwirkungsrechte. Manche dieser Rechte setzen eine höhere Arbeitnehmerzahl voraus, vgl. §§ 99, 95 II, 106 und 111 BetrVG.

Entscheidend für § 1 BetrVG ist die regelmäßige Belegschaftsstärke. Vorübergehendes Ansteigen bleibt also ebenso unberücksichtigt wie vorübergehendes Absinken. Berücksichtigt werden nur ständig beschäftigte Arbeitnehmer, d. h. nur solche, die nicht für lediglich vorübergehende Zeit eingestellt werden. Danach rechnen z. B. nicht mit Aushilfskräfte, Zusatzkräfte und Saisonarbeitnehmer.

3. Betrieb im Sinn des Betriebsverfassungsrechts ist die organisatorische Einheit zur fortgesetzten Verfolgung eines oder mehrerer bestimmter arbeitstechnischer Zwecke.[5] Zur Abgrenzung vom Unternehmen vgl. oben § 46 II 2. Räumliche Einheit ist nicht Voraussetzung, vielmehr können Teile ein- und desselben Betriebs räumlich getrennt untergebracht sein. Ein Betrieb kann ferner auch als gemeinsamer mehrerer Unternehmen, d. h. verschiedenen Rechtssubjekten und damit Arbeitgebern zuzuordnen sein.[6] Erforderlich ist dazu nach der Rechtsprechung die Schaffung eines einheitli-

---

[2] Vgl. näher unten V, VI, IX und X.

[3] Überblick bei *Richardi/Richardi*, § 3; *Giesen*, Betriebsersetzung durch Tarifvertrag, BB 2002, 1480; grundsätzlich *Giesen*, Tarifvertragliche Rechtsgestaltung für den Betrieb, 2002; zum Verhältnis von § 3 BetrVG n. F. zum Gesellschaftsrecht *Kort*, Betriebsverfassungsrecht als Unternehmensrecht?, AG 2003, 13.

[4] Gemäß § 4 S. 2 BetrVG a. F. galt dies nur für unselbständige Nebenbetriebe. – Umstritten ist, ob auch ein nicht betriebsratsfähiger Kleinstbetrieb der Hauptbetrieb i. S. v. § 4 II BetrVG sein kann, hierzu GK/*Kraft/Franzen*, § 4 Rn. 8.

[5] Aus der ständigen Rspr. des *BAG* z. B. AP Nr. 3 zu § 4 BetrVG 1972. Abweichend *Joost*, Betrieb und Unternehmen als Grundbegriffe im Arbeitsrecht, 1988, S. 333 f. und passim, der eine einheitliche Definition im Rahmen des Betriebsverfassungsgesetzes nicht für möglich hält. S. 400 führt *Joost* aus, der Betrieb im betriebsverfassungsrechtlichen Sinn lasse sich definieren als die durch einen Arbeitgeber nicht nur kurzfristig erfolgende Beschäftigung von Arbeitnehmern in räumlicher Verbundenheit.

[6] Hierzu *Kraft*, Mehrere Unternehmen als Träger eines Betriebes i. S. d. BetrVG, FS Hilger/Stumpf, 1983, S. 395; *Zöllner*, Gemeinsame Betriebsnutzung: Kritische Bemerkungen zur Rechtsfigur des ge-

chen Leitungsapparats in Bezug auf die Arbeitgeberfunktion.[7] Seit der Betriebsverfassungsreform 2001 wird nach § 1 II BetrVG, der die bisherige einschlägige Rechtsprechung festschreiben und den betroffenen Betriebsräten die Beweislast erleichtern soll, in zwei näher umschriebenen Fällen ein gemeinsamer Betrieb mehrerer Unternehmen vermutet. Greifen die Vermutungstatbestände des § 1 II BetrVG nicht ein, kann dennoch nach den allgemeinen Grundsätzen ein gemeinsamer Betrieb vorliegen.[8] Und schließlich ist denkbar, dass mehrere Betriebe räumlich einheitlich untergebracht sind. Für die Unterscheidung, ob ein oder mehrere Betriebe vorliegen, kommt es nach dem BAG auf das Vorliegen einheitlicher Leitungskompetenz in den betrieblicher Mitbestimmung unterliegenden Fragen an.[9]

In der Praxis bereitet hat die Abgrenzung zwischen Hauptbetrieb, Nebenbetrieb und Betriebsteil bislang erhebliche Schwierigkeiten bereitet.[10] Durch die Neufassung des § 4 BetrVG im Rahmen der Betriebsverfassungsreform 2001 ist der Begriff des Nebenbetriebs entfallen.[11] Die Vorschrift regelt nunmehr die betriebsverfassungsrechtliche Behandlung und Zuordnung von Betriebsteilen und Kleinstbetrieben.[12] Grundsätzlich ist für einen Betrieb mit seinen Betriebsteilen ein einheitlicher Betriebsrat zu wählen. § 4 I 1 BetrVG erlaubt im Interesse einer möglichst arbeitnehmernahen Mitbestimmung die Wahl mehrerer Betriebsräte für einen solchen Betrieb. Hiernach gelten Betriebsteile als selbständige Betriebe, wenn sie entweder vom Hauptbetrieb räumlich weit entfernt sind oder wenn sie durch Aufgabenbereich und Organisation eigenständig sind, § 4 I 1 BetrVG. Dann müssen sie außerdem die von § 1 BetrVG verlangte Mindestbelegschaftsstärke aufweisen. Ist in einem Betriebsteil ein Betriebsrat gewählt und dessen Wahl nicht gem. § 19 BetrVG angefochten worden, so ist nach Ansicht des BAG auch für die Ausübung der Beteiligungsrechte des Betriebsrats davon auszugehen, dass hinsichtlich des Betriebsteils die Voraussetzungen des § 4 I 1 BetrVG vorliegen.[13]

Arbeitnehmer eines betriebsratslosen Betriebsteils i. S. v. § 4 I 1 BetrVG, die eine betriebliche Interessenvertretung wünschen, müssen allerdings keinen eigenen Betriebs-

---

meinsamen Betriebs, FS Semler, 1993, S. 995; *Konzen,* Der gemeinsame Betrieb mehrerer Unternehmen im Betriebsverfassungsrecht, ZIAS 1995, 588; *Rieble,* Kompensation der Betriebsspaltung durch den Gemeinschaftsbetrieb mehrerer Unternehmen (§ 322 UmwG), FS Wiese, 1998, S. 453; *Löwisch,* Gemeinsamer Betrieb privater und öffentlicher Rechtsträger?, FS Söllner, 2000, S. 689; *Annuß,* Grundfragen des gemeinsamen Betriebs, NZA Sonderheft 2001, 12; *Boeken,* Gemeinschaftsbetrieb und Anwendbarkeit der §§ 111 ff. BetrVG, 50 Jahre Bundesarbeitsgericht, 2004, S. 931; *Loritz,* GS Heinze, 2005, S. 541.

[7] *BAG* AP Nr. 5, 6, 9 zu § 1 BetrVG 1972; AP Nr. 8 zu § 1 BetrR 1972 Gemeinsamer Betrieb, das – anders als Teile der Literatur – aber einen konkludenten Abschluss einer Leitungsvereinbarung für möglich hält. Eine „konkludente Führungsvereinbarung" soll insbesondere vorliegen, wenn die Arbeitgeberfunktionen im sozialen und personellen Bereich einheitlich ausgeübt werden.

[8] *BAG* AP Nr. 22 zu § 1 BetrVG 1972 Gemeinsamer Betrieb.

[9] Dazu z. B. *BAG* SAE 1987, 224 (Anm. *Kort*).

[10] Hierzu Voraufl. § 45 I 3.

[11] Hierunter verstand man einen selbständigen Betrieb, dessen Funktion ausschließlich darin bestand, einem Hauptbetrieb zu helfen, dessen Betriebszweck zu erreichen. Nach altem Recht war der Nebenbetrieb dem Hauptbetrieb zuzuordnen, wenn er nicht nach § 1 BetrVG betriebsratsfähig war. Das Bundesarbeitsgericht hatte die Gesetzesrecht dahingehend fortgebildet, dass auch selbständige nicht betriebsratsfähige Kleinbetriebe einem betriebsratsfähigen Betrieb zugerechnet wurden, sofern die Betriebe den gleichen arbeitstechnischen Zweck verfolgten, *BAG* AP Nr. 28 zu § 99 BetrVG 1972. Hieran anknüpfend erstreckt § 4 II BetrVG die bisherige Regelung für Nebenbetriebe auf alle Betriebe, die nicht betriebsratsfähig sind („Kleinstbetriebe").

[12] Letztere werden gemäß § 4 II BetrVG trotz ihrer Selbständigkeit stets dem Hauptbetrieb zugeordnet, s. bereits 2.

[13] *BAG* AP Nr. 7 zu § 4 BetrVG 1972.

rat wählen. Sie können auch beschließen, an der Wahl des Betriebsrats im Hauptbetrieb teilzunehmen (§ 4 I 2–4 BetrVG).

Schwierigkeiten bereitet nach wie vor die Abgrenzung zwischen Betriebsteil und Hauptbetrieb, für die folgende Merkmale gelten: Selbständige Hauptbetriebe liegen nur vor, wenn die Organisation der mehreren Gebilde auf Betriebsebene völlig eigenständig ist, eine organisatorische Zusammenfügung also nur auf Unternehmensebene besteht.

Kennzeichnend für einen Betriebsteil ist, dass dieser zwar organisatorisch in den Hauptbetrieb eingegliedert ist und keinen umfassenden eigenständigen Leitungsapparat besitzt, aber trotzdem innerhalb des Hauptbetriebes relativ verselbständigt, insbesondere räumlich oder organisatorisch abgegrenzt ist. Von einem Betriebsteil kann daher nur die Rede sein, wenn es überhaupt eine für diese Teileinheit zuständige institutionalisierte Leitung gibt, die in der Lage ist, Arbeitgeberfunktionen, insbesondere das Weisungsrecht auszuüben.[14]

Beispiel: Ein Betriebsgebilde zur Herstellung von Verpackungen für bestimmte, im gleichen Unternehmen hergestellte Produkte – z.B. die Kartonagen-Abteilung einer Zigarettenfabrik – kann Betriebsteil (= Betriebsabteilung) sein, wenn es in den arbeitstechnischen Organisationszusammenhang eines Herstellungsbetriebs einbezogen ist. Es ist Hauptbetrieb, wenn es an dieser Zuordnung fehlt, etwa in ihm die Verpackungsherstellung für mehrere Betriebe oder für das Gesamtunternehmen.

Wenn zweifelhaft ist, ob ein Betriebsteil selbständig oder dem Hauptbetrieb zuzuordnen ist, können der Arbeitgeber, jeder beteiligte Betriebsrat, jeder beteiligte Wahlvorstand oder eine im Betrieb vertretene Gewerkschaft eine Entscheidung des Arbeitsgerichts beantragen (§ 18 II BetrVG).

II. Belegschaft als Träger der Mitwirkungsrechte

Gegenstand und Anliegen des Betriebsverfassungsrechts ist die Mitgestaltung der betrieblichen Ordnung durch die Arbeitnehmerseite und ihre Mitwirkung an betrieblichen Entscheidungen. Dabei geht es, jedenfalls in erster Linie, um die Wahrnehmung von Solidarinteressen.[15] Die durch das Gesetz eingeräumten Mitwirkungsrechte sind daher nicht als Individualrechte ausgestaltet; vielmehr handelt es sich um kollektive Mitwirkungsrechte, als deren Träger nicht die einzelnen Arbeitnehmer anzusehen sind. Die Mitwirkungsrechte sind vielmehr der Belegschaft im Ganzen zuzuordnen. Wie diese Zuordnung rechtlich zu verstehen ist, muss als noch nicht abschließend geklärt angesehen werden.

Nach einer Auffassung wird die Belegschaft als teilrechtsfähiger Verband verstanden.[16] Dem stehen Auffassungen nahe, die der Belegschaft eine sozialrechtliche Sonderexistenz zumessen.[17] Andere sehen die Belegschaft als nicht rechtsfähige Rechtsgemeinschaft an.[18] Wieder andere lassen die Trägerschaft der Mitwirkungsrechte völlig in der Schwebe und erklären die Mitwirkung des Betriebsrats lediglich als Zuständigkeit kraft des betriebsverfassungsrechtlichen Amts.[19] Nach der Auffassung von *Richardi* ist die Belegschaft kein auf willensmäßigem Zusammenschluss beruhender Verband im Rechtssinn, sondern eine tatsächliche Gemeinschaft, die durch das Gesetz „intervenierend" verfasst wird. Das Verhältnis der Belegschaft zum Betriebsrat soll durch das konstitutionelle Formprinzip der Repräsentation

---

[14] *BAG* AP Nr. 8, 13, 15 zu § 4 BetrVG 1972.

[15] Dazu oben § 45 I 2 und § 46 III 4.

[16] So vor allem *Dietz*, BetrVG, bis zur 4. Aufl., 1967, § 1 Rn. 5 ff.; *Fabricius*, Relativität der Rechtsfähigkeit, 1963, S. 232 f.; ausführlich *Nebel*, Die Normen des Betriebsverbandes, 1989.

[17] *Galperin/Siebert*, BetrVG, 3. Aufl., 1958, § 1 Rn. 70.

[18] *Hueck/Nipperdey*, Grundriß des Arbeitsrechts, 5. Aufl., 1970, S. 311; *Weitnauer*, FS Duden, 1977, S. 705 ff.

[19] *Nikisch* III, S. 18 f., 341 f.

erklärt werden. Der Betriebsrat ist danach weder Vertreter der Belegschaftsangehörigen als einzelne noch der Belegschaft im Sinn einer juristischen Person, gleichwohl aber auch nicht selbst Träger der Mitwirkungsrechte. Diese seien vielmehr als subjektive Rechte der Belegschaft zuzuordnen, die von einem nach demokratischen Prinzipien legitimierten Amtsträger repräsentiert werde.[20] Versteht man die Zuordnung der Mitwirkungsrechte als Trägerschaft, ist der Unterschied zur Auffassung von der Teilrechtsfähigkeit der Belegschaft freilich nur noch terminologisch, wie sich überhaupt die verschiedenen Ansichten im Wesentlichen nur als Akzentuierung unterschiedlicher Aspekte begreifen lassen.

III. Betriebsrat

1. Rechtsnatur der Betriebsratsstellung

Der Streit um die Rechtsnatur der Belegschaft setzt sich fort in den Folgerungen, die daraus für die Stellung des Betriebsrats gezogen werden. Ob man seine Tätigkeit als die eines gesetzlichen Vertreters, eines Organs der Belegschaft oder eines davon zu unterscheidenden Repräsentanten ansieht, ist praktisch nur ein Streit um Worte. Selbst die Einordnung als Partei kraft Amts oder als eigenständiger gesetzlicher Verwalter[21] ist möglich, wenn man daraus nicht zu weitgehende Folgerungen zieht. M. E. bestehen keine Bedenken dagegen, den Betriebsrat als **Organ der Betriebsverfassung** zu bezeichnen.[22] Dabei handelt es sich um nicht mehr als einen Begriff, der zum Ausdruck bringt, dass dem Betriebsrat eine Reihe gewichtiger betriebsverfassungsrechtlicher Zuständigkeiten zugeordnet sind, mittels deren er die von der Belegschaft getragenen Mitwirkungsrechte ausübt. Erkenntniswert kommt dieser Qualifizierung nicht zu. Insbesondere sagt sie für sich nichts aus über die Frage der Haftung des Betriebsrats.[23] Ebenso wenig sollte die Organstellung mit der These vom Betrieb als Arbeitsverband begründet werden, dem der Arbeitnehmer durch den Abschluss des Arbeitsvertrages beitritt.[24] Die Zusammenarbeit von Arbeitgeber und Arbeitnehmern im Betrieb lässt sich nicht als Verbandsverhältnis – vergleichbar dem von Vereinsmitgliedern – begreifen.[25] Der Arbeitnehmer will nicht dem Betrieb als verbandsrechtliche Einheit beitreten, sondern mit dem Arbeitgeber einen schuldrechtlichen Austauschvertrag abschließen.[26]

Mitunter wird der Betriebsrat auch als Träger der Mitbestimmungsrechte und gleichwohl als Repräsentant der Belegschaft eingeordnet.[27] Insoweit wird ihm zwar keine allgemeine, wohl aber eine betriebsverfassungsrechtliche Rechtsfähigkeit zuerkannt. Mit dieser Problematik verwandt ist die Frage, ob der Betriebsrat Träger von Grundrechten sein kann.[28]

---

[20] Richardi/*Richardi*, § 1 Rn. 13f.; eingehend zum Meinungsstand Richardi/*Richardi*, Einleitung Rn. 86ff.

[21] Vgl. *Neumann-Duesberg*, Lehrbuch des Betriebsverfassungsrechts, 1960, S. 234ff.

[22] So etwa *Fitting/Engels/Schmidt/Trebinger/Linsenmaier*, § 1 Rn. 186; vgl. auch Richardi/*Richardi*, Einleitung Rn. 98.

[23] Dazu unten 9.

[24] *Reuter*, RdA 1991, 193 (195ff.).

[25] *Zöllner*, FS BAG, 1979, S. 745 (756ff.).

[26] Krit. zu dieser Verbandsthese auch *Richardi*, Gutachten 61. DJT, B 29ff.; *Reichold*, Betriebsverfassung als Sozialprivatrecht, S. 539ff.

[27] So *v. Hoyningen-Huene*, Betriebsverfassungsrecht, § 4 II 1; ausführlich *Kreutz*, Grenzen der Betriebsautonomie, 1979, S. 16ff.

[28] Bejahend *Dütz*, Der Grundrechtsschutz von Betriebsräten und Personalvertretungen, 1986; *Ellenbeck*, Die Grundrechtsfähigkeit des Betriebsrats, 1996.

Nach allgemeiner Ansicht besitzt der Betriebsrat keine generelle Rechts- und Vermögensfähigkeit.[29] Er ist insofern (teil)rechtsfähig, als ihm das BetrVG Rechte und Pflichten zuweist. Partiell vermögensfähig ist er allenfalls insoweit, als das BetrVG vermögensrechtliche Ansprüche für ihn vorsieht.[30] Er darf sich daher beispielsweise vom Arbeitgeber keine Vertragsstrafe für den Fall der Verletzung von Mitbestimmungsrechten versprechen lassen.[31]

Der Betriebsrat ist kein Organ des Unternehmens oder gar des Arbeitgebers und erst recht ist er grundsätzlich nicht dessen Erfüllungsgehilfe.[32]

2. Zuständigkeit und Aufgaben des Betriebsrats

Der Betriebsrat ist neben dem Arbeitgeber das wichtigste betriebsverfassungsrechtliche Organ (zu anderen Organen unten V bis X). Seine bedeutsamsten Aufgaben liegen in der **Mitwirkung und Mitbestimmung bei betrieblichen Entscheidungen.** Die Angelegenheiten, in denen solche Mitwirkungs- und Mitbestimmungsbefugnisse vorgesehen sind, teilt man, dem Gesetz folgend, in soziale (§§ 87ff. BetrVG), personelle (§§ 92ff. BetrVG) und wirtschaftliche Angelegenheiten (§§ 106ff. BetrVG) ein. Den sozialen Angelegenheiten nahe stehen Beteiligungsrechte bei der Arbeitsplatzgestaltung (§§ 90, 91 BetrVG). Das Hauptfeld der täglichen Betriebsratsarbeit bildet dabei die Mitbestimmung in sozialen Angelegenheiten sowie die Mitwirkung in einem Teil der personellen Angelegenheiten, namentlich bei Einstellung und Entlassung. Aber auch andere Angelegenheiten, namentlich aus dem Bereich der wirtschaftlichen Mitbestimmung bei Betriebsänderungen, können erhebliche Bedeutung erlangen. Neben dieser Ausübung von Beteiligungsrechten obliegen dem Betriebsrat eine Reihe sog. **allgemeiner Aufgaben,** die vor allem in den §§ 75 und 80 I BetrVG geregelt sind. Es lassen sich unterscheiden: (1) allgemeine Überwachungsaufgaben (§§ 75 I, 80 I Nr. 1 BetrVG), (2) allgemeine Förderungsaufgaben (z.B. §§ 75 II, 80 I Nr. 2 BetrVG), (3) Aufgaben der Förderung bestimmter Arbeitnehmergruppen (z.B. § 80 I Nr. 2a, 3, 4, 6 und 7), (4) Aufgaben, die den Schutz und die Förderung einzelner Arbeitnehmer betreffen (§§ 80 I Nr. 3, 81 III 3, 82 II 2, 83 I 2), insbes. auch im Bereich des Beschwerdewesens (§ 85 BetrVG). Das Betriebsverfassungsreformgesetz 2001 hat den allgemeinen Aufgabenkatalog des § 80 I um 4 Punkte erweitert: Förderung der Vereinbarkeit von Familie und Erwerbstätigkeit (Nr. 2b), Bekämpfung von Rassismus und Fremdenfeindlichkeit im Betrieb (Nr. 7), Förderung und Sicherung der Beschäftigung im Betrieb (Nr. 8), Förderung von Maßnahmen des Arbeitsschutzes und des betrieblichen Umweltschutzes (Nr. 9). Die allgemeinen Aufgaben der Förderung und Überwachung bilden keine Rechtsgrundlage für die Durchsetzung von Individualansprüchen einzelner Arbeitnehmer durch den Betriebsrat.[33]

---

[29] *BAG* AP Nr. 7 zu § 87 BetrVG 1972 Sozialeinrichtung; AP Nr. 71, 81 zu § 40 BetrVG 1972; *Fitting/Engels/Schmidt/Trebinger/Linsenmaier,* § 1 Rn. 194ff.

[30] Zum Streit über die Vermögensfähigkeit des Betriebsrats GK/*Kraft/Franzen,* § 1 Rn. 71ff.; Richardi/*Richardi,* Einleitung Rn. 109ff.

[31] *BAG* AP Nr. 81 zu § 40 BetrVG 1972.

[32] Zu diesem Fragenkreis teilweise abweichend *Hanau,* Repräsentation des Arbeitgebers und der leitenden Angestellten durch den Betriebsrat?, RdA 1979, 324.

[33] Vgl. *Nebendahl,* Die Überwachungspflicht des Betriebsrats aus § 80 Abs. 1 Nr. 1 BetrVG, 1989; ders., DB 1990, 2018; *BAG* AP Nr. 17 zu § 87 BetrVG 1972 Lohngestaltung; *BAG* AP Nr. 26 zu § 80 BetrVG 1972; *BAG* AP Nr. 53 zu § 112 BetrVG 1972; vgl. aber auch *BAG* AP Nr. 5 zu § 77 BetrVG 1972 Auslegung.

3. Zusammensetzung des Betriebsrats

Der Betriebsrat besteht aus einer ungeraden Zahl von Mitgliedern, die nach der Zahl der wahlberechtigten Arbeitnehmer gestaffelt ist, Näheres § 9 BetrVG. Mitzuzählen sind nur betriebsangehörige Arbeitnehmer, zu denen nach sehr umstrittener Rechtsprechung des Bundesarbeitsgerichts weder unechte und echte Leiharbeitnehmer noch Konzernarbeitnehmer gehören.[34] Der sanktionslose § 15 I BetrVG verlangt zunächst, dass sich der Betriebsrat möglichst aus Arbeitnehmern der einzelnen Organisationsbereiche und verschiedenen Beschäftigungsarten zusammensetzen soll. In § 15 II BetrVG ist durch das Betriebsverfassungsreformgesetz 2001 eine Geschlechterquote eingeführt worden, deren Verletzung grundsätzlich zur Wahlanfechtung berechtigt (s. auch § 3 II Nr. 4, 5, §§ 5, 15 V, 22, 31 I 3 Nr. 4, 5 WO).

4. Wahl

Der Betriebsrat wird von den Arbeitnehmern gewählt.

a) Die Wahl wird durch einen **Wahlvorstand** eingeleitet und durchgeführt, der auch das Wahlergebnis feststellt, § 18 I 1 BetrVG. Diesen Wahlvorstand bestellt im Normalfall der Betriebsrat spätestens zehn Wochen vor Ablauf seiner Amtszeit, § 16 I 1 BetrVG. Ersatzweise kann ihn das Arbeitsgericht bestellen, vgl. näher § 16 II und § 18 I 2 BetrVG.

Wenn kein Betriebsrat besteht, wie insbesondere bei neuen Betrieben oder solchen, die erstmals die Grenze des § 1 BetrVG überschreiten, wird der Wahlvorstand durch den Gesamt- bzw. Konzernbetriebsrat bestellt (vgl. im Einzelnen den 2001 eingefügten § 17 I BetrVG) oder in einer Betriebsversammlung gewählt, zu der drei wahlberechtigte Arbeitnehmer des Betriebs oder eine im Betrieb vertretene Gewerkschaft einladen können, vgl. § 17 II–IV BetrVG. Die Installierung eines Betriebsrats kann also verhältnismäßig leicht erzwungen werden.

In Kleinbetrieben mit in der Regel fünf bis fünfzig wahlberechtigten Arbeitnehmern wird der Betriebsrat zwingend im 2001 geschaffenen vereinfachten Verfahren gewählt (vgl. im Einzelnen § 14 a I–V BetrVG), dessen Anwendung in Betrieben mit in der Regel 51 bis 100 wahlberechtigten Arbeitnehmern zwischen Wahlvorstand und Arbeitgeber vereinbart werden kann (§ 14 a V BetrVG).

b) Das **aktive Wahlrecht** steht allen mindestens 18-jährigen Arbeitnehmern zu, § 7 BetrVG, das **passive Wahlrecht** allen Wahlberechtigten, die mindestens 6 Monate betriebs-, unternehmens- oder konzernzugehörig sind (näher dazu § 8 BetrVG). Regelmäßige Wahlen finden alle vier Jahre statt, § 13 BetrVG. Zu den Gründen für eine außerordentliche Wahl vgl. § 13 II BetrVG. Die Wahl ist unmittelbar und sie ist geheim. Bei mehreren Wahlvorschlägen ist sie Verhältniswahl, bei nur einem Wahlvorschlag und im vereinfachten Wahlverfahren Mehrheitswahl. Näher dazu sowie zur Wahlvorbereitung und -durchführung §§ 14 a, 16–18 a und 20 BetrVG sowie die Wahlordnung 2001.

c) Aktives und passives Wahlrecht setzen die **Betriebszugehörigkeit des Arbeitnehmers**[35] voraus. Nach dem durch das Betriebsverfassungsreformgesetz 2001 eingefügten § 7 S. 2 BetrVG sind Leiharbeitnehmer im Entleiherbetrieb wahlberechtigt, wenn sie länger als drei Monate in diesem Betrieb eingesetzt werden. Auch in ihrem Verleiherbetrieb kommt Leiharbeitnehmern das aktive Wahlrecht zu (vgl. § 14 I AÜG). Nicht

---

[34] *BAG* AP Nr. 7 zu § 9 BetrVG 2002; AP Nr. 8 zu § 7 BetrVG 1972; GK/*Kreutz*, § 9 Rn. 6; *Fitting/Engels/Schmidt/Trebinger/Linsenmaier*, § 5 Rn. 237, § 9 Rn. 26.

[35] Dazu *Säcker/Joost*, Betriebszugehörigkeit als Rechtsproblem, 1980; *Richardi*, Betriebszugehörigkeit als Rechtsproblem, FS Floretta, 1983, S. 595; *Joost*, Unternehmen und Betrieb, 1988, S. 305.

wahlberechtigt im fremden Betrieb sind demgegenüber mangels Betriebszugehörigkeit sog. Fremdfirmenarbeitnehmer bzw. Unternehmensarbeiter, die im Rahmen von Werk- oder Dienstverträgen als Erfüllungsgehilfen ihres Arbeitgebers nach dessen Weisungen in einem fremden Betrieb tätig werden.[36] Wählbar im Entleiherbetrieb sind Leiharbeitnehmer selbst nicht (§ 14 II AÜG für unechte Leiharbeitnehmer). Nur den Wahlberechtigten nach § 7 S. 1 BetrVG steht das passive Wahlrecht zu.[37] Die Betriebszugehörigkeit ist auch problematisch bei Arbeitnehmern eines Unternehmens mit mehreren Betrieben, wenn sich das Arbeitsverhältnis nicht klar einem Betrieb zuordnen lässt,[38] ferner bei Auslandsmitarbeitern.[39]

d) Ein Verstoß gegen Wahlvorschriften führt in der Regel zur **Anfechtbarkeit der Wahl,**[40] § 19 BetrVG. Die Anfechtung erfolgt im Beschlussverfahren vor dem Arbeitsgericht, § 19 I BetrVG, § 2a I Nr. 1 ArbGG. Sie ist an eine Frist von zwei Wochen gebunden; diese Frist ist nach ganz h. L. eine materiell-rechtliche Ausschlussfrist. Ihre Versäumung führt daher zur Abweisung des Anfechtungsantrags als unbegründet. Zur Anfechtungsberechtigung vgl. § 19 II 1 BetrVG. Die Anfechtung ist nicht gegeben, wenn der Verstoß sich nicht gegen wesentliche Wahlvorschriften richtet. Als nicht wesentlich ist beispielsweise ein Verstoß gegen § 15 I BetrVG, als wesentlich ein Verstoß gegen §§ 7, 8 oder 14 II BetrVG anzusehen.[41] Die Anfechtung greift nicht Platz, wenn sich der Verstoß auf das Ergebnis nicht ausgewirkt hat. Die Teilnahme nicht wahlberechtigter Arbeitnehmer führt also nicht zur Anfechtbarkeit, wenn die Mehrheitsverhältnisse dadurch nicht geändert worden sind. Ist die Anfechtung begründet, so stellt das Gericht die Unwirksamkeit der Wahl fest. Bis zur Rechtskraft der Entscheidung bleibt aber der anfechtbar gewählte Betriebsrat im Amt.

e) Neben der Anfechtbarkeit kommt nach Rechtsprechung und Lehre auch die **Nichtigkeit der Wahl** in Betracht, obgleich das Gesetz über sie schweigt. Da insoweit die Mängelgeltendmachung durch jedermann möglich und nicht an eine Frist gebunden ist, lässt sich Nichtigkeit nur in schweren Fällen annehmen, z. B. wenn ein Kandidat gewählt wird, der gar nicht Arbeitnehmer des Betriebs ist, oder wenn eine Neuwahl außerhalb des in § 13 I BetrVG festgelegten Zeitraums erfolgt, obwohl die Voraussetzungen für eine vorgezogene oder nachgeschobene Wahl nach § 13 II BetrVG nicht gegeben sind. Verstöße gegen Vorschriften über das Wahlverfahren sollen die Nichtigkeit nur begründen, wenn sie ein so hohes Maß an Fehlerhaftigkeit aufweisen, dass auch der Anschein einer ordnungsgemäßen Wahl nicht mehr vorliegt.[42] Die Häufung von Verstößen gegen wesentliche Wahlvorschriften, von denen jeder allein lediglich eine Anfechtung der Betriebsratswahl rechtfertigt, kann nach neuerer Rechtsprechung des Bundesarbeitsgerichts nicht mehr zur Nichtigkeit der Wahl führen.[43]

---

[36] Hierzu und zum Wahlrecht aufgrund sog. Scheinwerkverträge bzw. Scheindienstverträge *Fitting/Engels/Schmidt/Trebinger/Linsenmaier,* § 7 Rn. 54 ff.; GK/*Kreutz,* § 7 Rn. 58 f.

[37] So BAG AP Nr. 8 zu § 7 BetrVG 1972, zu B. I 2.a. der Gründe; GK/*Kreutz,* § 8 Rn. 16; a. A. für echte Leiharbeitnehmer *Fitting/Engels/Schmidt/Trebinger/Linsenmaier,* § 8 Rn. 27, § 5 Rn. 236, 237a.

[38] Dazu *Richardi,* Betriebszugehörigkeit als Rechtsproblem, FS Floretta, 1983, 595.

[39] Dazu BAG AP Nr. 23 zu § 101 BetrVG 1972; *Birk,* Betriebszugehörigkeit bei Auslandtätigkeit, FS K. Molitor, 1988, S. 19.

[40] Dazu *G. Müller,* FS Schnorr von Carolsfeld, 1973, 367; *W. Bulla,* DB 1977, 303; *Gnade,* FS Herschel, 1982, S. 137; *Sbresny-Uebach,* Anfechtung der Betriebsratswahl, AR-Blattei; *H. Hanau,* Die Anfechtung der Betriebsratswahl, DB 1986, Beilage 4.

[41] Zur Abgrenzung vgl. Richardi/*Thüsing,* § 19 Rn. 5 ff.; BAG AP Nr. 1 zu § 16 BetrVG 1972 und AP Nr. 5, 12 und 13 zu § 19 BetrVG 1972.

[42] BAG AP Nr. 4, 6, 8 und 54 zu § 19 BetrVG 1972.

[43] BAG AP Nr. 54 zu § 19 BetrVG 1972 (Aufgabe der bisherigen Rechtsprechung).

Der Anfechtungsantrag umfasst grundsätzlich auch den Antrag auf Nichtigkeitsfeststellung. In der Regel hat das Arbeitsgericht daher bei Vorliegen eines Anfechtungsantrags zunächst zu prüfen, ob die Wahl nichtig ist.

5. Amtszeit

Zur **Beendigung der** (normalerweise vierjährigen) **Amtszeit des Betriebsrats** vgl. die (lückenhafte) Regelung in §§ 21–23 BetrVG. Betriebsübergang auf einen anderen Rechtsträger lässt das Amt nicht enden.[44] Die Betriebsstilllegung führt grundsätzlich zum Ende der Amtszeit des Betriebsrates,[45] sofern diesem nicht ein auf die Wahrnehmung seiner Rechte nach den §§ 111–113 BetrVG beschränktes Restmandat zusteht (so § 21b BetrVG, der im Anschluss an die entsprechende rechtsfortbildende Rechtsprechung 2001 eingefügt wurde). Geht bei Betriebsumwandlungen die bisherige Identität eines Betriebes verloren, endet das Amt seines Betriebsrates, sofern nicht der Sonderfall des Übergangsmandats vorliegt. Im Unterschied zum Restmandat ist das Übergangsmandat ein zeitlich begrenztes Vollmandat. Es ist durch das Betriebsverfassungsreformgesetz 2001 auf der Grundlage spezialgesetzlicher Regelungen und der Rechtsprechung zum Zwecke der Umsetzung des Art. 6 der Richtlinie 2001/23/EG in § 21a BetrVG normiert worden.[46] Zum **Erlöschen der Mitgliedschaft** einzelner Betriebsratsmitglieder vgl. näher § 24 BetrVG. Für ausgeschiedene Mitglieder rücken Ersatzmitglieder nach, Näheres in § 25 BetrVG.

6. Geschäftsführung des Betriebsrats[47]

a) Der Betriebsrat braucht, wenn er aus mehreren Mitgliedern besteht, einen **Vorsitzenden** samt Stellvertreter. Beide werden vom Betriebsrat aus seiner Mitte gewählt, § 26 I BetrVG. Der Vorsitzende hat wichtige Funktionen. Er vertritt den Betriebsrat im Rahmen seiner Beschlüsse nach außen und ist Erklärungsempfänger für den Betriebsrat, § 26 II BetrVG. Er beruft die Sitzungen des Betriebsrats ein und setzt die Tagesordnung fest. Ihm obliegt ferner die Sitzungsleitung, § 29 II BetrVG. Bei kleineren Betriebsräten führt meist der Vorsitzende die laufenden Geschäfte, § 27 III BetrVG.

b) **Betriebsausschuss.** Größere Betriebsräte – ab 9 Mitgliedern – müssen einen Betriebsausschuss bilden. Diesem obliegt die Führung der laufenden Geschäfte. Außerdem können ihm auch andere Angelegenheiten zur selbständigen Erledigung übertragen werden, allerdings nicht der Abschluss von Betriebsvereinbarungen.[48] Näheres § 27 BetrVG. Zu anderen Ausschüssen § 28 BetrVG. Seit der Betriebsverfassungsreform 2001 sieht § 28a BetrVG die Einrichtung von Arbeitsgruppen nach Maßgabe einer zwischen Betriebsrat und Arbeitgeber abzuschließenden Rahmenvereinbarung in Betrieben mit mehr als 100 Arbeitnehmern vor.[49]

---

[44] Dazu *Bracker,* Betriebsübergang und Betriebsverfassung, 1979.

[45] *BAG* AP Nr. 1 zu § 21b BetrVG 1972.

[46] Weiterführend *Löwisch/Schmidt-Kessel,* Die gesetzliche Regelung von Übergangsmandat und Restmandat nach dem Betriebsverfassungsreformgesetz, BB 2001, 2162; Richardi/*Thüsing,* § 21a Rn. 1ff.

[47] Dazu die unter diesem Thema als Titel erschienene Monographie von *Hässler,* 5. Aufl., 1984.

[48] Zur Reichweite der Delegationsbefugnis *BAG* AP Nr. 5 zu § 28 BetrVG 1972.

[49] Hierzu *Raab,* Die Arbeitsgruppe als neue betriebsverfassungsrechtliche Beteiligungsebene, NZA 2002, 474; *Egels,* Der neue § 28a BetrVG: betriebsverfassungsrechtlicher Sündenfall oder Chance?, FS Wissmann, 2005, S. 302.

c) Der Betriebsrat kann **Entscheidungen** grundsätzlich nur in Sitzungen fällen, und zwar durch Mehrheitsbeschlüsse, § 33 BetrVG. Die **Sitzungen** sind nicht öffentlich, § 30 Satz 4 BetrVG. Beratende **Teilnahmerechte** an Sitzungen – jedoch nur unter besonderen Voraussetzungen – haben der Arbeitgeber (näher § 29 IV BetrVG), Beauftragte der im Betrieb vertretenen Gewerkschaften[50] (näher § 31 BetrVG) sowie die Jugend- und Auszubildendenvertretung (§ 67 I 2 BetrVG). Ansonsten haben ständige beratende Teilnahmerechte die Schwerbehindertenvertretung (§ 32 BetrVG) sowie ein Vertreter der Jugend- und Auszubildendenvertretung (§ 67 I 1 BetrVG). Mit Stimmrecht können die Jugend- und Auszubildendenvertreter bei Beschlüssen mitwirken, die überwiegend Angelegenheiten der Jugendlichen betreffen, § 67 II BetrVG. Zur Sitzungsniederschrift vgl. § 34 BetrVG.

d) Beschlüsse des Betriebsrats können an **Mängeln** leiden,[51] und zwar sowohl verfahrensrechtlicher Art (z. B. fehlende Einladung, ungenügende Tagesordnung) als auch inhaltlicher Art (z. B. Gesetzesverstoß). Inhaltliche Gesetzesverstöße machen die Beschlüsse ausnahmslos nichtig, Verfahrensverstöße dagegen nur, wenn sie gewichtigeren Charakter haben.[52]

Von der Mangelhaftigkeit im Sinn einer Rechtswidrigkeit ist die **Gruppeninteressenwidrigkeit** zu unterscheiden, wegen der die Gruppenvertreter oder die Jugend- und Auszubildendenvertreter Aussetzung des Beschlusses verlangen können. Näheres § 35 BetrVG.

e) **Sprechstunden** des Betriebsrats sind für den Kontakt des Betriebsrats mit den Arbeitnehmern wichtig. Zu ihrer Einrichtung vgl. näher § 39 I BetrVG. Von praktischer Bedeutung ist, dass diese Sprechstunden während der Arbeitszeit durchgeführt werden dürfen und dass die Arbeitszeitversäumnis der Sprechstundenbesucher den Arbeitgeber nicht zur Lohnminderung berechtigt, § 39 III BetrVG.

f) Zu den Geschäftsführungspflichten des Betriebsrats gehört es, regelmäßig **Betriebsversammlungen** abzuhalten, § 43 BetrVG. Dazu unten VIII.

g) Die **Unterrichtung**[53] **der Belegschaft** über die Tätigkeit des Betriebsrats sieht das Gesetz grundsätzlich im Rahmen der Betriebsversammlungen vor, § 43 I BetrVG. Eine darüber hinausgehende Unterrichtungspflicht des Betriebsrats gegenüber der Belegschaft besteht nicht; wohl aber kann sie gegenüber einzelnen Arbeitnehmern aus besonderem Anlass bestehen, insbesondere in Angelegenheiten, in denen der Betriebsrat um Hilfe angegangen worden ist.

Zweifelhaft ist, inwieweit der Betriebsrat ein über den Tätigkeitsbericht hinausgehendes Unterrichtungs*recht* gegenüber der Belegschaft hat. Diese Frage hat im deutschen Betriebsverfassungsrecht insofern eine besondere Dimension, als für die Kosten der Betriebsratstätigkeit der Arbeitgeber aufzukommen hat (dazu unten 7.). Trotzdem wird man es im Zeitalter der Information dem Betriebsrat nicht versagen dürfen, die Belegschaft zu informieren, soweit ein sinnvolles betriebliches Informationsbedürfnis besteht, der Grundsatz der Verhältnismäßigkeit sowie Verschwiegenheitspflichten und Vertraulichkeitserfordernisse gewahrt werden.

Zum Unterrichtungsrecht der einzelnen Betriebsratsmitglieder vgl. unten 8.

h) Das Gesetz fordert in § 74 I 1 mindestens einmal monatlich eine **Besprechung zwischen Arbeitgeber und Betriebsrat.**[54] In gut geführten Unternehmen gibt es darüber hinaus mannigfache Kontakte zwischen Arbeitgeber und Betriebsratsvorsitzendem oder -ausschüssen.

i) Der Betriebsrat kann, um den Informationsvorsprung des Arbeitgebers einzuholen, nach näherer Vereinbarung mit dem Arbeitgeber bei der Durchführung seiner Aufgaben **Sachverständige hinzuziehen,**[55] § 80 III BetrVG, z. B. in Gestalt der Einholung anwaltlichen Rats, aber auch in Gesundheits-

---

[50] *BAG* AP Nr. 1 zu § 31 BetrVG 1972 behauptet unrichtig, der Betriebsrat könne in seiner Geschäftsordnung ein generelles Teilnahmerecht an den Sitzungen begründen.

[51] Näher dazu *Heinze,* Wirksamkeitsvoraussetzungen von Betriebsratsbeschlüssen und Folgen fehlerhafter Beschlüsse, DB 1973, 2089; *Oetker,* Der nichtige Betriebsratsbeschluss, BlStSozArbR 1984, 129; Beispiel aus der Rspr.: *BAG* AP Nr. 2 zu § 29 BetrVG 1972. Zum Problem der Interessenkollision bei Betriebsratsmitgliedern *Oetker,* ZfA 1984, 409; *Schmitt,* Befangenheitsprobleme im BetrVG, NZA 1987, 78.

[52] Vgl. dazu Richardi/*Thüsing,* § 33 Rn. 34 ff.

[53] Dazu *Löwisch,* Die Herausgabe schriftlicher Informationen für die Belegschaft durch den Betriebsrat, FS Hilger/Stumpf, 1983, S. 429.

[54] Dazu *Brill,* BlStSozArbR 1985, 85.

[55] *Jobs,* RDV 1987, 125; *Linnenkohl/Kilz,* RDV 1988, 189; *Matthiessen,* CR 1988, 478; *Pflüger,* NZA 1988, 45; s. a. *BAG* AP Nr. 29, 30, 38, 48 zu § 80 BetrVG 1972; *LAG Ffm.* DB 1990, 2125.

und Arbeitsschutzfragen, wirtschaftlichen Angelegenheiten und, in neuerer Zeit besonders bedeutsam, Fragen der EDV. Ein wesentliches Problem liegt hier in den oft erheblichen Kosten (dazu unten 7.) sowie in der Rechtsbeziehung zwischen Sachverständigem und Arbeitgeber.[56]

k) **Die Zusammenarbeit mit den Arbeitnehmervertretern im Aufsichtsrat**[57] ist dem Betriebsrat selbstverständlich erlaubt. Der Arbeitgeber muss dazu im erforderlichen Umfang die Betriebsratsmitglieder freistellen und u. U. auch für Reisekosten aufkommen.

7. Kosten

Die Kosten der Betriebsratstätigkeit[58] hat der Arbeitgeber zu tragen, § 40 I BetrVG; der Arbeitgeber muss dazu auch Räume, Büropersonal[59] und -material bis hin Mitteln der Informations- und Kommunikationstechnik zur Verfügung stellen, § 40 II BetrVG. Erhebung von Beiträgen der Arbeitnehmer zu diesem Zweck ist verboten, § 41 BetrVG. Zu den Kosten im Sinn von § 40 BetrVG werden von der Rechtsprechung auch die Kosten von Gerichtsverfahren einschließlich der Anwaltskosten,[60] von Sachverständigen (z.B. für EDV), für Informationsmaterial einschließlich juristischer Zeitschriften, von Gesetzestexten, Kommentaren,[61] und sogar die Kosten gerechnet, die durch die Teilnahme von Betriebsratsmitgliedern an Schulungsveranstaltungen im Sinn von § 37 VI BetrVG entstehen. Anfängliche Bescheidenheit ist hier in manchen Betrieben großem Aufwand gewichen. Theoretisch lässt sich demgegenüber leicht auf Erforderlichkeit und Verhältnismäßigkeit als Schranken der Kostenersatzpflicht verweisen; praktisch ist die Grenzziehung sehr schwierig. Das BAG hat richtigerweise bei Schulungsveranstaltungen eine zusätzliche Einschränkung der Kostentragungspflicht aus dem koalitionsrechtlichen Grundsatz dahingehend gezogen, dass die Gewerkschaft keinen Gewinn erzielen darf.[62] Besonders bedenklich kann die Kostentragungspflicht des Arbeitgebers für die Kosten von Anwälten bei Einigungsstellenverfahren sein,[63] weil sich durch sie die Kosten der Mitbestimmung in sozialen Angelegenheiten oft ins sachlich Unangemessene erhöhen. Der Betriebsrat kann grds. die Entstehung von Kosten (z.B. Reisespesen) ohne Rücksprache oder Vereinbarung mit dem Arbeit-

---

[56] Hierzu *Bohr*, ZfA 1995, 433.

[57] Dazu *Wiese*, FS Wolf, 1985, S. 685.

[58] *Hunold*, Geschäftsführung des Betriebsrats, AR-Blattei SD 530.10; Die Bürokraft für den Betriebsrat, NZA 2005, 1149; *Glatzel*, Ersatz von Aufwendungen von Betriebsratsmitgliedern, AR-Blattei SD 530.8.1; *Kort*, Erforderliche Sachmittel gem. § 40 II BetrVG, NZA 1990, 598; *Gerauer*, Die Kostentragungspflicht privater und öffentlicher Arbeitgeber bei Inanspruchnahme anwaltlicher Hilfe durch Betriebsrat oder Mitarbeitervertretung, NZA 1988, Beilage Nr. 14, 19; *Niedenhoff*, Die Betriebsräte: Zusammensetzung und Kosten ihrer Tätigkeit, PersF 1988, 726; *Becker-Schaffner*, Kosten und Sachaufwand des Betriebsrats, BB 1994, 928; *Ehrich/Hoß*, Die Kosten des Betriebsrats – Umfang und Grenzen der Kostentragungspflicht des Arbeitgebers, NZA 1996, 1075; *Kehrmann*, Pauschalierung von Vergütungs- und Kostenerstattungsansprüchen der Betriebsratsmitglieder, FS Wlotzke, 1996, S. 357.

[59] Anspruch auf Schreibkraft auch dann, wenn das Betriebsratsbüro mit Personalcomputern ausgestattet ist, s. *BAG* AP Nr. 84 zu § 40 BetrVG 1972.

[60] Allerdings darf die Rechtsverfolgung nicht aussichtslos oder mutwillig gewesen sein, BAG, 19. 3. 2003, AP Nr. 77 zu § 40 BetrVG 1972; zum Erfordernis eines entsprechenden ordnungsgemäßen Betriebsratsbeschlusses *Fitting/Engels/Schmidt/Trebinger/Linsenmaier*, § 40 Rn. 32 mit Rechtsprechungsnachweisen.

[61] Vgl. aus der Rspr. *BAG* AP Nr. 32, 46 zu § 40 BetrVG 1972: Fachzeitschriften; AP Nr. 43 zu § 40 BetrVG 1972: Kommentare; AP Nr. 14, 18 zu § 40 BetrVG 1972: Kosten eines gerichtlichen Verfahrens; NZA 1995, 796: Reisekosten.

[62] *BAG* AP Nr. 42 (Anm. *Sowka*) = SAE 1997, 147 m. Anm. *Loritz* 47, 48 zu § 40 BetrVG 1972.

[63] Nahezu skandalöser Fall *BAG* AP Nr. 9 zu § 76 BetrVG 1972. Zur Grenzziehung *BAG* AP Nr. 34 zu § 76 BetrVG 1972. Unrichtig *Sowka*, NZA 1990, 91, der die Kostenersatzpflicht nach § 76a BetrVG für gegeben hält.

geber auslösen. Das gilt aber nicht für die Geschäftsausstattung (vgl. § 40 II BetrVG), die vom Arbeitgeber anzufordern ist und nicht für Sachverständige, über deren Heranziehung es einer Vereinbarung gemäß § 80 III 1 BetrVG bedarf.[64]

8. Stellung und Rechte der Betriebsratsmitglieder[65]

a) Das Amt eines Betriebsratsmitglieds ist nach § 37 I BetrVG ein **unentgeltliches Ehrenamt.**

Damit ist gemeint, dass für die Betriebsratstätigkeit kein zusätzliches Entgelt zu zahlen ist. Hingegen brauchen die Betriebsratsmitglieder ihren Lebensunterhalt nicht aus eigenem Vermögen oder anderweitigem Einkommen bestreiten oder das Betriebsratsamt zusätzlich zu ihrer normalen Arbeitnehmertätigkeit ausüben. Sie führen ihre Amtsgeschäfte vielmehr größtenteils während der Arbeitszeit. Sitzungen des Betriebsrats ebenso wie Sprechstunden finden regelmäßig während der Arbeitszeit statt (§§ 30, 39 I BetrVG). Auch für die Tätigkeit im Übrigen müssen Betriebsmitglieder im erforderlichen Umfang **freigestellt** werden, § 37 II BetrVG,[66] in mittleren und größeren Betrieben muss sogar eine nach Belegschaftsstärke gestaffelte Mindestzahl von Betriebsratsmitgliedern ganz von der beruflichen Tätigkeit freigestellt werden ohne Rücksicht auf die Erforderlichkeit.[67] Näheres § 38 BetrVG.[68] Eine Minderung des Arbeitsentgelts wegen des dadurch entstehenden Arbeitsausfalls ist nicht zulässig, das Gesetz sieht im Gegenteil eine **Anpassung des Lohnes** der Betriebsratsmitglieder an den Lohn vergleichbarer Arbeitnehmer vor, § 37 IV BetrVG. Betriebsratstätigkeit, die aus betriebsbedingten Gründen außerhalb der Arbeitszeit durchgeführt wird, darf das Betriebsratsmitglied ohne Lohnminderung an sonstiger Arbeitszeit abfeiern oder, wenn das nicht möglich ist, dafür die Vergütung als Mehrarbeit verlangen, § 37 III BetrVG. Nach dem 2001 eingefügten § 37 III 2 BetrVG liegen betriebsbedingte Gründe auch vor, wenn die Betriebsratstätigkeit wegen der unterschiedlichen Arbeitszeiten der Betriebsratsmitglieder nicht innerhalb der persönlichen Arbeitszeit und allgemein aus betriebsbedingten Gründen erfolgen kann.[69] All das zeigt, dass kein echtes Ehrenamt vorliegt, sondern dass für die Betriebsratstätigkeit **Arbeitsentgelt** gewährt wird.[70]

b) Für die Amtsausübung gilt ein **Störungs- und Behinderungsverbot,** § 78 Satz 1 BetrVG. Ferner besteht ganz allgemein ein Benachteiligungs- und Begünstigungsverbot wegen ihrer Tätigkeit, § 78 Satz 2 BetrVG.

c) Für die **Teilnahme an Schulungs- und Bildungsveranstaltungen**[71] können Betriebsratsmitglieder in bestimmtem Umfang Freistellung verlangen. Dabei sind zwei

---

[64] Vgl. *BAG* AP Nr. 35 zu § 80 BetrVG 1972.

[65] *Buchner,* Die persönliche Verantwortlichkeit der Betriebsratsmitglieder …, FS G. Müller, 1981, S. 93.

[66] Zu Inhalt und Umfang der Abmeldepflicht des Betriebsratsmitgliedes *BAG* AP Nr. 105 zu § 37 BetrVG 1972.

[67] Zur Erforderlichkeit im Übrigen vgl. *BAG* AP Nr. 1 und 2 zu § 38 BetrVG 1972 m. Anm. *Richardi.* Zur Freistellung beim Gesamtbetriebsrat *LAG München* BB 1991, 1337.

[68] Vgl. auch *Busch,* Anzahl und Auswahl der gem. § 38 BetrVG freizustellenden Betriebsratsmitglieder, DB 1996, 326.

[69] Hierzu *Fitting/Engels/Schmidt/Trebinger/Linsenmaier,* § 37 Rn. 79 ff.

[70] Zur Problematik *Rüthers,* Zum Arbeitsentgelt des Betriebsrats, RdA 1976, 61; *Hennecke,* BB 1986, 936; *ders.,* RdA 1986, 241.

[71] Dazu *Däubler/Peter,* Schulung und Fortbildung von Betriebsratsmitgliedern und Jugendvertretern nach § 37 BetrVG, 4. Aufl., 1995; *Kraft,* „Allgemeiner Bildungsurlaub" auf Kosten des Arbeitgebers – eine unzulässige Bevorzugung von Betriebsratsmitgliedern?, DB 1973, 2519; *Schiefer,* Schulung und Weiterbildung im Arbeits- und Dienstverhältnis, NZA 1993, 822; *Künzl,* Freistellung von Betriebsratsmitgliedern für Schulungsveranstaltungen, ZfA 1993, 341; *Loritz,* Die Erforderlichkeit und Geeignetheit von Betriebsräte-Schulungs- und Bildungsveranstaltungen, NZA 1993, 2; *Berger-Delhey,* Problemzone § 37 BetrVG: Aktuelle Fragen zur Teilnahme an Schulungs- und Bildungsveranstaltungen, ZTR 1995, 545; *Sowka,* Schulungsveranstaltungen für Betriebsräte gemäß § 37 BetrVG, BB 1996, 1165; *Wank/Maties,* Die Erforderlichkeit von Schulungen der Personalvertretungen nach BetrVG und BPersVG, NZA, 1033; *Wichert,* Betriebsräteschulungen gemäß § 37 Abs. 6 BetrVG – Voraussetzungen und Grenzen der Kostentragungspflicht des Arbeitgebers, DB 1997, 2325.

nach Voraussetzungen und Folgen sehr verschiedene Regelungen (§ 37 VI und § 37 VII BetrVG) zu unterscheiden.

aa) Für **betriebsratstätigkeitsbezogene Schulungs- und Bildungsveranstaltungen** erfolgt die Freistellung nach Maßgabe von § 37 VI BetrVG in dem für die Betriebsratstätigkeit erforderlichen Umfang. Eine Schulungsveranstaltung ist nur dann erforderlich, wenn der Betriebsrat sie unter Berücksichtigung der konkreten betrieblichen Situation für die Wahrnehmung seiner Aufgaben benötigt. Deshalb bedarf es zur Begründung der Erforderlichkeit grundsätzlich der Darlegung eines konkreten betriebs- oder betriebsratsbezogenen Anlasses für die Schulung. Außerdem muss gerade die Schulung des oder der entsandten Betriebsratsmitglieder erforderlich sein.[72] Eine besondere Darlegung der Erforderlichkeit ist nur dann entbehrlich, wenn es darum geht, erstmals gewählten Betriebsratsmitgliedern Grundkenntnisse im Betriebsverfassungsrecht und im allgemeinen Arbeitsrecht zu verschaffen, da solche Kenntnisse für eine sachgerechte Betriebsratsarbeit stets notwendig sind.[73] Eine zeitliche Grenze für die Inanspruchnahme sieht das Gesetz nicht ausdrücklich vor. Selbstverständlich darf aber von diesem Recht nicht mehr als notwendig und sinnvoll Gebrauch gemacht werden. Dazu, dass der Arbeitgeber in bestimmtem Umfang auch für die durch die Teilnahme entstehenden notwendigen Kosten aufkommen muss, vgl. oben 7. Für die Dauer der Freistellung zur Teilnahme an den Schulungs- und Bildungsveranstaltungen erhalten die Betriebsratsmitglieder gem. §§ 37 VI, II BetrVG ihre vertragsmäßige Vergütung. Nimmt ein Betriebsratsmitglied außerhalb seiner persönlichen Arbeitzeit an einer Schulungsveranstaltung nach § 37 VI BetrVG teil, so hat es seit der Betriebsverfassungsreform 2001 entgegen der früheren Rechtsprechung einen Anspruch auf Freizeitvergütung und hilfsweise auf Abgeltung gemäß § 37 VI 1 i.V. m. § 37 III BetrVG. Das gilt auch und gerade für teilzeitbeschäftigte Arbeitnehmer (vgl. § 37 VI 2 BetrVG),[74] wobei der Umfang des Ausgleichsanspruchs gemäß § 37 VI 2 2. Halbsatz BetrVG unter Einbeziehung der Arbeitsbefreiung nach Absatz 2 pro Schulungstag auf die Arbeitszeit eines vollzeitbeschäftigten Arbeitnehmers begrenzt ist. Die berechtigte Teilnahme eines Betriebsratsmitglieds an einer Schulungs- und Bildungsveranstaltung setzt stets einen entsprechenden vorherigen Beschluss des Betriebsrats voraus.[75]

bb) Für die Teilnahme an **Schulungs- und Bildungsveranstaltungen anderer Art** hat jedes Betriebsratsmitglied während seiner regelmäßigen (also vierjährigen) Amtszeit einen Anspruch auf Freistellung für 3 Wochen, bei erstmaliger Amtsübernahme sogar für 4 Wochen, § 37 VII BetrVG. Die Veranstaltungen müssen von der obersten Arbeitsbehörde des Landes als geeignet anerkannt sein.[76] Aus dem Gesetz geht nicht klar hervor, welche Arten von Veranstaltungen dieser Regelung unterfallen. Gesellschaftspolitische Themen allgemeinster Art wie etwa der Umweltschutz gehören nicht dazu. Das BAG verlangt zu Recht, dass Veranstaltungen nach Abs. 7 einen Bezug zur Betriebsratstätigkeit haben müssen.[77]

---

[72] *BAG* AP Nr. 106, 109 zu § 37 BetrVG 1972.

[73] *BAG* AP Nr. 67, 109 zu § 37 BetrVG 1972.

[74] *BAG* AP Nr. 140 zu § 37 BetrVG 1972; 16. 2. 2005, AP Nr. 141 zu § 37 BetrVG 1972; die Nichtgewährung eines Anspruchs aus § 37 II BetrVG stellt seit jeher keine mittelbare Diskriminierung wegen des Geschlechts dar; vgl. hierzu und zur früheren Rechtsprechung sowie zu der Rechtsprechung des *EuGH* die Vorauslage sowie GK/*Weber*, § 37 Rn. 198 ff.

[75] *BAG* AP Nr. 68 zu § 40 BetrVG 1972.

[76] Obgleich die Entscheidung der Behörde ein Verwaltungsakt ist, sind für Streitigkeiten die Arbeitsgerichte zuständig, § 2a I Nr. 1 ArbGG, vgl. *BAG* AP Nr. 23 zu § 37 BetrVG 1972 (streitig). Der Arbeitgeber hat aber gegenüber der (oft politisch motivierten) Anerkennung nach h. M. keinen Rechtsschutz. Dazu *Loritz*, DB 1982, 1368; *St. Müller*, DB 1985, 704; *Schiefer*, NZA 1993, 822; *Sowka*, BB 1996, 1165, 1167 f.; antragsberechtigt sind aber die beteiligten Spitzenorganisationen *BAG* AP Nr. 92 zu § 37 BetrVG 1972.

[77] *BAG* AP Nr. 92 zu § 37 BetrVG 1972; s. zur Problematik *Loritz*, NZA 1993, 2.

d) Betriebsratsmitglieder sind wegen ihres Amtes gefährdet, ihren Arbeitsplatz zu verlieren. Dem trägt das Gesetz durch einen **besonderen Kündigungsschutz** Rechnung, § 15 KSchG und § 103 BetrVG, der mit der Betriebsverfassungsreform 2001 durch einen gesetzlichen Versetzungsschutz (§ 103 III BetrVG) ergänzt worden ist. Näher dazu oben § 26 I. Einen ähnlichen Zweck verfolgt § 78 a BetrVG für Betriebsratsmitglieder (in der Praxis v. a. für Jugendvertreter), die noch Auszubildende sind. Er gibt ihnen die Möglichkeit, vor Beendigung ihres Ausbildungsverhältnisses die Übernahme in ein unbefristetes Arbeitsverhältnis zu verlangen, eine im Hinblick auf die Vertragsabschlussfreiheit heikle Regelung, die die Rspr. vielfach beschäftigt.[78]

e) Bei grober Verletzung von Amtspflichten[79] (nicht dagegen bei Verstößen gegen arbeitsvertragliche Pflichten)[80] kann ein Betriebsratsmitglied auf Antrag durch das Arbeitsgericht im Beschlussverfahren **aus dem Betriebsrat ausgeschlossen** werden. Siehe dazu, insbesondere zur Antragsberechtigung, § 23 I BetrVG.

f) Zur **Stellung der Betriebsratsmitglieder bei Arbeitskämpfen** vgl. oben § 41 VII.

g) Betriebsratsmitglieder haben ein **Recht auf Information** gegenüber den Betriebsratsvorsitzenden und dem Gesamtgremium Betriebsrat in denjenigen Angelegenheiten, in denen sie an Entscheidungen teilnehmen. Sie können darüber hinaus verlangen, dass der Betriebsrat als Gesamtgremium von seinem Informationsrecht gegenüber dem Arbeitgeber (dazu unten § 48 I 1) Gebrauch macht, soweit dies zu sachgerechter Entscheidung erforderlich ist. Einzelne Betriebsratsmitglieder haben kein eigenes Informationsrecht gegenüber dem Arbeitgeber. Dem entspricht, dass sie auch kein Zugangsrecht zu den Arbeitsplätzen einzelner Arbeitnehmer haben. Sie können insoweit vielmehr nur in Vertretung des Betriebsrats oder des zuständigen Betriebsratsausschusses tätig werden.[81]
Vom Informationsrecht als dem Recht auf Information ist zu unterscheiden das Recht, andere zu informieren.[82] Es wird hier als Unterrichtungsrecht bezeichnet.

h) Die Mitglieder des Betriebsrats unterliegen nach dem Wortlaut von § 79 I 1 BetrVG der **Verschwiegenheitspflicht**[83] nur **in Bezug auf** solche **Betriebs- und Geschäftsgeheimnisse,** die ihnen vom Arbeitgeber ausdrücklich als geheimhaltungsbedürftig bezeichnet worden sind. Die Regelung bedarf interpretativer Korrektur insoweit, als die Verschwiegenheitspflicht auch eingreift, wenn die Geheimhaltungsbedürftigkeit für das Betriebsratsmitglied klar erkennbar ist und das Betriebsratsmitglied weiß, oder annehmen muss, dass der Arbeitgeber die ausdrückliche Bezeichnung als Geschäftsgeheimnis nur versehentlich unterlassen hat. Die Verschwiegenheitspflicht besteht nicht gegenüber den anderen Mitgliedern des Betriebsrats und gegenüber den meisten anderen betriebsverfassungsrechtlichen Gremien (näher § 79 I 4 BetrVG).

Die Betriebsratsmitglieder unterliegen einer erheblich weitergehenden Verschwiegenheitspflicht hinsichtlich **personenbezogener Informationen über Arbeitnehmer.** Das Gesetz normiert dies ausdrücklich nur für einen Teilausschnitt, vgl. § 99 I 3 BetrVG. Es gilt aber ganz generell für alle im Zuge der Betriebsratstätigkeit den Betriebsratsmitgliedern bekannt gewordenen arbeitnehmerbezogenen Informationen.[84] Soweit, wie heute in Großunternehmen sehr weitgehend, auch die automatische Datenverarbeitung im Spiel ist, gelten zusätzlich die Beschränkungen des Bundesdatenschutzgesetzes.

i) Sehr schwierig ist die Frage, inwieweit ein Betriebsratsmitglied das **Recht** hat, die Belegschaft (und damit seine potentiellen Wähler) und evtl. sogar die Öffentlichkeit zu **unterrichten.** Ein solches **Unterrichtungsrecht**[85] ist jedenfalls zu verneinen, soweit die Verschwiegenheitspflicht reicht. Keineswegs

---

[78] Vgl. dazu etwa *BAG* AP Nr. 20, 23–26, 31 zu § 78 a BetrVG 1972; *Schäfer,* NZA 1985, 428; *Künzl,* BB 1986, 2404; *Opolony,* Die Weiterbeschäftigung von Auszubildenden nach § 78 a BetrVG, BB 2003, 1329.

[79] *BAG* AP Nr. 1 zu § 74 BetrVG 1972 m. Anm. Löwisch.

[80] Zu dieser Unterscheidung vgl. in umgekehrter Problemstellung instruktiv *BAG* JZ 1976, 288.

[81] Missverständlich deshalb der Titel des Aufsatzes von *Schlochauer,* FS G. Müller, 1981, S. 459.

[82] Anders wird der Begriff z. B. von *Säcker,* Informationsrechte der Betriebs- und Aufsichtsratsmitglieder und Geheimsphäre des Unternehmens, 1979, gebraucht.

[83] Dazu *Hitzfeld,* Geheimnisschutz im Betriebsverfassungsrecht, 1990.

[84] Beispielsfall *BAG* DB 1987, 252.

[85] Dazu *Säcker,* Informationsrechte der Betriebs- und Aufsichtsratsmitglieder und Geheimsphäre des Unternehmens, 1979.

darf jedoch alles der Öffentlichkeit, und zwar auch nur der betrieblichen Öffentlichkeit, unterbreitet werden, was der Verschwiegenheitspflicht nicht unterliegt. Vielmehr hat das Betriebsratsmitglied stets zwischen den Interessen des Unternehmens bzw. sonstiger durch die Veröffentlichung nachteilig Betroffener und dem Informationsinteresse der Belegschaft sowie der Öffentlichkeit abzuwägen. Auf konkrete Arbeitnehmer bezogene Informationen dürfen grundsätzlich nicht publiziert werden.

9. Haftung des Betriebsrats[86]

Ungelöst ist im geltenden Recht die Frage der Haftung des Betriebsrats für Schäden. Das BetrVG sieht eine solche Haftung nicht vor. Da der Betriebsrat nicht Träger eines eigenen Vermögens ist, wäre eine solche Haftung auch kaum sinnvoll, denn sie könnte allenfalls über die Kostentragungspflicht des Arbeitgebers ausgefüllt werden. Damit aber wäre sie gegenüber dem Arbeitgeber als dem potentiell am ehesten Geschädigten unerheblich; gegenüber Belegschaftsangehörigen erschiene es in der Regel unbillig, wenn ausgerechnet der Arbeitgeber für Fehlgriffe der Arbeitnehmervertretung aufzukommen hätte. Auch gegenüber Dritten gibt es keine Haftung des Betriebsrats als solchem. Haften können immer nur die einzelnen Betriebsratsmitglieder (evtl. auch gesamtschuldnerisch) aus Delikt, Rechtsgeschäft oder sonstigen Haftungsgründen. Eine direkte Einstandspflicht des Arbeitgebers gegenüber dem Geschädigten hierfür kommt nicht in Betracht. Im Einzelfall kann es sich aber um Kosten der Betriebsratstätigkeit handeln, für die der Arbeitgeber nach § 40 BetrVG einspringen muss.

IV. Arbeitgeber[87]

Das Gesetz spricht an vielen Stellen davon, dass „den Arbeitgeber" bestimmte Pflichten treffen, insbesondere im Zusammenhang mit der Information und Beratung über den Betrieb betreffende Angelegenheiten (vgl. §§ 43 II 3, 74 II, 77 I, 90 I, 92 I, 96 I, 97, 99 I, 102 I 2 BetrVG; s. auch §§ 106 II, 108 II, 111 Satz 1 BetrVG). Es definiert aber an keiner Stelle selbst, welche Person im Rahmen der Betriebsverfassung mit dem Begriff Arbeitgeber gemeint ist. Da die Betriebsverfassung die Organisation der Interessen der im Betrieb beschäftigten Arbeitnehmer bezweckt, ist der Arbeitgeber zunächst die natürliche oder juristische Person, die Partner der Arbeitsverträge ist. Hieraus ist freilich nicht zu schließen, dass der Arbeitgeber stets persönlich handeln muss, also der Unternehmensinhaber oder die Organe der juristischen Person die alleinigen Gesprächs- und Verhandlungspartner des Betriebsrats sein könnten. Vielmehr kann sich der Arbeitgeber auch vertreten lassen.[88] Dies sieht das Gesetz teilweise explizit vor (§§ 43 II 3, 108 II 1 BetrVG). Aber auch in anderen Fällen ist eine Vertretung zulässig.[89] Der Arbeitgeber kann also Dritte ermächtigen, die ihm zustehenden Rechte

---

[86] Dazu *M. Weiß*, Zur Haftung des Betriebsrats, RdA 1974, 269; *Brill* und *Derleder*, Zur zivilrechtlichen Haftung des Betriebsrats und seiner Mitglieder, AuR 1980, 353, 360; *Buchner*, FS G. Müller, 1981, S. 93; *Rosset*, Rechtssubjektivität des Betriebsrats und Haftung seiner Mitglieder, 1985; *Belling*, Die Haftung des Betriebsrats und seiner Mitglieder für Pflichtverletzungen, 1990; *v. Hoyningen-Huene*, Drittbeziehungen in der Betriebsverfassung, RdA 1992, 355; *H. Weber*, Die Rechtsfolgen von Amtspflichtverletzungen des Betriebsrats und seiner Mitglieder, DB 1992, 2135; GK/*Kraft/Franzen*, § 1 Rn. 75 ff.; Illustrativer Fall: *BAG* AP Nr. 7 zu § 87 BetrVG Sozialeinrichtung (Haftung für Schäden bei der Kantinenverwaltung durch den Betriebsrat).

[87] *Joost*, Die betriebsverfassungsrechtliche Vertretung und Repräsentation des Arbeitgebers, FS Zeuner, 1994, S. 67.

[88] GK/*Kraft/Franzen*, § 1 Rn. 91.

[89] Ein argumentum e contrario lässt sich folglich aus diesen Bestimmungen nicht ableiten, vgl. *BAG* AP Nr. 2 zu § 90 BetrVG 1972.

auszuüben und die ihn treffenden Pflichten zu erfüllen. Soweit es um den Abschluss rechtsgeschäftlicher Vereinbarungen mit dem Betriebsrat geht (§ 77 I BetrVG), ist hierzu die Erteilung einer Vollmacht gem. §§ 164, 167 BGB erforderlich. Die Auswahl der Vertretungspersonen steht zwar im Ermessen des Arbeitgebers. Sie muss aber dem Zweck der jeweiligen Regelung, insbesondere dem Zweck der Beteiligungsrechte des Betriebsrats Rechnung tragen und darf diese nicht vereiteln.[90] Ist der Arbeitgeber beispielsweise verpflichtet, den Betriebsrat über eine bevorstehende Maßnahme zu unterrichten, so muss für diese Information nach h. M. eine Person ausgewählt werden, die über die notwendige Sachkenntnis verfügt, um dem Betriebsrat ein eigenes Urteil über Bedeutung und Tragweite der Maßnahme zu ermöglichen. Ist darüber hinaus eine Beratung vorgesehen, so soll nach der Rechtsprechung diese nur von einer Person vorgenommen werden, die in den betrieblichen Planungs- und Entscheidungsprozeß eingebunden ist und die Überlegungen des Betriebsrats in diesen Prozess einbringen kann.[91] Endgültig zu weitgehend ist, wenn vertreten wird, es könne sogar geboten sein, dass an Stelle des Arbeitgebers eine Person auftritt, die eine dem Arbeitgeber vergleichbare Entscheidungskompetenz für das Unternehmen bzw. den Betrieb habe.[92]

Im Falle der Insolvenz des Arbeitgebers werden dessen betriebsverfassungsrechtliche Rechte und Pflichten vom Insolvenzverwalter wahrgenommen (§§ 80, 148 InsO). Auch der sog. starke vorläufige Insolvenzverwalter (§ 22 I InsO) tritt betriebsverfassungsrechtlich an die Stelle des Arbeitgebers.[93] Die betriebsverfassungsrechtlichen Pflichten des Arbeitgebers, etwa nach §§ 111 ff. BetrVG, treffen dann den Insolvenzverwalter.[94]

V. Gesamtbetriebsrat[95]

Viele vor allem größere Unternehmen haben mehrere Betriebe und dementsprechend mehrere Betriebsräte. Für diese Fälle schreibt das Gesetz die Bildung eines Gesamtbetriebsrats vor, § 47 I BetrVG. Er besteht aus entsandten Mitgliedern der Einzel-

---

[90] *BAG* AP Nr. 2 zu § 90 BetrVG 1972.

[91] *BAG* AP Nr. 2 zu § 90 BetrVG 1972.

[92] So für die Teilnahme an der Sitzung des Wirtschaftsausschusses gem. § 108 Abs. 2 BetrVG die h. M. *Richardi/Annuß*, § 108 Rn. 15; GK/*Fabricius/Oetker*, § 108 Rn. 18; für die Teilnahme an Betriebsversammlungen *Fitting/Engels/Schmidt/Trebinger/Linsenmaier*, § 43 Rn. 28; vgl. auch GK/*Weber*, § 43 Rn. 52; abw. *Joost*, FS Zeuner, 1994, S. 67 (73 ff.).

[93] Zur betriebsverfassungsrechtlichen Stellung des sog. schwachen Insolvenzverwalters GK/*Kraft/Franzen*, § 1 Rn. 92.

[94] *BAG* AP Nr. 162 zu § 112 BetrVG 1972.

[95] *G. Müller*, Die Stellung des Gesamtbetriebsrats und des Konzernbetriebsrats nach dem neuen BetrVG, FS Küchenhoff, 1972, 1. Halbband, S. 283; *Strasser*, Der Zuständigkeitsbereich des Gesamt-(Zentral-)Betriebsrats nach deutschem und österreichischem Recht, FS Schnorr v. Carolsfeld, 1973, S. 483; *Döring*, Das Verfahren bei der Errichtung des Gesamtbetriebsrats nach § 47 Abs. 5 BetrVG, BB 1976, 821; *Brill*, Das Verhältnis zwischen Gesamtbetriebsrat und Einzelbetriebsräten, AuR 1983, 169; *Keim*, Die Rahmenkompetenz des Gesamtbetriebsrats, BB 1987, 962; *Ehrich*, Die Zuständigkeit des Gesamtbetriebsrats nach § 50 Abs. 1 Satz 1 BetrVG und ihre Bedeutung bei den betrieblichen Beteiligungsrechten, ZfA 1993, 427; *ders.*, Die Zuständigkeit des Gesamtbetriebsrats kraft Beauftragung nach § 50 Abs. 2 BetrVG, AuR 1993, 68; *Richardi*, Die Zuständigkeit des Gesamtbetriebsrats zur Mitbestimmungsausübung, FS Gitter, 1995, S. 789; *Röder/Gragert*, Mitbestimmungsrechte bei Untätigkeit eines zuständigen Gesamt- bzw. Konzernbetriebsrats am Beispiel von Betriebsänderungen, DB 1996, 1674; *Grotkamp*, Die Bedeutung des Gesamtbetriebsrats und die Abgrenzung seiner Zuständigkeit zu den Einzelbetriebsräten im Rahmen des Strukturwandels der deutschen Wirtschaft, 1999; *Siebert*, Die Zuständigkeit des Gesamtbetriebsrats, 1999.

betriebsräte, Näheres § 47 II bis IX BetrVG. Die Bildung eines Gesamtbetriebsrats ist nur möglich für Betriebe ein- und desselben Rechtsträgers.[96] Bei Franchisesystemen scheidet sie daher aus.[97] Der Gesamtbetriebsrat ist eine Dauereinrichtung mit wechselnder Mitgliedschaft und besteht so lange, wie die Voraussetzungen für seine Errichtung nach § 47 I BetrVG erfüllt sind.[98] Der Gesamtbetriebsrat soll Angelegenheiten behandeln, die das Gesamtunternehmen oder mehrere Betriebe betreffen, die also übergreifend sind, und nicht durch die einzelnen Betriebsräte innerhalb ihrer Betriebe geregelt werden können, § 50 I BetrVG. Die Reichweite dieser Zuständigkeit ist außerordentlich unklar.[99]

Zunächst kann es nicht darauf ankommen, ob die Regelung einer Angelegenheit durch parallele Regelungen in den einzelnen betroffenen Betrieben schlechterdings, d. h. denkgesetzlich unmöglich ist. Mit Recht wird gesagt, dass dann der Gesamtbetriebsrat überhaupt nie zuständig wäre. Andererseits wird man ein bloßes Koordinierungsbestreben der Unternehmensleitung nicht ausreichen lassen können. Vielmehr ist einer mittleren Auslegungslinie zu folgen.[100] Danach ist der Gesamtbetriebsrat jedenfalls zuständig, wenn die Betroffenheit mehrerer Betriebe so weit geht, dass sie die einheitliche Lösung einerseits dringend macht, während andererseits die Parallellösung aus praktischen Gründen nicht oder nur schwer erreichbar ist. Somit reicht es z. B. nicht aus, wenn die Unternehmensleitung im Gesamtunternehmen einen einheitlichen Beginn der Arbeitszeit wünscht. Dagegen ist für Wohlfahrtseinrichtungen, deren Wirkungsbereich betriebsübergreifend ist, für eine unternehmenseinheitliche Gratifikationsordnung oder die unternehmenseinheitliche Einführung der EDV der Gesamtbetriebsrat zuständig. Auch Fragen der Personalplanung (§§ 92 ff. BetrVG) im Gesamtunternehmen begründen die Zuständigkeit des Gesamtbetriebsrats. Zutreffend wird die Zuständigkeit auch bejaht, wenn die Regelung der fraglichen Angelegenheit in einem Einzelbetrieb die Regelung der gleichen Frage in einem anderen Betrieb notwendigerweise inhaltlich beeinflussen würde.[101] Das ist z. B. der Fall für die Aufstellung von Interessenausgleich und Sozialplan bei Stilllegung sämtlicher Betriebe eines Unternehmens[102] und für die unternehmenseinheitliche Neuregelung der betrieblichen Altersversorgung, und zwar insoweit auch für besitzstandserhaltende Übergangsregelungen.[103] Nicht zuständig ist der Gesamtbetriebsrat bei Versetzung eines Arbeitnehmers von einem Betrieb in einen anderen.[104] Seit der Betriebsverfassungsreform 2001 erstreckt sich die Zuständigkeit des Gesamtbetriebsrats auch auf Betriebe ohne Betriebsrat (§ 50 I 1 2. Halbsatz BetrVG). § 50 II BetrVG gibt den Einzelbetriebsräten die Möglichkeit, den Gesamtbetriebsrat mit der Wahrnehmung einzelner Angelegenheiten zu beauftragen, wobei der Betriebsrat die Delegation auch auf die Verhandlungsführung beschränken und sich die Entscheidungsbefugnis vorbehalten kann.[105]

---

[96] *BAG* AP Nr. 7 zu § 47 BetrVG; AP Nr. 3 zu § 10 ArbGG 1979.

[97] Dazu *Buschbeck-Bülow*, BB 1989, 352; *Skaupy*, BB 1990, 134.

[98] *BAG* AP Nr. 11 zu § 47 BetrVG; GK/*Kreutz*, § 47 Rn. 49 f.

[99] Grundsätzliche Kritik der bisherigen Konkretisierungsbemühungen bei *C. Fischer*, SAE 2003, 44, 45 f.; GK/*Kreutz*, § 50 Rn. 21 ff.

[100] Die Rechtsprechung verlangt, dass ein „zwingendes Erfordernis für eine unternehmenseinheitliche oder jedenfalls betriebsübergreifende Regelung" bestehen müsse; vgl. *BAG* AP Nr. 37, 70 zu § 87 BetrVG 1972 Lohngestaltung; AP Nr. 29 zu § 87 BetrVG 1972 Überwachung; AP Nr. 22, 23 zu § 50 BetrVG 1972; hierzu *C. Fischer*, SAE 2003, 44. ff.; *ders.*, RdA 2003, 114 ff.

[101] So der Sache nach *Löwisch*, Anm. AP Nr. 1 und 2 zu § 50 BetrVG 1972, der terminologisch nicht ganz glücklich, von „präjudizieller" Wirkung der Einzelentscheidung spricht. Ihm zustimmend *Schulin*, SAE 1982, 48.

[102] *BAG* AP Nr. 11 zu § 112 BetrVG 1972; weiterführend *BAG* AP Nr. 22 zu § 50 BetrVG 1972 = SAE 2003, 41 (Anm. *C. Fischer*); 15. 1. 2002, AP Nr. 22 zu § 50 BetrVG 1972 = RdA 2003, 111 (Anm. *C. Fischer*).

[103] *BAG* AP Nr. 1 zu § 1 BetrAVG Ablösung.

[104] Vgl. dazu GK/*Kraft/Raab*, § 99 Rn. 102 ff. m. N.; *BAG* AP Nr. 72 zu § 99 BetrVG 1972; vgl. auch unten § 48 II d.

[105] Zur Zuständigkeit des Gesamtbetriebsrats kraft Auftrags *Fitting/Engels/Schmidt/Trebinger/Linsenmaier*, § 50 Rn. 62 ff.; *Rieble*, Delegation an den Gesamt- oder Konzernbetriebsrat, RdA 2005, 26.

VI. Konzernbetriebsrat[106]

Für Konzerne im Sinn des AktG sieht das Gesetz fakultativ die Errichtung eines Konzernbetriebsrats vor. Näheres dazu sowie zur Zusammensetzung §§ 54, 55 BetrVG. Hinsichtlich der Zuständigkeit des Konzernbetriebsrats wiederholt sich die Problematik der Zuständigkeit des Gesamtbetriebsrats gleichsam auf höherer Ebene, § 58 I BetrVG. Dabei ergeben sich jedoch zahlreiche Sonderprobleme dadurch, dass der Konzern als solcher weder Rechtspersönlichkeit noch Arbeitgebereigenschaft hat und dass deshalb die Transformation der Entscheidungen des Konzernbetriebsrats in das einzelne Unternehmen nicht in gleicher Weise Platz greifen kann wie beim Gesamtbetriebsrat. Im Einzelnen kann auf diese schwierigen, in das Konzernrecht übergreifenden Fragen hier nicht eingegangen werden.

Nach der Rechtsprechung soll ein Konzernbetriebsrat auch bei einer Konzerntochter eingerichtet werden können, wenn diese relativ selbständiger Entscheidungsträger für den von ihr abhängigen Konzernteil ist (sog. „Konzern im Konzern").[107]

VII. Europäischer Betriebsrat[108]

Aufgrund der Richtlinie 94/45/EG des Rates vom 22. 9. 1994[109] über die Einsetzung eines Europäischen Betriebsrats und die Schaffung eines Verfahrens zur Unterrichtung und Anhörung der Arbeitnehmer in gemeinschaftsweit operierenden Unternehmen und Unternehmensgruppen hat der deutsche Gesetzgeber 1996 das Gesetz über Europäische Betriebsräte (Europäische Betriebsräte-Gesetz – EBRG).

Der 1. Teil (§§ 1–7) regelt die Zielsetzung und den Anwendungsbereich des Gesetzes und enthält verschiedene Begriffsbestimmungen. Das Gesetz umfasst gemeinschaftsweit tätige Unternehmen und Unternehmensgruppen. Dies trifft auf Unternehmen zu, die mindestens 1000 Arbeitnehmer in die Mitgliedstaaten und davon jeweils mindestens 150 Arbeitnehmer in mindestens zwei Mitgliedstaaten beschäftigen (§ 3 I). Eine Unternehmensgruppe ist gemeinschaftsweit tätig, wenn sie mindestens 1000 Arbeitnehmer in den Mitgliedstaaten beschäftigt und ihr mindestens zwei Unternehmen mit Sitz

---

[106] Dazu *Wetzling,* Der Konzernbetriebsrat, 1978; *Hanau,* Fragen der Mitbestimmung und Betriebsverfassung im Konzern, ZGR 1984, 468; *Oetker,* Konzernbetriebsrat und Unternehmensbegriff, ZfA 1986, 177; *Windbichler,* Arbeitsrecht im Konzern, 1989, S. 300 ff.; *Meik,* Der Konzern im Arbeitsrecht und die Wahl des Konzernbetriebsrats im Schnittbereich zur Wahl des Aufsichtsrats, BB 1991, 34; *Richardi,* Die Repräsentation der Arbeitnehmer im Konzern durch den Konzernbetriebsrat nach deutschem Recht, ZIAS 1995, 607; *Buchner,* Die Zuständigkeit des Konzernbetriebsrats, FS Zöllner, 1998, 697 ff.; *Konzen,* Errichtung und Kompetenzen des Konzernbetriebsrats, FS Wiese, 1998, S. 199; *Windbichler,* Arbeitsrecht und Konzernrecht, RdA 1999, 146; *Powietzka/Röder,* Gesamt- und Konzernbetriebsräte im internationalen Konzernunternehmen, DB 2004, 542.

[107] Vgl. *BAG* AP Nr. 1 zu § 54 BetrVG 1972. Kritisch *Windbichler,* Arbeitsrecht im Konzern, 1989, S. 318 ff. m. N. Zur Bildung eines Konzernbetriebsrates, wenn eine natürliche Person herrschendes Unternehmen ist, vgl. *BAG* AP Nr. 7 zu § 54 BetrVG 1972.

[108] Hierzu *Heinze,* Der Europäische Betriebsrat, AG 1995, 385; *Hohenstatt,* Der Europäische Betriebsrat und seine Alternativen, EuZW 1995, 169; *Hromadka,* Rechtsfragen zum Europabetriebsrat, DB 1995, 1125; *Weiss,* Die Umsetzung der Richtlinie über Europäische Betriebsräte, AuR 1995, 438; *Willemsen/Hohenstatt,* Chancen und Risiken von Vereinbarungen gemäß Art. 13 der „Euro-Betriebsrat"-Richtlinie, NZA 1995, 399; *Engels/Müller,* Regierungsentwurf eines Gesetzes über Europäische Betriebsräte, DB 1996, 1082; *B. Gaul,* Das neue Gesetz über die Europäischen Betriebsräte, NJW 1996, 3378; *Lörcher,* Anforderungen, Defizite und Durchsetzungsmöglichkeiten bei der Umsetzung der Euro-Betriebsräterichtlinie 94/45/EG in innerstaatliches Recht, AuR 1996, 297; *Oetker,* Europäischer Betriebsrat und Pressefreiheit, DB 1996, Beilage 10; *Sandmann,* Die Euro-Betriebsrats-Richtlinie 94/45/EG, 1996; *Bachner/Nielebeck,* Gesetz über Europäische Betriebsräte, AuR 1997, 129; *M. Schmidt,* Der Europäische Betriebsrat, NZA 1997, 180; *Sandmann,* Das Gesetz über Europäische Betriebsräte, AR-Blattei SD 695; *GK/Oetker,* vor § 106 Rn. 34–263; *Reichold,* Durchbruch zu einer europäischen Betriebsverfassung, NZA 2003, 289.

[109] ABlEG Nr. L 254/64.

in verschiedenen Mitgliedstaaten angehören, die jeweils mindestens 150 Arbeitnehmer in verschiedenen Mitgliedstaaten beschäftigen (§ 3 II). Hat eine Unternehmensgruppe eines oder mehrere gemeinschaftsweit tätige Unternehmen, so gibt es dennoch nur einen einzigen Europäischen Betriebsrat, wenn nichts anderes vereinbart wird. Dieser ist beim herrschenden Unternehmen zu errichten (§ 7 i.V.m. § 6). Der 2. Teil des Gesetzes (§§ 8–16) regelt die Bildung des besonderen Verhandlungsgremiums der Arbeitnehmervertreter. Dieses hat die Aufgabe, mit der zentralen Leitung eine Vereinbarung über eine grenzüberschreitende Unterrichtung und Anhörung der Arbeitnehmer abzuschließen. Dazu muss die zentrale Leitung ihm alle zur Durchführung seiner Aufgaben erforderlichen Auskünfte erteilen und die erforderlichen Unterlagen zur Verfügung stellen (§ 8 I und II). Wie im deutschen Betriebsverfassungsgesetz gilt auch im Verhältnis zwischen der zentralen Leitung und dem Verhandlungsgremium der Grundsatz der vertrauensvollen Zusammenarbeit (§ 8 III 1); Zeitpunkt, Häufigkeit und Ort der Verhandlungen sind zwischen der zentralen Leitung und dem besonderen Verhandlungsgremium einvernehmlich festzulegen (§ 8 III 2). Die zentrale Leitung und das besondere Verhandlungsgremium können frei vereinbaren, wie die grenzüberschreitende Unterrichtung und Anhörung der Arbeitnehmer ausgestaltet wird, ohne dass sie an die im 4. Teil des Gesetzes geregelten Vorschriften gebunden wären. In diesem Teil ist der damit nur subsidiär zu errichtende Europäische Betriebsrat kraft Gesetzes geregelt. Er ist zu errichten, wenn es nicht gelingt, nach § 18 einvernehmlich einen Europäischen Betriebsrat zu errichten, nach § 19 sich über ein Verfahren zur Unterrichtung und Anhörung der Arbeitnehmer zu einigen oder wenn die zentrale Leitung überhaupt die Aufnahme von Verhandlungen innerhalb von sechs Monaten nach Antragstellung verweigert. Auch der Europäische Betriebsrat wird wie das besondere Verhandlungsgremium repräsentativ und proportional durch die Vertretung der Arbeitnehmer in den verschiedenen Mitgliedstaaten zusammengesetzt.

Wird der Europäische Betriebsrat durch Vereinbarung zwischen der zentralen Leitung und dem besonderen Verhandlungsgremium errichtet, richten sich dessen Zuständigkeit und Mitwirkungsrechte nach dem Inhalt dieser Vereinbarung (§ 17). Für den Fall, dass der Europäische Betriebsrat kraft Gesetzes gebildet wird, trifft das EBRG in §§ 31 ff. die entsprechenden Regelungen. Die Mitwirkungsrechte bestehen danach in Unterrichtungs- und Anhörungsrechten. Der Europäische Betriebsrat ist der Sache nach, gemessen am deutschen Betriebsverfassungsrecht, dem Wirtschaftsausschuss, der dann allerdings auf Unternehmens- oder Unternehmensgruppenebene tätig ist, vergleichbar.[110] Die zentrale Leitung ist verpflichtet, ihn einmal im Kalenderjahr über die Entwicklung der Geschäftslage und die Perspektiven des gemeinschaftsweit tätigen Unternehmens oder der gemeinschaftsweit tätigen Unternehmensgruppe zu unterrichten und ihm hierbei die erforderlichen Unterlagen vorzulegen und ihn auch anzuhören. Zu der Entwicklung der Geschäftslage und den Perspektiven gehören u.a. die Unterrichtung über die wirtschaftliche und finanzielle Lage, die voraussichtliche Entwicklung der Geschäfts-, Produktions- und Absatzlage, die Beschäftigungslage und ihre Entwicklung, Investitionsprogramme, aber auch grundlegende Änderungen der Organisation, die Einführung neuer Arbeits- und Fertigungsverfahren, Verlegung von Unternehmen, Betrieben, wesentlichen Betriebsteilen sowie Produktionsverlagerungen, Zusammenschlüsse oder Spaltungen von Unternehmen oder Betrieben, Einschränkung oder Stilllegung von Unternehmen oder Betrieben oder wesentlichen Betriebsteilen und Massenentlassungen (§ 32 II). Bei außergewöhnlichen Umständen, die erhebliche Auswirkungen auf die Interessen der Arbeitnehmer haben, muss die zentrale Leitung den Europäischen Betriebsrat unverzüglich unterrichten und ihm die Unterlagen vorlegen und ihn auf Verlangen auch rechtzeitig anhören (§ 33 I).

Im 5. Teil sind Grundsätze für die Zusammenarbeit von zentraler Leitung und Europäischem Betriebsrat (vertrauensvolle Zusammenarbeit, Geheimhaltungspflichten) sowie Schutzbestimmungen für die Mitglieder des Europäischen Betriebsrats geregelt, letzteres durch Verweisung auf Vorschriften des Betriebsverfassungsgesetzes. Diese Regelungen gelten sowohl für den Europäischen Betriebsrat kraft Vereinbarung als auch für den kraft Gesetzes.

Sicher kann ein Europäischer Betriebsrat für die Arbeitnehmer einzelner Betriebe und Unternehmen positive Auswirkungen haben, wenn sie hierdurch bereits frühzeitig über sie betreffende Maßnahmen informiert werden. Nationale Egoismen der einzelnen Betriebe und Unternehmen werden sich allerdings nach wie vor so auswirken, dass die (nationalen) Betriebsräte auf die Geschäftsleitung dahingehend einwirken werden, im Bedarfsfall Betriebe und Unternehmen in anderen Ländern zu schließen. Wie beim Wirtschaftsausschuss des deutschen Betriebsverfassungsrechts, so besteht auch beim Europäischen Betriebsrat die Gefahr, dass Informationen, die geheim bleiben sollten, nach außen dringen. Ob sich, angesichts der sicher auch erheblichen Kos-

---

[110] *Hromadka*, DB 1995, 1125 (1128).

ten, die Einführung eines solchen weiteren Gremiums in den international tätigen Großunternehmen bewährt, bleibt abzuwarten.

VIII. Betriebsversammlung[111]

Die Betriebsversammlung ist zwar kein eigentliches Handlungsorgan der Betriebsverfassung,[112] wohl aber ein wichtiges Informationsorgan. Wie sich aus § 45 S. 2 BetrVG ergibt, kann die Betriebsversammlung dem Betriebsrat nur Anregungen geben, aber keine Weisungen erteilen oder gar selbst (Betriebs)Vereinbarungen mit dem Arbeitgeber abschließen. Der Betriebsrat muss die Betriebsversammlung in jedem Kalendervierteljahr einberufen und ihr einen Tätigkeitsbericht erstatten, § 43 I 1 BetrVG. Mindestens einmal im Jahr muss der Arbeitgeber in der Betriebsversammlung über das Personal- und Sozialwesen des Betriebs und über seine wirtschaftliche Lage und Entwicklung berichten, § 43 II 3 BetrVG. Die Teilnahmezeit einschließlich etwaiger zusätzlicher Wegzeiten muss den Arbeitnehmern wie Arbeitszeit vergütet werden, Fahrtkosten, die durch die Teilnahme entstehen, muss der Arbeitgeber erstatten, § 44 I BetrVG.[113] Die vom Gesetz als Normalfall vorgesehene Abhaltung während der Arbeitszeit ist namentlich in Handels- und Dienstleistungsunternehmen problematisch.[114]

IX. Wirtschaftsausschuss[115]

Ein Wirtschaftsausschuss ist in allen Unternehmen mit mehr als 100 ständig beschäftigten Arbeitnehmern zu bilden. Trotz dieser auf das Unternehmen bezogenen Errichtung ist er ebenso wie der Gesamtbetriebsrat *Betriebsverfassungsorgan*. Das zeigt sich schon daran, dass der Wirtschaftsausschuss vom Betriebsrat bzw. Gesamtbetriebsrat bestellt wird, dass seine Amtszeit an die des Betriebsrats gekoppelt ist und dass der Betriebsrat beschließen kann, die Aufgaben des Wirtschaftsausschusses einem Betriebsratsausschuss zu übertragen, Näheres § 107 BetrVG. Noch mehr aber zeigt es sich an seiner Aufgabe. Er hat zwar auch wirtschaftliche Angelegenheiten mit dem Unternehmer zu beraten und kann dabei Meinungen und Vorstellungen der Beleg-

---

[111] Dazu *Rüthers*, Rechtsprobleme der Organisation und Thematik von Betriebsversammlungen, ZfA 1974, 207; *Brill*, Der Arbeitgeber in der Betriebsversammlung, BB 1983, 1860; *Hohn*, Betriebsversammlung als Voll- oder Teilversammlung, DB 1985, 2195; *Mußler*, Betriebsversammlung und parlamentarischer Brauch, NZA 1985, 445; *Hunolf*, Betriebsversammlung, Abteilungsversammlung, AR-Blattei 530.11; *Bauer*, Teilnahme von Anwälten an Betriebsversammlungen, NJW 1988, 1130; *Brötzmann*, Probleme der Betriebsversammlung, BB 1990, 1055.

[112] Ausnahme: § 17 II BetrVG.

[113] Dazu *BAG* AP Nr. 4–6 zu § 44 BetrVG mit eingehender Anm. von *Kraft/Raab*; vgl. ferner Nr. 7 und 9 ebenda.

[114] Dazu *Strümper*, NZA 1984, 315; *Kappes/Rath*, DB 1987, 2645. Aus der Rspr. *LAG Köln* DB 1986, 386; *LAG Köln* BB 1988, 1326.

[115] Vgl. *Boldt*, Organisation und Aufgaben des Wirtschaftsausschusses nach dem Betriebsverfassungsgesetz, AG 1972, 299; *Wisskirchen*, Der Wirtschaftsausschuß nach dem Betriebsverfassungsgesetz 1972, ArbRGegw. Bd. 13 (1975), S. 73; *Joost*, Wirtschaftliche Angelegenheiten als Kompetenzbereich des Wirtschaftsausschusses, FS Kissel, 1994, S. 433; Heither, Wirtschaftsausschuss, AR-Blattei SD 530.14.4.

schaften in den Entscheidungsprozess auf Unternehmensebene einbringen. Insoweit kann man ihn auch als Organ der Unternehmensverfassung verstehen. Die praktisch wichtigere Funktion des Wirtschaftsausschusses ist jedoch die Informationsvermittlung zwischen Unternehmensleitung und Betriebsrat, vgl. §§ 106 I 2 Alt. 2, 108 IV BetrVG. Der Betriebsrat soll dadurch in die Lage versetzt werden, betriebliche Folgerungen aus der wirtschaftlichen Entwicklung des Unternehmens und aus Unternehmensentscheidungen im Voraus zu überdenken und eigene Maßnahmen und Entscheidungen vorzubereiten.

Trotz dieser Anbindung des Wirtschaftsausschusses an den Betriebsrat ist er kein Ausschuss des Betriebsrats. Das ergibt schon die systematisch richtige Auslegung des Gesetzes (vgl. § 107 III 1 BetrVG), noch mehr aber eine teleologisch sinnvolle Funktionsbestimmung. Im Gegensatz dazu hat das BAG, obgleich in § 108 II BetrVG auf § 31 nicht verwiesen wird, angenommen, dass auf entsprechendes Verlangen einer Minderheit im Wirtschaftsausschuss ein externer Gewerkschaftsbeauftragter an den Sitzungen teilnehmen könne,[116] und ebenso die Schwerbehindertenvertretung.[117] Die dadurch bedingte Einschränkung der Vertraulichkeit der Sitzungen wirkt sich auf den Informationsaustausch im Wirtschaftsausschuss nicht günstig aus. Für die Verschwiegenheitspflicht gilt § 79 BetrVG teils direkt, teils kraft Verweisung in § 107 III 4 BetrVG.[118]

Zu den Informationsrechten des Wirtschaftsausschusses s. unten § 51 I.

X. Jugend- und Auszubildendenvertretung[119]

In Betrieben mit mindestens fünf jugendlichen (d. h. noch nicht 18-jährigen) Arbeitnehmern oder noch nicht 25-jährigen Auszubildenden muss eine Jugend- und Auszubildendenvertretung gewählt werden, § 60 BetrVG. Aktiv wahlberechtigt sind alle genannten Arbeitnehmer des Betriebs, passiv wahlberechtigt alle Arbeitnehmer, die das 25. Lebensjahr noch nicht vollendet haben, § 61 BetrVG. Die JuAzubiV soll die besonderen Belange der Jugendlichen wahrnehmen, insbesondere auch Fragen des Jugendarbeitsschutzes und der Berufsbildung; Näheres § 70 BetrVG. Sie ist jedoch kein "Jugendbetriebsrat" mit selbständiger Stellung gegenüber dem Arbeitgeber, sondern muss für ihre Initiativen und Einwirkungen auf den Arbeitgeber den Weg über den Betriebsrat wählen, vgl. §§ 67, 68, 69 Satz 2, 70 BetrVG.[120] Auch für die Durchführung einer Jugend- und Auszubildendenversammlung ist sie an das Einvernehmen mit dem Betriebsrat gebunden, § 71 BetrVG. Zur Wahrnehmung ihrer Aufgaben ist ihr andererseits ein Teilnahmerecht an Betriebsratssitzungen, bei überwiegender Betroffenheit der Jugendlichen und Azubis unter 25 sogar Stimmrecht eingeräumt, näher § 67 I und II BetrVG. Besonders wichtig ist ihr Recht, für Jugend- und Azubiangelegenheiten vom Betriebsrat die Behandlung auf der Tagesordnung der nächsten Betriebsratssitzung zu verlangen, § 67 III BetrVG, sowie die Möglichkeit, bei Beeinträchtigung von Jugend- und Auszubildendeninteressen eine Beschlussaussetzung zu bewirken, § 66 BetrVG.

Um das Gremiensystem perfekt zu machen, gibt es auch noch eine **Gesamtjugend- und Auszubildendenvertretung** bei Unternehmen mit mehreren Betrieben, vgl. §§ 72, 73 BetrVG. Das Betriebsverfassungsreformgesetz 2001 hat ergänzend die Institution der freiwilligen Konzern-Jugend- und Auszubildendenvertretung geschaffen (§§ 73 a, 73 b BetrVG).

Für die Stellung der **Jugend- und Azubivertreter** (Entgelt, Freistellung, Kündigungsschutz) gilt Ähnliches wie für die Betriebsratsmitglieder. Vgl. näher § 65 BetrVG.[121]

---

[116] *BAG* AP Nr. 2 und 6 zu § 108 BetrVG 1972; *Richardi/Annuß*, § 108 Rn. 23 ff.; *Richardi*, AuR 1982, 33. Richtig hingegen *Zeuner*, DB 1976, 2474. Zur Hinzuziehung von Betriebsratsmitgliedern *BAG* AP Nr. 8 zu § 108 BetrVG 1972.

[117] *BAG* AP Nr. 6 zu § 108 BetrVG 1972.

[118] Zum Geheimhaltungsproblem umfassend *Wiese*, Sitzungen des Wirtschaftsausschusses und die Behandlung geheimhaltungsbedürftiger, vertraulicher sowie sonstiger Tatsachen, FS K. Molitor, 1988, 365.

[119] Dazu *Brill*, AuR 1988, 334; *Engels/Natter*, DB 1988, 229; *Schwab*, NZA 1988, 687; *Blank*, Die Wahl der Jugend- und Auszubildendenvertretung, 4. Aufl., 1998; *Opolony*, Die Jugend- und Auszubildendenvertretung nach dem Betriebsverfassungs-Reformgesetz, BB 2001, 2055.

[120] Vgl. aber *BAG* SAE 1982, 200 mit abl. Anm. *Kraft*.

[121] Aus der Rspr. vgl. *BAG* DB 1976, 679 und *BAG* AP Nr. 1 zu § 70 BetrVG (Anm. *Natzel*).

§ 48. Formen, Instrumentarium und Durchsetzung der Beteiligungsrechte

Literatur: *Söllner*, Mitbestimmung als Mitgestaltung und Mitbeurteilung, BAG-FS, 1979, S. 605; *Tomandl* (Hrsg.), Probleme des Einsatzes von Betriebsvereinbarungen, 1983; *Jahnke*, Tarifautonomie und Mitbestimmung, 1984; *Hanau*, Probleme der Ausübung des Mitbestimmungsrechts des Betriebsrats, NZA 1985, Beilage 2, 3; *Löwisch*, Verfahrensbeschleunigung und -vereinfachung in der Betriebsverfassung, RdA 1996, 352; *Waltermann*, Gestaltung von Arbeitsbedingungen durch Vereinbarung mit dem Betriebsrat, NZA 1996, 357.

I. Formen der betriebsverfassungsrechtlichen Beteiligung

Die betriebsverfassungsrechtlichen Mitwirkungsrechte sind in vielfältiger Weise abgestuft.

1. Informationsrechte[1] sind zwar keine unmittelbar auf die Mitwirkung bei der Betriebsgestaltung und Entscheidungsfindung gerichteten Rechte, aber sie stellen eine notwendige Voraussetzung sinnvoller Mitwirkung dar. Wert kommt ihnen auch da zu, wo der Information kein spezifisches Mitwirkungsrecht zugeordnet ist. Es ist daher sinnvoll, auch die Informationsrechte zu den Instrumenten der Betriebsverfassung und zu den Beteiligungsrechten der Arbeitnehmer zu rechnen. Informationsrechte in diesem Sinn stehen nur dem Betriebsrat als Gesamtgremium (bzw. einem zuständigen Ausschuss) zu. Das einzelne Betriebsratsmitglied hat Informationsrechte nur gegenüber dem Gremium (dazu oben § 47 III 8 g).

a) Eigenständige, d. h. nicht mit Mitwirkungsrechten gekoppelte Informationsrechte bestehen z. B für den Betriebsrat in Bezug auf die Einstellung oder personelle Veränderung von leitenden Angestellten, § 105 BetrVG, oder für den Wirtschaftsausschuss unter Beteiligung des Betriebsrats in Bezug auf die Erläuterung des Jahresabschlusses, § 108 V BetrVG.

b) Informationsrechte als Vorstufe und Voraussetzung für die Ausübung von Mitwirkungsrechten gewährt das Gesetz für die Durchführung der allgemeinen Aufgaben des § 80 BetrVG, vgl. dessen Abs. 2, sowie für die meisten Beratungs- und Vorschlagsrechte, aber auch für weitergehende Rechte, vgl. z. B. § 99 BetrVG. Besonderen Zündstoff enthält insoweit naturgemäß das Einblicksrecht in Lohn- und Gehaltsdaten nach § 80 II 2 Halbs. 2 BetrVG[2], ferner das Verlangen nach Auskunft über im Betrieb beschäftigte Mitarbeiter von Fremdfirmen[3] (vgl. insoweit seit 2001 § 80 II 1 Halbs. 2

---

[1] *Dütz*, Betriebsverfassungsrechtliche Auskunftspflichten im Unternehmen, FS Westermann, 1974, S. 37; *v. Friesen*, Das Einblicksrecht des Betriebsrats nach § 80 II 2 Hs. 2 BetrVG, AuR 1982, 245; *Kraft*, Der Informationsanspruch des Betriebsrats. Grundlagen, Grenzen und Übertragbarkeit, ZfA 1983, 171; *Rath-Glawatz*, Individualschutz beim Einblick in Lohn- und Gehaltslisten, DB 1983, 1543; *Pramann*, Zum Begriff der Einsichtnahme in betriebsverf. Vorschriften ..., DB 1983, 1922; *Simitis*, Zur Informationspflicht des Arbeitgebers, FS Riesenfeld, 1983, S. 257; *Herschel*, Von der Freiheit des Betriebsrats und ihren Grenzen, ZfA 1984, 65; dazu *Kraft*, ZfA 1984, 67.

[2] Dazu z. B. *Lunk*, DB 1990, 786; *BAG* AP Nr. 27 zu § 80 BetrVG *(Kraft)*; zur EDV-Dimension *BAG* AP Nr. 18 u. 25 zu § 80 BetrVG 1972; zur Überwachung des Betriebsrats bei der Einsichtnahme *BAG* AP Nr. 53 zu § 80 BetrVG 1972, das eine Überwachung für unzulässig hält.

[3] Dazu *Jedzig*, DB 1989, 978 u. 1138; *BAG* AP Nr. 33 zu § 80 BetrVG 1972.

BetrVG). Der Auskunftsanspruch setzt nicht voraus, dass ein Mitbestimmungsrecht besteht, sondern greift bereits, um dem Betriebsrat die Möglichkeit zu eröffnen, das Bestehen von Mitwirkungsrechten zu prüfen[4].

c) Neben die vom Gesetz ausdrücklich umschriebenen und formalisierten Informationsrechte treten Informationsansprüche, die sich aus der Befugnis zur Mitwirkung an Entscheidungen auch ohne ausdrückliche gesetzliche Einräumung ergeben. Soll der Betriebsrat etwa über die Einführung und Anwendung von technischen Einrichtungen nach § 87 I Nr. 6 BetrVG mitbestimmen, so muss der Arbeitgeber ihn vorher umfassend informieren. Es kann nicht etwa argumentiert werden, dass ein Informationsrecht insoweit entfalle, weil es nicht im Gesetz erwähnt ist[5].

d) Eine **allgemeine Informationspflicht** des Arbeitgebers schließlich entspringt seiner Pflicht zur vertrauensvollen Zusammenarbeit (dazu oben § 46 VII 1). Insoweit kann freilich der Betriebsrat keine gezielten Ansprüche geltend machen. Der Arbeitgeber handelt aber rechtswidrig, wenn er das für die Betriebsverfassung grundlegende Gebot verletzt.

e) Ein **Zugangsrecht zu den Arbeitsplätzen** der einzelnen Arbeitnehmer[6] steht dem Betriebsrat zwar nicht generell zu. Er hat aber Anspruch auf Zugang, soweit dies zur Erfüllung seiner Aufgaben erforderlich ist, insbesondere also zur Überprüfung der Einhaltung von Arbeitsschutzvorschriften.

2. Anhörungs- und Vorschlagsrechte stellen die schwächste Form der Mitwirkungsrechte dar.

a) Ein **Anhörungsrecht** besteht einmal in dem allgemeinen Sinn, dass der Arbeitgeber Meinungen und Anregungen des Betriebsrats zur Kenntnis nehmen muss, soweit sie den Aufgabenkreis des Betriebsrats betreffen. Das gilt insbesondere von dem Bereich der Aufgaben des § 80 BetrVG.

b) In einer Reihe von Regelungsbereichen ist dem Betriebsrat vom Gesetz ausdrücklich ein **Vorschlagsrecht** eingeräumt, z.B. §§ 92 II, 96 I 3, 98 III BetrVG. Derartige Vorschläge muss der Arbeitgeber selbstverständlich ebenfalls zur Kenntnis nehmen und prüfen.

c) Stärker **entscheidungsbezogen** sind **Anhörungsrechte,** wenn der Arbeitgeber gebunden ist, eine Entscheidung nicht vor vollzogener Anhörung (oder Ablauf einer Zustimmungsverweigerungsfrist) vorzunehmen. Ein solches Anhörungsrecht gewährt das BetrVG[7] vor der Kündigung von Arbeitsverhältnissen, § 102 I u. II. Derartige Anhörungsrechte verpflichten den Arbeitgeber nicht, die in Aussicht stehende Entscheidung mit dem Betriebsrat zu beraten. Noch weniger ist es erforderlich, dass sich der Arbeitgeber nach der Meinung des Betriebsrats richtet. Aber das Entscheidungsverbot vor Anhörung soll sicherstellen, dass Meinung und Argumente der Betriebsvertretung die Chance haben, auf die Entscheidung einzuwirken, vgl. dazu § 102 I 2 BetrVG.

3. Beratungsrechte verpflichten den Arbeitgeber, von sich aus die Meinung des Betriebsverfassungsorgans einzuholen und Gründe und Gegengründe im Gespräch zu erörtern. Solche Rechte bestehen für den Betriebsrat hinsichtlich der Arbeitsplatzgestaltung nach § 90 BetrVG, ferner hinsichtlich der Personalplanung, § 92 I 2 BetrVG, in Fragen der Berufsbildung, §§ 96 I 2, 97 BetrVG, und über geplante Betriebsänderungen, § 111 S. 1 BetrVG. Der Wirtschaftsausschuss hat ein Beratungsrecht in wirt-

---

[4] *BAG* AP Nr. 31 zu § 80 BetrVG 1972.

[5] Zum Informationsrecht bezüglich der Mitbestimmungs- und Überwachungsrechte bei der betrieblichen Altersversorgung vgl. *BAG* AP Nr. 1 zu § 87 BetrVG 1972 Altersversorgung.

[6] Dazu *Schlochauer,* Zugangsrechte von Betriebsratsmitgliedern zu den Arbeitsplätzen einzelner Arbeitnehmer, FS G. Müller, 1981, S. 459; *BAG* AP Nr. 45 zu § 37 BetrVG 1972.

[7] S. a. § 9 III 3 ArbSichG.

schaftlichen Angelegenheiten nach § 106 I 2 BetrVG. Ein allgemeines „Beratungsrecht" im Sinn eines Rechts auf Erörterung bestehender Probleme oder Streitpunkte ergibt sich aus § 74 I BetrVG.

4. Widerspruchsrechte, mit denen der Betriebsrat eine Entscheidung des Arbeitgebers zu Fall bringen könnte, kennt das geltende BetrVG nur ausnahmsweise (s. § 98 II BetrVG). Das Widerspruchsrecht in § 102 III BetrVG lässt die rechtliche Wirksamkeit der vom Arbeitgeber ausgesprochenen Kündigung unberührt. Es ist allerdings nicht folgenlos, weil der erhobene Widerspruch die vorläufige Weiterbeschäftigungspflicht nach § 102 V BetrVG auslöst.

5. Zustimmungserfordernisse beteiligen den Betriebsrat am stärksten an Entscheidungen. Sie kommen wiederum in Abstufungen vor.

a) Geringeres Gewicht hat das Zustimmungserfordernis in Fällen, in denen eine **Verweigerung der Zustimmung** durch den Betriebsrat **nur aus bestimmten Gründen** zulässig ist und die zu Unrecht verweigerte Zustimmung gerichtlich ersetzt werden kann. Ein derartig ausgestaltetes Mitwirkungsrecht liegt der für die Praxis eminent wichtigen Mitbestimmung bei Einstellungen, Umgruppierungen und Versetzungen nach § 99 BetrVG zugrunde. Die Zustimmung gilt hier als erteilt, wenn der Betriebsrat sie nicht binnen einer Woche ausdrücklich verweigert, § 99 III 2 BetrVG, und wird sie ausdrücklich, aber ohne Vorliegen eines der gesetzlichen Gründe verweigert, so kann sie durch das Arbeitsgericht ersetzt werden, § 99 IV BetrVG. Eine ähnliche Ausgestaltung der Mitbestimmung mit der Möglichkeit der gerichtlichen Zustimmungsersetzung besteht auch für die außerordentliche Kündigung von Betriebsratsmitgliedern sowie für die Versetzung in einen anderen Betrieb, § 103 BetrVG.

b) **Voll gleichberechtigt** ist die Mitwirkung an Entscheidungen, wenn die Zustimmung oder ihre Verweigerung im Ermessen des Betriebsrats steht und die Verweigerung auch nicht gerichtlich ersetzt werden kann. Der wichtigste Bereich dieser Art ist das Mitbestimmungsrecht in sozialen Angelegenheiten nach § 87 BetrVG. Hier darf der Arbeitgeber nicht allein entscheiden, z.B. nicht Fragen der Ordnung des Betriebs wie die An- und Abmeldung der Arbeitnehmer kraft Weisungsrechts allein regeln (§ 87 I Nr. 1 BetrVG) oder den Beginn der Arbeitszeit selbst festsetzen (§ 87 I Nr. 2 BetrVG). Auch im Bereich personeller Angelegenheiten gibt es derartige Zustimmungserfordernisse, so für die Ausgestaltung des Personalfragebogens, § 94 I BetrVG, und für die Ausgestaltung von Auswahlrichtlinien bei personellen Maßnahmen, § 95 I BetrVG.[8] Im Jahr 2001 neu eingefügt worden sind die echten Mitbestimmungsrechte nach §§ 97 II, 98 BetrVG. Im Bereich wirtschaftlicher Angelegenheiten bestehen keine Zustimmungserfordernisse. Die gleichberechtigte Mitwirkung des Betriebsrats an einem Sozialplan bei Betriebsänderungen, wie sie § 112 BetrVG vorsieht, ist nicht auf die wirtschaftliche Entscheidung, sondern lediglich auf ihre sozialen Folgen bezogen und gehört daher in den Bereich der sozialen Angelegenheiten.

6. Zustimmungserfordernisse der zuletzt genannten Art schaffen eine gleichberechtigte Mitwirkung an vom Arbeitgeber geplanten, d.h. auf Veränderung gerichteten Entscheidungen. Sie bedeuten aber insofern noch keine ganz gleichberechtigte Mitwirkung, als der Arbeitgeber davon absehen kann, überhaupt eine Entscheidung zu treffen. Im Unterlassen einer Maßnahme ist keine zustimmungspflichtige Entscheidung zu sehen. Darin liegt in Bezug auf die Aufrechterhaltung des Status quo ein Übergewicht des Arbeitgebers. Anders ist die Lage aber, soweit der Betriebsrat von

---

[8] Ferner nach § 9 III ArbSichG für die Bestellung und Abberufung von Betriebsärzten und Fachkräften für Arbeitssicherheit.

sich aus eine Entscheidung verlangen und im Weigerungsfall die Einigungsstelle zur
verbindlichen Entscheidung anrufen kann. Ein derartiges **Initiativrecht**[9] hat der Betriebsrat z.B. hinsichtlich Maßnahmen zum Ausgleich nachteiliger Arbeitsplatzverän-
derungen nach § 91 BetrVG, und zur Entfernung betriebsstörender Arbeitnehmer
nach § 104 BetrVG, ferner für die Aufstellung von Auswahlrichtlinien nach § 95 II
BetrVG. Inwieweit er es darüber hinaus bei anderen zustimmungsbedürftigen Entscheidungen, insbesondere bei den Angelegenheiten des § 87 I BetrVG hat, geht aus
dem Gesetz nicht klar hervor und ist im Einzelnen streitig. Vgl. dazu unten § 49 III 4.

7. Die Beteiligungsrechte des Betriebsrats sind **rein konstitutioneller Art.** Sie greifen nicht auf die Exekutive über. So kann der Betriebsrat keine Arbeitsverträge mit
Ausbildern abschließen, keine Arbeitsschutzvorrichtungen selbst in Auftrag geben
oder anbringen, und insbesondere darf er Arbeitnehmern keine Weisungen erteilen.
Zwar ist der Arbeitgeber durch das Mitbestimmungsrecht in seinem Weisungsrecht
stark beschränkt worden. Gibt er eine Weisung, für die er die Zustimmung des Betriebsrats braucht (z.B. in Fragen der Ordnung des Betriebs), ohne die erforderliche
Zustimmung, so ist die Weisung unwirksam. Der Betriebsrat kann aber nicht seinerseits Weisungen geben, und zwar auch dann nicht, wenn sie einer mit dem Arbeitgeber
getroffenen Absprache inhaltlich voll entsprechen. Die Durchführung von Vereinbarungen obliegt grundsätzlich dem Arbeitgeber, soweit nicht etwas anderes vereinbart
worden ist, § 77 I 1 BetrVG.

II. Instrumente gemeinsamer Entscheidungstätigkeit

1. Betriebsvereinbarung und Betriebsabsprache

In zahlreichen betrieblichen Angelegenheiten, vor allem in denjenigen, die einer Einigung zwischen Arbeitgeber und Betriebsrat bedürfen (oben I 5b), aber nicht nur in
diesen, kommt es zu Vereinbarungen zwischen beiden Teilen. Diese Vereinbarungen
erfolgen entweder schriftlich in der klassischen Form der Betriebsvereinbarung[10] oder
formlos als sogenannte Betriebsabsprache oder (gleichbedeutend) Regelungsabrede.[11]

---

[9] Dazu *Wiese*, Das Initiativrecht nach dem BetrVG, 1977. Zu einzelnen Initiativrechten *Friedemann*,
Das Initiativrecht nach dem BetrVG, 1996; vgl. die Nachweise unten § 49 III 4.

[10] *G. Hueck*, Die Betriebsvereinbarung, 1952; *Kreutz*, Kritische Gedanken zur gerichtlichen Billigkeitskontrolle von Betriebsvereinbarungen, ZfA 1975, 65; *v. Hoyningen-Huene*, Fehlerhafte Betriebsvereinbarungen und ihre Auswirkungen auf Arbeitnehmer, DB 1984, Beil. Nr. 1; *Säcker*, Aktuelle
Probleme des Betriebsverfassungsrechts, Bd. 2: Betriebsvereinbarungen und Einigungsstellensprüche
zu mitbestimmungspflichtigen Regelungsgegenständen, 1989; *Nebel*, Die Normen des Betriebsverbandes am Beispiel der ablösenden Betriebsvereinbarung, 1989; *Richardi*, Die Betriebsvereinbarung als
Rechtsquelle des Arbeitsverhältnisses, ZfA 1992, 307; *Brune*, Betriebsvereinbarung, in: AR-Blattei
(1993); *Heinze*, Regelungsabrede, Betriebsvereinbarung und Spruch der Einigungsstelle, Zustandekommen und Rechtswirkungen betrieblicher Regelungen, NZA 1994, 580; *Käppler*, Die Betriebsvereinbarung als Regelungsinstrument in sozialen Angelegenheiten, FS Kissel, 1994, S. 475; *Waltermann*,
75 Jahre Betriebsvereinbarung, NZA 1995, 1177; *ders.*, Gestaltung von Arbeitsbedingungen durch
Vereinbarung mit dem Betriebsrat, NZA 1996, 357.

[11] Vgl. zu diesen *Adomeit*, Die Regelungsabrede, 2. Aufl., 1961; *ders.*, Die Regelungsabrede – nach
40 Jahren, FS Hanau, 1999, 347 ff.; *Schauber*, Zur Abgrenzung der Betriebsvereinbarung von anderen
Vereinbarungen zwischen Betriebsrat und Arbeitgeber, RdA 1963, 375; *W. Blomeyer*, Zur Problematik
formloser Einigungen, BB 1969, 101; *Birk*, Innerbetriebliche Absprachen – Typen und Rechtswirkungen –, ZfA 1986, 73; *Heinze*, Regelungsabrede, Betriebsvereinbarung und Spruch der Einigungsstelle,
Zustandekommen und Rechtswirkungen betrieblicher Regelungen, NZA 1994, 580; *Schipprowski*, Die
Regelungsabrede, 1995.

Beide Instrumente weisen einen erheblichen Unterschied in ihrer Wirkung auf. Die Betriebsvereinbarung wirkt (ähnlich wie der Tarifvertrag) normativ auf die Einzelarbeitsverhältnisse ein,[12] die Betriebsabsprache dagegen nicht.[13] Das hat Bedeutung, wenn die Vereinbarung Arbeitsbedingungen für die einzelnen Arbeitnehmer zum Gegenstand hat, wie z. B. Beginn und Ende der Arbeitszeit oder Fragen der Ordnung des Betriebs. Wirkt die Einigung normativ, so gilt das Vereinbarte automatisch auch im Einzelarbeitsverhältnis. Wirkt sie nicht normativ, so bedarf es noch der Transformation des Vereinbarten in das Einzelarbeitsverhältnis mit anderen rechtlichen Mitteln, beispielsweise durch Ausübung des Weisungsrechts, aber auch durch einzelvertragliche Vereinbarung, die u. U. mittels Änderungskündigung herbeigeführt werden muss.

Beispiel: Der Arbeitgeber will für einen Tag – etwa wegen eines Fußballspiels oder einer Energiesperre – die Arbeitszeit vorverlegen. Dann wird es vielfach nicht zu einer Betriebsvereinbarung kommen. Die hier aber grundsätzlich notwendige (zu Eilfällen vgl. unten § 49 IV 4) Mitwirkung des Betriebsrates nach § 87 I Nr. 2 BetrVG kann stattdessen im Wege der Betriebsabsprache erfolgen. Eine entsprechende Weisung des Arbeitgebers an die Arbeitnehmer wäre dann betriebsverfassungsmäßig rechtmäßig. Davon zu trennen ist die Frage, ob die Maßnahme individualrechtlich im Verhältnis zum einzelnen Arbeitnehmer zulässig ist.[14]

2. Wirksamkeitsvoraussetzungen der Betriebsvereinbarung

Betriebsvereinbarungen erfolgen in schriftlicher Form. Sie bedürfen zu ihrer Gültigkeit der Unterzeichnung von beiden Seiten, § 77 II 2 BetrVG. Die Form des § 126 II 2 BGB genügt also nicht. Notwendig ist ferner, dass die Betriebsvereinbarung im Betrieb an geeigneter Stelle öffentlich zugänglich ist (sogenannte Auslegung im Betrieb, die vielfach ein Aushang sein wird), § 77 II 3 BetrVG.

Entgegen einer verbreiteten Auffassung[15] ist die Publikation Voraussetzung für die normative Geltung der Betriebsvereinbarung.[16] Das muss schon deshalb so sein, weil Betriebsvereinbarungen häufig belastende Regelungen für die Arbeitnehmer enthalten. Dass der Arbeitgeber durch Unterlassen der Publikation die Geltung der Betriebsvereinbarung verhindern könne, wie dagegen eingewandt wird, trifft nicht zu. Er ist durch die Betriebsvereinbarung mit ihrem Abschluss schuldrechtlich gegenüber dem Betriebsrat gebunden. Der Betriebsrat kann daher die Veröffentlichung erzwingen.

3. Wirkung der Betriebsvereinbarungsnormen[17]

Soweit die Betriebsvereinbarung Normen enthält, gelten diese unmittelbar und zwingend für die Arbeitsverhältnisse. § 77 IV 1 BetrVG spricht diese Wirkung missverständlich, weil zu umfassend, der *ganzen* Betriebsvereinbarung zu. Gesetzgeberisch ungeschickt ist die Regelung der Normenwirkung auch insofern, als zwar an die im betrieblichen Bereich relativ unbedeutende Frage des Verzichts und der Verwirkung gedacht worden ist (vgl. dazu die entsprechenden Ausführungen zum Tarifvertrag oben § 37 V), aber das **Günstigkeitsprinzip** nicht einmal erwähnt ist. (Zu Inhalt und Funktion des Günstigkeitsprinzips vgl. näher oben § 6 I 4 sowie § 37 II). Gleichwohl ist es allgemeine Meinung, dass im Einzelarbeitsvertrag zugunsten des Arbeitnehmers

---

[12] Dazu z. B. *Bickel*, Die normative Wirkung von Betriebsvereinbarungen, ZfA 1971, 181.

[13] Beispiel: *BAG* AP Nr. 4 zu § 615 BGB Kurzarbeit (Regelungsabrede über Kurzarbeit).

[14] Hierzu etwa *Fitting/Engels/Schmidt/Trebinger/Linsenmaier*, § 87 Rn. 157 f.

[15] Vgl. *Richardi/Richardi*, § 77 Rn. 40; GK/*Kreutz*, § 77 Rn. 50, jeweils m. w. N.

[16] Vgl. dazu näher *Zöllner*, Zur Publikation von Tarifvertrag und Betriebsvereinbarung, DVBl. 1958, 124.

[17] Dazu *Leinemann*, Wirkungen von Tarifverträgen und Betriebsvereinbarungen auf das Arbeitsverhältnis, DB 1990, 733.

von Betriebsvereinbarungen abgewichen werden darf.[18] Das Günstigkeitsprinzip ergibt sich dabei aus einer verfassungskonformen Auslegung des § 77 IV BetrVG. Wenn die Betriebsvereinbarung für den Arbeitnehmer günstigere Regelungen ausschließen würde, also zweiseitig zwingende Wirkung hätte, wäre dies durch den Gedanken des Arbeitnehmerschutzes nicht mehr zu rechtfertigen und würde eine gegen das verfassungsrechtliche Übermaßverbot verstoßende Einschränkung der in Art. 2 I GG gewährleisteten Privatautonomie darstellen.[19] Allerdings kann in Bereichen, die der Mitbestimmung nach § 87 I BetrVG unterliegen, die einzelvertragliche Regelung unwirksam sein (dazu unten § 49 V).

Dabei bedarf das Günstigkeitsprinzip hinsichtlich der formellen Arbeitsbedingungen einer weitherzigen Auslegung. Auch wenn sich abstrakt-objektiv eine Günstigkeit nicht feststellen lässt, ist sie dennoch zu bejahen, sofern sich die Abweichung für den konkret betroffenen Arbeitnehmer aufgrund seiner persönlichen Umstände als günstiger auswirkt.

Beispiel: Dem auswärtigen Arbeitnehmer A wird wegen der Zugverbindungen vom Arbeitgeber gestattet, seine Arbeit ständig eine halbe Stunde später zu beginnen und zu beenden. Vgl. dazu auch unten § 49 IV 2.

Die Günstigkeitsproblematik wird ausführlich auch im Zusammenhang mit der Ablösung vertraglicher Regelungen durch spätere ungünstigere Betriebsvereinbarung diskutiert. Diese Ablösungsmöglichkeit hat für die Praxis erhebliche Bedeutung. Dazu näher oben § 7 II 2b m.N.

4. Beendigung der Betriebsvereinbarung[20]

Soweit nichts anderes vereinbart ist, kann eine Betriebsvereinbarung mit Dreimonatsfrist gekündigt werden, § 77 V BetrVG. Für das Stadium nach Beendigung sieht das Gesetz eine **Weitergeltung** ihrer Regelungen bis zur Ersetzung durch eine andere Abmachung vor, aber nur im Bereich der notfalls durch Spruch der Einigungsstelle erzwingbaren Betriebsvereinbarungen, § 77 VI BetrVG. Diese abweichende Abmachung braucht keine Betriebsvereinbarung zu sein. Es kann sich auch um einzelvertragliche Regelungen handeln, die freilich im Bereich der erzwingbaren Mitbestimmung nach § 87 BetrVG meist zu ihrer Wirksamkeit der Zustimmung des Betriebsrats im Wege der Betriebsabsprache bedürfen werden. Anders als bei der tarifvertraglichen Nachwirkung des § 4 V TVG ist diese Weitergeltung nicht auf die bei Beendigung der Betriebsvereinbarung bereits bestehenden Arbeitsverhältnisse beschränkt. Das in § 77 VI BetrVG geregelte Ordnungsproblem ist nicht primär die Vermeidung einer

---

[18] GK/*Kreutz*, § 77 Rn. 234 ff.; *Belling*, Das Günstigkeitsprinzip im Arbeitsrecht, 1984, S. 107 ff., 111 ff.; *ders.*, Das Günstigkeitsprinzip nach dem Beschluss des GS, DB 1987, 1988; *Richardi*, Die Betriebsvereinbarung als Rechtsquelle des Arbeitsverhältnisses – Zur Reichweite eines betriebsverfassungsrechtlichen Gestaltungsrechts in einer rechtsgeschäftlichen Ordnung des Arbeitslebens, ZfA 1992, 307; *Blomeyer*, Das Günstigkeitsprinzip in der Betriebsverfassung, NZA 1996, 337; grds. auch *BAG* GS AP Nr. 46 zu § 77 BetrVG 1972.

[19] Hierzu sowie zu anderen Begründungsversuchen *Blomeyer*, NZA 1996, 337 (338 f.).

[20] *Blomeyer*, Kündigung und Neuabschluss über teilmitbestimmungspflichtige Sozialleistungen, DB 1985, 2506; *Gaul*, Die Kündigung der Betriebsvereinbarung im betriebsratslosen Betrieb, NZA 1986, 628; *Blomeyer*, Nachwirkung und Weitergeltung abgelaufener Betriebsvereinbarungen über „freiwillige" Sozialleistungen, DB 1990, 173; *Hanau/Preis*, Die Kündigung von Betriebsvereinbarungen, NZA 1991, 81; *Schirge*, Kündigung und Nachwirkung von Betriebsvereinbarungen über betriebliche übertarifliche Leistungen, DB 1991, 441; *Hilger/Stumpf*, Kündigungsfreiheit und Vertrauensschutz im Recht der Betriebsvereinbarung, BB 1990, 929; *Schaub*, Änderungskündigung und Kündigungsschutz bei Betriebsvereinbarungen, BB 1990, 289; *Loritz*, Die Kündigung von Betriebsvereinbarungen und die Diskussion um eine Nachwirkung freiwilliger Betriebsvereinbarungen, RdA 1991, 65; *Hilger*, Die Betriebsvereinbarung über Sonderzuwendungen ist gekündigt – was nun?, FS D. Gaul, 1992, S. 327; *Schaub*, Die Beendigung von Betriebsvereinbarungen, BB 1995, 1639; *R. Schulz*, Der Bestandsschutz von Betriebsvereinbarungen bei Kündigung, 1995; *Loritz*, Die Beendigung von Betriebsvereinbarungen mit vereinbarter Nachwirkung, DB 1997, 2074; *Meyer*, Die Nachwirkung von Sozialplänen gem. § 77 VI BetrVG, NZA 1997, 289.

Regelungslücke, sondern die Erhaltung der einmal getroffenen mitbestimmten Regelung bis zur Herbeiführung einer neuen Einigung mit dem Betriebsrat.[21]

Nicht erzwingbare Betriebsvereinbarungen werden von der Weitergeltung nach § 77 VI BetrVG nicht erfasst. Für sie greift auch nicht die in § 4 V TVG für Tarifnormen vorgesehene (beschränktere) Nachwirkung Platz (str., ganz h. M.).[22] Vielmehr erlöschen die Normen mit Beendigung der Betriebsvereinbarung.[23] Auch teilmitbestimmte Betriebsvereinbarungen können – anders als die Rechtsprechung dies vertritt[24] – keine Nachwirkung entfalten. Die Betriebspartner können im Übrigen die Nachwirkung – auch konkludent – ausschließen.[25]

5. Grenzen der Vereinbarungsbefugnis[26]

a) Gegenständliche Reichweite

Durch Betriebsvereinbarung können nach h. M.[27] an sich alle Fragen geregelt werden, die den Betrieb und seine Arbeitsverhältnisse betreffen. § 88 BetrVG gibt nur Beispiele, die weder abschließend noch besonders typisch sind. Nach der sehr bedenkenswerten Auffassung von *Richardi*[28] kann hingegen durch freiwillige Betriebsvereinbarung nicht der Umfang der Arbeitsverpflichtung der Arbeitnehmer geregelt werden.

b) Normenarten

Normative Wirkung für das Verhältnis zwischen Arbeitgeber und Arbeitnehmer haben sowohl **Inhaltsnormen** als auch **betriebliche Normen** (zu den Normenarten vgl. oben für den Tarifvertrag § 36). Das Bedenken gegen eine verpflichtende Wirkung der Tarifnormen in Bezug auf die Außenseiter fällt im Betriebsbereich weg, weil der Betriebsrat die demokratische Legitimation zum Handeln mit Wirkung für alle Betriebsangehörigen hat. **Betriebsverfassungsrechtliche Normen** sind nur insoweit zu-

---

[21] Vgl. Richardi/*Richardi*, § 77 Rn. 161 ff.; insb. 164.

[22] Hierzu kürzlich *Richold*, Metamorphosen der gekündigten Betriebsvereinbarung, GS *Blomeyer*, 2003, S. 275, 293.

[23] Näher dazu *Loritz*, DB 1997, 2074; *BAG* AP Nr. 40 zu § 77 BetrVG 1972; *BAG* AP Nr. 4, 5 zu § 77 BetrVG 1972 Nachwirkung; abw. W. *Blomeyer*, DB 1990, 173; zur vereinbarten Nachwirkung bei freiwilligen Betriebsvereinbarungen *Jacobs*, NZA 2000, 69; *Boemke/Kursawe*, DB 2000, 1405; *BAG* AP Nr. 11 zu § 77 BetrVG Nachwirkung.

[24] *BAG* AP Nr. 6 zu § 77 BetrVG 1972 Nachwirkung; AP Nr. 86 zu § 112 BetrVG 1972: Kündigung eines Sozialplans; AP Nr. 7 zu § 77 BetrVG 1972 Nachwirkung; zur Kündigung und Nachwirkung von Regelungsabreden *BAG* AP Nr. 1 zu § 77 BetrVG Regelungsabrede; AP Nr. 51 zu § 87 BetrVG 1972 Arbeitszeit.

[25] *BAG* AP Nr. 7 zu § 77 BetrVG 1972 Nachwirkung.

[26] *Canaris*, Funktionelle und inhaltliche Grenzen kollektiver Gestaltungsmacht bei der Betriebsvereinbarung, RdA 1966, 129; *Löwisch*, Möglichkeiten und Grenzen der Betriebsvereinbarung, AuR 1978, 97; *Kreutz*, Grenzen der Betriebsautonomie, 1979; W. *Blomeyer*, Das Übermaßverbot im Betriebsverfassungsrecht, BAG-FS, 1979, 17; Richardi/*Richardi*, § 77 Rn. 66 ff.; *Oetker*, Die Mitbestimmung der Betriebs- und Personalräte bei der Durchführung von Berufsbildungsmaßnahmen, 1986; *Witt*, Die Beteiligungsrechte des Betriebsrats und das Verbot des Rechtsmissbrauchs, BB 1986, 2194; *Heinze*, Inhalt und Grenzen betriebsverfassungsrechtlicher Rechte, ZfA 1988, 53; GK/*Kreutz*, § 77 Rn. 259 ff.; *Strasser*, Die vom Regelungsgegenstand her unzulässige Betriebsvereinbarung, RdA 1988, 258; *Richardi*, Kollektivvertragliche Arbeitszeitregelung, ZfA 1990, 211; *ders.*, Die Betriebsvereinbarung als Rechtsquelle des Arbeitsverhältnisses, ZfA 1992, 307; *Fastrich*, Betriebsvereinbarung und Privatautonomie, RdA 1994, 129; H. *Hanau*, Individualautonomie und Mitbestimmung in sozialen Angelegenheiten, 1994, S. 716; *Waltermann*, Rechtsetzung durch Betriebsvereinbarung zwischen Privatautonomie und Tarifautonomie, 1996; *Müller-Franken*, Die Befugnisse zu Eingriffen in die Rechtsstellung des einzelnen durch Betriebsvereinbarungen, 1997; *Annuß*, Der Eingriff in den Arbeitsvertrag durch Betriebsvereinbarung, NZA 2001, 756.

[27] Vgl. nur *BAG* AP Nr. 23 zu § 77 BetrVG 1972; *BAG* AP Nr. 1 zu § 77 BetrVG 1972 Tarifvorbehalt.

[28] *Richardi*, ZfA 1990, 211, 230 ff.

lässig, als das BetrVG dies vorsieht (z. B. in § 86 oder § 102 VI BetrVG). **Abschlussnormen** mit unmittelbarer Geltung für Einzustellende sind nicht zulässig, weil dadurch auch Personen gebunden würden, die der Regelungsbefugnis der Partner nicht unterliegen.[29] Der Arbeitgeber kann insoweit lediglich auf der kollektiven Ebene gebunden werden (z. B. durch Auswahlrichtlinien).

c) Ausscheiden des Arbeitnehmers

Sehr schwierig ist die Frage, inwieweit aus dem Betrieb ausgeschiedene Arbeitnehmer noch durch Betriebsvereinbarungsnormen erfasst werden können. Diese Frage hat erhebliche praktische Bedeutung für Regelungen im Bereich der betrieblichen Altersversorgung. Niemand zweifelt ernstlich daran, dass die Ruhestandsansprüche eines im Zeitpunkt der Neuregelung nicht mehr dem Betrieb angehörenden Arbeitnehmers verbessert werden können. Dagegen ist es fraglich, ob das Anwartschaftsrecht eines Ausgeschiedenen oder ein bereits aktuell gewordenes Ruhestandsverhältnis sich noch zuungunsten des Arbeitnehmers durch Betriebsvereinbarung ändern lassen. Die bisherige Rechtsprechung verneint eine so weitgehende Rechtsetzungsmacht.[30] Das steht jedenfalls im Einklang damit, dass der Betriebsrat hinsichtlich ausgeschiedener Arbeitnehmer keine durch Wahl legitimierte Repräsentationsbefugnis hat. Es fragt sich allerdings, ob nicht schon bei der Schaffung eines Anspruchs oder Anwartschaftsrechts durch Betriebsvereinbarung ein Vorbehalt der verschlechternden Veränderung auch genüber Ausgeschiedenen mitzudenken ist.[31] Vgl. zu den Problemen der Veränderung von Ruhegeldregelungen auch oben § 29.

d) Kollektivfreie Individualsphäre   = der kollektiven Rechtsetzung nicht zugängliche Individualsphäre

Eine kollektivfreie Individualsphäre wird für den Arbeitnehmer auch gegenüber der betrieblichen Kollektivmacht bejaht. Dafür gilt ähnliches wie für den Tarifvertrag. Vgl. dazu oben § 39 III 6.

6. Regelungssperre zugunsten der Tarifautonomie[32]

Die Betriebspartner sollen nicht die Tarifautonomie dadurch aushöhlen oder in ihrer Bedeutung vermindern, dass sie sämtliche Arbeitsbedingungen durch Betriebsvereinbarung normativ regeln und dadurch den Tarifvertragsparteien den Wind aus den Se-

---

[29] Vgl. *Marzen*, Abschlußnormen in Betriebsvereinbarungen, RdA 1966, 296.

[30] Vgl. z. B. *BAG* AP Nr. 142 zu § 242 BGB Ruhegehalt; AP Nr. 1 u. 2 zu § 57 BetrVG 1952; abw. GK/*Kreutz*, § 77 Rn. 178 ff. m. N. zum Streitstand und zu neueren Entscheidungen des BAG, in denen sich eine Rechtsprechungsänderung abzeichnen soll; s. zum Ganzen noch *Konzen/Jacobs*, Betriebsvereinbarung und Ruhestandsverhältnis, FS Dietrich 1999, S. 297; *Kreutz*, Grundsätzliches zum persönlichen Geltungsbereich der Betriebsvereinbarung, ZfA 2003, 361.

[31] *Nipperdey*, Halbbd. 2, S. 1260 f., will nur einen vereinbarten Vorbehalt in dieser Richtung gelten lassen.

[32] Dazu *Konzen*, Tarifvertragliche und innerbetriebliche Rechtssetzung, BB 1977, 1307; *Vollmer*, Aufgaben und Zuständigkeitsverteilung zwischen mitbestimmungsrechtlicher und tarifvertraglicher Interessenvertretung, DB 1979, 308 und 355; *Moll*, Der Tarifvorrang im Betriebsverfassungsgesetz, 1980; *Gast*, Tarifautonomie und Normsetzung durch Betriebsvereinbarung, 1981; *Vollmer*, DB 1982, 1670; *Jahnke*, Tarifautonomie und Mitbestimmung, 1984; *v. Hoyningen-Huene/Meier-Krenz*, Mitbestimmung trotz Tarifvertrags?, NZA 1987, 793; *Heinze*, Betriebsvereinbarung versus Tarifvertrag, NZA 1989, 41; *Bakopoulos*, Zuständigkeitsverteilung zwischen tarifvertraglicher und innerbetrieblicher Normsetzung, 1991; *Schwarze*, Der Betriebsrat im Dienst der Tarifvertragsparteien, 1991; *G. Müller*, Zum Verhältnis zwischen Betriebsautonomie und Tarifautonomie, AuR 1992, 257; *Feudner*, Betriebsautonomie versus Tarifautonomie, DB 1993, 2231; *Kempen, Reuter*, Betriebsverfassung und Tarifvertrag, RdA 1994, 140, 152; *Ehmann/Schmidt*, Betriebsvereinbarung und Tarifvertrag, NZA 1995, 193; *Heinze*, Kollektive Arbeitsbedingungen im Spannungsfeld zwischen Tarif- und Betriebsautonomie, NZA 1995, 5; *Kissel*, Kollektive Arbeitsbedingungen im Spannungsfeld zwischen Tarif- und Betriebsautonomie, NZA 1995, 1; *Ehmann/Lambrich*, Vorrang der Betriebs- vor der Tarifautonomie, NZA 1996, 346; *Thüsing*, Die Grenzen der Sperrwirkung des § 77 Abs. 3 BetrVG, ZTR 1996, 146; *Waltermann*, Zuständigkeiten und Regelungsbefugnisse im Spannungsfeld von Tarifautonomie und

geln nehmen. Deshalb errichtet § 77 III BetrVG eine Regelungssperre für Betriebsvereinbarungen über Arbeitsentgelte und sonstige Arbeitsbedingungen, soweit diese entweder durch Tarifvertrag geregelt sind oder üblicherweise durch Tarifvertrag geregelt werden. Bei bestehendem Tarifvertrag kann die Betriebsvereinbarung also auch nicht den Arbeitnehmern günstigere Arbeitsbedingungen vorsehen. Eine Ausnahme davon gilt nur, soweit der Tarifvertrag dies ausdrücklich zulässt, § 77 III 2 BetrVG (sogenannte **tarifliche Öffnungsklausel**). Von **Tarifüblichkeit**, die eine Regelungssperre auch begründet, wenn zur Zeit kein gültiger Tarifvertrag besteht, ist zu sprechen, wenn eine tarifliche Regelung sich eingebürgert hat, d. h. wenn sie entweder über mehrere Jahre ohne längere Pause gegolten hat oder mehrfach wiederholt Gegenstand von Tarifverträgen war. Wenn die Regelung nur einmal Gegenstand eines Tarifvertrags von relativ kurzer Dauer war, so ist eine Sperrwirkung nicht gegeben (streitig).[33]

Wie weit die Sperrwirkung des § 77 III 1 BetrVG reicht, ist nach mehreren Richtungen problematisch.[34]

a) Das Gesetz spricht von Arbeitsentgelten und sonstigen Arbeitsbedingungen. Das bedeutet, dass gerade nicht alle Arten von Arbeitsbedingungen gemeint sind, sondern nur solche, die in ihrem Grundcharakter dem Arbeitsentgelt nahe stehen (ähnlich wie die einschränkende Interpretation des Begriffs des sonstigen Rechts in § 823 I BGB im Anschluss an das Eigentum). Es werden, **im Gegensatz zur neueren Ansicht des BAG**, nur sogenannte **materielle Arbeitsbedingungen** von der Sperre ergriffen.[35] Zwar ist dieser Begriff unbestimmt und in Grenzbereichen umstritten,[36] in einem Kernbereich aber ist man sich über seinen Inhalt einig. Gemeint sind vor allem Regelungen, die Inhalt und Umfang der Hauptpflichten des Arbeitsverhältnisses bestimmen (Lohn, Lohnfortzahlung, Urlaub, Kündigung). Den Gegensatz bilden die **formellen Arbeitsbedingungen**, die es mit äußeren Umständen der Leistungserbringung zu tun haben, wie insbesondere die Ordnung im Betrieb, die Lage der Arbeitszeit u. ä. Für sie gilt die Sperrwirkung nicht. Diese Einschränkung der Sperrwirkung ist sinnvoll. Den Tarifpartnern braucht nicht jedwede Regelungsmöglichkeit vorbehalten bleiben. Es genügt, wenn der Tarifvertrag in seinem angestammten klassischen Bereich absoluten Vorrang hat. Bei den formellen Arbeitsbedingungen ist wegen ihrer Betriebsnähe eine Sperrwirkung der Tarifüblichkeit auch nicht wünschenswert.

b) Problematisch ist ferner, unter welchen **Voraussetzungen** eine bestehende oder übliche **tarifliche Regelung** als für den Betrieb einschlägig anzusehen ist.[37] Zu einer klaren Abgrenzung kommt man nur, wenn man auf den Geltungsbereich der tariflichen Regelung, und zwar in allen seinen Ausprägungen (dazu oben § 38 II) abstellt.[38] Betriebsvereinbarungen in Baden-Württemberg werden daher nicht

---

und Betriebsautonomie, RdA 1996, 129; *Buchner,* Die Reichweite der Regelungssperre aus § 77 Abs. 3 S. 1 BetrVG, DB 1997, 574; *Fischer,* Die tarifwidrigen Betriebsvereinbarungen, 1998; *Lambrich,* Tarif- und Betriebsautonomie – ein Beitrag zu den Voraussetzungen und Grenzen des Tarifvorbehalts, insbesondere dem Erfordernis der Tarifbindung des Arbeitgebers, 1999; *Friese,* Kollektive Koalitionsfreiheit und Betriebsverfassung, 2000; zum „Fall Burda II" sogleich unter f. zu dem „Fall Viessmann" vgl. ArbG Marburg, NZA 1996, 1331 (1337) sowie *Buchner,* NZA 1996, 1304.

[33] Hierzu C. *Fischer,* die tarifwidrigen Betriebsvereinbarungen, 1998, S. 195 ff. m. w. N. zu den einzelnen Ansichten.

[34] Zusammenfassende Darstellung bei C. *Fischer,* die tarifwidrigen Betriebsvereinbarungen, 1998, S. 190 ff.

[35] Sehr streitig, vgl. die umfassenden Nachweisen bei GK/*Kreutz,* § 77 Rn. 83 ff., der selbst der oben vertretenen Auffassung nicht folgt. Aus der Rechtsprechung wie hier etwa *BAG* AP Nr. 1 zu § 2 ArbGG Betriebsvereinbarung; Nr. 25 zu § 56 BetrVG 1952; die neuere Rspr. des *BAG* verneint die Beschränkung der Regelungssperre auf materielle Arbeitsbedingungen, vgl. *BAG* AP Nr. 1 zu § 77 BetrVG 1972 Tarifvorbehalt; *BAG* GS AP Nr. 51 zu § 87 BetrVG 1972 Lohngestaltung. Zu der Unterscheidung formeller und materieller Arbeitsbedingungen s. a. unten § 49 IV 1.

[36] Das verführt *Simitis/Weiss,* DB 1973, 1240 dazu, die Unterscheidung überhaupt abzulehnen, vgl. dazu dort auch Meinungsnachweise.

[37] Vgl. dazu *Zöllner,* Die Sperrwirkung des § 59 BetrVG, FS Nipperdey, Bd. II, 1965, S. 699; *Säcker,* Die Regelung sozialer Angelegenheiten im Spannungsfeld tariflicher und betriebsverfassungsrechtlicher Normsetzungsbefugnisse, ZfA 1972, Sonderheft S. 41 (63 ff.).

[38] Abweichend *BAG* AP Nr. 1 zu § 2 ArbGG Betriebsvereinbarung; AP Nr. 8 zu § 59 BetrVG 1952; wie hier *Richardi,* Anm. zu *BAG* SAE 1972, 139 (140); *Lieb,* § 8 III 3.

von der Sperrwirkung nordrheinwestfälischer Tarifverträge erfasst, Betriebsvereinbarungen für metallverarbeitende Betriebe nicht von der Sperrwirkung, die die Tarifverträge der Stahlindustrie entfalten, Betriebsvereinbarungen für Angestellte sind nicht durch Tarifverträge für Arbeiter ausgeschlossen. Dagegen kommt es vom Zweck der Regelung her nicht darauf an, ob der Arbeitgeber tarifgebunden ist[39] oder ob die Mehrzahl der branchenzugehörigen Arbeitgeber tarifgebunden ist oder wie viele Arbeitnehmer tarifgebunden sind,[40] auch nicht, ob der Tarifvertrag de facto im Betrieb angewendet wird oder angewendet worden ist. Umgekehrt schafft die einheitsvertragliche Bezugnahme auf einen Tarifvertrag, von dessen Geltungsbereich der Betrieb nicht erfasst wird, keine Tarifgeltung.[41] Die Regelungssperre soll nicht lediglich die Konkurrenz von Tarifvertrag und Betriebsvereinbarung im konkreten Betrieb verhindern, sondern den Tarifpartnern einen echten Regelungsvorrang auch dort sichern, wo die Geltung von Tarifverträgen nur an fehlender Verbandsmitgliedschaft scheitert. § 77 III BetrVG ist m. a. W. genau wie seine Vorgängerregelung eine koalitionsbeitrittsfördernde Norm.

c) Die Regelungssperre des § 77 III 1 BetrVG berührt sich (u. U. sogar eng) mit der des § 87 I BetrVG, die ein Mitbestimmungsrecht des Betriebsrats in sozialen Angelegenheiten bei Bestehen einer tariflichen Regelung ausschließt. Zum (sehr streitigen) Verhältnis beider Schranken vgl. unten § 49 IV 5.

d) Die gegen § 77 III 1 BetrVG verstoßende Betriebsvereinbarung ist **unheilbar nichtig.** Sie kann auch nicht, selbst wenn sie im Betrieb praktiziert wird, als in den Einzelverträgen wirksame Abmachung aufrecht erhalten werden, weil dies dem Zweck des § 77 III BetrVG zuwiderliefe[42] (vgl. dazu unten 9.).

e) Betriebsabsprachen werden durch Regelungssperre nicht untersagt.[43] Eine rein schuldrechtlich wirkende Betriebsabsprache (oben 1.) tastet das Normsetzungsvorrecht der Tarifvertragsparteien nicht an.[44] § 77 III 1 BetrVG ist auf Betriebsabsprachen daher weder direkt noch analog anzuwenden.[45]

f) Wenn eine Betriebsvereinbarung wegen § 77 III 1 BetrVG nicht möglich ist, wird in der betrieblichen Praxis des Öfteren auf eine Kombination von Betriebsabsprache und vertraglicher Einheitsregelung ausgewichen. Beispielsweise empfehlen die Betriebsparteien durch eine Betriebsabsprache allen Arbeitnehmern, zur Sicherung ihrer sonst bedrohten Arbeitsplätze Änderungsverträge abzuschließen, wonach ohne Lohnausgleich statt der tariflich vorgesehenen 35 Wochenstunden 38 Stunden zu arbeiten sind. Wenngleich der Bereich der Individualautonomie durch § 77 Abs. 3 S. 1 BetrVG nicht berührt wird, soll einer betroffenen Gewerkschaft nach neuerer Rechtsprechung des Bundesarbeitsgerichts ein Unterlassungsanspruch aus §§ 1004, 823 i. V. m. Art. 9 III GG zustehen, sofern die vertragliche Einheitsregelung das Ziel verfolgt, normativ geltende Tarifbestimmungen zu verdrängen, was insbesondere nahe liege, wenn ein entsprechendes Regelungsziel zwischen Arbeitgeber und Betriebsrat in Form einer Betriebsabsprache vereinbart werde.[46]

g) Betriebsrat und Arbeitgeber verstoßen außerdem gegen ihre betriebsverfassungsrechtlichen Pflichten, wenn sie der Regelungssperre des § 77 III 1 BetrVG zuwider eine Betriebsvereinbarung abschließen.[47]

---

[39] Vgl. Richardi/*Richardi*, BetrVG, § 77 Rn. 259; *C. Fischer*, Die tarifwidrigen Betriebsvereinbarungen, 1998, S. 200 ff.; abw. GK/*Kreutz*, § 77 Rn. 99 u. 118.

[40] In letzterem Sinn aber Richardi/*Richardi*, BetrVG, § 77 Rn. 199; *BAG* AP Nr. 23 zu § 59 BetrVG 1952 (Anm. *G. Hueck*).

[41] *BAG* AP Nr. 42 zu § 99 BetrVG.

[42] Vgl. dazu *Steindl*, DRdA 1983, 91 ff.; *Veit/Waas*, BB 1991, 1329; *C. Fischer*, Anm. zu *BAG* EzA § 77 BetrVG 1972 Nr. 55, S. 31 ff.; anders *BAG* AP Nr. 42 zu § 77 BetrVG 1972.

[43] *BAG* AP Nr. 89 zu Art. 9 GG („Burda II"); AP Nr. 1 zu § 21a BetrVG 2002.

[44] *C. Fischer*, Die tarifwidrigen Betriebsvereinbarungen, 1998, S. 218

[45] Eingehend *C. Fischer*, Anm. zu *BAG* EzA Art. 9 GG Nr. 65, S. 31 ff.; abweichend *Richardi/Richardi*, § 77 Rn. 292 f.; jeweils m. w. N.

[46] *BAG* AP Nr. 89 zu Art. 9 GG („Burda II"); vgl. aus dem kaum noch überschaubaren Schrifttum zu dieser „Sensationsentscheidung", deren praktische Konsequenzen teilweise stark überschätzt wurden, nur *Buchner*, NZA 1999, 897 ff.; *C. Fischer*, Anm. zu *BAG* EzA Art. 9 GG Nr. 65; *Richardi*, Anm. zu *BAG* AP Nr. 89 zu Art. 9 GG, zur „richtigen" Verfahrensart *BAG* AP Nr. 17 zu § 2a ArbGG 1979.

[47] *BAG* AP Nr. 2 zu § 77 BetrVG 1972 Tarifvorbehalt; AP Nr. 22 zu § 23 BetrVG 1972; zum Rechtsschutz der Gewerkschaften auch *Grunsky*, DB 1990, 526; *C. Fischer*, Anm. zu *BAG* EzA Art. 966 Nr. 65 S. 42 f.; *ders.*, Die tarifwidrigen Betriebsvereinbarungen, 1998, S. 1 f.

7. Zusammenspiel von Tarifvertrag und Betriebsvereinbarung[48]

Mit Hilfe der tariflichen Öffnungsklausel, die nach neuerer Rechtsprechung auch rückwirkend möglich sein soll,[49] kann die Sperrwirkung des § 77 III 1 BetrVG für bestimmte Bereiche gelockert oder ganz aufgehoben werden. Dadurch kann es zu einem von den Tarifparteien geduldeten oder sogar beabsichtigten Zusammenspiel von Tarifvertrag und Betriebsvereinbarung kommen. Mit einer solchen Regelungstechnik ist es möglich, sich im Tarifvertrag auf Grundsatzregelungen zu beschränken und die Umsetzung dem einzelnen Betrieb entsprechend seinen Bedürfnissen zu überlassen. Es ist evident, dass darin Flexibilisierungspotentiale liegen, die der Tarifvertrag allein nicht aufweist, während andererseits doch die Festlegung der großen Linie für die Tarifpolitik erhalten bleibt. Von dieser Regelungstechnik ist in großem Stil Gebrauch gemacht worden im Zusammenhang mit der Verkürzung der tariflichen Wochenarbeitszeit auf 38,5 Stunden in der Metallindustrie. Der Tarifvertrag setzt seither vielfach die tarifliche Wochenarbeitszeit nicht mehr als für alle Arbeitnehmer verbindliche Regelwochenarbeitszeit fest, sondern nur noch als ein Grundrichtmaß für den Betrieb, das für einen Teil der Arbeitnehmer mit bestimmten, den Gesamtbetrieb betreffenden Maßgaben überschritten werden darf nach näherer, durch Betriebsvereinbarung zu treffender Regelung. Durch dieses Ineinandergreifen werden freilich zahlreiche Rechtsprobleme aufgeworfen,[50] insbesondere ob im Nichteinigungsfall zwischen Arbeitgeber und Betriebsrat die Einigungsstelle verbindlich entscheiden kann und die Frage der Verbindlichkeit gegenüber Außenseitern.

---

[48] Zu dieser vor dem Hintergrund der Debatte über den Wirtschaftsstandort Deutschland besonders kontrovers diskutierten Problematik vgl. vor allem *Richardi,* Gutachten B zum 61. DJT 1996; außerdem *Henssler,* Flexibilisierung der Arbeitsmarktordnung, ZfA 1994, 487; die Beiträge von *Kempen* und *Reuter,* Betriebsverfassung und Tarifvertrag, RdA 1994, 140 und RdA 1994, 152; *Lieb,* Mehr Flexibilität im Tarifvertragsrecht? Moderne Tendenzen auf dem Prüfstand, NZA 1994, 289 (337); *Konzen,* Die Tarifautonomie zwischen Akzeptanz und Kritik, NZA 1995, 913; *Ehmann/Schmidt,* Betriebsvereinbarungen und Tarifverträge, NZA 1995, 193; *Ehmann/Lambrich,* Vorrang der Betriebs- vor der Tarifautonomie, NZA 1996, 346; *Ehmann,* Empfiehlt es sich, die Regelungsbefugnisse der Tarifparteien im Verhältnis zu den Betriebsparteien neu zu ordnen?, ZRP 1996, 314; *Hromadka,* Mehr Flexibilität für die Betriebe – Ein Gesetzesvorschlag, NZA 1996, 1233; *Junker,* Der Flächentarifvertrag im Spannungsverhältnis von Tarifautonomie und betrieblicher Regelung, ZfA 1996, 383; *Löwisch,* Neuabgrenzung von Tarifvertragssystem und Betriebsverfassung, JZ 1996, 812; *Waltermann,* Zuständigkeit und Regelungsbefugnisse im Spannungsfeld von Tarifautonomie und Betriebsautonomie, RdA 1996, 129; *Wank,* Empfiehlt es sich, die Regelungsbefugnisse der Tarifparteien im Verhältnis zu den Betriebsparteien neu zu ordnen?, NJW 1996, 2273; *Reuter,* Das Verhältnis von Tarif- und Betriebsautonomie, FS Schaub, 1998, S. 605; *Habitzel,* Verhältnis von Tarif- und Betriebsautonomie im Lichte des Subsidiaritätsprinzips, NZA 2001, 467; *Hanau,* Wege zu einer beschäftigungsorientierten Arbeitsmarktordnung: Spannungsverhältnis Individualvertrag, Betriebsvereinbarung, Tarifvertrag, FS Wiedemann, 2002, S. 283; *Möschel,* Das Spannungsverhältnis zwischen Individualvertrag, Betriebsvereinbarung und Tarifvertrag, BB 2002, 1314; *Picker,* Tarifautonomie – Betriebsautonomie – Privatautonomie, NZA 2002, 761.

[49] *BAG* AP Nr. 12 zu § 77 BetrVG 1972 Tarifvorbehalt.

[50] Dazu *Buchner,* DB 1985, 913; *Richardi,* NZA 1985, 387; *Löwisch,* NZA 1985, 170; *Hanau,* NZA 1985, 73; *v. Hoyningen-Huene,* NZA 1985, 9; *ders.,* NZA 1985, 169; *Kissel,* NZA 1986, 73; *Buchner,* NZA 1986, 377; *Bender,* BB 1987, 1117; *Zöllner,* ZfA 1988, 265, 272ff.; *Richardi,* ZfA 1990, 211; *Buchner,* RdA 1990, 1; *Schwarze,* Der Betriebsrat im Dienst der Tarifvertragsparteien, 1991, S. 166ff., 203ff.; *Lieb,* NZA 1994, 289f.; *C. Fischer,* Die tarifwidrigen Betriebsvereinbarungen, 1998, S. 148ff.; m.w.N.; aus der Rspr. *BAG* AP Nr. 23 zu § 77 BetrVG 1972; AP Nr. 2 zu § 76 BetrVG 1972 Einigungsstelle.

8. Gerichtliche Kontrolle von Betriebsvereinbarungen

Nach Meinung des BAG unterliegen Betriebsvereinbarungen einer arbeitsgerichtlichen Billigkeitskontrolle,[51] und zwar sollen sie (einschließlich Sozialplan) zum einen daraufhin nachgeprüft werden können, ob die Regelung als solche der Billigkeit entspricht; dabei werden das Regelungsziel und die Mittel zu seiner Erreichung am Maßstab der Billigkeit gemessen (**abstrakte Billigkeitskontrolle**); zum anderen soll auch nachgeprüft werden können, ob die Regelung im Einzelfall unbillige Wirkungen entfaltet (**konkrete Billigkeitskontrolle**). War die Kontrolle zunächst nur für solche Betriebsvereinbarungen bejaht worden, durch die eine bisherige betriebseinheitliche Regelung abgelöst oder geändert wurde,[52] so wird sie nunmehr allgemein als möglich angesehen. Offenbar betrachtet das BAG den Betriebsrat als dem Arbeitgeber nicht ebenbürtigen Vertragspartner. Trotz § 75 BetrVG ist die Billigkeitskontrolle von Betriebsvereinbarungen bedenklich.[53] Eine Billigkeitskontrolle gegenüber Rechtsnormen ist jedenfalls ungewöhnlich, auch wenn diese Rechtsnormen durch Vertrag entstehen und sie ist umso ungewöhnlicher, wenn sie nur gegenüber der Betriebsvereinbarung, nicht aber gegenüber dem Tarifvertrag zulässig sein soll.[54]

Ein Sonderproblem stellt die eine betriebliche Altersversorgungsregelung ablösende Betriebsvereinbarung dar, bei der die Rechtsprechung relativ starre Sonderregelungen entwickelt hat[55]. Von der Kontrolle der echten Betriebsvereinbarung zu unterscheiden ist die Kontrolle von Entscheidungen der Einigungsstelle (dazu unten IV 5).

9. Unwirksamkeit von Betriebsvereinbarungen

Betriebsvereinbarungen können fehlerhaft sein.[56] Nicht alle, aber doch einige wichtige Mängel führen zur Unwirksamkeit. Besonders häufig kommt insoweit ein Verstoß gegen § 77 III BetrVG in Betracht. Dann kann sich die Frage stellen, ob die als Betriebsvereinbarung unwirksame Regelung auf andere Weise mit rechtlichen Wirkungen aufrecht zu erhalten ist. Die Umdeutung gem. § 140 BGB in einzelarbeitsvertragliche Vereinbarungen scheidet aus. Bei der Betriebsvereinbarung handelt es sich um einen Vertrag zwischen Arbeitgeber und Betriebsrat, der den Vertrag im eigenen Namen, nicht als Vertreter der Arbeitnehmer abschließt. Die vom BGH vertretene Umdeutung der zu einer richtigen Betriebsvereinbarung führenden Erklärung des Arbeitgebers in ein entsprechendes Vertragsangebot an die Arbeitnehmer[57] hilft nicht weiter, weil der Arbeitnehmer von diesem hypothetischen Angebot regelmäßig nichts weiß und es daher nicht annehmen kann.[58] Näher liegen könnte, soweit die Betriebsvereinbarung nur

---

[51] Dazu *BAG* AP Nr. 11 und 12 zu § 112 BetrVG 1972; *BAG* AP Nr. 1 und 9 zu § 1 BetrAVG Ablösung. Dazu *Hammen*, RdA 1986, 23; *Jobs*, AuR 1986, 147.

[52] Hierzu oben § 29.

[53] Kritisch z. B. *v. Hoyningen-Huene*, Die Billigkeit im Arbeitsrecht, 1978, S. 161 ff.; *Kreutz*, Grenzen der Betriebsautonomie, 1979, S. 11; *Hirschberg*, ZfA 1982, 527; *Schulin*, SAE 1982, 49; GK/*Kreutz*, §§ 77 Rn. 258 ff. m. w. N.

[54] Zur Billigkeitskontrolle von Tarifverträgen oben § 39 VI und zur Inhaltskontrolle von Arbeitsverträgen oben § 12 IV.

[55] Vgl. *BAG* AP Nr. 3 zu § 1 BetrAVG Betriebsvereinbarung; AP Nr. 13 zu § 1 BetrAVG Ablösung sowie oben § 29 I.

[56] Dazu *v. Hoyningen-Huene*, Fehlerhafte Betriebsvereinbarungen und ihre Auswirkungen auf die Arbeitnehmer, DB 1984, Beilage Nr. 1.

[57] *BAG* AP Nr. 8 zu § 77 BetrVG Tarifvorbehalt.

[58] Ausführlich zu der die Grundsätze der allgemeinen Rechtsgeschäftslehre vernachlässigenden, nicht tragfähigen Konstruktion des BAG, *C. Fischer*, Anm. zu BAG, EzA § 77 BetrVG 1972 Nr. 55, S. 32 ff.

Rechte für die Arbeitnehmer schafft, die Umdeutung in einen Vertrag zugunsten Dritter. Dies wird aber im Regelfall daran scheitern, dass beide Vertragsteile nicht den Willen haben, Individualansprüche der Arbeitnehmer zu begründen, die der normativen Verfügung der Vertragspartner entzogen sind. Möglich wird daher, von ganz besonderen Ausnahmen abgesehen, allenfalls eine Bejahung der Bindung des Arbeitgebers aus dem Vertrauensgedanken sein.[59] Sie folgt aber nicht schon aus dem Abschluss einer Betriebsvereinbarung, sondern erst aus ihrer Durchführung durch den Arbeitgeber in Kenntnis der Unwirksamkeit. Auch dann ist zu fragen, ob die Bindung nicht dem Zweck der die Unwirksamkeit begründenden Vorschrift zuwiderläuft. Ganz sicher ginge es nicht an, einer nach § 77 III unwirksamen Betriebsvereinbarung über den Vertrauensgedanken Rechtswirksamkeit zu verschaffen (vgl. oben 6 d).

III. Durchsetzung der betriebsverfassungsrechtlichen Beteiligungsrechte[60]

1. Voraussetzung der Ausübung von Mitwirkungsrechten ist das **Vorhandensein des zuständigen Betriebsverfassungsorgans.** Ist kein Betriebsrat vorhanden, so ruhen die von ihm auszuübenden Mitwirkungsbefugnisse. Auch eine Betriebsversammlung nach § 43 BetrVG kommt dann nicht in Betracht (anders nach § 17 BetrVG). Die Wahl des Betriebsrats kann ohne rechtliche Schwierigkeiten durch drei Arbeitnehmer oder eine im Betrieb vertretene Gewerkschaft durchgesetzt werden, vgl. näher § 17 BetrVG sowie oben § 47 III 4 a. Die Behinderung der Wahl oder ihre Beeinflussung durch Androhung von Nachteilen oder Versprechen von Vorteilen ist strafbar nach § 119 I Nr. 1 BetrVG.

2. Die Behinderung und Störung der Tätigkeit von Arbeitnehmervertretungen im Betrieb ist strafbar nach § 119 I Nr. 2 BetrVG; desgleichen die Benachteiligung oder Begünstigung von Mitgliedern der Arbeitnehmervertretungen nach § 119 I Nr. 3 BetrVG.

3. Die **Missachtung bestimmter Informationspflichten** ist nach § 121 BetrVG als Ordnungswidrigkeit bußgeldbedroht.

4. Hinsichtlich der betriebsverfassungsrechtlichen Pflichten des Arbeitgebers, insbesondere auch der nicht durch § 121 BetrVG sanktionierten Informationspflichten besteht eine allgemeine Durchsetzungsmöglichkeit in **§ 23 III BetrVG**.[61] Danach kann der Betriebsrat oder eine im Betrieb vertretene Gewerkschaft eine arbeitsgerichtliche Entscheidung im Beschlussverfahren herbeiführen, die dem Arbeitgeber aufgibt, eine Handlung zu unterlassen oder vorzunehmen oder die Vornahme einer bestimmten Handlung zu dulden. Ist die Entscheidung rechtskräftig und wird sie gleichwohl vom Arbeitgeber missachtet, so kommt eine Bestrafung durch Ordnungsgeld bzw. eine

---

[59] Ähnlich *BAG* AP Nr. 42 zu § 77 BetrVG 1972; AP Nr. 8 zu § 77 BetrVG 1972 Tarifvorbehalt, das aber, methodisch verfehlt, von Umdeutung der Betriebsvereinbarung spricht. Ausführlich zur Problematik *Veit/Waas*, BB 1991, 1329.

[60] *Dütz*, Verfahrensrechte der Betriebsverfassung, AuR 1973, 353; *ders.*, Einstweiliger Rechts- und Interessenschutz in der Betriebsverfassung, ZfA 1972, 247; *Growe*, Ordnungswidrigkeitenverfahren nach dem Betriebsverfassungsrecht, 1990; Schlüchter, Die Rechtsfolgen der Missachtung der Betriebsverfassung durch den Arbeitgeber, 1991; *Matthes*, Münch ArbG, Bd. 3, 2. Aufl., 2000, § 329.

[61] Dazu *Heinze*, Die betriebsverfassungsrechtlichen Ansprüche des Betriebsrats gegenüber dem Arbeitgeber, DB 1983, Beilage 9 m. N.; *Konzen*, Betriebsverfassungsrechtliche Leistungspflichten des Arbeitgebers, 1984.

Durchsetzung mittels Zwangsgeld in Betracht. Die praktische Reichweite dieser Norm ist freilich nicht unbegrenzt. Einmal setzt sie einen groben Verstoß des Arbeitgebers voraus. Zum zweiten kann die Vornahme oder die Unterlassung einer Handlung nur verlangt werden, soweit eine Verpflichtung des Arbeitgebers besteht, und zwar auch für die Zukunft noch besteht. Liegt der Vorgang, bei dem der Arbeitgeber gegen seine Verpflichtungen verstoßen hat, lediglich in der Vergangenheit, ist etwa die unterlassene Information oder Beratung nicht mehr von Bedeutung, hat sich eine Maßnahme von selbst erledigt usw., so kommt ein Vorgehen nach § 23 III BetrVG nur in Betracht, wenn gleichartige Verstöße des Arbeitgebers auch für die Zukunft zu besorgen sind.

5. Davon zu unterscheiden ist die Möglichkeit, bei betriebsverfassungsrechtlichen Streitigkeiten nach § 2a I Nr. 1 ArbGG im **Beschlussverfahren** gegen den Arbeitgeber vorzugehen. In diesem Verfahren sind sowohl Feststellungs- als auch Leistungsanträge möglich. Aus einem auf eine Leistung des Arbeitgebers gerichteten Beschluss kann vollstreckt werden, § 85 ArbGG. Die Zwangsvollstreckung erfolgt nach den Vorschriften der ZPO.

Dabei stellt sich die Frage, in welchem Verhältnis das Verfahren nach § 23 III BetrVG zu dem allgemeinen Beschlussverfahren steht. Gäbe es § 23 III BetrVG nicht, so könnten gleichwohl von ihm erfasste Fälle im Beschlussverfahren abgewickelt werden, und zwar ohne die einschränkende Voraussetzung eines groben Verstoßes. Die vom Gesetzgeber (angeblich aus optischen Gründen) eingefügte Bestimmung des § 23 III BetrVG geht als Spezialregelung vor. Das führt dazu, dass bei allen Verstößen, die die Vornahme, Unterlassung oder Duldung einer Handlung zum Gegenstand haben, die speziellen Voraussetzungen des § 23 III BetrVG beachtet werden müssen[62] (streitig) und dass die Durchsetzung nach der Spezialregelung des § 23 III BetrVG erfolgt. Andere Verstöße können dagegen im gewöhnlichen Beschlussverfahren verfolgt und vollstreckt werden, insbesondere auch Geldansprüche auf Kostenersatz nach § 40 BetrVG. Offen bleibt das gewöhnliche Beschlussverfahren aber für Feststellungsanträge auch in den Bereichen des § 23 III BetrVG.

6. Gleichgültig wie man das Verhältnis von § 23 III BetrVG und gewöhnlichem Beschlussverfahren sieht: Von erheblicher Bedeutung ist die Frage, inwieweit der Betriebsrat verlangen kann, dass der Arbeitgeber mitwirkungs- oder mitbestimmungsbedüftige **Maßnahmen unterlässt,** solange er dem Mitwirkungserfordernis nicht entsprochen hat.[63] Die Beantwortung hängt davon ab, inwieweit die vom Gesetzgeber bewusst gewählte Struktur der Betriebsverfassung solche Ansprüche überhaupt zulässt. Betriebsverfassungsrechtlichen Mitwirkungsrechten des Betriebsrats korrespondiert nicht notwendig gleichzeitig ein durchsetzbarer Anspruch gegen den Arbeitgeber, dass dieser die der Betriebsratsmitwirkung unterworfenen Maßnahmen bis zur Durchführung der Mitwirkung unterlässt. Zurückhaltung bei der Annahme solcher Unterlassungsansprüche ist schon deswegen am Platz, weil die Führung des Unternehmens ausschließlich Sache des Arbeitgebers ist und die Verantwortung für die Folgen unternehmerischen Handelns ausschließlich ihn trifft. Insbesondere im Bereich der Mitbestimmung in wirtschaftlichen Angelegenheiten nach § 111 BetrVG kommt eine Verpflichtung des Arbeitgebers zur Unterlassung, wie § 113 III BetrVG zeigt, nicht in Betracht.[64] Auch über § 23 III BetrVG kann sie ihm nicht auferlegt werden.

---

[62] Vgl. *BAG* AP Nr. 2 zu § 23 BetrVG 1972; fälschlicherweise aufgegeben durch *BAG* AP Nr. 23 zu § 23 BetrVG 1972; s. auch *BAG* AP Nr. 3 zu § 77 BetrVG 1972 Durchführung sowie GK/ *Oetker,* § 23 Rn. 160 ff.

[63] Dazu *Heinze,* DB 1983, Beilage 9; *Konzen,* Betriebsverfassungsrechtliche Leistungspflichten des Arbeitgebers, 1984; *Dütz,* Unterlassungs- und Beseitigungsansprüche des Betriebsrats gegen den Arbeitgeber im Anwendungsbereich des § 87 BetrVG, 1983; *Derleder,* AuR 1983, 289; *Konzen/Rupp,* DB 1984, 2695; *Salje,* DB 1988, 909; *Pahle,* NZA 1990, 51; *Raab,* Negatorischer Rechtsschutz des Betriebsrats gegen mitbestimmungswidrige Maßnahmen des Arbeitgebers, 1993.

[64] Wie hier *Bengelsdorf,* Unzulässigkeit einer Untersagungsverfügung bei Betriebsänderungen, DB 1991, 1233 und 1282; *Konzen,* NZA 1995, 865 (872); *Raab,* ZfA 1997, 183, 246 ff.; *Walker,* ZfA 2004,

Im Bereich der personellen Mitwirkung bestehen Sonderregelungen (vgl. unten 7.), durch die ein allgemeiner Unterlassungsanspruch ausgeschlossen wird. Als Feld für Unterlassungsansprüche des Betriebsrats hinsichtlich mitwirkungsbedürftiger Maßnahmen käme deshalb ausschließlich der Bereich der Mitbestimmung in sozialen Angelegenheiten in Betracht. Auch insoweit geht es jedoch zu weit, aus dem Anspruch auf Mitbestimmung generell einen Anspruch auf Unterlassung nicht mitbestimmter Maßnahmen zu machen.[65] Das BAG geht einen systematisch völlig anderen Weg. Es nimmt an, dass § 23 III BetrVG gerade Rechtsgrundlage für Unterlassungsansprüche wegen Nichtbeachtung von Beteiligungsrechten sei. Während es früher wegen dessen Spezialcharakter Unterlassungsansprüche grds. *nur* aus dieser Regelung und damit bei grobem Verstoß des Arbeitgebers zuließ,[66] hat es diese Ansicht inzwischen aufgegeben[67] und lässt Unterlassungsansprüche auch in anderen Fällen zu. Dies ist verfehlt. § 23 III BetrVG ist dahin zu verstehen, dass die dort erwähnten Unterlassungsansprüche des Betriebsrats sämtlich im Vorfeld der Mitbestimmung liegen: Verhinderung der Wahl, Beeinträchtigung oder Behinderung der Betriebsratsarbeit u. ä., für die sich Unterlassungsansprüche aus dem Gesetz ergeben. Für lediglich mitwirkungsloses Handeln des Arbeitgebers in mitwirkungsbedürftigen Angelegenheiten ist das nicht der Fall.

Gänzlich schief ist es, einen Unterlassungs- und Beseitigungsanspruch des Betriebsrats etwa aus § 1004 BGB (und sei es auch nur analog) herzuleiten.

7. In einigen **Sonderfällen** stellt das Gesetz bei einer Missachtung der Mitwirkungsrechte **spezifische Durchsetzungs- oder Vollstreckungsmöglichkeiten** zur Verfügung, so für die Abberufung von Ausbildern im Fall des § 98 V BetrVG oder bei der Durchführung personeller Einzelmaßnahmen ohne Zustimmung des Betriebsrats nach §§ 100, 101 BetrVG oder bei Missachtung eines Anspruchs auf Entfernung betriebsstörender Arbeitnehmer nach § 104 BetrVG. Als Spezialregelungen gehen diese Sanktionen dem § 23 III BetrVG vor[68] (vgl. bereits oben 6.).

8. Soweit Ansprüche des Betriebsrats auf Unterlassung gegeben sind, ist von erheblicher Bedeutung, inwieweit dem Betriebsrat **Möglichkeiten einstweiligen Rechts-**

501, 526 ff.; *ders.,* ZfA 2005, 45, 73 f.; *LAG Düsseldorf* DB 1984, 511; *LAG BW* DB 1986, 805; *LAG Köln* NZA-RR 2005, 199; *LAG Niedersachsen* BB 2003, 1337; *LAG München* NZA-RR 2004, 536; *LAG Rhld-Pfalz* NZA 1989, 863, *LAG Schleswig-Holstein* LAGE § 111 BetrVG Nr. 11; abweichend *LAG Hamburg* DB 1983, 2369; *LAG Ffm.* DB 1984, 178; *LAG Berlin* NZA 1996, 1284; *LAG Hamm* NZA-RR 2004, 80, 81; *Thür. LAG* ZIP 2004, 1118, 119 f.; vorsichtig *Buschmann,* BB 1983, 512. Vgl. ferner *Eich,* DB 1983, 576; *Schlochauer* ArbRGegw. 20 (1983), 61; *Trittin,* DB 1983, 230; *ders.,* BB 1984, 1169; GK/*Oetker,* § 23 Rn. 153 m. w. N. aus Schrifttum und Rechtsprechung der Instanzgerichte.

[65] Näher dazu *Konzen,* a. a. O. (Fn. 61).

[66] Grdl. *BAG* 1. Senat AP Nr. 2 zu § 23 BetrVG 1972; bestätigt in AP Nr. 76 zu § 99 BetrVG 1972; abw. *BAG* 6. Senat AP Nr. 5 zu § 23 BetrVG 1972.

[67] *BAG* AP Nr. 23, 24 zu § 23 BetrVG 1972. Hierzu *Bauer/Diller,* Der allgemeine Unterlassungsanspruch des Betriebsrats – Richtungskorrektur oder Revolution?, ZIP 1995, 95; *Derleder,* Die Wiederkehr des Unterlassungsanspruchs, AuR 1995, 13; *Konzen,* Rechtsfragen bei der Sicherung der betrieblichen Mitbestimmung, NZA 1995, 865; *Prütting,* Unterlassungsanspruch und einstweilige Verfügung in der Betriebsverfassung, RdA 1995, 257; *Richardi,* Kehrtwende des *BAG* zum betriebsverfassungsrechtlichen Unterlassungsanspruch des Betriebsrats, NZA 1995, 8; *ders.,* Der Beseitigungs- und Unterlassungsanspruch in der Dogmatik des Betriebsverfassungsrechts, FS Wlotzke, 1996, S. 407; *Walker,* Zum Unterlassungsanspruch des Betriebsrats bei mitbestimmungswidrigen Maßnahmen des Arbeitgebers, DB 1995, 1961; *Bengelsdorf,* SAE 1996, 139; *Raab,* Der Unterlassungsanspruch des Betriebsrats, ZfA 1997, 183; *Matthes,* Über einen vernünftigen Umgang mit dem Unterlassungsanspruch des Betriebsrats, FS Dieterich, 1999, S. 355.

[68] So für § 101 *BAG* AP Nr. 4 zu § 101 BetrVG (Anm. *Kittner*). Anders aber *BAG* AP Nr. 7 zu § 23 BetrVG 1972 *(v. Hoyningen-Huene).*

schutzes zur Verfügung stehen[69] (etwa Unterbindung einer Personalmaßnahme des Arbeitgebers durch einstweilige Verfügung). Zur grundsätzlichen Zulässigkeit der einstweiligen Verfügung im arbeitsgerichtlichen Beschlussverfahren vgl. § 85 II ArbGG.

9. Die **Rechtsunwirksamkeit arbeitgeberischer Maßnahmen** ist eine der wichtigsten Sanktionen, um betriebsverfassungsrechtlichen Mitwirkungsrechten Beachtung zu verschaffen. Paradefall ist die Kündigung. Wird sie ohne Anhörung des Betriebsrats erklärt, ist sie nichtig, § 102 I 3 BetrVG. Praktische Bedeutung kommt der Unwirksamkeitsfolge auch im Bereich des § 87 I BetrVG zu. Erlässt der Arbeitgeber ohne Zustimmung des Betriebsrats beispielsweise eine neue Arbeitsordnung, so ist diese unverbindlich. Das gleiche gilt von einer Verlegung der Arbeitszeit oder der Festsetzung eines Akkordsatzes. Wie weit die Unwirksamkeit reicht, lässt sich freilich nicht schematisch für den ganzen Bereich des § 87 I BetrVG festlegen, sondern bedarf interpretatorischer Klärung für jede einzelne Regelungsmodalität.

So ist etwa eine einseitige Veränderung von Zeit, Ort und Art der Lohnauszahlung nach Nr. 4 zwar nicht „wirksam", d. h. die Arbeitnehmer haben Anspruch auf die bisherige Auszahlungsweise. Keineswegs wird dadurch aber die Erfüllungswirkung der Lohnzahlung, soweit nach bürgerlichem Recht gegeben, behindert. Zur Problematik vgl. näher unten § 49 V. Geringere Bedeutung hat die Unwirksamkeitsfolge bei den personellen Einzelmaßnahmen nach § 99 BetrVG (Einstellung, Eingruppierung, Umgruppierung und Versetzung). Vgl. dazu näher unten § 50 II.

IV. Einigungsverfahren bei gleichberechtigter Mitbestimmung[70]

1. Soweit der Arbeitnehmerseite ein gleichberechtigtes Mitentscheidungsrecht im Sinn eines uneingeschränkten Zustimmungserfordernisses zusteht, wie namentlich im Bereich des § 87 I BetrVG, bedarf es einer **Konfliktlösungsmöglichkeit,** wenn eine Einigung nicht zustande kommt. Da der Arbeitskampf, anders als im Tarifwesen, für die Betriebsverfassung ausscheidet, bedarf es eines **Verfahrens der Zwangsschlichtung,** das die Entscheidung einer dafür vorgesehenen Institution maßgeblich sein lässt.

---

[69] Dies ist str.; vgl. vor allem *Walker,* Der einstweilige Rechtsschutz im Zivilprozess und im arbeitsgerichtlichen Verfahren, 1993, Rn. 765 ff.; zur Zulässigkeit der einstweiligen Verfügung im Bereich des § 23 III BetrVG vgl. GK/*Oetker,* § 23 Rn. 189 f. m. w. N. zum Streitstand. Vgl. ferner *K. Weber,* Das Erzwingungsverfahren gegen den Arbeitgeber nach § 23 Abs. 3 BetrVG, 1979, S. 152 ff.; *Lepke,* Einstweiliger Rechtsschutz des Betriebsrats bei Missachtung betriebsverfassungsrechtlicher Beteiligungsrechte nach § 99 BetrVG, DB 1980, 2239; *Dütz,* Verfassungsmäßige Gewährleistung eines vorbeugenden Gerichtsschutzes im Betriebsverfassungsrecht, 1984; *Olderog,* Probleme des einstweiligen Rechtsschutzes im Bereich der sozialen Mitbestimmung, NZA 1985, 753; *Schwonberg,* Die einstweilige Verfügung des Arbeitgebers in Mitbestimmungsangelegenheiten im Rechtsschutzsystem der Betriebsverfassung, 1997.

[70] *Dütz,* Zwangsschlichtung im Betrieb, Kompetenz und Funktion der Einigungsstelle nach dem BetrVG 1972, DB 1972, 383; *Leipold,* Die Einigungsstellen nach dem neuen Betriebsverfassungsgesetz, FS Schnorr v. Carolsfeld, 1972, 273; *Gaul,* Die betriebliche Einigungsstelle, 2. Aufl., 1981; *Pünnel/ Isenhardt,* Die Einigungsstelle des BetrVG 1972, 4. Aufl., 1997; *Söllner,* Schlichten ist kein Richten, ZfA 1982, 1; *Säcker,* Aktuelle Probleme des Betriebsverfassungsrechts, Bd. 2: Betriebsvereinbarungen und Einigungsstellensprüche zu mitbestimmungspflichtigen Regelungsgegenständen, 1989; *Heinze,* Verfahren und Entscheidung der Einigungsstelle, RdA 1990, 262; *Giese,* Einigungsstellenverfahren – Pausen bei Akkordentlohnung – Verfahrenskosten als Druckmittel, ZfA 1991, 53; *Sbresny-Uebach,* Die Einigungsstelle, AR-Blattei SD 630 (1992); *Bauer,* Einigungsstellen – Ein ständiges Ärgernis, NZA 1992, 433; *Fiebig,* Grundprobleme der Arbeit betrieblicher Einigungsstellen, DB 1995, 1278; *Pünnel,* Die Einigungsstelle des BetrVG 1972 – eine bewährte Institution, in: FS Stahlhacke, 1995, S. 443; *Feudner,* Die betriebliche Einigungsstelle – ein unkalkulierbares Risiko, DB 1997, 826; *D. Neumann,* Einigungsstelle und Schlichtung, RdA 1997, 142; *Hergenröder,* Die Einigungsstelle, AR-Blattei: Einigungsstelle I (SD 630.1), 2001; *Wiesemann,* Die Einigungsstelle als Einrichtung zur Beilegung von Rechtsstreitigkeiten in Betriebsverfassungsrecht, 2003.

Zuständig dafür ist die sogenannte Einigungsstelle, deren Spruch die Einigung zwischen Arbeitgeber und Betriebsrat ersetzt. Man mag es bedauern, wenn auf diese Weise von dritter Seite in den Betrieb gleichsam hineinregiert wird. Gleichberechtigte Mitbestimmung ließe sich aber anders nicht verwirklichen, weil sonst letztlich doch wieder einer Seite ein Übergewicht in Gestalt eines Letztentscheidungsrechts zuerkannt werden müsste.

2. Neben der Konfliktlösung dient das Einigungsstellenverfahren mittelbar auch der **Durchsetzung des Mitbestimmungsrechts**, wenn sich etwa der Arbeitgeber den Initiativen der Arbeitnehmerseite verschließt. Dies gilt freilich nur, soweit ein Initiativrecht des Betriebsrats besteht (dazu oben I 6).

3. Die **verbindliche Entscheidung der Einigungsstelle** ist vor allem in folgenden Fällen vorgesehen: Bei der Mitbestimmung nach § 87 (vgl. dessen Abs. 2), bei Ausgleichsmaßnahmen wegen Arbeitsplatzverschlechterung nach § 91, bei der Gestaltung von Personalfragebögen nach § 94 I und bei der Schaffung von Auswahlrichtlinien für personelle Maßnahmen nach § 95 I und II, bei der Durchführung von Berufsbildungsmaßnahmen im Rahmen von § 98 IV und beim Sozialplan nach § 112 IV BetrVG. Der Sonderfall der Festlegung von Schulungs- und Bildungsveranstaltungen nach § 37 VI 4 u. 5 BetrVG gehört nicht hierher, weil es sich nicht um die Durchsetzung eines Mitwirkungsrechts der Arbeitnehmer handelt. Das Gleiche gilt von der Einschaltung der Einigungsstelle nach § 85 II BetrVG, s. dazu unten § 50 I 5.

4. Die **Einigungsstelle** ist ihrer Rechtsnatur nach weder ein Gericht noch eine staatliche Behörde. Man sieht sie vielmehr als „autonomes privatrechtliches Vertragshilfeorgan" an. Ihre Entscheidungen sind demgemäß „Vertragsersatz". Die Wirkung dieser Entscheidungen entspricht derjenigen, die der „ersetzte" Vertrag haben würde. Tritt also die Entscheidung, wie meist, an die Stelle einer Betriebsvereinbarung, so hat sie normative Wirkung. Sie kann sich aber damit begnügen, eine Betriebsabsprache zu ersetzen (zu beiden Instrumenten oben II 1).

Zur **Besetzung der Einigungsstelle** und zum **Verfahren**[71] vgl. näher § 76 BetrVG. Für die Praxis ist bedeutsam, dass das Gericht einen Antrag auf Bestellung des Vorsitzenden, ohne den die Einigungsstelle nicht tätig werden kann, nach § 98 I 2 ArbGG wegen fehlender Zuständigkeit der Einigungsstelle (z.B. weil gar kein Mitbestimmungsrecht besteht) nur zurückweisen kann, wenn die Unzuständigkeit offensichtlich ist. Das führt oftmals zu unnötigem und teurem Zusammentritt einer Einigungsstelle, deren Spruch dann vom Gericht wegen Unzuständigkeit (wenn auch nicht offensichtlicher) wieder kassiert wird. Entgegen einer verbreiteten Auffassung ist aber eine gerichtliche Vorabentscheidung über die Zuständigkeit der Einigungsstelle im Beschlussverfahren auf besonderen Antrag zulässig.[72]

5. Die juristisch gewichtigste Frage im Zusammenhang mit dem Zwangseinigungsverfahren ist die **gerichtliche Überprüfbarkeit der Einigungsstellenentscheidung.**[73]

---

[71] *Schönfeld*, Die Person des Einigungsstellenvorsitzenden – juristische Betrachtungen zum Vorsitzenden der Einigungsstelle auf der Basis empirischer Befunde, DB 1988, 1996; *ders.*, Grundsätze der Verfahrenshandhabung der Einigungsstelle, NZA Beilage 1988, Nr. 4, 3; *Heinze*, Verfahren und Entscheidung der Einigungsstelle, RdA 1990, 262; *Bengelsdorf*, Rechtliche Möglichkeiten zur Beschleunigung des erzwingbaren Einigungsstellenverfahrens, BB 1991, 613; *Bauer/Diller*, Der Befangenheitsantrag gegen den Einigungsstellenvorsitzenden, DB 1996, 137; *Schaub*, Die Bestellung und Abberufung der vorsitzenden von Einigungsstellen, NZA 2000, 1087; zu den Grundsätzen des Verfahrens auch *BAG* AP Nr. 51 zu § 76 BetrVG 1972: Beschlussfassung in Abwesenheit der Betriebsparteien; AP Nr. 1 zu § 76 BetrVG 1972 Einigungsstelle: Ladung der Beisitzer.

[72] Vgl. *BAG* AP Nr. 10, 11 zu § 76 BetrVG 1972; anders *Rossmanith*, AuR 1982, 339 m.N.

[73] Dazu *Gaul/Bartenbach*, Die Beanstandung der Ermessensüberschreitung durch die betriebliche Einigungsstelle, NZA 1985, 341; *Rieble*, Die Kontrolle des Ermessens der betriebsverfassungsrechtlichen Einigungsstelle, 1990; *ders.*, BB 1991, 470; *Hanau/Reitze*, Die Wirksamkeit von Sprüchen der Einigungsstelle, FS Kraft, 1998, S. 167; *Hunold*, Die Sorgfaltspflichten des Einigungsstellenvorsitzen-

a) Gerichtlich überprüfbar ist zunächst die **Zuständigkeit der Einigungsstelle.** Wenn diese nicht aufgrund beiderseitigen Einverständnisses tätig geworden ist (vgl. § 76 VI BetrVG), kann sie verbindlich selbstverständlich nur entscheiden, soweit sie zuständig ist. Bei Überschreitung dieser Zuständigkeit ist ihre Entscheidung unwirksam. Beide Seiten können dies (bis zur Grenze der Verwirkung) jederzeit (auch außergerichtlich) und ohne Einhaltung einer Form und Frist geltend machen.

b) Gerichtlich überprüfbar ist aber weiter auch der **Inhalt der Einigungsstellenentscheidung,** freilich nur in begrenzter Weise. Denn die Entscheidung der Einigungsstelle ergeht nicht in einem Rechtsstreit, sondern in einem Regelungsstreit (zum Begriff unten § 55 IV). Sie wird daher nicht rein nach Maßgabe bestimmter Normen getroffen, sondern ist eine Ermessensentscheidung.[74] Das von der Einigungsstelle anzuwendende Ermessen ist jedoch kein freies, sondern gebundenes Ermessen. Dafür gibt § 76 V 3 BetrVG die Leitlinie, dass unter angemessener Berücksichtigung der Belange des Betriebs und der betroffenen Arbeitnehmer nach billigem Ermessen entschieden werden muss. Für den Spezialfall der Entscheidung über den Sozialplan nach § 112 BetrVG schreibt das Gesetz vor, dass sowohl die sozialen Belange der betroffenen Arbeitnehmer berücksichtigt werden müssen als auch auf die wirtschaftliche Vertretbarkeit der Entscheidung für das Unternehmen zu achten ist, § 112 IV 2 BetrVG. Ob die Einigungsstelle das Ermessen optimal ausgeübt hat, kann nicht überprüft werden. Arbeitgeber und Betriebsrat haben vielmehr nur die Möglichkeit, eine Überschreitung der Grenzen des Ermessens beim Arbeitsgericht geltend zu machen. Die Geltendmachung erfolgt im arbeitsgerichtlichen Beschlussverfahren durch einen Antrag, der binnen einer Frist von zwei Wochen gestellt werden muss, § 76 IV 4 BetrVG i. V. m. §§ 2 a I Nr. 1, 80 ArbGG. Diese gesetzliche Ausgestaltung macht die gleichberechtigte Mitbestimmung in sozialen Angelegenheiten für den Arbeitgeber zu einem erheblichen finanziellen Risiko. Ihm können damit gegen seinen Willen große finanzielle Lasten auferlegt werden. Wieweit diese Belastungsmöglichkeit geht, hängt in starkem Maße von der Interpretation der einzelnen Mitbestimmungsangelegenheiten des § 87 I BetrVG ab (dazu näher unten § 49 IV).

6. In jedem Fall treffen den Arbeitgeber die **Kosten der Einigungsstelle,**[75] § 76 a I BetrVG. Dazu gehören: Geschäftsaufwand, Auslagen der Mitglieder, Sachverständigenkosten, nicht die Kosten eines vom Betriebsrat beigezogenen Anwalts (dazu oben § 47 III 7). Gewichtig ist vor allem die Vergütung des Vorsitzenden und der Beisitzer.[76] Über die Vergütungskosten stellt Abs. 4 Grundsätze auf, die sich aus jahrelangen Missbräuchen erklären. Die Tätigkeit als Vorsitzender von Einigungsstellen war (und ist) vor allem für Richter der Arbeitsgerichtsbarkeit ein einträglicher Nebenerwerb.

V. Missbrauch betriebsverfassungsrechtlicher Rechte[77]

Wie alle Rechte können auch betriebsverfassungsrechtliche Rechte missbraucht werden. Diesem Gedanken ist man, ähnlich wie im bürgerlichen Recht zu Beginn dieses

---

den, insbesondere im Verfahren über einen Sozialplan, NZA 1999, 785; *Bertelsmann,* Befangenheit von Einigungsstellenvorsitzenden, FS Wissmann, 2005, S. 230; Beispiele aus der Rspr.: *BAG* AP Nr. 47 zu § 112 BetrVG 1972; *BAG* AP Nr. 6 zu § 106 BetrVG 1972; *BAG* AP Nr. 39 zu § 76 BetrVG 1972; *BAG* NZA 1990, 399; AP Nr. 29 zu § 87 BetrVG 1972 Überwachung.

[74] Zur Verfassungsmäßigkeit *BVerfG* DB 1987, 2361.

[75] *Löwisch,* Die gesetzliche Regelung der Einigungsstellenkosten (§ 76 a BetrVG n. F.), DB 1989, 223; *Platz,* Der Grundsatz der prozessualen Waffengleichheit als Grenze der Kostentragungspflicht des Arbeitgebers bei Einigungsstellen – und Beschlussverfahren, ZfA 1993, 373; *O. Ebert,* Die Kosten der Einigungsstelle gemäß § 76 a BetrVG unter besonderer Berücksichtigung der Honorierung von Einigungsstellenmitgliedern, 1999; *LAG Düsseldorf* NZA 1990, 946.

[76] Vgl. hierzu *BAG* AP Nr. 1–3 zu § 76 a BetrVG 1972.

[77] Dazu *Rüthers,* Betriebsverfassungsrechtliches Mitbestimmungsrecht und Individualbereich, in: *Rüthers/Boldt,* Zwei arbeitsrechtl. Vorlagen, 1970, S. 7 (25 ff.); *Hanau,* Probleme der Ausübung des Mitbestimmungsrechts des Betriebsrats, VAA (Veröffentl. der Arbeitsgem. Arbeitsrecht im DAV) = NZA 1985, Beil. 2, S. 3; *Heinze,* RdA 1990, 262; *Eich,* Rechtsmißbräuchliche Nutzung von Mitbestimmungsrechten durch den Betriebsrat (Koppelungsgeschäft), ZfA 1988, 93. Vgl. auch *Belling,* Die Haftung des Betriebsrats und seiner Mitglieder für Pflichtverletzungen, 1990, S. 333 f.; *Giese,* ZfA 1991, 53; *Raab,* Negatorischer Rechtsschutz des Betriebsrats gegen mitbestimmungswidrige Maßnahmen des Arbeitgebers, 1993, S. 45 ff.

Jahrhunderts, zunächst nicht gern näher getreten. Dem lag weniger als Motiv zugrunde, dass der Betriebsrat nicht sündigen könne, als vielmehr die Sorge, mit dem Rechtsmissbrauchsgedanken werde die Wirksamkeit der Mitbestimmung vielleicht allzu sehr beschnitten. Diese Sorge ist indessen nicht begründet. Der überschießende, d.h. von Sinn und Zweck des Rechts nicht mehr gedeckte, ebenso wie der funktionswidrige Gebrauch von Rechten darf nicht hingenommen werden. Er ist vom Recht gerade nicht gedeckt und stellt daher rechtswidriges, in Rechtsgüter und Interessen der anderen Seite eingreifendes Verhalten dar. Wie bei der in Zusammenhang mit § 242 BGB entwickelten Dogmatik des Rechtsmissbrauchs im bürgerlichen Recht bedarf es auch für den Rechtsmissbrauch im Betriebsverfassungsrecht der Herausarbeitung von Fallgruppen und anhand dieser der Entwicklung allgemeiner Rechtsgedanken. Dabei kann eine Anlehnung an in der Zivilistik bewährte Rechtsfiguren im Einzelnen durchaus nützlich sein. Wissenschaftliche Bemühungen um diesen Fragenkreis stehen noch am Anfang. Die Praxis tut in einzelnen Problembereichen z.T. intuitiv durchaus das Richtige, freilich vielfach ohne das Kind beim Namen zu nennen. An dieser Stelle sind nur einige in die Problematik einführende Beispiele und Hinweise möglich.

Rechtsmissbräuchlich ist es etwa, wenn der Betriebsrat die Zustimmung zu einer Einstellung unter Berufung auf Auswahlrichtlinien verweigert, obwohl er weiß, dass die Einstellung dringend erforderlich ist und Bewerber, die die Voraussetzungen der Richtlinie erfüllen, nicht vorhanden sind. Rechtsmissbräuchlich sind sog. Koppelungsgeschäfte, wenn der Betriebsrat, wie vielfach aus der Praxis bekannt ist, seine Zustimmung zu bestimmten Maßnahmen davon abhängig macht, dass der Arbeitgeber an anderer Stelle Zugeständnisse gewährt. Ein derartiges Verhalten ist allenfalls dann zulässig, wenn zwischen beiden Bereichen ein enger Sachzusammenhang besteht. Rechtsmissbräuchlich ist auch die Verweigerung der Zustimmung zu Überstunden, um aus beschäftigungspolitischen Gründen Neueinstellungen durchzusetzen; der Betriebsrat hat kein beschäftigungspolitisches Mandat. Rechtsmissbräuchlich ist die Verweigerung von Überstunden ferner dann, wenn der Überstundeneinsatz zur Erledigung von für den Betrieb oder das Unternehmen dringenden Arbeiten, etwa die Erledigung eines wichtigen Auftrags erforderlich ist und die für die Arbeitnehmer daraus entstehende Zusatzbelastung ohne weiteres zumutbar ist. Rechtsmissbräuchlich handelt andererseits beispielsweise der Arbeitgeber, wenn er bei der Entlassung von über tausend Arbeitnehmern vom Betriebsrat gleichwohl für dessen Stellungnahme die Einhaltung der Wochenfrist des § 102 Abs. 2 verlangt (dazu unten § 50 III 2).

Die dogmatische Bewältigung des Rechtsmissbrauchsgedankens kann anknüpfen an das „gesetzliche" Schuld- oder Rechtsverhältnis zwischen Arbeitgeber und Betriebsrat, das eine erhebliche (auch vom Gesetz ausgeformte) Vertrauenskomponente aufweist (vgl. oben § 46 VII 1b) und daher Treubindungen mit Rücksichtspflichten begründet.[78] Verstöße lösen allerdings nach geltendem Recht wohl keine Haftung des Betriebsrats aus (ein Prinzip, das noch näherer Untersuchung bedarf). Rechtsmissbräuchliches Verhalten ist jedoch nach allgemeinen Grundsätzen rechtlich unbeachtlich.

Soweit durch rechtsmissbräuchliches Verhalten des Betriebsrats die Arbeitsleistung von betriebsangehörigen Arbeitnehmern unmöglich wird, haben sich diese das Verhalten ihres Repräsentanten jedenfalls dahin zurechnen zu lassen, dass der Arbeitgeber nicht in Annahmeverzug gerät, mit der Folge, dass die Lohnzahlungspflicht entfällt (dazu oben § 19 IV).

---

[78] Dazu *v. Hoyningen-Huene*, Das Betriebsverhältnis, NZA 1989, 121. Einen groben Verstoß gegen die Treubindungen seitens des Betriebsrats und des Arbeitgebers stellt es dar, wenn sich Betriebsräte, wie in jüngster Zeit bei einigen Konzernen, bestechen lassen.

§ 49. Mitbestimmung in sozialen Angelegenheiten

Literatur: *Richardi*, Die Beschränkung der Vertragsfreiheit durch das Mitbestimmungsrecht des Betriebsrats in sozialen Angelegenheiten, Festgabe v. Lübtow, 1970, S. 755; *Schlüter*, Die Rechtsfolgen mangelnder Beteiligung des Betriebsrats in sozialen Angelegenheiten (§ 87 BetrVG n. F.), DB 1972, 92 und 139; *Säcker*, Die Regelung sozialer Angelegenheiten im Spannungsfeld zwischen tariflicher und betriebsvereinbarungsrechtlicher Normsetzungsbefugnis, ZfA 1972, Sonderheft, S. 41; *Hanau*, Allgemeine Grundsätze der betrieblichen Mitbestimmung, RdA 1973, 281; *Wittke*, Die Beteiligungsrechte des Betriebsrats im sozialen Bereich, 1981; *Säcker*, 10 Jahre Betriebsverfassungsgesetz 1972 im Spiegel höchstrichterlicher Rechtsprechung, 1982; *M. Starck*, Leistungspflichten und betriebliche Mitbestimmung, 1983; *Hanau*, Probleme der Ausübung des Mitbestimmungsrechts des Betriebsrats, NZA 1985, Beilage 2; *v. Hoyningen-Huene*, Die fehlerhafte Beteiligung des Betriebsrats in sozialen Angelegenheiten, DB 1987, 1426; *Hurlebaus*, Fehlende Mitbestimmung bei § 87 BetrVG, 1987; *Schlünder*, Die Rechtsfolgen der Mißachtung der Betriebsverfassung durch den Arbeitgeber, 1991; *Brossette*, Der Zweck als Grenze der Mitbestimmungsrechte des Betriebsrats, ZfA 1992, 379; *H. Hanau*, Individualautonomie und Mitbestimmung in sozialen Angelegenheiten, 1994; *Käppler*, Die Betriebsvereinbarung als Regelungsinstrument in sozialen Angelegenheiten, FS Kissel, 1994, S. 475; *Fischer*, Betriebliche Mitbestimmung nach § 87 BetrVG im internationalen Konzern bei einheitlicher Entscheidungsvorgabe, BB 2000, 526; *Wiese*, Schutz und Teilhabe als Zwecke notwendiger Mitbestimmung in sozialen Angelegenheiten und deren Rangverhältnis, ZfA 2000, 117.

Leitentscheidungen: BAG AP Nr. 1 zu § 87 BetrVG 1972 Prämie; BAG AP Nr. 3 zu § 87 BetrVG 1972 Altersversorgung; AP Nr. 51 zu § 87 BetrVG 1972 Lohngestaltung.

Die sozialen Angelegenheiten bilden neben den personellen Angelegenheiten (zu diesen unten § 50) den wichtigsten sachlichen Bereich der betriebsverfassungsrechtlichen Mitbestimmung.

I. Begriff

Der Begriff „Soziale Angelegenheiten", den das Gesetz in der Überschrift vor § 87 BetrVG verwendet, hat sich trotz mangelnder Schärfe eingebürgert. Er lässt sich nur recht allgemein abgrenzen. Zu ihm gehört, was betriebliche Solidarinteressen der Arbeitnehmer berührt und nicht dem Bereich personelle Maßnahmen oder Entscheidungen der wirtschaftlichen Zielfindung zuzurechnen ist.

Eine gewisse, wenn auch begrenzte Bedeutung hat der Begriff der sozialen Angelegenheiten für die Auslegung von § 87 I BetrVG. Bei der Bestimmung der Reichweite der einzelnen Tatbestände gleichberechtigter Mitbestimmung in dieser Norm muss stets im Auge behalten werden, dass die Aufgabe der Mitbestimmung in sozialen Angelegenheiten nicht die Regelung des arbeitsvertraglichen Leistungsgefüges schlechthin ist, sondern immer nur die Wahrnehmung solidarischer Interessen. Daraus ergeben sich auch Folgerungen für die Reichweite des Günstigkeitsprinzips im Rahmen von § 87 I BetrVG (dazu oben § 48 II 3).

Keine Bedeutung hat der Begriff der sozialen Angelegenheiten hingegen für die Zulässigkeit von freiwilligen Betriebsvereinbarungen. Die Regelung in § 88 BetrVG hat lediglich deklaratorischen Charakter. Dass durch Betriebsvereinbarung auch materielle Arbeitsbedingungen geregelt werden können, soweit nicht die Regelungssperre zugunsten der Tarifautonomie eingreift, geht bereits aus § 77 III BetrVG hervor.

II. Abgrenzung der sozialen Angelegenheiten

Erhebliche Bedeutung kommt der Einzelabgrenzung der in § 87 I BetrVG besonders aufgeführten sozialen Angelegenheiten zu. Denn nur diese unterliegen der gleichberechtigten sozialen Mitbestimmung und nur insoweit kann der Betriebsrat eine verbindliche Entscheidung der Einigungsstelle herbeiführen, § 87 II BetrVG. Der Arbeitgeber steht damit unter erheblichem Einigungszwang, da das Risiko besteht, dass ihm durch die Einigungsstelle eine nicht gewünschte Regelung vorgeschrieben wird.

1. Ordnung des Betriebs[1]

Die in Nr. 1 geregelte Mitbestimmung in Fragen der Ordnung des Betriebs und des Verhaltens der Arbeitnehmer im Betrieb nimmt eine auch historisch zentrale Stellung ein. Durch sie ist die einseitige Ordnungs- und Disziplinargewalt des Arbeitgebers der Mitbestimmung unterworfen. Es geht dabei um einen Kernbereich dessen, was früher mit der sog. **Arbeitsordnung** geregelt wurde, die zunächst auf dem Weisungsrecht des Arbeitgebers fußte, für deren Erlass aber schon 1891 ein Anhörungsrecht des Arbeiterausschusses in die Gewerbeordnung eingefügt wurde.

Von der Nr. 1 werden aber nur die allgemeine Ordnung und das Zusammenleben der Arbeitnehmer im Betrieb erfasst, nicht hingegen der Bereich der Arbeitsleistung. Wie die Arbeitspflicht zu erfüllen ist, einschließlich aller arbeitsnotwendiger Maßnahmen, ist daher mitbestimmungsfrei. Mit Verhalten der Arbeitnehmer ist also nur das **ordnungsbezogene Verhalten** gemeint, nicht das **Arbeitsverhalten.**

Beispiele: Torkontrollen sowie das betriebliche Meldewesen (An- und Abmeldung, Krankmeldung etc.) fallen unter Nr. 1, nicht hingegen die Kontrolle der Arbeitsleistung. Zum mitbestimmungspflichtigen Ordnungsverhalten zählt auch die nach § 5 I 3 EFZG zulässige Anweisung des Arbeitgebers, ab dem ersten Tag der krankheitsbedingten Arbeitsunfähigkeit eine Bescheinigung vorzulegen.[2] Auch Rauchverbote gehören normalerweise zur betrieblichen Ordnung, aber nicht mehr, wenn das Verbot zur einwandfreien Erbringung der Arbeitsleistung unverzichtbar ist (z.B. in Labors, bei der Lebensmittelherstellung u.ä.). Zur betrieblichen Ordnung gehört auch das unter dem verfehlten Stichwort „Betriebsjustiz" viel diskutierte **Betriebsbußenwesen.**[3] Dieses ist abzugrenzen von individualvertraglichen Sanktionen wie der Abmahnung oder der Vertragsstrafe im Falle einer Arbeitsvertragsverletzung durch den Arbeitnehmer. Die Betriebsbußenordnung regelt demgegenüber Sanktionen für Verstöße gegen betriebliche Ordnungsvorschriften, wie z.B. ein Rauchverbot.

---

[1] Vgl. dazu *Mummenhoff*, Rauchen am Arbeitsplatz, RdA 1976, 364; *Hromadka*, Arbeitsordnung und Arbeitsverfassung, ZfA 1979, 203; *Löwisch*, Der Erlaß von Rauchverboten zum Schutz von Passivrauchern am Arbeitsplatz, DB 1979, Beil. 1; *Glaubitz*, Alkohol im Betrieb, BB 1979, 579; *Hromadka*, Radio hören im Betrieb, DB 1986, 1573; *Liebers*, dto., DB 1987, 2256; *Kreßel*, Parkplätze für Betriebsangehörige, RdA 1992, 169; *Arens*, Rauchverbote am Arbeitsplatz, AuR 1993, 183; *Börgmann*, Arbeitsrechtliche Aspekte des Rauchens im Betrieb, RdA 1993, 275; *Raab*, Mitbestimmung des Betriebsrats bei der Einführung und Ausgestaltung von Krankengesprächen, NZA 1993, 193; *Walker*, Zur Zulässigkeit von Betriebsbußen, FS Kissel, 1994, S. 1205; *Bopp/Molkenbur*, Mitbestimmung bei Leistungskontrollen der Angestellten im Außendienst, BB 1995, 514; *Wisskirchen/Jordan/Bissels*, Arbeitsrechtliche Probleme bei der Einführung internationaler Verhaltens- und Ethikrichtlinien, DB 2005, 2190. Aus der Rspr. *BAG* AP Nr. 10 zu § 87 BetrVG 1972 Ordnung des Betriebes: Radiohören; AP Nr. 15, 20 zu § 87 BetrVG 1972 Ordnung des Betriebes: Dienstbekleidung; AP Nr. 14, 19 zu § 87 BetrVG 1972 Ordnung des Betriebes: Sicherheitsüberprüfung des Personals; AP Nr. 24 zu § 87 BetrVG 1972 Ordnung des Betriebes: Krankengespräche.

[2] *BAG* AP Nr. 34 zu § 87 BetrVG 1972 Ordnung des Betriebs mit Anm. *Worzalla.*

[3] Dazu oben § 18 X m.N.

2. Festsetzung der Arbeitszeitlage[4]

Nach Nr. 2 hat der Betriebsrat mitzubestimmen über Beginn und Ende der täglichen Arbeitszeit einschließlich der Pausen sowie die Verteilung der Arbeitszeit auf die einzelnen Wochentage (einschließlich Samstag und Sonntag). Dieses Mitbestimmungsrecht erstreckt sich nur auf die Verteilung der durch Tarifvertrag oder Arbeitsvertrag vorgegebenen wöchentlichen Gesamtarbeitszeit. Der Betriebsrat kann also nicht nach Nr. 2 über eine Verkürzung oder Verlängerung der Arbeitszeit mitentscheiden. Nur die Lage der Arbeitszeit, nicht ihre Dauer wird durch Nr. 2 erfasst, was auch der Umkehrschluss zur Nr. 3 belegt.[5] Der Mitbestimmung nach Nr. 2 unterliegt grundsätzlich auch das Ob und Wie der Einführung von Schichtarbeit.[6] Vielfach sind diese Fragen aber tariflich geregelt und von daher der Mitbestimmung entzogen. Bestimmte unternehmerische Vorgaben muss der Betriebsrat akzeptieren, ohne sie über das Mitbestimmungsrecht nach Nr. 2 korrigieren zu können. Insbesondere darf er nicht mittels seines Mitbestimmungsrechts Schichtarbeit zu zumutbaren Tageszeiten verhindern oder Schichtarbeit, Nachtdienst und ähnliches, wo diese zur sachgerechten Erfüllung des Unternehmenszwecks oder zur wirtschaftlichen Auslastung der Produktionsanlagen erforderlich sind.

Deshalb dürfen auch nicht die vom Unternehmer festzulegenden Ladenöffnungszeiten in Kaufhäusern partiell blockiert werden, indem eine generell geltende Arbeitszeit bestimmt wird, die das volle Offenhalten unmöglich macht.[7] Extremes Beispiel: Eröffnet jemand ein Nachtlokal, so kann nicht der Betriebsrat die Ausnützung der behördlich zugelassenen Öffnungszeit durch eine Arbeitszeitregelung verhindern. Arbeitszeit muss als unternehmerische Vorgabe hingenommen werden, wo sie unmittelbar über den Markterfolg entscheidet.[8] Insoweit wird bereits das Mitbestimmungsrecht an sich beseitigt, nicht nur das Ermessen bei seiner Ausübung gebunden, wie das BAG meint.

Das Mitbestimmungsrecht erstreckt sich auch auf die Arbeitszeitlage von Teilzeitarbeitnehmern[9] – freilich nur generell, nicht für jeden einzelnen – sowie auf die Ausgestaltung rollierender Freizeitaus-

---

[4] Vgl. dazu *Farthmann,* Die Mitbestimmung des Betriebsrats bei der Regelung der Arbeitszeit, RdA 1974, 65; *Dütz,* Mitbestimmung des Betriebsrats bei Arbeitszeitmaßnahmen in Pressebetrieben, AfP 1988, 193; *Klevemann,* Die neuere Rspr. des *BAG* zur Mitbestimmung des Betriebsrats über die Arbeitszeit und ihre Konsequenzen für die betriebliche Praxis, DB 1988, 334; *Löwisch,* Die Mitbestimmung des Betriebsrats bei der Einarbeitung arbeitsfreier Tage, FS K. Molitor, 1988, S. 225; *Kappus,* Sonntagsarbeit und Mitbestimmung, DB 1990, 478; *Brossette,* Der Zweck als Grenze der Mitbestimmungsrechte des Betriebsrats, ZfA 1992, 379; *Otto,* Mitbestimmung des Betriebsrats bei der Regelung von Dauer und Lage der Arbeitszeit, NZA 1992, 97; *Richardi,* Die Mitbestimmung des Betriebsrats bei flexibler Arbeitszeitgestaltung, NZA 1994, 593; *Gutzeit,* Die Mitbestimmung des Betriebsrats bei Fragen der Arbeitszeit, BB 1996, 106; *Hümmerich,* Flexibilisierung der Arbeitszeit durch Betriebsvereinbarung, DB 1996, 1182; *Senne,* Flexible Arbeitszeiten und Mitbestimmung, BB 1996, 1609.

[5] Vgl. *BAG* AP Nr. 24 zu § 87 BetrVG 1972 Arbeitszeit.

[6] *BAG* AP Nr. 20 und 103 zu § 87 BetrVG 1972 Arbeitszeit; *Joussen,* Die Rechte des Betriebsrats bei unvorhergesehenem Schichtausfall, DB 2004, 1314.

[7] Vgl. *Reuter,* Die Mitbestimmung des Betriebsrats über die Lage der Arbeitszeit von Ladenangestellten, ZfA 1981, 165; *Lieb,* Die Mitbestimmung des Betriebsrats bei der Festsetzung der Arbeits- und Öffnungszeiten in Betrieben des Handels, DB 1981, Beil. 17; *Joost,* Betriebsverfassungsrechtliche Mitbestimmung bei Arbeitszeiten und betrieblichen Öffnungszeiten, DB 1983, 1818; *Loritz,* Sinn und Aufgabe der Mitbestimmung heute, ZfA 1991, 1 (19 ff.); vgl. auch *Martens,* RdA 1989, 64. Abw. *Buschmann,* Mitbestimmung des Betriebsrats bei der Festlegung der Arbeitszeit im Einzelhandel, DB 1982, 1059; *BAG* AP Nr. 8 zu § 87 BetrVG 1972 (Anm. *Rath-Glawatz*) = EzA Nr. 13 zu § 87 BetrVG Arbeitszeit (Anm. *Richardi*), fälschlicherweise gebilligt von *BVerfG* AP Nr. 15 zu § 87 BetrVG 1972 Arbeitszeit (hierzu die Kritik von *Scholz,* NJW 1986, 1587); dazu *Löwisch,* SAE 1983, 1412; zur Frage der Mitbestimmungspflichtigkeit bei Sonntagsverkauf mit betriebsfremden Arbeitskräften *BAG* AP Nr. 72 zu § 87 BetrVG 1972 Arbeitszeit = SAE 1998, 41 mit Anm. *Reichold*.

[8] *Loritz,* Sinn und Aufgabe der Mitbestimmung heute, ZfA 1991, 1 (24).

[9] Dazu *Schwerdtner,* DB 1989, 2763; *Buschmann,* NZA 1986, 177; *Goos,* NZA 1988, 870; *Lipke,* NZA 1990, 758; *BAG* AP Nr. 24 u. 29 zu § 87 BetrVG 1972 Arbeitszeit; nach der Rechtsprechung unterliegt auch die Verteilung der Arbeitszeit nach § 8 TzBfG anlässlich eines Teilzeitverlangens der

gleichssysteme.[10] Auch Regeln über die Arbeitszeitlage bei *Kapovaz*[11] (dazu oben § 13 III 2a) unterfallen nach der Rspr. Nr. 2.

3. Vorübergehende Verkürzung oder Verlängerung der betriebsüblichen Arbeitszeit[12]

Vorübergehende Verkürzung oder Verlängerung der betriebsüblichen Arbeitzeit ist nach Nr. 3 Gegenstand des Mitbestimmungsrechts, nicht aber sind es diesbezügliche Fragen der Vergütung. Dieser Tatbestand greift vor allem ein für die **Einführung von Kurzarbeit**[13] im ganzen Betrieb oder in einzelnen Betriebsabteilungen. Insoweit bezieht sich das Mitbestimmungsrecht nach h. M. nicht nur auf die Lage der Arbeitszeit, sondern auch auf den Umfang der Verkürzung (dazu auch unten IV). Vielfach ist allerdings die Einführung von Kurzarbeit tariflich geregelt. Für die Mitbestimmung über den Umfang der Verkürzung ist dann meist kein Raum, sondern nur noch hinsichtlich der Art, wie die vorgegebene Verkürzung durchzuführen ist.

Sehr streitig ist der Umfang des Mitbestimmungsrechts auch bei der **Anordnung von Überstunden**.[14] Vom Mitbestimmungsrecht erfasst werden nur Veränderungen der betriebsüblichen Arbeitszeit. Betriebsüblich ist dabei die Arbeitszeit, die im Betrieb für Gruppen von Arbeitnehmern gilt. Es kann somit mehrere betriebsübliche Arbeitszeiten geben. Die einmalige Anordnung von Überstunden für einzelne Arbeitnehmer erfüllt aber nicht den Tatbestand. Hingegen hat das BAG z. B. die generelle Regelung einer Rufbereitschaft zur Behebung von Störfällen im Heizwerk eines Betriebes außerhalb der normalen Arbeitszeit als mitbestimmungspflichtig angesehen.[15] Zur Problematik der Mitbestimmung des Betriebsrats, wenn der Umfang der Betriebstätigkeit nach Arbeitskampfrisikogrundsätzen eingeschränkt wird, vgl. oben § 19 V 4b m. N. Die Rückkehr zur normalen betriebsüblichen Arbeitszeit durch Abbau von Kurzarbeit oder Überstunden unterliegt dem Mitbestimmungsrecht nicht.

4. Modalitäten der Entgeltzahlung[16]

Nach Nr. 4 besteht ein Mitbestimmungsrecht hinsichtlich Zeit, Ort und Art der Auszahlung der Arbeitsentgelte, nicht dagegen bezüglich deren Höhe.

Mitbestimmung (fraglich angesichts des erforderlichen kollektiven Tatbestandes); zudem können kollektive Arbeitszeitregelungen betriebliche Gründe im Sinne des § 8 IV TzBfG sein, *BAG* AP Nr. 2 und 10 zu § 8 TzBfG.

[10] Dazu *BAG* AP Nr. 31 u. 38 zu § 87 BetrVG 1972 Arbeitszeit; *BAG* NZA 1990, 35.

[11] Dazu *Klevemann*, AiB 1986, 156; *Plander*, AuR 1987, 281.

[12] *Brossette*, Überstunden ohne Zustimmung des Betriebsrates?, Jura 1992, 253; *Otto*, Mitbestimmung des Betriebsrats bei der Regelung von Dauer und Lage der Arbeitszeit, NZA 1992, 97.

[13] Dazu *Simitis/Weiss*, Zur Mitbestimmung des Betriebsrats bei Kurzarbeit, DB 1973, 1240; *v. Stebut*, Die Zulässigkeit der Einführung von Kurzarbeit, RdA 1974, 332; *Waltermann*, Anordnung von Kurzarbeit durch Betriebsvereinbarung?, NZA 1993, 679; *Bischof*, Mitbestimmung bei Einführung und Abbau von Kurzarbeit, NZA 1995, 1021; aus der Rechtsprechung *BAG* AP Nr. 1–3 zu § 87 BetrVG Kurzarbeit.

[14] Dazu *BAG* AP Nr. 3, 6, 7, 18 u. 21 zu § 87 BetrVG 1972 Arbeitszeit; vgl. auch AP Nr. 41 (bloße Duldung soll mitbestimmungspflichtig sein), 44 (vorübergehende Verlagerung der Arbeitszeit von Teilzeitbeschäftigten) zu § 87 BetrVG 1972 Arbeitszeit; *Walker/Gaumann*, Anm. zu *BAG* 11. 12. 2001 – 1 ABR 3/01, Mitbestimmung bei Überschreitung der Jahresarbeitszeit, SAE 2003, 85; zur Mitbestimmungspflicht bei Mehrarbeit von Leiharbeitnehmern *BAG* AP Nr. 1 zu § 87 BetrVG 1972 Leiharbeitnehmer mit Anm. *Marschall*. Danach begründet die Entsendung von Leiharbeitnehmern in einen Entleiherbetrieb mit einer im Vergleich zur betriebsüblichen Arbeitszeit im Verleiherbetrieb höher liegenden Arbeitszeit das Mitbestimmungsrecht des § 87 I Nr. 3 BetrVG wegen Mehrarbeit im Verleiherbetrieb.

[15] *BAG* AP Nr. 9 zu § 87 BetrVG 1972 Arbeitszeit.

[16] Dazu *E. Huber*, Die Grenzen der erzwingbaren Mitbestimmung des Betriebsrats bei sog. Annexregelungen in sozialen Angelegenheiten, DB 1980, 1643; *Schaub*, Mitbestimmung des Betriebsrats bei Einführung der bargeldlosen Lohnzahlung, AuA 1992, 108; *Schwerdtner*, Die Reichweite des Mitbestimmungsrechts des Betriebsrats nach § 87 Abs. 1 Nr. 4 bei der Einführung bargeldloser Lohn- und Gehaltszahlung, FS Stahlhacke, 1995, S. 509.

Darunter fällt etwa die (mittlerweile weithin durchgeführte) Umstellung der Lohnzahlung von der Lohntüte auf Kontoüberweisung oder Scheck. Nahezu skandalös ist, dass in Verbindung damit ein Ersatz von durch die Überweisung zwangsläufig bedingten Kontoführungsgebühren,[17] ja sogar Arbeitsbefreiung zum Zweck der Geldabhebung oder eine Vergütung für den mit dem Abheben verbundenen Zeitaufwand sowie die Erstattung von Wegekosten im Wege einer sog. Annexkompetenz als von der Mitbestimmung umfasst und daher erzwingbar angesehen wird.[18]

5. Urlaub[19]

Nach Nr. 5 hat der Betriebsrat über die Aufstellung allgemeiner Urlaubsgrundsätze und des Urlaubsplans, ferner über die Festsetzung der zeitlichen Lage des Urlaubs für einzelne Arbeitnehmer, wenn zwischen Arbeitgeber und beteiligten Arbeitnehmern kein Einverständnis erzielt wird, mitzubestimmen. Im letzteren Fall erfordert das Mitbestimmungsrecht damit ausnahmsweise keinen kollektivrechtlichen Bezug (dazu IV 2). Nach allgemeiner Auffassung erfasst dieses Mitbestimmungsrecht nicht die Dauer des Urlaubs. Sie ist vielmehr durch BUrlG, Tarifverträge und Arbeitsvertrag vorgegeben.

a) Unklar ist, was unter **Urlaubsgrundsätzen** und **Urlaubsplan** im Einzelnen zu verstehen ist. Als Urlaubsplan sieht man vorwiegend die Zusammenstellung der für die einzelnen Arbeitnehmer festgelegten Urlaubszeiten an. Dies harmoniert freilich nicht damit, dass im Text zusätzlich ein Mitbestimmungsrecht bei der Festsetzung der zeitlichen Urlaubslage der einzelnen Arbeitnehmer vorgesehen ist. Andererseits ist es begrifflich widersprüchlich, dem Urlaubsplan nur Regelungen zuzurechnen, die an sich zu den Urlaubsgrundsätzen, also den Grundsätzen der Urlaubsgewährung wie zeitlicher Aufteilung des Urlaubsanspruchs oder Festlegung von Sperrzeiten für bestimmte Zeiträume, zählen würden.

b) In die **Festlegung der konkreten Urlaubszeit** der einzelnen Arbeitnehmer ist der Betriebsrat jedenfalls dann eingeschaltet, wenn sich der Arbeitnehmer mit dem Arbeitgeber nicht einigt, aber auch, wenn der Urlaubswunsch eines anderen Arbeitnehmers mit der zwischen Arbeitgeber und Arbeitnehmer an sich nicht kontroversen Urlaubszeit kollidiert. Nach h.M. kann der Betriebsrat darüber hinaus generell mit dem Arbeitgeber die für die einzelnen Arbeitnehmer verbindlichen Urlaubszeiten in einem Urlaubsplan vereinbaren.

c) Nicht ganz selten wird zwischen Arbeitgeber und Betriebsrat auch ein sog. **Werks- oder Betriebsurlaub** vereinbart, bei dem alle Arbeitnehmer ihren Urlaub ganz oder zu erheblichen Teilen zur gleichen Zeit nehmen müssen. Eine dahingehende Betriebsvereinbarung bindet die Arbeitnehmer mit normativer Wirkung.[20]

6. Technische Überwachungseinrichtungen[21]

Nach Nr. 6 hat der Betriebsrat mitzubestimmen hinsichtlich der Einführung und Anwendung von technischen Einrichtungen, die dazu bestimmt sind, das Verhalten

---

[17] So die ganz h.M., ferner *BAG* AP Nr. 1, 6, 12 zu § 87 BetrVG 1972 Auszahlung. Abweichend wie hier vgl. LAG Düsseldorf EzA § 87 BetrVG Nr. 1 Lohn und Arbeitsentgelt (Anm. *W. Blomeyer*); vgl. auch *BAG* AP Nr. 12 zu § 87 BetrVG 1972 Auszahlung, wonach ein Spruch der Einigungsstelle unwirksam ist, der einen Anspruch der Arbeitnehmer auf bezahlte Freistellung als Ausgleich für den mit der bargeldlosen Auszahlung des Arbeitsentgelts verbundenen Zeitaufwand vorsieht.

[18] Eingehende Kritik der Rechtsprechung bei *C. Fischer*, RdA 2003, 114, 117 ff.

[19] Dazu *BAG* AP Nr. 1 u. 2 zu § 87 BetrVG 1972 Urlaub.

[20] Vgl. *BAG* AP Nr. 2 zu § 87 BetrVG 1972 Urlaub.

[21] *Ehmann*, Arbeitsschutz und Mitbestimmung bei neuen Technologien, 1981, S. 100 ff.; *Schwarz*, Arbeitnehmerüberwachung und Mitbestimmung, 1982; *Denck*, Bildschirmarbeitsplätze und Mitbestimmung des Betriebsrats, RdA 1982, 279; *Ehmann*, Technische Arbeitnehmer-Überwachung und Datensicherung, FS Hilger/Stumpf, 1983, S. 125; *ders.*, Datenverarbeitung und Persönlichkeitsschutz im Arbeitsverhältnis, NZA 1984, Beil. 1; *Hesse*, ebenda, S. 15; *Kraft*, Technische Einrichtungen i.S.v. § 87 Abs. 1 Nr. 6 BetrVG, ZfA 1985, 141; *Simitis*, Mitbestimmung als Regulator einer technisierten Kontrolle von Arbeitnehmern, NJW 1985, 401; *Ehmann*, Über Datenverarbeitung zur Generalklausel betrieblicher Mitbestimmung, ZfA 1986, 357; *Papier*, Einführung neuer Techniken – Verfassungsfragen zur Erweiterung der betrieblichen Mitbestimmung, NJW 1987, 988; ausführlich *Ehmann*, SAE 1989, 277; s.a. *Wiedemeyer-Schuster*, Risiken moderner Informationstechnologien für die Beteiligungsrechte der Arbeitnehmer, BB 1991, 970; *Linnenkohl*, Das Mithören von dienstlichen Telefonaten durch den

oder die Leistung der Arbeitnehmer zu überwachen. Das Mitbestimmungsrecht bezweckt den Schutz des allgemeinen Persönlichkeitsrechts der Arbeitnehmer aus Art. 2 I, 1 I GG. Entsprechend dieses Schutzgedankens sind die Tatbestandsvoraussetzungen des Mitbestimmungsrechts nicht zu eng zu verstehen: Es kommt daher nicht darauf an, dass der Arbeitgeber selbst subjektiv mit dem Einsatz der technischen Einrichtung die **Absicht** der Überwachung von Leistung und Verhalten verbindet. Es genügt vielmehr, dass mit der Anlage **objektiv** ein Überwachungseffekt verbunden ist, auch wenn der Arbeitgeber diesen nicht nutzt und nicht nutzen will.[22] „Dazu bestimmt" im Sinne der Nr. 6 sind damit alle technischen Einrichtungen, die zu einer Überwachung der Arbeitnehmer objektiv geeignet sind. Eine Überwachung der Arbeitnehmer ohne Einsatz technischer Hilfsmittel allein durch andere Personen ist aber mitbestimmungsfrei.[23]

Grundbeispiele sind: Videokameras[24], Multimomentkameras (Kameras, die in bestimmten Abständen Standbilder von den Arbeitsplätzen anfertigen), Produktographen (Schreiber, die die Maschinenausnutzung aufzeichnen), Fahrtenschreiber (soweit nicht nach dem Straßenverkehrsgesetz die Anbringung zwingend vorgeschrieben ist), die automatische Aufzeichnung von Telefongesprächsdaten.[25]

Übertrieben ist es, den Tatbestand auch dann als erfüllt anzusehen, wenn Filmaufnahmen lediglich von einzelnen Arbeitsvorgängen zu Arbeitsstudienzwecken für vorübergehende Zeit gemacht werden.[26]
Die Frage der Reichweite des Mitbestimmungstatbestands hat an Bedeutung stark zugenommen durch den **Einsatz der EDV.** Dieser erleichtert zum einen die differenzierte Aufzeichnung von Leistungs- und Verhaltensdaten, wie sie namentlich im Zusammenhang mit der Bildschirmarbeit[27] und

---

Arbeitgeber, RDV 1992, 205; *Linnenkohl/Linnenkohl,* Betriebsverfassungsrechtlicher Schutz des Persönlichkeitsrechts bei der Einführung neuer Kommunikationstechnologien, BB 1992, 770; *Färber,* Die Beteiligungsrechte des Betriebsrats bei der Einführung und Anwendung neuer Techniken, FS D. Gaul, 1992, S. 57; *Ehmann,* Datenschutz und Mitbestimmungsrechte bei der Arbeitnehmer-Datenverarbeitung, NZA 1993, 241; *Roßnagel,* Mitbestimmung bei betrieblichen ISDN-Telefonanlagen, CR 1993, 567; *Gebhardt/Unmuß,* Anonymisierung als Weg aus der Mitbestimmung bei elektronischer Datenverarbeitung gemäß § 87 I Nr. 6 BetrVG?, NZA 1995, 103.

[22] Zu weitgehend aber *BAG* AP Nr. 26 zu § 87 BetrVG 1972 Überwachung, wonach die Aufzeichnung und Auswertung der Leistungsdaten einer Gruppe unter § 87 I Nr. 6 BetrVG fällt, wenn sich für das einzelne Gruppenmitglied Anpassungszwänge ergeben.

[23] Beispielsweise Ehrlichkeitstests *BAG* AP Nr. 32 zu § 626 BGB Verdacht strafbarer Handlung; *Grobys,* Zuverlässigkeitstests im Arbeitsrecht, NJW-Spezial 2005, 273.

[24] Allgemein zur Mitbestimmungspflicht einer Videoüberwachung am Arbeitsplatz und deren begrenzten Einsatzmöglichkeit *BAG* AP Nr. 41 zu § 87 BetrVG 1972 Überwachung mit Anm. *Ehmann* und *BAG* AP Nr. 42 zu § 87 BetrVG 1972 Überwachung; zur besonderen Problematik eines Beweisverwertungsverbots bei mitbestimmungswidrig erlangten Beweismitteln aus einer heimlichen Videoüberwachung *BAG* AP Nr. 36 zu § 87 BetrVG 1972 Überwachung mit Anm. *Otto; Fischer,* Prozessuales Verwertungsverbot für mitbestimmungswidrig erlangte Beweismittel, BB 1999, 154; *Schlewing,* Prozessuales Verwertungsverbot für mitbestimmungswidrig erlangte Erkenntnisse aus einer heimlichen Videoüberwachung, NZA 2004, 1071; Überblick *Bayreuther,* Videoüberwachung am Arbeitsplatz, NZA 2005, 1038 ff.

[25] *Hilger,* Zulässigkeit der Telefondatenerfassung, DB 1986, 911; *Matthes,* Möglichkeiten und Grenzen betrieblicher Telefondatenerfassung, CR 1987, 108. Vgl. auch *Eickhoff/Kaufmann,* Tonbandaufzeichnungen von Telefongesprächen im Betrieb, DB 1990, 915; zum österreichischen Recht und als Rechtstatsachenmaterial *Funk/Krejci/Schwarz,* Zur Registrierung von Ferngesprächsdaten durch den Dienstgeber, DRdA 1984, 285; aus der Rspr. *BAG* AP Nr. 15 zu § 87 BetrVG 1972 Überwachung; AP Nr. 3 zu § 23 BDSG.

[26] Anders *BAG* AP Nr. 4 zu § 87 BetrVG 1972 Überwachung. Im Streitfall sollte der einzelne Arbeitnehmer für höchstens zwölf Minuten gefilmt werden. Es mag durchaus sein, dass sich daraus Rückschlüsse auf die Leistungs*fähigkeit* des Arbeitnehmers ziehen lassen. Aber der Überwachung seiner Leistung oder seines Verhaltens konnten diese kurzzeitigen Aufnahmen schon objektiv nicht dienen. S. auch *BAG* AP Nr. 27 zu § 87 BetrVG 1972 Überwachung: keine Mitbestimmung bei Zeitmessung mit Stoppuhr.

[27] In Zusammenhang damit ging es vor allem um die Frage, ob allein schon die mit Bildschirmarbeitsplätzen verbundene Hardware den Bildschirmarbeitsplatz als zur Überwachung geeignet macht oder ob entsprechende Software hinzukommen muss. Das *BAG* hat sich für das Letztere entschieden.

mit CAD/CAM-Systemen[28] relevant wird. Dadurch allein ergibt sich zwar kein prinzipiell neues Problem, aber eine erheblich verbreiterte Möglichkeit technischer Überwachung. Zum andern – diese Dimension steht heute ganz im Vordergrund der Problematik – wird durch EDV nicht nur die Aufzeichnung, sondern die differenzierte und ausgedehnte Speicherung wie auch die Auswertung von Arbeitnehmerdaten erleichtert und beschleunigt. Bei Vorhandensein entsprechender Programme kann gleichsam auf Knopfdruck jede beliebige Datenverknüpfung hergestellt werden, z. B. Fehlzeiten, Minderleistungen, Kundenbeschwerden, Zuspätkommen und vieles andere summiert, in Querverbindung gebracht und für alle Arbeitnehmer ausgedruckt werden. Namentlich der Einsatz von EDV-Anlagen zu Zwecken der Personalverwaltung[29] **(Personalinformationssysteme)** hat sich rasch ausgebreitet. Die Mitbestimmungsproblematik verquickt sich insoweit auf z. T. komplizierte Weise mit der Frage der Zulässigkeit von Datenspeicherung und Datenverwendung nach dem BDSG.[30] Für Personalinformationssysteme hängt die Anwendbarkeit von § 87 I Nr. 6 BetrVG davon ab, ob diese Vorschrift nur technische Einrichtungen umfasst, die entweder die Daten selbst aufzeichnen oder selbständig Ergebnisse melden, oder ob bereits die mit dem Einsatz der Maschine verbundene Intensivierung von Speicherung und Auswertung ausreicht. Im Grund leistet EDV insoweit für Kontrollzwecke zwar nicht mehr, als auch mit traditionellen Methoden erreicht werden könnte, nur funktioniert die Überwachungsmöglichkeit aus praktischen Gründen umfassender und sie erlaubt große Kontrolldichte. Das BAG hat sich unter breiter Zustimmung der Lehre für die Anwendbarkeit von Nr. 6 entschieden.[31] Auf dem Boden dieser Auffassung ist in z. T. erbitterten innerbetrieblichen Auseinandersetzungen zwischen Betriebsrat und Arbeitgeber – die Masse der Arbeitnehmer ist an der Problematik weniger interessiert – meist durch Einigungsstellenentscheidungen die Möglichkeit des EDV-Einsatzes für Kontrollzwecke stark zurückgedrängt worden, so dass vielfach auch höchst berechtigte (und für die innerbetriebliche Gerechtigkeit eigentlich notwendige) Kontrollen unterbleiben. Im Ganzen wird das Problem, genau wie der Datenschutz, in seiner Bedeutung weit überschätzt.

Notwendig sind aber jedenfalls hinreichende Informationsrechte des Betriebsrats. Er muss auf jeden Fall „wissen, was läuft".[32]

7. Unfallverhütung und Gesundheitsschutz[33]

Nach Nr. 7 ist der Betriebsrat eingeschaltet in Regelungen über die Verhütung von Arbeitsunfällen und Berufskrankheiten sowie über den Gesundheitsschutz im Rahmen der gesetzlichen Vorschriften oder der Unfallverhütungsvorschriften.

Im Übrigen verbinden sich mit Bildschirmarbeit auch andere Fragen, insbes. die einer Mitbestimmung nach § 87 Abs. 1 Nr. 1 und 7 sowie §§ 90, 91 und 111 BetrVG. Vgl. dazu ausführlich *BAG* AP Nr. 7 zu § 87 BetrVG 1972 Überwachung (Anm. *Richardi*).

[28] Dazu z. B. *Pulte*, NZA, 1985, Beil. Nr. 1, S. 24.

[29] Dazu *Goos*, BB 1983, 581; *Apitzsch//Schmitz*, BB 1984, 983; *Freund*, Mitbestimmung bei betrieblichen Personal-Informationssystemen, 1984; *Jobs/Samland* (Hrsg.), Personalinformationssysteme in Recht und Praxis, 1984; *Müllner*, BB 1984, 475; *Söllner*/DB 1984, 1243; *Wohlgemuth*, AuR 1984, 257; *Zöllner*, DB 1984, 141; *Kilian*, BB 1985, 403; *Linnenkohl/Schütz/Randenberg*, RDV 1986, 230; *Klebe*, DB 1986, 380; *Ehmann*, NZA 1986, 657; *Kort*, CR 1987, 300.

[30] Dazu *Zöllner*, Daten- und Informationsschutz im Arbeitsverhältnis, 1982; *Däubler*, Gläserne Belegschaften?, 4. Aufl., 2002; *Wohlgemuth*, Datenschutz für Arbeitnehmer, 2. Aufl., 1988; *Buchner*, Vom gläsernen Menschen zum gläsernen Unternehmen – zur rechtlichen Bindung der Datenerfassung und -verarbeitung im Betrieb, ZfA 1988, 449; *Gola/Wronka*, Handbuch zum Arbeitnehmerdatenschutz, 3. Aufl., 2004.

[31] *BAG* AP Nr. 14 zu § 87 BetrVG 1972 Überwachung (Anm. *Kraft*); vorbereitet durch AP Nr. 9 u. 11–13 ebenda.

[32] Dazu *v. Hoyningen-Huene*, NZA 1985, Beil. 1, S. 19; *Boewer*, RDV 1985, 22; *Linnenkohl/Plöger*, CR 1986, 121; *Kort*, CR 1988, 220; *Weckbach*, NZA 1988, 305.

[33] *Denck*, Arbeitsschutz und Mitbestimmung des Betriebsrats, ZfA 1979, 447; *Glaubitz*, Mitbestimmung des Betriebsrats gem. § 87 Abs. 1 Nr. 7 BetrVG bei Regelungen über den Arbeitsschutz, BB 1977, 1403; *Ehmann*, Arbeitsschutz und Mitbestimmung bei neuen Technologien, 1981; *Egger*, Die Rechte der Arbeitnehmer und des Betriebsrats auf dem Gebiet des Arbeitsschutzes, BB 1992, 629; *Kohte*, Arbeit, Leben und Gesundheit – Betriebsverfassungsrechtliche Herausforderungen und Perspektiven, FS Kissel, 1994, S. 547; *Feldhoff*, Mitbestimmung des Betriebsrats bei Maßnahmen zum Arbeits- und Gesundheitsschutz AuA 1997, 72; *Kittner*, Die Mitbestimmung des Betriebsrats beim Arbeitsschutz – zur Reichweite des § 87 Abs. 1 Nr. 7 BetrVG, FS Däubler, 1999, 690. Aus der Rechtsprechung vgl. *BAG* AP Nr. 1–3 zu § 87 BetrVG 1972 Arbeitssicherheit; *BAG* AP Nr. 5 zu § 87 BetrVG 1972 Gesundheitsschutz (Mitbestimmung bei Bildschirmarbeit); LAG BW NZA 1988, 515.

Die Mitbestimmung besteht nur im Rahmen der gesetzlichen Vorschriften. Damit soll erreicht werden, dass der Betriebsrat nicht über die Einschaltung der Einigungsstelle eine eigenständige Arbeitsschutzpolitik im Betrieb erzwingen kann. Demgemäß legt man auch den Kreis der maßgeblichen gesetzlichen Vorschriften einschränkend dahin aus, dass nicht etwa die Konkretisierung der Generalklauseln des Arbeitsschutzes und der arbeitsvertraglichen Schutzpflicht (vgl. etwa § 618 BGB) Aufgabe der Mitbestimmung sei. Denn dadurch könnte sie uferlos werden. Mitbestimmen soll der Betriebsrat aber hinsichtlich der Art und Weise der Erfüllung konkretisierter öffentlich-rechtlicher Unfall- und Gesundheitsschutzvorschriften des Arbeitsschutzrechts. Diese Bestimmungen lassen dem Arbeitgeber zwar keinen Spielraum hinsichtlich des Ob ihrer Erfüllung, wohl aber meist hinsichtlich der Art und Weise im Einzelnen. An der Ausfüllung dieses Spielraums soll der Betriebsrat beteiligt werden. In Betracht kommen insoweit vor allem die ArbStättV, die Störfall-VO zum BImSchG, die GefStoffV, die Unfallverhütungsvorschriften der Berufsgenossenschaften, das ASiG und das ArbSchG.

8. Unternehmensinterne Sozialeinrichtungen[34]

Mitzubestimmen hat der Betriebsrat nach Nr. 8 hinsichtlich Form, Ausgestaltung und Verwaltung von Sozialeinrichtungen, deren Wirkungsbereich auf den Betrieb, das Unternehmen oder den Konzern beschränkt ist.

Dahin gehören z. B. Werkskantinen, Sporteinrichtungen, Erholungsheime, Altersheime, Krankenheime, Kindergärten, ja selbst Werksbibliotheken, und evtl. auch Bildungseinrichtungen. Vom Finanzumfang her besonders bedeutsam sind Einrichtungen der betrieblichen Altersversorgung (zu der Frage, inwieweit diese auch der Mitbestimmung nach Nr. 10 unterliegen können, vgl. unten 10 c).

Eine Sozialeinrichtung setzt begrifflich voraus, dass Zweck der Einrichtung die Gewährung sozialer Vorteile ist und dass diese Zweckverfolgung institutionalisiert, d. h. auf gewisse Dauer und nicht nur für einzelne Arbeitnehmer vorgesehen wird. Eine rechtlich selbständige Einrichtung, z. B. in der Rechtsform der GmbH oder des eingetragenen Vereins, ist nicht erforderlich. Ausreichend ist vielmehr die Schaffung eines sog. zweckgebundenen Sondervermögens.[35]

Sozialeinrichtungen sind nur **teilmitbestimmungspflichtig.** Denn das Mitbestimmungsrecht erstreckt sich nicht auf die Errichtung der Sozialeinrichtung, nicht auf ihre Zweckbestimmung und auch nicht auf ihre Finanzausstattung (weder einmalig noch laufend). Die sog. **Dotierung** ist vielmehr ausschließlich Sache des Arbeitgebers. Der Betriebsrat kann nur über die **Verwendung** der Mittel im Rahmen des vorgegebenen Zwecks und im vorgegebenen Dotierungsrahmen mitbestimmen (gern salopp „Topftheorie" genannt). Mitbestimmungsfrei ist ferner die Zweckänderung, Entwidmung und Aufhebung der Einrichtung, damit z. B. auch die Schließung einer Unterstützungskasse.[36]

---

[34] *Richardi*, Mitbestimmung des Betriebsrats bei Sozialleistungen des Arbeitgebers, GS Kahn-Freund, 1980, S. 247; *Jahnke*, Die Mitbestimmung des Betriebsrats auf dem Gebiet der betrieblichen Sozialleistungen, ZfA 1980, 863; *Schirdewahn*, Mitbestimmung bei Arbeitgeberdarlehen aus laufenden Mitteln?, BB 1980, 891; *Richardi*, in Blomeyer (Hrsg.), Betriebliche Altersversorgung unter veränderten Rahmenbedingungen, 1984, S. 21; *Birk*, Betriebliche Altersversorgung – Gleichbehandlung – Betriebsratsbefugnisse, AuR 1984, 28; *Dieterich*, Betriebsverfassungsrecht und betriebliche Altersversorgung, NZA 1984, 273; *Pauly*, Zu Umfang und Grenzen des Mitbestimmungsrechts aus § 87 Abs. 1 Nr. 8 u. 10 BetrVG im Bereich der betrieblichen Altersversorgung, DB 1985, 2246; *Heubeck*, Zum „Dotierungsrahmen" für die betriebliche Altersversorgung, FS Meilicke, 1985, S. 44; *Schaub*, Das Widerrufsrecht in der betrieblichen Altersversorgung, AuR 1990, 181; *Molkenbur/Roßmanith*, Mitbestimmung des Betriebsrats und Betriebsvereinbarungen in der betrieblichen Altersversorgung, AuR 1990, 333; *Heither*, Die Rspr. des BAG zur Beteiligung des Betriebsrats bei der Ausgestaltung der betrieblichen Altersversorgung, DB 1991, 700; *Bachmann*, Mitbestimmung bei Umstrukturierung betrieblicher Sozialeinrichtungen, NZA 2002, 1130. Aus der Rechtsprechung *BAG* AP Nr. 1–3, 7 u. 9 zu § 87 BetrVG 1972 Sozialeinrichtung; AP Nr. 5 zu § 87 BetrVG 1972 Lohngestaltung (Anm. *Herschel*) und AP Nr. 5 (Anm. *P. Hanau*), 16, 19 zu § 87 BetrVG 1972 Altersversorgung.

[35] *BAG* AP Nr. 9 zu § 87 BetrVG 1972 Sozialeinrichtung.

[36] Zur Problematik der Teilschließung *BAG* AP Nr. 16 zu § 87 BetrVG 1972 Altersversorgung.

Bei einer rechtlich selbständigen, vom Arbeitgeber aber gesellschaftsrechtlich abhängigen Sozialeinrichtung kann das Mitbestimmungsrecht auf unterschiedliche Weise verwirklicht werden. Entweder der Arbeitgeber einigt sich vorher mit dem Betriebsrat und übt dann seinen Einfluss in den Organen (z.B. der GmbH) entsprechend aus, oder er ermöglicht, dass der Betriebsrat Vertreter in die Organe entsendet.

9. Werksmietwohnungen[37]

Nach Nr. 9 erstreckt sich das Mitbestimmungsrecht des Betriebsrats auf die Zuweisung und Kündigung von Wohnräumen, die den Arbeitnehmern mit Rücksicht auf das Bestehen eines Arbeitsverhältnisses vermietet werden, sowie die allgemeine Festlegung der Nutzungsbedingungen. Von der Vorschrift werden nur Wohnungen erfasst, die dem Arbeitnehmer vermietet werden. Echte Dienstwohnungen, die dem Arbeitnehmer mit Rücksicht auf die Besonderheit seines Arbeitsverhältnisses ohne Mietentgelt überlassen werden und von diesem im Regelfall bezogen werden müssen (Arztwohnung im Krankenhaus, Pförtner, Hausmeister), fallen nicht unter die Regelung.

Ein Bestand von Werksmietwohnungen wird typischerweise gleichzeitig eine Sozialeinrichtung sein. Nach wohl h. L. soll deshalb neben Nr. 9 auch der Mitbestimmungstatbestand der Nr. 8 Anwendung finden. Das ist schon systematisch nicht nachvollziehbar. Nr. 9 verdrängt vielmehr als Spezialregelung den allgemeineren Tatbestand der Nr. 8.

Auch Werksmietwohnungen sind nur teilmitbestimmungspflichtig. Der Mitbestimmung unterliegen nicht die *Schaffung* von Werkmietwohnungen und ihre Herausnahme aus dem Bestand (z.B. um sie an nicht vom Betriebsrat repräsentierte Personen zu vermieten)[38] und auch nicht der sog. *Dotierungsrahmen* in Gestalt von Zuschüssen, wohl aber die Auswahl der Bewerber sowie die Entscheidung über die Kündigung bei fortdauerndem Arbeitsverhältnis. Mit Beendigung des Arbeitsverhältnisses kann der Arbeitgeber als Vermieter auch die Werksmietwohnung nach § 576 BGB kündigen. Der Betriebsrat kann diese Kündigung nicht verhindern, weil sie außerhalb seines Mitbestimmungsrechts liegt. Denn würde das Mietverhältnis über das Arbeitsverhältnis hinaus aufrechterhalten, würde die Wohnung ihren Charakter als Werksmietwohnung verlieren und das Mitbestimmungsrecht des Betriebsrats erlöschen. Hinsichtlich des Inhalts der Mietverhältnisse erstreckt sich das Mitbestimmungsrecht nur auf die allgemeine Festlegung von Nutzungsbedingungen. Der konkrete Mietvertrag, insbesondere die Festlegung der Miete ist daher mitbestimmungsfrei. Es können aber in den allgemeinen Nutzungsbedingungen Grundsätze für die Errechnung der Quadratmeterpreise sowie die Ermittlung der Nebenkosten so weit festgelegt werden, dass für die Festlegung der konkreten Miete kein allzu großer Spielraum verbleibt. Die Regelung der Nutzungsbedingungen kann dabei den Arbeitgeber nicht soweit binden, dass er den vorgesehenen Dotierungsrahmen für die Werksmietwohnungen erhöhen muss. Es handelt sich um einen Mitbestimmungstatbestand mit stark gebundenem Ermessen.

10. Betriebliche Lohngestaltung[39]

Nr. 10 unterwirft Fragen der betrieblichen Lohngestaltung, insbesondere die Aufstellung von Entlohnungsgrundsätzen und die Einführung und Anwendung von neuen

---

[37] Dazu die stark kritische und grundlegende Anm. von *Bötticher*, SAE 1973, 229; ferner *Schmidt-Futterer/Blank*, Mitbestimmung des Betriebsrats bei der Vermietung von Werkswohnungen, DB 1976, 1233; *Röder*, Das betriebliche Wohnungswesen im Spannungsfeld von Betriebsverfassungsrecht und Wohnungsmietrecht, 1983; *Trümner*, Mitbestimmung beim Verkauf von Werkswohnungen?, BetrR 1989, 33; *Kohte*, Mitbestimmungsrecht des Betriebsrats bei Werkmietwohnungen (§ 87 Abs. 1 Nr. 9 BetrVG), BetrR 1993, 81. Aus der Rechtsprechung vgl. *BAG* AP Nr. 1–8 zu § 87 BetrVG 1972 Werkmietwohnungen.

[38] *BAG* AP Nr. 9 zu § 87 BetrVG 1972 Werkmietwohnungen.

[39] Dazu *Richardi*, Die Mitbestimmung des Betriebsrats bei der Regelung des Arbeitsentgelts, ZfA 1976, 1; *Moll*, Die Mitbestimmung des Betriebsrats beim Entgelt, 1977; *Lieb*, Die Regelungszuständigkeit des Betriebsrats für die Vergütung von AT-Angestellten, ZfA 1978, 179; *Reuter*, Vergütung von AT-Angestellten und betriebsverfassungsrechtliche Mitbestimmung, 1979; *Jahnke*, Die Mitbestim-

Entlohnungsmethoden sowie deren Änderung der Mitbestimmung. Bezweckt wird damit die Verwirklichung und Sicherung transparenter und gerechter Lohnstrukturen im Betrieb[40].

a) Lohngestaltung umfasst zunächst **abstrakt-generelle Grundsätze über die Lohnfindung,** etwa ob Zeitlohn oder andere Lohnformen Verwendung finden sollen (das BAG spricht von Strukturformen des Entgelts einschließlich ihrer näheren Vollziehungsformen). Entlohnungsmethoden sind im Grunde nichts anderes als Lohnformen. Zweifelhaft ist, was Entlohnungsgrundsätze sein sollen. Die Problematik der Abgrenzung des Mitbestimmungsrechts besteht darin, dass es nicht so weit gehen darf, auch die Höhe des Arbeitsentgelts einzubeziehen. Entlohnungsgrundsätze können daher zwar gewisse Methoden der Arbeitsbewertung einer Regelung zuführen. Sie dürfen aber nicht so konkret werden, dass der Arbeitgeber hinsichtlich der Entlohnungsrelation festgelegt wird. Denn wie viel ihm die Arbeit bestimmter Arbeitnehmergruppen (etwa der Verkäufer oder bestimmter technischer Spezialisten) wert ist, hat im tariffreien oder übertariflichen Bereich den Bedingungen des Marktes, nicht quasi-administrativer Festsetzung zu unterliegen.

Bei der Einführung und Änderung **übertarifliche Zulagen** überlässt das BAG dem Arbeitgeber zwar die Bestimmung des Dotierungsrahmens, die Festlegung des Zwecks und die daraus folgende Abgrenzung des begünstigten Personenkreises (sog. Leistungsplan). Der Mitbestimmung unterfällt aber die konkrete Ausgestaltung des Dotierungsrahmens, also die Festlegung der Grundsätze der Mittelverteilung (sog. Topftheorie, wonach das Ob und die Höhe der Gewährung übertariflicher Zulagen mitbestimmungsfrei ist, das Wie, d.h. die Art und Weise der Verteilung dagegen mitbestimmungspflichtig).[41] Im Ergebnis führt dies dazu, dass so gut wie alle freiwilligen Leistungen des Arbeitgebers, die im weitesten Sinn Vergütungscharakter haben und sich auf generelle Tatbestände und nicht nur auf die Regelung von Einzelfällen beziehen, der Mitbestimmung unterliegen.[42] Auch Einzelregelungen bezüglich der Auswahl der Empfänger und der Bemessung der Zulagen fallen darunter. Dies ist zu weitgehend und geht deutlich über die Intention des Gesetzes und die praktische Notwendigkeit hinaus. Faktisch kann der Arbeitgeber nur noch sehr begrenzt Zulagen zweckgerecht vergeben, weil dazu immer genaue Regelungen erforderlich sind.

Der Mitbestimmung nach Nr. 10 unterliegt nach der Rechtsprechung nicht nur die erstmalige Einführung von Verteilungsgrundsätzen, sondern auch deren Änderung. Ein besonderes Problem in diesem Zusammenhang stellt der Widerruf übertariflicher Zulagen durch den Arbeitgeber dar. Er unterliegt als solcher nicht der Mitbestimmung des Betriebsrats, weil der Widerruf als Kehrseite der

---

mung des Betriebsrats auf dem Gebiet der betrieblichen Sozialleistungen, ZfA 1980, 863; *Hörle/ Berger-Delhey,* Mitbestimmte Entgeltfindung im Verlag?, AfP 1993, 720; *Joost,* Betriebliche Mitbestimmung bei der Lohngestaltung im System von Tarifautonomie und Privatautonomie, ZfA 1993, 257; *Reuter,* Die Lohnbestimmung im Betrieb, ZfA 1993, 221; *Spiegelhalter,* Die betriebliche Entgeltpolitik in den Fesseln der Rechtsprechung, ZfA 1993, 203; *B. Gaul,* Die Mitbestimmung des Betriebsrats bei der fehlzeitenorientierten Gewährung von Sonderleistungen, DB 1994, 1137; *Otto,* Die Änderung von Entlohnungssystemen – Kollektiv- und individualrechtliche Aspekte, FS Stahlhacke, 1995, S. 395; *Reichold,* Entgeltmitbestimmung als Gleichbehandlungsproblem, RdA 1995, 147; *Schaub,* Die Mitbestimmung beim Arbeitsentgelt, AuA 1995, 1; *Wiese,* Mitbestimmungspflichtige kollektive Tatbestände bei der Anrechnung von Zulagen auf Tariflohnerhöhungen, RdA 1995, 355; *Schüren,* Mitbestimmung des Betriebsrats bei Zulagen und betrieblichen Entgeltsystemen, RdA 1996, 14; *v. Hoyningen-Huene,* Vergütungsregelungen und Mitbestimmung des Betriebsrats (§ 87 I Nr. 10 BetrVG), NZA 1998, 1081; *Hanau,* Die lediglich relationale Wirkung des § 87 Abs. 1 Nr. 10 BetrVG, RdA 1998, 345; *Boemke/ Seifert,* Mitbestimmung bei vollständiger und gleichmäßiger Anrechnung von Tariflohnerhöhungen auf übertarifliche Zulagen, BB 2001, 985; *Konzen,* Die umstrukturierende Betriebsvereinbarung, FS v. Maydell, 2002, 341; *Oetker,* Hauptversammlungsautonomie und Mitbestimmung des Betriebsrats bei Aktienoptionsplänen, FS 50 Jahre BAG, 2004, 1017; aus der Rechtsprechung *BAG* AP Nr. 3–5, 7, 10, 37, 51, 68, 81 zu § 87 BetrVG 1972 Lohngestaltung.

[40] *Dorndorf,* Zweck und kollektives Interesse bei der Mitbestimmung in Entgeltfragen, FS Däubler, 1999, 327.

[41] *BAG* AP Nr. 1 zu § 87 BetrVG 1972 Altersversorgung; AP Nr. 4, 41 zu § 87 BetrVG Lohngestaltung.

[42] S. *BAG GS* AP Nr. 51, 52 zu § 87 BetrVG 1972 Lohngestaltung, jeweils Gründe C III 3 b.

Einführung übertariflicher Zulagen grundsätzlich mitbestimmungsfrei ist und es sich diesbezüglich zunächst um eine individualrechtliche Frage zwischen dem Arbeitgeber und dem einzelnen Arbeitnehmer handelt. Will der Arbeitgeber aber anlässlich und mit Wirksamwerden einer Tariflohnerhöhung übertarifliche Zulagen teilweise vermindern, so soll das nach der Rechtsprechung, jedenfalls in zahlreichen Fällen, mitbestimmungspflichtig sein. Seit den Entscheidungen des Großen Senats des BAG vom 3. 12. 1991[43] gibt es hierzu eine umfangreiche Diskussion. Nach Ansicht des Großen Senats unterliegt die Anrechnung einer Tariflohnerhöhung auf über- und außertarifliche Zulagen aus Anlass und bis zur Höhe einer Tariflohnerhöhung dann der Mitbestimmung, wenn sich dadurch die **Verteilungsgrundsätze** ändern und darüber hinaus für eine anderweitige Anrechnung bzw. Kürzung ein **Regelungsspielraum** verbleibt. Ob die Anrechnung durch eine gestaltende Erklärung erfolgt oder sich automatisch vollzieht (sog. Tarifautomatik), soll unbeachtlich sein. Mitbestimmungsfreiheit soll nur dann bestehen, wenn durch Anrechnung oder Widerruf das Zulagenvolumen vollständig aufgezehrt oder die Tariflohnerhöhung im Rahmen des tatsächlich und rechtlich Möglichen vollständig und gleichmäßig (im Sinne eines gleichen Verhältnisses) auf die über-/außertariflichen Zulagen angerechnet wird.[44] Die Rechtsprechung hat sich in zahlreichen weiteren Entscheidungen[45] mit diesen Fragen beschäftigt. Kein Raum bleibt nach der Rechtsprechung für eine Mitbestimmung, wenn z. B. aufgrund einzelvertraglicher Vereinbarungen mit einem Arbeitnehmer dessen Zulage angerechnet wird, aber für eine Verteilung des Volumens bei den anderen Arbeitnehmern kein Spielraum besteht, weil der Arbeitgeber keine vertragliche Möglichkeit des teilweisen Widerrufs bzw. der teilweisen Anrechnung hat.[46] Es muss ein kollektiver Tatbestand vorliegen, den das BAG aber viel zu häufig bejaht.[47] Bestehen im Betrieb verschiedene Entgeltsysteme (z. B. ein gesondertes System für außertarifliche Angestellte), so erstreckt sich das Mitbestimmungsrecht nicht auf das Verhältnis der Zulagenvolumina, die auf Arbeitnehmer der jeweils anderen Entgeltsystemgruppe entfallen.[48]

Die Rechtsprechung des BAG, namentlich schon die des Großen Senats, ist bereits im Ausgangspunkt verfehlt. Aufgabe der Mitbestimmung kann es nicht sein, die Vertragsfreiheit des Arbeitgebers beim Entgelt, für das Zulagen ganz entscheidend sind, so weitgehend einzuschränken, dass der Betriebsrat damit einen wesentlichen Einfluss auf die Lohn- und Gehaltsstrukturen des Betriebs erhält. Hierdurch können wesentliche personalpolitische Zielvorstellungen u. U. vom Arbeitgeber nicht mehr verwirklicht werden. All das ist vom Wortlaut und Sinn des Gesetzes nicht erfasst. Verfehlt ist insbesondere auch, wenn das BAG dem Arbeitgeber verwehrt, die Anrechnung bis zur Einigung mit dem Betriebsrat vorzunehmen.

b) Umstritten ist, inwieweit die Regelung der **Entlohnung außertariflicher Angestellter** (sog. AT-Angestellte; zu diesen schon oben § 46 V 4) unter das Mitbestimmungsrecht nach Nr. 10 fällt. Grundsätzlich ist ein Mitbestimmungsrecht bei der Aufstellung allgemeiner Grundsätze für ein Vergütungssystem dieser Angestellten zu bejahen.[49] Die Möglichkeit individueller Entlohnung wird dadurch aber nicht ausgeschlossen.

c) Zu Nr. 10 rechnet das BAG auch Leistungen der **betrieblichen Altersversorgung.**[50] Das ist vom Begriff her möglich, weil man auch die Altersversorgung zum Arbeitsentgelt im weiteren Sinn rechnen kann (zu dieser Frage oben § 16 I). Das BAG wollte hier erreichen, dass auch sog. Direktzusagen und Direktversicherungen (dazu

---

[43] *BAG GS* AP Nr. 51, 52 zu § 87 BetrVG 1972 Lohngestaltung.
[44] Zu diesem Beschluss *Gaul,* Anm. EzA § 87 BetrVG 1972 Betriebliche Lohngestaltung Nr. 30; *Hromadka,* Der Große Senat zu den übertariflichen Zulagen, DB 1992, 1573; *Lieb,* SAE 1993, 114; *Richardi,* Der Große Senat des *BAG* zur Mitbestimmung bei der Anrechnung einer Tariflohnerhöhung auf über- und außertarifliche Zulagen, NZA 1992, 961; *Stege/Schneider,* Die Mitbestimmung des Betriebsrats bei der Anrechnung von Tariflohnerhöhungen auf übertarifliche Zulagen, DB 1992, 2342; *Schukai,* Praktische Konsequenzen aus den Entscheidungen des Großen Senats des *BAG* vom 3. 12. 1992, NZA 1992, 967; *Weyand,* Die normativen Rahmenbedingungen der betrieblichen Lohngestaltung nach der Entscheidung des Großen Senats vom 3. 12. 1991, AuR 1993, 1.
[45] Abgedruckt in AP Nr. 53 bis 84 zu § 87 BetrVG 1972 Lohngestaltung, die ganz überwiegend diese Problematik zum Gegenstand haben. Zu den Rechtsfolgen einer unter Verletzung des Mitbestimmungsrechts vorgenommenen Anrechnung, *BAG* 9. 7. 1996, AP Nr. 86 zu § 87 BetrVG 1972 Lohngestaltung.
[46] *BAG* AP Nr. 54 zu § 87 BetrVG 1972 Lohngestaltung mit Anm. *Kraft.*
[47] S. z. B. *BAG* AP Nr. 56, 61, 64 zu § 87 BetrVG Lohngestaltung; zu dieser Problematik *Wiese,* RdA 1995, 355.
[48] *BAG* AP Nr. 81 zu § 87 BetrVG 1972 Lohngestaltung.
[49] *BAG* AP Nr. 68, 81 zu § 87 BetrVG 1972 Lohngestaltung.
[50] *BAG* AP Nr. 1, 4 zu § 87 BetrVG 1972 Unterstützungskassen.

oben § 29 II), die mangels Sondervermögen keine Sozialeinrichtung i. S. d. § 87 I Nr. 8 BetrVG darstellen, der Mitbestimmung unterliegen. Das Mitbestimmungsrecht erstreckt sich auch hier nur auf den Leistungsplan, nicht z. B. auf die Auswahl des Versicherungsunternehmens oder die Modalitäten der Zusage.[51]

11. Leistungsentgelte[52]

Den wohl weitestgehenden Mitbestimmungstatbestand enthält Nr. 11: Die Festsetzung der Akkord- und Prämiensätze und vergleichbarer leistungsbezogener Entgelte einschließlich der Geldfaktoren (vgl. zu diesen Lohnformen oben § 16 V).

Dieses Mitbestimmungsrecht bezieht sich nicht auf die Festsetzung von Provisionssätzen,[53] weil die Provision kein Leistungsentgelt im strengen, in Nr. 11 gemeinten Sinn darstellt (streitig; nach manchen soll zu differenzieren sein: Abschlussprovision und Vermittlungsprovision sollen vergleichbare leistungsbezogene Entgelte sein, andere Provisionsarten wie die Gebietsprovision oder Leitungsprovision hingegen nicht). Nr. 11 hat gegenüber Nr. 10 Spezialcharakter. Aus der Reichweite der in Nr. 11 normierten Mitbestimmung lassen sich daher keine Rückschlüsse auf die Reichweite in Nr. 10 ziehen.

Nr. 11 wirft das schwerwiegende **Problem der Mitbestimmung über die Lohnhöhe** auf. Eine gesetzliche Regelung, welche die Lohnhöhe in relevanten Bereichen dem Spruch der Einigungsstelle unterwürfe, würde sich nicht nur vom freiheitlichen Bezugsrahmen der derzeitigen Wirtschaftsverfassung, sondern auch von den Erfordernissen einer die Praktikabilität gewährleistenden Rechtssicherheit weit entfernen. Die Auslegung des sehr ambivalent gefassten Mitbestimmungstatbestands kann daher nur restriktiv erfolgen. Deshalb greift Mitbestimmung bei der Bemessung von Leistungsentgeltsätzen nur in einem durch Tarifvertrag, durch Einzelarbeitsverträge oder durch Vorgaben des Arbeitgebers bemessenen Rahmen ein. In Kauf genommen werden können mittelbare Auswirkungen auf die Lohnhöhe. Dem widerspricht nicht, dass die Festsetzung der Akkordsätze einschließlich der Geldfaktoren vom Gesetz ausdrücklich genannt wird. Denn dies ist nicht so zu verstehen, dass sowohl Zeitfaktor als auch Geldfaktor frei festgesetzt werden könnten.[54] Der Geldfaktor ist vielmehr im Normalfall mittels eines einfachen Rechenexempels feststellbar. Die Mitbestimmung des Betriebsrats hierbei soll sicherstellen, dass beim Geldfaktor nicht manipuliert wird. Durch die Mitwirkung bei der Festlegung des Zeitfaktors ergibt sich mittelbar selbstverständlich eine Einwirkung auf die Lohnhöhe. Die Mitwirkung hat aber insoweit

---

[51] Zur Verwirklichung der Mitbestimmung bei Gruppenunterstützungskassen s. *BAG* AP Nr. 18 zu § 87 BetrVG 1972 Altersversorgung.

[52] Dazu *Richardi*, Die Mitbestimmung des Betriebsrats bei der Regelung des Arbeitsentgelts, ZfA 1976, 1; *Moll*, Die Mitbestimmung des Betriebsrats beim Entgelt, 1977; *Pornschlegel*, Begriff und Systematik leistungsbezogener Entgelte, AuR 1983, 193; *Lieb*, Die Mitbestimmung beim Prämienlohn, ZfA 1988, 413. Aus der Rechtsprechung *BAG* AP Nr. 1 zu § 87 BetrVG 1972 Lohngestaltung; AP Nr. 3 zu § 87 BetrVG 1972 Leistungslohn. S. auch *BAG* AP Nr. 8 zu § 87 BetrVG 1972 Prämie (Mitbestimmung über Verlauf einer Prämienkurve). Vgl. ferner die Nachweise in der folgenden Fußnote.

[53] Dazu *Lieb*, Mitbestimmungsrecht des Betriebsrats gemäß § 87 I Nr. 11 BetrVG bei Provisionsentlohnung?, DB 1975, 1748; *Löwisch*, Die Mitbestimmung des Betriebsrats bei Provisionsregelungen für kaufmännische Angestellte, ZHR 139 (1975), 362; *Bolten*, Ist die Abschlußprovision ein leistungsbezogenes Entgelt i. S. des § 87 Abs. 1 Nr. 11 BetrVG?, DB 1977, 1650; *Westhoff*, Die bisherige Rechtsprechung zur Mitbestimmung bei Provisionssystemen und ihre Folgen für die Praxis, DB 1980, 1260; *Heuking*, Provisionen als Entgelte im Sinne von § 87 Abs. 1 Nr. 11 BetrVG, NZA 1986, 1; *BAG* AP Nr. 2 u. 4 zu § 87 BetrVG 1972 Provision (Anm. *Schulze-Osterloh*).

[54] Die gesetzliche Regelung fußt auf der Rechtsprechung zur Vorgängerregelung im BetrVG 1952. Vgl. dazu AP Nr. 3 und 5 zu § 56 BetrVG 1952; zu Unrecht bejaht das *BAG* (AP Nr. 6, 8 zu § 87 BetrVG 1972 Akkord) ein umfassendes Mitbestimmungsrecht.

nicht das Ziel der Festsetzung der Lohnhöhe, sondern einer sachgerechten Zeitvorgabe.

12. Betriebliches Vorschlagswesen

Grundsätze über das betriebliche Vorschlagswesen[55] unterliegen nach Nr. 12 der Mitbestimmung. Darunter fallen Regelungen über Anregung, Entgegennahme und Bewertung von Verbesserungsvorschlägen der Arbeitnehmer. Nach ganz h. L. besteht kein Mitbestimmungsrecht hinsichtlich der Höhe evtl. zu zahlender Vorschlagsprämien. Das BAG nimmt aber an, dass die Aufstellung von Grundsätzen über die Bemessung der Höhe dieser Prämien Gegenstand des Mitbestimmungsrechts sei. Insoweit kann es nur um die Sicherstellung eines geordneten und die Arbeitnehmer möglichst sachgerecht gleichbehandelnden Prämienwesens gehen. Eine Regelung etwa, nach der die Prämie einen bestimmten Prozentsatz des Nutzens beträgt, den ein Verbesserungsvorschlag für den Arbeitgeber hat, wäre deshalb vom Mitbestimmungsrecht nicht erfasst.

13. Gruppenarbeit

Grundsätze über die Durchführung von Gruppenarbeit[56] unterliegen nach Nr. 13 der Mitbestimmung. Dieser 2001 eingefügte neue Mitbestimmungstatbestand bezweckt einen Schutz der Gruppenmitglieder vor der Gefahr der Ausbeutung und Ausgrenzung in der Gruppe. Nach der Legaldefinition in Nr. 13 Halbs. 2 setzt Gruppenarbeit die wesentlich eigenverantwortliche Wahrnehmung einer übertragenen Aufgabe durch eine Gruppe von Arbeitnehmern voraus. Ob der Arbeitgeber einer Gruppe von Arbeitnehmern bestimmte Aufgaben überträgt oder eine solche Gruppenarbeit wieder beendet, ist mitbestimmungsfrei. Nur die „Durchführung", d. h. die Ausgestaltung der Gruppenarbeit ist mitbestimmungspflichtig. Umstritten ist, ob das Mitbestimmungsrecht der Nr. 13 im Rahmen des § 28a BetrVG der Arbeitsgruppe zur eigenen Ausübung übertragen werden kann[57].

III. Inhalt des Mitbestimmungsrechts

Nach § 87 I BetrVG hat der Betriebsrat in den genannten Angelegenheiten mitzubestimmen. Welchen Inhalt dieses Recht hat, ist ebenso umstritten wie seine Reichweite und die Folgen seiner Missachtung.

1. Die Regelung bedeutet zunächst, dass der Betriebsrat ein **Recht** hat, an bestimmten Entscheidungen des Arbeitgebers **beteiligt zu werden,** und zwar nicht nur an der Vorbereitung, sondern gerade an der Entscheidung selbst. Der Arbeitgeber darf daher die Entscheidung nicht selbst und allein treffen. Findet die von ihm gewünschte Entscheidung nicht die Zustimmung des Betriebsrats, so muss der Arbeitgeber die Einigungsstelle anrufen (§ 87 II 1 BetrVG) deren Spruch dann die Einigung zwischen Ar-

---

[55] *Gaul/Bartenbach,* Die kollektivrechtliche Ordnung des betrieblichen Verbesserungsvorschlagswesens, DB 1980, 1843; *Schoden,* Die Beteiligungsrechte des Betriebsrats beim betrieblichen Vorschlagswesen, AuR 1980, 73; *Rieble,* Ideenmanagement und betriebliche Mitbestimmung, DB 2005, 1382; *BAG* AP Nr. 1, 2 zu § 87 BetrVG 1972 Vorschlagswesen.

[56] *Preis/Elert,* Erweiterung der Mitbestimmung bei Gruppenarbeit?, NZA 2001, 371; *Wiese,* Die Mitbestimmung des Betriebsrats über die Grundsätze zur Durchführung von Gruppenarbeit nach § 87 Abs. 1 Nr. 13 BetrVG, BB 2002, 198; *Nill,* Selbstbestimmung in der Arbeitsgruppe?, 2004; *Blanke,* Arbeitsgruppe und Gruppenarbeit in der Betriebsverfassung, RdA 2003, 140.

[57] Siehe dazu *Wiese,* Die Mitbestimmung des Betriebsrats über die Grundsätze zur Durchführung von Gruppenarbeit nach § 87 Abs. 1 Nr. 13 BetrVG, BB 2002, 198; *Raab,* Die Arbeitsgruppe als neue betriebsverfassungsrechtliche Beteiligungsebene – Der neue § 28a BetrVG, NZA 2002, 474; *Blanke,* Arbeitsgruppe und Gruppenarbeit in der Betriebsverfassung, RdA 2003, 140; ErfK/*Kania,* § 87 BetrVG Rn. 135.

beitgeber und Betriebsrat ersetzt, § 87 II 2, § 76 V BetrVG, oder von der Entscheidung absehen.

2. Dem Recht des Betriebsrats korrespondiert die **Pflicht des Arbeitgebers** zur Beteiligung des Betriebsrats an der Entscheidung. Der Arbeitgeber darf nicht abwarten, ob dieser in einer Angelegenheit mitbestimmen *will*, sondern er muss von sich aus die Zustimmung des Betriebsrats herbeizuführen suchen. Mitbestimmung nach § 87 BetrVG ist nicht lediglich Mitbestimmung auf Verlangen.

3. Das Mitbestimmungsrecht geht auf **Mitwirkung an der Entscheidung,** gleichgültig wie diese rechtlich getroffen wird. Es gewährt nicht, wie früher verschiedentlich angenommen worden ist,[58] lediglich einen Anspruch auf Herbeiführung einer allgemeinen Regelung durch Betriebsvereinbarung. Dem entspricht es, dass das Mitbestimmungsrecht auch formlos ausgeübt werden kann, namentlich durch eine sogenannte Betriebsabsprache = Regelungsabrede (zu dieser oben § 48 II 1).[59]

4. Zweifelhaft ist, inwieweit ein **Initiativrecht des Betriebsrats** in den Angelegenheiten des § 87 I BetrVG besteht (allgemein dazu schon oben § 48 I 6). Soweit es gegeben ist, braucht der Betriebsrat nicht abzuwarten, bis der Arbeitgeber eine Frage von sich aus regeln will, sondern kann beispielsweise eine Änderung der Arbeitszeitlage oder der betrieblichen Ordnung vom Arbeitgeber fordern und bei Verweigerung der Zustimmung eine Entscheidung der Einigungsstelle herbeiführen. Nach ganz h.L. ist ein solches Initiativrecht für alle Fälle des § 87 I BetrVG zu bejahen.[60] Verschiedentlich wird aber angenommen, dass bei bestimmten Regelungsgegenständen ein Initiativrecht nicht im vollen Umfang des Mitbestimmungstatbestands gegeben sei,[61] nämlich wenn es um eine unternehmerische Entscheidung gehe. Indessen handelt es sich in den einschlägigen Fällen richtiger darum, den jeweiligen Mitbestimmungstatbestand des § 87 BetrVG rechtlich zutreffend einzuschränken. Es ist daher nicht so, dass ein Initiativrecht entfällt, weil es bei der erstrebten Entscheidung um einen unternehmerischen Regelungsgegenstand geht, sondern der Betriebsrat hat die unternehmerische Vorentscheidung des Arbeitgebers in bestimmtem Umfang zu akzeptieren, gleich von wem die Initiative ausgeht.[62] In praxi geht es vor allem um die Einführung von Kurzarbeit,[63] um den Abbau von Überstunden[64] und um Lohnfragen.[65] Wann immer im Zusammenhang damit in Rspr. und Literatur vom Initiativrecht geredet wird, liegt das eigentliche Problem beim Sachumfang des Mitbestimmungsrechts.[66]

---

[58] So etwa *Dietz*, BetrVG, 4. Aufl., § 56 Rn. 31.

[59] H.M., vgl. GK/*Wiese*, § 87 Rn. 86 f. m. w. N. auch für die Gegenansicht.

[60] Vgl. dazu umfassend GK/*Wiese*, § 87 Rn. 135 ff.; *ders.,* Das Initiativrecht nach dem BetrVG, 1977; *BAG* AP Nr. 1 zu § 87 BetrVG 1972 (Anm. *Richardi*); ablehnend *Reuter*, Vergütung von AT-Angestellten und betriebsverfassungsrechtliche Mitbestimmung, 1979, S. 47 ff.

[61] So vor allem GK/*Wiese*, § 87 Rn. 141 ff.

[62] Dazu auch *Lieb/Jacobs*, § 8 III 1 f.; *Beuthien*, ZfA 1988, 1.

[63] Dazu *Gäbert*, NZA 1986, 412; bedenklich *BAG* AP Nr. 3 zu § 87 BetrVG 1972 Kurzarbeit mit kritischer, sehr lesenswerter, ausführlicher Anm. von *Wiese;* richtig *LAG Niedersachsen* DB 1984, 894.

[64] Dazu *LAG Hamm* BB 1986, 258 u. DB 1986, 806; kritisch *Mache*, BB 1986, 2077.

[65] *Lederer*, Das Initiativrecht des Betriebsrats in Lohnfragen, 1985; *BAG* AP Nr. 3 zu § 87 BetrVG 1972 Initiativrecht.

[66] Das gilt auch für die Einführung technischer Kontrolleinrichtungen; anders *BAG* NZA 1990, 406; s. a. *Schlömp-Röder*, CR 1990, 168.

IV. Reichweite des Mitbestimmungsrechts

Die Reichweite des Mitbestimmungsrechts in § 87 I BetrVG ist in den einzelnen Angelegenheiten zum Teil sehr undeutlich ausgedrückt. Es ist daher verständlich, dass man sich bemüht hat, für die Auslegung einheitliche Grundsätze zu entwickeln, um dadurch die Interpretation in den zweifelhaften Fällen überzeugender zu machen. Manche dieser Grundsätze haben sich als nicht durchgängig haltbar erwiesen. Oft waren es ungenügend überprüfte Verallgemeinerungen. Gleichwohl ist der Wert dieser Bemühungen für das Verständnis des § 87 I BetrVG hoch anzusetzen. Mit diesen Grundsätzen werden nämlich Anwendungsprobleme angesprochen, die jeweils bei mehreren oder allen Angelegenheiten des § 87 I BetrVG wiederkehren.

1. Formelle und materielle Arbeitsbedingungen

Nach der zum BetrVG 1952 h. L.[67] bestand ein Mitbestimmungsrecht in sozialen Angelegenheiten nur für sog. formelle Arbeitsbedingungen. Der Betriebsrat hatte danach nur über den äußeren Rahmen der Leistungserbringung ein erzwingbares Mitbestimmungsrecht, dagegen konnte er nicht inhaltlich das Verhältnis von Leistung und Gegenleistung bestimmen. Die materielle Seite der Arbeitsbedingungen war ihm nach dieser Lehre entzogen. Diesem Prinzip entspricht die jetzige gesetzliche Regelung zumindest für die Mehrzahl der Angelegenheiten des § 87 I BetrVG. Für Nr. 1, 4, 6, 7 und 12, 13 ist das ganz offensichtlich. Auch für Nr. 2 ist anerkannt, dass die Mitbestimmung nur die Lage der Arbeitszeit, nicht ihre Gesamtdauer erfassen soll.[68] Und ebenso gibt Nr. 5 kein Mitbestimmungsrecht hinsichtlich der Länge des Urlaubs oder der Höhe des Urlaubsentgelts, sondern nur hinsichtlich der Festlegung des Urlaubszeitpunkts. Bei anderen Angelegenheiten (Nr. 3, 8, 9, 10 und 11) sind inhaltliche Fragen der Bemessung der Leistungspflicht der Arbeitsvertragspartner, also materielle Fragen, zumindest mitbetroffen. Für § 87 BetrVG gilt daher der Grundsatz, dass das Mitbestimmungsrecht nur formelle Arbeitsbedingungen erfasst, nicht mehr durchgehend.[69] Indessen ist die Unterscheidung zwischen formellen und materiellen Fragen auch in denjenigen Angelegenheiten von Bedeutung, bei denen sich die Mitwirkung in den materiellen Bereich hinein erstreckt. Dort wirkt sich die Unterscheidung in abgeschwächter Weise aus. Ihr liegt der richtige Gedanke zugrunde, dass der Umfang der Leistungspflicht der Arbeitsvertragspartner jedenfalls nicht unmittelbar einer Zwangsschlichtung unterworfen werden kann.[70]

Dem hat die Auslegung der einzelnen Angelegenheiten des § 87 I BetrVG Rechnung zu tragen. So kann etwa nicht durch die Mitbestimmung nach § 87 I Nr. 8 die Zurverfügungstellung zusätzlicher Mittel für eine Sozialeinrichtung erzwungen werden,[71] Nr. 9 ermöglicht nicht, den Arbeitgeber gegen seinen Willen zur weiteren Schaffung oder Bereitstellung von Werkswohnungen zu veranlassen, Nr. 10 und 11 geben kein Mitbestimmungsrecht in Bezug auf die Lohnhöhe, sondern nur hinsichtlich Lohnmaßstab und Lohnfindung. Mittelbare Auswirkungen auf die Lohnhöhe müssen insoweit in Kauf ge-

---

[67] Vgl. die Nachweise bei Richardi/*Richardi*, § 87 Rn. 35; aus der Rspr. vgl. etwa *BAG* AP Nr. 3 zu § 56 BetrVG 1952 Akkord; Nr. 1 und 2 zu § 56 BetrVG 1952 Arbeitszeit; Nr. 2 zu § 56 BetrVG 1952 Entlohnung; Nr. 3 und 6 zu § 56 BetrVG Wohlfahrtseinrichtung.
[68] Vgl. die Nachweise oben Fn. 3 u. 4.
[69] Vgl. GK/*Wiese*, § 87 Rn. 34 ff.
[70] GK/*Wiese*, § 87 Rn. 37 ff. Vgl. dazu auch *Boewer*, Das Initiativrecht des Betriebsrats in sozialen Angelegenheiten, DB 1973, 522.
[71] Vgl. oben II 8.

nommen werden; die Mitbestimmung ist aber kein Instrument, das dazu eingesetzt werden darf, den Arbeitnehmern höheres Entgelt zu verschaffen.

Das Unterscheidungsprinzip bewährt sich schließlich auch bei Nr. 3. Zwar wird aufgrund dieser Regelung nicht nur die Arbeitszeitlage der Mitbestimmung unterworfen. Wohl aber gilt, dass nicht kraft erzwingbarer Mitbestimmung der Verpflichtungsumfang für den Arbeitgeber oder die einzelnen Arbeitnehmer ohne deren Konsens erhöht oder vermindert werden kann.[72] Das bedeutet: Die Einführung allgemeiner Überstunden im Betrieb kann zwar nicht ohne Mitwirkung des Betriebsrats erfolgen, sie bedarf aber außerdem einer Grundlage im Arbeitsvertrag oder im Tarifvertrag. Das Gleiche gilt auch für die Einführung von Kurzarbeit.

2. Kollektive und individuelle Maßnahmen[73]

Eine der wichtigsten Auslegungsfragen ist, ob sich das Mitbestimmungsrecht nur auf kollektiv wirkende Entscheidungen bezieht oder auch auf individuelle Maßnahmen.

Beispiele: Soll die Arbeitszeitlage für einen einzelnen Arbeitnehmer abweichend von der betrieblichen Arbeitszeit geregelt werden, so würde nach der einen Auffassung das Mitbestimmungsrecht des § 87 I Nr. 2 BetrVG eingreifen, nach der anderen nicht. Der Arbeitgeber gestattet seiner Sekretärin, ihren Hund an die Arbeitsstelle mitzubringen (mitbestimmungspflichtig nach § 87 I Nr. 1 BetrVG?); der Arbeitgeber erklärt sich bereit, einem Arbeitnehmer den Lohn nicht, wie für alle vorgesehen, zu überweisen, sondern durch Barscheck auszuzahlen (mitbestimmungspflichtig nach § 87 I Nr. 4 BetrVG?).

Zunächst muss gesehen werden, dass bei bestimmten Angelegenheiten des § 87 I individuelle Maßnahmen gar nicht in Frage stehen. So sind allgemeine Urlaubsgrundsätze (§ 87 I Nr. 5), Regelungen über Unfallverhütung (Nr. 7), Entlohnungsgrundsätze und -methoden (Nr. 10), Grundsätze über das betriebliche Vorschlagswesen (Nr. 12) und die Durchführung von Gruppenarbeit (Nr. 13) sicherlich keine Individualentscheidungen. Das Mitbestimmungsrecht greift insoweit von vornherein nur für eine Entscheidung ein, die kollektive Wirkung entfalten soll. Umgekehrt enthält § 87 I auch Mitbestimmungsmodalitäten, bei denen der individuelle Charakter nicht zweifelhaft ist, wie insbesondere die Festsetzung der zeitlichen Lage des Urlaubs für einzelne Arbeitnehmer (Nr. 5) und die Zuweisung oder Kündigung von Wohnräumen, deren Vermietung mit dem Arbeitsverhältnis im Zusammenhang steht (Nr. 9). Bei den anderen Angelegenheiten (Nr. 1–4, 6, 8 sowie 11) ist vom Text her offen, wie weit das Mitbestimmungsrecht reicht. Es spricht viel dafür, insoweit das Mitbestimmungsrecht nur bei kollektiven Entscheidungen eingreifen zu lassen, d.h. bei Entscheidungen, die alle Arbeitnehmer des Betriebs oder eine Betriebsabteilung oder eine geschlossene Gruppe von Arbeitnehmern oder auch einen bestimmten Arbeitsplatz als solchen ohne Rücksicht auf seinen konkreten Inhaber treffen sollen (streitig).

Beispiel: Wenn der Arbeitgeber mit dem einzelnen Arbeitnehmer vereinbart, dass dieser mit seiner Arbeit morgens eine halbe Stunde später beginnt, bedarf dies nicht der Zustimmung des Betriebsrats nach § 87 I Nr. 2 BetrVG. Der Arbeitnehmer ist gleichwohl in der Regel geschützt, weil eine aufgrund von § 87 I Nr. 2 bestehende Betriebsvereinbarung über die Arbeitszeit eine Abweichung jedenfalls ohne Zustimmung des Betriebsrats nur zulässt, wenn dies für den Arbeitnehmer günstiger ist. Zur Beurteilung der Günstigkeit in diesem Fall vgl. oben § 48 II 3.

---

[72] Insoweit abw. die wohl h.M.; vgl. *BAG* AP Nr. 23 zu § 77 BetrVG 1972; AP Nr. 66 zu § 87 BetrVG 1972 Arbeitszeit; GK/*Wiese*, § 87 Rn. 360 ff. m. w. N. wie hier *Brossette*, ZfA 1992, 379; *Waltermann*, Anordnung von Kurzarbeit durch Betriebsvereinbarung?, NZA 1993, 679.

[73] *Wank*, Der kollektive Tatbestand als ungeschriebenes Tatbestandsmerkmal des § 87 Abs. 1 BetrVG, FS Wiese 1998, 617; *Raab*, Der kollektive Tatbestand als Voraussetzung der Mitbestimmung des Betriebsrats in sozialen Angelegenheiten, ZfA 2001, 31.

Im Einzelnen kann problematisch sein, wann eine kollektive oder eine individuelle Entscheidung vorliegt.[74] Für die Abgrenzung ist nicht maßgebend, welches rechtliche Instrument der Arbeitgeber zur Durchführung der Maßnahme wählt. Auch wenn er sich mit den betroffenen Arbeitnehmern einzelvertraglich einigt, wird dadurch der kollektivbezogene Charakter der vorausgegangenen Entscheidung nicht beseitigt.[75] Maßgebend ist allein, ob durch die Maßnahme abstrakte Interessen der Belegschaft betroffen sind oder konkret individuelle Umstände eines einzelnen Arbeitnehmers den Regelungsgrund bilden.

3. Dauerregelung oder Einzelfall

Von dem erörterten Begriffspaar kollektiv-individuell zu unterscheiden ist, ob eine Entscheidung nur dann mitbestimmungspflichtig sein soll, wenn sie eine für einige Zeit geltende Regelung schafft oder auch, wenn sie nur für einen einzigen Anwendungsfall oder ganz begrenzte Zeit vorgesehen ist (vielfach Sonderfall genannt).

Beispiele: Die betriebliche Arbeitszeit soll wegen der Fernsehübertragung eines Fußballspiels um zwei Stunden vorverlegt werden. Der kollektive Charakter der Entscheidung ist hier nicht zweifelhaft. Aber es handelt sich nicht um eine Dauerregelung. Greift das Mitbestimmungsrecht nach § 87 I Nr. 2 BetrVG ein? Der Arbeitgeber schließt wegen Bauarbeiten für 2 Tage den Haupteingang des Betriebs und ordnet an, dass der Betrieb nur durch einen bestimmten Nebeneingang betreten werden darf. Mitbestimmungsrecht nach Nr. 1? Wegen Reparaturarbeiten an einer Entstaubungsanlage ordnet der Arbeitgeber für die in der betroffenen Abteilung Arbeitenden das Tragen von Schutzmasken an. Mitbestimmungsrecht nach Nr. 7?

Der Gesetzestext gibt auf diese Frage keine klare Antwort. Denn auch die in ihm eindeutig enthaltenen Individualmaßnahmen, wie die Festsetzung des Urlaubs oder die Zuweisung von Werkswohnungen (Nr. 5 und Nr. 9) sind keine Entscheidungen eines Sonderfalles, sondern Regelungen, die für nicht ganz unbedeutende Zeit in die Zukunft wirken. Wesentlich für die Auslegung ist jedoch, dass vom Sinn des Mitbestimmungsrechts her eine Beschränkung auf Dauerregelungen weder geboten noch wünschenswert erscheint. Die Beteiligung des Betriebsrats entspricht gerade auch bei nur einmaligen oder vorübergehenden Allgemeinregelungen dem Zweck des Gesetzes.[76]

4. Mitbestimmung in Eilfällen[77]

Davon wiederum zu unterscheiden ist die Frage, ob das Mitbestimmungsrecht des § 87 I BetrVG auch in sog. Eilfällen eingreift, in denen eine Verständigung mit dem Betriebsrat nicht mehr erreicht werden kann, eine Regelung der fraglichen Angelegenheiten aber erfolgen muss, um sonst drohende Nachteile abzuwenden. Die Unterscheidung ist deswegen notwendig, weil nicht jeder Sonderfall auch gleichzeitig einen Eilfall darstellt, umgekehrt nicht jeder Eilfall einen Sonderfall.

---

[74] Interessante Beispielsfälle *BAG* SAE 1981, 239; DB 1982, 1115; AP Nr. 2 zu § 23 BetrVG 1972 (Anm. *v. Hoyningen-Huene*); AP Nr. 69, 70 zu § 87 BetrVG 1972 Lohngestaltung; Zur Abgrenzung s. vor allem GK/*Wiese*, § 87 Rn. 15–33.
[75] Vgl. ähnlich *BAG* AP Nr. 5 zu § 56 BetrVG 1952 Entlohnung.
[76] Vgl. *BAG* AP Nr. 2 und 6 zu § 56 BetrVG 1952, Nr. 4 zu § 56 BetrVG 1952 Entlohnung.
[77] Aus der Rspr. *BAG* AP Nr. 1 und 2 zu § 87 BetrVG 1972 Kurzarbeit; AP Nr. 6 zu § 87 BetrVG 1972 Arbeitszeit.; *Hennsler,* Der mitbestimmte Betrieb als „Insel der Beschaulichkeit" – Zum Mitbestimmungsrecht des Betriebsrats gem. § 87 Abs. 1 Nr. 3 BetrVG in Eilfällen, FS Hanau 1999, 413.

Beispiel: Müssen nach einem Fabrikbrand besondere Sicherheitsvorschriften erlassen werden, liegt ein Eilfall, aber kein Sonderfall vor (weil Dauerregelung). Muss wegen eines geplanten Umbaus der Betriebsparkplatz für einige Tage geschlossen werden, liegt ein Sonderfall, kein Eilfall vor.

Für Eilfälle gilt, dass der Arbeitgeber eine einstweilige Regelung treffen darf, aber nur, wenn er ernsthaft versucht hat, das Einverständnis des Betriebsrats einzuholen. War auch dafür keine Zeit, wie etwa bei Katastrophen, so muss der Arbeitgeber den Betriebsrat unverzüglich informieren und um sein nachträgliches Einverständnis ersuchen. In beiden Fällen muss der Arbeitgeber, wenn der Betriebsrat sein Einverständnis verweigert, die Einigungsstelle anrufen, sofern er die Maßnahme weiter aufrechterhält, die Sache also noch nicht abgeschlossen ist. Nicht erforderlich ist dagegen (und auch nicht ausreichend), dass er eine einstweilige Verfügung beim Arbeitsgericht herbeiführt.[78]

Nicht sinnvoll erscheint es, für die Zulässigkeit einseitiger Regelung zwischen Eilfall und **Notfall** zu unterscheiden.[79] Ein Notfall soll vorliegen, wenn Handeln geboten ist, um Schaden vom Betrieb oder den Arbeitnehmern abzuwenden. Indessen wird man immer dann, wenn kein Schaden droht, richtigerweise auch einen Eilfall zu verneinen haben. Ein Schaden droht freilich auch dann, wenn es lediglich um einen Vermögensverlust für das Unternehmen geht, z. B. die Zahlung von Verzugsschadensersatz, den Verlust eines Auftrags u. ä. Ein Schaden dieser Art kann für Betrieb und Arbeitnehmer weitaus folgenreicher sein als der Ausfall einer Maschine.

Für vorhersehbare, insbesondere für mit gewisser Regelmäßigkeit wiederkehrende Eilfälle (Maschinenausfall, Heizungsdefekt, Sonderaufträge üblichen Ausmaßes) kann unter Mitbestimmung des Betriebsrats durch eine allgemeine Regelung Vorsorge getroffen werden. Soweit eine solche Regelung aber noch nicht besteht, erscheint es nicht glücklich, dem Arbeitgeber das Recht zur vorläufigen Entscheidung zu versagen.[80]

5. Mitbestimmungsrecht und tarifliche Sperrwirkung[81]

Nach § 87 I BetrVG besteht das Mitbestimmungsrecht nur, soweit eine tarifliche Regelung fehlt. Ist die zu entscheidende Frage in einem geltenden und im Betrieb anwendbaren Tarifvertrag geregelt, so besteht kein Mitbestimmungsrecht, freilich auch kein Alleinentscheidungsrecht des Arbeitgebers.[82] Das Mitbestimmungsrecht entfällt nur, wenn der Tarifvertrag die Angelegenheit abschließend regelt. Diese tarifliche Sperrwirkung steht in Konkurrenz zu derjenigen des § 77 III BetrVG (vgl. zunächst zu dieser oben § 48 II 6). Sie unterscheidet sich in Voraussetzungen und Wirkung jedoch nicht unbeträchtlich von dieser.[83]

a) Nach § 87 I BetrVG greift die Sperrwirkung nur Platz, soweit ein gültiger Tarifvertrag besteht. Weder reicht Tarifüblichkeit aus[84] (anders nach § 77 III BetrVG) noch das Vorliegen eines Tarifvertrages im Stadium der Nachwirkung.[85]

---

[78] So aber Richardi/*Richardi,* § 87 Rn. 61 f.; wie hier GK/*Wiese,* § 87 Rn. 161.

[79] So aber ein Teil der Literatur, vgl. Richardi/*Richardi,* § 87 Rn. 62; GK/*Wiese,* § 87 Rn. 154 ff.

[80] So aber GK/*Wiese,* § 87 Rn. 154 ff.

[81] Dazu *BAG* AP Nr. 1 und 7 zu § 87 BetrVG 1972 Tarifvorrang; AP Nr. 62 zu § 87 BetrVG 1972 Arbeitszeit.

[82] Zu der Frage, inwieweit dem Arbeitgeber ein Alleinentscheidungsrecht übertragen werden kann, vgl. *Säcker/Oetker,* Alleinentscheidungsbefugnisse des Arbeitgebers in mitbestimmungspflichtigen Angelegenheiten aufgrund kollektivrechtlicher Dauerregelungen, RdA 1992, 16.

[83] Eingehend zu den Voraussetzungen und Rechtsfolgen der §§ 77 III, 87 I Eingangssatz BetrVG *Fischer,* Die tarifwidrigen Betriebsvereinbarungen, 1998, 189 ff., 222 ff., 244 ff.

[84] Vgl. *BAG* AP Nr. 21 zu § 77 BetrVG 1972; *BAG* AP Nr. 51, 52 zu § 87 BetrVG 1972 Lohngestaltung.

[85] *BAG* AP Nr. 21 zu § 77 BetrVG 1972.

b) Für die Sperrwirkung nach § 87 I BetrVG ist es, anders als nach § 77 III BetrVG, gleichgültig, ob die tarifliche Regelung materielle oder formelle Arbeitsbedingungen betrifft (für § 77 III sehr streitig, vgl. oben § 48 II 6 a).

c) An einer tariflichen Regelung fehlt es – ähnlich wie bei § 77 III BetrVG –, soweit kein Tarifvertrag seinem Geltungsbereich nach einschlägig ist. Die tarifliche Regelung „fehlt" auch – anders als nach § 77 III BetrVG –, wenn der Arbeitgeber nicht tarifgebunden[86] ist. Auf die Tarifgebundenheit von Arbeitnehmern kommt es wie in § 77 III BetrVG nicht an (sehr str.) und selbstverständlich greift die Sperrwirkung in beiden Normen auch hinsichtlich der Arbeitsverhältnisse von Außenseiterarbeitnehmern.

d) In der Wirkung unterscheiden sich beide Sperrnormen dadurch, dass § 87 I BetrVG das Mitbestimmungsrecht entfallen lässt, gleichgültig mit welchem Instrument es im konkreten Fall ausgeübt würde, während § 77 III BetrVG lediglich Betriebsvereinbarungen ausschließt. Das wird nicht selten verkannt. Der Betriebsrat kann und muss daher im Rahmen des § 87 BetrVG mittels Betriebsabsprache an der Gestaltung der Arbeitsbedingungen beteiligt werden, wenn allein die Sperrwirkung des § 77 III 1 BetrVG eingreift. Umgekehrt beseitigt § 87 I BetrVG nur das Mitbestimmungsrecht, nicht die Möglichkeit freiwilliger Regelung durch Betriebsvereinbarung.

e) Aus diesen Überlegungen folgt bereits für die Lösung der Konkurrenz, dass beide Schranken nebeneinander zur Anwendung kommen.[87] Die inzwischen gefestigte gegenteilige Rspr. des BAG[88] gemäß der sog. Vorrangtheorie überzeugt nicht. Unterscheiden sich zwei Gesetzesnormen so, dass sie sich weder in Voraussetzung noch Wirkung decken, so hat keine den Charakter der spezielleren Norm. Die Anwendbarkeit von § 77 III 1 BetrVG auch im Bereich des § 87 I BetrVG wirkt sich lediglich bei Tarifüblichkeit ohne Bestehen gültiger Tarifverträge und nur hinsichtlich materieller Arbeitsbedingungen aus.

Beispiel: In einer Wirtschaftsbranche bestehen seit längerem tarifvertragliche Regelungen über Ansprüche aus betrieblicher Altersversorgung. Die Gewerkschaft kündigt den Tarifvertrag, um höhere Sätze zu erreichen. Sobald der gekündigte Tarifvertrag abgelaufen ist, würde § 87 I BetrVG dem Abschluss einer Betriebsvereinbarung über die Ansprüche (vgl. § 87 Abs. 1 Nr. 8 BetrVG) auch während der Tarifverhandlungen über den gleichen Gegenstand nicht entgegenstehen, da die bloße Nachwirkung des Tarifvertrages für die Sperrwirkung im Rahmen des § 87 BetrVG nicht ausreicht. Wäre § 77 III BetrVG neben § 87 I BetrVG anwendbar, würde eine Tarifvertragspartei, die einen Tarifvertrag kündigt, sich der Gefahr aussetzen, dass die Regelungsmacht der Tarifpartner für diesen Problemkreis in manchen Betrieben durch Betriebsvereinbarungen unterlaufen wird. Sieht man richtigerweise § 77 III BetrVG als anwendbar an, ist eine Betriebsvereinbarung, da es sich um materielle Arbeitsbedingungen handelt, unzulässig.

f) Ein Sonderproblem stellen sog. teilmitbestimmte Betriebsvereinbarungen dar, in denen zugleich mitbestimmungspflichtige und mitbestimmungsfreie Angelegenheiten

---

[86] Vgl. Nachweis in Fn. 84.

[87] Vielfach etwas pathetisch Zwei-Schranken-Theorie genannt. Sie entspricht der wohl immer noch h.L., vgl. ausführlich GK/*Kreutz*, § 77 Rn. 139 ff. mit umfassenden Nachweisen; ausf. auch *Wiese*, SAE 1989, 6 ff.

[88] Vgl. die Nachweise in Fn. 84; aus neurer Zeit etwa *BAG* AP Nr. 1 zu § 21 a BetrVG 1972; *BAG* AP Nr. 3 zu § 77 BetrVG 1972 Durchführung; *BAG* AP Nr. 77 zu § 2 KSchG 1969; *BAG* AP Nr. 26 zu § 4 TVG Geltungsbereich; *Hromadka*, DB 1987, 1991; *Wank*, RdA 1991, 129 ff.; *Heinze*, NZA 1995, 5. Die Auffassung von der Spezialität des § 87 I BetrVG wirkt sich auch auf die Rechtsschutzmöglichkeiten der Gewerkschaft aus, da ein Antrag nach § 23 I, III BetrVG nur auf eine Verletzung des § 77 III BetrVG, nicht dagegen auf einen Verstoß gegen § 87 I BetrVG gestützt werden können soll. Vgl. *BAG* AP Nr. 2 zu § 77 BetrVG 1972 Tarifvorbehalt; *BVerfG* AP Nr. 2 a zu § 77 BetrVG 1972 Tarifvorbehalt.

geregelt werden.[89] Im Anschluss an die neuere Rechtsprechung des BAG war im Schrifttum verbreitet die Auffassung vertreten worden, § 77 III 1 BetrVG gelte nicht für teilmitbestimmte Betriebsvereinbarungen. Zwischenzeitlich hat das BAG klargestellt, dass die Mitbestimmungspflichtigkeit eines Teils der Regelungen einer Betriebsvereinbarung auch auf der Grundlage der sog. Vorrangtheorie nicht dazu führt, dass die Regelungssperre des § 77 III 1 BetrVG für die mitbestimmungsfreien Regelungen aufgehoben ist.[90]

6. Mitbestimmungsrecht und Gesetzesvorbehalt

Nach den Eingangsworten von § 87 I BetrVG hat der Betriebsrat nur mitzubestimmen, soweit eine gesetzliche Regelung nicht besteht. Der Sinn dieser Regelung liegt nicht allein darin, den Gesetzesvorrang zum Ausdruck zu bringen, der ohnehin besteht, sondern zu verdeutlichen, dass Mitbestimmung nur Regelungsspielräume des Arbeitgebers ausfüllen kann. Solche Regelungsspielräume sind dem Arbeitgeber selbstverständlich auch dort genommen, wo im Wege des (notwendig auf Gesetz beruhenden) Verwaltungsakts Festlegungen getroffen worden sind, wie insbesondere im Bereich der Nukleartechnik. Sicherheits- und Kontrollauflagen bzw. -anordnungen im Genehmigungsbescheid etc. können durch Mitbestimmung nicht verringert oder modifiziert werden.[91] Dieser Ausschluss der Mitbestimmung verstößt nicht gegen das GG.[92]

V. Rechtsfolgen unterbliebener Mitwirkung des Betriebsrats

Trifft der Arbeitgeber eine der Mitbestimmung nach § 87 I BetrVG unterliegende Entscheidung ohne Zustimmung des Betriebsrats und ohne verbindlichen Spruch der Einigungsstelle, so tritt die Frage auf, welche Rechtsfolgen sich daran knüpfen.

1. Der Betriebsrat kann seinerseits eine **Entscheidung der Einigungsstelle** herbeiführen, § 87 II BetrVG. Auf die Frage, inwieweit ihm im Rahmen von § 87 I BetrVG ein Initiativrecht zusteht (dazu oben III 4) kommt es nicht an, wenn der Arbeitgeber in einer Angelegenheit zur Neuregelung geschritten ist.

2. Handelt es sich bei der Alleinentscheidung des Arbeitgebers um einen groben Verstoß gegen § 87 I BetrVG, so kann der Betriebsrat unter Umständen beim Arbeitsgericht beantragen, dem Arbeitgeber aufzugeben, dass dieser seine **Entscheidung rückgängig** macht, § 23 III BetrVG. Zu dieser Sanktion auch oben § 48 III 4 und 6. Das Rückgängigmachen einer Entscheidung kann allerdings nicht bedeuten, dass alle Folgen der Entscheidung beseitigt werden müssen, ja nicht einmal, dass stets die mit der Entscheidung getroffene *Maßnahme* rückgängig zu machen ist. Zumindest ist der Grundsatz von Treu und Glauben, insbesondere das Zumutbarkeitsprinzip zu beachten. Die betriebliche Praxis verfährt zum Glück in der Mehrzahl der Fälle auch ohne juristische Hilfe vernünftig. Nach der Rechtsprechung steht dem Betriebsrat unabhän-

---

[89] Hierzu mit eingehender Auswertung von Schrifttum und Rechtsprechung *Fischer,* Die tarifwidrigen Betriebsvereinbarungen, 1998, 245 ff.

[90] *BAG* AP Nr. 10 zu § 77 BetrVG 1972 Tarifvorbehalt; *BAG* AP Nr. 26 zu § 4 TVG Geltungsbereich.

[91] *BAG* AP Nr. 14 zu § 87 BetrVG 1972 Ordnung des Betriebs; *LAG BW* NZA 1987, 251; vgl. dazu *Simitis/Rydzy,* Von der Mitbestimmung zur staatlichen Administration, 1984; *Ziegler,* NZA 1987, 224.

[92] *BVerfG* AP Nr. 2 zu § 87 BetrVG 1972 Gesetzesvorbehalt.

gig von den Voraussetzungen des § 23 III BetrVG ein allgemeiner Unterlassungsanspruch zur Verteidigung seiner Mitbestimmungsrechte aus § 87 BetrVG zu.[93]

3. Schwierig und stark umstritten ist die Frage, inwieweit **rechtliche Maßnahmen** des Arbeitgebers im Rahmen einer mitbestimmungspflichtigen Angelegenheit **rechtsunwirksam** sind, wenn die Zustimmung des Betriebsrats fehlt. Nach der von *Dietz*[94] begründeten Lehre sollte der Betriebsrat lediglich einen durchsetzbaren Anspruch auf Mitwirkung haben, die ohne seine Mitwirkung getroffene Maßnahme sollte aber in ihrer Wirksamkeit davon unabhängig sein (**Theorie der lediglich erzwingbaren Mitbestimmung**). Diese Lehre hatte den Vorzug der Einfachheit und Klarheit, aber den Nachteil, dass dadurch bei Missachtung des Mitbestimmungsrechts stets die Angriffslast dem Betriebsrat aufgebürdet war. Im Gegensatz zu ihr vertreten heute herrschende Lehre und BAG die sog. **Theorie der notwendigen Mitbestimmung**.[95] Nach ihr ist die Beachtung des Mitbestimmungsrechts **Wirksamkeitsvoraussetzung** für alle Maßnahmen im Anwendungsbereich des § 87 I BetrVG.[96] Diese Lehre verhilft dem Mitbestimmungsrecht zu besserer, nämlich selbsttätiger Durchsetzung. Sie ist jedoch zu undifferenziert und in ihren Auswirkungen nicht überall akzeptabel. Wie vor allem *Richardi*[97] gezeigt hat, lässt sie sich nur mit erheblichen Einschränkungen durchführen. Einschränkende Lehren sind aber nicht sämtlich der alten Lehre von der lediglich erzwingbaren Mitbestimmung zuzuordnen.

a) Von der Unwirksamkeit ausgenommen sind alle **Rechtsgeschäfte mit Dritten.** Solche Rechtsgeschäfte unterfallen schon nicht der betrieblichen Regelungsmacht, da diese auf das Verhältnis Arbeitnehmer Arbeitgeber begrenzt ist. Eine Mitbestimmungspflicht, deren Verletzung zur Unwirksamkeit des Rechtsgeschäfts führt, besteht damit schon gar nicht.[98] Verpachtet der Arbeitgeber die Kantine ohne Zustimmung des Betriebsrats, so ist der Pachtvertrag wirksam, auch wenn das Mitbestimmungsrecht nach § 87 I Nr. 8 BetrVG dabei missachtet wurde. Die Verpflichtungs- und Verfügungsfähigkeit des Arbeitgebers im Rechtsverkehr mit Dritten wird durch mitbestimmungsrechtliche Erfordernisse nicht beschränkt.

b) Zumindest nicht generell sinnvoll erscheint die Rechtsfolge der Rechtsunwirksamkeit im Bereich des § 87 I BetrVG für **vertragliche Vereinbarungen zwischen Arbeitgeber und Arbeitnehmern.** Dieses Problem ist mit der Frage verquickt, ob die Mitbestimmungstatbestände mit § 87 Abs. 1 BetrVG nur kollektive Entscheidungen oder auch individuelle Maßnahmen erfassen. Wer Individualmaßnahmen ausnimmt,

---

[93] Grundlegend *BAG* AP Nr. 23 zu § 23 BetrVG; kritisch dazu *Konzen*, Rechtsfragen der Sicherung der betrieblichen Mitbestimmung, NZA 1995, 865.

[94] *Dietz*, BetrVG, 4. Aufl., § 56 Anm. 48 ff.

[95] Ausführlich und grundlegend GK/*Wiese*, § 87 Rn. 101 ff. mit umfassenden Nachweisen; kritisch *Hurlebaus*, Fehlende Mitbestimmung bei § 87 BetrVG, 1987; gegen ihn ausführlich *Wiese*, ZfA 1989, 645. Aus der Rspr. insbesondere *BAG* GS AP Nr. 51 zu § 87 BetrVG 1972 Lohngestaltung; AP Nr. 2, 4 und 6 zu § 56 BetrVG 1952; AP Nr. 84 zu § 611 BGB Urlaubsrecht; AP Nr. 10 zu § 12 AZO; AP Nr. 2 zu § 87 BetrVG 1972 Kurzarbeit. Zu den Auswirkungen der Theorie der notwendigen Mitbestimmung im Bereich des § 87 I Nr. 10 BetrVG vgl. *BAG* AP Nr. 68 zu § 87 BetrVG 1972 Lohngestaltung; AP Nr. 61 zu § 77 BetrVG 1972.

[96] Zu dieser Einschränkung *BAG* AP Nr. 18 zu § 1 BetrAVG Unterstützungskassen und *BAG* AP Nr. 50 zu § 87 BetrVG 1972 Lohngestaltung.

[97] Richardi/*Richardi*, § 87 Rn. 108 ff.; *Richardi*, Festgabe v. Lübtow, 1970, S. 755; *ders.*, Betriebsverfassungsrechtliche Mitbestimmung und Einzelarbeitsvertrag, 1986. In ähnlichem Sinn auch *Schlünder*, Die Rechtsfolgen der Mißachtung der Betriebsverfassung durch den Arbeitgeber, 1991; umf. zu den Schwächen der undifferenzierten Ansicht des *BAG* neuerdings *H. Hanau*, Individualautonomie und Mitbestimmung in sozialen Angelegenheiten, 1994, S. 185 ff.

[98] GK/*Wiese*, § 87 Rn. 112.

kommt selbstverständlich von vornherein zu erheblich geringerer Kollision von Einzelvertragsfreiheit und notwendiger Mitbestimmung. Der Vorwurf an die Theorie notwendiger Mitbestimmung bleibt deshalb richtig, dass sie gerade nur dann vertretbar ist, wenn man die Mitbestimmungsrechte des § 87 BetrVG nicht auf Einzelmaßnahmen erstreckt.

Dass im Übrigen auch im Rahmen der Lehre von der Begrenzung der Mitbestimmung auf kollektive Tatbestände die Unwirksamkeitsfolge bedenklich sein kann, zeigt das Beispiel, dass der Arbeitgeber einer neu eintretenden Gruppe von Arbeitnehmern die Gewährung einer Provision oder Tantieme zusagt; für die Betroffenen wäre es angesichts des Schutzgedankens der betrieblichen Mitbestimmung schwer verständlich, wenn die Wirksamkeit der Zusage wegen einer Missachtung des § 87 I Nr. 10 BetrVG durch den Arbeitgeber zu verneinen wäre.[99] Ähnlich liegt es, wenn der Arbeitgeber einzelvertraglich günstigere Akkord- oder Prämiensätze festlegt, was an sich dem Mitbestimmungsrecht nach § 87 I Nr. 11 BetrVG unterliegt. *Hanau/Adomeit*[100] wollen insoweit mit dem Günstigkeitsprinzip helfen. Aber das hat mit der Notwendigkeit der Mitbestimmung nichts zu tun. Ein anderes Beispiel: Schließt der Arbeitgeber mit einem Arbeitnehmer einen Mietvertrag über eine Werkswohnung, so muss dieser gültig sein, auch wenn die Zustimmung des Betriebsrats zur Zuweisung entgegen § 87 I Nr. 9 BetrVG nicht eingeholt worden ist.[101]

c) Von der Rechtsunwirksamkeit ausgenommen sein müssen schließlich in gewissem Umfang auch **einseitige Rechtsgeschäfte des Arbeitgebers gegenüber dem Arbeitnehmer.** Erteilt der Arbeitgeber einem Arbeitnehmer Urlaub, obwohl ein anderer Arbeitnehmer, der ihn vertreten soll, dem widerspricht, so wäre eine Unwirksamkeit der Urlaubserteilung problematisch, weil sich der begünstigte Arbeitnehmer darauf einrichtet.[102] Das Gleiche gilt, wenn der Arbeitgeber ohne Zustimmung des Betriebsrats Arbeitsverträge zum Zweck der Durchsetzung von Veränderungen kündigt, die der Mitbestimmung des Betriebsrats unterliegen. Dem folgt mittlerweile auch das BAG[103]. Ohne die Theorie der Wirksamkeitsvoraussetzung gänzlich aufzugeben, nimmt es für den wichtigen Bereich der Änderungskündigung eine Einschränkung vor. Die fehlende Mitbestimmung führe nicht zur Unwirksamkeit der **Änderungskündigung,** der Arbeitgeber sei lediglich betriebsverfassungsrechtlich an der Durchsetzung der sozial gerechtfertigten Änderung bis zur Durchführung der Mitbestimmung gehindert. Das

---

[99] Differenzierend *H. Hanau*, Individualautonomie und Mitbestimmung in sozialen Angelegenheiten, 1994, S. 203 ff.

[100] *Hanau/Adomeit*, Rn. 455.

[101] GK/*Wiese*, § 87 Rn. 111, hält (in Abweichung von anderen Vertretern der Theorie der notwendigen Mitbestimmung) entgegen, dass nur die Zuweisung mitbestimmungspflichtig sei. Daran ist richtig, dass nicht der Mietvertrag als solcher zustimmungspflichtig ist. Aber die Frage stellt sich gerade von seiner Theorie her, wie die Folgen sind, wenn der Arbeitgeber mit dem Vertragsabschluß die Zuweisungsentscheidung trifft. Dass der Betriebsrat vom Arbeitgeber evtl. die Kündigung der Wohnung verlangen kann, bleibt angesichts des Mieterschutzes platonisch. Im praktischen Ergebnis besteht daher insoweit kein Unterschied zwischen *Wieses* Auffassung und der hier vertretenen Meinung von der fehlenden Außenwirkung des Zustimmungserfordernisses.

[102] Nach GK/*Wiese*, § 87 Rn. 116 ist der Arbeitnehmer in einem solchen Fall durch einen Schadensersatzanspruch ausreichend geschützt, eine Ausnahme von der Unwirksamkeit sei daher nicht erforderlich.

[103] *BAG* AP Nr. 49 zu § 2 KSchG 1969 mit Anm. Hanau (Abkehr von *BAG* AP Nr. 15 zu § 87 BetrVG Lohngestaltung); *BAG* AP Nr. 43 zu § 77 BetrVG 1972; GK/*Wiese*, § 87 Rn. 121 sieht in der Entscheidung keine generelle Einschränkung der Theorie der Wirksamkeitsvoraussetzungen bei Änderungskündigungen. Die Entscheidung betreffe vielmehr nur einen Fall, in dem die Änderungskündigung an sich schon keinen mitbestimmungspflichtigen Tatbestand erfüllt habe, da es um die im Rahmen des § 87 I Nr. 10 BetrVG mitbestimmungsfreie Herabsetzung eines Dotierungsrahmens ging. Mitbestimmungspflichtig ist aber nur die Aufstellung neuer Verteilungsgrundsätze. Die Ausführungen des *BAG* insb. unter II 3 c bb) der Entscheidungsgründe sprechen aber für eine generelle Einschränkung der Theorie der Wirksamkeitsvoraussetzung für den Bereich der Änderungskündigung; so auch Richardi/*Richardi* § 87 BetrVG, Rn. 128.

BAG zieht in der Frage der Wirksamkeit der Änderungskündigung bei erforderlicher Mitbestimmung nach § 87 I BetrVG damit eine Parallele zu seiner Rechtsprechung zu § 99 BetrVG[104]. Die dort vorgenommene strikte Trennung zwischen kollektivrechtlicher Versetzung und individualrechtlicher Änderungskündigung, wonach die fehlende Zustimmung nach § 99 BetrVG nicht die Unwirksamkeit der individualvertraglichen Maßnahme bedinge, gelte auch im Bereich des § 87 I BetrVG. § 102 I BetrVG sei vielmehr als abschließende Sanktion im Verhältnis der Kündigung zur Mitbestimmung zu sehen.

Beispiel: Der Arbeitgeber spricht nach Anhörung, aber ohne Zustimmung des Betriebsrats eine Änderungskündigung aus, um Akkordsätze herabzusetzen. Arbeitnehmer A sucht sich daraufhin eine neue Stelle.

Die einzelnen Arbeitnehmer sind dadurch auch nicht rechtlos gestellt, da sie die Berechtigung der Kündigung, insbesondere die soziale Rechtfertigung der Änderung des Arbeitsverhältnisses, im Kündigungsschutzverfahren nach § 2 KSchG überprüfen lassen können. Auch der Betriebsrat ist durch diese Auffassung nicht benachteiligt. Vielmehr ist eine schuldrechtliche Verpflichtung des Arbeitgebers gegenüber dem Betriebsrat zur Zurücknahme der Maßnahme anzunehmen, zu der freilich das Einverständnis des Arbeitnehmers erforderlich ist. Da die Kündigung nicht zurückgenommen werden kann, muss eine neuerliche Einstellung erfolgen.

d) Ganz verfehlt ist die von Anhängern der Theorie notwendiger Mitbestimmung vertretene Auffassung, die Unwirksamkeit rechtsgeschäftlicher Maßnahmen sei endgültig und deshalb auch durch **nachträgliche Zustimmung des Betriebsrats** nicht heilbar.[105]

e) Der eigentliche Ansatzpunkt der Lehre von der Rechtsunwirksamkeit liegt bei der **Ausübung des Weisungsrechts.** Soweit der Arbeitgeber generelle Weisungen ohne Einholung der Zustimmung des Betriebsrats trifft, ist Unwirksamkeit anzunehmen. *Beispiele:* Verlegung der betrieblichen Arbeitszeit, Regelung von Fragen der Ordnung des Betriebs. Solchen einseitigen Anordnungen brauchen die Arbeitnehmer keine Folge zu leisten. Das wird sich ohnehin meist schon daraus ergeben, dass entweder eine gültige Betriebsvereinbarung die einschlägigen Fragen anders regelt, oder dass die Betriebsvereinbarung zwar beendet ist, aber noch nachwirkt. Nur soweit ein Fall vorläge, der durch die Betriebsvereinbarung als nicht erfasst anzusehen ist, könnte eine Weisung des Arbeitgebers überhaupt den Arbeitnehmern ein bestimmtes Verhalten einseitig auferlegen. Greift § 87 I BetrVG ein, ist die Weisung unwirksam. Mitbestimmung in sozialen Angelegenheiten wirkt auf diese Weise der Überordnung des Arbeitgebers an ihrem zentralen Punkt entgegen.

§ 50. Mitbestimmung in personellen Angelegenheiten

Literatur: *Alberty,* Fehlende Zustimmung des Betriebs- bzw. Personalrats bei personellen Einzelmaßnahmen …, 1977; *Rummel,* Die Beteiligung des Betriebsrats an der Personalplanung und an personellen Einzelmaßnahmen, 1978; *Heinze,* Personalplanung, Einstellung und Kündigung. Die Mitbestimmung des Betriebsrats bei personellen Maßnahmen, 1982; *Hunold,* Die Mitwirkung und Mitbestimmung des Betriebsrats in allgemeinen personellen Angelegenheiten (§§ 92–95 BetrVG), DB 1989, 1334;

---

[104] Dazu *BAG* AP Nr. 33 zu § 2 KSchG 1969.
[105] GK/*Wiese,* § 87 Rn. 100; *BAG* AP Nr. 113 zu § 87 BetrVG 1972 Lohngestaltung.

Matthes, Verfahrensrechtliche Fragen im Zusammenhang mit Beteiligungsrechten des Betriebsrats bei personellen Einzelmaßnahmen, DB 1989, 1285; *Rumpff/Boewer,* Mitbestimmung in wirtschaftlichen Angelegenheiten und bei der Unternehmens- und Personalplanung, 4. Aufl., 2007; *Buchner,* Freiheit und Bindung des Arbeitgebers bei Einstellungsentscheidungen, NZA 1991, 577; *Weller,* Zur Rechtsprechung des Bundesarbeitsgerichts zur Beteiligung des Betriebsrats an personellen Einzelmaßnahmen, ArbRGegw. 28 (1991), 135; *Heither,* Die Beteiligung des Betriebsrats in personellen Angelegenheiten, AR-Blattei Betriebsverfassung XIV C (1995); *Oetker,* Der Schutz befristet Beschäftigter durch das Recht des Betriebsrats zur Verweigerung der Zustimmung bei unbefristeten Einstellungen (§ 99 II Nr. 3 BetrVG), NZA 2003, 937; *Wahlers,* Einführung und Ausgestaltung eines Assessment-Centers als mitbestimmungs-(mitwirkungspflichtige) Maßnahme, ZTR 2005, 185.

I. Allgemeines

Das BetrVG fasst unter personelle Angelegenheiten drei verschiedene Regelungsbereiche:

(1) Die allgemeinen personellen Angelegenheiten,

(2) Angelegenheiten der Berufsbildung,

(3) Personelle Einzelmaßnahmen.

1. Zu den **allgemeinen personellen Angelegenheiten**[1] zählen die Personalplanung,[2] die Gestaltung von Personalfragebogen,[3] allgemeine Beurteilungsgrundsätze[4] und sog. Auswahlrichtlinien[5] (näher dazu §§ 92, 94 und 95 I und II BetrVG). Diese Regelungen, die zunächst nur untergeordnete praktische Bedeutung hatten, nehmen mit steigendem Einsatz elektronischer Datenverarbeitung im Personalwesen an Aktualität zu.[6]

2. Zu den **Angelegenheiten der Berufsbildung**[7] gehören die Förderung der Berufsbildung im Betrieb, die Gestaltung von Einrichtungen der Berufsbildung und die Durchführung von Berufsbildungsmaßnahmen (näher dazu §§ 96–98 BetrVG).

---

[1] Siehe dazu *Peltzer,* Personalplanung, innerbetriebliche Stellenausschreibung, Personalfragebogen und Auswahlrichtlinien (§§ 92 ff. BetrVG 72), DB 1972, 1164; *Hunold,* Die Mitbestimmung des Betriebsrats in allgemeinen personellen Angelegenheiten (§§ 92–95 BetrVG), DB 1989, 1334; *Mohr,* Personalplanung und BetrVG, 1977; RKW-Handbuch, Praxis der Personalplanung.

[2] Dazu aus der Rspr. *BAG* AP Nr. 2 zu § 92 BetrVG 1972 (Anm. *Kraft*); AP Nr. 3 zu § 92 BetrVG 1972; aus der Literatur *Kadel,* Personalabbauplanung und die Unterrichtungs- und Beratungsrechte des Betriebsrats nach § 92 BetrVG, BB 1993, 797.

[3] Dazu *Zeller,* Die arbeitsrechtlichen Aspekte des Personalfragebogens als Mittel der Personalauswahl, BB 1987, 1522; *Gitter/Henker,* Die Beteiligungsrechte des Betriebsrats bei Personalfragebogen in sicherheits- und sabotagegefährdeten Unternehmen, ZTR 1990, 403; aus der Rspr. *BAG* AP Nr. 4 zu § 94 BetrVG 1972; *LAG Frankfurt/M.* DB 1989, 2036.

[4] Dazu *Jedzig,* DB 1991, 753 und 859; *ders.,* DB 1996, 1337; *BAG* AP Nr. 8 zu § 87 BetrVG 1972 Ordnung des Betriebs (Anm. v. *Hoyningen-Huene*).

[5] Dazu *Zöllner,* Auswahlrichtlinien für Personalmaßnahmen, FS G. Müller, 1981, S. 665; *Richardi,* Die Mitbestimmung des Betriebsrats über Kündigungs- und Versetzungsrichtlinien, FS Stahlhacke, 1995, S. 447. In diesem Zusammenhang s. näher oben § 24 VI 1. Aus der Rspr. *BAG* AP Nr. 2 und 3 zu § 95 BetrVG 1972 Auswahlrichtlinien; AP Nr. 21 zu § 87 BetrVG 1972 Lohngestaltung; *LAG Niedersachsen* DB 1995, 2375.

[6] Dazu näher *Zöllner,* Daten- und Informationsschutz im Arbeitsverhältnis, 1982, S. 77 ff. m.N.; *Boewer,* Die Bedeutung des § 94 BetrVG für die EDV-gestützte Personaldatenverarbeitung, RDV 1988, 13; *Matthes,* Profilabgleich und Mitbestimmung, RDV 1988, 63.

[7] *Oetker,* Betriebsverfassungsrechtliche Aspekte des Ausbildungsverbunds, DB 1985, 1739; *ders.,* Die Mitbestimmung der Betriebs- und Personalräte bei der Durchführung von Berufsbildungsmaßnahmen, 1986; *Kraushaar,* Betriebliche Berufsfortbildung und Betriebsrat, AuR 1989, 173; *Schönfeld/Gennen,* Mitbestimmung bei Assessment-Centern – Beteiligungsrechte des Betriebsrats und des Sprecherausschusses, NZA 1989, 547; *Kraft,* Mitbestimmungsrechte des Betriebsrats bei betrieblichen Berufsbildungs- und sonstigen Bildungsmaßnahmen nach § 98 BetrVG, NZA 1990, 457; *Hammer,* Be-

3. In beiden vorgenannten Regelungsbereichen gewährt das Gesetz dem Betriebsrat unterschiedlich abgestufte Mitwirkungsrechte, die von reinen Informationsrechten über Beratungsrechte und Vorschlagsrechte bis hin zu gleichberechtigter Mitbestimmung ohne (z. B. § 95 I BetrVG) und mit (z. B. § 95 II BetrVG) Initiativrecht reichen. Darauf kann im Einzelnen nicht eingegangen werden.

4. Die **Mitbestimmung bei personellen Einzelmaßnahmen** umfasst zwei für die Praxis wichtige Komplexe: (1) Die Mitbestimmung bei Einstellung, Eingruppierung, Umgruppierung und Versetzung (§§ 99–101 BetrVG) und (2) die Mitbestimmung bei Kündigungen (§§ 102, 103 BetrVG). Die im gleichen Unterabschnitt außerdem geregelte Erzwingung der Entfernung betriebsstörender Arbeitnehmer (§ 104 BetrVG) hat nur relativ geringe Bedeutung[8] und kann hier außer Betracht bleiben.

II. Mitbestimmung bei Einstellung, Eingruppierung, Umgruppierung und Versetzung[9]

§ 99 I BetrVG gewährt dem Betriebsrat Mitbestimmungsrechte bei 4 Arten von personellen Einzelmaßnahmen, nämlich bei Einstellung, Eingruppierung, Umgruppierung und Versetzung. Die Mitbestimmung bei Einstellung und Versetzung eröffnet dem Betriebsrat die Möglichkeit, auf die personelle Zusammensetzung des Betriebs Einfluss zu nehmen und zwar im doppelten Interesse, nämlich zum Schutz des konkret betroffenen Arbeitnehmers und zum Schutz der Belegschaft.

1. Voraussetzungen der Mitbestimmungsrechte

a) Größe des Unternehmens

Das Mitbestimmungsrecht des § 99 BetrVG stellt seit dem Betriebsverfassungs-Reformgesetz von 2001 nicht mehr auf die Größe des Betriebs, sondern die des Unternehmens ab. Danach greift das Mitbestimmungsrecht bei Erreichen eines Schwellenwertes von in der Regel mehr als 20 wahlberechtigten Arbeitnehmern.[10]

b) Personelle Einzelmaßnahmen

Die Mitbestimmung besteht bei folgenden Einzelmaßnahmen:

---

rufsbildung und Betriebsverfassung, 1990; *Hamm,* Mitbestimmung und Berufsbildung, AuR 1992, 326; *Ehrich,* Das Mitbestimmungsrecht des Betriebsrates bei der Bestellung und Abberufung von betrieblichen Bildungsbeauftragten, RdA 1993, 220; *Däubler,* Betriebliche Weiterbildung als Mitbestimmungsproblem, BB 2000, 1190; *Stubbe,* Assessment Center- Rechtliche Grenzen der Verfahren zur Bewerberauswahl, 2006. Aus der Rspr. *BAG* AP Nr. 2, 4 und 5 zu § 98 BetrVG 1972; AP Nr. 8 zu § 95 BetrVG 1972; *BAG* DB 1991, 971.

[8] Sie ist zu unterscheiden von der in der Praxis häufigeren Entlassung von Arbeitnehmern auf Druck der Arbeitnehmerseite (sog. Druckkündigung); dazu oben § 22 III 2 d.

[9] Dazu neben den eingangs Genannten *Schreiber,* Probleme der Mitbestimmung bei personellen Einzelmaßnahmen, RdA 1987, 257; *Bopp,* Beteiligung des Betriebsrats bei Einstellung und Versetzung, 1991; *Dauner-Lieb,* Der innerbetriebliche Fremdfirmeneinsatz auf Dienst- oder Werkvertragsbasis im Spannungsfeld zwischen AÜG und BetrVG, NZA 1992, 817; *Raab,* Individualrechtliche Auswirkungen der Mitbestimmung des Betriebsrats gem. §§ 99, 102 BetrVG, ZfA 1995, 479.

[10] Zu der problematischen Frage der Anwendungsvoraussetzungen des § 99 I BetrVG bei Vorliegen eines Gemeinschaftsbetriebs infolge fehlender Abstimmung mit §§ 99, 111 BetrVG *BAG* AP Nr. 40 zu § 99 BetrVG 1972 Versetzung mit Anm. *Däubler;* kritisch dazu die Entscheidungsbesprechung von *Reichold,* Betrieb und/oder Unternehmen – Note mangelhaft für den Reform-Gesetzgeber, NZA 2005, 622. Diese Rechtsprechung, wonach das Mitbestimmungsrecht des § 99 BetrVG im Gemeinschaftsbetrieb eingreift, auch wenn jedes der beteiligten Unternehmen weniger als 20 Arbeitnehmer hat, ist falsch und abzulehnen.

aa) Einstellungen.[11] Darunter ist – entgegen allen Aufweichungen durch die Rechtsprechung – auch der Abschluss eines Arbeitsvertrages zu verstehen. Wo dieser bereits rechtswirksam besteht, ist Einstellung die tatsächliche Eingliederung des Arbeitnehmers in den Betrieb. Das Mitbestimmungsrecht kann nicht nur bei Neubegründung eines Arbeitsverhältnisses, sondern auch dann zur Anwendung kommen, wenn ein Arbeitnehmer etwa aus einem Betrieb desselben Unternehmens in einen anderen Betrieb versetzt wird (für den abgebenden Betrieb Versetzung für den aufnehmenden Betrieb Einstellung).[12] Nach der Rechtsprechung sind auch die Verlängerung befristeter Arbeitsverhältnisse und sogar ihre Umwandlung in unbefristete der Mitbestimmung unterworfen. In beiden Fällen habe sich die erste Mitbestimmung allein auf ein zeitlich befristetes Arbeitsverhältnis bezogen, weswegen die zeitlich darüber hinausgehende Beschäftigung eine erneute Mitbestimmung erforderlich mache.[13] Dies geht zu weit, widerspricht es doch dem Schutzzweck des Mitbestimmungsrechts. Das BAG macht hiervon eine Ausnahme nur beim befristeten Probearbeitsverhältnis.[14] In die Reihe dieser zu weitgehenden Rechtsprechung zum Einstellungsbegriff fügt sich eine neuere Entscheidung ein, wonach eine Einstellung auch dann vorliegen soll, wenn die Arbeitszeit eines bislang bereits Beschäftigten nicht nur unwesentlich erhöht wird[15]. Nach der Rechtsprechung setzt Einstellung damit nur die weisungsgebundene Eingliederung in den Betrieb voraus, wobei auch ein bereits Beschäftigter im Sinne des § 99 „eingestellt" werden kann.

Das Arbeitsverhältnis des Arbeitnehmers, dessen Eingliederung in die Betriebsorganisation das Mitbestimmungsrecht auslöst, kann auch mit Dritten bestehen. So muss bei der Beschäftigung von Leiharbeitnehmern, also Arbeitnehmern des Verleihers, nach § 14 Abs. 3 AÜG der Betriebsrat des Entleiherbetriebs zustimmen[16]. Diese Vorschrift umfasst allerdings nur die erlaubte gewerbsmäßige Überlassung. Die h.M. will die Beschäftigung nicht gewerbsmäßig überlassener (echter) Leiharbeitnehmer ebenso behandeln[17] (sehr zweifelhaft). Bei sonstigem Fremdarbeitnehmereinsatz[18], d.h. bei der Beschäftigung von Arbeitnehmern aufgrund von Werkverträgen mit Dritten, liegt eine

---

[11] *Dauner-Lieb*, Der innerbetriebliche Fremdfirmeneinsatz auf Dienst- oder Werkvertragsbasis im Spannungsfeld zwischen AÜG und BetrVG, NZA 1992, 817; *Ehrich*, Widerspruchsrecht des Betriebsrats bei Neubesetzung der Stelle eines befristet beschäftigten Arbeitnehmers, BB 1992, 1483; *Reiserer*, Der Umfang der Unterrichtung des Betriebsrats bei Einstellungen, BB 1992, 2499; *Kreuder*, Fremdfirmeneinsatz und Beteiligung des Betriebsrats, AuR 1993, 316; *Hamann*, Beteiligungsrechte des Betriebsrats beim Einsatz von Fremdpersonal, WiB 1996, 369; *Richardi*, Mitbestimmung beim Personaleinsatz von Beamten in privatisierten Postunternehmen, NZA 1996, 953; *Hunold*, Fortentwicklung des Einstellungsbegriffs in der Rechtsprechung des BAG, NZA 1998, 1025; *Hunold*, Änderung, insbesondere Erhöhung der vertraglichen Arbeitszeit als Einstellung, NZA 2005, 910.

[12] Vgl. *BAG* AP Nr. 12 zu § 99 BetrVG; *BAG* AP Nr. 40 zu § 99 BetrVG 1972; *Hassan*, NZA 1989, 373. Differenzierend *Rumpf*, Die mitbestimmungsrechtliche Lage bei Verlegung von Arbeitnehmern von einem Betrieb zu einem anderen Betrieb desselben Unternehmens, BB 1973, 707.

[13] So die h.M. in der Literatur und *BAG* AP Nr. 82 zu § 99 BetrVG 1972 m.N.; *Oetker*, Der Schutz befristet Beschäftigter durch das Recht des Betriebsrats zur Verweigerung der Zustimmung bei unbefristeten Einstellungen (§ 99 II Nr. 3 BetrVG), NZA 2003, 937; *Preis*, Mitbestimmung bei Teilzeitarbeit und befristeter Beschäftigung, NZA-Sonderheft 2001, 31.

[14] Siehe Fn. 13.

[15] Änderung der Rechtsprechung mit Urteil *BAG* AP Nr. 114 zu § 87 BetrVG 1972 Arbeitszeit mit Anm. *Kort* = EzA § 99 BetrVG 2001 mit Anm. *Thüsing/Fuhlrott*.

[16] *Hanau*, Betriebsverfassungsrechtliche Auswirkungen der Reform der Arbeitnehmerüberlassung, NZA 2003, 526.

[17] GK/*Kraft/Raab*, § 99 Rn. 30 m.w.N.; *BAG* AP Nr. 60 zu § 99 BetrVG 1972; AP Nr. 2 zu § 14 AÜG; *Richardi/Thüsing*, § 99 Rn. 50; *Hess/Schlochauer/Worzalla/Glock*, BetrVG, 7. Aufl., 2007, § 99 Rn. 30.

[18] *Walle*, Betriebsverfassungsrechtliche Aspekte beim werkvertraglichen Einsatz von Fremdpersonal, NZA 1999, 518.

Einstellung grundsätzlich nicht vor, da dies eine Einmischung in unternehmerische Gestaltungsfragen bedeuten würde und zudem dem Betriebsrat Aufgaben übertragen würden, für die er nicht legitimiert ist. Eine Ausnahme besteht hier nach der Rechtsprechung nur dann, wenn der Arbeitgeber auch gegenüber dem Fremdpersonal wenigstens einen Teil der Arbeitgeberstellung innehat.[19]

Gleiches gilt für die Beschäftigung eines freien Mitarbeiters.[20] Bei dem Einsatz von Fremdarbeitnehmern ist daher neben der Eingliederung eine zumindest teilweise weisungsgebundene Tätigkeit, die der Verwirklichung des arbeitstechnischen Zwecks des Betriebes dient, von besonderer Relevanz. Beim Einsatz von Testkäufern hat das BAG eine Einstellung i.S.d. § 99 BetrVG zu Recht abgelehnt.[21]

bb) Eingruppierung.[22] Sie ist die Einstufung des Arbeitnehmers in eine bestimmte Lohngruppe eines im Betrieb angewendeten allgemeinen Lohnsystems. In der Regel, aber nicht notwendig, beruht dieses auf einem Tarifvertrag. Ob dieser Tarifvertrag für den Arbeitnehmer normativ gilt oder nur kraft Bezugnahme im Einzelarbeitsvertrag oder kraft Betriebsüblichkeit ist gleichgültig. Dagegen erfasst das Mitwirkungsrecht nicht die individualvertragliche Festlegung der Vergütungshöhe. Denn von der Eingruppierung in dem vorstehend zugrundeliegenden Sinn zu unterscheiden ist es, wenn der Arbeitgeber eine bestimmte Eingruppierung als individualvertragliche Abmachung trifft (dem Arbeitnehmer damit z.B. ein höheres Entgelt als tarifvertraglich erforderlich verschafft). In diesem Fall handelt es sich um eine mitbestimmungsfreie individualvertragliche Abrede.

cc) Umgruppierung.[23] Darunter versteht man die Überführung des Arbeitnehmers in eine andere Lohn- oder Gehaltsgruppe, gleichgültig ob diese Überführung durch die Änderung der Tätigkeit, des Lohnsystems (z.B. eines Tarifvertrags) oder der Auslegung eines Tarifvertrags veranlasst ist.

dd) Versetzung.[24] Für den Versetzungsbegriff besteht eine auch für § 99 BetrVG maßgebende, textlich freilich nicht geglückte Legaldefinition in § 95 III BetrVG. Ver-

---

[19] *BAG*, SAE 1996, 157 mit Anm. *Waas.*

[20] *BAG* AP Nr. 81 zu § 93 BetrVG 1972; nach der Rechtsprechung hat der Betriebsrat aber nach § 80 II BetrVG einen Anspruch aus Unterrichtung über die Beschäftigung sämtlicher freier Mitarbeiter *BAG* AP Nr. 56 zu § 80 BetrVG 1972; kritisch hierzu *Pohle,* Die Unterrichtung des Betriebsrats über die Beschäftigung von freien Mitarbeitern, BB 1999, 2401.

[21] *BAG* AP Nr. 34 zu § 99 BetrVG 1972 Einstellung.

[22] Zum Umfang der Mitwirkung siehe *BAG* AP Nr. 4, 18, 62, 110 zu § 99 BetrVG 1972; *BAG* AP Nr. 28 zu § 99 BetrVG 1972 Eingruppierung; *BAG* (31. 10. 1995), DB 1996, 142; *Veit,* Die Sicherung des Mitbestimmungsrecht des Betriebsrats bei Eingruppierungen, RdA 1990, 325; *Dütz,* Mitbestimmungssicherung bei Eingruppierungen, AuR 1993, 64; *Hey,* Individualanspruch und Mitbestimmung bei Eingruppierungen, BB 1995, 458; *Mehlich,* Rechtliche Einordnung und Korrektur einer unzutreffenden tariflichen Eingruppierung, DB 1999, 1319; *v. Hoyningen-Huene,* Anm. zu *BAG* 30. 10. 2001 – 1 ABR 8/01 – Verlängerung der Wochenarbeitszeit ohne Lohnausgleich – Ersetzung der Zustimmung des Betriebsrats, SAE 2003, 18.

[23] Dazu *Kappes,* Zustimmungsverweigerung des Betriebsrats bei Höhergruppierung?, DB 1991, 333. Aus der Rspr. *BAG* AP Nr. 32 u. 79 zu § 99 BetrVG 1972; *BAG* NZA 1990, 359; *BAG* AP Nr. 19 zu § 99 BetrVG 1972 Eingruppierung.

[24] Dazu *Hurlebaus,* Das Mitwirkungsrecht des Betriebsrats nach § 99 Abs. 2 Ziff. 4 BetrVG bei verhaltensbedingten Versetzungen, DB 1983, 2137; *Belling,* Das Mitbestimmungsrecht des Betriebsrats bei Versetzungen, DB 1985, 335; *Gaul,* Betriebsverfassungsrechtliche Aspekte einer Entsendung von Arbeitnehmern ins Ausland, BB 1990, 697; *v. Hoyningen-Huene/Boemke,* Die Versetzung, 1991; *Ehrich,* Die individualrechtlichen Auswirkungen des fehlenden Zustimmung des Betriebsrats i.S. von § 99 BetrVG auf die Versetzung des Arbeitnehmers, NZA 1992, 731; *v. Hoyningen-Huene,* Grundlagen und Auswirkungen einer Versetzung, NZA 1993, 145; *Griese,* Die Mitbestimmung bei Versetzungen, BB 1995, 458; *Aigner,* Die kurzfristige Änderung des Arbeitsorts – Versetzung i.S. von § 95 BetrVG, DB 1996, 1237; *Hunold,* Die Rechtsprechung zur Mitbestimmung bei Versetzungen, NZA-RR 2001, 617.

setzung ist danach die Zuweisung eines anderen Arbeitsbereichs, wenn sie für länger als einen Monat vorgesehen ist, bei kürzerer Dauer auch schon dann, wenn eine erhebliche Änderung der Arbeitsumstände damit verbunden ist. Die Abgrenzung in der Praxis ist oft schwierig.[25] Zu beachten ist, dass § 95 III BetrVG lediglich den betriebsverfassungsrechtlichen Versetzungsbegriff definiert, d. h. festlegt, wann ein Mitbestimmungsrecht des Betriebsrats gem. § 99 BetrVG gegeben ist. Die Vorschrift besagt dagegen nichts darüber, ob der Arbeitgeber individualrechtlich befugt ist, dem Arbeitnehmer einen anderen Arbeitsbereich zuzuweisen, insbesondere ob eine solche Zuweisung im Wege des Direktionsrechts erfolgen kann. Sofern zum Zwecke der Änderung des Arbeitsbereiches eine Änderungskündigung ausgesprochen werden muss, ist § 102 BetrVG *neben* § 99 BetrVG anzuwenden.[26] Geht es um die Versetzung eines Betriebsratsmitglieds, ist das Zustimmungserfordernis des § 103 III BetrVG zu beachten (dazu § 50 V).

Kennzeichnend für die Versetzung ist die **Veränderung des Arbeitsbereichs.** Wann sie vorliegt ist unklar und umstritten. **Drei Elemente** konstituieren den Arbeitsbereich: Die **Art** der Tätigkeit, der **Ort** der Arbeitsleistung und die **Stellung** des Arbeitnehmers in der betrieblichen Organisation. Der Arbeitsbereich ist daher funktional-räumlich zu verstehen, womit eine Änderung von Lage und oder Dauer der Arbeitszeit keine Versetzung darstellt[27]. Nicht jede Veränderung eines dieser Elemente für sich allein kann jedoch schon als Versetzung angesehen werden. Vielmehr muss es eine Veränderung sein, die von einer gewissen Erheblichkeit ist. Insbesondere rein örtliche Veränderungen der Arbeitsstelle innerhalb des Betriebes, z. B. Verlegung des Büros, Wechsel an einen anderen Schreibtisch, bedeuten in der Regel keine Versetzung.[28]

Nicht als Versetzung anzusehen ist nach der Ausnahmebestimmung des § 95 III 2 BetrVG die Zuweisung eines jeweils anderen Arbeitsplatzes, wenn Arbeitnehmer nach der Eigenart ihres Arbeitsverhältnisses üblicherweise nicht ständig an einem bestimmten Arbeitsplatz beschäftigt werden. Darunter fallen z. B. Bauarbeiter, Montagearbeiter sowie sogenannte Springer, die zu dem Zweck eingestellt sind, an Bedarfsstellen jeweils „einzuspringen".

Versetzung ist begrifflich auch die Umsetzung eines Arbeitnehmers in einen anderen Betrieb des Arbeitgebers und zwar ebenso die vorübergehende als auch die dauernde. Bei der dauernden Versetzung entfällt aber ein Mitbestimmungsrecht des Betriebsrats im abgebenden Betrieb, wenn der Arbeitnehmer aufgrund freier Entscheidung damit einverstanden ist.[29] In diesem Fall hat nur der Betriebsrat des aufnehmenden Betriebs mitzubestimmen (Einstellung). Keine Versetzung ist dagegen mangels Zuweisens eines neuen Arbeitsbereichs die Freistellung des Arbeitnehmers.[30]

---

[25] Beispiele aus der Rspr.: *BAG* AP zu § 95 BetrVG 1972, und zwar Nr. 4 (Wechsel von Schreibmaschine zu Bildschirmgerät keine Versetzung); Nr. 8 (Zuweisung anderer Ausbildungsstätte, Versetzung bejaht); Nr. 13 (anderer Arbeitsbereich auch bei bloßer Änderung der Arbeitsumstände); Nr. 17; 18 (Änderung des Arbeitsorts mit längerer Anfahrt). Ferner *BAG* AP zu § 99 BetrVG 1972, und zwar Nr. 33 (Veränderung des Arbeitsorts); Nr. 55 und 56 (Abordnung in eine Filiale); Nr. 76 (vorübergehende Entsendung in andere Filiale); *BAG* AP Nr. 26 zu § 95 BetrVG 1972 (Entsendung in Tochterunternehmen); *BAG* 2. 4. 1996, NZA 1997, 112 (teilweise Entzug von Arbeitsaufgaben); *LAG Köln* NZA 1997, 280 (Wechsel der Arbeitsgruppe bei Gruppenarbeit).

[26] *BAG* AP Nr. 33 zu § 95 BetrVG 1972; NZA 1994, 187.

[27] *BAG* AP Nr. 28, 33 zu § 95 BetrVG 1972; *BAG* AP Nr. 114 zu § 87 BetrVG 1972.

[28] S. aber *LAG Köln* NZA 1994, 911: Ortsveränderung bei Einsatz von Bodenpersonal als Frachtbegleiter (bedenklich).

[29] Vgl. *BAG* AP Nr. 84 zu § 99 BetrVG 1972.

[30] *BAG* AP Nr. 39 zu § 95 BetrVG 1972; *Fischer*, Einseitige Freistellung und Entzug von Arbeitsaufgaben durch den Arbeitgeber als Versetzung, ArbuR 2004, 253.

2. Mitbestimmungsrechte

a) Unterrichtungspflicht

Der Arbeitgeber muss den Betriebsrat über eine beabsichtigte mitbestimmungspflichtige Personalmaßnahme vorher unterrichten. Zu diesem Zweck muss er dem Betriebsrat auch die erforderlichen Unterlagen zugänglich machen. Dazu gehören die Unterlagen nicht berücksichtigter Bewerber jedenfalls nicht ohne weiteres.[31] Erforderlich sind für den Betriebsrat die Unterlagen der nicht berücksichtigten Bewerber nur, wenn nach den Umständen in der Auswahl des Begünstigten ein Widerspruchsgrund liegen kann. Das ist keineswegs generell der Fall, wohl aber z.B., wenn Auswahlrichtlinien im Betrieb vereinbart sind, die auch für Einstellungen gelten sollen oder im Hinblick auf das Benachteiligungsverbot des § 7 AGG[32], wenn sich Personen verschiedenen Geschlechts beworben haben. Der Betriebsrat kann dann die ihm obliegenden Nachprüfungen nur vornehmen, wenn er alle Bewerber für einen Arbeitsplatz kennt. Näher zum Umfang der Auskunftspflicht § 99 I BetrVG. Nicht erforderlich sind die Überlassung des Arbeitsvertrags[33] und die Mitteilung der Höhe des Arbeitsentgelts.[34]

b) Zustimmungsbedürftigkeit

Der Arbeitgeber muss zu der geplanten personellen Einzelmaßnahme die Zustimmung des Betriebsrats einholen, § 99 I BetrVG. Der Kontext dieser Regelung ebenso wie § 100 BetrVG lassen klar erkennen, dass die Einholung der Zustimmung vor der Maßnahme erfolgen muss. Das Zustimmungserfordernis hat sachlich und rechtlich nicht das gleiche Gewicht wie bei der Mitbestimmung in sozialen Angelegenheiten (vgl. auch oben § 48 I 5). Das zeigt sich an folgenden Besonderheiten.

aa) Zustimmungsverweigerungsrecht. Der Betriebsrat kann die Zustimmung nicht nach freiem Ermessen, sondern **nur aus bestimmten in § 99 II BetrVG abschließend aufgeführten Gründen verweigern.**[35] Allerdings darf der Arbeitgeber nicht einfach, wenn ein Grund für die Verweigerung nicht vorliegt, die Zustimmung als erteilt ansehen, sondern er muss die verweigerte Zustimmung vom Arbeitsgericht ersetzen lassen, § 99 IV BetrVG.[36] Das gilt insbesondere, falls die vom Betriebsrat gegebene Begründung für die Zustimmungsverweigerung nicht zutrifft.[37] Hingegen braucht die gegebene Begründung nicht im Hinblick auf einen der Tatbestände des § 99 II BetrVG

---

[31] Sehr streitig. Die Vorlage dieser Unterlagen in allen Fällen hält für erforderlich *BAG* AP Nr. 1, 29, 100 zu § 99 BetrVG 1972; AP Nr. 18 zu § 118 BetrVG 1972. Zur Unterrichtungspflicht bei Einschaltung eines Personalberatungsunternehmens *BAG* AP Nr. 85 zu § 99 BetrVG 1972. Zum Problem *Pauly*, BB 1981, 501.

[32] § 611 a BGB ist aufgrund des AGG entfallen.

[33] *BAG* AP Nr. 51 zu § 99 BetrVG 1972.

[34] *BAG* AP Nr. 74 zu § 99 BetrVG 1972.

[35] Beispielsfälle zu § 99 II BetrVG: *BAG* AP Nr. 1 zu § 100 BetrVG 1972; AP Nr. 1 zu § 101 BetrVG 1972; *BAG* AP Nr. 10, 46, 50, 60, 77, 78 zu § 99 BetrVG 1972; *BAG* AP Nr. 5 zu § 99 BetrVG 1972 Versetzung; *BAG* 2. 4. 1996, NZA 1997, 219; *BAG* 9. 7. 1996, NZA 1997, 447; *LAG Düsseldorf* NZA 1986, 200; *LAG Köln* NZA 1990, 71. Aus der Literatur: *Frohner*, Zum Begriff des sonstigen Nachteils im Sinne des § 99 Abs. 2 Ziff. 3 BetrVG, AuR 1978, 365; *Dannhäuser*, Die Unbeachtlichkeit der Zustimmungsverweigerung des Betriebsrats bei personellen Einzelmaßnahmen, NZA 1989, 617.

[36] Dazu *Boemke*, Das arbeitsgerichtliche Zustimmungsersetzungsverfahren nach § 99 Abs. 4 BetrVG, ZfA 1992, 473.

[37] Zu den Anforderungen an eine ordnungsgemäße Begründung *BAG* AP Nr. 50, 57 zu § 99 BetrVG 1972.

schlüssig zu sein. Kein Zustimmungsverweigerungsrecht begründet bei befristeter Einstellung die Unzulässigkeit der Befristung,[38] weil diese nicht das Arbeitsverhältnis gesetzwidrig macht, sondern dem Arbeitnehmer die Möglichkeit gibt, sich auf unbefristete Einstellung zu berufen.

bb) Zustimmungsfiktion. Die Zustimmung des Betriebsrats braucht **nicht immer positiv erklärt zu werden.** Sie gilt vielmehr als erteilt, wenn der Betriebsrat die Zustimmungsverweigerung nicht fristgerecht und ordnungsgemäß, d.h. binnen Wochenfrist schriftlich und mit Gründen versehen, verweigert, § 99 III S. 2 BetrVG. Diese Ersetzungswirkung tritt nicht nur ein, wenn der Betriebsrat schweigt, sondern auch, wenn er die vorgeschriebene Schriftform nicht einhält, eine Begründung unterlässt, nur eine formelhafte Begründung gibt (z.B. nur den Gesetzestext wiederholt) oder kein wirksamer Betriebsratsbeschluss vorliegt[39]. Eine Zustimmungsverweigerung, die die Anforderungen des § 99 III S. 1 BetrVG nicht einhält, ist damit unwirksam.[40] Das gilt auch, wenn sich die Begründung keinem der Tatbestände des § 99 II BetrVG zuordnen lässt.[41] Neue Zustimmungsverweigerungsgründe können nach Ablauf der Wochenfrist auch nicht nachgeschoben werden, allein zusätzliche rechtliche Erläuterungen zu fristgerecht vorgebrachten Verweigerungsgründen sind nach Ablauf der Wochenfrist zulässig.[42] Die Wochenfrist beginnt aber nur zu laufen, wenn der Arbeitgeber den Betriebsrat ordnungsgemäß unterrichtet hat.[43] Holt er fehlende Informationen nach, beginnt die Wochenfrist neu. Der Betriebsrat muss erkennbare Mängel der Unterrichtung rügen, sonst verwirkt er sein Zustimmungsverweigerungsrecht. Die Wochenfrist kann selbstverständlich durch Vereinbarung von Arbeitgeber und Betriebsrat verlängert werden,[44] und zwar sowohl von Fall zu Fall als auch generell durch Betriebsvereinbarung.

Die Zustimmungsverweigerungsgründe des § 99 II BetrVG lassen zwar de iure dem Arbeitgeber viel Entscheidungsfreiheit. Gleichwohl ist das Gewicht des Zustimmungserfordernisses groß, weil das Verfahren der Zustimmungsersetzung umständlich und für viele personelle Maßnahmen zu langwierig und unsicher erscheint. Das gibt dem Betriebsrat relativ viel Macht, von der in der Praxis auch mitunter ein über die gesetzliche Intention hinausgehender Gebrauch gemacht wird, durch Verweigerung der Zustimmung zu notwendigen Einstellungen oder Drohung mit der Verweigerung, ohne dass Gründe im Sinn des § 99 II BetrVG vorliegen. Das Risiko einer unberechtigten Zustimmungsverweigerung ist für den Betriebsrat nicht groß, weil er auch in einem für den Arbeitgeber siegreichen Arbeitsgerichtsverfahren zur Ersetzung der Zustimmung keine Kosten zu tragen braucht und in aller Regel auch nicht schadensersatzpflichtig wird. Allerdings verstößt der Betriebsrat durch wiederholte unbegründete Zustimmungsverweigerung gröblich gegen seine Amtspflicht, insbesondere gegen das Gebot vertrauensvoller Zusammenarbeit. Von der hierzu eingreifenden Sanktion des § 23 I BetrVG wird aber der Arbeitgeber nur höchst ungern Gebrauch machen.

---

[38] *BAG* AP Nr. 8 und 21 zu § 99 BetrVG 1972; AP Nr. 4 zu § 99 BetrVG 1972 Einstellung (Abs. 2 Nr. 1 ist kein Instrument der Inhaltskontrolle); zum Problem *v. Altrock*, DB 1987, 785.

[39] *BAG* AP Nr. 7 zu § 25 BetrVG 1972.

[40] Vgl. *BAG* AP Nr. 1 und 3 zu § 101 BetrVG 1972; AP Nr. 11, 57 zu § 99 BetrVG 1972. Vgl. aber auch einschränkend AP Nr. 21 und 34 ebenda. Vgl. auch *Brune*, NZA 1989, 617.

[41] *BAG* AP Nr. 11, 57 zu § 99 BetrVG 1972 mit der Folge, dass die Klage des Arbeitgebers auf Zustimmungsersetzung wegen der Zustimmungsfiktion des § 99 III BetrVG mangels Rechtsschutzbedürfnisses unzulässig und in einen Feststellungsantrag umzudeuten ist s. auch MünchArbR/*Matthes*, § 352, Rn. 116.

[42] *BAG* AP Nr. 20 zu § 99 BetrVG 1972; *BAG* AP Nr. 18 und 27 zu § 99 BetrVG 1972 Eingruppierung; MünchArbR/*Matthes*, § 352, Rn. 100.

[43] *BAG* AP Nr. 34 zu § 99 BetrVG 1972.

[44] *BAG* AP Nr. 18, zu § 99 BetrVG 1972; *BAG* AP Nr. 44 zu § 99 BetrVG 1972 Einstellung.

3. Vorläufige personelle Maßnahmen[45]

Demgegenüber ist es von Bedeutung, inwieweit der Arbeitgeber auch ohne Zustimmung des Betriebsrats in Bezug auf personelle Einzelmaßnahmen betriebsverfassungsrechtlich handlungsfähig bleibt. Oft lässt sich eine personelle Maßnahme nicht aufschieben, bis das Gericht über die Zustimmungsersetzung entschieden hat, z. B. weil eine frei gewordene Stelle rasch wieder besetzt werden muss oder weil der Arbeitgeber zur Erledigung zusätzlicher Aufträge weitere Arbeitnehmer einstellen muss. Mitunter würde dem Arbeitgeber auch ein hochqualifizierter Arbeitnehmer entgehen, der auf rasche Annahme seiner Bewerbung Wert legt und den Ausgang eines Zustimmungsverfahrens nicht abwarten will.

a) Liegen sachliche Gründe vor, die eine Durchführung der personellen Maßnahme dringend erforderlich machen, so kann der Arbeitgeber die **Maßnahme vorläufig durchführen,** bevor der Betriebsrat sich geäußert oder wenn er die Zustimmung verweigert hat[46]. Der von der vorläufigen personellen Einzelmaßnahme betroffene Arbeitnehmer ist nach § 100 I 2 BetrVG vom Arbeitgeber über die Sach- und Rechtslage aufzuklären. Eine Missachtung der Aufklärungspflicht kann zu einer Schadensersatzhaftung des Arbeitgebers nach §§ 280, 311 II BGB führen. Zusätzlich muss der Arbeitgeber den Betriebsrat von der vorläufigen Maßnahme unverzüglich unterrichten, § 100 II BetrVG. Der Betriebsrat kann hierauf in zweierlei Weise reagieren.

b) Er kann seine Zustimmung gem. § 99 II BetrVG erteilen oder eine bereits erklärte Zustimmungsverweigerung zurücknehmen[47]. Die Maßnahme ist damit endgültig rechtens.

c) Der Betriebsrat kann sich aber auch gegen die Maßnahme wenden. In diesem Fall ist der Arbeitgeber grundsätzlich zum Handeln gezwungen, wobei die Rechtslage aufgrund der unvollständigen und unglücklichen gesetzlichen Regelung teilweise unklar ist.[48] Zur besseren Übersicht ist danach zu differenzieren, was der Betriebsrat im Einzelnen gegenüber der vorläufigen personellen Einzelmaßnahme rügt: Die fehlende Eilbedürftigkeit und bzw. oder das Eingreifen eines Zustimmungsverweigerungsgrundes.

aa) Der Betriebsrat wendet sich **gegen** die **Eilbedürftigkeit** der Maßnahme und **verweigert** außerdem **unter Berufung auf einen Zustimmungsverweigerungsgrund** nach § 99 II BetrVG seine **Zustimmung** zu der Maßnahme (das wird der Regelfall sein).
Der Arbeitgeber muss in diesem Fall, wenn er die Maßnahme als vorläufige aufrechterhalten will, binnen drei Tagen sowohl die Ersetzung der Zustimmung des Betriebsrats im Sinn von § 99 IV BetrVG als auch die Feststellung beantragen, dass die Maßnahme aus sachlichen Gründen dringend erforderlich war, § 100 II BetrVG. Stellt der Arbeitgeber diese Anträge nicht oder nicht rechtzeitig, so darf er die Maßnahme nicht aufrechterhalten. Er unterliegt dann dem Zwangsverfahren nach § 101 BetrVG. Stellt er die Anträge und gibt das Gericht beiden statt, so wird die Maßnahme endgültig wirksam. Weist das Gericht beide Anträge ab, so darf die Maßnahme mit Ablauf von zwei Wochen nach Rechtskraft der Entscheidung nicht mehr aufrechterhalten werden, § 100 III BetrVG. Dass sie „endet", wie die Vorschrift vorsieht, ist missverständlich. Hält der Arbeitgeber die Maßnahme trotzdem aufrecht, unterliegt er ebenfalls dem Zwangsverfahren nach § 101 BetrVG.

---

[45] *Lahusen,* Zur Durchsetzung vorläufiger personeller Einzelmaßnahmen, NZA 1989, 869; *Ebert,* Zustimmungsverweigerung nach § 99 III BetrVG – Zustimmungsersetzungsverfahren und vorläufige personelle Maßnahme, ArbRB 2005, 157.
[46] Das Verfahren nach § 100 BetrVG stellt eine Sonderregelung zum einstweiligen Verfügungsverfahren nach § 85 II ArbGG, §§ 935 f. ZPO dar.
[47] Eine erteilte Zustimmung kann im Unterschied zur Zustimmungsverweigerung dagegen nicht zurückgenommen werden MünchArbR/*Matthes* § 352 Rn. 105.
[48] Beispielsfall *BAG* AP Nr. 10 zu § 99 BetrVG 1972.

Lehnt das Gericht die Ersetzung der Zustimmung ab, so gelten die gleichen Rechtsfolgen wie bei Ablehnung beider Anträge.[49] Nach der Formulierung des Gesetzes soll ferner das gleiche gelten, wenn das Gericht lediglich feststellt, dass die Maßnahme aus sachlichen Gründen nicht dringend erforderlich war. Das ist eine gesetzgeberisch wenig glückliche Regelung, weil mit der dadurch erforderlichen Beendigung der Maßnahme ja nicht nur der Arbeitgeber getroffen wird, sondern auch der beteiligte Arbeitnehmer. Es handelt sich um eine überschießende Sanktion, deren verfassungsrechtliche Zulässigkeit schweren Bedenken unterliegt (auf nicht hinreichenden Sachgründen beruhender Eingriff in die Vertragsfreiheit). Da die rigorose Rechtsfolge nicht einmal auf den Fall des Verschuldens des Arbeitgebers eingeschränkt ist, wird die vorläufige Durchführung einer Maßnahme mit einem schweren Risiko für den Arbeitgeber belastet. Eine Mindestkorrektur des Gesetzes hat jedenfalls dahin zu gehen, dass bei rechtswidriger Zustimmungsverweigerung durch den Betriebsrat die Maßnahme aufrechterhalten bleiben kann.[50]

bb) Der Betriebsrat ist der Meinung, gegen die personelle Maßnahme an sich **keinen Zustimmungsverweigerungsgrund** im Sinn von § 99 II BetrVG geltend machen zu können, hält aber gleichwohl die **vorläufige Durchführung** für **nicht gerechtfertigt.**

In diesem Fall ist zweifelhaft, ob er gegen die Maßnahme etwas unternehmen kann. Dagegen spricht, dass § 100 II 3 BetrVG dem Arbeitgeber nicht nur aufgibt, die Feststellung der sachlich dringenden Erforderlichkeit beim Arbeitsgericht zu betreiben, sondern auch die Ersetzung der Zustimmung, was offensichtlich unsinnig wäre, wenn der Betriebsrat selbst keinen Grund zur Zustimmungsverweigerung für gegeben ansieht.[51]

cc) Der Betriebsrat hält einen **Eilfall** für gegeben, **verweigert aber** die **Zustimmung** aus einem der Gründe des § 99 II BetrVG.

Dieser Fall ist im Gesetz nicht geregelt. § 100 II BetrVG verbietet hier jedenfalls die Aufrechterhaltung der vorläufigen Maßnahme nicht. Deshalb kann auch § 101 BetrVG nicht unmittelbar als Sanktion eingreifen. Gleichwohl muss man den Arbeitgeber hier als verpflichtet ansehen, das Verfahren der Zustimmungsersetzung nach § 99 IV BetrVG zu betreiben, und zwar unverzüglich. Tut er dies nicht oder unterliegt er mit seinem Antrag, so gilt § 101 BetrVG analog.[52]

4. Kollektivrechtliche Folgen betriebsverfassungswidriger personeller Einzelmaßnahmen

Nimmt der Arbeitgeber die **personelle Maßnahme** vor, ohne die Zustimmung einzuholen oder trotz wirksamer Verweigerung der Zustimmung, so ist sein Verhalten betriebsverfassungsrechtlich rechtswidrig und unterliegt dem Aufhebungsverfahren nach § 101 BetrVG.[53] Das BAG bejaht daneben auch die Anwendbarkeit von § 23 III BetrVG (dazu oben § 48 III 4). Ein allgemeiner Unterlassungsanspruch als Nebenpflicht zur Rücksichtnahme aus § 2 I BetrVG wird im Unterschied zu § 87 BetrVG im Rahmen des § 99 BetrVG von der überwiegenden Meinung aber zu Recht abgelehnt, da § 101 einen speziellen abschließenden Unterlassungsanspruch darstelle[54].

5. Individualrechtliche Folgen betriebsverfassungswidriger personeller Einzelmaßnahmen

Die individualrechtlichen Folgen einer betriebsverfassungswidrigen personellen Einzelmaßnahme, also einer personellen Maßnahme des Arbeitgebers bei fehlender und

---

[49] Zu den Prozessualen Folgen *BAG* AP Nr. 41, 44, 122 zu § 99 BetrVG 1972; die Rechtshängigkeit eines Feststellungsantrags nach § 100 II 3 BetrVG endet mit rechtskräftiger Entscheidung über den Zustimmungsverweigerungsgrund nach § 99 IV BetrVG.

[50] Ähnlich *Richardi*, DB 1973, 378 (384); *Lieb/Jacobs*, § 8 IV 3 c; im Ergebnis auch GK/*Kraft/Raab*, § 100 Rn. 42; s. a. *LAG Hamm* DB 1984, 2043.

[51] Wie hier im Ergebnis auch GK/*Kraft/Raab*, § 100 Rn. 30.

[52] Vgl. *Lieb/Jacobs*, § 8 IV 3 e; GK/*Kraft/Raab*, § 100 Rn. 31.

[53] Vgl. näher *v. Hoyningen-Huene*, RdA 1982, 205.

[54] *BAG* AP Nr. 24 zu § 23 BetrVG 1972; *Konzen*, Rechtfragen bei der Sicherung der betrieblichen Mitbestimmung, NZA 1995, 865; *Matthes*, Über einen vernünftigen Umgang mit dem Unterlassungsanspruch des Betriebsrats, FS Dieterich, 1999, 355.

gerichtlich nicht ersetzter Zustimmung des Betriebsrats, für den betroffenen Arbeitnehmer hat das BetrVG nicht geregelt.[55] Die Rechtslage ist je nach Art der personellen Einzelmaßnahme und des Schutzzwecks des daran gekoppelten Mitbestimmungsrechts unterschiedlich zu beurteilen[56].

a) Für die **Einstellung** wird verschiedentlich in der Literatur angenommen, dass ein nichtiges (bzw. nach Arbeitsaufnahme fehlerhaftes) oder dass ein schwebend wirksames Arbeitsverhältnis vorliege. In Übereinstimmung mit der Rechtsprechung des BAG[57] ist aber von der Wirksamkeit des abgeschlossenen Arbeitsvertrages auszugehen, und zwar auch dann, wenn die Voraussetzungen zur vorläufigen Durchführung gemäß § 100 I BetrVG nicht vorliegen.[58] Das Arbeitsverhältnis endet auch nicht automatisch in den Fällen des § 100 II 3 und III BetrVG. Der Arbeitgeber *darf* lediglich die personelle Maßnahme nicht aufrecht erhalten, d. h. er darf betriebsverfassungsrechtlich den (individualrechtlich wirksam eingestellten) Arbeitnehmer nicht weiterbeschäftigen (dieser kann dann Annahmeverzugslohn nach § 615 BGB geltend machen). Dem Arbeitnehmer steht dann ein Leistungsverweigerungsrecht zu, allerdings nicht allein bei objektiver Missachtung des § 99 BetrVG. Vielmehr muss der Betriebsrat die Verletzung des § 99 BetrVG rügen.[59] Ebenso wenig führt das Zwangsgeldverfahren des § 101 BetrVG zur automatischen Beendigung des Arbeitsverhältnisses. Der Arbeitgeber kann vielmehr das Arbeitsverhältnis lediglich ordentlich kündigen.[60] Die Voraussetzungen für das Eingreifen des normativen Kündigungsschutzes nach § 1 I KSchG (6-Monatsfrist) werden in der Regel bis dahin nicht erfüllt sein. Ist dies ausnahmsweise doch der Fall, kommt die soziale Rechtfertigung der Kündigung durch betriebliche Erfordernisse in Betracht. Die Kündigungsbeschränkungen des MuSchG oder des SGB IX greifen hingegen u. U. sofort ein. Die Zustimmungsverweigerung nach § 99 BetrVG erfüllt somit im Falle der Einstellung nicht die Voraussetzungen eines Verbotsgesetzes im Sinne des § 134 BGB, da die Belegschaft bereits ausreichend durch die tatsächliche Nichtbeschäftigung geschützt wird und eine individualrechtliche Unwirksamkeit damit nicht erforderlich ist.

b) Bei **Versetzungen** ist danach zu differenzieren, ob der betroffene Arbeitnehmer dieser zustimmt oder nicht.[61]

aa) Soweit der Arbeitnehmer sich mit der Versetzung einverstanden erklärt, hat das Fehlen einer nach §§ 99 I, 95 III BetrVG erforderlichen Zustimmung keine Auswirkung auf die individualrechtliche Gültigkeit. Der Betriebsrat kann allerdings evtl. die Rückgängigmachung der Versetzung über § 101 BetrVG erzwingen. Hat sich durch die Versetzung der Arbeitsvertrag verändert, so braucht der Arbeitgeber freilich zur Rückführung dieser Veränderung die Zustimmung des Arbeitnehmers, sofern nicht der Arbeitgeber einen entsprechenden Vorbehalt gemacht hat. Notfalls muss er zur Änderungskündigung schreiten.

bb) Hat sich der Arbeitnehmer mit der Versetzung nicht einverstanden erklärt, kann er ihr mit der Begründung widersprechen, dass die erforderliche Zustimmung des Betriebsrats fehle und sie aus diesem Grund individualrechtlich unwirksam sei.[62] In diesem Fall kann der Arbeitgeber auf der Versetzung nur bestehen, wenn er sich auf die Voraussetzungen des § 100 BetrVG beruft und das dort vorgesehene Verfahren nach Abs. 1 und gegebenenfalls Abs. 2 Satz 3 durchführt. Macht der Arbeitgeber dies nicht, so hat nicht nur der Betriebsrat, sondern auch der Arbeitnehmer die Möglichkeit, Rückgängigmachung der Versetzung zu fordern.

c) Gänzlich anders liegen die Dinge bei **Umgruppierung und Eingruppierung**. In der Regel handelt es sich bei diesen Maßnahmen lediglich um Normvollzug mit deklaratorischem Charakter. Fehlt aber ein Entscheidungsspielraum des Arbeitgebers, steht dem Betriebsrat auch kein Mitbestimmungs-

---

[55] Hierzu *Boewer*, RdA 1974, 72; *Matthes*, DB 1974, 2007 und DB 1975, 1651; *v. Hoyningen-Huene*, RdA 1982, 205; *Hantl-Unthan*, Einzelvertragliche Rechtsfolgen der kollektivrechtswidrig durchgeführten Arbeitnehmer-Einstellung im öffentlichen Dienst, 1993 (besonders zum Personalvertretungsrecht); *Raab*, ZfA 1995, 479.

[56] *Raab*, Individualrechtliche Auswirkungen der Mitbestimmung des Betriebsrats gem. § 99, 102 BetrVG, ZfA 1995, 479.

[57] *BAG* AP Nr. 5 zu § 101 BetrVG 1972 (Anm. *Misera*); *BAG* EzA Nr. 28 zu § 99 BetrVG; *BAG* AP Nr. 32 zu § 99 BetrVG 1972 Einstellung.

[58] Vgl. *Lieb/Jacobs*, § 8 IV 2 a bb; *v. Hoyningen-Huene*, RdA 1982, 205 ff. m. N. auch zur Gegenansicht.

[59] *BAG* AP Nr. 32 zu § 99 BetrVG Einstellung.

[60] Ähnlich *Lieb/Jacobs*, § 8 IV 3 b.

[61] Zu undifferenziert *BAG* AP Nr. 50 zu § 99 BetrVG, wo Unwirksamkeit als Normalfolge postuliert wird.

[62] Zur Versetzung im Wege der Änderungskündigung s. *BAG* AP Nr. 33 zu § 2 KSchG 1969.

recht zu, sondern nur ein Mitbeurteilungsrecht[63]. Der Arbeitgeber „beurteilt" unter Einschaltung des Betriebsrats, welcher tariflichen oder betrieblichen Lohngruppe der Arbeitnehmer zuzuordnen ist. Auf die zutreffende Eingruppierung hat der Arbeitnehmer Anspruch, den er gerichtlich gegen den Arbeitgeber auch geltend machen kann, wenn der Betriebsrat der zutreffenden Zuordnung nicht zustimmt. Insofern greift die Vorstellung der Wirksamkeit oder Unwirksamkeit einer Maßnahme nicht. Hat der Arbeitgeber zutreffend eingruppiert, so wäre auch ein Verlangen des Betriebsrats, etwa im Rahmen eines Verfahrens nach § 101 BetrVG, von der Aufrechterhaltung der Maßnahme abzusehen, abenteuerlich. Daher kann der Betriebsrat den Arbeitgeber lediglich zur formellen Durchführung des Zustimmungsverfahrens nach § 99 zwingen.[64] Hat der Arbeitgeber zutreffend eingruppiert, ist es undenkbar, dass dem Betriebsrat ein Zustimmungsverweigerungsgrund im Sinn von § 99 II BetrVG zur Seite steht.

III. Mitbestimmung bei der ordentlichen Kündigung[65]

Nach § 102 I 1 BetrVG ist der Betriebsrat **vor jeder Kündigung** zu hören.[66] Der Arbeitgeber muss dazu den Betriebsrat über die Kündigungsgründe informieren, § 102 I 2 BetrVG. Soweit erforderlich soll der Betriebsrat den betroffenen Arbeitnehmer, bevor er eine Entscheidung trifft, hören, § 102 II 4 BetrVG. **Die nicht oder nicht ordnungsgemäß durchgeführte Anhörung** des Betriebsrats macht die **Kündigung unwirksam**, § 102 I 3 BetrVG. Das betriebsverfassungswidrige Verhalten schlägt damit auf die individualrechtliche Gestaltungserklärung zum Schutz des Arbeitnehmers durch. Dieser muss den Unwirksamkeitsgrund aber innerhalb der dreiwöchigen materiellen Ausschlussfrist des § 4 S. 1, § 13 I S. 2 KSchG geltend machen. Versäumt der Arbeitnehmer diese Frist, gilt die Kündigung nach § 7 KSchG als wirksam.

---

[63] *BAG* AP Nr. 4, 103, 110 zu § 99 BetrVG 1972; *BAG* AP Nr. 26 zu § 99 BetrVG 1072 Eingruppierung.

[64] Dazu näher *BAG* AP Nr. 42, 62, 111 zu § 99 BetrVG 1972; zu den Auswirkungen einer Entscheidung im Verfahren nach. § 99 IV BetrVG *BAG* AP Nr. 2 zu § 99 BetrVG 1972 Eingruppierung; *Dütz*, Mitbestimmungssicherung bei Eingruppierungen, AuR 1993, 33 ff.

[65] *G. Hueck*, Kündigungsschutz und Mitwirkung des Betriebsrats in der Rechtsprechung des BAG, BAG-FS, 1979, S. 243; *Schwerdtner*, Kündigungsschutzrechtliche und betriebsverfassungsrechtliche Probleme der Änderungskündigung, BAG-FS, 1979, 555; *Schwerdtner*, Betriebsverfassungsrechtliches Anhörungsverfahren und Nachschieben von Kündigungsgründen, ZIP 1981, 809; *Rummel*, Die Anhörung des Betriebsrats vor krankheitsbedingten Kündigungen, NZA 1984, 76; *Schumann*, Zur Anhörung des Betriebsrats bei einer Kündigung wegen häufiger Kurzerkrankungen, DB 1984, 1878; *Höland*, Das Verhalten von Betriebsräten bei Kündigungen, 1985 (empirische Untersuchung); *Busemann*, Die arbeitsgerichtliche Prüfung der Anhörung des Betriebsrats gem. § 102 BetrVG, NZA 1987, 581; *Oetker*, Die Anhörung des Betriebsrats vor Kündigungen und die Darlegungs- und Beweislast im Kündigungsschutzprozeß, BB 1986, 417; *Hohmeister*, Die ordnungsgemäße Anhörung des Betriebsrats gem. § 102 BetrVG als Wirksamkeitsvoraussetzung für eine Kündigung, NZA 1991, 209; *Gussone*, Weiterbeschäftigungsanspruch des Arbeitnehmers und Gegenantrag des Arbeitgebers nach § 102 Abs. 5 BetrVG, AuR 1994, 245; *Kraft*, Das Anhörungsverfahren gemäß § 102 BetrVG und die „subjektive Determinierung" der Mitteilungspflicht, FS Kissel, 1994, S. 611; *Bitter*, Grenzen der Analogie „ordnungsgemäßer" Betriebsratsanhörung bei Kündigungen, FS Stahlhacke, 1995, S. 57; *Raab*, Individualrechtliche Auswirkungen der Mitbestimmung des Betriebsrats gem. §§ 99, 102 BetrVG, ZfA 1995, 479; *Becker-Schaffner*, Die Rechtsprechung zum Umfang der Pflicht zur Mitteilung der Kündigungsgründe gem. § 102 Abs. 1 BetrVG, BB 1996, 426; *Berkowsky*, Die Beteiligung des Betriebsrates bei Kündigungen, 1996; *ders.*, Die Unterrichtung des Betriebsrats bei Kündigung durch den Arbeitgeber, NZA 1996, 1065; *Hümmerich/Mauer*, Neue BAG-Rechtsprechung zur Anhörung des Betriebsrats bei Kündigungen, DB 1997, 165; *Bader*, Die Anhörung des Betriebsrats – eine Darstellung anhand der neueren Rechtsprechung, NZA-RR 2000, 57; *Stück*, Kündigung durch den Arbeitgeber: die häufigsten Fehler bei der Betriebsratsanhörung, MDR 2000, 1053; *Hümmerich*, Verfestigte Rechtsprechung zur Betriebsratsanhörung nach § 102 BetrVG, RdA 2000, 345.

[66] § 102 BetrVG greift nach der Rechtsprechung des *BAG* (AP Nr. 146 zu § 102 BetrVG 1972) auch ein, wenn Arbeitgeber und Arbeitnehmer einen Abwicklungsvertrag vereinbaren und eine Kündigung ausgesprochen wird. Das ist zu weitgehend.

Die Anhörung kann nicht nachgeholt werden. Führt der Arbeitgeber die Anhörung erst nach Ausspruch der Kündigung durch, muss er erneut kündigen. Die Unwirksamkeit der vorherigen Kündigung wird nicht geheilt.[67]

1. Ordnungsgemäße Betriebsratsanhörung

Eine ordnungsgemäße Betriebsratanhörung im Sinne des § 102 I BetrVG setzt zweierlei voraus. Erstens die Mitteilung aller aus Sicht des Arbeitgebers für eine abschließende Stellungnahme relevanten Kündigungsumstände und zweitens die Beendigung des so eingeleiten Anhörungsverfahrens vor Ausspruch der Kündigung entweder durch Fristablauf nach § 102 II 1, 3 BetrVG oder durch vorherige abschließende Stellungnahme des Betriebsrats.

a) Mitteilung des Kündigungssachverhalts gem. § 102 I 2 BetrVG

Die Mitteilung der Kündigungsgründe an den Betriebsrat muss umfassend genug sein, diesem ohne eigene Nachforschungen eine Stellungnahme zu ermöglichen, sonst entspricht die Anhörung nicht dem gesetzlichen Erfordernis und die Kündigung ist unwirksam.[68] Der Arbeitgeber muss den Betriebsrat aber nicht über alle ihm bekannten Umstände informieren, sondern nur über solche, die er aus seiner Sicht für die Kündigung für maßgebend hält (sog. **Grundsatz der subjektiven Determinierung**[69]). Stellt sich nachträglich heraus, dass die Einschätzung des Arbeitgebers fehlerhaft war, hat dies für die Frage der ordnungsgemäßen Unterrichtung im Sinne des § 102 I 2 BetrVG keine Auswirkung. Teilt der Arbeitgeber aber Gründe nicht mit, die für seinen Kündigungsentschluss maßgeblich waren, so ist die Kündigung nach Ansicht des BAG[70] bereits wegen fehlerhafter Anhörung gem. Abs. 1 S. 3 nichtig[71]. Davon zu unterscheiden ist die Frage, inwieweit er im Kündigungsschutzprozess **Gründe nachschieben** darf, die ihm erst nach Ausspruch der Kündigung bekannt geworden sind. Die Zulässigkeit eines solchen Nachschiebens von Kündigungsgründen ist dabei individualrechtlich, kollektivrechtlich und prozessrechtlich zu beurteilen vgl. oben § 23 I 6.

Die Anforderungen an den Umfang der Unterrichtung sind zudem davon abhängig, ob das aufzulösende Arbeitsverhältnis dem Kündigungsschutz und damit einer sozialen Rechtfertigungsprüfung unterliegt oder nicht. In ersterem Falle hängt der Unterrichtungsumfang zudem davon ab, ob betriebsbedingt, verhaltensbedingt oder personenbedingt gekündigt wird. So muss der Arbeitgeber bei betriebsbedingter Kündigung dem Betriebsrat auch die Gründe für die Sozialauswahl mitteilen.[72] Nach der Rechtsprechung müssen auch die Kündigungsfristen mitgeteilt werden (was unzutreffend ist).[73] Allerdings hat die Angabe einer falschen Kündigungsfrist keine Auswirkung auf die Frage der Wirksamkeit

---

[67] Vgl. Fn. 52.

[68] Dazu *BAG* AP Nr. 16, 37, 62, 74 zu § 102 BetrVG 1972.

[69] *BAG* AP Nr. 36 zu § 1 KSchG 1969 Verhaltensbedingte Kündigung; *BAG* AP Nr. 65 zu § 1 KSchG 1969 Soziale Auswahl.

[70] *BAG* AP Nr. 68 zu § 102 BetrVG 1972; hierzu krit. und differenzierend *Raab*, ZfA 1995, 479 (516 ff.).

[71] Trotz des Wortlautes des § 102 I S. 3 BetrVG, der sich nur auf die unterbliebene Anhörung bezieht, wird S. 3 von der Rechtsprechung auch auf S. 2 angewendet, womit auch die nicht ordnungsgemäße Anhörung zur Unwirksamkeit der Kündigung führt, *BAG* AP Nr. 22 zu § 620 BGB, *BAG* AP Nr. 62 zu § 102 BetrVG; kritisch dazu *Oetker,* Die zivilrechtliche Unwirksamkeit der Kündigung wegen einer Verletzung der Mitteilungspflichten im Rahmen der Betriebsratsanhörung nach § 102 BetrVG – eine geglückte richterliche Rechtsfortbildung?, FS Kraft 1998, 429.

[72] *BAG* AP Nr. 31 zu § 102 BetrVG 1972.

[73] So aber *BAG* AP Nr. 56 zu § 102 BetrVG 1972.

der Betriebsratsanhörung. Bei Kündigung wegen Krankheit müssen die für die Beurteilung der sozialen Rechtfertigung erforderlichen Umstände wenigstens in den wesentlichen Umrissen mitgeteilt werden.[74] Dagegen ist der Arbeitgeber nicht verpflichtet, dem Betriebsrat Unterlagen oder etwaiges Beweismaterial vorzulegen.[75] Generell gilt, dass nicht mitgeteilt werden muss, was dem Betriebsrat oder seinem Vorsitzenden bekannt ist.

Die außerordentliche und die ordentliche Kündigung sind hinsichtlich der Anhörung selbständige Kündigungen. Wird neben der außerordentlichen Kündigung eine hilfsweise ordentliche Kündigung ausgesprochen, so muss der Betriebsrat zu beiden Kündigungen gehört werden. Die Anhörung ist auch erforderlich bei **Änderungskündigungen**. Insoweit geht es um Mitteilung der Gründe für die vom Arbeitgeber angestrebte Änderung des Arbeitsverhältnisses.[76] Die Rechtsprechung verlangt außerdem die Angabe des Änderungsangebots,[77] was zu weit geht. Erforderlich ist dessen Kenntnis für den Betriebsrat nur insoweit, wie es für die Beurteilung der sozialen Rechtfertigung der Änderungskündigung von Belang ist.

b) Beendigung des Anhörungsverfahrens vor Ausspruch der Kündigung

Nach § 102 I 1 BetrVG ist der Betriebsrat vor jeder Kündigung zu hören[78], d. h. das Anhörungsverfahren muss vor Ausspruch der Kündigung abgeschlossen sein. Ausspruch bedeutet dabei die Abgabe der Kündigungserklärung und nicht den Zugangszeitpunkt. Denn Zweck des Anhörungsverfahrens ist es, dem Betriebsrat die Möglichkeit zu eröffnen, durch eine Stellungnahme auf die Arbeitgeberentscheidung Einfluss zu nehmen. Die Kündigung ist daher verfrüht, wenn das Anhörungsverfahren zwar vor Zugang der Kündigung, aber erst nach der Abgabe beendet ist. Ausnahmsweise ist eine solche verfrühte Kündigung nach der Rechtsprechung aber wirksam, wenn sich der Arbeitgeber trotz Abgabe der Kündigung die Möglichkeit offenhält, den Zugang bei Eingang einer Stellungnahme des Betriebsrats innerhalb der Frist der § 102 II BetrVG noch zu verhindern.[79]

Das Anhörungsverfahren kann auf zweierlei Weise beendet werden, durch fristgerechte abschließende Stellungnahme des Betriebsrats oder durch Fristablauf.

aa) Abschließende Stellungnahme des Betriebsrats. Der Betriebsrat kann zu der Kündigung abschließend Stellung nehmen durch Zustimmung, durch Äußerung von Bedenken, durch Widerspruch oder in sonstiger Weise, wenn er z. B. erklärt, er werde sich zur Berechtigung der Kündigung nicht äußern.[80] Dabei hat er die Fristen des § 102 II BetrVG zu wahren. Im Falle der Fristversäumnis greift eine Zustimmungsfiktion als gesetzliche Rechtsfolge, § 102 II 2 BetrVG. Die Wochenfrist kann einvernehmlich verlängert werden.[81]

Wenn der Betriebsrat gegen die Kündigung **Bedenken** hat, muss er diese unter Angabe der Gründe dem Arbeitgeber **binnen einer Woche** schriftlich **mitteilen**, § 102 II 1 BetrVG. Auch wenn der Betriebsrat sich gegen die Kündigung ausspricht, ist der Arbeitgeber nicht gehindert, die Kündigung wirksam auszusprechen. Zur Wirksamkeit ist nur die Anhörung, nicht die Zustimmung des Betriebsrats erforderlich.

---

[74] Auch hier etwas zu streng *BAG* AP Nr. 30 zu § 102 BetrVG 1972; vgl. ferner *LAG Hamm* DB 1988, 1461.

[75] *BAG* AP Nr. 69 zu § 102 BetrVG 1972.

[76] *BAG* AP Nr. 56 zu § 102 BetrVG 1972.

[77] *BAG* AP Nr. 53 zu § 102 BetrVG 1972.

[78] Bei mehreren Kündigungen wirkt das Anhörungsverfahren nach *BAG* (AP Nr. 62, 130 zu § 102 BetrVG 1972; EZA § 626 BGB 2002 Nr. 11) nur für die, für die es eingeleitet wurde.

[79] *BAG* AP Nr. 133 zu § 102 BetrVG 1972; *Reiter,* Kündigung vor Ablauf der Anhörungsfrist nach § 102 BetrVG, NZA 2003, 954.

[80] *BAG* AP Nr. 47 zu § 102 BetrVG 1972; *BAG* 15. 11. 1995, NZA 1996, 419, 421.

[81] Der Betriebsrat hat darauf grundsätzlich auch bei Massenkündigungen keinen Anspruch so *BAG* AP Nr. 43 zu § 102 BetrVG 1972. Es kann aber rechtsmissbräuchlich sein, wenn der Arbeitgeber sich auf den Fristablauf beruft.

Der Betriebsrat kann schließlich der Kündigung aus den in § 102 III BetrVG aufgeführten besonderen Gründen **widersprechen**[82] (Näheres zu den Gründen dort). Ordnungsgemäß (und damit Rechtsfolgen auslösend) ist der Widerspruch nur, wenn er schriftlich innerhalb der Wochenfrist erfolgt und mit Gründen versehen ist. Nur formelhafte Bezugnahme auf einen der Tatbestände des Abs. 3 reicht nicht aus.[83]

Dieser formelle Widerspruch hat zunächst Bedeutung im Hinblick auf die **Weiterbeschäftigungspflicht** des Arbeitgebers nach § 102 V 1 BetrVG. Will der Arbeitgeber dieser Weiterbeschäftigungspflicht entgehen, muss er sich durch einstweilige Verfügung von ihr entbinden lassen. Näheres dazu § 102 V 2 BetrVG[84]. Zur davon zu unterscheidenden individualrechtlichen Weiterbeschäftigungspflicht im Kündigungsschutzprozess oben § 24 VII 6. Zur Frage, inwieweit darüber hinaus der Widerspruch des Betriebsrats auch **materielle Bedeutung für die Sozialwidrigkeit** der Kündigung nach § 1 II 2 und 3 KSchG hat, weicht die fast allg. M. vom Text des KSchG ab. Vgl. zu dieser wichtigen Frage der Verzahnung des individualrechtlichen Kündigungsschutzes mit dem Betriebsverfassungsrecht oben § 24 III 5 und VI 2.

bb) Fristablauf. Schweigt der Betriebsrat, muss der Arbeitgeber die Wochenfrist abwarten; mit deren Ablauf gilt dann die Zustimmung des Betriebsrats zur Kündigung als erteilt, § 102 II 2 BetrVG. Nicht abzuwarten braucht der Arbeitgeber den Ablauf der Wochenfrist, sobald sich der Betriebsrat zustimmend oder ablehnend geäußert hat. Das gleiche gilt, wenn der Betriebsrat sich anders als zustimmend oder ablehnend endgültig äußert (sog. **abschließende Stellungnahme**).

2. Fehler im Anhörungsverfahren

Treten Fehler im Anhörungsverfahren auf, stellt sich die Frage, ob diese Fehler die Unwirksamkeitsfolge des § 102 I 3 BetrVG nach sich ziehen, da auch eine nicht ordnungsgemäße Anhörung zur Unwirksamkeit der Kündigung führen kann. Dabei ist danach zu differenzieren, in wessen Verantwortungsbereich der Fehler fällt (sog. Sphärentheorie des BAG[85]). Fehler im Rahmen der Willensbildung des Betriebsrats führen daher nicht zur Unwirksamkeit nach § 102 I 3 BetrVG und zwar selbst dann nicht, wenn der Arbeitgeber hiervon Kenntnis hat[86]. Anders dagegen, wenn der Arbeitgeber den Betriebsrat nicht ordnungsgemäß unterrichtet hat, da dies in seiner Verantwortung liegt. Auf ein Verschulden des Arbeitgebers kommt es dabei nicht an. Die Unwirksamkeit tritt daher auch dann ein, wenn die Anhörung ohne Verschulden des Arbeitgebers unterblieben, z.B. die Mitteilung an den Betriebsrat im innerbetrieblichen Postlauf hängengeblieben ist.[87]

---

[82] *Stege*, Umfang und Grenzen des Widerspruchsrechts des Betriebsrats bei Kündigungen nach § 102 Abs. 3 BetrVG, RdA 1978, 74.

[83] GK/*Raab*, § 102 Rn. 111 (h. M.); dazu auch *BAG* AP Nr. 7 zu § 102 BetrVG 1972 Weiterbeschäftigung.

[84] *Rieble*, Entbindung von der Weiterbeschäftigungspflicht nach § 102 Abs. 5 S. 2 BetrVG, BB 2003, 844.

[85] *BAG* AP Nr. 9 und 129 zu § 102 BetrVG 1972.

[86] *BAG* AP Nr. 9 zu § 102 BetrVG 1972, *BAG* AP Nr. 22 zu § 620 BGB Kündigungserklärung.

[87] *BAG* AP Nr. 3 zu § 102 BetrVG 1972. Siehe aber auch *BAG* AP Nr. 9 zu § 102 BetrVG 1972 zu Mängeln im Bereich des Betriebsrates.

IV. Mitbestimmung bei der außerordentlichen Kündigung

Das Anhörungserfordernis des § 102 I 1 BetrVG besteht auch vor der außerordentlichen Kündigung. Die **Äußerungsfrist** für den Betriebsrat ist jedoch auf **drei Tage** verkürzt, § 102 II 3 BetrVG. Die Anhörung muss nämlich innerhalb der Kündigungserklärungsfrist des § 626 II BGB abgeschlossen sein.[88]

Einen formellen Widerspruch gegen die außerordentliche Kündigung sieht das Gesetz ebenso wenig vor wie die damit verbundene Weiterbeschäftigungspflicht des Arbeitgebers gegenüber einem Arbeitnehmer, der sich gegen die Kündigung wendet. Darin liegt im Falle einer unwirksamen, insbesondere nicht durch einen wichtigen Grund getragenen außerordentlichen Kündigung eine entschiedene Schlechterstellung des Arbeitnehmers, die vom Gesetz offenbar bewusst in Kauf genommen wird. Die Gefahr, dass der Arbeitgeber den Weg der außerordentlichen Kündigung wählt, um der Weiterbeschäftigungspflicht zu entgehen, dürfte in der Praxis gering sein. Im Übrigen besteht die Möglichkeit einer vorläufigen Regelung der Weiterbeschäftigungspflicht nach individualrechtlichen Grundsätzen im Verfahren der einstweiligen Verfügung (dazu auch § 24 VII 6c).

Die **Umdeutung** einer wegen Fehlens eines wichtigen Grundes unwirksamen außerordentlichen Kündigung in eine ordentliche (dazu oben § 23 III 3b) kann am Fehlen ausreichender Anhörung des Betriebsrates scheitern.[89] Stimmt der Betriebsrat allerdings der Kündigung als außerordentliche zu, so wird darin in aller Regel erst recht auch sein Einverständnis mit der den Arbeitnehmer weniger belastenden ordentlichen Kündigung liegen. Die Anhörung reicht auch aus, wenn der Betriebsrat zwar nicht zustimmt, aber abschließend Stellung nimmt. Schweigt er hingegen, so muss der Arbeitgeber, wenn er die Kündigung auch als ordentliche will, nach dem BAG auch die Wochenfrist abwarten; die Fiktion des § 102 II 2 BetrVG soll aber nur eintreten, wenn der Arbeitgeber den Betriebsrat von der Möglichkeit, die Kündigung auch als ordentliche zu wollen, informiert hat. Nicht erforderlich ist die Anhörung nach der Rechtsprechung, wenn der Arbeitgeber in Gestalt einer Kampfkündigung wegen Teilnahme an einer rechtswidrigen Arbeitsniederlegung außerordentlich kündigt.[90]

V. Mitbestimmung bei der außerordentlichen Kündigung von Betriebsratsmitgliedern[91]

Betriebsratsmitglieder sowie Mitglieder einiger anderer betriebsverfassungsrechtlicher Organe genießen nach § 15 KSchG weitreichenden Kündigungsschutz (vgl. näher oben § 26 I). Bei Vorliegen eines wichtigen Grundes ist die Kündigung nicht verboten, sie bedarf aber der Zustimmung des Betriebsrats, § 103 I BetrVG und zwar vor Ausspruch der Kündigung. Die Zustimmung ist Wirksamkeitsvoraussetzung. Der Betriebsrat, der zur Zustimmung verpflichtet ist, bestimmt also hier über die Entlassung eigener Mitglieder mit. Der Betroffene darf allerdings nicht an der Beschlussfassung teilnehmen.[92] Wenn der Betriebsrat die Zustimmung verweigert, kann der Arbeitgeber sie durch das Arbeitsgericht ersetzen lassen, § 103 II BetrVG.[93] Die Zustimmung und

---

[88] Vgl. GK/*Raab*, § 102 Rn. 41.

[89] *BAG* AP Nr. 15 zu § 102 BetrVG 1972; vgl. ferner *BAG* AP Nr. 80 zu § 626 BGB; zur Frage der Betriebsrats- bzw. Personalratsanhörung im Falle einer Umdeutung einer außerordentlichen fristlosen Kündigung in eine außerordentliche Kündigung mit notwendiger Auslauffrist siehe *BAG* AP Nr. 9 zu § 626 BGB Krankheit.

[90] *BAG* AP Nr. 58 zu Art. 9 GG Arbeitskampf.

[91] *Leuze*, Die Anforderungen an arbeitsrechtliche Maßnahmen gegen Betriebs- und Personalratsmitglieder, DB 1993, 2590; *Zumkeller*, Die Anhörung des Betriebsrats bei der Kündigung von Ersatzmitgliedern, NZA 2001, 823.

[92] Dazu *Oetker*, ZfA 1984, 409 (430); *ders.*, AuR 1987, 224; *BAG* AP Nr. 17 zu § 103 BetrVG 1972 (Anm. *v. Venrooy*).

[93] Zum Zustimmungsersetzungsverfahren *Eylert/Fenski*, BB 1990, 2401.

im Verweigerungsfall ihre gerichtliche Ersetzung durch rechtskräftige Entscheidung müssen vor Ausspruch der Kündigung vorliegen.[94] Ersetzt das Gericht die Zustimmung, wird die Frist des § 626 II BGB in der Regel verstrichen sein. Der Arbeitgeber muss nach § 91 V SGB IX analog die Kündigung unverzüglich erklären.[95] Vgl. dazu auch oben § 26 I 2. Entgegen der früheren Rechtsprechung[96] unterliegt nach dem 2001 neu eingefügten § 103 Abs. 3 BetrVG auch die Versetzung von Betriebsratsmitgliedern dem Zustimmungserfordernis.

§ 51. Mitbestimmung in wirtschaftlichen Angelegenheiten

Literatur: *Gamillscheg,* Zur Abfindung bei Verlust des Arbeitsplatzes, FS Bosch 1976, S. 209; *Reuter/Körnig,* Die Mitbestimmung des Betriebsrats bei Betriebsänderungen – Datensetzung oder unternehmerische Mitbestimmung?, AG 1978, 325; *Ehmann,* Betriebsstillegung und Mitbestimmung, 1978; *Rumpff/Boewer,* Mitbestimmung in wirtschaftlichen Angelegenheiten, 3. Aufl., 1990; *Hüffner/Kerschner,* Die Beteiligungsrechte des Betriebsrats im wirtschaftlichen Bereich, 1981; *Braun,* Die Unterrichtung der Arbeitnehmer über wirtschaftliche Lage und Entwicklung des Unternehmens, 1982 (empirische Untersuchung zu § 110 BetrVG); *Pulte,* Interessenausgleich und Sozialplan, 1983; *Reuter,* Der Sozialplan: Entschädigung für Arbeitsplatzverlust oder Steuerung unternehmerischen Handelns?, 1983; *Buchner,* Die Betriebsänderung – noch eine unternehmerische Entscheidung?, 1984; *Lahusen,* Streitigkeiten zwischen Unternehmer und Wirtschaftsausschuß, BB 1989, 1399; *Dütz,* Arbeitsgerichtliche Überprüfbarkeit von Einigungsstellensprüchen nach § 109 BetrVG, FS D. Gaul, 1992, S. 41; *Kreuder,* Moderne Unternehmensführung und Betriebsverfassung, AG 1992, 375; *Hunold,* Die wichtigsten arbeitsrechtlichen Rahmenbedingungen bei Einführung von Lean Production, NZA 1993, 723; *B. Gaul,* Beteiligungsrechte von Wirtschaftsausschuß und Betriebsrat bei Umwandlung und Betriebsübergang, DB 1995, 2265; *Hohenstatt,* Der Interessenausgleich in einem veränderten rechtlichen Umfeld, NZA 1998, 846; *Schaub,* Der Interessenausgleich, FS Däubler, 1999, 347; *Steffan,* Die Rechtsprechung des BAG zur Mitbestimmung bei Betriebsänderungen nach §§ 111 ff. BetrVG, NZA-RR 2000, 337; *Boeken,* Gemeinschaftsbetrieb und Anwendbarkeit der §§ 111 ff. BetrVG, FS 50 Jahre BAG, 2004, 951; *Schubert,* Der Unternehmensbegriff im Rahmen der betrieblichen Mitbestimmung in wirtschaftlichen Angelegenheiten, ZfA 2004, 253; *Gillen/Vahle,* Personalabbau und Betriebsratsanhörung, NZA 2005, 1385; *Giese,* Zur wirtschaftlichen Vertretbarkeit eines Sozialplans, FS Wissmann, 2005, 314; *Bender,* Der Wegfall der Geschäftsgrundlage bei arbeitsrechtlichen Kollektivverträgen am Beispiel des Tarifvertrags und des Sozialplans, 2005; *Gotthard,* Standortvergleich bei Betriebsschließungen, NZA 2005, 737.

Die Mitbestimmung in sog. wirtschaftlichen Angelegenheiten ist, was die unmittelbare Teilhabe an Entscheidungen angeht, im Rahmen des Betriebsverfassungsrechts richtigerweise wenig ausgestaltet. Grund dafür ist, dass wirtschaftliche Angelegenheiten im Wesentlichen zur Zielfindung auf Unternehmensebene gehören. Ein Ausbau der Mitbestimmung in diesen Angelegenheiten würde den Rahmen des Betriebsverfassungsrechts sprengen und in den Bereich der Unternehmensverfassung eingreifen (vgl. oben § 46 II). Das Gesetz hat daher in wirtschaftlichen Angelegenheiten allein zwei Regelungskomplexe vorgesehen, denen allerdings in der Praxis erhebliche Bedeutung zukommt: (I) Ein Informations- und Beratungsrecht des Wirtschaftsausschusses und (II) ein Mitwirkungsrecht des Betriebsrats hinsichtlich sog. Betriebsänderungen.

---

[94] Vgl. *BAG* AP Nr. 1, 2, 5, 8, 11 und 12 zu § 103 BetrVG 1972; GK/*Raab,* § 103 Rn. 63 f.; abweichend mit beachtlichen Gründen Richard/*Thüsing,* § 103 Rn. 55 ff.

[95] *BAG* AP Nr. 10 zu § 103 BetrVG 1972 (Anm. *G. Hueck*); *BAG* AP Nr. 16 und 45 zu § 626 BGB Ausschlußfrist.

[96] *BAG* AP Nr. 44 zu § 103 BetrVG 1972.

I. Informations- und Beratungsrechte des Wirtschaftsausschusses

Ein Wirtschaftsausschuss wird nur in Unternehmen mit mehr als 100 ständig beschäftigten Arbeitnehmern gebildet, § 106 BetrVG. Zu seiner Stellung als Betriebsverfassungsorgan, seiner Zusammensetzung und zur Frage der Sitzungsteilnahme vgl. oben § 47 IX.

1. Aufgabe des Wirtschaftsausschusses

Aufgabe des Wirtschaftsausschusses ist die Beratung von wirtschaftlichen Angelegenheiten mit dem Unternehmer und die Unterrichtung des Betriebsrats, § 106 I 2 BetrVG.[1] Was zu den wirtschaftlichen Angelegenheiten gehört, ist nicht definiert, § 106 III BetrVG gibt jedoch eine – nicht abschließende – Aufzählung der wichtigeren Arten solcher Angelegenheiten.

2. Informationsanspruch

Damit der Wirtschaftsausschuss seine o. g. Aufgaben erfüllen kann, muss der Unternehmer den Wirtschaftsausschuss nach § 106 II BetrVG rechtzeitig und umfassend über die wirtschaftlichen Angelegenheiten des Unternehmens unter Vorlage der erforderlichen Unterlagen unterrichten. Problematisch sind **Zeitpunkt und sachlicher Umfang des Informationsanspruches.**

a) Für die Beurteilung der **Rechtzeitigkeit**[2] ist von Bedeutung, dass zu dem Recht auf Information ein Recht auf Beratung nach Abs. 1 hinzutritt. Es geht dabei nicht nur um eine rein den Informationsinteressen der Arbeitnehmerseite dienende Erörterung, sondern auch darum, in die unternehmerische Planung und Entscheidungsvorbereitung rechtzeitig die Vorstellungen der Arbeitnehmerseite einzubringen. Auf der anderen Seite kann es nicht Sinn des Mitbestimmungsrechtes sein, dass der Betriebsrat bereits an jedweder frühen Entscheidungsvorbereitungstätigkeit partizipiert. Erst wenn Planungen oder Entwicklungen ein Stadium erreicht haben, in dem Entscheidungsalternativen greifbar werden, setzt die Unterrichtungspflicht ein.

b) Der **Umfang** des Informationsanspruchs ist mit dem Wort „umfassend" nicht sehr treffend gekennzeichnet. Eine Unterrichtung in allen Einzelheiten wäre gar nicht möglich. Vielmehr muss die Information schon aus praktischen Gründen verkürzt und ausgewählt erfolgen. Gemeint ist, dass sie nichts für die Entscheidungsfindung und eine sinnvolle Beratung Wesentliches auslassen darf.

Diese Überlegungen können nur für den Grundansatz gelten. Da der Wirtschaftsausschuss den Betriebsrat zu unterrichten hat, und da seine eigene Mitgliederzahl nicht klein ist, ist die Geheimhaltung von Informationen gefährdet. Das Gesetz schränkt deshalb die Informationspflicht selbst dahin ein, dass sie nur insoweit besteht, als nicht **Betriebs- und Geschäftsgeheimnisse** des Unternehmens **gefährdet** werden, § 106 II BetrVG.

Strittig ist, welche **Unterlagen** der Arbeitgeber dem Wirtschaftsausschuss vorlegen muss. Für Unternehmensveräußerungsverträge wurde das verneint,[3] für Wirtschaftsprüferberichte hingegen bejaht, wenn die Einigungsstelle entsprechend entschieden hat.[4] Letzterem ist zu widersprechen. Insbesondere der Bericht des Abschlussprüfers ist ein gesellschaftsrechtliches Kontrollinstrument, keine Planungsunterlage. Seine Effizienz wird gefährdet, wenn die Überlassung an mitbestimmte Gremien verlangt werden kann.[5] Seinen Hinweis auf die Schweigepflicht der Gremienmitglieder nimmt das BAG hof-

---

[1] S. *Joost*, Wirtschaftliche Angelegenheiten als Kompetenzbereich des Wirtschaftsausschusses, FS Kissel, 1994, S. 436.

[2] Zur Problematik z.B. *Keim*, BB 1980, 1330; *Heinze*, NZA 1985, 555; *Linnenkohl/Töpfer*, BB 1986, 1301; *Osterloh*, AuR 1986, 332; *OLG Hamburg* NZA 1985, 568.

[3] *BAG* AP Nr. 9 zu § 106 BetrVG 1972.

[4] *BAG* AP Nr. 6 zu § 106 BetrVG 1972; dazu *Bösche/Grimberg*, AuR 1987, 133.

[5] Vgl. *Hommelhoff*, ZIP 1990, 218.

fentlich selbst nicht ernst. Nach § 108 V BetrVG hat der Unternehmer dem Wirtschaftsausschuss unter Beteiligung des Betriebsrats den Jahresabschluss zu erläutern und nach § 110 BetrVG in Unternehmen mit mehr als 1000 Arbeitnehmern die Arbeitnehmer vierteljährlich schriftlich über die wirtschaftliche Lage und Entwicklung zu unterrichten. Dies ist vorher mit Wirtschaftsausschuss und Betriebsrat abzustimmen.

3. Auskunftsverlangen

Stellt der Wirtschaftsausschuss ein **konkretes** Auskunftsverlangen und erfüllt der Unternehmer dieses Verlangen ungenügend oder nicht rechtzeitig und kommt darüber auch zwischen dem Betriebsrat (bzw. Gesamtbetriebsrat) und dem Unternehmer keine Einigung zustande, so kann ein **verbindlicher Spruch der Einigungsstelle** ergehen, § 109 BetrVG. Der Spruch legt fest, ob und in welchem Umfang der Unternehmer Auskunft zu geben hat. Sehr streitig ist, welchen Rechtscharakter diese Entscheidung hat. Nach h. M. ist sie keine Entscheidung eines Regelungsstreits, sondern Entscheidung einer Rechtsfrage. Auch der Gedanke, dass die Einigungsstelle als Schiedsgutachter im Sinn von §§ 317 ff. BGB tätig werde, findet sich.[6] Das Problem hat eine gewisse Bedeutung für den Umfang der gerichtlichen Nachprüfbarkeit. Dafür gilt, dass die Frage, ob ein Betriebs- oder Geschäftsgeheimnis vorliegt, keine Ermessensfrage ist und daher der vollen Nachprüfung unterliegt.[7] Ermessen besteht nur hinsichtlich der Rechtzeitigkeit und des zur Beurteilung einer Angelegenheit erforderlichen Auskunftsumfangs.

II. Beteiligungsrechte des Betriebsrats bei Betriebsänderungen[8]

Die Änderung des Betriebs ist der freien Entscheidung des Unternehmers vorbehalten. Der Betriebsrat kann geplante Betriebsänderungen daher rechtlich nicht verhindern. Wegen der mit einer Betriebsänderung möglicherweise verbundenen nachteiligen Auswirkungen auf die sozialen Belange der Arbeitnehmer steht dem Betriebsrat aber unter bestimmten Voraussetzungen ein Unterrichtungs- und Beratungsrecht nach § 111 BetrVG zu. Daneben können Betriebsrat und Unternehmen einen (freiwilligen) Interessenausgleich und einen (erzwingbaren) Soziaplan abschließen, § 112 BetrVG.

1. Betriebsänderung als Voraussetzung der Beteiligungsrechte

Eine Beteiligung des Betriebsrats in den oben angesprochenen Formen erfordert immer, dass die Voraussetzungen einer Betriebsänderung im Sinne des § 111 BetrVG erfüllt sind.

---

[6] *Bötticher,* Die Zuständigkeit der Einigungsstelle des § 70 Abs. 2 BetrVG in rechtsstaatlicher Sicht, FS A. Hueck, 1959, S. 149 (162).

[7] Unklar Richardi/*Richardi/Annuß,* § 109 Rn. 19 m. w. N.

[8] Vgl. dazu *Teichmüller,* Die Betriebsänderung, 1983; *Konzen,* Unternehmensaufspaltung und Betriebseinheit, AuR 1985, 341; *Konzen,* Unternehmensaufspaltungen und Organisationsänderungen im Betriebsverfassungsrecht, 1986; *Spinti,* Die Ansprüche aus Sozialplan (§ 112 BetrVG 72) und Nachteilsausgleich (§ 113 BetrVG 72) bei Insolvenz des Arbeitgebers, 1989; *Hromadka* (Hrsg.), Arbeitsrechtsfragen bei der Umstrukturierung und Sanierung von Unternehmen, 1992; *Gaul/Gajewski,* Die Betriebsänderung, 1993; *Neef,* Lean production und Betriebsänderung, BB 1993, Beil. 15; *Henssler,* Aufspaltung, Ausgliederung und Fremdvergabe, NZA 1994, 294; *Neef,* Betriebsübergang und Betriebsänderung, NZA 1994, 97; *Röder/Baeck,* Die Ergänzung des § 113 Abs. 3 BetrVG – eine überzeugende Regelung, BB 1996, 23; *Löwisch,* Neugestaltung des Interessenausgleichs durch das Arbeitsrechtliche Beschäftigungsförderungsgesetz, RdA 1997, 80; *Plander,* Die Betriebsstilllegung aus gesellschafts- und arbeitsrechtlicher Sicht, NZA 1999, 505; *Lingemann,* Betriebsänderungen nach dem neuen BetrVG, NZA 2002, 934; *Schmitt-Rolfes,* Interessenausgleich und Sozialplan in Unternehmen und Konzern, FS 50 Jahre BAG, 2004, 1081; *Franzen,* Massenentlassungen und Betriebsänderungen unter dem Einfluss des europäischen Gemeinschaftsrechts, ZfA 2006, 437; *Gillen/Vahle,* Personalabbau und Betriebsänderung, NZA 2005, 1385.

a) Unternehmensgröße

Das Mitwirkungsrecht besteht gem. § 111 BetrVG in Unternehmen mit regelmäßig mehr als 20 wahlberechtigten Arbeitnehmern,[9] also auch in Unternehmen, die keinen Wirtschaftsausschuss zu bilden haben. Darin liegt kein Verstoß gegen den Gleichheitssatz.[10] Die Bezugsgröße ist damit seit 2001 wie bei § 99 BetrVG nicht mehr der Betrieb sondern das Unternehmen.

b) Geplante Betriebsänderung und Existenz eines Betriebsrats

Ein Beteiligungsrecht besteht nur für geplante Änderungen des Betriebs. Es umfasst dagegen nicht die Erörterung der wirtschaftlichen Lage des Unternehmens und der nach Meinung des Betriebsrats zu ziehenden Konsequenzen. Insbesondere hat es auch nicht Pläne zu Betriebsänderungen zum Gegenstand, die vom Betriebsrat ausgehen. Unter einer Betriebsänderung versteht man Maßnahmen, die auf das zur Verfolgung eines bestimmten arbeitstechnischen Zwecks bestehende Organisationsgefüge einwirken. Änderungen auf der unternehmerischen Ebene scheiden ebenso aus wie ein Wechsel des Betriebsinhabers. Dem Gegenstand nach können die Maßnahmen die Organisation, die sachlichen Betriebsmittel, Umfang und Zusammensetzung der Belegschaft oder den Betriebszweck betreffen. Diese Betriebsänderung ist geplant im Sinne des § 111 BetrVG, wenn der Unternehmer zur Durchführung der beabsichtigten Maßnahmen entschlossen ist. In diesem Zeitpunkt entstehen die Beteiligungsrechte der §§ 111, 112 BetrVG, weshalb auch zu diesem Zeitpunkt ein Betriebsrat bereits vorhanden sein muss. Den Unternehmer trifft keine Pflicht, mit der Durchführung der geplanten Betriebänderung abzuwarten, falls im Betrieb noch kein Betriebsrat besteht, aber beabsichtigt ist, einen solchen zu wählen[11]. Wählen die Arbeitnehmer einen Betriebsrat erst während der Durchführung der Betriebsänderung, kommen die §§ 111–113 BetrVG somit nicht mehr zur Anwendung.[12]

c) Wesentliche Nachteile

Die Betriebsänderung muss zusätzlich wesentliche Nachteile für die Belegschaft oder wesentliche Teile der Belegschaft zur Folge haben können. Vorteilhafte Betriebsänderungen sind damit nicht Gegenstand des Mitwirkungsrechts nach §§ 111 f. BetrVG. Ausweislich des Wortlauts ist es ausreichend, dass die Möglichkeit besteht, dass Nachteile eintreten, d. h. dies darf lediglich nicht außerhalb des Bereichs vernünftiger Erwägung liegen. Dass die Nachteile unbedingt oder mit hoher Wahrscheinlichkeit eintreten, ist dagegen nicht erforderlich. Die Nachteile müssen aber unmittelbar aus der Betriebsänderung folgen. Lediglich mittelbare Nachteile, die nur auf dem Umweg über eine eventuelle schlechte wirtschaftliche Entwicklung eintreten, reichen nicht aus. So sind im Falle der organisatorischen Spaltung eines Betriebs, bei der ein Betriebsteil ausgegliedert und auf ein anderes Unternehmen übertragen wird, die Verringerung der Haftungsmasse und die befristete Befreiung von der Sozialplanpflicht nach § 112 a Abs. 2 BetrVG keine Nachteile im Sinne des Gesetzes.[13] Will der Arbeitgeber den Betrieb erweitern, so wird dies nicht von § 111 BetrVG erfasst, auch wenn

---

[9] Zur Frage der maßgeblichen Beschäftigtenzahl, wenn einer Stilllegung ein Personalabbau vorausgegangen ist, *BAG* AP Nr. 33 zu § 111 BetrVG 1972.
[10] *BAG* AP Nr. 29 zu § 111 BetrVG 1972.
[11] *BAG* AP Nr. 15, 63 und Nr. 162 zu § 112 BetrVG 1972.
[12] *BAG* AP Nr. 15 zu § 112 BetrVG 1972.
[13] *BAG* AP Nr. 110 zu § 112 BetrVG 1972.

die eintretende finanzielle Belastung oder das Hinzutreten weiterer Arbeitnehmer die Sicherheit der Arbeitsplätze in der Zukunft zu gefährden vermag.

Ein „erheblicher" Teil der Belegschaft i. S. d. § 111 BetrVG liegt nach der Rechtsprechung des BAG dann vor, wenn die Zahlenrelationen des § 17 KSchG erfüllt sind und die Belegschaft um mehr als 5% vermindert wird.[14]

§ 111 S. 3 nennt 5 Fälle, in denen kraft Gesetzes eine Betriebsänderung im Sinne des § 111 S. 1 vorliegt. Umstritten ist, ob es sich hierbei um eine als abschließende und Satz 1 in vollem Umfang konkretisierende Aufzählung handelt (so die wohl h. M.). Indessen ist für das Verhältnis von Satz 1 und 3 folgendes zu bedenken: Die Formulierung von Satz 3 spricht nicht lediglich von Betriebsänderungen, sondern von Betriebsänderungen im Sinn von Satz 1. Das kann nur bedeuten, dass in den aufgeführten Fällen die nach S. 1 grundsätzlich zusätzlich zu prüfende Nachteiligkeit der Betriebsänderung fingiert wird. Denn wäre Satz 3 abschließend gemeint, hätte es genügt, das Unterrichtungs- und Beratungsrecht für die Fälle des Satzes 3 festzulegen. Die textliche Fassung der Vorschrift spricht daher eher für die Auffassung, den Katalog des Satz 3 als nicht abschließend anzusehen. Bei anderen als den dort aufgeführten Betriebsänderungen muss dann freilich die mögliche Nachteiligkeit jeweils eigens geprüft werden. Nur für die Fälle des Satz 3 ist sie kraft Gesetzes zu unterstellen.[15] Die Gegenmeinung ist allerdings vom Ergebnis her insofern dem Richtigen sehr nahe, als es kaum überzeugende Beispiele gibt für nachteilige Betriebsänderungen, die nicht unter den Katalog von Satz 3 subsumierbar wären. Ein Beispiel für eine nicht von Satz 3 erfasste Betriebsänderung, die dem Mitbestimmungsrecht nach Satz 1 unterliegt, könnte man in der Ausgliederung einer Betriebsabteilung als selbständigen Betrieb sehen.[16] Indessen lässt sich insoweit auch eine Satz 3 Nr. 4 unterfallende Änderung bejahen.[17]

Die Streitfrage, ob eine Einschränkung des Betriebs im Sinn der Nr. 1 auch darin liegen kann, dass wesentliche Teile der Belegschaft entlassen werden, ohne dass es zu sonstigen Änderungen kommt, hat der Gesetzgeber mit der Einfügung des § 112a BetrVG in positivem Sinn entschieden. Nicht unter den Katalog des Satz 3 fällt die bloße Veräußerung des Betriebs oder die Änderung der Rechtsform. Die Unternehmensaufspaltung (oft fälschlich Betriebsaufspaltung genannt) in eine Besitz- und eine Produktionsgesellschaft darf nicht mit der Betriebsspaltung im Sinne des § 111 S. 3 Nr. 3 BetrVG verwechselt werden. Die Unternehmensaufspaltung führt zu einer nach den §§ 123 ff. UmwG zu beurteilenden Änderung des Rechtsträgers. Ist damit auch eine wesentliche Änderung der Betriebsorganisation verbunden, kann § 111 S. 3 Nr. 3 BetrVG allerdings zusätzlich eingreifen.[18]

---

[14] *BAG* AP BetrVG 1972 § 113 Nr. 32; AP Nr. 76 zu § 118 BetrVG; Für die aus dem Betriebsänderungscharakter folgende Sozialplanpflichtigkeit hat aber § 112a BetrVG die Zahlenrelationen anders geregelt, um die Belastung der Unternehmen zu verringern. Daraus ist e contrario zu entnehmen, dass es für die übrigen Rechtsfolgen des § 111 BetrVG bei den nach der Rechtsprechung maßgeblichen Relationen verbleiben soll.

[15] *BAG* AP Nr. 11 zu § 111 BetrVG 1972.

[16] Vgl. *Kreutz*, Mitbestimmungsrecht des Betriebsrates bei der Ausgliederung von Betriebsteilen, BlStSozArbR 1971, 209.

[17] Vgl. dazu *BAG* AP Nr. 19 zu § 111 BetrVG 1972.

[18] Richtig *BAG* AP Nr. 9 zu § 111 BetrVG 1972 mit abl. Anm. *Kittner; BAG* AP Nr. 19 ebenda mit gegenteiligem Ergebnis betrifft die Aufspaltung in zwei Gesellschaften, die je einen erheblichen Teil des Betriebs selbständig fortführen. Darin liegt in der Tat eine grundlegende Änderung der Betriebsorganisation. Zur Problematik *Konzen*, Unternehmensaufspaltung und Organisationsänderungen im Betriebsverfassungsrecht, 1986; *Blank* u. a., Arbeitnehmerschutz bei Betriebsaufspaltung und Unternehmensteilung, 2. Aufl., 1987; *Simon*, ZfA 1987, 311; *Biebl*, AuR 1990, 307; *Vogelsang*, DB 1991, 1329.

2. Die einzelnen Beteiligungsrechte

a) Informations- und Beratungsrecht § 111 BetrVG

Der Betriebsrat hat ein Recht auf rechtzeitige und umfassende Unterrichtung über geplante Betriebsänderungen. Zur Rechtzeitigkeit und zum Umfang vgl. die entsprechenden Ausführungen hinsichtlich der Rechte des Wirtschaftsausschusses (oben I 2). Problematisch ist im vorliegenden Zusammenhang, dass eine dem § 106 II BetrVG entsprechende Einschränkung des Informationsanspruches wegen Gefährdung von Betriebs- und Geschäftsgeheimnissen nicht ausdrücklich vorgesehen ist. Nicht wenige geplante Betriebsänderungen werden zunächst Betriebs- oder Geschäftsgeheimnisse sein. Ganz besonders gilt das von neuen Arbeitsmethoden und Fertigungsverfahren. Dies kann indessen nicht so gemeint sein, dass der Arbeitgeber derartige Geheimnisse vorzeitig preisgeben müsste. Vielmehr ist er berechtigt, die Information für die erforderliche Zeit zurückzuhalten, wenn die Offenbarung einer Planung aus Wettbewerbsgründen das Unternehmen mit Wahrscheinlichkeit schädigen würde. Freilich wird er dann von der Pflicht zum Nachteilsausgleich nach § 113 III BetrVG voll getroffen. Soweit die Informationspflicht reicht, besteht auch ein Beratungsrecht[19] des Betriebsrats. Zur Unterstützung kann sich der Betriebsrat in Unternehmen mit mehr als 300 Arbeitnehmern eines sachverständigen Beraters nach § 111 S. 2 BetrVG bedienen. Wegen § 40 I BetrVG muss dies allerdings erforderlich und verhältnismäßig sein[20].

b) Interessenausgleich § 112 BetrVG[21]

Die Beteiligungsrechte des Betriebsrats in wirtschaftlichen Angelegenheiten erschöpfen sich nicht in dem Informations- und Beratungsrecht des § 111 BetrVG. Vielmehr muss der Arbeitgeber darüber hinaus versuchen, mit dem Betriebsrat einen Interessenausgleich zu erzielen. Dies ergibt sich aus § 112 mit § 113 III BetrVG. Diese Verpflichtung entfällt nur dann, wenn ein Interessenausgleich sinnlos ist, etwa die sofortige Schließung des Betriebs unumgänglich ist und eine Verzögerung auch den Arbeitnehmern nur Nachteile bringen würde.[22] Ein Interessenausgleich kann nur für den Einzelfall einer geplanten Betriebsänderung, nicht dagegen vorsorglich, d.h. generell-abstrakt für künftige Fälle abgeschlossen werden[23] (zu vorsorglichen Sozialplänen

---

[19] Zur Frage der Sicherung des Beratungsanspruch im Wege der einstweiligen Verfügung *Eisemann*, FS Hanau, 1999, 387.

[20] *Natzel*, Hinzuziehung internen wie externen Sachverstands nach dem neuen Betriebsverfassungsgesetz, NZA 2001, 872; *Oetker*, Die Hinzuziehung eines Beraters bei Betriebsänderungen – Der neue § 111 S. 2 BetrVG, NZA 2002, 465.

[21] Dazu *Federlin*, Verhandlungen über einen Interessenausgleich und den Abschluß eines Sozialplans, ZfA 1988, 99; *Löwisch*, Probleme des Interessenausgleichs, RdA 1989, 216; *Matthes*, Interessenausgleich und Sozialplan, in: *Hromadka* (Hrsg.), Arbeitsrechtsfragen bei der Umstrukturierung und Sanierung von Unternehmen, 1992, S. 123; *Röder/Baeck*, Interessenausgleich und Sozialplan, 1993; *Molkenbur/Schulte*, Rechtscharakter und -wirkungen des Interessenausgleichs, DB 1995, 269; *Löwisch*, Neugestaltung des Interessenausgleichs durch das Arbeitsrechtliche Beschäftigungsförderungsgesetz, RdA 1997, 80; *Neef*, Die Neuregelung des Interessenausgleichs und ihre praktischen Folgen, NZA 1997, 65; *Rummel*, Der Interessenausgleich im Konkurs, DB 1997, 774; *Willemsen/Hohenstatt*, Zur umstrittenen Bindungs- und Normwirkung des Interessenausgleichs, NZA 1997, 345.

[22] *BAG* AP Nr. 41 zu § 112 BetrVG 1972; *BAG* AP Nr. 4 zu § 113 BetrVG 1972 (vgl. aber andererseits ebenda Nr. 2); zu den Anforderungen an einen Versuch des Interessenausgleichs bei Zweifeln über die Frage der Zuständigkeitsverteilung zwischen Einzel- und Gesamtbetriebsrat *BAG* 24. 1. 1996, ZIP 1996, 1391.

[23] *BAG* AP Nr. 117 zu § 112 BetrVG 1972 mit Anm. *Meyer*.

siehe unten unter c) cc)). Der Interessenausgleich hat heute in der Praxis sehr große Bedeutung.

aa) Der **Gegenstand** des Interessenausgleichs ist gesetzlich nicht ausdrücklich geregelt, lässt sich aber mittelbar dadurch erschließen, dass der Interessenausgleich vom Sozialplan unterschieden wird, § 112 I Satz 1 und 2 BetrVG. Inhalt des Sozialplans ist nach § 112 I 2 BetrVG die Einigung über den Ausgleich oder die Milderung der wirtschaftlichen Nachteile, die den Arbeitnehmern infolge der geplanten Betriebsänderung entstehen. Der Ausgleich der wirtschaftlichen Interessen der Arbeitnehmer kann also nicht den Gegenstand des Interessenausgleichs bilden. Für diesen kommen deshalb nur Vereinbarungen in Betracht, die sich entweder (1) auf den Ausgleich anderer Nachteile, insbesondere von Nachteilen gesundheitlicher Art beziehen oder (2) die das Ob und Wie der Betriebsänderung selbst betreffen. In dieser letzteren Modalität wirkt der Interessenausgleich also der *Entstehung* von Nachteilen – insoweit natürlich auch wirtschaftlicher Art – entgegen.[24]

Beispiele: Einigt sich der Arbeitgeber mit dem Betriebsrat etwa dahin, eine Stilllegung erst zwei Jahre später vorzunehmen oder ein neues Fertigungsverfahren erst in einem kleineren Betriebsteil zu erproben, so ist dies dem Interessenausgleich zuzuordnen. Vereinbart er dagegen im Falle einer Betriebsverlegung, denjenigen Arbeitnehmern, die kündigen wollen, eine Abfindung, denjenigen, die umziehen, ein Umzugsgeld, und denjenigen, die einen längeren Fahrtweg haben, einen Fahrtkostenzuschuss zu gewähren, so gehört dies zum Sozialplan.

Nach § 1 IV KSchG kann in den Interessenausgleich eine Namensliste der anlässlich der Betriebsänderung zu kündigenden Arbeitnehmer aufgenommen werden. In diesem Fall wird das Vorliegen der dringenden betrieblichen Erfordernisse im Sinne des § 1 II KSchG vermutet. Dies stellt eine Erleichterung der Kündigungsmöglichkeit für den Arbeitgeber dar, da die Sozialauswahl nur noch auf grobe Fehler überprüft werden darf.

bb) Der **Rechtsnatur** nach ist der Interessenausgleich eine kollektive Vereinbarung zwischen den Betriebspartnern[25]. Im Unterschied zum Sozialplan hat er nicht die **Wirkung** einer Betriebsvereinbarung. Dies ergibt sich aus dem Umkehrschluss zu § 112 I S. 3 BetrVG. Der Interessenausgleich begründet damit weder eine erzwingbare Verpflichtung des Arbeitgebers noch entfaltet er normative Wirkung in den Einzelarbeitsverhältnissen. Für seine Einhaltung besteht nur eine indirekte Sanktion in § 113 I und II BetrVG (Näheres dort). Der Interessenausgleich muss, um wirksam zu sein, nach § 112 I S. 1 BetrVG **schriftlich** abgeschlossen werden.

cc) Der Interessenausgleich ist **nicht erzwingbar.** Das Ob und Wie der Betriebsänderung unterliegt damit der durch Art. 12 I GG geschützten Unternehmerfreiheit. Zwar kann um behördliche Vermittlung durch die Bundesagentur für Arbeit ersucht oder die Einigungsstelle um einen Einigungsversuch angerufen werden (Näheres § 112 II und III BetrVG). Die Einigungsstelle kann jedoch nicht bindend entscheiden. Der Arbeitgeber unterliegt aber einem mittelbaren Zwang. Denn unterlässt er den Versuch eines Interessenausgleichs, tritt als Sanktion nach § 113 III BetrVG eine Abfindungsverpflichtung ein, falls es infolge der Betriebsänderung zu Entlassungen oder anderen wirtschaftlichen Nachteilen kommt (sog. Nachteilsausgleich). „Versucht" hat der Arbeitgeber den Interessenausgleich im Sinne des § 113 III BetrVG nur dann, wenn er das in § 112 II, III BetrVG vorgesehene Einigungsverfahren voll ausgeschöpft,

---

[24] *BAG* AP Nr. 27 zu § 113 BetrVG 1972: Soweit sich Arbeitgeber und Betriebsrat über den Ausgleich von Nachteilen durch eine bestimmte Betriebsänderung einigen, so kann darin gleichzeitig ein Interessenausgleich dergestalt liegen, dass die Maßnahme wie geplant erfolgen soll.

[25] Zur Rechtsnatur des Interessenausgleichs vgl. Richardi/*Annuß*, § 112 BetrVG Rn. 41 ff.

also auch von sich aus die Einigungsstelle angerufen hat.[26] Denn den Arbeitgeber trifft die sog. Initiativlast zum Abschluss eines Interessenausgleichs.[27]

dd) Eine unmittelbare **Bindung**[28] an den Interessenausgleich besteht für den Arbeitgeber nicht. Denn weder Betriebsrat noch Arbeitnehmer können vom Arbeitgeber die Erfüllung der dort niedergelegten Maßnahmen verlangen[29]. Aber auch hier besteht über die Sanktion des § 113 I, II BetrVG eine mittelbare Bindung. Weicht der Arbeitgeber grundlos vom Interessenausgleich ab, folgt daraus eine Nachteilsausgleichspflicht gegenüber den betroffenen Arbeitnehmern.

c) Sozialplan §§ 112, 112 a BetrVG[30]

aa) **Gegenstand** des Sozialplans sind Regelungen über den Ausgleich oder die Milderung wirtschaftlicher Nachteile aus der Betriebsänderung für die Arbeitnehmer, § 112 I 2 BetrVG. An welche wirtschaftlichen Nachteile vor allem gedacht ist, listet Abs. 5 Nr. 1 auf. Wichtigster und finanziell gewichtigster Gegenstand von Sozialplänen ist die Gewährung von **Abfindungen** für Arbeitnehmer, die durch die Betriebsänderung ihren Arbeitsplatz verlieren. An Bedeutung gewinnen sog. Transfersozialpläne[31], die durch Einsatz von Beschäftigungsgesellschaften die Überführung der betroffenen Arbeitnehmer in neue Beschäftigungsverhältnisse zum Ziel haben.

Als Abfindungen werden nicht selten hohe fünfstellige Summen vorgesehen. Oft sind diese undifferenziert für alle Entlassenen ausgeworfen worden. Daran wurde die verbreitete Unsicherheit deutlich, an welchen Zwecken sich die **Bemessung der Abfindungshöhe** des näheren zu orientieren hat.[32] Sicher handelt es sich nicht, wie bei der Abfindung nach §§ 9, 10 KSchG im Fall rechtswidriger Kündigung (dazu oben § 24 VII 3 b), um eine Art „Leistungsstörungsschuld", sondern um eine außerhalb des

---

[26] BAG AP Nr. 11, 13 und 39 zu § 113 BetrVG 1972.

[27] BAG AP Nr. 2 und 7 zu § 112 BetrVG 1972.

[28] Meyer, Bindungswirkung eines Interessenausgleichs – Von der unverbindlichen Absichtserklärung zur Anspruchsgrundlage, BB 2001, 882.

[29] Ob dem Betriebsrat ein Erfüllungsanspruch zusteht, ist allerdings umstritten, dagegen Richardi/Annuß, § 112 BetrVG, Rn. 46; Schaub, FS Däubler, 1999, 347; BAG AP Nr. 2 zu § 85 ArbGG; differenziert Fitting, §§ 112, 112 a BetrVG, Rn. 51; dafür Matthes, Neue Funktionen für Interessenausgleich und Sozialplan, RdA 1999, 178.

[30] Hansen, Der Entstehungszeitpunkt des Anspruchs auf eine Sozialplanabfindung, NZA 1985, 609; Schellhaaß, Ein ökonomischer Vergleich finanzieller und rechtlicher Kündigungserschwernisse, ZfA 1984, 139; Berenz, Aktuelle Probleme im Sozialplanrecht – Die Regelung des § 112 V BetrVG, NZA 1993, 538; Junker, Sozialplanansprüche im Konzern, ZIP 1993, 1599; Loritz, Die „Neugründung" eines Unternehmens und die Befreiung von der Sozialplanpflicht nach § 112 a II BetrVG, NZA 1993, 1105; Schaub/Schindele, Kurzarbeit, Massenentlassung, Sozialplan, 1993; Schüren, Wer Sozialplan verzögert, wird bestraft! „Punitive damages" im Betriebsverfassungsrecht?, FS Stree und Wessels, 1993, S. 1085; Röhsler, Konzernbetriebsrat und Sozialplan im Konkurs, NZA 1994, 62; Rost, Rechtsprobleme unternehmensübergreifender Sozialplandotierung, NZA 1994, 205; Winderlich, Sozialplan und Betriebsänderung – Gedanken zum Wegfall der Geschäftsgrundlage, BB 1994, 2483; Meier, Die Sozialplanabfindung: Verloren bei Eigenkündigung? – Entschädigung für Besitzstandsverlust oder Übergangsbeihilfe?, NZA 1995, 769; Meyer, Änderung von Sozialplanregelungen, NZA 1995, 974; Weber, Die Ermessensentscheidung der Einigungsstelle bei Sozialplänen und arbeitsgerichtliche Überprüfung, BB 1995, 2268; Löw, Gleichbehandlung im Sozialplan, DB 1996, 1570.

[31] Gaul/Kliemt, Aktuelle Aspekte einer Zusammenarbeit mit Beschäftigungsgesellschaften, NZA 2000, 647; Fischer, Personalanpassung durch Transfer, NZA 2004 Sonderbeilage 1, 28.

[32] Dazu Richardi, Sozialplan und Konkurs, 1975, S. 13 f., 21; Gamillscheg, FS Bosch, 1976, S. 209; Weitnauer, ZfA 1977, 115 ff.; Dorndorf, Sozialplan im Konkurs, 1978, S. 10 ff.; Zöllner, BAG-FS, 1979, S. 749; Ehmann, Festgabe Weitnauer, 1980, S. 27 ff.; Lieb, § 8 V 3 c; Beuthien, Der Sozialauftrag des Sozialplans, ZfA 1982, 181; BAG GS AP Nr. 6 zu § 112 BetrVG 1972; Reuter, Der Sozialplan – Entschädigung für Arbeitsplatzverlust oder Steuerung unternehmerischen Handelns? 1983; Spinti, Die Ansprüche aus Sozialplan (§ 112 BetrVG 72) und Nachteilsausgleich (§ 113 BetrVG 72) bei Insolvenz des Arbeitgebers, 1987, S. 27 ff.; Gaul, Gestaltungsspielraum bei Sozialplanabfindungen, DB 1998, 1513; Gaul, Wirtschaftliche Vertretbarkeit eines Sozialplans, DB 2004, 1498.

Vertragsgefüges stehende zusätzliche Zahlung.[33] Nicht glücklich ist es auch, die Abfindung als eine Entschädigung für den Arbeitsplatz zu verstehen oder als nachträglich noch auszuzahlendes, bisher nicht voll erbrachtes Entgelt. Eine Abfindung kann vielmehr nur auf die künftigen Erwerbsaussichten abstellen, die dem Arbeitnehmer entgehen. Anzuknüpfen ist für die Abfindung deshalb an das Opfer, das der Arbeitnehmer durch den Verlust seines Arbeitsplatzes zum Nutzen des Arbeitgebers und der verbleibenden Arbeitnehmer bringt.[34] Die Höhe dieses Opfers lässt sich nicht allein aus dem Wert des Arbeitsplatzes bestimmen, sondern nur unter Berücksichtigung anderweitiger Arbeitsplatzchancen des Arbeitnehmers. Diese Sicht der Dinge ist weitgehend durch die 1985 erfolgte Einfügung des § 112 V BetrVG[35] bestätigt worden, vgl. dessen Nr. 2.[36]

bb) Der Sozialplan hat nach § 112 I 3 BetrVG die **Wirkung einer Betriebsvereinbarung,** wobei gem. § 112 I 4 BetrVG die Tarifsperre des § 77 III BetrVG ausdrücklich nicht gilt. Sozialpläne wirken damit normativ § 77 IV 1 BetrVG. Auch der Sozialplan setzt zu seiner Wirksamkeit nach § 112 I 1 BetrVG Schriftform voraus. Soweit der Sozialplan Dauerregelungen mit fortlaufenden, unbegrenzten Leistungsansprüchen enthält, unterliegen diese späterer Änderung durch Betriebsvereinbarungen, die der Arbeitgeber auch evtl. mittels Anrufung der Einigungsstelle erzwingen kann.[37]

cc) Um einen Sozialplan braucht sich der Arbeitgeber im Unterschied zum Interessenausgleich nicht eigens zu bemühen, weil der Betriebsrat nach § 112 Abs. 4 BetrVG die Aufstellung **erzwingen** kann. Auch für ihn sind die gleiche behördliche Vermittlung und der gleiche Einigungsversuch der Einigungsstelle wie für den Interessenausgleich vorgesehen. Die Einigungsstelle kann aber bei Fehlschlagen bindend über die Aufstellung des Sozialplans entscheiden, § 112 IV S. 2, § 76 V BetrVG. Die Unterlassung des Versuchs, einen Sozialplan zu erreichen, hat für den Arbeitgeber allerdings keine nachteiligen Folgen (anders für den Interessenausgleich, § 113 III BetrVG).

§ 112 a BetrVG enthält **Ausnahmen von der Erzwingbarkeit** des Sozialplans. Bei Betrieben eines Unternehmens in den ersten vier Jahren nach seiner Gründung ist die Erzwingbarkeit generell ausgeschlossen (§ 112 a II 1 BetrVG). Das gilt wiederum nicht für Neugründungen im Zusammenhang mit der rechtlichen Umstrukturierung von Unternehmen und Konzernen (§ 112 a II 2 BetrVG). Besteht eine geplante Betriebsänderung i. S. d. § 111 S. 2 Nr. 1 BetrVG allein in der Entlassung von Arbeitnehmern, so findet § 112 IV, V BetrVG nur Anwendung bei Überschreitung des in Abs. 1 dieser Vorschrift zahlenmäßig genau geregelten Verhältnisse der Betriebsangehörigen zu den aus betriebsbedingten Gründen zu entlassenden Arbeitnehmern.[38]

Sozialpläne können im Unterschied zu einem Interessenausgleich aber auch vorsorglich in Form einer freiwilligen Betriebsvereinbarung abgeschlossen werden, da den Betriebsparteien nach §§ 77 III, 88 BetrVG auch insoweit eine umfassende Regelungskompetenz zukommt.[39] Nach der Rechtsprechung beinhaltet ein solcher vorsorglicher Sozialplan zudem eine grundsätzliche Sperrwirkung, d. h. tritt später tatsächlich eine Betriebsänderung ein, kann der Betriebsrat nicht erneut den Abschluss eines Sozialplans verlangen.[40]

[33] Dazu vor allem *Beuthien,* ZfA 1982, 181 ff., aber auch schon *Zöllner,* BAG-FS, 1979, S. 749 ff.
[34] Zu den Kriterien für die Vergabe von Sozialplanentschädigungen, insbesondere zur Leistungsänderung oder -ausschluss bei Eigenkündigung des Arbeitnehmers vgl. *BAG* AP Nr. 71, 72, 85, 89, 96 zu § 112 BetrVG 1972.
[35] Zu dieser *Otto,* Der Sozialplan als Gegenstand neuer gesetzgeberischer Initiativen, ZfA 1985, 71; *v. Hoyningen-Huene,* Die wirtschaftliche Vertretbarkeit von Sozialplänen, RdA 1986, 102; *Drukarczyk,* Zum Problem der „wirtschaftlichen Vertretbarkeit" von Sozialplänen, RdA 1986, 115; *Heinze,* Nichtsozialplanpflichtige Betriebsänderung, NZA 1987, 41; *Glaubitz,* Die wirtschaftliche Vertretbarkeit des Sozialplans nach § 112 Abs. 5 bei der Fortführung des Unternehmens, FS Hanau, 1999, 403.
[36] Siehe auch *BAG* AP Nr. 12 zu § 112 a BetrVG 1972 zu den Ober- und Untergrenzen bei einer Entscheidung durch die Einigungsstelle; dazu auch *BAG* AP Nr. 137 zu § 112 BetrVG 1972.
[37] *BAG* AP Nr. 12 zu § 112 BetrVG 1972.
[38] Hierzu *Loritz,* NZA 1993, 1105; GK/*Oetker,* §§ 112, 112 a Rn. 233 ff.; Richardi/*Richardi/Annuß* § 112 a Rn. 3 ff.; *BAG* AP Nr. 7, 8 zu § 112 a BetrVG 1972.
[39] *BAG* AP Nr. 123 zu § 112 BetrVG 1972; MünchArbR/*Matthes,* § 354 Rn. 7; kritisch *Löwisch,* FS Dieterich, 1999, 345.
[40] *BAG* AP Nr. 117 zu § 112 BetrVG 1972 mit Anm. *Meyer;* MünchArbR/*Matthes,* § 354 Rn. 7.

dd) **Inhalt und Inhaltskontrolle:** Die Sozialplanleistungen dürfen nicht von der Nichterhebung einer Kündigungsschutzklage abhängig gemacht werden (sog. Turboprämien),[41] wohl aber davon, dass eine eventuelle Kündigungsschutzklage erfolglos bleibt. Entscheidet die Einigungsstelle über den Inhalt, so findet keine volle Inhaltskontrolle, auch keine bloße Rechtskontrolle, wohl aber eine Ermessenskontrolle durch das Arbeitsgericht darauf statt, ob die Grenzen des Ermessens eingehalten sind, wie sie § 112 V BetrVG ausführlich regelt.[42] Diese Grenzziehung geht derjenigen in § 76 V 3 BetrVG vor. Hingegen gilt die Zwei-Wochen-Frist des § 76 V 4 BetrVG auch für den Sozialplan. Obwohl das BAG in st. Rspr. den Betriebspartnern eine grundsätzliche Freiheit zugesteht, ob ein Nachteilsausgleich erfolgen soll und bejahendenfalls welche Nachteile bei welchen Arbeitnehmern durch welche Leistungen ausgeglichen werden, werden Differenzierungen doch mit Hilfe des arbeitsrechtlichen Gleichbehandlungsgrundsatzes in erheblichem Umfang kontrolliert und beschränkt.[43]

3. Nachteilsausgleich und sonstige Rechtsfolgen unterbliebener Beteiligung des Betriebsrats

Nimmt ein Arbeitgeber in Missachtung der genannten Beteiligungsrechte des Betriebsrats eine Betriebsänderung vor, so berührt dieses betriebsverfassungswidrige Verhalten nicht die Wirksamkeit der Betriebsänderung. Die Beteiligungsrechte werden aber auf andere Weise geschützt.

a) Nachteilsausgleich § 113 BetrVG[44]

Führt der Arbeitgeber eine Betriebsänderung durch, ohne vorher einen Interessenausgleich versucht zu haben (§ 113 III BetrVG) oder weicht er bei der Betriebsänderung ohne zwingenden Grund[45] von einem vereinbarten Interessenausgleich ab (§ 113 I BetrVG), wird dieses betriebsverfassungswidrige Verhalten über § 113 BetrVG individualrechtlich sanktioniert[46]. Der Arbeitgeber ist danach verpflichtet, die durch die betriebsverfassungswidrige Betriebsänderung verursachten wirtschaftlichen Nachteile der betroffenen Arbeitnehmer auszugleichen. Insbesondere können Arbeitnehmer, die entlassen wurden, eine Abfindung für den Verlust des Arbeitsplatzes in Höhe des § 10 KSchG verlangen. Erforderlich ist ausweislich des Wortlauts „infolge" ein Ursachenzusammenhang zwischen betriebsverfassungswidriger Betriebsänderung und Entlassung. Im Falle des § 113 III BetrVG muss die Entlassung allein durch die Betriebsänderung bedingt sein, im Falle des § 113 I BetrVG gerade durch das Abweichen von

---

[41] Siehe dazu *BAG* AP Nr. 175 zu § 112 BetrVG 1972, wonach die Unzulässigkeit einer solchen Turboprämie im Rahmen eines Sozialplans nach der neuen Rechtsprechung aus einem Verstoß gegen den betriebsverfassungsrechtlichen Gleichbehandlungsgrundsatz des § 75 I 1 BetrVG folgt; zur Frage der Zulässigkeit solcher Turboprämien außerhalb von Sozialplänen *BAG* NZA 2006, 1420; *Riesenhuber,* Turboprämien – Abfindung bei Verzicht auf Kündigungsschutzklage im Sozialplan und Betriebsvereinbarung, NZA 2005, 1100; *Benecke,* Sozialplanleistungen und Verzicht auf Kündigungsschutzklage: die neue Rechtsprechung des *BAG* zu Funktionen und Grenzen des Sozialplans, BB 2006, 938; Zur Unzulässigkeit entsprechender Klauseln für die Fälle der Klage wegen möglichen Betriebsteilübergangs *BAG* AP Nr. 160 zu § 112 BetrVG 1972; diese gesamte Rechtsprechung ist durchaus problematisch; zutreffend BAG, 4 AZR 798/05 vom 6. 12. 2006 – noch nicht veröffentlicht – wonach im Sozialplantarifvertrag die Abfindung von der Nichterhebung der Kündigungsschutzklage abhängig gemacht werden darf.
[42] Bei ermessenswidrigem Sozialplan sollen die betroffenen Arbeitnehmer nach *BAG* AP Nr. 56 zu § 112 BetrVG 1972 Anspruch auf die ihnen ohne die Benachteiligung zustehende Leistung haben. Anschaulich zu den Grenzen des Ermessens der Einigungsstelle *BAG* AP Nr. 87 zu § 112 BetrVG 1972.
[43] *BAG,* SAE 1996, 236 mit Anm. *Kraft;* BAG, SAE 1999, 190 mit Anm. *Meyer.*
[44] Zu den Einzelheiten, insbesondere zum Verhältnis des § 113 BetrVG zum Kündigungsschutz und zur prozessualen Geltendmachung, siehe Richardi/*Richardi/Annuß,* § 113 BetrVG, Rn. 43 f.
[45] Ein solcher ist gegeben, wenn sich die Lage nachträglich so wesentlich verändert hat oder Umstände bekannt geworden sind, dass der Arbeitgeber faktisch zu einem Abweichen gezwungen ist.
[46] *BAG* AP Nr. 32 zu § 113 BetrVG 1972.

dem Interessenausgleich. Greift der Arbeitnehmer die Kündigung erfolgreich mit der Kündigungsschutzklage an und beantragt eine Abfindung nach § 9 KSchG, entfällt der Anspruch auf Nachteilsausgleich, da er gerade die Entlassung voraussetzt. Hat der Arbeitgeber mit dem Betriebsrat einen Sozialplan abgeschlossen, werden darin enthaltene Abfindungsansprüche nicht zusätzlich zum Nachteilsausgleich gewährt, sondern dieser auf die Sozialplanabfindungen angerechnet.[47]

b) Bußgeld § 121 BetrVG

§ 121 BetrVG sieht eine Bußgeldbewährung vor, wenn der Arbeitgeber der Informationspflicht des § 111 BetrVG nicht oder nicht in gehöriger Weise nachkommt. Auch diese Regelung stellt wie der Nachteilsausgleich eine rein nachträgliche Sanktion dar. Ein präventives Mittel, um den Arbeitgeber dazu anzuhalten, die Beteiligungsrechte zu wahren, ist damit für den Betriebsrat gerade nicht eröffnet.

c) Unterlassungsanspruch des Betriebsrats

§ 23 III BetrVG gibt dem Betriebsrat einen Anspruch auf Unterlassung der Betriebsänderung, allerdings nur bei gravierenden Verstößen seitens des Arbeitgebers und damit nach herrschendem Verständnis nur in seltenen Fällen. Fraglich und sehr umstritten[48] ist daher, ob dem Betriebsrat zur Wahrung seines Beratungsrechts ein allgemeiner Unterlassungsanspruch[49] (durchsetzbar dann auch im Wege der einstweiligen Verfügung) als Nebenleistungsanspruch zu § 111 BetrVG zusteht. Durch einen solchen Anspruch könnte der Betriebsrat verhindern, dass der Arbeitgeber in Bezug auf die Betriebsänderung vollendete Tatsachen schafft und so die mit der Beratung bezweckte Einflussnahme unmöglich macht. Die in §§ 113, 121 BetrVG vorgesehenen speziellen Regelungen wirken zwar repressiv. Sie haben aber nach Ansicht des BAG den Zweck (auch wenn § 113 BetrVG ein individualrechtlicher Anspruch ist) den Arbeitgeber mittelbar zu zwingen, die Pflichten gemäß § 111 BetrVG zu erfüllen.[50] Das spricht gegen einen allgemeinen Unterlassungsanspruch.

4. Mitbestimmung in der Insolvenz[51]

Die Mitbestimmungsrechte der §§ 111 ff. BetrVG bestehen auch in der Insolvenz des Arbeitgebers insofern fort, als der Insolvenzverwalter Betriebsänderungen mit dem Betriebsrat beraten muss. Trotz der wirtschaftlich prekären Lage entfällt nach der Rechtsprechung des BAG nicht die Pflicht, einen Interessenausgleich zu versuchen[52]. Das Verfahren für die Mitbestimmung des Betriebsrats ist jedoch durch §§ 121–125 InsO wesentlich modifiziert worden. So findet gem. § 121 InsO ein dem Einigungs-

---

[47] Str. *BAG* AP Nr. 19 und 39 zu § 113 BetrVG 1972; Richardi/*Richardi/Annuß*, § 113 Rn. 65 und § 112 Rn. 203; a. A. ErfK/*Kania*, § 112 BetrVG, Rn. 24.

[48] Siehe zur uneinigen Rechtsprechung der Instanzgerichte die Übersicht in ErfK/*Kania*, § 112 BetrVG Rn. 24; *Lipinski/Melms*, Kein Unterlassungsanspruch des Betriebsrats zur Verhinderung der Durchführung einer Betriebsänderung ohne Versuch des Interessenausgleichs nach In-Kraft-Treten des BetrVG-Reformgesetzes, BB 2002, 2226; *Fauser/Nacken*, Die Sicherung des Unterrichtungs- und Beratungsanspruchs des Betriebsrats aus §§ 111, 112 – Unter besonderer Berücksichtigung gemeinschaftsrechtlicher Vorgaben, NZA 2006, 1336.

[49] Ein solcher ist im Rahmen des § 87 BetrVG mittlerweile anerkannt; *BAG* AP Nr. 35 zu § 23 BetrVG; *Konzen*, NZA 1995, 40; *Lobinger*, ZfA 2004, 101.

[50] *BAG* AP Nr. 18 zu § 113 BetrVG.

[51] Dazu *Zeuner*, in: Leipold (Hrsg.), Insolvenzrecht im Umbruch, Bd. 1, 1991, S. 261; *Giesen*, Die Betriebsverfassung nach dem neuen Insolvenzrecht, ZIP 1998, 142; *Lakies*, Insolvenz und Betriebsänderung, BB 1999, 206.

[52] *BAG* AP Nr. 13, 39 und 42 zu § 113 BetrVG.

stellenverfahren vorausgehender Vermittlungsversuch in Abweichung von § 112 II 1 BetrVG nur dann statt, wenn Insolvenzverwalter und Betriebsrat gemeinsam um eine solche Vermittlung ersuchen. Abgeschwächt wird auch der über § 113 III BetrVG mittelbar erzeugte Zwang, mit der Durchführung der Betriebsänderung bis zum Scheitern der Verhandlungen über den Interessenausgleich zu warten. Gem. § 122 I InsO kann der Insolvenzverwalter beim Arbeitsgericht die Zustimmung zur Durchführung der Betriebsänderung bereits vor dem Abschluss des Versuchs eines Interessenausgleichs (§§ 112 II, 113 III BetrVG) beantragen, wenn er den Betriebsrat ordnungsgemäß unterrichtet hat und innerhalb von drei Wochen nach Beginn der Verhandlungen oder nach der schriftlichen Aufforderung zur Aufnahme von Verhandlungen noch kein Interessenausgleich zustande gekommen ist. Auf einen Interessenausgleich darf sich der Insolvenzverwalter jedenfalls insoweit nicht einlassen, als durch ihn die Sanierung des Unternehmens gefährdet oder die Insolvenzmasse geschmälert wird. Ein Sozialplan kann auch nach Eröffnung des Insolvenzverfahrens aufgestellt werden, jedoch nur innerhalb enger finanzieller Grenzen (§ 123 I InsO: Sozialplanvolumen von max. 2½ Monatsverdienste). Die Verbindlichkeiten aus einem solchen Sozialplan sind nach § 123 II InsO Masseverbindlichkeiten i.S.d. § 55 I Nr. 1 InsO. § 124 InsO statuiert für den Insolvenzverwalter und den Betriebsrat ein Widerrufsrecht für Sozialpläne, die in den letzten drei Monaten vor Eröffnung des Insolvenzverfahrens abgeschlossen wurde. Allgemein zur Bedeutung der Insolvenz des Arbeitgebers für die Arbeitnehmer oben § 2 X.

§ 52. Mitbestimmung bei der Gestaltung von Arbeit und Arbeitsplatz

Literatur: *Bächle*, Unterrichtungs- und Belehrungspflichten nach dem BetrVG 1972, DB 1973, 1400; *Wiese*, Individualrechte in der Betriebsverfassung, RdA 1973, 1; *Zöllner*, Arbeitsrecht und menschengerechte Arbeitsgestaltung, RdA 1973, 2; *Natzel*, Zur Mitbestimmung bei der menschengerechten Gestaltung der Arbeit, RdA 1974, 280; *Niederalt*, Die Individualrechte des Arbeitnehmers nach dem BetrVG (§§ 75, 81 ff.), 1976; *Hofe*, Betriebliche Mitbestimmung und Humanisierung der Arbeitswelt, 1978; *Hofe*, Die Mitbestimmung nach § 91 BetrVG im Verhältnis zum Arbeitsschutzrecht, AuR 1979, 79; *Hinrichs*, Das Beschwerde- und Anzeigerecht der Arbeitnehmer, ArbRGegw. 18 (1980), 1981, S. 35 (46 ff.); *Ehmann*, Arbeitsschutz und Mitbestimmung bei neuen Technologien, 1981; *Scholz*, Staatliche Forschungsförderung – Mitbestimmung des Betriebsrats?, BB 1981, 441; *Rehhahn*, Die Behandlung von Sicherheitsbeschwerden nach § 84 BetrVG, AuR 1981, 161; *Bieback*, Betriebliche Sozialpolitik, staatliche Subvention und die Mitbestimmung des Betriebsrats, RdA 1983, 265; *Rungaldier*, Kollektivvertragliche Mitbestimmung bei Arbeitsorganisation und Rationalisierung, 1983; *Kreikebaum*, Arbeitsgestaltung und Betriebsverfassung, 1990 (empirische Untersuchung); *Färber*, Die Beteiligungsrechte des Betriebsrats bei der Einführung und Anwendung neuer Techniken, FS D. Gaul, 1992, S. 57; *Schaub*, Lean Production und arbeitsrechtliche Grundlagen, BB 1993, Beil. 15, S. 1; *Schindele*, Lean Production und Mitbestimmung des Betriebsrats, BB 1993, Beil. 15, S. 14; *Wedde/Klöver*, Outsourcing – Das Ende der Mitbestimmung?, CR 1993, 93; *Kohte*, Arbeit, Leben und Gesundheit. Betriebsverfassungsrechtliche Herausforderungen und Perspektiven, FS Kissel, 1994, S. 547; *Buschmann*, Die betriebsverfassungsrechtliche Beschwerde, FS Däubler, 1999, 311.

Die technische Ausgestaltung des einzelnen Arbeitsplatzes, die Gestaltung der Arbeitsumgebung und die Gestaltung des Arbeitsablaufs haben für den einzelnen Arbeitnehmer besondere Bedeutung, weil dadurch sein körperlicher und seelischer Zustand nachhaltig beeinflusst wird. Die Mitwirkung der Arbeitnehmerseite bei Entscheidungen und Maßnahmen in diesen Angelegenheiten ist daher besonders wichtig. Sie erfasst den Kernbereich dessen, was Gegenstand der sog. menschengerechten Gestaltung des Arbeitsplatzes und der sog. Humanisierung der Arbeitswelt ist. Dabei ist zu unterscheiden zwischen der Mitwirkung des einzelnen Arbeitnehmers und der durch den Betriebsrat wahrgenommenen kollektiven Mitbestimmung. Das BetrVG regelt eine singuläre „Mitbestimmung" nur in Ansätzen. Das ist insofern konsequent, als es sich dabei systematisch nicht um Betriebsverfassungsrecht, sondern um Arbeitsvertragsrecht handelt. Da die §§ 81 ff. BetrVG individualrechtlicher Natur sind, stehen diese Rechte auch Arbeitnehmern eines betriebsratslosen Betriebs zu. Wegen des Sachzusammenhangs und der Regelung dieser Rechte im Betriebsverfassungsgesetz soll darauf eingegangen werden.

I. Rechte des einzelnen Arbeitnehmers im Betrieb, §§ 81–86 a BetrVG

1. Informationsrechte

Der Arbeitnehmer muss nach § 81 BetrVG über seinen Arbeitsbereich und insbesondere über Gesundheitsgefahren und ihre Vermeidung umfassend unterrichtet werden. Die Vorschrift ist an sich überflüssig, weil sich das Gleiche aus den der Treupflicht entspringenden Schutz- und Förderungspflichten des Arbeitgebers ergibt.

2. Anhörungs- und Erörterungsrechte

§ 82 I BetrVG gewährt dem Arbeitnehmer das Recht, in den ihn betreffenden betrieblichen Angelegenheiten gehört zu werden, Stellung zu nehmen und Vorschläge zur Gestaltung von Arbeitsplatz und Arbeitsablauf zu machen. Auch dies kann man der Treupflicht entnehmen. Selbstverständlich ist ferner das in § 82 II 1 BetrVG niedergelegte Recht auf Erläuterung der Berechnung und Zusammensetzung des Arbeitsentgelts, weniger selbstverständlich dagegen das Erörterungsrecht des Arbeitnehmers hinsichtlich seiner Leistungen und beruflichen Entwicklungsmöglichkeiten. Eine Verzahnung mit der Betriebsverfassung besteht hier insofern, als der Arbeitnehmer das Recht hat, bei der Erörterung nach § 82 II 2 BetrVG ein Mitglied des Betriebsrats hinzuzuziehen, begrenzt auf die Gegenstände des § 82 II 1 BetrVG, wobei diese nicht ausschließlich Thema des Gesprächs sein müssen[1]. Der Betriebsrat hat allerdings keinen Anspruch gegen den Arbeitgeber auf Hinzuziehung zu dem Gespräch.[2] Der Anspruch des Arbeitnehmers auf Hinzuziehung begründet aber eine betriebsverfassungsrechtliche Verpflichtung des Arbeitgebers, gegen deren grobe Verletzung der Betriebsrat nach § 23 III BetrVG vorgehen kann.[3]

3. Einsicht in Personalakten

Zum Einsichtsrecht in Personalakten vgl. § 83 BetrVG. Die Schwierigkeiten liegen bei diesem Recht ähnlich wie im öffentlichen Dienst weniger auf rechtlichem als auf tatsächlichem Gebiet, nämlich darin, wie sich der Arbeitnehmer vergewissern kann, dass er wirklich in alle seine Person betreffenden Unterlagen Einblick erhält.
Die Problematik verstärkt sich, wo an die Stelle der Personalakten oder zusätzlich zu diesen die EDV-mäßige Erfassung von Personaldaten (Personalinformationssystem) erfolgt.[4] Die Hinzuziehung eines insoweit kundigen Betriebsratsmitglieds gemäß Abs. 1 Satz 2 ist hier von besonderem Vorteil. Der Betriebsrat hat keinen Anspruch auf Vorlage von Personalakten, auch nicht aus § 80 II BetrVG.[5]

4. Beschwerderecht

Das Beschwerderecht des Arbeitnehmers ist problematisch. Nach § 84 BetrVG ist dem Arbeitnehmer ein Beschwerderecht eingeräumt, wenn er sich vom Arbeitgeber

---

[1] Ein allgemeiner Anspruch auf Hinzuziehung eines Betriebsratsmitglieds zu jedem Personalgespräch unabhängig vom Gegenstand des Gesprächs besteht nicht. Dies folgt aus einem Umkehrschluss zu den speziellen Hinzuziehungsansprüchen aus §§ 81 IV 3, 82 II 2, 84 I 2 BetrVG, *BAG* AP Nr. 3 zu § 82 BetrVG 1972.
[2] *BAG* AP Nr. 2 zu § 82 BetrVG 1972.
[3] *BAG* AP Nr. 3 zu § 82 BetrVG 1972.
[4] Vgl. dazu *Zöllner*, Daten- und Informationsschutz im Arbeitsverhältnis, 1982, S. 68 ff.
[5] *LAG Frankfurt/Main* NZA 1985, 97.

oder von Arbeitnehmern des Betriebs beeinträchtigt oder benachteiligt fühlt. Der Arbeitgeber soll nach Abs. 2 der Vorschrift verpflichtet sein, den Arbeitnehmer über die Beschwerde zu bescheiden – das muss nicht schriftlich sein – und er hat der Beschwerde, soweit er sie für berechtigt erachtet, abzuhelfen. Das mag gut gemeint sein, steht aber unter der Einschränkung, dass die Pflicht nur soweit reichen kann, wie eine Abhilfe für den Arbeitgeber möglich und zumutbar ist.[6] Wird ein Arbeitnehmer von anderen Arbeitnehmern schlecht behandelt (bei erheblicher Beeinträchtigung spricht man von Mobbing), ein in der Praxis häufiger Fall, so werden die Möglichkeiten des Arbeitgebers zur Abhilfe vielfach begrenzt sein. Dem Arbeitnehmer erwachsen aus der Abhilfeverpflichtung des Arbeitgebers keine Erfüllungsansprüche, die er nach allgemeinen Grundsätzen nicht ohnehin hätte. Hat er solche, kann er sie ohnehin einklagen. Nicht möglich ist die Durchsetzung im arbeitsgerichtlichen Beschlussverfahren. Es handelt sich insoweit nicht um eine betriebsverfassungsrechtliche Streitigkeit.

5. Einschaltung des Betriebsrats

Noch problematischer ist die Einschaltung des Betriebsrats in das Beschwerderecht nach § 85 BetrVG.[7]

a) Danach hat der Betriebsrat Beschwerden von Arbeitnehmern entgegenzunehmen und, falls er sie für berechtigt erachtet, beim Arbeitgeber auf Abhilfe hinzuwirken. Wenn sich Betriebsrat und Arbeitgeber nicht einigen, kann der Betriebsrat die Einigungsstelle anrufen, die bindend entscheidet, § 85 II BetrVG.[8]

b) Hierzu macht Abs. 2 Satz 3 die wichtige Einschränkung, dass dies nicht gilt, wenn **Gegenstand der Beschwerde ein Rechtsanspruch** ist.[9] Behauptet z.B. der Arbeitnehmer, dass ihm ein Anspruch auf mehr Lohn, auf einen Zusatzurlaub oder auf Weiterbeschäftigung an anderer Stelle des Betriebes zustehe, so kommt demnach weder eine bindende Entscheidung der Einigungsstelle noch ein Einigungsversuch durch sie in Betracht. Diese Einschränkung gilt auch, soweit ein konkretisierbarer Rechtsanspruch des Arbeitnehmers aus einer Generalklausel, etwa der Treuepflicht (Schutzpflicht) des Arbeitgebers, abzuleiten ist.

c) Diese ausdrücklich formulierte Einschränkung ist jedoch nicht die einzige. Vielmehr besteht weithin Einigkeit darüber, dass § 85 BetrVG **nicht** die **Mitbestimmungsrechte** des Betriebsrats **erweitern** soll. Die Einigungsstelle kann daher keineswegs in allen Fragen bindend entscheiden, die nicht Gegenstand eines Rechtsanspruchs sind. Behauptet etwa der Arbeitnehmer, er werde durch Übergehen bei einer Beförderung in seinem Fortkommen beeinträchtigt, wenn auch nicht rechtswidrig, so kann die Einigungsstelle nicht bindend die Beförderung aussprechen. Beschwert sich der Arbeitnehmer, weil ihm eine Dienstbefreiung verweigert worden ist, auf die er keinen Anspruch hat, kann sie ihm nicht durch die Einigungsstelle gewährt werden.

Auszuklammern sind deshalb auch alle Angelegenheiten, in denen an anderer Stelle des Gesetzes die Mitwirkung des Betriebsrats begrenzt ist. Beschwert sich ein Arbeitnehmer über seine Kündigung, so kann nicht auf dem Umweg über § 85 BetrVG die gleichberechtigte Mitwirkung des Betriebsrats her-

---

[6] GK/*Wiese*, § 84 Rn. 24 f.

[7] Zu diesen Fragen *Denck*, DB 1980, 2132; *Hinrichs*, ArbRGegw. 18 (1981), S. 35 (47 ff.); *Wiese*, Zur Zuständigkeit der Einigungsstelle nach § 85 Abs. 2 BetrVG, FS G. Müller, 1981, S. 625; *Dedert*, Zuständigkeit der Einigungsstelle für Abmahnungen, BB 1986, 320.

[8] Dazu *Nebendahl/Lunk*, Die Zuständigkeit der Einigungsstelle bei Beschwerden nach § 85 II BetrVG, NZA 1990, 676; *LAG Schleswig-Holstein* NZA 1990, 703.

[9] Dazu *BAG* AP Nr. 1 zu § 85 BetrVG 1972 (Anm. *Misera*); bedenklich *LAG Köln* DB 1984, 1240.

beigeführt werden. Die übergangene Beförderung erlaubt die gleichberechtigte Mitwirkung nicht, weil sie in Widerspruch zu den in § 99 enthaltenen Einschränkungen stände. Darüber hinaus gilt die ganz generelle Einschränkung, dass die Einigungsstelle nicht die Kompetenz hat, zusätzliche individuelle Ansprüche für Arbeitnehmer zu begründen. So wenig die Arbeitnehmer als Gesamtgruppe vom Arbeitgeber eine Betriebsvereinbarung erzwingen können, die ihnen mehr Urlaub oder mehr Lohn oder eine Gratifikation gewährt, so wenig kann dies mit Hilfe des Betriebsrats zugunsten eines einzelnen Arbeitnehmers der Fall sein. Unter diesen Einschränkungen läuft das Beschwerderecht nach § 85 BetrVG in erheblichem Umfang leer. Das ist indessen kein Einwand gegen die einschränkende Auslegung. Es handelt sich um eine vom Gesetzgeber nicht durchdachte Vorschrift.

6. Vorschlagsrecht[10]

Im Rahmen der funktionellen Zuständigkeit des Betriebsrats gem. §§ 80f BetrVG können die einzelnen Arbeitnehmer dem Betriebsrat nach S. 1 Themen zur Beratung vorschlagen, was auch vor Einführung des § 86a BetrVG durch das BetrVerf-Reformgesetz 2001 bereits möglich war. Neu ist, dass der Betriebsrat diese Vorschläge ab Erreichen eines Unterschriftenquorums von 5% der Belegschaft innerhalb einer Frist von 2 Monaten zu beraten hat. Ziel des § 86a BetrVG ist es, dem Bedürfnis nach einer stärkeren unmittelbaren Beteiligung der Arbeitnehmer an der Betriebsverfassung Rechnung zu tragen.

II. Mitbestimmung des Betriebsrats bei der Gestaltung von Arbeitsplatz und Arbeitsablauf, §§ 90, 91 BetrVG[11]

1. Informationsrecht

Der Arbeitgeber muss den Betriebsrat über die Planung von Bauten und Räumen, von technischen Anlagen, von Arbeitsverfahren und Arbeitsabläufen und von einzelnen Arbeitsplätzen rechtzeitig unterrichten, § 90 I BetrVG.

2. Beratungsrecht

Er muss mit ihm über die Auswirkungen auf die Arbeit und auf die Anforderungen an die Arbeitnehmer beraten, § 90 II BetrVG. Dabei sollen die gesicherten arbeitswissenschaftlichen Erkenntnisse über die menschengerechte Gestaltung der Arbeit berücksichtigt werden. Was **gesicherte arbeitswissenschaftliche Erkenntnisse** sind, ist im Einzelnen sehr zweifelhaft.[12] Hauptsächlich finden sie sich im Bereich der Arbeitsmedizin und der Lehre von der körpergerechten Ausgestaltung von Arbeitsplatz und

---

[10] *Wiese,* Das Neue Vorschlagsrecht der Arbeitnehmer nach § 86a BetrVG, BB 2001, 2267.

[11] Näher dazu *Zöllner,* RdA 1973, 212; *Ehmann,* Arbeitsschutz und Mitbestimmung bei neuen Technologien, 1981, S. 24 ff.; *Hanau,* Die Rechtspflicht zur Humanisierung der Arbeit, Betriebsführung und Industrial Engineering, 1982, 353 (363); *Thelen,* Die Beteiligungsrechte des Betriebsrats gem. §§ 90, 91 BetrVG unter besonderer Berücksichtigung der Sanktion bei Nichtbeachtung der Beteiligungsrechte durch den Arbeitgeber, Diss. Köln, 1988.

[12] Hierzu vor allem die eindringliche, sorgfältig abwägende Kommentierung von Richardi/*Annuß,* § 90 Rn. 28 ff.; GK/*Wiese/Weber,* § 90 Rn. 33 ff.; vgl. ferner *Pulte,* „Gesicherte" arbeitswissenschaftliche Erkenntnisse, AuR 1983, 174; *Ridder,* Zur Empirie und Theorie der gesicherten arbeitswissenschaftlichen Erkenntnisse, AuR 1984, 353; *Fuchs,* Die gesicherten arbeitswissenschaftlichen Erkenntnisse, 1984.

Arbeitsmitteln im Hinblick auf einen zweckmäßigen und physiologisch optimalen Bewegungsablauf. Die Berücksichtigung der Erkenntnisse über die menschengerechte Ausgestaltung des Arbeitsplatzes ist im Übrigen nicht nur Gegenstand der Mitbestimmung, sondern auch eine in den Einzelvertrag hinüberreichende Verpflichtung des Arbeitgebers. Vgl. dazu oben § 2 VIII und § 17 I 2.

3. Mitbestimmungsrecht

Bei Veränderungen der Arbeitsplätze, des Arbeitsablaufs oder der Arbeitsumgebung kann der Betriebsrat vom Arbeitgeber Maßnahmen zur Abwendung, zur Milderung und zum Ausgleich verlangen, wenn die Veränderungen den gesicherten arbeitswissenschaftlichen Erkenntnissen zur menschengerechten Arbeitsgestaltung offensichtlich widersprechen und die Arbeitnehmer dadurch in besonderer Weise belastet werden, § 91 Satz 1 BetrVG. Diese Vorschrift ist missglückt und durch ihre übervorsichtige Fassung nicht zweckgerecht. Sie stellt aber immerhin einen begrüßenswerten Versuch dar, auf betrieblicher Ebene dem Betriebsrat einen Ansatz zu eröffnen, die Humanisierung der Arbeit auch seinerseits zu fördern. Das Mitwirkungsrecht ist erzwingbar, indem der Betriebsrat einen verbindlichen Spruch der Einigungsstelle herbeiführen kann, § 91 Satz 2 BetrVG.

4. Arbeitsschutz i. e. S.

Arbeitsgestaltung im Sinn von §§ 90, 91 BetrVG ist zu **unterscheiden vom Arbeitsschutz** im eigentlichen Sinn, weil der Gefahren- und Gesundheitsschutz weitergehende Mitbestimmungsrechte nach § 87 I Nr. 7 BetrVG eröffnet. Vgl. dazu § 30 IV und § 49 II 7. Die Maßnahmen nach § 90 BetrVG können zudem auch Betriebsänderungen im Sinne des § 111 BetrVG darstellen. Die dadurch bedingten wirtschaftlichen Nachteile auszugleichen, ist Ziel der Beteiligung nach § 111 ff. BetrVG.

§ 53. Mitbestimmung in Unternehmensorganen

Literatur: 1. **Allgemeines:** a) **Standardliteratur** zum geltenden Recht bilden neben den Kommentaren zum AktG, zum GmbHG vor allem die Kommentare zu den Mitbestimmungsgesetzen (dazu die Hinweise oben vor § 45). Außerdem die systematische Darstellung bei MünchArbR/*Wißmann*, §§ 375–386.

b) **Aus der sonstigen Literatur** *Barthel/Dikau*, Mitbestimmung in der Wirtschaft, 1980; *Zöllner*, Der Mitbestimmungsgedanke und die Entwicklung des Kapitalgesellschaftsrechts, AG 1981, 13; *Beuthien*, Unternehmerische Mitbestimmung kraft Tarif- oder Betriebsautonomie, ZfA 1983, 141; *Konzen*, Paritätische Mitbestimmung im Metallbereich, AG 1983, 289; *Rittner*, Mitbestimmung der Arbeitnehmer oder der Gewerkschaften? Rechtspolitische Grundfragen, FS Werner, 1984, 729; *Schubert*, Unternehmensmitbestimmung und internationale Wirtschaftsverflechtung, 1984; *Beuthien*, Die Unternehmensautonomie im Zugriff des Arbeitsrechts, ZfA 1988, 1; *Loritz*, Sinn und Aufgabe der Mitbestimmung heute, ZfA 1991, 1 ff.; *Windbichler*, Grenzen der Mitbestimmung in einer marktwirtschaftlichen Ordnung, ZfA 1991, 35; *Nörr*, Binärer Kooperatismus, ZfA 1999, 329; *Henssler*, Die Unternehmensmitbestimmung, in FS 50 Jahre Bundesgerichtshof Bd. II, 2000, 387; *Ulmer*, Paritätische Arbeitnehmermitbestimmung im Aufsichtsrat von Großunternehmen – noch zeitgemäß?, ZHR 166, 271; *Huke/Prinz*, Das Drittbeteiligungsgesetz löst das Betriebsverfassungsgesetz 1952 ab, BB 2004, 2633; *Klebe/Köstler*, Die Zukunft der Unternehmensmitbestimmung, FS Wissmann, 2005, 443; *Wolf*, Zukunft der Mitbestimmung – Eine Skizze, FS Wissmann 2005, 489; *Junker*, Europäische Aktiengesellschaft und deutsche Mitbestimmung, ZfA 2005, 211; *Junker*, Unternehmensmitbestimmung in Deutschland, ZfA 2005, 1; *Oetker*, Unternehmensmitbestimmung in der rechtspolitischen Diskussion-

ein Zwischenbericht, RdA 2005, 337; *Henssler,* Bewegung in der deutschen Unternehmensmitbestimmung – Reformdruck durch Internationalisierung der Wirtschaft, RdA 2005, 330; *Lubitz,* Sicherung und Modernisierung der Unternehmensmitbestimmung, 2005; *Rieble,* Unternehmensmitbestimmung vor dem Hintergrund europarechtlicher Entwicklungen, NJW 2006, 2214; *Reichold,* Unternehmensmitbestimmung vor dem Hintergrund europarechtlicher Entwicklungen, JZ 2006, 812; *Weiss/Wöhlert,* Societas Europaea – Der Siegeszug des deutschen Mitbestimmungsrechts in Europa?, NZG 2006, 121.

2. Zu verfassungsrechtlichen Fragen der sog. paritätischen Mitbestimmung: *Zöllner/Seiter,* Paritätische Mitbestimmung und Art. 9 Abs. 3 GG, 1970 = ZfA 1970, 295; *Scholz,* Paritätische Mitbestimmung und Grundgesetz, 1974; *B; Th. Raiser,* Grundgesetz und paritätische Mitbestimmung, 1975; *Raisch,* Mitbestimmung und Koalitionsfreiheit, 1975; *Badura/Rittner/Rüthers,* Mitbestimmungsgesetz 1976 und Grundgesetz, Gemeinschaftsgutachten, 1977; *Kübler/W. Schmidt/Simitis,* Mitbestimmung als gesetzgebungspolitische Aufgabe, 1978; *Isensee,* Wirtschaftsdemokratie – Wirtschaftsgrundrechte – soziale Gewaltenteilung, Der Staat 1978, 161; *Papier,* Das Mitbestimmungsurteil des BVerfG, ZGR 1979, 444; *Weber,* Mitbestimmung – Sprengkörper der Verfassungsstruktur, AöR 1979, 521; *Reiner Schmidt,* Das Mitbestimmungsgesetz auf dem verfassungsrechtlichen Prüfstand, Der Staat 1980, 235 (mit wichtigen Bemerkungen zur Gegnerfreiheit); *Friauf,* Verfassungsmäßigkeit des Gesetzes zur Sicherung der Montan-Mitbestimmung. Zur Vereinbarkeit der geänderten Anwendungsvoraussetzungen mit dem Gleichheitssatz. Rechtsgutachten, Bonn, Bundesministerium für Arbeit- und Sozialordnung, 1988; *Spindler,* Sind die Quoren für Wahlvorschläge im MitbestG verfassungswidrig?, AG 1993, 25; *ders.,* Die Montanmitbestimmung auf dem Prüfstand des Verfassungsrechts, AG 1994, 258; *Hanau,* Die Verfassungsmäßigkeit der Quoren für Wahlvorschläge im Mitbestimmungsgesetz 1976, in: Staat, Wirtschaft, Steuern 1996, 621; *Krüger,* Die Sicherung der Montan-Mitbestimmung in verfassungsrechtlicher Sicht, in: Staat, Wirtschaft, Steuern 1996, 611; Raiser, Zur Verfassungsmäßigkeit der Montanmitbestimmung in Konzernobergesellschaften (Mannesmann-Urteil), RdA 1999, 395; *Weiss,* Zur aktuellen Bedeutung des Mitbestimmungsurteils (BVerfGE 50, 290f.), KritV 2000, 405ff.; *Loritz,* Mitbestimmungsbeibehaltungsgesetz – teilweise verfassungswidrig, SAE 2000, 56.

3. Zu den arbeitsrechtlichen Auswirkungen: *Zöllner,* Die Einwirkung der erweiterten Mitbestimmung auf das Arbeitsrecht, RdA 1969, 65; *Richardi,* Die Bedeutung des Mitbestimmungsurteils des Bundesverfassungsgerichts für die Arbeitsrechtsordnung, AöR 1979, 546; *Reuter,* Der Einfluß der Mitbestimmung auf das Gesellschafts- und Arbeitsrecht, AcP 179 (1979), 509 (553ff.); *Seiter,* Unternehmensmitbestimmung und Tarifauseinandersetzungen, FS G. Müller, 1981, S. 589; *Rube,* Paritätische Mitbestimmung und Betriebsverfassung, 1982; *Richardi,* Arbeitnehmerbeteiligung im Aufsichtsrat einer arbeitnehmerlosen Aktiengesellschaft, FS Zeuner, 1994, S. 147.

4. Zu den gesellschaftsrechtlichen Problemen: *Hommelhoff,* Unternehmensführung in der mitbestimmten GmbH, ZGR 1978, 119; *H. Baumann,* GmbH und Mitbestimmung, ZHR 142 (1978), 557; *Martens,* Das Bundesverfassungsgericht und das Gesellschaftsrecht, ZGR 1979, 493; *Ulmer,* Der Einfluß des MitbestG auf die Struktur von AG und GmbH, 1979; *Reuter,* Der Einfluß der Mitbestimmung auf das Gesellschafts- und Arbeitsrecht, AcP 179 (1979), 509; *Zöllner,* Der Mitbestimmungsgedanke und die Entwicklung des Kapitalgesellschaftsrechts, AG 1981, 13; *H. P. Westermann,* Rechtsformunabhängige und rechtsformspezifische Mitbestimmung, ZGR 1981, 393; *Loritz,* Mitbestimmung und Tendenzschutz im Konzern, ZfA 1985, 497; *Badura,* Mitbestimmung und Gesellschaftsrecht – Verfassungsrechtliches Korollarium zur Rolle des Privatrechts in der Rechtsordnung, FS Rittner, 1991, S. 1; *Kindl,* Die Geltendmachung von Mängeln bei aktienrechtlichen Aufsichtsratsbeschlüssen und die Besetzung von Ausschüssen in mitbestimmten Gesellschaften, DB 1993, 2065; *Deckert,* Klagemöglichkeiten einzelner Aufsichtsratsmitglieder, AG 1994, 457; *Zöllner,* Die Besetzung von Aufsichtsratsausschüssen nach dem MitbestG 1976, FS Zeuner, 1994, S. 161; *Klinkhammer,* Der Arbeitsdirektor des Montan-Mitbestimmungsgesetzes – Reflexionen eines Insiders, FS Stahlhacke, 1995, S. 275; *Altmeppen,* Arbeitnehmerbeteiligung im Personalausschuß des Aufsichtsrats, FS Brandner, 1996, S. 3; *Henssler,* Die Ernennung des Vorsitzenden der Geschäftsführung in der mitbestimmten GmbH, GmbHR 2004, 321ff.; *Fleischer,* Der Einfluß der Societas Europea auf die Dogmatik des deutschen Gesellschaftsrechts, AcP 204, 502; *Kamp,* Die unternehmerische Mitbestimmung nach „Überseering" und „Inspire Art", BB 2004, 1496; *Müller-Bonanni,* Unternehmensmitbestimmung nach „Überseering" und „Inspire Art", GmbHR 2003, 1235; *Franzen,* Niederlassungsfreiheit, internationales Gesellschaftsrecht und Unternehmensmitbestimmung, RdA 2004, 257.

5. Zu empirischen, sozialwissenschaftlichen und betriebswirtschaftlichen Aspekten: *Backhaus/ Nutzinger* (Hrsg.), Eigentumsrechte und Partizipation, Property rights and participation, Frankfurt, 1982; *Bamberg/Dzielak/Hindrichs/Martens/Peter,* Praxis der Unternehmensmitbestimmung nach dem Mitbestimmungsgesetz '76. Eine Problemstudie, 1984; *Kirsch/Scholl/Paul,* Mitbestimmung in der Unternehmenspraxis, 1984; *Kauer,* Konfliktsregelung und Mitbestimmung. Aspekte der Einbeziehung verhandlungstheoretischer Ansätze zur Erklärung des Mitbestimmungsprozesses, 1985; *Gerum,* Mitbestimmung und Effizienz. Neuere theoretische Entwicklungen und empirische Befunde, FS Potthoff,

1989, S. 46; Bertelsmann-Stiftung/Hans-Böckler-Stiftung, Bericht der Kommission Mitbestimmung, 1998; BDA/BDI, Mitbestimmung modernisieren, Bericht der Kommission Mitbestimmung, 2004; Berliner Netzwerk Corporate Governance, AG 2004, 2000; *Schneevoigt,* Die Praxis der Mitbestimmung, ZfA 2005, 233 ff.; *Raiser,* Unternehmensmitbestimmung vor dem Hintergrund europarechtlicher Entwicklungen, Bericht 68. DJT, 2006.

I. Unternehmensmitbestimmung und Betriebsverfassung

Mitbestimmung in Unternehmensorganen unterscheidet sich von der betriebsverfassungsrechtlichen Mitbestimmung in zwei Punkten. Zum einen erfolgt sie nicht durch eigene Organe der Arbeitnehmerschaft, die dem Arbeitgeber gegenübertreten, sondern unmittelbar durch Arbeitnehmervertreter in den Organen des Unternehmens. Zum anderen werden die Arbeitnehmer bei dieser Mitbestimmungsform an der Entscheidungsfindung auf Unternehmensebene und nicht lediglich auf betrieblicher Ebene (zu diesem Unterschied oben § 46 II) beteiligt. Nach 30 Jahre paritätischer Mitbestimmung auf Unternehmensebene lässt sich die Feststellung treffen, dass sich die z. T. hochgesteckten Erwartungen an die Vorteile der intensiveren Einbindung der Arbeitnehmerseite auch in die Verantwortung nicht erfüllt haben. Vielmehr hat die starke Abhängigkeit der Vorstände auch von der Arbeitnehmer- und Gewerkschaftsseite in vielen Fällen die Bereitschaft stark eingeschränkt, für die Belegschaften unangenehme Entscheidungen schnell zu treffen und umzusetzen und nur wirtschaftlich vertretbare Tarifabschlüsse zuzulassen. Gerade in neuerer Zeit ist es zu mitunter seltsamen „Koalitionen" zwischen einem geschwächten Vorstandsvorsitzenden und der Arbeitnehmerbank im Aufsichtsrat gekommen, die ersterem die Vertragsverlängerung gebracht und die Abberufung erspart haben. Heute ist die deutsche Mitbestimmung auf Unternehmensebene zu einem Anachronismus geworden, der Deutschland als Standort für Europäische Aktiengesellschaften unattraktiv macht.

II. Gegenwärtige Regelung der Mitbestimmung in Unternehmensorganen

1. Grundprinzip der Rechtsformabhängigkeit

Mitbestimmung in Unternehmensorganen gibt es nur bei Kapitalgesellschaften und Genossenschaften, nicht hingegen bei einzelkaufmännischen Unternehmen, Personengesellschaften, Stiftungen und Vereinen.

2. Systeme der Mitbestimmung

Das geltende Recht verwendet **dreierlei Systeme,** die sich nach der Intensität der verwirklichten Mitbestimmung unterscheiden. Die Geltung der verschiedenen Mitbestimmungsordnungen hängt von der Rechtsform des Unternehmens, dem Betriebszweck und dem Erreichen bestimmter Schwellenwerte in Bezug auf die Größe der Belegschaft ab.

a) „Minimalsystem" der Unternehmensmitbestimmung ist die im **Drittelbeteili-gungsgesetz**[1] geregelte **Drittelbeteiligung von Arbeitnehmervertretern im Aufsichts-rat**. Dieses Gesetz hat lediglich die Vorgängerregelung der §§ 76 bis 87a des Betriebs-verfassungsgesetzes 1952 zum 1.7.2004 (§ 15 DrittelbG) abgelöst und stellt, abge-sehen von wenigen inhaltlichen Änderungen, (im Wesentlichen nur eine redaktionelle Neufassung dar. Die Drittelbeteiligung gilt gem. § 1 I DrittelbG, soweit nicht eine weitergehende Mitbestimmungsregelung (§ 1 II DrittelbG) eingreift, für Unterneh-men, die in der Rechtsform einer Aktiengesellschaft, einer Kommanditgesellschaft auf Aktien, einer Gesellschaft mit beschränkter Haftung, eines Versicherungsvereins auf Gegenseitigkeit (wenn dort ein Aufsichtsrat besteht) oder einer Erwerbs- und Wirt-schaftsgenossenschaft betrieben werden und in der Regel **mehr als 500 Arbeitnehmer** beschäftigen. § 3 I DrittelbG enthält keine eigene Arbeitnehmerdefinition, sondern verweist auf § 5 I BetrVG. Die leitenden Angestellten sind ausdrücklich ausgenom-men (im Unterschied zur Regelung in § 3 I MitbestG). Trotz der Unterschreitung des Schwellenwertes von 500 Arbeitnehmern ist ausnahmsweise eine Aktiengesell-schaft mitbestimmungspflichtig, wenn sie vor dem 10. August 1994 eingetragen wurde und keine Familiengesellschaft ist (§ 1 I Nr. 1 S. 2 DrittelbG).[2] Vom Anwendungsbe-reich ausgenommen sind gem. § 1 II S. 1 Nr. 2, S. 2 DrittelbG Tendenzunternehmen und Religionsgemeinschaften, sowie deren karitative und erzieherische Einrichtun-gen.[3]

Für die mitbestimmte GmbH ist zu beachten, dass die Bildung eines Aufsichtsrats, anders als nach § 52 GmbHG nicht freiwillig, sondern obligatorisch ist vgl. § 1 I Nr. 3 S. 2 DrittelbG.

§ 4 DrittelbG regelt die Zusammensetzung des Aufsichtsrates. Die Arbeitnehmer-vertreter im Aufsichtsrat werden gem. §§ 5ff. DrittelbG mittels allgemeiner, geheimer, gleicher und unmittelbarer Mehrheitswahl bestimmt. Nach § 4 II DrittelbG muss eine bestimmte Mindestanzahl der gewählten Arbeitnehmervertreter unternehmensangehö-rig sein.

b) Die stärkste Form der **Mitbestimmung erfolgt nach dem MontanMitbestG** von 1951. Sie ist gekennzeichnet durch eine **paritätische Besetzung des Aufsichtsrats** mit Vertretern der Arbeitnehmerseite und der Anteilseignerseite sowie einem **zusätzlichen neutralen Mitglied** (das in der Praxis meist nicht der Vorsitzende des Aufsichtsrats ist). Dieser Regelung unterliegt nach ihrem Grundansatz nur der Kohlen- und Eisen-erzbergbau sowie die Eisen und Stahl erzeugende Industrie (sog. Montanindustrie). Weitere Voraussetzung neben diesem Betriebszweck ist nach § 1 Montan-MitbestG, dass das Unternehmen in der Rechtsform einer Aktiengesellschaft oder GmbH betrie-ben wird[4] und in der Regel **mehr als 1000 Arbeitnehmer** beschäftigt. Die Zahl der von

---

[1] *Huke/Prinz*, Das Drittelbeteiligungsgesetz löst das Betriebsverfassungsgesetz 1952 ab, BB 2004, 2633 ff.; *Seibt*, Drittelbeteiligungsgesetz und Fortsetzung der Reform des Unternehmensmitbestim-mungsrechts, NZA 2004, 767 ff.

[2] Diese verfassungsrechtlich sehr bedenkliche Differenzierung, die bei bestehenden Gesellschaften den Modus der Mitbestimmung aufrecht erhält, wurde im Rahmen der Reform des Umwandlungs-rechts mit Wirkung ab 1995 ins Gesetz eingefügt, als bei der nicht börsennotierten, der sog. „kleinen" Aktiengesellschaft die Mitbestimmung abgeschafft wurde.

[3] Im Betriebsverfassungsgesetz besteht mit § 118 I, II BetrVG ebenfalls eine Sonderregelung für Re-ligionsgemeinschaften, deren Einrichtungen und für Tendenzunternehmen. Tendenzunternehmen sind aber im Unterschied zum DrittelbG nicht per se dem Anwendungsbereich des BetrVG entzogen. Es können nur einzelne Beteiligungsrechte des Betriebsrats unter bestimmten Voraussetzungen ausge-schlossen sein, siehe hierzu § 46 IV 5.

[4] In § 1 II Montan-MitbestG a. F. wurde noch die bergrechtliche Gewerkschaft aufgeführt. Sie be-sitzt heute keine Relevanz mehr, da diese Form der Kapitalgesellschaft seit Ende 1994 aufgrund einer

dem Gesetz erfassten Unternehmen ist durch die wirtschaftliche Entwicklung drastisch zurückgegangen. Der Gesetzgeber hat mehrfach mit verkrampften Klimmzügen und unter Verstoß gegen fundamentale Prinzipien seriöser Gesetzgebung[5] durch ad-hoc-Verlängerungsregeln die Erhaltung[6] dieser als Urgestein der Mitbestimmung bezeichneten Mitbestimmungsvariante in einigen Konzernen erreicht. Zu dieser zu kritisierenden Gesetzgebung gehört insb. § 3 Montan-MitbestErgG (siehe dazu unten), wonach eine Konzernobergesellschaft erst dann aus dem Anwendungsbereich der Montanmitbestimmung heraus fällt, wenn der Konzernumsatz zu weniger als 20% im Montanbereich erwirtschaftet wird[7]. Angesichts der wirtschaftlich kaum noch vorhandenen Relevanz der Montanindustrie stellt diese Mitbestimmung ein überholtes Modell dar, das die nötigen Anpassungsprozesse noch stärker als die Mitbestimmung nach dem MitbestG 1976 behindert.

Die **Wahl** des in der Regel elfköpfigen Aufsichtsrats (über Ausnahmen siehe § 9 Montan-MitbestG) erfolgt nach einem komplizierten System. Wahlorgan ist zwar für alle Mitglieder die Hauptversammlung (bzw. Gesellschafterversammlung). Hinsichtlich der Vertreter der Arbeitnehmerseite besteht aber eine Bindung der Hauptversammlung an Wahlvorschläge. Dabei werden zwei Arbeitnehmervertreter, die aus der Belegschaft des Unternehmens stammen müssen, von den Betriebsräten der Betriebe des Unternehmens (im Konzern vom Konzernbetriebsrat, § 1 IV Montan-MitbestG) nach Beratung mit den im Betrieb vertretenen Gewerkschaften mittels geheimer Wahl vorgeschlagen. Auch für die anderen drei Arbeitnehmervertreter besteht formell ein Vorschlagsrecht der Betriebsräte, sie sind dabei aber an Vorschläge der Spitzenorganisationen der Gewerkschaften gebunden. Näheres § 6 Montan-MitbestG. Das neutrale Mitglied des Aufsichtsrats, dessen Existenz ein Abstimmungspatt im Aufsichtsrat vermeiden soll, wird von den übrigen Aufsichtsratsmitgliedern der Gesellschafterversammlung zur Wahl vorgeschlagen. Dieser Wahlvorschlag ist nicht in gleicher Weise verbindlich wie derjenige für die Arbeitnehmervertreter, vgl. dazu die komplizierte Regelung des § 8 II und III Montan-MitbestG. Praktisch kommt die Ablehnung eines Wahlvorschlags durch die Hauptversammlung nicht vor.

Neben der Mitbestimmung im Aufsichtsrat sieht das Montan-MitbestG noch eine besondere Beteiligung der Arbeitnehmerseite im Vorstand in Gestalt des so genannten **Arbeitsdirektors** vor. Er kann nicht gegen die Stimmen der Mehrheit der Arbeitnehmervertreter im Aufsichtsrat bestellt oder abberufen werden, § 13 Montan-MitbestG.

c) Einem **paritätischen Grundansatz** folgt schließlich auch das **MitbestG** vom 4. 5. 1976. Das MitbestG erfasst Unternehmen in der Rechtsform der Aktiengesellschaft, der Kommanditgesellschaft auf Aktien, der GmbH und der Genossenschaft, die in der Regel **mehr als 2000 Arbeitnehmer** beschäftigen. Die Bildung eines Aufsichtsrats ist für die erfassten Unternehmen nach § 6 I MitbestG zwingend, sofern sich dies nicht

---

Regelung im Bundesberggesetz nicht mehr existiert; anlässlich der Novellierung der Wahlvorschriften 2002 wurde diese Gesellschaftsform daher aus dem Gesetz gestrichen.

[5] Bedenken erweckte bereits die den generell-abstrakten Charakter von Gesetzen verlassende, durch Gesetz vom 21. 5. 1981 (lex Mannesmann) eingefügte Regelung in § 1 I 2 Montan-MitbestG, mit der für „Altfälle" (Stichtagsregelung) auch die Herstellung von Walzwerkserzeugnissen einbezogen wird. Dazu *U. Preis*, AuR 1983, 161. Vgl. ferner die (gesetzgeberisch vertretbare) Auslauffrist des § 1 III Montan-MitbestG und vor allem die Neuregelungen durch das Gesetz zur Sicherung der Montan-Mitbestimmung (Art. 3 des G v. 20. 12. 1988) zum MitbestErgG, mit denen ein erleichtertes Überwechseln der dem Montan-MitbestG entschwindenden Gesellschaften unter das Dach des Mitbest-ErgG sowie ein erleichtertes Verbleiben unter der einschlägigen Regelung (§§ 3 II 1 und 16 I Nr. 2 MitbestErgG) ermöglicht wird. Das ist umso seltsamer, als das MitbestErgG im gleichen Zug dem normalen MitbestG angenähert wird. Zu der Neuregelung vgl. *Wißmann*, DB 1989, 426; *Wlotzke*, FS Fabricius, 1989, S. 165.

[6] *Wissmann*, Der Anwendungsbereich der Unternehmensmitbestimmung als Dauerpatient, FS Däubler, 1999, 385 f., (386); *Ulmer*, Paritätische Arbeitnehmermitbestimmung im Aufsichtsrat von Großunternehmen – noch zeitgemäß?, ZHR 166, 271.

[7] BVerfGE 99, 367 ff. zur Frage der Verfassungsmäßigkeit des § 3 Montan-MitbestErgG in der Fassung von 1988; kritisch hierzu die Anmerkung von *Loritz*, SAE 2000, 56 ff.; *Raiser*, RdA 1999, 394 ff.

schon aus anderen gesetzlichen Vorschriften ergibt (wichtig hier vor allem für die GmbH). Bezüglich des Arbeitnehmerbegriffs verweist § 3 I MitbestG ebenso wie § 3 I DrittelbG auf die Begriffsbestimmung des § 5 I BetrVG, bezieht aber die leitenden Angestellten mit ein. Auf Tendenzunternehmen und Religionsgemeinschaften ist das MitbestG nach § 1 IV MitbestG nicht anzuwenden. Keine Anwendung findet es außerdem im Montanbereich, bei dem die bisherigen Regelungen des Montan-MitbestG und des Mitbestimmungsergänzungsgesetzes fortgelten, § 1 II MitbestG. Gegenüber dem Drittelbeteiligungsgesetz ist das MitbestG dagegen vorrangig, vgl. § 1 III MitbestG.

Der Aufsichtsrat hat in den dem MitbestG unterliegenden Unternehmen gleich viel Mitglieder der Anteilseignerseite und der Arbeitnehmerseite, jedoch im Unterschied zum Montan-MitbestG kein so genanntes neutrales Mitglied, vgl. § 7 I MitbestG. Um ein durch Stimmengleichheit eintretendes **Abstimmungspatt** im Aufsichtsrat **aufzulösen,** sieht das Gesetz Wiederholung der Abstimmung vor, bei der dem Aufsichtsratsvorsitzenden dann zwei Stimmen zustehen, § 29 II MitbestG (sog. Stichentscheid). Dadurch erhält im Aufsichtsrat diejenige Seite ein etwas größeres Gewicht, die den Aufsichtsratsvorsitzenden stellt. Das ist im Streitfall die Anteilseignerseite, § 27 II MitbestG. Ist der Vorsitzende verhindert, so hat der Stellvertreter, den die Gegenseite stellt, keine Doppelstimme. Es gilt dann § 29 II Satz 2 u. 3 MitbestG.

Diese allgemeine Regelung der Pattauflösung gilt aber nicht für die wichtigste Aufgabe des Aufsichtsrats, die **Bestellung des Vorstands.** Für diese ist ein etwas komplizierteres Verfahren vorgesehen, das den Gesamtaufsichtsrat unter einen stärkeren Einigungszwang stellt. Nur wenn auch aufgrund dieses Verfahrens keine Mehrheit zustande kommt, gibt der Aufsichtsratsvorsitzende den Ausschlag; näheres § 31 MitbestG. Auch in diesem Bestellungsverfahren hat der Stellvertreter keine Doppelstimme. Das bedeutet, dass das Übergewicht der Anteilseignerseite für die Vorstandsbestellung im Streitfall gesichert wird.

Auch das MitbestG sieht ausdrücklich einen so genannten **Arbeitsdirektor** vor, § 33 MitbestG.[8] Im Unterschied zum Montan-MitbestG gilt für seine Bestellung jedoch keine Besonderheit, d. h. er kann im Streitfall auch gegen den Willen der Arbeitnehmerseite bestimmt werden.

Die **Arbeitnehmerseite des Aufsichtsrats** setzt sich aus einer bestimmten Mindestzahl unternehmensangehöriger Arbeitnehmer, darunter mindestens einem leitenden Angestellten[9] (§ 15 I 2 MitbestG), sowie mehreren Vertretern von Gewerkschaften zusammen, vgl. näher § 7 II MitbestG. Wegen der Zugehörigkeit eines leitenden Angestellten zur Arbeitnehmerbank[10] wird vielfach die Verteilung der Aufsichtsratssitze als nicht paritätisch angesehen, da der Leitende in Wahrheit im Regelfall der Arbeitgeberseite zuzurechnen sei. Die bisherige Praxis in den mitbestimmten Gesellschaften hat indessen zu unterschiedlichen Erfahrungen geführt. Nicht selten verhält sich der gewählte leitende Angestellte als ein in die Arbeitnehmerbank voll integriertes Mitglied.

Die **Wahl der Arbeitnehmervertreter**[11] des je nach der Gesamtarbeitnehmerzahl 12-, 16- oder 20-köpfigen Aufsichtsrats (vgl. § 7 I MitbestG) ist kompliziert geregelt. Zwei Wahlverfahren sind zu unterscheiden. Bei Unternehmen mit nicht mehr als 8000 Arbeitnehmern werden die Arbeitnehmervertreter durch unmittelbare Wahl seitens der Arbeitnehmer bestimmt. Bei größeren Unternehmen erfolgt

---

[8] Vgl. dazu *Zöllner*, Zur Problematik der Auswahl und Bestellung des Arbeitsdirektors nach dem Mitbestimmungsgesetz, DB 1976, 1766; *K. P. Martens*, Der Arbeitsdirektor nach dem MitbestG, 1980; *Spie/Piesker*, Der Geschäftsbericht des Arbeitsdirektors, 1983; *Spie*, Der Personalmanager im Vorstand, 1985; *Spieker*, Die ungewisse Zukunft des Montan-Arbeitsdirektors, FS Gnade, 1992, S. 275.

[9] Die frühere Differenzierung zwischen Arbeitern und Angestellten ist mit dem ersten Gesetz zur Vereinfachung der Wahlvorschriften (dazu Fn. 22) weggefallen.

[10] Zur Abgrenzung stellt § 3 III Nr. 2 MitbestG auf § 5 Abs. 3 BetrVG ab. Vgl dazu oben § 46 V 3.

[11] Dazu *Säcker*, Die Wahlordnungen zum MitbestG, 1978; *Stück*, Aktuelle Rechtsfragen der Aufsichtsratswahl nach dem MitbestG 1976, DB 2004, 2582 ff.

die Wahl durch Delegierte, die ihrerseits einem komplizierten Wahlsystem unterliegen. Die Arbeitnehmer des Unternehmens können aber beschließen, dass die jeweils andere Wahlart angewendet werden soll. Näheres §§ 9 ff. MitbestG. Aktiv wahlberechtigt sind die Arbeitnehmer des Unternehmens und gem. § 10 II 2, § 18 MitbestG (parallele Regelung in § 5 II DrittelbG) unter Verweis auf § 7 S. 2 BetrVG auch die Leiharbeitnehmer, die ja nicht Arbeitnehmer des mitbestimmten Unternehmens sind, wenn sie länger als drei Monate im Betrieb eingesetzt werden[12]. Die passive Wahlberechtigung ist in § 10 III, § 18 MitbestG geregelt.

III. Sachliche Reichweite der Mitbestimmung

Die sachliche Reichweite der Mitbestimmung im Aufsichtsrat ist bei den einzelnen Rechtsformen unterschiedlich. Sie hängt davon ab, welche Befugnisse diesem Organ übertragen sind. Neben den bei allen Rechtsformen gegebenen Kontrollbefugnissen sind namentlich drei Zuständigkeitsfragen von grundlegender Bedeutung: (1) Wer bestellt die Mitglieder des Geschäftsführungs- und Vertretungsorgans, also das Top-Management und schließt die Anstellungsverträge ab, (2) wem obliegt die Feststellung des Jahresabschlusses mit einem Vorschlag für die Gewinnverwendung und (3) welchen Einfluss hat der Aufsichtsrat einerseits und die Gesellschafterversammlung andererseits auf die Geschäftsführung.

1. Die Bestellung des Geschäftsführungs- und Vertretungsorgans

Bei der **AG** bestellt zwingend der Aufsichtsrat gem. § 84 I AktG die Vorstandsmitglieder. Die Bestellung kann für höchstens fünf Jahre erfolgen. Dadurch besteht eine erhebliche Abhängigkeit des Vorstands vom Aufsichtsrat. Diese Abhängigkeit ist wesentliche Voraussetzung für die Möglichkeit des Aufsichtsrats, auf die Führung des Unternehmens ständig Einfluss zu nehmen. Eine paritätische Mitbestimmung bewirkt dadurch, dass den Interessen beider Seiten nicht nur bei der Zusammensetzung des Top-Managements, sondern auch bei der laufenden Überwachung und Beeinflussung seiner Tätigkeit Beachtung verschafft wird. Die Parität des Aufsichtsrats wirkt sich also mittelbar auf das Verhalten des Vorstands und somit auf die Unternehmensleitung aus.

Bei der **GmbH** obliegt die Bestellung der Geschäftsführer nach dem GmbHG an sich der Gesellschafterversammlung. Der Aufsichtsrat ist reines Kontrollorgan, vgl. §§ 46 Nr. 5, 52 GmbHG. Bei dieser Regelung verbleibt es auch im Bereich der Drittelmitbestimmung nach dem Drittelbeteiligungsgesetz, vgl. § 1 Abs. 1 Nr. 3 DrittelbG, was die Abhängigkeit vom Aufsichtsrat deutlich verringert. Im Bereich der Montanmitbestimmung und des MitbestG ist dagegen die Bestellung der Mitglieder des Vertretungsorgans ausdrücklich auch für die GmbH dem Aufsichtsrat nach Maßgabe des § 84 AktG übertragen (§ 12 Montan-MitbestG sowie § 31 MitbestG).[13] Mitbestimmung

---

[12] Zu den damit verbundenen Problemen und weiteren str. Einzelfragen wie der aktiven und passiven Wahlberechtigung von Arbeitnehmern in der Freistellungsphase bei verblockter Altersteilzeit *Sieg/Siebels*, Arbeitnehmervertreter im Aufsichtsrat – Vereinfachung des Wahlverfahrens, NZA 2002, 697; zur letzteren Frage auch BAGE 96, 163.

[13] Nach ganz h. L. gilt das wegen des notwendigen inneren Zusammenhangs auch für den Abschluss des Anstellungsvertrages. Vgl. BGHZ 89, 48 (51). Zum Streitstand ausführlich *Krieger*, Personalentscheidungen des Aufsichtsrats, 1981, S. 281 f. Abweichend aber *OLG Hamburg* DB 1983, 330 m. N.; *Henssler*, Die Ernennung des Vorsitzenden der Geschäftsführung in der mitbestimmten GmbH, GmbHR 2004, 321 ff.

nach diesen Gesetzen bedeutet daher für die GmbH gegenüber der Mitbestimmung nach dem DrittelbG nicht nur einen quantitativen, sondern auch einen qualitativen Sprung.

Wieder anders ist die Lage für die **KGaA**. Bei ihr wird das Vertretungsorgan, also der persönlich haftende Gesellschafter, nicht gewählt, sondern kraft Gesetzes zur Geschäftsführung und Vertretung der Gesellschaft berufen. Wegen der persönlichen Haftung gibt es gegen seinen Willen keinen Ausschluss von der Geschäftsführung; seine Bestellung kann nicht dem Aufsichtsrat übertragen werden. Weder das DrittelbG noch das MitbestG 1976 haben hieran etwas geändert. Dem Montan-MitbestG unterliegt diese Gesellschaftsform nicht, was in der Praxis keine Bedeutung hat, weil im Bereich Bergbau und Stahl kein Unternehmen diese Rechtsform hat. Generell ist in der KGaA die Mitbestimmung im Aufsichtsrat von anderer, erheblich weniger weit reichender Qualität.

2. Feststellung des Jahresabschlusses

Die Feststellung des Jahresabschlusses obliegt bei der **AG** kraft Gesetzes Vorstand und Aufsichtsrat gemeinsam, § 172 AktG mit § 264 I 2 HGB. Nur wenn beide etwas anderes beschließen oder wenn der Aufsichtsrat mit dem vorgelegten Jahresabschluss nicht einverstanden ist, geht die Zuständigkeit zur bindenden Feststellung auf die Hauptversammlung über, §§ 172, 173 AktG. Dieses Feststellungsrecht ist von erheblicher praktischer Bedeutung, weil von der Bewertungs-, Rücklagen- und Rückstellungspolitik der Gesellschaft entscheidend abhängt, wie hoch der Gewinn ist, der als Dividende an die Anteilseigner verteilt werden kann.

Bei der **GmbH** obliegt die Feststellung des Jahresabschlusses hingegen der Gesellschafterversammlung, § 46 Nr. 1 GmbHG. Weder das DrittelbG noch das MitbestG haben hieran etwas geändert. Im Bereich des Montan-MitbestG ist die Frage umstritten. § 3 II Montan-MitbestG reicht jedoch nicht aus, eine Veränderung der Zuständigkeitsverteilung des GmbHG zu begründen (h.M.).

Bei der **KGaA** bedarf die Feststellung des Jahresabschlusses sowohl eines Beschlusses der Hauptversammlung der Aktionäre als auch der Zustimmung der persönlich haftenden Gesellschafter, § 286 AktG.

Diese Überlegungen zeigen, dass auch in der wichtigen Frage der Bilanzfeststellung die Reichweite der Arbeitnehmermitbestimmung je nach der Rechtsform sehr unterschiedlich ist.

3. Sonstiger Einfluss auf die Geschäftsführung

Für das **Aktienrecht** ist charakteristisch, dass einerseits die Hauptversammlung über Fragen der Geschäftsführung grundsätzlich nicht entscheiden darf, § 119 AktG, und dass andererseits der Aufsichtsrat Maßnahmen der Geschäftsführung an seine Zustimmung binden kann, § 111 IV AktG. Dadurch kann der Aufsichtsrat seinen Einfluss auf die Geschäftsführung in erheblichem Umfang auch rechtlich sicherstellen. Durch die Aufstellung von Zustimmungserfordernissen darf aber die grundsätzliche Geschäftsführungszuständigkeit des Vorstandes nicht faktisch ausgehöhlt werden.

Etwas anders ist die Situation bei der **GmbH**. Zwar gilt dort § 111 IV AktG nach dem DrittelbG (§ 1 I Nr. 3 S. 2 Halbs. 2), dem Mitbest (§ 25 I Nr. 2) und dem Montan-MitbestG (§ 3 II) ebenfalls. Die Gesellschafterversammlung ist aber auch in der mitbestimmten GmbH nicht gehindert, ihrerseits Beschlüsse in Geschäftsführungsfragen zu fassen, die für das Geschäftsführungs- und Vertretungsorgan bindend sind und damit die Meinung des Aufsichtsrats überspielen.

Bei der **KGaA** erstreckt sich die Geschäftsführungsbefugnis des Komplementärs ohnehin nur auf Geschäfte, die zum gewöhnlichen Betrieb des Unternehmens gehören, § 278 II AktG mit §§ 116, 161 II, 164 HGB. Für alle darüber hinausgehenden Geschäfte ist die Zustimmung der Hauptversammlung erforderlich. Demgegenüber hat der Einfluss des Aufsichtsrats über § 111 IV AktG geringe Bedeutung.

IV. Problematik und Weiterentwicklung der Mitbestimmung in Unternehmensorganen

1. Problematik

a) Die **ordnungspolitischen und ökonomischen Implikationen** weitgehender Arbeitnehmermitbestimmung in den Unternehmensorganen sind teilweise noch immer ungeklärt.[14] Es geht hier zum einen um die Frage der Integration der Mitbestimmung in das marktwirtschaftliche System, das als Korrelat zum finanziellen Risiko einer Unternehmung die freie Entscheidungsmöglichkeit des Unternehmers voraussetzt. Des Weiteren stehen die Auswirkungen auf die Tarifautonomie[15] und auf die Rolle der Gewerkschaften in Staat und Gesellschaft in Frage. Die Gefahr einer Aushöhlung der auf Macht und Gegenmacht basierenden Tarifautonomie besteht zweifellos. Denn im mitbestimmten Unternehmen ist die Arbeitnehmerseite im Falle eines Tarifvertragsschlusses auf beiden Seiten beteiligt, zum einen allein als Arbeitnehmerkoalition und zum anderen durch die Arbeitnehmervertreter im Aufsichtsrat des sozialen Gegenspielers. Hier kann man oft nicht mehr von einem durch Unabhängigkeit beider Partner determinierter Vertrag ausgehen. Bisher sind auch keine funktionsfähigen Regelungsmechanismen ersichtlich, die dieses Problem lösen könnten.

b) Die **Stellung des einzelnen Arbeitnehmers im und zum Unternehmen** kann man nur im theoretischen Ansatz als durch die Mitbestimmung in Richtung auf eine Mitgliedschaft in Unternehmen und Betrieb ausgestaltet betrachten. Entscheidend und absolut dominant für diese Rechtsbeziehung ist nach wie vor der Arbeitsvertrag (näher dazu oben § 12 II 8 u. 9). Ein weiterer Ausbau der Mitbestimmung könnte indessen die Dominanz der vertraglichen Stellung nicht unberührt lassen. Die Zusammenhänge sind noch wenig erörtert.[16]

c) Problematisch ist ferner die **Einengung privatautonomer Gestaltung** der Unternehmensform, insbesondere ihres Kompetenzgefüges und damit auch der unternehmerischen Organisation. Möglichkeiten der Anpassung dieser Organisation an die konkreten Erfordernisse und die Wünsche der Beteiligten sind nicht nur für praktische Effizienz erforderlich, sondern auch ein Gebot der Ermöglichung von Selbstbestimmung. Wie stark das Bedürfnis nach privatautonomer Anpassung der jeweils für bestimmte Unternehmen zu praktizierenden Mitbestimmung ist, zeigen Versuche privater Mitbestimmungsvereinbarungen, wie sie sich in nicht wenigen Unternehmen fin-

---

[14] Dazu wichtig der Bericht der sog. Mitbestimmungskommission (BT-Drucks. 6/334); *Reuter,* Betriebs- und Unternehmensverfassung, in: M. Rehbinder (Hrsg.) Recht im sozialen Rechtsstaat, 1973, S. 197; *Th. Raiser,* Marktwirtschaft und paritätische Mitbestimmung, 1973; *Mertens,* Über politische Argumente in der verfassungsrechtlichen Diskussion der paritätischen Mitbestimmung, RdA 1975, 89; *Buchner,* Die wirtschaftsverfassungsrechtliche Bedeutung der Diskussion um Unternehmensrecht und Mitbestimmung, DB 1975, 33; *Lutter,* Unternehmensverfassung und Wettbewerbsordnung, BB 1975, 613 (616 ff.); *Windbichler,* Grenzen der Mitbestimmung in einer marktwirtschaftlichen Ordnung, ZfA 1991, 35, m. w. N.

[15] Dazu auch oben § 9 III 5 und § 35 I 3.

[16] Ansätze dazu bei *Zöllner,* Die Stellung des Arbeitnehmers in Betrieb und Unternehmen, BAG-FS 1979, S. 745; *ders.,* Der Mitbestimmungsgedanke und die Entwicklung des Kapitalgesellschaftsrechts, AG 1981, 13. Vgl. ferner mit Nachweisen oben § 4 Fn. 27 sowie § 12 II 8 und 9.

den, und zwar vielfach keineswegs zu dem Zweck, Mitbestimmung zu verringern oder zu vermeiden.[17]

2. Weiterentwicklung

Die rechtspolitische Diskussion[18] um die Unternehmensmitbestimmung hat in den vergangenen Jahren eine Renaissance erfahren.

Während in den 70er und 80er Jahren die **Rechtsformabhängigkeit** der Unternehmensmitbestimmung im Zentrum der Diskussion stand, war es danach lange Zeit darüber ruhig geworden. Man hatte sich von Arbeitgeberseite mit der Mitbestimmung abgefunden und zum Teil arrangiert. Welches von einem mitbestimmten Aufsichtsrat abhängige Vorstandsmitglied hätte es auch gewagt, öffentlich gegen die Mitbestimmung einzutreten, wo doch seine Wiederbestellung und damit seine berufliche Karriere von eben einem solchen mitbestimmten Aufsichtsrat abhängt! Auch die rechtspolitischen Postulate dieser früheren Jahrzehnte, jedenfalls für größere Unternehmen eine Art **Unternehmensverfassung**[19] zu erfinden, die rechtsformunabhängig neben die Verfassung der Gesellschaft treten sollte (die dann nur noch die Bedeutung einer Vermögensträgerverfassung gehabt hätte), sind fast verstummt. Es war auch ziemlich illusionär zu fordern, es solle ein gegenüber dem Gesellschaftsrecht selbständiges Unternehmensrecht im Sinn eines die Struktur und Organisation (=Verfassung) des Unternehmens regelnden Rechts entstehen[20].

Den Ausgangspunkt für die neuerliche Grundsatzdiskussion über die Mitbestimmung bildet der Bericht der Kommission Mitbestimmung der Bertelsmann Stiftung und der Hans-Böckler-Stiftung im Jahre 1998, der bei grundsätzlich positiver Bewertung der Unternehmensmitbestimmung einen Veränderungsbedarf vor allem bei den Wahlvorschriften konstatierte[21]. Dies führte zu gesetzlichen Novellierungen der Wahlvorschriften der Mitbestimmungsgesetze.[22] Weitere Kommissionen haben sich des Themas angenommen und im Jahr 2006 auch der Deutsche Juristentag[23].

Vor allem das Gesellschaftsrecht hat die Diskussion über die Unternehmensmitbestimmung belebt. Die unter dem Begriff Corporate-Governance geführte Debatte über

---

[17] Dazu *Mertens,* Zur Gültigkeit von Mitbestimmungsvereinbarungen, AG 1982, 141; *Peus,* Die Praxis privatautonomer Mitbestimmungsvereinbarungen, AG 1982, 206; *Beuthien,* Mitbestimmungsvereinbarungen nach geltendem und künftigem Recht, ZHR 148 (1984), 95; *Hommelhoff,* Vereinbarte Mitbestimmung, ZHR 148 (1984), 118; *Th. Raiser,* Mitbestimmungsvereinbarungen de lege ferenda, FS Werner, 1984, 681; *Thüsing,* Zur Frage der Zulässigkeit gesellschaftsvertraglicher Ausweitung der Arbeitnehmervertretung im Aufsichtsrat nach dem Betriebsverfassungsgesetz 1952 bei der GmbH, FS Werner, 1984, S. 893; *Püttner,* Mitbestimmung über Verträge und Verfassungsrecht, BB 1987, 1122.

[18] Zu nennen sind hier beispielhaft der Bericht: Mitbestimmung modernisieren, 2004, Hrsg. BDA/BDI; Einsetzung der Biedenkopf-Kommission 2005 mit dem Auftrag zur Erarbeitung von Vorschlägen zur Zukunft und zum Reformbedarf der deutschen Unternehmensmitbestimmung, die allerdings im November 2006 scheiterte; 66. DJT 2006. Gutachten von Raiser zur Unternehmensmitbestimmung; Einen Überblick geben *Rieble,* Unternehmensmitbestimmung vor dem Hintergrund europarechtlicher Entwicklungen, NJW 2006, 2214; Oetker, Unternehmensmitbestimmung in der rechtspolitischen Diskussion, RdA 2005, 337; *Reichold,* Unternehmensmitbestimmung vor dem Hintergrund europarechtlicher Entwicklungen, JZ 2006, 812.

[19] Dazu *Wiethölter,* Unternehmensverfassungsrecht, JurJb 7 (1966/67), S. 162; *O. Kunze,* Bemerkungen zu Inhalt und Methode einer Unternehmensrechtsreform, FS Geßler, 1971, S. 47; *Wiedemann,* Grundfragen der Unternehmensverfassung, ZGR 1975, 385; *Schluep,* Arbeits- und gesellschaftsrechtliche Konsequenzen einer auf Mitbestimmung gründenden Unternehmensverfassung, Die Schweizerische Aktiengesellschaft, 1977, 77.

[20] Vgl. insb. den umfänglichen Bericht der Unternehmensrechtskommission, hrsg. vom Bundesjustizministerium, 1980.

[21] *Bertelsmann-Stiftung/Hans-Böckler-Stiftung* (Hrsg.), Mitbestimmung und neue Unternehmenskulturen – Bilanz und Perspektiven.

[22] Erstes Gesetz zur Vereinfachung der Wahl der Arbeitnehmervertreter in dem Aufsichtsrat vom 23. 3. 2002, BGBl. I, 1130; Zweites Gesetz zur Vereinfachung der Wahl der Arbeitnehmervertreter in den Aufsichtsrat vom 18. 5. 2004, BGBl. I, 974.

[23] BDA/BDI Bericht: Mitbestimmung modernisieren, 2004; Biedenkopf-Kommission, die 2005 eingesetzt aber bereits im November 2006 ihr Scheitern bekannt gab; 66. DJT 2006 Bericht B von *Raiser*.

die Reform der Unternehmensführung und -kontrolle hat mittlerweile auch die zunächst ausgeklammerte Unternehmensmitbestimmung erreicht[24]. Dies ist konsequent, weil eine Beteiligung der Arbeitnehmer im Aufsichtsrat die Frage nach der Vereinbarkeit mit den Prinzipien des Corporate-Governance-Kodex[25], insbesondere den Anforderungen an die Unabhängigkeit und Professionalität als unabdingbare Voraussetzungen einer funktionsgerechten Wahrnehmung des Aufsichtsratsmandats aufwirft.

Mit der Überseering[26] und die Inspire Art[27] Entscheidung hat sich der EuGH zudem für die Gründungstheorie im internationalen Gesellschaftsrecht ausgesprochen und damit die Sitztheorie[28] wegen ungerechtfertigten Eingriffs in die Niederlassungsfreiheit (Art. 43, 48 EG-Vertrag) verworfen. Die Sitztheorie war bislang Garantin der deutschen Unternehmensmitbestimmung. Durch den jetzt zulässigen Einsatz ausländischer Gesellschaftsformen als Unternehmensträger im Inland besteht damit aber auch die Möglichkeit, den Anwendungsbereich der deutschen Mitbestimmungsgesetze ganz legal nicht zur Entstehung gelangen zu lassen[29]; denn diese erfassen nur deutsche Gesellschaftsrechtsformen, womit wieder die Rechtsformabhängigkeit deutlich wird. Auch dies zeigt, dass die deutsche Mitbestimmung anachronistisch ist. International agierende Konzerne werden, wenn sie die Zentrale nicht schon in Deutschland haben, diese hier nur wählen, wenn es im Wege einer unternehmensspezifischen Verhandlungslösung nach dem europäischen Modell nicht zu einer paritätischen Mitbestimmung kommt[30].

V. Mitbestimmung im Konzern[31]

Stehen mitbestimmungspflichtige Unternehmen in Konzernzusammenhängen, so ergeben sich schwierige Sonderprobleme.

1. Einmal muss verhindert werden, dass ein Unternehmen die **zahlenmäßigen Voraussetzungen der Mitbestimmung** (Mindestzahl von Arbeitnehmern) dadurch ver-

---

[24] Berliner Netzwerk Corporate Governance AG 2004, 2000; *Säcker,* Corporate Governance und Europäisches Gesellschaftsrecht – Neue Wege der Mitbestimmung, BB 2004, 1462; *Junker,* Unternehmensmitbestimmung in Deutschland, ZfA 2005, 1 ff.; *Henssler,* Unternehmerische Mitbestimmung in der Societas Europoaea – Neue Denkanstöße für die „Corporate-Governance"-Diskussion, FS Ulmer, 2003, 194.
[25] Corporate Governance Codex , abrufbar unter www.corporate-governance-code.de.
[26] *EuGH* 5. 11. 2002, BB 2002, 2402.
[27] *EuGH* 30. 9. 2003, BB 2003, 2195.
[28] Mangels gesetzlicher Reglelung des deutschen internationalen Privatrechts ist umstritten, welches Recht auf eine Gesellschaft anzuwenden ist, die in einem anderen Land wirksam gegründet wurde und in Deutschland ihren tatsächlichen Verwaltungssitz hat. Nach der Sitztheorie gilt das Recht des tatsächlichen Verwaltungssitzes, nach der Gründungstheorie dagegen das Recht des Gründungsstaates. Nur nach der Gründungstheorie ist damit eine Identitätswahrende Sitzverlegung möglich, d. h. die Sitzverlegende Gesellschaft kann ihre fremde Rechtsform beibehalten und muss in Deutschland als solche anerkannt werden, vgl. im Einzelnen hierzu *Altmeppen,* in: Münchener Kommentar zum AktG, Bd. 9/2, 2006, Kollisionsrecht und Niederlassungsfreiheit bei grenzüberschreitenden Umstrukturierungen, B 2. Kapitel I 5; *Kindler,* in: Münchener Kommentar zum BGB, 4. Aufl., 2006, IntGesR Rn. 400.
[29] Nach der h. M. scheidet eine analoge Anwendung der Mitbestimmungsgesetze auf ausländische Gesellschaften mit Sitz im Inland aus, vgl. *Müller-Bonanni,* Unternehmensmitbestimmung nach „Überseering" und „Inspire Art", GmbHR 2003, 1235; *Kamp,* Die unternehmerische Mitbestimmung nach „Überseering" und „Inspire Art", BB 2004, 1496; *Junker,* Unternehmensmitbestimmung in Deutschland, ZfA 2005, 1, (6).
[30] S. hierzu auch *Henssler,* Bewegung in der deutschen Mitbestimmung – Reformdruck durch Internationalisierung der Wirtschaft, RdA 2005, 330; BDA/BDI Bericht Mitbestimmung modernisieren, 2004.
[31] Dazu *Hölters,* Die unbewältigte Konzernproblematik des MitbestG, RdA 1979, 335; *Knaup,* Unternehmensmitbestimmung im Konzern, 1979; Bericht der *Unternehmensrechtskommission,* 1980, S. 747 ff.; *Lutter,* Mitbestimmungsprobleme im internationalen Konzern, FS Zweigert, 1981, S. 251; *Richter,* Konzernführung und Mitbestimmung – Zur empirischen Überprüfung kontroverser Literaturmeinungen, DB 1983, 2072; *Konzen,* Der „Konzern im Konzern" im Mitbestimmungsrecht, ZIP 1984, 316; *Henssler,* Mitbestimmungsrechtliche Folgen grenzüberschreitender Beherrschungsverträge, ZfA 2005, 289 ff.

meidet, dass es mehrere jeweils unter der Mindestgrenze verbleibende Unternehmen konzernmäßig zusammenfasst. *Beispiel:* GmbH A mit 900 (bzw. 3000) Arbeitnehmern gründet die Tochtergesellschaft B und überträgt ihr einen Teilbetrieb mit 450 (bzw. 1500) Arbeitnehmern. Diesem Anliegen dienen eine Reihe von Spezialvorschriften, vgl. z. B. § 2 I DrittelbG (bzw. § 5 MitbestG).

2. Steht eine Gesellschaft unter dem **Leitungsrecht einer Obergesellschaft** – das ist namentlich im Fall eines Beherrschungsvertrages nach §§ 291, 308 AktG oder bei aktienrechtlicher Eingliederung nach §§ 319 ff. AktG der Fall – so ist Mitbestimmung im Aufsichtsrat des beherrschten Unternehmens nur begrenzt nützlich. Hier muss das Bestreben darauf gerichtet sein, die Mitbestimmung dort zum Zuge zu bringen, wo die relevanten Entscheidungen fallen. Dem dienen Regelungen, die die Mitbestimmung im Aufsichtsrat des herrschenden Unternehmens sichern. Vgl. dazu § 2 I DrittelbG und § 5 MitbestG, sowie für den Bereich der Montanindustrie das so genannte Mitbest-ErgG von 1956.

3. Paritätische Mitbestimmung in der Obergesellschaft bringt das Problem mit sich, dass der mitbestimmte Wille der Obergesellschaft sich auch bei der **Abstimmung in der Hauptversammlung einer Untergesellschaft** auswirkt, weil die Wahrnehmung der Stimmrechte aus Beteiligungen Sache des Vertretungsorgans der Obergesellschaft ist. Dadurch würden einmal in der Untergesellschaft typisch vermögensrechtliche Entscheidungen wie Verschmelzung, Umwandlung und Auflösung, die allein Sache der Kapitalträger sein sollten, der Mitbestimmung unterworfen. Noch bedeutsamer ist, dass sich, falls auch in der Untergesellschaft der Aufsichtsrat paritätisch zu besetzen wäre, die Mitbestimmung in der Untergesellschaft verstärken würde, weil dort zwar die Arbeitnehmerbank unbeeinflusst von der Kapitaleignerseite bestellt würde, dagegen die Anteilseignerbank bereits paritätisch mitbestimmt zustande käme. Dieses Problem versuchen § 32 MitbestG und § 15 MitbestErgG zu lösen.

VI. Mitbestimmung in der Europäischen Aktiengesellschaft (SE)[32]

Auch auf **europäischer Ebene** hat es verschiedene Versuche der Regelung der Unternehmensmitbestimmung gegeben. Die Bemühungen um die Errichtung einer Europäischen Aktiengesellschaft zogen sich vor allem wegen des Streits um die Mitbestimmung über mehrere Jahrzehnte hin[33]. Die EG-Verordnung 2157/2001 über das Statut der Europäischen Gesellschaft (Societas Europaea – SE) vom 8. 10. 2001, die am 8. 10. 2004 in Kraft getreten ist, stellt eine Kompromisslösung am Ende dieses langen „Leidenswegs"[34] dar. Die SE ist eine europäische Kapitalgesellschaftsform mit Grundkapital in Aktien. Kompromissfähig war letztlich nur ein Verweisungsmodell. Dies bedeutet,

---

[32] *Rieble,* Unternehmensmitbestimmung vor dem Hintergrund europarechtlicher Entwicklungen, NJW 2006, 2214 ff.; *Kisker,* Unternehmerische Mitbestimmung in der Europäischen Gesellschaft, der Europäischen Genossenschaft und bei grenzüberschreitenden Verschmelzungen, RdA 2006, 206 ff.; *Reichhold,* Unternehmensmitbestimmung vor dem Hintergrund europarechtlicher Entwicklungen, JZ 2006, 812 ff.; *Junker,* Europäische Aktiengesellschaft und deutsche Mitbestimmung, ZfA 2005, 211 ff.; *Grobys,* SE-Betriebsrat und Mitbestimmung in der Europäischen Gesellschaft, NZA 2005, 84 ff.; *Steinberg,* Mitbestimmung in der europäischen Aktiengesellschaft, 2005; *Wisskirchen/Prinz,* Das Gesetz über die Beteiligung deutscher Arbeitnehmer in einer Europäischen Gesellschaft (SE), DB 2004, 2638 ff.; *Henssler,* Unternehmerische Mitbestimmung in der Societas Europaea, FS Ulmer, 2003, 193; *Kraushaar,* Europäische Aktiengesellschaft (SE) und Unternehmensmitbestimmung, BB 2003, 1614.

[33] Zur Historie vgl. *Heinze,* Die Europäische Aktiengesellschaft, ZGR 2002, 66.

[34] *Fleischer,* Der Einfluß der Societas Europaea auf die Dogmatik des deutschen Gesellschaftsrechts AcP 204, 502, 505.

dass die SE-Verordnung nur einen Rahmen vorgibt, der durch das nationale Recht des jeweiligen Sitzstaates[35] ausgefüllt wird. Aufgrund dieses Verweisungsmodells gibt es keine einheitliche supranationale Gesellschaftsform, sondern je nach Sitzstaat verschiedene SE. Damit ist ein Wettbewerb der Gesellschaftsrechts- aber auch der Mitbestimmungsregeln eröffnet[36]. In einer ergänzenden Richtlinie[37] einigte man sich für die Mitbestimmung in der SE auf eine sog. Verhandlungslösung mit subsidiärer Geltung einer nationalstaatlich zu schaffenden Auffanglösung (Art. 7 SE-RL). Im Wege einer Verhandlungslösung soll die Mitbestimmung in der SE primär durch freie Vereinbarung zwischen der Unternehmensleitung und einem Verhandlungsgremium der Arbeitnehmer geregelt werden. Positiv daran ist, dass hierdurch eine unternehmensspezifische, flexible Ausgestaltung der Mitbestimmung möglich ist. Scheitert eine solche Vereinbarung, greift die Auffanglösung ein, was auch als „Vorher-Nachher-Prinzip" bezeichnet wir. Die Richtlinie schreibt für diese vor, dass im Falle der Nichteinigung der höchste Standard der Mitbestimmung einer der beteiligten Gründungsgesellschaften auf die gesamte SE ausgedehnt wird, womit der Umsetzungsspielraum für den nationalen Gesetzgeber gering ist. Droht im Hintergrund aber der höchste Mitbestimmungsstandard als gesetzliche Auffangregelung, schränkt dies den theoretisch flexiblen Gestaltungsspielraum im Rahmen der Verhandlungen praktisch doch weitgehend ein[38].

Der deutsche Gesetzgeber hat die SE-Richtlinie durch das Gesetz über die Beteiligung der Arbeitnehmer in einer Europäischen Gesellschaft (SE-Beteiligungsgesetz – SEBG[39]) vom 22. 12. 2004 in deutsches Recht umgesetzt. Damit greift weiterhin subsidiär das weit reichende deutsche Mitbestimmungsrecht für die deutsche SE bei Beteiligung einer deutschen mitbestimmten Gründungsgesellschaft ein[40]. Viele Unternehmen werden deshalb bei Gründung einer SE die Beteiligung einer deutschen Gesellschaft in den Fällen, in denen das deutsche Mitbestimmungsrecht droht, vermeiden[41].

VII. Mitbestimmung in Organen öffentlicher Unternehmen[42]

Viel diskutiert wurde in der Vergangenheit die Frage der Mitbestimmung in öffentlichen Unternehmen mit privater Rechtsform. Es geht dabei nicht um Unternehmen,

---

[35] *Junker,* Europäische Aktiengesellschaft und deutsche Mitbestimmung, ZfA 2005, 211, (219); *Fleischer,* Der Einfluß der Societas Europaea auf die Dogmatik des deutschen Gesellschaftsrechts AcP 204, 510.

[36] Mit der Allianz AG hat sich das erste große deutsche Unternehmen 2005 für eine Umwandlung in eine SE entschieden.

[37] RiL 2001/86/EG vom 8. 10. 2001 zur Ergänzung des Statuts der Europäischen Gesellschaft hinsichtlich der Beteiligung der Arbeitnehmer, ABlEG Nr. L 294/22.

[38] *Fleischer,* Der Einfluß der Societas Europaea auf die Dogmatik des deutschen Gesellschaftsrechts ACP 204, 502.

[39] BGBl. I 2004, 3675; dazu *Ihrig/Wagner,* BB 2004, 1749.

[40] Detailliert zur Ausgestaltung der Auffanglösung Weiss/Wöhlert, Societas Europaea – Der Siegeszug des deutschen Mitbestimmungsrechts in Europa?, NZG 2006, 121.

[41] *Lutter,* Europäische Aktiengesellschaft – Rechtfigur mit Zukunft?, BB 2002, 1, (5); *Junker,* Unternehmensmitbestimmung in Deutschland, 1, (36).

[42] Dazu *Biedenkopf/Säcker,* Grenzen der Mitbestimmung in kommunalen Versorgungsunternehmen, ZfA 1971, 211; *Püttner,* Zur Mitbestimmung in öffentlich-rechtlich organisierten Unternehmen, DVBl. 1984, 165; *Nagel/Bauers,* Mitbestimmung in öffentlich-rechtlichen Unternehmen und Verfassungsrecht, 1990; *Ossenbühl,* Mitbestimmung in Eigengesellschaften der öffentlichen Hand, ZGR 1996, 504; *Nagel/Haslinger/Meurer,* Mitbestimmungsvereinbarungen in öffentlichen Unternehmen mit privater Rechtsform, 2002; *Siekmann,* Die Erweiterung der Unternehmensmitbestimmung in privatrechtlich organisierten öffentlichen Unternehmen, ZögU 2004, 394.

die von öffentlichen Verwaltungsträgern in öffentlich-rechtlicher Rechtsform[43] oder als so genannte Eigenbetriebe geführt werden. Insoweit sind die Personalvertretungs- gesetze oder Spezialgesetze einschlägig. Betroffen sind Unternehmen, die in der Rechtsform einer Kapitalgesellschaft betrieben werden, und deren Anteile überwie- gend oder allein im Eigentum des Staats oder einer kommunalen Gebietskörperschaft stehen. Namentlich bei kommunalen Unternehmen (z.B. städtischen Verkehrs- oder Energiebetrieben) war in einer Art Vorwegnahme paritätischer Mitbestimmung ver- sucht worden, den Gewerkschaften im Wege von Stimmbindungsverträgen[44] die pari- tätische Besetzung der Aufsichtsorgane zu sichern. Dieses Problem bestand und be- steht nach Erlass des MitbestG weiter, weil viele kommunale Unternehmen unterhalb der maßgeblichen Arbeitnehmerzahl bleiben. Dazu stellen sich folgende Überlegun- gen: Das Gesellschaftsrecht verbietet an sich nicht, dass die Gesellschafterversamm- lung weitere Arbeitnehmervertreter freiwillig in den Aufsichtsrat wählt.[45] Auch ent- sprechende Stimmbindungsverträge zwischen Aktionären und Gewerkschaften sind möglich (streitig). Zweifelhaft ist dies aber für die öffentliche Hand, soweit sie sich an Unternehmen privater Rechtsform zur Erfüllung öffentlicher Aufgaben beteiligt. Es spricht viel dafür, dass die öffentliche Hand in solchen Unternehmen den ihr zuste- henden Einfluss nicht vertraglich aus der Hand geben darf, wie sie sich auch nicht durch Inanspruchnahme privatrechtlicher Institutionen einen Freiraum für politisches Handeln schaffen darf.[46]

§ 54. Das Personalvertretungswesen

Literatur: 1. Handbücher und Kommentare zum BPersVG: *Fischer/Goeres,* Personalvertretungs- recht des Bundes und der Länder (Loseblatt); *Grabendorff/Windscheid/Ilbertz/Widmaier,* BPersVG, 9. Aufl., 1999; *Altvater/Bacher/Hörter/Sabottig/Schneider,* 5. Aufl., 2004; *Lorenzen/Haas/Schmidt,* Personalvertretungsrecht des Bundes und der Länder (Loseblatt); *Dietz/Richardi,* 2. Aufl., 1978; *Lorenzen/Schmidt/Etzel/Gerhold/Schlatmann,* BPersVG, Loseblatt; *Altvater/Ilbertz,* BPersVG, 4. Aufl., 2004; *Germelmann,* in: Richardi/Wlotzke (Hrsg.), Münchener Handbuch zum Arbeitsrecht, Bd. 3, 2. Aufl., 2000, §§ 368–374.

2. Gesamtdarstellungen zum Personalvertretungsrecht: *Söllner/Reinert,* 2. Aufl., 1993; *Mewer,* 1985; *Ilbertz,* Personalvertretungsrecht des Bundes und der Länder, 8. Aufl., 1995; *Battis/Ilbertz,* Per- sonalvertretungsrecht, 2. Aufl., 1992; *Mehlinger,* Grundlagen des Personalvertretungsrechts, 1996; *Meurer,* Bundespersonalvertretungsrecht, 2. Aufl., 1992; *Müller/Preis,* Arbeitsrecht im öffentlichen Dienst, 6. Aufl., 2006, 2. Abschnitt, D.

3. Zu den Personalvertretungsgesetzen der Länder s. die Angaben bei *Grabendorff/Windscheid* u.a., 9. Aufl., 1999, Lit. S. 16.

4. Zu übergreifenden und zu Einzelfragen: *Leisner,* Mitbestimmung im öffentlichen Dienst, 1970; *Söllner,* Die Personalvertretungen im Spannungsfeld zwischen sozialem Schutzauftrag und demokrati- scher Regierungsverantwortung, RdA 1976, 64; *ders.,* AR-Blattei Personalvertretung; *Schelter,* Perso- nalvertretung – ein Stück „Demokratisierung der Verwaltung"?, RdA 1977, 349; *Ilbertz,* 30 Jahre Per- sonalvertretungsrecht des Bundes, ZBR 1984, 181; *Steiner,* Die Mitbestimmung als Konfliktregelung. Die soziale Funktion des BPersVG, 1985; *Schinkel,* Die jüngere Entwicklung des Personalvertretungs-

---

[43] Insoweit zur Problematik *Püttner,* DVBl. 1984, 165; *Nagel/Bauers,* Mitbestimmung in öffentlich- rechtlichen Unternehmen, 1990.

[44] Darin verpflichtet sich z.B. die öffentliche Körperschaft als Inhaber der Aktienmehrheit gegen- über der für das Unternehmen zuständigen Gewerkschaft, ihre Stimmrechte in der Hauptversammlung dahin auszuüben, dass neben den gesetzlichen Arbeitnehmersitzen so-und-so-viele weitere Aufsichts- ratsitze mit in bestimmter Weise vorzuschlagenden Arbeitnehmervertretern besetzt werden.

[45] Vgl. *BGH* DB 1975, 1549.

[46] Vgl. *Mertens,* in: Kölner Kommentar zum AktG, 2. Aufl., 1996, § 96 Anm. 16.

rechts, NZA 1985, 81; *Steiner,* Die Grenzen der Mitbestimmung im öffentlichen Dienst, ZBR 1985, 184; *Schinkel,* Die Entwicklung des Personalvertretungsrechts, NZA 1986, 314; NZA 1987, 692; *Becker,* Das Personalvertretungsrecht im Spiegel der neuen Rechtsprechung des Bundesverwaltungsgerichts, ZBR 1986, 185; *Dannhäuser,* Die Mitbestimmung der Personalvertretung bei der Vergabe öffentlicher Ämter im Spiegel der Rechtsprechung des Bundesverwaltungsgerichts, PersV 1989, 49; *Richardi,* Zum Verhältnis zwischen Betriebsverfassungs- und Personalvertretungsrecht, PersV 1993, 49; *Richter,* Auslegung gleichlautender und vergleichbarer Vorschriften des Betriebsverfassungs- und Personalvertretungsrechts, PersR 1993, 54; *Kosseus,* Die strukturellen Unterschiede der betrieblichen Interessenvertretung nach dem Bundespersonalvertretungsgesetz und dem Betriebsverfassungsgesetz, RiA 1996, 2; *Edenfeld,* Recht der Arbeitnehmermitbestimmung, 2. Aufl., 2006, Teil 2.

I. Das Personalvertretungsrecht stellt gleichsam das Betriebsverfassungsrecht des öffentlichen Dienstes dar. **Gesetzliche Grundlage** bilden das Personalvertretungsgesetz des Bundes von 1974 und die Personalvertretungsgesetze der Länder. Das BPersVG regelt in seinem ersten Teil lediglich das Personalvertretungsrecht für Bundesverwaltungen. Für die Rechtsverhältnisse der im öffentlichen Dienst der Länder stehenden Personen hat der Bund nach Art. 75 Nr. 1 GG nur eine Rahmengesetzgebungskompetenz. Von dieser hat er im zweiten Teil des BPersVG Gebrauch gemacht. Die Länder haben die ihnen belassenen Möglichkeiten zu eigener Ausgestaltung zum Teil in erheblichem Maß ausgeschöpft. Für das Personalvertretungsrecht ist charakteristisch, dass es nicht lediglich für arbeitsrechtliche Verhältnisse gilt, sondern auch die öffentlich-rechtlichen Dienstverhältnisse der Beamten mit umfasst. Rechtsschutz wird deshalb generell in Personalvertretungssachen nicht im arbeitsgerichtlichen Beschlussverfahren, sondern im Verfahren vor den Verwaltungsgerichten gewährt, vgl. näher § 83 BPersVG (Enumerationsprinzip!). Dazu unten § 55 II 4 a.

II. Wichtigstes **Organ der Personalvertretung** ist der Personalrat. Seine Zusammensetzung weicht schon dadurch etwas vom Betriebsrat ab, dass neben die Gruppe der Angestellten und Arbeiter auch die Beamten als eigene Gruppe treten. Besondere Gruppenzuständigkeiten und der Gruppenschutz gegen Majorisierung sind ausgeprägter als im BetrVG. Auch die Organisation des Personalrats und die Führung der Geschäfte sind etwas anders geregelt. Insbesondere hat der Personalrat einen Vorstand, dem die Führung der laufenden Geschäfte obliegt.

III. Hinsichtlich der **Beteiligungsrechte** ist eine terminologische Formalisierung wichtig: Mitwirkung bedeutet, dass eine Angelegenheit, in der keine Einigung zwischen Dienststelle und Personalrat erzielt wird, der nächsthöheren Dienststelle vorgelegt werden kann, bei der eine Stufenvertretung (Bezirks- oder Hauptpersonalrat) besteht. Vgl. näher § 72 BPersVG. Mitbestimmung bedeutet die volle Einigungsnotwendigkeit mit Möglichkeit der Ersetzung der Einigung durch Spruch der Einigungsstelle. Diese wird bei der obersten Dienstbehörde gebildet. Sie tritt nur in Tätigkeit, wenn nicht im Stufenzug eine Einigung zwischen Behörde und Stufenvertretung erzielt wird. Näheres §§ 69, 71 BPersVG. In personellen Angelegenheiten ist freilich die Mitbestimmung abgeschwächt, indem nach § 77 II BPersVG die Zustimmung nur aus bestimmten Gründen verweigert werden kann. Das Verfahren ist außerordentlich aufwendig und durch die Einschaltung der Stufenvertretungen viel zu langsam und schwerfällig.[1]

IV. Etliche Beteiligungsrechte sind etwas von der Betriebsverfassung **abweichend ausgestaltet.** Im Einzelnen kann das hier nicht dargestellt werden. Die Mitwirkungs- und Mitbestimmungsrechte der Personalvertretungen gehen zum Teil sehr weit und

---

[1] Dazu als Beispiel *Zöllner/Fuhrmann,* Die Mitwirkung des Personalrats bei Kündigungen, PersV 1990, 102.

hemmen nicht nur die Effektivität öffentlicher Aufgabenerfüllung, sondern geraten in ein Spannungsverhältnis zum Demokratieprinzip, weil Personalvertretungen zur Wahrnehmung der *allgemeinen* Angelegenheiten nicht demokratisch legitimiert sind.[2] Gleichwohl wird von Gewerkschaften und bestimmten Parteien ein weiterer Ausbau der Mitbestimmung im öffentlichen Dienst gefordert.[3] Im schleswig-holsteinischen Gesetz über die Mitbestimmung der Personalräte – Mitbestimmungsgesetz Schleswig-Holstein vom 11. 12. 1990, dessen Bezeichnung vom bisher üblichen bewusst abweicht, ist diesen Forderungen bereits in hoch bedenklicher Weise Rechnung getragen worden.[4] Das BVerfG hat deshalb zu Recht Teile des Gesetzes für verfassungswidrig erklärt.[5]

---

[2] *HessStGH* PersV 1986, 227 = DVBl. 1986, 936; *VerfGH NRW* RdA 1987, 309 = AP Nr. 15 zu Art. 20 GG = DVBl. 1986, 1196 m. Anm. *Püttner; VerfGH Rheinland-Pfalz* ZBR 1994, 272 = NVwZ-RR 1994, 665; *Kisker,* Grenzen der Mitbestimmung im öffentlichen Dienst, 1984 (Gutachten); *Kempen,* Grund und Grenzen gesetzlicher Personalvertretung in der parlamentarischen Demokratie, 1985 (Gutachten); *Lecheler,* Personalvertretung und Verfassung, NJW 1986, 1079; *Ossenbühl,* Grenzen der Mitbestimmung im öffentlichen Dienst, 1986 (Gutachten); *Plander,* Mitbestimmung durch Personalvertretungen als Verfassungsproblem, AuR 1987, 1; *Kempen,* Demokratieprinzip, Grundrechtssystem und Personalvertretung, AuR 1987, 9; *Nagel/Abel,* Mitbestimmung in öffentlich-rechtlichen unternehmen und Grundgesetz, AuR 1987, 15; *Breunig,* Zur Entstehungsgeschichte des Mitbestimmungsgrundrechts im Land Hessen, AuR 1987, 20; *Battis,* Inwieweit ist der in den einzelnen Landespersonalvertretungsgesetzen festgeschriebene Einfluß der Gewerkschaften mit der Verfassung vereinbar?, DÖV 1987, 1; *Wendeling-Schröder,* Mitbestimmung im öffentlichen Bereich und Demokratieprinzip, AuR 1987, 318; *Schenke,* Personalvertretungsrecht und Verfassung, JZ 1991, 58; *Battis,* Zur erneuten Novellierung des hessischen Personalvertretungsgesetzes, RdA 1993, 129 ff.; *Richardi,* Der Entwurf eines Personalvertretungsgesetzes für das Land Rheinland-Pfalz, ZfPR 1993, 59; *Schuppert,* Mitbestimmung und Verfassungsrecht, PersR 1993, 521; *Kisker,* Zum Stand des Streits um Rechtfertigung und Grenzen der Mitbestimmung des Personalrats, PersV 1994, 289; *Caspary,* Die neueren Entwicklungen im Personalvertretungsrecht der Länder im vergleichenden Überblick, PersV 1995, 145; *Leuze,* Verfassungswidriges im nordrhein-westfälischen Personalvertretungsgesetz, DöD 1996, 103. Aus älterer Zeit BVerfGE 9, 268 (zum Bremischen PersonalvertretungG).

[3] Vgl. den bei der Gesetzesänderung im Jahr 1989 (BGBl. I S. 1380, berichtigt S. 1473) abgelehnten Gesetzesvorschlag der SPD „zum Ausbau und zur Sicherung der betrieblichen Mitbestimmung im öffentlichen Dienst" (BT-Drs. 11/1411) sowie den Gesetzesvorschlag des DGB zur Weiterentwicklung des Personalvertretungsrechts, DGB Bundesvorstand (Hrsg.), Düsseldorf 1985 (zitiert nach *Schneider,* PersR 1988, 115, Fn. 11). Vgl. zum Ganzen aus gewerkschaftlicher Sicht auch *Schneider,* a. a. O., m. w. N. der gewerkschaftlichen Position; *Kamm/Vohs/Peiseler,* in: Kittner (Hrsg.), Gewerkschaftsjahrbuch 1990, S. 415 ff. (420); *Altvater/Bacher* u. a., BPersVG, 4. Aufl., 1996, Einleitung Rn. 27.

[4] Dazu *Battis,* Zum schleswig-holsteinischen Mitbestimmungsgesetz, RdA 1992, 12; *Schenke,* Zur Verfassungswidrigkeit des Schleswig-Holsteinischen Gesetzes über die Mitbestimmung der Personalräte, PersV 1992, 289; *Bryde,* Das schleswig-holsteinische Personalvertretungsgesetz in der verfassungsrechtlichen Diskussion, PersR 1994, 4.

[5] BVerfGE 93, 37; hierzu *Bieler,* DöD 1996, 52; die ähnlich ausgestaltete Regelung des rheinland-pfälzischen Personalvertretungsgesetzes ist ebenfalls für unvereinbar mit der Landesverfassung erklärt worden; vgl. *VerfGH RhPf* ZBR 1994, 272 = NVwZ-RR 1994, 665; zu dieser Entscheidung *Schenke,* JZ 1994, 1025; *Kisker,* PersV 1994, 289.

Fünfter Teil. Arbeitsgerichtliches Verfahren

§ 55. Aufbau und Zuständigkeit der Arbeitsgerichtsbarkeit

Literatur: Kommentare zum ArbGG von *Ascheid/Bader/Dörner/Leinemann/Mikosch/Schütz/Vossen/Wenzel,* GK (Loseblatt); *Bader/Creutzfeldt/Friedrich,* Kommentar zum Arbeitsgerichtsgesetz, 4. Aufl., 2006; *Grunsky,* 7. Aufl., 1995; *Germelmann/Matthes/Prütting/Müller-Glöge,* 5. Aufl., 2004; *Schwab/Weth,* 2004; *Düwell/Lipke,* 2. Aufl., 2005; *Hauck/Helml,* 3. Aufl., 2006; HWK/*Ziemann/Bepler/Kalb,* 2. Aufl., 2006; ErfK/*Koch,* 7. Aufl., 2007.

Vgl. ferner *Wieser,* Arbeitsgerichtsverfahren 1994; Die Arbeitsgerichtsbarkeit, FS zum 100jährigen Bestehen des Deutschen Arbeitsgerichtsverbandes, 1994; *Reinecke,* Die Entscheidungsgrundlagen für die Prüfung der Rechtswegzuständigkeit, insbesondere der arbeitsgerichtlichen Zuständigkeit, ZfA 1998, 359; *Brehm,* in: Münchener Handbuch zum Arbeitsrecht, Bd. 3, 2. Aufl., 2000, §§ 387–394, S. 2106 ff.; *Schwab/Wildschütz/Heege,* Disharmonien zwischen ZPO und ArbGG – Anmerkungen aus der Praxis, NZA 2003, 999; *Bader/Hohmann/Klein,* Die ehrenamtlichen Richterinnen und Richter beim Arbeits- und Sozialgericht, 11. Aufl., 2004; *Schaub/Neef/Schrader,* Arbeitsrechtliche Formularsammlung, 8. Aufl., 2004; *Opolony,* 25 Jahre ArbGG 1979 – Ein Blick zurück nach vorn, NZA 2004, 519; *Linsenmaier,* Von Lyon nach Erfurt – Zur Geschichte der deutschen Arbeitsgerichtsbarkeit, NZA 2004, 401; *Rieble* (Hrsg.), Zukunft der Arbeitsgerichtsbarkeit, 2005.

Für die gerichtliche Austragung arbeitsrechtlicher Streitigkeiten (prozessualer Begriff: Arbeitssachen) besteht eine besondere Gerichtsbarkeit in Gestalt der **Arbeitsgerichtsbarkeit,** vgl. § 1 ArbGG. Sie ist gekennzeichnet durch paritätische Besetzung der Spruchkörper in allen Instanzen mit Laienbeisitzern aus Kreisen der Arbeitnehmer und der Arbeitgeber und durch ein gegenüber dem Zivilprozess einfacheres und weniger kostspieliges Verfahren. Das Arbeitsgerichtsverfahren ist im ArbGG geregelt.

I. Aufbau der Arbeitsgerichtsbarkeit

Der Aufbau dieses besonderen Gerichtszweiges ist einfach und übersichtlich. Er ist dreistufig. Während das BAG in die Ressortzuständigkeit des Bundesministers für Arbeit und Soziales fällt (§ 40 II ArbGG), ist für Verwaltung und Dienstaufsicht der Arbeitsgerichte der Länder (also für ArbG und LAG) die oberste Landesbehörde zuständig. Die jeweilige Landesregierung – nach Ermächtigung auch die oberste Landesbehörde selbst – kann allerdings dem Präsidenten des LAG oder Vorsitzenden der ArbG die Verwaltung und Aufsicht der Arbeitsgerichte übertragen (vgl. §§ 15 I, II und 34 I, II ArbGG).

1. Die **Arbeitsgerichte** sind als Gerichte erster Instanz tätig, § 8 I ArbGG, und zwar durch Kammern, die je aus einem Vorsitzenden und zwei ehrenamtlichen Richtern bestehen, § 16 II ArbGG. Die Vorsitzenden werden zu Berufsrichtern ernannt und müssen die Befähigung zum Richteramt erworben haben, § 5 DRiG und die Voraussetzungen des § 9 DRiG erfüllen. Die ehrenamtlichen Richter werden von der zuständigen obersten Landesbehörde des Landes – oder der beauftragten Stelle (s. o.) – auf die Dauer von fünf Jahren aus Kreisen der Arbeitnehmer und Arbeitgeber aufgrund von Vorschlagslisten berufen, die im Wesentlichen von den Koalitionen stammen, § 20 ArbGG. Die Besetzung der Kammern erfolgt jeweils paritätisch mit ehrenamtlichen Richtern der Arbeitnehmer- und der Arbeitgeberseite.

2. Die **Landesarbeitsgerichte** sind stets zweitinstanzliche Gerichte, und zwar sowohl im Urteilsverfahren als auch im Beschlussverfahren, § 8 II und IV ArbGG. Auch bei ihnen werden Kammern gebildet, die ebenso besetzt sind wie beim Arbeitsgericht (§ 35 II ArbGG). Das berufsrichterliche Element ist also auch in der zweiten Instanz nicht verstärkt.

3. Das **Bundesarbeitsgericht** mit Sitz in Erfurt ist dritte und oberste Instanz (Art. 92 I GG, § 40 ArbGG). Die einzelnen Spruchkörper – Senate genannt – werden in der Besetzung mit einem Vorsitzenden, zwei berufsrichterlichen Beisitzern und je einem ehrenamtlichen Richter aus den Kreisen der Arbeitnehmer und Arbeitgeber tätig, § 41 II ArbGG. Die Berufung der berufsrichterlichen Mitglieder des Gerichts (Bundesrichter) erfolgt nach den Vorschriften des Richterwahlgesetzes, § 42 ArbGG. Die ehrenamtlichen Richter werden vom Bundesminister für Arbeit und Soziales auf die Dauer von fünf Jahren berufen, und zwar ebenfalls nach Vorschlagslisten der Verbände, § 43 ArbGG.

Wie bei allen obersten Gerichtshöfen des Bundes wird auch beim Bundesarbeitsgericht ein so genannter **Großer Senat** gebildet, § 45 I ArbGG. Er wird von den erkennenden Senaten angerufen, und zwar **muss** seine Entscheidung herbeigeführt werden, wenn ein Senat in einer Rechtsfrage von der Entscheidung eines anderen Senats oder des Großen Senats abweichen will, § 45 II ArbGG. Die Entscheidung des Großen Senats **kann** in Fragen von grundsätzlicher Bedeutung herbeigeführt werden, wenn dies nach der Auffassung des anrufenden Senats zur Rechtsfortbildung oder zur Sicherung einheitlicher Rechtsprechung erforderlich ist, § 45 IV ArbGG. Eine Vorlage an den Großen Senat ist aber nur zulässig, wenn der Senat, von dessen Entscheidung abgewichen werden soll (und, wenn dieser Senat nicht mehr zuständig ist, der nunmehr zuständige Senat), auf Anfrage des erkennenden Senats erklärt hat, er halte an seiner Rechtsauffassung fest (§ 45 III ArbGG). Wegen der im Arbeitsrecht sehr viel rascher notwendigen Rechtsfortbildung hat die Spruchtätigkeit des Großen Senats beim BAG eine vergleichsweise größere Bedeutung erlangt als bei den anderen obersten Bundesgerichten (vom Bundesfinanzhof abgesehen). Der Große Senat besteht aus dem Präsidenten des BAG, je einem Berufsrichter der Senate, in denen der Präsident nicht den Vorsitz führt, und je drei ehrenamtlichen Richtern aus Kreisen der Arbeitnehmer und Arbeitgeber, vgl. § 45 V ArbGG.

4. Der **EuGH** entscheidet im so genannten Vorabentscheidungsverfahren gemäß Art. 234 EG über arbeitsrechtliche Fragen, welche die Auslegung von Gemeinschaftsrecht betreffen. Dies betrifft insbesondere die zahlreichen EG-Richtlinien zum Arbeitsrecht. Im Rahmen eines anhängigen Rechtsstreits können solche Fragen vom ArbG oder LAG dem EuGH vorgelegt werden (Art. 234 S. 2 EG), das BAG ist zur Vorlage verpflichtet (Art. 234 S. 3 EG).[1]

II. Die Zuständigkeit der Arbeitsgerichte

1. Für Rechtsstreitigkeiten, welche die besonderen Qualifikationsmerkmale der §§ 2, 2a, 3 ArbGG erfüllen, ist die Zuständigkeit der Arbeitsgerichte gegeben. Das Gesetz unterscheidet die Zuständigkeit im Urteilsverfahren (§ 2 ArbGG) und im Beschlussverfahren (§ 2a ArbGG). Im Gegensatz zur früheren Rechtslage ist die Frage der Zuständigkeit der Arbeitsgerichte gegenüber derjenigen der Zivilgerichte heute keine solche der sachlichen Zuständigkeit mehr, sondern eine solche des Rechtsweges; vgl. § 48 ArbGG i.V.m. §§ 17ff. GVG (über die Folgen der Entscheidung eines ordentlichen Gerichts in einer Arbeitssache vgl. unten 5).

2. Im **Urteilsverfahren** sind die Arbeitsgerichte nach § 2 ArbGG für eine Reihe von Streitigkeiten ausschließlich zuständig, die das Gesetz selbst als bürgerliche Rechtsstreitigkeiten bezeichnet.

Im Einzelnen sieht das Gesetz für das Urteilsverfahren insbesondere folgende **Angelegenheiten** vor:

a) **Streitigkeiten aus Arbeitsverhältnissen** zwischen Arbeitnehmern und Arbeitgebern sowie aus Vorverhandlungen oder Nachwirkungen und unerlaubten Handlungen, die mit dem Arbeitsverhältnis in Zusammenhang stehen, § 2 I Nr. 3 ArbGG. Praktisch wichtige Fälle sind z.B. Lohnansprüche, Kündigungsschutzklagen, Urlaubsfragen, Zeugnisstreitigkeiten und Schadensersatzansprüche.

b) **Streitigkeiten wegen Ansprüchen aus betrieblicher Altersversorgung** gegen den Insolvenzsicherungsträger nach dem BetrAVG, § 2 I Nr. 5 ArbGG (s. auch Nr. 6) (dazu oben § 29 I 4).

c) **Streitigkeiten zwischen Arbeitnehmern** gehören auch vor die Arbeitsgerichte, wenn sie aus gemeinsamer Arbeit herrühren, wie z.B. beim Gruppenakkord oder beim mittelbaren Arbeitsverhältnis, oder aus unerlaubten Handlungen, die mit dem Arbeitsverhältnis in Zusammenhang stehen, wie z.B. eine Körperverletzung beim Streit am Arbeitsplatz, § 2 I Nr. 9 ArbGG.

---

[1] Zu diesem Verfahren allgemein: *Middeke,* Handbuch des Rechtsschutzes in der EU, 2. Aufl., 2003, § 10 Rn. 16 ff.

d) **Streitigkeiten zwischen Tarifvertragsparteien oder zwischen diesen und Dritten in bestimmten Fällen,** nämlich aus Tarifverträgen (z.B. Klage auf Erfüllung der Pflichten des schuldrechtlichen Teils; dagegen nicht aus dem normativen Teil, denn diese Klagen spielen sich zwischen einzelnen Arbeitnehmern und Arbeitgebern im Rahmen der Zuständigkeit nach § 2 I Nr. 3 ArbGG ab) oder über das Bestehen von Tarifverträgen (z.B. Feststellung der Ungültigkeit oder des Fortbestehens eines Tarifvertrages trotz Kündigung), § 2 I Nr. 1 ArbGG; ferner Streitigkeiten zwischen tariffähigen Parteien oder zwischen diesen und Dritten aus **unerlaubten Handlungen,** sofern diese Arbeitskampfmaßnahmen darstellen (z.B. die auf einen Eingriff in den Gewerbebetrieb gestützte Klage eines Unternehmens gegen die einen Streik führende Gewerkschaft auf Schadensersatz) oder die Koalitionsfreiheit tangieren, § 2 I Nr. 2 ArbGG.

e) Zu **weiteren Fällen** siehe § 2 Abs. 1 insgesamt sowie Abs. 2 und § 3 ArbGG (Zuständigkeit in den Fällen der Rechtsnachfolge, der gesetzlichen Prozessführungsbefugnis und der gewillkürten Prozessstandschaft[2]).

3. Neben die ausschließliche Rechtswegzuständigkeit in den vorstehenden Fällen tritt eine **fakultative Zuständigkeit** bei Ansprüchen, die in Zusammenhang mit anhängigen arbeitsrechtlichen Streitigkeiten stehen, Näheres § 2 III ArbGG. **Kraft Vereinbarung** kann die Zuständigkeit der Arbeitsgerichte für die Streitigkeiten zwischen juristischen Personen und ihren Vertretungsorganmitgliedern begründet werden, § 2 IV ArbGG.

4. Für die **Zuständigkeit im Beschlussverfahren** (§ 2 a ArbGG) vermeidet das Gesetz den Begriff der bürgerlichen Rechtsstreitigkeit. Das hängt damit zusammen, dass der Rechtscharakter der dort einschlägigen Angelegenheiten nicht einhellig beurteilt wird (vgl. zur systematischen Zuordnung des Betriebsverfassungsrechts oben § 46 III 1), schließt aber selbstverständlich nicht aus, dass es sich dennoch der Sache nach um bürgerlich-rechtliche Angelegenheiten handelt. Im Einzelnen sind folgende **ausschließliche Zuständigkeiten** vorgesehen:

a) Die meisten **betriebsverfassungsrechtlichen Angelegenheiten** (§ 2 a I Nr. 1 ArbGG). Dabei geht es um Streitigkeiten zwischen dem Arbeitgeber einerseits und dem Betriebsrat oder anderen antragsberechtigten betriebsverfassungsrechtlichen Organen andererseits. Beispiele sind die Streitigkeiten über die Errichtung sowie Umfang und Reichweite der Rechte und Pflichten von Betriebsverfassungsorganen[3], Entscheidung über die Eigenschaft eines Arbeitnehmers als leitender Angestellter im Sinn von § 5 III BetrVG, über die Zahl der Betriebsratsmitglieder (§ 9 BetrVG), über die Wahlanfechtung (§ 19 BetrVG), über Ermessensfehler bei Sprüchen der Einigungsstelle (§ 76 V BetrVG) oder über die Ersetzung der Zustimmung des Betriebsrats zu einer personellen Maßnahme nach § 99 IV BetrVG.

Personalvertretungssachen unterliegen nicht der Entscheidung der Arbeitsgerichte, sondern der Verwaltungsgerichte (§ 83 BPersVG), jedoch sind besondere Fachkammern zuständig, die in ähnlicher Besetzung entscheiden wie die Arbeitsgerichte und unter Anwendung der arbeitsgerichtlichen Verfahrensvorschriften (§ 84 BPersVG).

b) **Angelegenheiten aus dem Sprecherausschussgesetz** (§ 2 a I Nr. 2 ArbGG). Es geht hierbei um Streitigkeiten über die Bildung von Sprecherausschüssen, die Rechtsstellung ihrer Mitglieder und über die Beteiligungsrechte dieser Ausschüsse.

c) **Mitbestimmungsrechtliche Angelegenheiten** nach dem MitbestG, dem MitbestErgG und dem Drittelbeteiligungsgesetz, soweit es um die Wahl der Arbeitnehmervertreter zum Aufsichtsrat oder um ihre Abberufung durch die Arbeitnehmerseite mit Ausnahme einer solchen nach § 103 III AktG geht (§ 2 a I Nr. 3 ArbGG). Alle übrigen Fragen sind, da systematisch dem Gesellschaftsrecht zuzuordnen, der ordentlichen Gerichtsbarkeit überlassen. Auch Angelegenheiten aus den §§ 94, 95, 139 SGB IX, aus dem EBRG, aus § 51 BBiG sowie aus dem SEBG unterfallen regelmäßig der Zuständigkeit der Arbeitsgerichte im Beschlussverfahren, vgl. näher § 2 a I Nr. 3 a- d ArbGG.

d) **Die Entscheidung über die Tariffähigkeit und Tarifzuständigkeit einer Vereinigung** (§ 2 a I Nr. 4 ArbGG). Sinn dieser Zuständigkeit ist es, über die Tariffähigkeit abstrakt eine Entscheidung herbeiführen zu können, damit nicht gewartet werden muss, bis ein Gericht im Zuge der Geltendmachung eines tariflichen Anspruchs durch einen Arbeitnehmer inzident über die Gültigkeit des Tarifvertrags zu entscheiden hat.

5. Kompetenzprobleme bezüglich der Rechtswegzuständigkeit: Solche treten zwischen ordentlichen Zivilgerichten und Arbeitsgerichten mitunter auf, wenn zweifelhaft ist, ob das für die Klage maßgebende Rechtsverhältnis ein Arbeitsverhältnis ist – dazu sogleich. Um das in der deutschen Gerichtsverfassung schwierige Problem der Rechtswegstreitigkeiten zu vereinheitlichen, gilt Folgen-

---

[2] Zur Zuständigkeit bei der – im Gesetz nicht genannten – gewillkürten Prozessstandschaft Germelmann/Matthes/Prütting/*Matthes*, § 3 Rn. 15.

[3] ErfK/*Koch*, § 2 a ArbGG Rn. 2. Vgl. hier auch zu weiteren Beispielen mit Nachweisen.

des[4]: Die Zulässigkeit des Rechtsweges wird als **Prozessvoraussetzung von Amts wegen geprüft,** aber nur in der 1. Instanz (§ 17a V GVG). Hält das angerufene Gericht den zu ihm beschrittenen Rechtsweg für zulässig, so sind andere Gerichte an diese Entscheidung gebunden (§ 17a I GVG). Hält es ihn für unzulässig, so spricht es dies nach Anhörung der Parteien von Amts wegen aus und verweist den Rechtsstreit an das zuständige Gericht des zulässigen Rechtsweges (§ 17a II GVG). Hält das angerufene Arbeitsgericht den Rechtsweg zu ihm für zulässig, so **kann** es dies vorab durch Beschluss aussprechen; es **muss** dies aussprechen, wenn eine Partei die Zulässigkeit des Rechtsweges rügt (§ 17a III GVG). Diese Entscheidungen können mit sofortiger Beschwerde angefochten werden (§ 17a IV S. 3 GVG).

Die Frage der Zuständigkeit der Arbeitsgerichtsbarkeit hängt regelmäßig von der Arbeitnehmereigenschaft des Klägers ab. Insoweit stellt sich die Frage, ob die Tatsachen, aus denen sich das entsprechende Rechtsverhältnis ergibt, unstrittig bzw. bewiesen sein müssen oder ob schlüssiger Tatsachenvortrag bzw. die bloße Rechtsbehauptung genügt. Das BAG stellt darauf ab, ob es sich um doppelrelevante – also für die Rechtswegzuständigkeit und die Begründetheit der Klage maßgebliche – Tatsachen handelt und unterscheidet zwischen „sic-non-", „aut-aut-" und „et-et-Fällen".[5]

– Bei der ersten Gruppe („sic-non") handelt es sich um diejenigen Verfahren, in denen der Anspruch ausschließlich auf eine arbeitsrechtliche Anspruchsgrundlage gestützt wird, wobei jedoch streitig ist, ob deren tatbestandliche Voraussetzungen vorliegen. Hier sind die Tatsachenbehauptungen des Klägers zur Arbeitnehmereigenschaft doppelrelevant, da sie nicht nur für die Rechtswegzuständigkeit des Arbeitsgerichts maßgebend sind, sondern hiervon auch die Begründetheit der Klage abhängt. In diesen Fällen reicht die bloße Rechtsansicht des Klägers, er sei Arbeitnehmer, zur Begründung arbeitsgerichtlicher Zuständigkeit aus. Ist der Kläger kein Arbeitnehmer, so ist die Klage durch Sachurteil als unbegründet abzuweisen. Eine Verweisung in einen anderen Rechtsweg wäre in diesen Fällen sinnlos.

– Die zweite Fallgruppe („aut-aut") betrifft solche Ansprüche, die entweder auf eine arbeitsrechtliche oder eine bürgerlichrechtliche Anspruchsgrundlage gestützt werden können, wobei sich die in Betracht kommenden Anspruchsgrundlagen gegenseitig ausschließen. Hier muss Beweis erhoben werden.

– In den sog. „et-et-Fällen" können die begehrten Ansprüche sowohl auf eine arbeitsrechtliche als auch auf eine bürgerlichrechtliche Anspruchsgrundlage gestützt werden. Auch hier muss eine Beweiserhebung stattfinden, um den Rechtsweg zum Arbeitsgericht zu begründen.

6. Im Urteilsverfahren richtet sich die **örtliche Zuständigkeit** nach § 46 II ArbGG i. V.m. §§ 12ff. ZPO. Unterschieden werden allgemeine und besondere Gerichtsstände, vgl. §§ 12ff. ZPO einerseits und §§ 20ff. ZPO anderseits. Der Kläger hat insoweit ein Wahlrecht, § 35 ZPO. Auch über die örtliche **Zuständigkeit** entscheidet das angerufene Arbeitsgerichts ohne mündliche Verhandlung von Amts wegen und muss ggf. verweisen Ergeht ein Beschluss über die örtliche Zuständigkeit, so ist dieser unanfechtbar (§ 48 I Nr. 1 ArbGG).

Für das Beschlussverfahren richtet sich die Zuständigkeit gem. § 82 ArbGG nach dem Bezirk, in dem der Betrieb oder das Unternehmen liegt oder die Vereinigung, um deren Tariffähigkeit bzw. -zuständigkeit es geht, ihren Sitz hat.

7. Zur **internationalen Zuständigkeit** der Arbeitsgerichte vgl. Art. 18–21 VO 44/2001/EG.[6]

III. Schiedsgerichte

Schiedsgerichte[7] können in Arbeitssachen mit ausschließlicher Zuständigkeit der Arbeitsgerichte nur ganz ausnahmsweise an Stelle von Arbeitsgerichten entscheiden, nämlich nur in den Fällen des § 2 I und II ArbGG und nur unter den zusätzlichen Voraussetzungen des § 101 ArbGG, vgl. § 4 ArbGG. Danach sind Schiedsverfahren nur zulässig

---

[4] Hierzu *Jauernig,* § 17 II GVG – das unverstandene Wesen, NZA 1995, 12; *Kissel,* Die neuen §§ 17 bis 17b GVG in der Arbeitsgerichtsbarkeit, NZA 1995, 345.

[5] Vgl. näher *BAG* AP Nr. 1, 2 zu § 2 ArbGG 1979 Zuständigkeitsprüfung; dazu *Hromadka/Maschmann,* Bd. 2, S. 570f.

[6] Vgl. näher MünchArbR/*Birk,* § 24; *Trenner,* Internationale Gerichtsstände in grenzüberschreitenden Arbeitsstreitigkeiten, 2001; *Däubler,* Die internationale Zuständigkeit der deutschen Arbeitsgerichte, NZA 2003, 1297; *Mankowski,* Europäisches Internationales Arbeitsprozeßrecht – Weiteres zum gewöhnlichen Arbeitsort, IPRax 2003, 21; *Fischer,* Internationales Prozessrecht für den Internationalen Betrieb, FS 50 Jahre BAG, 2004, S. 1293; *Junker,* Internationale Zuständigkeit nach der Brüssel I-VO für Arbeitssachen, FS Schlosser, 2005, S. 299; *ders.,* Internationale Zuständigkeit und anwendbares Recht in Arbeitssachen, NZA 2005, 199.

[7] Dazu *Löwisch,* Fragen des schiedsrichterlichen Verfahrens zwischen Tarifvertragsparteien nach § 101 I ArbGG, ZZP 103 (1990), 22.

1. für Streitigkeiten zwischen Tarifvertragsparteien aus Tarifverträgen oder über das Bestehen oder Nichtbestehen von Tarifverträgen, § 101 I ArbGG,

2. für Streitigkeiten aus dem Arbeitsverhältnis bei Bühnenkünstlern, Filmschaffenden und Artisten oder bei Seeleuten, und nur, wenn sich das Arbeitsverhältnis nach einem Tarifvertrag bestimmt, dessen persönlicher Geltungsbereich überwiegend derartige Arbeitsverhältnisse umfasst, und die Schiedsvereinbarung im Tarifvertrag ausdrücklich vorgesehen ist. Näheres § 101 II ArbGG.

Für die große Masse der Arbeitsverhältnisse kommt deshalb die Entscheidung einer Streitigkeit durch ein Schiedsgericht nicht in Betracht.

IV. Streitigkeiten zwischen Ausbildenden und Auszubildenden

Soweit zur Beilegung von Streitigkeiten zwischen **Ausbildenden und Auszubildenden** aus einem bestehenden Berufsausbildungsverhältnis Ausschüsse entsprechend § 111 II 1 ArbGG gebildet worden sind, hat einer Klage als Prozessvoraussetzung in allen Fällen eine Verhandlung vor dem Ausschuss vorzugehen, § 111 II 5 ArbGG.

V. Regelungsstreitigkeiten

Regelungsstreitigkeiten[8] gehören nicht vor die Arbeitsgerichte. Darunter versteht man Streitigkeiten, die nicht nach Rechtsnormen zu entscheiden sind, sondern in denen die Beteiligten selbst eine Regelung zu treffen haben, sich über diese aber nicht einigen können, wie etwa im Zuge eines rechtmäßigen Arbeitskampfes oder in zahlreichen Fällen betriebsverfassungsrechtlicher Mitbestimmung. Regelungsstreitigkeiten werden also nicht nach bestehenden Regelungen entschieden, sondern ihr Ziel und meist ihr Ergebnis ist eine (erste oder neue) Regelung, z. B. ein Tarifvertrag oder eine Betriebsvereinbarung. Regelungsstreitigkeiten zum Zweck der Herbeiführung einer tariflichen Einigung gehören vor Schlichtungsstellen (zum Schlichtungsverfahren vgl. oben § 44), Regelungsstreitigkeiten in betriebsverfassungsrechtlichen Angelegenheiten vor die Einigungsstellen (dazu oben § 48 IV). In beiden Fällen kann die getroffene Regelung Gegenstand rechtlicher Überprüfung durch das Arbeitsgericht sein; dieses hat aber nicht seinerseits eine Regelung zu treffen.

§ 56. Besonderheiten des Verfahrens

Literatur: *Etzel,* AR-Blattei SD 160.7.1, 2 Arbeitsgerichtsbarkeit, 2007; *Ascheid,* Urteils- und Beschlussverfahren im Arbeitsrecht – eine systematische Darstellung der Verfahren in Arbeitssachen, 2. Aufl., 1998; *Müller-Glöge,* Arbeitsrecht und Verfahrensrecht, RdA 1999, 80; *Schleusener,* Die soziale Mächtigkeit einer Koalition als Voraussetzung ihrer Parteifähigkeit im arbeitsgerichtlichen Verfahren, RdA 1999, 186; *C. S. Hergenröder,* AR-Blattei SD 550 Beweislast, 2002; *Holthaus/Koch,* Auswirkungen der Reform des Zivilprozesses auf das arbeitsgerichtliche Verfahren, RdA 2003, 140; *Creutzfeldt,* Die arbeitsgerichtliche Kostenentscheidung und das isolierte Kostenurteil, RdA 2004, 281; *Nägele,* Das arbeitsgerichtliche Urteilsverfahren, 2004; *Walker,* Die Abgrenzung zwischen Urteils- und Beschlussverfahren im Arbeitsgerichtsprozess, FS 50 Jahre BAG, 2004, S. 1365; *Bader,* Der Arbeitsgerichtsprozess, NZA 2004, 1103; *Schreiber,* Arbeitsgerichtsgesetz, RdA 2005, 63; *Bepler,* Änderungen im arbeitsgerichtlichen Verfahren durch das Anhörungsrügengesetz, RdA 2005, 65; *Germelmann,* Der Arbeitsgerichtsprozess, NJW 2005, 2054; *Opolony,* Der Arbeitsgerichtsprozess, 2005; *Ostrowicz/Künzl/Schäfer,* Der Arbeitsgerichtsprozess, 3. Aufl., 2005; *Gaumann,* Das arbeitsgerichtliche Urteilsverfahren NZA 2006, 779; *Nungeßer,* AR-Blattei SD 160.9 Beendigung ohne Urteil, 2005; *Berkowsky,* Die Klage auf zukünftige Leistung im Arbeitsverhältnis, RdA 2006, 77; *Francken,* Das Arbeitsgericht als Multi-Door Courthouse, NJW 2006, 1103.

---

[8] Zu diesem Begriff auch oben §§ 41 IV 5, 48 IV 5, 51 I 3.

Zwei Arten des Verfahrens vor den Arbeitsgerichten sind grundsätzlich zu unterscheiden, das Urteilsverfahren und das Beschlussverfahren, siehe § 2 V und § 2 a II ArbGG. Zur Aufteilung der Angelegenheiten siehe oben § 53 II. Hat der Antragsteller die falsche Verfahrensart gewählt, muss das Gericht von Amts wegen in die richtige Verfahrensart verweisen, §§ 48 I, 80 III ArbGG, 17 a II S. 1 GVG.

I. Das Urteilsverfahren

Das Urteilsverfahren im Arbeitsgerichtsprozess entspricht weitgehend dem Verfahren vor den ordentlichen Zivilgerichten. Das zeigt sich vor allem daran, dass mit kleineren Vorbehalten auf die Vorschriften der ZPO verwiesen wird, und zwar für die *erste Instanz* auf das *Verfahren vor den Amtsgerichten* (§§ 495 ff. ZPO, § 46 II ArbGG), für die *zweite Instanz* auf das *Berufungsverfahren* (§§ 511 ff. ZPO, § 64 VI ArbGG), für die *dritte Instanz* auf das *Revisionsverfahren* (§§ 542 ff. ZPO, § 72 V ArbGG). Die Verweisung gilt zwar jeweils nur, soweit das ArbGG nichts anderes bestimmt, doch gibt es nur verhältnismäßig wenige abweichende Regelungen. Auch für das Mahnverfahren vor den Arbeitsgerichten gelten die Vorschriften der ZPO (§§ 688 ff.) entsprechend, sofern § 46 a ArbGG keine Sonderregelung enthält.[1] Im Folgenden sind nur die wichtigsten Besonderheiten des arbeitsgerichtlichen Verfahrens hervorzuheben.

1. Das arbeitsgerichtliche Verfahren soll **beschleunigt** vonstatten gehen (§ 9 I ArbGG). Die Verhandlung soll vom Vorsitzenden so vorbereitet werden, dass sie möglichst in einem Termin durchgeführt werden kann, § 56 ArbGG (ähnlich auch §§ 272, 273 ZPO). Die Einlassungsfrist ist auf eine Woche abgekürzt, § 47 I ArbGG (vgl. im Gegensatz dazu §§ 495 I, 274 III ZPO: zwei Wochen). Die Urteilsverkündung soll grundsätzlich noch im Verhandlungstermin, in Ausnahmefällen binnen ganz kurzer Frist erfolgen, § 60 ArbGG (weniger streng § 310 ZPO).[2] Die Frist für die Einlegung der Berufung und für ihre Begründung, ebenso das Revisionsfrist und die Revisionsbegründungsfrist betragen wie im ordentlichen Zivilverfahren je einen Monat, §§ 66 I 1, 74 I 1 ArbGG, jedoch ist eine Verlängerung der Berufungs- und Revisionsbegründungsfrist nur einmal, bei der Revision nur bis zu einem Monat, möglich, §§ 66 I 5, 74 I 3 ArbGG (vgl. dagegen §§ 517, 548 ZPO).

2. Das Verfahren versucht eine gewisse **Rücksicht auf rechtsunkundige und wenig gewandte Parteien** zu nehmen. Deshalb gibt es keine Entscheidung ohne mündliche Verhandlung, § 46 II 2 ArbGG, oder im vereinfachten Verfahren nach § 495 a ZPO (sog. Bagatellverfahren); vor Beginn der streitigen Verhandlung ist die Durchführung einer **Güteverhandlung** obligatorisch, § 54 I ArbGG (ähnlich nun § 278 II ZPO). Sie findet vor dem Vorsitzenden des Arbeitsgerichts ohne Beisitzer statt.

Die Parteien können sich vor den Arbeitsgerichten durch Privatpersonen, durch Verbandsvertreter (z. B. Rechtsvertreter der Gewerkschaften bzw. der Arbeitgeberverbände) oder durch Anwälte **vertreten lassen**. Näheres vgl. § 11 I ArbGG.[3] Vor den Landesarbeitsgerichten und vor dem Bundesarbeitsgericht besteht stets Anwaltszwang, vor dem Landesarbeitsgericht nur, soweit nicht eine Vertretung durch Vertreter von Gewerkschaften oder Arbeitgeberverbänden erfolgt, § 11 II ArbGG. Wie jetzt auch bei den ordentlichen Verfahren kann jeder bei einem deutschen Gericht zugelassene Anwalt vertreten, nicht nur ein bei dem betreffenden Gericht eigens zugelassener (vgl. auch § 78 I ZPO).

Zustellungen erfolgen sämtlich von Amts wegen, und zwar auch die der Urteile, § 50 I ArbGG (so auch § 317 I ZPO, wobei im Arbeitsgerichtsverfahren allerdings die Zustellung nicht auf Antrag hinausgeschoben werden kann, § 50 I 2 ArbGG, der die Anwendung des § 317 I 3 ZPO ausschließt). Für rechtsunkundige Parteien ist bedeutsam, dass für alle mit einem befristeten Rechtsmittel selbständig anfechtbaren Entscheidungen eine **Rechtsmittelbelehrung** obligatorisch ist, bei deren Fehlen die Rechtsmittelfrist nicht zu laufen beginnt, § 9 V ArbGG. Stattdessen gilt grundsätzlich eine Jahresfrist, § 9 V 4 ArbGG.

Den Arbeitnehmern wird die Verfolgung ihrer Rechte vor allem dadurch erleichtert, dass die **Kostenregelung**[4] im arbeitsgerichtlichen Verfahren anders ist als im ordentlichen. Allerdings wurde § 12

[1] Vgl. näher *Steffen/Steffen*, AR-Blattei SD 1180 Mahnverfahren, 2004.
[2] Zu den Besonderheiten des Urteils im Arbeitsgerichtsprozess umfassend *Griebeling*, AR-Blattei SD 160.8, 2006.
[3] S. auch *Brehm*, RdA 1990, 73.
[4] *Creutzfeld*, Die arbeitsgerichtliche Kostenentscheidung und das isolierte Kostenurteil, RdA 2004, 281; *Fischer*, Das neue Kostenrecht in Arbeitssachen, NZA 2004, 1323; *Natter*, Die Auswirkungen des

ArbGG durch das Gesetz zur Modernisierung des Kostenrechts vom 5. 5. 2004 grundlegend verändert. Die Regelungen über Gerichtskosten und Streitwertfestsetzung finden sich nun im GKG, wobei ergänzend auf das Justizvergütungs- und -entschädigungsgesetz (JEVG) zurückzugreifen ist. Trotz dieser Änderungen bleiben die vorher durch die Rspr. entwickelten Grundsätze aber grundsätzlich gültig.[5] Die Verfahrensgebühren sind gegenüber den Zivilverfahren gemindert, richten sich aber grundsätzlich nach §§ 3, 34 GKG.[6] Ambivalent ist die nur für die erste Instanz geltende Regelung, wonach der Anspruch der obsiegenden Partei auf Erstattung ihrer außergerichtlichen Kosten stark eingeschränkt ist, insbesondere hinsichtlich der Kosten für einen Prozessbevollmächtigten, § 12 a I ArbGG. Für den klagenden Arbeitnehmer ist diese Regelung insofern günstig, als er nicht zu befürchten braucht, im Falle des Unterliegens dem Gegner solche Kosten erstatten zu müssen, die meist erheblich höher wären als die sehr niedrigen Gerichtskosten. Ungünstig für jede Partei ist, dass sie in der ersten Instanz ihre eigenen Kosten auch dann nicht geltend machen kann, wenn sie obsiegt hat. Einer armen Partei kann jedoch, wenn der Gegner anwaltschaftlich vertreten ist, in bestimmten Fällen durch die **Beiordnung eines Rechtsanwalts** nach § 11 a I ArbGG geholfen werden.

Im Arbeitsgerichtsverfahren gibt es ferner, ebenso wie im Zivilprozess vor den ordentlichen Gerichten, die Möglichkeit der **Prozesskostenhilfe,** § 11 a III ArbGG i. V. m. §§ 114 ff. ZPO.[7] Hierbei kann auch ein Rechtsanwalt beigeordnet werden (§ 121 ZPO). Ein Unterschied zur genannten Beiordnung eines Rechtsanwalts nach § 11 a I ArbGG ist dabei die Prüfung der Erfolgsaussichten, allerdings kann nach Abs. 2 die Beiordnung in bestimmten Konstellationen unterbleiben. Weiterhin sind bei bloßer Beiordnung nach § 11 a I ArbGG – anders als bei der Prozesskostenhilfe – im Falle des Unterliegens der betreffenden Partei von dieser die Gerichtskosten zu bezahlen.

Nach § 61 I ArbGG wird der **Streitwert** im Urteil festgesetzt; er ist nur für die Zulässigkeit der Berufung relevant. Den Wert für die Gebühren setzt das Gericht nach § 63 II 1, 2 GKG fest.[8]

3. Die Rechtsmittel im Urteilsverfahren sind in den §§ 64 ff. ArbGG z. T. vom ordentlichen Zivilverfahren abweichend geregelt.

a) **Berufung**[9] gegen erstinstanzliche Urteile ist zum einen als **Streitwertberufung** statthaft, wenn der Wert des Beschwerdegegenstandes den Betrag von 600,- € übersteigt, § 64 II lit. b ArbGG (im ordentlichen Zivilgerichtsverfahren ebenfalls 600,– €, § 511 II Nr. 1 ZPO). Außerdem ist die Berufung unabhängig vom Beschwerdewert zulässig, sofern diese **vom Arbeitsgericht zugelassen** worden ist, § 64 II lit. a ArbGG (s. a. § 511 II Nr. 2 ZPO). Zur Zulassung vgl. näher § 64 III ArbGG. Ferner ist die Berufung nach § 64 II Ziff. c ArbGG zulässig, wenn um das „Nicht(mehr)bestehen" eines Arbeitsverhältnisses gestritten wird oder nach § 64 II lit. d ArbGG bei bestimmten Versäumnisurteilen.

Zudem kann eine aufgrund eines Verfahrensfehlers in ihrem Anspruch auf rechtliches Gehör verletzte Partei nach § 321 a ZPO ein Rügeverfahren einleiten. Früher blieb hier nur der Weg zum Verfassungsgericht.

b) Die **Revision** ist nur statthaft, wenn sie entweder im zweitinstanzlichen Urteil oder auf Nichtzulassungsbeschwerde hin vom BAG zugelassen worden ist, Näheres § 72 ArbGG. Die Revision ist vom LAG insbesondere zuzulassen, wenn die Rechtssache entweder grundsätzliche Bedeutung hat, § 72 II Nr. 1 ArbGG, oder bei sog. **Divergenz**[10] (dazu § 72 II Nr. 2 ArbGG). Hat das LAG die Revision nicht zugelassen, so kann diese Entscheidung mit der **Nichtzulassungsbeschwerde**[11] angefochten werden (Näheres § 72 a ArbGG). § 72 a ArbGG wurde durch das Anhörungsrügengesetz vom 9. 12. 2004[12] grundlegend verändert, so dass das BAG nun alle in § 72 II ArbGG genannten Gründen berücksichtigen kann[13].

Gesetzes zur Modernisierung des Kostenrechts auf das arbeitsgerichtliche Verfahren, NZA 2004, 686; *Steffen,* AR-Blattei SD 160.13.1 Arbeitsgerichtliche Kosten, 2005.

[5] ErfK/*Koch,* § 12 ArbGG Rn. 1 m. N.

[6] ErfK/*Koch,* § 12 ArbGG Rn. 3.

[7] Vgl. näher *Steffen,* AR-Blattei SD 1290 Prozesskostenhilfe, 2006.

[8] Eingehend *Steffen,* AR-Blattei SD 160.13.1 Der Streitwert im arbeitsgerichtlichen Verfahren, 2005; ErfK/*Koch,* § 12 ArbGG Rn. 10; jeweils mit Bsp. für die Höhe von gängigen Streitwerten Rn. 21 ff.

[9] Dazu *Spilger,* AR-Blattei SD 160.10.2 Berufung in Arbeitssachen, 2000; zu den allgemeinen Voraussetzungen *Etzel,* ebenda SD 160.10.1.Rechtsmittel, 2000.

[10] Vgl. dazu aus der Rechtsprechung *BAG* AP Nr. 17 zu § 72 a ArbGG 1979 mit Anm. *Grunsky,* AP Nr. 2 zu § 92 a ArbGG 1979 mit Anm. *Grunsky,* AP Nr. 11 zu § 72 a ArbGG 1979 Divergenz.

[11] Dazu *Gravenhorst,* Nicht zugelassene Revision ausnahmslos unstatthaft?, NZA 2004, 1261; *Etzel,* AR-Blattei SD 160.10.5 Nichtzulassungsbeschwerde, 2006.

[12] *Bepler,* Änderungen im arbeitsgerichtlichen Verfahrend durch das Anhörungsrügengesetz, RdA 2005, 65; *Gravenhorst,* Anhörungsrügengesetz und Arbeitsgerichtsverfahren, NZA 2005, 24; *Schrader,* Anhörungsrügengesetz und arbeitsgerichtliches Verfahren, NZA-RR 2006, 57.

[13] ErfK/*Koch,* § 72 a ArbGG Rn. 1.

c) Die **Beschwerde** gibt es grundsätzlich nur gegen Entscheidungen der Arbeitsgerichte oder ihrer Vorsitzenden außerhalb der mündlichen Verhandlung oder wenn sie ausdrücklich gesetzlich zugelassen ist (§ 567 ZPO)[14], § 78 S. 1 ArbGG. Es gelten die §§ 567 ff. ZPO entsprechend, § 78 S. 1 ArbGG.

II. Das Beschlussverfahren[15]

Das Beschlussverfahren findet in seiner Grundform (§§ 80 ff. ArbGG) für die betriebsverfassungsrechtlichen und die mitbestimmungsrechtlichen Angelegenheiten statt, in etwas ergänzter Form (§ 97 ArbGG) ferner für die Entscheidung über die Tariffähigkeit einer Vereinigung. Zur Zuständigkeitsregelung vgl. oben § 53 II 4 d.

1. Das Beschlussverfahren hat in der ZPO kein Pendant, eher schon in der freiwilligen Gerichtsbarkeit. **Vom Urteilsverfahren unterscheidet es sich** vor allem dadurch, dass in ihm weder die Dispositionsmaxime noch die Verhandlungsmaxime gilt. Zwar kommt das **Verfahren nur auf Antrag** in Gang, und es kann jederzeit durch Zurücknahme des Antrags wieder zur Einstellung gebracht werden, § 81 ArbGG. Solange es aber anhängig ist, wird das Gericht im Rahmen der gestellten Anträge von Amts wegen tätig, insbesondere klärt es den Sachverhalt von Amts wegen auf und kann Beweise von Amts wegen erheben (Offizialmaxime), § 83 I 1 ArbGG. Der Tatsachenstoff wird nicht durch den Tatsachenvortrag der Parteien begrenzt, das Verfahren kennt keine Parteien, sondern **Beteiligte**.[16] Wer außer dem Antragsteller beteiligt ist, wird nicht durch den Antrag des Antragstellers festgelegt wie beim Beklagten einer Klage, sondern allein durch die Sache, § 83 III ArbGG. Es wird nicht streitig verhandelt, sondern die Beteiligten werden in einem **Anhörungstermin** vor der Kammer gehört, § 83 IV ArbGG. Mit Recht wird aber vom BAG gegenüber einem streng verstandenen Untersuchungsgrundsatz die Mitverantwortung der Beteiligten betont.[17] Vor allem muss der Antragsteller Tatsachen jedenfalls insoweit vortragen, als dies zur Bestimmung des Streitgegenstandes erforderlich ist, vgl. auch § 83 I 2 ArbGG.

2. Gerichtskosten werden im Beschlussverfahren nicht erhoben, § 2 II GKG. Für eine Erstattung außergerichtlicher Kosten fehlt es an einer prozessrechtlichen Rechtsgrundlage. In Betracht kommt aber eine Erstattungspflicht insoweit nach materiellrechtlichen Vorschriften, z.B. nach dem für die Praxis wichtigen § 40 BetrVG. Viele Beschlussverfahren verursachen für den Arbeitgeber einen sehr erheblichen Kostenaufwand.

3. Auch im Beschlussverfahren gibt es **Rechtsmittel,** und zwar gegen die verfahrensbeendenden Beschlüsse des Arbeitsgerichts die Beschwerde nach § 87 ArbGG zum Landesarbeitsgericht, gegen die verfahrensbeendenden Beschlüsse des Landesarbeitsgerichts die revisionsähnliche Rechtsbeschwerde zum BAG, Letztere aber nur, wenn sie zugelassen worden ist. Näheres §§ 92 ff. ArbGG. Neben die Beschwerde gegen Endentscheidungen der Arbeitsgerichte tritt wie im Urteilsverfahren auch die gewöhnliche Beschwerde i. S. d. § 78 ArbGG gegen verfahrensbegleitende Entscheidungen der Arbeitsgerichte, § 83 V ArbGG.

4. In den Fällen der **Entscheidung über die Besetzung einer betriebsverfassungsrechtlichen Einigungsstelle** nach § 76 II 2 und 3 BetrVG findet das Beschlussverfahren ebenfalls statt, aber nicht vor der Kammer des Arbeitsgerichts bzw. Landesarbeitsgerichts, sondern vor dem Vorsitzenden allein, § 98 ArbGG.

III. Die Zwangsvollstreckung[18]

Sie richtet sich nach den Vorschriften des zivilprozessualen Vollstreckungsverfahrens (§§ 704 ff. ZPO; ZVG), vgl. für das Urteilsverfahren § 62 II 1 ArbGG, für das Beschlussverfahren § 85 I ArbGG.

---

[14] *Hromadka/Maschmann,* Bd. 2, S. 591.
[15] Dazu *Etzel,* AR-Blattei SD 160.12 Das Beschlussverfahren, 2004. Siehe auch *Nottebohm,* Parteiübergreifende Wirkungen von Entscheidungen im Beschlussverfahren, RdA 2002, 292.
[16] Hierzu *Dunkl,* Der Begriff und die Arten der Beteiligten im arbeitsgerichtlichen Beschlußverfahren, 1979; *Laux,* Die Antrags- und Beteiligungsbefugnis im arbeitsgerichtlichen Beschlußverfahren, 1985.
[17] Vgl. *BAG* AP Nr. 6 zu § 83 BetrVG 1972.
[18] Dazu *Süß,* Zur Problematik der Vollstreckbarkeit von Weiterbeschäftigungsurteilen zugunsten gekündigter Arbeitnehmer, NZA 1988, 719; *Reichel,* Der EG-Vollstreckungstitel – Durchführungsgesetz und die Auswirkungen auf das arbeitsgerichtliche Verfahren, NZA 2005, 1096.

Ein wichtiger Unterschied besteht hinsichtlich der **vorläufigen Vollstreckbarkeit** von Urteilen: Während im ordentlichen Zivilverfahren grundsätzlich ein Ausspruch über die vorläufige Vollstreckbarkeit im Urteil erforderlich ist (vgl. §§ 708 ff., 716 ZPO), sind arbeitsgerichtliche Urteile ohne solchen Ausspruch automatisch vorläufig vollstreckbar, § 62 I 1 ArbGG.[19] Es gibt auch keine Vollstreckbarerklärung gegen Sicherheitsleistung (anders § 709 ZPO). Möglich ist lediglich, unter bestimmten Voraussetzungen auf Antrag des Beklagten die vorläufige Vollstreckbarkeit auszuschließen, § 62 I 2 ArbGG.

Erhebliche Probleme wirft freilich die Zwangsvollstreckung in Betriebsverfassungssachen (Beschlussverfahren) auf. Das kann hier nicht näher dargelegt werden.[20]

IV. Vorläufiger Rechtsschutz: Arrest und einstweilige Verfügung[21]

Die Vorschriften der ZPO über Arrest und einstweilige Verfügung (§§ 916–945 ZPO) gelten unbeschränkt auch im arbeitsgerichtlichen Verfahren (§ 62 II ArbGG). Es handelt sich hierbei um besonders geregelte Eilverfahren (die systematisch im 8. Buch der ZPO insofern falsch platziert sind, als sie auch [summarische] Erkenntnisverfahren darstellen). Beide Verfahrensarten können neben dem Hauptsacheverfahren eingeleitet und durchgeführt werden.

Der Arrest hat im arbeitsgerichtlichen Verfahren keine große Bedeutung[22], wohingegen einstweilige Verfügungen durchaus häufiger vorkommen, etwa im Arbeitskampf, bei der Durchsetzung eines Beschäftigungs- oder Urlaubsanspruchs des Arbeitnehmers und bei der Herausgabe von Arbeitspapieren.[23] Auch im Arbeitsgerichtsverfahren gibt es die Sicherungs- und die Regelungsverfügung, wobei durch Letztere sowohl rein gestaltende Maßnahmen (Gestaltungsverfügungen) als auch Anordnungen, die das Rechtsschutzziel bereits vorwegnehmen (Befriedungsverfügungen), ergehen können.

V. Mediation

Auch in arbeitsrechtlichen Streitigkeiten gewinnt das Instrument der Mediation zunehmend an Bedeutung. Darunter versteht man ein Verfahren, bei dem ein neutraler Dritter als Vermittler ohne Entscheidungsbefugnisse und die Möglichkeit des Einsatzes von Zwangsmitteln den Streitparteien hilft, eine freiwillige, einvernehmliche Lösung ihres Konflikts zu erreichen. Auf die damit verbundenen Fragen kann hier nicht näher eingegangen werden.[24]

---

[19] *Groeger,* Die vorläufige Vollstreckbarkeit arbeitsgerichtlicher Urteile, NZA 1994, 251.

[20] Dazu *Jahnke,* Zwangsvollstreckung in der Betriebsverfassung, 1977; MünchArbR/*Brehm,* § 393 Rn. 22 ff.; *Triebel,* Die Haftung des Betriebsrats und der Durchgriff auf seine Mitglieder, 2002, S. 93 ff.

[21] *Walker,* Der einstweilige Rechtsschutz im Zivilprozeß und im arbeitsgerichtlichen Verfahren, 1993; *Konzen,* Grundlagen und Grenzen des vorbeugenden Rechtsschutzes, FS Kissel, 1994, S. 571; *Clemenz,* Das einstweilige Verfügungsverfahren im ArbR, NZA 2005, 129 ff.; *Walker,* Grundlagen und aktuelle Entwicklung des einstweiligen Rechtsschutzes im Arbeitsgerichtsprozess, ZfA 2005, 45 ff.; *Reinhard/Kliemt,* Die Durchsetzung arbeitsrechtlicher Ansprüche im Eilverfahren, NZA 2005, 545 ff.; *Korinth,* Einstweiliger Rechtsschutz im arbeitsgerichtlichen Verfahren, 2. Aufl., 2006; *Wenzel,* AR-Blattei SD 650 Einstweilige Verfügung, 2006.

[22] Vgl. aber *Clemenz,* Das Arrestverfahren im Arbeitsrecht, NZA 2007, 64.

[23] S. im Einzelnen *Germelmann,* in: Germelmann/Matthes/Prütting, § 62 Rn. 65–99; *Grunsky,* ArbGG, 7. Aufl., 1995, § 62 Rn. 18–28.

[24] Siehe dazu *Albrecht,* Mediation im Arbeitsrecht, 2001; *Lembke,* Mediation im Arbeitsrecht, 2001; *Wrede,* Möglichkeiten und Grenzen der Mediation bei der Beendigung von Arbeitsverhältnissen, ZfA 2002, 455; *C. S. Hergenröder,* AR-Blattei SD 1185 Mediation, 2003; *Kramer,* Mediation als Alternative zur Einigungsstelle im Arbeitsrecht?, NZA 2005, 135; *Dendorfer,* Mediation in der Arbeitswelt …, FS Leinemann, 2006, S. 567.

Anhang. Hinweise zum Aufbau arbeitsrechtlicher Falllösungen

Literatur: *Belling/Luckey,* Höchstrichterliche Rechtsprechung zum Arbeitsrecht, 2. Aufl., 2000; *Boemke,* Fallsammlung zum Arbeitsrecht, 2. Aufl., 2007; *Gamillscheg,* Arbeitsrecht, 8. Aufl., 2000; *Hanau,* Die Arbeitsrechtsklausur. Eine Anleitung zur Lösung arbeitsrechtlicher Fälle, JuS 1975, 232, 373, 505, 638, 786; 1976, 101, 165; *Hanau/Kramer,* Hinweise zur Anfertigung von (Haus-)Arbeiten im Arbeitsrecht, JuS 1994, 575; *Heckelmann/Franzen,* Fälle zum Arbeitsrecht, 3. Aufl., 2006; *Junker,* Fälle zum Arbeitsrecht, 2005; *Michalski,* Arbeitsrecht – 50 Fälle mit Lösungen, 5. Aufl., 2006; *Oetker,* 30 Klausuren aus dem Arbeitsrecht – Individualarbeitsrecht, 6. Aufl., 2002; *ders.,* 20 Klausuren aus dem Arbeitsrecht – Kollektives Arbeitsrecht, 6. Aufl., 2005; *Richardi/Annuß,* Fälle und Lösungen nach höchstrichterlichen Entscheidungen – Arbeitsrecht, 7. Aufl., 2000; *Säcker,* Individuelles Arbeitsrecht case by case, 2006; *ders.,* Kollektives Arbeitsrecht case by case, 2006; *Steinmeyer/Waltermann,* Casebook Arbeitsrecht, 2. Aufl., 2000; *Stück,* Typische Probleme arbeitsrechtlicher Klausuren, JuS 1999, 275; *Wank,* Übungen im Arbeitsrecht, 3. Aufl., 2002.
Speziell zur Kündigung und zum Kündigungsschutz unten IV.

Arbeitsrechtliche Klausuren oder Hausarbeiten sind fast immer zivilrechtliche Fälle. Trotzdem bereitet der Aufbau ihrer Lösung dem Studenten auch dann besondere Schwierigkeiten, wenn er ausreichend über arbeitsrechtliche Spezialkenntnisse verfügt. Dies liegt vor allem daran, dass im Arbeitsrecht eine weitaus größere Zahl von Rechtsquellen und Gestaltungsfaktoren ineinander greifen (vgl. oben § 6), dass ungeschriebenes Recht eine erhebliche Rolle spielt (z.B. Betriebsübung, Gleichbehandlungsgrundsatz), dass bestimmte Rechtsquellen komplizierte Anwendungsvoraussetzungen aufweisen (insbesondere der Tarifvertrag) und dass schließlich zahlreiche Fälle mindestens teilweise nicht die Untersuchung von Ansprüchen, sondern andere Rechtsfragen zum Gegenstand haben (in erster Linie die Frage, ob ein Arbeitsverhältnis durch Kündigung aufgelöst worden ist).

I. Allgemeine Aufbauüberlegungen

Soweit Fragestellung und Fall dies zulassen, sollte bei der Lösung den allgemeinen Grundsätzen zum Aufbau zivilrechtlicher Fälle gefolgt werden.

Literatur zur Lösung zivilrechtlicher Fälle: *Braun,* Der Zivilrechtsfall, 3. Aufl., 2006; *Eckert/Hattenhauer,* 75 Klausuren aus dem BGB, 11. Aufl., 2003; *Eltzschig/Wenzel,* Die Anfängerklausur im BGB, 2. Aufl., 2005; *Martinek,* Grundlagenfälle zum BGB, 2000; *Michalski,* Übungen im Bürgerlichen Recht für Anfänger, 3. Aufl., 2005; *Olzen/Wank,* Zivilrechtliche Klausurenlehre mit Fallrepetitorium, 3. Aufl., 2003; *Schwab/Löhnig,* Falltraining im Zivilrecht, 2. Aufl., 2005; *Strauß/Büßer,* BGB AT und Schuldrecht – Fälle und Lösungen, 2. Aufl., 2003; *Wörlen,* Anleitung zur Lösung von Zivilrechtsfällen, 7. Aufl., 2004.

1. Das bedeutet insbesondere, dass man im Regelfall der sog. **Anspruchsmethode** folgt, die jeweils von der Anspruchsgrundlage ausgehend fragt, ob die Anspruchsvoraussetzungen gegeben sind, ob die Entstehung des Anspruchs durch besondere Vorschriften verhindert worden ist und ob der wirksam entstandene Anspruch später untergegangen oder in seiner Durchsetzung gehemmt ist. Auch soweit nicht ausdrücklich nach Ansprüchen gefragt ist, kann sich aus den Umständen oder aus allgemeineren Fragestellungen („wie ist die Rechtslage?") genau wie in anderen zivilrechtlichen Fällen ergeben, dass Ansprüche zu untersuchen sind. **Träger von Ansprüchen** in arbeitsrechtlichen Fällen können nicht nur einzelne Arbeitgeber oder Arbeitnehmer sein, sondern auch arbeitsrechtliche Verbände (hinsichtlich Friedenspflicht, Durchführungspflicht, vgl. oben § 36 II) oder der Betriebsrat (oben § 47 III), und ebenso können sich Ansprüche auch gegen Verbände (z. B. bei rechtswidrigem Arbeitskampf) oder den Betriebsrat (z. B. Unterlassungspflicht aus § 74 II 1 BetrVG) richten.

2. Für die **Reihenfolge**, in der mehrere zwischen denselben Personen in Betracht kommende Ansprüche zu prüfen sind, gilt an sich das gleiche wie im allgemeinen Zivilrecht: Vertragliche Ansprüche prüft man vor außervertraglichen (z. B. deliktischen). Dabei muss man sich aber daran erinnern, dass wir innerhalb der „vertraglichen" Ansprüche zu unterscheiden haben zwischen den vertraglich *vereinbarten* und denjenigen, die das Gesetz dem Vertrag zuordnet. Vertraglich vereinbart ist etwa der in bestimmter Höhe im Vertrag festgelegte Lohn, durch Gesetz dem Vertrag zugeordnet ist dagegen z. B. der Urlaubsanspruch der §§ 1 ff. BUrlG. Auch Ansprüche aus Tarifvertrag sind nicht „gesetzliche" Ansprüche, die außerhalb des Arbeitsverhältnisses zum Zuge kommen, sondern dem Arbeitsvertrag zugeordnete Ansprüche.

3. **Innerhalb der** so abgegrenzten **vertraglichen Ansprüche** wird man in der Regel den einzelvertraglich vereinbarten Anspruch vor dem gesetzlich geregelten Anspruch prüfen. Dabei wird meist die Wirksamkeit der vertraglichen Regelung gegenüber der gesetzlichen zu prüfen sein. Ist sie zu bejahen und liegen die tatbestandlichen Voraussetzungen der vereinbarten Regelung vor, so greift der vertraglich vereinbarte Anspruch durch. Meist wird dann für das Zurücktreten des gesetzlich gestalteten Anspruchs nur noch eine kurze oder gar keine Begründung erforderlich sein. Greift der vertraglich geregelte Anspruch dagegen nicht durch, kommt man zur Prüfung des gesetzlich geregelten Anspruchs.

Die gleichen Überlegungen gelten auch für das **Verhältnis zwischen einzelvertraglichen und tarifvertraglich geregelten Ansprüchen.** Ist etwa die Höhe des Lohnes sowohl im Einzelvertrag als auch im Tarifvertrag festgelegt, so beginnt man in der Regel mit der Erörterung der einzelvertraglichen Abmachung. Dabei ist inzidenter auch zu prüfen, inwieweit die einzelvertragliche Regelung nach dem *Günstigkeitsprinzip* des § 4 III TVG wirksam ist. Wenn die Wirksamkeit der einzelvertraglichen Lohnregelung zu verneinen ist, geht man zur Prüfung der tarifvertraglichen Regelung über, deren Anwendungsvoraussetzungen freilich meist schon im Einzelnen erörtert sein werden, weil sonst über die Gültigkeit der einzelvertraglichen Regelung nicht hätte entschieden werden können.

Kommen **tarifvertraglich und gesetzlich geregelte Vertragsansprüche** nebeneinander in Betracht (z. B. beim Urlaub), so wird man mit den tarifvertraglichen beginnen und dabei die Wirksamkeit der anspruchsregelnden Tarifnorm im Hinblick auf die gesetzliche Regelung (vgl. z. B. § 13 I 1 BUrlG) untersuchen.

4. **Ansprüche aus dem Grundsatz der Gleichbehandlung** (dazu oben § 18) sind zwar Ansprüche aus einem ungeschriebenen Rechtssatz. Sie entstehen aber im Rahmen des Arbeitsverhältnisses und gehören daher zu den vertraglichen Ansprüchen. Man erörtert sie nach den vertraglich vereinbarten Ansprüchen (schon deshalb, weil der Grundsatz der Gleichbehandlung hinter vertraglichen Abreden zurücktritt).

5. **Ansprüche aus betrieblicher Übung** haben ihren Entstehungsgrund zwar nicht in einem Rechtsgeschäft, sie gründen sich vielmehr auf die Vertrauenshaftung, jedoch nur im Rahmen der arbeitsvertraglichen Beziehung. Auch diese Ansprüche gehören daher zu den vertraglichen Ansprüchen im oben unter 2. dargelegten weiten Sinn. Zweckmäßig sind sie daher vor tarifvertraglichen und kraft gesetzlicher Regelung dem Vertrag zugeordneten Ansprüchen zu prüfen.

Beispiel: Kommen zu einem Urlaubsanspruch neben dem BUrlG und einer tarifvertraglichen Regelung sowohl betriebliche Übung als auch einzelvertragliche Absprache in Betracht, so ergäbe sich für die Reihenfolge der Prüfung: Einzelvertrag und betriebliche Übung, Tarifvertrag, BUrlG.

Komplizierter ist hingegen das Verhältnis der betrieblichen Übung zu vertraglich vereinbarten Ansprüchen. Eine anspruchsverbessernde betriebliche Übung wird in aller Regel einer einzelvertraglichen Anspruchsregelung vorgehen. Das Gleiche kann aber auch bei einer anspruchsverschlechternden Übung der Fall sein. Hingegen geht die vereinbarte Anspruchsregelung der Übung stets vor, wenn sie der Etablierung der Übung zeitlich nachfolgt.

6. Ob man **Ansprüche zwischen den Arbeitsvertragspartnern** vor **Ansprüchen gegen Verbände** (etwa des Arbeitgebers gegen die Gewerkschaft in einem arbeitskampfrechtlichen Fall) prüft, hängt von den Umständen ab.

Beispiele: Sind Ansprüche des Arbeitgebers aus einer von der Gewerkschaft organisierten Massenänderungskündigung der Arbeitnehmer zu prüfen, so wird man zweckmäßig mit Ansprüchen gegen die Arbeitnehmer beginnen und dabei prüfen, ob die Massenänderungskündigung wirksam war. Die Prüfung von Ansprüchen gegen die Gewerkschaft (aus Verletzung der Friedenspflicht und aus unerlaubter Handlung) wird man nachstellen. Liegt dagegen ein von der Gewerkschaft organisierter Streik zur Erzielung eines neuen Tarifvertrags vor, kann sich die umgekehrte Reihenfolge empfehlen, weil man bei der Frage, ob sich die Arbeitnehmer im Einzelvertrag rechtmäßig verhalten haben, auf die allgemeinen Überlegungen zur Rechtmäßigkeit des gewerkschaftlichen Streiks zurückgreifen wird.

II. Spezielle Überlegungen zu den Anspruchsvoraussetzungen

1. Die Anwendbarkeit arbeitsrechtlicher Normen einschließlich tarifrechtlicher Regelungen setzt grundsätzlich voraus, dass ein **Arbeitsverhältnis** vorliegt (über Ausnahmen vgl. oben § 4 VI). Das gilt nicht nur für vertragliche Ansprüche, sondern auch für arbeitsschutzrechtliche Bestimmungen, insbesondere also auch für deliktische Ansprüche aus § 823 II BGB i. V. m. arbeitsrechtlichen Schutzgesetzen. Oft liegt eines der Hauptprobleme des Falles gerade darin, ob die fragliche Rechtsbeziehung ein Arbeitsverhältnis darstellt (dazu oben § 4 III). Erörterungen dazu schickt man *nicht* dem Fall *abstrakt* voraus, sondern bringt sie an der erforderlichen Stelle, nämlich als Anwendungsvoraussetzung der ersten arbeitsrechtlichen Anspruchsgrundlage. Ist die Arbeitnehmereigenschaft unproblematisch, dürfen freilich derartige Erörterungen nicht gemacht werden.

2. Leidet das Arbeitsverhältnis an einem **Nichtigkeitsgrund,** so wären nach allgemeinem bürgerlichen Recht vertragliche Ansprüche nicht entstanden. Nach der Lehre vom fehlerhaften Arbeitsverhältnis (dazu oben § 12 II 1) sind dagegen Ansprüche für die Vergangenheit, d. h. bis zum Zeitpunkt der Geltendmachung der Fehlerhaftigkeit, meist trotzdem gegeben. Gleichwohl muss die Fehlerhaftigkeit sowohl ihren Voraussetzungen als auch ihren Wirkungen nach erörtert werden, und zwar nicht nur wegen ihres Ausnahmecharakters gegenüber den allgemeinen Vorschriften, sondern auch, weil ihre Folgen im Einzelfall unterschiedlich sein können. Für die **Anfechtbarkeit** des Arbeitsverhältnisses gilt Entsprechendes.

III. Sonderüberlegungen für tarifrechtliche Fälle

Bei tarifrechtlichen Ansprüchen geht es meist nicht darum, ob der Tatbestand der tarifvertraglichen Anspruchsnorm erfüllt ist und welche Rechtsfolgen sich aus ihm ergeben, sondern die Problematik liegt im Bereich des Tarifvertragsrechts: Gültigkeit des Tarifvertrages (Tariffähigkeit? Tarifzuständigkeit?), Wirksamkeit der anzuwendenden Norm (Verfassungs- oder Gesetzesverstoß? Überschreitung der Grenzen der Tarifmacht?), Vorliegen der Voraussetzungen für die normative Wirkung (Geltungsbereich des Tarifvertrags? Tarifgebundenheit?). Auch diese Fragen sind nicht abstrakt im Voraus zu erörtern, sondern im Zuge der Prüfung der tarifvertraglichen Anspruchsnorm.

> **Beispiel:** „... 3. Urlaubsanspruch aus Tarifvertrag. Ein Anspruch des A auf Zusatzurlaub könnte sich aus § 3 des Manteltarifvertrags... ergeben. a) Zunächst ist zu prüfen, ob der Tarifvertrag wirksam zustande gekommen ist. Das ist nur der Fall, wenn beide Tarifvertragsparteien tariffähig waren ... d) Der Anspruch setzt weiter voraus, dass das Arbeitsverhältnis des A vom Geltungsbereich des Tarifvertrags erfasst wird ..."

Folgende **Übersicht** soll Anhaltspunkte geben, alle wichtigen Fragen in sinnvoller Reihenfolge zu prüfen:

1. Liegt ein wirksam zustande gekommener Tarifvertrag vor?
   a) Vertragsschluss, §§ 145 ff. BGB
   b) Schriftform, § 1 II TVG i. V. m. § 126 BGB
   c) Tariffähigkeit beider Partner
   d) Tarifzuständigkeit
2. Liegt Tarifgebundenheit vor?
   – bei Ansprüchen aus Inhaltsnormen beiderseitige Tarifgebundenheit nach § 3 I TVG
   – Ersatzweise AVE, § 5 TVG
3. Wird das Arbeitsverhältnis vom Geltungsbereich des Tarifvertrags erfasst?
   – Räumlich, betrieblich, fachlich, persönlich?
4. Gilt die Tarifnorm noch? Wenn nein (Tarifvertrag beendet), wirkt die Tarifnorm nach, § 4 V TVG?
5. Stehen der Geltung der Tarifnorm verfassungsrechtliche oder gesetzliche Bestimmungen entgegen? Überschreitet sie sonstige immanente Grenzen der Tarifmacht (§ 1 TVG, kollektivfreie Individualsphäre, Bindung an das Gemeinwohl)?
6. Sind die Anspruchsvoraussetzungen der Tarifnorm gegeben?
7. Liegt ein anspruchsbeseitigender oder anspruchshemmender Tatbestand vor (Verzicht, Erfüllung, Ablauf einer Ausschlussfrist)?

IV. Besonderheiten kündigungsschutzrechtlicher Fälle

Literatur: *Hamann,* Die Kündigung des Arbeitsverhältnisses durch den Arbeitgeber, JA 1987, 474 ff. und 536 ff.; *Servatius,* Die betriebsbedingte Kündigung in der Fallbearbeitung, Jura 2006, 811; vgl. im Übrigen die bei den allgemeinen Literaturhinweisen aufgeführten Fallsammlungen.

Falllösungen: *Lüke,* Die verschwundenen Waren, JuS 1981, 279 (zugleich auch zur Mankohaftung des Arbeitnehmers); *Heckelmann,* Risiken bei Kassenfehlbeträgen, JuS 1982, 286 (zugleich auch zur Mankohaftung des Arbeitnehmers); *ders.,* Der überzogene Urlaub, JuS 1983, 294; *Löwisch,* Der Abbau der Belegschaft, Jura 1984, 442 (zugleich zu Sozialplanpflicht, Aufhebungsvertrag, Abfindungszahlungen); *Birk,* Grundfälle zu Kündigung und Kündigungsschutz, JuS 1984, 197, 451, 781, 944; 1985, 193, 782; 1986, 375, 537; 1987, 36, 113; *v. Hoyningen-Huene,* Der Urlaubsanspruch der gekündigten Küchenhilfe, JuS 1986, 897 (zugleich zu Fragen des Urlaubsrechts, des § 102 BetrVG und zu vom Gesetz abweichenden Tarifverträgen); *ders.,* Die Kündigung des Bank-Prokuristen, JuS 1991, 750 (zugleich zur Problematik der Abgrenzung der leitenden Angestellten); *Schwerdtner,* Fälle aus dem Bereich Arbeitsrecht, Jura 1986, 98, 488 (zugleich zur Betriebsstilllegung, zur Erstellung eines Sozialplans und zum Nachteilsausgleich); 1987, 259 (zugleich zu Demonstrationsteilnahme, Abmahnungserfordernis, zu Beteiligungsrechten des Betriebsrates, zur gerichtlichen Nachprüfbarkeit eines Einigungsstellenspruchs und zur Kirchenkündigung); 1988, 314 und 532 (zugleich zur Abgrenzung des freien Mitarbeiters und zum Weiterbeschäftigungsanspruch); 1990, 370 (zur Änderungskündigung, zum Tarifvertragsrecht und zur Änderungsschutzklage); 1990, 539; 1991, 545; *Mummenhoff,* Flaute im Baugeschäft, JuS 1987, 893; *Helml,* Fälle aus dem Arbeitsrecht, Jura 1989, 539; *ders.,* Eine Portion Kroketten, JuS 1991, 129; *Harraeus,* Die Kündigung des kranken Schwerbehinderten (Assessor-Klausur), Jura 1990, 324; *Oetker,* Verdachtskündigung einer Auszubildenden, JuS 1990, 739; *Wollenschläger,* „Die Gaststätte im Aussichtsturm", JA 1991, 173 (zugleich zu Lohn- und Weihnachtsgeldansprüchen und zum Mitbestimmungsrecht des Betriebsrates); *Schwerdtner,* Kündigungen im Arbeitsrecht – Voraussetzungen und Folgen, Jura 1992, 484; *Franzen,* Häufiges Zuspätkommen und dessen Folgen, JuS 1994, 674; *Helml,* Disharmonien in der Philharmonie, Jura 1994, 321; *Boemke,* Kündigung während der Probezeit, JuS 1995, 519; *Geck/Seifert,* Die Spinddiebstähle, JA 1995, 285; *Schulz,* Der engagierte Gewerkschafter, JA 1995, 647; *Wolff/Deinert,* Schmierentheater bei der Auftragsvergabe, Jura 1998, 250; *Wank,* Gewissensentscheidungen im Arbeitsverhältnis, Jura 1999, 31; *Wertheimer/Flüchter,* Patzigs verpatztes Buffet, JuS 2000, 672; *Meyer,* Ist knapp daneben auch daneben?, JuS 2000, 1085; *Oetker,* Ein eigenmächtiger Prokurist, JuS 2001, 251; *Helml,* Arbeitsstreitigkeiten bei der Stahlbau-GmbH, Jura 2002, 558; *Oetker,* Ein außerordentlich verdächtiger ICE-Steward, Jura 2003, 266; *Reichold,* Befristung eines Arbeitsvertrags, JuS 2004, 318; *Lewinski,* Der unehrliche Bewerber, JuS 2005, 719; *Helml,* Dienst- oder Werkvertrag, JuS 2006, 621.

Eine erhebliche Rolle in der Ausbildungs- und Prüfungspraxis spielen Fälle, in denen es nicht oder nicht nur um Ansprüche geht, sondern um die Frage, ob ein Arbeitsverhältnis durch Kündigung beendet worden ist. Diese Frage kann sich selbstverständlich als Vorfrage zu Ansprüchen (etwa auf Lohn oder Urlaub) stellen, vielfach aber ist sie eigenständig und ohne Rücksicht auf solche Ansprüche zu untersuchen. Das entspricht der Rechtswirklichkeit, in der häufig auf Feststellung geklagt wird, dass das Arbeitsverhältnis durch eine bestimmte Kündigung nicht aufgelöst worden ist, ohne dass Ansprüche irgendwelcher Art geltend gemacht werden.

Ist nach dem Sachverhalt eine **außerordentliche Kündigung** erklärt, muss zuerst deren Wirksamkeit geprüft werden. Wenn diese zu verneinen ist, ist der Fall jedoch meistens nicht zu Ende, vielmehr muss die **Umdeutung** der als außerordentlich unwirksamen Kündigung in eine ordentliche untersucht werden. Bejahendenfalls schließen sich dann oft schwierige Fragen des **Kündigungsschutzes** nach §§ 1 ff. KSchG an. Die Darlegungen komplizieren sich weiter dadurch, dass die Geltendmachung der Unwirksamkeit sowohl der außerordentlichen als auch der ordentlichen Kündigung nur durch Klage binnen Dreiwochenfrist erfolgen kann, so dass sich ein prozessualer Tatbestand mit den materiellrechtlichen Ausführungen verschränkt.

Die **Gliederung eines kündigungsschutzrechtlichen Falles** könnte etwa folgendermaßen aussehen:

1. Liegt eine Kündigungserklärung vor? (gegebenenfalls abgrenzen von anderen Lösungstatbeständen: Anfechtung, lösende Aussperrung)
2. Liegen andere Unwirksamkeitsgründe vor? (Geschäftsunfähigkeit, fehlender Zugang der Kündigung)
3. Ist die Kündigung als außerordentliche erklärt? Wenn nein, unten 8. fortfahren, wenn ja, fortfahren mit 4.
4. Liegt ein Unwirksamkeits- oder Nichtigkeitsgrund für die Kündigung vor?
   a) fehlende Vertretungsmacht
   b) Mangel der Form (§ 623 BGB)
   c) fehlende Angabe des Kündigungsgrundes (Problem! Dazu oben § 23 I 5)
   d) fehlende Anhörung des Betriebsrates (dazu oben § 50 III)
   e) fehlende Zustimmung (z.B. § 85 SGB IX)
   f) inhaltlicher Verstoß gegen ein Gesetz
   g) § 138 BGB
   h) Rechtsmissbrauch

5. Sind die Voraussetzungen des § 626 BGB gegeben?
   a) Liegt ein wichtiger Grund vor, § 626 I BGB?
   b) Ist die Kündigungserklärungsfrist eingehalten, § 626 II 1 BGB?
6. Ist das Fehlen der Voraussetzungen des § 626 BGB rechtzeitig geltend gemacht, § 13 I 2, §§ 4, 7 KSchG? Zur Beachtung: Die Frist ist nach h. M. keine Verfahrensfrist, die die Klage unzulässig macht – sonst wäre sie vor den materiellrechtlichen Ausführungen zu prüfen –, sondern materiellrechtliche Frist, deren Versäumung die Klage unbegründet macht.
7. a) Bei Wirksamkeit der außerordentlichen Kündigung: Musste Arbeitgeber ausnahmsweise eine Frist gewähren (dazu oben § 23 III 6)?
   b) Bei Unwirksamkeit: Umdeutung in ordentliche Kündigung, § 140 BGB (dazu oben § 23 III 3 b)? Falls Umdeutung, wie meist, zu bejahen:
8. Ist die ordentliche Kündigung zulässig?
   a) Befristetes Arbeitsverhältnis? (TzBfG)
   b) Liegt vertraglicher oder tarifvertraglicher Ausschluss der Kündigung vor?
9. Ist ein Unwirksamkeits- oder Nichtigkeitsgrund für die Kündigung gegeben? Hier sind alle oben unter 4. aufgeführten Unwirksamkeitsgründe zu prüfen. Dennoch empfiehlt es sich nicht, die Prüfung dieser Gründe vor die Klammer zu ziehen und für beide Kündigungsarten zugleich vorzunehmen, weil die Voraussetzungen der unter 4. genannten Gründe jeweils für beide Arten der Kündigung verschieden liegen können: Die Form kann unterschiedlich geregelt sein, die Folgerungen hinsichtlich fehlender Angaben des Kündigungsgrundes können differieren, bei der Anhörung des Betriebsrats sind die einzuhaltenden Fristen unterschiedlich usw.
   Eine Reihe von gesetzlichen Kündigungsverboten besteht nur für die ordentliche Kündigung: § 22 II Nr. 1 BBiG, § 15 I KSchG, § 2 ArbPlSchG.
10. Ist die Kündigung sozial gerechtfertigt?
    a) Greifen die Vorschriften der §§ 1 ff. KSchG ein? §§ 1 I, 23 I 2 KSchG.
    b) Liegt ein positiver Grund vor, der die Kündigung sozial rechtfertigt, § 1 II 1 KSchG?
        aa) Grund in der Person
        bb) Grund im Verhalten des Arbeitnehmers
        cc) Betrieblicher Grund
    c) Liegt ein Negativgrund vor, der die Kündigung sozialwidrig macht, § 1 II 2, III KSchG?
    d) Ist die Sozialwidrigkeit rechtzeitig geltend gemacht, §§ 4, 7 KSchG?
11. Falls Kündigung wirksam: Evtl. Ausführungen über Zeitpunkt der Auflösung des Arbeitsverhältnisses (Länge der Kündigungsfrist).

Oftmals wird die Frage nach einem Anspruch des Arbeitnehmers auf **Weiterbeschäftigung während des Kündigungsschutzprozesses** gestellt.
Sie kann nach folgendem Schema geprüft werden:
Betriebsverfassungsrechtlicher Weiterbeschäftigungsanspruch (§ 102 V BetrVG)
1. Anwendbarkeit des BetrVG, §§ 1, 118, 130 BetrVG
2. Bestehen eines Betriebsrats
3. Wirksamer Widerspruch des Betriebsrats gegen die Kündigung
   a) Zulässigkeit des Widerspruches
      Zulässig ist der Widerspruch grundsätzlich nur bei Ausspruch einer ordentlichen Kündigung
   b) Ordnungs- und fristgemäßer Widerspruches des Betriebsrats

aa) Geltendmachung eines Widerspruchsgrundes nach § 102 III BetrVG durch den Betriebsrat (hinsichtlich des objektiven Vorliegens dieser Gründe findet lediglich eine Evidenzkontrolle statt).

bb) Einhaltung der Widerspruchsfrist, § 102 II 1 BetrVG

> **Hinweis:** Die Frist beginnt nach h.M. erst mit der ordnungsgemäßen Unterrichtung durch den Arbeitgeber gemäß § 102 I BetrVG, also nicht bei fehlerhafter oder unvollständiger Unterrichtung.

c) Formwirksamkeit des Widerspruchs, § 102 II 1 BetrVG

4. Kündigungsschutzklage des Arbeitnehmers

a) Anwendbarkeit des KSchG

b) Geltendmachung der Sozialwidrigkeit der Kündigung durch den Arbeitnehmer

c) Fristgemäße Erhebung der Kündigungsschutzklage, §§ 4 Satz 1, 7 KSchG

5. Verlangen der Weiterbeschäftigung durch den Arbeitnehmer

Allgemeiner Weiterbeschäftigungsanspruch (§§ 611, 613 BGB i. V. m. § 242 BGB)

1. Ursprüngliches Bestehen eines Arbeitsverhältnisses

2. Kündigung des Arbeitsverhältnisses durch den Arbeitgeber

3. Überwiegendes Interesse des Arbeitnehmers an der Weiterbeschäftigung trotz Ungewissheit über den Fortbestand des Arbeitsverhältnisses

a) Liegt bereits eine gerichtliche Entscheidung über die Wirksamkeit der Kündigung vor? Wenn ja, weiter bei b.

Wenn nein, ist die Kündigung offensichtlich unwirksam? Wenn ja, besteht der Weiterbeschäftigungsanspruch.

b) Ist die Kündigung bereits durch gerichtliche Entscheidung für unwirksam erklärt worden?

Wenn ja, überwiegt grundsätzlich das Beschäftigungsinteresse des Arbeitnehmers, es sei denn, es liegt einer der folgenden Ausnahmetatbestände vor:

– Es liegen Gründe vor, die den Arbeitgeber im unstreitig bestehenden Arbeitsverhältnis zur Suspendierung des Arbeitnehmers berechtigen (z.B. Verrat von Dienstgeheimnissen).

– Der Arbeitnehmer hat eine besonders herausgehobene Stellung im Betrieb, die einer Weiterbeschäftigung entgegensteht (z.B. bei Kündigung eines Arbeitnehmers in Vertrauensposition wegen Vertragsverletzungen).

– Die Weiterbeschäftigung des Arbeitnehmers würde zu einer unzumutbaren wirtschaftlichen Belastung des Arbeitgebers führen.

c) Ist der Weiterbeschäftigungsanspruch durch eine erneute Kündigung ausgeschlossen?

Grundsätzlich führt eine neue Kündigung, über die gerichtlich (noch) nicht entschieden ist, zum Wegfall des Weiterbeschäftigungsanspruches.

Ausnahme:

– Die Kündigung ist offensichtlich unwirksam (vgl. oben 3a).

– Die Kündigung wird auf denselben Sachverhalt gestützt wie die vom Gericht bereits für unwirksam erachtete Kündigung.

Zum Schluss ein **wichtiger Hinweis:** Übersichten wie die unter III. und IV. dargestellten dürfen *nicht schematisch angewandt* werden. Damit ist vor allem zweierlei gemeint:

– Punkte, die selbstverständlich nicht in Betracht kommen, dürfen in der schriftlichen Ausarbeitung der Lösung gar nicht in Erscheinung treten.

– Von der angegebenen Reihenfolge kann im Einzelfall abzuweichen sein. Ist z.B. die Klagefrist nach § 4 KSchG eindeutig nicht eingehalten, kann in einer Aufgabe mit viel Stoff davon abzusehen sein, ob der wichtige Grund (oder die soziale Rechtfertigung der Kündigung) vorliegt. Umgekehrt kann es sich empfehlen, wenn der Kündigungsgrund zu verneinen, die Fristeinhaltung aber zu bejahen ist, bei der Darstellung die Reihenfolge umzukehren, da man in einem Gutachten möglichst alle einschlägigen Rechtsfragen behandeln soll. In einem tarifrechtlichen Fall kann es aus dem gleichen Grund sinnvoll sein, die Fragen des Geltungsbereichs vor der Tarifgebundenheit zu erörtern. Reihenfolgen müssen nur dort eingehalten werden, wo eine Frage *logischen* Vorrang vor der anderen hat. Meist sind Reihenfolgeempfehlungen jedoch lediglich durch *Zweckmäßigkeitsgründe* getragen.

V. Beispiele arbeitsrechtlicher Falllösungen

1. Zu Kündigung und Kündigungsschutz s. oben IV.

2. Zum Arbeitsvertragsrecht, zum sog. faktischen Arbeitsverhältnis und zur Herausgabe der Bewerbungsunterlagen

Hohmeister, Der voreilige Personalsachbearbeiter (Probleme des Vertragsschlusses durch Vertreter ohne Vertretungsmacht; auch zur Haftung des Arbeitnehmers), JA 1995, 766; *Oetker,* Vertragsbruch des Arbeitnehmers und persönliche Haftung in der Personengesellschaft, JuS 2005, 141; *Polke,* Herausgabeansprüche des abgewiesenen Stellenbewerbers gegen die ausschreibende Firma, Jura 1984, 295; *Reichold,* Befristung eines Arbeitsvertrags, JuS 2004, 318; *Walker,* Die betriebliche Übung (Aufsatz), JuS 2006, 1.

3. Zum Betriebsübergang

Bittner, Lohnt der Gewerkschaftsbeitritt?, Jura 2003, 560; *Klumpp/Jochums,* Die Rechtsfolgen des Widerspruchsrechts bei Betriebsübergang (Aufsatz), JuS 2006, 687; *Mückl,* Rechtsfolgen einer fehlerhaften Unterrichtung des Arbeitnehmers bei Betriebsübergang (Aufsatz), JuS 2006, 395; *Oetker,* Die gescheiterte GmbH und ihre Auflösung, JuS 2002, 459.

4. Zur Haftung des Arbeitnehmers

Büdenbender, Der wilde Hengst, Jura 2000, 132; *Oetker,* Vertragsbruch des Arbeitnehmers und persönliche Haftung in der Personengesellschaft, JuS 2005, 141; *Reipen,* Haftungsprivileg des Arbeitgebers, JuS 2006, 527; *Walker,* Die eingeschränkte Haftung des Arbeitnehmers unter Berücksichtigung der Schuldrechtsmodernisierung (Aufsatz), JuS 2002, 736; *Weyand,* Arbeitgeber- und Arbeitnehmerhaftung, JuS 2003, 675.

5. Zum Betriebsverfassungsrecht

Lüke/Mansfeld, Das boshafte Betriebsratsmitglied, JuS 1980, 517; *Eilert,* Betriebsverfassungsrecht: Der Streit um die Arbeitssicherheit, JuS 1982, 444; *v. Hoyningen-Huene,* Mitbestimmung des Betriebsrats bei Rationalisierungsmaßnahmen, JuS 1983, 785; *ders.,* Die Änderung der angenehmen Arbeitsbedingungen, JuS 1986, 139 (zugleich zu Fragen des Arbeitsvertrags- und des Direktionsrechts, der betrieblichen Übung sowie des Arbeitszeitrechts); *Weismann,* Das unterbezahlte Betriebsratsmitglied, JuS 1987, 971 (zum Lohnanpassungsanspruch eines freigestellten Betriebsratsmitglieds); *Matthes,* Betriebsruhe zwischen Weihnachten und Neujahr, Jura 1988, 654; *Brossette,* Überstunden ohne Zustimmung des Betriebsrats?, Jura 1992, 253; *v. Hoyningen-Huene,* Mitbestimmung des Betriebsrats beim flexiblen Personaleinsatz, JuS 1993, 126.

6. Zum Tarifvertragsrecht

Bittner, Lohnt der Gewerkschaftsbeitritt?, Jura 2003, 560; *Ehmann/Balthasar,* Die 38,5-Stunden-Woche, Jura 1985, 436; *Ehmann/Lambrich,* Tarifflucht in die Sackgasse, Jura 1999, 135; *Schleusener,* Zustandekommen und Kündigung von Tarifverträgen, Stellvertretung bei Tarifvertragschluss und Kündigung bei mehrgliedrigen Tarifverträgen, Jura 2006, 714; *Steffan,* Ein (zu) langer Tarifvertrag (auch zur Zulässigkeit eines Streiks), JuS 1993, 1027; *Rob,* Die verfallene Zulage, Jura 1994, 371.

7. Zum Arbeitskampfrecht

Bittner, Streik mit Folgen, JA 2003, 558; *Ehmann/Schnauder,* Das Lohnrisiko im Arbeitsfrieden und im Arbeitskampf, Jura 1983, 181 und 238; *Koller/Buchholz,* Die rasanten Erfolge der Frauengewerkschaft, Jura 1983, 148; *Wörlen,* „Der Streik beim Zulieferer", JA-Übungsblätter 1988, 122; *v. Hoyningen-Huene,* Die einstweilige Verfügung im Firmenarbeitskampf, JuS 1990, 298; *Maschmann,* Arbeitskampf bei Kahl, Jura 1994, 652; *Schleusener,* Die Gewerkschaft in der Gewerkschaft, JuS 2001, 471.

Sachverzeichnis

Die Angaben verweisen auf die Paragraphen des Buches und ihre Untergliederungen.

Buchanzeige

So zitieren Sie richtig – auch Internet-Fundstellen

Von Prof. Dr. Sharon B. Byrd, LL.M., und
Dr. Matthias Lehmann, LL.M.
2006. Rund 140 Seiten.
Gebunden € 19,–
ISBN 3-406-49108-1

Die neue Zitierfibel

bietet eine Zusammenfassung der bislang ungeschriebenen Regeln des
Zitierens. Damit erlaubt sie Juristen das richtige Zitieren in juristischen
Arbeiten: in Haus- und Doktorarbeiten, sonstigen Monographien, Aufsätzen,
Urteilen und Schriftsätzen.

Das Werk wurde in Zusammenarbeit mit den Redaktionen der NJW und der
JuS entwickelt und gibt damit die Zitierweise der wichtigsten Praxis- und
Ausbildungszeitschriften wieder.

Der Inhalt:

■ Allgemeine Zitierregeln ■ Das Literaturverzeichnis ■ Das Abkürzungsver-
zeichnis ■ Die Fußnote ■ Wie zitiert man Monographien, Handbücher und
Lehrbücher? ■ Wie zitiert man Kommentare? ■ Wie zitiert man Aufsätze?
■ Wie zitiert man Beiträge in Festschriften oder anderen Sammelwerken?
■ Wie zitiert man Urteile oder andere gerichtliche Entscheidungen? ■ Wie
zitiert man Gesetze? ■ Wie zitiert man Dokumente und Materialien? ■ Wie
zitiert man Fundstellen im Internet?

CH·BECK